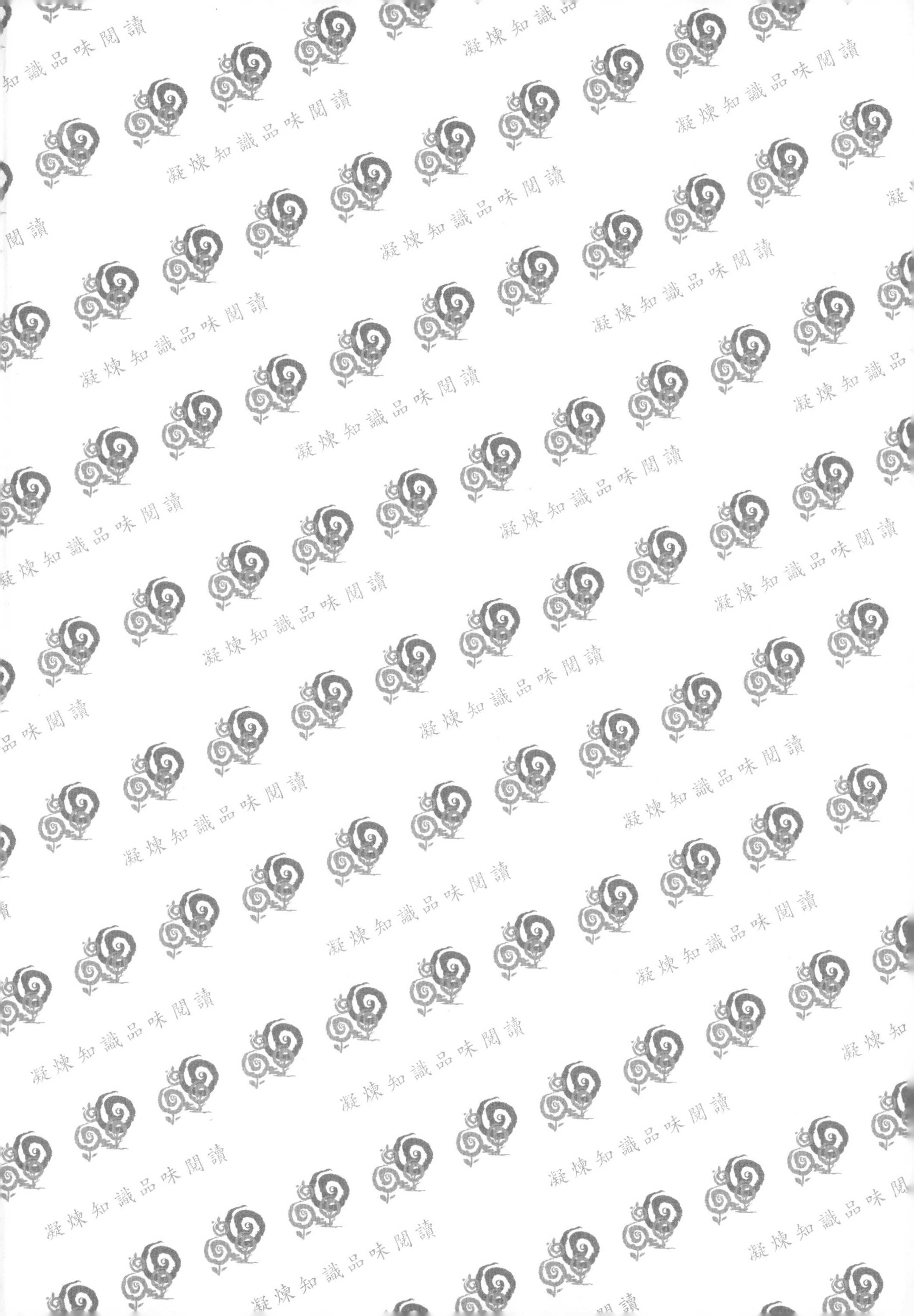

Panel-data迴歸模型

STaTa在廣義時間序列的應用

張紹勳 著

五南圖書出版公司 印行

自序

根據產學研的經驗法則，統計學、經濟理論和數學這三者對於眞正瞭解現代經濟生活中的數量關係來說，都是必要的，但各自並非是充分條件。而三者結合起來，就有力量，這種結合便構成了計量經濟學，計量經濟學係藉由統計工具將概念性的經濟理論付諸實際的一項學科。

STATA 是一個具有龐大功能的統計軟體，其優秀的統計功能遠超越 SPSS、SAS、LISREL/HLM、jMulti、Gretl、AMOS、LIMDEP 及 Eviews 等軟體。STATA 可處理的資料如：(1) 橫斷面研究模型、縱貫面研究模型、縱橫面研究模型。(2) 單一迴歸方程式、線性 vs. 非線性迴歸、工具變數兩階段迴歸、似不相關迴歸、廣義結構方程、共整合等聯立方程式。(3) 可線上直接擷取「美國聯邦準備理事會 FRED」資料庫，大大節省收集樣本的時間。(4)(線性 / 非線性) 單變量、多變量橫斷面 / 時間序列 / panel 都可處理。(4) 多變量統計分析……都有最新處理方法。

STATA 同時提供眾多 (內建 vs. 外掛) 指令，幾乎坊間教科書你看得到的統計分析，它都可解決。此外，STATA 爲了減低電腦使用者對程式設計的憂慮，它亦提供 Menu 選擇表之對應視窗，讓你能輕鬆操作 Menu，來進行統計分析。而 Stata 提供的 longitudinal data 及 panel-data 線性 / 非線性迴歸，更是坊間最佳的統計工具。迄今 Stata 更是計量經濟、財金、社科等領域的最佳統計利器。

有鑑於 STATA 分析功能龐大，本書作者分成幾冊書來進行一系列的介紹，包括：

1. Stata 與高等統計分析
2. Stata 在財務金融與經濟分析的應用
3. Stata 在結構方程模型及試題反應理論的應用
4. Panel-data 迴歸模型：Stata 在廣義時間序列的應用

其中，有關 longitudinal data 各種迴歸 (如 AR MA ARIMA、VAR 及 VECM 等)，在作者《Stata 在財務金融與經濟分析的應用》一書介紹；panel-data 迴歸則留在本書來介紹。至於橫斷面 (cross section) 迴歸、動態模型、聯立迴歸式及三階段等迴歸，請見作者《Stata 與高等統計分析》一書。

此外，研究者如何選擇正確的計量方法，包括適當的估計與檢定方法、與統計概念等，都是實證研究中很重要的內涵，這也是本書撰寫的目的之一。爲了讓研究者能正確且精準使用 panel 迴歸，本書內文儘量結合「理論、方法、統計」，其中，方法包括橫斷面、縱貫面及 panel；統計則包括「線性 vs. 非線性」、「靜態 vs. 動態」、「一階段 vs. 兩階段迴歸 (工具變數)」，期望能夠對產學界有拋磚引玉的效果。

最後，特感謝全傑科技公司 (http://www.softhome.com.tw)，提供 STATA 軟體，晚學才有機會撰寫 STATA 一系列的書籍，以嘉惠學習者。

張紹勳

敬上

Contents

自 序

Chapter 01 追蹤資料／縱橫資料 (Panel-Data) 1

Contents

Chapter 02 簡易 Panel-Data 法 (混合資料 OLS 法，reg 指令) 185

Chapter 03 時間序列之序列相關：線性動態模型 225

Contents

Chapter 04 誤差變異之異質性 (xtgls 指令為主流) 359

Chapter 05 追蹤資料 (Panel-Data) 迴歸之進階 431

Contents

Chapter 06

聯立方程式 (內生的共變)：工具變數及兩階段最小平方法 (2SLS) 511

Chapter 07 Panel-Data 單根檢定及共整合 651

Contents

Contents

Chapter 09 線性：動態 Panel-Data 模型 949

參考文獻 997

Chapter 01

追蹤資料／縱橫資料 (Panel-Data)

當你要使用本書 CD 所附資料檔，你可以先將資料 copy 到硬碟之任一資料夾中。在 Stata 畫面再設定工作目錄，爲剛才複製的資料夾路徑，即「File > Chang working directory」。例如，作者自定「D:\04_ 廣義時間序列：追蹤資料 (panel-data) 分析」爲工作目錄。接著再選「File > Open」，開啓任一「*.dta」資料檔，即可進行資料分析。

1-1 前言

一、希臘字母大小寫之意義

在傳統之統計學裡，習慣上，大小寫 a, b, c 代表常數 (constant) 或係數 (coefficient)；f, g, h 代表函數；i, j, k 代表整數；小寫 x, y, z 代表變數；大寫 X, Y, Z 代表矩陣。樣本的參數 (平均數 M、標準差 S……) 慣用大寫英文字母；母群體樣本的參數 (平均數 μ、標準差 σ……) 慣用小寫希臘字母。倘若這些英文字母「符號」仍不夠用，統計學家會納入希臘字母。

在多變量統計、計量經濟之時間序列裡，由於它包含多個迴歸式，這多個迴歸「恆等式」同時求解，就叫聯立方程式，又稱向量迴歸。人們爲了簡化這種波動性「向量迴歸」的預測或共整合關係式，就改用「矩陣形式」恆等式來求該係數矩陣的特徵值 (Eigen value)、特徵向量 (Eigen vector)，進而求出「聯立迴歸式」的解。爲了統合這些代表矩陣的符號，於是，數學家就以「小寫英文字」代表變數 (序列)。「大寫希臘字」代表係數向量 / 係數矩陣 (coefficient matrix)，它是 $(m \times n)$ 矩陣。「小寫希臘字」代表單一係數 (coefficient)。

表 1-1　希臘字母大小寫之意義

大寫	對應小寫	發音	大寫	對應小寫	發音
A(係數矩陣)	α(係數，係數向量)	Alpha	N(樣本數)	ν(常數項)	Nu
B(係數矩陣)	β(係數，係數向量)	Beta	Ξ(係數矩陣)	ξ(殘差項)	Xi
Γ(係數矩陣)	γ(係數)	Gamma	O(演算法時間複雜度)	o	Omicron
Δ 或 ∇ (差分運算子)	δ(誤差)	Delta	Π(連乘運算子、係數矩陣)	π(係數)	Pi

大寫	對應小寫	發音	大寫	對應小寫	發音
E(期望值)	ε(誤差)	Epsilon	P	ρ(相關係數)	Pho
Z(內生矩陣)	ζ(誤差)	Zeta	Σ(連加，共變數矩陣)	σ(標準差)	Sigma
H	η(係數)	Eta	T(時間總期數)	τ(無母數統計量)	Tau
Θ(誤差矩陣)	θ(參數，誤差)	Theta	Y(內生變數矩陣)	υ(殘差項)	Upsilon
I(整合階數)	ι	Iota	Φ(係數矩陣)	φ(相關係數)	Phi
K(共整合個數)	κ(無母數統計量)	Kappa	X(外生變數矩陣)	χ(統計量)	Chi
Λ(共變數矩陣或 MANOVA 統計量)	λ(特徵值)	Lambda	Ψ(殘差矩陣)	ψ(殘差項)	Psi
M(樣本平均數)	μ(平均數)	Mu	Ω(係數矩陣)	ω	Omega

二、何謂 Panel 迴歸？

迴歸分析與相關分析著重在兩個或是多個變數之間的線性關係。一般來說在此兩種分析模型當中，我們通常會利用自變數 x 來預測依變數 y，而在時間序列分析當中，通常會把時間當作是自變數來分析依變數，亦即探討依變數 y 在不同時間點的變化，並且利用過去依照時間排列的數據來預測未來的資訊。此類數據即爲一時間序列，時間序列的分析則著重於研究數據序列的相互依賴關係。時間序列的資料在經過分析之後，藉由瞭解其相互關係來發展出適合的預測模型。

追蹤資料 (panel-data)(廣義 longitudinal data)，中文譯爲縱橫資料、面板資料、追蹤資料或時空資料，是一種結合橫斷面與時間序列的資料型態。Panel 分析又分靜態 vs. 動態兩種，其中，動態研究又分變遷研究及發展研究兩種。

有鑑於近十年來，追蹤資料 (panel-data) 在理論性和應用性的研究已經成爲計量經濟的熱門主題，致使其他學域亦相繼地改以追蹤資料 (panel-data) 作爲樣本設計。

三、計量經濟的興起

純粹概念性的理論顯然在實際問題的解釋與應用上是有限的；而缺乏理論基礎的統計分析則無法提供一個「因果關係」的說明，同樣，其說服力也是有限的，或甚至可能是錯誤的。因而興起計量經濟學 (econometrics)，它是經濟學門的一個分支。計量經濟學字面上的意義是指「經濟的衡量 (economic measurement)」，較精確的說法，計量經濟學是探討「實證研究方法」的研究學門，將概念性的經濟理論藉由實際的資料予以數量化的研究學門。

弗里希在《計量經濟學》的創刊詞中說到：「用數學方法探討經濟學可以從好幾個方面著手，但任何一方面都不能與計量經濟學混爲一談。」經驗表明，統計學、經濟理論和數學這三者對於眞正瞭解現代經濟生活中的數量關係來說，都是必要的，但各自並非是充分條件。而三者結合起來，便構成了計量經濟學。

與一般的數學方法相比，計量經濟學方法有十分重要的特點和意義：

1. **研究對象**發生變化：即從研究確定性問題轉向非確定性問題，其對象的性質和意義將發生巨大的變化。因此，在方法的思路上、方法的性質上和方法的結果上，都將出現全新的變化。
2. **研究方法**發生變化：計量經濟學方法的基礎是概率論和數理統計，是一種新的數學形式。學習中要十分注意其基本概念和方法思路的理解和把握，要充分認識其方法與其他數學方法的根本不同之處。
3. **研究結果**發生變化：我們應該知道，計量經濟學模型的結論是概率意義上的，也可以說是不太確定的。但眞正要理解其不確定性的涵義，並非那麼簡單，學習中需要始終關注這一點。

總而言之，「計量經濟學」係藉由統計工具將概念性的經濟理論付諸實際的一項學科。而 Stata 提供的 longitudinal data 及 panel-data 迴歸更是坊間最佳的統計工具，有關 longitudinal data 各種迴歸方法，在作者《Stata 在總體經濟及財務金融的應用》一書中有詳細介紹，panel-data 迴歸則在本書來介紹。

四、財務與經濟計量方法

財務與經濟計量主要是運用統計學的方法來探討財務或經濟變數的關係，通常是藉助「迴歸模型 (regression model)」的架構，來探討某一個變數的變動對另一個變數的影響關係，在分析的過程中對於模型的估計 (estimate)、檢定 (test) 與預測 (forecast) 均是方法論上的研讀重點。

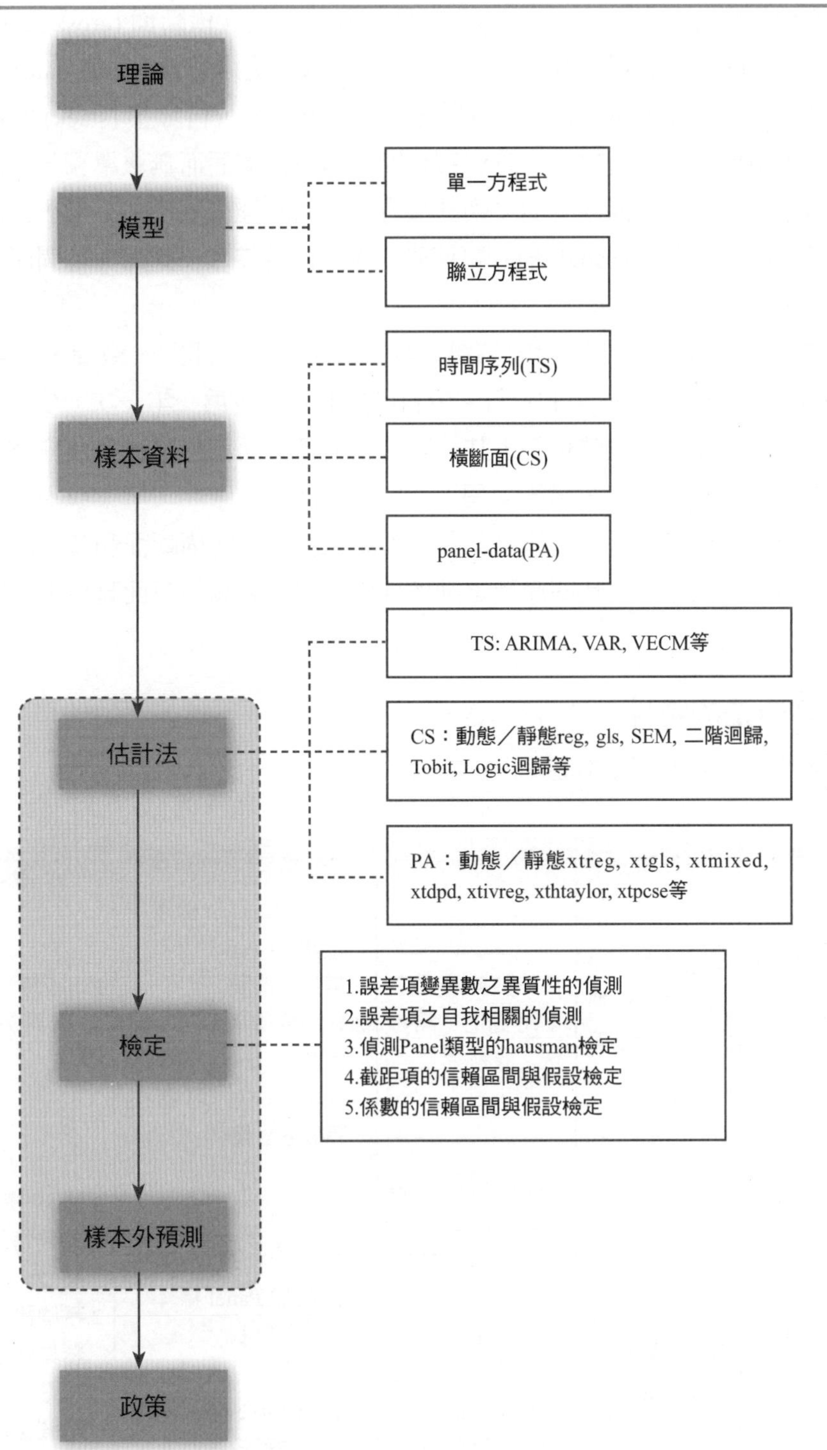

圖 1-1 財務與經濟計量方法應用之研究流程

追蹤資料 (panel-data)(縱橫資料) 是一個同時包含橫斷面 (cross section) 與時間序列 (time series) 資料的資料組合方法，處理追蹤資料 (panel-data) 時，需將每個橫斷面單位 (unit) 依時間序列資料方式排列後，再堆積 (stack) 每個橫斷面樣本，由於有些經濟效果同時混和時間序列與橫斷面而無法單獨分離測試，此時若單獨使用橫斷面或時間序列計量方法來估計經濟效果，必無法正確估計其影響，而追蹤資料 (panel-data) 可使研究者對同時摻雜橫斷面與時間序列的經濟現象做一有效的估計。

亦即追蹤資料是針對相同個體 (如個人、家戶、部門、廠商、產業或國家)，連續調查多年所收集的資料。資料收集的頻率多為一年一次，少數情形有季或月等較高頻率。也就是說，其能同時包括橫斷面和時間序列兩種特性，每一年度中，可觀察到許多橫斷面個人、家戶、部門、廠商、產業或國家，或是同一對象連續觀察多年，意味著其蘊含著訊息較單純的橫斷面和時間序列資料更加豐富，不但能保有時間序列之動態性質，又能兼顧橫斷面資料之個體差異的特性。

五、調查法的特性

常見調查設計之適用性如下：

調查目的	重複橫斷調查	純粹 Panel 調查	Rotating Panel 調查	Split Panel 調查
1.各時間點之母數推估 2.某時間區間之母數平均值	可以達成。並可自動將母體之逐時變化加入考量。	若需觀測母體之逐時變化，需特殊之機制 (註)。	1.對於仍留存於樣本中之輪換 Panel 樣本，需特殊機制 (註)。 2.利用權數調整之「組合估計法 (composite estimation)」可產生有效估計量。	Panel 樣本部分需特殊機制 (註)。
3.觀測淨變化量	可同時分析母數值之變化與母體的更新。	1.若需觀測母體之逐時變化，需特殊之機制 (註)。 2.若個體逐時資料具正直線相關性，估計短時間區間內之母體淨變化量將更精確。	1.對於仍留存於樣本中之輪換 Panel 樣本，需特殊機制 (註)。 2.「組合估計法 (composite estimation)」可產生有效估計量。	1.Panel 樣本部分需特殊之機制 (註)。 2.若個體逐時資料具正直線相關性，估計短時間區間內之母體淨變化量將更精確。

調查目的	重複橫斷調查	純粹 Panel 調查	Rotating Panel 調查	Split Panel 調查
4.觀測個體變化之不同組成 5.逐時累積個體觀測值	無法達成。	可達成。	對於仍留存於樣本中之輪換 Panel 樣本才具此功能，惟觀測時間有限。	Panel 樣本部分非常適合，橫斷樣本部分不可行。
6.於某時間區間內觀測事件發生之次數、開始及持續時間	無法觀測遠距之事件歷史資料，因將造成回溯誤差。	利用逐波參考時期中事件之界限回溯，較不易產生回溯誤差；長時期之 Panel 樣本可得一連串之事件歷史資料。	利用逐波參考時期中事件之界限回溯，較不易產生回溯誤差；長時期之 Panel 樣本可得一連串之事件歷史資料，但僅限 Panel 樣本部分，且觀測時間有限。	利用逐波參考時期中事件之界限回溯，較不易產生回溯誤差，但橫斷樣本部分無法達此目的。
7.累積樣本觀測值	對於累積樣本之靜態特性資料，效果極佳，但仍舊無法觀測遠距之事件歷史資料。	1.僅可從事新發生事件之樣本資料累積，對於靜態資料無法應用。 2.利用逐波參考時期中事件之界限回溯，較不易產生回溯誤差。	仍留存於樣本中之輪換，Panel 樣本對於累積樣本之靜態特性資料有效，亦可從事新發生事件之樣本資料累積。	1.橫斷樣本對於累積樣本之靜態特性資料有效。 2.Panel 樣本可從事新發生事件之樣本資料累積。

註：譬如逐時加入新樣本。

各種調查設計資料品質之潛在效果：

潛在問題或優點	重複橫斷調查	純粹 Panel 調查	輪換 Panel 調查	分裂 Panel 調查
1.首波產生之未回答偏誤	可能	可能	可能	可能
2.接續各波產生之未回答偏誤	不可能。因不針對同一群人加以 Panel。	可能。但接續各波之遺失值，可以前波之資料進行調整或插補。	仍留存之輪換樣本可能發生，接續各波之遺失值可以前波之資料進行調整或插補；新輪換樣本資訊可供作為參考。	Panel 樣本部分可能發生，接續各波之遺失值可以前波之資料進行調整或插補；新橫斷樣本資訊可供作為參考。

潛在問題或優點	重複橫斷調查	純粹 Panel 調查	輪換 Panel 調查	分裂 Panel 調查
3.接續各波因未回答而導致樣本不足	不可能。因不針對同一群人加以 Panel。	可能	仍留存之輪換樣本可能發生，若增加新輪換樣本，可減少發生之可能。	Panel 樣本部分可能發生。
4.接續各波產生之因襲偏誤	不可能。因不針對同一群人加以 Panel。	可能	仍留存之輪換樣本可能發生，新輪換樣本資訊可供作為參考。	Panel 樣本部分可能發生，新橫斷樣本資訊可供作為參考。
5.利用前波之訪問以限制或模擬回溯事件	不可能。因不針對同一群人加以 Panel。	首波之後可能	仍留存之輪換樣本可能發生。	Panel 樣本部分於首波之後可能發生。
6.接續各波受訪者回答之意願與動機降低	不可能。因不針對同一群人加以 Panel。	首波之後可能	仍留存之輪換樣本可能發生。	Panel 樣本部分於首波之後可能發生。

1-1-1 研究設計的類型

研究 (research) 是一套完整的科學性歷程。它是有系統地為社會現象、自然現象及其關係提供解釋的一連串活動歷程。它也是研究者從研究問題的提出到問題解答，產生的連貫性和邏輯性的知識建構發展過程。

何謂研究設計呢？研究設計的內容至少包括：

1. 研究的類型。
2. 研究對象的規劃 (母體、樣本)、(實驗組 vs. 對照組)。
3. 抽樣的方式、樣本的安排、研究概念的操作與測量。
4. 研究工具的設計。
5. 研究資料的收集方式。
6. 研究資料的處理、分析與研究目的的連結。

常見的研究設計，有下列三類：

1. 橫斷面調查 (cross section survey)：係指資料收集的時間僅侷限在單一的時間點，對研究變數依據收集所得的資料進行描述性分析和討論。

橫斷面調查係目前政府機關辦理調查之大宗，無論就調查規劃分析及決策應用而言，皆已臻成熟之境。例如，定期提供勞動統計資料之「人力資源調查」、家戶經濟資料之「家庭收支調查」、受雇員工福利、工時相關資料之「受雇員工薪資調查」及社會各面向議題及其變遷情形之「社會發展趨勢調查」等。詳細應用方法，請見作者《Stata 與高等統計分析》一書。

橫斷面研究實用性強，且被廣泛採用，但一旦遇到要分析變化的時候，橫斷面研究就不能勝任了。

2. 縱貫面調查 (longitudinal survey)：係針對研究變數進行一種跨越長時間觀察的資料收集 (至少於二次以上的時間點收集資料)。縱貫面調查即以同一問項，定期或不定期辦理多次。其優點爲能夠觀察研究因時間而產生變化的因子，有利於探討因果關係。通過這種方法，在研究變化這個問題上，縱貫面研究比橫斷面研究更勝一籌。

縱貫面研究設計，包括以下幾個選項：固定樣本小組 (panel) 設計、重複橫斷面設計 (又叫趨勢分析)，以及事件史分析。

(1) 固定樣本 panel 設計「fixed-sample panel design，又叫做追蹤研究 (panel study)」是「最純粹」的縱貫面設計。「固定樣本」，顧名思義就是在多個時間點對同一樣本進行調查。由於追蹤研究對同一批人進行跟蹤調查，所以這種研究設計最適合研究特定個體的變化過程。追蹤研究分析，研究設計「操弄」起來較十分困難。

(2) 重複橫斷面設計，顧名思義，爲了達到分析變化的目的，這種設計把橫斷面研究「重複」兩次或更多次。更具體地說，趨勢設計分兩次或更多次收集資料，但要求母群體不變，只是每次調查的是不同的樣本。樣本的選擇是趨勢設計和追蹤設計的關鍵區別。追蹤設計每輪次研究都必須訪問相同的對象，而趨勢設計每輪次則是從同一個母群體中抽取不同的樣本進行資料收集工作。這一特點使得趨勢設計，可以克服追蹤設計的主要缺陷。

(3) 事件史分析：實徵動態社會分析大抵可歸爲兩類，即事件史分析 (event history analysis) 與追蹤資料分析。社會學的事件史分析與生物統計不同之處，在於前者關心動態的時程，而後者往往只需組間平均差異，因此社會學家常發現，所謂的「Cox 模型」不估計行爲對時間的相依性，會限制其對分析現象之理解，而應該考慮採用有母數之模型來描述此相依性。另外，早期社會學的追蹤資料分析多仰賴結構方程模型，但晚近的追蹤資料分析則重視以動態的研究設計，來控制「未觀察到的異質性」

所導致的偏誤，而更有利於因果推論的建立。

縱貫面設計應用分析，請見作者《Stata 在總體經濟及財務金融的應用》一書。

3. Panel(追蹤 / 縱橫) 分析：在一段時間內研究某一群特定樣本與趨勢研究相比，固定樣本多次收集資料研究可以顯示出研究依變數 (dependent variable) 在研究期間不同時間之改變。

由於對於個體逐時變化之原因與其解讀，因爲逐次隨機抽取樣本之故，無法形成因果機制，故最佳解決方式莫過於鎖定同一組樣本進行縱貫之 Panel 觀測，此亦爲歐美先進國家積極實施之觀測方式，不僅行之有年，其資料亦廣獲政府及各界採用，並已擷取極多深具貢獻之決策資源。

易言之，panel study 是最近很流行的研究設計方式，主要是指針對相同的一群人 (a panel)，重複收集多個時間點的資料，再加以分析比較，因此 panel study 是一種廣義時間序列 (genalized longitudinal) 的研究型態。Panel study 經常與計量經濟學或迴歸分析結合，運用於計量經濟、社會科學或健康相關的研究。

從研究設計的角度來看，panel study 最主要的特色與優點是可以控制 (排除) 許多與研究對象有關、不隨時間改變的因素之影響，例如性別、基因、智力、種族等「非時變」因素，因此可以讓研究人員探討主要的自變數與依變數之間的關係。

1-1-2 各大學興起建立 Panel 資料庫

追蹤資料 (panel-data) 亦可譯成「面板資料」、「縱橫資料」，是用來描述一個總體中某一群指定樣本在一段時間的情況，並對樣本中每一個樣本單位都進行多重觀察。這種多重觀察既包括對樣本單位在某一時期 (時點) 上多個特性進行觀察，也包括對該樣本單位的這些特性在一段時間的連續觀察，連續觀察將得到資料集稱爲 panel 資料。最早是 Mundlak(1961), Balestra 和 Nerlove(1966) 把追蹤資料 (panel-data) 引入到計量經濟中。從此以後，大量關於追蹤資料 (panel-data) 的分析方法、研究文章如雨後春筍般出現。

伴隨著經濟理論，包括總體經濟理論和個體經濟理論、電腦技術和統計方法的發展，追蹤資料在經濟學領域的應用逐漸被計量經濟學家推廣。在總體經濟領域，它被廣泛應用於經濟增長、技術創新、金融、稅收政策等領域；在個體經濟領域，它被大量應用於就業、家庭消費、入學、市場行銷等領域。

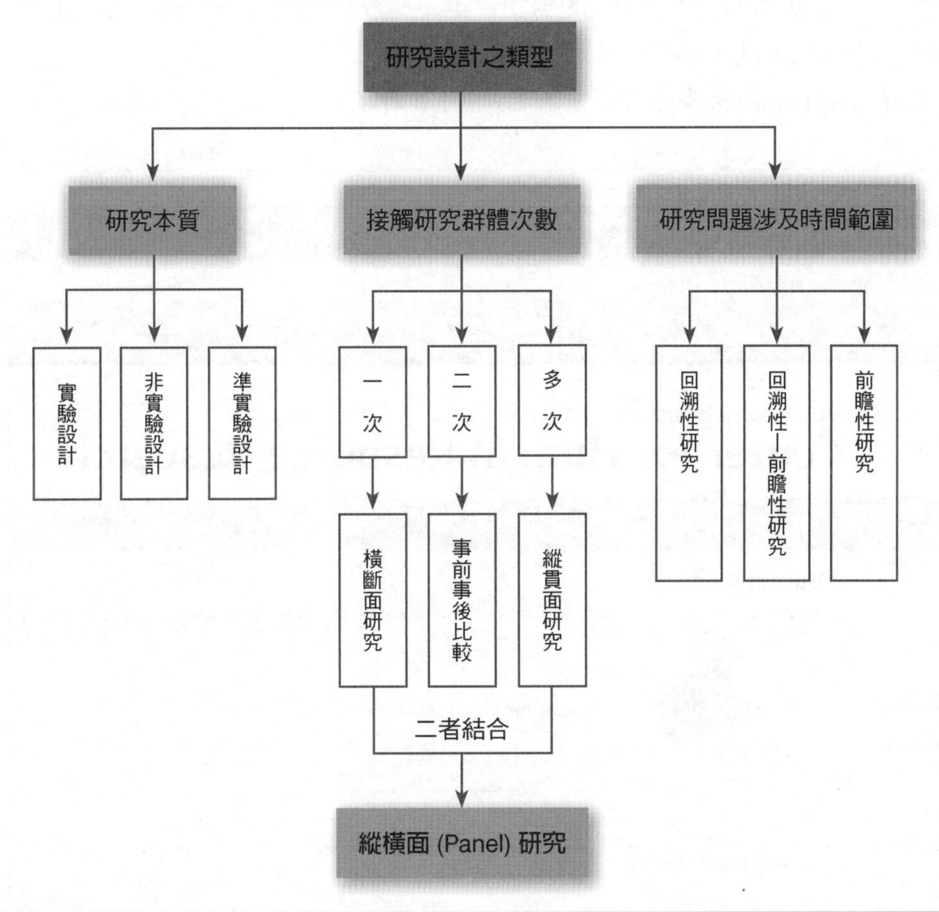

圖 1-2 研究設計類型

目前，世界上已經成立了專門研究追蹤資料 (panel-data) 的協會，每兩年舉辦一次全球性的追蹤資料學術交流大會。入會者均是從事追蹤資料研究的經濟學家、計量經濟學家、統計學家和社會學家。迄今，追蹤資料 (panel-data) 分析的新方法和新的應用領域，已延伸至社會科學、醫學和金融學等領域。

美國最著名的兩個追蹤資料資料庫，一個是俄亥俄 (Ohio) 大學的 NLS 資料庫 (the National Longitudinal Surveys of Labor Market Experience)；另一個則是密西根大學的 PSID 資料集 (University of Michigan's Panel Study of Income Dynamics)。NLS 資料集包括五個獨立的與勞動力有關的 panel 資料集，這五個 panel 資料集的主體，包括 1966 年 45 歲到 59 歲的成年男子、1966 年 14 歲到 24 歲的青年男子、1967 年 30 歲到 44 歲的成年女子、1968 年 14 歲到 24 歲的青

年女子、1979 年 14 歲到 21 歲的男女青年。調查的變數有上千個，主要側重瞭解勞動力市場上供給方的情況。

1. 俄亥俄 (Ohio) 大學的人力資源之 panel 資料庫

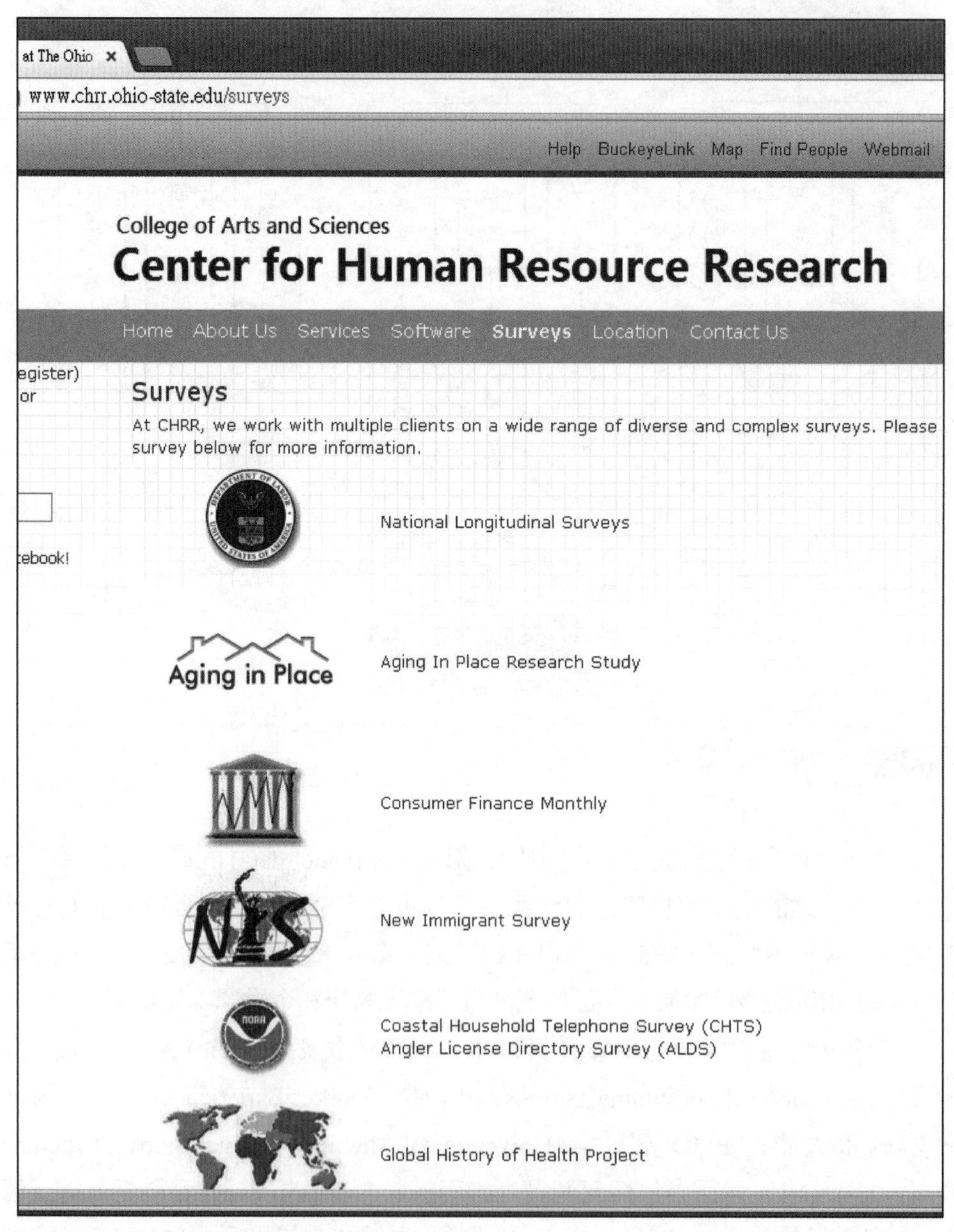

圖 1-3 俄亥俄 (Ohio) 大學的 NLS 資料庫

網址：https://www.chrr.ohio-state.edu/ (Surveys → Investigator 或 NLS Investigator)

2. 密西根 (Michigan) 大學的 PSID 資料集

PSID 資料集 (University of Michigan's Panel Study of Income Dynamics) 由從 1968 年起直到現在所收集的 6,000 個家庭和 15,000 個人的 5,000 多個變數的資料構成，這 5,000 多個變數涉及就業狀態、收入、家庭資產、住房、上班交通工具、汽車擁有等方面。收集這些追蹤資料資料庫主要是爲了研究美國貧窮人口狀況及其貧窮原因。除此之外，這些資料庫還被用來監測和解釋經濟狀態變化以及經濟和社會狀況對人們生活的影響。

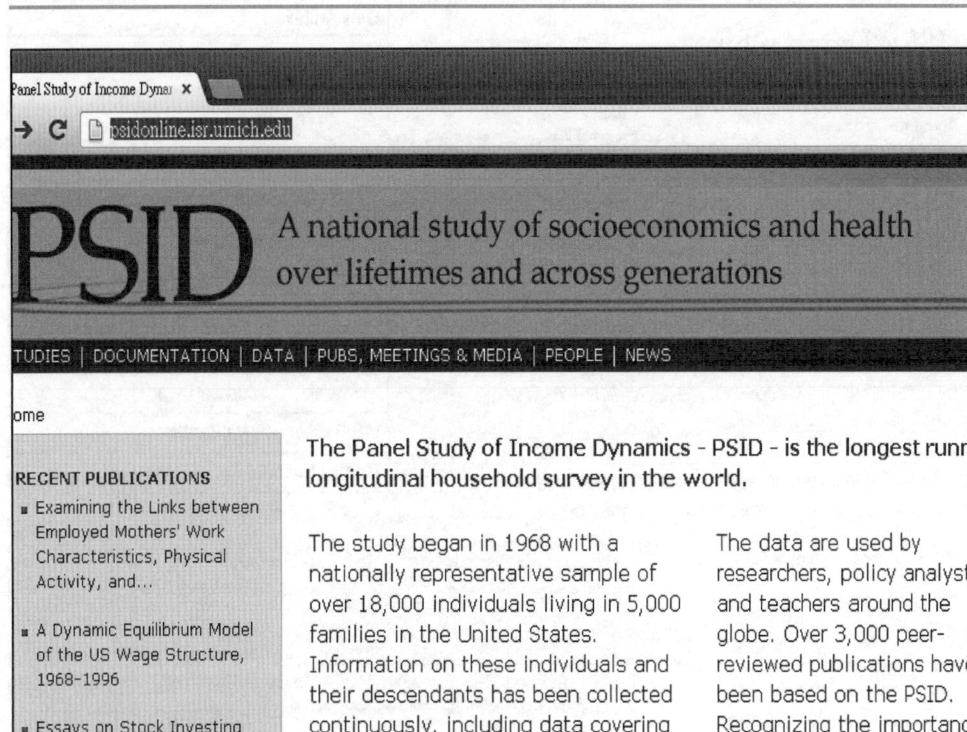

圖 1-4 密西根 (Michigan) 大學的 PSID 資料集

網址：http://psidonline.isr.umich.edu/default.aspx (Data → Data Center → File)

3. 康乃爾 (Connell) 大學之 panel 資料庫

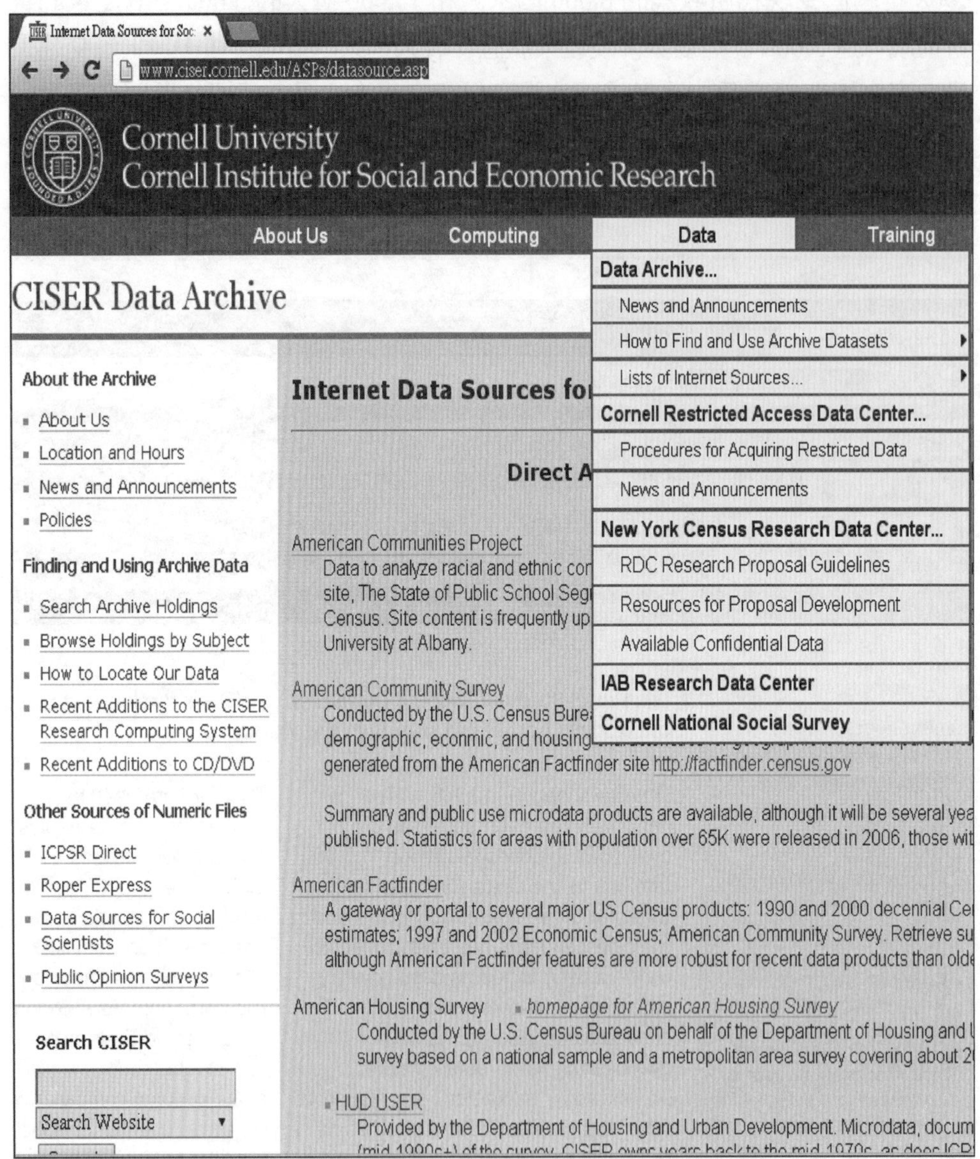

圖 1-5 康乃爾 (Connell) 大學社會及經濟研究所提供的 panel 資料庫

網址：http://www.ciser.cornell.edu/info/datasource.shtml (選 Data → List of Internet Sources)

4. 普林斯頓 (Princeton) 大學之 panel 資料統計

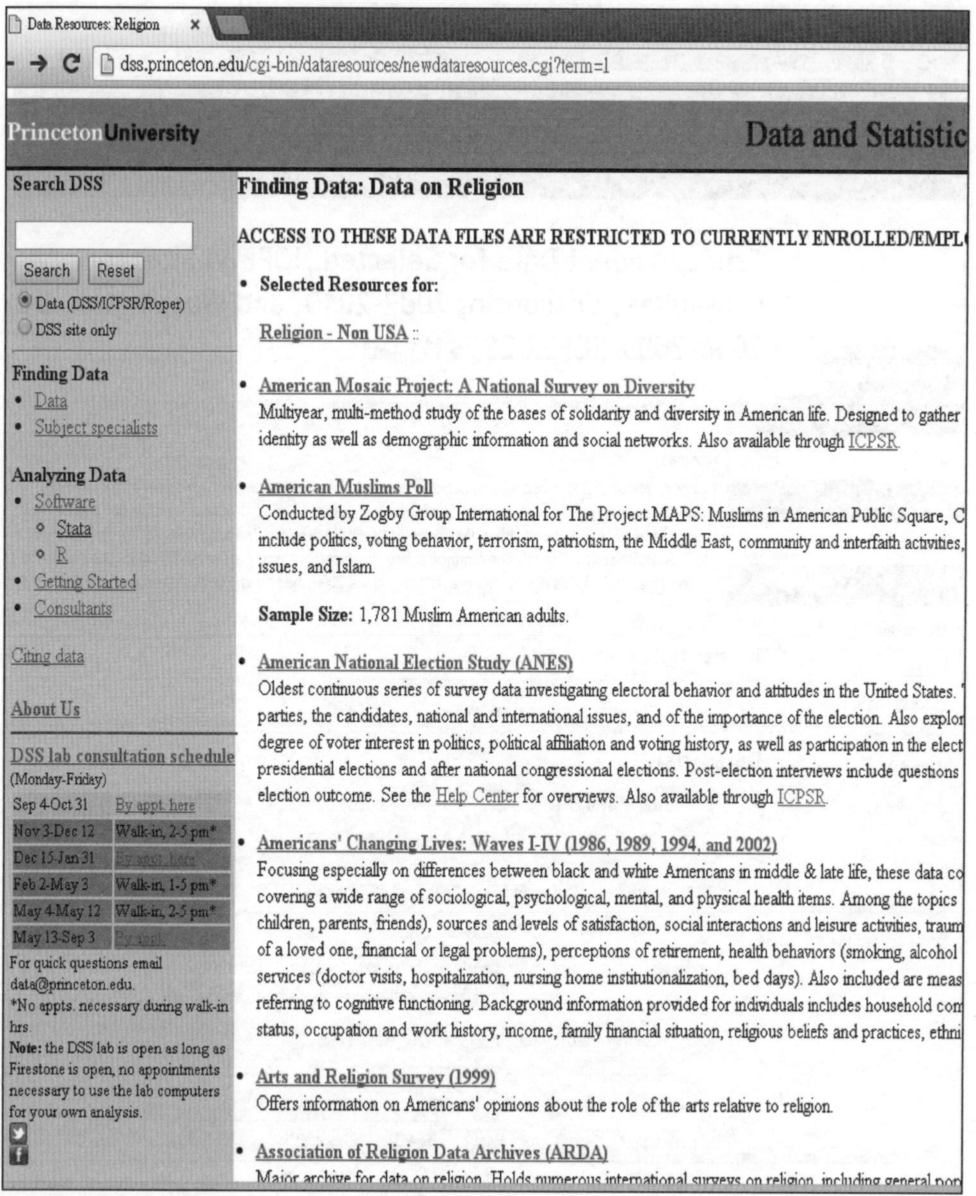

圖 1-6 普林斯頓 (Princeton) 大學之 panel 資料統計

網址：http://dss.princeton.edu/cgi-bin/dataresources/newdataresources.cgi?term=1

5. 美國犯罪資料庫

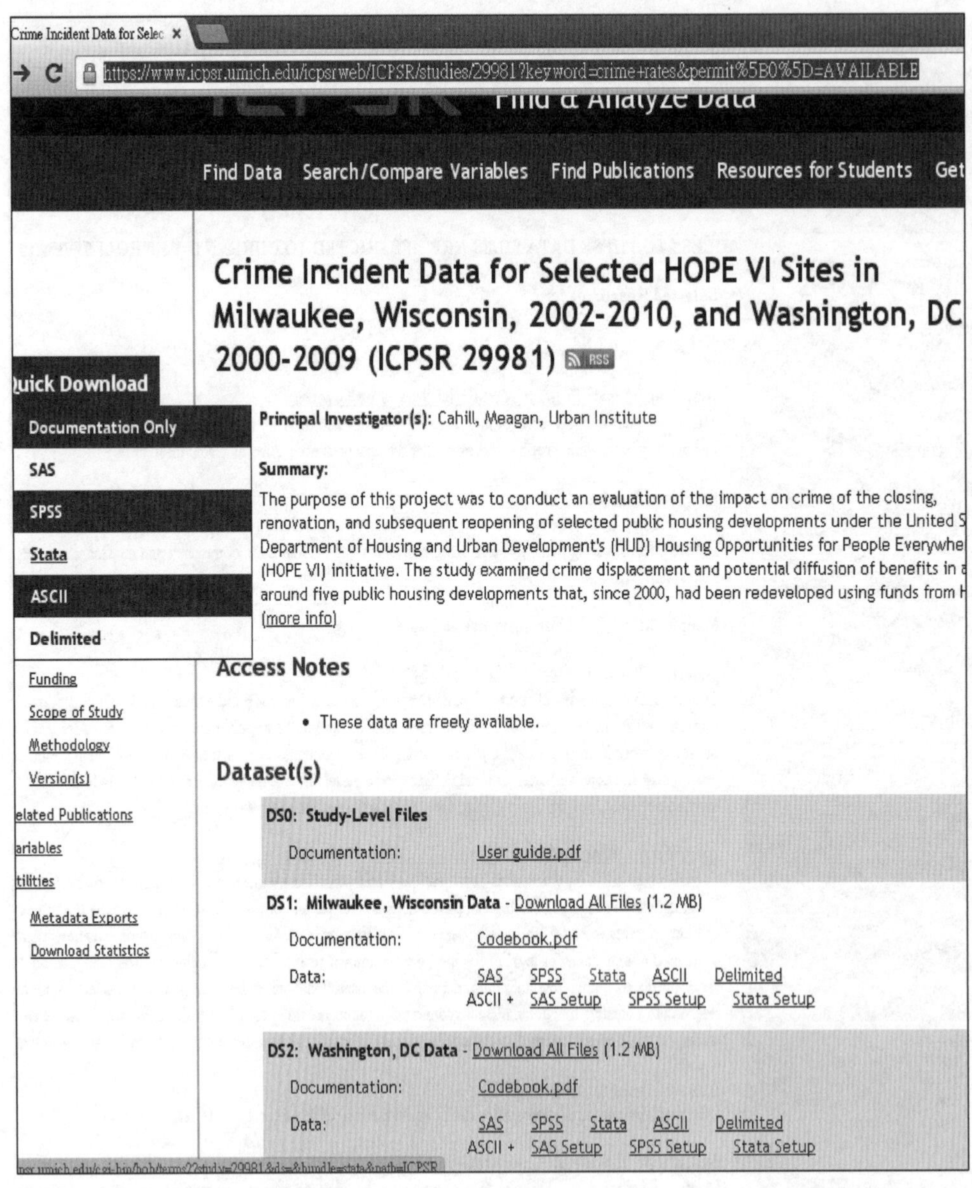

圖 1-7 美國犯罪資料庫

網址：https://www.icpsr.umich.edu/icpsrweb/ICPSR/studies/29981?keyword=crime+rates&permit%5B0%5D=AVAILABLE

6. 香港科技大學 (http://caser.ust.hk/?act=project_hkpssd) 亦著手建立 panel 資料庫，如下圖。

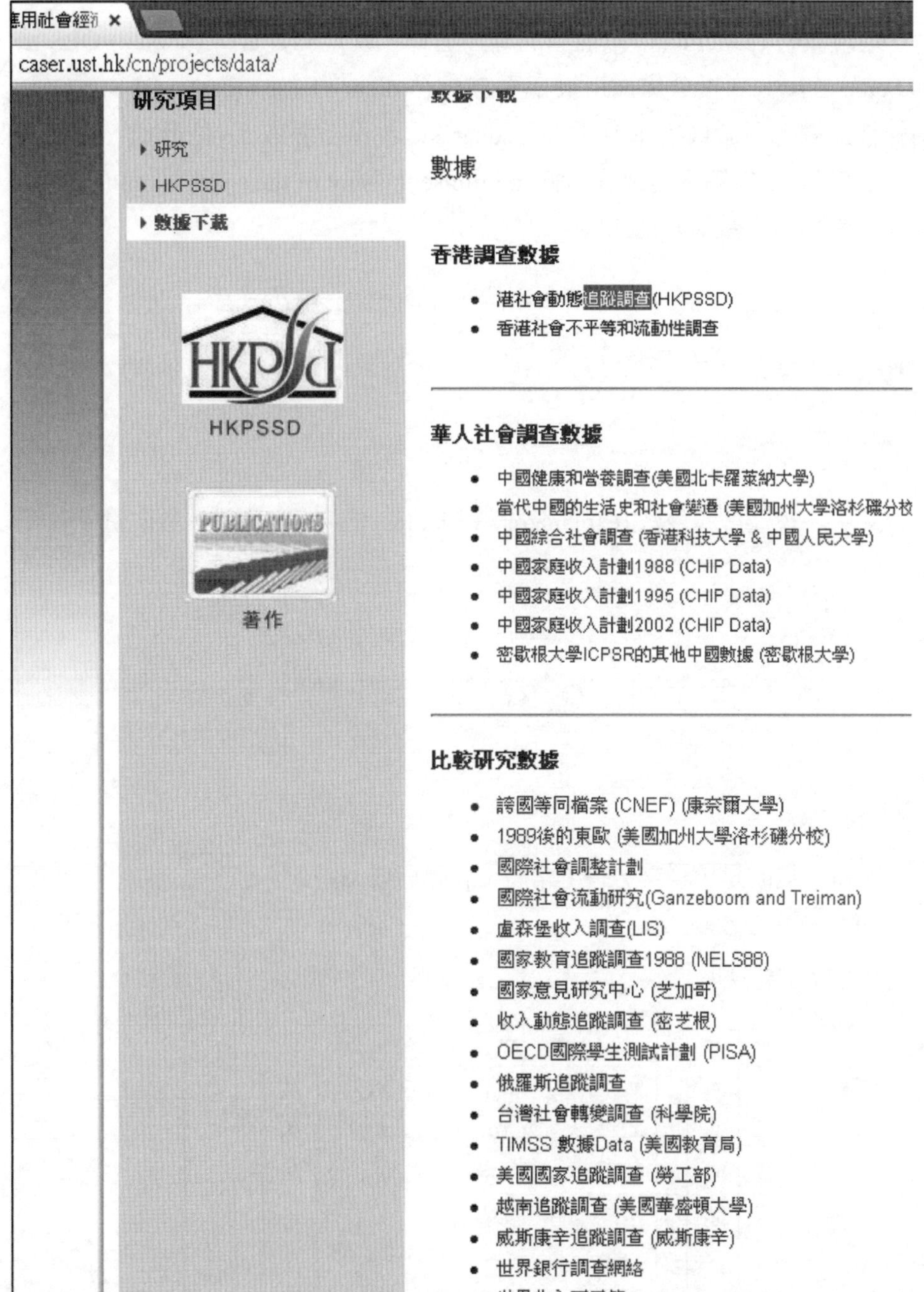

圖 1-8 香港科技大學之 panel 資料庫

1-2 迴歸模型之重點整理

1-2-1 簡單 OLS 迴歸模型之重點整理

追蹤資料 (panel-data) 最簡單的線性迴歸，就是混合資料 (pooled) OLS 法，即 Stata 之 regress 指令係採用最小平方法 (ordinary least squares, OLS)，OLS 又稱線性迴歸。所謂最小平方「least squares」，係指係數 β's 估計值，會使各個觀察值誤差 ε's 的總合達到最小值 (minimise the sum of the ε's)，即 $\min\sum(\varepsilon_i)^2$。

OLS 模型之數學方程式為：

$$y_i = \alpha + x_{i1}\beta_1 + x_{i2}\beta_2 + x_{i3}\beta_3 + \ldots + x_{iK}\beta_K + \varepsilon_i$$

1. OLS 向量形式

$$y_i = x_i'\beta + \varepsilon_i$$

其中，x'_i 為解釋變數 (explanatory variables) 的向量；β 為係數向量。

$$y_i = \begin{bmatrix} x_{i1} & x_{i2} & x_{i3} & . & . & x_{iK} \end{bmatrix} * \begin{bmatrix} \beta_1 \\ \beta_2 \\ \beta_3 \\ . \\ . \\ \beta_K \end{bmatrix} + \varepsilon_i$$

值得一提的是，論文 / 書上常將 x'β 簡寫成 xβ。

2. OLS 矩陣形式

$y = X'\beta + \varepsilon$ 即

$$\begin{bmatrix} y_1 \\ y_2 \\ y_3 \\ y_4 \\ y_5 \\ . \\ . \\ y_N \end{bmatrix} = \begin{bmatrix} x_{11} & x_{12} & x_{13} & . & . & x_{1K} \\ x_{21} & x_{22} & x_{23} & . & . & x_{2K} \\ x_{31} & x_{32} & x_{33} & . & . & x_{3K} \\ x_{41} & x_{42} & x_{43} & . & . & x_{4K} \\ x_{51} & x_{52} & x_{53} & . & . & x_{5K} \\ . & . & . & . & . & . \\ . & . & . & . & . & . \\ x_{N1} & x_{N2} & x_{N3} & . & . & x_{NK} \end{bmatrix} * \begin{bmatrix} \beta_1 \\ \beta_2 \\ \beta_3 \\ . \\ . \\ \beta_K \end{bmatrix} + \begin{bmatrix} \varepsilon_1 \\ \varepsilon_2 \\ \varepsilon_3 \\ . \\ . \\ . \\ . \\ \varepsilon_N \end{bmatrix}$$

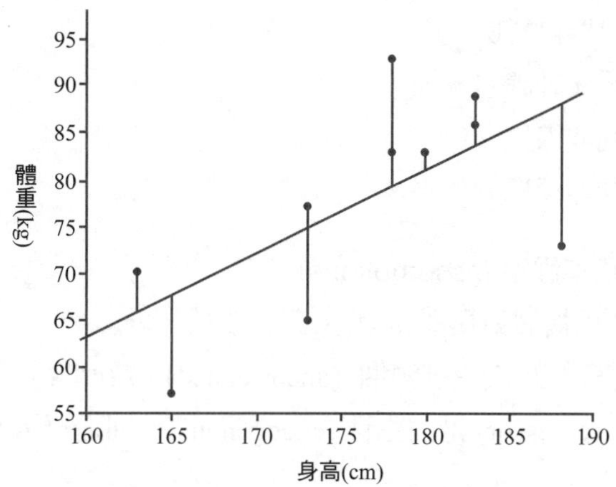

圖 1-9 單一解釋變數 OLS 之示意圖 (身高 x 來預測體重 y)

一、OLS 迴歸模型

1. 母體迴歸式 (population linear regression)

$$E(Y_t \mid X_t) = \beta_1 + \beta_2 X_t$$

2. 隨機干擾項或誤差項 (stochastic disturbance or stochastic error term)

$$\varepsilon_t = Y_t - E(Y \mid X_t)$$

3. 簡單迴歸模型 (simple linear regression model)

$$Y_t = E(Y \mid X_t) + \varepsilon_t = \beta_1 + \beta_2 X_t + \varepsilon_t$$

其中

Y_t 爲依變數 (dependent variable)

X_t 爲自變數 (independent variable)

ε_t 爲誤差項 (error)

β_1, β_2 爲迴歸係數 (coefficient of regression)

爲何會有誤差項？

答：1. 遺漏重要自變數。
2. 調查或統計誤差。
3. 變數間非線性關係。
4. 樣本間非預期的效果。

(一)OLS 迴歸之基本假定 (assumptions)

A1. 線性 (linear)：係指迴歸模型 β_1 和 β_2 爲一次式。

A2. 誤差 ε's 與解釋變數 X's 係無相關 (uncorrelated)：$E(\varepsilon_i \mid X_i) = 0$

(1) 若解釋變數 (regressor) 是內生性 (endogenous)，則違反 A2 假定：$E(\varepsilon_i X_i) = 0$

(2) 當 Cov(x, ε) ≠ 0 時，OLS 是有偏誤的。此時，自變數 x 是內生性 (endogenous) 的。

(3) 例如，女性勞工供給模型裡，生小孩數目會影響婦女是否需要就業，故「婦女生小孩數目」就可視爲工具變數 (instrumental variables, IV)，因爲它會干擾婦女是否需要就業。工具變數迴歸是在 x 與 ε 相關時，允許我們得到一致估計式的方法。工具變數用來將 x 變動裡與 ε 無關的部分分離出來，進一步建立一致性的參數。

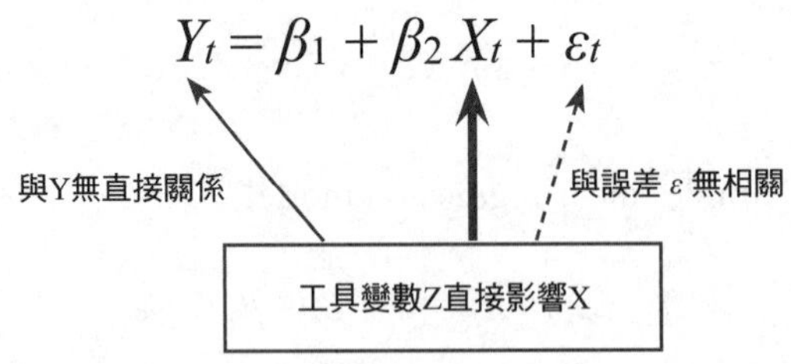

圖 1-10 工具變數 Z 直接影響 x，但與 y 無直接關係，且與誤差 ε 無相關

A3. 誤差預期值 (the expected value of the error) 爲 0

$$E(\varepsilon_t \mid X_t) = 0 \Leftrightarrow E(Y_t) = \beta_1 + \beta_2 X_t$$

A4. 誤差變異數 (the variance of the error) 同質性 (homoskedasticity)

$$E(\varepsilon_t \mid X_t) = \sigma^2 = Var(Y_t \mid X_t)$$

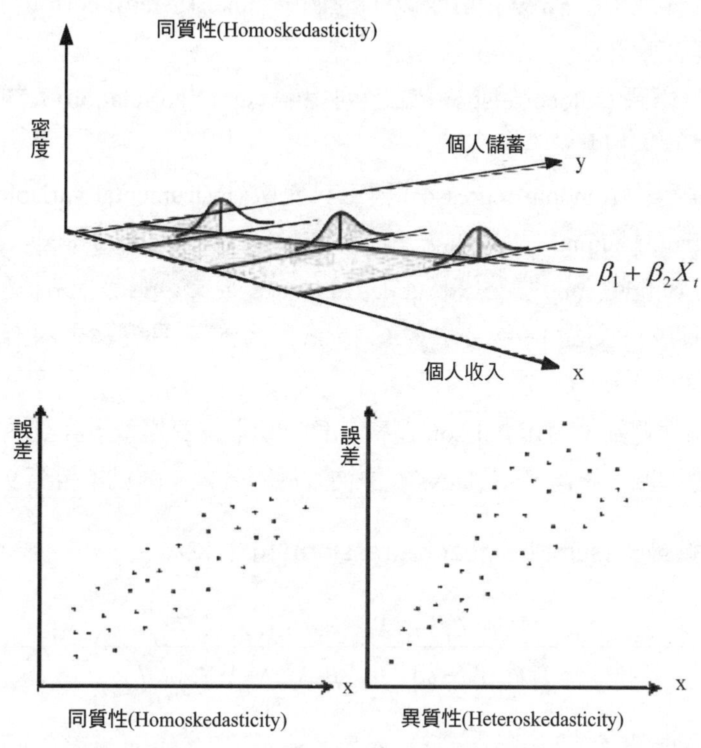

圖 1-11 誤差同質性 vs. 異質性之示意圖

A5. 數列獨立 (series independent)：誤差之間彼此獨立，不互相影響 (ε's uncorrelated with each other)

$$\text{Cov}(\varepsilon_t, \varepsilon_S \mid X_t) = 0 = \text{Cov}(Y_t, Y_S \mid X_t)$$

A6. X_t 是非隨機變數，至少有兩個觀察值 (並由 A2 隱含 $\text{Cov}(X_t, \varepsilon_t) = 0$)

A7. 干擾項 ε_t ～符合 $N(0, \sigma^2)$ (非必要性)

干擾項 (disturbances) 是 iid (常態分布，平均數 0，固定變異數)。

(二) 違反基本假定時做法

1. 增加虛擬變數 (dummy variable)：(1) 虛擬變數設定，如各時間之虛擬變數。(2) CHOW 檢定找到轉折點之後，再分轉折點「前 vs. 後」時段之各別 OLS 迴歸。

2. 異質變異 (heteroskedasticity)：Stata 各種迴歸指令中，勾選 Robust 選項之穩健標準誤、重新定義變數 (將原始的線性模型轉換為 log-log 模型)、加權最小平方法、或者將 xtreg 指令改成「xtgls…, panels(hetero) corr(ar1)」指令。詳見本書第 4 章介紹。
3. 誤差自我相關 (autocorrelation) 或序列相關 (serial correlation)：詳見本書第 3 章及第 7 章單根共整合。
4. 隨機解釋變數 (random regressor) 與工具變數 (instrumental variables)：隨機模型 (gllamm, xtabond, xtcloglog, xtgee, xtintreg, xtlogit, xtmelogit, xtmepoisson, xtmixed, xtnbreg, xtpoisson, xtprobit, xtreg, xtregar, xttobit 等指令搭配 re 選項)、兩階段迴歸 (xtivreg 指令 , ivregress 指令)。至於工具變數之兩階段迴歸，請見本書第 6 章。
5. 改用非線性迴歸，例如 Poisson 迴歸、負二項迴歸等模型，詳見本書第 8 章。
6. 改用動態迴歸，將落遲項 (lags) 一併納入迴歸分析，詳見本書第 9 章。

(三) 樣本迴歸式 (sample linear regression)(圖 1-12)

$$Y_t = \hat{\beta}_1 + \hat{\beta}_2 X_t + \hat{\varepsilon}_t;\ t = 1, 2, ..., T$$
$$\hat{Y}_t\ (= Y_t - \hat{\varepsilon}_t) = \hat{\beta}_1 + \hat{\beta}_2 X_t;\ t = 1, 2, ..., T$$

其中

$\hat{\varepsilon}_t$ 為殘差項 (residual)

$\hat{\beta}_1$和$\hat{\beta}_2$為β_1和β_2估計量 (estimator)

(四) 違反基本假設所產生的問題和原因

1. 違反 A1 假定，變數或係數間存在非線性關係。範例請見第 8 章。
2. 違反 A2 假定，$E(\varepsilon_t) \neq 0$，可能因遺漏重要變數。範例請見第 6、7、9 章。
3. 違反 A3 假定，$\text{Var}(\varepsilon_t) = \sigma_t^2$，發生異質性 (heteroskedasticity)。範例請見第 4 章。
4. 違反 A4 假定，$\text{Cov}(\varepsilon_t, \varepsilon_S) \neq 0$，發生序列相關 (serial correlation)。範例請見第 3 章。
5. 違反 A5 假定，X_t 呈隨機變數特徵。範例請見第 1、5 章之隨機效果。
6. 常態性假定在樣本數夠多時，相對的就比前面的五個假定較不重要，因為只要樣本數夠大，OLS 所得到估計式之分配將可漸進為常態分配。

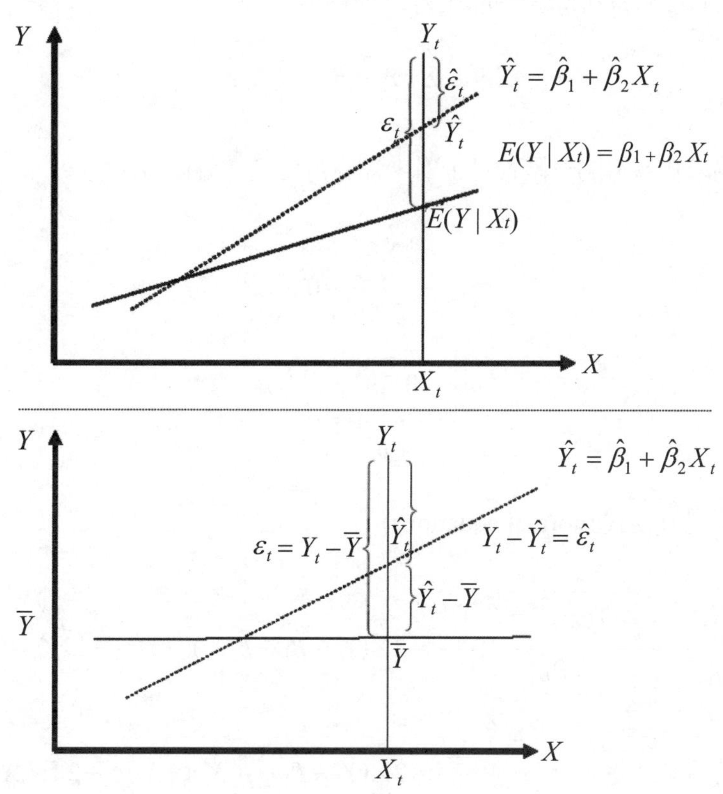

圖 1-12 樣本迴歸線 vs. 母體迴歸線

二、迴歸模型的幾個特性

1. 兩變數的迴歸分析，並不代表兩變數的「相關」關係，也不代表兩變數的「因果」關係。
2. 通常符合假設 A2-A5 的隨機變數，我們通常稱之爲 iid (即 independently identical distribution)。

三、參數估計

1. 最小平方法原則 (least squares principle)：Ordinary Least Squares (OLS)

存在一單變量樣本迴歸式：$\hat{Y}_t = \hat{\beta}_1 + \hat{\beta}_2 X_t + \hat{\varepsilon}_t$，可得殘差項估計式：

$$\hat{\varepsilon}_t = \hat{Y}_t - (\hat{\beta}_1 + \hat{\beta}_2 X_t)$$

接著，將所有樣本殘差項開平方後加總：

$$\sum_{t=1}^{T}\hat{\varepsilon}_t^2=\sum_{t=1}^{T}(Y_t-\hat{\beta}_1-\hat{\beta}_2X_t)^2$$

再透過未知參數的一階條件 (對未知數 $\hat{\beta}_1$ 及 $\hat{\beta}_2$ 做偏微分)：

$$\frac{\partial\sum_{t=1}^{T}\hat{\varepsilon}_t^2}{\partial\hat{\beta}_1}=0$$

$$\frac{\partial\sum_{t=1}^{T}\hat{\varepsilon}_t^2}{\partial\hat{\beta}_2}=0$$

取得正規方程式 (normal equations)：

$$\begin{cases}\dfrac{\partial\sum_{t=1}^{T}\hat{\varepsilon}_t^2}{\partial\hat{\beta}_1}=\dfrac{\partial\sum_{t=1}^{T}(Y_t-\hat{\beta}_1-\hat{\beta}_2X_t)^2}{\partial\hat{\beta}_1}=2\sum_{t=1}^{T}(Y_t-\hat{\beta}_1-\hat{\beta}_2X_t)(-1)=-2\sum_{t=1}^{T}\hat{\varepsilon}_t=0\\ \dfrac{\partial\sum_{t=1}^{T}\hat{\varepsilon}_t^2}{\partial\hat{\beta}_2}=\dfrac{\partial\sum_{t=1}^{T}(Y_t-\hat{\beta}_1-\hat{\beta}_2X_t)^2}{\partial\hat{\beta}_2}=2\sum_{t=1}^{T}(Y_t-\hat{\beta}_1-\hat{\beta}_2X_t)(-X_t)=-2\sum_{t=1}^{T}\hat{\varepsilon}_tX_t=0\end{cases}$$

上式，整理後，可得最小平方參數估計量 (證明)：

$$\hat{\beta}_1=\overline{Y}-\hat{\beta}_2\overline{X}$$

$$\hat{\beta}_2=\frac{T\sum_{t=1}^{T}X_tY_t-\sum_{t=1}^{T}Y_t\sum_{T=1}^{T}X_t}{T\sum_{t=1}^{T}X_t^2-\left(\sum_{t=1}^{T}X_t\right)^2}$$

證明：正規方程式推得最小平方參數估計量過程

$$\Rightarrow\begin{cases}\sum_{t=1}^{T}(Y_t-\hat{\beta}_1-\hat{\beta}_2X_t)=0\\ \sum_{t=1}^{T}(X_tY_t-\hat{\beta}_1X_t-\hat{\beta}_2X_t^2)=0\end{cases}\Rightarrow\begin{cases}\sum_{t=1}^{T}Y_t-\sum_{t=1}^{T}\hat{\beta}_1-\sum_{t=1}^{T}\hat{\beta}_2X_t=0\\ \sum_{t=1}^{T}X_tY_t-\sum_{t=1}^{T}\hat{\beta}_1X_t-\sum_{t=1}^{T}\hat{\beta}_2X_t^2=0\end{cases}$$

$$\Rightarrow\begin{cases}\sum_{t=1}^{T}Y_t-T\hat{\beta}_1-\hat{\beta}_2\sum_{t=1}^{T}X_t=0\\ \sum_{t=1}^{T}X_tY_t-\hat{\beta}_1\sum_{t=1}^{T}X_t-\hat{\beta}_2\sum_{t=1}^{T}X_t^2=0\end{cases}$$

$$\Rightarrow\begin{cases}\hat{\beta}_1=\dfrac{\sum_{t=1}^{T}Y_t}{T}-\hat{\beta}_2\dfrac{\sum_{t=1}^{T}X_t}{T}\\ \sum_{t=1}^{T}X_tY_t-\left(\dfrac{\sum_{t=1}^{T}Y_t}{T}-\hat{\beta}_2\dfrac{\sum_{t=1}^{T}X_t}{T}\right)\sum_{t=1}^{T}X_t-\hat{\beta}_2\sum_{t=1}^{T}X_t^2=0\end{cases}$$

$$\Rightarrow\begin{cases}\hat{\beta}_1=\overline{Y}-\hat{\beta}_2\overline{X}\\ \hat{\beta}_2=\dfrac{\sum_{t=1}^{T}X_tY_t-\dfrac{\sum_{t=1}^{T}Y_t\sum_{t=1}^{T}X_t}{T}}{\sum_{t=1}^{T}X_t^2-\dfrac{\sum_{t=1}^{T}X_t\sum_{t=1}^{T}X_t}{T}}\end{cases}$$

$$\hat{\beta}_1=\overline{Y}-\hat{\beta}_2\overline{X}$$

$$\hat{\beta}_2=\frac{T\sum_{t=1}^{T}X_tY_t-\sum_{t=1}^{T}Y_t\sum_{t=1}^{T}X_t}{T\sum_{t=1}^{T}X_t^2-\left(\sum_{t=1}^{T}X_t\right)^2}=\frac{\sum_{t=1}^{T}X_tY_t-T\overline{Y}\overline{X}}{\sum_{t=1}^{T}X_t^2-T\overline{X}^2}$$

2. 最大概似法原則 (maximum likelihood estimation, MLE)：係數估計法

除了最小平方法 (OLS)、最大概似法 (MLE) 和動差法 (MM)，還有其他的方法亦可推估迴歸模型的參數。

若 ε_t 的機率密度函數 (p.d.f.) 爲：

$$f(\varepsilon_t;\sigma^2)=\frac{1}{\sqrt{2\pi\sigma^2}}\exp\left(-\frac{\varepsilon_t^2}{2\sigma^2}\right)$$

將殘差項估計式代入，得到：

$$f(\varepsilon_t;\beta_1,\beta_2,\sigma^2)=\frac{1}{\sqrt{2\pi\sigma^2}}\exp\left(-\frac{(Y_t-\beta_1-\beta_2X)^2}{2\sigma^2}\right)$$

將所有樣本 p.d.f. 相乘，得概似函數 (likelihood function)：

$$L(\beta_1, \beta_2, \sigma^2) = \prod_{t=1}^{T} f(\varepsilon_t; \beta_1, \beta_2, \sigma^2) = \frac{1}{2\pi^{\frac{T}{2}}\sigma^T}\exp\left(-\frac{\sum_{t=1}^{T}(Y_t - \beta_1 - \beta_2 X_t)^2}{2\sigma^2}\right)$$

取對數，得：

$$\ln L(\beta_1, \beta_2, \sigma^2) = -\frac{T}{2}(\ln(2\pi) + \ln\sigma^2) - \frac{\sum_{t=1}^{T}(Y_t - \beta_1 - \beta_2 X_t)^2}{2\sigma^2}$$

極大化 $\ln L(\beta_1, \beta_2, \sigma^2)$，並針對 $\beta_1, \beta_2, \sigma^2$ 的一階條件，得：

$$\frac{\partial \ln L(\beta_1, \beta_2, \sigma^2)}{\partial \beta_1} = 0$$

$$\frac{\partial \ln L(\beta_1, \beta_2, \sigma^2)}{\partial \beta_2} = 0$$

$$\frac{\partial \ln L(\beta_1, \beta_2, \sigma^2)}{\partial \sigma^2} = 0$$

經整理，可得：

$$\Rightarrow \begin{cases} \dfrac{\sum_{t=1}^{T}(Y_t - \beta_1 - \beta_2 X_t)(-1)}{\sigma^2} = 0 \\ \dfrac{\sum_{t=1}^{T}(Y_t - \beta_1 - \beta_2 X_t)(-X_t)}{\sigma^2} = 0 \\ -\dfrac{T}{2} \times \dfrac{1}{\sigma^2} + \dfrac{\sum_{t=1}^{T}(Y_t - \beta_1 - \beta_2 X_t)^2}{2\sigma^4} = 0 \end{cases} \quad \Rightarrow \begin{cases} \sum_{t=1}^{T}(Y_t - \beta_1 - \beta_2 X_t) = 0 \\ \sum_{t=1}^{T}(Y_t - \beta_1 - \beta_2 X_t)X_t = 0 \\ \dfrac{\sum_{t=1}^{T}(Y_t - \beta_1 - \beta_2 X_t)^2}{2\sigma^4} = \dfrac{T}{2} \times \dfrac{1}{\sigma^2} \end{cases}$$

得最大概似法估計量：

$$\beta_1^{MLE} = \overline{Y} - \beta_t^{MLE}\overline{X}$$

$$\beta_2^{MLE} = \frac{T\sum_{t=1}^{T} X_t Y_t - \sum_{t=1}^{T} Y_t \sum_{t=1}^{T} X_t}{T\sum_{t=1}^{T} X_t^2 - \left(\sum_{t=1}^{T} X_t\right)^2}$$

$$\sigma_{MLE}^2 = \frac{\sum_{t=1}^{T}(Y_t - \beta_1^{MLE} - \beta_2^{MLE} X_t)^2}{T} = \frac{\sum_{t=1}^{T}\hat{\varepsilon}^2}{T}$$

3. **動差法 (method of moments, MM)：係數估計法**

(1) 母體動差 (population moments)

$$E(\varepsilon_t)=0 \Rightarrow E(Y_t-\beta_1-\beta_2X_t)=0$$

$$E(X_t\ \varepsilon_t)=0 \Rightarrow E[X_t(Y_t-\beta_1-\beta_2X_t)]=0$$

(2) 樣本動差 (sample moments)

$$\frac{\sum_{t=1}^{T}(Y_t-\hat{\beta}_1-\hat{\beta}_2X_t)}{T}=0$$

$$\frac{\sum_{t=1}^{T}X_t(Y_t-\hat{\beta}_1-\hat{\beta}_2X_t)}{T}=0$$

經整理，可得：

$$\Rightarrow\begin{cases}\sum_{t=1}^{T}(Y_t-\hat{\beta}_1-\hat{\beta}_2X_t)=0\\ \sum_{t=1}^{T}X_t(Y_t-\hat{\beta}_1-\hat{\beta}_2X_t)=0\end{cases}$$

得動差法估計量：

$$\hat{\beta}_1^{Moment}=\overline{Y}-\hat{\beta}_2^{Moment}\overline{X}$$

$$\hat{\beta}_2^{Moment}=\frac{T\sum_{t=1}^{T}X_tY_t-\sum_{t=1}^{T}Y_t\sum_{t=1}^{T}X_t}{T\sum_{t=1}^{T}X_t^2-\left(\sum_{t=1}^{T}X_t\right)^2}$$

四、檢定

1. **殘差項變異數 (residual variance) σ_ε^2 的不偏估計量**

$$\hat{\sigma}^2=\frac{\sum_{t=1}^{T}(Y_t-\hat{Y}_t)^2}{T-k}=\frac{\sum_{t=1}^{T}\hat{\varepsilon}_t^2}{T-k}$$

2. **截距項 β_1 的信賴區間與假設檢定**

$\hat{\beta}_1$ 的期望值與變異數：

$$E(\hat{\beta}_1)=\beta_1$$

$$Var(\hat{\beta}_1)=\frac{\sigma^2\sum_{t=1}^{T}X_t^2}{T\sum_{t=1}^{T}\left(X_t-\overline{X}\right)^2}$$

$\hat{\beta}_1$ 的樣本信賴區間：

$$P\left(-t_c \leq \frac{\hat{\beta}_1 - \beta_1}{\sqrt{V\hat{a}r(\hat{\beta}_1)}} \leq t_c\right) = 1 - \alpha \text{ ; } V\hat{a}r(\hat{\beta}_1) = \frac{\hat{\sigma}^2 \sum_{t=1}^{T} X_t^2}{T \sum_{t=1}^{T} (X_t - \overline{X})^2}$$

$\hat{\beta}_1$ 的檢定：

H_0：$\beta_1 = 0$

H_1：$\beta_1 \neq 0$

$\Rightarrow t^0 = \dfrac{\hat{\beta}_1 - 0}{\sqrt{V\hat{a}r(\hat{\beta}_1)}}$；若 $-t_c \leq t^0 \leq t_c$，則接受 H_0

3. 係數 β_2 的信賴區間與假設檢定

$\hat{\beta}_2$ 的期望值與變異數：

$E(\hat{\beta}_2) = \beta_2$

$$Var(\hat{\beta}_2) = \frac{\sigma^2}{\sum_{t=1}^{T} \left(X_t - \overline{X}\right)^2}$$

$\hat{\beta}_2$ 的樣本信賴區間：

$$P\left(-t_c \leq \frac{\hat{\beta}_2 - \beta_2}{\sqrt{V\hat{a}r(\hat{\beta}_2)}} \leq t_c\right) = 1 - \alpha \text{ ; } V\hat{a}r(\hat{\beta}_2) = \frac{\hat{\sigma}^2}{\sum_{t=1}^{T} (X_t - \overline{X})^2}$$

$\hat{\beta}_2$ 的檢定：

H_0：$\beta_2 = 0$

H_1：$\beta_2 \neq 0$

$\Rightarrow t^0 = \dfrac{\hat{\beta}_2 - 0}{\sqrt{V\hat{a}r(\hat{\beta}_2)}}$；若 $-t_c \leq t^0 \leq t_c$，則接受 H_0

4. $\hat{\beta}_1$ 和 $\hat{\beta}_2$ 的共變異數

$$Cov(\hat{\beta}_1, \hat{\beta}_2) = -\frac{\overline{X}\sigma^2}{\sum_{t=1}^{T} (X_t - \overline{X})^2}$$

5. $\hat{\sigma}_\varepsilon^2$ 的信賴區間

$$\sum_{t=1}^{T} \left(\frac{\hat{\varepsilon}_t - 0}{\sigma}\right)^2 \sim \chi_T^2$$

$$V^0 = \sum_{t=1}^{T} \left(\frac{\hat{\varepsilon}_t}{\sigma}\right)^2 = \frac{(T-2)\hat{\sigma}^2}{\sigma^2}$$

H_0：$\sigma^2 = 0$

H_1：$\sigma^2 \neq 0$

$V_c \leq V^0$，則拒絕 H_0

五、預測

1. 在已知的 X_0 值預測 Y_0 值：點預測 (point forecast)

預測值：$\hat{Y}_0 = \hat{\beta}_1 + \hat{\beta}_2 X_0$

迴歸式：$Y_t = \beta_1 + \beta_2 X_t + \varepsilon_t$

預測誤差 (forecast error)：$\hat{Y}_0 - Y_0$

期望值：$E(\hat{Y}_0 - Y_0) = 0$

變異數：$Var(\hat{Y}_0 - Y_0) = \sigma^2\left(1 + \frac{1}{T} + \frac{(X_0 - \overline{X})^2}{\sum_{t=1}^{T}(X_t - \overline{X})^2}\right)$

點預測信賴區間 (confidence interval for the point forecast)

$$P\left(-t_c \leq \frac{(\hat{Y}_0 - Y_0) - 0}{\sqrt{Var(\hat{Y}_0 - Y_0)}} \leq t_c\right) = 1 - \alpha$$

Y_0 的點預測信賴區間

$$\hat{Y}_0 \pm t_c \sqrt{\sigma^2\left(1 + \frac{1}{T} + \frac{(X_0 - \overline{X})^2}{\sum_{t=1}^{T}(X_t - \overline{X})^2}\right)}$$

2. 在已知的 X_0 值預測 $E(Y \mid X_0)$ 值：平均值預測值 (mean predictor)

預測值：$\hat{Y}_0 = \hat{\beta}_1 + \hat{\beta}_2 X_0$

均值迴歸式：$E(Y|X_0) = \beta_1 + \beta_2 X_0$

預測值與均值差距：$Y_0 - E(Y|X_0)$

期望值：$E(\hat{Y}_0 - E(Y|X_0)) = 0$

變異數：$Var(\hat{Y}_0 - E(Y|X_0)) = \sigma^2\left(\frac{1}{T} + \frac{(X_0 - \overline{X})^2}{\sum_{t=1}^{T}(X_t - \overline{X})^2}\right)$

均值預測值信賴區間

$$P\left(-t_c \leq \frac{(\hat{Y}_0 - E(Y|X_0)) - 0}{\sqrt{Var(\hat{Y}_0 - E(Y|X_0))}} \leq t_c\right) = 1 - \alpha$$

$E(Y \mid X_0)$ 的信賴區間

$$\hat{Y}_0 \pm t_c \sqrt{\sigma^2\left(\frac{1}{T}+\frac{(X_0-\overline{X})^2}{\sum_{t=1}^{T}(X_t-\overline{X})^2}\right)}$$

3. 預測績效

通常我們可用預測誤差作爲評估預測品質的方法，假定 Y_t 爲實際值，Y_t^f 爲預測值，常用的模型預測績效指標，包括：

(1) 均方誤差 (mean squared error, MSE) = $\frac{\Sigma(Y_t^f-Y_t)^2}{T}$

(2) 均方誤差的平方根 (root mean squared error, RMSE) = $\sqrt{\frac{\Sigma(Y_t^f-Y_t)^2}{T}}=\sqrt{MSE}$

(3) 絕對均誤差 (mean absolute error, MAE) = $\frac{1}{T}\Sigma\left|Y_t-Y_t^f\right|$

(4) 平均絕對百分比誤差(mean absolute percent error, MAPE) = $\frac{1}{T}\Sigma 100\frac{\left|Y_t-Y_t^f\right|}{Y_t}$

(5) 均方百分比誤差 (mean squared percent error, MSPE) = $\frac{1}{T}\Sigma\left(100\frac{Y_t-Y_t^f}{Y_t}\right)^2$

(6) 均方根百分比誤差 (root mean squared percent error, RMSPE) =

$$\sqrt{\frac{1}{T}\Sigma\left(100\frac{Y_t-Y_t^f}{Y_t}\right)^2}=\sqrt{MSPE}$$

六、模型適配度 (goodness of fit)

1. 判定係數 (coefficient of determination)：R^2

假定個體樣本觀察值與樣本平均值的差距爲$Y_t-\overline{Y}$，則

$$Y_t-\overline{Y}=Y_t(-\hat{Y}_t+\hat{Y}_t)-\overline{Y}=(Y_t-\hat{Y}_t)+(\hat{Y}_t-\overline{Y})$$

將上式左右兩式開平方，可得下式：

$$(Y_t-\overline{Y})^2=(Y_t-\hat{Y}_t)^2+(\hat{Y}_t-\overline{Y})^2+2(Y_t-\hat{Y}_t)(\hat{Y}_t-\overline{Y})$$

將上式所有樣本變異加總，得到：

$$\sum_{t=1}^{T}(Y_t-\overline{Y})^2=\sum_{t=1}^{T}(Y_t-\hat{Y}_t)^2+\sum_{t=1}^{T}(\hat{Y}_t-\overline{Y})^2+2\sum_{t=1}^{T}(Y_t-\hat{Y}_t)(\hat{Y}_t-\overline{Y})$$

總變異 SS_T = 總誤差變異 SS_E + 迴歸模型可解釋總變異 SS_R + 0

定義：

總變異$SS_T=\sum_{t=1}^{T}(Y_t-\overline{Y})^2$

總誤差變異$SS_E=\sum_{t=1}^{T}(Y_t-\hat{Y}_t)^2$

迴歸模型可解釋總變異$SS_R=\sum_{t=1}^{T}(\hat{Y}_t-\overline{Y})^2$

$2\sum_{t=1}^{T}(Y_t-\hat{Y}_t)(\hat{Y}_t-\overline{Y})=0$，證明如下：

$$\begin{aligned}\sum_{t=1}^{T}2(Y_t-\hat{Y}_t)(\hat{Y}_t-\overline{Y}) &= \sum_{t=1}^{T}2\hat{\varepsilon}_t(\hat{\beta}_1+\hat{\beta}_2X_t-\overline{Y})\\ &= \sum_{t=1}^{T}2\hat{\varepsilon}_t\hat{\beta}_1+\sum_{t=1}^{T}2\hat{\varepsilon}_t\hat{\beta}_2X_t-\sum_{t=1}^{T}2\hat{\varepsilon}_t\overline{Y}\\ &= 2\hat{\beta}_1\sum_{t=1}^{T}\hat{\varepsilon}_t+2\hat{\beta}_2\sum_{t=1}^{T}\hat{\varepsilon}_tX_t-2\overline{Y}\sum_{t=1}^{T}\hat{\varepsilon}_t\end{aligned}$$

根據正規方程式 $\sum_{t=1}^{T}\hat{\varepsilon}_t=0$和 $\sum_{t=1}^{T}\hat{\varepsilon}_tX_t=0$，上式爲 0。

因此，可以定義下式關係：

總變異 SS_T = 總誤差變異 SS_E + 迴歸模型可解釋總變異 SS_R

再定義之判定係數如下：

$$R^2=\frac{SS_R}{SS_T}=1-\frac{SS_E}{SS_T}$$

2. 判定係數 R^2 的一些特性

(1) R^2 並不是衡量迴歸模型的品質 (quality)，而是適配度的指標之一。

(2) R^2 介於 0 和 1 之間 (無截距項的迴歸模型則例外)。

(3) $R^2=0.35$ 代表迴歸模型解釋因變數平均值變異的 35%。

(4) R^2 偏低，不代表迴歸係數的估計值就沒有意義。

3. R^2 與變異數分析 (ANOVA)：$k=2$ 單變量迴歸模型 (其中，k 爲待估計迴歸係數個數量)

變異來源	平方和 SS	自由度 df	均方 MS	判斷法則
模型	$SS_R=\sum_{t=1}^{T}(\hat{Y}_t-\overline{Y})^2$	k−1	$MS_R=SS_R/(k-1)$	$F^0=\dfrac{MS_R}{MS_E}$
殘差	$SS_E=\sum_{t=1}^{T}(Y_t-\hat{Y}_t)^2$	T−k	$MS_E=SS_E/(T-k)$	
總變異	$SS_T=\sum_{t=1}^{T}(Y_t-\overline{Y})^2$	T−1		

$\{H_0:\beta_2=0$

$\{H_1:\beta_2\neq 0$

$\Rightarrow F^0=\dfrac{MS_R}{MS_E}$，若查表的 $F_c\leq$ 觀測的 F^0，則拒絕 H_0。

特性：F 檢定與 t 檢定並不衝突，在單變量迴歸模型 $F=t^2$。

七、其他模型適配度

R^2 的功能是迴歸模型所有自變數用來解釋因變數平均變異的一個比例，$\overline{R}^2$ 的提出是另外將自變數增加所產生的自由度損失考慮到指標中。晚近又有一些模型選擇準則被提出，主要重點是著重在殘差平方和「$SS_E=\sum_{t=1}^{T}(Y_t-\hat{Y}_t)^2=\sum_{t=1}^{T}\hat{\varepsilon}_t^{\,2}$」與自變數增加所產生的自由度損失，常用的有下述幾個指標，這些指標的判斷準則不同於 R^2 與 $\overline{R}^2$，而是以指標值愈小模型愈佳。

- Akaike information criteria (AIC): $\ln\left(\dfrac{SSE}{T}\right)+\left(\dfrac{2k}{T}\right)$
- Schwarz criteria (SC): $\ln\left(\dfrac{SSE}{T}\right)+\left(\dfrac{k}{T}\ln T\right)$
- Finite prediction error (FPE): $\ln\left(\dfrac{SSE}{T}\right)+\ln\left(\dfrac{T+k}{T-k}\right)$

八、概似比檢定 (likelihood ratio test, LR test)：二個敵對模型之適配度比較

Stata 提供 lr 指令之概似比檢定，它不等於「最大概似法」之係數估計法，而是二個敵對模型之適配度做比較，看哪一個模型較優。

九、估計的意義

估計 (estimation) 又稱推定，其意義是指利用樣本統計量去估計母體中未知的參數，其內容又區分爲點估計及區間估計兩大類。

十、估計式的評斷標準

1. 符號：以 θ 表示 (某個我們感興趣的) 隨機變數之母體參數 (是一個固定但未知的常數)，$\hat{\theta}$ 代表 θ 的估計式 (隨機變數)。
2. 估計誤差 (estimation error)：以 $\hat{\theta}(x_1, x_2, ..., x_n)$ 估計 θ 時，$(\hat{\theta}-\theta)$ 稱爲估計誤差。
3. 判斷估計式優劣的直覺：良好估計式的估計誤差，應該愈小愈好。
   (1) 估計誤差有正有負，評估時應將估計誤差都變成正值 (平方)，所有的可能的估計誤差均應納入考量 (期望值)。
   (2) 均方誤差 (mean squared error, MSE；平均平方誤差)：一估計式 $\hat{\theta}$ 的均方誤定義爲

$$MS_E(\hat{\theta}) = \mathrm{E}[(\hat{\theta}-\theta)^2]$$

   口語上的解釋：誤差平方的平均值，可解釋爲「估計式的平均誤差」。當然，MSE 愈小代表估計式愈準確。
   (3) 均方誤差可進一步拆解如下

$$\begin{aligned}
MSE(\hat{\theta}) &= E[(\hat{\theta}-\theta)^2] = E[[(\hat{\theta}-E[\hat{\theta}]) + (E[\hat{\theta}]-\theta)]^2] \\
&= E[(\hat{\theta}-E[\hat{\theta}])^2] + E[(E[\hat{\theta}]-\theta)^2] + E[2(\hat{\theta}-E[\hat{\theta}])(E[\hat{\theta}]-\theta)] \\
&= E[(\hat{\theta}-E[\hat{\theta}])^2] + E[(E[\hat{\theta}]-\theta)^2] + 2(E[\hat{\theta}]-\theta)E[\hat{\theta}-E[\hat{\theta}]] \\
&= E[(\hat{\theta}-E[\hat{\theta}])^2] + E[(E[\hat{\theta}]-\theta)^2] \\
&= \underbrace{V(\hat{\theta})}_{\text{估計式的變異數}} + \underbrace{[E(\hat{\theta})-\theta]^2}_{\text{估計式的偏誤}}
\end{aligned}$$

   (4) MSE 由兩個非負值的部分組成：估計式的變異數 $V(\hat{\theta})$ 與估計式偏誤之平方 $E[(\hat{\theta}-\theta)^2]$。因此，要使得 MSE 較小可從二方面著手：「$V(\hat{\theta})$ 愈小愈好」、「$\mathrm{E}[(\hat{\theta}-\theta)^2]$ 愈小愈好」。
   (5) 我們定義之第一個估計式評估準「不偏性」，目的就在使得 $E[(\hat{\theta}-\theta)^2]=0$。
4. 定義：偏誤 (bias)(圖 1-13)

   $\mathrm{E}(\hat{\theta})$ 與 θ 的差距，稱爲偏誤。即 $\mathrm{Bias}(\hat{\theta}) = \mathrm{E}(\hat{\theta}) - \theta$

   當 $\mathrm{Bias}(\hat{\theta}) = 0 \Rightarrow$ 不偏 (左圖)

   當 $\mathrm{Bias}(\hat{\theta}) > 0 \Rightarrow$ 正偏 (中圖) $\Rightarrow$ 平均而言，估計值比眞實參數大，高估參數值。

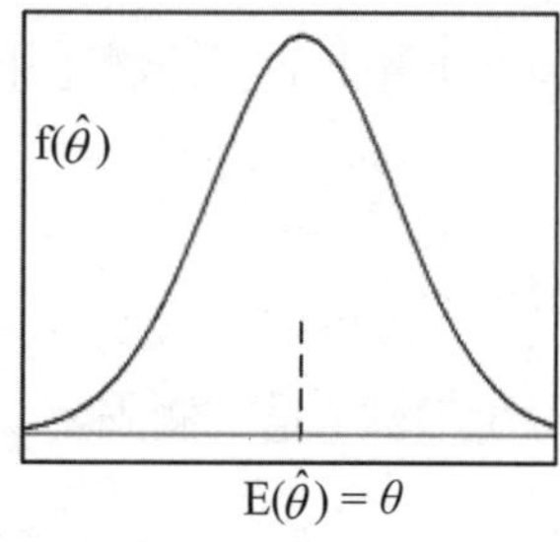

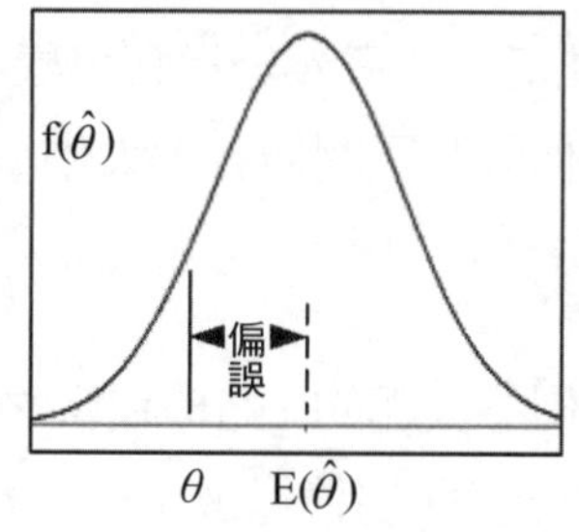

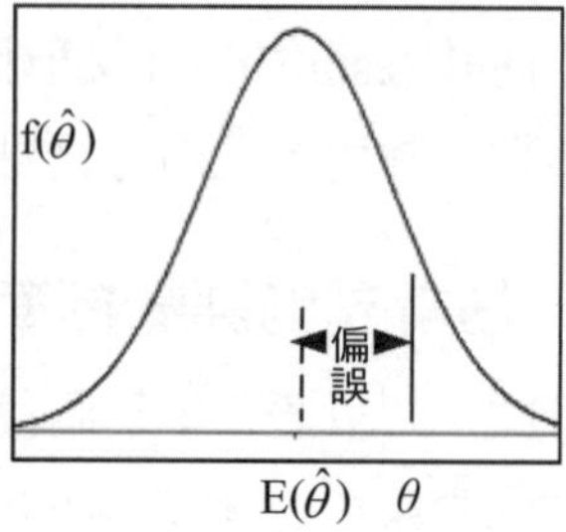

圖 1-13 三種偏誤情況之示意圖

當 Bias($\hat{\theta}$) < 0 ⇒ 負偏 (右圖) ⇒ 平均而言，估計值比眞實參數小，低估參數值。

5. 定義：不偏性 (unbiasedness)

當估計量之抽樣分配的期望值等於母體參數值時，稱之爲不偏性 (unbiased)，而具有不偏性的估計量，是一不偏估計量 (unbiased estimator)；反之，則稱爲偏估計量 (biased estimator)。

(1) 設$\hat{\Theta}$爲參數 θ 之估計式，若 $E(\hat{\Theta}) \neq \theta$，但

$$\lim_{n\to\infty} E(\hat{\Theta}) = \theta$$

則稱估計式$\hat{\Theta}$爲參數 θ 之極限不偏估計式 (asymptotic unbiased estimator)。

(2) 設$\hat{\Theta}(X_1, X_2, ..., X_n)$ 爲參數 θ 之函數 $\pi(\theta)$ 之估計式，且

$$E(\hat{\Theta}(X_1, X_2, \ldots, X_n)) = \pi(\theta)$$

則稱$\hat{\Theta}(X_1, X_2, ..., X_n)$ 爲函數 $\pi(\theta)$ 之不偏估計式。

1-2-2 線性：Panel 迴歸模型之重點整理

1. 基本迴歸模型

$$Y_{it} = \alpha_{it} + \beta_1 X_{1it} + \beta_2 X_{2it} + \ldots + \beta_k X_{kit} + \varepsilon_{it}$$

$$\text{又分}\begin{cases} OLS\text{迴歸，當}\alpha_{it} = \alpha(\text{所有樣本截距項都相同}) \\ \text{固定效果，當}\alpha_{it} = \alpha_i(\text{每一個體截距項都相同}) \\ \text{隨機效果，當}\alpha_{it} = \underbrace{\mu}_{\text{對}y\text{平均的影響}} + \underbrace{\gamma_i}_{\text{隨機誤差}} \text{ 或} = \alpha + \underbrace{u_{it}}_{\text{個體間誤差}} + \underbrace{\varepsilon_{it}}_{\text{個體內誤差}} \end{cases}$$

2. 混合資料 (pooles)OLS 模型或樣本平均 (population-averaged, PA) 模型

$$y_{it} = \alpha + X'_{it}\beta + \underbrace{u_{it}}_{\text{殘差項} \sim N(0,\sigma^2)}$$

3. 雙因子 (two-way) 效果模型

爲避免估計上的偏誤 (bias)，在迴歸估計時，常考慮特定個體效果 (individual-specific effect)，而且，又想捕捉時間動態效果 (time-specific effect)，此時你可採用能夠兼顧兩者的雙因子固定效果模型 (two-way fixed effects model) 作爲估計方法。

$$y_{it} = \underbrace{\alpha_i}_{\text{每一個體 } i \text{ 截距項都不同}} + \underbrace{\gamma_t}_{\text{每一時間 } t \text{ 截距項都不同}} + X'_{it}\beta + \varepsilon_{it}$$

4. 特定個體 (individual-specific) 效果模型

特定個體效果又細分爲固定效果 (fixed effects, FE) 及隨機效果 (random effects, RE) 模型，兩者都是追蹤 / 縱橫資料最常被採用之模式。若樣本來自特定母體，且個體特性不隨時間不同而改變時，使用固定效果模型可強調個體差異性；若樣本是隨機抽樣自母體，則使用隨機效果模型較佳。

$$y_{it} = \underbrace{\alpha_i}_{\text{可以是固定效果或隨機效果}} + X'_{it} \underbrace{\beta}_{\text{固定效果或隨機效果之估計值相近}} + \underbrace{\varepsilon_{it}}_{\text{殘差項} \sim N(0,\sigma^2)}$$

$$\text{又分}\begin{cases} \text{固定效果}: y_{it} = \underbrace{\alpha_i}_{\text{它與解釋變數}x_{it}\text{有相關}} + \underbrace{X'_{it}}_{\text{它亦可爲內生解釋變數}}\beta + \underbrace{\varepsilon_{it}}_{\text{殘差項} \sim N(0,\sigma^2)} \\ \text{隨機效果}: y_{it} = \underbrace{\alpha}_{\text{純隨機} \sim N(0,\sigma_\alpha^2)\text{，它與解釋變數}x_{it}\text{無相關}} + \underbrace{X'_{it}}_{\text{外生解釋變數}}\beta + \underbrace{u_{it}}_{\text{個體間誤差}} + \underbrace{\varepsilon_{it}}_{\text{個體內誤差}} \end{cases}$$

固定效果 (fixed effects, FE) 的特性：

(1) 截距項 α_i 是隨機變數，α_i 與解釋變數 x_{it} 係有相關的。

(2) 故 x_{it} 可能是內生性 (endogenous) 解釋變數 (它與 α_i 有相關，但與 ε_{it} 無相關)。例如，假設 x_{it} 爲教育水準 (education)，它與「不隨時間而改變 (time-invariant，非時變)」的能力 (ability)，二者係有相關，故能力 (ability) 就可當作教育水準 (education) 的工具變數，用能力 (z 變數) 來估計「教育水準預測值 $\hat{x}_{it}$ 」，再以 $\hat{x}_{it}$ 來預測依變數 y。

(3) 混合資料 (pooled)OLS、混合資料 GLS 及隨機效果 (RE)，三者估計出來

的係數 β 都會不一致。

但 within(固定效果) 及一階差分 (first difference, FD) 所估的係數 β，則具有一致性。

隨機效果 (random effects, RE) 的特性：

(1) 截距項 α_i 是純隨機變數，$\alpha_i \overset{iid}{\sim} (0, \sigma_\alpha^2)$，而且 α_i 與解釋變數 x_{it} 係無相關的。

(2) 故 x_{it} 可能是外生 (exogenous) 解釋變數。

(3) 適當固定效果及隨機效果，所求得係數 β 係一致性。

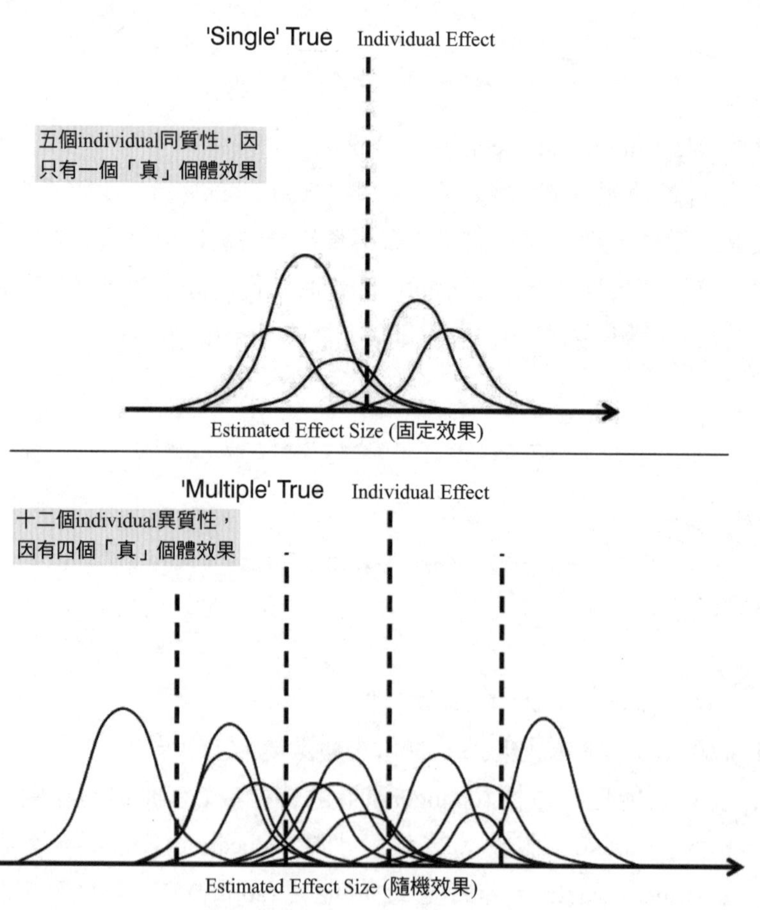

圖 1-14 固定效果 vs. 隨機效果之示意圖

小結

個體經濟較常用固定效果模型，但其他社會科學領域則常用隨機效果模型。

5. 多層次混合 (mixed) 模型、隨機係數模型

$$y_{it} = \alpha_i + X'_{it} \underbrace{\beta_i}_{\text{每一個體 } i \text{ 的斜率都不相同}} + \underbrace{u_{it}}_{\text{殘差項} \sim N(0,\sigma^2)}$$

1-3 追蹤資料 (panel-data) 簡介

1-3-1 橫斷面研究之侷限性

事實上，基於可行性與有限研究經費的考量，很多的社會科學研究計畫，都是藉由橫斷面研究的設計，用以討論一些現象，諸如探索性與描述性的研究，往往就是藉由橫斷面研究進行。當然，也有不少的解釋性研究，也是以橫斷面研究的研究設計進行，例如：科技部 (國科會) 人文處社會學門每年補助的專題研究計畫，其中有很大一部分即屬於橫斷面研究。至於長期縱貫面研究，則是一種跨越長時間觀察的研究方法，舉例來說：一個關注青少年行爲發展的研究者，如果想比較精確地察覺，青少年在什麼時候、以及在什麼狀況下，最容易發展出偏差的行爲模型？倘若只觀察一次的橫斷面研究，研究者將只能看出，在調查研究進行的當下，特定的青少年研究對象「有或沒有」偏差行爲表現，而無法看出，他們是在哪一個時間點上發展出來的。也就是說：一次橫斷面的調查研究，無法提供歷史時間面向，供研究者確認事件發生的先後時間次序。要回答這個問題，研究者就需要針對研究對象進行長時間的多次觀察，才能有機會在時間的面向上，捕捉到事件 (例如：偏差行爲) 發生的剎那。

例如，在財經界像銀行的績效就包括資產報酬率 (ROA)、權益報酬率 (ROE)、營業獲利率 (EOR) 等三項指標，往昔文獻都發現，爲了適合單期橫斷面資料 (cross section data) 的特性，絕大多數以最小平方法 (ordinary least squares, OLS) 來分析；但若考量到長期時間序列，則使用 OLS 會產生偏誤的現象。自從 Deaton(1985) 提出擬眞縱橫資料 (pseudo) 追蹤資料之概念，係指利用重複量數型之橫斷面資料 (repeated cross section data) 來建立一組具有時間序列及橫斷面特性的資料，稱爲縱橫資料（追蹤資料 [panel-data]）。財金研究，若僅就單期之橫斷面資料進行分析，則略顯狹隘。因此，當研究橫斷面並且跨越期間的資料時，你可採用縱橫資料迴歸模型（追蹤資料 [panel-data] regression model）。

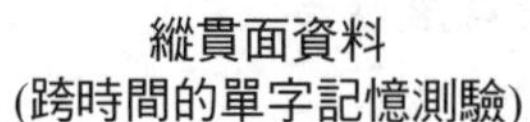

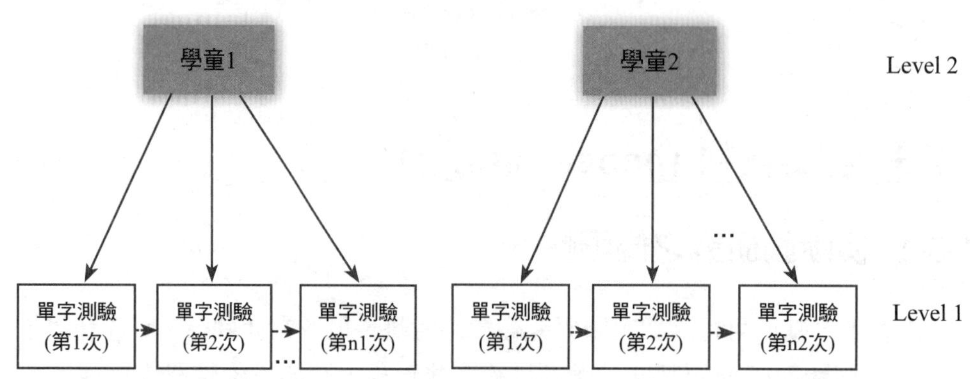

圖 1-15 縱貫 (longitudinal) 資料之示意圖

縱橫／追蹤資料 (panel-data) 分析法，具有橫斷面資料 (cross section data) 與時間序列資料 (time series data) 之優點。由於使用時間序列分析，只考慮到相關變數的時間序列資料，可能發生序列相關 (serial correlation) 之現象；若僅以橫斷面資料進行分析，則容易因經濟個體本身存在特殊特性，產生變異異質 (heteroskedasticity)。

當發生序列相關或異質變異時，雖然 OLS 仍具有不偏性及一致性，但不具有效性，故算不算是：最佳線性不偏估計量 (best linear unbiased estimator, BLUE)，因而可能會對信賴區間與假設檢定等統計推論產生偏差。因此爲了避免時間序列或橫斷面資料分析無法同時比較時間變動及個體差異，並避免忽略某些變數而產生估計偏誤或無效，現今採用 panel 資料模型分析仍是主流做法。

> **定義**：若殘差 (residual) 符合下列假設，則 OLS 估計出的係數具有「最佳線性不偏估計量」(best linear unbiased estimator, BLUE）的性質。
>
> OLS 可用來估計下述複迴歸中，解釋變數 x 與被解釋變數 y 的關係：
>
> $$y_i = \beta_0 + \beta_1 x_{1i} + \beta_2 x_{2i} + \cdots + \beta_k x_{ki} + \varepsilon_i$$
>
> 若殘差 ε_i 符合以下假設，用 OLS 估計 β_k 將具有 BLUE 的性質。
>
> 1. 殘差期望值爲零 (zero mean)，即 $E(\varepsilon_i) = 0$。
> 2. 解釋變數與殘差無相關 (orthogonality)，即 $\text{Cov}(x_{ki}, \varepsilon_i) = 0$。
> 3. 殘差無序列相關 (non-autocorrelation)，即 $\text{Cov}(\varepsilon_i, \varepsilon_j) = 0$。
> 4. 殘差具同質變異 (homoskedasticity)，即 $\text{Var}(\varepsilon_i) = \sigma^2$。
>
> 文獻上，常將符合上述要求的殘差稱爲獨立相同分配 (independently identical distribution, iid)。此外，若殘差屬於常態分配 (normal distribution)，則 OLS 估計所得之係數亦具有常態分配的性質。但若樣本數夠大，即使殘差不屬於常態分配，OLS 估計所得之係數亦可漸進爲常態分配。

迄今，追蹤資料／縱橫資料結合了時間序列 (time series) 與橫斷面資料的形式，除了具備時間序列的動態性質外，並擁有橫斷面資料的異質特性，比一般傳統的資料提供更完整的訊息。在實證分析上，它與橫斷面分析和時間序列分析最大的不同處，在於其能「有效控制」個體 (individual) 之間存在的異質性 ($\sigma^2_{\alpha_i}$)，可以解決橫斷面及縱貫面兩種分析所無法解決的問題，降低導致估計結果產生偏誤的風險。此外，縱橫性資料可以獲得更多的訊息資料 (informative data)，不僅大幅增加自由度使估計更具效果性，同時也提供研究者得以建構與測試更爲複雜的行爲模型。

易言之，panel 分析，其優點爲：

(1) 可探討某種規律性改變的現象。

(2) 可預估某些措施的長期效果及累積效果 (long-term or cumulative effect)。

(3) 可增加研究的外在效度 (external validity)。

但 panel 缺點爲：(1) 個體的流失。(2) 測試威脅 (testing threat)：受試者厭倦或符合研究者期望。

如果樣本資料具有橫斷面與時間序列之因素，若採用最小平方法 (ordinary least squares, OLS) 來建立線性之模型，會對分析資料間之差異而產生偏誤，因為 OLS 未考慮資料橫斷面之問題，亦未同時考慮資料橫斷面與時間序列的影響，將造成整體資料結果與個體結果不同。而採用追蹤資料 (panel-data) 模型進行分析，則可以解決上述問題，使我們能適當估計且合理解釋同時具有時間序列與橫斷面資料特性之結果。

小結

1. Panel 資料同時包含橫斷面與時間序列雙重特性，一般也可稱為長期追蹤資料 (longitudinal data)。
2. 專門分析此類資料的方法，統稱為縱橫資料分析或長期追蹤資料分析。
3. 例如，A 公司最近五個年度與四個營運據點年銷售量所形成的資料集合；或是最近五年度各縣市政府的年稅捐收入所形成的資料集合等。
4. Stata 分析法：線性 panel 歸迴、非線性 panel 歸迴、數列相關 (SR)、誤差變異之異質性、多層次 panel 歸迴、動態 panel 迴歸、內生共變 (工具變數兩階段迴歸) 及 panel 單根檢定等模型。

1-3-2 縱貫面研究的種類

例如，有關現金流量風險值之實證研究，大致上採用的方法可分為三大類，一為橫斷面分析法、一為時間序列分析法、另一為追蹤資料 (panel-data) 分析法。橫斷面的實證方法，為透過不同企業的財務、市場變數，與其所對應之現金流量的迴歸分析，可看出「不同企業」之變數與現金流量間的「平均關係」。此研究方法的實證結果，只是全體樣本之相關變數的平均關係表現而已，無法瞭解個別企業資料的結果差異，很容易產生測量誤差 (measurement error) 與遺漏變數偏誤 (omitted variable bias) 的問題，其結果將較無法準確顯示一企業現金流量的實際情形。採用時間序列分析法，可從長期的時間序列資料瞭解一企業財務特性，其實證結果可認定各變數與現金流量的關係，也可較正確地反映出變數相互間的因果關係。但時間序列資料多為非定態 (non-stationary) 性質，如此會造成計量分析的假性關係 (spurious relationship)，而出現殘差項有自我相關 (autocorrelation) 的問題。因此，採用時間序列的分析方法，必須先對時間序列變數進行單根檢定 (unit-root test)，使變數達於定態 (stationary) 性質，才可進行時間序列的迴歸分析。為了解決估計偏誤的缺失，學者漸漸開始採用長期追蹤資料的分析方法來進行探討，此種方法綜合了橫斷面與時間序列兩種分析方法的特性，一方面可由各企業的時間序列資料，反映出各樣本之財務特性，另一方面也可由橫斷面資料，反映出各變數在所有樣本對現金流量的平均影響效果，且能大幅增加估計自由度，其實證結果將是有效率的。

數量方法研究，一般可區分爲橫斷面分析和時間序列分析。在衆多迴歸模型裡，最常被採用的是最小平方法 (ordinary least squares, OLS) 迴歸式。若以資料時間構面來分類，研究設計將可分爲下列三種：

一、縱貫面研究

縱貫面研究，或稱長期性研究，係對一群研究對象進行長時間觀察或收集資料的研究方式，主要爲探討研究對象在不同時期的演變，目前已愈來愈普遍用於測量變化及解釋因果等研究。縱貫面研究的資料往往涵蓋多個時間點，在某些研究議題上，分析的資料甚至橫跨數十年。

縱貫面研究常用於心理學、社會學及其他領域，用以探討人們生命週期的發展趨勢與生活事件的影響。相對於橫斷面研究，縱貫面研究可以觀察事件發生的時間順序，探討隨時間變化的變項，特別有助於掌握社會變化。

縱貫面研究可分爲時間序列研究、追蹤研究 (panel study)、世代研究 (cohort study)。時間序列研究係指研究者每隔一段時間即收集一次相同的橫斷面樣本資料，藉此瞭解這些資料在不同時間上所呈現的差異；其研究對象不需是相同人群或樣本。追蹤研究則是在不同時間點針對相同人群或樣本，進行橫斷面資料收集。相較於時間序列研究，追蹤研究的困難度更高，也需耗費更多成本，因爲追蹤的樣本很可能隨時間消失或變得無法聯繫。雖然如此，設計完善的追蹤研究是非常有價値的，即使是短期的追蹤研究都有助於釐清特定生命事件帶來的影響。世代研究與追蹤研究相似，但主要針對在某特定時間有相似生命經驗的人群進行長時間研究，故研究樣本不一定是完全相同的一群人。世代研究屬宏觀分析，其重視的是整個世代或類型的特徵，而非特定的個人，故研究時必須先清楚定義哪些人擁有相同的生命經驗。

1. 橫斷面資料是指在相同時點或一定期間內，針對不同個體所收集到的資料。
2. 主要表現在同一時間構面下，不同研究個體表現的差異性。
3. 一般的統計學方法，主要就是針對此類型的資料來進行分析。
4. 例如，今年度 A 公司北、中、南與東部等四個營運據點的年銷售量；或是去年度各縣市政府的稅捐收入等。又如：某年某月分，各縣市政府發出的建築許可的數目。

5. 大多數社會學研究對於社會世界的描述，都是採取瞬間取景，如同照片般的描述方式，在特定的時間點上進行觀察。橫斷面研究的優點是最爲簡便省錢，最適合描述取向的研究；而缺點則是無法捕捉社會進行的歷程與變遷。
6. Stata 分析法：請見作者《Stata 與高等統計分析》一書。

二、時間序列之特性

量性研究常用的控制變異的方法：

1. 實驗法。
2. 統計分析法 (變異量排除的方法)，包括：橫斷面 / 縱貫面 / panel 的 Robust 迴歸、動態迴歸等模型。

縱貫面之時間序列分析，其特性爲：

1. 時間序列資料是針對同一個體，在不同時間構面下，所收集到的資料。
2. 主要在探討研究個體，在隨時間變化下的動態表現 (dynamics)。
3. 專門處理此類資料的分析方法，統稱爲時間序列分析方法或計量經濟學 (econometrics)。
4. 例如，A 公司最近五個年度的年銷售量；或是某縣市政府近五年度的稅捐收入等。又如：過去三十六個月，某縣市政府每個月發出的建築許可的數目。
5. 此研究可以用來檢視人或其他事物在一個以上的時間點所展現的特性，宛如攝影機般，描述觀察對象長期且動態的演變過程。雖然成本很高，研究分析也相當複雜，但是相對的也比較有說服力，尤其是當研究者想尋找社會變遷問題的解答時。即使是短期性的連續調查，亦可以清楚地展現某個特殊生活事件的影響力。
6. Stata 分析法：自我相關 (AR)、誤差變異之異質性、MA、ARIMA、VAR/SVAR 及 VECM 等模型。詳情請見作者《Stata 在總體經濟及財務金融的應用》一書。

1-3-3 縱貫面應用在社科研究之策略

縱貫面研究依其研究對象的多寡，以及是否重複追蹤同一研究對象，又可約略分爲四種不同的分析策略。

第一種是時間序列，經濟學者最常使用這項分析策略。時間序列的特色之一，乃是所關注的研究對象唯一 ($N = 1$)，透過對研究對象長期的資料收集，研究者可以檢視某一國家、經濟體、單一產業、或企業某些特性屬於穩定性或變動性，還可以追蹤十年、二十年或甚至是三十年的發展趨勢。

第二種是趨勢分析 (trend analysis)，這是一種在不同的時間點，以類似或相同的研究議題，針對不同的研究對象 ($N > 1$)，所進行的長期研究方法。其中最典型的例子，是由科技部 (國科會) 自 1985 年以來即全力經費支助的「臺灣社會變遷基本調查」研究計畫。自 1985 年第一期第一次調查開始，臺灣社會變遷基本調查研究計畫即規劃以五年為週期，在五年的週期內，每一年鎖定不同的研究主題進行全臺樣本的調查研究 (楊國樞、瞿海源，1986)。如此周而復始，至今已進行了五期的資料收集，資料年限前後已經歷近二十年的時間。這項研究計畫的資料，最適合進行趨勢分析。因為它在不同的時間點、針對不同的研究對象，進行近似的研究議題調查研究。

第三種是所謂的世代 (cohort) 分析，世代分析與趨勢分析相近，唯一顯著的區分在於：世代分析一般會鎖定特定年齡層 (視為某一特定世代) 的研究對象，進行長期研究。例如：若教育研究者想檢視近年來在臺灣社會如火如荼開展的教育改革事項的核心工程——廢除高中聯考，對學生日後課業學習及表現的因果影響，則需要針對至少兩群研究對象 (一群曾經歷聯考洗禮的學生，另一群則屬於免於聯考試煉的學生)，進行資料收集，並採行世代分析的策略，方能釐清「廢除聯考」所造成的影響為何。

最後一種也是最複雜的一種長期縱貫研究，稱為「固定樣本縱貫追蹤研究」(panel study，追蹤面研究)。顧名思義，就是針對固定的研究對象 (一群人、一個團體、或一個組織)，在多個時間點上，進行長期地重複追蹤調查。目前國內正在積極推動進行的，有「臺灣長期教育資料庫」與「臺灣家庭動態研究」兩項大型的長期縱貫面追蹤研究計畫。另外，中央研究院社會學研究所家庭與生命史研究群，目前則積極推動從青少年到年輕成人行為發展的調適研究，也是採行長期縱貫追蹤研究的策略，藉由對固定樣本 (同一批研究對象) 長程 (多時間點) 的追蹤，以瞭解青少年成長的表現與環境 (家庭、學校、生活事件、同儕團體) 之間的影響關係，進而發掘出青少年長大成人的轉型機制 (transition mechanism)。

基本上，panel 資料都能提供時間面向的變數，不管分析單位 (unit of analysis) 是一個國家、企業、團體或世代，隨著時間而有所變化的趨勢發展，均能清晰可見。所謂「分析單位」係指一項研究的目標對象在社會生活中所處的那個層次，也就是收集的是哪一種類型的資訊。

縱貫面研究可以依據過去時點所累積的資料，預測未來的變化；透過變化的趨勢，發掘促成變化持續進行的機制與因素；並可藉由不同資料分析的方式，進一步捕捉蘊含在時間面向下，許多「發展中、變化中」的「整體影響」與「個體影響」。

固定樣本縱貫追蹤研究，依其研究觀點的考量，又可分爲動態 (dynamic) 的或靜態 (static) 的研究兩類：

1.「事件歷史分析」(event history analysis) 乃是「動態」的固定樣本縱貫追蹤研究的典型分析策略。事件史設計 (event-based design，又叫跨世代設計 (cohort design)。事件史設計指的是，研究人員在不同的時點對母群體中的某個特定群體 (即同期群 (cohort)) 進行調查。同期群指的是那些經歷過共同事件的人，在某段特定時段內，他們經歷了相同的人生境遇。事件史分析適用的時機，係如果研究人員認爲發生在某些次群體 (跨世代群) 的變化，可能不同於發生在母群總體的變化，那麼就可以考慮進行跨世代群分析。
2.「靜態」的固定樣本縱貫追蹤研究，則有「結構方程模型」(structural equation model) 與「對數線性模型」(log-linear model) 等兩種對應的資料分析策略，可供應用。由於近年來結構方程模型方法在處理大量調查資料方面的突破與進展，使得過去令社會科學研究者相當頭痛的類別資料處理問題、如何處理聚合資料對個人資料的影響問題，以及事件之間的動態變化的因果關係的描述問題等，在擴充了的結構方程模型分析方法下，都已能順利獲得圓滿的解決。

比如，觀察青少年暴力行爲的發生，可以透過**較早時間點**所測量的潛藏狀態，預測在**未來較晚時間點**所測量的狀態；觀察青少年行爲問題，可以進一步區分家庭結構或代間教養的影響，以及如何影響的問題；觀察青少年「憂鬱感」的變化與生活事件的關係，可以藉由個人成長的動態描繪，清楚觀察到憂鬱感的「個體差異」與「整體差異」，以及生活負面事件所造成的「整體影響」與「個體影響」。

然而，在各種縱貫面研究種類中，又以固定樣本縱貫追蹤 (panel) 研究的資料最能回答「個人」作爲一個分析單位的研究議題，因爲觀察「固定的個人」，長期的資料可以描繪出個人的動態成長過程，乃至於個人特質在時間作用下，與歷史時空脈絡 (國小、國中、高中、大學、成人等)、社會環境 (家庭、學校、制度) 之間的關係，同時也是研究重要的突破，就是研究預設也無需再預設個人內在特質與變化效果均爲一致。由此，促使研究能以一種更爲貼近「個人」(行

動者) 思維與行爲的方式，觀察「個人」與「社會」之間種種的關係和影響機制是如何開展，同時兼顧個人隨著時間而發展的差異性與個人所屬群體的變化趨勢，將個人放回原本所屬的歷史脈絡的同時，又能不失個人變化成長的可能性。

因此，長期性資料的建立與收集，除了有助於社會學家思考社會學的基本問題之外，同時提供量化研究在研究預設、研究層次、因果關係、以及動態變化上更好的處理；而追蹤固定樣本的資料，則提供研究者更爲細緻的切入點，來觀察「個人」與「社會」、「行動者」與「社會結構」之間關係。從個人來看，個人雖然是鑲嵌在歷史脈絡當中，被環境限制，但個人亦能有所成長；從社會來看，社會的結構環境雖然穩定，但卻也是由許多「個人」所共同維繫與實踐的。

因此，即便是處在歷史脈絡的個人也能展現其影響力，而對「個人成長變化」的觀察，也就是在理解未來社會蘊含無限可能性與變遷的地方。換句話說，「固定樣本」且「縱貫面」追蹤資料與分析技術，是對「個人成長變化」觀察的起點。

1-3-4 Panel 迴歸模型的優缺點

一、Panel 的緣起

一般而言，當研究資料屬於結合時間序列和橫斷面的資料時，若直接以混合資料 (pooled) 做 OLS 估計，將容易產生偏誤的估計量 (Kalton, Kasprzyk, McMillen, 1998; Greene, 2000)。因爲利用 OLS 估計時，對橫斷面的個體觀測值假定爲序列不相關，且在不同的橫斷面以及不同的時間內，誤差項爲同質 (homoskedastic)。也就是說，橫斷面的個體資料間不容許具有差異，因此僅能單獨考量橫斷面或時序之資料；若遇到混合資料，則忽略了橫斷面或時間序列資料之間的差異。實務上，以橫斷面資料進行分析時常會遇到被解釋變數存在異質變異，而時間序列出現殘差項有自我相關 ρ (autocorrelation) 的問題，導致以 OLS 估計會產生無效率估計結果的情況。後續學者爲了解決估計偏誤的問題，Mundlak(1961), Balestra 與 Nerlove(1966) 等學者開始嘗試將橫斷面與時間序列資料可能反映的一些特性，引入到計量模型的設定中。而後，有關追蹤資料 (panel-data) 的模型設定及分析方法以及相關的研究文章，大量的出現在各領域的研究中。

一般認爲，追蹤資料 (panel-data) 分析具有一些較應用單面向資料，並直接以 OLS 估計所沒有的優點 (Hsiao, 1995)。其可以同時考量橫斷面與時間序列之資料特性，以得到較具效率性的估計結果，亦能增加估計樣本的自由度；而結合橫斷面與時序變數的資訊，也可以降低遺漏變數 (omitted variable) 所可能帶來之模型認定問題 (Greene, 2000)。

Beck 及 Katz(1995) 認爲，一般人對有時間序列之橫斷面特性 (time-series cross-section data, **TSCS**) 的資料分析所用的計量技巧，常常產生錯誤的實證結果。因爲早期計量技巧尚未在 **TSCS** 類型的資料有突破性發展，有一部分這類追蹤資料 (panel-data) 型態者，只使用由 Parks(1967) 提出的廣義最小平方法 (generalized least squares, GLS)。通常研究者分析 panel 資料時，若只採用 GLS 方法，極可能會產生標準差有很大的誤差。Stata 提供幾種誤差之估計法，故只要你適當地認定 (indentify) panel 模型，即可以較簡單的方式來產生較精準的標準差。

時間序列之橫斷面特性的資料 (time-series cross-section data, TSCS data) 具有在固定個體 (individual) 上重複抽樣的特性，例如針對特定州或國家的調查。這些個體分析的數量一般標準範圍約十到一百個樣本不等，而每一個個體的觀察時間需超過一定的長度 (通常爲二十到五十年)。TSCS 資料在時間上與空間上的性質，會使得最小平方法 (ordinary least squares, OLS) 的應用發生問題。特別是時間上與空間上相關的誤差與異質性 (heteroskedasticity) 的問題。Parks 基於 GLS 提出一個方法來處理這些模型上的缺陷，這個方法的應用會導致參數的變異在一般的研究狀況下嚴重低估。

爲什麼 Parks 的方法有嚴重的問題？是著名的廣義最小平方法 (GLS) 有問題嗎？問題出在 GLS 對 TSCS 資料型態具備最適性質下，其背後假設：誤差項過程 (error process) 爲已知的，但實際上並非如此。所以在這樣的分析，早期只能改用「可行的廣義最小平方法 (feasible generalized least squares, FGLS)」而非 GLS 法，迄今 Stata「xtreg, xtgls, xtdpd, xtivreg, xtgee, xtmixed 等指令」已能完全解決此問題。所謂「可行的 (feasible)」是因爲它使用了一種估計誤差項的過程，避開了 GLS 一開始就假設「誤差過程爲已知」的狀態。事實上，通常在計量應用中，由於誤差項過程並不會有很多的待估參數，所以 GLS 的應用仍不會是嚴重問題。可是在 TSCS 類型的資料裡，在誤差項過程仍有太多的待估參數，所以會造成 GLS 方法在應用的偏誤，造成估計參數的標準差會低估。

二、Panel 的優點

過去研究多考量橫斷面的樣本或時間面的樣本，多考量單一面向，並未考量樣本與樣本間同時期與跨時期影響效果。追蹤資料 (panel-data)(縱橫資料) 分析法同時考慮橫斷面 (不同個體) 與縱斷面 (時間面) 資料，再依最適模型之配適、估計方法與檢定方法後，再進行分析，以確保找到眞正影響之因素。

Hill, Guay 與 Lim(2008) 認為，追蹤資料 (panel-data) 有三大優點是可以解決長期的時間序列動態分析，又可處理大量的數據且可以保留原有的特質，較不易有變異異質性 (heterogeneity) 發生。

使用追蹤資料 (panel-data) 分析有下列優點，分述如下：

1. 可以控制個體差異性，反映橫斷面的個體特性差異。
2. 追蹤資料的樣本數較多，故可以透過增加自由度來減低變數間之共線性問題，能提升估計值之效果。
3. 能同時具有橫斷面所代表之個體差異與時間序列面所代表之動態性的兩項功能，故較能更有效的反應動態調節過程，諸如經濟政策變化量 (Δx_t) 對股市變化量 (Δx_y) 的影響等問題。例如 CD 片中，「fatality.ppt 及 fatality.do 檔」，純橫斷面分別分析美國 1982-1988 年，可得「啤酒稅增加，交通造成死亡人數亦增加」這種不合理現象；但用 panel 固定效果模型，即可得「啤酒稅增加，交通造成死亡人數會減少」的合理現象。
4. 可以控制橫斷面、時間序列模型觀察不到的因子，減少估計偏誤。
5. 相對於橫斷面和時間序列，panel 可以建構和檢定更複雜的模型和假設 (hypothesis)。
6. 以計量模型誤差項的可能來源區分，如特定個體之誤差項 (individual-specific error term)、特定時間之誤差項 (time-specific error term) 與隨機誤差項 (random error term)，此可減少估計偏誤，以提升結果準確性。
7. 縱橫資料迴歸模型乃綜合時間序列與橫斷面二者進行分析之組成模型，因此在資料型態上除具有豐富性和多變性之特性外，尚有自由度高、效率性佳的優點，更可控制橫斷面資料上之異質性與時間序列上之自我相關性的問題。另外，對於一些較複雜或屬於個體層次的資料，亦可利用組成模型來建構樣本資料，並進行動態調整分析，以獲取最佳的研究結果。

易言之，追蹤資料 (panel-data) 分析的功用為：

1. 控制個體行為之差異：追蹤資料 (panel-data) 資料庫顯示，個體 (包括個人、企業、組織、地區或國家) 之間存在差異，而單獨的時間序列和橫斷面並不能有效反映這種差異。如果只是簡單使用時間序列和橫斷面分析結果，就可能會有偏頗。此外，追蹤資料分析能夠控制在時間序列和橫斷面研究中，不能控制的涉及地區和時間為常數的情況。也就是說，當個體在時間或地區分布中存在著非時變的變數 (例如受教育程度、電視廣告等) 時，如果在模型中不考慮這些變數，有可能會得到有偏頗結果。追蹤資料分析能夠控制時間或地區分布中的恆變數，而普通時間序列和橫斷面研究中則不能做到。
2. 追蹤資料能夠提供更多資訊、更多變化性、更少共線性、更多自由度和更高效率；反觀時間序列經常受多重共線性的困擾。
3. 追蹤資料能夠更好地研究動態調節，從橫斷面分布看上去相對穩定，但卻隱藏了許多變化。追蹤資料由於包含較長時間，能夠弄清諸如經濟政策變化對失業狀況的影響等問題。
4. 追蹤資料能更好地識別和度量純時間序列和純橫斷面資料，所不能發現的影響因素。
5. 相對於純橫斷面和純時間序列資料而言，追蹤資料能夠構造和檢定更複雜的行為模型。
6. 通常，追蹤資料可以收集到更準確的微觀單位 (個人、企業、家庭) 的情況。由此得到的總體資料，可以消去測量誤差的影響。

三、Panel 的侷限性

儘管追蹤資料研究的理論和應用發展很快，但目前仍然存在一些問題需要解決：

1. 設計和收集資料困難

同普通資料收集和管理一樣，追蹤資料也面臨著設計不完整、無回答、核准、多次訪問、訪問間隔、對比參照期等問題。

2. 存在測量誤差

由於不清楚的回答、記憶錯誤等帶來的測量誤差，為追蹤資料 (panel-data) 應用帶來很大困難。

3. 存在選擇性困難

主要指選擇無回答和磨損 (樣本丟失)。

4. 時間序列較短

由於收集資料時間跨度較短，為了滿足漸進理論，就要求樣本數量趨向於無窮大。

1-3-5 追蹤資料的研究議題

Panel(縱橫)Data 分析法係同時兼用時間序列及橫斷面之資料，進行檢定估計。其特點為可供研究者於執行制定跨區域行為模型時，有較大之彈性。

Panel 迴歸模型，財經常見的研究議題，包括：

1. 市場集中度、避險措施與匯率轉嫁。
2. 股東提案對公司經營績效之影響——以臺灣上市 (櫃) 公司為例。
3. 臺灣銀行業獲利因子之分析——策略乎？環境乎？
4. 臺灣金融業資本適足率及逾期放款率與經營績效之關聯。
5. 臺灣資訊電子產業的研發支出對績效之影響。
6. 國內共同基金在多、空頭下績效之特性因素。
7. 經理人薪酬對獨特性風險之影響。
8. 獨特性風險、報酬偏態與公司治理。
9. 信用風險對負債到期結構的影響——單調性？非單調性？
10. 效率工資理論測試——離職率模型臺灣之實證研究。
11. 承銷新制後新股上市 (櫃) 股價表現：Panel 資料研究。
12. 海外直接投資因素探討：以中國與印度為例。
13. 散裝海運運價之決定因素與趨勢預測之研究。
14. 連鎖便利商店門市業績、門市店齡、促銷頻率、競爭者密集度及統治機制的關聯性——萊爾富便利商店。
15. 美國不動產投資信託證券績效影響因素分析：以 Sharpe-VaR 為例。
16. 公共收支與經濟成長之研究。
17. 我國地方稅欠稅問題之實證研究。
18. 企業融資與環境變數之互動分析：追蹤資料 (panel-data) 分析。
19. 匯率風險對股價報酬之影響：panel TAR 實證研究。
20. 利率風險與匯率風險對銀行業股價報酬之影響。
21. 銀行往來關係與企業信用風險之研究。
22. 基層金融機構之地理條件對銀行合併式績效影響效果之研究。

23. 銀行體系對經濟成長的影響。
24. 臺灣銀行業獲利成因之分析。
25. 貨幣供給變動與股市報酬之非線性關聯性研究——縱橫門檻效果分析。
26. 亞洲新興市場股價指數效率性檢定——運用考慮多重結構性轉變點之縱橫單根檢定法。
27. 現金流量風險值之研究。
28. 臺灣產險公司對賠款準備金操弄之研究。
29. 未預期匯率變動對企業價值之影響——臺灣上市 (櫃) 公司實證研究。
30. 公司治理對股票報酬率影響之研究。
31. 基期股價漲跌幅對海外可轉換公司債轉換價差之影響——以縱橫門檻分析。
32. 不同股市行情下共同基金持股比率與股價之非線性關聯性研究——縱橫門檻效果。
33. 臺灣房地產政府管制與政策對銀行個人房貸授信之影響——以 A 銀行爲例。
34. 市場導向策略與競爭優勢分析：財務績效觀點。
35. 國家之生質能與經濟發展關係。
36. 財務的網路連結對公司資本結構的影響。
37. 臺灣高科技產業股票報酬率之特性試探。
38. 企業籌資與金融機構持股之研究。
39. 衍生性金融商品操作對銀行風險與績效之影響。
40. 研發費用與公司績效：考慮公司規模後的研究。
41. 智慧資本之驅動因子及績效指標——公司治理觀點。
42. 獲利對公司股價報酬率之關聯研究——縱橫平滑移轉門檻模型之應用。
43. 匯率轉嫁與國內外市場定價：臺灣的 panel 實證。
44. 員工分紅入股與員工認股選擇權對公司經營績效之相關性研究——臺灣電子業。
45. 臺商大陸投資與公司績效之關係。
46. 股權結構與公司價值之研究——Panel Threshold 方法應用與分析。
47. 臺資銀行赴中國大陸發展對 OBU 績效之影響。
48. 外資買賣超與反轉恐懼關聯性之研究。
49. 貪汙對經濟成長之影響——以新興市場經濟爲例。
50. 影響美國總統表現滿意度指標之關鍵變數——運用縱橫迴歸方程式分析。
51. 各縣市經濟發展與金融活動規模。

52. 現行國防預算規劃執行率成效之探討。
53. 外國直接投資與經濟成長：新興國家的實證。
54. 臺灣地區公共收支與經濟成長之研究。
55. 公益彩券盈餘是否會排擠地方政府社會福利支出。
56. 國家智慧資本對海外直接投資之影響。
57. 轉型經濟體加入共同市場之研究：以匈牙利爲例。
58. 人力資本對經濟成長的貢獻——以低中高所得國家爲例。
59. 人口高齡化對每人醫療支出之影響：臺灣之實證研究 (1999-2011)。
60. 人口結構對醫療衛生支出影響之探討：跨國分析比較。
61. 臺灣與 OECD 國家醫療支出成長因素之再探討。
62. 印尼衛生照護之不均等：長期追蹤調查之實證結果。
63. 高雄市消防安全檢查人員工作現況與問題解決策略之研究。
64. 高齡化、退休與臺灣家庭儲蓄。
65. 臺灣銀行業人力需求之探討：官股銀行。
66. 高職學校畢業人數影響因素之探討：以北北基爲例。
67. 臺灣總生育率影響因素之探討——追蹤資料分析。
68. 教育對中國經濟成長的影響。

相對地，panel-data 模型，在社會科學常見有關機制或過程的 panel 研究議題，包括：

1. 家庭結構的變遷如何影響到父母的教養行爲、青少年的成長調適，以及研究者對教養行爲的操作定義與測量？
2. 青少年早期的攻擊 (aggressive) 或偏差 (deviant) 行爲，是否會影響暴力行爲的產生？青少年暴力行爲的發生是否可以預防？
3. 負面的生活事件如何影響青少年情緒？負面的生活事件與青少年憂鬱症狀發展的關聯影響爲何？
4. 青少年是先發展出內化性的偏差行爲？還是先發展出外化性的偏差行爲？還是二者傾向於併發？還是二者事實上各自獨立發展？不同的性別會有不同的併發方式或發展歷程？
5. 是否有特定的個人或家戶成員，因某種特質而比其他人更容易犯罪，因此比其他人更頻繁地犯罪？在求學過程中因課業成績不佳，而遭到學校或老師選擇性放棄的學生，是否往後的學習會因此而一蹶不振？這種被放棄的經驗，是否會影響到他們日後對社會公平性的觀感？

以上這些研究議題顯然都不是橫斷面的調查資料能夠回答的，都需要透過對固定的研究對象進行縱貫追蹤調查，才能提供充分的資料訊息來進行分析，並獲得足以瞭解其中因果機制或發展歷程的關係連結。然而，傳統用來處理橫斷面調查資料的統計分析策略，在處理質量的豐富性遠遠超過橫斷面調查資料的長期縱貫追蹤調查資料時，顯得窘迫而有所不足。

近年來，panel 資料迴歸模型也廣爲**財務界**所應用，例如黃明雪 (2003) 利用臺灣區 1999 至 2001 年共四十五家商業銀行的投入變數、投入價格、總成本及產出變數等資料，建構出縱橫資料，將其運用在隨機性邊界成本函數上，進而建立無效率效果模型，以估算銀行消費金融比重程度對成本無效率的影響。

在**股票**市場上，吳佩紋 (2004) 則利用縱橫資料研究股票制度與漲跌幅制度間之關係，主要探討漲跌幅對市場績效間之關係、不同漲跌幅對股票市場之影響以及漲跌幅限制之跨國性比較，其研究證實系統及殘差風險、交易量、年報酬等變數，對漲跌停之總次數是有解釋能力的。至於薛勝斌 (2005) 則利用 2000 至 2002 年間成立三年以上之科技型基金月資料，探討影響基金持股的總體經濟因素，研究發現包括本益比與基金持股呈現負相關等八項結果。

此外，應用縱橫資料於**財務分析**者，還包括陳俊銘 (2002) 以 1993 至 2002 年全球一千大銀行的排名資料，分別以固定效果模型與隨機效果模型進行銀行財務危機與風險管理之實證研究，結果發現銀行在風險管理方面，銀行的資本、報酬以及成本費用支出與其風險管理程度呈現正相關，而在銀行財務危機方面的發現則包括稅前純益、資本報酬率以及本益比與財務危機呈現負相關等五項結果。相同地，Li (2003) 根據 1996 至 1999 年的臺灣四十家商業銀行財務資料，探討亞洲金融風暴對臺灣銀行不良債權之影響，在採用 OLS 並進行拉氏乘數 (LM)Test 及 Hausman Test 的分析後發現，銀行放款數額和規模會與不良債權率成正比，且發現不良債權率在 1996 至 1999 年間有增加的情況是因爲受金融風暴之影響，使製造商出口減少，導致無充裕資金償還貸款，在政府法令解除後的新銀行，其不良債權率低於舊銀行。同樣的，Jeon 與 Miller(2004) 運用縱橫資料去探討亞洲金融危機對 1991 至 1999 年的南韓全國性銀行的影響，在利用投資組合分配 (portfolio distribution)、收入分配 (income distribution)、風險 (risk)、投入因子 (factor inputs) 以及規模 (scale) 等作爲解釋變數，以及 ROA 及 ROE 作爲獨立變數的迴歸分析後發現，權益資產比對銀行績效有顯著的正相關，且亞洲金融風暴並不會影響到管理優良的銀行，至於非利息收入與利息收入的比值與銀行績效也呈現正相關。綜合上述的文獻回顧可見，縱橫資料在學術研究上逐漸受到重視。

1-4 追蹤資料 (panel-data) 分析之 Stata 相關指令

一、Stata Panel 之前奏指令

1. 通常財經之原始資料 (original data) 是 wide 格式 (form)，即一個觀察值代表一個體 (individual) 都會出現在每一時段 (all time periods)。
2. 但 xt 開頭指令，往往卻需 long 格式 (form)，即一個觀察值代表一對「individual-time」配對。
3. 故你需用「reshape long」指令，將 wide 資料檔排列格式轉成 long 格式。
4. 描述 panel 資料 xtset 指令，常被用來定義「個體 i 及期數 t」。例如，「xtset id t」，旨在允許你使用 panel 下列指令及時間序列運算子 (operators)。
5. Panel 資料檔，若用「describe, summarize, tabulate」指令，就會混淆橫斷面和時間序列變化。故你應改用 panel「Setup & utilities」前奏指令，包括：
   (1) xtdescribe：某程度上 panel 是否平衡 (extent to which panel is unbalanced)。
   (2) xtsum：分別計算組內 within(over time) 及組間 between(over individuals) 的變異數。
   (3) xttab：離散資料之組內 (within) 及組間 (between) 之表格化，例如二元變數 (binary) 的表格化。
   (4) xttrans：離散資料之轉換頻率 (transition frequencies)。
   (5) xtline：每一個體繪一個時間序列線形圖。
   (6) xtdata：組內 (over time) 及組間 (over individuals) 變異數之散布圖。

說明	指令
Panel 彙總	xtset; xtdescribe; xtsum; xtdata; xtline; xttab; xttran
混合資料 (Pooled)OLS	regress
Feasible GLS	xtgee, family(gaussian) xtgls; xtpcse
隨機效果 (Random effects)	xtreg, re; xtregar, re

說明	指令
固定效果 (Fixed effects)	xtreg, fe; xtregar, fe
隨機斜率 (Random slopes)	xtmixed; quadchk; xtrc
一階差分 (First difference)	regress(with differenced data)
Static IV(靜態工具變數)	xtivreg; xthtaylor; ivprobit ; ivregress; ivtobit; reg3
Dynamic IV(動態工具變數)	gmm 指令：廣義動差法 generalized method of moments

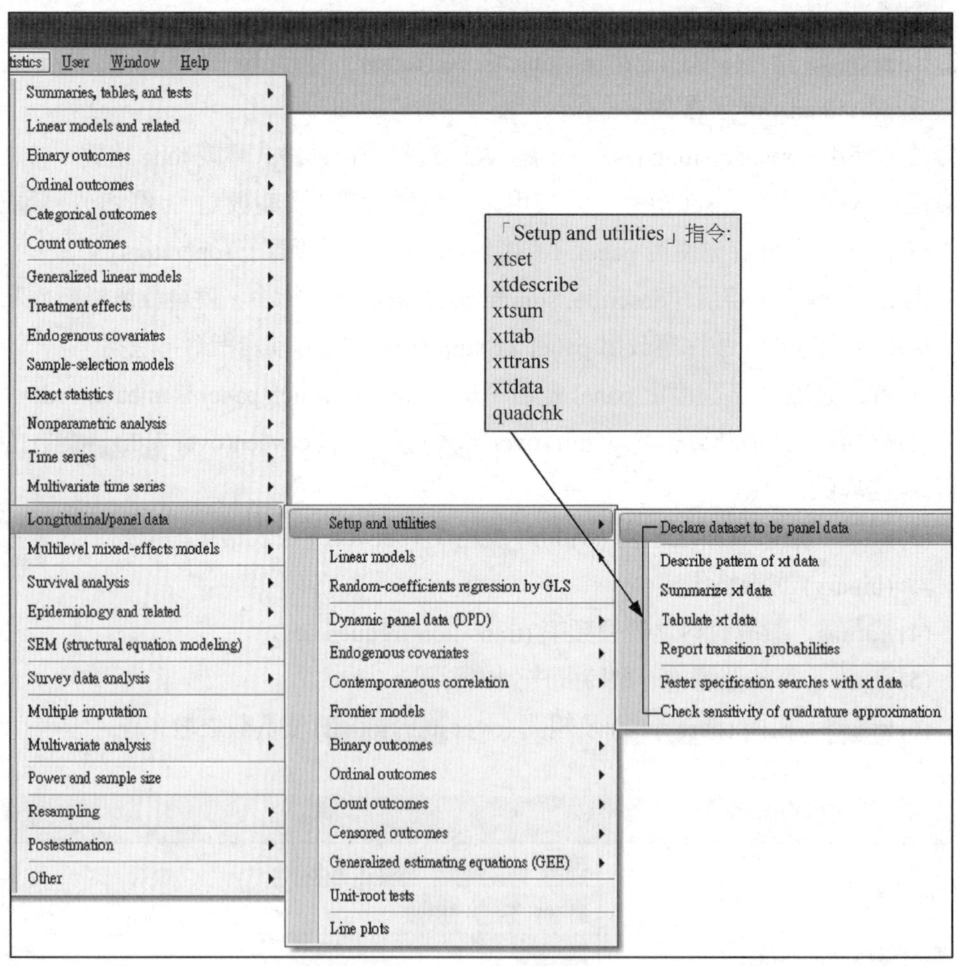

圖 1-16 panel「Setup & utilities」專用指令之對應畫面

二、Stata Panel 指令之功能

Stata 指令	說明
1. 資料管理及探索工具	
xtset	宣告資料檔為追蹤資料 (panel-data)
xtdescribe	描述 xt- 資料的模樣 (pattern)
xtsum	分別計算組內 within (over time) 及組間 between(over individuals) 的變數
xttab	xt- 資料的表格
xtdata	xt- 資料的快速界定搜尋 (Faster specification searches)
xtline	繪 xt- 資料的線形圖 (Line plots with xt data)
2. 線性 panel 迴歸估計 (estimators)	
xtreg	固定效果、組間 (between)、隨機效果 (random effects)、樣本平均 (population-averaged) 線性模型
xtregar	誤差帶 AR1 之固定效果、隨機效果模型 (Fixed- & random effects linear models with an AR(1)disturbance)
xtmixed	多層次混合效果 (Multilevel mixed-effects) 線性模型
xtgls	使用廣義最小平方法之追蹤資料模型 (Panel-data models using GLS)
xtpcse	帶追蹤校正標準誤之線性迴歸 (Linear regression with panel-corrected standard errors)
xthtaylor	誤差成分模型之 Hausman-Taylor 估計 (Hausman-Taylor estimator for error-components models)
xtfrontier	追蹤資料之隨機前緣模型 (Stochastic frontier models)： 隨機分析 (stochastic calculus) 是機率論的一個分支。主要內容有伊藤積分、隨機微分方程、隨機偏微積分、逆向隨機微分方程等，最近大量應用於金融數學。 隨機性模型是指含有隨機成分的模型。它與確定性模型的不同處，在於它仍可解釋以下例子：在賭場裡賭大小，如果有人認為三次連開大，第四次必然開小，那麼此人所用的即是確定性模型。但是常識告訴我們第四次的結果，並不一定與之前的結果相關聯。在 19 世紀科學界深深地被黑天鵝效應和卡爾．波普爾的批判理性主義所影響。所以，現代自然科學都以統計與歸納法作為理論基礎。大體而言，統計學是適用確定性模型與隨機性模型作比較的一門學科。
xtrc	隨機係數迴歸 (Random-coefficients regression)
xtivreg 指令	工具變數、兩階段最小平方法之追蹤資料模型 (Instrumental variables & two-stage least squares for panel-data models)

Stata 指令	說明
3. 單根檢定 (Unit-root tests)	
xtunitroot	追蹤資料之單根檢定 (unit-root tests)
4. 動態 panel-data 估計法 (estimators)	
xtabond	線性動態追蹤資料之 Arellano-Bond 估計
xtdpd	線性動態追蹤資料之估計 (Linear dynamic panel-data estimation)
xtdpdsys	線性動態追蹤資料之 Arellano-Bover/Blundell-Bond 估計
xtabond	Arellano-Bond 之線性動態追蹤資料估計。 *Stata 例子：二期落遲項 (two lags) 之依變數 . webuse abdata * w 及 k 為 predetermined。w, L.w, k, L.k 及 L2.k 等落遲項都為附加的解釋變數 (additional regressors) . xtabond n l(0/1).w l(0/2).(k ys)yr1980-yr1984, lags(2) vce(robust)
5. 結果截取 (Censored-outcome) 估計法 (estimators)	
. xttobit	隨機效果 tobit 模型 (Random effects tobit models)
. xtintreg	隨機效果區間資料迴歸模型 (Random-effects interval-data regression models)
6. 非線性：二元依變數 (Binary-outcome) 估計法	
xtlogit	固定效果、隨機效果、樣本平均 (population-averaged)logit 模型
. xtmelogit	多層次混合效果羅吉斯迴歸 (Multilevel mixed-effects logistic regression)
xtprobit	隨機效果、樣本平均 (population-averaged) probit 模型
xtcloglog	隨機效果、樣本平均 (population-averaged) cloglog 模型
7. 非線性：次序依變數 (Ordinal-outcome) 估計法	
xtologit	隨機效果 ordered logistic 模型
xtmepoisson	多層次混合效果 (Multilevel mixed-effects) Poisson 迴歸
xtoprobit	隨機效果 ordered probit 模型
8. 非線性：計數依變數 (Count-data) 估計法	
xtpoisson	固定效果、隨機效果、樣本平均 (population-averaged) Poisson 模型
xtnbreg	固定效果、隨機效果、樣本平均 (population-averaged) 負二項模型 (negative binomial models)
9. 廣義方程式估計法 (Generalized estimating equations estimator)	
xtgee	使用 GEE 求出樣本平均 (population-averaged) 追蹤資料模型
10. 公用程式 (Utilities)	
quadchk	偵測數值積分法之敏感度 (Check sensitivity of quadrature approximation)

Stata 指令	說明
11. 多層次混合效果 (Multilevel mixed-effects) 估計法	
. xtmelogit	多層次混合效果羅吉斯迴歸 (Multilevel mixed-effects logistic regression)
xtmepoisson	多層次混合效果 Poisson 迴歸 (Multilevel mixed-effects Poisson regression)
. xtmixed	多層次混合效果線性迴歸 (Multilevel mixed-effects linear regression)
12. 廣義估計方程式 (Generalized estimating equations, GEE) 估計法	
. xtgee	使用 GEE 分析樣本平均之追蹤資料 (population-averaged panel-data models using GEE)

更簡單地說，Stata 線性 panel 之常用指令，如下表：

功能	Stata 指令
Panel 摘要	xtset; xtdescribe; xtsum(最小值、最大值等); xtdata; xtline(線形圖); xttab(次數分配); xttran(不同時段的遷移)
混合資料 (Pooled)OLS	regress
隨機效果	「xtreg…, re」;「xtregar…, re」
固定效果	「xtreg…, fe」;「xtregar…, fe」
隨機斜率 (Random slopes)	quadchk; xtmixed; xtrc
可行的廣義最小平方法(Feasible Generalized Least Squares, FGLS) 迴歸	「xtgee, family(gaussian)」; xtgls; xtpcse 指令。
一階差分 (First difference)：有單根情況，才使用「D.」運算子。	單根動態 regress(with differenced data)。範例如下： . use invent.dta . tsset year . reg D.lgdp year L.lgdp L.D.lgdp . display "rho=" 1+_b[L.lgdp] . reg D.lgdp L.lgdp L.D.lgdp . display "rho=" 1+_b[L.lgdp]
靜態工具變數 (Static IV)：內生共變	xtivreg; xthtaylor
動態工具變數 (Dynamic IV)	gmm
隨機模型 (例如，Stochastic production or cost frontier)	xtfrontier

1. regress 指令：線性迴歸 (用途包括 OLS, Logit, Probit 迴歸)。
2.「xtreg…, (FE, RE, PA, BE)」指令：固定效果、隨機效果、樣本平均 (population-averaged)、組間效果之線性模型。
3. 一階差分迴歸：reg 指令搭配「D.」運算子，專門處理有單根的變數之迴歸。
4. xtgls 指令：使用 GLS 來求 panel-data 線性模型，它可同時解決誤差之自我相關及變異數異質性之問題。
5. xtdpd 指令：Linear regression with panel-corrected standard errors.
6.「xtregar…, (FE, RE)」指令：Fixed- & random-effects linear models with an AR(1)disturbance.
7. quadchk 指令：Check sensitivity of quadrature approximation.
8. xtfrontier 指令：xtfrontier fits stochastic production or cost frontier models for 追蹤資料 (panel-data)；也就是說，xtfrontier estimates the parameters of a linear model with a *disturbance generated by specific mixture distributions*.
9. xtivreg 指令：Instrumental variables & two-stage least squares for panel-data models.
10. xthtaylor 指令：Hausman-Taylor estimator for error-components models.

    雖然 xthtaylor 及 xtivreg 都是使用工具變數來做估計，但二者的事前假定 (assumption) 是不同的：

    (1) xtivreg 假定：模型中，解釋變數的某部分變數 (a subset of the explanatory variables) 與特質誤差 (idiosyncratic error) e_{it} 是有相關的。

    (2) xthtaylor 指令之 Hausman-Taylor 及 Amemiya-MaCurdy 估計法：係假定某些解釋變數與個體層次 (individual-level) 隨機效果 u_i 是有相關的，但某些解釋變數卻與特質誤差 (idiosyncratic error) e_{it} 是無相關的。
11. xtabond 指令：Arellano-Bond 線性動態追蹤資料之估計 (linear dynamic panel-data estimation)。
12. xtdpdsys 指令：Arellano-Bover/Blundell-Bond 線性動態追蹤資料之估計。
13. xtdpd 指令：線性動態追蹤資料之估計。

三、Stata Panel 對應之選擇表的指令

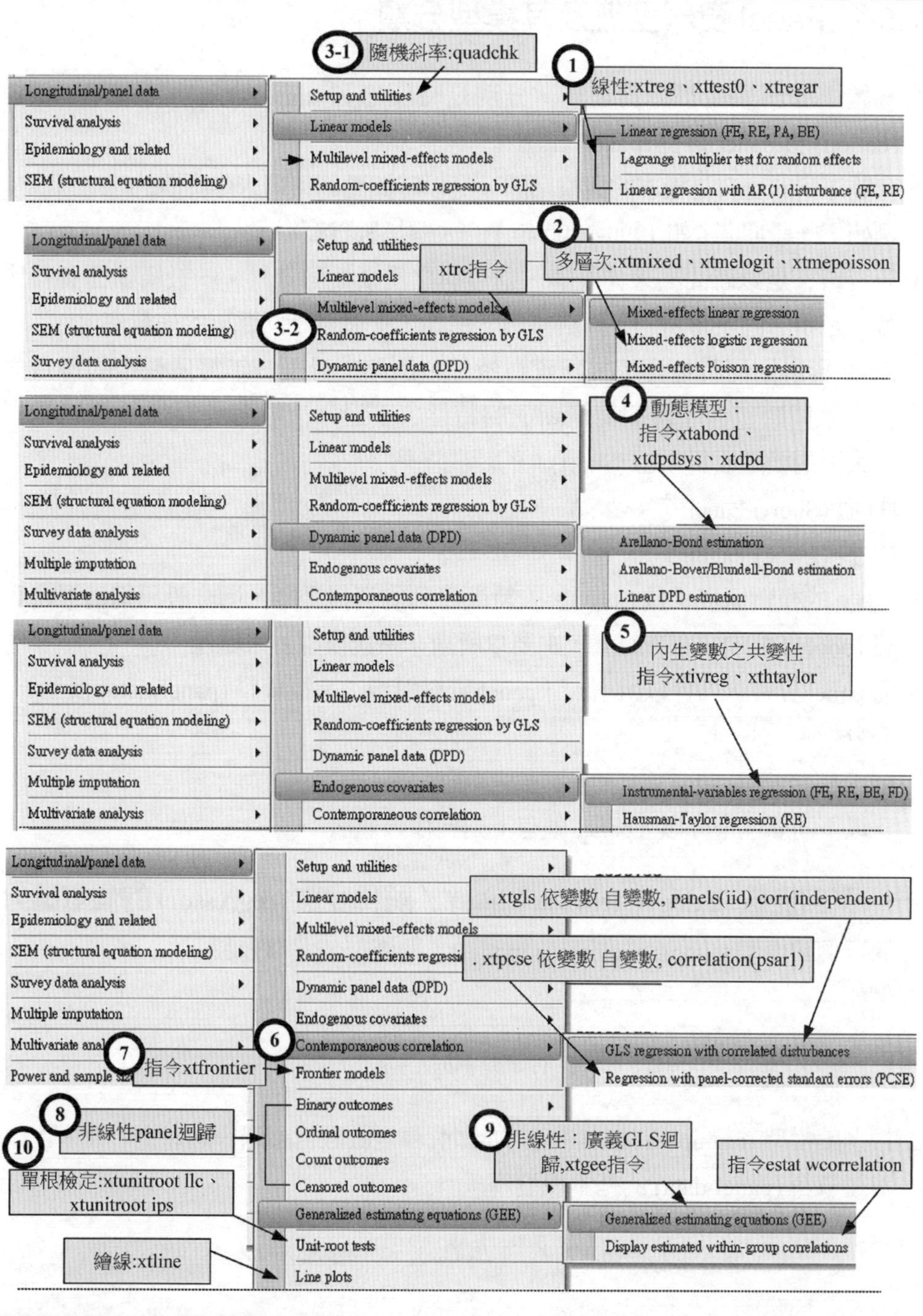

圖 1-17 Stata panel 對應指令

1-5 追蹤資料 (panel-data) 之基本模型

1-5-1 Panel 資料型態及其模型分類

1. 實證上資料類型可分為三類，分別是時間序列 (time series)、橫斷面 (cross section) 與 panel 類型 (panel) 三種。
2. 時間序列的資料是樣本的觀察期間，是以時間點的不同來作區隔的。
   例如，一段期間 (如 1990-2000 年) 的大盤指數日資料。
3. 若資料不是以時間點來作區隔，則可稱之為橫斷面資料。一般橫斷面資料比較，是指一固定時點的不同觀察值。例如，上個月不同縣市的失業率。
4. panel 資料則同時包含了二種資料特性。例如，過去一年每個縣市的每月失業率就同時包含了時間與橫斷面的特性。不過，一般而言，panel 資料是指「大」的橫斷面與「短 (Short)」的時間序列。
   (1) 短 (Short) Panel: $T < \infty$, $N \to \infty$
   (2) 長 (Long) Panel: $T \to \infty$, $N < \infty$
5.「小」的橫斷面與「長 (long)」的時間序列的資料型態，則一般只稱為混合資料 (pooled data)。在分析上，主要以所謂「系統模型」來處理。
6. 而 panel 資料，則會以所謂的「panel 資料模型〔追蹤資料 (panel-data) 模型〕」來分析。

以不同屬性來分類，panel 就有下列五種分類法：

一、就自變數 (independent variables) / 解釋變數 (regressor) 的個數區分

1. 簡單迴歸模型 (simple regression model)：即僅一個解釋變數。
   例如：

$$y_t = \beta_1 + \beta_2 x_t + \varepsilon_t$$

2. 複迴歸模型 (multiple regression)：亦即解釋變數數目超過一個以上。
   追蹤資料 (panel-data) 的基本模型為：

$$Y_{it} = \alpha_i + \beta_1 X_{1it} + \beta_2 X_{2it} + \cdots + \beta_k X_{kit} + \varepsilon_t$$

$$Y_{it} = \alpha + \sum_{k=1}^{K} \beta_k X_{kit} + \varepsilon_{it}$$

其中，個體數 $i = 1, 2, \cdots, N$，它代表同一時期不同 individual/entity。時段 $t = 1, 2, \cdots, T$，它爲研究之期間。

$$Y_{T\times 1} = \begin{bmatrix} y_{i1} \\ y_{i2} \\ \vdots \\ y_{iT} \end{bmatrix},\quad \varepsilon_{T\times 1} = \begin{bmatrix} e_{i1} \\ e_{i2} \\ \vdots \\ e_{iT} \end{bmatrix},\quad X_{T\times K} = \begin{bmatrix} x'_{i1} \\ x'_{i2} \\ \vdots \\ x'_{iT} \end{bmatrix}$$

其中

(1) 依變數矩陣 Y_{it}：第 i 個體 (individual, entity) 在時間點 t 之反應變數。

(2) 向量 α_i：截距項，爲固定常數。

(3) $(K\times 1)$ 向量 $\beta = (\beta_1, \beta_2, \cdots, \beta_k)'$：所有解釋變數之參數，爲固定係數向量。

(4) 解釋變數 (regressors) 矩陣 X_{it}：第 i 個體 (individual, entity) 在時間點 t 之解釋變數。$k = 1, 2, \cdots, K$，表示有 K 個解釋變量。

(5) 向量 ε_{it}：第 i 個體 (individual, entity) 在時間點 t 之隨機誤差項。

(6) X_{kit}：爲第 i 個 individual/entity 於第 t 期第 k 個解釋變數的值。

(7) ε_{it}：爲殘差項，$E(\varepsilon_{it}) = 0$, $E(\varepsilon_{it}, \varepsilon_{it}) = \sigma^2$，$\varepsilon_{it}$ 符合 $\overset{iid}{\sim} N(0, \sigma^2)$ 分配。

依變數	解釋 (regressor) 變數	隨機誤差
$y_{1,1}$	$X_{1,1}$	$e_{1,1}$
:	:	:
$y_{1,T}$	$X_{1,T}$	$e_{1,T}$
$y_{2,1}$	$X_{2,1}$	$e_{2,1}$
:	:	:
$y_{2,T}$	$X_{2,T}$	$e_{2,T}$
$y_{N,1}$	$X_{N,1}$	$e_{N,1}$
:	:	:
$y_{N,T}$	$X_{N,T}$	$e_{N,T}$

上式，假設我們「將每個個體堆疊成一個資料檔 (stacking the entire data set by individuals)」，它亦可用矩陣形式來表示：

$$y_{NT\times 1}=\begin{bmatrix} y_1 \\ y_2 \\ \vdots \\ y_N \end{bmatrix},\ \varepsilon_{NT\times 1}=\begin{bmatrix} e_1 \\ e_2 \\ \vdots \\ e_N \end{bmatrix},\ X_{NT\times K}=\begin{bmatrix} X_1 \\ X_2 \\ \vdots \\ X_N \end{bmatrix}，並定義\ \alpha_{N\times 1}=\begin{bmatrix} \alpha_1 \\ \alpha_2 \\ \vdots \\ \alpha_N \end{bmatrix}$$

方程式亦可改寫成矩陣形式：

$$y = X\beta + D\alpha + \varepsilon$$

其中，$\underbrace{D}_{NT\times N} = I_N \otimes \nu_T$

在 panel 模型中，個體截距項 α_i 代表「所有未可觀測之解釋變數的效果」，簡稱「特定個體 i(individual-specific)」效果。

二、就是否為線性模型區分

1. 一般線性模型 (general linear models)：上面的簡單迴歸及複迴歸，二者都是線性模型，但是下面這個模型是線性的嗎？

$$y_t = \alpha + \beta x_t^2 + \varepsilon_t$$

答：也是線性模型。因爲，令 $z_t = x_t^2$，則上式可改爲：$y_t = \alpha + \beta z_t + \varepsilon_t$。則顯然仍是線性模型。

2. 非線性模型 (non-linear models)：當解釋變數無法經由轉換成爲線性時，即爲非線性模型。如下例：

$$y_t = \alpha + \beta x_t^{\gamma} + \varepsilon_t$$

非線性模型的估計與分析較線性模型複雜。基本上，仍是透過適當的「線性化 (linearize)」來處理。

三、就「方程式」的數目區分

(一) 單一方程式 (univariate equation) 模型

$$y_t = \alpha + \beta_1 x_t + \beta_2 x_{2t} + \cdots + \beta_k x_{kt} + \varepsilon_t$$

(二) 多方程式組 (sets of models)

大致可分爲四類：

1. 聯立方程式模型 (simultaneous models)

聯立方程式模型中，一方程式的被解釋變數(即所謂的內生變數(endogenous variable)) 可能成爲其他方程式之解釋變數。例如：

$$\begin{cases} y_t = \beta_0 + \beta_1 x_1 + \beta_2 z_t + \varepsilon_t \\ z_t = \alpha_0 + \alpha_1 x_1 + \alpha_2 x_2 + e_t \end{cases}$$

在聯立方程式中，z_t 同時是解釋變數，也是被解釋變數。

Stata 提供聯立方程式之迴歸指令，如下表所示：

聯立方程式指令	說明
. gmm 指令	廣義動差估計 (Generalized method of moments estimation)
. ivregress 指令	兩階段迴歸：單一方程式工具變數之迴歸 (Single-equation instrumental-variables regression)
. qreg 指令	分量 (Quantile) 迴歸
. reg3 指令	三階段迴歸之聯立方程式 (Three-stage estimation for systems of simultaneous equations)
. treatreg 指令	處理效果 (Treatment-effects) 模型
. svy estimation 指令	調查樣本之估計指令 (Estimation commands for survey data)
. mgarch 指令	多變量 GARCH 模型 (Multivariate GARCH models)
. mgarch ccc 指令	固定型條件式相關多變量 GARCH 模型 (Constant conditional correlation multivariate GARCH models)
. mgarch dcc 指令	動態條件式相關多變量 GARCH 模型 (Dynamic conditional correlation multivariate GARCH models)
. mgarch dvech 指令	對角型 vech 多變量 GARCH 模型 (Diagonal vech multivariate GARCH models)
. mgarch vcc 指令	非固定型條件式相關多變量 GARCH 模型 (Varying conditional correlation multivariate GARCH models)
. sspace 指令	狀態－空間 (State-space) 模型
. var/ svar 指令 (時間序列之動態模型)	向量自我迴歸模型 (Vector autoregressive models)
. vec 指令 (時間序列之動態模型)	向量誤差修正模型 (Vector error-correction models)

聯立方程式指令	說明
. xtivreg panel 指令	工具變數 & 兩階段最小平方之追蹤模型 (two-stage least squares for panel-data models)
. xthtaylor panel 指令	誤差成分模型之 Hausman-Taylor 估計 (Hausman-Taylor estimator for error-components models)

註：此表之範例，請見作者《Stata 在總體經濟及財務金融的應用》一書。

2. 似無相關迴歸模型 (seemingly unrelated regression, SUR)

各方程式的解釋變數皆不包括其他方程式的內生變數，亦即這些解釋變數都是外生的，即所謂的「外生變數 (exogenous variable)」；SUR 可視為聯立方程式的特例。

$$\begin{cases} y_{1t} = \alpha_0 + \alpha_1 z_{1t} + \alpha_2 z_{2t} + \cdots + \varepsilon_{1t} \\ y_{2t} = \beta_0 + \beta_1 x_{1t} + \beta_2 x_{2t} + \cdots + \varepsilon_{2t} \\ y_{3t} = \gamma_0 + \gamma_1 x_{1t} + \gamma_2 z_{3t} + \cdots + \varepsilon_{3t} \\ \vdots \quad \vdots \qquad\qquad \vdots \\ y_{nt} = \delta_0 + \delta_1 x_{1t} + \delta_2 x_{2t} + \cdots + \varepsilon_{nt} \end{cases}$$

Stata 提供的 SUR 指令，如下表所示：

SUR 指令	說明
. biprobit	雙變數機率迴歸 (Bivariate probit regression)
. nlsur	非線性系統之方程式的估計 (Estimation of nonlinear systems of equations)
. reg3	聯立方程式之三階段迴歸 (Three-stage estimation for systems of simultaneous equations)
. sureg	Zellner's 似無相關迴歸 (seemingly unrelated regression)
. suest	似無相關估計 (seemingly unrelated estimation)

概括來說，多變量迴歸模型 (multivariate model) 也是 SUR 模型的一個特例。

3. sqreg 指令

聯立方程式 (simultaneous-quantile regression)。

4. sem 指令

結構方程模型之似不相關。請見作者《Stata 廣義結構模型》一書。

四、就被解釋變數是否為連續性隨機變數區分

1. 若是連續函數，如常態分配函數 (即高斯分配)，即爲傳統的常態線性迴歸 (normal linear regression model)，人們最常用最小平方法 (OLS)。
2. 若是離散的 (discrete)，例如 $y = 0$ 或 1，即爲二元選擇模型 (binary choice model)，常見的有 probit 與 logit models。Stata 提供的*非線性* panel 指令，包括：
   (1) 二元型依變數 (binary outcome)：又分爲下列指令：

xtprobit 指令	隨機效果 (Random effects)、樣本平均 (population-averaged) probit 模型
xtlogit 指令	固定效果 (Fixed effects)、隨機效果 (Random effects)、樣本平均 (population-averaged) logit 模型

   (2) 次序型依變數 (ordinal outcome)：又分爲下列指令：

. asmprobit 指令	特定方案 (Alternative-specific) 多項式 (multinomial) probit 迴歸
. heckoprobit 指令	帶樣本選取之次序機率模型 (Ordered probit model with sample selection)
. ologit 指令	次序羅吉斯模型 (Ordered logistic) 迴歸
. oprobit 指令	次序機率模型 (Ordered probit)
. rologit 指令	等級次序模型 (Rank-ordered logistic) 迴歸
. slogit 指令	Stereotype 羅吉斯 (logistic) 迴歸
. meologit 指令	次序型羅吉斯模型 (Multilevel mixed-effects ordered logistic regression)
. meoprobit 指令	多層型羅吉斯模型 (Multilevel mixed-effects ordered probit regression)

   (3) 計數型依變數 (count outcome)：又分爲下列指令：

. poisson 指令	卜瓦松 (Poisson) 迴歸
. expoisson 指令	Exact Poisson 迴歸
. glm 指令	廣義線性 (Generalized linear) 模型
. nbreg 指令	負二項 (Negative binomial) 迴歸
. tnbreg 指令	斷尾負二項迴歸 (Truncated negative binomial regression)
. tpoisson 指令	Truncated Poisson 迴歸
. zinb 指令	零膨脹負二項 (Zero-inflated negative binomial) 迴歸
. zip 指令	零膨脹 (Zero-inflated Poisson) 迴歸
. menbreg 指令	多層次混合效果負二項 (Multilevel mixed-effects negative binomial) 迴歸

(4) 截取型依變數 (censored outcome)：又分爲下列 panel 指令：

. xtintreg 指令	隨機效果 (Random effects) 區間資料 (interval-data) 迴歸模型
. xttobit 指令	隨機效果 (Random effects) Tobit 模型

3. 若被解釋變數的範圍受到截斷，或有所限制，如 Tobit model 或 truncated regression model。

以上多層次模型、離散分配型依變數之迴歸，請見作者《Stata 與高等統計分析》一書。

五、「靜態 vs. 動態」模型

Stata 動態 (dynamic) panel 模型之指令迴歸如下：

動態迴歸指令	說明
. xtabond 指令	Arellano-Bond 線性動態 (dynamic) panel-data 估計法
. xtdpdsys 指令 (比 xtabond 更有效率)	Arellano-Bover/Blundell-Bond 線性動態 (panel-data) 估計法
. xtdpd 指令 (最複雜)	線性動態 panel-data 估計法
xtreg 指令搭配差分「D.」及落遲「L.」運算子	Panel 共整合
xtgls 指令搭配差分「D.」及落遲「L.」運算子	Panel 共整合

Stata 動態模型之時間序列指令如下：

動態迴歸指令	說明
. arima 指令	ARIMA, ARMAX 及其他動態迴歸模型
. dfactor 指令	動態因素模型 (Dynamic-factor models)
. irf 指令	衝擊反應函數 (Create & analyze IRFs)、動態乘數函數 (dynamic-multiplier functions)、預測誤差變異數分解法 (FEVDs)
. mgarch dcc 指令	動態條件相關之多變量 GARCH 模型 (Dynamic conditional correlation multivariate GARCH models)

動態迴歸指令	說明
. vec 指令	向量誤差修正模型 (vector error-correction models)
reg 指令搭配差分「D.」及落遲「L.」運算子	1. 時間序列之共整合 2. 廣義 OLS 迴歸

註：上表之 Stata 範例，請見作者《Stata 在總體經濟及財務金融的應用》一書

1-5-2 追蹤資料 (panel-data) 模型：線性 vs. 非線性模型

追蹤資料 (panel-data) 的內容十分豐富，這裡以 Matyas 和 Sevestre(1996) 再版的書爲框架，主要從研究這種時空資料的模型角度，簡單回顧一下研究追蹤資料 (panel-data) 方法的發展。

一、線性模型

基本線性 panel 模型

- Pooled model (or population-averaged)

  混合資料模型 (樣本平均) $y_{it} = \alpha + X'_{it}\beta + u_{it}$ (1)

- Two-way effects model: allows intercept to vary over i and t

  雙因子效果模型 $y_{it} = \alpha_i + \gamma_t + X'_{it}\beta + \varepsilon_{it}$ (2)

- Individual-specific effects model

  特定個體效果模型 $y_{it} = \alpha_i + X'_{it}\beta + \varepsilon_{it}$ (3)

  where α_i may be fixed effect or random effect.

- Mixed model or random coefficients model: allows slopes to vary over i

  混合／隨機係數模型 $y_{it} = \alpha_i + X'_{it}\beta_i + \varepsilon_{it}$ (4)

1. 單變數模型

(1) 固定效果和固定係數模型 (fixed effect models and fixed coefficient models)

$$\text{固定效果：} y_{it} = \underbrace{\alpha_i}_{\text{它與解釋變數}x_{it}\text{有相關}} + \underbrace{X'_{it}}_{\text{它亦可爲內生解釋變數}} \beta + \underbrace{\varepsilon_{it}}_{\text{殘差項}\sim N(0,\sigma^2)}$$

Stata 以 F 檢定，來判定採用混合資料 OLS 或「xtreg…, fe」固定效果來估計。固定效果包括時間效果以及「時間和個體之二因子」效果。倘若你進一步

放寬 Panel 條件，允許誤差有異質性、自我相關性等情況下，則可改用「xtgls…, panels(iid) corr(independent)」來估計。

(2) 隨機效果，又稱誤差成分模型 (error components models)

$$\text{隨機效果：} y_{it} = \underbrace{\alpha}_{\text{純隨機}\sim N(0,\sigma_\alpha^2)\text{，它與解釋變數}x_{it}\text{無相關}} + \underbrace{X'_{it}}_{\text{外生解釋變數}} \beta + \underbrace{u_{it}}_{\text{個體間誤差}} + \underbrace{\varepsilon_{it}}_{\text{個體內誤差}}$$

除 OLS 迴歸、GLS 迴歸模型外，Stata 亦針對不同樣本特徵分別提供：組內估計 (within estimator) 或「xtreg…, re」隨機效果等估計法，甚至你若考慮誤差成分中的個體效果、或個體和時間效果，亦可用「xtgls…, panels(hetero) corr(ar1)」指令，將誤差自我相關和異質變異一併納入迴歸分析。

例如，Stata 以「xtreg…, re」指令，先執行隨機效果，再以 xttest0 事後指令之 Lagrange 乘數 (multiplier) 檢定，來偵測「隨機效果 vs. OLS」模型，何者較適合？

(3) 隨機係數模型 (random coefficient models)

$$y_{it} = \alpha_i + X'_{it} \underbrace{\beta_i}_{\text{每一個體}i\text{的斜率都不相同}} + \underbrace{u_{it}}_{\text{殘差項}\sim N(0,\sigma^2)}$$

本書第「5-7」章節 xtrc 指令，係隨機係數迴歸 (random coefficients regression by GLS) 模型。

若模型解釋變數 (regressors) 的係數包含時間效果或個體效果，再加上一個亂數，係數通常用抽樣方法或者 Bayesian 方法來估計。

(4) 帶有隨機解釋變數 (with random regressors) 的線性模型

本書第 6 章 xtivreg (工具變數兩階段最小平方法 panel-data 模型) 及 ivregress(單一方程式工具變數迴歸)、外掛指令 xtcsd(追蹤資料模型之橫斷面相依性)、第「8-5-2」章節 xtmixed(多層次混合之線性迴歸)、 xtrc(隨機係數模型)。有關 xtrc 指令之範例，請見第 5、8 章的介紹。

(5) 動態線性模型 (dynamic linear models)

本書第 9 章以 xtdpd、xtdpdsys 指令，來執行動態 panel 模型。

該模型同樣又包含固定效果迴歸模型 (通常用 LSDV 估計、Within 估計、IV 估計法估計參數)、動態誤差成分模型 (λ- 類估計、IV 估計、GMM 估計和最大概似估計等方法估計參數) 以及帶有異質性的動態線性模型 (聯立估計、組均值估計和橫斷面估計等方法估計參數，並檢定異質性)，成爲近來追蹤資料 (panel-data) 單根 (unit root) 和共整合 (cointegration) 理論發展的基礎。

2. 聯立方程模型

Stata 指令「xtivreg…(內生解釋變數 = 工具變數們), re」之 GLS 隨機效果，本身就分 G2SLS 估計法與 EC2SLS 估計法。詳情請見第 6 章實例解說。

聯立方程模型又分爲特定誤差成分和聯立方程 (用 GLS、最大概似估計、G2SLS、EC2SLS、G3SLS、EC3SLS 以及 FIML 等方法估計參數)，以及帶自我相關特定效果或者帶隨機效果的聯立方程模型。

3. 帶測量誤差模型

詳情請見作者《Stata 廣義結構方程》一書及《Stata 與高等統計分析》eivreg 指令，來執行 errors-in-variables 迴歸之實例解說。

包括基本迴歸模型、帶一個誤差成分結構測量誤差模型，參數估計方法包括基本估計、集合估計、差分估計。還包括具有測量誤差和異質性的模型 (GLS 估計)，以及具有自我相關性測量誤差的模型。

4. 僞追蹤資料 (panel-data)

僞追蹤資料 (panel-data) 是指重複抽自一個橫斷面所構成的資料集，對僞追蹤資料 (panel-data) 研究，包括僞追蹤資料 (panel-data) 的識別和估計。

除此之外，還有一些特殊問題如誤差成分模型形式選擇，例如豪斯曼 (Hausman) 檢定，可判定你該採固定模型或隨機模型、誤差的異質性問題等處理 (見第 4 章解說)。

二、非線性模型

1. logit 和機率 (probit) 模型

Stata 的指令包括：

logit 指令執行時間序列之羅吉斯 (logistic) 迴歸。
probit 指令執行時間序列之機率 (probit) 迴歸。
xtprobit 指令執行 panel 隨機效果及樣本平均 (population-averaged) probit 模型。
xtlogit 指令執行 panel 固定效果、隨機效果或樣本平均 (population-averaged) logit 模型。

固定效果模型 (ML 估計、CMLE 估計和半參數估計方法估計模型參數) 和隨機效果模型 (MLE 估計)，用兩階段方法來檢定模型是否存在異質性。

2. 非線性潛在變數模型

詳情請見作者《Stata 在結構方程模型及試題反應理論的應用》一書。

包括變數是線性的但模型是非線性的形式和變數非線性模型 (估計方法包括非一致的工具變數 (IV) 估計、最大概似 (ML) 估計、最小距離 MDE 估計、兩階段估計、近似 MLE 估計以及估計偏差調整)，以及作爲變數非線性模型中的一種特殊情況：二元選擇情形，估計方法用重複 ML 估計或者條件 ML 估計。

3. 生存模型 (survival analysis models)

主要的時間序列，包括對 Cox 模型、加速生存模型、競爭風險模型研究。

4. 點過程 (point process)

Stata 指令如下表：

Stata 外掛指令	功能說明
. amcmc	提供適性馬可夫鍵 Monte Carlo 取樣之 Mata 函數及結構 (adaptive Markov chain Monte Carlo sampling)
. bayesmixedlogit	混合 logit 模型之 Bayesian 估計
. bayesmlogit	混合 logit 模型之 Bayesian 估計
. markov	產生 Markov 機率
. mcmccqreg	使用 adaptive Markov chain Monte Carlo (MCMC) 之截取分量迴歸 (censored quantile regression)
. mcmclinear	為線性模型的 MCMC 取樣
. mcmcstats	計算 MCMC 之收斂值 (convergence and summary statistics for MCMC estimation)
. smwoodbury	計算 Sherman-Morrison-Woodbury k- 秩反矩陣 (rank-k update to matrix inverse)

點過程主要包括：Markov 過程、半 Markov 過程，以及用廣義半參數方法 (generalized semi-parametric) 處理的點過程。

除此之外還包括：

5. 處理追蹤資料 (panel-data) 資料不完整而帶來的選擇偏差問題

通常不完整的追蹤資料 (panel-data) 按照對研究結果的影響，分爲可忽略選擇規則 (機制) 和不可忽略選擇規則 (機制)。可忽略選擇規則 (機制) 模型參數通常用 ML 估計和 EM 演算法，而不可忽略選擇機制模型參數通常用兩階段估計，是否爲 (涵義不清) 不可忽略選擇規則 (機制) ？通常你可採用 Lagrange 乘

數 (multiplier) 檢定、Hausman 檢定、變數可加性檢定來偵測。

6. GMM 估計方法使用和對非線性模型進行特殊檢定

包括使用 GMM 方法估計 Poisson 模型、非平衡追蹤資料 (panel-data)，和對 Panel Probit 利用 Ward, LM, Hausman 方法進行檢定。

7. 藉助 Gibbs 抽樣

利用 MCMC 方法對追蹤資料 (panel-data) 模型進行推斷，主要是針對帶隨機效果高斯模型和帶隨機效果的 panel probit 模型。

1-5-3a追蹤資料 (panel-data) 模型認定 (identify) 與假設

追蹤資料 (panel-data) 模型的設定有許多不同的形式，在最基本的追蹤資料 (panel-data) 模型設定中，假設參數不會隨著時間與橫斷面的樣本單位不同而改變，且假設橫斷面樣本的殘差變異數為同質、縱斷面的樣本殘差項彼此不相關。此一模型單純的將時序和橫斷面的數據併在一起，並利用 OLS 估計。大部分時候，這樣的設定方式與實際分析問題的資料性質並不相符，因此需做適當之修正。其中，最主要需考量的是參數 (截距) 不固定及各種假設不符所可能導致的估計偏誤。以下由基本模型開始，介紹各種延伸模型的設定方式，之後，接著介紹估計的方法，以及一些特殊情況的考量及處理方式。

一、基本模型

追蹤資料 (panel-data) 的基本模型，為：

$$Y_{it} = \alpha_i + \beta_1 X_{1it} + \beta_2 X_{2it} + \cdots + \beta_K X_{Kit} + \varepsilon_{it}$$

$$Y_{it} = \alpha + \sum_{k=1}^{K} \beta_k X_{kit} + \varepsilon_{it}$$

其中，個體數 $i = 1, 2, \cdots, N$，它代表 individual(或 entity)。時段 $t = 1, 2, \cdots, T$，它為研究之期間。

$$Y_{T\times 1} = \begin{bmatrix} y_{i1} \\ y_{i2} \\ \vdots \\ y_{iT} \end{bmatrix}, \quad \varepsilon_{T\times 1} = \begin{bmatrix} e_{i1} \\ e_{i2} \\ \vdots \\ e_{iT} \end{bmatrix}, \quad X_{T\times K} = \begin{bmatrix} x'_{i1} \\ x'_{i2} \\ \vdots \\ x'_{iT} \end{bmatrix}$$

1. 依變數矩陣 Y_{it}：第 i 個個體 (individual, entity) 在時間點 t 之反應變數。

2. 向量 α_i：截距項，為固定常數。
3. $(K \times 1)$ 向量 $\beta = (\beta_1, \beta_2, \cdots, \beta_K)'$：所有解釋變數之參數，為固定係數向量。
4. 解釋變數 (regressors) 矩陣 X_{it}：第 i 個個體 (individual, entity) 在時間點 t 之解釋變數。$k = 1, 2, \cdots, K$ 表示有 K 個解釋變量。
5. 向量 ε_{it}：第 i 個個體 (individual, entity) 在時間點 t 之隨機誤差項。
6. X_{Kit}：為第 i 個 individual/entity 於第 t 期第 k 個解釋變數的值。
7. ε_{it}：為殘差項，$E(\varepsilon_{it}) = 0, E(\varepsilon_{it}, \varepsilon_{it}) = \sigma^2$，$\varepsilon_{it}$ 符合 $\overset{iid}{\sim} N(0, \sigma^2)$ 分配。

(一) OLS 迴歸

最小平方法 (ordinary least squares，簡稱 OLS) 之迴歸式可表示為：

$$Y_{it} = \alpha + \sum_{k=1}^{K} \beta_k X_{kit} + \varepsilon_{it}$$

由於 OLS 模型是不同個體間具相同之截距項，但此亦表示其認為個體間不存在有差異性；倘若個體間具有差異性，則利用 OLS 模型會使得估計有所偏誤，故追蹤資料 (panel-data) 模型確實可捕捉到資料的型態，而藉此修正傳統 OLS 在估計之缺失。

(二) OLS 迴歸 vs. Panel 迴歸的比較

在原始 panel 資料的迴歸過程中，隱喻迴歸參數不隨時間與橫斷面樣本單位不同而改變，且假設橫斷面樣本函數的殘差變異數是同質的、橫斷面樣本函數的殘差項在時間上假設彼此不相關。由於 panel 資料在處理方式上必須符合許多假定的前提條件要求，而此與現實環境上可能有所出入，故可放寬上述假定，允許模型中的常數項或斜率可隨時間與樣本別不同而改變，允許橫斷面的截距項可隨著不同橫斷面單位別而有所差異，而將 panel 資料迴歸拓展成擁有虛擬變數的固定效果模型 (fixed effects model) 或隨機效果模型 (random effects model)，二者也是 panel 資料最常採用的模型。若樣本來自「特定」母體，且個體特性不隨時間不同而改變時，使用固定效果模型可強調個體差異性；若樣本是「隨機」抽樣自母體，則使用隨機效果模型較佳。

基本迴歸模型：$Y_{it} = \alpha_{it} + \beta_1 X_{1it} + \beta_2 X_{2it} + \cdots + \beta_k X_{kit} + \varepsilon_{it}$

$$\text{它又分}\begin{cases} OLS\text{迴歸，當}\alpha_{it} = \alpha(\text{所有樣本截距項都相同}) \\ \text{固定效果，當}\alpha_{it} = \alpha_i(\text{每一個體截距項都相同}) \\ \text{隨機效果，當}\alpha_{it} = \underbrace{\mu}_{\text{對}y\text{平均的影響}} + \underbrace{\gamma_i}_{\text{隨機誤差}} = \alpha + \underbrace{u_{it}}_{\text{個體間誤差}} + \underbrace{\varepsilon_{it}}_{\text{個體內誤差}} \end{cases}$$

追蹤資料 (panel-data) 模型和最小平方法 (OLS) 最大差異，在於截距項假設的不同，分述如下：(因此在進行估計之前，需先檢定截距項的型態)

1. 最小平方法：假定所有樣本都有相同的截距項，即 $\alpha_{it} = \alpha$。
2. 固定效果模型：假定橫斷面樣本有不同的截距項，即 $\alpha_{it} = \alpha_i$。
3. 隨機效果模型：假定樣本的截距項爲隨機變數，即 $\alpha_{it} = \mu + \gamma_i$。

其中

μ：一固定未知參數，表示各個體對依變數影響的平均數。

γ_i：獨立且具有相同機率分配的隨機誤差。

二、特定個體 (individual-specific) 效果模型

特定個體效果又細分爲固定效果 (fixed effects, FE) 及隨機效果 (random effects, RE) 模型，兩者都是追蹤／縱橫資料最常被採用之模式。若樣本來自「特定」母體，且個體特性不隨時間不同而改變時，使用固定效果模型可強調個體差異性；若樣本是「隨機」抽樣自母體，則使用隨機效果模型較佳。

$$y_{it} = \underbrace{\alpha_i}_{\text{可以是固定效果或隨機效果}} + X'_{it} \underbrace{\beta}_{\text{固定效果或隨機效果之估計值相近}} + \underbrace{\varepsilon_{it}}_{\text{殘差項}\sim N(0,\sigma^2)}$$

$$\text{又分}\begin{cases} \text{固定效果}: y_{it} = \underbrace{\alpha_i}_{\text{它與解釋變數 } x_{it} \text{ 有相關}} + \underbrace{X'_{it}}_{\text{它亦可爲內生解釋變數}} \beta + \underbrace{\varepsilon_{it}}_{\text{殘差項}\sim N(0,\sigma^2)} \\ \text{隨機效果}: y_{it} = \underbrace{\alpha}_{\text{純隨機}\sim N(0,\sigma_\alpha^2)\text{，它與解釋變數 } x_{it} \text{ 無相關}} + \underbrace{X'_{it}}_{\text{外生解釋變數}} \beta + \underbrace{u_{it}}_{\text{個體間誤差}} + \underbrace{\varepsilon_{it}}_{\text{個體內誤差}} \end{cases}$$

其中，固定效果模型亦可表示爲：

$$Y_{it} = \alpha_i + \beta\sum_{i=1}^{k} X_{kit} + \varepsilon_{it}, i = 1, 2, \cdots, N; t = 1, 2, \cdots, T$$

其中

Y_{it}：爲第 i 個 individual/entity 在 t 時點的依變數數值。

α_i：爲截距項係數，$i = 1, 2, \cdots, N$，並假設每個影響因素皆是不同的，且在一段期間內是固定不變的。

β'：爲各解釋變數的迴歸係數，且 $\beta' = [\beta_1, \beta_2, \cdots, \beta_k]$，並假設在一定期間內爲固定常數。

X_{kit}：爲個體 (或 entity) i 在 t 期時，解釋變數數值。

ε_{it}：爲隨機誤差。

三、混合資料 (pooled)OLS 模型或樣本平均 (population-averaged, PA) 模型

$$y_{it} = \alpha + X'_{it}\beta + \underbrace{u_{it}}_{\text{殘差項}\sim N(0,\sigma^2)}$$

混合資料迴歸模型是將所有資料合併在一起，利用 OLS 估計出一條代表性的迴歸式。此單一條代表的迴歸式之截距項與斜率二者都是固定的，不隨觀察個體或時間而有差異，亦即 $\alpha_i = \alpha$，$\beta_k = \beta$。混合資料迴歸可以增加樣本數，但卻忽略了個體間或不同期間的差異，因此若個體間或不同期間具有差異性時，則使用傳統的 OLS 進行分析時，會產生估計偏誤的結果。

四、固定效果模型 (fixed effects model, FE)

帶虛擬變數之 OLS 線性迴歸解說

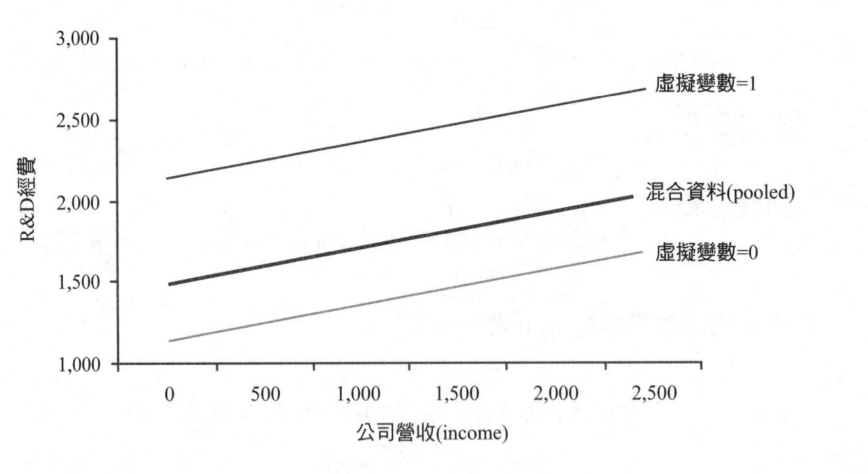

圖 1-18 虛擬變數之示意圖

假設 α_i 固定不變，且加入虛擬變數以衡量未被觀察到的變數，控制其對模型的影響，藉此可以瞭解個體間的差異，並縮小模型的共變異數。因此固定效果模型又稱爲最小平方虛擬變數模型 (least squares dummy variable model, LSDV)，其將個別個體之差異反映在截距項，並且此差異不會隨時間而改變。故固定效果模型中之截距項皆不相同，以表現個體間之獨特性。它利用虛擬變數之方式把各個個體間之差異反應在截距項上，因此固定效果模型可設定如下：

固定效果模型可用增加虛擬變數 D_j 來表示：

$$Y_{it} = \alpha_0 + \sum_{j=1}^{J}\alpha_j D_j + \sum_{k=1}^{K}\beta_k X_{kit} + \varepsilon_{it}$$

其中

Y_{it}：第 i 個個體於時間點 t 時之依變數。

α_0：基準個體之截距項。

α_j：虛擬變數之參數，會依不同研究樣本而改變，但在一段時間內爲固定不變，稱之爲「個體效果」。

D_j：虛擬變數，當 $i = j$ 時，$D_j = 1$。當 $i \neq j$ 時，$D_j = 0$。

β_k：第 k 個解釋變數之參數。

X_{kit}：第 i 個個體在時間點 t 時之第 k 個解釋變數。

ε_{it}：隨機誤差項，且 $\varepsilon_{it} \overset{iid}{\sim} (0, \sigma_\varepsilon^2)$。

i：第 i 個個體，$i = 1, 2, \cdots, N$。

j：第 j 個虛擬變數，$J = 1, 2, \cdots, j$。

k：第 k 個解釋變數，$k = 1, 2, \cdots, K$。

t：時間點，$t = 1, 2, \cdots, T$。

固定效果模型是將 α_i 當作特定常數，不同觀察個體具有不同的特定常數，也稱共變數模型 (covariance model)。在固定效果模型中，α_i 不隨時間變動而改變，但不同觀察個體間卻有不同的個體效果 (individual effect)，即不同觀察個體間的差異，可被不同的個體效果解釋，將每個 α_i 視爲待估計之未知常數。

在追蹤資料 (panel-data) 的一般形式中，如果假設參數 α_i 爲一常數 (亦即所有 individual/entity 均有相同的截距)，但實際上 individual/entity 間存有差異時，以 OLS 估計後將會產生偏誤。固定效果模型考量個體之間的差異，讓每個 individual/entity 擁有「固定」且獨特的截距項，以用來反映個體獨特的一些特質。作法上，其利用加入虛擬變數 (dummy variable) 的方式使截距項可隨不同 individual/entity 改變，而每個變數與截距項之間具相關性 (即 $cov(X_{it}, \alpha_i) \neq 0$)，故固定效果模型亦可表示爲：

$$D_{nt} = \begin{cases} n = 1, D_{nt} \Rightarrow 1 \\ n \neq 1, D_{nt} \Rightarrow 0 \end{cases}$$

$$Y_{it} = \sum_{n=1}^{N} \alpha_i D_{nt} + \sum_{k=1}^{K} X_{kit}\beta_k + \varepsilon_{it}$$

上式稱作最小平方虛擬變數 (LSDV) 模型

其中

α_i：隨著橫斷面資料的不同而變化，但不隨著時間而改變的個體效果 $i = 1, 2, \cdots, N$。

D_{nt}：爲固定截距項，以虛擬變數表示每個橫斷面有不同的結構。

β_k：指迴歸係數，$k = 1, 2, 3, \cdots, K$。

X_{kit}：第 i 個 individual/entity 於第 t 期第 k 個解釋變數值。$k = 1, 2, 3, \cdots, K$ 表示有 K 個解釋變量。$t = 1, 2, 3, \cdots, T$ 爲時間序列之期數。

ε_{it}：爲隨機誤差項，$\varepsilon_{it} \overset{iid}{\sim} N(0, \sigma^2)$。

$$\hat{\beta}_{FE} = \frac{\sum_{i=1}^{N}\sum_{t=1}^{T}(X_{it} - \overline{X})(Y_{it} - \overline{Y}_i)}{\sum_{i=1}^{N}\sum_{t=1}^{T}(X_{it} - \overline{X}_i)^2}$$

$$\hat{\alpha}_i = \overline{Y}_i - \overline{X}_i\hat{\beta}_{FE} \quad i = 1, 2, \cdots, N$$

由於檢視每個觀察個體的截距項是否均不同，因此 F 檢定的假設爲：

$$\begin{cases} H_0：\alpha_1 = \alpha_2 = \cdots = \alpha_i \\ H_1：H_0 \text{爲僞} \end{cases}$$

檢定結果若不拒絕虛無假設，則只需估計單一截距項，意含此縱橫資料 (追蹤資料 (panel-data) 的 N 個觀察個體，T 期觀察時間的資料，可被作 $N \times T$ 個觀察值的橫斷面或時間序列樣本，因而喪失縱橫資料的特性，成爲合併式迴歸模型。反之，若拒絕虛無假設，則各觀察個體之截距不完全相同，採用固定效果模型分析較爲合適。

其檢定統計量爲 F 分配：

$$F_{(N-1,\ NT-N-K)} = \frac{(SSE_{Pooled} - SSE_{LSDV})/(n-1)}{SSE_{LSDV}/(NT-N-K)}$$

式中 SSE_{Pooled} 來自於混合資料迴歸模型的殘差平方和，即假設上式中 $\alpha_i = \alpha$ 後，估計該式所得到之殘差平方和；SSE_{LSDV} 來自於固定效果模型的殘差平方和，即直接估計上式所得到之殘差平方和；(N−1) 代表虛無假設裡限制條件的個數；(NT−N−K) 是固定效果模型的自由度。

1. 固定效果之迴歸參數估計

固定效果模型是考慮在追蹤資料 (panel-data) 中，只有截距項變數產生改變，而反應參數不變。其原始模型為：

$$y_{it}=\beta_{it}+\sum_{k=2}^{K}\beta_k\chi_{kit}+e_{it} \tag{a}$$

亦可表示為：

$$y_{it}=\sum_{j=1}^{N}\beta_{ij}D_{it}+\sum_{k=2}^{K}\beta_k\chi_{kit}+e_{it} \tag{b}$$

if $j=i \quad D_{jt}=1$, if $j\neq i \quad D_{jt}=0$

固定效果之迴歸式，我們亦可用矩陣形式來表示：

$$y_i=\beta_{1i}j_i+X_{st}\beta_S+e_i \tag{c}$$

即

$$y_i=\begin{bmatrix} y_{i1}\\ y_{i2}\\ \cdots\\ y_{iT}\end{bmatrix},\ X_{st}=\begin{bmatrix} X_{2i1} & X_{3i1} & \ldots & X_{Ki1}\\ X_{2i2} & X_{3i2} & \ldots & X_{Ki2}\\ \ldots & \ldots & \ldots & \vdots\\ X_{2iT} & X_{3iT} & \ldots & X_{KiT}\end{bmatrix},\ e_i=\begin{bmatrix}\varepsilon_{i1}\\ \varepsilon_{i2}\\ \vdots\\ \varepsilon_{iT}\end{bmatrix} \tag{d}$$

上式中，我們主要針對 β_1 和 β_S 做估計，向量 β_1 為截距項之向量，β_S 為斜率係數的向量，而且假設所有的橫斷面之斜率係數皆相同。此外，干擾向量 e 具有平均數為 0 和變異矩陣 $\delta_e^2\, I_{NT}$。我們利用 Gauss-Markov 定理和最小平方估計法 (least squares estimator) 來估計 β_1 和 β_S 的估計值 b_1 和 b_S：

$$\begin{bmatrix} b_I\\ b_S\end{bmatrix}=\begin{bmatrix} TI_N & (I_N\otimes j_T)'X_S\\ X_S'(I_N\otimes j_T) & X_S'X_Z\end{bmatrix}^{-1}\begin{bmatrix}(I_N\otimes j_T)y\\ X_S'y\end{bmatrix} \tag{e}$$

$$b_S=(X_S'(X_S'\otimes D_T)X_S)^{-1}X_S'(I_N\otimes D_T)y \tag{f}$$

$$=\left(\sum_{i=1}^{N}X_{si}'D_TX_{si}\right)^{-1}\sum_{i=1}^{N}X_{si}'D_Ty_i \tag{g}$$

而且

$$b_{1i}=\overline{y}-\overline{x}b_S,\ i=1,2,\cdots,N \tag{h}$$

(g) 式中的

$$D_T = I_T - \frac{j_T j_T'}{T}$$

$$\bar{y}_i = \frac{1}{T}\sum_{t=1}^{T} y_{it} \quad \bar{x}_i' = (\bar{x}_{2i}, \bar{x}_{3i}, \cdots \bar{x}_{ki})$$

$$\bar{x}_{ki} = \frac{1}{T}\sum_{t=1}^{T} x_{kit} \tag{i}$$

我們由 (g) 式中可能證明 D_T 是 idempotent(等冪)，隱含 $I_N \otimes D_T$ 也可能是 idempotent，(g) 式改寫如下：

$$b_S = (X_S'(I_N \otimes D_T)'(I_N \otimes D_T)X_S)^{-1}X_S'(I_N \otimes D_T)'(I_N \otimes D_T)y = (z'z)^{-1}z'w \tag{j}$$

再分別轉換解釋變數的觀察值和獨立變數的觀察值，如下所示：

$$Z = \begin{bmatrix} D_T X_{S1} \\ D_T X_{S2} \\ \ldots \\ D_T X_{SN} \end{bmatrix}, \quad w = \begin{bmatrix} D_T y_1 \\ D_T y_2 \\ \ldots \\ D_T y_N \end{bmatrix} \tag{k}$$

其中

$$D_T X_{St} = \begin{bmatrix} x_{2i1} - \bar{x}_{2i} & \cdots & \cdots & x_{2i1} - \bar{x}_{Ki} \\ x_{2i2} - \bar{x}_{2i} & \cdots & \cdots & x_{2i2} - \bar{x}_{Ki} \\ \ldots & \ldots & \ldots & \ldots \\ x_{2iT} - \bar{x}_{2i} & \ldots & \ldots & x_{KiT} - \bar{x}_{Ki} \end{bmatrix} \tag{l}$$

$$D_i y_i = \begin{bmatrix} y_{i1} - \bar{y}_i \\ y_{i2} - \bar{y}_i \\ \ldots \\ y_{iT} - \bar{y}_i \end{bmatrix} \tag{m}$$

結論分析如下：在固定效果模型下，如果變數個數是小數，估計 β_1 和 β_S 可利用 (e) 式中的方式設立變數，再應用最小平方法；如果變數是大數，我們可以利用兩步驟：第一步利用 (l) 式和 (m) 式來設定斜率係數向量 β_S，再應用最小平方法；第二階段再利用 (n) 式來估計截距向量 β_1。

2. 固定效果之變異數估計

變異數的估計要先估計殘差：

$$\hat{e} = y - [I_N \otimes j_T X_s]\begin{bmatrix} b_1 \\ b_2 \end{bmatrix} = (I_N \otimes D_T)y - (I_N \otimes D_T)X_s b_s \quad \text{(n)}$$

然後得到變異數的不偏估計式：

$$\hat{\delta}_e^2 = \frac{\hat{e}'\hat{e}}{NT - (N+K)} \quad \text{(o)}$$

五、隨機效果模型 (random effects model, RE)

由於 panel 資料型態爲縱橫面資料，因此，在計量模型上應採用固定效果模型或是隨機效果模型，來捕捉無法觀測到的異質性效果 (unobservable heterogeneity)。

固定效果模型的優點是不需假設隨機干擾項與解釋變數無關；隨機效果模型的優點則是避免固定效果模型中損失自由度的問題，但必須事先假定隨機干擾項與個體解釋變數無關，即 $E(\mu_i X_{kit}) = 0$，參數估計結果才能滿足不偏性。

隨機效果模型與固定效果模型非常類似，都是假設所有個體的斜率是一樣的，但不同的個體其截距不一樣，即對於截距的解釋二者卻完全不一樣。在固定效果模型下，假設 α_i 爲常數；而在隨機效果模型下則假設 α_i 是隨機變數。在隨機效果模型下的誤差項有兩個，故隨機效果模型又稱作誤差成分模型 (error component model)，與固定效果模型相似之處，在於它也可同時考慮縱斷面與橫斷面並存的資料。然而不同的是，隨機效果模型以隨機變數型態的截距項代表每個橫斷面之間不同的結構，意味著無法觀測到的異質性效果僅由隨機產生。

隨機效果係假設截距項是隨機產生且非時變，而各單位結構或時間變動所造成的差異是隨機產生，表現形式在於殘差項。

易言之，隨機效果模型比較著重母體整體之關係，而非個體之間的差異性，但其仍容許個體間存在有不同之差異性，並主張個體之間的差異性 (亦表現在各條迴歸式之截距項) 乃是隨機產生且不會隨時間而改變。

當各個體間確實存在著差異時，設定成固定效果模型雖是較具效率的估計方式，但其固定效果未考量到不同時間將有不同差異存在問題，因此隨機效果模型將跨個體間的異質性設定爲隨機，而假定 X_{it} 與 α_i 之間不相關 (即 $\text{cov}(X_{it}, \alpha_i) = 0$)；亦即，各 individual/entity 結構或時間變動所造成的差異是「隨機」產生的，並將該表現形式置入殘差項，因此又稱爲誤差成分模型 (error component model)，原因是截距項與解釋變數無相關。該模型令 α_i 爲隨機的，且由兩部分組成：

$$\alpha_i = \mu_i + \gamma_i$$

其中

μ_i：一固定未知參數，表示各個體對依變數影響的平均數。

γ_i：獨立且具有相同機率分配的隨機誤差。

因此模型可寫爲：

$$\begin{aligned} Y_{it} &= \alpha_i + \sum_{k=1}^{K} X_{kit}\beta_k + \varepsilon_{it} \\ &= (\mu_i + \gamma_i) + \sum_{k=1}^{K} X_{kit}\beta_k + \varepsilon_{it} \\ &= \mu_i + \sum_{k=1}^{K} X_{kit}\beta_k + (\varepsilon_{it} + \gamma_i) \\ &= \mu_i + \sum_{k=1}^{K} X_{kit}\beta_k + \nu_{it} \end{aligned}$$

其中

α_i：爲截距項，表示隨時間不同橫斷面無規則地改變，所以以隨機方式呈現，即該寫爲 $\alpha_i = (\mu_i + \gamma_i)$，$i = 1, 2, 3, \cdots, N$。

μ_i：爲代表隨機產生的截距項。

γ_i：爲個體無法觀測到的隨機誤差，因此 γ_i 形成一機率分配，因此 $E(\gamma_i) = 0$, $\mathrm{Var}(\gamma_i) = \sigma_\gamma^2$，$\mathrm{Cov}(\gamma_i, \gamma_j) = 0$，因此對時間爲固定不變。

X_{kit}：個體單位 i 於第 t 期第 k 個解釋變數的值，$k = 1, 2, 3, \cdots, K$，$t = 1, 2, 3, \cdots, T$。

β_i：各解釋變數之迴歸係數，$k = 1, 2, 3, \cdots, K$。

ε_{it}：爲隨機誤差項，$\varepsilon_{it} \overset{iid}{\sim} N(0, \sigma^2)$。

v_{ii}：$v_{ii} = \varepsilon_{ii} + \gamma_{ii}$，且 $E(v_{ii}) = 0$，且具同質變異數 $\mathrm{Var}(v_{ii}) = \sigma_\varepsilon^2 + \sigma_\gamma^2$，假設同一 individual/entity 的誤差項具序列相關，不同 individual/entity 的誤差不相關。

在隨機效果模型中，雖然以 OLS 估計可以得到不偏的估計量，但卻不具效率性。因此使用 OLS 估計出的估計量，將不是最佳線性不偏之估計量。基於此，隨機效果模型的估計，亦可採用廣義最小平方法 (generalized least squares, GLS) (Hsiao, 1986)，該估計量如下：

$$\hat{\beta}_{RE}=\frac{\sum_{i=1}^{N}\sum_{t=1}^{T}(X_{it}-\overline{X}_i)(Y_{it}-\overline{Y}_i)+\psi T(\overline{X}_i-\dot{\overline{X}})(\overline{Y}_i-\overline{Y})}{\sum_{i=1}^{N}\sum_{t=1}^{T}(X_{it}-\overline{X}_i)^2+\psi T\sum_{i=1}^{N}(\overline{X}_i-\dot{\overline{X}})^2}$$

其中

$$\hat{\mu}=\overline{Y}-\overline{X}\hat{\beta}_{RE}$$

$$\psi=\frac{\sigma_{\varepsilon}^2}{\sigma_{\varepsilon}^2+T\sigma_{\gamma}^2}$$

使用廣義最小平方法 (GLS) 估計時，殘差共變異矩陣如下：

$$E[\varepsilon_i\varepsilon_i']=\sigma_{\mu}^2 I_T+\sigma_{\alpha}^2 ii'=\begin{bmatrix}\sigma_u^2+\sigma_\alpha^2 & \sigma_\alpha^2 & \dots & \sigma_\alpha^2\\ \sigma_\alpha^2 & \sigma_u^2+\sigma_\alpha^2 & \dots & \sigma_\alpha^2\\ \vdots & \vdots & \ddots & \vdots\\ \sigma_\alpha^2 & \sigma_\alpha^2 & \dots & \sigma_u^2+\sigma_\alpha^2\end{bmatrix}$$

令 $\Omega=E(\varepsilon_i\,\varepsilon'_i)$ 爲一 T x T 的矩陣，且 i 和 t 爲彼此獨立，則 N x T 的干擾共變異數成對角矩陣表示：

$$V=I_N\otimes\Omega\begin{bmatrix}\Omega & 0 & \dots & 0\\ 0 & \Omega & \dots & 0\\ \vdots & \vdots & \Omega & \vdots\\ 0 & 0 & 0 & \Omega\end{bmatrix}$$

以 GLS 需估計出$V^{-1/2}=I_N\otimes\Omega^{-1/2}$，因此對$\Omega^{-1/2}$單一求解如下：

$$\Omega^{-1/2}=\frac{1}{\sigma_u}\left[I_T-\left(\frac{1-\theta}{T}ii'\right)\right]$$

$$\theta=\sqrt{\frac{\sigma_u^2}{T\sigma_\alpha^2+\sigma_u^2}}$$

但其中 θ 爲一未知數，因此在用 GLS 估計 RE 時需先解出 θ 中的 σ_u^2 及 σ_α^2，再求算$\Omega^{-1/2}$，因此這種求解方法，謂之可行的 GLS(feasible GLS)，簡稱 FGLS。以下介紹隨機效果，又分成二種基本模型。即追蹤資料 (panel-data) 模型，亦可

分爲 (單因子)one-way 模型和 (雙因子)two-way 模型。

1. 單因子隨機效果模型 (one-way random effects model)

(1) 單因子模型只考量橫斷面效果，橫斷面效果分成固定效果 (reg、xtreg 指令) 和隨機效果 (icc 指令)。

(2) 單因子模型除考量橫斷面效果外，若加入了期間效果，期間效果可分成固定效果和隨機效果。

$$Y_{it} = \alpha_i + \sum_{k=1}^{K} \beta_k X_{kit} + \varepsilon_{it} = \overline{\alpha} + \mu_i + \sum_{k=1}^{K} \beta_k X_{kit} + \varepsilon_{it}$$

截距項中，$\overline{\alpha}$表示母體平均截距的固定未知參數，μ_i 代表無法觀測到的國家個體間隨機差異。

2. 雙因子隨機效果模型 (two-way random effects model)

$$Y_{it} = \alpha_i + \sum_{k=1}^{K} \beta_k X_{kit} + \gamma_t + \varepsilon_{it} = \overline{\alpha} + \mu_i + \sum_{k=1}^{K} \beta_k X_{kit} + \varepsilon_{it}$$

同時觀察特定個體效果和時間效果之模型。

小結

固定效果 vs. 隨機效果模型之比較

追蹤資料 (panel-data) 模型，常見的模型有固定效果模型 (fixed effects model) 與隨機效果模型 (random effects model)。如何研判固定效果模型及隨機效果模型何者較為恰當，可以利用 Hausman Test 來作為評判標準。

表 1-2 固定效果與隨機效果模型之比較表

估計方式	固定效果模型	隨機效果模型
意義	將不同觀察單位的影響因素以截距項表示，且每個觀察單位擁有特定的截距項，因此其估計出的結果只能推論至使用樣本中的觀察單位。	不同觀察單位的影響，以隨機變數表示，其結果可擴大到非樣本中的觀察單位。
假設	假設截距項 α_i 為特定常數	假設截距項 α_i 為隨機變數
優點	不需假設個別效果 α_i 為哪種分配，也不需假設它與隨機干擾項 ε_{it} 獨立，以及和自變數間不相關。	不需使用虛擬變數進行估計。消耗的自由度較少，並提供殘差項分析。

估計方式	固定效果模型	隨機效果模型
缺點	需使用虛擬變數進行估計，易造成自由度大幅減少。	需假設個別效果 α_i 為哪種分配，不需假設它與隨機干擾項 ε_{it} 獨立，以及和自變數間不相關。
使用時機	當殘差項與解釋變數之間具有相關性時，則隨機效果模型所估計出的結果會有偏誤，此時宜採用固定效果模型。	若採用抽樣方法選取樣本，則採用隨機效果模型為佳；而若非透過抽樣方法以選取樣本或樣本本身即母體的情況下，則以採用固定效果模型為佳。

1-5-3b FE、BE、RE 三種追蹤資料 (panel-data) 分析原理之實例解說

一、固定效果 (fixed effects)：個體內 (within) 變異數分析

以 CD 片之「panelex1.dta」資料檔爲例，其 panel-data 內容如下：

id	t	childrn	income
1	1	2	6
1	2	3	5.7
1	3	4	5
2	1	4	15
2	2	5	11
2	3	6	6

圖 1-19 固定效果之 panel-data，只有二筆個體 (i)，時間追蹤 3 期 (t=3 年)

「panelex1.dta」資料檔中，第一個體 (人)，第一年生 2 個小孩，第二年生 3 個小孩，第三年生 4 小孩。請問，生小孩數目 (childrn) 對收入的影響效果爲何？

1. 變異數分析：個體內 (within)。
2. 出現問題是：二者都僅是時變之變數 (only time variant variables)。
3. Stata 實例演練：若以個體分開計算，其迴歸式之 Stata 指令如下：

```
. use panelex1.dta, clear
. regress income childrn if id==1

------------------------------------------------------------------------------
      income |      Coef.   Std. Err.      t    P>|t|     [95% Conf. Interval]
-------------+----------------------------------------------------------------
     childrn |        -.5   .1154699    -4.33   0.144    -1.967185    9671847
       _cons |   7.066667   .3590106    19.68   0.032     2.505004    1.62833
------------------------------------------------------------------------------

. regress income childrn if id==2

------------------------------------------------------------------------------
      income |      Coef.   Std. Err.      t    P>|t|     [95% Conf. Interval]
-------------+----------------------------------------------------------------
     childrn |       -4.5   .2886751   -15.59   0.041    -8.167965   -.8320346
       _cons |   33.16667   1.462494    22.68   0.028     14.58392    51.74942
------------------------------------------------------------------------------
```

註：Stata 軟體之關係及邏輯運算子 (relational and logical operators)，如下表：

運算子	說明
==	等於 (is equal to)
~=	不等於 (also !=)
>	大於 (greater than)
<	小於 (less than)
>=	大於等於 (greater than or equal)
<=	小於等於 (less than or equal)
&	且 (and)
|	或 (or)
~	not (also!)

4. 假設個體分開計算的迴歸係數如下，則求得二人之係數平均值爲 −2.5。

$$\frac{\left(\begin{array}{|c|c|}\hline \text{income} & \text{Coef.} \\ \hline \text{childrn} & -.5 \\ \hline\end{array} + \begin{array}{|c|c|}\hline \text{income} & \text{Coef.} \\ \hline \text{childrn} & -4.5 \\ \hline\end{array}\right)}{2} = -2.5$$

圖 1-20　個體分開計算的迴歸係數，二人之係數平均值為 −2.5

求得固定效果：$income_{ij} = 33.167 - 4.5childrn_{it} + \varepsilon_{it}$

由於我們假定，依變數 y 的誤差是不隨時間而改變 (time constant)，故此誤差項在固定效果可使用虛擬變數 (dummy variable) 來建模。

5. 結論是：小孩生愈多時，員工的收入愈低。
6. 不同個體 (id) 若要「一齊」計算時，需要再納入虛擬變數 (iddum1、iddum2)，Stata 指令如下：

```
. use panelex1.dta, clear

*以 id 的 level 來產生「iddum 依序開頭」虛擬變數
. tabulate id, gen(iddum)

*執行虛擬變數之線性迴歸
. reg income childrn iddum1 iddum2

note: iddum2 omitted because of collinearity

      Source |       SS       df       MS              Number of obs =       6
-------------+------------------------------           F(  2,     3) =    5.93
       Model |  64.015001     2  32.0075005           Prob > F      =  0.0907
    Residual |  16.1933333     3  5.39777776           R-squared     =  0.7981
-------------+------------------------------           Adj R-squared =  0.6635
       Total |  80.2083343     5  16.0416669           Root MSE      =  2.3233

------------------------------------------------------------------------------
      income |      Coef.   Std. Err.      t    P>|t|     [95% Conf. Interval]
-------------+----------------------------------------------------------------
     childrn |       -2.5   1.161656    -2.15   0.120    -6.196908    1.196908
      iddum1 |      -10.1   2.999383    -3.37   0.043    -19.64537   -.5546258
      iddum2 |          0  (omitted)
       _cons |   23.16667   5.961155     3.89   0.030     4.195611     2.13772
------------------------------------------------------------------------------
```

7. 改用 panel 方式，Stata 固定效果之指令如下：

```
. use panelexl.dta

* 宣告為 panel-data: define data set as Panel-data
. tsset id t
       panel variable:  id (strongly balanced)
        time variable:  t, 1 to 3
                delta:  1 unit

* 執行 OLS regression with fixed effects(FE)
. xtreg income childrn, fe

Fixed-effects (within) regression               Number of obs      =         6
Group variable: id                              Number of groups   =         2

R-sq:  within  = 0.6069                         Obs per group: min =         3
       between = 1.0000                                        avg =       3.0
       overall = 0.0350                                        max =         3

                                                F(1,3)             =      4.63
corr(u_i, Xb)  = -0.7746                        Prob > F           =    0.1205

------------------------------------------------------------------------------
      income |      Coef.   Std. Err.      t    P>|t|     [95% Conf. Interval]
-------------+----------------------------------------------------------------
     childrn |       -2.5   1.161656    -2.15   0.120    -6.196908    1.196908
       _cons |   18.11667    4.74244     3.82   0.032     3.024105    33.20923
-------------+----------------------------------------------------------------
     sigma_u |  7.1417785
     sigma_e |  2.3233118
         rho |  .90429943   (fraction of variance due to u_i)
------------------------------------------------------------------------------
F test that all u_i=0:     F(1, 3) =     11.86              Prob > F = 0.0411
```

二、個體間效果 (between effects, BE)

個體間效果係使用「個體間迴歸估計 (between regression estimator)」。BE 可回答：當解釋變數 x 在個體之間是有差異／變化 (different /changes) 時，解釋變數 x 對依變數的效果為何？以圖 1-19 為例，第一個人平均生了 3 個兒子，但第二個人平均生了 5 個兒子，這二人之解釋變數 (childrn) 是有差異的。因此，BE 改用平均反應 (每個單位的平均值) 來建模，如圖 1-21 所示。

id	t	childrn	income
1	1	2	6
1	2	3	5.7
1	3	4	5
2	1	4	15
2	2	5	11
2	3	6	6

平均化**(average)**

id	t	childrn	income
1	.	3	5.5666
2	.	5	10.6666

Stata指令為：

```
. regress income childrn
```

income	Coef.
childrn	2.55
_cons	-2.0834

圖 1-21　個體間效果之實作示意圖

1. 求得 BE 模型：$income_{it} = -2.08 + 2.55childrn_{it} + \varepsilon_{ij}$
   BE結論：小孩生愈多時，員工的收入愈高。此結果恰恰與FE結論相反。
2. **個體間效果 (BE)** 係非常重要，因為 BE 是產生隨機效果估計值的基礎。BE 模型適用時機為，當你想要控制時變 (over time)，但個體間是固定 (constant between cases) 之遺漏變數 (omitted variables) 時，BE 允許個體間係變動的，來估計遺漏變數對依變數的影響效果。
3. Stata BE 語法：

```
* 宣告為 panel-data
. tsset id t

* 隨機效果之語法
. xtreg 依變數 自變數們, be
```

三、隨機效果 (random effects, RE)

1. RE 假定你回答下列二個問題是無差異 (no difference)
   (1) 當 X 在個體內是變動時之影響效果 (what is the effect of x when x changes within the person)：
   例如，第一個人第一年生 2 個兒子，第二年才生 3 個兒子，那麼，第一個人之生兒數係變動時，請問它對個人收入的影響效果爲何？ (what effect does this change have on their income?)。
   (2) 當 X 在個體間是變動時之影響效果 (what is the effect of x when x is different (changes) between persons)：
   三年平均，第一個人有 3 個兒子，第二個人有 5 個兒子，此 children 差異對其收入的影響效果爲何？ (what effect does this difference have on their income?)
2. 樣本資訊之使用：panel-data 或橫斷面 (between and within subjects)。
3. 變異數分析 (variance analyzed)：小組間變異及小組內變異 (between variance and within variance)。
4. RE 假定解釋變數 x 係時變的或非時變的 (time variant and time invariant variables)。
5. RE 估計係固定效果及個體間的加權平均矩陣 (matrix-weighted average of the fixed and the between estimates)。
6. RE 假定係數 b1 的效果量，在時間序列及橫斷面迴歸都是相同 (assumes b1 has the same effect in the cross section as in the time-series)。
7. RE 需要，個體誤差當作隨機變數，並符合常態分配 (requires that individual error terms treated as random variables and follow the normal distribution)。
8. Stata 隨機效果之語法，如下：

```
* 隨機效果 (Random effects)model
. xtreg 依變數 自變數們, re theta
```

9. 隨機效果之分析結果

```
. use panelex1.dta

* 宣告為 panel-data: define data set as Panel-data
```

```
. tsset id t
       panel variable:  id (strongly balanced)
        time variable:  t, 1 to 3
                delta:  1 unit

* 執行 OLS regression with fixed effects(FE)
. xtreg income childrn, re

Random-effects GLS regression                   Number of obs      =         6
Group variable: id                              Number of groups   =         2

R-sq:  within  = 0.6069                         Obs per group: min =         3
       between = 1.0000                                        avg =       3.0
       overall = 0.0350                                        max =         3

                                                Wald chi2(1)       =      0.15
corr(u_i, X)   = 0 (assumed)                    Prob > chi2        =    0.7032

------------------------------------------------------------------------------
      income |      Coef.   Std. Err.      z    P>|z|     [95% Conf. Interval]
-------------+----------------------------------------------------------------
     childrn |        .53   1.391037     0.38   0.703    -2.196382    3.256382
       _cons |   5.996667   5.846769     1.03   0.305     -5.46279    17.45612
-------------+----------------------------------------------------------------
     sigma_u |          0
     sigma_e |  2.3233118
         rho |          0   (fraction of variance due to u_i)
------------------------------------------------------------------------------
```

(1) 求得隨機效果：$income_{it} = 5.997 + 0.53childrn_{it} + \varepsilon_{it}$

(2) 隨機效果 (RE) 分析結果，顯示生小孩數目 (children) 預測個人收入 (income) 之係數爲 0.53(正相關)，此結果與個體間 (BE) 相同；但卻與固定效果 (負相關) 相反。

小結

固定效果、個體間 (BE) 及隨機效果 (RE)，三者的估計比較如下：

	變異來源		模型裡包含的屬性		本例
	Between-Variation (between the observation)	Within-Variation (within observation over time)	Time invariant（非時變）	Time variant（時變）	Coef.
Between effects	yes	no	yes	(yes)	2.55
Fixed effects	no	yes	no (yes)	yes	-2.55
Random effects	yes	yes	yes	yes	0.53
回答問題	Average group differences over times（跨時間來平均小組之差異）	個體在時間軸會變動			

1-5-4 橫斷面：最小平方虛擬變數 (LSDV) 迴歸模型之實作

一、各統計軟體之虛擬變數 (LSDV) 比較

統計軟體	SAS	Stata	LIMDEP	SPSS
Regression (OLS)	PROC REG	. regress	Regress$	Regression
LSDV1	w/o a dummy	w/o a dummy	w/o a dummy	w/o a dummy
LSDV2	/NOINT	, noconstant	w/o One in Rhs	/Origin
LSDV3	RESTRICT	.cnsreg	Cls:	N/A
One-way fixed	TSCSREG/FIXONE	. xtrge, fe	Regress; Panel; Str = ;	N/A
effect (within)	PANEL/FIXONE	.areg, abs	Fixed$	
Two-way fixed	TSCSREG/FIXTWO	N/A	Regress; Panel; Str = ;	N/A
(within effect)	PANEL/FIXTWO		Reriod = ; Fixed$	
Between effect	PANEL/BTWNG	. xtreg, be	Regress; Panel; Str = ;	N/A
	PANEL/BTWNT		Means$	
One-way random	TSCSREG/RANONE	. xtreg, re	Regress; Panel; Str = ;	N/A

統計軟體	SAS	Stata	LIMDEP	SPSS
effect	PANEL/RANONE	. xtgls	Random$	
	MIXED/RANDOM	. xtmixed		
Two-way random	TSCSREG/RANTWO	. xtmixed	Regress; Pane1; Str = ;	N/A
	PANEL/RANTWO		Period = ; Random$	
Random coefficient	MIXED/RANDOM	. xtmixed	Regress; RPM = ; Str = $	N/A
model		. xtrc		

二、橫斷面實例：虛擬變數之三種迴歸模型

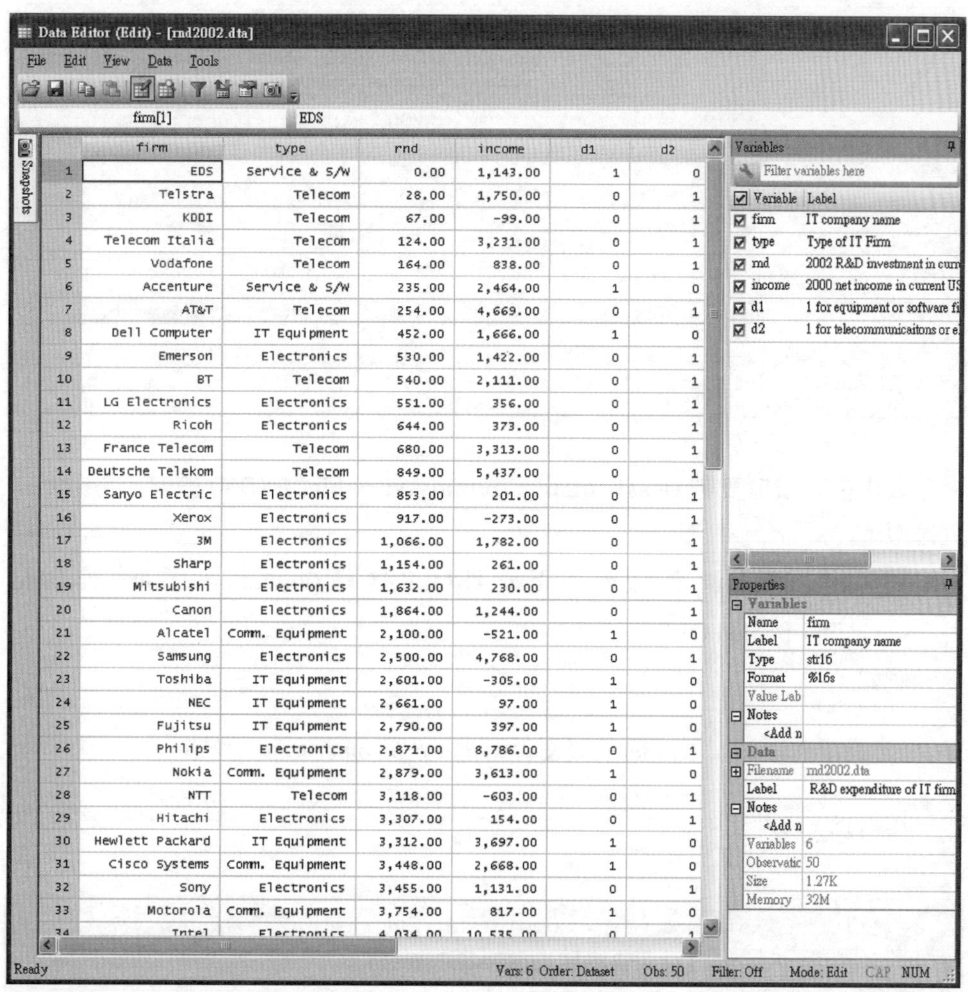

	firm	type	rnd	income	d1	d2
1	EDS	Service & S/W	0.00	1,143.00	1	0
2	Telstra	Telecom	28.00	1,750.00	0	1
3	KDDI	Telecom	67.00	-99.00	0	1
4	Telecom Italia	Telecom	124.00	3,231.00	0	1
5	Vodafone	Telecom	164.00	838.00	0	1
6	Accenture	Service & S/W	235.00	2,464.00	1	0
7	AT&T	Telecom	254.00	4,669.00	0	1
8	Dell Computer	IT Equipment	452.00	1,666.00	1	0
9	Emerson	Electronics	530.00	1,422.00	0	1
10	BT	Telecom	540.00	2,111.00	0	1
11	LG Electronics	Electronics	551.00	356.00	0	1
12	Ricoh	Electronics	644.00	373.00	0	1
13	France Telecom	Telecom	680.00	3,313.00	0	1
14	Deutsche Telekom	Telecom	849.00	5,437.00	0	1
15	Sanyo Electric	Electronics	853.00	201.00	0	1
16	Xerox	Electronics	917.00	-273.00	0	1
17	3M	Electronics	1,066.00	1,782.00	0	1
18	Sharp	Electronics	1,154.00	261.00	0	1
19	Mitsubishi	Electronics	1,632.00	230.00	0	1
20	Canon	Electronics	1,864.00	1,244.00	0	1
21	Alcatel	Comm. Equipment	2,100.00	-521.00	1	0
22	Samsung	Electronics	2,500.00	4,768.00	0	1
23	Toshiba	IT Equipment	2,601.00	-305.00	1	0
24	NEC	IT Equipment	2,661.00	97.00	1	0
25	Fujitsu	IT Equipment	2,790.00	397.00	1	0
26	Philips	Electronics	2,871.00	8,786.00	0	1
27	Nokia	Comm. Equipment	2,879.00	3,613.00	1	0
28	NTT	Telecom	3,118.00	-603.00	0	1
29	Hitachi	Electronics	3,307.00	154.00	0	1
30	Hewlett Packard	IT Equipment	3,312.00	3,697.00	1	0
31	Cisco Systems	Comm. Equipment	3,448.00	2,668.00	1	0
32	Sony	Electronics	3,455.00	1,131.00	0	1
33	Motorola	Comm. Equipment	3,754.00	817.00	1	0
34	Intel	Electronics	4,034.00	10,535.00	0	1

圖 1-22 「rnd2002.dta」資料檔內容

```
. use http://www.indiana.edu/~statmath/stat/all/panel/rnd2002.dta, clear
( R&D expenditure of IT( 資訊科技 ) firm (OECD 2002))
. describe

Contains data from http://www.indiana.edu/~statmath/stat/all/panel/rnd2002.
dta
  obs:           50                    R&D expenditure of IT firm (OECD 2002)
 vars:            6                    28 Nov 2005 10:47
 size:        1,300
-----------------------------------------------------------------------------
              storage  display     value
variable name   type   format      label       variable label
-----------------------------------------------------------------------------
firm            str16  %16s                   IT( 資訊科技 ) company name
type            int    %15.0g      type       Type of IT Firm
rnd             int    %10.2fc                2002 R&D investment in current
                                              USD millions
income          float  %10.2fc                2000 net income in current USD
                                              millions
d1              byte   %8.0g                  1 for equipment or software firms
d2              byte   %8.0g                  1 for telecommunicaitons or
                                              electronics firms
-----------------------------------------------------------------------------
```

最小平方虛擬變數 **(least squares dummy variable, LSDV)** 迴歸，可分爲下列模型：

1. Model 1：無虛擬變數之混合資料 OLS 迴歸 (without a dummy variable, pooled OLS)

例如：

$$\textbf{Model 1: } R\&D_i = \beta_0 + \beta_1 income_i + \varepsilon_i$$

指令爲：

```
. use http://www.indiana.edu/~statmath/stat/all/panel/rnd2002.dta, clear
( R&D expenditure of IT( 資訊科技 ) firm (OECD 2002))
. regress rnd income
```

```
      Source |       SS       df       MS              Number of obs =      39
-------------+------------------------------           F(  1,     37) =    7.07
       Model |  15902406.5     1  15902406.5           Prob > F      =  0.0115
    Residual |  83261299.1    37  2250305.38           R-squared     =  0.1604
-------------+------------------------------           Adj R-squared =  0.1377
       Total |  99163705.6    38   2609571.2           Root MSE      =  1500.1

------------------------------------------------------------------------------
         rnd |      Coef.   Std. Err.      t    P>|t|     [95% Conf. Interval]
-------------+----------------------------------------------------------------
      income |   .2230523   .0839066     2.66   0.012     .0530414    .3930632
       _cons |   1482.697   314.7957     4.71   0.000     844.8599    2120.533
------------------------------------------------------------------------------
```

混合資料 (pooled) model: R&D_i = 1482.697 + 0.2231*$income_i + \varepsilon_i$

2. Model 2：帶虛擬變數之混合資料 OLS 迴歸 (with a dummy variable)

例如：

$$\textbf{Model 2: } R\ \&\ D_i = \beta_0 + \beta_1 income_i + \delta_1 d_{1i} + \varepsilon_i$$

指令爲：

```
. use http://www.indiana.edu/~statmath/stat/all/panel/rnd2002.dta, clear
( R&D expenditure of IT firm (OECD 2002))
. regress rnd income d1

      Source |       SS       df       MS              Number of obs =      39
-------------+------------------------------           F(  2,     36) =    6.06
       Model |  24987948.9     2  12493974.4           Prob > F      =  0.0054
    Residual |  74175756.7    36  2060437.69           R-squared     =  0.2520
-------------+------------------------------           Adj R-squared =  0.2104
       Total |  99163705.6    38   2609571.2           Root MSE      =  1435.4

------------------------------------------------------------------------------
         rnd |      Coef.   Std. Err.      t    P>|t|     [95% Conf. Interval]
-------------+----------------------------------------------------------------
```

```
      income |   .2180066   .0803248     2.71   0.010     .0551004   .3809128
          d1 |   1006.626   479.3717     2.10   0.043     34.41498   1978.837
       _cons |   1133.579   344.0583     3.29   0.002     435.7962   1831.361
------------------------------------------------------------------------------
```

$$\begin{cases} d1 = 1: \text{R \& D} = 2140.205 + .218 * income = 1133.579 + 1006.626 * 1 + .218 * \text{income} + \varepsilon \\ d1 = 0: \text{R \& D} = 1133.579 + .218 * income = 1133.579 + 1006.626 * 0 + .218 * \text{income} + \varepsilon \end{cases}$$

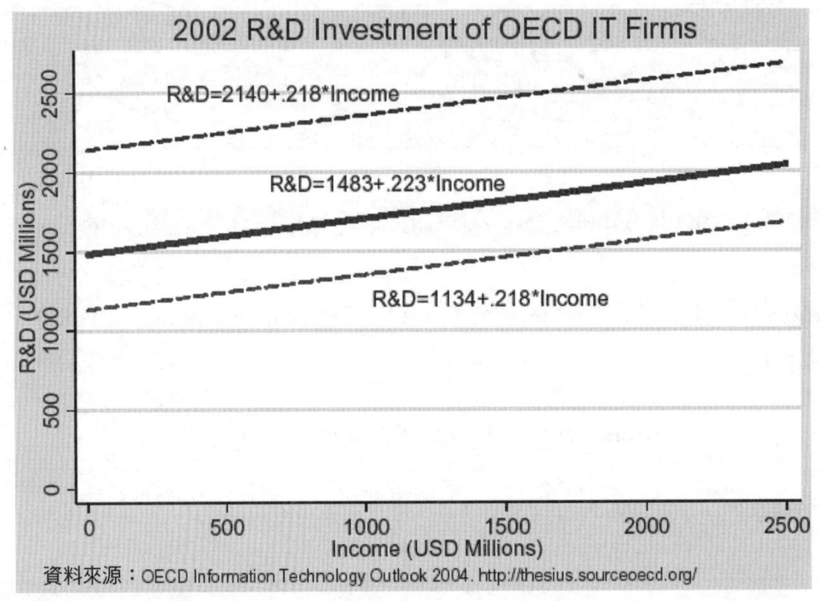

圖 1-23 Model 1 及 Model 2 線形圖比較

3. 最小平方虛擬變數 (least squares dummy variable, LSDV) 迴歸，又分為 LSDV1, LSDV2, LSDV3 三種型式

例如：

LSDV1: $R \& D_i = \beta_0 + \beta_1 income_i + \delta_1 d_{1i} + \varepsilon_i$ 或 $R \& D_i = \beta_0 + \beta_1 income_i + \delta_2 d_{2i} + \varepsilon_i$

LSDV2: $R \& D_i = \beta_1 income_i + \delta_1 d_{1i} + \delta_2 d_{2i} + \varepsilon_i$

LSDV3: $R \& D_i = \beta_0 + \beta_1 income_i + \delta_1 d_{1i} + \delta_2 d_{2i} + \varepsilon_i$, subject to $\delta_1 + \delta_2 = 0$

表 1-3 最小平方虛擬變數 (LSDV) 迴歸模型之三種型式

	LSDV 1	LSDV 2	LSDV 3
Dummies included	$d_1^{LSDV1} - d_d^{LSDV1}$ except for $d_{dropped}^{LSDV1}$	$d_1^* - d_d^*$	$d_1^{LSDV3} - d_d^{LSDV3}$
Intercept?	α^{LSDV1}	No	α^{LSDV3}
All dummies?	No ($d-1$)	Yes (d)	Yes (d)
Constraint (restriction)?	$\delta_{dropped}^{LSDV1}=0$ (Drop one dummy)	$\alpha^{LSDV2}=0$ (Suppress the intercept)	$\Sigma\delta_i^{LSDV3}=0$ (Impose a restriction)
Actual dummy parameters	$\delta_i^*=\alpha^{LSDV1}+\delta_i^{LSDV1}$, $\delta_{dropped}^*=\alpha^{LSDV1}$	$\delta_1^*, \delta_2^*, \cdots \delta_d^*$	$\delta_i^*=\alpha^{LSDV3}+\delta_i^{LSDV3}$ $\alpha^{LSDV3}=\frac{1}{d}\Sigma\delta_i^*$
Meaning of a dummy coefficient	How far away from the reference group (dropped)?	Actual intercept	How far away from the average group effect?
H_0 of the t-test	$\delta_i^*-\delta_{dropped}^*=0$	$\delta_i^*=0$	$\delta_i^*-\frac{1}{d}\Sigma\delta_i^*=0$

資料來源：Constructed from Suits (1984) and David Good's lecture (2004)

4. 未含截距項 (without the intercept) 之 LSDV 2

指令爲：

```
. use http://www.indiana.edu/~statmath/stat/all/panel/rnd2002.dta, clear
( R&D expenditure of IT firm (OECD 2002))
. regress rnd income d1 d2, noconstant

      Source |       SS       df       MS              Number of obs =      39
-------------+------------------------------           F(  3,    36) =   29.88
       Model |   184685604     3  61561868.1           Prob > F      =  0.0000
    Residual |  74175756.7    36  2060437.69           R-squared     =  0.7135
-------------+------------------------------           Adj R-squared =  0.6896
       Total |   258861361    39  6637470.79           Root MSE      =  1435.4

------------------------------------------------------------------------------
         rnd |      Coef.   Std. Err.      t    P>|t|     [95% Conf. Interval]
-------------+----------------------------------------------------------------
      income |   .2180066   .0803248     2.71   0.010     .0551004    .3809128
          d1 |   2140.205   434.4846     4.93   0.000     1259.029     3021.38
          d2 |   1133.579   344.0583     3.29   0.002     435.7962    1831.361
------------------------------------------------------------------------------
```

$$\begin{cases} d1=1: R\&D = 2140 + .2180 * income \\ d2=1: R\&D = 1134 + .2180 * income \end{cases}$$

5. 帶限制式 (with a restriction) 之 LSDV 3

指令爲：

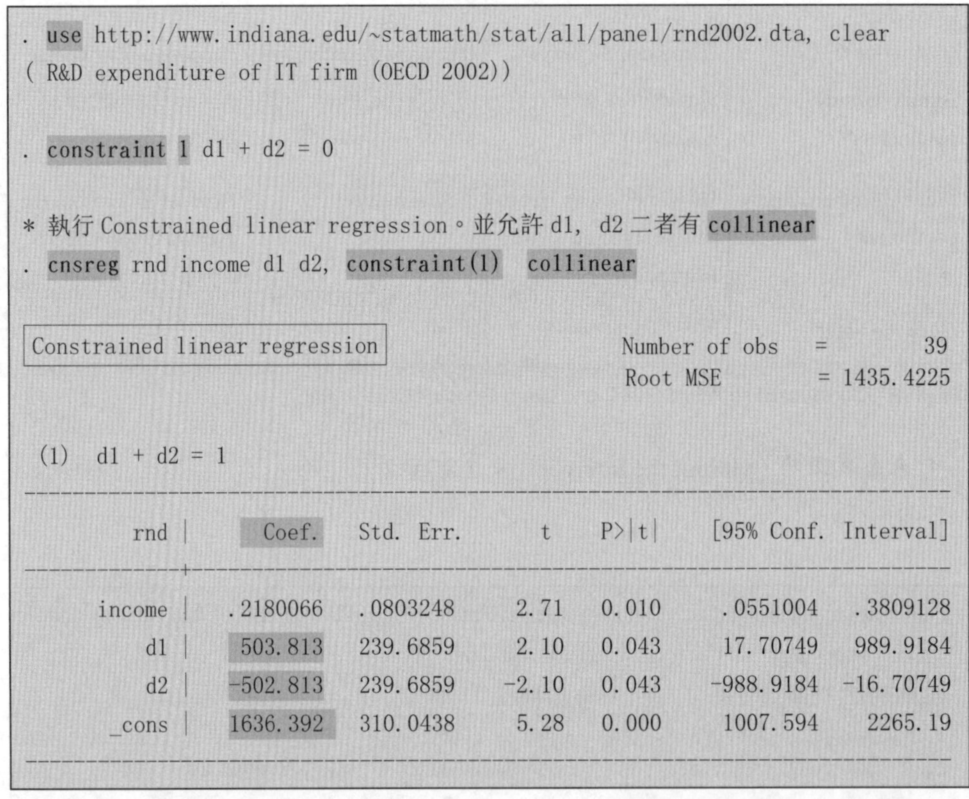

```
. use http://www.indiana.edu/~statmath/stat/all/panel/rnd2002.dta, clear
( R&D expenditure of IT firm (OECD 2002))

. constraint 1 d1 + d2 = 0

* 執行 Constrained linear regression。並允許 d1, d2 二者有 collinear
. cnsreg rnd income d1 d2, constraint(1)  collinear

Constrained linear regression                     Number of obs   =         39
                                                  Root MSE        = 1435.4225

 (1)   d1 + d2 = 1
------------------------------------------------------------------------------
         rnd |      Coef.   Std. Err.      t    P>|t|     [95% Conf. Interval]
-------------+----------------------------------------------------------------
      income |   .2180066   .0803248     2.71   0.010     .0551004    .3809128
          d1 |    503.813   239.6859     2.10   0.043     17.70749    989.9184
          d2 |   -502.813   239.6859    -2.10   0.043    -988.9184   -16.70749
       _cons |   1636.392   310.0438     5.28   0.000     1007.594     2265.19
------------------------------------------------------------------------------
```

$$\begin{cases} d1=1: R\&D = 2140.205 + .218 * income = 1637 + 503.8 * 1 + (-502.8) * 0 + .218 * income \\ d2=1: R\&D = 1133.579 + .218 * income = 1637 + 503.8 * 0 + (-502.8) * 1 + .218 * income \end{cases}$$

1-5-5 追蹤資料 (panel-data) 模型認定 (固定 vs. 隨機效果) 的進階

採用追蹤資料 (panel-data) 模型進行估計，來取代最小平方法 (OLS 模型)，旨在避免形成偏誤現象，造成整體資料之分析與估計結果相異。

經典追蹤資料 (panel-data) 模型研究中，一直存在著固定效果與隨機效果的判斷與爭論問題，這種模型認定形式的不準確，常常導致模型參數估計的無效性以及單因子 (one-way)(一組個體或時間之虛擬變數) 與雙因子 (two-way)(個體及時間這二組之虛擬變數) 誤差項模型的混淆。

固定效果模型與隨機效果模型爲 panel 資料最常被採用之模型。若樣本來自特定母體，且個體特性不隨時間不同而改變時，使用固定效果模型可強調個體差異性；若樣本是隨機抽樣自母體，則使用隨機效果模型較佳。

固定效果模型將下式，截距項 α_i 當作特定常數，不同觀察單位擁有不同特定常數，因此雙因子 (two-way) 固定效果模型又稱爲共變數模型 (covariance model)。在固定效果中認爲，不同觀察單位間的差異可被不同的固定效果解釋，將每個 α_i 視爲待估計的未知常數。而隨機效果模型則將 α_i 當作隨機變數，不同單位擁有不同的特定隨機變數。

一、為何 Panel 假定的鬆掷？

追蹤資料 (panel-data)(又稱「縱橫資料」或「面板資料」)，是指同時融合時間和個體雙重維度的資料結構。而追蹤資料 (panel-data) 模型的認定和估計，也均是由對時間與個體異質性結構的假設與分析發展的。其模型的一般形式爲：

$$y_{it} = \alpha_i + x'_{it}\beta + u_{it} \quad i = 1, 2, \cdots, N; \quad t = 1, 2, \cdots, T$$

其中，N 爲橫斷面 (cross section) 個數 (或個體個數)，T 爲每一個體對應的時間長度，u_{it} 爲誤差項。

追蹤資料 (panel-data) 模型分成固定效果模型、隨機效果模型，該兩類模型之主要差異，係在於截距項之定義不同。

1. 假設截距項 α_i 與解釋變數 (regressesor) 間，具有相關性，即 $\text{cov}(\alpha_i, x_{it}) \neq 0$，就稱爲固定效果模型。
2. 如果截距項 α_i 與解釋變數間，不具備關聯性，即 $\text{cov}(\alpha_i, x_{it}) = 0$，就稱爲隨機效果模型。

Panel 迴歸過程中，通常假定 (assumption)：

(1) 迴歸參數不隨時間與橫斷面樣本單位不同而改變。

(2) 且假定橫斷面迴歸函數的殘差變異數 $\sigma^2_{\varepsilon_{it}}$ 係同質性 (homoskedastic)。

(3) 橫斷面樣本函數的殘差項，在時間上假設彼此不相關 (uncorrelated)。

由於 panel 資料在處理方式上必須符合許多假定的前提條件，而此與現實環境可能有所出入，故我們也會放寬上述假設，允許模型中的常數項或斜率可隨時間與樣本別不同而改變，但若放寬斜率 β_i 可因橫斷面不同而改變，會使得模型變得十分複雜。因此，一般 panel 迴歸僅放寬常數項 α_{it} 可隨橫斷面樣本別不同的假設，而斜率 β_i 仍維持固定不變。

二、Panel 模型認定 (indentify) 的爭辯再起

由於追蹤資料 (panel-data) 模型擁有能夠控制與刻劃個體異質性、減小變數之間的多重共線性、增大自由度、提供更多資訊以及利於進行動態分析與微觀個體分析等優勢 (Hsiao, 1985, 1986; Klevmarken, 1989)，因此近年來得到了理論與應用研究者們的廣泛關注，而追蹤資料模型的方法也在原有的經典模型的基礎上，得到了迅猛的發展，包括：

1. 線性追蹤資料 (panel-data)：包含非平衡 (細格人數不等) 追蹤資料模型、誤差異質性、誤差自我相關等修正模型。
2. 非線性之離散資料模型 (discrete data)：追蹤資料的離散選擇模型。
3. 動態追蹤資料 (panel-data) 模型 (落遲項 (lags) 一併納入考量)。

然而，無論是較爲經典的追蹤資料 (panel-data) 模型，還是在此基礎上發展起來的其他模型，在模型認定與應用過程中，依然面臨著要對誤差分解成分滿足固定效果還是隨機效果進行判斷與檢定的問題，加上誤差項不同的分解方式以及兩種不同維度的組合搭配，使得固定與隨機的檢定與判斷變得更加複雜與撲朔迷離。儘管 Mundlak 輔助方程 (Mundlak, 1978) 及 Hausman 檢定 (Hausman, 1978) 等方法，在一定程度上能夠爲我們的判斷指明方向，但複雜的誤差分解與組合結構，對異質性內涵的理解差異以及不同效果對應的估計方式與相應經濟涵義各有利弊，使得固定效果與隨機效果的爭論一直存在著。

回顧計量經濟學 (econometrics) 的發展歷程後，我們發現固定與隨機效果之爭辯是與追蹤資料 (panel-data) 模型的演繹緊密聯繫在一起的。自 Gauss(1809) 與 Legendre (1805) 提出最小平方法的基本思想之後，人們便開始關注被刻劃的共性背後存在的異質性成分了。在其後的一段時期內，衆多研究均認爲在未被刻劃的異質性成分之中，存在著可控、可比且非時變的個體固定影響成分。但由於這種固定成分的影響是個體特有的，而且可以通過增加外生變數等方式儘量減小，特別是鑒於迴歸方程的可估性等原因，而被正統的分析所忽略，這便是固定效果模型的最初 (Nerlove, 2000)。1861 年，隨著 Airy 一本天文學專

著的問世，未被觀察到的異質性成分中的另一種影響效果引起了人們的關注，即在眞實值附近總是存在著一個除系統誤差之外的固有誤差項。這種成分「在每一天內是恆定不變的，但卻隨著不同天之間不斷在變化」(Airy, 1861)，而且 Airy 從理論上證明了這種隨機成分的存在性。至此，試驗資料中存在的隨機效果正式被提出。在此之後，Fisher (1918) 在變異數分析中對這兩種不同的影響效果，進行了較爲全面的研究。然而，由於 Fisher 在分析中採用了變異數分析以及放棄使用期望等問題，使得對其本人可能非常清晰的固定與隨機效果的概念，在後來的非試驗資料的計量分析中變得含糊不清。此後的衆多學者便產生了在選擇固定與隨機的問題上的較大分歧，如 Daniels(1939), Eisenhart(1947), Henderson(1953), Anderson(1978) 等。

Mundlak(1961), Wallace 與 Hussain(1969) 成爲了較早的固定效果的支持者，他們認爲固定效果模型具有估計的優勢，而且認爲沒有理由像隨機效果模型那樣假設把個體影響處理爲與其他迴歸變數不相關。而 Balestra, Nerlove(1966) 卻是隨機誤差項模型的堅決支持者，認爲我們應該把個體影響處理爲隨機的。Chamberlain(1984) 的研究表明，固定效果模型是對一般模型的待驗參數施加可檢定的約束後得到的，我們可以通過檢定這種約束條件的成立與否來決定是否選擇固定效果模型。Mundlak(1978) 則認爲，隨機效果模型是假設全部的包含個體隨機影響的迴歸變數是外生的。而與此相對，固定效果模型則認爲包含個體影響效果的變數是內生的。因此，固定效果與隨機效果選擇的問題，即是一個檢定迴歸變數與個體影響效果是否爲外生的問題。Hausman 與 Taylor(1981) 通過允許一部分迴歸變數與個體的差異性之間存在著相關關係的方式，運用 *Hausman* 類的統計量對是否存在隨機效果進行了檢定。Nerlove(2000b) 再一次掀起了有關隨機與固定效果的爭論，並提出了新的理由主張選擇隨機效果模型之後，追蹤資料 (panel-data) 模型的應用研究學者們，提出了反對無條件的接受固定效果模型或隨機效果模型的主張。Wooldridge (2002) 認爲，在微觀 panel 資料計量模型的估計中，將無法觀測到的影響成分看作是固定效果還是隨機效果的討論是不明智的。因爲當我們面臨著一個從較多橫斷面隨機得到的大容量樣本的時候，我們通常是將無法觀測到的異質性影響與解釋和被解釋變數一樣看作是總體抽取的一個隨機變數。Hsiao, Sun (2000) 則認爲，將固定效果或隨機效果的判斷作爲模型認定的問題來看待和解決，要遠遠優於對其進行單純的假設和檢定。他們提出了以密度比率 (density ratio)、AIC (Akaike) 準則以及斯瓦茨 (Schwartz) 準則來對模型認定進行檢定，以判斷兩種效果。在同時進行的蒙特卡洛模擬實驗中，估計結果顯示三種判斷準則均能較佳的對模型認定進行判斷和檢定，其中以斯瓦茨 (Schwartz) 準則的表現爲最佳。

針對經典追蹤資料 (panel-data) 模型研究中，存在的固定效果與隨機效果的爭論，以及由此帶來的關於誤差項模型中單因子 (one-way) 與雙因子 (two-way) 成分模型的混淆與參數估計上的偏差，請見後面敘述。本章下一節也有雙因子模型的特例模型 (隨機效果或固定效果模型) 之範例解說。

三、模型認定 (indentify) 與估計

在經典的追蹤資料 (panel-data) 分析中，模型被認定爲如下形式 [1]：

$$y_{it} = \alpha + X'_{it}\beta + u_{it} \quad i = 1, 2, \cdots, N; \quad t = 1, 2, \cdots, T$$

其中，i, t 分別爲橫斷面維度與時間維度，α 爲截距向量，u_{it} 爲誤差項。在 one-way 誤差分解模型中，$u_{it} = \mu_i + v_{it}$ 或 $u_{it} = \lambda_t + v_{it}$；在 two-way 誤差分解模型中，$u_{it} = \mu_i + \lambda_t + v_{it}$。

正如上文所述，無論哪種誤差結構的選擇均面臨著較爲複雜的認定檢定，特別是隨機與固定效果的爭辯。即便是在實際的應用研究中，也很難通過模型的認定予以簡單的解決 (Hausman, 1978)，而且各種檢定的結果亦並未向我們表明實際情況是否與原假設一樣僅爲單一的一種效果，其更類似一個「指標」，即僅顯示了更偏向於那種效果而已。

讓我們回到 Gauss(1809) 與 Legendre(1805) 提出最小平方法的基本思想以及經典線性計量經濟模型的時代，一般的迴歸方程如下形式：

$$y_i = \alpha + \beta x_i + \varepsilon_i \tag{A}$$

其中：$i = 1, 2, 3, \cdots, N$，y_i 爲被解釋變數，x_i 爲解釋變數 (可控變數)，α、β 爲公共參數，而 ε_i 爲未被進行一般性刻劃的剩餘部分。

傳統的方式通常在 ε_i 滿足古典假定的條件下，對上述方程進行估計。但是在殘餘項 ε_i 中，其實包含了豐富的資訊。主要而言，ε_i 可能包含可以觀測而被我們遺漏的變數的影響、不可觀測的個體的異質性成分以及純粹的隨機誤差項

---

[1] 見 Badi H. Baltagi (2002)。儘管對初始的基本模型形式的看法上，不同的學者有所差異（如：Hsiao, 1986, 2003），但模型分析的實質均是基本相同的。

等。因此，實際上我們沒有理由認爲 $E(\varepsilon_i) = 0$ 的結論必然成立。即 N 個個體之間除了一般能夠刻劃的共性因素之外，必然存在著難以共通的特性成分，具體可能表現爲個體殘差的平均值互不相等也非零。爲了滿足 OLS 等估計的需要，我們可以將模型改寫爲：

$$y_i = \alpha + \alpha_i + \beta x_i + u_i \quad \text{(B)}$$

其中 u_i 爲零均值的隨機變數，而此方程也是對 N 個個體的準確描述。但是由於該方程的不可估計，因此僅能以 OLS 估計的係數對眞實過程進行替代。

即：

$$y_i = \tilde{\alpha} + \beta x_i + \varepsilon_i \quad \text{(C)}$$

這並不是方法帶來的，而是由於資料所限的最優選擇。追蹤資料 (panel-data) 的引入，則爲更準確的刻劃與控制存在的異質成分提供了條件 (Hsiao, 1985, 1986; Klevmarken, 1989)。它允許我們在另一個維度上，對不可觀測的異質性成分的規律性進行分析。即，當我們僅考慮 one-way 影響情形時方程 (C) 爲：

$$y_{ij} = \alpha + \alpha_i + \beta x_{ij} + u_{ij} \quad \text{(D)}$$

以上所述就爲固定影響 α_i 的引出提供了解釋，然而現在的殘差項 u_{ij} 亦是僅僅滿足期望爲零的假設條件，而其變異數仍然可能是變動的。引用 Nerlove 的說法，我們僅將異質性成分中可控的部分進行了分離，這也說明了隨機效果分離的必要性。

同樣，自 Airy(1861) 提出並證明了隨機效果的存在性開始，之後的學者均對隨機效果的引入進行了說明。Hsiao(1997, 2003)[2] 等，給出了隨機效果的表示：

$$\varepsilon_{it} = \delta_i + u_{it} \text{（單因子）}；\varepsilon_{it} = \delta_i + \lambda_t + u_{it} \text{（雙因子）}$$

在這種引入隨機效果的基礎上，我們仍然沒有理由認爲 δ_i 的期望值爲零，因此同樣可以進行固定效果的分解。

綜上所述，我們認爲固定與隨機效果的判斷與對無法觀測的異質性因素的分析，二者有密切聯繫。從不同角度的分析，均表明了固定效果存在的客觀與

---

[2] Hsiao (2003). "Analysis of Panel Data". pp.33-34.

合理。我們並非在於主張單一的固定效果，而是認為在引入隨機效果的同時，不應該排斥固定效果的存在。在此認識的基礎上，本文認為，在模型形式認定與變數的選擇基本準確的條件下，現實中異質性成分的內涵與結構是較為複雜的。它可能並非僅僅是一種效果的結果，而是多種不同影響的綜合，只用一種或一部分成分來刻劃並不全面準確。因此，在此我們提出並構建一種最為一般的誤差項模型，即：

$$Y_{it}=X_{it}'\beta+\alpha_i+\mu_i+\lambda_t+\eta_t+v_{it}\quad i=1,\ldots,N\,;t=1,\ldots,T$$

其中，$\alpha_i+\mu_i$ 描述了個體維度的影響效果，$\lambda_t+\eta_t$ 描述了時間維度上的影響效果，α_i 與 λ_t 為反映個體差異與時間差異的純量向量，μ_i 與 η_t 則分別為反映個體與時間差異的隨機成分向量。分別假設 $\mu_i \overset{iid}{\sim} N(0,\sigma_\mu^2)$, $\eta_t \overset{iid}{\sim} N(0,\sigma_\eta^2)$ 及 $v_{it} \overset{iid}{\sim} N(0,\sigma_v^2)$，且 μ_i, η_t 以及 v_{it} 之間相互獨立，X_{it} 與 μ_i, η_t, v_{it} 在時間與個體之間均是相互獨立的。依據 α_i, λ_t, σ_μ^2, σ_η^2 及 σ_v^2 的數值與形式的不同，一般誤差項模型 (上式) 對應於不同的誤差模型，就產生二種誤差成分，包括：(1) 僅存在個體影響效果的模型，即單因子的誤差模型 (one-way error component model)。(2) 避免估計上的偏誤 (bias)，在迴歸估計時，常考慮特定個體效果 (individual-specific effect)，又想捕捉特定時間效果 (time-specific effect)，此時你可採用能夠兼顧兩者的雙因子固定效果模型 (two-way fixed effects model) 作為估計方法。

$$y_{it}=\underbrace{\alpha_i}_{\text{每一個體 } i \text{ 截距項都不同}}+\underbrace{\gamma_t}_{\text{每一時間 } t \text{ 截距項都不同}}+X'_{it}\beta+\varepsilon_{it}$$

1-6 線性 Panel 模型

1-6-1 xtreg 指令之報表解說

Panel 線性模型，最受歡迎的指令，就屬 xtreg 指令，其語法如下，共有五種效果：

```
* GLS random-effects (RE) model
. xtreg depvar [indepvars] [if] [in] [, re RE_options]

* Between-effects (BE) model
. xtreg depvar [indepvars] [if] [in] , be [BE_options]

* Fixed-effects (FE) model
. xtreg depvar [indepvars] [if] [in] [weight] , fe [FE_options]

* ML random-effects (MLE) model
. xtreg depvar [indepvars] [if] [in] [weight] , mle [MLE_options]

* Population-averaged (PA) model
. xtreg depvar [indepvars] [if] [in] [weight] , pa [PA_options]
```

一、固定效果 xtreg 分析結果之解說，如下圖 (p.104)。

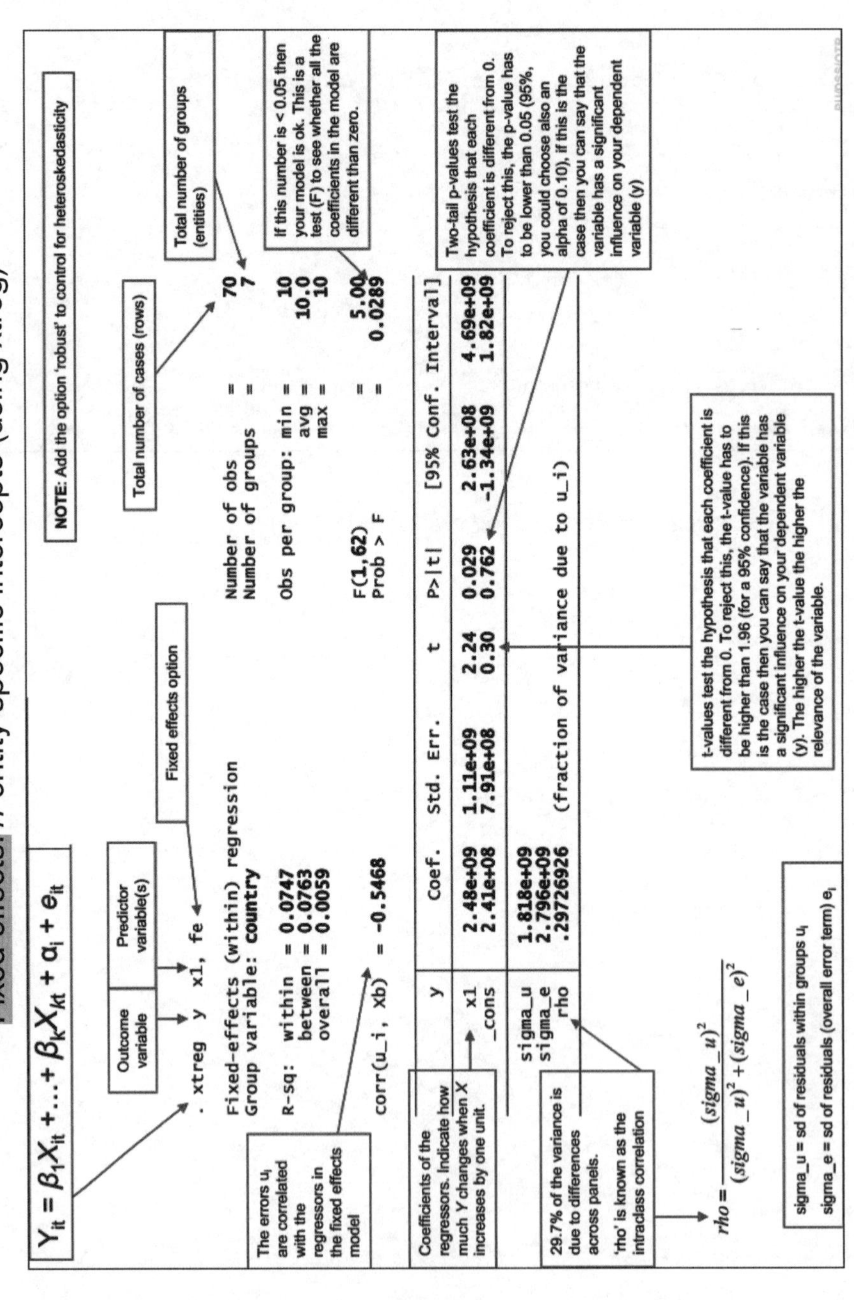

Fixed effects: n entity-specific intercepts (using xtreg)
$Y_{it} = \beta_1 X_{it} + \ldots + \beta_k X_{kt} + \alpha_i + e_{it}$
NOTE: Add the option 'robust' to control for heteroskedasticity
Outcome variable
Predictor variable(s)
Fixed effects option
Total number of cases (rows)
Total number of groups (entities)
. xtreg y x1, fe
Fixed-effects (within) regression
Group variable: country
Number of obs = 70
Number of groups = 7
R-sq: within = 0.0747
between = 0.0763
overall = 0.0059
Obs per group: min = 10
avg = 10.0
max = 10
F(1,62) = 5.00
Prob > F = 0.0289
corr(u_i, Xb) = -0.5468
The errors u_i are correlated with the regressors in the fixed effects model
If this number is < 0.05 then your model is ok. This is a test (F) to see whether all the coefficients in the model are different than zero.
y | Coef. | Std. Err. | t | P>|t| | [95% Conf. Interval]
x1 | 2.48e+09 | 1.11e+09 | 2.24 | 0.029 | 2.63e+08 | 4.69e+09
_cons | 2.41e+08 | 7.91e+08 | 0.30 | 0.762 | -1.34e+09 | 1.82e+09
sigma_u | 1.818e+09
sigma_e | 2.796e+09
rho | .29726926 (fraction of variance due to u_i)
Coefficients of the regressors. Indicate how much Y changes when X increases by one unit.
Two-tail p-values test the hypothesis that each coefficient is different from 0. To reject this, the p-value has to be lower than 0.05 (95%, you could choose also an alpha of 0.10), if this is the case then you can say that the variable has a significant influence on your dependent variable (y)
29.7% of the variance is due to differences across panels.
'rho' is known as the intraclass correlation
$rho = \frac{(sigma\_u)^2}{(sigma\_u)^2 + (sigma\_e)^2}$
t-values test the hypothesis that each coefficient is different from 0. To reject this, the t-value has to be higher than 1.96 (for a 95% confidence). If this is the case then you can say that the variable has a significant influence on your dependent variable (y). The higher the t-value the higher the relevance of the variable.
sigma_u = sd of residuals within groups u_i
sigma_e = sd of residuals (overall error term) e_i

二、隨機效果 xtreg 分析結果之解說，如下圖。

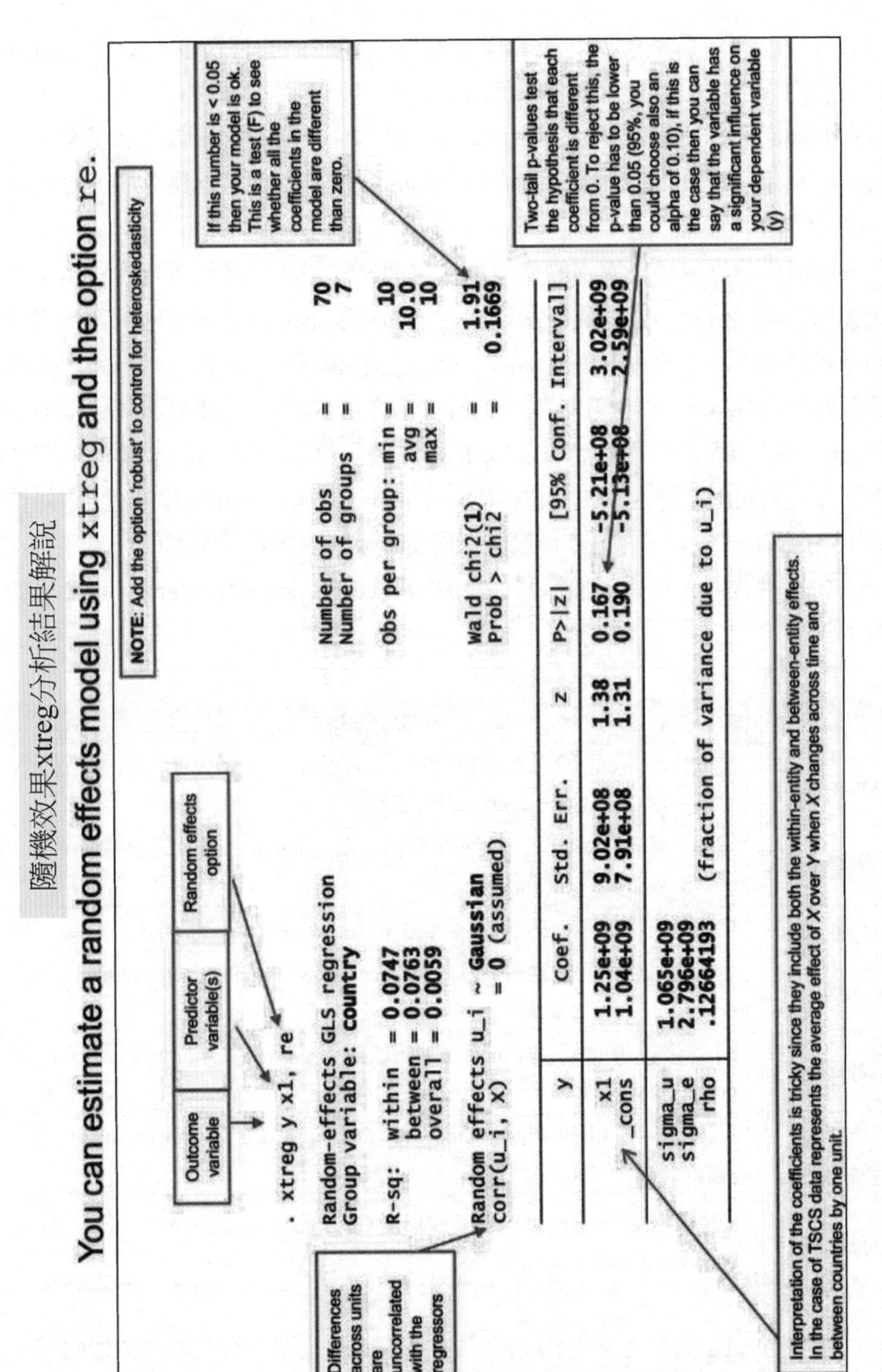

1-6-2 線性 Panel 模型：xtreg 指令之五種效果型態

縱橫面資料迴歸模型乃兼具橫斷面與時間序列的特性進行分析之組合模型，透過自由度的增加可減少線性重合的程度，進而提高估計的效果性，更可以掌握橫斷面資料的差異性與時間序列的動態性，對於較複雜或個體層次的資料亦可利用建模 (modeling) 來釐清變數間的關係及隱藏的行爲意義，以獲取較佳的研究結果。

建模係建立或尋找適當的模型來檢定理論或假說，是最重要的一項工作。尤其你的縱橫資料，若爲非平衡資料 (unbalanced panel-data) 型態，若採用傳統的一般最小平方法 (OLS) 進行估計，很容易產生估計的偏誤與不一致。故本章節擬介紹線性 panel 模型五種效果：最小平方法 (OLS)、隨機效果模型 (random effects, RE)、固定效果模型 (fixed effects, FE)、組間效果 (BE)、樣本平均 (PA) 等估計，並利用 F 檢定 (限固定效果)、Lagrange multiplier(LM) 檢定 (限隨機效果)、Hausman 檢定三者，來偵測該採固定效果或隨機效果模型？

Stata 共提供八種「線性迴歸估計 (linear regression estimators)」指令，如下表：

Stata 指令	功能說明
xtreg	固定效果 (fixed effects)、組間 (between effects)、隨機效果 (random effects)、樣本平均 (population-averaged) 線性模型
xtregar	誤差干擾帶 AR1 之固定效果、隨機效果 (random effects) 之線性模型 (linear models with an AR(1)disturbance)
xtgls	使用廣義最小平方法之追蹤模型 (Panel-data models using GLS)
xtpcse	帶小群組校正之線性迴歸 (Linear regression with panel-corrected standard errors)
xthtaylor	誤差修正模型之 Hausman-Taylor 估計 (Hausman-Taylor estimator for error-components models)
xtfrontier	追蹤資料之隨機前緣模型 (Stochastic frontier models for Panel-data)
xtrc	隨機係數迴歸 (Random-coefficients regression)
xtivreg	工具變數之兩階段迴歸的追蹤模型 (Instrumental variables & two-stage least squares for panel-data models)

其中，xtreg 指令之線性追蹤資料 (panel-data) 模型共有五種效果型態：

1. GLS 隨機效果 (RE) 模型

隨機效果之語法：xtreg depvar [*indepvars*] [*if*] [*in*] [, re *RE_options*]

2. 組間效果 (BE) 模型

個體間效果之語法：xtreg depvar [*indepvars*] [*if*] [*in*] , be [*BE_options*]

3. 固定效果 (FE) 模型

固定效果之語法：xtreg depvar [*indepvars*] [*if*] [*in*] [*weight*] , fe [*FE_options*]

4. ML 隨機效果 (MLE) 模型

最大概似隨機效果之語法：xtreg depvar [*indepvars*] [*if*] [*in*] [*weight*] , mle [*MLE_options*]

5. 樣本平均 (population-averaged, PA) 模型

母體平均之語法：xtreg depvar [*indepvars*] [*if*] [*in*] [*weight*] , pa [*PA_options*]

但若橫斷面資料間具有差異性，則將合併的混合資料 (pooling) 用 OLS 估計出之迴歸式，會因爲忽略橫斷面資料間差異性而使估計結果產生偏誤。故可改用固定效果模型及隨機效果模型進行實證，處理資料系統性趨勢 (systematic tendency) 及變異異質性 (heteroskedasticity) 問題。

1-6-2a 範例：xtreg 指令之五種追蹤資料 (panel-data) 效果型態

(一) 問題說明

Greene(1997) 提供了一個小型的追蹤資料 (panel-data) 檔的成本分析，它包含六個不同的企業產出 (output) 的資訊，它追蹤四個不同的時間段 (1955, 1960, 1965, 1970 年)。試問你如何以此類型的追蹤資料，來建構成本 (cost) 函數之估計式。

分析單位：panel variable 爲公司 (firm)

研究者收集數據並整理成下表，此「greene.dta」資料檔之變數如下：

變數名稱	說明	編碼 Codes/Values
個體索引 (下標)i	panel variable: firm	1 ～ 6
時間索引 (下標)t	年	1955 ～ 1970
時間序列 cost	成本函數	3.154 ～ 191.56
時間序列 output	產出	214 ～ 30958

(二) 資料檔之內容

「greene.dta」資料檔內容如圖 1-24：

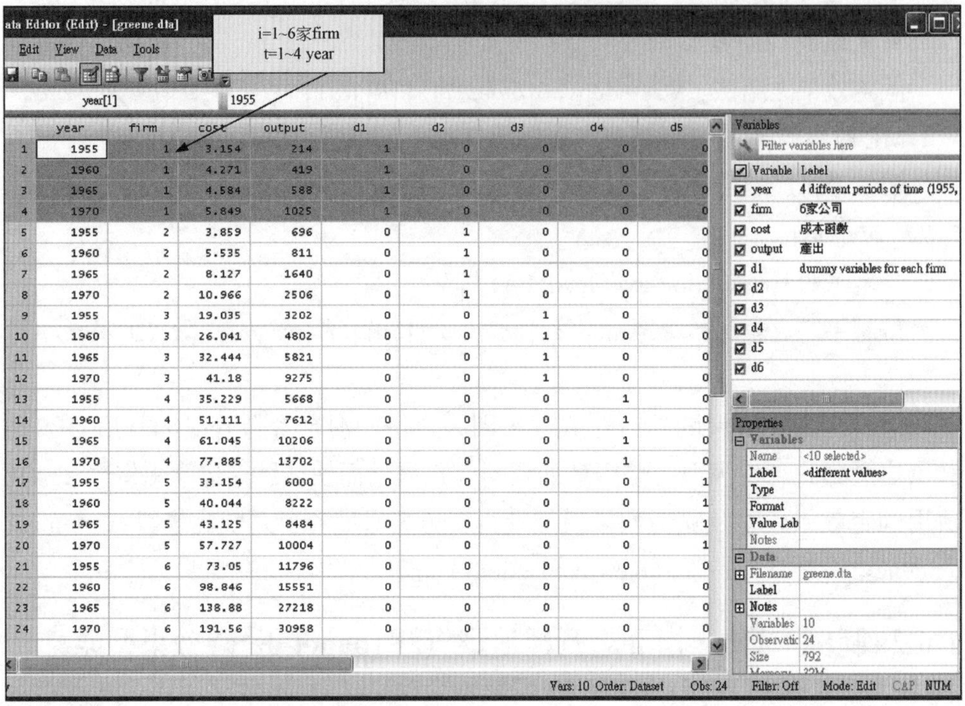

ata Editor (Edit) - [greene.dta]

i=1~6家firm
t=1~4 year

year[1] 1955

	year	firm	cost	output	d1	d2	d3	d4	d5
1	1955	1	3.154	214	1	0	0	0	0
2	1960	1	4.271	419	1	0	0	0	0
3	1965	1	4.584	588	1	0	0	0	0
4	1970	1	5.849	1025	1	0	0	0	0
5	1955	2	3.859	696	0	1	0	0	0
6	1960	2	5.535	811	0	1	0	0	0
7	1965	2	8.127	1640	0	1	0	0	0
8	1970	2	10.966	2506	0	1	0	0	0
9	1955	3	19.035	3202	0	0	1	0	0
10	1960	3	26.041	4802	0	0	1	0	0
11	1965	3	32.444	5821	0	0	1	0	0
12	1970	3	41.18	9275	0	0	1	0	0
13	1955	4	35.229	5668	0	0	0	1	0
14	1960	4	51.111	7612	0	0	0	1	0
15	1965	4	61.045	10206	0	0	0	1	0
16	1970	4	77.885	13702	0	0	0	1	0
17	1955	5	33.154	6000	0	0	0	0	1
18	1960	5	40.044	8222	0	0	0	0	1
19	1965	5	43.125	8484	0	0	0	0	1
20	1970	5	57.727	10004	0	0	0	0	1
21	1955	6	73.05	11796	0	0	0	0	0
22	1960	6	98.846	15551	0	0	0	0	0
23	1965	6	138.88	27218	0	0	0	0	0
24	1970	6	191.56	30958	0	0	0	0	0

Variable	Label
year	4 different periods of time (1955,
firm	6家公司
cost	成本函數
output	產出
d1	dummy variables for each firm
d2	
d3	
d4	
d5	
d6	

Vars: 10 Order: Dataset Obs: 24 Filter: Off Mode: Edit CAP NUM

圖 1-24 「greene.dta」資料檔 (i=6 家 firm，t=4 year)

觀察資料之特徵

```
. use greene.dta, clear

. note

_dta:
1. Greene(1997)provides a small panel-data set with information on costs &
output of 6 different firms, in 4 different periods of time(1955, 1960,1965,
& 1970). Your job is try to estimate a cost function using basic panel-data
techniques.

. xtset firm year, yearly
       panel variable:  firm(strongly balanced)
        time variable:  year, 1955 to 1970, but with gaps
                delta:  1 year

. xtdescribe

    firm:  1, 2, ..., 6                                          n =          6
    year:  1955, 1960, ..., 1970                                 T =          4
           Delta(year)= 1 unit
           Span(year)= 16 periods
         (firm*year uniquely identifies each observation)

Distribution of T_i:   min      5%     25%       50%       75%     95%     max
                         4       4       4         4         4       4       4

     Freq.  Percent    Cum. |  Pattern*
 ---------------------------+-----------
        6    100.00  100.00 |  1111
 ---------------------------+-----------
        6    100.00         |  XXXX
 ---------------------------------------
 *Each column represents 5 periods.
```

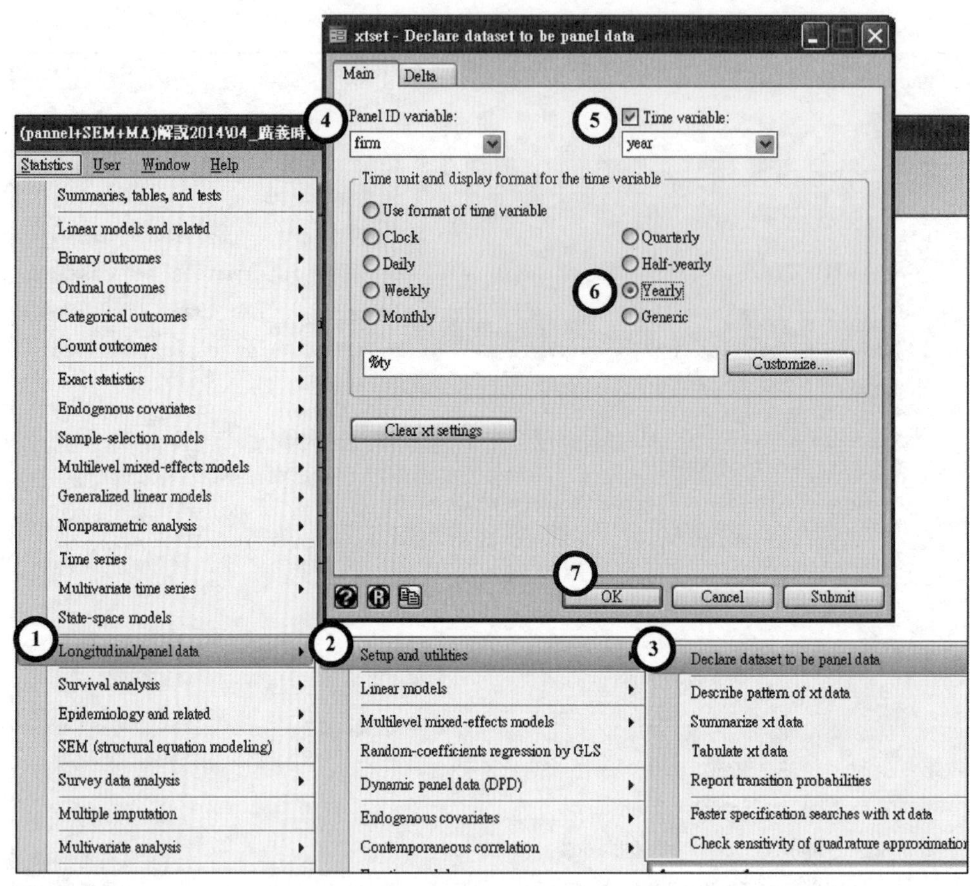

圖 1-25 longitudinal_ 追蹤資料 (panel-data) 之 tsset 指令畫面

註：Statistics > Longitudinal/ 追蹤資料 (panel-data) > Setup & utilities > Declare dataset to bepanel-data

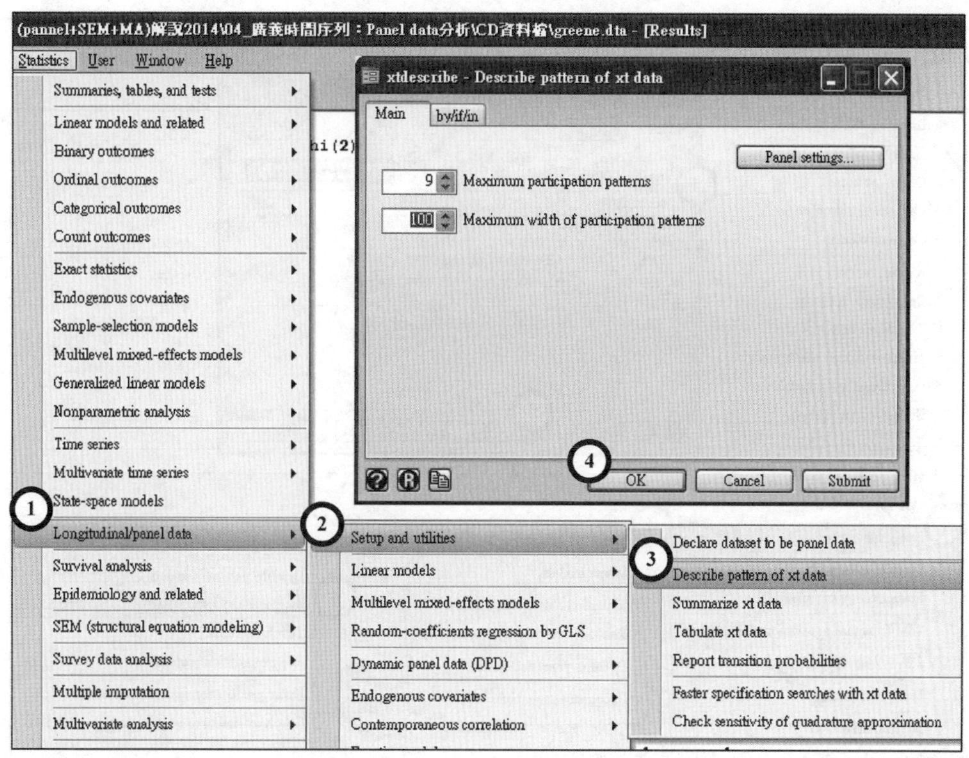

圖 1-26 xtdescribe 指令之畫面

註：Statistics > Longitudinal/ 追 蹤 資 料 (panel-data) > Setup & utilities > Describe pattern of xt data

```
. xtsum cost output

Variable         |      Mean   Std. Dev.       Min        Max |    Observations
-----------------+--------------------------------------------+----------------
cost     overall |  44.44588   46.30909      3.154     191.56 |     N =      24
         between |             44.57574     4.4645    125.584 |     n =       6
         within  |             20.41346  -8.088123   110.4219 |     T =       4
                 |                                            |
output   overall |    7767.5    7953.03        214      30958 |     N =      24
         between |             7537.918      561.5   21380.75 |     n =       6
         within  |             3720.459   -1817.25   17344.75 |     T =       4
```

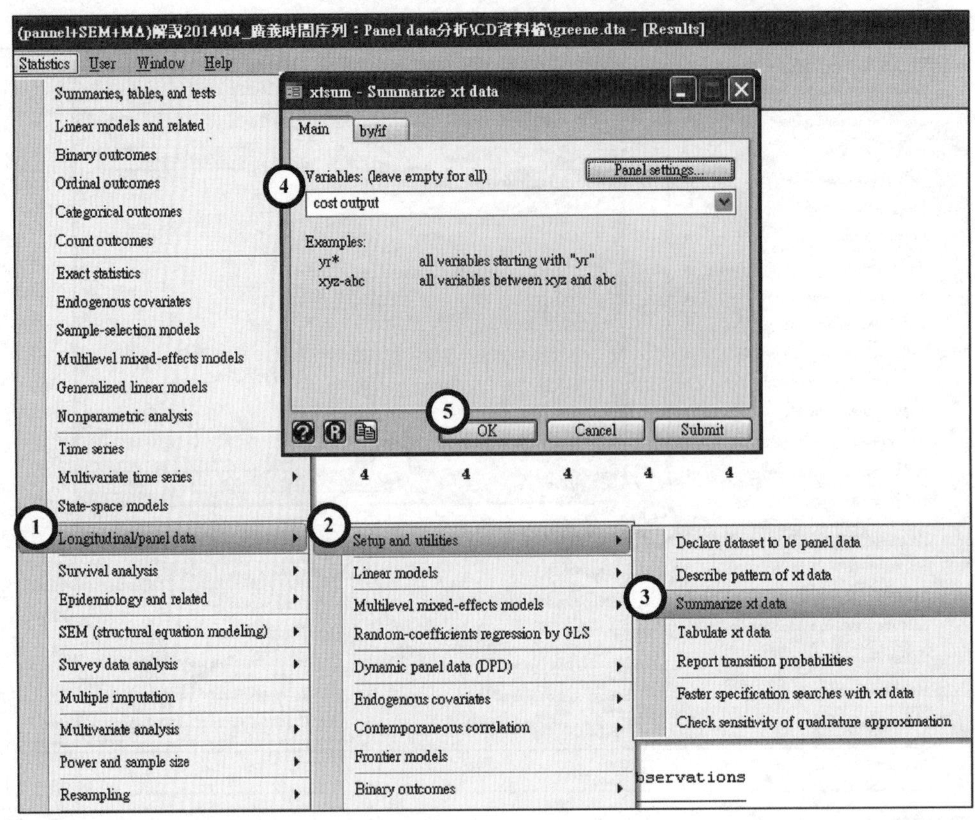

圖 1-27 xtsum 指令之畫面

(三) 分析結果與討論

Step 1-1. 時間序列之常態性檢定：Jarque-Bera asymptotic test for normality

Jarque-Bera 常態性檢定：

$$JB = \frac{T}{6}\left(S_2 + \frac{(k-3)^2}{4}\right) \sim 符合\chi^2_{(2)}分配$$

其中

S 為偏態係數

k 為峰態係數

T 為樣本數

若 JB → 0 則常態特性成立。若 JB 值大於臨界值 $\chi^2_{(2),C}$，則拒絕「H_0：常態性」。通常遇到時間序列非常態性，最常見的做法，就是 log(x) 或 ln(x) 之對數變換，將它轉成符合迴歸「常態性」假定之後，再代入 reg 指令、xtreg 指令中。

```
. use greene, clear

*jb 指令計算 Jarque-Bera asymptotic test for normality
. jb cost
Jarque-Bera normality test :  18.59 Chi(2)9.2e-05
Jarque-Bera test for H0: normality:

. jb output
Jarque-Bera normality test:   14.7 Chi(2)6.4e-04
Jarque-Bera test for H0: normality:
```

jb 指令計算結果，cost 及 output 之 p 值都 < 0.05，故拒絕：「H_0：normality」，因此 cost 及 output 二個時間序列都非常態，都違反迴歸之常態性假定 (assumption)，故二者都需做對數函數 ln(x) 之變數變換。

Step1-2. 非常態性在迴歸分析前：都需做 natural log(x) 之變數變換

```
*產生二個新的對數變數 lnc, lny
. gen lnc=ln(cost)

. gen lny=ln(output)

*再次對二個新的對數變數 lnc, lny，故 J-B 常態性檢定
. jb lnc
Jarque-Bera normality test:  1.596 Chi(2).4503
Jarque-Bera test for H0: normality:

. jb lny
Jarque-Bera normality test:  1.865 Chi(2).3935
Jarque-Bera test for H0: normality:
```

jb 指令再計算「自然對數函數之新變數」，lnc 及 lny 之 p 値都 > 0.05，故接受：「H_0：normality」，因此 lnc 及 lny 二個時間序列都常態，符合 OLS 迴歸要求的常態性假定 (assumption)。

典型追蹤資料 (panel-data) 模型，最簡單數學式爲：

$$y_{it} = x_{it}b + \alpha_i + \varepsilon_{it} \qquad (公式 1)$$

我們的目標是估計 $b_{(K \times 1)}$ 迴歸係數値

其中

α_i：個體效果 (individual effects) 係不隨時間改變 (constant over time)，它與殘差 ε_{it} 都是無法肉眼觀察的。

x_{it}($_{1 \times K}$ 向量)：預測 / 解釋變數 (regressors)，它與依變數 y_{it} 都是可觀察的。

殘差 ε_{it} 係無數列相關 (前後期殘差是無相關)，但在跨時間及跨個體都是可變的。

效果一、混合資料 (pooled) OLS：樣本平均 (population-averaged, PA) 模型

混合資料 OLS 是追蹤資料 (panel-data) 最基本的估計法。因爲它將每個觀察値 (observations) 視爲數列無相關 (serially uncorrelated) 的個體 (individual)，且「跨個體及跨時間的誤差 (across individuals & time periods)」都是變異同質的 (homoskedastic)，故係數 b 的估計值爲：

$$b^{POLS} = (x'x)^{-1}x'y \qquad (公式 2)$$

Step 2. Stata 求 pooled OLS 之迴歸式

方法一　使用一般 OLS 迴歸求 pooled OLS

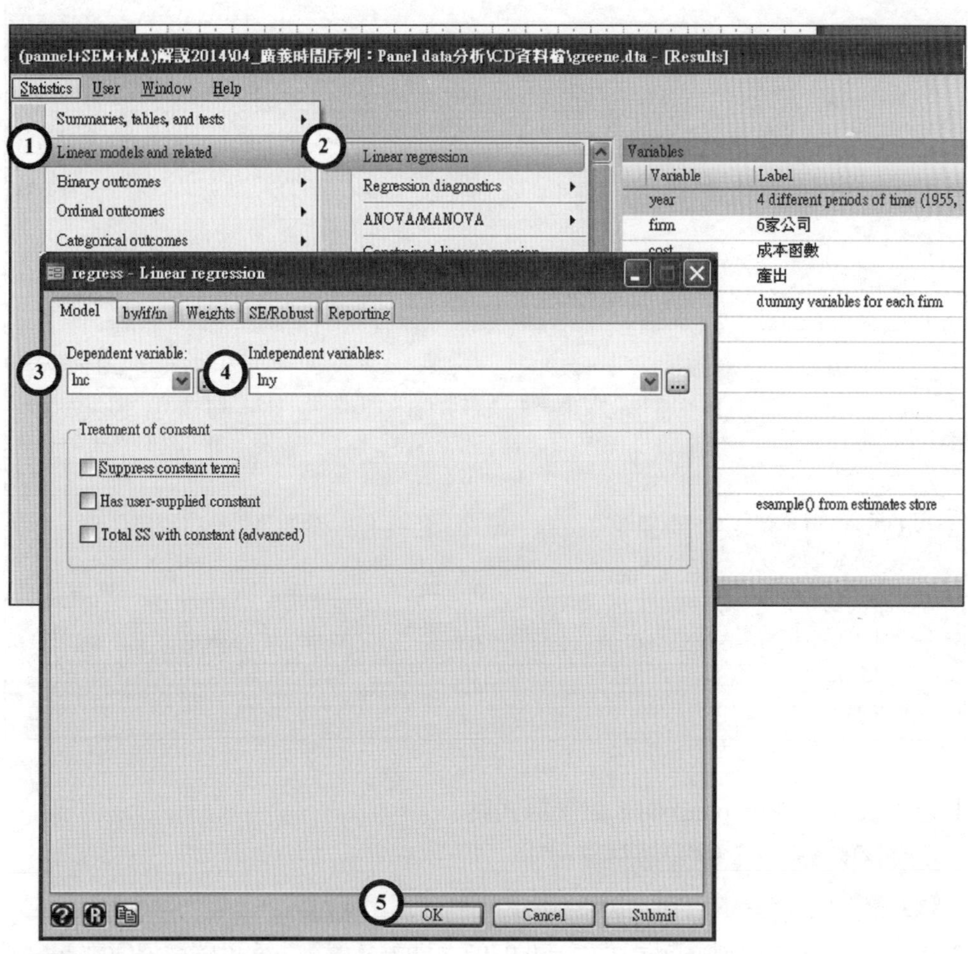

圖 1-28　regress 指令之 OLS 迴歸的畫面

在 Stata，你可用線性迴歸 reg 指令，求得 pooled OLS：

```
*先 clear 資料檔，再開啟 greene.dta
. use greene, clear
```

```
* 最小平方法之線性迴歸 reg 指令
. regress lnc lny

      Source |       SS       df       MS              Number of obs =      24
-------------+------------------------------           F(  1,    22) =  728.51
       Model |   33.617333     1   33.617333           Prob > F      =  0.0000
    Residual |  1.01520396    22  .046145635           R-squared     =  0.9707
-------------+------------------------------           Adj R-squared =  0.9694
       Total |  34.6325369    23  1.50576248           Root MSE      =  .21482

------------------------------------------------------------------------------
         lnc |      Coef.   Std. Err.      t    P>|t|     [95% Conf. Interval]
-------------+----------------------------------------------------------------
         lny |   .8879868   .0328996    26.99   0.000     .8197573    .9562164
       _cons |  -4.174783   .2768684   -15.08   0.000    -4.748973   -3.600593
------------------------------------------------------------------------------

* 用 scalar 指令將最近一次迴歸之 _result(7)，存到 R2OLS(Scalar variables)
. scalar R2OLS= _result(7)

* 印出 R2OLS: Display strings & values of scalar expressions
. di  R2OLS
.97068641
```

1. 求得混合資料 (pooled) OLS 之迴歸式為：

   $lnc = -4.175 + 0.888 \times lny + \varepsilon$，即

   $Ln(公司成本) = -4.175 + 0.888 \times Ln(公司產出) + \varepsilon$

2. Pooled OLS 之模型適配度：$R^2 = 0.9707$。即解釋變數 lny 可解釋依變數 lnc 之 97% 變異數。
3. 混合資料 (pooled) OLS，解釋變數 lny 之迴歸係數的標準誤 (Std. Err.) 為 0.0329。
4. 本例五種效果之迴歸係數的標準誤比較結果為：混合資料 (pooled)OLS 為 0.032；固定效果為 0.061；PA 固定效果為 0.048；組間 (BE) 為 0.059；隨機效果為 0.048。在 xtreg 五種效果模型中，哪個模型的標準誤愈小，表示該迴歸係數愈容易「達顯著性」，即混合資料 OLS 的迴歸係數最小 (為 0.032)，最容易「達顯著性」; 相反地，固定效果 (FE) 迴歸係數的標準誤最大 (為 0.061)。

方法二 改用追蹤資料 (panel-data) 迴歸指令「**xtreg, pa**」

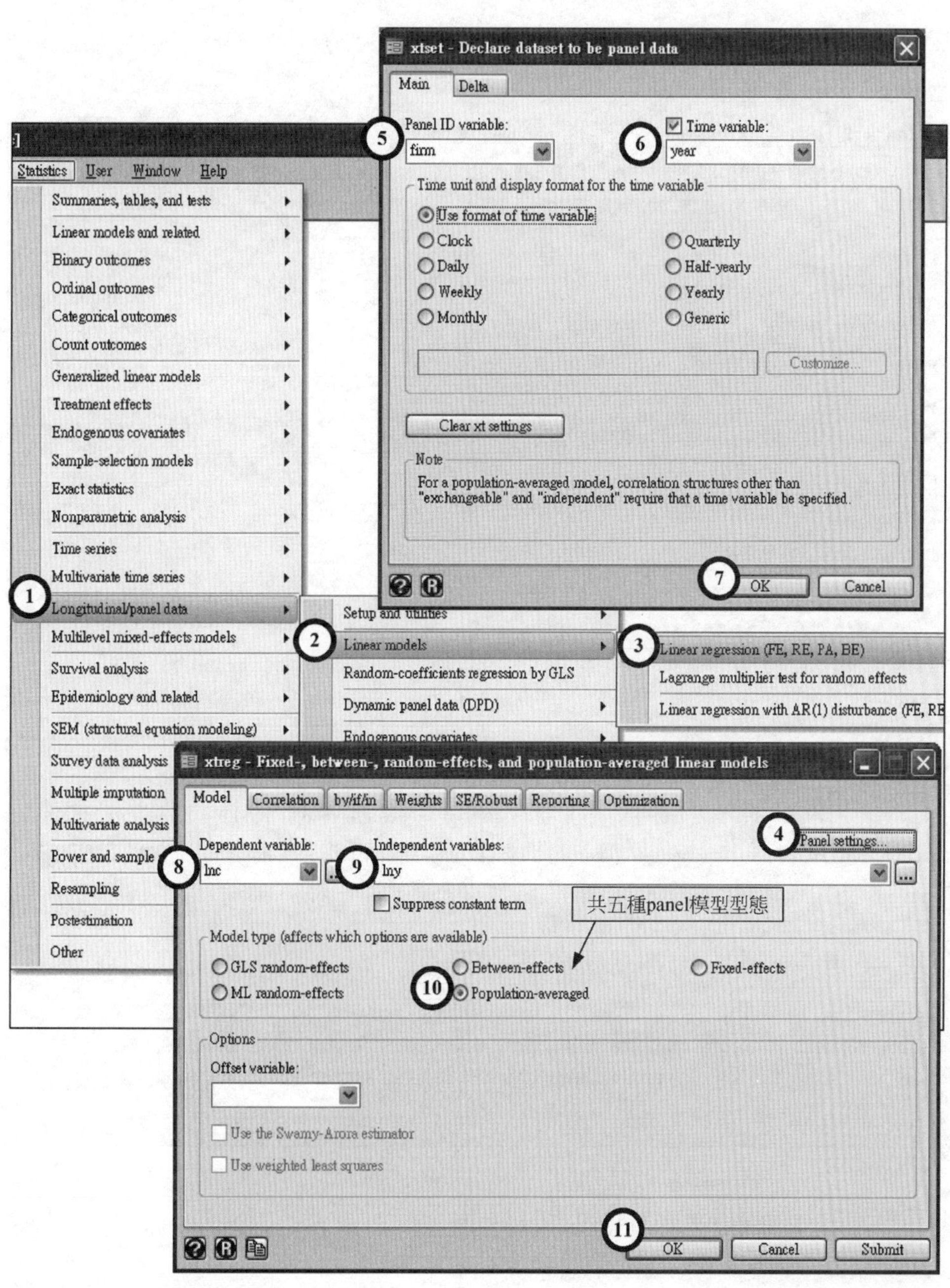

圖 1-29 「**xtregx, pa**」指令之 panel 迴歸的畫面

```
* 先 clear 資料檔，再開啟
. use greene, clear

* 設定追蹤資料 (panel-data) 之 panel 個體 i 及時間 t 的變數，分別為 firm, year
. xtset firm year, yearly
       panel variable:  firm (strongly balanced)
        time variable:  year, 1955 to 1970, but with gaps
                delta:  1 year
*xtreg 指令，求樣本平均 (population-averaged, PA) 模型
. xtreg lnc lny, pa

Iteration 1: tolerance = .07171651
Iteration 2: tolerance = .03757301
Iteration 3: tolerance = .02521449
(省略)
Iteration 27: tolerance = 1.195e-06
Iteration 28: tolerance = 7.785e-07

GEE 樣本平均 (population-averaged) model        Number of obs   =     24
Group variable:                      firm       Number of groups  =      6
Link:                            identity       Obs per group: min =     4
Family:                          Gaussian                      avg =   4.0
Correlation:                 exchangeable                      max =     4
                                                Wald chi2(1)      = 261.04
Scale parameter:                 .0637769       Prob > chi2       = 0.0000

------------------------------------------------------------------------------
         lnc |      Coef.   Std. Err.      z    P>|z|     [95% Conf. Interval]
-------------+----------------------------------------------------------------
         lny |    .778032   .0481555    16.16   0.000     .6836489    .8724151
       _cons |   -3.26113   .4106069    -7.94   0.000    -4.065904   -2.456355
------------------------------------------------------------------------------
```

1. 樣本平均 (population-averaged, PA) 模型

   $lnc_{it} = -3.261 + 0.778 \times lny_{it} + \varepsilon_{it}$，即

   $Ln(\text{公司成本}) = -3.261 + 0.778 \times Ln(\text{公司產出}) + \varepsilon_{it}$

2. 樣本平均 (population-averaged, PA) 模型就沒有印出個體效果 $\alpha_i = -3.26$。

3. PA 效果模型，解釋變數 lny 之迴歸係數的標準誤 (Std. Err.) 為 0.048。
4. 本例五種效果之迴歸係數的標準誤比較結果為：混合資料 (pooled) OLS 為 0.032；固定效果為 0.061；PA 固定效果為 0.048；組間 (BE) 為 0.059；隨機效果為 0.048。在 xtreg 五種效果模型中，哪個模型的標準誤愈小，表示該迴歸係數愈容易「達顯著性」，即混合資料 OLS 的迴歸係數最小 (為 0.032)，最容易「達顯著性」；相反地，固定效果 (FE) 迴歸係數的標準誤最大 (為 0.061)。

效果二、固定效果 (within-groups) 之估計值

以縱橫資料進行分析時，若假設參數固定不變，易產生異質性偏誤 (heteroskedasticity bias) 的問題。解決之道，是對基本模型作進一步的假設它為固定效果 (fixed effects) 模型或隨機效果 (random effects) 模型。

固定效果模型是將個體及時間的影響因素以「截距項 α_i」來表示，由於每一個抽樣個體以及每一個時期都擁有特定的截距項，因此其估計出的結果只能夠推論至使用樣本內的個體，而無法推論至樣本以外之其他個體；而隨機效果模型則是將抽樣個體及時間效果設為「隨機的殘差項」加以估計，每一抽樣個體以及期間之影響是以隨機變數加以衡量，因此結論可擴大至非樣本內的個體，而且其所消耗的自由度較少並提供殘差項的分析。在這樣的情況下，似乎選擇隨機效果模型較為有利，但殘差項 ε_{it} 若與解釋變數 x_{it} 之間具有相關性時，則所估計出的參數會產生偏誤，若是產生了偏誤，則採用固定效果模型似乎是較為適當的。

在 panel 資料的截距項方面，除了上述之固定效果模型及隨機效果模型之外，一般效果模型 (common effect model) 及無截距項的模型，對截距項的假設均不相同。在一般效果模型的設定下時，除資料堆積的方法與 OLS 有不一致的限制之外，若所有樣本個體各自變數斜率皆一致，使用 panel 資料估計的方式則等同以 OLS 估計。為處理此一般效果模型，Stata 裡，可用「ssc install xtmg」或「findit xtmg」指令來外掛「xtmg」，此模組旨在估計異質性斜率之 panel 模型 (estimate panel time series models with heterogeneous slopes)。

二個以上的敵對模型之挑選準則：
在下列四種計算方法中，若其中一種分析方式 (如 panel 迴歸) 所得出之誤差值，若能顯著小於另一種迴歸模型 (如 OLS 迴歸) 的話，則視為此種分析方式所得出之理論值與眞實值間之差異愈小，效果愈佳。

1. 眞實差異：$(\hat{y}^E_{i,s} - y_{i,s}) / y_{i,s}$

2. 絕對差異：$\left|\hat{y}^E_{i,s} - y_{i,s}\right| / y_{i,s}$

3. 平均絕對值百分比誤差 (MAPE)：$\left\{\left(\dfrac{\sum_{t=1}^{T}\left|\hat{y}^E_{i,s} - y_{i,s}\right|}{y_{i,s}}\right) / T\right\} \times 100\%$

4. 均方誤差的平方根 (RMSE)：$\sqrt{\dfrac{\sum_{t=1}^{T}(y_{i,s} - \hat{y}^E_{i,s})^2}{T}}$

其中，MAPE 及 RMSE 係較多學者預測模型篩選的比較準則。

固定效果 (fixed effects) 模型又稱爲最小平方虛擬變數模型 (least squares dummy variable model, LSDV)，同時考慮橫斷面與時間序列並存的縱橫資料，可消除各個體之間的偏差，降低模型的共變數。模型中容許各個體之間的差異，以固定截距項表示橫斷面樣本間不同的型態，以凸顯各個體的特質。此外，模型中假設母體內相似性低，故非透過抽樣的方式選取樣本，而是直接以母體的全部，觀察所有個體之間的差異。

假設當 OLS 的殘差項存在有誤差結構時：

$$\varepsilon_{it} = \alpha_i + \eta_{it}$$

其中假定，α_i 是不隨時間改變之不同橫斷面的固定個體效果，而且 η_{it} 與 X_{kit} 不相關。

方程式可改寫爲：

$$Y_{it} = \sum_{k=1}^{K} \beta_k X_{kit} + (\alpha_i + \eta_{it})$$

當 α_i 與 X_{kit} 具有相關性，稱之爲固定效果模型，模型如下：

$$Y_{it} = \sum_{j}^{N} \alpha_i D_{jt} + \sum_{k=1}^{K} \beta_k x_{kit} + \eta_{it}$$

其中

α_i：隨橫斷面不同而變化，但不隨時間改變之個體效果；$i = 1, 2, \ldots, N$ 個體

D_{jt}：爲固定截距項，以虛擬變數表示每個橫斷面有不同結構；設定爲：

$$D_j = \begin{Bmatrix} 1, j = i \\ 0, j \neq i \end{Bmatrix}$$

X_{kit}：第 i 樣本在第 t 期之第 k 個解釋變數；$k = 1, 2, 3, \ldots, K$；$t = 1, 2, \ldots, T$ 期

η_{it}：誤差項 $\overset{iid}{\sim} (0, \sigma^2)$

固定效果估計之 P 及 Q 矩陣爲：

$P = D(D'D)^{-1}D'$：轉換資料爲個體平均數 (individual means)。 $Q = I - P$：從個體平均數 (individual means)，將資料轉爲離差 (transform data into deviation from individual means)。

組內 within-groups(固定效果)(The [or fixed effects] estimator is then given by) 之係數爲：

$$\mathbf{b}^{\mathrm{W}} = (\mathbf{X}'\mathbf{Q}_{\mathrm{X}})^{-1}\mathbf{X}'\mathbf{Q}_{\mathrm{y}} \qquad (\text{公式 } 3)$$

其中，Q 是「變異數－共變數，V−C」(idempotent 矩陣)，相當於「regressing Q_y on Q_X」，即「using data in the form of deviations from individuals means」。

Step 3-1. 求固定效果，組內迴歸式 (圖 1-30)

在 Stata 中，你可用 xtreg 指令配合「fe」選項，來求得群組內 (within-groups) 估計值。

固定效果模型可同時考慮橫斷面與時間序列資料，當時間序列資料無差異性存在時，容許橫斷面資料有差異性存在，其假設迴歸式中個體單位 (如縣市) 有其獨立截距項；換言之，即以截距項表示橫斷面資料之個體單位差異。

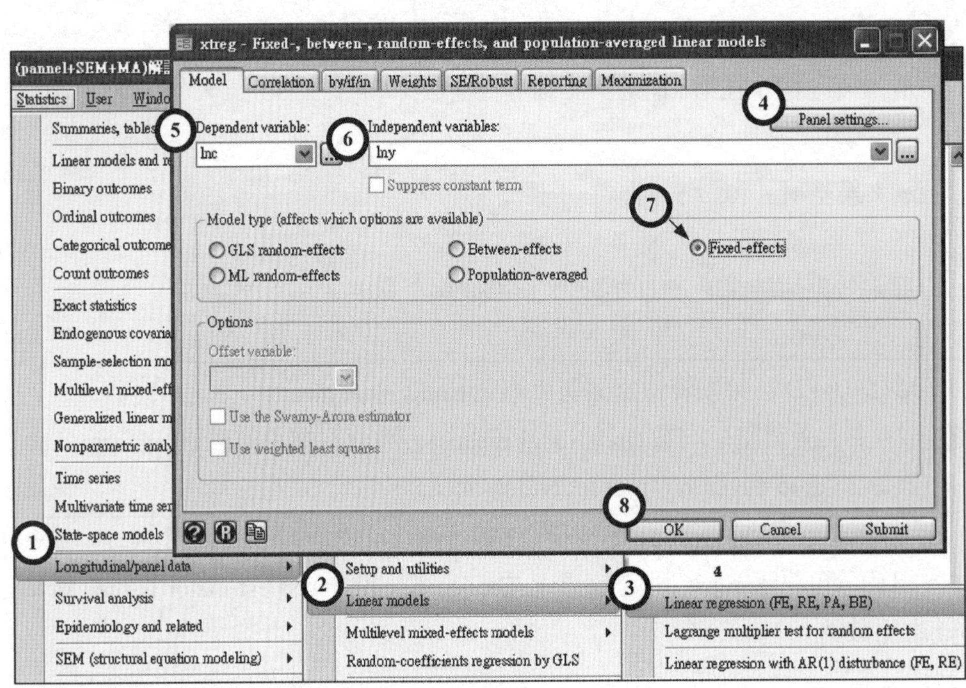

圖 1-30 固定效果對應 xtreg 指令的畫面

```
. use greene.dta, clear

*求 Fixed-effects(FE)model
. xtreg  lnc lny, fe

Fixed-effects(within)regression               Number of obs      =        24
Group variable: firm                            Number of groups   =         6

R-sq:  within  = 0.8774                         Obs per group: min =         4
       between = 0.9833                                        avg =       4.0
       overall = 0.9707                                        max =         4

                                                F(1,17)          =     121.66
corr(u_i, Xb)= 0.8495                          Prob > F         =     0.0000
```

```
------------------------------------------------------------------------------
         lnc |      Coef.   Std. Err.      t    P>|t|     [95% Conf. Interval]
-------------+----------------------------------------------------------------
         lny |   .6742789   .0611307    11.03   0.000     .5453044    .8032534
       _cons |  -2.399009    .508593    -4.72   0.000    -3.472046   -1.325972
-------------+----------------------------------------------------------------
     sigma_u |  .36730483
     sigma_e |  .12463167
         rho |  .89675322   (fraction of variance due to u_i)
------------------------------------------------------------------------------
F test that all u_i=0:     F(5, 17) =     9.67              Prob > F = 0.0002
```

1. 由於，若 $Cov(x_{it}, \alpha_i) = 0$，則採用隨機效果 (RE)，即截距項 α_i 與解釋變數 x_{it} 無關；相反地，因本例 $Cov(x_{it}, \alpha_i) \neq 0$，故本例才可採用固定效果 (FE)，並求得「corr(u_i, X) = 0.8495」，表示截距項 α_i 與解釋變數 x_{it} 之相關爲 0.8495。
2. 固定效果，追蹤資料 (panel-data) 之組內迴歸係數 $b^W = 0.674$。
3. 固定效果，追蹤資料 (panel-data) 之迴歸模型爲：

   $lnc_{it} = -2.399 + 0.674 \times lny_{it}$，即

   $Log(成本_{it}) = -2.399 + 0.674 \times log(產出_{it})$
4. 固定效果，解釋變數 lny 之迴歸係數的標準誤 (Std. Err.) 爲 0.061，固定效果之迴歸係數標準誤大於「pooled OLS, PA 法」。

   本例五種效果之迴歸係數的標準誤比較結果爲：混合資料 (pooled)OLS 爲 0.032；固定效果爲 0.061；PA 固定效果爲 0.048；組間 (BE) 爲 0.059；隨機效果爲 0.048。在 xtreg 五種效果模型中，哪個模型的標準誤愈小，表示該迴歸係數愈容易「達顯著性」，即混合資料 OLS 的迴歸係數最小 (爲 0.032)，最容易「達顯著性」; 相反地，固定效果 (FE) 迴歸係數的標準誤最大 (爲 0.061)。
5. 組內殘差之標準誤 $\sigma_u = 0.367$。全體殘差之標準誤 $\sigma_e = 0.1246$。Interclass 相關

   $\rho = \frac{(sigma\_u)^2}{(sigma\_u)^2 + (sigma\_e)^2} = \frac{0.367^2}{0.367^2 + 0.125^2} = 0.897$，表示變異數的 89.8%

   係由於「differences across panels」，即依變數 lnc 有 89.8% 的變異數可被一個解釋變數 lny 所解釋。
6. xtreg, xtivreg, ivregress 指令來執行固定 / 隨機效果之複迴歸，才會多印出最後一行之 F = 9.67，p < 0.05，故拒絕「H_0：每個個體的截距項 α_i 皆相同」，則

採用固定效果模型分析較為合適；反之，若接受 H_0，則只需估計單一截距項 α_i，意味此追蹤資料 (panel-data) 的 N 個觀察個體，T 期觀察時間的資料，可被作 $N \times T$ 個觀察值的橫斷面或時間序列樣本，因而喪失縱橫資料的特性，成為混合資料迴歸模型。

$$Y_{it} = \alpha_i + \beta' \sum_{i=1}^{k} X_{kit} + \varepsilon_{it} \quad i = 1, 2, \cdots, n ; t = 1, 2, \cdots, T$$

$$\hat{\alpha}_i = \overline{Y}_i - \overline{X}_i \hat{\beta}_{FE} \quad i = 1, 2, \cdots, N$$

由於檢視每個觀察個體的截距項是否均不同，因此設定以下的 F 檢定假設：

$$\begin{cases} H_0: \alpha_1 = \alpha_2 = \cdots = \alpha_i \\ H_1: H_0 \text{為偽} \end{cases}$$

其檢定統計量為 F 分配：

$$F_{(N-1,\ NT-N-K)} = \frac{(SSE_{Pooled} - SSE_{LSDV})/(n-1)}{SSE_{LSDV}/(NT-N-K)}$$

Step 3-2. 求印出組內迴歸係數 b^W 及變異數估計值 b^S

```
* get 指令將組內迴歸係數 _b，存到 b^W 矩陣
. matrix b^W=get(_b)
. matrix list b^W
b^W[1,2]
           lny        _cons
y1    .6742789   -2.3990089

*get 指令將變異數估計值，存到 VW 矩陣
. matrix VW=get(VCE)
. matrix list VB
symmetric VB[2,2]
             lny        _cons
  lny    .00351379
_cons  -.02919731    .24824401
```

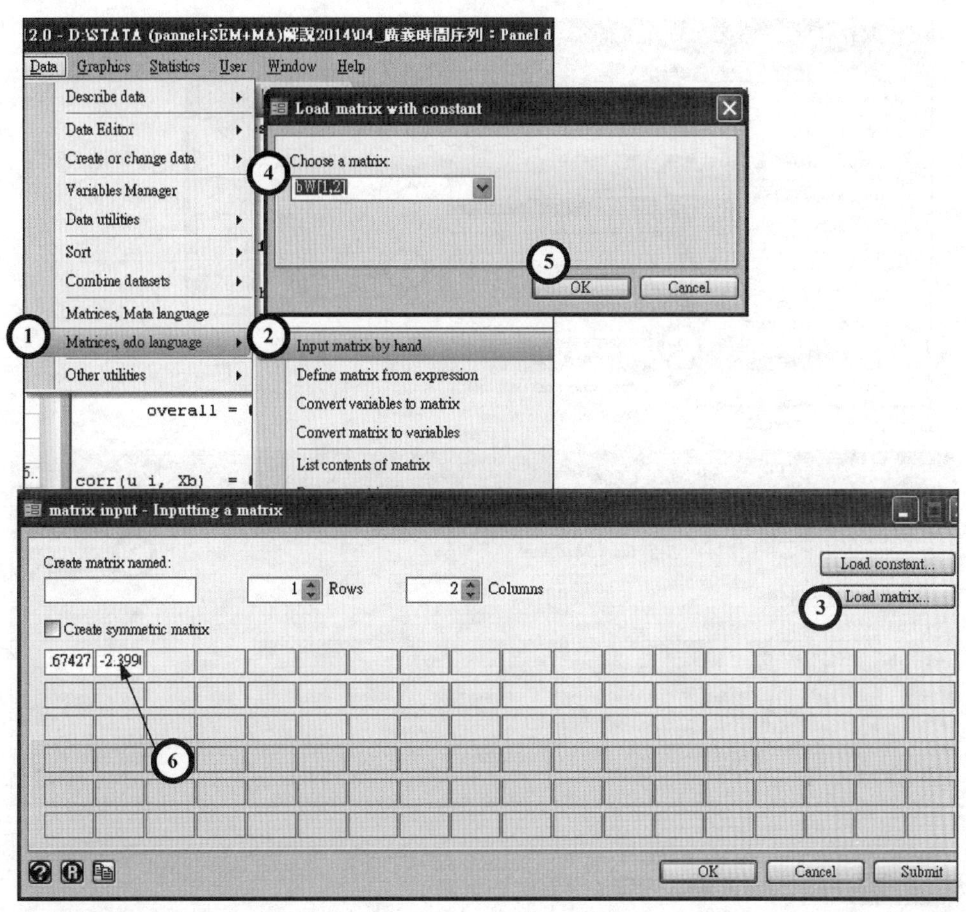

圖 1-31 印出 b^W 矩陣之內容 (迴歸係數值)

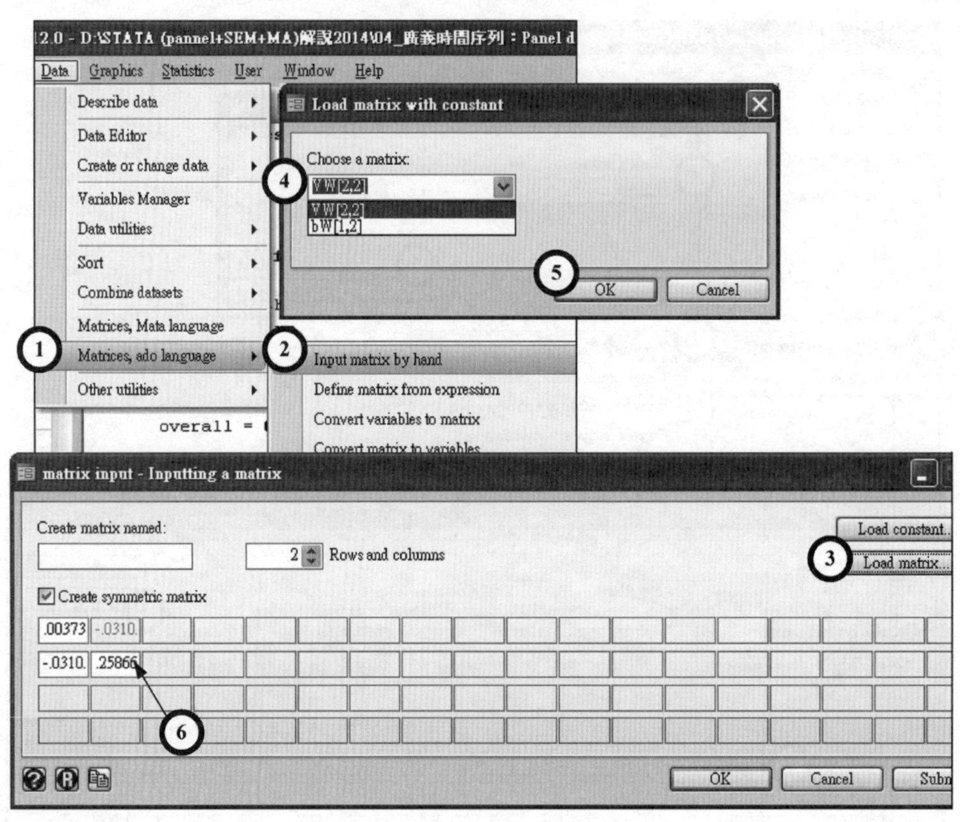

圖 1-32 印出 VW 矩陣之內容 (變異數估計值)

Step 3-3. 組間 (between-groups) 估計值

若想以組平均數，來求得組間的估計值，則需將 (公式 1) 乘上 P 矩陣，其公式為：

$$b^B = [X'PX]^{-1}X'Py \qquad (\text{公式 } 4)$$

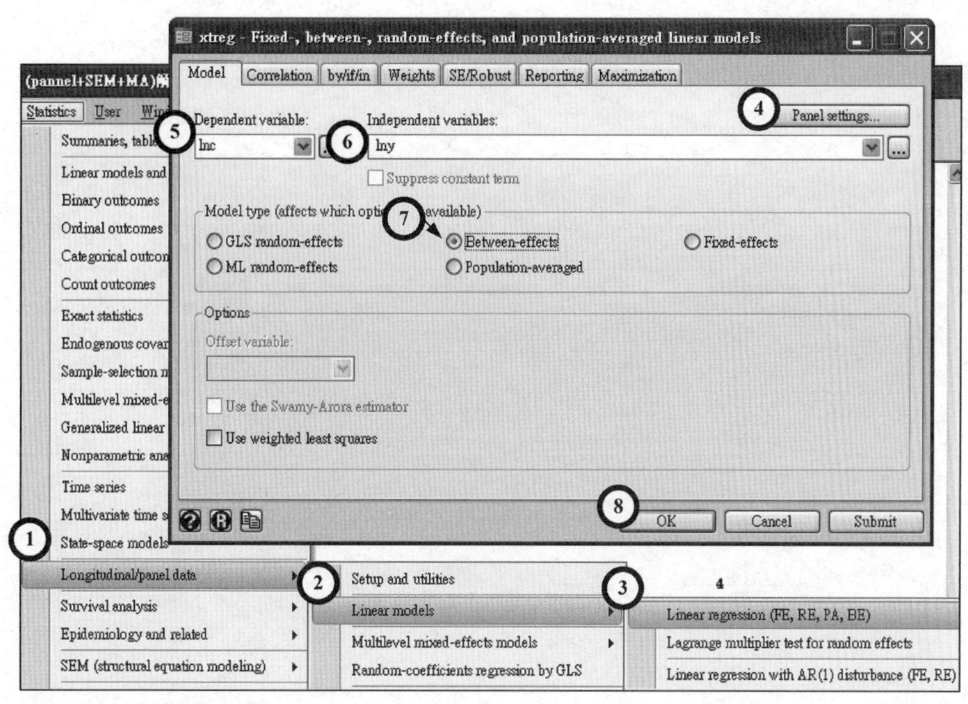

圖 1-33 組間效果對應 xtreg 指令的畫面

在 Stata 中，你可用 xtreg 指令搭配「be」選項，來求組間估計值：

```
. use greene.dta, clear

*求 Between-effects(BE)model
. xtreg  lnc lny, be

Between regression(regression on group means)Number of obs      =       24
Group variable: firm                          Number of groups   =        6

R-sq:  within  = 0.8774                       Obs per group: min =        4
       between = 0.9833                                      avg =      4.0
       overall = 0.9707                                      max =        4

                                              F(1,4)             =   236.23
```

```
sd(u_i + avg(e_i.))=  .1838474                  Prob > F           =    0.0001

------------------------------------------------------------------------------
         lnc |      Coef.   Std. Err.      t    P>|t|     [95% Conf. Interval]
-------------+----------------------------------------------------------------
         lny |   .9110734   .0592772    15.37   0.000     .7464935    1.075653
       _cons |  -4.366618   .4982409    -8.76   0.001    -5.749957   -2.983279
------------------------------------------------------------------------------

. matrix bB=get(_b)
. matrix list bB
bB[1,2]
          lny      _cons
y1  .91107345  -4.366618

. matrix VB=get(VCE)
. matrix list VB
symmetric VB[2,2]
              lny       _cons
  lny   .00351379
_cons  -.02919731   .24824401
```

1. 追蹤資料之組間 (BE) 迴歸係數 $b^W = 0.911$。
2. 組間效果 (BE)，解釋變數 lny 之係數的標準誤 (Std. Err.) 爲 0.059，小於固定效果之 0.061 標準誤，但仍大於「pooled OLS, PA 法」。
3. 本例五種效果之迴歸係數的標準誤比較結果爲：混合資料 (pooled)OLS 爲 0.032；固定效果爲 0.061；PA 固定效果爲 0.048；組間 (BE) 爲 0.059；隨機效果爲 0.048。在 xtreg 五種效果模型中，哪個模型的標準誤愈小，表示該迴歸係數愈容易「達顯著性」，即混合資料 OLS 的迴歸係數最小 (爲 0.032)，最容易「達顯著性」; 相反地，固定效果 (FE) 迴歸係數的標準誤最大 (爲 0.061)。

效果三、隨機效果 (random effects) 之估計值

隨機效果模型也稱作誤差成分模型 (error component model)。此模型著重於資料整體上的關係，而非個體變數的差異，且各迴歸式的截距項是隨機產生不會因時間而改變。

假如 $y_{it} = x_{it} b + a_i + u_{it}$，其中 a_i' 是隨機，此追蹤資料可透過 GLS 來估計：

$$b^{GLS} = [X'Omega^{-1}X]^{-1}X'Omega^{-1}y \qquad (公式 5)$$

其中，$\mathbf{Omega} = (\mathbf{sigma}_u^2 \times I_{n,T} + \mathbf{T} \times \mathbf{sigma}_a^2 \times \mathbf{P})$

Step 4. 組間 (between-groups) 估計值

在 Stata 中，你可用「xtreg…, re」指令來求得此 $\mathbf{b}^W$ 值：

```
. use greene.dta, clear

*求 GLS 隨機效果 (RE)model
. xtreg  lnc lny, re

Random-effects GLS regression                   Number of obs      =        24
Group variable: firm                            Number of groups   =         6

R-sq:  within  = 0.8774                         Obs per group: min =         4
       between = 0.9833                                        avg =       4.0
       overall = 0.9707                                        max =         4

                                                Wald chi2(1)       =    268.10
corr(u_i, X)  = 0(assumed)                    Prob > chi2        =    0.0000

------------------------------------------------------------------------------
         lnc |      Coef.   Std. Err.      z    P>|z|     [95% Conf. Interval]
-------------+----------------------------------------------------------------
         lny |   .7963203   .0486336    16.37   0.000     .7010002    .8916404
       _cons |  -3.413094   .4131166    -8.26   0.000    -4.222788     -2.6034
-------------+----------------------------------------------------------------
     sigma_u |  .17296414
     sigma_e |  .12463167
         rho |  .65823599   (fraction of variance due to u_i)
------------------------------------------------------------------------------
```

1. 由於，若 $Cov(x_{it}, \alpha_i) = 0$，可採用隨機效果 (RE)，即截距項 α_i 與解釋變數 x_{it} 無關，「corr(u_i, X) = 0 (assumed)」；相反地，$Cov(x_{it}, \alpha_i) \neq 0$，才可採用固定效果 (FE)。
2. GLS 隨機效果，追蹤資料 (panel-data) 之組間迴歸係數 $\mathbf{b}^W = 0.796$。

3. 解釋變數 lny 之係數的標準誤 (Std. Err.)：本例五種效果之迴歸係數的標準誤比較結果為：混合資料 (pooled)OLS 為 0.032；固定效果為 0.061；PA 固定效果為 0.048；組間 (BE) 為 0.059；隨機效果為 0.048。在 xtreg 五種效果模型中，哪個模型的標準誤愈小，表示該迴歸係數愈容易「達顯著性」，即混合資料 OLS 的迴歸係數最小 (為 0.032)，最容易「達顯著性」；相反地，固定效果 (FE) 迴歸係數的標準誤最大 (為 0.061)。
4. 在隨機模型「$y_{it} = a + \beta x_{it} + u_i + e_{it}$」裡，
   其中，$e_{it} = \text{rho} \times e_{i(t-1)} + z_{it}$，將本例 $\rho = 0.058$ 代入左式，得
   $e_{it} = 0.658 \times e_{i(t-1)} + \varepsilon_{it}$。表示本 panel 模型之誤差，有一階自我相關 (AR(1)) 之問題。
5.「sigma_u」$\sigma_u = 0.173$ 為「組內殘差的標準差 (sd of residuals within group) u_i」。
6.「sigma_e」$\sigma_e = 0.1246$ 為「全體殘差的標準差 [sd of residuals (overall error term)] e_i」
7. 殘差自我相關 $\rho = \dfrac{(sigma\_u)^2}{(sigma\_u)^2 + (sigma\_e)^2}$，本例 rho = 0.658，表示
   $e_{it} = 0.658 \times e_{i(t-1)} + \varepsilon_{it}$

隨機效果模型之檢定：xttest0 指令

在一個平衡 panel 資料中，可以採用拉氏乘數 (Lagrange multiplier, LM) 檢定隨機效果模型中橫斷面資料之異質性 (cross section heteroskedasticity)，其檢定模型如下：

$$\begin{cases} H_0 : \sigma_1^2 = \sigma_2^2 = \cdots = \sigma_n^2, n = 1,2,\cdots,N \\ H_1 : \text{所有的}\sigma_i^2\text{不完全相等} \end{cases}$$

Lagrange multiplier 檢定統計量如下：

$$LM = \frac{T}{2}\sum_{i=1}^{N}\left(\frac{\hat{\sigma}_{ii}}{\hat{\sigma}^2} - 1\right)^2，\text{其中}\hat{\sigma}_{ii} = \frac{1}{T}\sum_{t=1}^{T} e_{it}e_{jt}，\hat{\sigma}^2 = \frac{1}{N}\sum_{i=1}^{N}\hat{\sigma}_{ii}$$

其中

T 為研究時間長度

N 為個體的個數

e_{it} 為 OLS 的殘差

在 Lagrange 乘數 (multiplier) 檢定方面，如果檢定不拒絕 H_0，表示橫斷面資料不具有異質性。

若拒絕 H_0，表示橫斷面資料具有異質性。

隨機效果之事後檢定

Stata 提供隨機效果之事後指令 xttest0，旨在執行 Breusch & Pagan LM test，即檢定 $\mathrm{Var}(v_i) = 0$。

Breusch-Pagan Lagrange 乘數 (multiplier) 檢定統計量如下：

$$Breush\text{-}Pagan\ LM = T\sum_{i=2}^{N}\sum_{j=1}^{i-1} r_{ij}^2, \quad 其中 r_{ij}^2 = \frac{\hat{\sigma}_{ij}^2}{\hat{\sigma}_{ii}\hat{\sigma}_{jj}}$$

在 Breusch-Pagan LM 檢定方面，如果檢定不拒絕 H_0，表示個體與個體間不存在期間上之相關性。若拒絕 H_0，表示個體與個體間存在期間上之相關性。

誤差是否存在自我相關

Durbin-Watson Test 的目的，在檢定殘差項是否存在一階自我相關的現象，基本的迴歸模型倘若需應用到時間序列時，應該加以注意誤差之間為相互獨立的隨機變項，而當解釋變數間存在著自我相關，且誤差項亦並非各自獨立時，此情形可能使得統計分析中預估參數有所偏離，這樣的估計式並不符合統計上最佳不偏估計值，因此會造成估計上的誤差。

設 ρ 為誤差項 ε_t 與 ε_{t-1} 之自我相關，則 D-W 統計量 d 為：

$$d = \frac{\sum_{i=2}^{N}(\hat{\varepsilon}_t - \hat{\varepsilon}_{t-1})^2}{\sum_{i=1}^{N}\hat{\varepsilon}_t^2} = \frac{\sum_{i=2}^{N}\hat{\varepsilon}_t^2 + \sum_{i=1}^{N}\hat{\varepsilon}_{t-1}^2 - 2\sum_{i=1}^{N}\hat{\varepsilon}_t \sum_{i=1}^{N}\hat{\varepsilon}_{t-1}}{\sum_{i=1}^{N}\hat{\varepsilon}_t^2}$$

當 $N \to \infty$ 時，則 $\sum_{i=1}^{N}\hat{\varepsilon}_t = \sum_{i=1}^{N}\hat{\varepsilon}_{t-1}$，故 $d = (2 - \hat{p})$

若 $\rho = 1$，則 $d = 0$；若 $\rho = -1$，則 $d = 4$。故 d 介於 0～4 之間。

H_0：$\rho = 0$，無自我相關。即 panel 迴歸中，個體不存在著期間上的自我正相關，$E(\varepsilon_{it}, \varepsilon_{i(t-1)}) = 0, for \quad t \neq s$

H_1：$\rho > 0$，有自我相關。即 panel 迴歸中，個體存在著期間上的自我正相關，$E(\varepsilon_{it}, \varepsilon_{i(t-1)}) \neq 0, for \quad t \neq s$

在平衡的 panel 資料中使用 Durbin-Watson d 檢定，可驗證個體是否存在著期間上的自我相關 (serial autocorrelation)，其 Stata 檢定指令為 xtregar 指令，它可以「誤差有一階相關之 panel 模型 (fits cross-sectional time-series regression models when the disturbance term is first-order autoregressive)」。

xtregar 指令，都可以適用於固定效果模型 (within 估計) 或隨機效果模型 (GLS 估計)。

假設追蹤資料 (panel-data) 迴歸式爲：

$$y_{it} = a + x_{it}B + \alpha_i + \varepsilon_{it}$$

其中

$$\varepsilon_{it} = \text{rho} * \varepsilon_{i,t-1} + z_{it}$$

而且其中，$|\text{ rho }| < 1$、$z_{it} \overset{iid}{\sim} (0, \text{sigma}_z^2)$

$$\begin{cases} \text{若假定}\alpha_i\text{爲固定參數(fixed parameters)，則稱爲 fixed effects 模型。} \\ \text{若假定}\alpha_i\text{符合} \overset{iid}{\sim} (0,\sigma_z^2)\text{，則稱爲 random effects 模型。} \end{cases}$$

因此，(1) 在固定效果模型中，個體效果 α_i 可能與解釋變數 x_{it} 有相關；相對地，(2) 隨機效果模型中，係假定截距項 α_i 與解釋變數 x_{it} 是獨立無相關。換句話說，任何非時變的 x_{it} 與 α_i 有共線性，就不算是固定效果模型。故只有隨機效果模型，才容許解釋變數 x_{it} 是不隨時間而變化。

效果四、GLS 是組內及組間估計法之組合

可以是組內及組間估計法之組合式：

$$b^{GLS} = \text{Delta} * b^{B} + (1\text{-Delta}) * b^{W} \qquad (\text{公式 } 5.a)$$

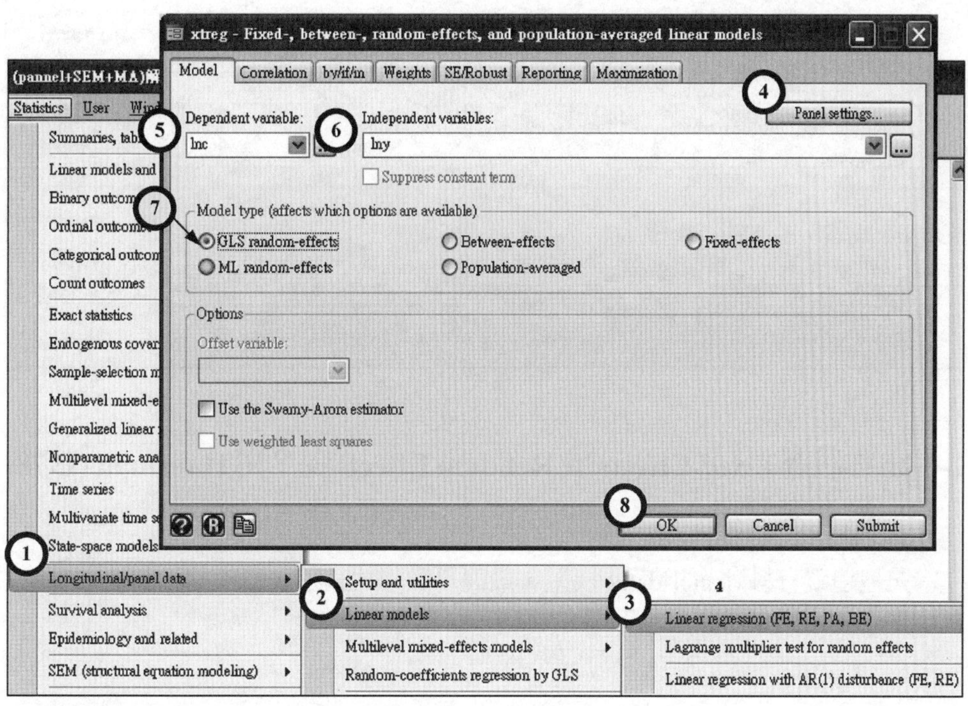

圖 1-34 GLS 對應 xtreg 指令的畫面

```
. use greene.dta, clear

*GLS 隨機效果
. xtreg lnc lny, re

Random-effects GLS regression                 Number of obs      =        24
Group variable: firm                          Number of groups   =         6

R-sq:  within  = 0.8774                       Obs per group: min =         4
       between = 0.9833                                      avg =       4.0
       overall = 0.9707                                      max =         4

                                              Wald chi2(1)       =    268.10
corr(u_i, X)   = 0(assumed)                   Prob > chi2        =    0.0000
```

```
------------------------------------------------------------------------------
         lnc |      Coef.   Std. Err.      z    P>|z|     [95% Conf. Interval]
-------------+----------------------------------------------------------------
         lny |   .7963203   .0486336    16.37   0.000     .7010002    .8916404
       _cons |  -3.413094   .4131166    -8.26   0.000    -4.222788     -2.6034
-------------+----------------------------------------------------------------
     sigma_u |  .17296414
     sigma_e |  .12463167
         rho |  .65823599   (fraction of variance due to u_i)
------------------------------------------------------------------------------
```

1-6-2b 你該選 Fixed Effects 或 Random Effects 呢？用 Hausman (1978) 檢定來判定

典型追蹤資料 (panel-data) 模型，最簡單數學式為：

$$y_{it} = x_i b + \alpha_i + u_i \qquad \text{(公式 1)}$$

其中

α_i：個體效果 (individual effects)

X_{it}：預測 / 解釋變數 (regressors)

時間序列資料與橫斷面資料結合使用的實證方式，即所謂的**追蹤資料 / 縱橫資料**，其最大的特色在於假設模型具有**個體效果**及**時間效果**，其截距項 (intercept) 會因不同個體或不同時期而有所改變，從而對截距項有兩種不同之假設模型：

固定效果 (fixed effects) 模型：$\alpha_{it} = \alpha_i$ 隨機效果 (random effects) 模型：$\alpha_{it} = \alpha + u_i$, $u_i \sim (O, \sigma_u^2)$

隨機效果 (random effects) 模型為：

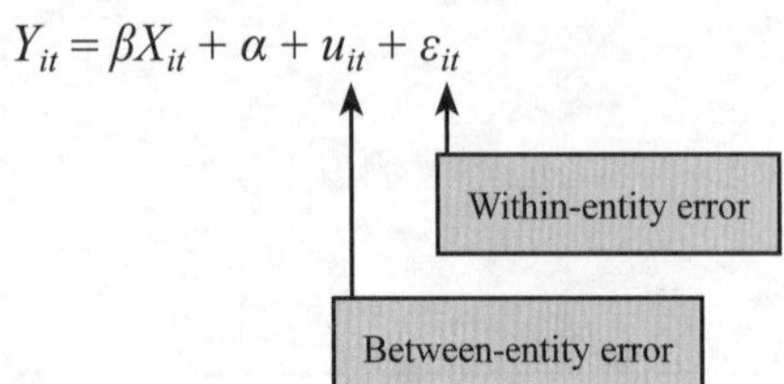

Panel 迴歸，到底該選固定效果或隨機效果呢？ Hausman(1978) 認爲關鍵在檢查：個體效果 (α_i) 與解釋變數 (X_{it}) 是否存有相關。

在虛無假設「H_0：Orthogonality」成立時，意即，當個體效果 (α_i) 與解釋變數 (X_{it}) 是無相關時，固定效果或隨機效果估計量 (estimators) 是一致的，但挑選隨機效果會比固定效果估計量較有效果。

相對地，在對立假設「H_1：當個體效果與解釋變數是有相關」成立時，此時，隨機效果估計量 (estimators) 就不一致，故挑選固定效果估計量卻是一致且有效果。

Greene(1997) 認爲，在「H_0：Orthogonality」成立時，panel 迴歸預測值不應有差異。因此，檢定係根據下列對比向量 H：

$$\mathbf{H} = [\mathbf{b}^{GLS} - \mathbf{b}^{W}]'[\mathbf{V}(\mathbf{b}^{W}) - \mathbf{V}(\mathbf{b}^{GLS})]^{-1}[\mathbf{b}^{GLS} - \mathbf{b}^{W}] \sim \text{符合 } \chi^2(k) \text{ 分配}$$

其中

k：解釋變數 x 的個數 (不含常數項 constant)

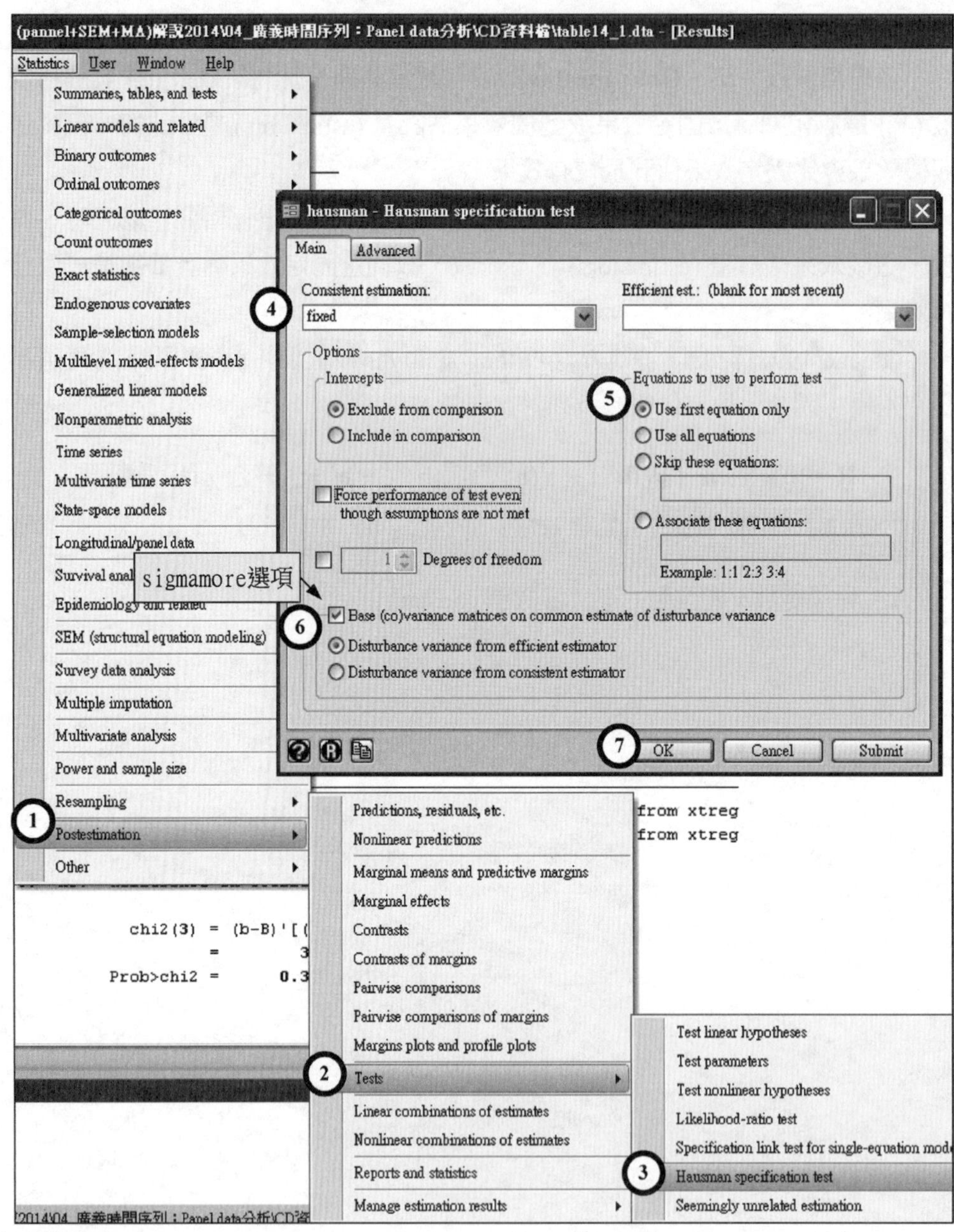

圖 1-35 「hausman fixed., sigmamore」之畫面

在 Stata 裡，你可用下列指令來進行 Hausman 檢定，以判定到底該選固定效果或隨機效果：

```
*開啟 greene.dta 資料檔
. use greene.dta, clear

*縱橫數列之設定
. xtset firm year, yearly

*因為 cost 及 output 變數都非常態，故取 ln(x) 之變數變換
. gen lnc = ln(cost)
. gen lny = ln(output)

*Step1. 固定效果 (fe) 之 panel 迴歸，只暫存但不印出
.quietly xtreg  lnc lny, fe

*永久存到 fixed 變數
. estimates store fixed

* Step2. 隨機效果 (re) 之 panel 迴歸
. quietly xtreg lnc lny, re

*以 fixed 記錄參數值與最近一次迴歸之參數，二者進行 hausman 檢定
* Step3. hausman 檢定 appropriateness of the random-effects estimator(xtreg, re)
. hausman fixed., sigmamore

                ---- Coefficients ----
             |      (b)          (B)            (b-B)     sqrt(diag(V_b-V_B))
             |     fixed          .          Difference          S.E.
-------------+----------------------------------------------------------------
         lny |    .6742789     .7963203       -.1220414        .0501543
------------------------------------------------------------------------------
                    b = consistent under H0 & Ha; obtained from xtreg
         B = inconsistent under Ha, efficient under H0; obtained from xtreg

    Test:  H0:  difference in coefficients not systematic

                  chi2(1) =(b-B)'[(V_b-V_B)^(-1)](b-B)
                          =        5.92
                Prob>chi2 =      0.0150
```

1. 第一次「xtreg lnc lny, fe」，印出：「corr(u_i, Xb) = 0.8495」，表示在固定效果，截距項 α_i 與解釋變數 X_{it} 之間相關值爲 0.8495($p < 0.05$)，故你該選擇固定效果模型。
2. 加上， Hausman 檢定結果，本例爲 $\chi^2_{(1)} = 5.92 >$ 臨界值 ($\chi^2_{(1)} = 3.84$)，$p = 0.015 < 0.05$，故拒絕 H_0: difference in coefficients not systematic，亦可佐證，本例 panel 應該選固定效果。
3. 本模型整體適配 $F_{(1,17)} = 121.66$ ($p < 0.05$)，表示本模型中，所有係數都不是 0，即本模型設定是 ok 的。
4. 解釋變數 lny 對 lnc 預測係數 β 爲 0.674，雙尾 $t = 11.03$($p < 0.05$)，表示「自變數 lny 每增加一單位，依變數 (lnc) 就增加 11.03 單位」。通常，雙尾 $|t|$ 值 > 1.96，其 p 值就落入「臨界值的拒絕區」，係數就達到 0.05 顯著性。
5. 固定效果 panel 迴歸式「$Y_{it} = \alpha_i + \beta_1 Y_{1it} + \cdots + \beta_k Y_{kit} + e_{it}$」爲：

   $\text{Ln(cost)}_{it} = -2.399 + 0.674 \times \text{Ln(output)}_{it} + e_{it}$

   顯示產出愈高，則成本愈高。

   $\text{Ln(投入成本)}_{it} = -2.399 \times \alpha_i + 0.674 \times \text{Ln(公司產出)}_{it} + e_{it}$
6. 「sigma_u」$\sigma_u = 0.367$ 爲「組內殘差的標準差 (sd of residuals within group) u_i」。
7. 「sigma_e」$\sigma_e = 0.1246$ 爲「全體殘差的標準差 [sd of residuals(overall error term)] e_i」。
8. 殘差自我相關 $\rho = \dfrac{(sigma\_u)^2}{(sigma\_u)^2 + (sigma\_e)^2}$，本例 rho = 0.897，表示

   $e_{it} = 0.897 \times e_{i(t-1)} + \varepsilon_{it}$

   由於本例殘差自我相關很高，因此亦可用 xtregar, xtgls 指令來取代 xtreg 指令，將誤差 AR(1) 納入 panel 迴歸分析。
9. Hausman 檢定結果，$\chi^2_{(1)} = 5.92$，因爲 $p < 0.05$，故本模型應選擇固定效果。

1-6-3 Two-Way 效果模型 (固定效果 reg、隨機 / 混合效果 icc 指令)

追蹤資料 (panel-data) 模型可分爲單因子 (one-way) 模型和雙因子 (two-way) 模型。

1. 單因子模型

(1) 當單因子模型只考量橫斷面效果，橫斷面效果分成固定效果 (reg 指令) 和隨機效果 (icc 指令)。

(2) 單因子模型除考量橫斷面效果外，若加入了期間效果，期間效果可分成固定效果和隨機效果。

$$Y_{it} = \alpha_i + \sum_{k=1}^{K} \beta_k X_{kit} + \varepsilon_{it} = \overline{\alpha} + \mu_i + \sum_{k=1}^{K} \beta_k X_{kit} + \varepsilon_{it}$$

截距項中，$\overline{\alpha}$ 表示母體平均截距的固定未知參數，μ_i 代表無法觀測到的國家個體間隨機差異。

2. 雙因子隨機效果模型 (two-way random effects model)

$$Y_{it} = \alpha_i + \sum_{k=1}^{K} \beta_k X_{kit} + \gamma_t + \varepsilon_{it} = \overline{\alpha} + \mu_i + \sum_{k=1}^{K} \beta_k X_{kit} + \varepsilon_{it}$$

可用於觀察特定個體效果和時間效果之模型。

一、雙因子 (two-way) 固定效果模型之範例

雙因子固定效果模型可檢定「二群組固定效果、二個時間效果、或一群組搭配一時間的效果 (fixed effects of two group variables, two time variables, or one group or one time variables)」。以上例子旨在介紹「一群組一時間固定效果(fixed group & time effects」)，因此模型需設定「一群組搭配一時間的二組虛擬變數 (two sets of group & time dummy variables，例如，*airline & year*)」。

本例，雙因子固定效果模型，假設雙因子為「六家航空公司 (airline)」及「連續十五年調查 (year)」。

ta Editor (Edit) - [airline.dta]

Edit View Data Tools

個體i=6航空公司
時間t=15

airline[15] 1

	airline	year	cost0	output0	fuel0	load	cost	outpu
1	1	1	1140640	.952757	106650	.534487	13.9471	-.0483
2	1	2	1215690	.986757	110307	.532328	14.01082	-.0133
3	1	3	1309570	1.09198	110574	.547736	14.08521	.0879
4	1	4	1511530	1.17578	121974	.540846	14.22863	.1619
5	1	5	1676730	1.16017	196606	.591167	14.33236	.1485
6	1	6	1823740	1.17376	265609	.575417	14.4164	.1602
7	1	7	2022890	1.29051	263451	.594495	14.52004	.2550
8	1	8	2314760	1.39067	316411	.597409	14.65482	.3297
9	1	9	2639160	1.61273	384110	.638522	14.78597	.4779
10	1	10	3247620	1.82544	569251	.676287	14.99343	.6018
11	1	11	3787750	1.54604	871636	.605735	15.14728	.4356
12	1	12	3867750	1.5279	997239	.61436	15.16818	.4238
13	1	13	3996020	1.6602	938002	.633366	15.20081	.5069
14	1	14	4282880	1.82231	859572	.650117	15.27014	.6001
15	1	15	4748320	1.93646	823411	.625603	15.3733	.6608
16	2	1	569292	.520635	103795	.490851	13.25215	-.652
17	2	2	640614	.534627	111477	.473449	13.37018	-.626
18	2	3	777655	.655192	118664	.503013	13.56404	-.4228
19	2	4	999294	.791575	114797	.512501	13.8148	-.2337
20	2	5	1203970	.842945	215322	.566782	14.00113	-.1708
21	2	6	1358100	.852892	281704	.558133	14.1216	-.1591
22	2	7	1501350	.922843	304818	.558799	14.22188	-.0802
23	2	8	1709270	1	348609	.57207	14.35158	
24	2	9	2025400	1.19845	374579	.624763	14.52128	.181
25	2	10	2548370	1.34067	544109	.628706	14.75096	.2931
26	2	11	3137740	1.32624	853356	.58915	14.95901	.2823
27	2	12	3557700	1.24852	1003200	.532612	15.08463	.2219
28	2	13	3717740	1.25432	941977	.526652	15.12863	.2265
29	2	14	3962370	1.37177	856533	.540163	15.19235	.3161
30	2	15	4209390	1.38974	821361	.528775	15.25283	.3291
31	3	1	286298	.262424	118788	.524334	12.56479	-1.337
32	3	2	309290	.266433	123798	.537185	12.64203	-1.322
33	3	3	342056	.306043	122882	.582119	12.74273	-1.18
34	3	4	374595	.325586	131274	.579489	12.8336	-1.122
35	3	5	450037	.345706	222037	.606592	13.01709	-1.062
36	3	6	510412	.367517	278721	.60727	13.14297	-1.000

Variables

Filter variables here

Variable	Label
airline	6家航空公司
year	連續調查15年
cost0	總成本($1000)
output0	產出 in revenue pas
fuel0	燃油價格
load	負載因素, the avera
cost	
output	
fuel	
g1	DummyVar.第1家公
g2	DummyVar.第2家公
g3	
g4	
g5	
g6	DummyVar.第6家公
t1	DummyVar.第1年
t2	DummyVar.第2年

Properties

Variables	
Name	<72 selected>
Label	<different values>
Type	
Format	
Value L	
Notes	
Data	
Filenam	airline.dta
Label	Cost of U.S. Airlines (
Notes	
<Add	
Variable	72
Observa	90
Size	19.42K
Memory	32M

Vars: 72 Order: Dataset Obs: 90 Filter: Off Mode: Edit CAP NU

圖 1-36 「airline.dta」資料檔內容 (個體 i=6 航空公司，時間 t=15)

(一) 觀察變數的特徵

```
. use airline, clear
. describe
```

```
Contains data from D:\airline.dta

  obs:             90                        Cost of U.S. Airlines(Greene 2003)
 vars:             72                        3 Aug 2014 00:48
 size:         19,890
--------------------------------------------------------------------------------
              storage  display     value
variable name   type   format      label      variable label
--------------------------------------------------------------------------------
airline         int    %8.0g                 六家航空公司
year            int    %8.0g                 連續調查十五年
cost0           float  %9.0g                 總成本($1000)
output0         float  %9.0g                 產出 in revenue passenger miles, index number
fuel0           float  %9.0g                 燃油價格
load            float  %9.0g                 負載因素, the average capacity utilization
                                             of the fleet
cost            float  %9.0g
output          float  %9.0g
fuel            float  %9.0g
g1              byte   %8.0g                 DummyVar. 第一家公司
g2              byte   %8.0g                 DummyVar. 第二家公司
g3              byte   %8.0g
g4              byte   %8.0g
g5              byte   %8.0g
g6              byte   %8.0g                 DummyVar. 第六家公司
t1              byte   %8.0g                 DummyVar. 第一年
t2              byte   %8.0g                 DummyVar. 第二年
t3              byte   %8.0g
t4              byte   %8.0g
t5              byte   %8.0g
t6              byte   %8.0g
t7              byte   %8.0g
t8              byte   %8.0g
t9              byte   %8.0g
t10             byte   %8.0g
t11             byte   %8.0g
t12             byte   %8.0g
t13             byte   %8.0g
t14             byte   %8.0g
```

```
t15          byte   %8.0g               DummyVar. 第十五年
resid        float  %9.0g               Residuals
gm_cost      float  %9.0g
gm_output    float  %9.0g
gm_fuel      float  %9.0g
gm_load      float  %9.0g
gw_cost      float  %9.0g
gw_output    float  %9.0g
gw_fuel      float  %9.0g
gw_load      float  %9.0g
ge           float  %9.0g               Residuals
te           float  %9.0g               Residuals
tm_cost      float  %9.0g
tm_output    float  %9.0g
tm_fuel      float  %9.0g
tm_load      float  %9.0g
tw_cost      float  %9.0g
tw_output    float  %9.0g
tw_fuel      float  %9.0g
tw_load      float  %9.0g
gte          float  %9.0g               Residuals
m_cost       float  %9.0g
m_output     float  %9.0g
m_fuel       float  %9.0g
m_load       float  %9.0g
w_cost       float  %9.0g
w_output     float  %9.0g
w_fuel       float  %9.0g
w_load       float  %9.0g
m_ge         float  %9.0g
d_ge2        float  %9.0g
rg_cost      float  %9.0g
rg_output    float  %9.0g
rg_fuel      float  %9.0g
rg_load      float  %9.0g
rg_int       float  %9.0g
m_te         float  %9.0g
d_te2        float  %9.0g
rt_cost      float  %9.0g
```

```
rt_output        float   %9.0g
rt_fuel          float   %9.0g
rt_load          float   %9.0g
rt_int           float   %9.0g
-----------------------------------------------------------------------------
Sorted by:  airline   year
```

(二) 雙因子固定效果之迴歸分析

Step 1. 資料檔 long 格式，轉成 wide 格式

```
*先保留
. keep airline year load cost output fuel

*資料檔 long 格式，轉成 wide 格式
. reshape wide cost output fuel load, i(airline)j(year)
(note: j = 1 2 3 4 5 6 7 8 9 10 11 12 13 14 15 )

Data                                  long   ->    wide
-----------------------------------------------------------------------------
Number of obs.                          90   ->       6
Number of variables                      6   ->      61
j variable(15 values)                 year   ->   (dropped)
xij variables:
                                      cost   ->   cost1 cost2 ... cost15
                                    output   ->   output1 output2 ... output15
                                      fuel   ->   fuel1 fuel2 ... fuel15
                                      load   ->   load1 load2 ... load15
-----------------------------------------------------------------------------

*將 wide 格式資料檔，再另存新檔
. save「D:\CD 資料檔 \airline_wide.dta」

*倘若你要逆轉: wide 格式，轉成 long 格式，其指令為
. reshape long cost output fuel load, i(airline)j(year)
```

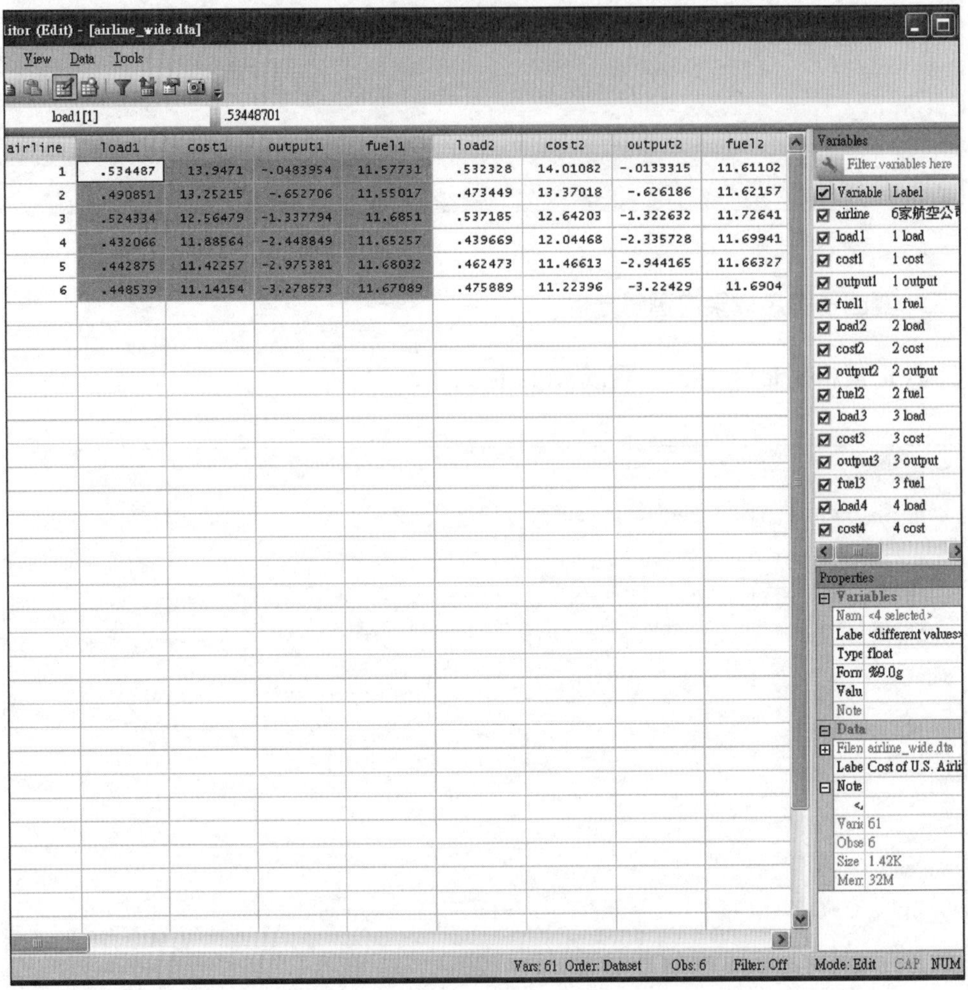

airline	load1	cost1	output1	fuel1	load2	cost2	output2	fuel2
1	.534487	13.9471	-.0483954	11.57731	.532328	14.01082	-.0133315	11.61102
2	.490851	13.25215	-.652706	11.55017	.473449	13.37018	-.626186	11.62157
3	.524334	12.56479	-1.337794	11.6851	.537185	12.64203	-1.322632	11.72641
4	.432066	11.88564	-2.448849	11.65257	.439669	12.04468	-2.335728	11.69941
5	.442875	11.42257	-2.975381	11.68032	.462473	11.46613	-2.944165	11.66327
6	.448539	11.14154	-3.278573	11.67089	.475889	11.22396	-3.22429	11.6904

圖 1-37「airline_wide.dta」資料檔內容

追蹤資料模型偵測「entity(individual or subject)or time」是固定效果或隨機效果實體，係根據虛擬變數 (dummies) 是否為「截距項」的一部分。若虛擬變數當作「截距項」的一部分，則採固定效果；若虛擬變數當作「誤差項」的一部分，則採隨機效果。二者的比較如表 1-4。

表 1-4 固定效果及隨機效果模型的比較表

	固定效果 (fixed effects)	隨機效果 (random effects)
Functional form	$y_{it} = (\alpha + u_i) + X'_{it}\beta + v_{it}$	$y_{it} = \alpha + X'_{it}\beta + (u_i + v_{it})$
Intercepts	Varying across groups and/or times	Constant
Error variances	Constant	Varying across groups and/or times
Slopes	Constant	Constant
Estimation	LSDV, within effect method	GLS, FGLS
Hypothesis test	Incremental F test	Breusch-Pagan LM tes

* $v_{it} \sim IID(0, \sigma_v^2)$

固定群組效果檢定各群組之間在「截距項」的差異，固定效果係假定「the same slopes & constant variance across entities or subjects」。由於某群組 (特定個體，individual specific) 效果係非時變且當作「截距項」的一部分，組內殘差 u_i 允許與其他解釋變數 (regressors) 有相關。

固定效果使用 least squares dummy variable(LSDV) 及 within effect 估計法，因此，你若將虛擬變數納入 ordinary least squares(OLS) 迴歸模型，稱爲固定效果模型。

隨機效果估計 groups(or times) 及誤差之變異數成分，隨機效果係假定「個體間的截距及斜率都相同的」，殘差 u_i 是誤差一部分且與任一解釋變數 (regressor) 亦灰相關。故違反 OLS 核心假定，因此，當群組之間變異數矩陣 (omega 矩陣) 已知，則改採用 generalized least squares(GLS) 迴歸；相對地，當群組之間變異數矩陣 (omega 矩陣) 未知，則改採用 feasible generalized least squares (FGLS) 迴歸。倘若你的樣本是適合 groupwise heteroskedastic 迴歸模型 (Greene, 2003)，FGLS 則有數種不同估計法，包括 maximum likelihood method 及 simulation 法 (Baltagi & Cheng, 1994)。

相較於 pooled OLS 迴歸模型，(1) 固定效果係採 F 檢定；(2) 隨機效果則採 Lagrange multiplier (LM) 檢定 (Breusch & Pagan, 1980)。若接受「F 檢定、Lagrange 乘數 (multiplier) 檢定」之虛無假設，則你可採 pooled OLS 迴歸。Hausman specification test(Hausman, 1978) 可判定你的 panel，係該採固定效果或隨機效果模型。

若你只納入橫斷面變數 (e.g., 公司、個體、種族) 之 LSDV，稱爲單因子 [one-way fixed(一組的虛擬變數)] 模型。而雙因子 (two-way) 效果模型，就是有

「for group and/or time variables」二組的 LSDV (e.g., 公司、年)。

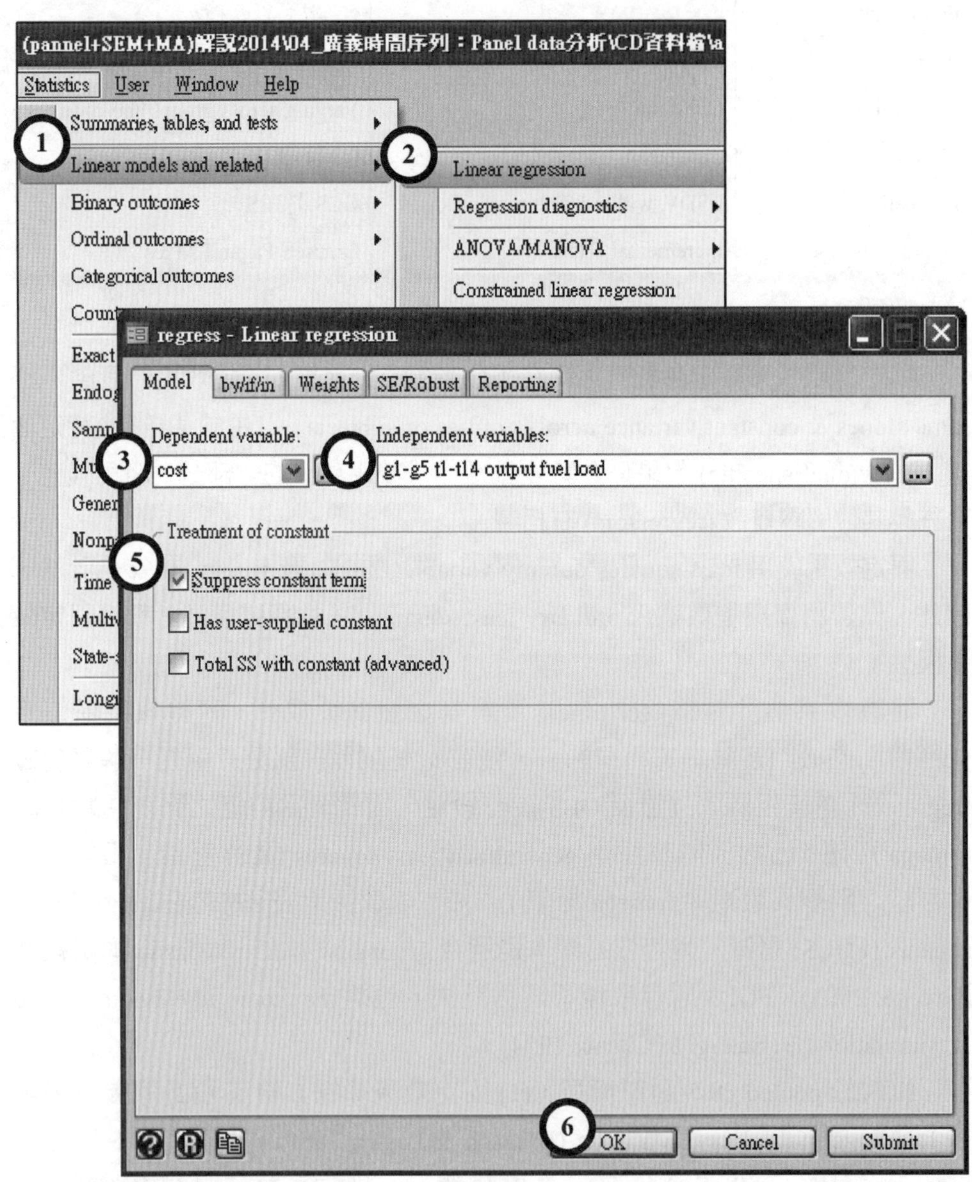

圖 1-38 「regress cost g1-g5 t1-t14 output fuel load」畫面 (雙因子固定效果)

本例有二組自變數虛擬變數：公司「g1-g5」、時間「t1-t14」期，故屬雙因子固定效果模型。

```
. use airline_wide, clear
* 第六個個體 (g6) 及第一年 (t15) 當作比較的基準組，故少了二個 dummy variable
. regress cost g1-g5 t1-t14 output fuel load, noconstant

      Source |       SS       df       MS              Number of obs =      90
-------------+------------------------------           F( 22,     68) =       .
       Model |  16191.3303    22  735.969557           Prob > F      =  0.0000
    Residual |  .266671281    68  .003921636           R-squared     =  1.0000
-------------+------------------------------           Adj R-squared =  1.0000
       Total |  16191.5969    90  179.906633           Root MSE      =  .06262

------------------------------------------------------------------------------
        cost |      Coef.   Std. Err.      t    P>|t|     [95% Conf. Interval]
-------------+----------------------------------------------------------------
          g1 |   .1178257   .1043073     1.13   0.263    -.0903163    .3259677
          g2 |   .0514009   .0941878     0.55   0.587     -.136548    .2393498
          g3 |  -.2120138   .0616124    -3.44   0.001    -.3349594   -.0890683
          g4 |   .1499857   .0386686     3.88   0.000     .0728237    .2271478
          g5 |  -.0692287   .0269796    -2.57   0.012    -.1230656   -.0153918
          t1 |   1.252848   .0651142    19.24   0.000     1.122914    1.382781
          t2 |   1.274441   .0639265    19.94   0.000     1.146877    1.402004
          t3 |   1.303017   .0619531    21.03   0.000     1.179391    1.426643
          t4 |   1.297835   .0574002    22.61   0.000     1.183295    1.412376
          t5 |   .8527193   .0564992    15.09   0.000      .739977    .9654616
          t6 |   .6424311   .0529683    12.13   0.000     .5367345    .7481277
          t7 |   .5856191   .0505122    11.59   0.000     .4848234    .6864147
          t8 |   .5049858    .048109    10.50   0.000     .4089857    .6009859
          t9 |   .4755187   .0511354     9.30   0.000     .3734796    .5775577
         t10 |    .161471   .0453752     3.56   0.001     .0709262    .2520158
         t11 |   -.128974   .0387179    -3.33   0.001    -.2062343   -.0517137
         t12 |  -.2058772   .0379377    -5.43   0.000    -.2815807   -.1301737
         t13 |  -.1318413   .0372083    -3.54   0.001    -.2060894   -.0575932
         t14 |  -.0563433   .0363425    -1.55   0.126    -.1288635     .016177
      output |   .8515127   .0381575    22.32   0.000     .7753706    .9276547
        fuel |   1.119435   .0153234    73.05   0.000     1.088857    1.150012
        load |  -.8177129   .3187429    -2.57   0.013    -1.453755   -.1816713
------------------------------------------------------------------------------
```

1. 經 OLS 迴歸之 t 檢定結果顯示：六家公司 (群組 g1 ～ g6) 個體效果之間差異均達到 0.05 顯著效果，表示本例有顯著的個體之間差異效果。
2. 經 t 檢定結果顯示：十五個時段 (時間 t1 ～ t15) 時間效果之間差異均達到 0.05 顯著效果，表示本例有顯著的時間效果 (趨勢)。
3. 本例具有雙因子固定效果模型，其中，雙因子爲「六家航空公司之間省錢效果 (cost) 係有顯著差異」及「連續十五年調查」，每年之間航空公司省錢效果亦有顯著差異。

Step 2. 繪雙因子效果之走勢圖

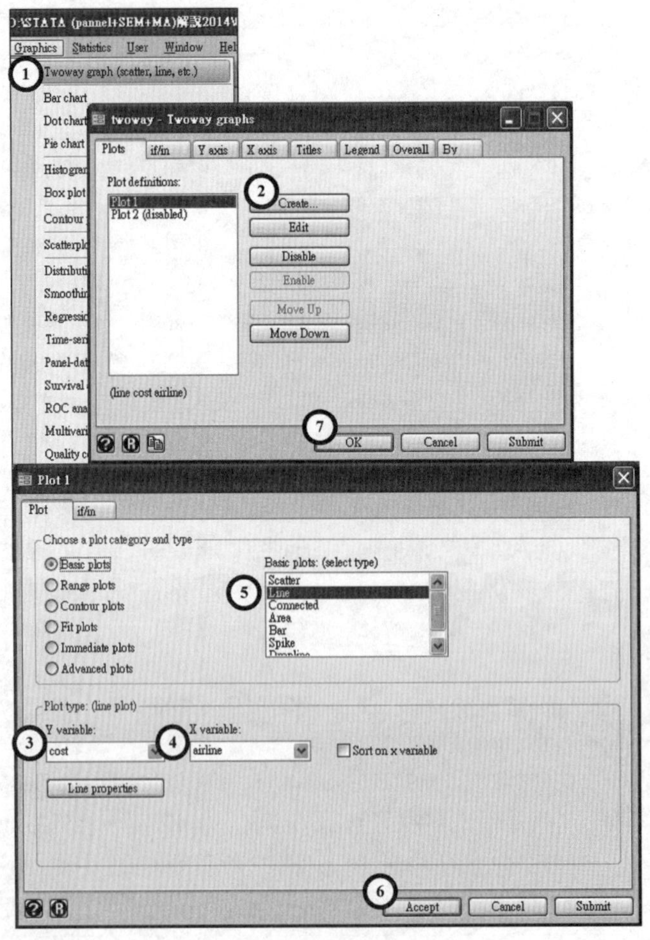

圖 1-39 「twoway(line cost airline)」畫面

```
. twoway(line cost airline)
. twoway(line cost year)
```

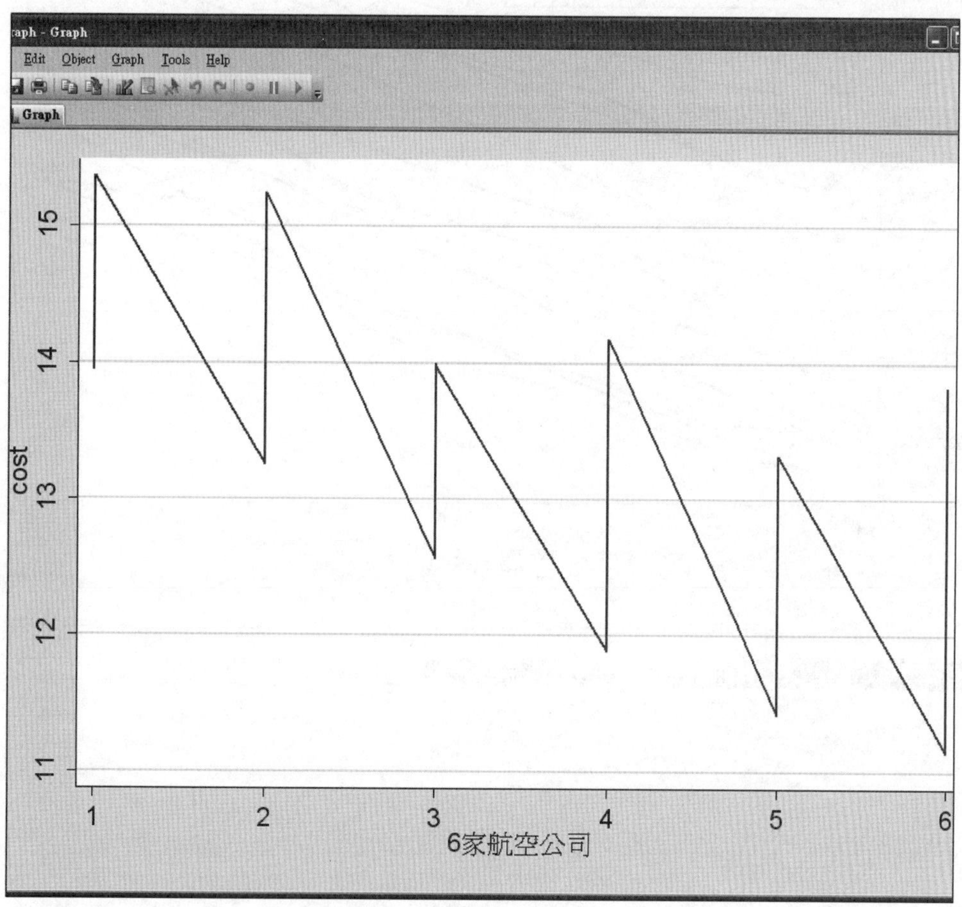

圖 1-40 「**twoway**(line cost airline)」畫出線條圖

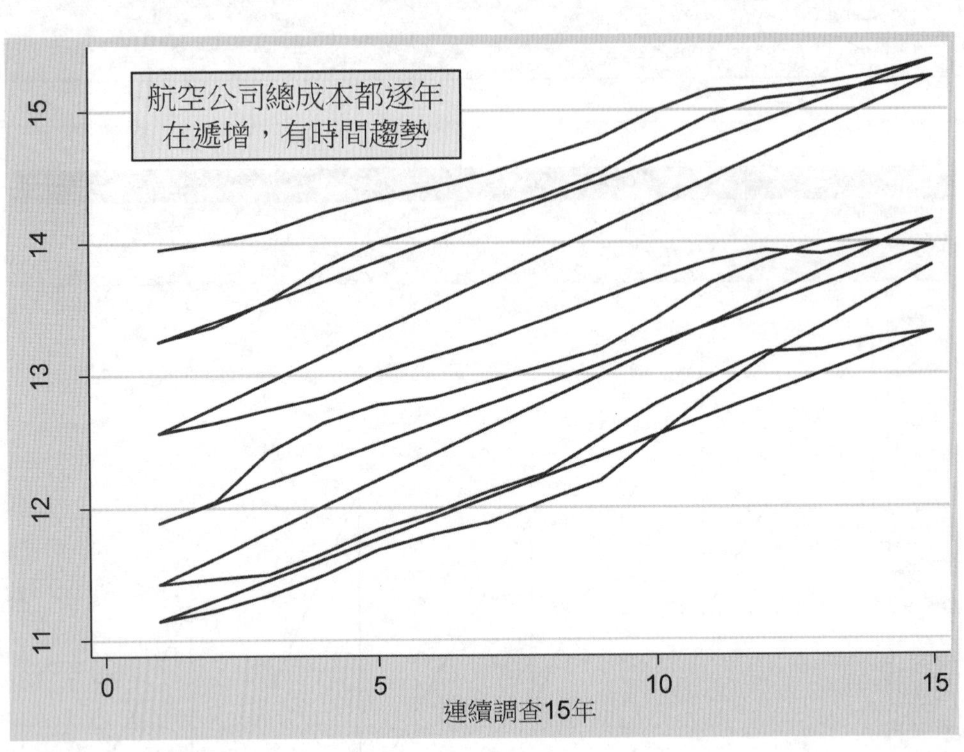

圖 1-41 「**twoway**(line cost year)」畫出線條圖

Step 3. 雙因子隨機效果 (icc 指令)

Step 3-1. 先單因子隨機效果 ICC 之 F 檢定

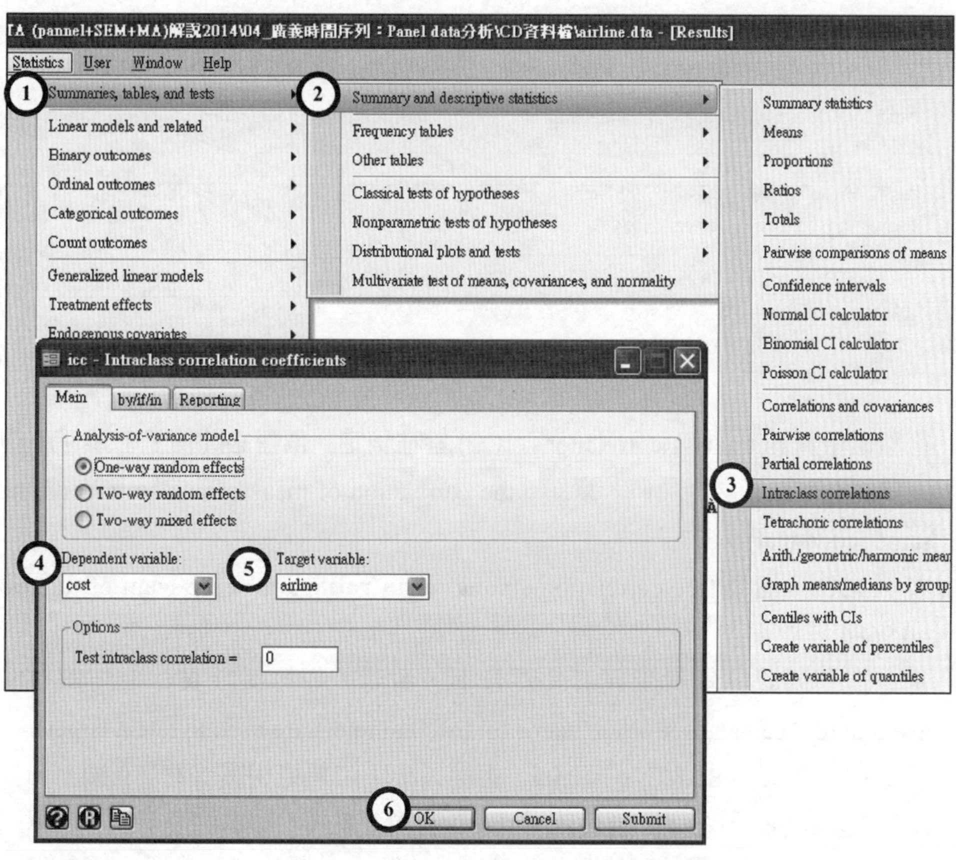

圖 1-42 「icc cost airline」畫面

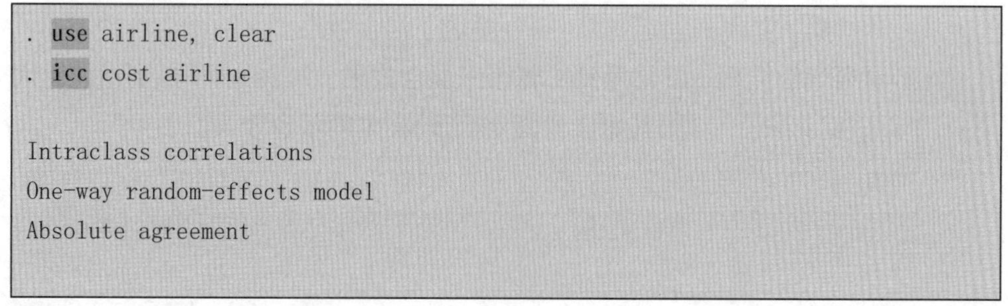

```
. use airline, clear
. icc cost airline


Intraclass correlations
One-way random-effects model
Absolute agreement
```

```
Random effects: airline             Number of targets =          6
                                    Number of raters  =         15

--------------------------------------------------------------
                  cost |        ICC       [95% Conf.  Interval]
-----------------------+--------------------------------------
            Individual |    .6730227       .4166171    .9279495
               Average |    .9686272       .9146182    .9948503
--------------------------------------------------------------
F test that
  ICC=0.00: F(5.0, 84.0)= 31.87                Prob > F = 0.000

Note: ICCs estimate correlations between individual measurements
      & between average measurements made on the same target.
```

1. 跨類組相關 (intraclass correlations, ICC) 旨在檢定「個體之間測量」及「平均之間測量」二者之相關值，意即「the correlation of measurements made on the same individual=0.673」。
2. 本例 ICC 平均值 (the correlation among **mean ratings** for each team of judges) =0.9686。
3. 當一群不同評分者對受評者，評分不一致時，你可採計 ICC 平均值 (The average ICC can be used when teams of different raters are used to rate a target)。
4. F 檢定結果，$F = 31.87$，$p < 0.05$，拒絕「H_0：跨類組相關 ICC = 0.00」，表示「6 家航空公司之間」省錢效果 (cost) 有顯著差異，即本例子至少有「單因子隨機效果」。所以，再偵測雙因子隨機效果。

Step 3-2. 再偵測雙因子隨機效果 ICC 之 F 檢定

由於本樣本六家航空公司是「隨機」取樣，且十五年的調查也是「隨機」的，故我們捨棄「雙因子固定效果」、「雙因子混合效果」。

在社會科學研究裡，就常遇到「雙因子混合效果」，例如：「性別當固定因子 vs. T 期成就測驗」、「婚前婚後當固定因子 vs. T 期薪資收入」……。

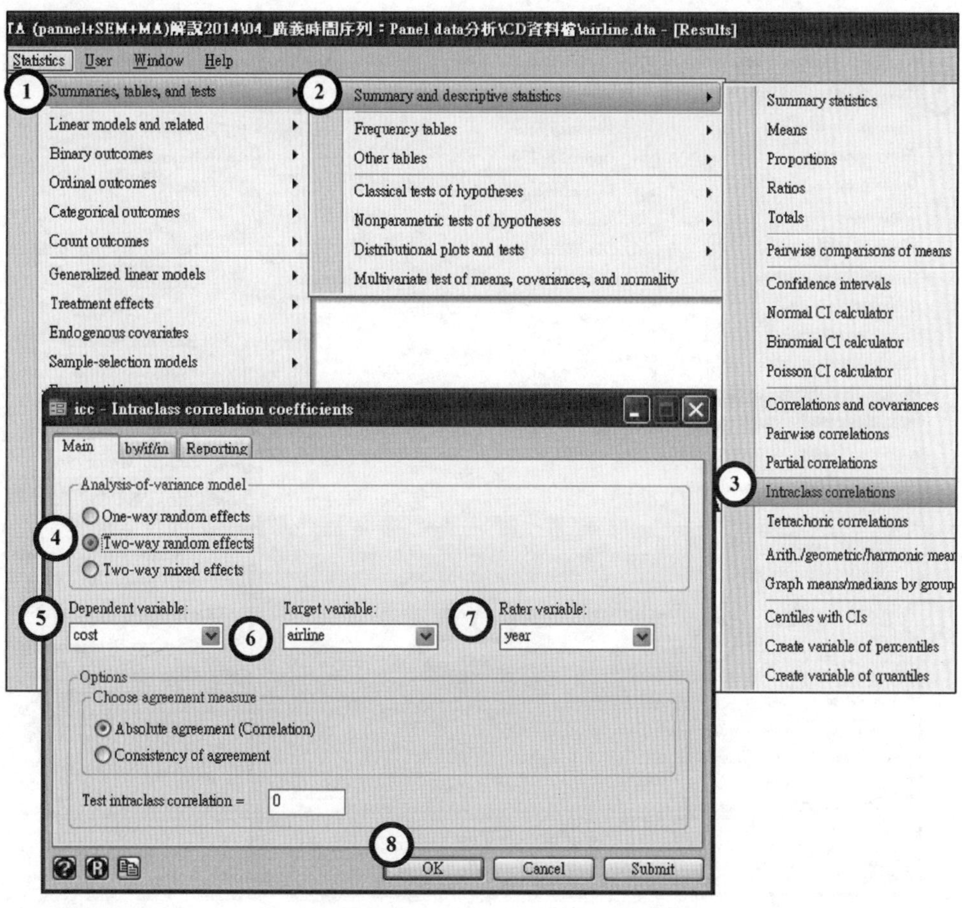

圖 1-43 「icc cost airline」畫面

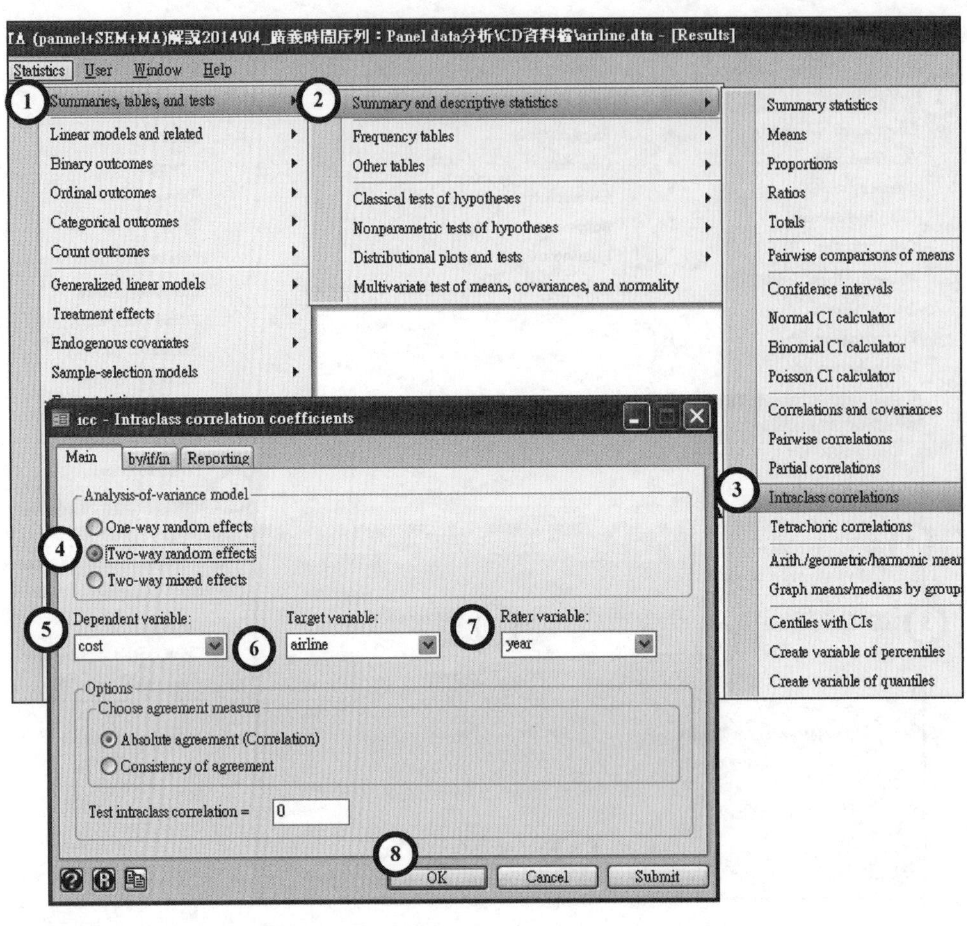

圖 1-44「icc cost airline year」畫面

icc 指令，旨在執行雙因子隨機效果之「intraclass correlations」。

```
. use airline, clear
. icc cost airline year, absolute

Intraclass correlations
Two-way random-effects model
Absolute agreement

Random effects: airline          Number of targets =         6
Random effects: year             Number of raters  =        15

--------------------------------------------------------------
                 cost |        ICC       [95% Conf. Interval]
----------------------+---------------------------------------
           Individual |   .6795701        .3742802    .9316039
              Average |   .9695235        .8997232    .9951293
--------------------------------------------------------------
F test that
  ICC=0.00: F(5.0, 70.0)= 508.96            Prob > F = 0.000

Note: ICCs estimate correlations between individual measurements
      & between average measurements made on the same target.
```

1. 跨類組相關 (intraclass correlations, ICC) 旨在檢定「個體之間測量」及「平均之間測量」二者之相關值，意即「同一個體所做測量值的相關 (the correlation of measurements made on the same individual) = 0.679」。
2. 本例 ICC 平均值 (the correlation among **mean ratings** for each team of judges) = 0.969。
3. 當一群不同評分者對受評者，評分不一致時，你可採計 ICC 平均值 (The average ICC can be used when teams of different raters are used to rate a target).
4. F 檢定結果，F = 508.96，$p < 0.05$，拒絕「H_0：跨類組相關 ICC = 0.00」，表示「六家公司在十五年之間」具有顯著「雙因子隨機效果」。

1-7 追蹤資料模型的效果選擇 (pooled OLS、固定效果、隨機效果 ?)

基本線性 panel 模型

· Pooled model (or population-averaged)

混合資料模型 (樣本平均) $y_{it} = \alpha + X'_{it}\beta + u_{it}$ (1)

· Two-way effects model: allows intercept to vary over i and t

雙因子效果模型 $y_{it} = \alpha_i + \gamma_t + X'_{it}\beta + \varepsilon_{it}$ (2)

· Individual-specific effects model

特定個體效果模型 $y_{it} = \alpha_i + X'_{it}\beta + \varepsilon_{it}$ (3)

where α_i may be fixed effect or random effect.

· Mixed model or random coefficients model: allows slopes to vary over i

混合 / 隨機係數模型 $y_{it} = \alpha_i + X'_{it}\beta_i + \varepsilon_{it}$ (4)

固定效果及隨機效果模型，二者都屬特定個體效果，它不像混合效果 / 隨機係數模型，可允許不同的個體 i 有不同的斜率 $\beta(y_{it} = \alpha_i + x'_{it}\beta_i + \varepsilon_{it})$。

追蹤資料 (panel-data) 迴歸模型，特定個體效果 α_i 又可分爲固定效果模型與隨機效果模型二類，至於縱橫資料適用於何種模型，則可分別透過 F 檢定與 LM 檢定來偵測。

1. 固定效果模型又可稱爲最小平方虛擬變數模型 (least squares dummy variable model, LSDV)，假設每家個體的**截距項** α_i 並**不會隨著時間的變動而改變**，但在其個體之間會有不同的特定常數，主要是以固定截距項來代表橫斷面各家個體之間的不同結構。模型假設母體內相似度低，故不是以透過抽樣的方式來取得樣本，而是用母體的全部，來探討各個體之間的差異。
2. 隨機效果模型又稱誤差成分模型 (error component model)，假設截距項 α_i 爲一隨機變數，此截距項爲隨機產生，並不會隨時間的變動而改變。該模型是強調資料整體的關係，而非個別個體之間的差異，故不以母體全部，而是以隨機抽取的方式來選取樣本。

固定效果與隨機效果兩種模型各有優劣，固定效果因使用虛擬變數進行估計，可能使得自由度大幅度減少；而雖然隨機效果沒有此缺點，卻需符合截距項與自變數間不相關。而一般最簡單的方法是以「樣本有無透過抽樣過程」來分辨，即若樣本沒有透過抽樣過程選取或樣本即是母體的情況下，則採用固定效果較好；而若非透過抽樣過程選取，則以隨機效果較佳。

而若要藉由正式檢定，以計量方法確認誤差項 u_i 與解釋變數是否相關，Hausman(1978) 提出檢定方法 Hausman Test，以驗證隨機效果模型中 u_i 與解釋變數 X_{it}，是否具有相關性。由於固定效果模型使用 LSDV 法，而隨機效果模型使用 GLS 法，故在 Hausman 檢定中，若虛無假說「誤差項 u_i 和解釋變數 X_{it} 無相關」，則 LSDV 與 GLS 估計式皆具有一致性，但 LSDV 卻無效率性，故此時應使用隨機效果模型 (GLS 法)，而若對立假說「誤差項 u_i 和解釋變數 X_{it} 具相關性」，則隨機效果所採用的 GLS 估計式，會產生不一致性，僅固定效果模型所採用之 LSDV 估計式具一致性與有效性，故應採用固定效果模型。

通常在進行 Hausman 檢定估計時，會分別對 OLS 模型、固定效果模型及隨機效果模型進行估計，並得到三種不同模型假設下之迴歸係數估計量，其 Stata 分析步驟如下：

Step 1-1. F 檢定

在 Stata「xtreg…, fe」指令中，內定已自動提供 F 檢定之「H_0：所有群組內殘差 u_i 有相等」。

F 檢定旨在判斷個體間之截距項是否有顯著差異。若拒絕虛無假設 H_0，則接受固定效果模型 (即 panel-data 模型比 pooled-data 模型佳)；反之，則接受 pooled-OLS 模型之估計量。

Step 1-2. LM 檢定

在執行 Stata「xtreg…, re」指令之後，再使用 xttest0 指令來執行「Breusch & Pagan LM test for random effects」，即可進行 Lagrange 乘數 (Lagrange multiplier, LM) 檢定之虛無假設「H_0：所有群組內殘差之變異數 $Var(u_i) = 0$」。

Lagrange 乘數檢定旨在判斷截距項 α_{it} 是否有差異，若拒絕虛無假設時，代表個體間存在隨機效果，則接受隨機效果模型之估計量 (即 panel-data 模型比 pooled-data 模型佳)；反之，則接受 pooled-OLS 模型之估計量。

Step 2. Hausman 檢定

特定個體效果 (individual-specific) 又細分爲固定效果 (fixed effects, FE) 及隨機效果 (random effects, RE) 模型，兩者都是追蹤／縱橫資料最常被採用之模式。若樣本來自特定母體，且個體特性不隨時間不同而改變時，使用固定效果模型可強調個體差異性；若樣本是隨機抽樣自母體，則使用隨機效果模式較佳。理論上，對於此兩種模型的選擇上，你可使用 Hausman(1978) 所提出的 Hausman 認定檢定。

$$y_{it} = \underbrace{\alpha_i}_{\text{可以是固定效果或隨機效果}} + X'_{it}\underbrace{\beta}_{\text{固定效果或隨機效果之估計值相近}} + \underbrace{\varepsilon_{it}}_{\text{殘差項}\sim N(0,\sigma^2)}$$

又分
$$\begin{cases} \text{固定效果：} y_{it} = \underbrace{\alpha_i}_{\text{它與解釋變數 } x_{it} \text{ 有相關}} + \underbrace{X'_{it}}_{\text{它亦可爲內生解釋變數}}\beta + \underbrace{\varepsilon_{it}}_{\text{殘差項}\sim N(0,\sigma^2)} \\ \text{隨機效果：} y_{it} = \underbrace{\alpha}_{\text{純隨機}\sim N(0,\sigma_\alpha^2)\text{，它與解釋變數 } x_{it} \text{ 無相關}} + \underbrace{X'_{it}}_{\text{外生解釋變數}}\beta + \underbrace{u_{it}}_{\text{個體間誤差}} + \underbrace{\varepsilon_{it}}_{\text{個體內誤差}} \end{cases}$$

固定效果 (fixed effects, FE) 的特性：

(1) 截距項 α_i 是隨機變數，α_i 與解釋變數 x_{it} 係有相關的。

(2) 故 x_{it} 可能是內生性 (endogenous) 解釋變數 (它與 α_i 有相關，但與 ε_{it} 無相關)。例如，假設 x_{it} 爲教育水準 (education)，它與「不隨時間而改變 (time-invariant, 非時變)」的能力 (ability)，二者係有相關，故能力 (ability) 就可當作教育水準 (education) 的工具變數，用能力 (z 變數) 來估計「教育水準預測值$\hat{x}_{it}$」，再以$\hat{x}_{it}$來預測依變數 y。

(3) 混合資料 (pooled)OLS、混合資料 (pooled) GLS 及隨機效果 (RE)，三者估計出來的係數 β 都會不一致。

但 within(固定效果) 及一階差分 (first difference, FD) 所估計的係數 β，則具有一致性。

隨機效果 (random effects, RE) 的特性：

(1) 截距項α_i是純隨機變數，$\alpha_i \overset{iid}{\sim} (0, \sigma_\alpha^2)$，而且$\alpha_i$與解釋變數$x_{it}$係無相關的。

(2) 故 x_{it} 可能是外生性 (exogenous) 解釋變數。

(3) 適當固定效果及隨機效果，所求得係數 β 係一致性。

小結

若截距項 α_{it} 和解釋變數 (regressors) 間不具相關性時，則採用隨機效果模型較為合適；反之，若截距項和解釋變數間具相關性時，會產生偏誤的情形，則應採用固定效果模型較為合適。

實務 Stata 分析時，當確定 panel-data 模型比 pooled OLS 模型佳之後，你再以 Hausman 檢定來偵測資料屬於固定效果模型或隨機效果模型？

個體經濟較常用固定效果模型，但其他社會科學領域則常用隨機效果模型。

Panel-data 模型檢定流程，說明如下 (圖 1-45)：

1. 在「xtreg…, **fe**」指令之報表最後一行，會自動印出 **F 檢定**之「H_0：所有群組內殘差 u_i 有相等」。
2. 在「xtreg…, **re**」指令之後，再使用 xttest0 指令來執行「Breusch & Pagan **LM test** for random effects」，即可進行 LM 檢定之虛無假設「H_0：所有群組內殘差之變異數 $Var(u_i) = 0$」。
3. 指令 hausman 旨在執行 Hausman 檢定。

時間序列資料與橫斷面資料結合使用的實證方式，謂之**縱橫 / 追蹤資料 (panel-data)**，其最大的特色在於假設模型同時具有**個體效果及時間效果**，其截距項 α_{it} 會因不同個體或不同時期而有所改變，從而對截距項有兩種不同之假設模型：

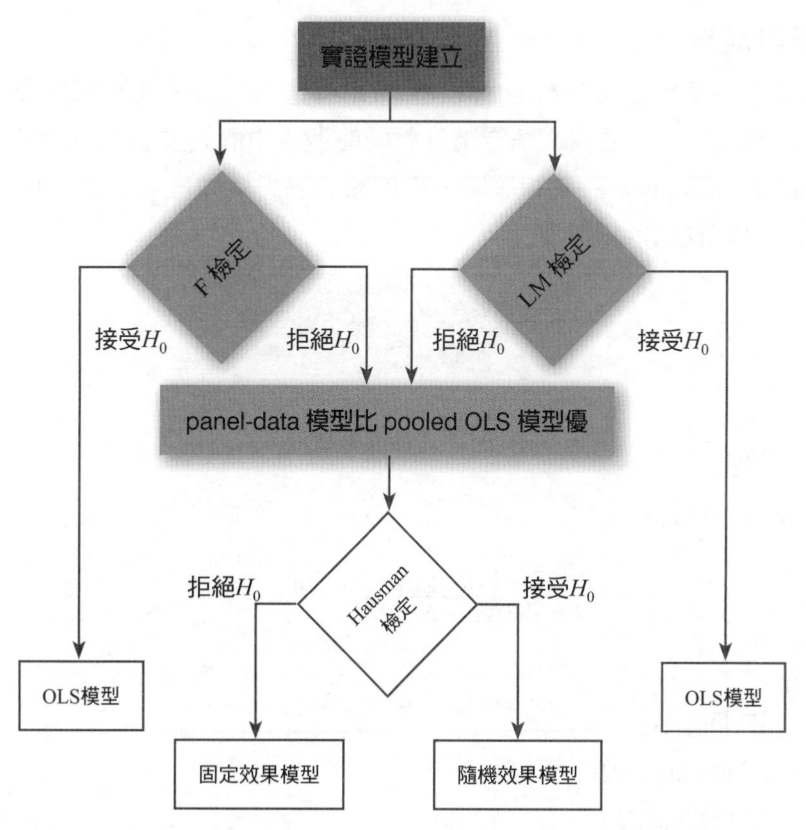

圖 1-45 panel-data 模型檢定流程圖

固定效果 (*fixed effects*) 模型：$\alpha_{it} = \alpha_i$

隨機效果 (*random effects*) 模型：$\alpha_{it} = \alpha + u_i$，$u_i \sim (0, \sigma_u^2)$

1-7-1 F 檢定 (該選 pooled OLS vs. 固定效果 ?)：「xtreg…, fe」指令

混合資料 (pooled) 縱斷面及橫斷面資料進行分析時，係依據議題特性及資料所符合的假設，來挑選 OLS 估計，或是設定成固定效果模型或隨機效果模型。然而，三者模型中何者爲最佳，則需經 F 檢定、LM 檢定以及 Hausman 檢定來做判斷，這些檢定的實作將於後面說明。

其中，使用 F 檢定來檢測迴歸式中的 α_i 是否全部相等的假設，其統計假設、F 檢定及決策法則概述如下：

一、統計假設

你是否該採用混合資料 OLS(pooled OLS) 進行估計，或是選擇設定成固定效果模型，主要是依據 F 檢定來針對一般型式中的 α_i 是否相等之假設，若不同 individual/entity α 的值相等時，則不需設立虛擬變數 (固定效果模型)。Baltagi(2001) 所提出的檢定如下：

$$\begin{cases} H_0: \alpha_1 = \alpha_2 = \alpha_3 = \cdots = \alpha_n \\ H_1: \alpha_i \text{並不完全相等} \end{cases}$$

二、F 檢定

F 檢定統計量爲：

$$F_0 = \frac{(RRSS - URSS)/(N-1)}{URSS/(NT-N-K)} \sim F_{N-1, N(T-1)-K}$$

其中

T：爲時間期數

N：爲 individual 數

K：爲變數的個數

RRSS：爲 OLS 的殘差平方和 (restricted residual sum of squares)

URSS：爲 LSDV 的無限制殘差平方和 (unrestricted residual sum of squares)

此 F 檢定統計量，亦可改寫為：

$$F_0 = \frac{(R^2_{FE} - R^2_{OLS})/n-1}{(1-R^2_{FE})/(nT-n-k)} \sim \text{符合} F_{(n-1),(nT-n-k)} \text{分配}$$

其中

R^2_{FE}：表示在固定效果模型的 R^2

R^2_{OLS}：表示在普通最小平方法的 R^2

n：表示横斷面資料的個數

T：表示時間序列的個數

k：表示迴歸變數的個數

$(n-1, nT-n-k)$：表示 F 檢定的自由度

三、決策法則

若接受 H_0，表示各個體的截距項皆相同，故採用 OLS 模型較適切。

若拒絕 H_0，表示截距項不完全相同，故採用固定效果模型較適切

1-7-2 Lagrange 乘數檢定 (pooled OLS vs. 隨機效果 ?)：隨機效果的事後指令 xttest0

只適合隨機效果的 xttest0 指令，它是 xtreg 指令之事後工具。

一、Lagrange 乘數之原理

LM(Lagrange multiplier) 檢定是由 Breusch 與 Pagan(1980) 所提出，後來經 Baltagi 與 Li(1990) 針對不對稱的追蹤資料模型進行修正後，得到下列之假設及檢定統計量：

1. 統計假設

$$\begin{cases} H_0 : \sigma^2_{\mu} = \sigma^2_i = 0 \\ H_1 : \sigma^2_{\mu} \neq 0 \end{cases}$$

$$\begin{cases} H_0 \text{：最小平方法迴歸較適切} \\ H_1 \text{：隨機效果模型} \end{cases}$$

$$Y_{it} = \alpha + \beta X_{it} + v_{it}$$

2. 檢定統計量

$$\lambda_{LM}=\frac{nT}{2(T-1)}\left[\frac{\sum_{i=1}^{n}\left[\sum_{t=1}^{T}v_{it}\right]^2}{\sum_{i=1}^{n}\sum_{t=1}^{T}v_{it}}-1\right]^2$$

其中

n：表示調查的 (經濟) 個體數量

T：表示研究的時間長度

v：表示最小平方法模型的殘差矩陣

3. 決策法則

若接受 H_0，則採用 OLS 模型較適切。

若拒絕 H_0，則採用隨機效果模型較適切。

此處的 λ_{LM} 係自由度爲 1 的卡方分配。當 λ_{LM} 統計檢定值大於卡方分配的檢定值，則拒絕虛無假設，你該選擇隨機效果模型；相反的，若不能拒絕虛無假設，則採用混合資料 (pooled) OLS 直接估計。

1-7-3 F 檢定、Lagrange 乘數 (multiplier) 檢定、Hausman 檢定之流程

由於 Stata 同時提供：pooled OLS、固定效果及隨機效果讓你選擇，你該挑哪一個模型呢？請看本例的介紹，即可知曉。

分析過程中，隨機效果之事後指令 xttest0，它只能在「xtreg…, re」平衡隨機效果指令之後。

F 檢定、Lagrange 乘數檢定、Hausman 檢定，三者分析步驟如下：

Step 1. 建立 panel 資料檔

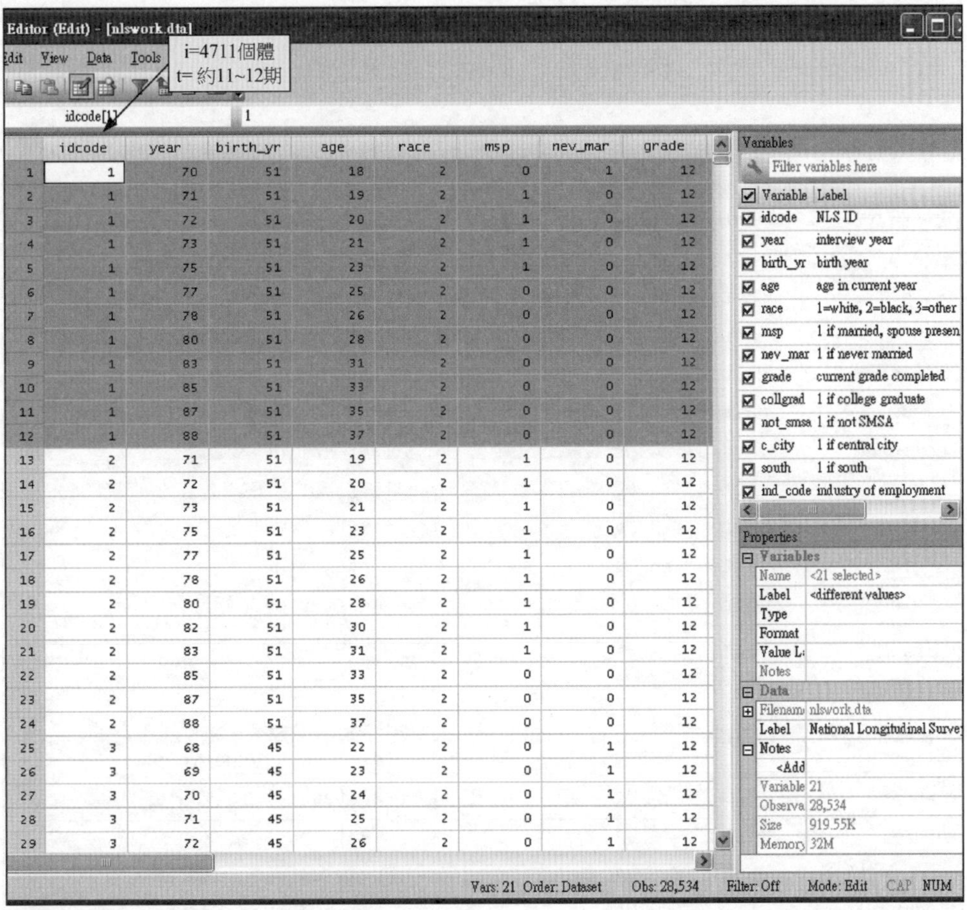

Editor (Edit) - [nlsword.dta]

i=4711個體
t= 約11~12期

idcode[1] 1

	idcode	year	birth_yr	age	race	msp	nev_mar	grade
1	1	70	51	18	2	0	1	12
2	1	71	51	19	2	1	0	12
3	1	72	51	20	2	1	0	12
4	1	73	51	21	2	1	0	12
5	1	75	51	23	2	1	0	12
6	1	77	51	25	2	0	0	12
7	1	78	51	26	2	0	0	12
8	1	80	51	28	2	0	0	12
9	1	83	51	31	2	0	0	12
10	1	85	51	33	2	0	0	12
11	1	87	51	35	2	0	0	12
12	1	88	51	37	2	0	0	12
13	2	71	51	19	2	1	0	12
14	2	72	51	20	2	1	0	12
15	2	73	51	21	2	1	0	12
16	2	75	51	23	2	1	0	12
17	2	77	51	25	2	1	0	12
18	2	78	51	26	2	1	0	12
19	2	80	51	28	2	1	0	12
20	2	82	51	30	2	1	0	12
21	2	83	51	31	2	1	0	12
22	2	85	51	33	2	0	0	12
23	2	87	51	35	2	0	0	12
24	2	88	51	37	2	0	0	12
25	3	68	45	22	2	0	1	12
26	3	69	45	23	2	0	1	12
27	3	70	45	24	2	0	1	12
28	3	71	45	25	2	0	1	12
29	3	72	45	26	2	0	1	12

Variable	Label
idcode	NLS ID
year	interview year
birth_yr	birth year
age	age in current year
race	1=white, 2=black, 3=other
msp	1 if married, spouse presen
nev_mar	1 if never married
grade	current grade completed
collgrad	1 if college graduate
not_smsa	1 if not SMSA
c_city	1 if central city
south	1 if south
ind_code	industry of employment

Vars: 21 Order: Dataset Obs: 28,534 Filter: Off Mode: Edit CAP NUM

圖 1-46 「nlswork.dta」資料檔之內容

```
* Step 1. 開啟 Stata 網站之資料檔 nlswork.dta
. webuse nlswork
(National Longitudinal Survey.  Young Women 14-26 years of age in 1968)
. describe

Contains data from http://www.stata-press.com/data/r12/nlswork.dta
  obs:         28,534                  National Longitudinal Survey.
                                       Young Women 14-26 years of age in 1968
```

```
 vars:            21                      7 Dec 2010 17:02
 size:       941,622
-------------------------------------------------------------------------------
              storage  display     value
variable name   type   format      label      variable label
-------------------------------------------------------------------------------
idcode          int    %8.0g                  NLS ID
year            byte   %8.0g                  interview year
birth_yr        byte   %8.0g                  birth year
age             byte   %8.0g                  age in current year
race            byte   %8.0g                  1=white, 2=black, 3=other
msp             byte   %8.0g                  1 if married, spouse present
nev_mar         byte   %8.0g                  1 if never married
grade           byte   %8.0g                  current grade completed
collgrad        byte   %8.0g                  1 if college graduate
not_smsa        byte   %8.0g                  1 if not SMSA
c_city          byte   %8.0g                  1 if central city
south           byte   %8.0g                  1 if south
ind_code        byte   %8.0g                  industry of employment
occ_code        byte   %8.0g                  occupation
union           byte   %8.0g                  1 if union
wks_ue          byte   %8.0g                  weeks unemployed last year
ttl_exp         float  %9.0g                  total work experience
tenure          float  %9.0g                  job tenure, in years
hours           int    %8.0g                  usual hours worked
wks_work        int    %8.0g                  weeks worked last year
ln_wage         float  %9.0g                  ln(wage/GNP deflator)
-------------------------------------------------------------------------------
Sorted by:  idcode  year
```

Step 2. xtreg 指令先執行固定效果之 F 檢定，來偵測「固定效果 vs. pooled OLS」模型，何者較適合？

```
. use nlswork.dta, clear

* Step 2.  xtreg 指令先執行固定效果之 F 檢定
* 符號「#」為交互作用項。符號「c」為 Category 運算子。
```

```
. xtreg ln_w grade age c.age#c.age ttl_exp c.ttl_exp#c.ttl_exp tenure
      c.tenure#c.tenure 2.race not_smsa south, fe
note: grade omitted because of collinearity
note: 2.race omitted because of collinearity

Fixed-effects(within)regression               Number of obs      =     28091
Group variable: idcode                        Number of groups   =      4697

R-sq:  within  = 0.1727                       Obs per group: min =         1
       between = 0.3505                                      avg =       6.0
       overall = 0.2625                                      max =        15

                                              F(8,23386)         =    610.12
corr(u_i, Xb) = 0.1936                        Prob > F           =    0.0000

------------------------------------------------------------------------------
          ln_wage |      Coef.  Std. Err.      t    P>|t|   [95% Conf. Interval]
------------------+-----------------------------------------------------------
            grade|          0  (omitted)
              age |   .0359987   .0033864   10.63   0.000    .0293611   .0426362
                  |
      c.age#c.age |   -.000723   .0000533  -13.58   0.000   -.0008274  -.0006186
                  |
          ttl_exp |   .0334668   .0029653   11.29   0.000    .0276545    .039279
                  |
c.ttl_exp#c.ttl_exp |   .0002163   .0001277    1.69   0.090   -.0000341   .0004666
                  |
           tenure |   .0357539   .0018487   19.34   0.000    .0321303   .0393775
                  |
c.tenure#c.tenure |  -.0019701    .000125  -15.76   0.000   -.0022151  -.0017251
                  |
           2.race |          0  (omitted)
         not_smsa |  -.0890108   .0095316   -9.34   0.000   -.1076933  -.0703282
            south |  -.0606309   .0109319   -5.55   0.000   -.0820582  -.0392036
            _cons |    1.03732   .0485546   21.36   0.000    .9421496    1.13249
------------------+-----------------------------------------------------------
          sigma_u |  .35562203
          sigma_e |  .29068923
              rho |  .59946283   (fraction of variance due to u_i)
```

```
------------------------------------------------------------------------------
F test that all u_i=0:     F(4696, 23386)=     6.65          Prob > F = 0.0000
```

1. 固定效果之指令「xtreg ln_w grade age c.age#c.age ttl_exp c.ttl_exp#c.ttl_exp tenure c.tenure#c.tenure 2.race not_smsa south, re」，結果得到：工資 (ln_w) 與衆多自變數 (及自變數的交互作用項) 都達 0.05 顯著正相關，請詳見上面之「Coef.」及「P > |t|」欄位。
2. 「#」是交互作項。「c.」是宣告 Continuous 變數改爲 Categorical variable 來看待。
3. 「2.race」表示「race=2 的黑人」爲比較基準點。即「黑人 vs. 白人及其他種族」的比較。
4. 在 not_smsa 及 south 二元變數之下，t 值都爲負，且 p 都 < 0.05，表示美國工人，在「沒有參加工會、工作在南方」之情況下，會比「有參加工會、工作不在南方」薪資來得顯著的低。
5. xtreg 指令來執行固定效果之 F 檢定，最後一行之 F = 6.65，p < 0.05，故拒絕「H_0：各個個體的截距項皆相同，採用 OLS 模型較適切」，故 panel 固定效果會比 pooled OLS 模型來得適當。反之，若接受 H_0，則只需估計單一截距項 α_i，意含此追蹤資料 (panel-data) 的 N 個觀察個體，T 期觀察時間的資料，可被作 $N \times T$ 個觀察值的橫斷面或時間序列樣本，因而喪失 panel 資料的特性，成爲混合資料迴歸模型。
6. 固定效果模型之公式爲：

$$Y_{it} = \alpha_i + \beta' \sum_{i=1}^{k} X_{kit} + \varepsilon_{it} \quad i = 1, 2, \ldots, n\,;\, t = 1, 2, \ldots, T$$

$$\hat{\alpha}_i = \overline{Y}_i - \overline{X}_i \hat{\beta}_{FE} \quad i = 1, 2, \ldots, N$$

由於檢視每個觀察個體的截距項是否均不同，因此設定以下的 F 檢定假設：

$$\begin{cases} H_0 : \alpha_1 = \alpha_2 = \cdots = \alpha_i \\ H_1 : H_0 \text{爲僞} \end{cases}$$

其檢定統計量爲 F 分配：

$$F_{(N-1, NT-N-K)} = \frac{(SSE_{Pooled} - SSE_{LSDV})/(n-1)}{SSE_{LSDV}/(NT-N-K)}$$

Step 3. xtreg 指令先執行隨機效果，再 xttest0 事後指令之 Lagrange 乘數 (multiplier) 檢定，來偵測「隨機效果 vs.OLS」模型，何者較適合？

Step 3-1. 先執行 **xtreg** 指令隨機效果

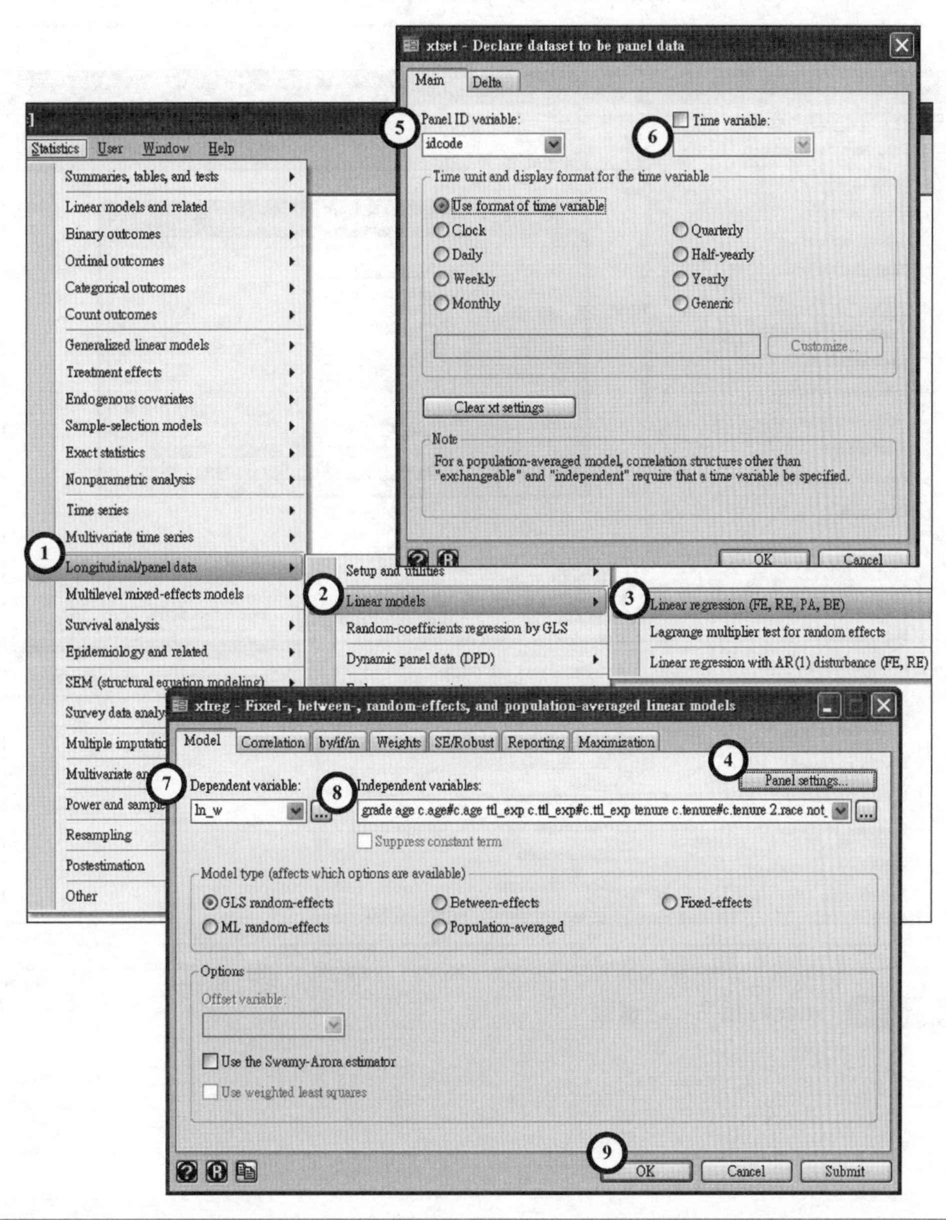

圖 1-47 「xtreg, re」之畫面

Step 3-2. 再執行 xttest0 指令之 Lagrange 乘數 (multiplier) 檢定，來偵測「panel 隨機效果 vs. OLS」哪一種模型較適當？

隨機效果 xtreg 之事後指令 xttest0，旨在檢測「Breusch & Pagan Lagrange multiplier test for random effects」。

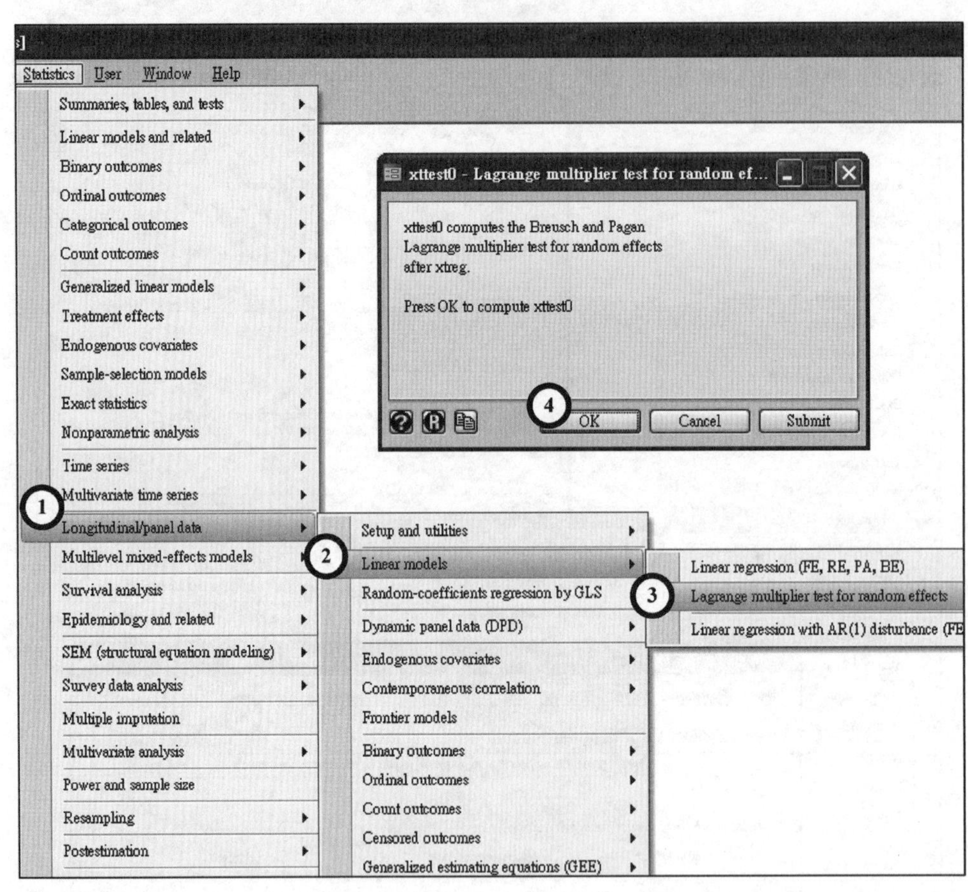

圖 1-48「xttest0 指令」之畫面

```
* 開啟 Stata 網站之資料檔 nlswork.dta
. webuse nlswork
(National Longitudinal Survey.  Young Women 14-26 years of age in 1968)
* 只設定「個體 i」編號為 idcode 變數，但沒有時間 t
. xtset idcode

* 因為工資 wage 變數違反常態性假定，故取 ln( ) 之後「ln_w」，再進行線性 panel 迴歸
* Step 3-1. Fit random-effects model
. xtreg ln_w grade age c.age#c.age ttl_exp c.ttl_exp#c.ttl_exp tenure
  c.tenure#c.tenure 2.race not_smsa south, re

Random-effects GLS regression                   Number of obs      =     28091
Group variable: idcode                          Number of groups   =      4697

R-sq:  within  = 0.1715                         Obs per group: min =         1
       between = 0.4784                                        avg =       6.0
       overall = 0.3708                                        max =        15

                                                Wald chi2(10)      =   9244.74
corr(u_i, X)   = 0(assumed)                     Prob > chi2        =    0.0000

------------------------------------------------------------------------------
            ln_wage |      Coef.   Std. Err.      z    P>|z|     [95% Conf. Interval]
--------------------+---------------------------------------------------------
              grade |   .0646499   .0017812    36.30   0.000     .0611589    .0681409
                age |   .0368059   .0031195    11.80   0.000     .0306918    .0429201
                    |
        c.age#c.age |  -.0007133     .00005   -14.27   0.000    -.0008113   -.0006153
                    |
            ttl_exp |   .0290208    .002422    11.98   0.000     .0242739    .0337678
                    |
c.ttl_exp#c.ttl_exp |   .0003049   .0001162     2.62   0.009      .000077    .0005327
                    |
             tenure |   .0392519   .0017554    22.36   0.000     .0358113    .0426925
                    |
  c.tenure#c.tenure |  -.0020035   .0001193   -16.80   0.000    -.0022373   -.0017697
                    |
             2.race |   -.053053   .0099926    -5.31   0.000    -.0726381   -.0334679
```

```
    not_smsa |  -.1308252   .0071751   -18.23   0.000    -.1448881   -.1167622
       south |  -.0868922   .0073032   -11.90   0.000    -.1012062   -.0725781
       _cons |   .2387207    .049469     4.83   0.000     .1417633    .3356781
-------------+----------------------------------------------------------------
     sigma_u |  .25790526
     sigma_e |  .29068923
         rho |  .44045273   (fraction of variance due to u_i)
------------------------------------------------------------------------------

* 儲存最近一次迴歸 random-effects 至「_est_random_effects」系統變數
. estimates store random_effects

* Step 3-2. 執行「Breusch & Pagan Lagrange multiplier test for random effects」
 xttest0

Breusch & Pagan Lagrange multiplier test for random effects

        ln_wage[idcode,t] = Xb + u[idcode] + e[idcode,t]

        Estimated results:
                         |       Var     sd = sqrt(Var)
                ---------+-----------------------------
                 ln_wage |   .2283326       .4778416
                       e |   .0845002       .2906892
                       u |   .0665151       .2579053

        Test:   Var(u)= 0
                             chibar2(01)= 14779.98
                          Prob > chibar2 =   0.0000
```

指令 xttest0 進行 Lagrange 乘數 (multiplier) 檢定結果，$\bar{\chi}^2_{(1)} = 14779.98$，$p < 0.05$，故拒絕「$H_0：\sigma_1^2 = \sigma_2^2 = \cdots = \sigma_n^2$」，表示選擇隨機效果比 pooled OLS 適當，因爲不同群組之間係有顯著差異。反之，若 $p > 0.05$，則採用 pooled OLS 迴歸比隨機效果適當。

Step 4. 等到F檢定確定panel固定效果比OLS好，且Lagrange乘數(multiplier)檢定確定 panel 隨機效果比 OLS 好之後，再用 Hausman 檢定來偵測「固定效果 vs. 隨機效果」panel 模型，何者較適合？

1. Hausman 檢定

在固定效果或隨機效果模型的選擇上，Mundlak (1978) 認爲，若隨機效果模型的截距項與解釋變數間具有相關性，則會產生偏誤，此時應使用固定效果模型；若截距項的誤差項與解釋變數無關，則使用隨機效果模型。Hausman (1978) 提出一檢定方法，可用以判斷應選擇固定效果或是隨機效果模型，敘述如下：

$$\begin{cases} H_0 : E(\alpha_i, X_{kit}) = 0 \\ H_1 : E(\alpha_i, X_{kit}) \neq 0 \end{cases}$$

其計算方式如下：

$$\omega = (\hat{b} - \hat{B})[Var(\hat{b}) - Var(\hat{B})]^{-1}(\hat{b} - \hat{B}) \sim \text{符合 } \chi^2(k) \text{ 分配}$$

其中

$\hat{b}$：固定效果模型下之估計值

$\hat{B}$：隨機效果模型下之估計值

Var($\hat{B}_{random}$)：爲隨機效果下的共變數矩陣

Var($\hat{b}_{fixed}$)：爲固定效果下的共變數矩陣

k：解釋變數 (regressors) 的個數

2. 統計檢定

Hausman 發現使用固定效果模型或隨機效果模型，將會產生出不同的結果。Mundlak(1978) 也指出，隨機效果模型忽略了截距項 (α_i) 與變數 (X_{kit}) 之間存在的關係，而基於 α_i 與 X_{kit} 之間有可能存在相關性，因此檢測隨機效果模型中的隨機效果，以確認應採用何種設定有其必要。其提出以 Hauseman Test 來進行模型設定之檢定。檢定的想法是：假若 α_i 與 X_{kit} 具有相關性，此時固定效果模型估計量$\hat{\beta}_{fixed}$爲一致且有效的；相反的，隨機效果模型之估計量$\hat{\beta}_{fixed}$則會產生偏誤且不滿足一致性，此時應選擇固定效果模型；而若 α_i 與 X_{kit} 之間不存在相關性，則固定效果估計量$\hat{\beta}_{fixed}$爲一致但不具有效性，而以隨機效果模型之估計量$\hat{\beta}_{fixed}$爲一致且有效，故應選擇隨機效果模型。

3. 決策法則

若接受 H_0，則採用隨機效果模型較適切。

若拒絕 H_0，則採用固定效果模型較適切。

若$\omega \le \chi^2_{(K)}$則拒絕 H_0，採用固定效果模型較佳；相反地，若$\omega > \chi^2_{(K)}$則接受 H_0，此時採用隨機效果模型較合適。

同理，Stata 提供 hausman 指令，Hausman 檢定結果，若拒絕 H_0 ($p < 0.05$)，則選固定效果；若接受 H_0 ($p > 0.05$)，則該選隨機效果。

Step 4-1.「estimates store」random_effects

由於你要偵測「固定效果 vs. 隨機效果」panel 模型，何者較適合？ Stata 只會暫時紀錄最近一次迴歸之參數值，但 Hausman 檢定卻同時要「固定效果 vs. 隨機效果」二個參數值才可比較，故需先將其中之一個參數，存到某變數中 (本例係存至 random_effects 變數)。

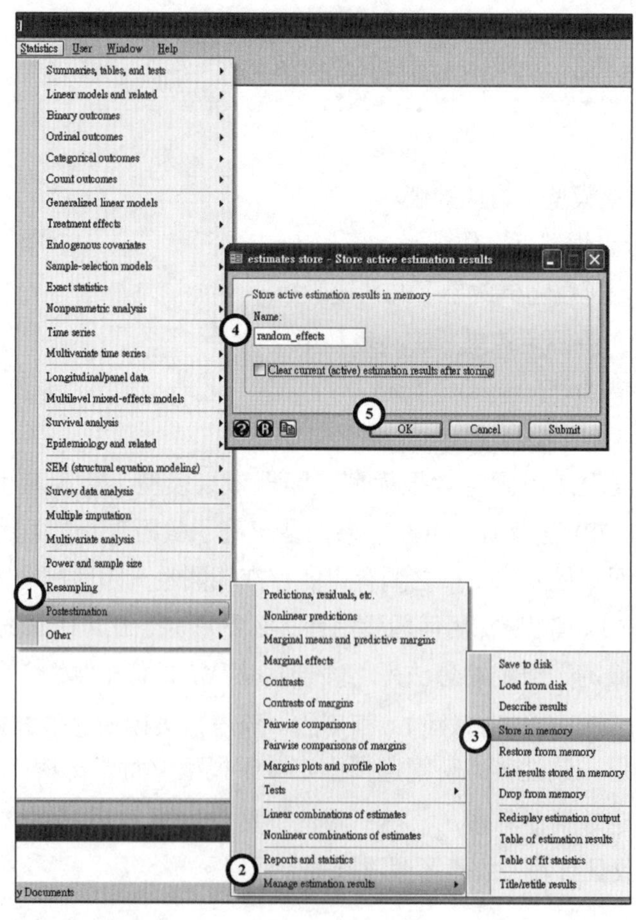

圖 1-49「estimates store」random_effects 之畫面

Step 4-2. **hausman** 指令來判斷 panel 迴歸，該採固定效果或隨機效果呢？

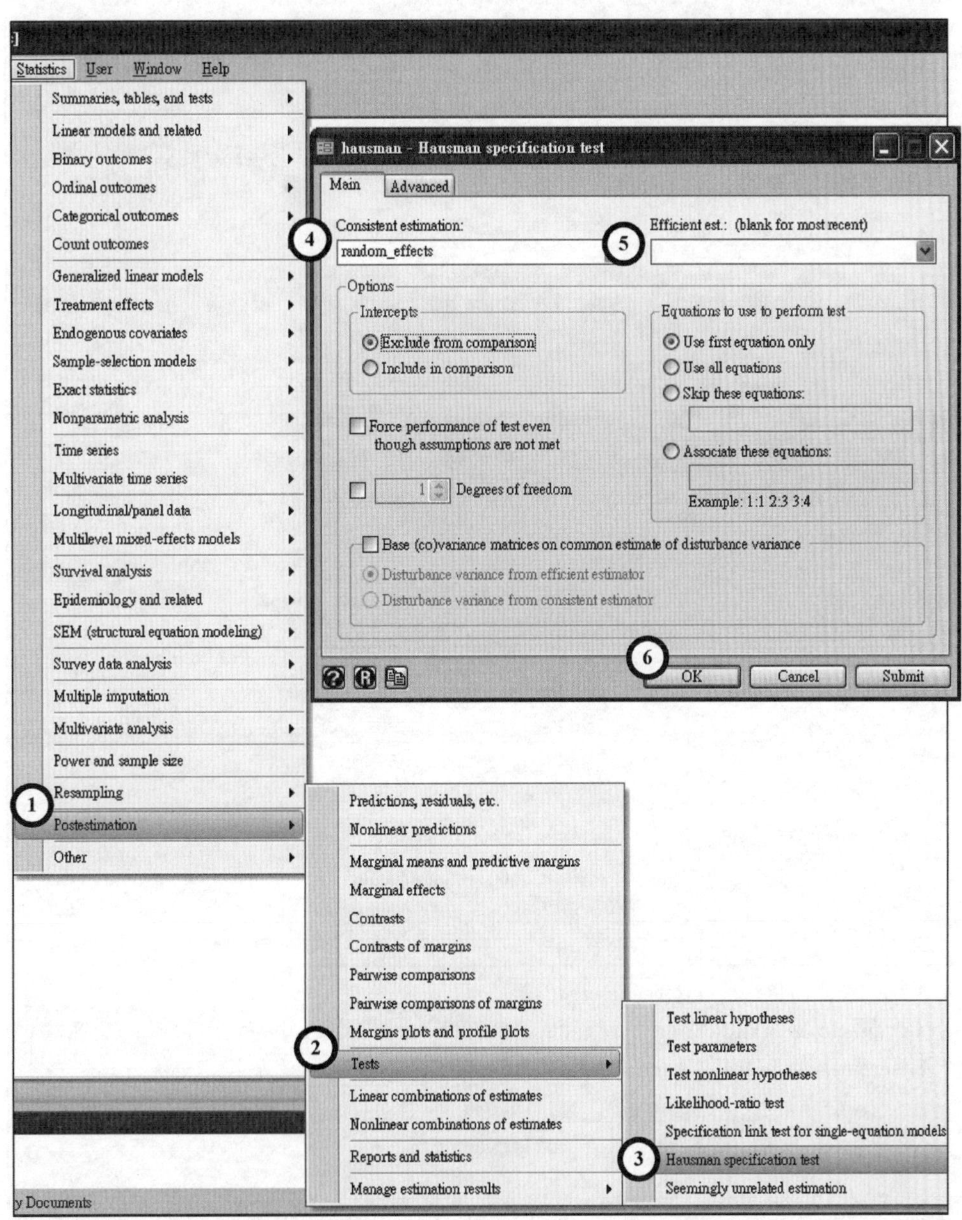

圖 1-50「hausman 指令」之畫面

```
* 開啟 Stata 網站之資料檔 nlswork.dta
. webuse nlswork
(National Longitudinal Survey.  Young Women 14-26 years of age in 1968)
* 只設定「個體 i」編號為 idcode 變數，但沒有時間 t
. xtset idcode

* 因為工資 wage 變數違反常態性假定，故取 ln( ) 之後「ln_w」，再進行線性 panel 迴歸
* 儲存最近一次迴歸 random-effects 至「_est_random_effects」系統變數
. estimates store random_effects

* Step 4-1 執行「Breusch & Pagan Lagrange multiplier test for random effects」
 xttest0

Breusch & Pagan Lagrange multiplier test for random effects

        ln_wage[idcode,t] = Xb + u[idcode] + e[idcode,t]

        Estimated results:
                         |       Var     sd = sqrt(Var)
                ---------+-----------------------------
                 ln_wage |   .2283326       .4778416
                       e |   .0845002       .2906892
                       u |   .0665151       .2579053

        Test:   Var(u) = 0
                             chibar2(01) = 14779.98
                          Prob > chibar2 =   0.0000

* Step 4-2. Fit fixed-effects model
. xtreg ln_w grade age c.age#c.age ttl_exp c.ttl_exp#c.ttl_exp tenure
  c.tenure#c.tenure 2.race not_smsa south, fe
note: grade omitted because of collinearity
note: 2.race omitted because of collinearity

Fixed-effects (within) regression               Number of obs      =     28091
Group variable: idcode                          Number of groups   =      4697

R-sq:  within  = 0.1727                         Obs per group: min =         1
```

```
        between = 0.3505                                         avg =        6.0
        overall = 0.2625                                         max =         15

                                                F(8,23386)          =     610.12
corr(u_i, Xb) = 0.1936                          Prob > F            =     0.0000

------------------------------------------------------------------------------
            ln_wage |      Coef.   Std. Err.      t    P>|t|     [95% Conf. Interval]
--------------------+---------------------------------------------------------
              grade |          0  (omitted)
                age |   .0359987   .0033864    10.63   0.000     .0293611   .0426362
                    |
        c.age#c.age |   -.000723   .0000533   -13.58   0.000    -.0008274  -.0006186
                    |
            ttl_exp |   .0334668   .0029653    11.29   0.000     .0276545    .039279
                    |
c.ttl_exp#c.ttl_exp |   .0002163   .0001277     1.69   0.090    -.0000341   .0004666
                    |
             tenure |   .0357539   .0018487    19.34   0.000     .0321303   .0393775
                    |
  c.tenure#c.tenure |  -.0019701    .000125   -15.76   0.000    -.0022151  -.0017251
                    |
             2.race |          0  (omitted)
           not_smsa |  -.0890108   .0095316    -9.34   0.000    -.1076933  -.0703282
              south |  -.0606309   .0109319    -5.55   0.000    -.0820582  -.0392036
              _cons |    1.03732   .0485546    21.36   0.000     .9421496    1.13249
--------------------+---------------------------------------------------------
            sigma_u |  .35562203
            sigma_e |  .29068923
                rho |  .59946283   (fraction of variance due to u_i)
------------------------------------------------------------------------------
F test that all u_i=0:     F(4696, 23386) =     6.65          Prob > F = 0.0000
```

* F 檢定之 H_0：所有群組內殘差 u_i 都為 0。

* Step 4. Hausman 檢定，旨在判定固定效果 vs. 隨機效果 (re)，何者較適切？

```
. hausman . random_effects
```

```
                ---- Coefficients ----
             |      (b)          (B)            (b-B)     sqrt(diag(V_b-V_B))
             |       .       random_effects    Difference          S.E.
-------------+----------------------------------------------------------------
         age |    .0359987     .0368059       -.0008073        .0013177
 c.age#c.age |    -.000723    -.0007133       -9.68e-06        .0000184
     ttl_exp |    .0334668     .0290208        .0044459         .001711
c.ttl_exp#~p |    .0002163     .0003049       -.0000886         .000053
      tenure |    .0357539     .0392519        -.003498        .0005797
c.tenure#c~e |   -.0019701    -.0020035        .0000334        .0000373
    not_smsa |   -.0890108    -.1308252        .0418144        .0062745
       south |   -.0606309    -.0868922        .0262613        .0081345
------------------------------------------------------------------------------
                     b = consistent under Ho & Ha; obtained from xtreg
      B = inconsistent under Ha, efficient under H0; obtained from xtreg

    Test:  H0:  difference in coefficients not systematic

                  chi2(8)=(b-B)'[(V_b-V_B)^(-1)](b-B)
                         =      149.43
                Prob>chi2 =      0.0000
```

1. 接著 Hausman 檢定，旨在判定固定效果 vs. 隨機效果，何者較適切？結果得 $\chi^2_{(8)} = 149.43$，$p < 0.05$，故拒絕「H_0: difference in coefficients not systematic」，因爲拒絕 H_0 表示本例採用固定效果模型較適切；反之，若接受 H_0，則採用隨機效果模型較適切。故本例採固定效果模型爲：

$$ln\_wage_{it} = 1.037 \times \alpha_i + 0.036 \times age_{it} - 0.0007 \times (c.age\#c.age)_{it} + 0.033 \times ttl\_\exp_{it} + 0.0002 \times (c.ttl\_exp\#c.ttl\_exp)_{it} + 0.036 \times tenure_{it} - 0.0019 \times (c.tenure\#c.tenure)_{it} - 0.089 \times not\_smsa_{it} - 0.61 \times south_{it} + \varepsilon_{it}$$

2. 當執行 xtreg, xtivreg, ivregress 指令來執行固定／隨機效果之複迴歸，才會多印出最後一行之 F = 6.65，p < 0.05，故拒絕「H_0：每個個體的截距項 α_i 皆相同」，則採用固定效果模型分析較爲合適；反之，若接受 H_0，則只需估計單一截距項 α_i，意味此追蹤資料 (panel-data) 的 N 個觀察個體、T 期觀察時間的資料，可被作 $N \times T$ 個觀察值的橫斷面或時間序列樣本，因而喪失 panel 資料的特性，成爲混合資料迴歸模型。

由於檢視每個觀察個體的截距項是否均不同，因此設定以下的 F 檢定假設：

$$\begin{cases} H_0: \alpha_1 = \alpha_2 = \cdots = \alpha_i \\ H_1: H_0 \text{為僞} \end{cases}$$

其檢定統計量爲 F 分配：

$$F_{(N-1, NT-N-K)} = \frac{(SSE_{Pooled} - SSE_{LSDV})/(n-1)}{SSE_{LSDV}/(NT-N-K)}$$

1-7-4 該選固定效果或隨機效果呢：Hausman 檢定 (hausman 指令)

Hausman 檢定：即 Stata 的「Statistics > Postestimation > Tests > Hausman specification test」指令。

該如何偵測固定效果或隨機效果模型呢？Hausman(1978) 提出一偵測固定效果模型或隨機效果模型之檢定法，當個體效果 α_i 與解釋變數 X_{it} 之間無相關的虛無假設成立之下，固定效果模型與隨機效果模型所得到之估計值符合一致性，但固定效果模型不具效率；當個體效果與解釋變數之間有相關的對立假設，則是隨機效果模型不具效率。

1. Hausman 檢定

在固定效果或隨機效果模型的選擇上，Mundlak(1978) 認爲，若隨機效果模型的截距項 α_i 與解釋變數 X_{it} 間具有相關性，則會產生偏誤，此時應使用固定效果模型；若截距項的誤差項與解釋變數無關，則使用隨機效果模型。基於此觀念，Hausman (1978) 提出一檢定方法，可用以判斷應選擇固定效果模型或是隨機效果模型，敘述如下：

$$\begin{cases} H_0: E(\alpha_i, X_{kit}) = 0 \\ H_1: E(\alpha_i, X_{kit}) \neq 0 \end{cases}$$

其計算方式如下：

$$\omega = (\hat{b} - \hat{B})[Var(\hat{b}) - Var(\hat{B})]^{-1}(\hat{b} - \hat{B}) \sim \text{符合 } \chi^2(k) \text{ 分配}$$

其中

$\hat{b}$：固定效果模型下之估計值

$\hat{B}$：隨機效果模型下之估計值

Var($\hat{B}_{random}$)：爲隨機效果下的共變數矩陣

Var($\hat{b}_{fixed}$)：爲固定效果下的共變數矩陣

k：解釋變數 (regressors) 的個數

2. 統計檢定

Hausman 發現使用固定效果模型或隨機效果模型，將會產生出不同的結果。Mundlak(1978) 也指出，隨機效果模型忽略了截距項 (α_i) 與解釋變數 (X_{kit}) 之間存在的關係，而基於 α_i 與 X_{kit} 之間有可能存在相關性，因此檢測隨機效果模型中的隨機效果，以確認應採用何種設定有其必要。其提出以 Hauseman Test 來進行模型設定之檢定。檢定的想法是：假若 α_i 與 X_{kit} 具有相關性，此時固定效果模型估計量$\hat{\beta}_{fixed}$爲一致且有效的；相反的，隨機效果模型之估計量$\hat{\beta}_{fixed}$則會產生偏誤且不滿足一致性，此時應選擇固定效果模型；而若 α_i 與 X_{kit} 之間不存在相關性，則固定效果估計量$\hat{\beta}_{fixed}$爲一致但不具有效性，而以隨機效果模型之估計量$\hat{\beta}_{fixed}$爲一致且有效，故應選擇隨機效果模型。

3. 決策法則

若接受 H_0，則採用隨機效果模型較適切。

若拒絕 H_0，則採用固定效果模型較適切。

若$\omega \le \chi^2_{(K)}$則拒絕 H_0，採用固定效果模型較佳；相反地，若$\omega > \chi^2_{(K)}$則接受 H_0，此時採用隨機效果模型較合適。

相對於 Stata 提供 hausman 指令之 Hausman 檢定結果，若拒絕 H_0 ($p < 0.05$)，則選固定效果；相反地，若接受 H_0 ($p > 0.05$)，則該選隨機效果。

4. hausman 範例

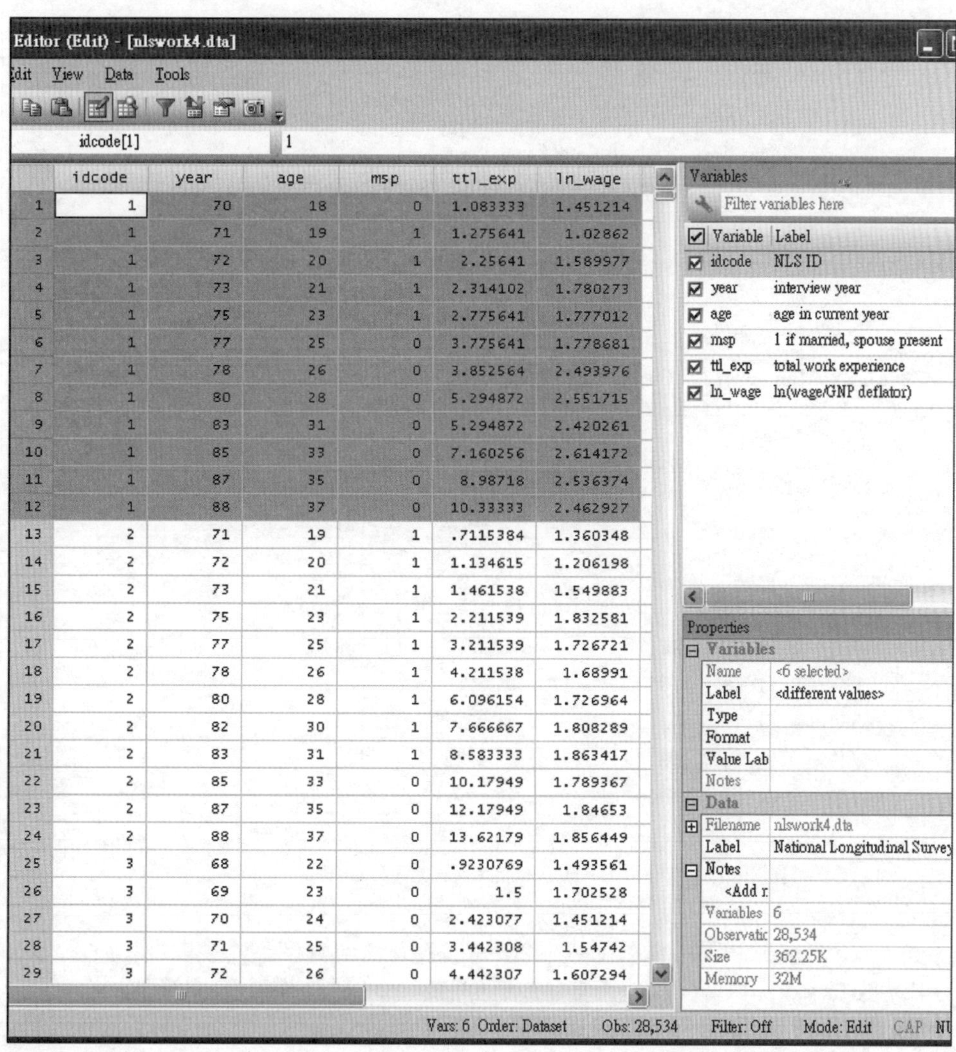

	idcode	year	age	msp	ttl_exp	ln_wage
1	1	70	18	0	1.083333	1.451214
2	1	71	19	1	1.275641	1.02862
3	1	72	20	1	2.25641	1.589977
4	1	73	21	1	2.314102	1.780273
5	1	75	23	1	2.775641	1.777012
6	1	77	25	0	3.775641	1.778681
7	1	78	26	0	3.852564	2.493976
8	1	80	28	0	5.294872	2.551715
9	1	83	31	0	5.294872	2.420261
10	1	85	33	0	7.160256	2.614172
11	1	87	35	0	8.98718	2.536374
12	1	88	37	0	10.33333	2.462927
13	2	71	19	1	.7115384	1.360348
14	2	72	20	1	1.134615	1.206198
15	2	73	21	1	1.461538	1.549883
16	2	75	23	1	2.211539	1.832581
17	2	77	25	1	3.211539	1.726721
18	2	78	26	1	4.211538	1.68991
19	2	80	28	1	6.096154	1.726964
20	2	82	30	1	7.666667	1.808289
21	2	83	31	1	8.583333	1.863417
22	2	85	33	0	10.17949	1.789367
23	2	87	35	0	12.17949	1.84653
24	2	88	37	0	13.62179	1.856449
25	3	68	22	0	.9230769	1.493561
26	3	69	23	0	1.5	1.702528
27	3	70	24	0	2.423077	1.451214
28	3	71	25	0	3.442308	1.54742
29	3	72	26	0	4.442307	1.607294

圖 1-51 「nlswork4.dta」資料檔之內容

Stata 之 hausman 指令的範例如下：

```
* 開啟 nlswork4 資料檔
. webuse nlswork4, clear
```

```
*描述 panel 各變數之特徵
. xtdescribe

  idcode:  1, 2, ..., 5159                                    n =       4711
    year:  68, 69, ..., 88                                    T =         15
           Delta(year)= 1 unit
           Span(year) = 21 periods
          (idcode*year uniquely identifies each observation)

Distribution of T_i:   min      5%      25%      50%      75%     95%     max
                         1       1        3        5        9      13      15

     Freq.  Percent    Cum. |  Pattern
 ---------------------------+-----------------------
      136     2.89     2.89 |  1....................
      114     2.42     5.31 |  ....................1
       89     1.89     7.20 |  .................1.11
       87     1.85     9.04 |  ...................11
       86     1.83    10.87 |  111111.1.11.1.11.1.11
       61     1.29    12.16 |  ..............11.1.11
       56     1.19    13.35 |  11...................
       54     1.15    14.50 |  ...............1.1.11
       54     1.15    15.64 |  .......1.11.1.11.1.11
     3974    84.36   100.00 | (other patterns)
 ---------------------------+-----------------------
     4711   100.00          |  XXXXXX.X.XX.X.XX.X.XX

* 第一次，xtreg 採用固定效果 (fe) 估計，結果存到「_est_fixed」變數
*依變數 ln_wage 為實質薪資，因它非常態，故做 ln(x) 變數變換，使它符合常態性假定
. xtreg ln_wage age msp ttl_exp, fe

Fixed-effects(within)regression                 Number of obs      =     28494
Group variable: idcode                          Number of groups   =      4710

R-sq:  within  = 0.1373                         Obs per group: min =         1
       between = 0.2571                                        avg =         0
       overall = 0.1800                                        max =        15

                                                F(3,23781)         =   1262.01
```

```
corr(u_i, Xb) = 0.1476                          Prob > F          =    0.0000

------------------------------------------------------------------------------
     ln_wage |      Coef.   Std. Err.      t    P>|t|     [95% Conf. Interval]
-------------+----------------------------------------------------------------
         age |   -.005485    .000837    -6.55   0.000    -.0071256   -.0038443
         msp |   .0033427   .0054868     0.61   0.542    -.0074118    .0140971
     ttl_exp |   .0383604   .0012416    30.90   0.000     .0359268    .0407941
       _cons |   1.593953   .0177538    89.78   0.000     1.559154    1.628752
-------------+----------------------------------------------------------------
     sigma_u |  .37674223
     sigma_e |  .29751014
         rho |  .61591044   (fraction of variance due to u_i)
------------------------------------------------------------------------------
F test that all u_i=0:     F(4709, 23781)=     7.76          Prob > F = 0.0000

*xtreg 採用固定效果 (fe) 估計值，存到「_est_fixed」變數
. estimates store fixed

* 第二次，xtreg 採用隨機效果 (re) 估計，結果暫存至 Stata 系統
. xtreg ln_wage age msp ttl_exp, re
Random-effects GLS regression                   Number of obs      =     28494
Group variable: idcode                          Number of groups   =      4710

R-sq:  within  = 0.1373                         Obs per group: min =         1
       between = 0.2552                                        avg =       6.0
       overall = 0.1797                                        max =        15

                                                Wald chi2(3)       =   5100.33
corr(u_i, X)   = 0(assumed)                     Prob > chi2        =    0.0000

------------------------------------------------------------------------------
     ln_wage |      Coef.   Std. Err.      z    P>|z|     [95% Conf. Interval]
-------------+----------------------------------------------------------------
         age |  -.0069749   .0006882   -10.13   0.000    -.0083238   -.0056259
         msp |   .0046594   .0051012     0.91   0.361    -.0053387    .0146575
     ttl_exp |   .0429635   .0010169    42.25   0.000     .0409704    .0449567
       _cons |   1.609916   .0159176   101.14   0.000     1.578718    1.641114
-------------+----------------------------------------------------------------
```

```
     sigma_u |  .32648519
     sigma_e |  .29751014
         rho |  .54633481   (fraction of variance due to u_i)
------------------------------------------------------------------------------
*執行 Hausman 檢定，來判定固定效果 vs. 隨機效果 (re)，何者較適切？
. hausman fixed ., sigmamore

                 ---- Coefficients ----
             |      (b)          (B)            (b-B)     sqrt(diag(V_b-V_B))
             |     fixed          .          Difference          S.E.
-------------+----------------------------------------------------------------
         age |    -.005485    -.0069749        .0014899         .0004803
         msp |    .0033427     .0046594       -.0013167         .0020596
     ttl_exp |    .0383604     .0429635       -.0046031         .0007181
------------------------------------------------------------------------------
                           b = consistent under H0 & Ha; obtained from xtreg
            B = inconsistent under Ha, efficient under H0; obtained from xtreg

    Test:  H0:  difference in coefficients not systematic

                  chi2(3) =(b-B)'[(V_b-V_B)^(-1)](b-B)
                          =       260.40
                Prob>chi2 =       0.0000
```

1. xtreg 採用固定效果 (FE) 估計，結果 F = 7.76，$p < 0.05$，故拒絕 H_0，表示截距項不完全相同，故採用固定效果模型會比 pooled OLS 模型更適切。
2. xtreg 採用隨機效果 (RE)，結果 Wald $\chi^2_{(3)} = 5100.33$，$p < 0.05$，故拒絕 H_0，表示採用隨機效果模型會比 pooled OLS 模型更適切。
3. 接著 Hausman 檢定，旨在判定固定效果 vs. 隨機效果，何者較適切？結果得 $\chi^2_{(3)} = 260.4$，$p < 0.05$，故拒絕「H_0: difference in coefficients not systematic」，表示本例採用固定效果模型較適切；反之，若接受 H_0，則採用隨機效果模型較適切。故本例採固定效果模型為：

$$ln\_wage_{it} = 1.594 \times \alpha_i - 0.005 \times age_{it} + 0.003 \times msp_{it} + 0.038 \times ttl\_\exp_{it} + \varepsilon_{it}$$

即

$$ln(\text{工資})_{it} = 1.594 \times \alpha_i - 0.005 \times \text{年齡}_{it} + 0.003 \times \text{結婚否}_{it} + 0.038 \times \text{工作資歷}_{it} + \varepsilon_{it}$$

4. 當執行 xtreg, xtivreg, ivregress 指令之固定 / 隨機效果 (panel 複迴歸)，才會多印出最後一行之 F = 7.76，p < 0.05，故拒絕「H_0：每個個體的截距項 α_i 皆相同」，表示採用固定效果模型分析較爲合適；反之，若接受 H_0，則只需估計單一截距項 α_i，意味此追蹤資料 (panel-data) 的 N 個觀察個體、T 期觀察時間的資料，可被作 $N \times T$ 個觀察值的橫斷面或時間序列樣本，因而喪失 panel 資料的特性，成爲混合資料迴歸模型。

   由於檢視每個觀察個體的截距項是否均不同，因此設定以下的 F 檢定假設：

$$\begin{cases} H_0: \alpha_1 = \alpha_2 = \cdots = \alpha_i \\ H_1: H_0 \text{爲僞} \end{cases}$$

   其檢定統計量爲 F 分配：

$$F_{(N-1, NT-N-K)} = \frac{(SSE_{Pooled} - SSE_{LSDV})/(n-1)}{SSE_{LSDV}/(NT-N-K)}$$

Chapter 02

簡易 Panel-Data 法 (混合資料 OLS 法，reg 指令)

簡易 panel-data 法：pooling cross sections across time (混合資料 OLS 法)，就是採用最小平方法 (ordinal least squares, OLS)，故本章範例全部使用 reg 指令爲基礎。

2-1 最小平方法 (OLS) 迴歸之假定 (assumption)

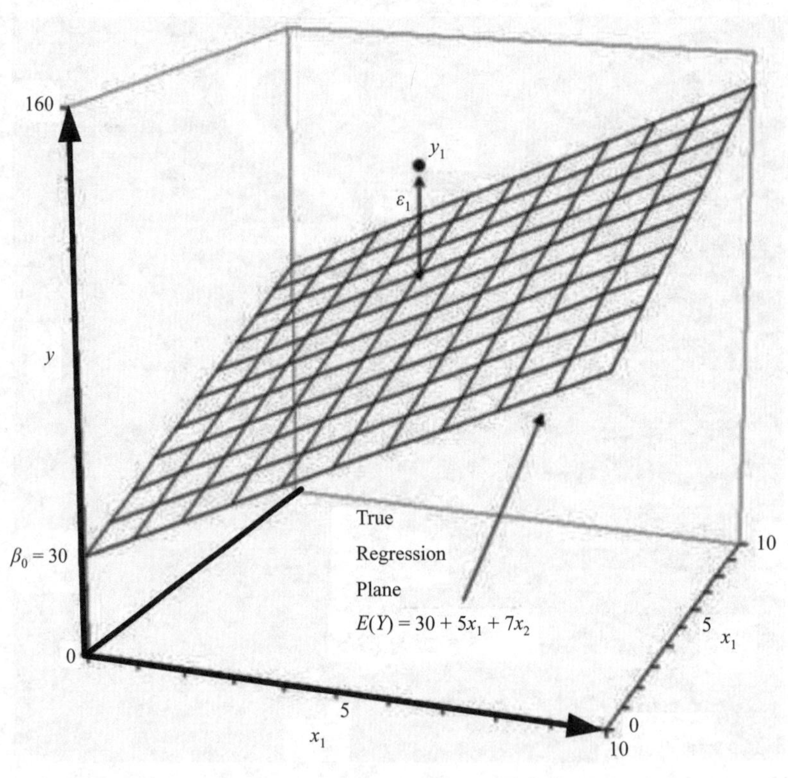

圖 2-1 多元迴歸之示意圖 ($y_i = \beta_0 + \beta_1 x_{1i} + \beta_2 x_{2i} + \varepsilon_i$)

多元迴歸，又稱複迴歸 (multiple regression model)，其模型爲：

$$y = \beta_0 + \beta_1 X_1 + \beta_2 X_2 + \cdots + \beta_k X_k + e$$

(1) 模型的參數 β_k 對每個觀察値而言，都是相同的。

(2) β_k：當 X_k 增加一單位，而所有其他變數均保持不變時的 $E(y)$ 變動。

多元迴歸分析之先前假定 (assumptions)，包括：

1. Linearity：解釋變數和依變數之間是線性關係。

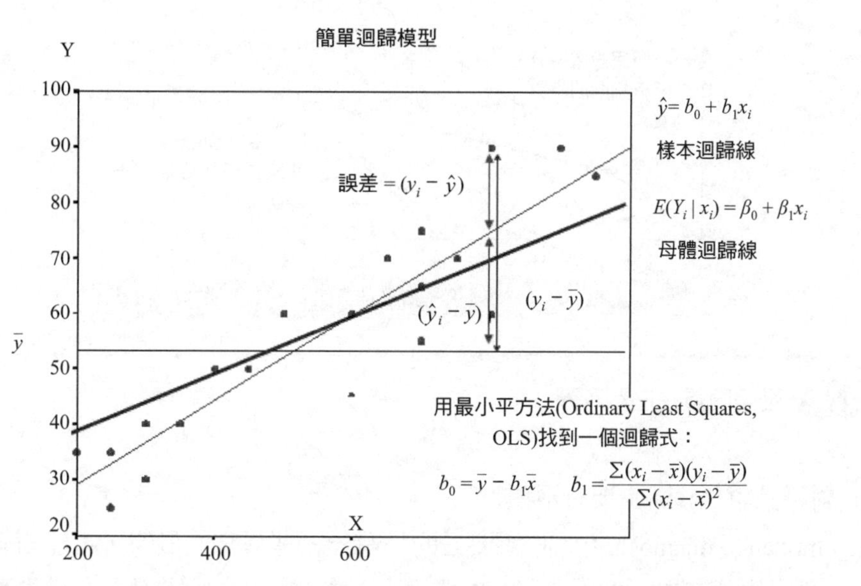

圖 2-2 解釋變數和依變數之間是線性關係

2. Normality：OLS 是假定 (assumption) e_i 爲常態分配，$e_i \sim N(0, \sigma^2)$ 或 $y_i \sim$ 符合常態分配。

3. Homogeneity of variance (homoskedasticity)：殘差 $e_i = Y_i - \hat{Y}_i$，e_i 是觀測值 Y_i 與配適值之間的差。迴歸分析之先前條件就是，誤差變異應該是常數的(恆定)。$\text{Var}(e_i) = \sigma^2$ 變異數同質性。

   每組的殘差項的變異數均相等。而每一組的變異數實際上是指 $X = x_i$ 條件下的 Y 之變異數，因此 σ^2 也可以表示爲 $\sigma^2_{Y|X}$。

4. Independence：每一個觀察值的誤差，應與其他觀察值的誤差無關聯。e_i 彼此不相關，即 $\text{Cov}(e_i, e_j) = 0$。

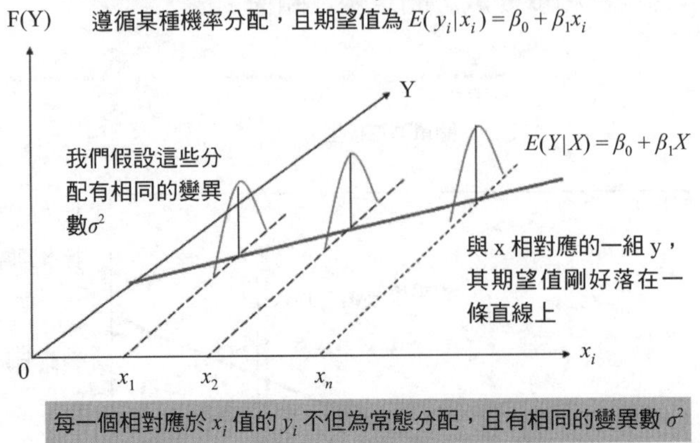
假設在母體中，對於每一個 x_i 值而言，其相對應的 y_i 值
遵循某種機率分配，且期望值為 $E(y_i|x_i) = \beta_0 + \beta_1 x_i$
F(Y)
Y
$E(Y|X) = \beta_0 + \beta_1 X$
我們假設這些分
配有相同的變異
數 σ^2
與 x 相對應的一組 y，
其期望值剛好落在一
條直線上
0
x_1
x_2
x_n
x_i
每一個相對應於 x_i 值的 y_i 不但為常態分配，且有相同的變異數 σ^2

圖 2-3 殘差同質性之示意圖

對殘餘值之診斷主要有兩項：

(1) Influence diagnosis：此診斷要看的是有無一些異常的個案，可能對迴歸模型的估計造成不當的影響，並膨脹 standard errors。特別是當樣本數較小時，我們要當心此可能性。Stata list 指令「if」選項，可將標準化之殘餘值大於 3 的觀察值之 ID 報告出來。如果此類觀察值數目不多的話 (依機率，每一百個標準化之殘餘值中會有五個殘餘值之 z 值大於 2)，那我們就可說是沒有異常個案影響迴歸模型估計的問題。

(2) Normality 與 heteroskedasticity：我們可利用單變數之分析，來看檢視預測值和殘餘值是否爲常態分配，以及兩者間是否有相關 (依照假定迴歸模型之殘餘項應和自變數間沒有相關)，以及殘餘值在 prediction function 之各 level 是否有相同之變異。在 Stata 之迴歸分析中，也是利用 predictive 指令將 predicted values 和 residuals 儲存後，做進一步的分析。我們也可直接利用 Plots 內的選項，來做這些檢視的工作。

5. Model specification：該模型應適當設定 (應入模型的變數有遺漏嗎？不相關變數有被排除嗎？)。

6. Collinearity(即線性相關)：解釋變數們之間若有高度共線性，就會造成迴歸係數的錯計。

Stata 迴歸的診斷法，已有提供許多圖形法和統計檢驗法。本章節「線性迴歸的診斷」Stata 提供的指令，如下：

1. 偵測異常且有影響力的觀察值

指令	統計功能
predict	used to create predicted values, residuals, and measures of influence.
rvpplot	graphs a residual-versus-predictor plot.
rvfplot	graphs residual-versus-fitted plot.
lvr2plot	graphs a leverage-versus-squared-residual plot.
dfbeta	calculates DFBETAs for all the independent variables in the linear model.
avplot	graphs an added-variable plot, a.k.a. partial regression plot.

2. 殘差常態性 (normality of residuals) 之檢定

kdensity	produces kernel density plot with normal distribution overlayed.
pnorm	graphs a standardized normal probability (P-P) plot.
qnorm	plots the quantiles of varname against the quantiles of a normal distribution.
iqr	resistant normality check and outlier identification.
swilk	performs the Shapiro-Wilk W test for normality.

3. 殘差異質性 (heteroskedasticity) 之檢定

rvfplot	graphs residual-versus-fitted plot.
hettest	performs Cook and Weisberg test for heteroskedasticity.
whitetst	computes the White general test for heteroskedasticity.

4. 共線性 (multicollinearity) 之檢定

vif	calculates the variance inflation factor for the independent variables in the linear model
collin	calculates the variance inflation factor and other multicollinearity diagnostics

5. 非線性 (non-linearity) 之檢定

acprplot	graphs an augmented component-plus-residual plot.
cprplot	graphs component-plus-residual plot, a.k.a. residual plot.

6. 模型設定之檢定

linktest	performs a link test for model specification.
ovtest	performs regression specification error test (RESET) for omitted variables.

本書因篇幅的侷限性，若對 OLS 迴歸的分析前必備假定 (assumption) 有違背時如何處理法，你可參閱作者《Stata 與高等統計分析》一書，對下列議題都有精湛說明：

> 第 6 章　線性迴歸的診斷
> 6-1 偵測異常且有影響力的觀察值
> 6-2 檢查殘差的常態性 (Normality of Residuals)
> 6-3 檢查殘差的同質性 (Homoskedasticity)
> 6-4 共線性 (Multicollinearity) 診斷
> 6-5 自變數與依變數要線性關係 (Linearity)，此假定若違反，則取 log()
> 6-6 模型設定：如何篩選足夠的解釋變數們？

2-2 不同年代婦女生育能力有變化嗎？

範例：不同年代婦女生育能力有變化嗎 (woman's fertility over time)

假設你的問卷調查，像本例一樣，分六個時段「y74 y76 y78 y80 y82 y84」，然後再合併成一個樣本，它就是典型「pooling cross sections across time」例子。本例想要瞭解不同年代，婦女生育人數的影響因素有哪些？以及年代 (老中青) 不同，是否亦影響婦女生育人數的下降？

Edit) - [fertil1.dta]

Data Tools

kids[1] 4

year	educ	meduc	feduc	age	kids	black	east	northcen
72	12	8	8	48	4	0	0	1
72	17	8	18	46	3	0	0	0
72	12	7	8	53	2	0	0	1
72	12	12	10	42	2	0	0	1
72	12	3	8	51	2	0	0	0
72	8	8	8	50	4	0	0	1
72	12	12	10	47	0	0	0	1
72	10	12	5	46	1	0	0	1
72	12	8	8	41	2	0	0	1
72	12	6	13	36	4	0	0	1
72	14	16	13	36	2	0	0	0
72	11	12	10	39	4	0	0	1
72	12	5	3	49	5	0	0	1
72	11	4	8	53	5	0	0	1
72	18	10	18	38	5	0	0	0
72	14	16	12	39	5	0	1	0
72	10	1	6	45	5	1	0	0
72	16	16	16	41	4	0	0	1
72	12	8	8	41	3	0	0	1
72	8	8	8	48	2	0	0	0
72	17	4	4	53	1	0	1	0
72	12	5	5	44	3	0	1	0
72	12	8	6	43	2	0	0	0
72	8	0	0	52	0	0	1	0
72	14	8	14	47	2	0	1	0
72	12	12	8	39	0	0	0	1
72	12	8	7	44	5	0	1	0
72	8	8	8	43	5	0	1	0
72	12	8	8	44	4	0	1	0
72	9	8	8	43	6	0	1	0
72	12	0	5	43	3	0	1	0
72	12	9	7	42	0	1	0	0
72	12	12	12	53	1	0	1	0
72	12	9	14	45	1	0	0	0

Variables

Variable	Label
year	1972-198
educ	學歷
meduc	母學歷
feduc	父學歷
age	婦女年紀
kids	生兒女數
black	黑人嗎?(
east	住美國東
northcen	住美國中
west	住美國西
farm	農夫嗎?(
othrural	其它地區
town	住城鎮?(
smcity	SM城市(
y74	1974年調
y76	1976年調

Properties

Variables	
Name	kids
Label	生兒女數
Type	float
Format	%9.0g
Value Label	
Notes	
<Add no	
Data	
Filename	fertil1.dt
Label	
Notes	
<Add no	
Variables	27
Observations	1,129
Size	119.07K
Memory	32M

Vars: 27 Order: Dataset Obs: 1,129 Filter: Off

圖 2-4「fertil1.dta」資料檔之內容

觀察變數之特徵

```
. use fertil1, clear
*或 use http://fmwww.bc.edu/ec-p/data/wooldridge/fertil1
*以 OLS 預測生育人數(kids)

. describe
Contains data from D:\ fertil1.dta
  obs:          1,129
 vars:             27                              23 Jul 2014 09:40
 size:        121,932
--------------------------------------------------------------------------------
              storage  display     value
variable name   type   format      label      variable label
--------------------------------------------------------------------------------
year            float  %9.0g                  1972-1984 那一年調查
educ            float  %9.0g                  學歷
meduc           float  %9.0g                  母學歷
feduc           float  %9.0g                  父學歷
age             float  %9.0g                  婦女年紀
kids            float  %9.0g                  生兒女數目
black           float  %9.0g                  黑人嗎？
east            float  %9.0g                  住美國東方？
northcen        float  %9.0g                  住美國中北部？
west            float  %9.0g                  住美國西方？
farm            float  %9.0g                  農夫嗎？
othrural        float  %9.0g
town            float  %9.0g                  住城鎮？
smcity          float  %9.0g                  SM 城市
y74             float  %9.0g                  1974 年調查(Dummy Var.)
y76             float  %9.0g                  1976 年調查(Dummy Var.)
y78             float  %9.0g                  1978 年調查(Dummy Var.)
y80             float  %9.0g                  1980 年調查(Dummy Var.)
y82             float  %9.0g                  1982 年調查(Dummy Var.)
y84             float  %9.0g                  1984 年調查(Dummy Var.)
agesq           float  %9.0g                  年齡平方
y74educ         float  %9.0g
y76educ         float  %9.0g
y78educ         float  %9.0g
```

```
y80educ          float   %9.0g
y82educ          float   %9.0g
y84educ          float   %9.0g
--------------------------------------------------------------------------------

Sorted by:  year

. tab year y84

           |  1984 年調查 (Dummy
1972-1984? |         Var.)
  那一年調查 |         0          1 |     Total
-----------+----------------------+----------
        72 |       156          0 |       156
        74 |       173          0 |       173
        76 |       152          0 |       152
        78 |       143          0 |       143
        80 |       142          0 |       142
        82 |       186          0 |       186
        84 |         0        177 |       177
-----------+----------------------+----------
     Total |       952        177 |     1,129
```

混合資料 OLS 之 Panel 迴歸分析

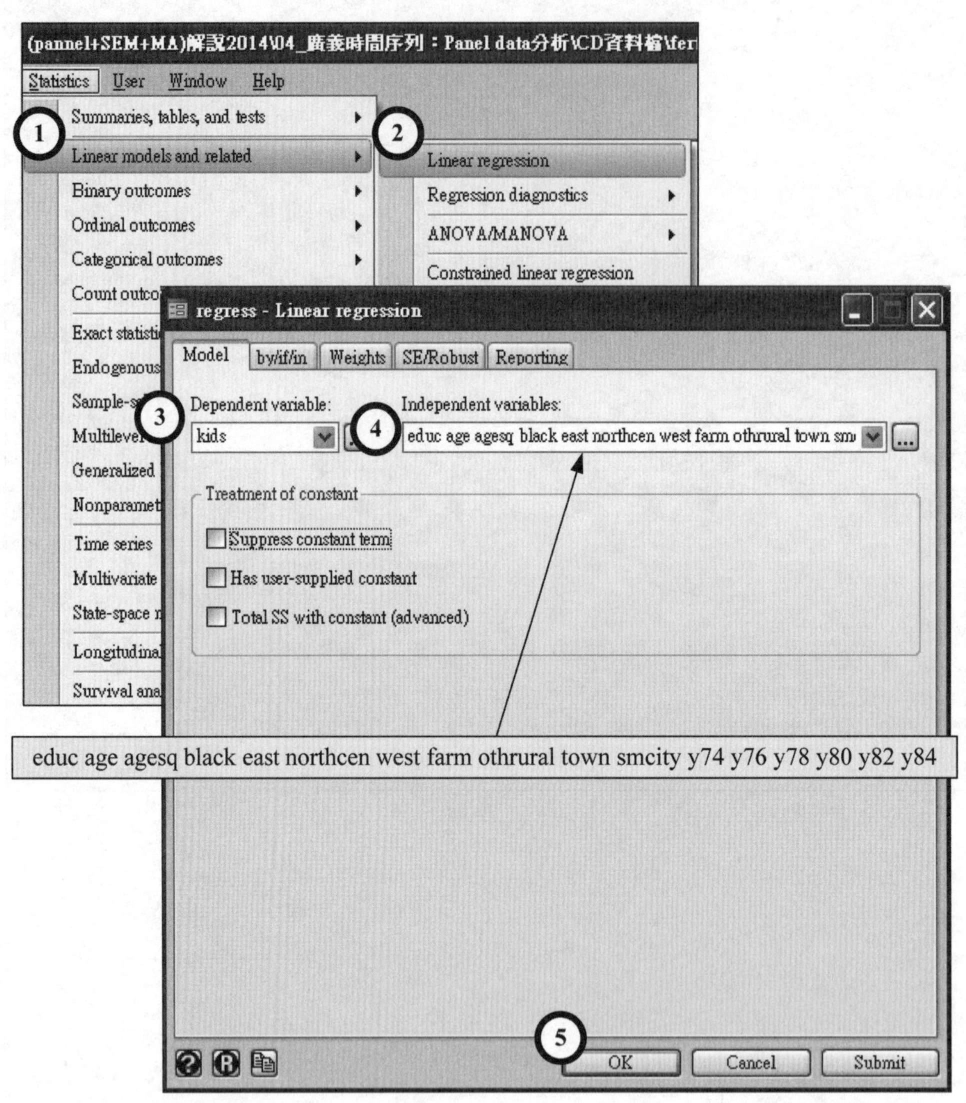

圖 2-5「reg kids educ age agesq black east northcen west farm othrural town smcity y74 y76 y78 y80 y82 y84」畫面

```
. use fertil1, clear
*或 use http://fmwww.bc.edu/ec-p/data/wooldridge/fertil1
*以 OLS 預測生育人數 (kids)

. reg kids educ age agesq black east northcen west farm othrural town smcity
  y74 y76 y78 y80 y82 y84

      Source |       SS       df       MS              Number of obs =    1129
-------------+------------------------------           F( 17,  1111) =    9.72
       Model |  399.610888    17  23.5065228           Prob > F      =  0.0000
    Residual |  2685.89841  1111  2.41755033           R-squared     =  0.1295
-------------+------------------------------           Adj R-squared =  0.1162
       Total |   3085.5093  1128  2.73538059           Root MSE      =  1.5548

------------------------------------------------------------------------------
        kids |      Coef.   Std. Err.      t    P>|t|     [95% Conf. Interval]
-------------+----------------------------------------------------------------
        educ |  -.1284268   .0183486    -7.00   0.000    -.1644286    -.092425
         age |   .5321346   .1383863     3.85   0.000     .2606065    .8036626
       agesq |   -.005804   .0015643    -3.71   0.000    -.0088733   -.0027347
       black |   1.075658   .1735356     6.20   0.000     .7351631    1.416152
        east |    .217324   .1327878     1.64   0.102    -.0432192    .4778672
    northcen |    .363114   .1208969     3.00   0.003      .125902    .6003261
        west |   .1976032   .1669134     1.18   0.237    -.1298978    .5251041
        farm |  -.0525575     .14719    -0.36   0.721    -.3413592    .2362443
    othrural |  -.1628537    .175442    -0.93   0.353    -.5070887    .1813814
        town |   .0843532    .124531     0.68   0.498    -.1599893    .3286957
      smcity |   .2118791    .160296     1.32   0.187    -.1026379    .5263961
         y74 |   .2681825    .172716     1.55   0.121    -.0707039    .6070689
         y76 |  -.0973795   .1790456    -0.54   0.587     -.448685    .2539261
         y78 |  -.0686665   .1816837    -0.38   0.706    -.4251483    .2878154
         y80 |  -.0713053   .1827707    -0.39   0.697      -.42992    .2873093
         y82 |  -.5224842   .1724361    -3.03   0.003    -.8608214    -.184147
         y84 |  -.5451661   .1745162    -3.12   0.002    -.8875846   -.2027477
       _cons |  -7.742457   3.051767    -2.54   0.011    -13.73033   -1.754579
------------------------------------------------------------------------------
*求早期生育人數之 Mean, Min, Max 值。由 Mean 可看出早中晚期，婦女生育子女人數逐年下降
. summ kids  if year==72
```

```
    Variable |       Obs        Mean    Std. Dev.       Min        Max
-------------+--------------------------------------------------------
        kids |       156    3.025641    1.827915          0          7

* 求中期生育人數之 Mean, Min, Max 值
. summ kids  if year==78

    Variable |       Obs        Mean    Std. Dev.       Min        Max
-------------+--------------------------------------------------------
        kids |       143    2.804196    1.580064          0          7

* 求晚期生育人數之 Mean, Min, Max 值
. summ kids  if year==84

    Variable |       Obs        Mean    Std. Dev.       Min        Max
-------------+--------------------------------------------------------
        kids |       177    2.237288    1.511385          0          7


* 追蹤 1974-1984 年，生育人數是否有明顯起伏變化
. test y74 y76 y78 y80 y82 y84

 (1)  y74 = 0
 (2)  y76 = 0
 (3)  y78 = 0
 (4)  y80 = 0
 (5)  y82 = 0
 (6)  y84 = 0

       F(  6,  1111) =    5.87
            Prob > F =    0.0000
```

1. 迴歸式之整體適配度，$F_{(17,1111)} = 9.72$，$p < 0.05$，表示整體適配度是好的。Adj R-squared = 0.1162，是有點低，但可接受。若要改善決定係數 R^2，可改用本書第 3、4 章 (誤差自我相關、誤差異質性) 及動態模型來改善 R^2。

2. 求得迴歸式爲：

$$
\begin{aligned}
kids_i = & -7.7 - 0.13educ + 0.5age_i - .006age_i^2 + 1.07black_i + 0.22east_i + 0.36northcen_i \\
& + 0.19west_i - 0.05farm_i - 0.16othrural_i + 0.08town_i + 0.21smcity_i \\
& + 0.27y74_i - 0.09y76_i - 0.07y78_i - 0.07y80_i - 0.52y82_i - 0.55y84_i + \varepsilon_i
\end{aligned}
$$

自變數的迴歸係數爲正者，表示自變數們都與依變數存有正相關。

3.「reg kids…」之後，再「**test** y74 y76 y78 y80 y82 y84」，整個時間趨勢來看，分析結果「$F_{(6,1111)}$ =5.87」，表示婦女在「y74 y76 y78 y80 y82 y84」六個期間，生育人數有顯著趨勢變化。再由「y74 y76 y78 y80 y82 y84」係數的正負，亦可看出：只有 y74 年代婦女最會生子女。接著「y76 y78 y80 y82 y84」係數均爲負，表示這五個年代美國亦逐步出現少子化現象。

2-3 垃圾焚燒爐的位置對房價影響

本例房價，分別在 1978 及 1981 年二個時期調查。

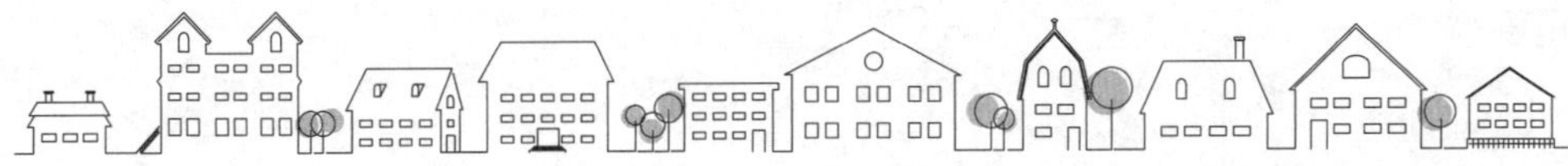

(Edit) - [kielmc.dta]

iew Data Tools

ldist[20] 9.3673439

rooms	area	land	baths	dist	ldist	wind	lprice
7	1660	4578	1	10700	9.277999	3	11.0021
6	2612	8370	2	11000	9.305651	3	10.59663
6	1144	5000	1	11500	9.350102	3	10.43412
5	1136	10000	1	11900	9.384294	3	11.06507
5	1868	10000	1	12100	9.400961	3	10.69195
6	1780	9500	3	10000	9.21034	3	10.7364
6	1700	10878	2	11700	9.367344	3	10.93311
6	1556	3870	2	10200	9.230143	3	10.55841
8	1642	7000	2	10500	9.259131	3	11.0104
5	1443	7950	2	11000	9.305651	3	10.91509
6	1439	4990	1	8600	9.059517	3	10.57132
5	1482	8017	1	12200	9.409191	3	10.62133
6	1290	12538	2	12400	9.425452	3	10.83762
6	1274	7858	1	16800	9.729134	3	10.859
6	1476	15664	1	17200	9.752665	3	10.79958
7	1838	9249	2	9900	9.20029	3	11.28978
6	1536	10491	2	10000	9.21034	3	10.81978
5	2458	9400	2	10000	9.21034	3	10.98529
4	750	8000	1	10600	9.268609	3	10.64542
5	2106	13370	2	11700	9.367344	3	11.17745
4	1000	8000	1	11700	9.367344	5	10.66896
6	1410	10370	2	12500	9.433484	5	10.77896
7	2346	43560	2	19600	9.883285	7	10.5321
6	1215	44867	1	24000	10.08581	7	10.98529
6	2128	44174	2	22200	10.00785	7	10.98529
7	2290	25250	3	21700	9.985068	7	11.45105
7	2464	48269	3	21700	9.985068	7	11.47127
7	2240	44916	3	21900	9.994242	7	11.46163
7	2464	50808	3	22000	9.998798	7	11.47106
7	2240	53000	3	21600	9.980449	7	11.41861
	2464	41463	3	21500	9.975808	7	11.48143
	2576	12568	2	9400	9.148465	3	10.7579
	1377	12877	2	10200	9.230143	5	11.13459
	2071	9665	2	16100	9.686575	5	10.49127
	2352	26890	3	15000	9.615805	5	11.40757
	1750	12516	2	17100	9.746834	5	11.11095

字鍵

連夜雨

Variables

Filter variables here

Variable	Label
year	分1978及1981年
age	房屋年齡
agesq	屋齡平方
nbh	鄰居數, 1 to 6
cbd	dist. to central bus. dstrct, fee
intst	dist. to interstate, feet
lintst	=Ln(intst)
price	房價selling price
rooms	房間數
area	square footage of house
land	square footage lot
baths	浴室幾間
dist	dist. from house to incinerato
ldist	Ln(dist)
wind	perc. time wind incin. to hou
lprice	=Ln(房價)
y81	81年調查嗎?(Dummy Var.)

Properties

Variables	
Name	dist
Label	dist. from house to incinera
Type	float
Format	%9.0g
Value Labe	
Notes	
<Add nc	
Data	
Filename	kielmc.dta
Label	
Notes	
1	K.A. Kiel and K.T. McClain
<Add nc	
Variables	25
Observatio:	321
Size	31.35K
Memory	32M

Vars: 25 Order: Dataset Obs: 321 Filter: Off Mode: Edit CAP

圖 2-6「kielmc.dta」資料檔之內容

觀察變數之特徵

```
. use fertill, clear
* 或 use http://fmwww.bc.edu/ec-p/data/wooldridge/kielmc
* 分 1978 及 1981 二個年代「垃圾焚燒爐的位置對房價影響」
. describe

Contains data from D:\ kielmc.dta
  obs:           321
 vars:            25                        23 Jul 2014 12:11
 size:        32,100                        (_dta has notes)
------------------------------------------------------------------------------
              storage  display     value
variable name   type   format      label      variable label
------------------------------------------------------------------------------
year            float  %9.0g                  分 1978 及 1981 年
age             float  %9.0g                  房屋年齡
agesq           float  %9.0g                  屋齡平方
nbh             float  %9.0g                  鄰居數，1 to 6
cbd             float  %9.0g                  dist. to central bus. dstrct, feet
intst           float  %9.0g                  dist. to interstate, feet
lintst          float  %9.0g                  =Ln(intst)
price           float  %9.0g                  房價 selling price
rooms           float  %9.0g                  房間數
area            float  %9.0g                  square footage of house(房屋坪數)
land            float  %9.0g                  square footage lot(土地坪數)
baths           float  %9.0g                  浴室幾間
dist            float  %9.0g                  dist. from house to incinerator
                                              (州際)，feet
ldist           float  %9.0g                  Ln(dist)
wind            float  %9.0g                  perc. time wind incin. to house
lprice          float  %9.0g                  =Ln(房價)
y81             float  %9.0g                  81 年調查嗎?(Dummy Var.)
larea           float  %9.0g                  Ln(area)
lland           float  %9.0g                  Ln(land)
y81ldist        float  %9.0g                  y81*ldist
lintstsq        float  %9.0g                  lintst 平方
nearinc         float  %9.0g                  =1 if dist <= 15840
```

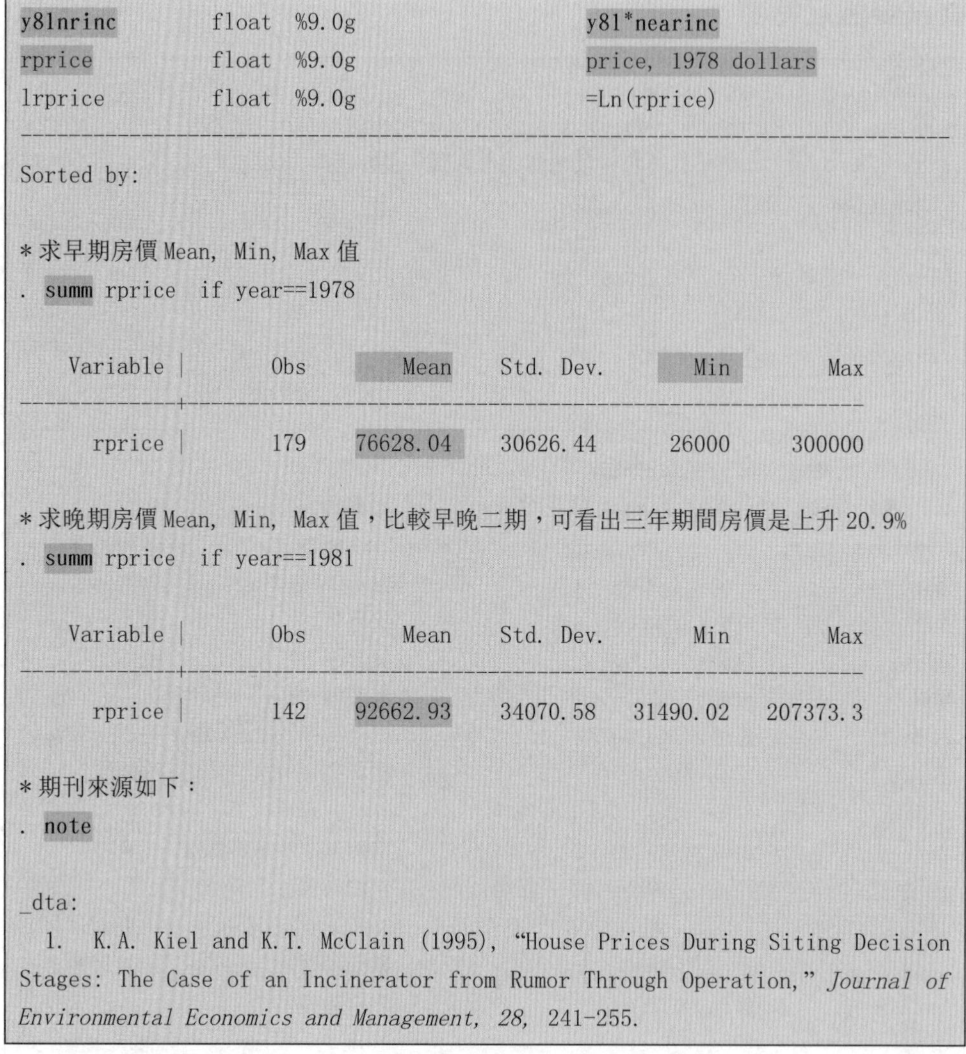

```
y81nrinc        float  %9.0g                        y81*nearinc
rprice          float  %9.0g                        price, 1978 dollars
lrprice         float  %9.0g                        =Ln(rprice)
------------------------------------------------------------------------------
Sorted by:

*求早期房價 Mean, Min, Max 值
. summ rprice  if year==1978

    Variable |       Obs        Mean    Std. Dev.       Min        Max
-------------+--------------------------------------------------------
      rprice |       179    76628.04    30626.44      26000     300000

*求晚期房價 Mean, Min, Max 值，比較早晚二期，可看出三年期間房價是上升 20.9%
. summ rprice  if year==1981

    Variable |       Obs        Mean    Std. Dev.       Min        Max
-------------+--------------------------------------------------------
      rprice |       142    92662.93    34070.58   31490.02   207373.3

*期刊來源如下：
. note

_dta:
  1.  K.A. Kiel and K.T. McClain (1995), "House Prices During Siting Decision
Stages: The Case of an Incinerator from Rumor Through Operation," Journal of
Environmental Economics and Management, 28, 241-255.
```

在 1978 年平均房價為 76,628 美元，但至 1981 年平均房價就漲到 92,662 美元。

混合資料 OLS 之 Panel 迴歸分析

Step 1. 算出「two coefficients on nearinc」

```
. use kielmc, clear
*或 use http://fmwww.bc.edu/ec-p/data/wooldridge/kielmc
*分 1978 及 1981 二個年代「垃圾焚燒爐的位置對房價影響」，先 1978 年再 1981 年房價
```

```
. reg rprice nearinc if year==1978
      Source |       SS       df       MS              Number of obs =     179
-------------+------------------------------           F(  1,   177) =   15.74
       Model |  1.3636e+10     1  1.3636e+10           Prob > F      =  0.0001
    Residual |  1.5332e+11   177   866239953           R-squared     =  0.0817
-------------+------------------------------           Adj R-squared =  0.0765
       Total |  1.6696e+11   178   937979126           Root MSE      =   29432

------------------------------------------------------------------------------
      rprice |      Coef.   Std. Err.      t    P>|t|     [95% Conf. Interval]
-------------+----------------------------------------------------------------
     nearinc |  -18824.37   4744.594    -3.97   0.000    -28187.62   -9461.117
       _cons |   82517.23    2653.79    31.09   0.000     77280.09    87754.37
------------------------------------------------------------------------------
*將最近一次迴歸 nearinc 係數存到 b1
. scalar b1=_b[nearinc]

*以 rprice(1978 dollars 早期房價）為依變數：事隔三年後樣本來追溯
. reg rprice nearinc if year==1981

      Source |       SS       df       MS              Number of obs =     142
-------------+------------------------------           F(  1,   140) =   27.73
       Model |  2.7059e+10     1  2.7059e+10           Prob > F      =  0.0000
    Residual |  1.3661e+11   140   975815069           R-squared     =  0.1653
-------------+------------------------------           Adj R-squared =  0.1594
       Total |  1.6367e+11   141  1.1608e+09           Root MSE      =   31238

------------------------------------------------------------------------------
      rprice |      Coef.   Std. Err.      t    P>|t|     [95% Conf. Interval]
-------------+----------------------------------------------------------------
     nearinc |  -30688.27   5827.709    -5.27   0.000    -42209.97   -19166.58
       _cons |   101307.5   3093.027    32.75   0.000     95192.43    107422.6

*將最近一次迴歸 nearinc 係數存到 b2
. scalar b2=_b[nearinc]
```

1. 因爲 nearinc 係數爲負値，故二元變數 nearinc 對房價都有顯著「負面」影響。
   從係數之大小可看出：「垃圾焚燒爐的位置對房價影響」在 1981 年 (t = −5.27)

比 1978 年 (t = −3.97) 更嚴重。

2. 這二次 OLS 迴歸，整體適配度 F 檢定之 p 值都 < 0.05，表示這二個年代之房價預測模型都適當。

Step 2. The difference in two coefficients on nearinc

```
* 印出 1978 年及 1981 年，二者係數的差
. display b1-b2
  11863.903

. tab nearinc y81

           |   81 年調查嗎？(Dummy
=1 if dist |          Var.)
  <= 15840 |         0          1 |     Total
-----------+----------------------+----------
         0 |       123        102 |       225
         1 |        56         40 |        96
-----------+----------------------+----------
     Total |       179        142 |       321

*
. reg rprice nearinc y81 y81nrinc

      Source |       SS       df       MS              Number of obs =     321
-------------+------------------------------           F(  3,   317) =   22.25
       Model |  6.1055e+10     3  2.0352e+10           Prob > F      =  0.0000
    Residual |  2.8994e+11   317   914632749           R-squared     =  0.1739
-------------+------------------------------           Adj R-squared =  0.1661
       Total |  3.5099e+11   320  1.0969e+09           Root MSE      =   30243

------------------------------------------------------------------------------
      rprice |      Coef.   Std. Err.      t    P>|t|     [95% Conf. Interval]
-------------+----------------------------------------------------------------
     nearinc |  -18824.37   4875.322    -3.86   0.000    -28416.45   -9232.293
         y81 |   18790.29   4050.065     4.64   0.000     10821.88    26758.69
    y81nrinc |   -11863.9   7456.646    -1.59   0.113    -26534.67    2806.866
       _cons |   82517.23    2726.91    30.26   0.000      77152.1    87882.36
------------------------------------------------------------------------------
```

```
*
. reg rprice nearinc y81 y81nrinc age agesq

      Source |       SS       df       MS              Number of obs =     321
-------------+------------------------------           F(  5,   315) =   44.59
       Model |  1.4547e+11     5  2.9094e+10           Prob > F      =  0.0000
    Residual |  2.0552e+11   315   652459465           R-squared     =  0.4144
-------------+------------------------------           Adj R-squared =  0.4052
       Total |  3.5099e+11   320  1.0969e+09           Root MSE      =   25543

------------------------------------------------------------------------------
      rprice |      Coef.   Std. Err.      t    P>|t|     [95% Conf. Interval]
-------------+----------------------------------------------------------------
     nearinc |   9397.936   4812.222     1.95   0.052    -70.22392     18866.1
         y81 |   21321.04   3443.631     6.19   0.000     14545.62    28096.47
    y81nrinc |  -21920.27   6359.745    -3.45   0.001    -34433.22   -9407.322
         age |  -1494.424   131.8603   -11.33   0.000    -1753.862   -1234.986
       agesq |   8.691277   .8481268    10.25   0.000     7.022567    10.35999
       _cons |   89116.54   2406.051    37.04   0.000     84382.57     93850.5
------------------------------------------------------------------------------
. reg rprice nearinc y81 y81nrinc age agesq intst land area rooms baths

      Source |       SS       df       MS              Number of obs =     321
-------------+------------------------------           F( 10,   310) =   60.19
       Model |  2.3167e+11    10  2.3167e+10           Prob > F      =  0.0000
    Residual |  1.1932e+11   310   384905873           R-squared     =  0.6600
-------------+------------------------------           Adj R-squared =  0.6491
       Total |  3.5099e+11   320  1.0969e+09           Root MSE      =   19619

------------------------------------------------------------------------------
      rprice |      Coef.   Std. Err.      t    P>|t|     [95% Conf. Interval]
-------------+----------------------------------------------------------------
     nearinc |   3780.334   4453.415     0.85   0.397     -4982.41    12543.08
         y81 |   13928.48   2798.747     4.98   0.000     8421.533    19435.42
    y81nrinc |  -14177.93   4987.267    -2.84   0.005    -23991.11   -4364.759
         age |   -739.451   131.1272    -5.64   0.000    -997.4629   -481.4391
       agesq |    3.45274   .8128214     4.25   0.000     1.853395    5.052084
       intst |  -.5386353   .1963359    -2.74   0.006    -.9249549   -.1523158
```

```
        land |   .1414196   .0310776     4.55   0.000     .0802698    .2025693
        area |   18.08621   2.306064     7.84   0.000     13.54869    22.62373
       rooms |   3304.225   1661.248     1.99   0.048     35.47769    6572.973
       baths |   6977.318   2581.321     2.70   0.007     1898.192    12056.44
       _cons |   13807.67   11166.59     1.24   0.217     -8164.23    35779.58
------------------------------------------------------------------------------

*因房屋售價違反常態假定，故取 Ln(price) 再當依變數，y81nrinc 為 81 年且焚燒爐附近
. reg lprice nearinc y81 y81nrinc

      Source |       SS       df       MS              Number of obs =     321
-------------+------------------------------           F(  3,   317) =   73.15
       Model |  25.1331556     3  8.37771854           Prob > F      =  0.0000
    Residual |  36.3057473   317  .114529171           R-squared     =  0.4091
-------------+------------------------------           Adj R-squared =  0.4035
       Total |  61.4389029   320  .191996572           Root MSE      =  .33842

------------------------------------------------------------------------------
      lprice |      Coef.   Std. Err.      t    P>|t|     [95% Conf. Interval]
-------------+----------------------------------------------------------------
     nearinc |  -.3399216   .0545554    -6.23   0.000    -.4472581   -.2325851
         y81 |   .4569954   .0453207    10.08   0.000      .367828    .5461628
    y81nrinc |  -.0626505   .0834408    -0.75   0.453    -.2268181    .1015172
       _cons |   11.28542   .0305144   369.84   0.000     11.22539    11.34546
------------------------------------------------------------------------------
```

1.「reg rprice nearinc y81 y81nrinc」發現：81 年房價比 78 年貴。焚燒爐的位置 (nearin) 對房價顯著影響。
2.「reg rprice nearinc y81 y81nrinc age agesq」發現：81 年房價比 78 年貴。焚燒爐的位置 (nearin) 對房價有顯著影響。屋齡 (age) 愈高，房價愈低。
3.「reg rprice nearinc y81 y81nrinc age agesq intst land area rooms baths」發現：不論是否在焚燒爐附近房價都飛漲。81 年比 78 年 (y81) 房價貴。屋齡 (age) 愈高、房價愈低，愈近州邊際 (intst)、房價愈低。房屋坪數 (area)、土地坪數 (land)、房間數 (rooms)、浴室數 (baths) 愈高，房價愈高。

2-4 歷年犯罪率 (crime rates in North Carolina)

本例 cross-sectional county data 犯罪率，在一百九十七縣市連續「y83 y84 y85 y86 y87」五年，追蹤調查其犯罪各項紀錄。分析單位為「地區」。

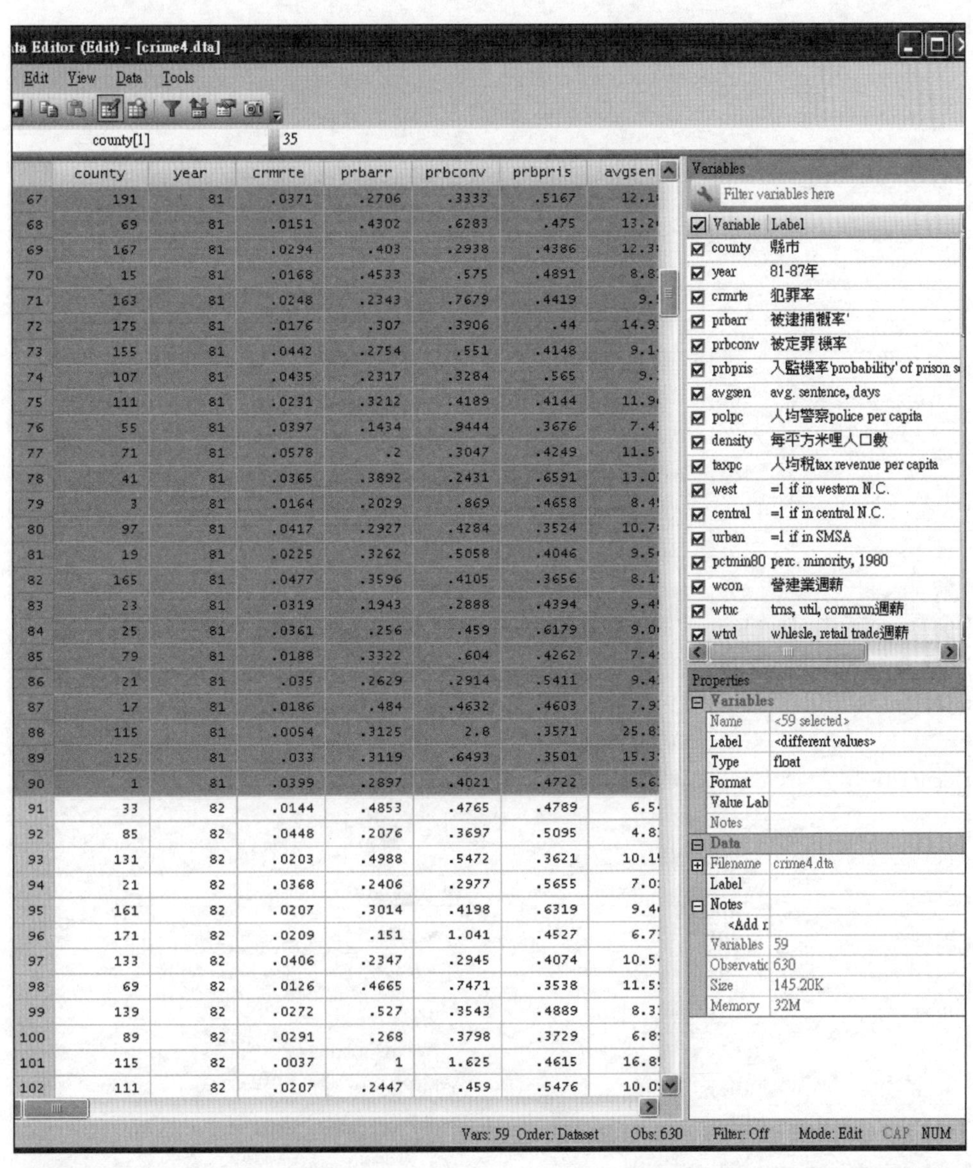

	county	year	crmrte	prbarr	prbconv	prbpris	avgsen
67	191	81	.0371	.2706	.3333	.5167	12.1
68	69	81	.0151	.4302	.6283	.475	13.2
69	167	81	.0294	.403	.2938	.4386	12.3
70	15	81	.0168	.4533	.575	.4891	8.8
71	163	81	.0248	.2343	.7679	.4419	9.
72	175	81	.0176	.307	.3906	.44	14.9
73	155	81	.0442	.2754	.551	.4148	9.1
74	107	81	.0435	.2317	.3284	.565	9.
75	111	81	.0231	.3212	.4189	.4144	11.9
76	55	81	.0397	.1434	.9444	.3676	7.4
77	71	81	.0578	.2	.3047	.4249	11.5
78	41	81	.0365	.3892	.2431	.6591	13.0
79	3	81	.0164	.2029	.869	.4658	8.4
80	97	81	.0417	.2927	.4284	.3524	10.7
81	19	81	.0225	.3262	.5058	.4046	9.5
82	165	81	.0477	.3596	.4105	.3656	8.1
83	23	81	.0319	.1943	.2888	.4394	9.4
84	25	81	.0361	.256	.459	.6179	9.0
85	79	81	.0188	.3322	.604	.4262	7.4
86	21	81	.035	.2629	.2914	.5411	9.4
87	17	81	.0186	.484	.4632	.4603	7.9
88	115	81	.0054	.3125	2.8	.3571	25.8
89	125	81	.033	.3119	.6493	.3501	15.3
90	1	81	.0399	.2897	.4021	.4722	5.6
91	33	82	.0144	.4853	.4765	.4789	6.5
92	85	82	.0448	.2076	.3697	.5095	4.8
93	131	82	.0203	.4988	.5472	.3621	10.1
94	21	82	.0368	.2406	.2977	.5655	7.0
95	161	82	.0207	.3014	.4198	.6319	9.4
96	171	82	.0209	.151	1.041	.4527	6.7
97	133	82	.0406	.2347	.2945	.4074	10.5
98	69	82	.0126	.4665	.7471	.3538	11.5
99	139	82	.0272	.527	.3543	.4889	8.3
100	89	82	.0291	.268	.3798	.3729	6.8
101	115	82	.0037	1	1.625	.4615	16.8
102	111	82	.0207	.2447	.459	.5476	10.0

圖 2-7 「crime4.dta」資料檔之內容 (t = 7 期，N = 630，故個體有 90 個 (630/7) county)

觀察變數之特徵

```
. use crime4.dta, clear

*分「y83 y84 y85 y86 y87」五個年代「各地區犯罪紀錄」
. describe

Contains data from D:\crime4.dta
  obs:           630
 vars:            59                    24 Jul 2014 17:25
 size:       148,680
-----------------------------------------------------------------------------
              storage  display    value
variable name   type   format     label     variable label
-----------------------------------------------------------------------------
county          float  %9.0g                縣市
year            float  %4.0g                81-87 年
crmrte          float  %6.0g                犯罪率
prbarr          float  %6.0g                被逮捕「概率」
prbconv         float  %6.0g                被定罪 機率
prbpris         float  %6.0g                入監機率 'probability' of prison sentenc
avgsen          float  %6.0g                avg. sentence, days
polpc           float  %6.0g                人均警察 police per capita
density         float  %6.0g                每平方米哩人口數
taxpc           float  %9.0g                人均稅 tax revenue per capita
west            float  %9.0g                =1 if in western N.C.
central         float  %9.0g                =1 if in central N.C.
urban           float  %9.0g                =1 if in SMSA
pctmin80        float  %9.0g                perc. minority, 1980
wcon            float  %9.0g                建業週薪
wtuc            float  %9.0g                trns, util, commun 週薪
wtrd            float  %9.0g                whlesle, retail trade 週薪
wfir            float  %9.0g                fin, ins, real est 週薪
wser            float  %9.0g                service industry 週薪
wmfg            float  %9.0g                manufacturing 週薪
wfed            float  %9.0g                fed employees 週薪
wsta            float  %9.0g                state employees 週薪
wloc            float  %9.0g                local gov emps 週薪
mix             float  %9.0g                混合的罪行 :face-to-face/other
pctymle         float  %9.0g                年輕男性的 %
```

```
y82          float  %9.0g          =1 if year == 82
y83          float  %9.0g          =1 if year == 83
y84          float  %9.0g          =1 if year == 84
y85          float  %9.0g          =1 if year == 85
y86          float  %9.0g          =1 if year == 86
y87          float  %9.0g          =1 if year == 87
lcrmrte      float  %9.0g          log(crmrte)，使常態性
lprbarr      float  %9.0g          log(prbarr)，使常態性
lprbconv     float  %9.0g          log(prbconv)，使常態性
lprbpris     float  %9.0g          log(prbpris)，使常態性
lavgsen      float  %9.0g          log(avgsen)，使常態性
lpolpc       float  %9.0g          log(polpc)，使常態性
ldensity     float  %9.0g          log(density)，使常態性
ltaxpc       float  %9.0g          log(taxpc)，使常態性
lwcon        float  %9.0g          log(wcon)，使常態性
lwtuc        float  %9.0g          log(wtuc)，使常態性
lwtrd        float  %9.0g          log(wtrd)，使常態性
lwfir        float  %9.0g          log(wfir)，使常態性
lwser        float  %9.0g          log(wser)，使常態性
lwmfg        float  %9.0g          log(wmfg)，使常態性
lwfed        float  %9.0g          log(wfed)，使常態性
lwsta        float  %9.0g          log(wsta)，使常態性
lwloc        float  %9.0g          log(wloc)，使常態性
lmix         float  %9.0g          log(mix)，使常態性
lpctymle     float  %9.0g          log(pctymle)，使常態性
lpctmin      float  %9.0g          log(pctmin)，使常態性
clcrmrte     float  %9.0g          lcrmrte - lcrmrte[t-1]
clprbarr     float  %9.0g          lprbarr - lprbarr[t-1]
clprbcon     float  %9.0g          lprbconv - lprbconv[t-1]
clprbpri     float  %9.0g          lprbpri - lprbpri[t-1]
clavgsen     float  %9.0g          lavgsen - lavgsen[t-1]
clpolpc      float  %9.0g          lpolpc - lpolpc[t-1]
cltaxpc      float  %9.0g          ltaxpc - ltaxpc[t-1]
clmix        float  %9.0g          lmix - lmix[t-1]
--------------------------------------------------------------------------------
Sorted by:

* 探索樣本設計。本例 t=7 期，總共 N=630，故個體有 90 個 (630/7)county。
. tab county year
```

縣市	81-87 年 81	82	83	84	85	86	Total
1	1	1	1	1	1	1	7
3	1	1	1	1	1	1	7
5	1	1	1	1	1	1	7
7	1	1	1	1	1	1	7
9	1	1	1	1	1	1	7
11	1	1	1	1	1	1	7
13	1	1	1	1	1	1	7
15	1	1	1	1	1	1	7
17	1	1	1	1	1	1	7
19	1	1	1	1	1	1	7
21	1	1	1	1	1	1	7
23	1	1	1	1	1	1	7
25	1	1	1	1	1	1	7
27	1	1	1	1	1	1	7
33	1	1	1	1	1	1	7
35	1	1	1	1	1	1	7
37	1	1	1	1	1	1	7
39	1	1	1	1	1	1	7
41	1	1	1	1	1	1	7
45	1	1	1	1	1	1	7
47	1	1	1	1	1	1	7
49	1	1	1	1	1	1	7
51	1	1	1	1	1	1	7
53	1	1	1	1	1	1	7
55	1	1	1	1	1	1	7
57	1	1	1	1	1	1	7
59	1	1	1	1	1	1	7
61	1	1	1	1	1	1	7
63	1	1	1	1	1	1	7
65	1	1	1	1	1	1	7
67	1	1	1	1	1	1	7
69	1	1	1	1	1	1	7
71	1	1	1	1	1	1	7
77	1	1	1	1	1	1	7
79	1	1	1	1	1	1	7
（略）							

```
   Total |        90         90         90         90         90         90 |       630


         | 81-87 年
    縣市 |        87 |     Total
-----------+-----------+----------
       1 |         1 |         7
       3 |         1 |         7
       5 |         1 |         7
       7 |         1 |         7
       9 |         1 |         7
      11 |         1 |         7
      13 |         1 |         7
      15 |         1 |         7
      17 |         1 |         7
      19 |         1 |         7
      21 |         1 |         7
      23 |         1 |         7
      25 |         1 |         7
      27 |         1 |         7
      33 |         1 |         7
    (略)
     195 |         1 |         7
     197 |         1 |         7
-----------+-----------+----------
   Total |        90 |       630

. summ clcrmrte clprbarr clprbcon clprbpri clavgsen clpolpc

    Variable |       Obs        Mean    Std. Dev.       Min        Max
-------------+--------------------------------------------------------
    clcrmrte |       540    .0019976    .2029321  -1.650111   1.221304
    clprbarr |       540   -.0020222    .2749094  -1.580454   1.234696
    clprbcon |       540   -.0026198    .4836669  -3.045578   2.195635
    clprbpri |       540   -.0094196    .2757216  -1.235608   1.131048
    clavgsen |       540   -.0140854    .3222582  -1.278839   1.207793
-------------+--------------------------------------------------------
     clpolpc |       540    .0129239    .2702347  -3.131716    2.42342
```

一、混合資料 OLS 之 Panel 迴歸分析

Step 1. 解釋變數之「Jarque-Bera 常態性檢定」(jb 指令)

經驗法則，通常 95% 的時間序列變數，本身係非常態，已違反 OLS 假定 (常態性)。故本例「prbarr, prbcon, prbpri, avgsen, polpc」五個變數納入 OLS 迴歸前，亦需檢查是否爲常態？

```
. use crime4, clear
*或 use http://fmwww.bc.edu/ec-p/data/wooldridge/crime4.dta
. jb prbarr
Jarque-Bera normality test:  1.3e+05 Chi(2)       0
Jarque-Bera test for H0: normality:

. jb prbcon
Jarque-Bera normality test:  3.2e+06 Chi(2)       0
Jarque-Bera test for H0: normality:

. jb prbpri
Jarque-Bera normality test:  19.52 Chi(2)  5.8e-05
Jarque-Bera test for H0: normality:

. jb avgsen
Jarque-Bera normality test:  771.8 Chi(2)  2.e-168
Jarque-Bera test for H0: normality:

. jb polpc
Jarque-Bera normality test:  1.6e+05 Chi(2)       0
Jarque-Bera test for H0: normality:
```

由於 Jarque-Bera 常態性檢定「prbarr, prbcon, prbpri, avgsen, polpc」結果，五個變數的卡方值之 p 值都 < 0.05，故全部拒絕「H_0: normality」。表示這五個變數都是非常態，都需做 ln(x) 變數變換，其指令如下：

```
* 五個變數做 Ln(x) 變數變換，使它符合常態性假定
. gen lprbarr =prbarr
. gen lprbcon =prbcon
. gen lprbpri =prbpri
. gen lavgsen =avgsen
. gen lpolpc  =polpc
```

Step 2. 算出犯罪率「解釋變數之係數」

做完 ln(x) 變數變換之後，再代入 OLS 迴歸。

```
. use crime4, clear

. reg lcrmrte y83 y84 y85 y86 y87 lprbarr lprbcon lprbpri lavgsen lpolpc

      Source |       SS       df       MS              Number of obs =     630
-------------+------------------------------           F( 10,   619) =   82.06
       Model |  117.643537    10  11.7643537           Prob > F      =  0.0000
    Residual |  88.7368075   619  .143355101           R-squared     =  0.5700
-------------+------------------------------           Adj R-squared =  0.5631
       Total |  206.380345   629  .328108656           Root MSE      =  .37862

------------------------------------------------------------------------------
     lcrmrte |      Coef.   Std. Err.      t    P>|t|     [95% Conf. Interval]
-------------+----------------------------------------------------------------
         y83 |  -.0461584   .0491933    -0.94   0.348    -.1427644    .0504476
         y84 |  -.1114358   .0493625    -2.26   0.024    -.2083741   -.0144975
         y85 |  -.0807582   .0496167    -1.63   0.104    -.1781956    .0166792
         y86 |  -.0447388   .0493943    -0.91   0.365    -.1417396    .0522619
         y87 |  -.0295815   .0491315    -0.60   0.547     -.126066    .0669031
     lprbarr |  -.7194576   .0367326   -19.59   0.000    -.7915933   -.6473219
    lprbconv |  -.5456759   .0263465   -20.71   0.000    -.5974153   -.4939366
    lprbpris |   .2475209    .067172     3.68   0.000     .1156082    .3794335
     lavgsen |  -.0878882   .0564542    -1.56   0.120    -.1987532    .0229768
      lpolpc |   .3659853   .0300011    12.20   0.000     .3070689    .4249016
       _cons |  -2.077235   .2448781    -8.48   0.000    -2.558128   -1.596343
------------------------------------------------------------------------------
```

```
* 求 White general test for heteroskedasticity in the error distribution by
  regressing
* the squared residuals on all distinct regressors, cross-products, and
  squares of regressors.
. whitetst

White's general test statistic :  255.3925  Chi-sq(50)  P-value =  2.4e-29

* 求 Breusch-Pagan Lagrange multiplier test for heteroskedasticity in the
  error distribution
. bpagan y83 y84 y85 y86 y87 lprbarr lprbcon lprbpri lavgsen lpolpc

Breusch-Pagan LM statistic:  271.8524  Chi-sq(10)  P-value =  1.4e-52
```

1. 第一次 OLS 迴歸，係以 raw data 變數直接代入，**whitetst** 檢定結果顯示：$\chi^2_{(50)} = 255.393$，$p < 0.05$，故本例 OLS 迴歸，其殘差變異具有異質性。
2. 「bpagan」執行 Lagrange 乘數之異質性檢定，結果爲 $\chi^2_{(10)} = 271.85$，$p < 0.05$，亦顯示「reg clcrmrte y83 y84 y85 y86 y87 clprbarr clprbcon clprbpri clavgsen clpolpc」其殘差變異具有異質性，故改以 Robust 迴歸再做一次。

Step 3. 改以 Robust 迴歸求出犯罪率「解釋變數之係數」，即「reg…, vce(robust)」

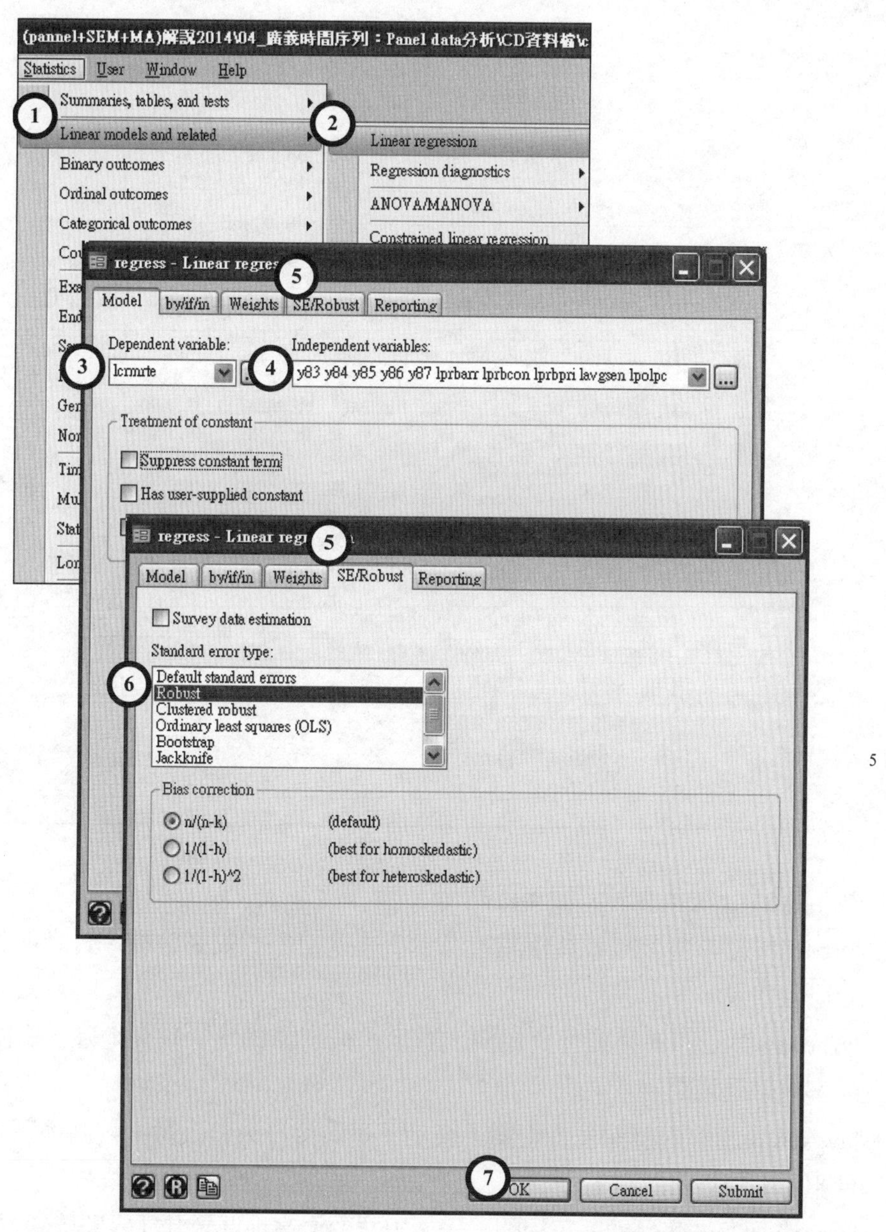

圖 2-8 「reg clcrmrte y83 y84 y85 y86 y87 clprbarr clprbcon clprbpri clavgsen clpolpc, vce(robust)」畫面

```
. reg lcrmrte y83 y84 y85 y86 y87 lprbarr lprbcon lprbpri lavgsen lpolpc,
vce(robust)

Linear regression                               Number of obs =       630
                                                F( 10,    619) =    63.98
                                                Prob > F      =    0.0000
                                                R-squared     =    0.5700
                                                Root MSE      =    .37862

------------------------------------------------------------------------------
             |               Robust
     lcrmrte |      Coef.   Std. Err.      t    P>|t|     [95% Conf. Interval]
-------------+----------------------------------------------------------------
         y83 |  -.0461584    .045953    -1.00   0.316    -.1364011    .0440844
         y84 |  -.1114358   .0489589    -2.28   0.023    -.2075814   -.0152901
         y85 |  -.0807582   .0511221    -1.58   0.115     -.181152    .0196356
         y86 |  -.0447388   .0473894    -0.94   0.346    -.1378024    .0483247
         y87 |  -.0295815   .0509224    -0.58   0.562    -.1295831    .0704201
     lprbarr |  -.7194576    .051727   -13.91   0.000    -.8210392    -.617876
    lprbconv |  -.5456759   .0383842   -14.22   0.000    -.6210549    -.470297
    lprbpris |   .2475209   .0851285     2.91   0.004     .0803452    .4146965
     lavgsen |  -.0878882   .0704527    -1.25   0.213    -.2262434     .050467
      lpolpc |   .3659853   .0549183     6.66   0.000     .2581366     .473834
       _cons |  -2.077235   .4275703    -4.86   0.000    -2.916899   -1.237571
------------------------------------------------------------------------------
```

1. 某年 (y84)，美國犯罪率顯著得高。
2. lprbarr 與犯罪率呈顯著負相關，表示「被逮捕率」較高地區，對降低犯罪率有恐阻效果。
3. lprbconv 與犯罪率呈顯著負相關，表示「被定罪機率」較高地區，對降低犯罪率有恐阻效果。
4. lavgsen 與犯罪率無顯著負相關，表示「平均每日入監人數」較高地區，對降低犯罪率無恐阻效果。
5. lprbpris 與犯罪率呈顯著正相關，表示犯罪率愈高地區，其「入監機率」愈高。
6. lpolpc 與犯罪率呈顯著正相關，表示「人均警察」愈高地區，其犯罪率相對亦愈高。

Step 4. 犯罪率「是否有逐年成長之時間趨勢？」

```
* 分別求得 1981 ～ 1987 年平均犯罪率，結果似乎可看出：平均犯罪率每年在遞增
. summ crmrte if year==81

    Variable |       Obs        Mean    Std. Dev.       Min        Max
-------------+--------------------------------------------------------
      crmrte |        90    .0327502    .0170039   .0053566   .0839218

. summ crmrte if year==82

    Variable |       Obs        Mean    Std. Dev.       Min        Max
-------------+--------------------------------------------------------
      crmrte |        90    .0326482    .0171324   .0036596   .0890352

. summ crmrte if year==83

    Variable |       Obs        Mean    Std. Dev.       Min        Max
-------------+--------------------------------------------------------
      crmrte |        90    .0307077    .0171354   .0018116   .0907109

. summ crmrte if year==84

    Variable |       Obs        Mean    Std. Dev.       Min        Max
-------------+--------------------------------------------------------
      crmrte |        90    .0294517    .0167626   .0018815   .0868929

. summ crmrte if year==85

    Variable |       Obs        Mean    Std. Dev.       Min        Max
-------------+--------------------------------------------------------
      crmrte |        90    .0297594    .0169673   .0047703   .0874663

. summ crmrte if year==86

    Variable |       Obs        Mean    Std. Dev.       Min        Max
-------------+--------------------------------------------------------
      crmrte |        90     .032286    .0224348   .0045815    .163835
```

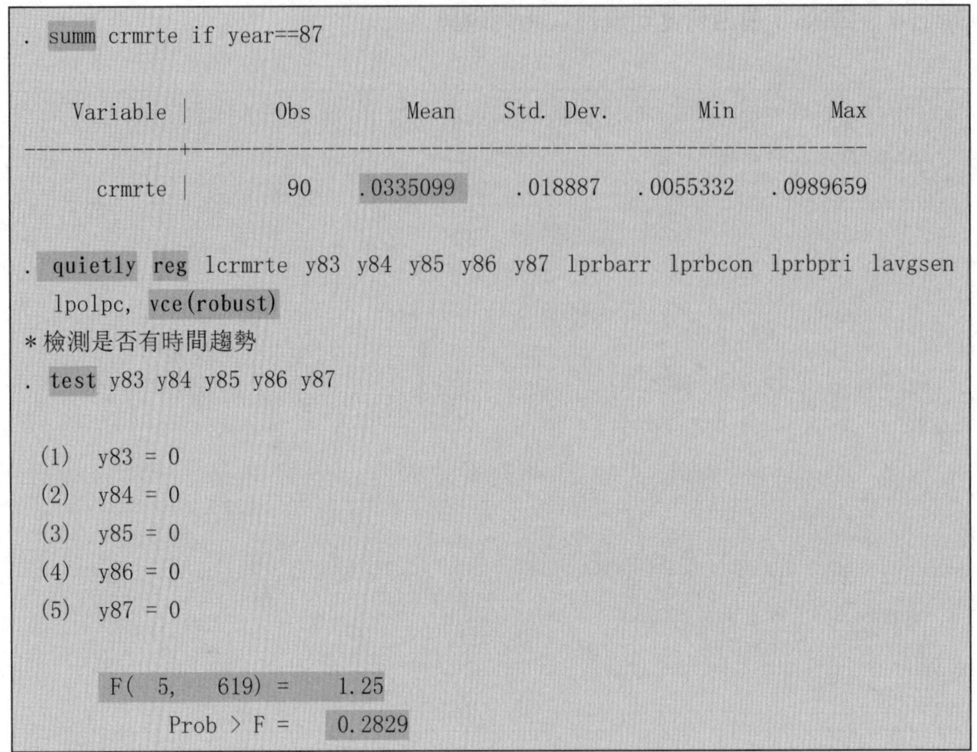

```
. summ crmrte if year==87

    Variable |        Obs        Mean    Std. Dev.       Min        Max
-------------+---------------------------------------------------------
      crmrte |         90    .0335099     .018887   .0055332   .0989659

. quietly reg lcrmrte y83 y84 y85 y86 y87 lprbarr lprbcon lprbpri lavgsen
  lpolpc, vce(robust)
*檢測是否有時間趨勢
. test y83 y84 y85 y86 y87

 (1)  y83 = 0
 (2)  y84 = 0
 (3)  y85 = 0
 (4)  y86 = 0
 (5)  y87 = 0

       F(  5,   619) =    1.25
            Prob > F =    0.2829
```

test「y83 y84 y85 y86 y87」指令結果，p>0.05，表示犯罪率無時間趨勢。

二、對照組：改用標準的 Panel 迴歸 (xtreg 指令)

Step 1. 以個體 count、時段 year 二者，來排序樣本

由於 Stata 提供的標準 panel 迴歸 (xtreg、xtgls 指令)，個體 i 及時間 t 二個指標，都需由小排到大，故本例以「sort county year」來排序觀察值。

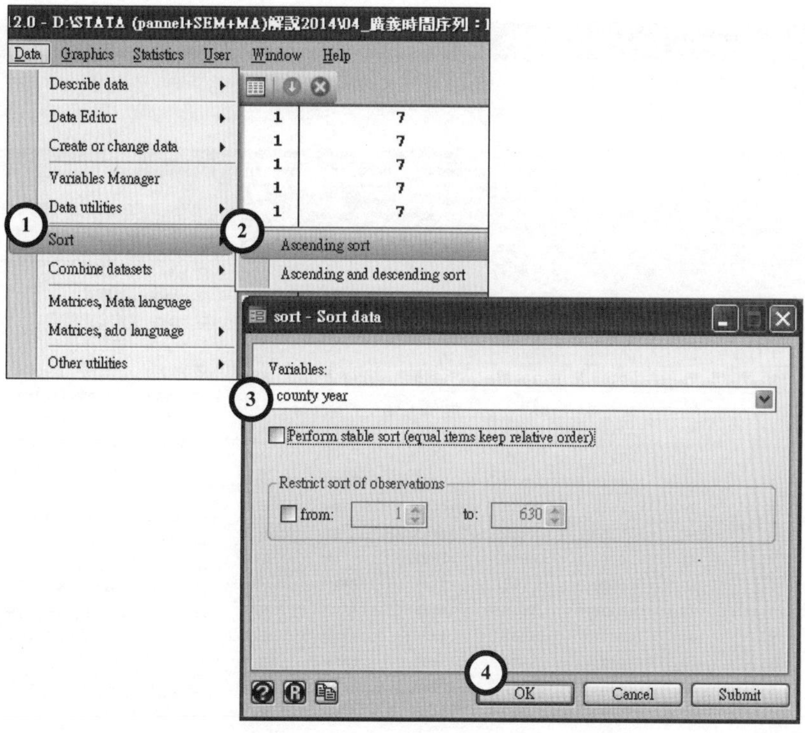

圖 2-9 以個體 county、時段 year 二者來排序樣本

```
. use crime4, clear
. sort county year
*存檔至 crime4_sorted.dta 之前，你需先「File > Change Working Dictory…」設定
 工作目錄
. save "D:\STATA (pannel+SEM+MA) 解說 2014\CD 資料檔 \crime4_sorted.dta" , replace
```

以「sort county year」排序之後，檔名「crime4_sorted.dta」，其資料之內容格式如圖 2-10。

	county	year	crmrte	prbarr	prbconv	prbpris	avgsen
1	1	81	.0399	.2897	.4021	.4722	5.6
2	1	82	.0383	.3381	.433	.507	5.5
3	1	83	.0303	.3304	.5257	.4797	5.
4	1	84	.0347	.3625	.6047	.5201	6.8
5	1	85	.0366	.3254	.5787	.4971	6.5
6	1	86	.0348	.3261	.5123	.4399	6.
7	1	87	.0356	.2983	.5276	.4362	6.7
8	3	81	.0164	.2029	.869	.4658	8.4
9	3	82	.0191	.1622	.7722	.377	5.7
10	3	83	.0151	.1816	1.028	.4384	8.6
11	3	84	.0137	.195	.8857	.5	8.0
12	3	85	.012	.2069	.9091	.3667	8.5
13	3	86	.013	.1561	1.037	.3929	6.0
14	3	87	.0153	.132	1.481	.45	6.3
15	5	81	.0093	.4066	.2703	.5	5.5
16	5	82	.0123	.38	.7368	.3929	9.
17	5	83	.0128	.5619	.5593	.2727	6.3
18	5	84	.0138	.6667	.4474	.4118	5.7
19	5	85	.0125	.604	.1803	.5455	10.0
20	5	86	.0142	.6957	.2708	.2692	5.1
21	5	87	.013	.4444	.2679	.6	6.7
22	7	81	.0219	.4311	.627	.4314	
23	7	82	.0174	.6123	.5827	.3704	6.1
24	7	83	.0242	.4194	.7873	.237	6.3
25	7	84	.0223	.4125	.498	.4426	8.7
26	7	85	.0246	.3807	.3811	.4839	11.3
27	7	86	.0241	.3081	.6154	.4833	8.9
28	7	87	.0268	.3648	.5254	.4355	7.1
29	9	81	.0075	.6316	.5556	.3833	7.0
30	9	82	.0087	.5672	.6404	.3562	9.9
31	9	83	.0137	.3774	.525	.4286	7.1
32	9	84	.0143	.4102	.6642	.3956	10.
33	9	85	.0133	.3935	.623	.4079	9.2
34	9	86	.0114	.4627	.5968	.4459	6.7
35	9	87	.0106	.5182	.4766	.4426	8.2
36	11	81	.0188	.3697	.5579	.2264	9.9

圖 2-10「crime4_sorted.dta」資料檔之內容 (t = 7 期，N = 630，故個體有 90 個 (630/7)county)

觀察資料之特徵

```
. use crime4, clear
. sort county year
* 存檔至 crime4_sorted.dta 之前，你需先「File > Change Working Dictory…」設定
  工作目錄
. save "D:\STATA (pannel+SEM+MA) 解說 2014\CD 資料檔 \crime4_sorted.dta" , replace
. xtset county year
       panel variable:  county (strongly balanced)
        time variable:  year, 81 to 87
                delta:  1 unit

. xtsum lcrmrte lprbarr lprbcon lprbpri lavgsen

Variable         |      Mean   Std. Dev.       Min        Max |    Observations
-----------------+--------------------------------------------+----------------
lcrmrte  overall | -3.609225   .5728077   -6.31355  -1.808895 |     N =     630
(個體間)between |             .5499009   -5.616499  -2.424227 |     n =      90
(時間內)within  |             .1691217   -4.423794  -2.546419 |     T =       7
                 |                                            |
lprbarr  overall | -1.274264   .4158969   -2.833214   1.011601 |     N =     630
         between |             .3539516   -2.181754  -.0260458 |     n =      90
         within  |             .2210964   -2.465614  -.2366172 |     T =       7
                 |                                            |
lprbconv overall | -.6929193   .6095949   -2.682732   3.610918 |     N =     630
         between |             .4839489   -1.489041   1.538244 |     n =      90
         within  |             .3736756   -2.337735   1.639055 |     T =       7
                 |                                            |
lprbpris overall | -.8786315   .2305144   -1.904239  -.3877662 |     N =     630
         between |             .1402008   -1.327448  -.5820361 |     n =      90
         within  |             .1834888   -1.667131   -.136442 |     T =       7
                 |                                            |
lavgsen  overall |  2.153344   .2737295    1.439835   3.251537 |     N =     630
         between |             .1568325    1.824673   2.583512 |     n =      90
         within  |             .2248689    1.390777   3.036941 |     T =       7
```

Step 1. 誤差沒有異質性之 panel 迴歸

固定效果 panel 迴歸式為「$Y_{it} = \alpha_i + \beta_1 Y_{1it} + \cdots + \beta_k Y_{kit} + e_i$」。

```
*固定效果(FE)之panel迴歸分析，Ln(犯罪率)為panel依變數，其餘4個為解釋變數。
. xtreg lcrmrte lprbarr lprbcon lprbpri lavgsen, fe

Fixed-effects (within) regression               Number of obs      =       630
Group variable: county                          Number of groups   =        90
R-sq:  within  = 0.0871                         Obs per group: min =         7
       between = 0.4586                                        avg =       7.0
       overall = 0.3898                                        max =         7

                                                F(4,536)           =     12.79
corr(u_i, Xb)  = 0.4955                         Prob > F           =    0.0000

------------------------------------------------------------------------------
     lcrmrte |      Coef.   Std. Err.      t    P>|t|     [95% Conf. Interval]
-------------+----------------------------------------------------------------
     lprbarr |  -.2245248   .0378644    -5.93   0.000    -.2989056    -.150144
    lprbconv |  -.1366723   .0223508    -6.11   0.000    -.1805781   -.0927664
    lprbpris |  -.1338961   .0394785    -3.39   0.001    -.2114476   -.0563446
     lavgsen |   .0235745   .0311325     0.76   0.449    -.0375822    .0847311
       _cons |  -4.158441   .0989124   -42.04   0.000    -4.352745   -3.964138
-------------+----------------------------------------------------------------
     sigma_u |  .48270917
     sigma_e |  .17504387
         rho |  .88378331   (fraction of variance due to u_i)
------------------------------------------------------------------------------
F test that all u_i=0:     F(89, 536) =    34.54             Prob > F = 0.0000
```

1.「corr(u_i, Xb) = 0.4955」，表示在固定效果，誤差 u_i 與解釋變數 X_{it} 之間相關值爲 0.4955。
2. 本模型「xtreg lcrmrte lprbarr lprbcon lprbpri lavgsen, fe」整體適配度 F(4,536) =12.79 ($p < 0.05$)，表示本模型中，所有係數都不是0，即本模型設定是ok的。
3. 解釋變數 lprbarr 對 lcrmrte 預測係數 β 爲 −0.2245，雙尾 t = −5.93 ($p < 0.05$)，表示「犯人被捕率 lprbarr 每增加一單位，依變數 (犯罪率 lcrmrte) 就減少 0.2245 單位」。通常，雙尾 |t| 值 > 1.96，其 p 值就落入「臨界值的拒絕區」。
4. 本例之固定效果 panel 迴歸式「$Y_{it} = \alpha_i + \beta_1 Y_{1it} + \cdots + \beta_k Y_{kit} + e_{it}$」爲：

$$\text{lcrmrte}_{it} = -4.16 - 0.22\text{lprbarr}_{it} - 0.137\text{lprbconv}_{it} - 0.134\text{lprbpris}_{it} + 0.024\text{lavgsen}_{it} + e_{it}$$

$$\text{Ln(犯罪率)}_{it} = -4.16 - 0.22\text{Ln(被補率)}_{it} - 0.137\text{Ln(被定罪率)}_{it}$$
$$-0.134\text{Ln(入監率)}_{it} + 0.024\,\text{每日平均服監數}_{it} + e_{it}$$

5.「sigma_u」=0.4827 爲「組內殘差的標準差 (sd of residuals within group) u_i」。

6.「sigma_e」=0.175 爲「全體殘差的標準差 [sd of residuals (overall error term)] e_i」

7. 類別間相關 (interclass correlation) 殘差自我相關 $\rho = \frac{(sigma\_u)^2}{(sigma\_u)^2 + (sigma\_e)^2}$，

本例 rho = 0.884，表示「變異數的 88.4% 係來自 across panels 之差異」。

由於本例殘差自我相關很高，因此亦可用 xtregar、xtgls 指令來取代 xtreg 指令，將誤差 AR(1) 納入 panel 迴歸分析。

Step 2. 誤差有異質性之 panel 迴歸

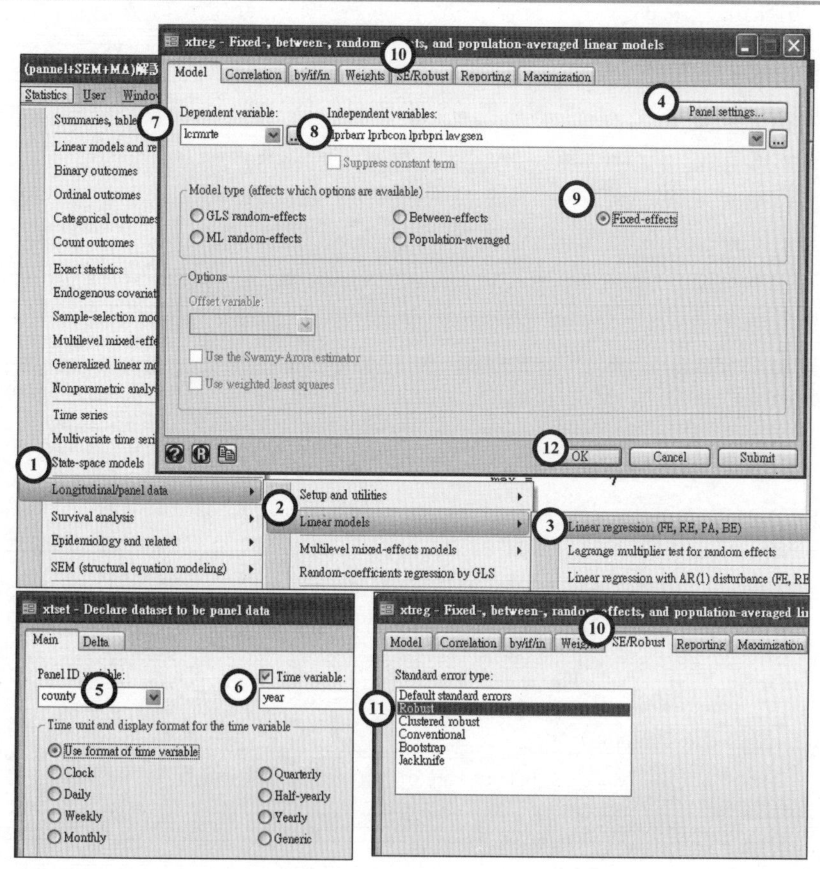

圖 2-11 FE(rob) 法：指令「xtreg lcrmrte lprbarr lprbcon lprbpri lavgsen, fe vce(robust)」之畫面

```
. use cornwell_panel.dta, clear
. xtset id t
       panel variable:  id (strongly balanced)
        time variable:  t, 1 to 7
                delta:  1 unit

*Within or FE estimator with cluster-robust se's（標準誤）
. xtreg lcrmrte lprbarr lprbcon lprbpri lavgsen, fe vce(robust)

Fixed-effects (within) regression               Number of obs      =       630
Group variable: county                          Number of groups   =        90

R-sq:  within  = 0.0871                         Obs per group: min =         7
       between = 0.4586                                        avg =       7.0
       overall = 0.3898                                        max =         7

                                                F(4,89)            =      1.72
corr(u_i, Xb)  = 0.4955                         Prob > F           =    0.1534

                               (Std. Err. adjusted for 90 clusters in county)
------------------------------------------------------------------------------
             |               Robust
     lcrmrte |      Coef.   Std. Err.      t    P>|t|     [95% Conf. Interval]
-------------+----------------------------------------------------------------
     lprbarr |  -.2245248   .1209119    -1.86   0.067    -.4647742    .0157246
    lprbconv |  -.1366723   .0904991    -1.51   0.135     -.316492    .0431475
    lprbpris |  -.1338961   .0579252    -2.31   0.023    -.2489922     -.0188
     lavgsen |   .0235745   .0383032     0.62   0.540    -.0525331    .0996821
       _cons |  -4.158441   .2775065   -14.99   0.000    -4.709841   -3.607042
-------------+----------------------------------------------------------------
     sigma_u |  .48270917
     sigma_e |  .17504387
         rho |  .88378331   (fraction of variance due to u_i)
------------------------------------------------------------------------------
```

1. 誤差有沒有考慮異質性，其 panel 迴歸分析結果略微不同，只是 FE(rob) 法之係數會改印爲「Robust Std. Err.」。
2. 本模型改爲 FE(rob) 法之後，模型整體適配度 $F_{(4,89)} = 1.7$ $(p > 0.05)$，表示本模

型設定是有疑問的。故本例採用固定效果(誤差無異質性)，會比固定效果(誤差有異質性)來得優。

Chapter 03

時間序列之序列相關：線性動態模型

在許多情況下，線性基本模型 (reg, areg, binreg, cnsreg, eivreg, frontier, xtfrontier, gllamm, glm, intreg, rreg, tobit, xtdpd, xtgee, xtgls 指令) 最受質疑的假定 (assumption)，就是誤差項彼此相互獨立而且變異同質性。當橫斷面的分析單位是地理區域，例如每個縣市有任意劃定的行政區界限，前述的假定就無法成立。此外，迴歸式的誤差項可能受到遺漏重要變數的偏差 (omitted variable bias) 影響，每一個縣市誤差項的變異數也會不一樣。再者，因爲一個時間序列的鄰接點存在高度相關，因此其誤差項通常具有一階的自我迴歸過程「AR(1)」。因此，學者 Kmenta(1971) 最早提出「橫斷面相關和時間序列自我迴歸模型」(cross-sectionally correlated and time-wise autoregressive model)，試圖要解決誤差相關性之問題。自此之後所流行的，自我迴歸 (autoregression, AR) 模型，係將誤差項 ε_{it}^2 的行爲界定如下：

1. 異質性：$E(\varepsilon_{it}^2) = \sigma_{it}$
2. 橫斷面之相關：$E(\varepsilon_{it}^2, \varepsilon_{jt}^2) = 0$
3. 縱貫面之誤差自我相關：$\varepsilon_{it}^2 = \rho_i \otimes \varepsilon_{i,t-1}^2 + \mu_{it}$

上面公式，假定迴歸式的誤差項 ε_{it}^2 是一階的自我迴歸過程 (first-order autoregressive process)，且具備橫斷面的相關與同質性的特徵。誤差項之間縱向的關聯，則被假定爲隨時間的延長而呈現指數形式遞減 (decline exponentially)。另外，任意兩組橫斷面的相互關聯可以不同。

xtgls, xtpcse, xtregar 等指令，專門處理自我迴歸模型，其主要優點是，它能夠矯正誤差項的自我相關及變異數異質性等問題。

3-1 認識自我相關 (AR)、序列相關 (SC)

自我相關可能有強弱之分，如圖 3-1 所示。

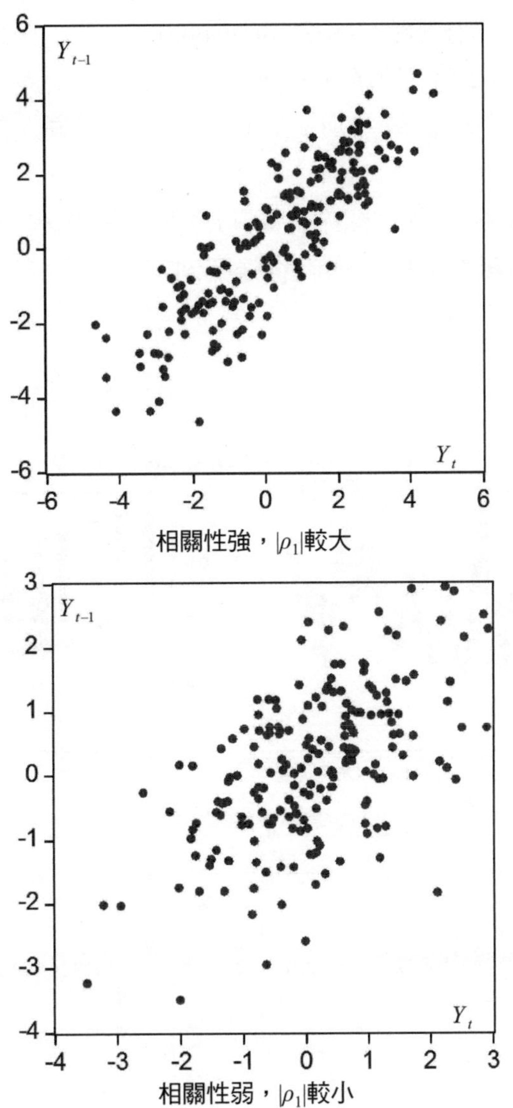

圖 3-1 自我相關（序列相關）之強弱

一、定義：自我相關 (autocorrelation) 或序列相關 (serial correlation)

$$Cov(\varepsilon_t, \varepsilon_s \mid X_t) \neq 0; \quad t \neq s$$

在模型 $y_i = x_i'\beta + \varepsilon_i$ 中，若干擾項 ε_i 與 ε_j $(i \neq j)$ 間的相關係數不是零，我們就說「干擾項是有序列相關的 (serial correlation)」。

1. 此時共變異數矩陣 Ω 不是對角線矩陣。
2. y_i 與 y_j 除了系統性的部分 $x_i'\beta$ 與 $x_j'\beta$ 外，還有一些共同性存在 (干擾項由序列相關造成的)。

注意：我們通常只探討時間序列資料 (根據時間先後自然排序的資料)，是否有干擾項序列相關的問題；橫斷面資料除非可以用有意義的方式加以排序，否則探討序列相關是沒有意義的。

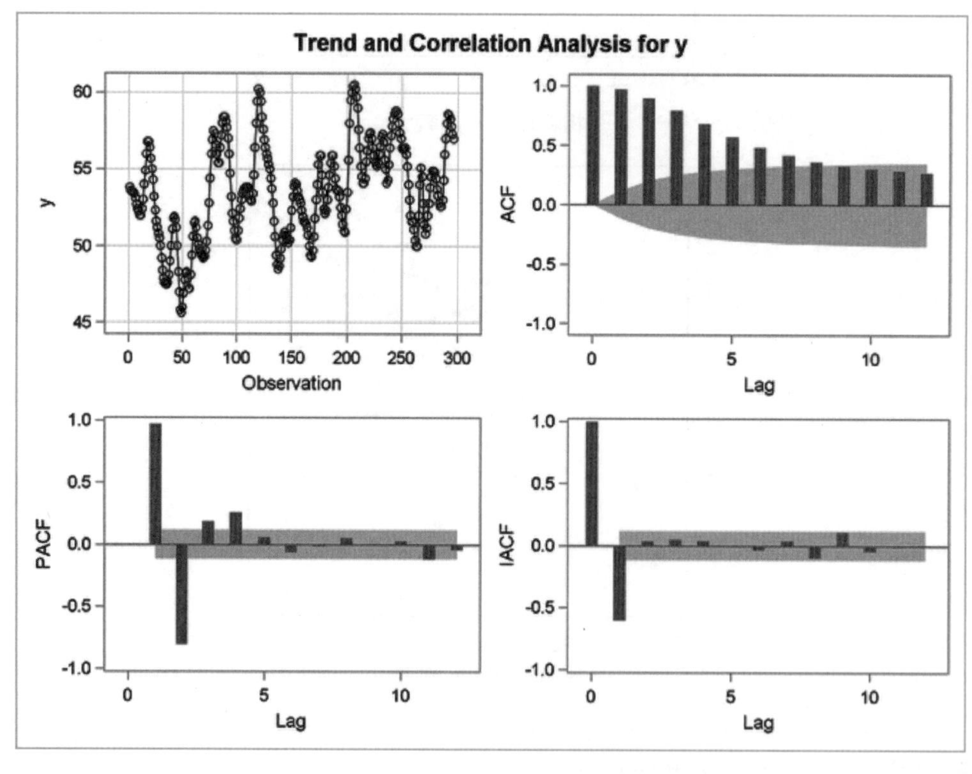

圖 3-2 序列相關 (serial correlation) 之示意圖 (AR(2) 為最佳)

二、自我相關之影響

建構計量模型的目的，是爲了要找出影響被解釋變數 y 的所有系統性部分；若干擾項有序列相關，我們的目的便無法達成。序列相關的成因可能是：

1. 忽略重要變數：忽略掉重要的解釋變數。
2. 函數設定錯誤：函數關係可能是非線性的，但我們卻估計線性函數模型。
3. 忽略掉變數的動態：也許解釋變數或被解釋變數的落遲期 (lag 項) 應該加到模型中。

當誤差項具有自我相關時，即使你使用最小平方法 (OLS) 得到的估計參數與預測依舊是不偏性與一致性；可惜不再是有效的，因此無法維持 BLUE 的特性；而且估計係數的變異數是有偏性與不一致性，因此檢定不再有效。

三、自我相關之類型

1. 一階自我相關 (first-order autocorrelation)：AR(1)

$Y_t = \beta_1 + \beta_2 X_{t,2} + \cdots + \beta_k X_{t,k} + \varepsilon_t$

$\varepsilon_t = \rho\varepsilon_{t-1} + e_t$，$e_t$ ～符合 $N(0, \sigma_e^2)$

$-1 \le \rho \le 1$

2. p 階自我相關 (p-order autocorrelation)：AR(p)

$Y_t = \beta_1 + \beta_2 X_{t,2} + \cdots + \beta_k X_{t,k} + \varepsilon_t$

$\varepsilon_t = \rho_1\varepsilon_{t-1} + \rho_2\varepsilon_{t-2} + \cdots + \rho_p\varepsilon_{t-p} + e_t$，$e_t$ ～符合 $N(0, \sigma_e^2)$

四、自我相關之檢定法

1. 觀察估計殘差的圖形變化。

2. Durbin-Watson 自我相關檢定：僅適用在 AR(1)

(1) 估計 $Y_t = \beta_1 + \beta_2 X_{t,2} + \cdots + \beta_k X_{t,k} + \varepsilon_t$，求得

$\hat{\varepsilon}_t = \hat{\beta}_1 + \hat{\beta}_2 X_{t,2} + \cdots + \hat{\beta}_k X_{t,k}$

(2) 算出 Durbin-Watson 統計量

$$d = \frac{\sum_{t=2}^{T}(\hat{\varepsilon}_t - \hat{\varepsilon}_{t-1})^2}{\sum_{t=1}^{T}\hat{\varepsilon}_t^2} \approx 2(1-\hat{\rho})$$

(3) 判斷 d 值坐落區間，查表取得 d_L 和 d_U。因 $1 \ge \rho \ge -1$，故 $1 \le \rho \le 4$。

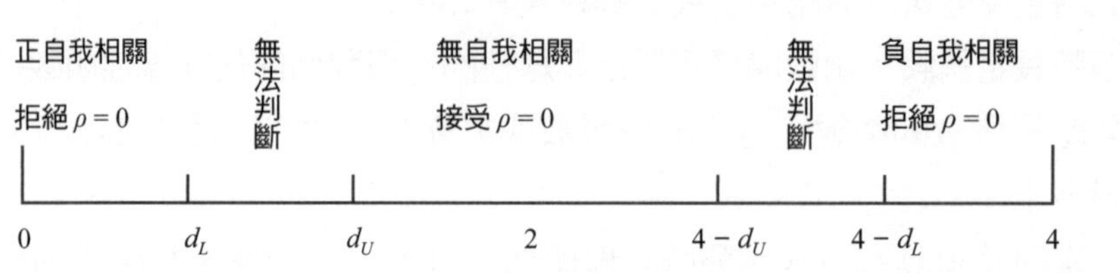

3. Breusch-Godfrey (LM) **檢定**

因$Y_t = \beta_1 + \beta_2 X_{t,2} + \cdots + \beta_k X_{t,k} + \varepsilon_t$，且$\varepsilon_t = \rho_1 \varepsilon_{t-1} + \rho_2 \varepsilon_{t-2} + \cdots + \rho_p \varepsilon_{t-p} + e_t$，則 $Y_t = \beta_1 + \beta_2 X_{t,2} + \cdots + \beta_k X_{t,k} + \rho_1 \varepsilon_{t-1} + \rho_2 \varepsilon_{t-2} + \cdots + \rho_p \varepsilon_{t-p} + e_t$，故可以檢定「$H_0 = \rho_1 = \rho_2 = \cdots = \rho_p = 0$」，其步驟如下：

(1) 估計$Y_t = \beta_1 + \beta_2 X_{t,2} + \cdots + \beta_k X_{t,k} + \varepsilon_t$，求得

$$\hat{\varepsilon}_t = \hat{\beta}_1 + \hat{\beta}_2 X_{t,2} + \cdots + \hat{\beta}_k X_{t,k}$$

(2) 建立輔助性迴歸

$$\hat{\varepsilon}_t = \beta_1 + \beta_2 X_{t,2} + \cdots + \beta_k X_{t,k} + \rho_1 \hat{\varepsilon}_{t-1} + \rho_2 \hat{\varepsilon}_{t-2} + \cdots + \rho_p \hat{\varepsilon}_{t-p} + e_t$$

求得 R^2，並計算 $(T \cdot R)R^2$ ～符合 χ^2_p 分配。

(3) 在 Type I 誤差 $= \alpha$ 顯著水準下，若 $(T \cdot R)R^2 > \chi^2_{p,\,\alpha}$

則拒絕 $H_0 = \rho_1 = \rho_2 = \cdots = \rho_p = 0$。

五、誤差 AR 的校正法：廣義最小平方法 (generalized least squares, GLS)

Stata 提供的 xtgls 指令，改採用 GLS 來估計參數值，其特性如下：

1. 原理：以一階自我相關 (first-order autocorrelation)，AR(1) **為例**

$$Y_t = \beta_1 + \beta_2 X_t + \varepsilon_t$$

$\varepsilon_t = \rho_1 \varepsilon_{t-1} + e_t$，$e_t \sim N(0, \sigma_e^2)$

(1) 將迴歸模型落遲 (lag) 一期，並乘上殘差自我相關 ρ

$$\rho Y_{t-1} = \rho\beta_{t-1} + \rho\beta_2 X_{t-1} + \rho\varepsilon_{t-1}$$

(2) 將迴歸模型與上式相減，得

$$Y_t - \rho Y_{t-1} = \beta_1 - \rho\beta_1 + \beta_2 X_t - \rho\beta_2 X_{t-1} + \varepsilon_t - \rho\varepsilon_{t-1}$$

上式亦可改寫爲：

$$Y_t - \rho Y_{t-1} = \beta_1(1-\rho) + \beta_2(X_t - \rho X_{t-1}) + (\varepsilon_t - \rho\varepsilon_{t-1})$$

令 $Y_t^* = (Y_t - \rho Y_{t-1})$ 以及 $X_t^* = (X_t - \rho X_{t-1})$ 進行變數轉換，則可得到廣義最小平方法估計式：

$Y_t^* = \beta_1(1-\rho) + \beta_2 Y_t^* + e_t$

(3) 但上式在變數轉換時，會少掉第一筆樣本，我們可透過下述方法取得第一筆樣本。因爲：

$\varepsilon_t = \rho\varepsilon_{t-1} + e_t$

$\varepsilon_{t-1} = \rho\varepsilon_{t-2} + e_{t-1}$

$\varepsilon_{t-2} = \rho\varepsilon_{t-3} + e_{t-2}$

$\vdots$

反覆代入得$\varepsilon_t = \rho(\rho(\rho\varepsilon_{t-3} + e_{t-2}) + e_{t-1}) + e_t$，整理後

$\varepsilon_t = e_t + \rho e_{t-1} + \rho^2 e_{t-2} + \rho^3 e_{t-3} + \cdots$

因 $Var(\varepsilon_t) = Var(e_t + \rho e_{t-1} + \rho^2 e_{t-2} + \cdots)$，所以

$$\begin{aligned} Var(\varepsilon_t) &= Var(e_t) + \rho^2 Var(e_{t-1}) + \rho^4 Var(e_{t-2}) + \cdots \\ &= \sigma^2 + \rho^2\sigma^2 + \rho^4\sigma^2 + \cdots \\ &= \frac{1}{1-\rho^2}\sigma^2 \end{aligned}$$

迴歸模型的第一筆樣本爲

$$\begin{aligned} Y_1 &= \beta_1 + \beta_2 X_1 + \varepsilon_t \\ &= \beta_1 + \beta_2 X_1 + \frac{e_1}{\sqrt{1-\rho^2}} \end{aligned}$$

所以，第一筆樣本乘以$\sqrt{(1-\rho^2)}$，可得修正自我相關的第一筆樣本

$\sqrt{(1-\rho^2)}Y_1 = \beta_1\sqrt{(1-\rho^2)} + \beta_2(\sqrt{(1-\rho^2)}X_1) + e_1$

(4) 總結：將有自我相關問題的迴歸模型進行變數轉換，第一筆樣本轉換爲$Y_1^* = \sqrt{(1-\rho^2)}Y_1$與$X_1^* = \sqrt{(1-\rho^2)}X_1$；第二筆樣本以後，均轉換爲$Y_t^* = (Y_t - \rho Y_{t-1})$且$X_t^* = (X_t - \rho X_{t-1})$，並以轉換後的變數利用最小平方法進行迴歸模型分析。

2. Cochrane-Orcutt **疊代程序** (iterative procedure)

(1) 估計$Y_t = \beta_1 + \beta_2 X_t + \varepsilon_t$ 取得 $\hat{\varepsilon}_t = Y_t - \hat{\beta}_1 - \hat{\beta}_2 X_t$，續估計 $\hat{\varepsilon}_t = \rho\hat{\varepsilon}_{t-1} + e$ 取得$\hat{\rho}$；

(2) 利用 GLS 變數轉換取得新的Y_1^*和X_1^*，重新利用步驟一取得新的$\hat{\rho}$；

(3) 直到$\hat{\rho}$ 收斂爲止。

3. Hildreth-Lu **搜尋程序**

(1) 逐次調整$\hat{\rho}$ (因爲 $-1 \le \hat{\rho} \le 1$)，首先選擇一起始 $\hat{\rho}$；

(2) 利用 GLS 變數轉換取得新的Y_1^*和X_1^*，估計 $Y_t = \beta_1 + \beta_2 X_t + \varepsilon_t$ 取得 SSE，重複步驟一再調整的$\hat{\rho}$；

(3) 最後選擇 SSE 最小的模型。

3-1-1 進行 OLS 統計時應注意之事項

若殘差 (residual) 符合下列假設，則 OLS 估計出的係數具有「最佳線性不偏估計量」(best linear unbiased estimator, **BLUE**) 的性質。

OLS 可用來估計下述複迴歸中，解釋變數 x 與被解釋變數 y 的關係：

$$y_i = \beta_0 + \beta_1 x_{1i} + \beta_2 x_{2i} + \cdots + \beta_k x_{ki} + \varepsilon_i$$

若殘差 ε_i 符合以下假設，用 OLS 估計 β_k 將具有 BLUE 的性質。

1. 殘差期望值為零 (zero mean)，即 $E(\varepsilon_i) = 0$。
2. 解釋變數與殘差無相關 (orthogonality)，即 $\text{Cov}(x_{ki}, \varepsilon_i) = 0$。若違反，就有內生性 (**endogeneity**) 問題。
3. 殘差無序列相關 (non serial correlation)，即 $\text{Cov}(\varepsilon_i, \varepsilon_j) = 0$。
4. 殘差變異具有同質性 (homoskedasticity)，即 $\text{Var}(\varepsilon_i) = \sigma^2$。

文獻上，常將符合上述要求的殘差，稱為獨立相同分配 (independently identical distribution, iid)。此外，若殘差屬於常態分配 (normal distribution)，則 OLS 估計所得之係數亦具有常態分配的性質。但若樣本數夠大，即使殘差不屬於常態分配，OLS 估計所得之係數亦可漸進為常態分配。

一、統計專有名詞

(一) 內生性 (endogeneity)

若 OLS 違反解釋變數 (regressor) 與殘差無相關的假設，將發生內生性 (endogeneity) 的問題。若解釋變數與殘差為正相關，則估計係數將高估。偵測內生性的方法有三：

1. 可透過描繪殘差與解釋變數的散布圖。
2. 計算殘差與解釋變數的相關係數，來檢視是否具內生性。
3. Wu-Hausman 指令 (「estat endogenous」) 專門用來檢定變數是否具內生性，其虛無假設「H_0：變數不具內生性」。若拒絕虛無假設，表示變數具內生性，OLS 估計式不一致者，你就應採用「ivregress, xtivreg 指令」之兩階段最

小平方法 (two stage least squares, 2SLS) 或 gmm 指令之廣義動差法 (generalized method of moments, GMM) 等方式，以獲得一致性估計式。

2SLS 的作法，首先找到一組工具變數 (instrumental variables, IV)，將解釋變數拆解成兩部分，與殘差 ε 有相關的部分及與殘差 ε 無關的部分，再以與殘差無關的 IV 部分來估計參數。

工具變數 z 乃是用來將解釋變數與殘差無關的部分，分離出來，用以建立一致性的估計式。假設 z 是一個工具變數，則 z 應符合兩項條件：

1. $Cov(z, \varepsilon) = 0$，工具變數需與殘差無關，亦即工具變數應爲外生 (exogenous)。
2. $Cov(z, x) \neq 0$，工具變數需與解釋變數相關。

研究者通常會根據常識、經濟理論等找尋工具變數 z，接著進行第一階段迴歸，如下：

$$x_i = \pi_0 + \pi_1 z_1 + v_i$$

若係數 π_1 不顯著，則表示 $Cov(z, x) \neq 0$ 的條件可能不成立，應找尋其他工具變數。若 π_1 顯著，則進行第二階段迴歸，如下：

$$y_i = \beta_0 + \beta_1 \hat{x}_1 + \varepsilon_i$$

其中，$\hat{x}_1 = \hat{\pi}_0 + \hat{\pi}_1 \hat{z}_1$，表示 x 中與殘差無關的部分。

在大樣本的情況下，通常 2SLS 都可獲得一致的估計式，且爲常態分配，但標準誤 (standard error) 會較大。若欲降低標準誤，可找尋與解釋變數相關性較高的工具變數。值得注意的是，若所選擇的工具變數 z 與解釋變數 x 僅存在些許相關，甚至無關時，此法所得之估計式是不一致的。基本上，工具變數「至少」需要與內生的解釋變數一樣多。若工具變數個數大於內生變數個數，稱爲過度認定 (over identified，有解)；若等於，稱爲恰好認定 (just identified，唯一解)；若小於，稱爲不足認定 (under identified，無解)。當過度認定時，可進行過度認定限制檢定，檢定某些工具變數是否與誤差項相關。

(二) 序列相關 (serial correlation)

若殘差之間具相關性，亦即 $Cov(\varepsilon_i, \varepsilon_j) \neq 0$，稱之爲序列相關 (SC) 或自我相關 (autocorrelation)，使 OLS 估計式不具有效性，通常容易造成標準誤低估，使得係數顯著性 t 統計量偏高，假設檢定的結果不可信。

Durbin-Watson 檢定 (DW test)，常用於檢定殘差是否存在序列相關。DW 值介於 0 ～ 4 之間，DW 值接近 2 時，表示不存在序列相關；小於 2 時，則爲正的序列相關；大於 2 時，則爲負的序列相關。使用 DW 檢定有三項前提：解釋變數中不得包含被解釋變數的落遲項、僅能檢驗一階序列相關，以及迴歸式中必須包含常數項。

遺漏重要變數或模型設定錯誤時，亦會造成非純粹的序列相關 (impure serial correlation)，此時 OLS 估計式不僅不具有效性，甚至不具不偏性，因此發現序列相關時，應一併檢查是否有遺漏重要變數或模型設定錯誤的問題，並加以排除。排除遺漏變數或模型設定錯誤的可能性後，利用 OLS 進行估計，可改用 Newey-West HAC 標準誤修正迴歸係數的標準誤，惟 Newey-West HAC 標準誤適用於大樣本的情況，小樣本可能有所偏誤。另外，SC 亦可使用廣義最小平方法 (generalized least squares, GLS) 估計來克服。值得注意的是，通常時間序列因具有時間上的順序性，誤差項常呈現序列相關，進行分析時需特別注意。

(三) 殘差變異的異質性

若殘差之變異數不爲常數，隨著 X 改變而改變，即 $Var(\varepsilon_i) = \sigma_i^2$，稱爲異質性 (heteroskedasticity)。違反同質性假設時，OLS 估計式仍具有不偏性及一致性，但係數標準誤有偏誤，導致係數的標準誤被低估，使得係數顯著性 t 統計量偏高，假設檢定的結果不可信。

最直觀的檢驗方法爲圖示法，觀察解釋變數 X 與殘差的散布圖。若發生 X 逐漸增加、減少或是不規則變化時，便可能存在異質性。另一個常用來檢定異質性的方法爲 White 檢定 (White test)。wntestq, wntestb, suest 指令之 White 檢定的虛無假設「H_0：不具異質性」，若拒絕虛無假設表示誤差存在異質性。

你若遺漏變數或模型設定錯誤時，將造成非純粹的序列異質性 (impure serial heteroskedasticity)，此時 OLS 估計式不僅不具有效性，甚至不具不偏性，因此發現異質性時，應先檢查是否有遺漏變數或模型設定錯誤的問題。排除遺漏變數或模型設定錯誤的可能性後，因 OLS 估計式仍具不偏性。異質性的補救方法有三：

1. 採用穩健異質性 (heteroskedasticity-robust) 標準誤修正標準誤，可用 wntestb, wntestq 指令之 White 穩健標準誤或 Newey-West HAC 標準誤。
2. 使用加權最小平方估計法 (weighted least squares, WLS)，其概念爲將模型轉換爲均質變異的模型，再加以估計。
3. Panel 模型，捨 xtreg 改用 xtgls 指令。

異質變異的特徵在某些序列中非常常見且重要，例如資產報酬序列，學者以特殊模型捕捉此一特性，詳見自我迴歸條件異質變異模型 (auto regressive conditional heteroskedasticity model, ARCH)。

二、序列相關 (serial correlation, SC)

依照時間排列的數據稱爲一時間序列 (time series) 資料，對於時間序列資料之研究稱之爲時間序列分析。時間序列資料無法以一般的迴歸分析來建立模型並加以分析，因時間序列中各觀察值通常存在著相當的關聯性，觀察值之時間間隔愈短、相關性就愈大。序列相關 (serial correlation, SC) 即爲資料中各觀察值誤差項不爲獨立，前期的誤差項也會影響到下一期的誤差項，其誤差項之相關係數可用 ρ 來表示。傳統的處理方式是藉由一般的差分方程式來求得係數，但卻必須假設誤差項成常態分配。

不論是哪一種序列相關模型，模型對於極端值 (outlier) 資料或是波動較大的資料皆非常敏感。因爲此特性，往昔研究 (如 Tseng 等人，2000) 曾針對資料進行前處理，先將極端值從資料中移除。但是在每筆資料的背後都具有其代表的意義，若是輕易刪去此資料，也會將其代表的意義一併忽略。以美國 2001 年的 911 恐怖攻擊事件來看，其事件發生對各環境及市場都有影響，且不同的環境以及市場也都有連動的關係，若是隨意的刪除這些資訊將會遺漏這些資料背後所隱藏的資訊。在時間序列的實際例子中，以零售商預測銷售量爲例，在資料集合中我們無法立即判定是否有極端值的存在，就算可以判斷極端值的存在，也無法針對極端值做有效的處理。將極端值捨棄則資料將會有失眞的問題存在，可能造成預測失誤，輕則造成零售商存貨不足而無法正常供應商品給客戶，重則造成商品囤積存貨過多，使得營運成本升高而損失龐大的獲利。

三、忽視序列相關 (serial correlation) 的後果

1. OLS 係數 (coefficients) 仍然無偏誤 (unbiased)、一致的，但不是最佳的 (if no lagged dependent on the RHS as an explanatory variable, if present, OLS is biased and inconsistent)。
2. 預測失眞 (again if lagged dependent variable on the RHS, biased also)。
3. 迴歸係數的變異數會偏誤，且其顯著性 t(或 z) 檢定也會失眞。
4. 代表整體模型適配度之 R^2 會高估。

四、更高階之自我相關的檢定

1. 關於更高階的 AR(p) 模型，其序列相關的檢定與 AR(1) 模型非常相似。
2. 只要在殘差迴歸模型中加入落遲 p 期的殘差項 ($\hat{u}_{t-1}, \hat{u}_{t-2}, \cdots, \hat{u}_{t-P}$)，再進行聯合檢定。
3. 接著，可以採用 F 檢定或 LM 檢定，其中，LM 檢定的方式又稱爲 Breusch-Godfrey 檢定，統計量爲 $(n-p)\ R^2$，其中 R^2 是殘差迴歸的決定係數。

五、序列相關 (serial correlation) 的校正

遺漏變數／函數形式錯置，都可能造成自我相關的現象 (爲什麼？)，這是我們發現自我相關首先要思考的問題。

1. 如果是純粹的自我相關 (非上述原因)，可以採用更有效率的 GLS 來估計迴歸式的參數。
2. 如果是大樣本，可以採用 Newey-West(newey 指令) 的穩健標準誤或「estat bgodfrey, lags (1 2 3 4)」來修正。

六、最小平方法 (OLS)

標準線性迴歸模型爲：

$$Y_i = X_i'\beta + \varepsilon_i \quad (i = 1, \cdots, n)$$

具有

Var $(\varepsilon_i) = \sigma^2$ is constant ⇒ homoskedastic errors

Cov $(\varepsilon_i, \varepsilon_j) = 0$ for $i \neq j$ ⇒ uncorrelated errors

Ordinary Least Squares(OLS) 估計式

1. 一致性 (consistent)，意即，當 n 趨近非常大時，$\hat{\beta}$ 趨近 → β。

$$\hat{\beta}_{OLS} = \left(\sum_{i=1}^{n} X_i X_i'\right)^{-1} \left(\sum_{i=1}^{n} X_i Y_i\right)$$

2. 在所有估計法中，它的誤差有最小的變異數。但在 panel 迴歸式中，它就不是最佳的。

七、一般線性迴歸 (general linear regression)

一般線性迴歸爲：

$$Y_i = X_i'\beta + \varepsilon_i \quad (i = 1, \cdots, n)$$

具有

Var (ε_i) = $\sigma_i^2 \Rightarrow$ heteroskedastic errors

Cov (ε_i, ε_j) = σ_{ij} for $i \neq j \Rightarrow$ correlated errors

你仍可在 OLS 迴歸式中，改選下列選項，即可解決誤差之異質性：

(1) white 指令：White standard errors (若是 heteroskedasticity)。

(2) newey 指令之 Regression with Newey-West standard errors Newey-West standard errors (若是 correlated errors + heteroskedasticity)。

相對地，generalized least squares(GLS) 估計式，係 consistent and optimal，其估計係數値爲：

$$\hat{\beta}_{GLS} = \left(\sum_{i=1}^{n}\sum_{j=1}^{n}\omega_{ij}X_iX_j'\right)^{-1}\left(\sum_{i=1}^{n}\sum_{j=1}^{n}\omega_{ij}X_iY_j\right)$$

其中，權重會隨著 σ_{ij} 大小而變動。

1. Stata 提供 xtgls 指令可同時處理 panel-data 迴歸式中，誤差自我相關及誤差變異之異質性。xtgls 範例請見下一章的介紹。
2. GLS 等同 OLS，應用於轉換過的模型。
3. 考慮嚴格外生的自變數，且除了序列相關存在外，所有的高斯馬可夫假設都符合。
4. 假設誤差項爲 AR(1) 模型：

$$u_t = \rho u_{t-1} + e_t,\ \mathrm{t} = 2, \cdots, \mathrm{n}$$

5. 我們必須將模型轉換，使得誤差項不具序列相關。例如：

$$\text{考慮 } y_t = \beta_0 + \beta_1 x_t + u_t$$
$$\text{則 } y_{t-1} = \beta_0 + \beta_1 x_{t-1} + u_{t-1}$$

如果將第一式減掉 ($\rho \times$ 第二式子)，得到：

$$y_t - \rho y_{t-1} = (1-\rho)\beta_0 + \beta_1(x_t - \rho x_{t-1}) + e_t$$
$$e_t = u_t - \rho u_{t-1}$$

以上的準差分 (quasi-differencing) 模型並不具有序列相關，但是存在兩個問題：

1. 可用的樣本數爲 $n-1$。
2. 必須估計：β_0、β_1 與 ρ 呈非線性的形式，因此 OLS 不能直接估計此三者。

八、可行的廣義最小平方法 (feasible generalized least squares, FGLS)

FGLS 計算分二個步驟：

(1) 先計算 $\hat{\beta}_{OLS}$ 及殘差 r_i^{OLS}

$r_i^{OLS} = Y_i - X'_i \times \hat{\beta}_i^{OLS}$

(2) 再使用殘差 r_i^{OLS} 來算出 $\hat{\sigma}_{ij}$

1. 我們應如何估計誤差項的自我相關 ρ 呢？
   文獻上有許多的方式：依據 Durbin-Watson 統計量、依據殘差的 AR(1) 模型、Cochrane-Orcutt 疊代法 (prais 指令)、Cochrane-Orcutt two-step 法、Durbin two-step 法、Hildreth-Lu 搜尋法 (hlu.ado 外掛指令)、最大概似法、貝式估計式 (Bayesian estimator) 等。
2. FGLS：先估計 ρ，再估計準差分模型。
3. prais 指令之 Prais-Winsten and Cochrane-Orcutt 迴歸，其第一筆觀測值不同的處理方式：
   (1) Cochrane-Orcutt 法：移除第一筆觀測值。
   (2) Prais-Winsten 法：保留第一筆觀測值。
4. 以漸進而言 (> 50)，有無第一筆觀測值並沒有太大的差異；但如果是小樣本 (15 ～ 20)，應保留第一筆觀測值。
5. 以上的方法可以延伸、應用於更高階的 AR(p) 模型。
6. 大部分的統計軟體並不需要使用者自行計算準差分模型，而會自動疊代估計。
7. 由準差分模型我們可以得到一些啓示，如果在模型中能加入一些動態結構，則可以消除自我相關的現象。
8. 現代的時間序列計量模型有許多豐富的動態結構，因此可以處理自我相關的現象。
9. 從另一個角度來看，發現自我相關，表示模型遺漏了某些動態結構。

九、自我相關之其他結構

1. 一般迴歸模型

$$y_t = \beta_0 + \beta_1 x_{t1} + \beta_2 x_{t2} + \cdots + \beta_k x_{tk} + u_t$$

2. 誤差項可以有不同的形式

～ AR (1)：$u_t = \rho u_{t-1} + e_t$

～ MA (1)：$u_t = \lambda e_{t-1} + e_t$

～ ARMA (1, 1)：$u_t = \rho u_{t-1} + \lambda e_{t-1} + e_t$

～ ARMA (p, q)

然而我們該選擇 AR 模型、MA 模型或整合的 ARMA 模型？

有關 ARIMA、GARCH、ARCH 效果檢定、GJR-GARCH、EGARCH 等模型的介紹，請見作者《Stata 在總體經濟及財務金融的應用》一書。

十、Stata 序列相關之研究主題

1. 臺股指數、利率、匯率與總體變數之關聯性研究。
2. 匯率轉嫁的估計──臺灣產業的實證分析。
3. 金融海嘯前後貨幣供給額對新臺幣匯率之衝擊──以向量自我迴歸驗證。
4. 國際原油價格對總體經濟變數之影響。
5. 股市成交量與報酬序列相關之研究。
6. 股市報酬波動與公司特徵之關聯。
7. 歐、亞股匯市關係之實證研究──以臺灣、日本、韓國、德國、英國與法國爲例。
8. 新臺幣匯率之決定因子分析──向量自我迴歸模型應用。
9. 美國不動產投資信託報酬與風險之研究。
10. 股市從衆行爲與處分效果關聯之研究。
11. 以貨幣政策及政權轉移探討外資對印尼經濟之效果。
12. 健康風險訊息指標對臺灣食物需求結構的影響。
13. 貪汙與經濟成長：香港、新加坡、南韓與臺灣之跨國實證。
14. 預測性之動態投資組合。

十一、Stata 數列相關之指令

. regress 指令之事後 time series 工具有四個：	
(1). estat archlm 指令 +	test for ARCH effects in the residuals
(2). estat bgodfrey 指令	Breusch-Godfrey test for higher-order serial correlation
(3). estat durbinalt 指令	Durbin's alternative test for serial correlation
(4). estat dwatson 指令	Durbin-Watson d statistic to test for first-order serial correlation

. binreg 指令	Generalized linear models: Extensions to the binomial family
. glm 指令 +	Generalized linear models
. gmm 指令	Generalized method of moments estimation
. ivregress 指令 +	Single-equation instrumental-variables regression
. nl 指令	Nonlinear least-squares estimation
. runtest 指令	Test for random order
. arch 指令 +	Autoregressive conditional heterosked. family of estimators
. arfima 指令 +	Autoregressive fractionally integrated moving-average models
. arima 指令 +	ARIMA, ARMAX, and other dynamic regression models
. corrgram 指令 +	Tabulate and graph autocorrelations
. dfgls 指令 +	DF-GLS unit-root test
. dfuller 指令 +	Augmented Dickey-Fuller unit-root test
. **newey** 指令	Regression with Newey-West standard errors
. pperron 指令 +	Phillips-Perron unit-root test
. **prais** 指令	Prais-Winsten and Cochrane-Orcutt regression
.tssmooth dexponential	Double-exponential smoothing
. tssmooth exponential	Single-exponential smoothing
. varlmar 指令 +	LM test for residual autocorr. 在 var、svar 指令之後
. veclmar 指令 +	Perform LM test for residual autocorrelation after vec
. wntestq 指令 +	Portmanteau (Q) test for white noise
. xcorr 指令 +	Cross-correlogram for bivariate time series
. xtabond 指令	Arellano-Bond linear dynamic panel-data estimation
. xtdpdsys 指令 (更有效)	Arellano-Bover/Blundell-Bond linear panel-data 估計
. xtdpd 指令 (最複雜)	Linear dynamic panel-data estimation
此外，xtabond、xtdpd 及 xtdpdsys 指令之事後工具有二個：	
(1) estat abond 指令	test for autocorrelation
(2) estat sargan 指令	Sargan test of overidentifying(過度認定) restrictions
. xtgee 指令	Fit population-averaged panel-data models by using GEE
. **xtgls** 指令	Fit panel-data models by using GLS
. xtpcse 指令	Linear regression with panel-corrected standard errors
. **xtregar** 指令	干擾項 / 誤差項 (disturb) 帶 AR(1) 之固定效果、隨機效果線性模型

註：「+」可參考作者《Stata 在總體經濟及財務金融的應用》一書的介紹

十二、穩健 (robust) 標準誤 (standard error)

Stata 提供穩健標準誤之 panel 迴歸 (robust standard errors for panel regressions) 的指令群，如下表所示：

指令	說明
. newey 指令	時間序列：Regression with Newey-West standard errors
. prais 指令	時間序列：Prais-Winsten and Cochrane-Orcutt regression
. **ivreg2** 指令	時間序列：provides extensions to Stata's official ivregress and newey. Its main capabilities two-step feasible GMM estimation.
. dfbeta3 指令	事件帶穩健標準誤 (even with robust SEs) 之迴歸，此事後指令即可再算出 DFBETAs 值。
. rcheck 指令	檢查替代模型設定之敏感性 (Check sensitivity to alternative model specifications)。例如，迴歸分析結果，發現自變數 x7 係數顯著大於 0，但你仍想要偵測「加入其他控制變數的組合之後，該 x7 係數是否仍舊顯著大於 0」，此時你就需要執行並檢視 1024 次迴歸分析結果 (2^{10} including the one you started with)。
. checkrob 外掛指令	此模組執行另一項你設定的迴歸之穩健性 (robustness check of alternative specifications)
. fese 外掛指令	算出固定效果的標準誤 Fese 分析固定效果迴歸，係使用 areg 估計法來儲蓄係數值。
.mixlogit 外掛指令	使用最大模擬 (maximum simulated) 來適配混合 logit 模型
. poi2hdfe 外掛指令	帶有二維固定效果 (with two high-dimensional fixed effects) 之 Poisson 迴歸
. qreg2 外掛指令	帶穩健、集群樣本之分量迴歸 (quantile regression with robust and clustered standard errors)
. **xtscc** 外掛指令	Panel 迴歸：帶穩健標準誤之 panel 迴歸 (Robust standard errors for panel regressions)。
. **xtabond2** 指令	Panel 迴歸：衍生 xtabond 動態 panel 估計法。xtabond2 能適配二個相近且相關動態 panel 資料檔。
. **xtivreg2** 指令	Panel 迴歸：此模組衍生 panel 模型「IV/2SLS, GMM and AC/HAC」、「LIML and k-class 迴歸」。
. **xtpqml** 指令	Panel 迴歸：可算出帶穩健標準誤之固定效果 Poisson 迴歸 (Quasi-ML)

1. 如同異質性的情況，我們可以計算在一般形式序列相關下的穩健標準誤。
2. 這比起大部分的 FGLS 方法，假設誤差爲 AR(1) 模型可能更好。

3. 雖然 GLS 是 BLUE，但 FGLS 並不是 BLUE。
4. 以 OLS 估計，但考量異質性、序列相關來調整標準誤是常被採用的方式。
5. HAC 標準誤 (heteroskedasticity- and autocorrelation- consistent)：又稱爲 Newey-West 標準誤，乃延伸 White 的穩健異質性標準誤 (white.ado 指令)，同時考量了異質性、序列相關來修正估計式的標準誤。
6. 此方法並非解決了無效率估計式的根本問題，而是藉由參數標準誤的一致性估計式，以進行正確的統計檢定。
7. newey 指令之「regression with Newey-West standard errors」，此 Newey-West 標準誤適用於大樣本的情形，如果是小樣本可能失效。

3-1-2 Longitudinal Data 之序列相關

序列相關 (serial correlation，簡稱 SC)：在時間序列及 panel-data 裡，常常發生違反下列假定：

$$Cov(u_t u_{t-s}) = E(u_t u_{t-s}) = 0 \text{ for all } t \neq s$$

造成 panel-data 序列相關之原因爲：
1. 內在的序列相關 (intrinsic serial correlation)
2. 模型錯誤認定：Growth in variables (存在趨勢 (trend)、被遺漏 (omitted) 變數、non-linearity、measurement errors 等)。

一、內在的序列相關之例子：持久收入

例如，持久收入 (permanent income) 公式爲

$$Y_t = \beta X_t^* + \varepsilon_t$$

其中，Y_t 是消費，X_t^* 是潛在持久收入 (unobserved permanent income)。

你該如何估計 X_t^* 呢？

行爲面假定：$X_t^* = X_t + pX_{t-1}^*$，其中，X_t 爲目前收入；p 爲過去不可觀測持久收入的權重 (weight for past unobserved permanent income)。此外

$E(\varepsilon_t \varepsilon_{t-s}) = 0$ 且 $E(\varepsilon_t^2) = \sigma_\varepsilon^2$

變數變換爲：

落遲 1 期的模型：$Y_{t-1} = \beta X_{t-1}^* + \varepsilon_{t-1}$，乘上 p 倍之後，再與上式相減，可

得：$Y_t - pY_{t-1} = \beta(X_t^* - pX_{t-1}{}^*) + (\varepsilon_t - p\varepsilon_{t-1})$

$$Y_t - pY_{t-1} = \beta X_t + (\varepsilon_t - p\varepsilon_{t-1})$$

它是目前收入 X_t 的函數，因此，已知 p 值即可估算此式。然而，殘差 $u_t = (\varepsilon_t - p\varepsilon_{t-1})$ 有非零值共變數 (non-zero covariance)：

$$\begin{aligned}E(u_t u_{t-1}) &= E[(\varepsilon_t - p\varepsilon_{t-1}) \cdot (\varepsilon_{t-1} - p\varepsilon_{t-2})]\\ &= E[(\varepsilon_t \varepsilon_{t-1} - p\varepsilon_t \varepsilon_{t-2} - p\varepsilon_{t-1}^2 - p^2\varepsilon_{t-1}\varepsilon_{t-2})]\\ &= E[(0 - p0p\varepsilon_{t-1}^2 - p^2 0] = -p\sigma_\varepsilon^2 \neq 0\end{aligned}$$

最後再將模型轉成「帶 $E(u_t u_{t-1}) \neq 0$」可估計之內在序列相關。

定義：持久收入假設 (permanent income hypothesis，簡稱 PIH) 也稱弗里德曼 (Friedman) 的永久收入假設、恆常收入消費函數、持久收入假設消費函數模型、持久收入假設模型等。

實例：讓我們一起來看一個極端的例子：假設有 7 個人，他們的週薪都是 100 元，且發薪的日子並不確定，有可能是除星期天外的任何一天。如果以這 7 個人爲對象，並隨機地選取一天來調查他們的現期收入和現期消費，那麼，也許星期三這天僅只有 1 個人的收入爲 100 元，其餘 6 個人的收入爲零；如果現期收入即爲現期消費，則記錄上收入 100 元的人當天的即期消費爲 100 元，其餘 6 個人的消費支出爲零。但實際情況如何呢？事實上另外 6 個人也有消費，某些人在當天的消費支出甚至超過了 100 元。同樣的情況也會出現在星期天，在這一天中，7 個人的收入都爲零，但他們消費的平均值卻可能是一個正數。

由此，弗里德曼對運用現期收入這一指標所進行的短期靜態分析提出了詰難：該方式由於不恰當地使用了收入和消費的概念，所以其導出的結果可能是毫無意義的。因爲，人們並不一定要使他們在消費方面的現金支出與他們的現金所得相適應，當人們認爲可以動用到的未來收入時，那麼在一定時期內消費者的預期支出可能會大大超過他的現期收入，例如現實生活中人們的信貸消費、汽車分期付款、住房抵押貸款等；而且，人們在短期內的現金支出也無法顯示出他們所消費掉的勞務價值。可見，一時收入與一時消費之間是沒有固定的比例關係的。但如果從一個長期的時間來看，人們消費支出的平均值卻與他們總收入的平均值大體一致，即持久收入與持久消費之間有固定的比例關係。這樣，弗里德曼便把「持久收入假設」作爲了自己理論的基石。

持久收入假設 (permanent income hypothesis) 是由美國著名經濟學家弗里德曼提出來的。他認爲居民消費不取決於現期收入的絕對水平，也不取決於現期收入和以前最高收入的關係，而是取決於居民的持久收入。持久收入理論將居民收入分爲持久收入和暫時收入，持久收入是指在相當長時間裡可以得到的收入，是一種長期平均的預期內得到的收入，一般用過去幾年的平均收入來表示。暫時收入是指在短期內得到的收入，是一種暫時性偶然的收入，可能是正值 (如意外獲得的獎金)，也可能是負值 (如被盜等)。弗里德曼認爲，只有持久收入才能影響人們的消費。

持久收入的消費函數

弗里德曼認爲，消費者的消費支出不是由他的現期收入決定的，而是由他的持久收入決定的。也就是說，理性的消費者爲了實現效應最大化，不是根據現期的暫時性收入，而是根據長期中能保持的收入水平，即持久收入水平來作出消費決策的。這一理論將人們的收入分爲暫時性收入和持久性收入，並認爲消費是持久收入的穩定的函數，用公式表示即：$C_t = c \cdot YP_t$。

在上式中，C_t 爲現期消費支出，c 爲邊際消費傾向，YP_t 爲現期持久收入。

弗里德曼認爲，所謂持久收入，是指消費者可以預期到的長期收入，即預期在較長時期中 (三年以上) 可以維持的穩定的收入流量。持久收入大致可以根據所觀察到的若干年收入的數值的加權平均數來計算。估算持久收入的計算公式是：

$$YP_t = Y_{t-1} + \delta(Y_t - 0Y_{t-1}) = \delta Y_t + (1-\delta)Y_{t-1}$$

上式中，YP_t 爲現期持久收入，Y_t 爲現期收入，Y_{t-1} 爲前期收入，δ 爲加權數。

該公式說明，現期的持久收入等於前期收入和兩個時期收入變動的一定比率，或者說等於現期收入和前期收入的加權平均數。加權數 δ 的大小，取決於人們對未來收入的預期。這種預期要根據過去的經驗進行修改，稱爲適應性預期。如果人們認爲，前期和後期收入變動的時間較長，δ 就大；反之，前期和後期收入變動的時間較短，δ 就小。

根據持久收入的估算公式，持久收入假說的消費函數可以寫爲：

$$C_t = cYP_t = c\delta Y_t + c(1-\delta)Y_{t-1}$$

弗里德曼認爲，持久收入不僅包括勞動收入，而且還包括財產收入，因此，持久收入假說理論認爲，消費不僅取決於收入，而且還取決於財產，這一點與生命周期假說理論相同。

把收入分爲持久性收入和暫時性收入，從而把收入變動分爲持久性收入變動和暫時性收入變動是持久收入函數理論假說的貢獻。這一區別既解釋了短期消費函數的波動，又解釋了長期消費函數的穩定性。這一理論認爲，在長期中，持久性收入是穩定的，所以消費函數是穩定的。暫時性收入變動通過對持久性收入變動的影響而影響消費，所以短期中暫時性收入的變動會引起消費波動。

二、診斷模型設定適當與否？

有二個方法：

1. 繪 residual plot ($\hat{u}_t$)，即可看出模型是否因爲非線性而造成誤差具有 SC。
2. 檢查是否有遺漏 (omitted) 重要變數，導致模型之誤差具有 SC。

3-1-3 干擾項 (disturbances) 帶有 AR(p) 結構 (autoregressive of order p)

假設序列相關 (SC) 係存在於下式 AR(1) 形式中的殘差，使得

$Y_t = \alpha + \beta X_t + u_t$，其中，殘差 $u_t = \rho u_{t-1} + \varepsilon_t$ 且 ε_t 是 *iid* 白噪音 (white-noise)，$E(\varepsilon_t \varepsilon_{t-s}) = 0$ 且 $E(\varepsilon_t^2) = \sigma_\varepsilon^2$, 而且 $1 < \rho < -1$，但

$Cov(u_t u_{t-1}) = E(u_t u_{t-1}) = E[(\rho u_{t-1} + \varepsilon_t)u_{t-1}] = \rho\sigma_u^2 \neq 0$，若 $\rho > 0$ 則存有正序列相關 (positive SC)；反之，則爲負序列相關 (negative SC)。

通常，$Cov(u_t u_{t-s}) = \rho^S \sigma_u^2$

證明：(a) $E(u_t) = 0$

(b) $Var(u_t) = \sigma_u^2 = \dfrac{\sigma_\varepsilon^2}{1-\rho^2}$

(c) $Cov(u_t u_{t-s}) = \rho^S \sigma_u^2$

我們可改寫$u_t = \rho u_{t-1} + \varepsilon_t$為

$u_t = \rho u_{t-1} + \varepsilon_t = \varepsilon_t + \rho(\varepsilon_{t-1} + \rho u_{t-2}) = \varepsilon_t + \rho\varepsilon_{t-1} + \rho^2(\varepsilon_{t-2} + \rho u_{t-3})$

或

$= \varepsilon_t + \rho\varepsilon_{t-1} + \rho^2\varepsilon_{t-2} + \rho^3\varepsilon_{t-3} \cdots\cdots$由於$E(\varepsilon_t = \cdots = \varepsilon_{t-s}) = 0$，我們得

$E(u_t) = 0$ (end of proof)

由於 $u_t = \varepsilon_t + \rho\varepsilon_{t-1} + \rho^2\varepsilon_{t-2} + \rho^3\varepsilon_{t-3} \cdots\cdots$則

$Var(u_t) = \sigma_u^2 = Var(\varepsilon_t) + \rho^2 Var(\varepsilon_{t-1}) + \rho^4 Var(\varepsilon_{t-2}) \cdots$

它可改寫：

$$Var(u_t) = \sigma_u^2 = \sigma_\varepsilon^2(1 + \rho^2 + \rho^4 \cdots) = \frac{\sigma_\varepsilon^2}{1 - \rho^2}$$

(end of proof)

值得一提的是，若且唯若 (iff) $|\rho| < 1$，無限序列的加總才可能收斂至某有限值。

最後，再證明 $Cov(u_t u_{t-s}) = \rho^S \sigma_u^2$，由於

$Cov(u_t u_{t-s}) = E[(\varepsilon_t + \rho\varepsilon_{t-1} + \rho^2\varepsilon_{t-2} + \rho_{t-3}^3 \cdots)(\varepsilon_{t-s} + \rho\varepsilon_{t-s-1} + \rho^2\varepsilon_{t-s-2} + \rho_{t-s-3}^{\varepsilon} \cdots)]$

小括號二式相乘之期望值，為：

$E[\rho^s \varepsilon_{t-s}^2 + \rho^{s+2}\varepsilon_{t-s-1}^2 + \rho^{s+4}\varepsilon_{t-s-2}^2 + \cdots]$

$$= \rho^s \sigma_\varepsilon^2 (1 + \rho^2 + \rho^4 + \cdots) = \frac{\rho^s \sigma_\varepsilon^2}{1 - \rho^2} = \rho^s \sigma_u^2$$

3-1-4 偵測序列相關 (SC) 之方法：線性動態模型

3-1-4a Durbin-Watson 檢定法：限 AR(1) 之偵測法

考慮誤差項為 AR(1) 之迴歸模型：

$$y_t = \beta_0 + \beta_1 x_{t1} + \beta_2 x_{t2} + \cdots \beta_k x_{tk} + u_t$$

$$u_t = \rho u_{t-1} + e_t,\ t = 2, \cdots, n$$

其中，u_t 為誤差項，e_t 來自於 iid 分配。

1. 虛無假設為 $H_0: \rho = 0$，最簡單的方式是對落遲期迴歸，再以 t 統計量檢定
2. 步驟一：跑 y_t 對 $x_{1t}, \cdots, x_{tk}$ 迴歸，得殘差項 $\hat{u}_t,\ t = 1, \cdots, n$

3. 步驟二：跑殘差迴歸，即 $\hat{u}_t$ 對 $\hat{u}_{t-1}$ 迴歸，$t = 2, \cdots, n$
4. 注意：進行 t 檢定 $\hat{e}_t$ 必須同質性

一、Durbin-Watson Statistic, d

1. Durbin-Watson (DW) 統計量是目前最普遍的方法，Stata 軟體可以計算：

$$d = DW = \frac{\sum_{t=2}^{n}(\hat{u}_t - \hat{u}_{t-1})^2}{\sum_{t=1}^{n}\hat{u}_t^2}$$

$$DW \cong 2(1-\hat{\rho})$$

   $H_0: \rho = 0$ (No AR(1)) 係針對誤差項 $u_t = \rho u_{t-1} + \varepsilon_t$，若拒絕虛無假設，則誤差項具有 AR(1) 或「*first-order serial correlation* (auto-regressive process of order 1)」。其中，$\hat{\rho}$ 爲估計的序列相關。

2. Stata 事後指令「estat dwatson」，即可印出 Durbin-Watson 值：
   (1) 若 $d = 2$，表示無序列相關。
   (2) 若 $d < 2$，表示正的序列相關。
   (3) 若 $d > 2$，表示負的序列相關。
3. 假如迴歸模型中，如果自變數包括應變數的落遲期 (例如 y_{t-1})，則即使是大樣本，t 統計量或 DW 統計量都無效。此時只能改用 bgtest 指令 (Breusch-Godfrey LM test) 或「estat durbinalt」指令 (Durbin's h-Test)。

   Breusch-Godfrey LM 檢定的統計量爲 $(n-q)R^2$，其中 R^2 是殘差迴歸的判定係數。
4. DW 檢定對更高階之殘差序列相關 (higher order serial correlation)，如 AR(2)⋯AR(4)」就失效。

虛無假設	統計量	判斷	結果表示
無正自我相關	$0 < d < d_L$	拒絕	有正自我相關
無正自我相關	$d_L \leqq d \leqq d_U$	無法判斷	其他方法
無負自我相關	$4\text{-}d_L < d < 4$	拒絕	有負自我相關
無負自我相關	$4\text{-}d_U \leqq d \leqq 4\text{-}d_L$	無法判斷	其他方法
無正或負自我相關	$d_U < d < 4\text{-}d_U$	不拒絕	無正或負自我相關

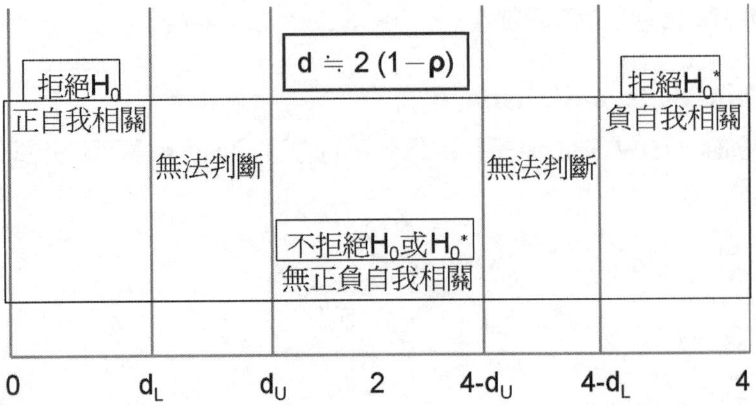

拒絕H_0
正自我相關
無法判斷
$d \doteq 2(1-\rho)$
不拒絕H_0或H_0^*
無正負自我相關
無法判斷
拒絕H_0^*
負自我相關
0 d_L d_U 2 $4-d_U$ $4-d_L$ 4

圖 3-3 Durbin-Watson 自我相關檢定判定規則 (Durbin & Watson,1950)

情況 1. $H_0: \rho = 0$ 對 $H_1: \rho > 0$。若估計的 $d < d_U$，則在顯著水準 α 上拒絕 $H_0: \rho = 0$，表示具有統計上顯著的正相關。

情況 2. $H_0: \rho = 0$ 對 $H_1: \rho < 0$。若估計的 $(4-d) < d_U$，則在顯著水準 α 上拒絕 $H_0: \rho = 0$，表示具有統計上顯著的負相關。

情況 3. $H_0: \rho = 0$ 對 $H_1: \rho \neq 0$。若估計的 $d < d_U$ 或 $(4-d) < d_U$，則在顯著水準 2α 上拒絕 $H_0: \rho = 0$，表示具有統計上顯著的自我相關。

違反殘差獨立性的補救措施：

(1) 盡力查明自我相關是純粹自我相關，而不是模型設定偏誤造成的 (加入趨勢項或二次項)。

(2) 若是純粹自我相關，則可對原模型做適當的變換 (廣義最小平方法 GLS)。

(3) 在大樣本之下，用 Newey-West 的 HAC 法，以得到 OLS 估計量在對自我相關加以修正之後的標準誤 (類似 White 的方法)。

(4) 若是小樣本，而且 $\rho < 0.3$，則用 OLS 即可。

(5) 改用「納入 lags 項」之時間序列分析法，即線性迴歸模型的精神所在。

3-1-4b 更高階之殘差 AR(p) 的檢定法有三：線性動態模型

Stata 偵測更高階 AR(p) 之方法有三：

方法 1. **Durbin's h-test (Stata 指令 estat durbinalt)**：當迴歸式有落遲項 (lagged) 亦可使用。

例如：$y_t=\alpha+\beta_1 y_{t-1}+\beta_2 x_t+u_t$，式中右側含落遲項 (y_{t-1})。迴歸分析之後，此 AR(1) 序列相關的偵測，你可再使用 Durbin's h 檢定 (指令「**estat durbinalt**」)，來檢定迴歸式右側之依變數落遲項 (y_{t-1}) 是否存在？至於更高階 AR(p) 序列相關，則可改用 **Breusch-Godfrey** 檢定 (「指令 **estat bgodfrey**」)。

Durbin's h 檢定之步驟為：

Step 1：以 OLS 估計迴歸模型及殘差 $\hat{u}_t$

Step 2：從$(2-d)/2=\hat{\rho}$來估計$\hat{\rho}$ 關係

Step 3：代入下列公式，求得 Durbin's h-statistic

$$h=\hat{\rho}\sqrt{\frac{n'}{1-n's_{\hat{\beta}}^2}}$$ 其中 n' 是觀察值個數 -1

$s_{\hat{\beta}}^2$ 是落遲項y_{t-1}係數的變異數。在大樣本，此 h 統計值屬非常態分配 (normal distribution)。

當 $|h|>z^*$(z 為臨界值) 時，則拒絕虛無假設「H_0：$\rho=0$」; 對立假設 H_A：$\rho\neq 0$。

方法 2. **Breusch-Godfrey serial correlation LM test**：可用在 AR(1)、AR(2)、AR(3)⋯。

例如：$u_t=\rho_1 u_{t-1}+\rho_2 u_{t-2}+\rho_3 u_{t-3}+\varepsilon_t \rightarrow$ AR(3) 結構

當執行你的線性迴歸 (不論有沒有依變數落遲項 y_{t-p}) 之後，再使用 Stata 指令「**estat** bgodfrey, **lags (1 2 3)**」，即可檢定更高階序列相關 (higher order serial correlation)。

若你要檢定 AR(3) 誤差結構，其對應的虛無假設為 H_0：$\rho_1=\rho_2=\rho_3=0$。

方法 3. **Correlograms(**corrgram 指令) 及 **Q-Statistics**

Stata 提供 corrgram 指令可執行「帶 Q-statistic 自我相關 (AC) 及偏自我相關 (partial autocorrelations, PAC)」。corrgram 的範例如下：

```
* Setup
. webuse air2

. describe
```

```
Contains data from http://www.stata-press.com/data/r12/air2.dta
  obs:           144                          TIMESLAB: Airline passengers
 vars:             3                          3 Mar 2011 10:01
 size:         1,440
------------------------------------------------------------------------------
              storage  display     value
variable name   type   format      label      variable label
------------------------------------------------------------------------------
air             int    %8.0g                  Airline Passengers (1949-1960)
time            float  %9.0g                  Time (in months)
t               float  %9.0g
------------------------------------------------------------------------------

* List autocorrelations, partial autocorrelations, and Q statistics
. corrgram air, lags(20)
                                          -1       0       1 -1       0       1
 LAG       AC       PAC      Q     Prob>Q  [Autocorrelation] [Partial Autocor]
-------------------------------------------------------------------------------
1        0.9480   0.9589   132.14  0.0000          |-------          |-------
2        0.8756  -0.3298   245.65  0.0000          |-------        --|
3        0.8067   0.2018   342.67  0.0000          |------           |-
4        0.7526   0.1450   427.74  0.0000          |------           |-
5        0.7138   0.2585    504.8  0.0000          |-----            |--
6        0.6817  -0.0269    575.6  0.0000          |-----            |
7        0.6629   0.2043   643.04  0.0000          |-----            |-
8        0.6556   0.1561   709.48  0.0000          |-----            |-
9        0.6709   0.5686   779.59  0.0000          |-----            |----
10       0.7027   0.2926   857.07  0.0000          |-----            |--
11       0.7432   0.8402   944.39  0.0000          |-----            |------
12       0.7604   0.6127   1036.5  0.0000          |------           |----
13       0.7127  -0.6660     1118  0.0000          |-----       -----|
14       0.6463  -0.3846   1185.6  0.0000          |-----         ---|
15       0.5859   0.0787   1241.5  0.0000          |----             |
16       0.5380  -0.0266     1289  0.0000          |----             |
17       0.4997  -0.0581   1330.4  0.0000          |---              |
18       0.4687  -0.0435     1367  0.0000          |---              |
19       0.4499   0.2773   1401.1  0.0000          |---              |--
20       0.4416  -0.0405   1434.1  0.0000          |---              |
```

```
* Graph the autocorrelations
. ac air

* Graph the partial autocorrelations of differenced and seasonally differ-
  enced series
. pac DS12.air, lags(20) srv
```

PAC 圖的斷點，落在 Lag = 1，故時間序列 air 之誤差存有 AR(1)。

範例一：偵測殘差 AR(1)：使用 Durbin's h-test、Breusch-Godfrey 法

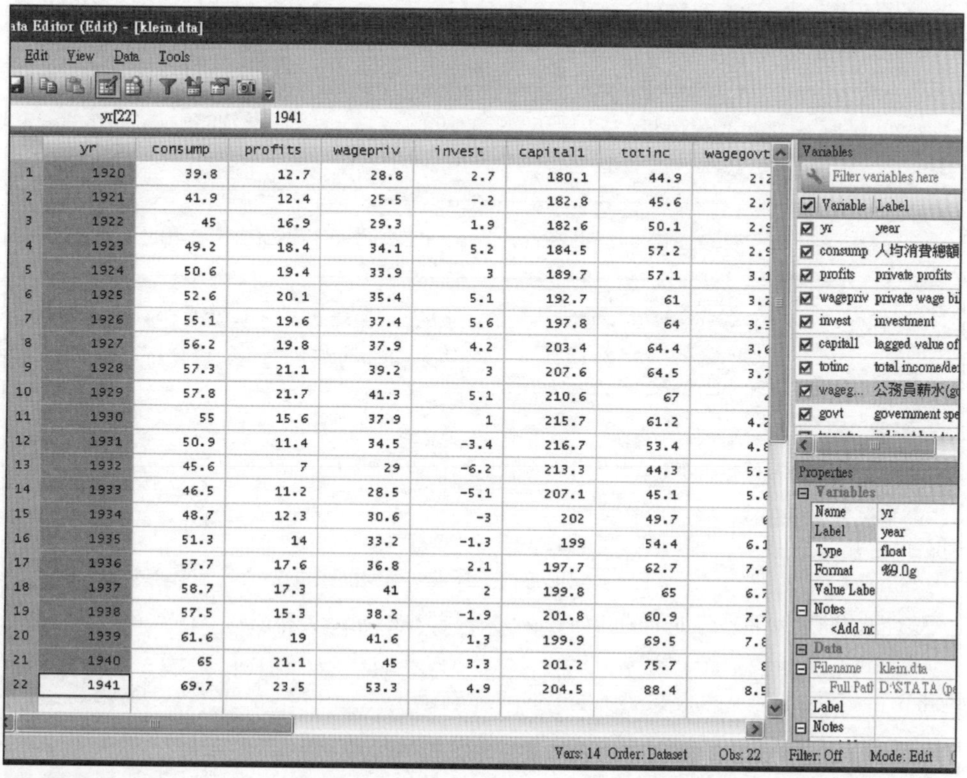

ata Editor (Edit) - [klein.dta]

Edit View Data Tools

yr[22] 1941

	yr	consump	profits	wagepriv	invest	capital1	totinc	wagegovt
1	1920	39.8	12.7	28.8	2.7	180.1	44.9	2.2
2	1921	41.9	12.4	25.5	-.2	182.8	45.6	2.7
3	1922	45	16.9	29.3	1.9	182.6	50.1	2.9
4	1923	49.2	18.4	34.1	5.2	184.5	57.2	2.9
5	1924	50.6	19.4	33.9	3	189.7	57.1	3.1
6	1925	52.6	20.1	35.4	5.1	192.7	61	3.2
7	1926	55.1	19.6	37.4	5.6	197.8	64	3.3
8	1927	56.2	19.8	37.9	4.2	203.4	64.4	3.6
9	1928	57.3	21.1	39.2	3	207.6	64.5	3.7
10	1929	57.8	21.7	41.3	5.1	210.6	67	4
11	1930	55	15.6	37.9	1	215.7	61.2	4.2
12	1931	50.9	11.4	34.5	-3.4	216.7	53.4	4.8
13	1932	45.6	7	29	-6.2	213.3	44.3	5.3
14	1933	46.5	11.2	28.5	-5.1	207.1	45.1	5.6
15	1934	48.7	12.3	30.6	-3	202	49.7	6
16	1935	51.3	14	33.2	-1.3	199	54.4	6.1
17	1936	57.7	17.6	36.8	2.1	197.7	62.7	7.4
18	1937	58.7	17.3	41	2	199.8	65	6.7
19	1938	57.5	15.3	38.2	-1.9	201.8	60.9	7.7
20	1939	61.6	19	41.6	1.3	199.9	69.5	7.8
21	1940	65	21.1	45	3.3	201.2	75.7	8
22	1941	69.7	23.5	53.3	4.9	204.5	88.4	8.5

Variable	Label
yr	year
consump	人均消費總額
profits	private profits
wagepriv	private wage bi
invest	investment
capital1	lagged value of
totinc	total income/de
wageg...	公務員薪水(g
govt	government spe

Properties

Variables	
Name	yr
Label	year
Type	float
Format	%9.0g
Value Labe	
Notes	<Add nc
Data	
Filename	klein.dta
Full Path	D:\STATA (p
Label	
Notes	

Vars: 14 Order: Dataset Obs: 22 Filter: Off Mode: Edit

圖 3-4 時間序列「klein.dta」資料檔內容 (t = 20 年)

```
. webuse klein
. tsset yr

. describe consump wagegov
              storage  display     value
variable name   type   format      label      variable label
------------------------------------------------------------------------------
consump         float  %9.0g                  人均消費總額(consumption)
wagegovt        float  %9.0g                  公務員薪水(government wage bill)

. regress consump wagegovt

      Source |       SS       df       MS              Number of obs =      22
-------------+------------------------------           F(  1,    20) =   17.72
       Model |  532.567711     1  532.567711           Prob > F      =  0.0004
    Residual |  601.207167    20  30.0603584           R-squared     =  0.4697
-------------+------------------------------           Adj R-squared =  0.4432
       Total |  1133.77488    21  53.9892799           Root MSE      =  5.4827

------------------------------------------------------------------------------
     consump |      Coef.   Std. Err.      t    P>|t|     [95% Conf. Interval]
-------------+----------------------------------------------------------------
    wagegovt |    2.50744   .5957173     4.21   0.000     1.264796    3.750085
       _cons |   40.84699   3.192183    12.80   0.000     34.18821    47.50577
------------------------------------------------------------------------------

*線性迴歸之後，再執行 DW 來判定 lag(1) 是否存在？
. estat dwatson
Durbin-Watson d-statistic(  2,    22) =  .3217998

*線性迴歸之後，再執行 Durbin's h-test 來判定 lag(1) 是否存在？
. estat durbinalt, small
Durbin's alternative test for autocorrelation
---------------------------------------------------------------------------
    lags(p)  |          F                 df                 Prob > F
-------------+-------------------------------------------------------------
       1     |        35.035           (  1,    19 )           0.0000
---------------------------------------------------------------------------
```

```
                    H0: no serial correlation

*線性迴歸之後，再執行 archlm 來判定誤差 ARHC(1~3) 是否存在？
. estat archlm, lags(1 2 3)
LM test for autoregressive conditional heteroskedasticity (ARCH)
---------------------------------------------------------------------------
    lags(p)    |          chi2                df                 Prob > chi2
---------------+-----------------------------------------------------------
       1       |          5.543               1                    0.0186
       2       |          9.431               2                    0.0090
       3       |          9.039               3                    0.0288
---------------------------------------------------------------------------
         H0: no ARCH effects       vs.   H1: ARCH(p) disturbance
```

1. DW 之 d 值 = 0.3217 < 2，正的序列相關 (即存在 AR(1) 項)，你需將y_{t-1}落遲項一併納入迴歸分析。
2. 未含落遲項「$consump_{t-1}$ 及 $consump_{t-2}$」迴歸，整體模型適配度 $R^2 = 0.47$。相對地，「範例二」含落遲項之整體模型適配度 $R^2 = 0.89$ 值較高，故含落遲項 (lags) 模型會遠比未含落遲項優。
3. Durbin's h-test 結果，lags = 1 時 F = 35.035，$p < 0.05$，故拒絕「H_0: no serial correlation」，表示時間序列「$consump_t = 2.50 \times wagegovt_t + 40.85$」存在 AR(1) 項，故迴歸式應改成「$consump_t = \beta_1 \times consump_{t-1} + \beta_2 \times wagegovt_t + \alpha$」，請看下頁「範例二」。
4. archlm 結果可看判定，誤差具有 ARHC(1), ARHC(2), ARHC(3)。即誤差平方ε_t^2之間存有 $cov(\varepsilon_t^2, \varepsilon_{t-1}^2) \neq 0$, $cov(\varepsilon_t^2, \varepsilon_{t-2}^2) \neq 0$, $cov(\varepsilon_t^2, \varepsilon_{t-3}^2) \neq 0$。

範例二：偵測高階殘差 AR(p)：使用 Durbin's h-test、Breusch-Godfrey 法偵測

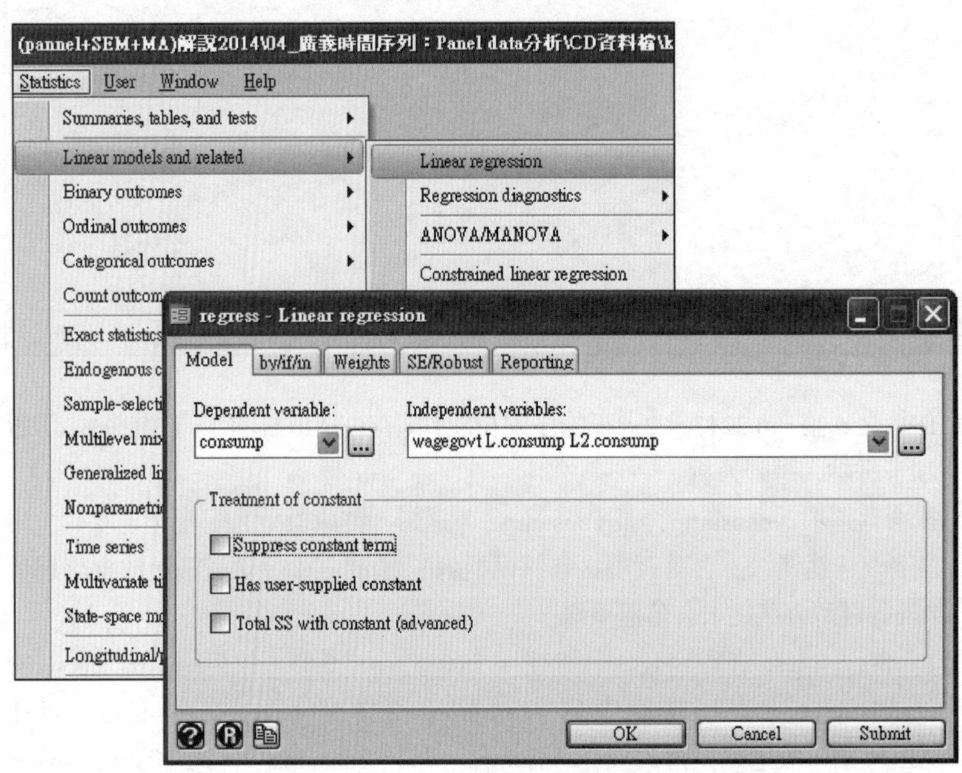

圖 3-5 動態模型「regress consump wagegovt L.consump L2.consump」指令之畫面

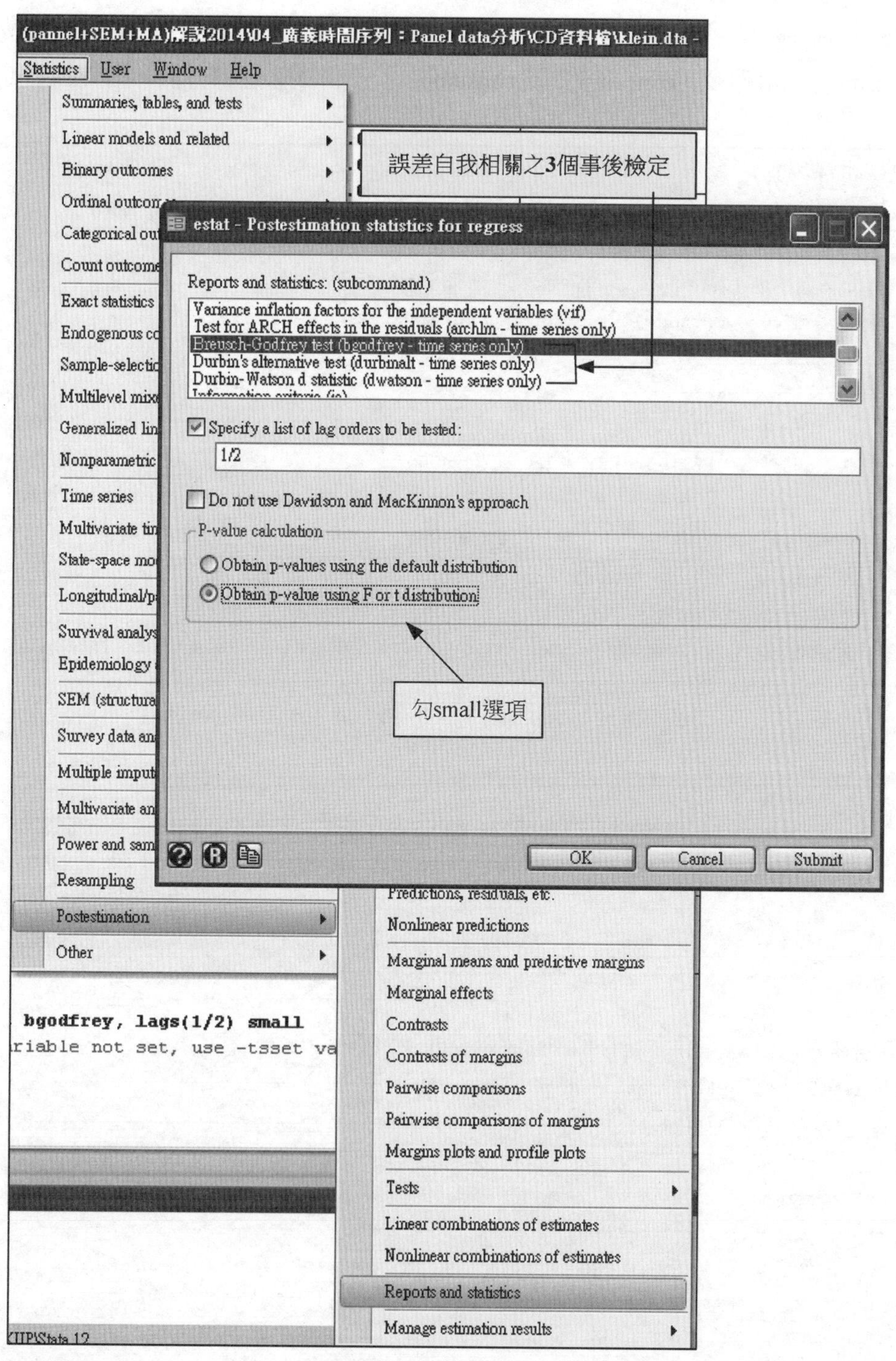

圖 3-6 事後指令「estat bgodfrey, small lags(1/2)」之畫面

承上例，時間序列「klein.dta」資料檔，「範例一」發現「$consump_t = 2.50 \times wagegovt_t + 40.85$」存在 AR(1) 項，故我們使用「L.」運算子，將依變數的 $consump_t$ 的落遲項「$consump_{t-1}$ 及 $consump_{t-2}$」一併納入迴歸分析。指令如下：

```
. webuse klein
. tsset yr

*「L.」為落遲 1 期，「L2.」為落遲 2 期運算子，執行下列
. regress consump wagegovt L.consump L2.consump
      Source |       SS       df       MS              Number of obs =      20
-------------+------------------------------           F(  3,    16) =   44.01
       Model |  702.660311     3  234.220104           Prob > F      =  0.0000
    Residual |  85.1596011    16  5.32247507           R-squared     =  0.8919
-------------+------------------------------           Adj R-squared =  0.8716
       Total |  787.819912    19  41.4642059           Root MSE      =   2.307

------------------------------------------------------------------------------
     consump |      Coef.   Std. Err.      t    P>|t|     [95% Conf. Interval]
-------------+----------------------------------------------------------------
    wagegovt |   .6904282   .3295485     2.10   0.052    -.0081835     1.38904
             |
     consump |
         L1. |   1.420536    .197024     7.21   0.000     1.002864    1.838208
         L2. |   -.650888   .1933351    -3.37   0.004     -1.06074   -.241036
             |
       _cons |   9.209073   5.006701     1.84   0.084    -1.404659    19.82281
------------------------------------------------------------------------------

*含落遲項迴歸之後，再執行 Durbin's h-test 來判定 lag(1~2) 是否存在？
. estat durbinalt, small lags(1/2)
Durbin's alternative test for autocorrelation
---------------------------------------------------------------------------
    lags(p)  |          F                 df                  Prob > F
-------------+-------------------------------------------------------------
       1     |        0.080            (  1,    15 )            0.7805
       2     |        0.260            (  2,    14 )            0.7750
---------------------------------------------------------------------------
                       H0: no serial correlation
```

```
*線性迴歸之後，再執行 Breusch-Godfrey 來判定 lag(1~2) 是否存在？
. estat bgodfrey, small lags(1/2)
Breusch-Godfrey LM test for autocorrelation
---------------------------------------------------------------------------
    lags(p)   |          F                   df                 Prob > F
--------------+------------------------------------------------------------
       1      |        0.107            (  1,     15 )            0.7484
       2      |        0.358            (  2,     14 )            0.7056
---------------------------------------------------------------------------
                        H0: no serial correlation
```

1. 含落遲項「$consump_{t-1}$ 及 $consump_{t-2}$」迴歸，整體模型適配度 $R^2 = 0.89$；「範例一」未含落遲項「$consump_{t-1}$ 及 $consump_{t-2}$」迴歸，整體模型適配度 $R^2 = 0.47$。故含落遲項 (lags) 模型遠比未含落遲項優。
2. 求得含落遲項之迴歸式為：$consump_t = 0.69 \times wagegovt + 1.42 \times consump_{t-1} - 0.65 \times consump_{t-2} + 9.21$
3. 含落遲項「$consump_{t-1}$ 及 $consump_{t-2}$」迴歸之後，Durbin's h-test 顯示：在 lag(1～2) 之 p 值都 > 0.05，故表示誤差項已不存在 AR(1) 及 AR(2)。
4. Breusch-Godfrey 亦顯示：在 lag(1～2) 之 p 值都 > 0.05，故表示誤差項已不存在 AR(1) 及 AR(2)。

3-2 Longitudinal Data 序列相關 (先 bgodfrey 偵測，再 newey/prais 指令解決)

1. 橫斷面資料的樣本如果來自於隨機抽樣，則不同觀測值的誤差值 u_i 可視為是無相關的。但是，時間序列資料由於具有時間上的順序性，常常可以發現誤差項呈現序列相關的現象，又稱為自我相關 (autocorrelation)。
2. 序列自我相關與異質性問題的本質是一樣的：OLS 估計式仍然是不偏、一致。換句話說，迴歸估計式標準誤將失真；因此假設 t 檢定 /z 檢定、信賴區間估計都不正確。如果能將自我相關的現象考量進來，可能找到更有效率的估計式。

在你設定模型之前，請優先考量序列相關 (serial correlation, SC) 問題？免得你犯了衆人常犯的「錯誤的模型設定」，因為它是造成序列相關的主因，你只要稍作 logs，改採非線性模型，即可克服此問題。

一旦發現殘差中存有序列相關，你亦可仿照本例 newey 做法來解決。

例如：假設以全國 GDP 來預測人均消費 (CS)，則模型若屬 AR(1) 則爲：

$CS_t=\alpha+\beta GDP_t+u_t$，其中，殘差 $u_t=\rho u_{t-1}+\varepsilon_t$ 係存有 AR(1)。

同理，若誤差爲 AR(3)，則可用指令：「newey Y X1 X2, lag(3)」。其中，newey 指令，旨在分析帶有 Newey-West 標準誤之迴歸 (regression with Newey-West standard errors)。

情況 1. 當「newey …, lag(0)」指令，它相當於「regress …, vce(robust)」。其估計值爲：

$$\hat{\beta}_{OLS}=(X'X)^{-1}X'y$$

$$\widehat{Var}(\hat{\beta}_{OLS})=(X'X)^{-1}X'\hat{\Omega}X(X'X)^{-1}$$

當 lag(0) (無自我相關) 時，White 估計變異數爲：

$$X'\hat{\Omega}X=X'\hat{\Omega}_0X=\frac{n}{n-k}\sum_i \hat{e}_i^2 x_i' x_i$$

其中

$$\hat{e}_i=y_i-x_i\hat{\beta}_{OLS}$$

情況 2. 當 lag(m)，m > 0，White 估計變異數爲：

$$X'\hat{\Omega}X=X'\hat{\Omega}_0X+\frac{n}{n-k}\sum_{l=1}^{m}\left(1-\frac{l}{m+1}\right)\sum_{t=l+1}^{n}\hat{e}_t\hat{e}_{t-l}(x'_t x_{t-l}+x'_{t-l}x_t)$$

小結

之前所說的 DW 檢定及 correlograms，都可用來判讀「誤差自我相關的 lag() 期數」。

值得一提的事，若解釋變數之間無相關，則可採「OLS with AR(p)s」。但是，若自變數之間存有相關 (as in most data)，且有證據證實「serial correlation at different orders」，則可改用 ivrobust 指令來執行「weak instrument test for a single endogenous regressor in TSLS and LIML」。

3-2-1 序列相關 AR(3)(先 reg、bgodfrey 偵測，再 newey 指令解決)

(一) 如何克服序列相關 (serial correlation, SC)

依照時間排列的數據稱爲時間序列 (time series) 資料，對於時間序列資料之研究稱之爲時間序列分析。時間序列資料無法以一般的迴歸分析來建立模型並加以分析，因時間序列中各觀察值通常存在著相當的關聯性，觀察值之時間間隔愈短、相關性就愈大 (Sheu, 1993)。序列相關 (serial correlation, SC) 即爲資料中各觀察值誤差項不爲獨立，前期的誤差項也會影響到下一期的誤差項，其誤差項之相關係數可用 ρ 來表示。傳統的處理方式是藉由一般的差分方程式來求得係數，但卻必須假定誤差項成常態分配。

實務上，克服誤差之自我相關有二個方法：(1) 將帶 AR(1) 之誤差引入動態 OLS 迴歸，即動態模型。(2) 在 Stata 統計軟體中，先用 bgodfrey 偵測時間序列之誤差自我相關，再捨去 regression 指令，改用 newey 或 prais 指令來解決 (張紹勳，2015)。

(二) 序列相關 (serial correlation, SC) 實例

例如：縱貫面，我們想先以 OLS 來適配模型，再用 bgodfrey 指令判定誤差自我相關 lag 有幾期？最後再改用 Newey-West 標準誤之迴歸分析。此例誤差係屬 AR(1/3)，故 newey 對應的指令如下：

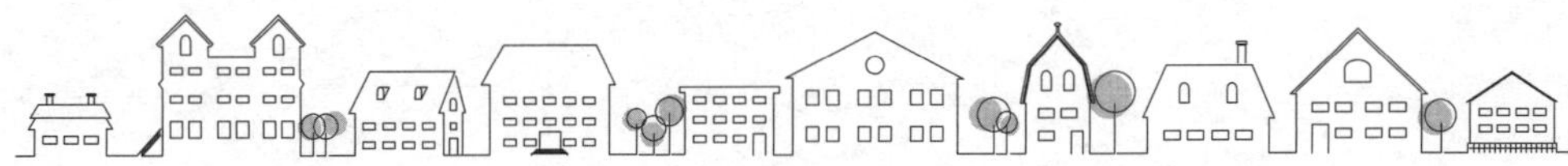

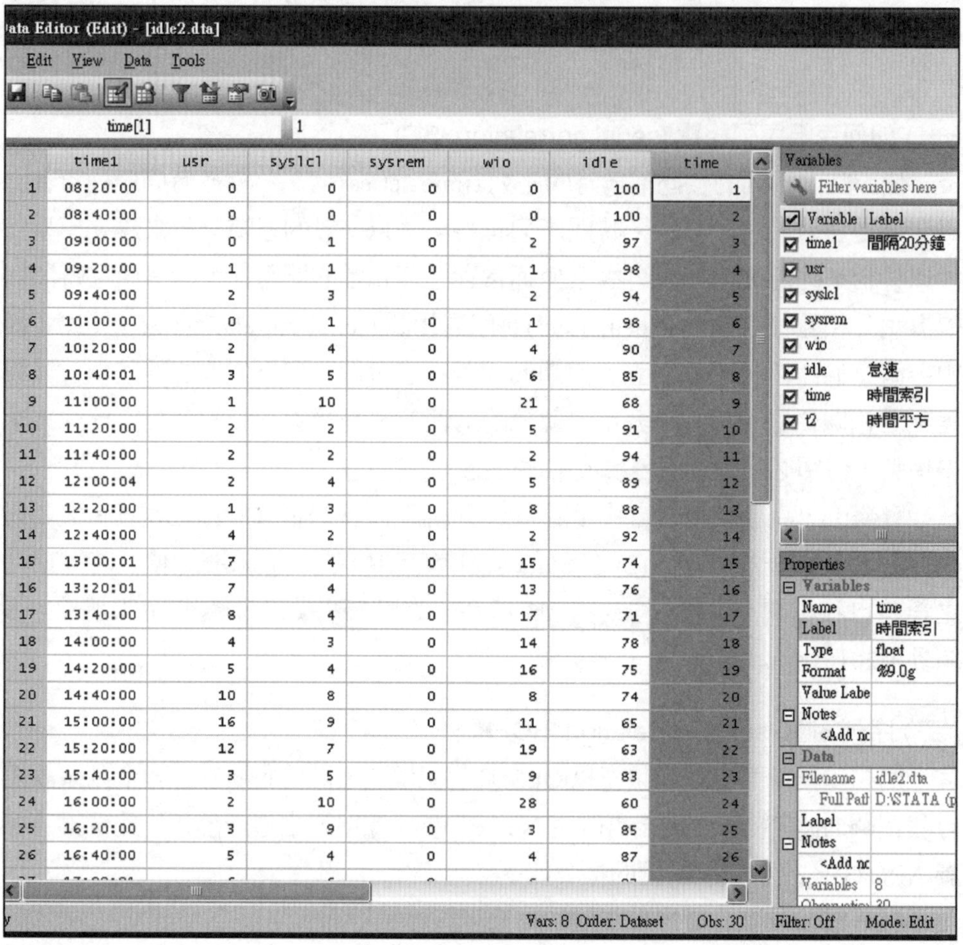

	time1	usr	syslcl	sysrem	wio	idle	time
1	08:20:00	0	0	0	0	100	1
2	08:40:00	0	0	0	0	100	2
3	09:00:00	0	1	0	2	97	3
4	09:20:00	1	1	0	1	98	4
5	09:40:00	2	3	0	2	94	5
6	10:00:00	0	1	0	1	98	6
7	10:20:00	2	4	0	4	90	7
8	10:40:01	3	5	0	6	85	8
9	11:00:00	1	10	0	21	68	9
10	11:20:00	2	2	0	5	91	10
11	11:40:00	2	2	0	2	94	11
12	12:00:04	2	4	0	5	89	12
13	12:20:00	1	3	0	8	88	13
14	12:40:00	4	2	0	2	92	14
15	13:00:01	7	4	0	15	74	15
16	13:20:01	7	4	0	13	76	16
17	13:40:00	8	4	0	17	71	17
18	14:00:00	4	3	0	14	78	18
19	14:20:00	5	4	0	16	75	19
20	14:40:00	10	8	0	8	74	20
21	15:00:00	16	9	0	11	65	21
22	15:20:00	12	7	0	19	63	22
23	15:40:00	3	5	0	9	83	23
24	16:00:00	2	10	0	28	60	24
25	16:20:00	3	9	0	3	85	25
26	16:40:00	5	4	0	4	87	26

圖 3-7 「idle2.dta」資料檔內容 (縱貫面之 AR(p) 型，t = 30)

Step 1. OLS 迴歸

縱貫面「idle2.dta」資料檔，假設以 usr 爲依變數；idle 爲自變數，其 OLS 分析畫面如下。

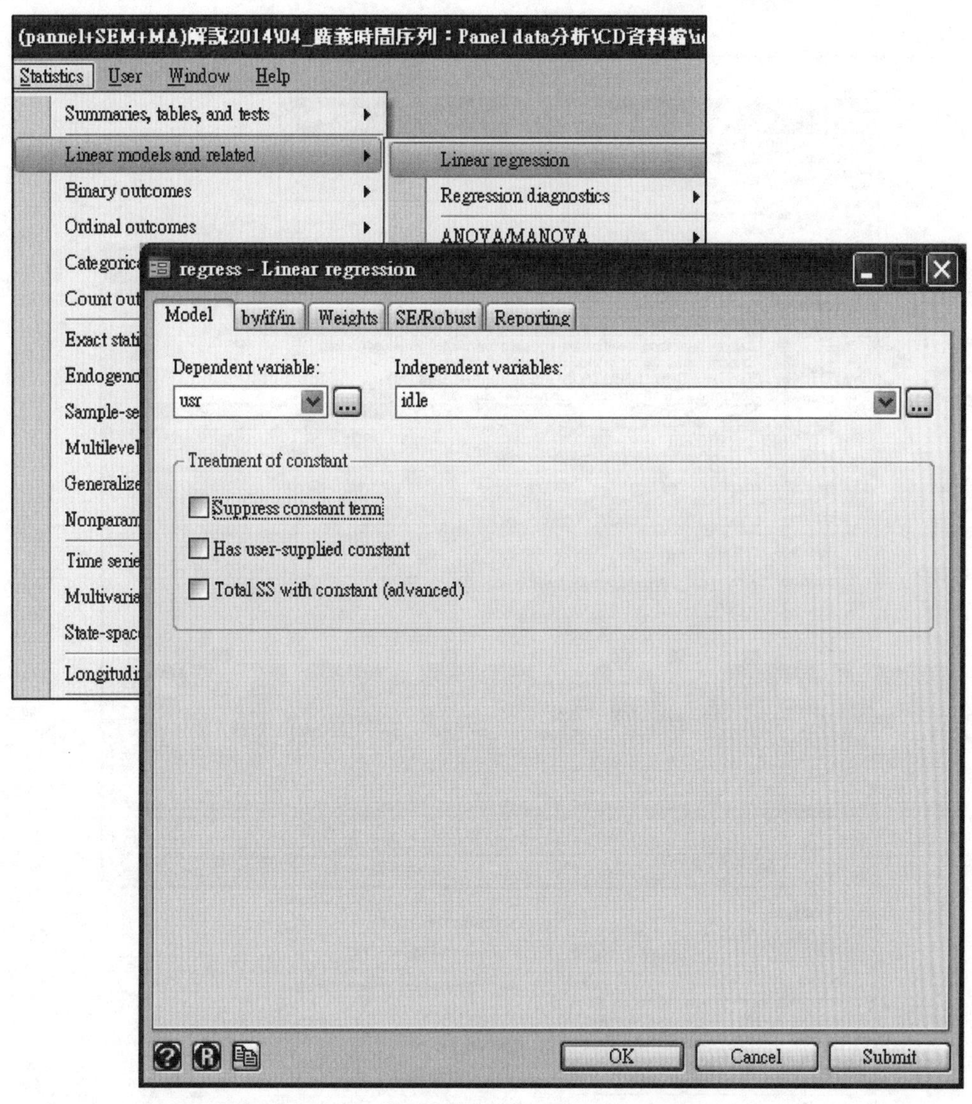

圖 3-8「regress usr idle」畫面

Step 2. 用 bgodfrey 指令偵測誤差 AR(p) 之 p 值

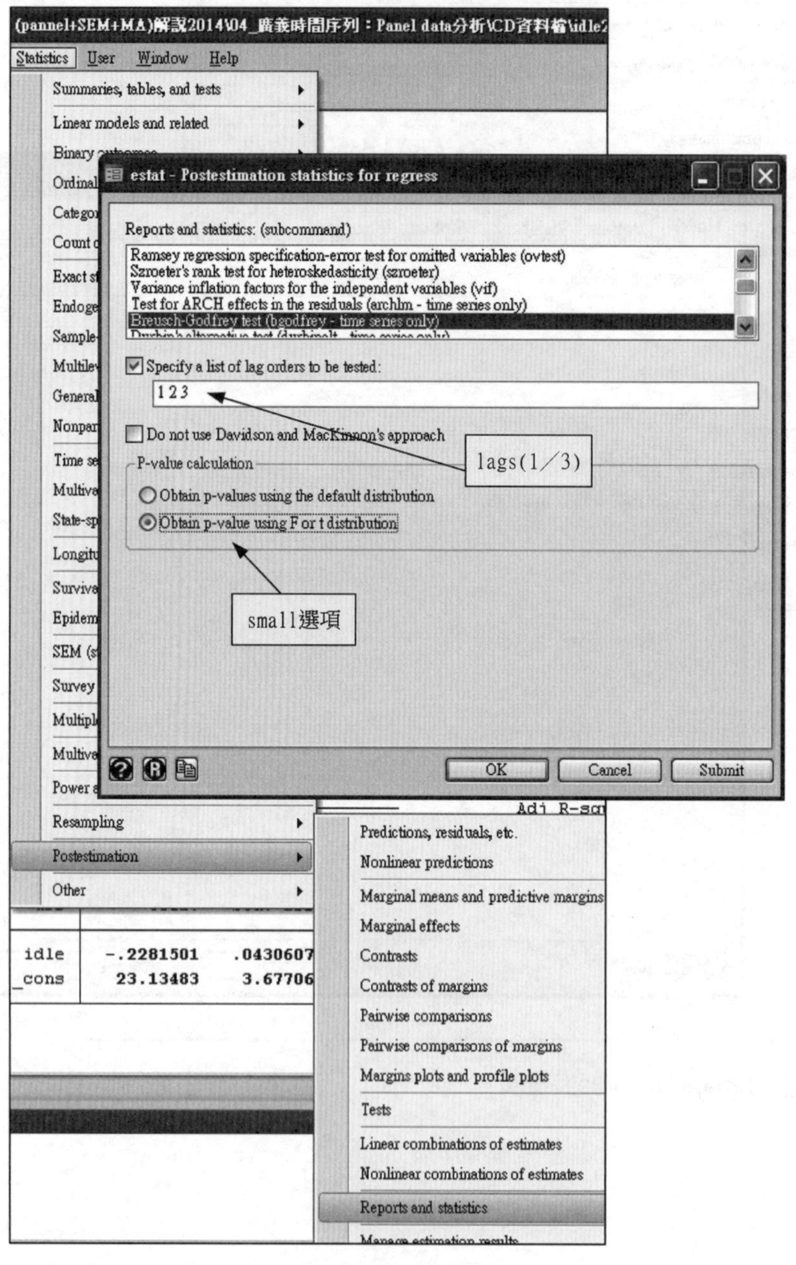

圖 3-9 「estat bgodfrey, small lags(1/3)」畫面

Step 3. 用 newey 指令校正誤差 AR(p) 之迴歸

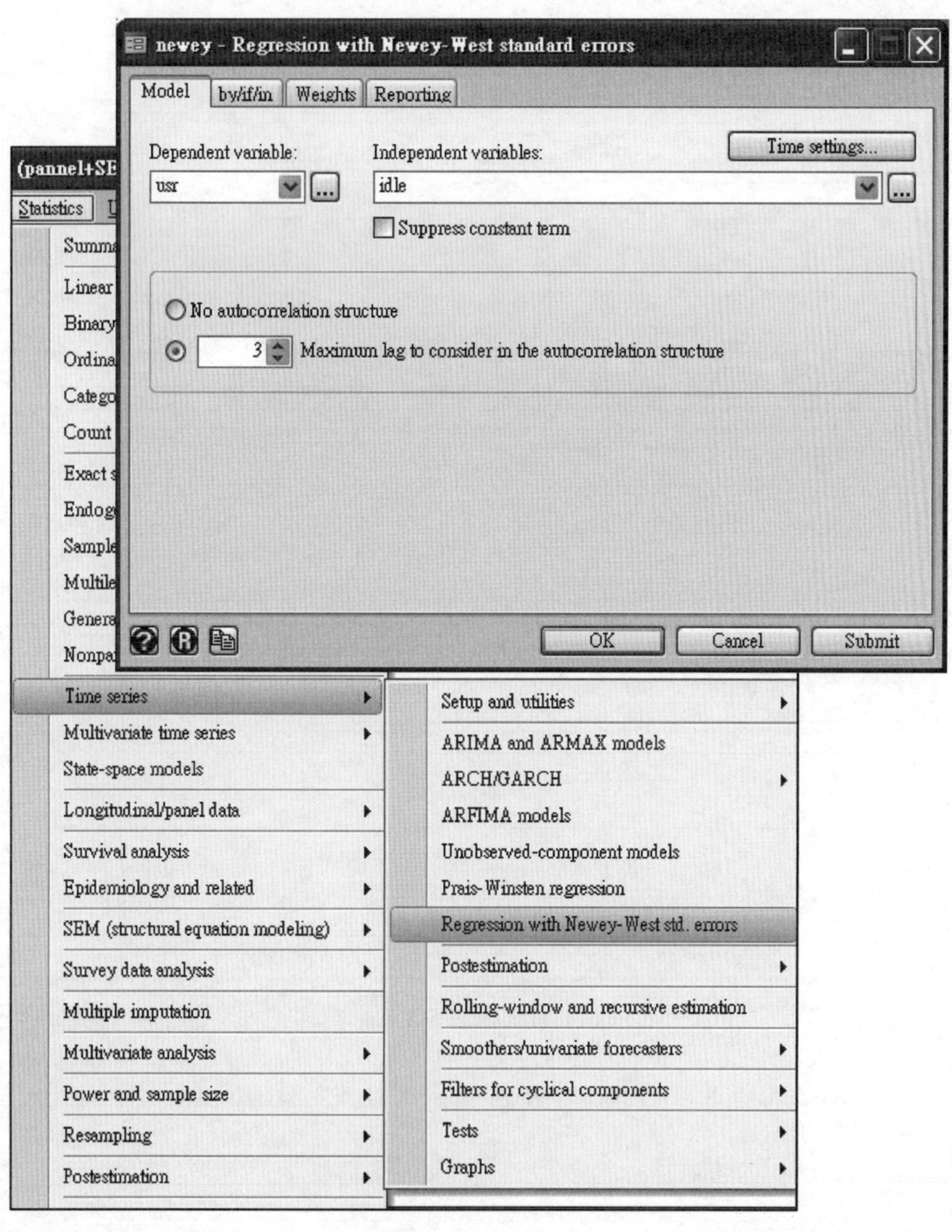

圖 3-10 「newey usr idle, lag(3)」畫面

```
* Setup
. webuse idle2
. tsset time
*沒有自我相關(lag=0)之 OLS 迴歸模型：當對照組
. regress usr idle

      Source |       SS       df       MS              Number of obs =      30
-------------+------------------------------           F(  1,    28) =   28.07
       Model |  210.35435      1   210.35435           Prob > F      =  0.0000
    Residual | 209.812316     28  7.49329702           R-squared     =  0.5006
-------------+------------------------------           Adj R-squared =  0.4828
       Total | 420.166667     29  14.4885057           Root MSE      =  2.7374

------------------------------------------------------------------------------
         usr |      Coef.   Std. Err.      t    P>|t|     [95% Conf. Interval]
-------------+----------------------------------------------------------------
        idle |  -.2281501   .0430607    -5.30   0.000    -.3163559   -.1399442
       _cons |   23.13483    3.67706     6.29   0.000     15.60271    30.66694
------------------------------------------------------------------------------

. estat bgodfrey, small lags(1/3)
Breusch-Godfrey LM test for autocorrelation
---------------------------------------------------------------------------
    lags(p)  |          F                 df                 Prob > F
-------------+-------------------------------------------------------------
       1     |        4.166          (  1,    27 )            0.0511
       2     |        3.931          (  2,    26 )            0.0322
       3     |        2.845          (  3,    25 )            0.0580
---------------------------------------------------------------------------
                        H0: no serial correlation

* Regression with Newey-West standard errors with 3 as maximum lag order of
  autocorrelation
. newey usr idle, lag(3)

Regression with Newey-West standard errors          Number of obs  =        30
maximum lag: 3                                      F(  1,    28)  =     10.90
                                                    Prob > F       =    0.0026
```

```
------------------------------------------------------------------------------
             |             Newey-West
         usr |      Coef.   Std. Err.      t    P>|t|     [95% Conf. Interval]
-------------+----------------------------------------------------------------
        idle |  -.2281501    .0690927    -3.30   0.003    -.3696801    -.08662
       _cons |   23.13483    6.327031     3.66   0.001     10.17449   36.09516
------------------------------------------------------------------------------
```

1. Breusch-Godfrey LM 檢定自我相關，從 lag = 1 至 lag = 3，p 值都近似 0.05 顯著水準，故可假定本例誤差係屬 AR(3)。
2. 沒有自我相關 (lag = 0) 之 OLS 迴歸模型，係數的標準差 0.043，高於 Newey-West 的標準差 0.069。
3. OLS 迴歸及 **newey** 迴歸，二者係數相同，都是 –0.228。
4. OLS 模型整體適配度 $R^2 = 0.50$ 不算高，因爲 OLS 模型之誤差含有自我相關。

3-2-2 序列相關 AR(4)(先 dwatson、bgodfrey 再 newey/prais)

範例：縱貫面 (longitudinal data) 居民用電 (residential electricity) 需求的序列相關

一、問題說明

研究者收集八十七季某地區用電量之相關因素，並整理成下表，此「elecex.dta」資料檔之變數如下 (分析單位：地區)：

變數名稱	說明	編碼 Codes/Values
時間索引 (下標) t	dates	1972:02 to 1993:04

Step 1. 建資料檔

最初資料檔之變數定義爲：

1. RSKWH= 給住宅客戶之售電量 (electricity sales to residential customers)
2. NOCUST= 住宅用戶數目 (number of residential customers)

3. PRICE= 單戶稅率之均價 (average price for the single-family rate tariff)
4. CPI= 聖地牙哥消費者物價指數 (1982-84=100)[San Diego Consumer Price Index (1982-84=100)]
5. INCM= 全縣總個人收入 (county's total personal income)
6. CDD= 冷度率 (cooling degree rates)
7. HDD= 暖化日數 (heating degree days)
8. POP= 該地區人口數 (county's population)

「elecex.dta」資料檔內容，如圖 3-11。

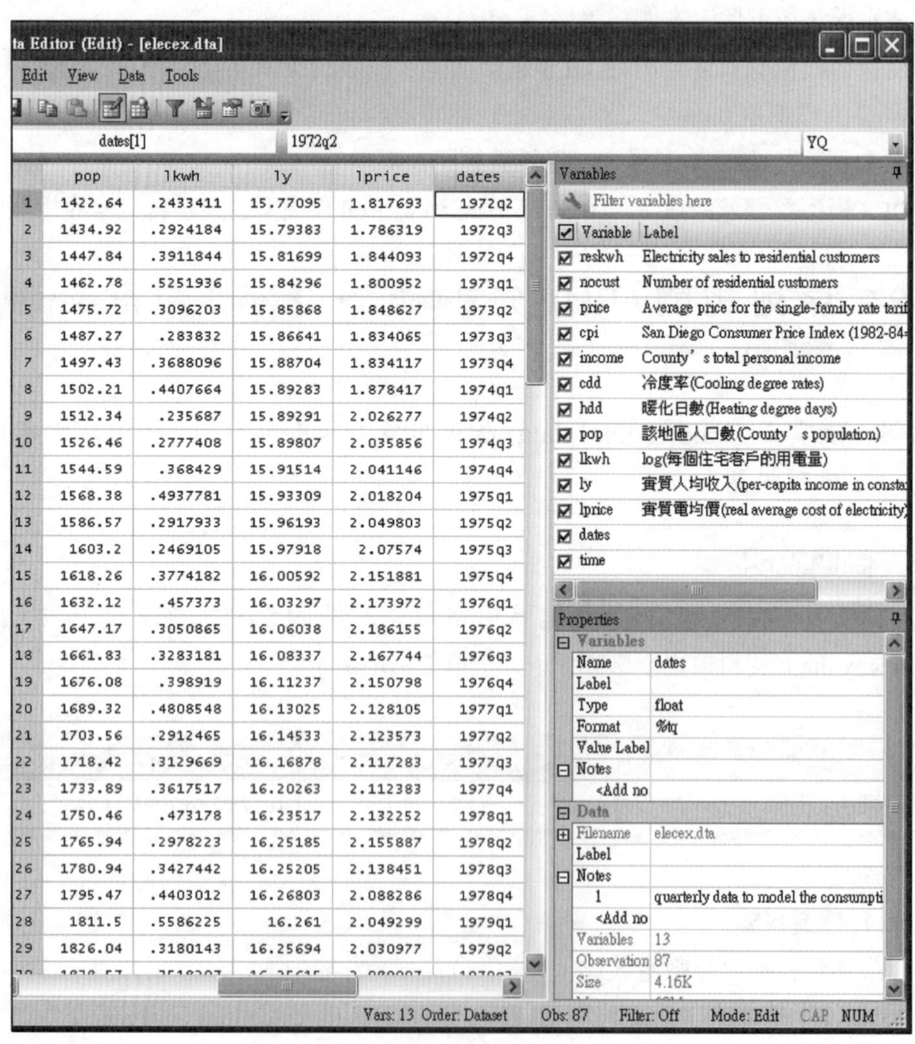

	pop	lkwh	ly	lprice	dates
1	1422.64	.2433411	15.77095	1.817693	1972q2
2	1434.92	.2924184	15.79383	1.786319	1972q3
3	1447.84	.3911844	15.81699	1.844093	1972q4
4	1462.78	.5251936	15.84296	1.800952	1973q1
5	1475.72	.3096203	15.85868	1.848627	1973q2
6	1487.27	.283832	15.86641	1.834065	1973q3
7	1497.43	.3688096	15.88704	1.834117	1973q4
8	1502.21	.4407664	15.89283	1.878417	1974q1
9	1512.34	.235687	15.89291	2.026277	1974q2
10	1526.46	.2777408	15.89807	2.035856	1974q3
11	1544.59	.368429	15.91514	2.041146	1974q4
12	1568.38	.4937781	15.93309	2.018204	1975q1
13	1586.57	.2917933	15.96193	2.049803	1975q2
14	1603.2	.2469105	15.97918	2.07574	1975q3
15	1618.26	.3774182	16.00592	2.151881	1975q4
16	1632.12	.457373	16.03297	2.173972	1976q1
17	1647.17	.3050865	16.06038	2.186155	1976q2
18	1661.83	.3283181	16.08337	2.167744	1976q3
19	1676.08	.398919	16.11237	2.150798	1976q4
20	1689.32	.4808548	16.13025	2.128105	1977q1
21	1703.56	.2912465	16.14533	2.123573	1977q2
22	1718.42	.3129669	16.16878	2.117283	1977q3
23	1733.89	.3617517	16.20263	2.112383	1977q4
24	1750.46	.473178	16.23517	2.132252	1978q1
25	1765.94	.2978223	16.25185	2.155887	1978q2
26	1780.94	.3427442	16.25205	2.138451	1978q3
27	1795.47	.4403012	16.26803	2.088286	1978q4
28	1811.5	.5586225	16.261	2.049299	1979q1
29	1826.04	.3180143	16.25694	2.030977	1979q2

Variable	Label
reskwh	Electricity sales to residential customers
nocust	Number of residential customers
price	Average price for the single-family rate tarif
cpi	San Diego Consumer Price Index (1982-84
income	County's total personal income
cdd	冷度率(Cooling degree rates)
hdd	暖化日數(Heating degree days)
pop	該地區人口數(County's population)
lkwh	log(每個住宅客戶的用電量)
ly	實質人均收入(per-capita income in consta
lprice	實質電均價(real average cost of electricity
dates	
time	

圖 3-11 「elecex.dta」資料檔 (t=87 季，12 variables)

二、觀察資料之特徵

```
. use elecex.dta

. describe

Contains data from D:\elecex.dta
  obs:              87
 vars:              12                          13 Jul 2014 15:39
 size:           4,176                          (_dta has notes)
--------------------------------------------------------------------------
              storage  display    value
variable name   type   format     label      variable label
--------------------------------------------------------------------------
reskwh          float  %8.0g                 Electricity sales to residential
                                             customers
nocust          float  %8.0g                 Number of residential customers
price           float  %8.0g                 Average price for the single-family
                                             rate tariff
cpi             float  %8.0g                 San Diego Consumer Price Index
                                             (1982-84=100)
income          float  %8.0g                 County's total personal income
cdd             float  %8.0g                 Cooling degree rates
hdd             float  %8.0g                 Heating degree days
pop             float  %8.0g                 County's population
lkwh            float  %9.0g                 log of electricity sales per residential
                                             customer
ly              float  %9.0g                 per-capita income in constant 82-84
                                             dollars
lprice          float  %9.0g                 Price of electricity in real constant
                                             dollars
dates           float  %tq
--------------------------------------------------------------------------
Sorted by:  dates
```

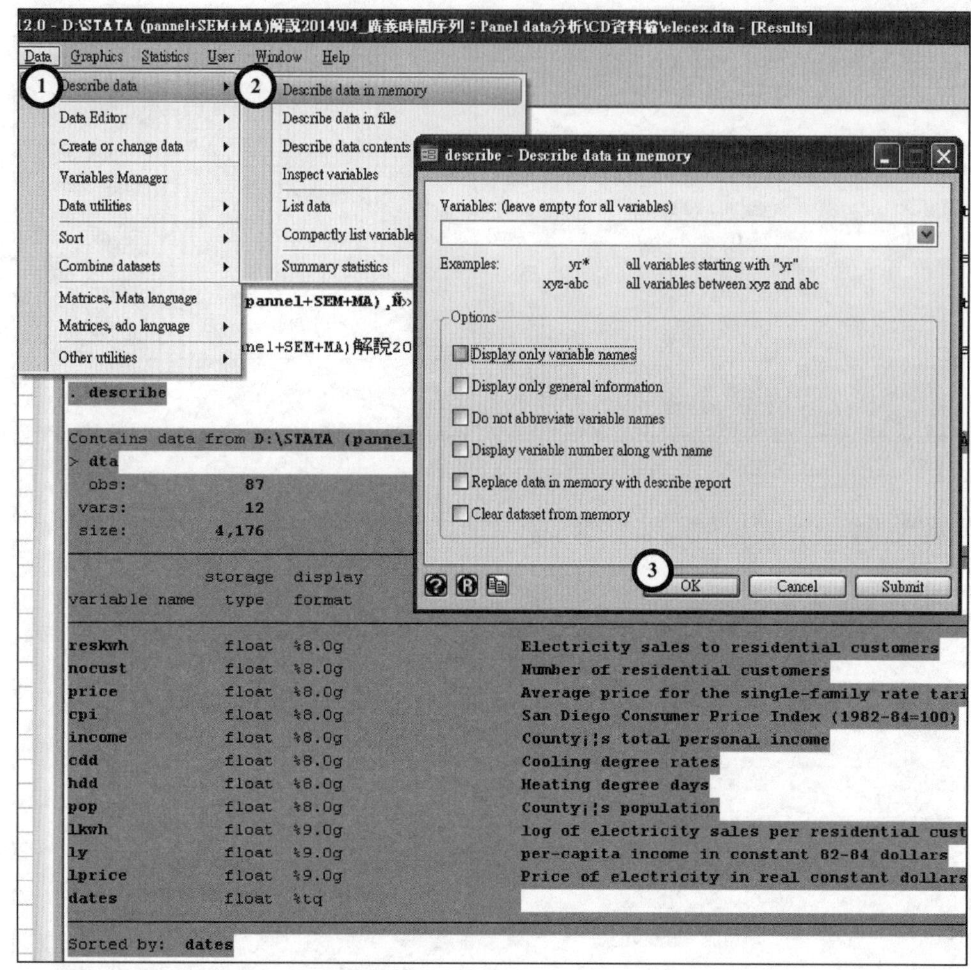

圖 3-12 describe 指令之畫面

註：Data > Describe data > Describe data in memory

三、偵測時間序列之誤差自我相關

```
. use elecex.dta
*新建本樣本之時間索引 dates，樣本從 1972q2 開始。
*例如，typing tq(1960q2) is equivalent to typing 1.
. generate dates = tq(1972q2) + _n-1

. tsset dates, quarterly
        time variable:  dates, 1972q2 to 1993q4
                delta:  1 quarter
*或「tsset  time」(enter numbers from 1 to 87 for the time variable in your
 data set)
```

本例係「a double-log model」，意味著「coefficients are constant elasticities」，故需下列變數變換：

Step 2. 因違反常態性之假定，故變數都須取 log(x) 變數變換

```
*產生新的依變數
. generate float lkwh= log(reskwh/nocust)
. label variable lkwh「log(每個住宅客戶的用電量)electricity sales per resi-
  dential customer」

*實質人均收入(demand in terms of real per capita income)
. generate float ly = log(100 × income/cpi × pop)
. label variable ly "per-capita income in constant 82-84 dollars"

*實質電均價(real average cost of electricity)
. generate float lprice=log(100 × price/cpi)
. label variable lprice "Price of electricity in real constant dollars"
```

當然，氣候也是用電量的一個重要解釋變數，故解釋變數需包含：CDD 及 HDD 二者。

Step 3. 繪 matrix plots

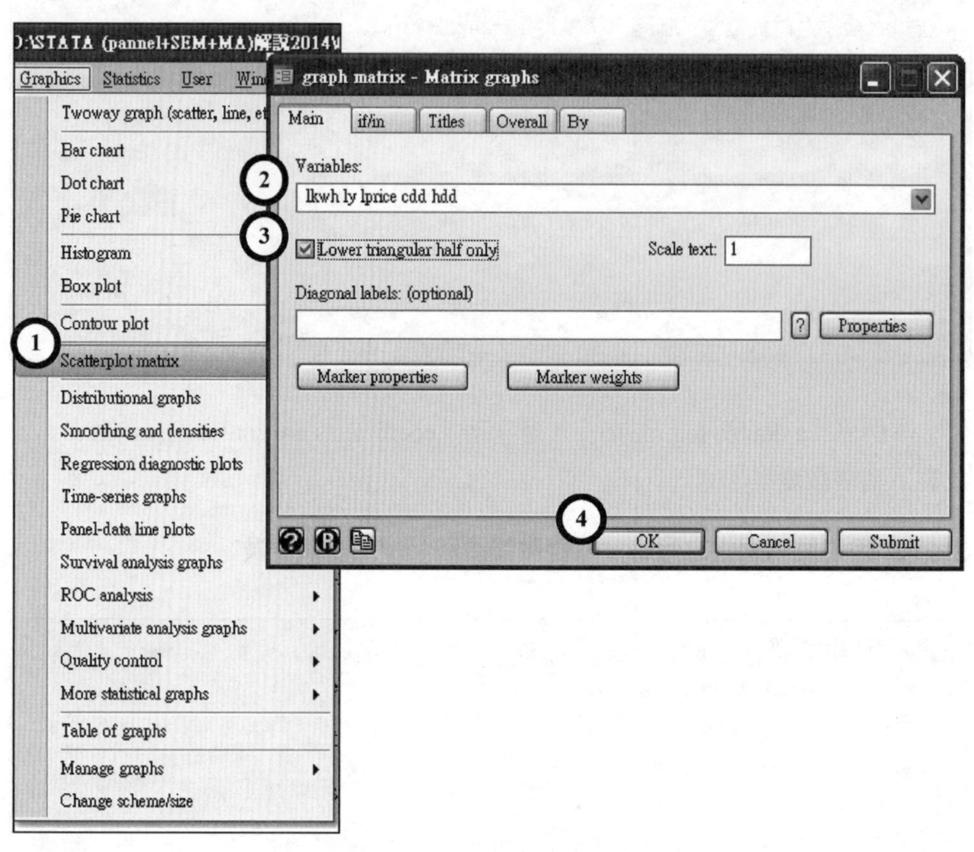

圖 3-13 繪 graph matrix 之畫面

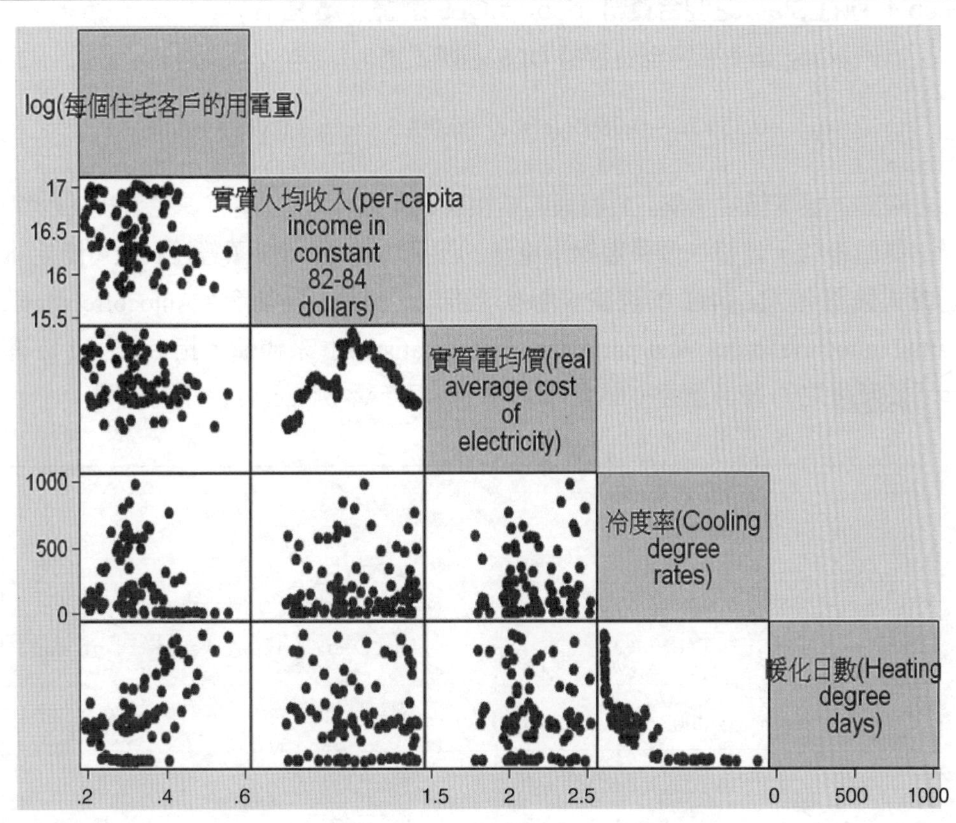

圖 3-14 graph matrix 散布圖

基本模型

$$lkwh_t = \alpha + \beta_1 ly + \beta_2 lprice + \beta_3 cdd + \beta_4 hdd + u_t$$

對大部分的 quarterly data 都具有「春夏秋冬」季節性調節的特性，故本例「居民用電量」亦不例外，假設迴歸式之誤差有「4 期落遲項之自我相關 AR(4)」幾乎都是適當的：

$$u_t = \rho_1 u_{t-1} + \rho_2 u_{t-2} + \rho_3 u_{t-3} + \rho_4 u_{t-4} + \varepsilon_t$$

因此 DW 檢定就適合「高階的序列相關 (SC)」，而「殘差自我相關之 LM test」則是最佳統計工具。

Step 4. 執行 Stata 之混合資料 (pooled)OLS 迴歸 (reg 指令)

本例以 reg 指令求得混合資料 OLS 迴歸式為：

$$lkwh_i = -0.33 \times ly_i - 0.086 \times lprice_i + 0.0003 \times ccd_i + 0.0004 \times hdd_i + \varepsilon_i$$

由於本樣本係以「季」為時段的重複量數，而「ccd_i, hdd_i」二者都是四個季節之氣候指標，且這二個係數對用電量的預測力都達 0.05 顯著性，故可斷定本迴歸式強烈有「lag(4)」的證據。所以，再以「corrgram 指令：Autocorrelations, partial autocorrelations, and portmanteau (Q) statistics」來複驗，指令如下，亦顯示「lags(4) 之 Q 統計值達 0.05 顯著水準」，表示本例 lag(4) 之序列相關：

```
* Graph the partial autocorrelations with lags(4)
. corrgram lkwh, lags(4)

                                          -1       0       1 -1       0       1
LAG       AC       PAC      Q      Prob>Q  [Autocorrelation][Partial Autocor]
-------------------------------------------------------------------------------
1      -0.0008  -0.0008   5.9e-05 0.9939          |                 |
2      -0.1400  -0.1400   1.7846  0.4097         -|                -|
3      -0.0546  -0.0576   2.0591  0.5602          |                 |
4       0.7742   0.8044   57.972  0.0000          |------           |------
```

偏自我相關 (PAC) 斷點，落在 LAG = 4，而且 Q = 57.97(p < 0.05)，可看出本例屬 AR(4)。

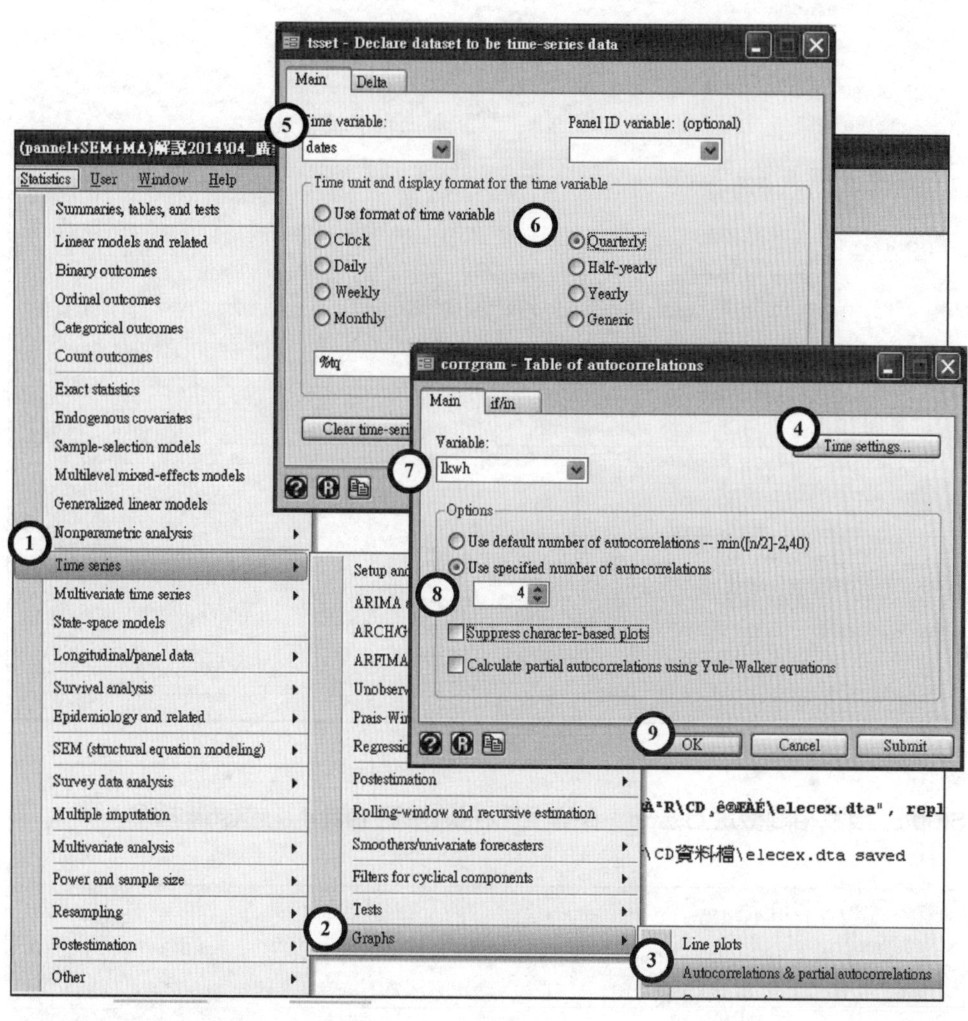

圖 3-15 「corrgram lkwh, lags(4)」之畫面

```
. use elecex.dta
. reg  lkwh ly lprice cdd hdd

      Source |       SS       df       MS              Number of obs =      87
-------------+------------------------------           F(  4,    82) =   45.90
       Model |  .387886229     4  .096971557           Prob > F      =  0.0000
    Residual |  .173234745    82  .002112619           R-squared     =  0.6913
-------------+------------------------------           Adj R-squared =  0.6762
       Total |  .561120974    86  .006524662           Root MSE      =  .04596

------------------------------------------------------------------------------
        lkwh |      Coef.   Std. Err.      t    P>|t|     [95% Conf. Interval]
-------------+----------------------------------------------------------------
          ly |  -.0333977   .0131665    -2.54   0.013    -.0595901   -.0072053
      lprice |  -.0855861   .0262276    -3.26   0.002    -.1377612   -.033411
         cdd |   .0002652   .0000331     8.01   0.000     .0001993    .000331
         hdd |   .0003569   .0000288    12.40   0.000     .0002996    .0004141
       _cons |   .8853698   .2190091     4.04   0.000     .449691    1.321049
------------------------------------------------------------------------------
```

Step 5. 自我相關檢定方法一：D-W 自我相關檢定 (estat dwatson 指令)

```
*做 reg 指令，但不印出
. quietly reg lkwh ly lprice cdd hdd
*時間序列 reg 之事後指令 dwatson，做「Durbin-Watson d statistic to test for
 first-order serial correlation」
. estat dwatson

Durbin-Watson d-statistic(  5,     87) =  1.316929
```

Durbin-Watson d統計量=1.317，落點在「1.5, 2.5」範圍之外，故迴歸式「reg lkwh ly lprice cdd hdd」不能忽視：誤差項具有自我相關之問題。

Step 6. 自我相關檢定方法二：執行「Breusch-Godfrey LM test for autocorrelation」(estat bgodfrey 指令)

用「estat bgodfrey」指令來執行「Breusch-Godfrey test for higher-order serial correlation」：

```
. estat bgodfrey, lags(1 2 3 4)

Breusch-Godfrey LM test for autocorrelation
---------------------------------------------------------------------------
    lags(p)  |          chi2               df                 Prob > chi2
-------------+-------------------------------------------------------------
       1     |         11.868               1                   0.0006
       2     |         25.700               2                   0.0000
       3     |         36.579               3                   0.0000
       4     |         51.464               4                   0.0000
---------------------------------------------------------------------------
                        H0: no serial correlation
```

Lags(p) 卡方之 p 值 <0.05，故拒絕「H_0: no serial correlation of AR(4)」，結果顯示本例有誤差之落遲 4 期序列相關。

Step 7. 自我相關解決方法一：執行「regression with Newey-West standard errors」(newey 指令)

由於 D-W、Breusch-Godfrey LM test 都證實本例誤差有 AR(4)，故應該改用 newey 指令搭配「**lag(4)**」選項，來取代 pooled OLS 迴歸式。

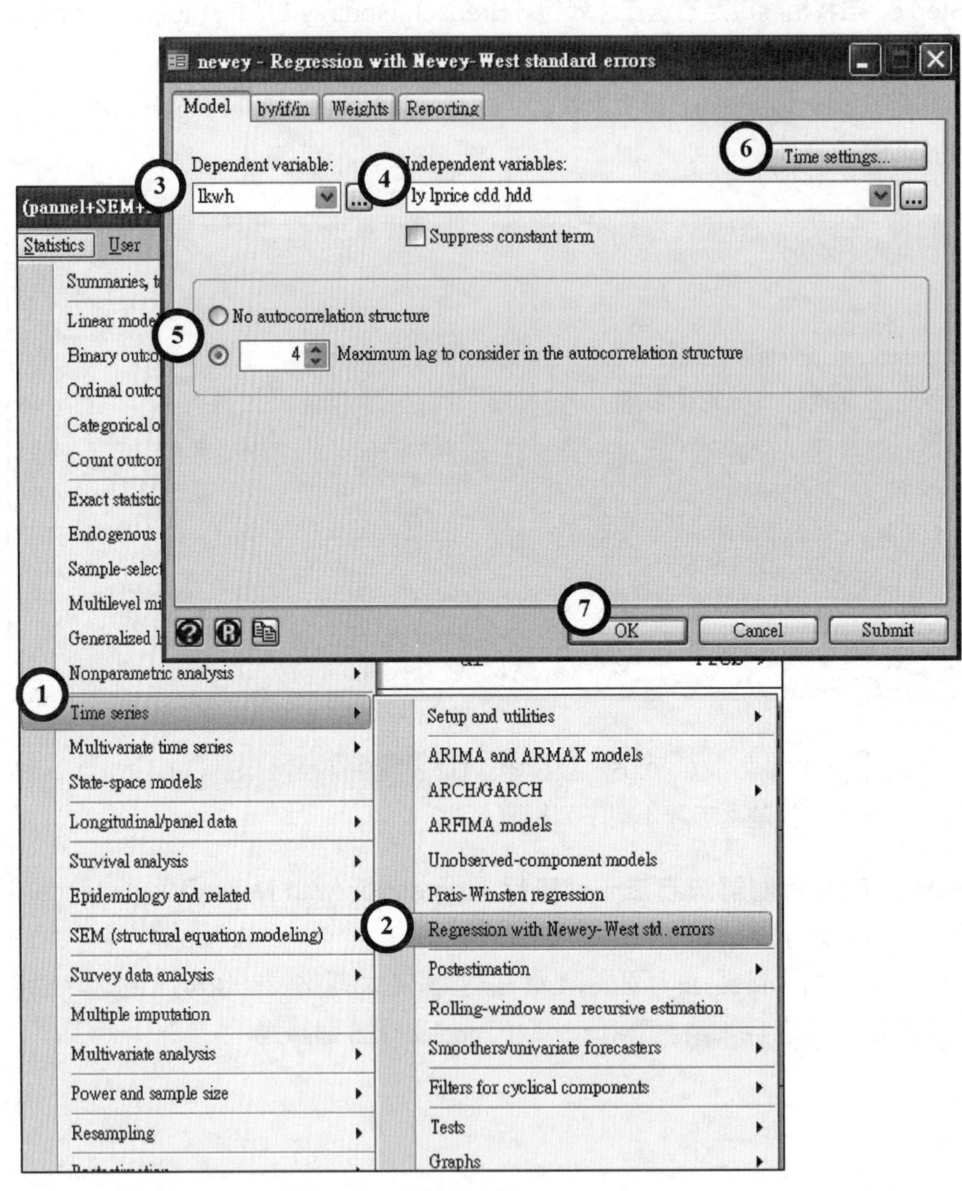

圖 3-16「newey lkwh ly lprice cdd hdd, lag(4)」之畫面

```
. newey  lkwh ly lprice cdd hdd, lag(4)

Regression with Newey-West standard errors          Number of obs  =        87
maximum lag: 4                                      F(  4,     82)  =     93.00
                                                    Prob > F        =      0000

------------------------------------------------------------------------------
             |             Newey-West
        lkwh |      Coef.   Std. Err.      t    P>|t|     [95% Conf. Interval]
-------------+----------------------------------------------------------------
          ly |  -.0333977    .015277    -2.19   0.032    -.0637886   -.0030068
      lprice |  -.0855861   .0260454    -3.29   0.001    -.1373987   -.0337735
         cdd |   .0002652   .0000329     8.07   0.000     .0001998    .0003306
         hdd |   .0003569   .0000213    16.77   0.000     .0003146    .0003992
       _cons |   .8853698   .2779385     3.19   0.002     .3324615    1.438278
------------------------------------------------------------------------------
```

Newey-West standard errors 迴歸式如下，因它有考慮「誤差之 AR(4) 序列相關」，故也是本例目前最正確的做法：

$$lkwh_t = 0.885 - 0.033 \times ly_t - 0.086 \times lprice_t + 0.00026 \times cdd_t + 0.00035 \times hdd_t + u_t$$

其中，誤差項 u_t 具有 4 階之自我序列相關：

$$u_t = \rho_1 u_{t-1} + \rho_2 u_{t-2} + \rho_3 u_{t-3} + \rho_4 u_{t-4} + \varepsilon_t$$

Step 8. 自我相關解決方法二：「Prais-Winsten and Cochrane-Orcutt 迴歸」(prais 指令)

當你發現時間序列任何型式之迴歸，其誤差有自我相關時，第二個正確做法，就是捨棄 OLS 而改用 prais 指令。

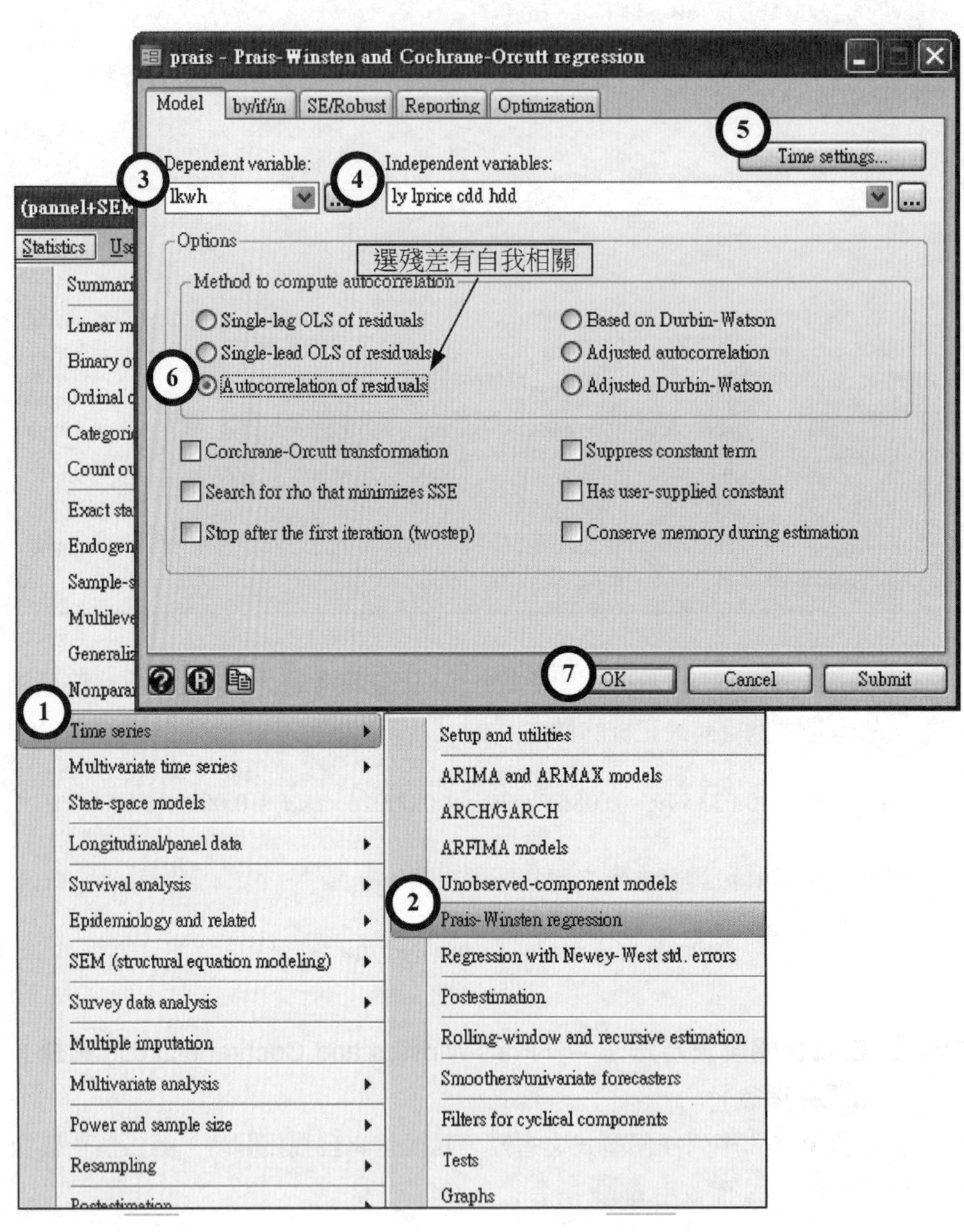

圖 3-17「prais lkwh ly lprice cdd hdd」之畫面 (勾選 tscorr)

```
* regression with AR(1) disturbances (Prais-Winsten and Cochrane-Orcutt 迴歸)
. prais lkwh ly lprice cdd hdd, rhotype(tscorr)

Iteration 0:  rho = 0.0000
Iteration 1:  rho = 0.3191
Iteration 2:  rho = 0.3250
Iteration 3:  rho = 0.3251
Iteration 4:  rho = 0.3251
Iteration 5:  rho = 0.3251

Prais-Winsten AR(1) regression -- iterated estimates

      Source |       SS       df       MS              Number of obs =      87
-------------+------------------------------           F(  4,    82) =   60.93
       Model |  .45917764     4  .11479441             Prob > F      =  0.0000
    Residual | .154484423    82 .001883956             R-squared     =  0.7483
-------------+------------------------------           Adj R-squared =  0.7360
       Total | .613662062    86 .007135605             Root MSE      =   .0434

------------------------------------------------------------------------------
        lkwh |      Coef.   Std. Err.      t    P>|t|     [95% Conf. Interval]
-------------+----------------------------------------------------------------
          ly |  -.0299353   .0181234    -1.65   0.102    -.0659884    .0061178
      lprice |  -.0836859   .0354655    -2.36   0.021    -.1542381   -.0131337
         cdd |   .0002654   .0000265    10.00   0.000     .0002126    .0003182
         hdd |   .0003627   .0000237    15.31   0.000     .0003156    .0004098
       _cons |   .8221108   .2997997     2.74   0.007     .2257138    1.418508
-------------+----------------------------------------------------------------
         rho |   .3251245
------------------------------------------------------------------------------
Durbin-Watson statistic (original)    1.316929
Durbin-Watson statistic (transformed) 1.755490
```

1. Prais-Winsten and Cochrane-Orcutt 迴歸式如下，因它有考慮「誤差之 AR(1) 序列相關」，故也是本例可接受的正確做法：

$$lkwh_t = 0.82 - 0.0299 \times ly_t - 0.084 \times lprice_t + 0.00026 \times cdd_t + 0.00036 \times hdd_t + u_t$$

其中，誤差項之序列相關：rho = 0.325，即 $u_t = 0.325 \times u_{t-1} + \varepsilon_t$

2. Prais-Winsten and Cochrane-Orcutt 迴歸式「**newey** lkwh ly lprice cdd hdd, **lag(4)**」結果非常相似，都是解決誤差具有自我相關之好方法。

3-3 更多時間序列範例：誤差項具有 AR？

3-3-1 時間序列之誤差項有 AR(1)(先 reg 再 newey 指令修正 AR1)

範例：Testing for AR(1) serial correlation in the Phillips curve

例如，以失業率 (unem) 來預測通貨膨脹率 (inf)，其分析過程如下：

Step 1. 觀察資料之特徵

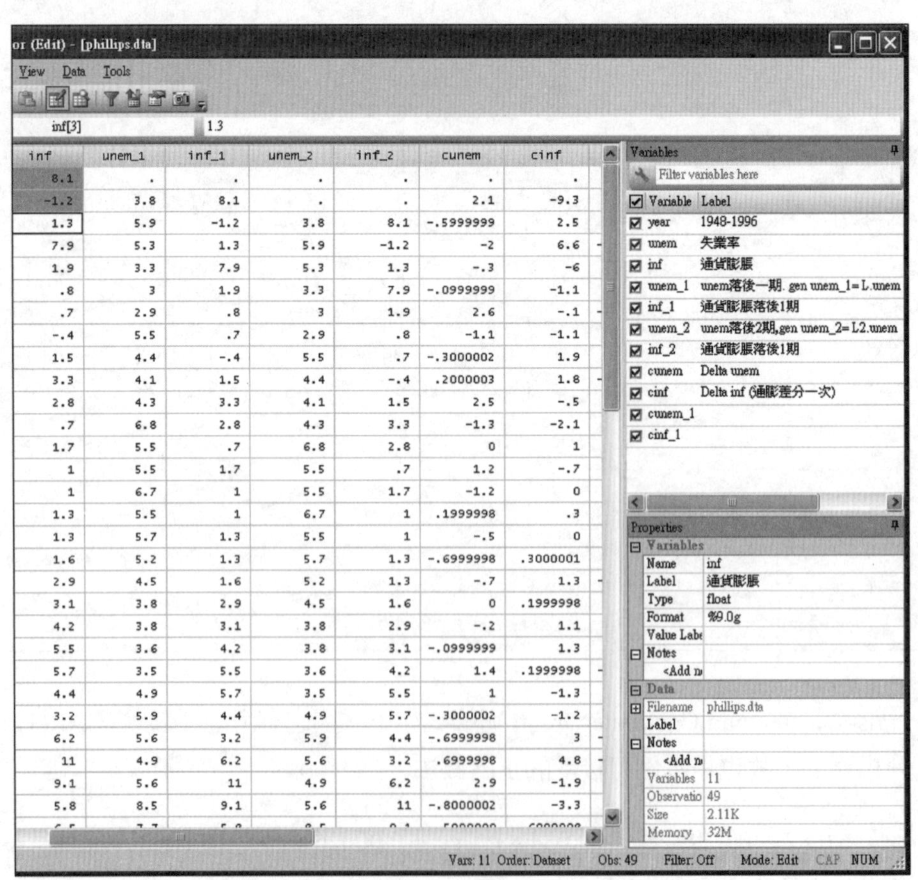

圖 3-18「phillips.dta」資料檔之內容

Step 2. 先偵測殘差之 AR()=?

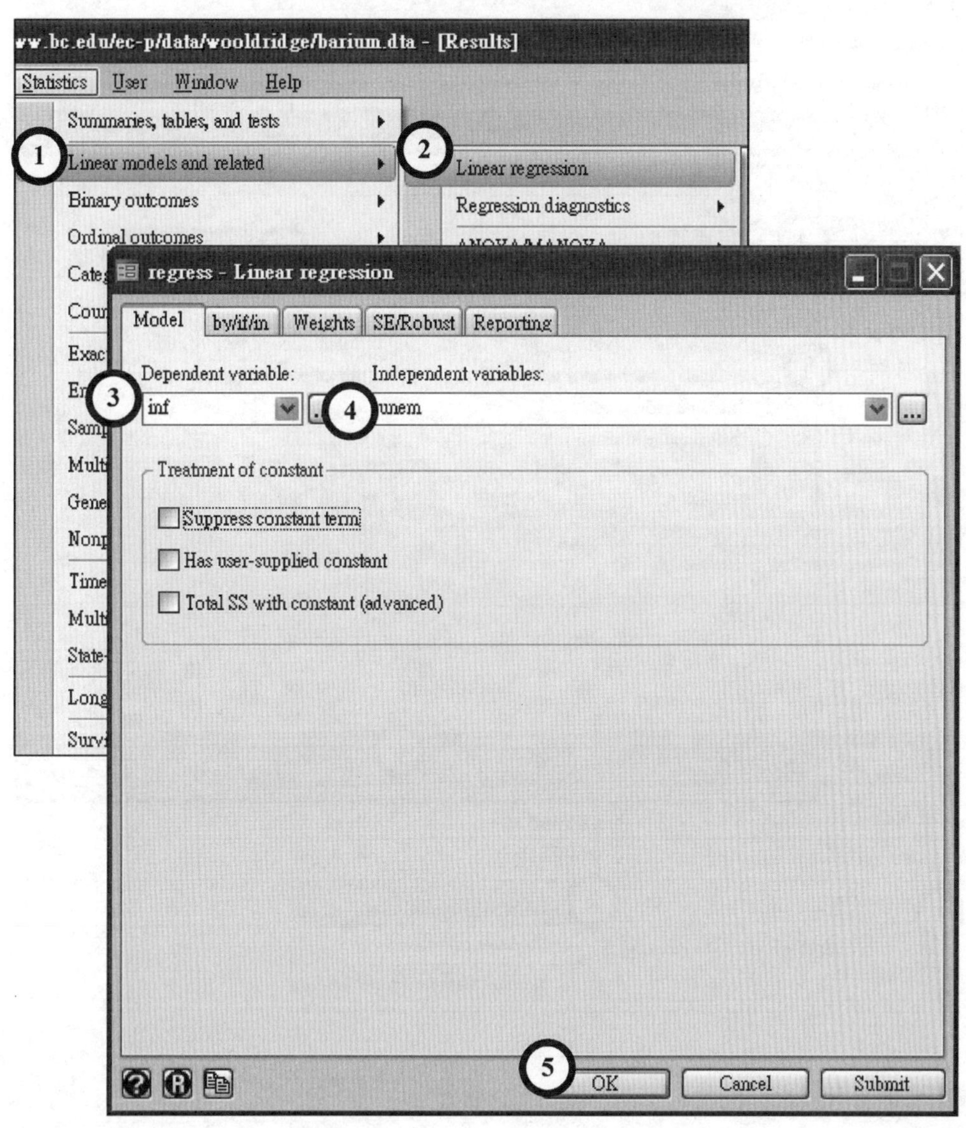

圖 3-19 「reg inf unem」之畫面

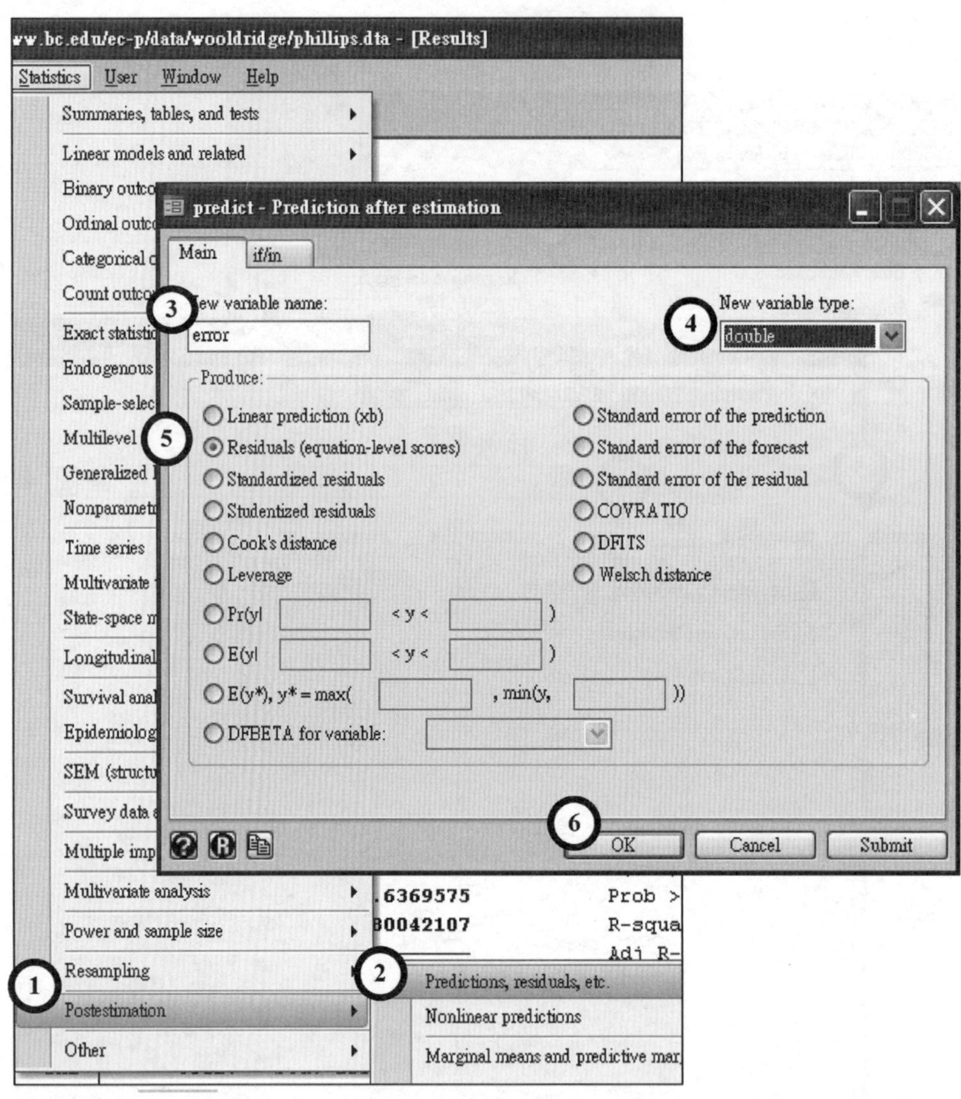

圖 3-20 「predict double error, resid」之畫面

```
. use phillips, clear
*或 use http://fmwww.bc.edu/ec-p/data/wooldridge/phillips
. tsset year, yearly
. reg inf unem
```

```
      Source |       SS       df       MS              Number of obs =      49
-------------+------------------------------           F(  1,    47) =    2.62
       Model |  25.6369575     1  25.6369575           Prob > F      =  0.1125
    Residual |   460.61979    47  9.80042107           R-squared     =  0.0527
-------------+------------------------------           Adj R-squared =  0.0326
       Total |  486.256748    48  10.1303489           Root MSE      =  3.1306

------------------------------------------------------------------------------
         inf |      Coef.   Std. Err.      t    P>|t|     [95% Conf. Interval]
-------------+----------------------------------------------------------------
        unem |   .4676257   .2891262     1.62   0.112    -.1140212    1.049273
       _cons |    1.42361   1.719015     0.83   0.412    -2.034602    4.881822
------------------------------------------------------------------------------
*將最近一次迴歸之殘差，存到error新變數
. predict double error, resid
*「L.」為Lage 1的運算子
. reg error L.error

      Source |       SS       df       MS              Number of obs =      48
-------------+------------------------------           F(  1,    46) =   24.34
       Model |   150.91704     1   150.91704           Prob > F      =  0.0000
    Residual |  285.198417    46  6.19996558           R-squared     =  0.3460
-------------+------------------------------           Adj R-squared =  0.3318
       Total |  436.115457    47  9.27905227           Root MSE      =    2.49

------------------------------------------------------------------------------
error        |      Coef.   Std. Err.      t    P>|t|     [95% Conf. Interval]
-------------+----------------------------------------------------------------
error        |
          L1 |   .5729695   .1161334     4.93   0.000     .3392052    .8067338
_cons        |  -.1133967    .359404    -0.32   0.754    -.8368393     .610046
------------------------------------------------------------------------------

. tsset year
. estat dwatson
Durbin-Watson d-statistic(  2,    48) =  1.769648
*D-W檢定來驗證殘差自我相關，結果d=1.769落在[1.5, 2.5]區間，故殘差有自我相關

*因為殘差有AR(1)，故依變數inf先「Delta 差分一次」並存到cinf，再代入迴歸
```

```
. reg cinf unem

      Source |       SS       df       MS              Number of obs =      48
-------------+------------------------------           F(  1,    46) =    5.56
       Model |  33.3829988     1  33.3829988           Prob > F      =  0.0227
    Residual |   276.30513    46  6.00663326           R-squared     =  0.1078
-------------+------------------------------           Adj R-squared =  0.0884
       Total |  309.688129    47  6.58910913           Root MSE      =  2.4508

------------------------------------------------------------------------------
        cinf |      Coef.   Std. Err.      t    P>|t|     [95% Conf. Interval]
-------------+----------------------------------------------------------------
        unem |  -.5425869   .2301559    -2.36   0.023    -1.005867    -.079307
       _cons |   3.030581    1.37681     2.20   0.033     .2592061    5.801955
------------------------------------------------------------------------------

*將最近一次迴歸之殘差，存到 error2 新變數
. predict double error2, resid
*「L.」為 Lage 1 的運算子
. reg error2 L.error2

      Source |       SS       df       MS              Number of obs =      47
-------------+------------------------------           F(  1,    45) =    0.08
       Model |  .350023883     1  .350023883           Prob > F      =  0.7752
    Residual |  190.837374    45  4.24083054           R-squared     =  0.0018
-------------+------------------------------           Adj R-squared =-0.0204
       Total |  191.187398    46  4.15624779           Root MSE      =  2.0593

------------------------------------------------------------------------------
error2       |      Coef.   Std. Err.      t    P>|t|     [95% Conf. Interval]
-------------+----------------------------------------------------------------
error2       |
          L1 |  -.0355928   .1238908    -0.29   0.775    -.2851216     .213936
_cons        |   .1941655   .3003839     0.65   0.521    -.4108387    .7991698
------------------------------------------------------------------------------
```

1.「**reg error L.error**」迴歸式之殘差 AR(1) 係數値爲 0.57($p < 0.05$)，表示「**reg inf unem**」迴歸式之殘差存有自我相關 AR(1)。因此，其迴歸係數及標準誤

都不是很正確。此時，有二個校正做法：(1) 時間序列改用 arima 指令、panel 資料改用 xtregar 或 xtgls 等指令。(2) 試著做「差分」，例如，本例 **cinf** 依變數係「Δ inf」(通膨差分一次)，再將此差分過之依變數 cinf，代入「**reg cinf unem**」。

2. 差分過之依變數 cinf，代入「**reg cinf unem**」，再求得誤差 error2 及 L1. error2 二者的相關係數爲 −0.03559(p > 0.05)，表示：每增加一單位失業率，則通膨就會減少 0.54 單位。最後求得本模型爲：

「$\Delta\ \text{cinf}_i = 3.03 - 0.54 \times \text{unem}_i + \varepsilon_i$」，它已克服殘差自我相關之問題。

Step 3. 將 AR(1) 納入 newey 迴歸式

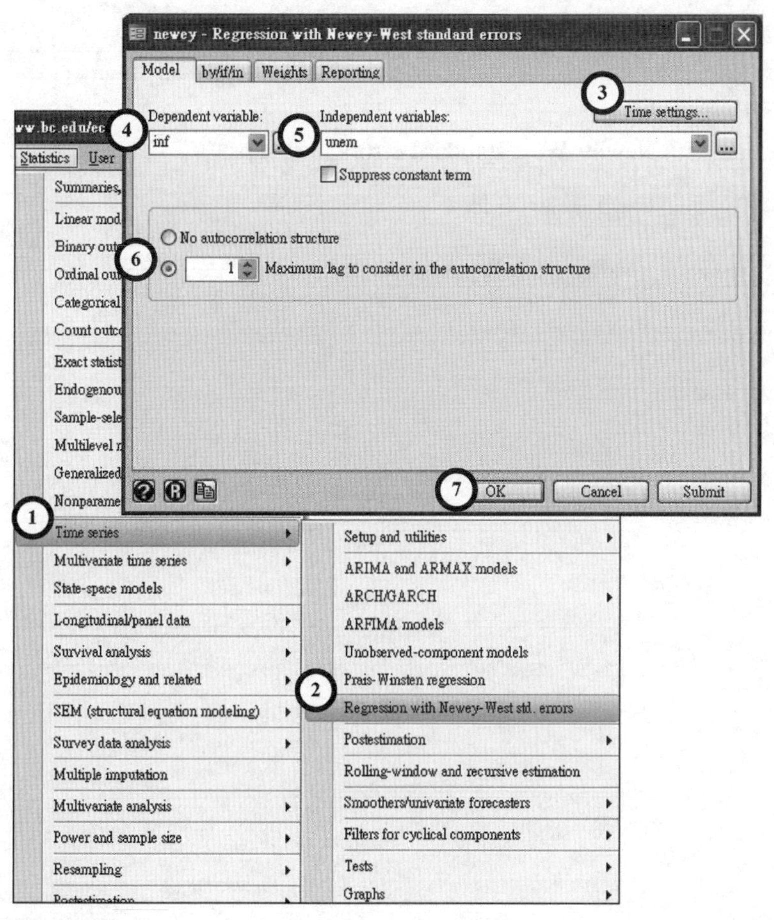

圖 3-21 「newey inf unem, lag(1)」指令之畫面

```
. use phillips, clear
. tsset year, yearly
. newey inf unem, lag(1)

Regression with Newey-West standard errors          Number of obs  =        49
maximum lag: 1                                      F(  1,     47) =      2.70
                                                    Prob > F       =    0.1069

------------------------------------------------------------------------------
             |             Newey-West
         inf |      Coef.   Std. Err.      t    P>|t|     [95% Conf. Interval]
-------------+----------------------------------------------------------------
        unem |   .4676257   .2844517     1.64   0.107    -.1046173    1.039869
       _cons |    1.42361   1.556447     0.91   0.365    -1.707558    4.554778
------------------------------------------------------------------------------
```

「Regression with Newey-West standard errors」分析得到：

$\inf_i = 1.42 + 0.467 unem_i + \varepsilon_i$，亦即

$通貨膨脹_i = 1.42 + 0.467\ 失業率_i + \varepsilon_i$

3-3-2 偵測時間序列中誤差項 AR(3)(先 reg, bgodfrey 再 newey 指令)

範例：偵測誤差帶有 AR(3)(testing for AR(3) serial correlation)

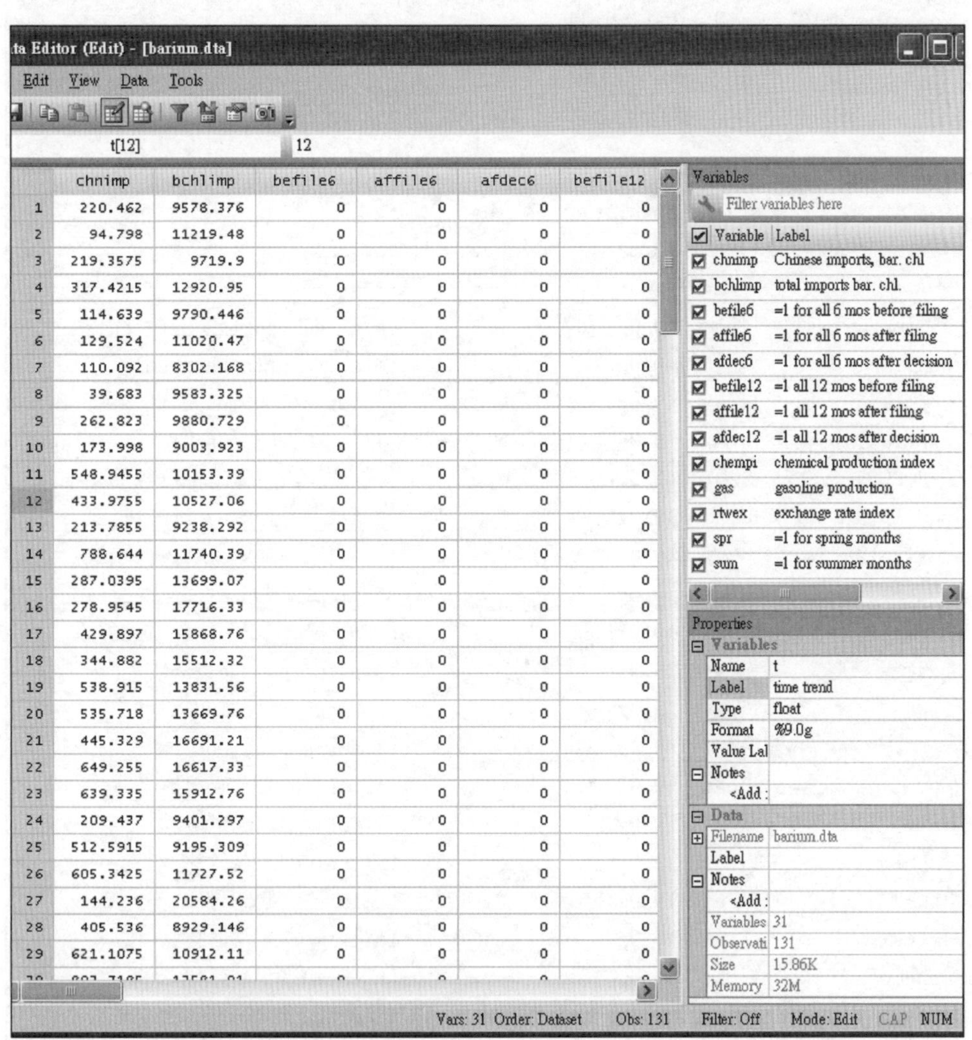

圖 3-22 「barium.dta」資料檔之內容

Step 1. 觀察變數的特徵

```
. use barium, clear
*或 use http://fmwww.bc.edu/ec-p/data/wooldridge/barium

. describe
Contains data from D:\ barium.dta
  obs:           131
 vars:            31                          20 Jul 2014 20:53
 size:        16,244
------------------------------------------------------------------------------
              storage  display     value
variable name   type   format      label      variable label
------------------------------------------------------------------------------
chnimp          float  %9.0g                  Chinese imports, bar. chl
bchlimp         float  %9.0g                  total imports bar. chl.
befile6         float  %9.0g                  =1 for all 6 mos before filing
affile6         float  %9.0g                  =1 for all 6 mos after filing
afdec6          float  %9.0g                  =1 for all 6 mos after decision
befile12        float  %9.0g                  =1 all 12 mos before filing
affile12        float  %9.0g                  =1 all 12 mos after filing
afdec12         float  %9.0g                  =1 all 12 mos after decision
chempi          float  %9.0g                  chemical production index
gas             float  %9.0g                  gasoline production
rtwex           float  %9.0g                  exchange rate index
spr             float  %9.0g                  =1 for spring months
sum             float  %9.0g                  =1 for summer months
fall            float  %9.0g                  =1 for fall months
lchnimp         float  %9.0g                  Ln(chnimp)，常態化
lgas            float  %9.0g                  Ln(lags)，常態化
lrtwex          float  %9.0g                  Ln(lrtwex)，常態化
lchempi         float  %9.0g                  Ln(chempi)，常態化
t               float  %9.0g                  time trend
feb             float  %9.0g                  =1 if month is feb
mar             float  %9.0g                  =1 if month is march
apr             float  %9.0g
may             float  %9.0g
jun             float  %9.0g
jul             float  %9.0g
```

```
aug             float   %9.0g
sep             float   %9.0g
oct             float   %9.0g
nov             float   %9.0g
dec             float   %9.0g                  =1 if month is Dec.
percchn         float   %9.0g                  % imp. from china
-------------------------------------------------------------------
```

Step 2. 先偵測殘差之 AR(k)=?

```
. use barium, clear
*或 use http://fmwww.bc.edu/ec-p/data/wooldridge/barium
*因 OLS 假定變數們都是常態分配，故變數只能納入「1 開頭」之常態化四個變數
. reg lchnimp lchempi lgas lrtwex befile6 affile6 afdec6

      Source |       SS       df       MS              Number of obs =     131
-------------+------------------------------           F(  6,   124) =    9.06
       Model |  19.4051456     6  3.23419093           Prob > F      =  0.0000
    Residual |  44.2471061   124  .356831501           R-squared     =  0.3049
-------------+------------------------------           Adj R-squared =  0.2712
       Total |  63.6522517   130  .489632706           Root MSE      =  .59735

------------------------------------------------------------------------------
     lchnimp |      Coef.   Std. Err.      t    P>|t|     [95% Conf. Interval]
-------------+----------------------------------------------------------------
     lchempi |     3.1172    .479202     6.50   0.000     2.168725    4.065675
        lgas |   .1963049   .9066233     0.22   0.829    -1.598157    1.990766
      lrtwex |   .9830093   .4001536     2.46   0.015     .1909934    1.775025
     befile6 |   .0595742     .26097     0.23   0.820    -.4569584    .5761069
     affile6 |  -.0324067   .2642973    -0.12   0.903    -.5555252    .4907118
      afdec6 |  -.5652446   .2858353    -1.98   0.050    -1.130993    .0005036
       _cons |  -17.80195   21.04551    -0.85   0.399    -59.45692    23.85302
------------------------------------------------------------------------------

. tsset t, yearly
        time variable:  t, 1 to 0131
                delta:  1 year
```

```
*執行「Breusch-Godfrey test for higher-order serial correlation」，lag 從 1 至
 3 期
. estat bgodfrey, lags(1/3)

Breusch-Godfrey LM test for autocorrelation
---------------------------------------------------------------------------
    lags(p)  |          chi2               df                 Prob > chi2
-------------+-------------------------------------------------------------
       1     |          9.829               1                   0.0017
       2     |         12.935               2                   0.0016
       3     |         14.768               3                   0.0020
---------------------------------------------------------------------------
                        H0: no serial correlation

*將最近一次迴歸之殘差，存到 error 新變數
. predict error, res

*求「error 新變數」與其 Lag (1/3) 落遲三期之間的自我相關
. reg error lchempi lgas lrtwex befile6 affile6 afdec6 L(1/3).error

      Source |       SS       df       MS              Number of obs =     128
-------------+------------------------------           F(  9,   118) =    1.72
       Model |  5.03366421     9  .559296023           Prob > F      =  0.0920
    Residual |  38.3937238   118  .325370541           R-squared     =  0.1159
-------------+------------------------------           Adj R-squared =  0.0485
       Total |   43.427388   127  .341947937           Root MSE      =  .57041

------------------------------------------------------------------------------
       error |      Coef.   Std. Err.      t    P>|t|     [95% Conf. Interval]
-------------+----------------------------------------------------------------
     lchempi |  -.1431572   .4720255    -0.30   0.762    -1.077896    .7915818
        lgas |   .6232994   .8859803     0.70   0.483    -1.131183    2.377782
      lrtwex |   .1786641   .3910344     0.46   0.649    -.5956904    .9530186
     befile6 |  -.0859232   .2510069    -0.34   0.733    -.5829851    .4111387
     affile6 |  -.1221207   .2546985    -0.48   0.632    -.6264931    .3822517
      afdec6 |  -.0668277   .2743671    -0.24   0.808    -.6101492    .4764937
             |
```

```
       error |
         L1. |   .2214896   .0916573     2.42   0.017    .0399832   .4029959
         L2. |   .1340417   .0921595     1.45   0.148   -.0484592   .3165427
         L3. |    .125542   .0911194     1.38   0.171   -.0548992   .3059831
             |
       _cons |  -14.36897   20.65581    -0.70   0.488   -55.27309   26.53516
------------------------------------------------------------------------------

*執行「Test linear hypotheses after estimation」
. test L1.error L2.error L3.error

 (1)  L.error = 0
 (2)  L2.error = 0
 (3)  L3.error = 0

       F(  3,   118) =     5.12
            Prob > F =    0.0023
```

1.「Breusch-Godfrey LM test for autocorrelation」分析結果，在 lag = 3 時，$\chi^2_{(1)}$ = 14.768 ($p < 0.05$)，故拒絕「H_0: no serial correlation」，表示本例 OLS 多元迴歸，殘差有 lag 3 期自我相關 AR(3)。因此，本模型要考慮殘差 AR(3)。
2. 事後指令 test，旨在檢定「L1.error L2.error L3.error」這三個落遲期之值是否「coefficients are 0」，結果 $F_{(3,118)}$ =5.12，$p < 0.05$，故拒絕「H_0: coefficients are 0」，亦印證本模型「L1.error L2.error L3.error」三個係數都不是 0。

Step 3. 將殘差 AR(3) 納入 newey 迴歸式

```
*將殘差 AR(3) 納入 newey 迴歸式
. newey lchnimp lchempi lgas lrtwex befile6 affile6 afdec6, lag(3)

Regression with Newey-West standard errors          Number of obs    =     131
maximum lag: 3                                        F(  6,   124)   =    5.85
                                                      Prob > F        =  0.0000

------------------------------------------------------------------------------
```

lchnimp	Coef.	Newey-West Std. Err.	t	P>|t|	[95% Conf.	Interval]
lchempi	3.1172	.632445	4.93	0.000	1.865414	4.368985
lgas	.1963049	1.155241	0.17	0.865	-2.09024	2.48285
lrtwex	.9830093	.4439999	2.21	0.029	.1042092	1.861809
befile6	.0595742	.1745597	0.34	0.733	-.2859283	.4050767
affile6	-.0324067	.2429893	-0.13	0.894	-.5133506	.4485372
afdec6	-.5652446	.2540482	-2.22	0.028	-1.068077	-.062412
_cons	-17.80195	25.66173	-0.69	0.489	-68.5937	32.9898

「Regression with Newey-West standard errors」分析得到：

$$lchnimp_i = -17.8 + 3.12lchempi_i + 0.19lgas_i + 0.983lrtwex_i + 0.06befiles6_i$$
$$-0.03affile6_i - 0.57afdec6_i + \varepsilon_i$$

3-3-3 時間序列中誤差項帶有 AR (先 reg 再 prais 指令)

prais 指令旨在「使用廣義最小平方法來估計具有誤差序列相關的線性模型，尤其是誤差具有 AR (1) (uses the generalized least-squares method to estimate the parameters in a linear regression model in which the errors are serially correlated. Specifically, the errors are assumed to follow a first-order autoregressive process)」.

範例： Cohrane-Orcutt estimation in the event study

承上例之資料檔 barium.dta。

先偵測殘差之 AR()=? 再執行「prais …, corc」指令。

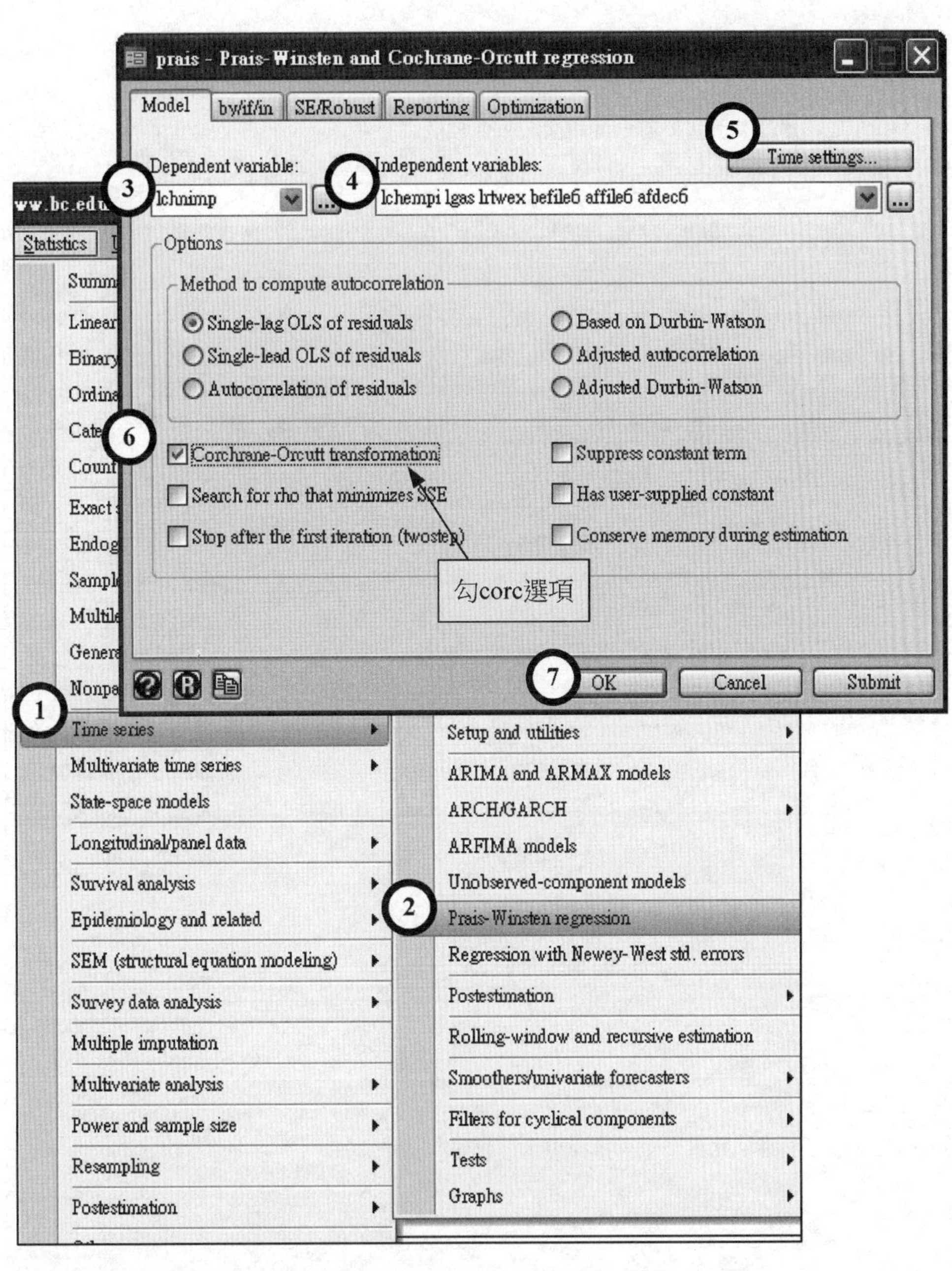

圖 3-23 「prais ... , corc」指令之畫面

```
. use barium, clear
*或 use http://fmwww.bc.edu/ec-p/data/wooldridge/barium

*用 OLS 迴歸無法克服殘差有自我相關，故係數僅供參考
. reg lchnimp lchempi lgas lrtwex befile6 affile6 afdec6

      Source |       SS       df       MS              Number of obs =     131
-------------+------------------------------           F(  6,   124) =    9.06
       Model |  19.4051456     6  3.23419093           Prob > F      =  0.0000
    Residual |  44.2471061   124  .356831501           R-squared     =  0.3049
-------------+------------------------------           Adj R-squared =  0.2712
       Total |  63.6522517   130  .489632706           Root MSE      =  .59735

------------------------------------------------------------------------------
     lchnimp |      Coef.   Std. Err.      t    P>|t|     [95% Conf. Interval]
-------------+----------------------------------------------------------------
     lchempi |     3.1172    .479202     6.50   0.000     2.168725    4.065675
        lgas |   .1963049   .9066233     0.22   0.829    -1.598157    1.990766
      lrtwex |   .9830093   .4001536     2.46   0.015     .1909934    1.775025
     befile6 |   .0595742     .26097     0.23   0.820    -.4569584    .5761069
     affile6 |  -.0324067   .2642973    -0.12   0.903    -.5555252    .4907118
      afdec6 |  -.5652446   .2858353    -1.98   0.050    -1.130993    .0005036
       _cons |  -17.80195   21.04551    -0.85   0.399    -59.45692    23.85302
------------------------------------------------------------------------------

*用 D-W 檢定來偵測殘差之 AR(1) 存在嗎？
. estat dwatson

Durbin-Watson d-statistic(  7,   131) =  1.458417

*改用 prais 迴歸來克服殘差有自我相關，故係數才是正確
. tsset t
        time variable:  t, 1 to 131
                delta:  1 unit

*執行 Cochrane-Orcutt AR(1) regression
. prais lchnimp lchempi lgas lrtwex befile6 affile6 afdec6, corc
```

```
Iteration 0:  rho = 0.0000
Iteration 1:  rho = 0.2708
Iteration 6:  rho = 0.2934
Iteration 7:  rho = 0.2934

Cochrane-Orcutt AR(1) regression -- iterated estimates

      Source |       SS       df       MS              Number of obs =      130
-------------+------------------------------           F(  6,   123) =     4.88
       Model |  9.7087769      6  1.61812948           Prob > F      =   0.0002
    Residual |  40.7583376   123  .331368598           R-squared     =   0.1924
-------------+------------------------------           Adj R-squared =   0.1530
       Total |  50.4671145   129  .391217942           Root MSE      =   .57565

------------------------------------------------------------------------------
     lchnimp |      Coef.   Std. Err.      t    P>|t|     [95% Conf. Interval]
-------------+----------------------------------------------------------------
     lchempi |   2.947445   .6455564     4.57   0.000     1.669605    4.225284
        lgas |   1.054786   .9909084     1.06   0.289    -.9066561    3.016229
     lrtwex |   1.136903   .5135093     2.21   0.029     .1204431    2.153364
     befile6 |  -.0163727   .3207215    -0.05   0.959    -.6512212    .6184757
     affile6 |  -.0330837   .3231511    -0.10   0.919    -.6727414    .6065741
      afdec6 |  -.5771574   .3434533    -1.68   0.095    -1.257002    .1026874
       _cons |  -37.32057   23.22152    -1.61   0.111    -83.28615    8.645005
-------------+----------------------------------------------------------------
         rho |   .2933587
------------------------------------------------------------------------------
Durbin-Watson statistic (original)    1.458417
Durbin-Watson statistic (transformed) 2.063302
```

第一次迴歸「reg lchnimp lchempi lgas lrtwex befile6 affile6 afdec6」，再用「estat dwatson」，求得 Durbin-Watson d-statistic(7, 31) = 1.458，d 值落在 [1.5, 2.5] 之區間，故殘差有自我相關，因此改用「prais …, corc」指令。結果 Durbin-Watson d = 2.06，落在 [1.5, 2.5] 區間之外，故殘差已無自我相關，所以其係數是正確的。

3-4 Panel-Data 序列相關：Wooldridge 檢定 (xtserial 指令)

線性 panel-data 模型中，誤差若有序列自我相關，將造成「係數之標準誤」偏誤 (biases)，進而使得 panel 迴歸分析結果失真，故你需要確定「特質誤差項 (idiosyncratic error term)」之序列相關性。Wooldridge (2002) 針對固定效果及隨機效果 panel 模型，提出序列相關 (serial correlation, SC) 檢定法，它可適用在一般條件，且具有良好的檢定力 (power)。

Wooldridge 檢定 (xtserial 指令)

首先只考慮，線性 one-way 模型爲：

$$y_{it}=\alpha+X_{it}\beta_1+Z_i\beta_2+\mu_i+\varepsilon_{it} \quad i\in\{1, 2, ..., N\}，t\in\{1, 2, ..., T_i\}$$

其中，y_{it} 爲依變數

X_{it} 是 $(1 \times K_1)$ 時變 (time-varying) 共變向量

Z_i 是 $(1 \times K_2)$ 非時變 (time-invarying) 共變向量

「α, β_1, β_2」是 $(1+K_1+K_2)$ 參數

u_i 是個體效果

ε_{it} 是特質誤差 (idiosyncratic error)

當 u_i 與「X_{it} 或 Z_i」有相關，則時變之共變數 X_{it} 的係數，若採用「feasible generalized least squares method」隨機效果迴歸來估計，係數會具有一致性 (在 within-transformed data 或 the first differenced data 情況下)。所有隨機效果估計法，都是假定：

$$E[\varepsilon_{it}\varepsilon_{is}]=0 \text{ for all } s \neq t$$

意即，誤差項沒有序列相關。因爲誤差項之序列相關，會造成係數之標準誤的偏誤。

假如誤差有序列相關之問題，Wooldridge 建議改用一階差分之殘差 (residuals)。由於一階差分，使得上式之一般 panel 模型中個體效果就被屏除，故只剩下：非時變共變數及常數項：

$$y_{it}-y_{it-1}=(X_{it}-X_{it-1})\beta_1+\varepsilon_{it}-\varepsilon_{it-1}$$
$$\Delta y_{it}=\Delta X_{it}\beta_1+\Delta\varepsilon_{it}$$

其中，Δ 為一階差分運算子。

Wooldridge 法，係用 ΔX_{it} 來預測 Δy_{it}，進而估計 β_1 係數值大小。此公式的核心就是，若殘差 ε_{it} 無序列相關性，則 $\text{Corr}(\Delta\varepsilon_{it}, \Delta\varepsilon_{i(t-1)}) = -0.5$。故 Wooldridge 法 (xtserial 指令) 重點應放在「$\hat{e}_{i(t-1)}$預測$\hat{e}_{it}$迴歸式」之 within-panel correlation。此外，Wooldridge 法亦可同時一併處理誤差變異之異質性問題 (Robust Std. Err.)。

範例：隨時間而改變之教育報酬 (Has the return to education changed over time)

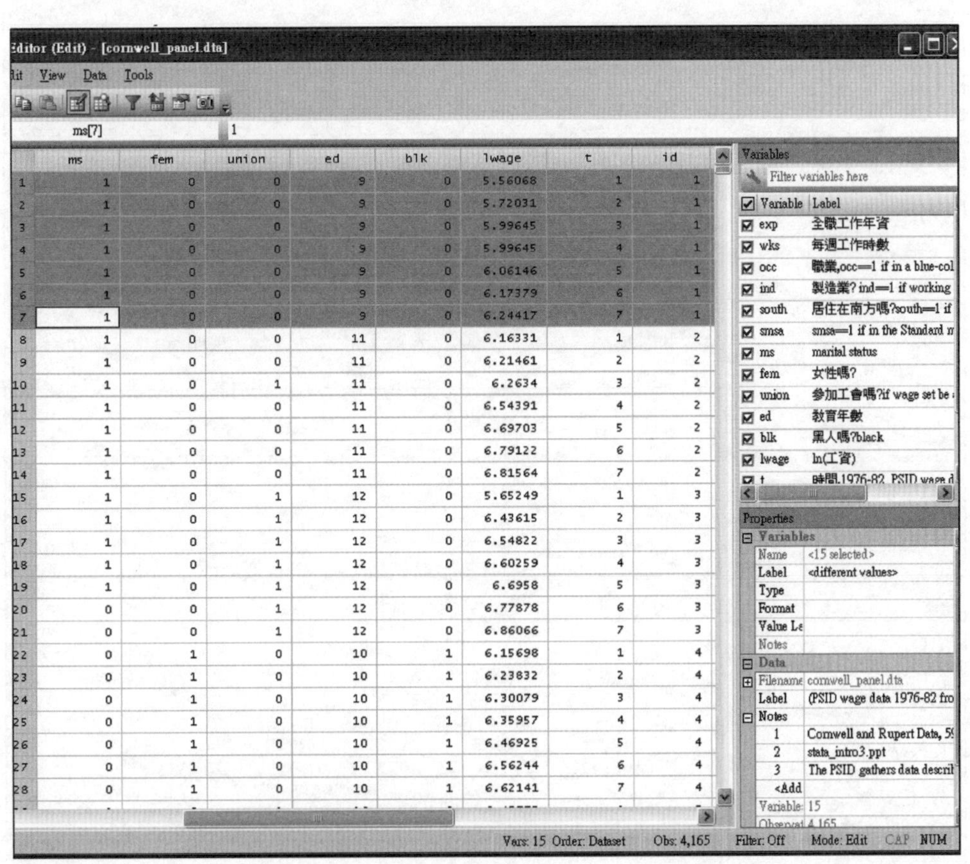

	ms	fem	union	ed	blk	lwage	t	id
1	1	0	0	9	0	5.56068	1	1
2	1	0	0	9	0	5.72031	2	1
3	1	0	0	9	0	5.99645	3	1
4	1	0	0	9	0	5.99645	4	1
5	1	0	0	9	0	6.06146	5	1
6	1	0	0	9	0	6.17379	6	1
7	1	0	0	9	0	6.24417	7	1
8	1	0	0	11	0	6.16331	1	2
9	1	0	0	11	0	6.21461	2	2
10	1	0	1	11	0	6.2634	3	2
11	1	0	0	11	0	6.54391	4	2
12	1	0	0	11	0	6.69703	5	2
13	1	0	0	11	0	6.79122	6	2
14	1	0	0	11	0	6.81564	7	2
15	1	0	1	12	0	5.65249	1	3
16	1	0	1	12	0	6.43615	2	3
17	1	0	1	12	0	6.54822	3	3
18	1	0	1	12	0	6.60259	4	3
19	1	0	1	12	0	6.6958	5	3
20	0	0	1	12	0	6.77878	6	3
21	0	0	1	12	0	6.86066	7	3
22	0	1	0	10	1	6.15698	1	4
23	0	1	0	10	1	6.23832	2	4
24	0	1	0	10	1	6.30079	3	4
25	0	1	0	10	1	6.35957	4	4
26	0	1	0	10	1	6.46925	5	4
27	0	1	0	10	1	6.56244	6	4
28	0	1	0	10	1	6.62141	7	4

圖 3-24「cornwell_panel.dta」資料檔 (i=595 人，t=7 年)

Step 1. 觀察資料之特徵

```
* 開啟 cornwell_panel.dta 資料檔
. use cornwell_panel.dta, clear
* 或 use http://www.stata-press.com/data/r8/nlswork.dta
(PSID wage data 1976-82 from Baltagi and Khanti-Akom(1990)
. describe

Contains data from D:\04_ 廣義時間序列 \cornwell_panel.dta
  obs:         4,165                      (PSID wage data 1976-82 from Baltagi
                                           and Khanti-Akom(1990))
 vars:            15                      3 Jul 2014 23:19
 size:       241,570                      (_dta has notes)
--------------------------------------------------------------------------------
              storage  display   value
variable name   type   format    label      variable label
--------------------------------------------------------------------------------
exp             float  %9.0g               全職工作年資
wks             float  %9.0g               每週工作時數
occ             float  %9.0g               職業，occ==1 if in a blue-collar
ind             float  %9.0g               製造業？ ind==1 if working in a manuf
south           float  %9.0g               居住在南方嗎？ south==1 if in the South
                                           area
smsa            float  %9.0g               smsa==1 if in the Standard metropolita
ms              float  %9.0g               marital status
fem             float  %9.0g               女性嗎？
union           float  %9.0g               參加工會嗎？ if wage set be a union contract
ed              float  %9.0g               教育年數
blk             float  %9.0g               黑人嗎？ black
lwage           float  %9.0g               ln( 工資 )
t               float  %9.0g               時間，1976-82 PSID wage data
id              int    %8.0g               595 individuals
exp2            float  %9.0g               年資的平方
--------------------------------------------------------------------------------
Sorted by:  id  t

* 資料檔的摘要
. summarize
```

```
     Variable |       Obs        Mean    Std. Dev.       Min        Max
-------------+---------------------------------------------------------
          exp |      4165    19.85378    10.96637          1         51
          wks |      4165    46.81152    5.129098          5         52
          occ |      4165    .5111645    .4999354          0          1
          ind |      4165    .3954382    .4890033          0          1
        south |      4165    .2902761    .4539442          0          1
-------------+---------------------------------------------------------
         smsa |      4165    .6537815     .475821          0          1
           ms |      4165    .8144058    .3888256          0          1
          fem |      4165     .112605    .3161473          0          1
        union |      4165    .3639856    .4812023          0          1
           ed |      4165    12.84538    2.787995          4         17
-------------+---------------------------------------------------------
          blk |      4165    .0722689    .2589637          0          1
        lwage |      4165    6.676346    .4615122    4.60517      8.537
            t |      4165           4     2.00024          1          7
           id |      4165         298    171.7821          1        595
         exp2 |      4165     514.405    496.9962          1       2601
```

Step 2. 進行 Wooldridge 檢定

xtserial 指令旨在執行「a test for serial correlation in the idiosyncratic errors of a linear panel-data model discussed by Wooldridge (2002)」。

```
. use cornwell_panel.dta, clear
*或. use http://www.stata-press.com/data/r8/nlswork.dta
(National Longitudinal Survey.  Young Women 14-26 years of age in 1968)

* tsset 必須在 xtserial 指令之前
. tsset idcode year
       panel variable:  idcode (unbalanced)
        time variable:  year, 68 to 88, but with gaps
                delta:  1 unit

. gen age2 = age^2
(24 missing values generated)
```

```
. gen tenure2 = tenure^2
(433 missing values generated)

*「age*」代表「age 開頭的所有變數」。「tenure*」代表「tenure 開頭的所有變數」。
. xtserial ln_wage age* ttl_exp tenure* south, output
* 由於系統內定不會印出 first-differenced regression，output 選項強迫它印出

Linear regression                                      Number of obs =   10528
                                                       F(  6,  3659) = 105.13
                                                       Prob > F      = 0.0000
                                                       R-squared     = 0.0411
                                                       Root MSE      = .30724

                                   (Std. Err. adjusted for 3660 clusters in idcode)
------------------------------------------------------------------------------
             |               Robust
   D.ln_wage |      Coef.   Std. Err.      t    P>|t|     [95% Conf. Interval]
-------------+----------------------------------------------------------------
         age |
         D1. |   .0338027   .0161031     2.10   0.036     .0022308    .0653746
             |
        age2 |
         D1. |  -.0002561   .0002672    -0.96   0.338      -.00078    .0002679
             |
     ttl_exp |
         D1. |   .0351088   .0099347     3.53   0.000     .0156307     .054587
             |
      tenure |
         D1. |   .0311144   .0055471     5.61   0.000     .0202387    .0419902
             |
     tenure2 |
         D1. |  -.0030878   .0007035    -4.39   0.000    -.0044671   -.0017084
             |
       south |
         D1. |  -.0520378   .0278607    -1.87   0.062    -.1066619    .0025863
------------------------------------------------------------------------------

Wooldridge test for autocorrelation in panel data
H0: no first-order autocorrelation
```

```
F(  1,     1472) =      88.485
           Prob > F =       0.0000
```

1. 因爲學歷 education(highest grade completed) 是非時變 (time-invariant) 變數，故其係數無法被估計。
2.「D1.」符號代表一階差分。
3. 追蹤資料 (panel-data) 的 Wooldridge 檢定結果：$F_{(1,1472)} = 88.485$，$p < 0.05$，故拒絕「H_0：no first-order autocorrelation」，表示本例 panel-data 若採 pooled OLS 會造成係數之標準誤有偏誤，故正確做法係改採 xtserial 指令來執行 Wooldridge 檢定，結果爲：

$$\Delta \ln\_wage_{it} = 0.034 \times \Delta age_{it} - 0.0003 \times \Delta age_{it}^2 + 0.035 \times \Delta ttl\_\exp_{it} + 0.03 \times \Delta tenure_{it} - 0.003 \times \Delta tenure_{it}^2 - 0.052 \times \Delta south_{it}$$

3-5 Panel-Data 迴歸中誤差項有 AR(1)

在複迴歸分析中，對預測殘差值 (residual) 有幾個基本假定：共同變異數 (又稱等分散法)、獨立性和常態性。其中，獨立性的意思是說：「任何一個依變數觀察值與其他觀察值之間，具有統計上獨立 (statistically independent) 的性質；或者說，任何一個殘差值與其他殘差值之間，具有統計上獨立的性質。」當這個獨立性假定被違反時，即表示每個殘差值間具有關聯性存在，這種關聯性便稱作「自我相關」(autocorrelation)。自我相關的現象，常見於時間序列資料 (time series data) 中；亦即，根據時間順序所收集的資料間，常具有自我相關的特性。Durbin-Watson 檢定，D-W 值介在 1.5 至 2.5，表示無自我相關。

根據上述，panel 模型估計前必須針對異質變異與自我相關進行檢定。

一、自我相關問題

如何檢定誤差項是否有異質變異呢？Stata 提供 xtregar 指令，旨在執行「誤差帶 AR1 之固定效果、隨機效果線性模型 (linear models with an AR(1) disturbance)」。

一般模型假設殘差不存在自我相關，但實際上追蹤資料 (panel-data) 爲包含時間序列的資料，通常可能有自我相關問題；也就是當期的變動將會受到前期的影響。在這樣的情況下，若假設自我相關爲一階，則可將模型寫成：

$$Y_{it} = \alpha + \beta X_{it-1} + \mu_{it}\text{，殘差爲}\mu_{it} = \rho\mu_{it-1} + \psi_{it}$$

其中，ρ 爲相隔兩期 μ_{it} 的相關係數，ψ_{it} 爲符合 white noise 假設的殘差項。

二、偵測自我相關之指令

Stata 提供 xtregar, xtserial, xtgls 等指令，可處理誤差項具有自我相關之問題。

Wooldridge(2002) 指出，當在固定效果模型下其假設爲：

$$E(x'_{it}x_{it}) = 0, \quad t = 1, 2, \cdots, \text{T}$$
$$E(u_i u'_i \mid x_i, c_i) = \sigma_u^2 I_T$$

則殘差變異數可表示爲：

$$E(u_{it}^2) = E[(u_{it} - \overline{u}_i)^2] = E(u_{it}^2) + E(\overline{u}_{it}^2) - 2E(u_{it} - \overline{u}_i) = \sigma_u^2 + \sigma_u^2 / T = \sigma_u^2(1 - 1/T)$$

因此，我們可以估計出不同時間殘差項與個體 individual 殘差項關係：

$$E(u_{it}u_{is}) = E[(u_{it} - \overline{u}_i)(u_{is} - \overline{u}_i)] = E(u_{it}u_{is}) - E(u_{it} - \overline{u}_t) - E(u_{is} - \overline{u}_i) + E(\overline{u}_i^2)$$
$$= 0 - \sigma_u^2 / T - \sigma_u^2 / T + \sigma_u^2 / T = -\sigma_u^2 / T < 0$$

當所有的 $t \neq s$，則 $\text{Corr}(u_{it}, u_{is}) = -1/(T-1)$

當考量模型存在 AR(1)，殘差可表示如下：

$$\hat{\mu}_{is} = \delta_0 + \delta_1 \hat{\mu}_{is-1} + \eta_{is}$$

其中，δ_1 爲決定殘差的重要相關參數，我們可以簡單的利用殘差項進行迴歸得 δ_1 檢定統計量，該假設檢定如下：

$$H_0 : \delta_1 = -1/(T-1)$$
$$H_1 : \delta_1 \neq -1/(T-1)$$

當拒絕「H_0：無自我相關」，代表該模型具有一階自我相關，亦即 AR(1) 存在，反之則否。

3-5-1a 自我相關檢定方法一：誤差帶 AR(1) 的 xtregar 指令

1. 一階自我相關 AR(1)，其公式為

$$y_{it} = \mathbf{x}_{it}^{'}\boldsymbol{\beta} + u_i + e_{it}$$
$$e_{it} = \rho e_{it-1} + \xi_{it} \ (t = 1,2,...,T_i; i = 1,2,...,N)$$

2. AR(1) 的假定 (assumptions) 包括

$$E(\xi_{it} \mid \mathbf{x}_{it}^{'}) = 0$$
$$Var(\xi_{it} \mid \mathbf{x}_{it}^{'}) = \sigma_{\xi}^2 \Rightarrow Var(e_{it} \mid \mathbf{x}_{it}^{'}) = \sigma_e^2 = (1-\rho^2)\sigma_{\xi}^2$$
$$Cov(\xi_{it}, e_{it-1}) = 0, Cov(e_{it}, u_i) = 0, Cov(e_{it}, \mathbf{x}_{it}^{'}) = 0$$
$$Cov(u_i, \mathbf{x}_{it}^{'}) = 0 \ \ (random\ effects\ only)$$

3. AR(1) 的假設檢定 (hypothesis testing) 有二個方法

(1) 修正型 Durbin-Watson 統計 d 值 (Bhargava, Franzini, Narendranathan, 1982)

$$d_1 = \frac{\sum_{i=1}^{N}\sum_{t=1}^{T_i}(\hat{e}_{it} - e_{it-1})^2}{\sum_{i=1}^{N}\sum_{t=1}^{T_i}\hat{e}_{it}^2}$$

(2) LBI 統計值 (test statistic)(Baltagi-Wu, 1999)

特別適合非平衡空間型追蹤資料 (unbalanced unequal spaced panel-data)。

補充說明：locally best invariant (LBI) 隨機效果檢定

xtregar 指令之 lbi 選項，它係 Baltagi-Wu (1999) 局部最佳固定值 (locally best invariant, LBI) 檢定，其「H_0：rho = 0，沒有 serial correlation」、「H_1：rho > 0」。它也是 Bhargava, Franzini, & Narendranathan (1982) Durbin-Watson statistic 的修正版。xtregar 指令內定，係不會印出 LBI 值及 p 值。

雖然 Bhargava, Franzini 與 Narendranathan (1982) 有公布 LBI 統計值之臨界值，但至今 Baltagi-Wu (1999) 常態版仍無 LBI 統計，且樣本數要夠大，才能算出 LBI 值。

Stata 的 xtregar 指令，旨在分析「固定效果、隨機效果線性模型 (linear models with an AR(1)disturbance)」。

當干擾項 (disturbance，誤差) 具有一階自我相關 (first-order autoregressive) 時，xtregar 即可處理「cross-sectional time-series」迴歸模型。xtregar 指令分別提供「組內估計 (within estimator)」來處理固定效果、「GLS 估計」來處理隨機效果。例如，常見的 panel 模型為：

$$y_{it} = a + x_{it} \times B + u_i + e_{it}$$

其中

$$\text{誤差項 } e_{it} = \text{rho} \times e_{i,t-1} + z_{it}$$

其中，一階自我相關 |rho| < 1，且 $z_{it} \overset{iid}{\sim} (0, \sigma_z^2)$

若假定 u_i 為固定參數，則稱為固定效果模型。相對地，若假定 u_i 能表示為 $\overset{iid}{\sim}(0, \sigma_z^2)$，則稱為隨機效果模型。因此，固定效果模型，其誤差項 u_i 與迴歸係數 x_{it} 是有相關的；但隨機效果模型，其誤差項 u_i 與迴歸係數 x_{it} 是無相關的。值得一提的事，就任何「非時變」x_{it}，即使與誤差項 u_i 有相關，它仍不屬於固定模型；相對地，隨機模型就能容許「非時變」x_{it} 與誤差項 u_i 仍有相關。

Baltagi 與 Wu(1999) 想出來的 xtregar 指令，它亦可容許非平衡且「不等間距之時間」之 panel 模型。

範例：帶有 AR(1) 誤差項之 panel-data 迴歸 (xtregar 指令)

Stata 提供 xtregar 指令，旨在分析「帶有 AR(1) 干擾 (disturb) 固定效果，或隨機效果之線性模型」。

一、資料檔之內容

「grunfeld.dta」資料檔內容，如圖 3-25。

ta Editor (Edit) - [grunfeld.dta]

Edit View Data Tools

invest[1] 317.60001

	invest	market	stock	company	time
1	317.6	3078.5	2.8	1	1
2	391.8	4661.7	52.6	1	2
3	410.6	5387.1	156.9	1	3
4	257.7	2792.2	209.2	1	4
5	330.8	4313.2	203.4	1	5
6	461.2	4643.9	207.2	1	6
7	512	4551.2	255.2	1	7
8	448	3244.1	303.7	1	8
9	499.6	4053.7	264.1	1	9
10	547.5	4379.3	201.6	1	10
11	561.2	4840.9	265	1	11
12	688.1	4900.9	402.2	1	12
13	568.9	3526.5	761.5	1	13
14	529.2	3254.7	922.4	1	14
15	555.1	3700.2	1020.1	1	15
16	642.9	3755.6	1099	1	16
17	755.9	4833	1207.7	1	17
18	891.2	4924.9	1430.5	1	18
19	1304.4	6241.7	1777.3	1	19
20	1486.7	5593.6	2226.3	1	20
21	40.29	417.5	10.5	2	1
22	72.76	837.8	10.2	2	2
23	66.26	883.9	34.7	2	3
24	51.6	437.9	51.8	2	4
25	52.41	679.7	64.3	2	5
26	69.41	727.8	67.1	2	6
27	68.35	643.6	75.2	2	7
28	46.8	410.9	71.4	2	8
29	47.4	588.4	67.1	2	9

Variables

Variable	Label
invest	公司總投資
market	市值
stock	公司股價
company	GM, CH, GE, WE, US, AF, DM, GY, U
time	t=20 years: 1935-1954

Properties

Variables	
Name	<5 selected>
Label	<different values>
Type	float
Format	%9.0g
Value Lab	
Notes	
Data	
Filename	grunfeld.dta
Label	
Notes	
1	1. i=10 firms: GM, CH, GE, WE, US
<Add n	
Variables	5
Observatio	100
Size	1.95K
Memory	32M

Vars: 5 Order: Dataset Obs: 100 Filter: Off Mode: Edit CAP NUM

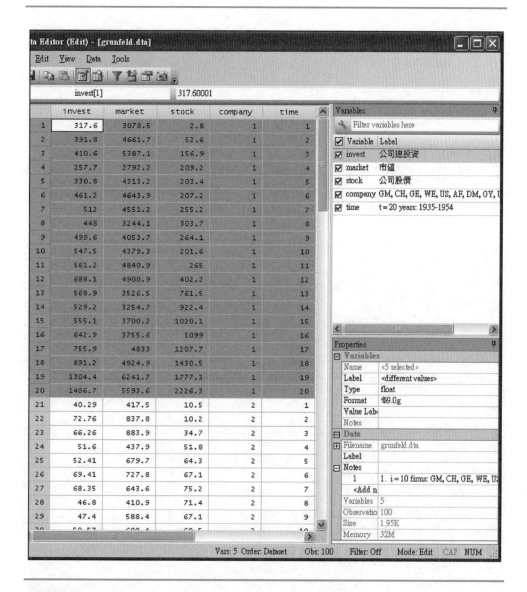

圖 3-25 「grunfeld.dta」資料檔 (N=5 , T=20, 5 個變數)

grunfeld.dta 資料檔，係 Grunfeld 與 Griliches(1960) 所建之「投資需求」範例。其 panel 迴歸式為：

$$I_{it} = \alpha_i + \beta F_{it} + \gamma C_{it} + \varepsilon_{it}$$

$$\varepsilon_{it} = \rho \varepsilon_{it-1} + e_{it} \sim iid(0, \sigma_e^2)$$

其中

i = 10 firms: GM, CH, GE, WE, US, AF, DM, GY, UN, IBM; t = 20 years: 1935-1954

I_{it} = gross investment

F_{it} = market value

C_{it} = value of the stock of plant & equipment

二、有 AR(1) 固定效果、隨機效果之檢定

Step 1. 觀察資料之特徵

```
. *開啟 grunfeld 資料檔
. use grunfeld
*或 webuse grunfeld

*設定個體為 company，時段為 time
. xtset company time
       panel variable:  company (strongly balanced)
        time variable:  time, 1 to 20
                delta:  1 unit
. xtdescribe

 company:  1, 2, ..., 5                                         n =          5
    time:  1, 2, ..., 20                                        T =         20
           Delta(time) = 1 unit
           Span(time)  = 20 periods
           (company*time uniquely identifies each observation)

Distribution of T_i:   min      5%     25%       50%       75%     95%     max
                        20      20      20        20        20      20      20

     Freq.  Percent    Cum. |  Pattern
 ---------------------------+----------------------
        5    100.00  100.00 |  11111111111111111111
 ---------------------------+----------------------
        5    100.00         |  XXXXXXXXXXXXXXXXXXXX
```

```
. describe
Contains data from D:\grunfeld.dta
  obs:           100
 vars:             5                        2 Jul 2014 17:44
 size:         2,000                        (_dta has notes)
-------------------------------------------------------------------------------
              storage  display     value
variable name   type   format      label   variable label
-------------------------------------------------------------------------------
invest          float  %9.0g               公司總投資
market          float  %9.0g               市值
stock           float  %9.0g               公司股價
company         float  %9.0g               GM, CH, GE, WE, US, AF, DM, GY, UN, IBM
time            float  %9.0g               t = 20 years: 1935-1954
-------------------------------------------------------------------------------
Sorted by:  company  time
```

Step2. xtline 指令繪 invest, market, stock 之走勢 line 圖

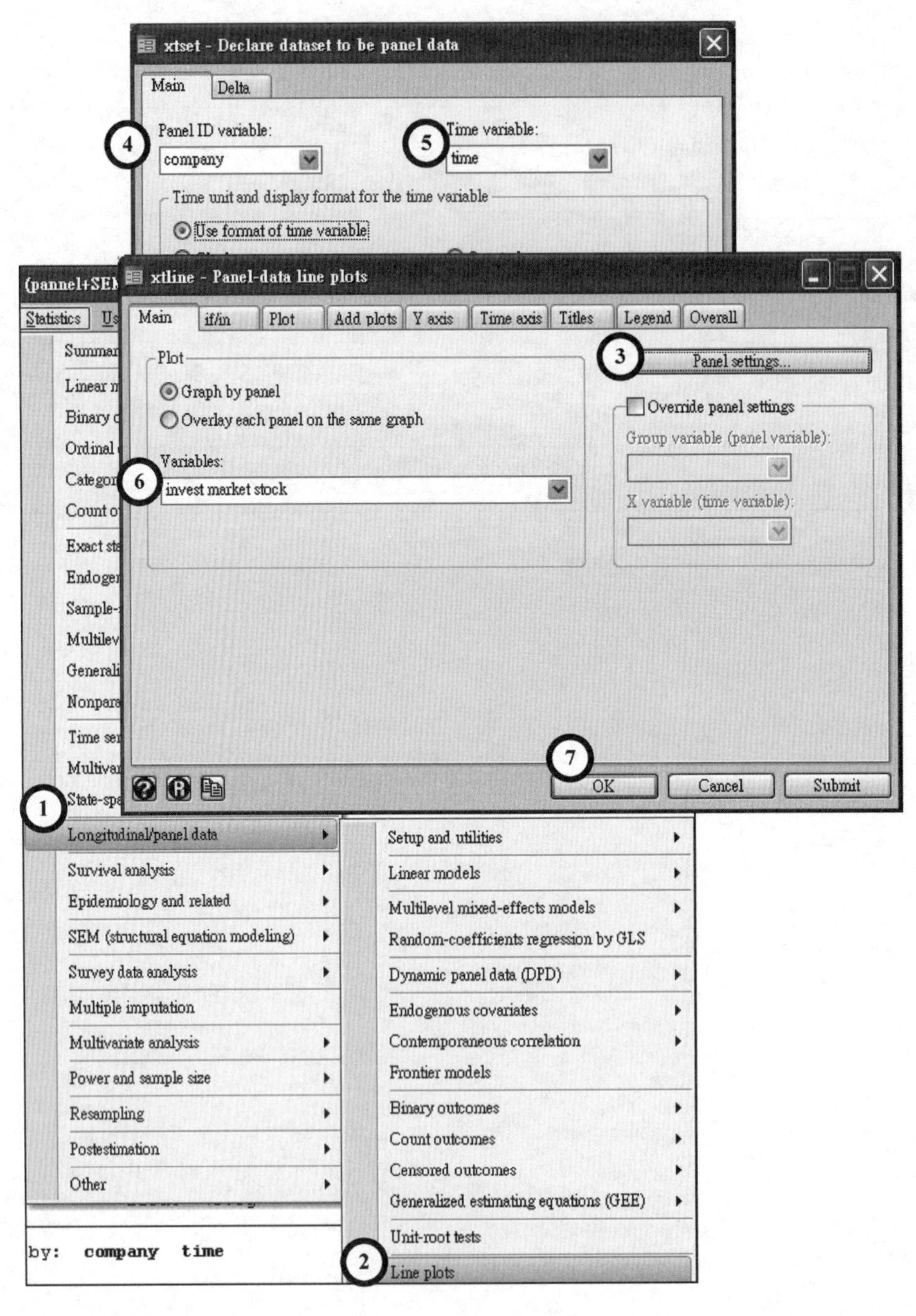

圖 3-26 「xtline 指令繪 invest, market, stock」之畫面

```
. use grunfeld

＊設定個體為 company，時段為 time
. xtset company time

. xtline invest market stock
```

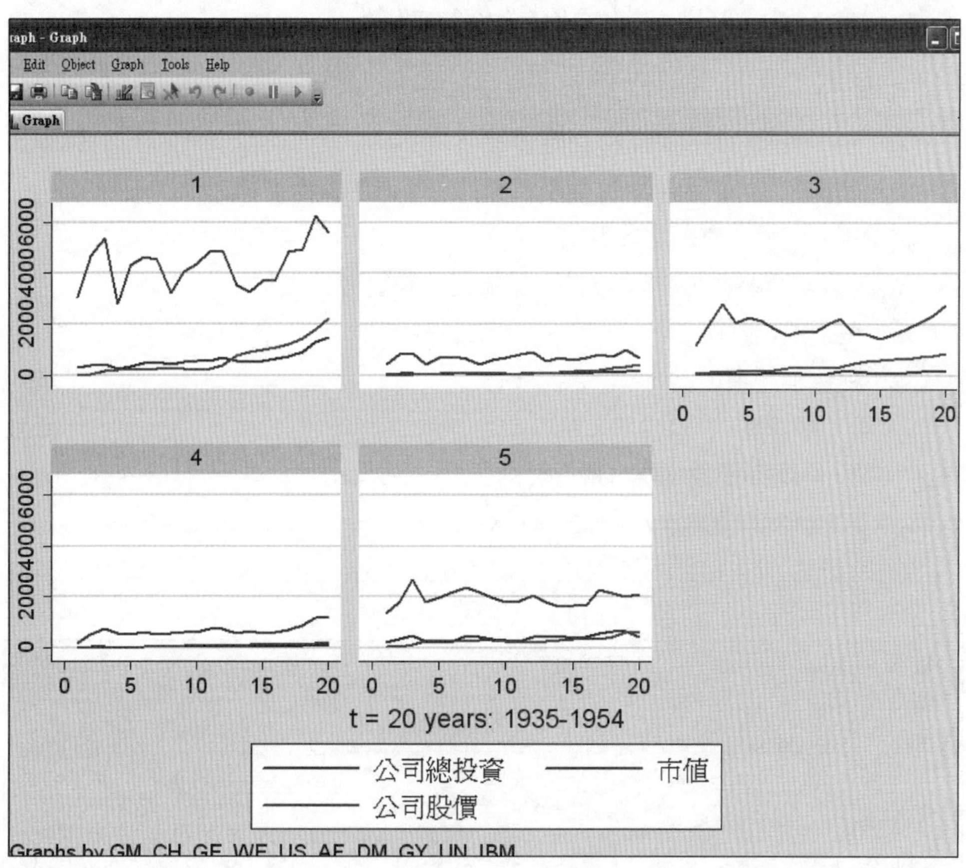

圖 3-27 「xtline 指令繪 invest, market, stock」之結果

Step 3. panel 迴歸中誤差具有 AR(1) 之隨機效果

隨機效果模型相較於固定效果模型，強調在母體整體性，而非個體之間的差異性，故能容許各個體之間有差異性存在，其假設個體間差異性小，相似性

高，且為隨機產生不隨時間而改變。此模型因為加入隨機誤差項後，將橫斷面的個別截距之不同反應在誤差項，所以又稱為誤差成分模型 (error component model, ECM)。

在隨機效果模型中，假定 α_i 為隨機型態之截距項係數，而個體之截距可表示為：$\alpha_i = \alpha + u_i$，i = 1, 2, ⋯, N，其中 u_i 為獨立且有相同機率分配的隨機變數 (*iid*)。因此，隨機效果模型可表示為下式：

$$Y_{it} = \alpha + \sum_{k=1}^{K} \beta_k X_{kit} + u_i + \varepsilon_{it}$$

其中

Y_{it}：第 i 個體於時間點 t 時之應變數

α：隨機產生的截距項，每個橫斷面具有不同的截距型態

β_k：第 k 個解釋變數之參數

X_{kit}：第 i 個個體在時間點 t 時之第 k 個解釋變數

u_i：截距項之誤差

ε_{it}：隨機誤差項

i：第 i 個個體，$i = 1, 2, \cdots, N$

j：第 j 個虛擬變數，$J = 1, 2, \cdots, j$

k：第 k 個解釋變數，$k = 1, 2, \cdots, K$

t：時間點，$t = 1, 2, \cdots, T$

```
* 開啟 grunfeld 資料檔
. use grunfeld
* Step 3. xtregar 指令內定執行 Random-effects model

. xtregar invest market stock
RE GLS regression with AR(1) disturbances       Number of obs      =       100
Group variable: company                          Number of groups   =         5

R-sq:  within  = 0.7985                          Obs per group: min =        20
       between = 0.7639                                         avg =      20.0
       overall = 0.7747                                         max =        20

                                                 Wald chi2(3)       =    208.49
```

```
corr(u_i, Xb)       = 0 (assumed)                 Prob > chi2          =     0.0000

------------------------------------------------------------------------------
      invest |      Coef.   Std. Err.      z    P>|z|     [95% Conf. Interval]
-------------+----------------------------------------------------------------
      market |   .0917945   .0119107     7.71   0.000       .06845    .1151391
       stock |   .3597324   .0353247    10.18   0.000     .2904973    .4289676
       _cons |  -38.94927   53.19859    -0.73   0.464    -143.2166    65.31806
-------------+----------------------------------------------------------------
      rho_ar |  .62423025   (estimated autocorrelation coefficient)
     sigma_u |  101.07674
     sigma_e |  55.946119
     rho_fov |  .76548355   (fraction of variance due to u_i)
       theta |  .70826114
------------------------------------------------------------------------------
```

Step 3：第一次 xtregar 指令，殘差有 AR(1) 隨機效果之估計

1. xtregar 指令採用隨機效果估計，結果 Wald $\chi^2_{(3)} = 208.49$，$p < 0.05$，故拒絕 H_0，表示採用隨機效果模型會比 pooled OLS 模型更適切。
2. 隨機效果之 panel 迴歸式如下，因它有考慮「誤差之 AR(1) 數列相關」，故也是本例可接受的正確做法：

$$invest_{it} = -38.95 + 0.092 \times market_{it} + 0.36 \times stock_{it} + u_t$$

$$公司總投資_{it} = -38.95 \times \alpha_i + 0.092 \times 市值_{it} + 0.36 \times 公司股價_{it} + e_{it}$$

其中，誤差項之數列相關：rho = 0.765，即 $u_t = 0.765 \times u_{t-1} + \varepsilon_t$

3. 組內殘差之標準誤 $\sigma_u = 101.07$。全體殘差之標準誤 $\sigma_e = 55.95$。Interclass 相關 $\rho = \frac{(sigma\_u)^2}{(sigma\_u)^2 + (sigma\_e)^2} = \frac{101.07^2}{101.07^2 + 55.95^2} = 0.765$，表示變異數的 76.5% 係由於「differences across panels」，即依變數 invest 有 76.5% 的變異數可被二個解釋變數 market 及 stock 所解釋。

Step 4. panel 迴歸中誤差具有 AR(1) 固定效果

```
* 開啟 grunfeld 資料檔
. use grunfeld
* Step 4. xtregar 指令 Fixed-effects model
. xtregar invest market stock, fe
FE (within) regression with AR(1) disturbances  Number of obs      =        95
Group variable: company                         Number of groups   =         5

R-sq:  within  = 0.6455                         Obs per group: min =        19
       between = 0.7631                                        avg =      19.0
       overall = 0.7727                                        max =        19

                                                F(2,88)            =     80.11
corr(u_i, Xb)  = -0.0952                        Prob > F           =    0.0000

------------------------------------------------------------------------------
      invest |      Coef.   Std. Err.      t    P>|t|     [95% Conf. Interval]
-------------+----------------------------------------------------------------
      market |   .0958234   .0128934     7.43   0.000     .0702006    .1214463
       stock |   .3809927   .0388406     9.81   0.000     .3038051    .4581803
       _cons |  -63.85323   12.69351    -5.03   0.000    -89.07892   -38.62755
-------------+----------------------------------------------------------------
      rho_ar |  .62423025
     sigma_u |  123.86225
     sigma_e |  56.445099
     rho_fov |  .82804052   (fraction of variance because of u_i)
------------------------------------------------------------------------------
F test that all u_i=0:     F(4,88) =    14.58              Prob > F = 0.0000
```

Step 4：第二次 xtreg 指令之無「誤差之 AR(1)」固定效果及兩階段之誤差自我相關估計

1. xtreg 指令採用固定效果估計，結果 $F_{(4,88)} = 14.58$，$p < 0.05$，故拒絕 H_0，表示截距項不完全相同，故採用固定效果模型會比 pooled OLS 模型更適切。
2. 在固定效果有考慮「誤差之 AR(1) 數列相關」之情形下，panel 迴歸模型分析結果如下：

   因為 rho = 0.83，即 $u_t = 0.83 \times u_{t-1} + \varepsilon_t$。若你沒有考慮「誤差之 AR(1) 數列相

關」，就不是正確的做法：

無「誤差之 AR(1)」：$invest_{it} = -62.59 + 0.106 \times market_{it} + 0.347 \times stock_{it} + u_t$

有「誤差之 AR(1)」：$invest_{it} = -63.85 + 0.096 \times market_{it} + 0.381 \times stock_{it} + u_t$

3. 有考量「誤差之 AR(1)」係數之標準誤 (Std. Err.) 比無考量 AR(1) 來得小，故適配度也會較高。
4. 組內殘差之標準誤 $\sigma_u = 123.86$。全體殘差之標準誤 $\sigma_e = 56.45$。Interclass 相關 $\rho = \frac{(sigma\_u)^2}{(sigma\_u)^2 + (sigma\_e)^2} = \frac{123.86^2}{123.86^2 + 56.45^2} = 0.828$，表示變異數的 82.8% 係由於「differences across panels」，即依變數 invest 有 82.8% 的變異數可被二個解釋變數 market 及 stock 所解釋。
5. xtreg, xtivreg, ivregress, xtregar 指令來執行固定 / 隨機效果之複迴歸，才會多印出最後一行之 $F_{(4,88)}=14.58$，$p < 0.05$，故拒絕「H_0：每個個體的截距項 α_i 皆相同」，則採用固定效果模型分析較為合適；反之，若接受 H_0，則只需估計單一截距項 α_i，意味此追蹤資料 (panel-data) 的 N 個觀察個體，T 期觀察時間的資料，可被作 N×T 個觀察值的橫斷面或時間序列樣本，因而喪失縱橫資料的特性，成為混合資料 OLS 迴歸模型。

$$Y_{it} = \alpha_i + \beta' \sum_{i=1}^{k} X_{kit} + \varepsilon_{it} \quad i = 1, 2, \ldots, n;\ t = 1, 2, \ldots, T$$

$$\hat{\alpha}_i = \overline{Y_i} - \overline{X_i}\,\hat{\beta}_{FE} \quad i = 1, 2, \ldots, N$$

由於檢視每個觀察個體的截距項是否均不同，因此設定以下的 F 檢定假設：

$$\begin{cases} H_0: \alpha_1 = \alpha_2 = \cdots = \alpha_i \\ H_1: H_0 \text{為偽} \end{cases}$$

其檢定統計量為 F 分配：

$$F_{(N-1, NT-N-K)} = \frac{(SSE_{Pooled} - SSE_{LSDV})/(n-1)}{SSE_{LSDV}/(NT-N-K)}$$

Step 5. 對照組：它係沒有 AR(1) 之固定效果

```
* 開啟 grunfeld 資料檔
. use grunfeld
* Fixed-effects model and perform two-step estimate of correlation
. xtreg invest market stock, fe
Fixed-effects (within) regression               Number of obs      =       100
Group variable: company                         Number of groups   =         5

R-sq:  within  = 0.8003                         Obs per group: min =        20
       between = 0.7699                                        avg =      20.0
       overall = 0.7782                                        max =        20

                                                F(2,93)            =    186.40
corr(u_i, Xb)  = -0.1359                        Prob > F           =    0.0000

------------------------------------------------------------------------------
      invest |      Coef.   Std. Err.      t    P>|t|     [95% Conf. Interval]
-------------+----------------------------------------------------------------
      market |   .1059799    .015891     6.67   0.000     .0744236    .1375363
       stock |   .3466596   .0241612    14.35   0.000     .2986803    .3946388
       _cons |  -62.59438   29.44191    -2.13   0.036    -121.0602   -4.128577
-------------+----------------------------------------------------------------
     sigma_u |  120.02194
     sigma_e |  69.117977
         rho |  .75095637   (fraction of variance due to u_i)
------------------------------------------------------------------------------
F test that all u_i=0:     F(4, 93) =    58.96              Prob > F = 0.0000
```

1. xtreg 指令採用固定效果估計，結果 $F_{(4,93)} = 58.96$，$p<0.05$，故拒絕 H_0，表示截距項不完全相同，故採用固定效果模型會比 pooled OLS 模型更適切。
2. 在固定效果有考慮「誤差之 AR(1) 數列相關」之情形下，panel 迴歸模型分析結果如下：

   因爲 rho = 0.75，即 $u_t = 0.75 \times u_{t-1} + \varepsilon_t$。若你沒有考慮「誤差之 AR(1) 數列相關」，就不是正確的做法：

   無「AR(1) 誤差」：$invest_{it} = -62.59 + 0.106 \times market_{it} + 0.347 \times stock_{it} + u_t$

   有「AR(1) 誤差」：$invest_{it} = -63.85 + 0.096 \times market_{it} + 0.381 \times stock_{it} + u_t$

3. 有考量「誤差之 AR(1)」係數之標準誤 (Std. Err.) 比無考量 AR(1) 來得小，故適配度也會較高。
4. 組內殘差之標準誤 $\sigma_u = 120.02$。全體殘差之標準誤 $\sigma_e = 69.12$。Interclass 相關 $\rho = \frac{(sigma\_u)^2}{(sigma\_u)^2 + (sigma\_e)^2} = \frac{120.02^2}{120.02^2 + 69.12^2} = 0.7518$，表示變異數的 75.18% 係由於「differences across panels」，即依變數 invest 有 75.18% 的變異數可被二個解釋變數 market 及 stock 所解釋。
5. xtreg, xtivreg, ivregress, xtregar 指令來執行固定 / 隨機效果之複迴歸，才會多印出最後一行之 F = 58.96，p < 0.05，故拒絕「H_0：每個個體的截距項 α_i 皆相同」，則採用固定效果模型分析較爲合適；反之，若接受 H_0，則只需估計單一截距項 α_i，意味此追蹤資料 (panel-data) 的 N 個觀察個體、T 期觀察時間的資料，可被作 N×T 個觀察值的橫斷面或時間序列樣本，因而喪失縱橫資料的特性，成爲混合資料 OLS 迴歸模型。

$$Y_{it} = \alpha_i + \beta' \sum_{i=1}^{k} X_{kit} + \varepsilon_{it} \quad i=1, 2, \ldots, n \,;\, t=1, 2, \ldots, T$$

$$\hat{\alpha}_i = \overline{Y_i} - \overline{X_i}\,\hat{\beta}_{FE} \quad i=1, 2, \ldots, N$$

由於檢視每個觀察個體的截距項是否均不同，因此設定以下的 F 檢定假設：

$$\begin{cases} H_0：\alpha_1 = \alpha_2 = \cdots = \alpha_i \\ H_1：H_0 \text{爲僞} \end{cases}$$

其檢定統計量爲 F 分配：

$$F_{(N-1, NT-N-K)} = \frac{(SSE_{Pooled} - SSE_{LSDV})/(n-1)}{SSE_{LSDV}/(NT-N-K)}$$

Step 6. panel 迴歸中誤差具有 AR(1) 隨機效果，並印出 Baltagi-Wu LBI 檢定

第三次 **xtregar** 指令之隨機效果及 **Baltagi-Wu LBI** 檢定

Modified Durbin-Watson test statistic(Bhargava, Franzini, Narendranathan, 1982) 的公式爲：

$$d_i = \frac{\sum_{i=1}^{N}\sum_{t=1}^{T}(e_{it} - e_{it-1})^2}{\sum_{i=1}^{N}\sum_{t=1}^{T} e_{it}}$$

(1) Durbin-Watson 統計量旨在檢定迴歸分析中的殘差項是否存在自我相關，D-W 統計量始終介於 0 和 4。D-W = 2 意味著有樣本中沒有自我相關；若 D-W 值介在 1.5 至 2.5，則表示無自我相關；D-W 值愈接近 0，表示正自我相關；D-W = 4 表示負自我相關。本例「Durbin-Watson = 0.77」，表示本模型之誤差有顯著正相關。

(2) 本例結果如下，「Baltagi-Wu LBI = 1.01」，拒絕「H_0 : no serial correlation」，表示 panel 模型之誤差具有自我相關。

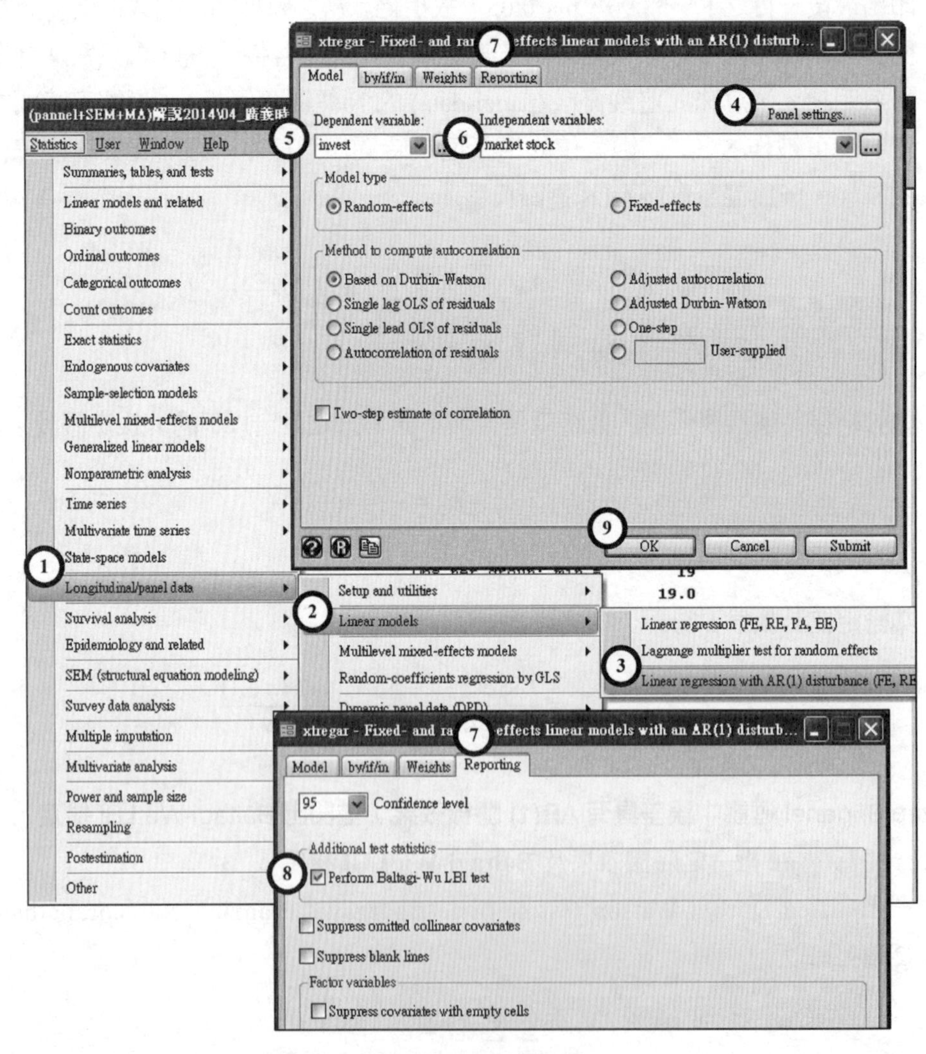

圖 3-28「xtregar invest market stock, re lbi」之畫面

```
* 開啟 grunfeld 資料檔
. use grunfeld

* Random-effects model and report Baltagi-Wu LBI test
. xtregar invest market stock, re rhotype(dw) lbi
RE GLS regression with AR(1) disturbances        Number of obs      =       100
Group variable: company                          Number of groups   =         5

R-sq:  within  = 0.7985                          Obs per group: min =        20
       between = 0.7639                                         avg =      20.0
       overall = 0.7747                                         max =        20

                                                 Wald chi2(3)       =    208.49
corr(u_i, Xb)       = 0 (assumed)                Prob > chi2        =    0.0000

------------------------------------------------------------------------------
      invest |      Coef.   Std. Err.      z    P>|z|     [95% Conf. Interval]
-------------+----------------------------------------------------------------
      market |   .0917945   .0119107     7.71   0.000       .06845    .1151391
       stock |   .3597324   .0353247    10.18   0.000     .2904973    .4289676
       _cons |  -38.94927   53.19859    -0.73   0.464    -143.2166    65.31806
-------------+----------------------------------------------------------------
      rho_ar |  .62423025   (estimated autocorrelation coefficient)
     sigma_u |  101.07674
     sigma_e |  55.946119
     rho_fov |  .76548355   (fraction of variance due to u_i)
       theta |  .70826114
------------------------------------------------------------------------------
modified Bhargava et al. Durbin-Watson = .77451772
Baltagi-Wu LBI = 1.0102332
```

Step 6：第三次 xtregar 指令之隨機效果之估計

1. xtregar 指令採用隨機效果估計，結果 Wald $\chi^2_{(3)}$ = 208.49，$p < 0.05$，故拒絕 H_0，表示採用隨機效果模型會比 pooled OLS 模型更適切。
2. 隨機效果之 panel 迴歸式如下，因它有考慮「誤差之 AR(1) 數列相關」，故也是本例可接受的正確做法：

$$invest_{it} = -38.95 + 0.092 \times market_{it} + 0.36 \times stock_{it} + u_t$$

$$公司總投資_{it} = -38.95 \times \alpha_i + 0.092 \times 市值_{it} + 0.36 \times 公司股價_{it} + e_{it}$$

其中，誤差項之數列相關：$\rho(\text{rho}) = 0.624$，即 $u_t = 0.624 \times u_{t-1} + \varepsilon_t$

3. 組內殘差之標準誤 σ_u = 101.07。全體殘差之標準誤 σ_e = 55.95。Interclass 相關 $\rho = \frac{(sigma\_u)^2}{(sigma\_u)^2 + (sigma\_e)^2} = \frac{101.07^2}{101.07^2 + 55.95^2} = 0.765$，表示變異數的 76.5% 係由於「differences across panels」，即依變數 invest 有 76.5% 的變異數可被二個解釋變數 market 及 stock 所解釋。

4. 最後一行，印出 Baltagi-Wu LBI = 1.01，拒絕「H_0：no serial correlation」，表示 panel 模型之誤差具有自我相關。

Step 7. panel 迴歸中誤差具有 AR(1) 固定效果且兩階段之相關估計

```
*開啟 grunfeld 資料檔
. use grunfeld
* Fixed-effects model and perform two-step estimate of correlation
. xtregar invest market stock, fe twostep

FE (within) regression with AR(1) disturbances  Number of obs      =        95
Group variable: company                         Number of groups   =         5

R-sq:  within  = 0.6516                         Obs per group: min =        19
       between = 0.7632                                        avg =      19.0
       overall = 0.7728                                        max =        19

                                                F(2,88)            =     82.29
corr(u_i, Xb)  = -0.0968                        Prob > F           =    0.0000

------------------------------------------------------------------------------
      invest |      Coef.   Std. Err.      t    P>|t|     [95% Conf. Interval]
-------------+----------------------------------------------------------------
      market |   .0960478   .0129472     7.42   0.000      .070318    .1217777
       stock |   .3806205   .0381507     9.98   0.000      .304804     .456437
       _cons |  -63.79945   12.91883    -4.94   0.000    -89.47291   -38.12598
-------------+----------------------------------------------------------------
```

```
     rho_ar |  .61274114
    sigma_u |  123.86049
    sigma_e |  56.450378
    rho_fov |  .82800984   (fraction of variance because of u_i)
------------------------------------------------------------------------------
F test that all u_i=0:     F(4,88) =    15.37              Prob > F = 0.0000
```

Step 7：第四次 xtregar 指令之固定效果及兩階段之誤差自我相關估計

1. xtregar 指令採用固定效果估計，結果 F = 82.29，p < 0.05，故拒絕 H_0，表示截距項不完全相同，故採用固定效果模型會比 pooled OLS 模型更適切。
2. 在固定效果有考慮「誤差之 AR(1) 數列相關」之情形下，panel 迴歸模型分析結果如下：

$$invest_{it} = -63.80 + 0.096 \times market_{it} + 0.381 \times stock_{it} + u_t$$

$$\text{公司總投資}_{it} = -63.80 \times \alpha_i + 0.096 \times \text{市值}_{it} + 0.381 \times \text{公司股價}_{it} + e_{it}$$

殘差為$e_{it} = \rho\mu_{i,t-1} + \xi_{it}$，即$e_{it} = 0.613 \times e_{i,t-1} + \xi_{it}$

3. 組內殘差之標準誤 σ_u = 123.86。全體殘差之標準誤 σ_e = 56.456。Interclass 相關 $\rho = \frac{(sigma\_u)^2}{(sigma\_u)^2 + (sigma\_e)^2} = \frac{123.86^2}{123.86^2 + 56.45^2} = 0.828$，表示變異數的 82.8% 係由於「differences across panels」，即依變數 invest 有 82.8% 的變異數可被二個解釋變數 market 及 stock 所解釋。
4. xtreg, xtivreg, ivregress, xtregar 指令來執行固定／隨機效果之複迴歸，才會多印出最後一行之 F = 15.37，p < 0.05，故拒絕「H_0：每個個體的截距項 α_i 皆相同」，則採用固定效果模型分析較為合適；反之，若接受 H_0，則只需估計單一截距項 α_i，意味此追蹤資料 (panel-data) 的 N 個觀察個體、T 期觀察時間的資料，可被作 N×T 個觀察值的橫斷面或時間序列樣本，因而喪失縱橫資料的特性，成為混合資料 OLS 迴歸模型。

$$Y_{it} = \alpha_i + \beta' \sum_{i=1}^{k} X_{kit} + \varepsilon_{it} \quad i = 1, 2, \cdots, n\,;\, t = 1, 2, \cdots, T$$

$$\hat{\alpha}_i = \overline{Y_i} - \overline{X_i}\,\hat{\beta}_{FE} \quad i = 1, 2, \cdots, N$$

由於檢視每個觀察個體的截距項是否均不同，因此設定以下的 F 檢定假設：

$$\begin{cases} H_0 : \alpha_1 = \alpha_2 = \cdots = \alpha_i \\ H_1 : H_0 \text{爲僞} \end{cases}$$

其檢定統計量爲 F 分配：

$$F_{(N-1,NT-N-K)} = \frac{(SSE_{Pooled} - SSE_{LSDV})/(n-1)}{SSE_{LSDV}/(NT-N-K)}$$

3-5-1b 自我相關檢定方法二：xtserial 指令

Stata 檢定自我相關之 xtserial 指令，旨在偵測「具有特質誤差之線性 panel 模型的序列相關 (implements a test for serial correlation in the idiosyncratic errors of a linear panel-data model)」。xtserial 的語法如下：

```
*可用 findit 指令來外掛 xtserial.ado
. findit xtserial
*或 ssc install xtserial
*或直接「網路安裝」st0039.pkg 模組
. net sj 3-2 st0039
. net install st0039

*開啟 Stata 網站之資料檔 nlswork.dta
. webuse nlswork, clear
(National Longitudinal Survey.  Young Women 14-26 years of age in 1968)

*因為工資 wage 變數違反常態性假定，故取 ln() 之後「ln_w」，再進行線性 panel 迴歸
* xtserial 指令可「tests for serial correlation in linear panel-data models」
* ln_wage 依變數；自變數為「age* ttl_exp」「tenure* south」
. xtserial ln_wage age* ttl_exp tenure* south, output

Linear regression                                      Number of obs =  10528
                                                       F(  4,  3659) = 107.27
                                                       Prob > F      = 0.0000
                                                       R-squared     = 0.0324
                                                       Root MSE      = .30861

                                (Std. Err. adjusted for 3660 clusters in idcode)
```

```
------------------------------------------------------------------------------
             |               Robust
  D.ln_wage  |      Coef.   Std. Err.      t    P>|t|     [95% Conf. Interval]
-------------+----------------------------------------------------------------
         age |
         D1. |   .0215727    .007774     2.77   0.006      .0063308    .0368145
             |
     ttl_exp |
         D1. |   .0310075   .0108597     2.86   0.004      .0097159    .0522991
             |
      tenure |
         D1. |   .0037079   .0064788     0.57   0.567     -.0089945    .0164103
             |
       south |
         D1. |  -.0498492      .0279    -1.79   0.074     -.1045503    .0048519
------------------------------------------------------------------------------


Wooldridge test for autocorrelation in Panel-data
H0: no first-order autocorrelation
    F(  1,     1472) =      94.421
           Prob > F =      0.0000
```

1. xtserial 分析結果，「D1.」代表「一階差分」，顯示，依變數 (工資) 的一階差分「D1.ln_wage」與「D1.age, D1.ttl_exp」迴歸係數顯著性 p 值，都 <0.05，都有顯著正相關。故 panel 迴歸式如下：

$$D.ln\_wage_{it} = \alpha_i + \beta_1 \times D.age_{it} + \beta_1 \times D.ttl\_\exp_{it} + \beta_1 \times D.tenure_{it} + D.south_{it} + \varepsilon_{it}$$

結果顯示 :「工資 (ln_wage)vs. 年齡 (age)」、「工資 (ln_wage)vs. 工作年資 (ttl_exp)」，二者都有自我相關之問題。

2. Wooldridge 誤差自我相關，檢定結果為：$F_{(1,1472)} = 94.421 (p < 0.05)$，故拒絕「$H_0$：no serial correlation」，表示本例迴歸式，誤差存有自我相關。

3-5-1c 自我相關檢定方法三：先 reg、ivreg2 再 abar；直接 xtabond2

Stata 檢定自我相關之第三指令 abar，它亦可執行 Arellano-Bond(1991) 自我相關檢定，它係「廣義動差法之動態 panel 資料估計法 (linear generalized method of moments dynamic panel-data)」，且比 dwstat, durbina, bgodfrey, xtserial 等指令更被廣泛應用。

	cap	indoutpt	n	w	k	ys	rec	yearm1	id	nL1	nL2	wL1
1	.5894	95.7072	1.617604	2.576543	-.5286502	4.561294	1	1977	1	.	.	.
2	.6318	97.3569	1.722767	2.509746	-.4591824	4.578383	2	1977	1	1.617604	.	2.576543
3	.6771	99.6083	1.612433	2.552526	-.3899363	4.601245	3	1978	1	1.722767	1.617604	2.509746
4	.6171	100.5501	1.550749	2.624951	-.4827242	4.610656	4	1979	1	1.612433	1.722767	2.552526
5	.5076	99.5581	1.409278	2.659539	-.6780615	4.600741	5	1980	1	1.550749	1.612433	2.624951
6	.4229	98.6151	1.152469	2.699218	-.8606195	4.591224	6	1981	1	1.409278	1.550749	2.659539
7	.392	100.0301	1.077048	2.623102	-.9364935	4.605471	7	1982	1	1.152469	1.409278	2.699218
8	16.9363	95.7072	4.267163	2.694012	2.829459	4.561294	8	1983	2	.	.	.
9	17.2422	97.3569	4.257639	2.64643	2.84736	4.578383	9	1977	2	4.267163	.	2.694012
10	17.5413	99.6083	4.261524	2.704939	2.864558	4.601245	10	1978	2	4.257639	4.267163	2.64643
11	17.6574	100.5501	4.277097	2.740259	2.871155	4.610656	11	1979	2	4.261524	4.257639	2.704939
12	16.7133	99.5581	4.299854	2.78482	2.816205	4.600741	12	1980	2	4.277097	4.261524	2.740259
13	16.2469	98.6151	4.282469	2.780768	2.787902	4.591224	13	1981	2	4.299854	4.277097	2.78482
14	17.3696	100.0301	4.227097	2.791478	2.854722	4.605471	14	1982	2	4.282469	4.299854	2.780768
15	7.0975	95.7072	2.952616	3.122012	1.959743	4.561294	15	1983	3	.	.	.
16	6.9469	97.3569	2.967333	3.029834	1.938295	4.578383	16	1977	3	2.952616	.	3.122012
17	6.8565	99.6083	2.99072	3.054228	1.925197	4.601245	17	1978	3	2.967333	2.952616	3.029834
18	6.6547	100.5501	3.007661	3.099957	1.895323	4.610656	18	1979	3	2.99072	2.967333	3.054228
19	6.2136	99.5581	2.973998	3.213719	1.826741	4.600741	19	1980	3	3.007661	2.99072	3.099957
20	5.7146	98.6151	2.897292	3.212644	1.743024	4.591224	20	1981	3	2.973998	3.007661	3.213719
21	7.3431	100.0301	2.824351	3.364108	1.993761	4.605471	21	1982	3	2.897292	2.973998	3.212644
22	8.4902	118.2223	3.264231	2.696537	2.138913	4.772567	22	1983	4	.	.	.
23	8.742	120.1551	3.28616	2.697185	2.168139	4.788784	23	1977	4	3.264231	.	2.696537
24	9.1869	118.8319	3.306154	2.699722	2.217779	4.77771	24	1978	4	3.28616	3.264231	2.697185
25	9.4036	111.9164	3.326115	2.723477	2.241093	4.717752	25	1979	4	3.306154	3.28616	2.699722
26	8.8939	97.554	3.302077	2.84798	2.185366	4.580406	26	1980	4	3.326115	3.306154	2.723477
27	8.3905	92.1982	3.198836	2.96084	2.1271	4.523941	27	1981	4	3.302077	3.326115	2.84798
28	7.4351	92.4041	3.116267	2.996007	2.006212	4.526171	28	1982	4	3.198836	3.302077	2.96084
29	22.3804	94.8991	4.462189	3.026858	3.108186	4.552814	29	1983	5	.	.	.

圖 3-29 「abdata.dta」資料檔之內容

Stata 之 abar 指令的範例如下：

```
*開啟 abdata.dta 資料檔
. use http://www.stata-press.com/data/r7/abdata.dta
. * Make a close match with first regression(OLS)in abest2.out, in
  http://www.nuff.ox.ac.uk/Users/Doornik/software/dpdox121.zip
. * Differs because Stata's regress does small-sample correction.

* 模型一：用「L()」即 Lag 運算子來執行動態模型之線性 cluster 迴歸式
. regress n L(1/2).n L(0/1).w L(0/2).(k ys) yr1979-yr1984, cluster(id)

Linear regression                                    Number of obs =       751
                                                     F( 16,    139) = 13990.88
                                                     Prob > F      =    0.0000
                                                     R-squared     =    0.9944
                                                     Root MSE      =    .10158

                                   (Std. Err. adjusted for 140 clusters in id)
------------------------------------------------------------------------------
             |               Robust
           n |      Coef.   Std. Err.      t    P>|t|     [95% Conf. Interval]
-------------+----------------------------------------------------------------
           n |
         L1. |   1.044643   .0517969    20.17   0.000     .9422313    1.147055
         L2. |  -.0765426   .0488082    -1.57   0.119    -.1730451    .0199598
             |
           w |
         --. |  -.5236727   .1740911    -3.01   0.003    -.8678817   -.1794637
         L1. |   .4767538   .1717904     2.78   0.006     .1370937    .8164139
             |
           k |
         --. |   .3433951    .048649     7.06   0.000     .2472074    .4395829
         L1. |  -.2018991   .0650327    -3.10   0.002    -.3304803    -.073318
         L2. |  -.1156467   .0358966    -3.22   0.002    -.1866206   -.0446727
             |
          ys |
         --. |   .4328752     .17894     2.42   0.017      .079079    .7866715
         L1. |  -.7679125   .2514336    -3.05   0.003    -1.265041   -.2707836
         L2. |   .3124721   .1322678     2.36   0.020     .0509551    .5739891
```

```
             |
      yr1979 |   .0158888   .0090408     1.76   0.081    -.0019865   .0337641
      yr1980 |   .0219933   .0149899     1.47   0.145    -.0076444   .0516309
      yr1981 |  -.0221532   .0242324    -0.91   0.362    -.0700648   .0257585
      yr1982 |  -.0150344   .0214242    -0.70   0.484    -.0573938   .0273251
      yr1983 |   .0073931     .01963     0.38   0.707    -.0314189   .0462052
      yr1984 |   .0153956   .0204269     0.75   0.452     -.024992   .0557832
       _cons |   .2747256   .3194854     0.86   0.391    -.3569538    .906405

*再用 abar 指令執行誤差「AR(1) 及 AR(2)」之 Arellano-Bond 自我相關檢定
. abar, lags(2)
Arellano-Bond test for AR(1): z =   1.29  Pr > z = 0.1978
Arellano-Bond test for AR(2): z =  -1.03  Pr > z = 0.3039

* 模型二：改用兩階段 cluster 迴歸式
* Now do a perfect match with last regression(2SLS, Anderson-Hsiao)in same
  file.
* 先外掛 ivreg2.ado 指令「工具變數迴歸」，再執行此二階段迴歸
. findit ivreg2
*或 ssc install ivreg2

*「D.」為一階差分運算子；「DL」為一階差分後再 Lage(1)。
. ivreg2 D.n DL2.n DL(0/1).w DL(0/2).(k ys)yr1980-yr1984(DL.n = L3.n),
cluster(id)

IV(2SLS)regression with robust standard errors
----------------------------------------------

Number of clusters(id)= 140                            Number of obs =      611
                                                       F( 15,    124) =     2.07
                                                       Prob > F      =   0.0154
Total(centered)SS      =  12.59997848                  Centered R2   =  -1.9585
Total(uncentered)SS    =  15.45414725                  Uncentered R2 =  -1.4121
Residual SS            =  37.27686691                  Root MSE      =      .25

------------------------------------------------------------------------------
             |               Robust
         D.n |      Coef.   Std. Err.      z    P>|z|     [95% Conf. Interval]
-------------+----------------------------------------------------------------
```

```
          n |
        LD. |   2.307626   1.054549     2.19   0.029     .2407486    4.374503
       L2D. |  -.2240271   .1172406    -1.91   0.056    -.4538144    .0057602
            |
          w |
        D1. |  -.8103626    .283096    -2.86   0.004     -1.36522   -.2555047
        LD. |   1.422246   .8507097     1.67   0.095    -.2451148    3.089606
            |
          k |
        D1. |   .2530975   .1103882     2.29   0.022     .0367407    .4694543
        LD. |  -.5524613   .3572037    -1.55   0.122    -1.252568     .147645
       L2D. |  -.2126364   .1453826    -1.46   0.144    -.4975811    .0723083
            |
         ys |
        D1. |   .9905803   .3376145     2.93   0.003     .3288681    1.652293
        LD. |  -1.937912   .9923162    -1.95   0.051    -3.882816     .006992
       L2D. |   .4870838   .4247408     1.15   0.251    -.3453929     1.31956
            |
     yr1980 |  -.0172951   .0303093    -0.57   0.568    -.0767003    .0421101
     yr1981 |  -.1002263    .045269    -2.21   0.027    -.1889518   -.0115007
     yr1982 |  -.0565577   .0532343    -1.06   0.288     -.160895    .0477797
     yr1983 |  -.0495877   .0550559    -0.90   0.368    -.1574952    .0583199
     yr1984 |   -.056622   .0659564    -0.86   0.391    -.1858942    .0726503
      _cons |   .0626485   .0333423     1.88   0.060    -.0027012    .1279982
------------------------------------------------------------------------------
Hansen J statistic(overidentification test of all instruments):          0.000
                                            (equation exactly identified)
------------------------------------------------------------------------------
Instrumented:  LD.n
Instruments:   L3.n L2D.n D.w LD.w D.k LD.k L2D.k D.ys LD.ys L2D.ys yr1980
               yr1981 yr1982 yr1983 yr1984
------------------------------------------------------------------------------

*再用 abar 指令執行誤差「AR(1) 及 AR(2)」之 Arellano-Bond 自我相關檢定
. abar, lags(2)
Arellano-Bond test for AR(1): z =  -1.98  Pr > z = 0.0480
Arellano-Bond test for AR(2): z =  -0.92  Pr > z = 0.3581
. * Now do same via xtabond2
```

```
* 模型三：外掛 xtabond2.ado 指令「GMM 動態迴歸」，再執行它
. findit xtabond2

. xtabond2 D.n DL(1/2).n DL(0/1).w DL(0/2).(k ys)y*98*,iv(L3.n DL2.n DL(0/1).
  w DL(0/2).(k ys)y*98*,eq(lev))rob arle

Favoring space over speed. To switch, type or click on mata: mata set matafa-
vor speed, perm.

Dynamic panel-data estimation, one-step system GMM
------------------------------------------------------------------------------
Group variable: id                              Number of obs      =       611
Time variable : year                            Number of groups   =       140
Number of instruments = 16                      Obs per group: min =         4
Wald chi2(15)=     153.14                                      avg =      4.36
Prob > chi2  =      0.000                                      max =         6
------------------------------------------------------------------------------
             |               Robust
         D.n |      Coef.   Std. Err.      z    P>|z|     [95% Conf. Interval]
-------------+----------------------------------------------------------------
           n |
         LD. |   2.307626   1.054549     2.19   0.029     .2407485    4.374503
        L2D. |  -.2240271   .1172406    -1.91   0.056    -.4538144    .0057602
             |
           w |
         D1. |  -.8103626    .283096    -2.86   0.004    -1.365221   -.2555047
         LD. |   1.422246   .8507098     1.67   0.095    -.2451148    3.089606
             |
           k |
         D1. |   .2530975   .1103882     2.29   0.022     .0367407    .4694543
         LD. |  -.5524613   .3572037    -1.55   0.122    -1.252568     .147645
        L2D. |  -.2126364   .1453826    -1.46   0.144    -.4975811    .0723083
             |
          ys |
         D1. |   .9905803   .3376145     2.93   0.003     .3288681    1.652293
         LD. |  -1.937912   .9923162    -1.95   0.051    -3.882816     .006992
        L2D. |   .4870838   .4247408     1.15   0.251    -.3453929     1.31956
             |
      yr1980 |  -.0172951   .0303093    -0.57   0.568    -.0767003    .0421101
```

```
     yr1981 |  -.1002263    .045269    -2.21   0.027    -.1889518  -.0115007
     yr1982 |  -.0565577   .0532343    -1.06   0.288     -.160895   .0477797
     yr1983 |  -.0495877   .0550559    -0.90   0.368    -.1574952   .0583199
     yr1984 |   -.056622   .0659564    -0.86   0.391    -.1858942   .0726503
      _cons |   .0626485   .0333423     1.88   0.060    -.0027012   .1279982
------------------------------------------------------------------------------
Instruments for levels equation
  Standard
    L3.n L2D.n D.w LD.w D.k LD.k L2D.k D.ys LD.ys L2D.ys yr1980 yr1981 yr1982
    yr1983 yr1984
    _cons
------------------------------------------------------------------------------
Arellano-Bond test for AR(1) in levels:            z =  -1.98  Pr > z =  0.048
Arellano-Bond test for AR(2) in levels:            z =  -0.92  Pr > z =  0.358
------------------------------------------------------------------------------
Sargan test of overid. restrictions: chi2(0)    =   0.00  Prob > chi2 =      .
 (Not robust, but not weakened by many instruments.)
Hansen test of overid. restrictions: chi2(0)    =   0.00  Prob > chi2 =      .
 (Robust, but weakened by many instruments.)
```

1. 模型一：先用 reg 再用 abar 指令執行誤差「AR(1) 及 AR(2)」之 Arellano-Bond 自我相關檢定，結果 p 都 > 0.05，表示之前迴歸「regress n L(1/2).n L(0/1).w L(0/2).(k ys)yr1979-yr1984」具有誤差落遲二期之自我相關。故最近一次之動態模型迴歸不夠好，因此才改用兩階段迴歸 (ivreg2 指令)。
2. 模型二：ivreg2 指令執行之後，再執行「abar, lags(2)」，結果得到 AR(1) 之 p = 0.0480 > 0.05，表示誤差已沒有 AR(1) 自我相關；但誤差仍有 AR(2) 自我相關。故再試試，改用動態模型指令 xtabond2。
3. 模型三：直接用 xtabond2 指令執行「GMM 動態迴歸」，結果得到 AR(1) 之 p = 0.048 > 0.05，表示誤差已沒有 AR(1) 自我相關；但誤差 AR(2) 之 p > 0.05 仍有自我相關。

3-6 Panel 殘差之自我相關及殘差異質性之實作步驟

目前現有的預測方法中對於橫斷面 (cross section) 與時間序列 (time series) 的資料分析，大多採用最小平方法 (ordinary least squares, OLS) 來分析，傳統的 OLS 在處理資料時，只能單獨考慮橫斷面資料或時間序列資料。當兩種資料類型並存時，若採用時間序列分析，由於只考慮相關變數的時間數序資料，常會發生序列相關 (serial correlation) 現象；若僅對橫斷面資料進行分析，由於個體本身存在的特性，通常有異質變異 (heteroskedasticity) 的情形，因此容易產生偏誤現象發生。

由於縱橫資料 (panel-data) 乃結合時間序列和橫斷面二者進行分析，和傳統迴歸模型之差異爲具有追蹤長期效果、能檢定時間序列與橫斷面資料所無法單獨檢定的效果、可建立與檢定較時間序列與橫斷面更複雜的行爲模式，而且在資料上富有多樣性，擁有更多自由度和效率佳。此外，運用 panel-data 模型亦可控制橫斷面上，個體異質性與變數在時間序列的自我相關性問題，而產生有效率的估計。

由於 panel-data 模型超過十五種以上，有靜態 vs. 動態，亦有線性 vs. 非線性，也有定態 vs. 非定態的，因此增加你該選擇哪種模型之困難度。請問 panel 迴歸如何建構一個最佳的模型呢？請見本例旨在說明「Production of Airline Services: C = f(Q, PF, LF)」。即航空公司之總成本花費 (c)，係受到載客數量 (q)、燃料價格 (lf)、營收乘客里程數 (pf) 三者的影響嗎？

一、資料檔及變數特徵

ta Editor (Edit) - [table14_1.dta]

Edit View Data Tools

i[15] 1

	i	t	c	q	pf	lf
1	1	1	1140640	.952757	106650	.534487
2	1	2	1215690	.986757	110307	.532328
3	1	3	1309570	1.09198	110574	.547736
4	1	4	1511530	1.17578	121974	.540846
5	1	5	1676730	1.16017	196606	.591167
6	1	6	1823740	1.17376	265609	.575417
7	1	7	2022890	1.29051	263451	.594495
8	1	8	2314760	1.39067	316411	.597409
9	1	9	2639160	1.61273	384110	.638522
10	1	10	3247620	1.82544	569251	.676287
11	1	11	3787750	1.54604	871636	.605735
12	1	12	3867750	1.5279	997239	.61436
13	1	13	3996020	1.6602	938002	.633366
14	1	14	4282880	1.82231	859572	.650117
15	1	15	4748320	1.93646	823411	.625603
16	2	1	569292	.520635	103795	.490851
17	2	2	640614	.534627	111477	.473449
18	2	3	777655	.655192	118664	.503013
19	2	4	999294	.791575	114797	.512501
20	2	5	1203970	.842945	215322	.566782
21	2	6	1358100	.852892	281704	.558133
22	2	7	1501350	.922843	304818	.558799
23	2	8	1709270	1	348609	.57207
24	2	9	2025400	1.19845	374579	.624763
25	2	10	2548370	1.34067	544109	.628706
26	2	11	3137740	1.32624	853356	.58915
27	2	12	3557700	1.24852	1003200	.532612
28	2	13	3717740	1.25432	941977	.526652
29	2	14	3962370	1.37177	856533	.540163
30	2	15	4209390	1.38974	821361	.528775
31	3	1	286298	.262424	118788	.524334
32	3	2	309290	.266433	123798	.537185
33	3	3	342056	.306043	122882	.582119
34	3	4	374595	.325586	131274	.579489
35	3	5	450037	.345706	222037	.606592
36	3	6	510412	.367517	278721	.60727

Variables

Filter variables here

Variable	Label
i	Index of 6 airline firms, 1-6
t	Time index of 15 years, 1-15
c	成本: total cost of services in $100
q	產出: revenue passenger miles
pf	汽油價格
lf	Load factor: rate of capacity utiliz
logc	=log(c)
logq	=log(q)
logf	=log(f)
i1	i== 1.指令:tabulate i, gen(i)
i2	i== 2.0000
i3	i== 3.0000
i4	i== 4.0000
i5	i== 5.0000
i6	i== 6.0000

Properties

Variables	
Name	<15 selected>
Label	<different values>
Type	
Format	
Value La	
Notes	
Data	
Filename	table14_1.dta
Label	
Notes	
<Add	
Variables	15
Observati	90
Size	3.69K
Memory	32M

Vars: 15 Order: Dataset Obs: 90 Filter: Off Mode: Edit CAP NUM

圖 3-30「table14_1.dta」資料檔之內容 (i=6 家航空公司，t=15 年)

```
. use table14_1, clear

*use http://www.ats.ucla.edu/stat/stata/examples/greene/table14_1, clear
* 常態性 Jarque-Bera test
. describe
  obs:            90
 vars:            15                          31 Jul 2014 11:56
 size:         3,780
--------------------------------------------------------------------------------
              storage  display     value
variable name   type   format      label      variable label
--------------------------------------------------------------------------------
i               float  %9.0g                 Index of 6 airline firms, 1-6
t               float  %9.0g                 Time index of 15 years, 1-15
c               float  %9.0g                 成本：total cost of services in $1000
q               float  %9.0g               * 產出：revenue passenger miles
pf              float  %9.0g                 汽油價格
lf              float  %9.0g                 Load factor: rate of capacity utilization
                                              (average rate at which seats on the ai
logc            float  %9.0g                 =log(c)
logq            float  %9.0g                 =log(q)
logf            float  %9.0g                 =log(f)
i1              byte   %8.0g                 i== 1. 指令 :tabulate i, gen(i)
i2              byte   %8.0g                 i== 2.0000
i3              byte   %8.0g                 i== 3.0000
i4              byte   %8.0g                 i== 4.0000
i5              byte   %8.0g                 i== 5.0000
i6              byte   %8.0g                 i== 6.0000
                                           * indicated variables have notes
--------------------------------------------------------------------------------
Sorted by:  i  t

. summary

    Variable |       Obs        Mean    Std. Dev.       Min        Max
-------------+--------------------------------------------------------
           i |        90         3.5    1.717393          1          6
```

```
           t |        90           8     4.344698          1         15
           c |        90     1122524      1192075      68978    4748320
           q |        90    .5449946     .5335865    .037682    1.93646
          pf |        90      471683     329502.9     103795    1015610
-------------+--------------------------------------------------------
          lf |        90    .5604602     .0527934    .432066    .676287
        logc |        90    13.36561     1.131971   11.14154    15.3733
        logq |        90   -1.174309     1.150606  -3.278573   .6608616
        logf |        90    12.77036     .8123749   11.55017     13.831
          i1 |        90    .1666667     .3747658          0          1
-------------+--------------------------------------------------------
          i2 |        90    .1666667     .3747658          0          1
          i3 |        90    .1666667     .3747658          0          1
          i4 |        90    .1666667     .3747658          0          1
          i5 |        90    .1666667     .3747658          0          1
          i6 |        90    .1666667     .3747658          0          1
```

二、Jarque-Bera 常態性檢定及 Log(x) 變數變換

大部分的統計分析方法 (ANOVA，線性基本模型包括 reg, areg, binreg, cnsreg, eivreg, frontier, xtfrontier, gllamm, glm, intreg, rreg, tobit, xtdpd, xtgee, xtgls, xtreg, xtregar 等指令)，往往是在常態假定 (assumption) 之下所發展出來的，因此運用這些方法從事資料分析之前，我們必須先驗證資料是否符合常態的特性。

關於資料之常態分布檢測，常見的有六種常態檢定法：Cramér-von-Mises 檢定法、Kolmogorov-Smimov 檢定法、Anderson-Darling 檢定法、Shapiro-Wilk 檢定法、相關係數檢定法 (the probability plot correlation coefficient test) 以及 Jarque-Bera 檢定法，檢測資料之常態性。

在檢定變數 (特別是迴歸殘差) 是否爲常態分配時，Jarque-Bera 是常見的檢定之一。違反常態性假定時，做自然對數 ln(x) 之變數變換是最常用的方法。

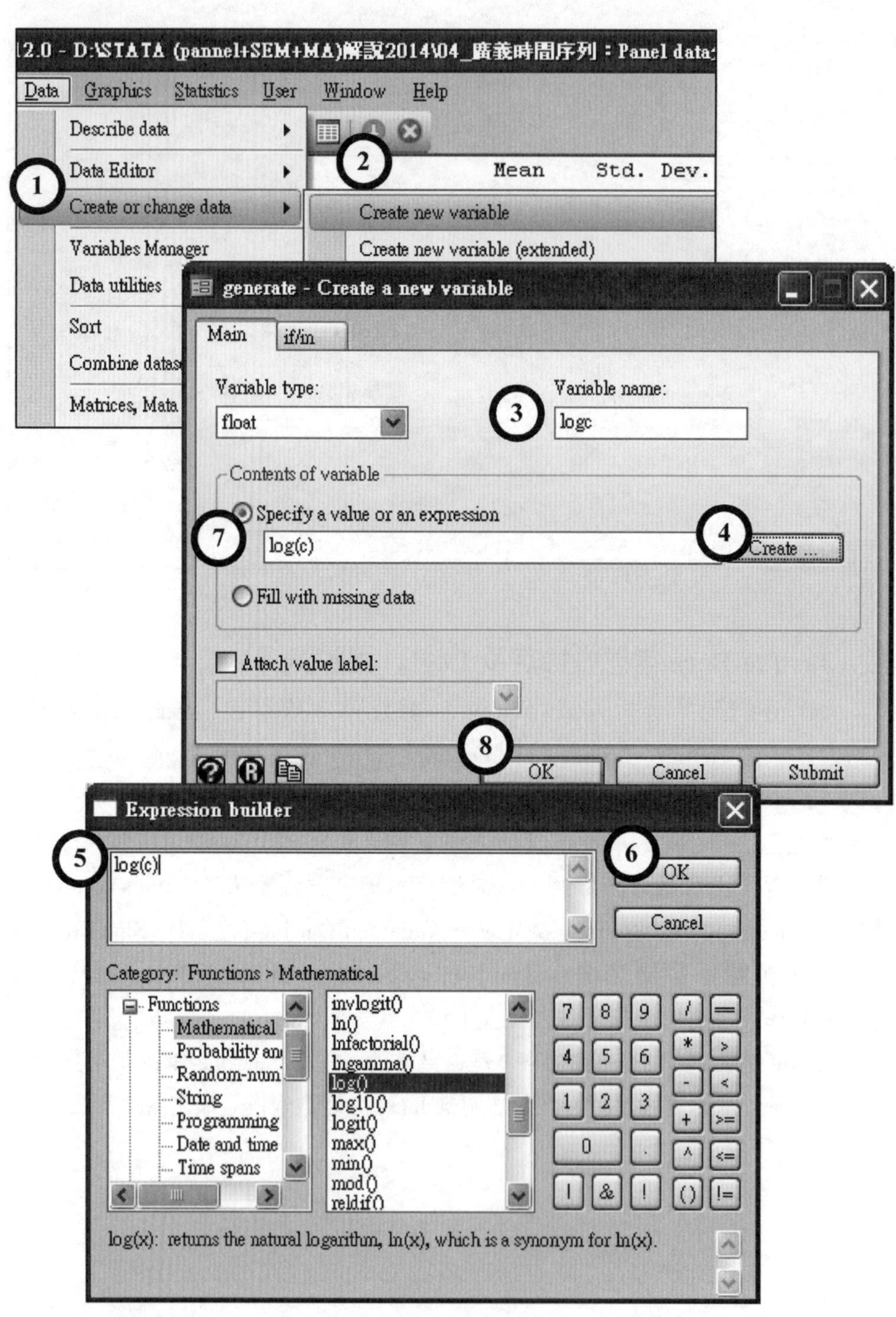

圖 3-31 「generate logc = log(c)」之畫面

```
. use table14_1, clear
*use http://www.ats.ucla.edu/stat/stata/examples/greene/table14_1, clear
* 常態性 Jarque-Bera test 之前，先安裝 jb 外掛指令
. ssc install jb
. jb c
Jarque-Bera normality test:  40.43 Chi(2)  1.7e-09
Jarque-Bera test for H0: normality

. jb q
Jarque-Bera normality test:  15.33 Chi(2)  4.7e-04
Jarque-Bera test for H0: normality


.
. jb pf
Jarque-Bera normality test:  10.53 Chi(2)  .0052
Jarque-Bera test for H0: normality

* 因為要 OLS 符合常態性之假定 (assumption)，故變數都做 log(x) 變數變換
generate logc = log(c)
generate logq = log(q)
generate logf = log(pf)
* 存新變數到原資料檔 table14-1.dta
save table14-1
```

常態性 Jarque-Bera test 顯示：c, q, pf 三者 p 值都 < 0.05，故拒絕「H_0: normality」。三者都非常態，都違反 OLS 迴歸之常態性假定。故都需做 log(x) 或 ln(x) 變數，使「logc, logq, logf」符合常態性。

3-6-1a 混合資料 (pooled) 效果模型 vs. 樣本平均 (PA) 模型誰優？

混合資料 (pooles)OLS 模型或樣本平均 (population-averaged, PA) 模型：

$$y_{it} = \alpha + X'_{it}\beta + \underbrace{u_{it}}_{\text{殘差項}\sim N(0,\sigma^2)}$$

範例

承上例 table14_1.dta 資料檔。

Step 1. 對照組：混合資料 (pooled) 效果模型 (reg 指令)

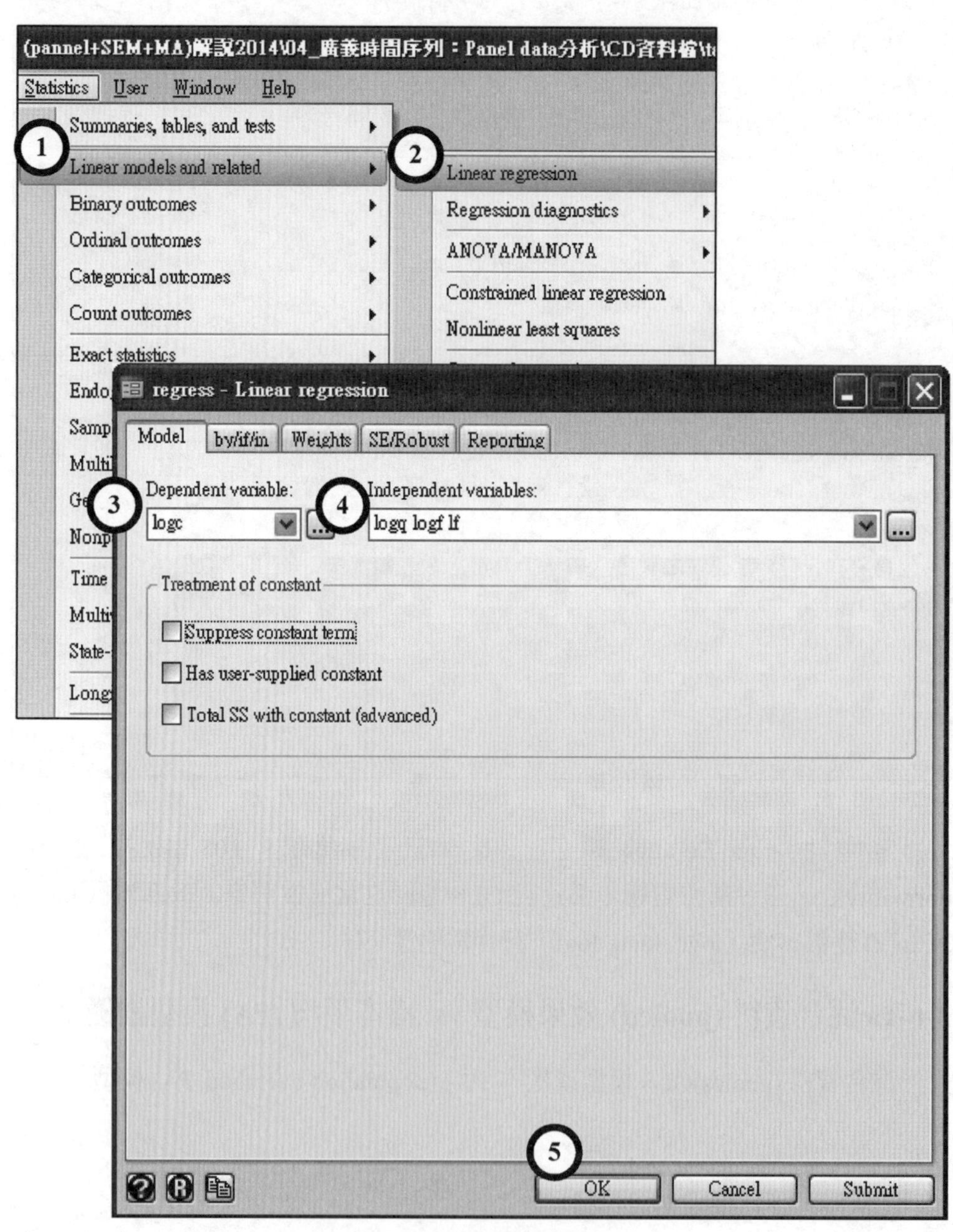

圖 3-32 「regress logc logq logf lf」之畫面

```
. use table14_1, clear
*Step 1. 混合資料 (pooled) 迴歸法
. regress logc logq logf lf


      Source |       SS       df       MS              Number of obs =      90
-------------+------------------------------           F(  3,    86) =2419.34
       Model |  112.705452     3  37.5684839           Prob > F      =  0.0000
    Residual |  1.33544153    86   .01552839           R-squared     =  0.9883
-------------+------------------------------           Adj R-squared =  0.9879
       Total |  114.040893    89  1.28135835           Root MSE      =  .12461

------------------------------------------------------------------------------
        logc |      Coef.   Std. Err.      t    P>|t|     [95% Conf. Interval]
-------------+----------------------------------------------------------------
        logq |   .8827385   .0132545    66.60   0.000     .8563895    .9090876
        logf |    .453977   .0203042    22.36   0.000     .4136136    .4943404
          lf |   -1.62751    .345302    -4.71   0.000    -2.313948   -.9410727
       _cons |   9.516923   .2292445    41.51   0.000       9.0612    9.972645
------------------------------------------------------------------------------
```

1. 整體模型適配度，$F_{(3, 86)} = 2419.34$，$p < 0.05$，表示你設定的模型是 ok 的 (但不是最佳)，即迴歸係數不會爲 0。調整 $R^2 = 0.98$，R^2 值愈高，表示模型適配度愈佳。
2. 三個解釋變數：logq, logf, lf 三者迴歸係數顯著性 t 檢定，p 值都 < 0.05，都達 0.05 顯著水準。
3. 整體迴歸式爲：$\log c_i = 9.52 + 0.88 \log q_i + 0.45 \log f_i - 1.63 lf_i + \varepsilon_i$，即

$$\log(\text{航空公司總成本})_i = 9.52 + 0.88\log(\text{客運量})_i + 0.45\log(\text{燃料價格})_i - 1.63(\text{負載因素})_i + \varepsilon_i$$

Step 2. Population-averaged(PA) 迴歸法

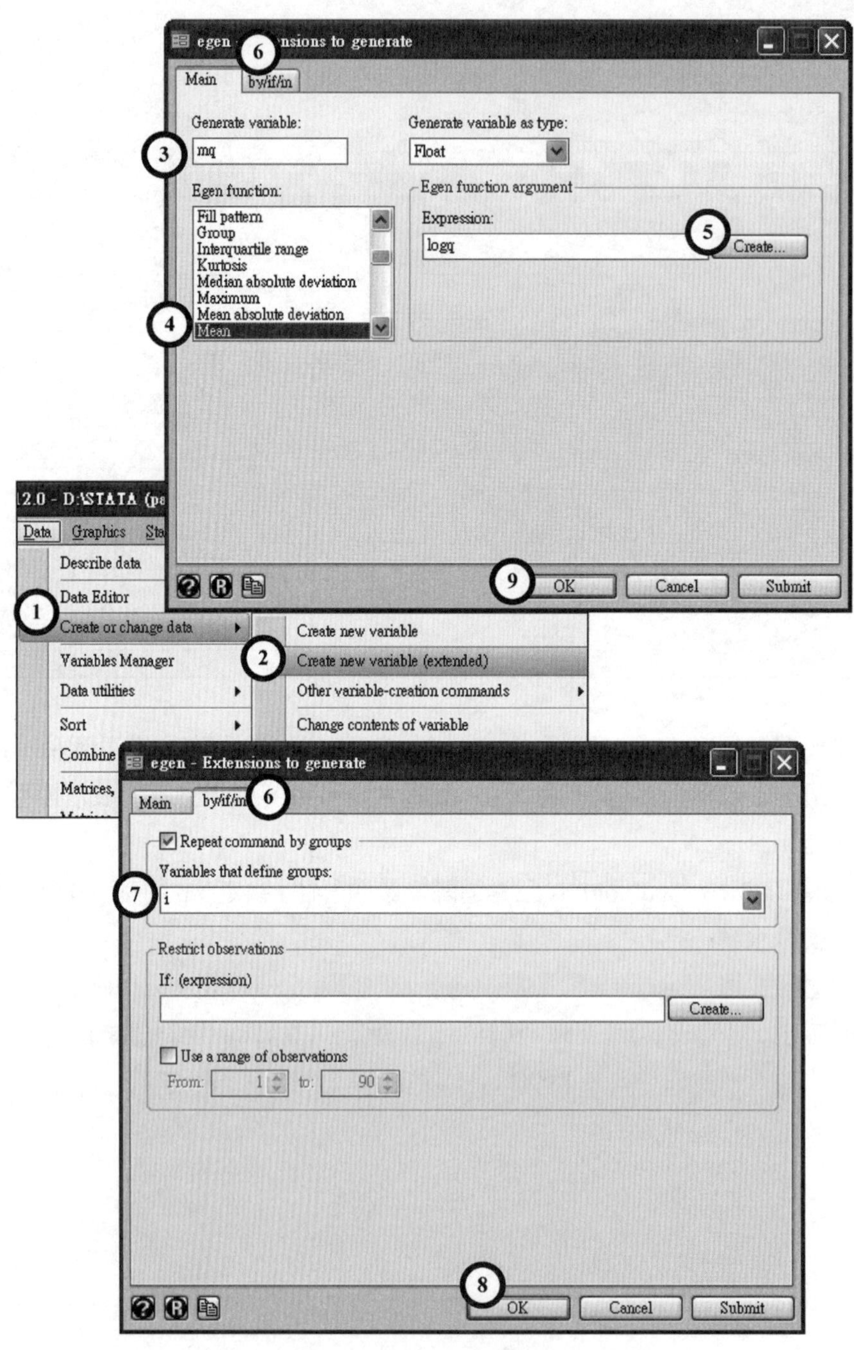

圖 3-33 「egen mq = mean(logq), by(i)」之畫面

```
. use table14_1, clear
*Step 2.Population-averaged(PA) 迴歸法之前，先求各變數之平均數 (mean)，並存到
 mq,mf,mlf
. egen mq = mean(logq), by(i)
*或 by i, sort : egen float mq = mean(logq)
. egen mf = mean(logf), by(i)
. egen mlf = mean(lf), by(i)

. regress logc mq mf mlf


      Source |       SS       df       MS              Number of obs =      90
-------------+------------------------------           F(  3,    86) =   53.40
       Model |  74.2047466     3  24.7349155           Prob > F      =  0.0000
    Residual |  39.8361466    86  .463211006           R-squared     =  0.6507
-------------+------------------------------           Adj R-squared =  0.6385
       Total |  114.040893    89  1.28135835           Root MSE      =   .6806

------------------------------------------------------------------------------
        logc |      Coef.   Std. Err.      t    P>|t|     [95% Conf. Interval]
-------------+----------------------------------------------------------------
          mq |   .7824569   .1518735     5.15   0.000     .4805424    1.084371
          mf |  -5.523905   6.253856    -0.88   0.380    -17.95616    6.908349
         mlf |  -1.751066    3.83042    -0.46   0.649     -9.36569    5.863557
       _cons |   85.80811    78.8686     1.09   0.280    -70.97747    242.5937
------------------------------------------------------------------------------
```

1. 整體模型適配度，$F_{(3, 86)} = 53.4$，$p < 0.05$，表示你設定的模型是 ok 的 (但不是最佳)，即迴歸係數不會爲 0。調整 $R^2 = 0.64$，它比 pooled 迴歸 $R^2 = 0.98$ 低，表示樣本平均 (population-averaged, PA) 效果模型比混合資料 (pooled) 模型差。
2. 三個解釋變數：只 mq 爲顯著性 t 檢定，p 值 < 0.05，達顯著水準，其餘二個被排除在迴歸式之外。
3. 本例 PA 法，亦可改用更簡易 xtreg 指令來分析，其語法如下：

```
. tsset  i t
. xtreg logc logq logf lf, pa
```

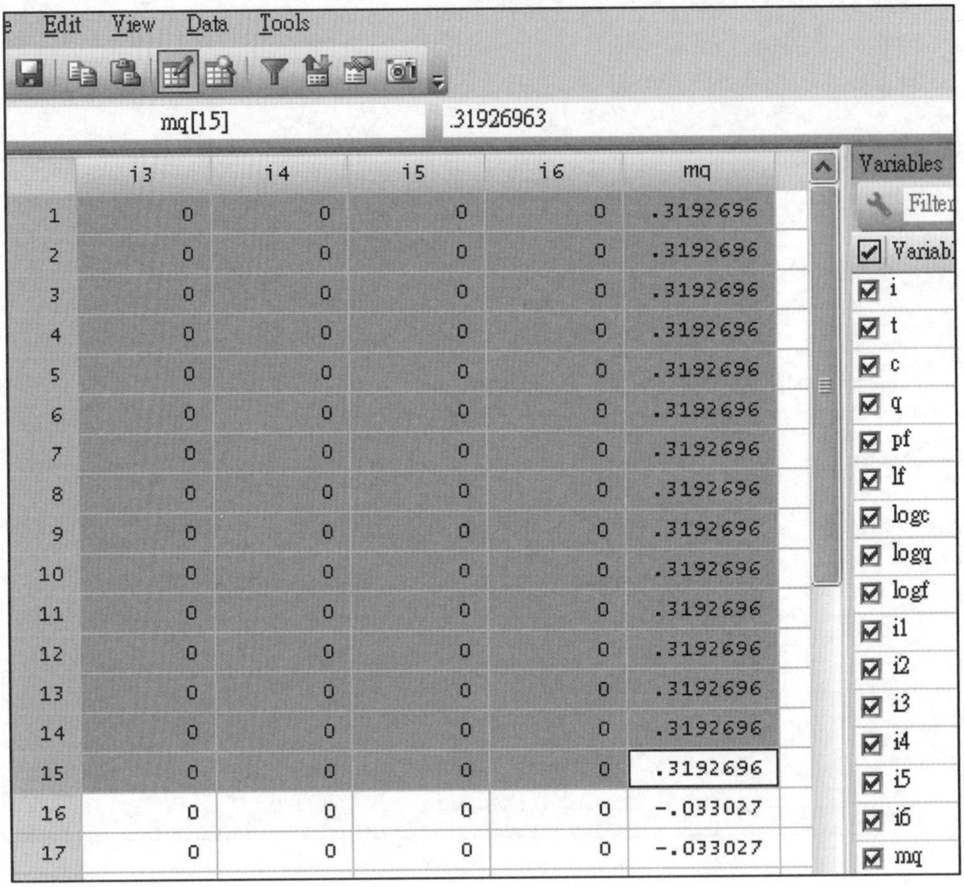

Edit View Data Tools

mq[15] .31926963

	i3	i4	i5	i6	mq
1	0	0	0	0	.3192696
2	0	0	0	0	.3192696
3	0	0	0	0	.3192696
4	0	0	0	0	.3192696
5	0	0	0	0	.3192696
6	0	0	0	0	.3192696
7	0	0	0	0	.3192696
8	0	0	0	0	.3192696
9	0	0	0	0	.3192696
10	0	0	0	0	.3192696
11	0	0	0	0	.3192696
12	0	0	0	0	.3192696
13	0	0	0	0	.3192696
14	0	0	0	0	.3192696
15	0	0	0	0	.3192696
16	0	0	0	0	-.033027
17	0	0	0	0	-.033027

Variables
Filter
Variabl
i
t
c
q
pf
lf
logc
logq
logf
i1
i2
i3
i4
i5
i6
mq

圖 3-34 「egen mq = mean(logq), by(i)」結果產生新變數 mq

小結

本例旨在比較混合資料 OLS 法 vs. PA 法的差異。混合資料 OLS 法發現，航空業成本 (c)，可由 q(產出 revenue passenger miles)、pf(汽油價格) 以及 lf(產能利用率) 三個解釋變數 (regressors) 來有效預測。相對地，樣本平均 (PA) 法發現，只有 q(產出 revenue passenger miles) 單一自變數才可預測航空業成本 (c)，二種迴歸模型差異很大。

3-6-1b 單因子個體效果 vs. 單因子時間效果

為避免估計上的偏誤 (bias)，在迴歸估計時，常考慮特定個體效果 (individual-specific effect)，而且，又想捕捉時間動態效果 (time-specific effect)，此時你可採用能夠兼顧兩者的雙因子固定效果模型 (two-way fixed effects model) 作爲估計方法。

$$y_{it} = \underbrace{\alpha_i}_{\text{每一個體 } i \text{ 截距項都不同}} + \underbrace{\gamma_t}_{\text{每一時間 } t \text{ 截距項都不同}} + X'_{it}\beta + \varepsilon_{it}$$

範例

承上例 table14_1.dta 資料檔。

Step 3-1. 求六家公司 (個體 i) 之單因子效果。假設個體效果 α_i (firm effects) 為固定效果，它不隨時間 t 而變動 s。

由於依變數 c(航空業成本) 及 q(產出 revenue passenger miles)、pf(汽油價格) 二個解釋變數，三者都違反常態性假定，故以下 xtreg 指令均以三者的 log(x) 後之新變數來分析。

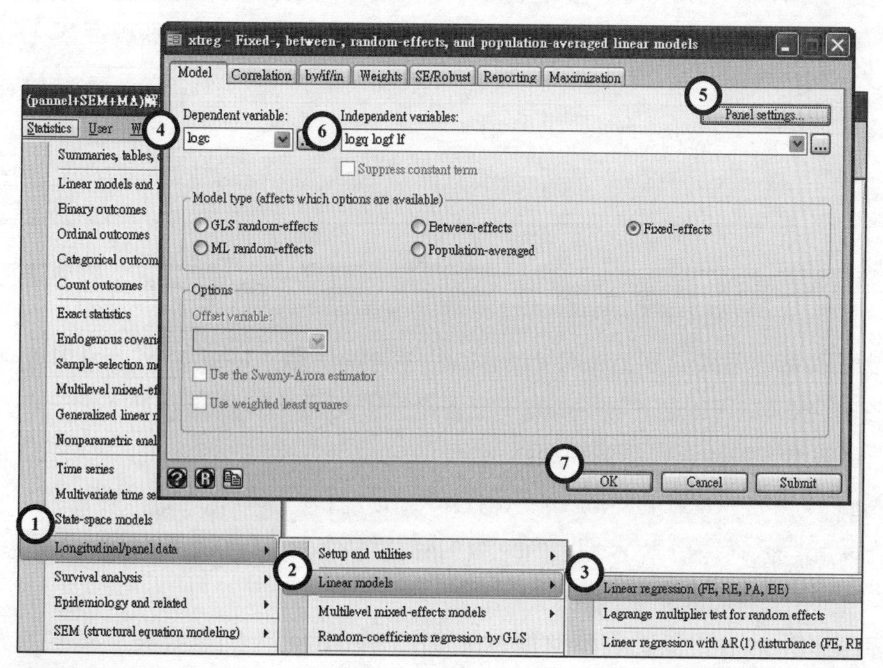

圖 3-35 「xtreg logc logq logf lf, i(i) fe」畫面

```
. use table14_1, clear

*Step 3. 求公司 ( 個體 i) 效果。firm effects 係假設為固定效果 (fe)，不隨時間 t 而更動
. xtreg logc logq logf lf, i(i) fe

Fixed-effects (within) regression               Number of obs      =        90
Group variable: i                               Number of groups   =         6

R-sq:  within  = 0.9926                         Obs per group: min =        15
       between = 0.9856                                        avg =      15.0
       overall = 0.9873                                        max =        15

                                                F(3,81)            =   3604.80
corr(u_i, Xb)  = -0.3475                        Prob > F           =    0.0000

------------------------------------------------------------------------------
        logc |      Coef.   Std. Err.      t    P>|t|     [95% Conf. Interval]
-------------+----------------------------------------------------------------
        logq |   .9192846   .0298901    30.76   0.000     .8598126    .9787565
        logf |   .4174918   .0151991    27.47   0.000     .3872503    .4477333
          lf |  -1.070396     .20169    -5.31   0.000    -1.471696   -.6690963
       _cons |   9.713528    .229641    42.30   0.000     9.256614    10.17044
-------------+----------------------------------------------------------------
     sigma_u |   .1320775
     sigma_e |  .06010514
         rho |  .82843653   (fraction of variance due to u_i)
------------------------------------------------------------------------------
F test that all u_i=0:     F(5, 81) =    57.73              Prob > F = 0.0000
```

1. 固定效果，追蹤資料 (panel-data) 之組內迴歸係數：logq 之 $b^W = 0.919$；logf 之 $b^W = 0.417$；lf 之 $b^W = -1.07$，三者之係數均達 0.05 顯著水準。
2. 固定效果，追蹤資料迴歸模型為：

   $\text{Log } c_{it} = 9.17 + 0.919 \times \log q_{it} + 0.417 \times \log f_{it} - 1.07 \times \text{lf}_{it} + e_{it}$，即

   $\text{Log}(\text{航空公司總成本})_{it} = 9.17 + 0.919 \times \log(\text{載客數})_{it} + 0.417 \times \log(\text{油價})_{it} - 1.07 \times \text{負載因素}_{it} + e_{it}$。
3. 解釋變數 logq 之係數的標準差 (Std. Err.) 為 0.0299，固定效果之標準差大於「pooled OLS、PA 法」。在 xtreg 五種模型中，哪個模型的標準差愈小，表

示該模型愈佳。

4. 組內殘差之標準誤 $\sigma_u = 0.132$。全體殘差之標準誤 $\sigma_e = 0.060$。Interclass 相關 $\rho = \frac{(sigma\_u)^2}{(sigma\_u)^2 + (sigma\_e)^2} = \frac{0.132^2}{0.132^2 + 0.060^2} = 0.828$，表示變異數的 82.8% 係由於「differences across panels」，即依變數 logc 有 82.8% 的變異數可被三個解釋變數所解釋。

Step 3-2. 方法一 (lincom)：單因子固定效果中，每個個體 (entity) 之係數顯著性檢定

由於 panel-data(追蹤資料或縱橫資料)，是一種結合橫斷面與時間序列，故有需要，分別分析：(1) 橫斷面：每個個體 (entity) 之係數顯著性檢定，又分 lincom 指令及 LSDV 法二種。(2) 時間軸方面之顯著性檢定。

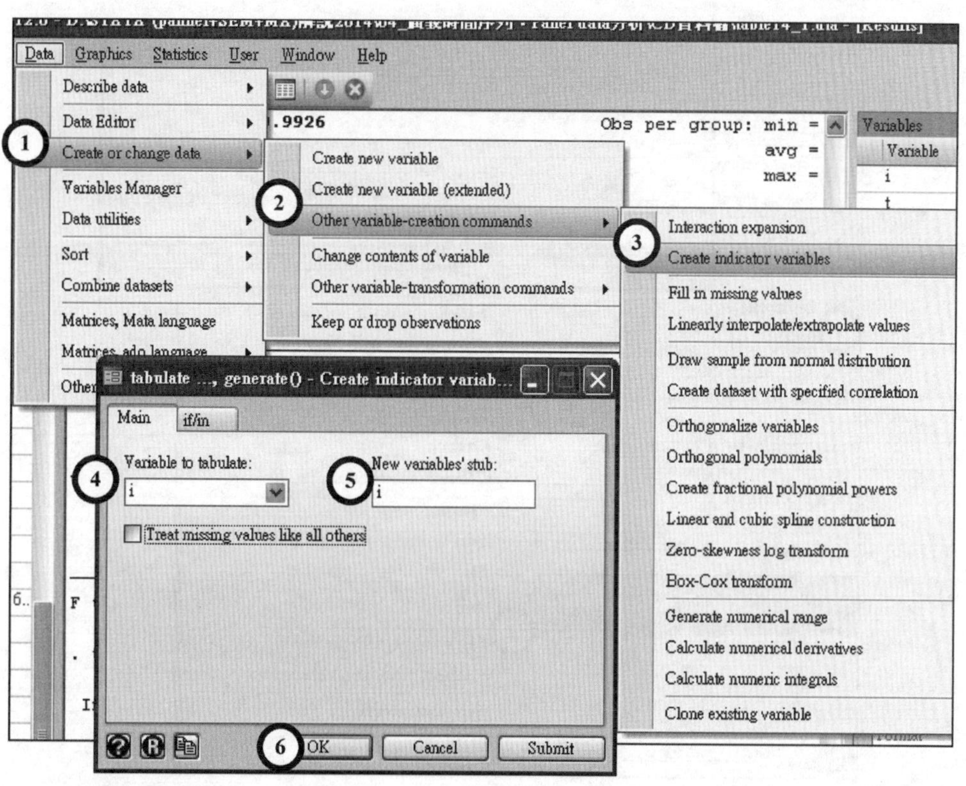

圖 3-36 「tabulate i, gen(i)」畫面

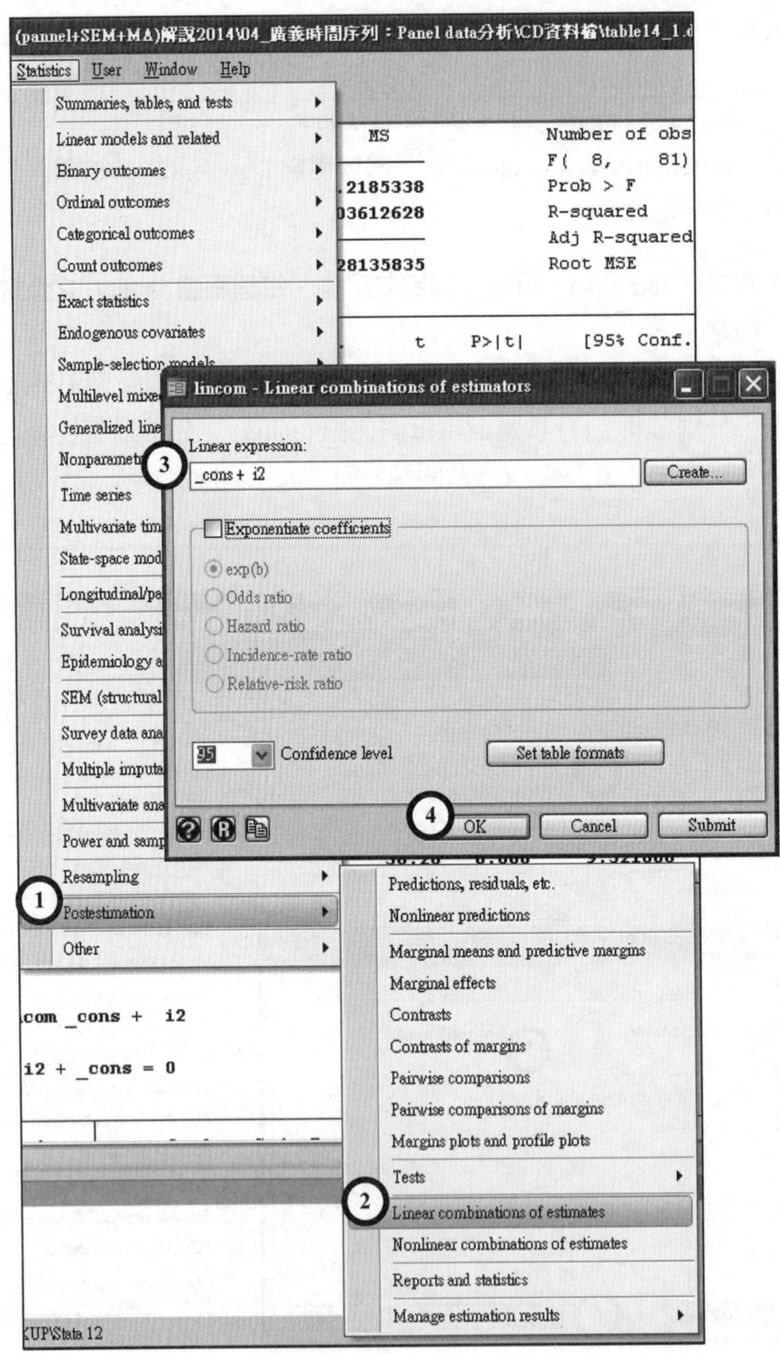

圖 3-37 「lincom _cons + i2」畫面

執行完 OLS 迴歸之後，再執行 lincom 事後指令是「linear combinations of estimators」。結果顯示：六家公司 (個體) 之個別效果均達到 0.05 顯著效果。

```
. use table14_1, clear
* 先產生六個虛擬 (dummy) 變數 i1~i6。代表六家公司 ( 個體 )
. tabulate i, gen(i)

Index of 6   |
    airline  |
  firms, 1-6 |      Freq.     Percent        Cum.
-------------+-----------------------------------
           1 |         15       16.67       16.67
           2 |         15       16.67       33.33
           3 |         15       16.67       50.00
           4 |         15       16.67       66.67
           5 |         15       16.67       83.33
           6 |         15       16.67      100.00
-------------+-----------------------------------
       Total |         90      100.00

. regress logc logq logf lf i2-i6


      Source |       SS       df       MS              Number of obs =      90
-------------+------------------------------           F(  8,    81) =3935.79
       Model |  113.74827     8  14.2185338           Prob > F      =  0.0000
    Residual | .292622872    81  .003612628           R-squared     =  0.9974
-------------+------------------------------           Adj R-squared =  0.9972
       Total | 114.040893    89  1.28135835           Root MSE      =  .06011

------------------------------------------------------------------------------
        logc |      Coef.   Std. Err.      t    P>|t|     [95% Conf. Interval]
-------------+----------------------------------------------------------------
        logq |   .9192846   .0298901    30.76   0.000     .8598126    .9787565
        logf |   .4174918   .0151991    27.47   0.000     .3872503    .4477333
          lf |  -1.070396     .20169    -5.31   0.000    -1.471696   -.6690963
          i2 |  -.0412359   .0251839    -1.64   0.105    -.0913441    .0088722
          i3 |  -.2089211   .0427986    -4.88   0.000    -.2940769   -.1237652
          i4 |   .1845557   .0607527     3.04   0.003     .0636769    .3054345
```

```
          i5 |   .0240547   .0799041     0.30   0.764    -.1349293    .1830387
          i6 |   .0870617   .0841995     1.03   0.304     -.080469    .2545924
       _cons |   9.705942    .193124    50.26   0.000     9.321686     10.0902
------------------------------------------------------------------------------
```

*Step(3-2) 因公司(個體 i) 效果達顯著，故用 lincom 分別看六家公司「個體 i」之係數的顯著性。

```
. lincom _cons

 (1)  _cons = 0

------------------------------------------------------------------------------
        logc |      Coef.   Std. Err.      t    P>|t|     [95% Conf. Interval]
-------------+----------------------------------------------------------------
         (1) |   9.705942    .193124    50.26   0.000     9.321686     10.0902
------------------------------------------------------------------------------

. lincom _cons +  i2

 (1)  i2 + _cons = 0

------------------------------------------------------------------------------
        logc |      Coef.   Std. Err.      t    P>|t|     [95% Conf. Interval]
-------------+----------------------------------------------------------------
         (1) |   9.664706    .198982    48.57   0.000     9.268794    10.06062
------------------------------------------------------------------------------

. lincom _cons +  i3

 (1)  i3 + _cons = 0

------------------------------------------------------------------------------
        logc |      Coef.   Std. Err.      t    P>|t|     [95% Conf. Interval]
-------------+----------------------------------------------------------------
         (1) |   9.497021   .2249584    42.22   0.000     9.049424    9.944618
------------------------------------------------------------------------------

. lincom _cons +  i4
```

```
 (1)  i4 + _cons = 0

------------------------------------------------------------------------------
        logc |      Coef.   Std. Err.      t    P>|t|     [95% Conf. Interval]
-------------+----------------------------------------------------------------
         (1) |   9.890498   .2417635    40.91   0.000     9.409464    10.37153
------------------------------------------------------------------------------

. lincom _cons +  i5

 (1)  i5 + _cons = 0

------------------------------------------------------------------------------
        logc |      Coef.   Std. Err.      t    P>|t|     [95% Conf. Interval]
-------------+----------------------------------------------------------------
         (1) |   9.729997   .2609421    37.29   0.000     9.210804    10.24919
------------------------------------------------------------------------------


. lincom _cons +  i6

 (1)  i6 + _cons = 0

------------------------------------------------------------------------------
        logc |      Coef.   Std. Err.      t    P>|t|     [95% Conf. Interval]
-------------+----------------------------------------------------------------
         (1) |   9.793004   .2636622    37.14   0.000     9.268399    10.31761
------------------------------------------------------------------------------
```

六個 lincom 指令依序分析結果，顯示個別六家個體 i 的迴歸係數，均達 0.05 顯著水準。

Step 3-3. 方法二 (直接 reg)

因公司 (個體 i) 效果達顯著，故再分別看每個公司「個體 i」之間迴歸係數的 t 檢定，來判定個體之間差異的顯著性。

由於固定效果模型又稱爲最小平方虛擬變數模型 (least squares dummy variable model, LSDV)，可同時考慮橫斷面與時間序列並存之資料，著重於個體間差異。其假設個體間存在的差異，相似性較低，不可視爲相同，而採用全部母體觀察個體間之差異性，所以固定效果模型中之截距項皆不相同，表現出個體之獨特性。

採用固定效果模型時，需加入虛擬變數 (dummy variable)，其作用在衡量未被觀察的變數對模型之影響，意即針對橫斷面上不同個體所產生之效果，在 N 個個體下可設立 (N−1) 個虛擬變數的迴歸模型，以消除各個體間之偏差，可使模型的共變異數變小，並以固定截距代表各個體間有不同結構。

固定效果模型可表示如下式：

$$Y_{it} = \alpha_0 + \sum_{j=1}^{J} \alpha_j D_j + \sum_{k=1}^{K} \beta_k X_{kit} + \varepsilon_{it}$$

其中

Y_{it}：第 i 個個體於時間點 t 時之應變數

α_0：基準個體之截距項

α_j：虛擬變數之參數，會依不同研究樣本而改變，但在一段時間內爲固定不變，稱爲「個別效果」。

D_j：虛擬變數，當 $i = j$ 時，$D_j = 1$。當 $i \neq j$ 時，$D_j = 0$。

β_k：第 k 個解釋變數之參數

X_{kit}：第 i 家上市 (櫃) 個體在時間點 t 時之第 k 個解釋變數

ε_{it}：隨機誤差項

i：第 i 個個體，$i = 1, 2, \cdots, N$

j：第 j 個虛擬變數，$J = 1, 2, \cdots, j$

k：第 k 個解釋變數，$k = 1, 2, \cdots, K$

t：時間點，$t = 1, 2, \cdots, T$

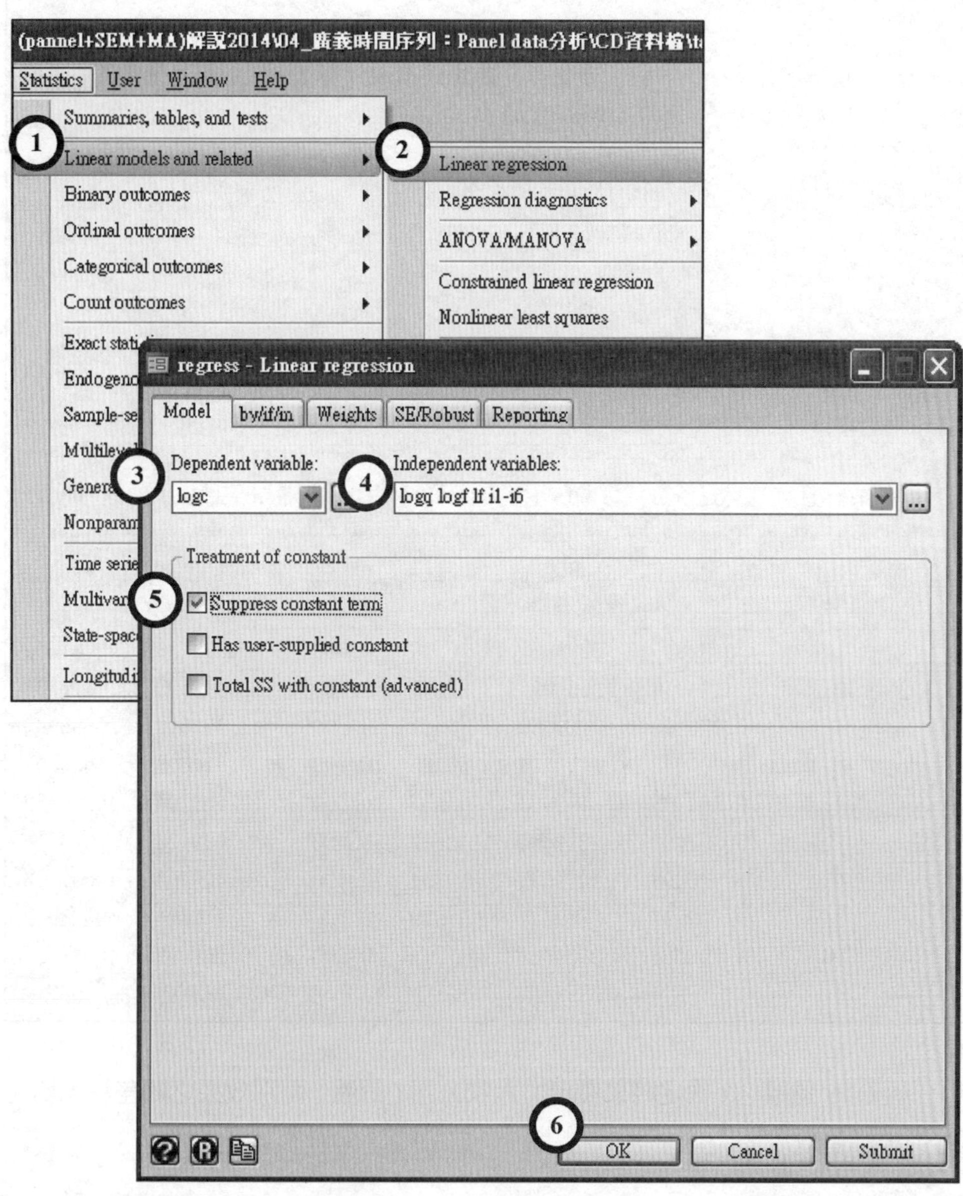

圖 3-38「regress logc logq logf lf i1-i6, noconst」畫面

```
. use table14_1, clear

*Step(3-3) 方法二（直接 reg）：因公司（個體 i）效果達顯著，故分別看每個公司「個
 體 i」之係數的 t 檢定，來判定其顯著性。

. regress logc logq logf lf i1-i6, noconst


      Source |       SS       df       MS              Number of obs =      90
-------------+------------------------------           F(  9,     81) =       .
       Model |  16191.3043     9  1799.03381           Prob > F      =  0.0000
    Residual |  .292622872    81  .003612628           R-squared     =  1.0000
-------------+------------------------------           Adj R-squared =  1.0000
       Total |  16191.5969    90  179.906633           Root MSE      =  .06011
------------------------------------------------------------------------------

        logc |      Coef.   Std. Err.      t    P>|t|     [95% Conf. Interval]
-------------+----------------------------------------------------------------

        logq |   .9192846   .0298901    30.76   0.000     .8598126    .9787565
        logf |   .4174918   .0151991    27.47   0.000     .3872503    .4477333
          lf |  -1.070396     .20169    -5.31   0.000    -1.471696   -.6690963
          i1 |   9.705942    .193124    50.26   0.000     9.321686     10.0902
          i2 |   9.664706    .198982    48.57   0.000     9.268794    10.06062
          i3 |   9.497021   .2249584    42.22   0.000     9.049424    9.944618
          i4 |   9.890498   .2417635    40.91   0.000     9.409464    10.37153
          i5 |   9.729997   .2609421    37.29   0.000     9.210804    10.24919
          i6 |   9.793004   .2636622    37.14   0.000     9.268399    10.31761
------------------------------------------------------------------------------
```

經 OLS 迴歸之 t 檢定結果顯示：六家公司 (個體) 個別效果之間差異，均達到 0.05 顯著效果。

Step 4. 改求時間 (t) 效果

```
. use table14_1, clear
*Step 4. 改求時間 (t) 效果
. xtreg logc logq logf lf, i(t) fe
warning: existing panel variable is not t
```

```
Fixed-effects (within) regression               Number of obs      =        90
Group variable: t                               Number of groups   =        15

R-sq:  within  = 0.9858                         Obs per group: min =         6
       between = 0.4812                                        avg =       6.0
       overall = 0.5265                                        max =         6

                                                F(3,72)            =   1668.37
corr(u_i, Xb)  = -0.1503                        Prob > F           =    0.0000

------------------------------------------------------------------------------
        logc |      Coef.   Std. Err.      t    P>|t|     [95% Conf. Interval]
-------------+----------------------------------------------------------------
        logq |   .8677268   .0154082    56.32   0.000     .8370111    .8984424
        logf |  -.4844835   .3641085    -1.33   0.188    -1.210321    .2413535
          lf |  -1.954404   .4423777    -4.42   0.000    -2.836268    -1.07254
       _cons |   21.66698   4.624053     4.69   0.000      12.4491    30.88486
-------------+----------------------------------------------------------------
     sigma_u |   .8027907
     sigma_e |  .12293801
         rho |  .97708602   (fraction of variance due to u_i)
------------------------------------------------------------------------------
F test that all u_i=0:     F(14, 72) =      1.17             Prob > F = 0.3178
```

*Step(4-1) 因時間 (t) 效果達顯著，故直接用 reg 分別看十五個時段「時間 (t)」之係數的顯著性。

```
. tabulate t, gen(t)

. regress logc logq logf lf t1-t15, noconst

      Source |       SS       df       MS              Number of obs =      90
-------------+------------------------------           F( 18,     72)=59513.52
       Model |  16190.5087    18  899.472708           Prob > F      =  0.0000
    Residual |  1.08819022    72  .015113753           R-squared     =  0.9999
-------------+------------------------------           Adj R-squared =  0.9999
       Total |  16191.5969    90  179.906633           Root MSE      =  .12294

------------------------------------------------------------------------------
        logc |      Coef.   Std. Err.      t    P>|t|     [95% Conf. Interval]
-------------+----------------------------------------------------------------
```

```
        logq |   .8677268   .0154082    56.32   0.000     .8370111    .8984424
        logf |  -.4844835   .3641085    -1.33   0.188    -1.210321    .2413535
          lf |  -1.954404   .4423777    -4.42   0.000    -2.836268    -1.07254
          t1 |    20.4958   4.209528     4.87   0.000     12.10426    28.88735
          t2 |   20.57804   4.221526     4.87   0.000     12.16258     28.9935
          t3 |   20.65573   4.224177     4.89   0.000     12.23499    29.07647
          t4 |   20.74076    4.24575     4.89   0.000     12.27701    29.20451
          t5 |   21.19983   4.440331     4.77   0.000     12.34819    30.05147
          t6 |   21.41162   4.538621     4.72   0.000     12.36404     30.4592
          t7 |   21.50335   4.571397     4.70   0.000     12.39044    30.61626
          t8 |   21.65403   4.622886     4.68   0.000     12.43847    30.86958
          t9 |   21.82957   4.656906     4.69   0.000      12.5462    31.11294
         t10 |    22.1138   4.792648     4.61   0.000     12.55983    31.66777
         t11 |   22.46533   4.949909     4.54   0.000     12.59786    32.33279
         t12 |   22.65134   5.008592     4.52   0.000     12.66689    32.63578
         t13 |   22.61656   4.986139     4.54   0.000     12.67687    32.55624
         t14 |   22.55223   4.955942     4.55   0.000     12.67274    32.43172
         t15 |   22.53677   4.940532     4.56   0.000     12.68799    32.38554
------------------------------------------------------------------------------
```

經 OLS 迴歸之 t 檢定結果顯示：十五個時段 (時間 t1 ～ t15) 時間效果之間差異均達到 0.05 顯著效果，表示本例有顯著的時間效果 (趨勢)。

3-6-1c 判定固定效果或隨機效果呢？(hausman 指令)

承上例 table14_1.dta 資料檔。

Step 5. Hausman 檢定來判定固定效果 vs. 隨機效果，哪一個較佳？

對於如何選擇固定效果或隨機效果模型，Hausman(1978) 提出一個判別選定固定效果模型或隨機效果模型之檢定方法。其假設爲在個別效果與解釋變數之間無相關的虛無假設之下，固定效果模型與隨機效果模型所得到之估計值符合一致性，但固定效果模型不具效率；而在個別效果與解釋變數之間有相關的對立假設，則是隨機效果模型不具效率。

Hausman 檢定之虛無與對立假設爲：

$$\begin{cases} H_0 : \mathrm{E}(u_i, X_{kit}) = 0\text{，表示}u_i\text{與}X_{kit}\text{不具相關性} \\ H_1 : \mathrm{E}(u_i, X_{kit}) \neq 0\text{，表示}u_i\text{與}X_{kit}\text{具相關性} \end{cases}$$

其中

E 爲估計的共變異數矩陣 (estimated covariance matrix)

X_{kit} 爲第 i 個個體在時間點 t 的第 k 個解釋變數之值

u_i 爲截距項的誤差

依據上述之假設，若得到之估計結果爲顯著，即拒絕虛無假設，則選用固定效果模型；若估計結果不顯著，則選用隨機效果模型。

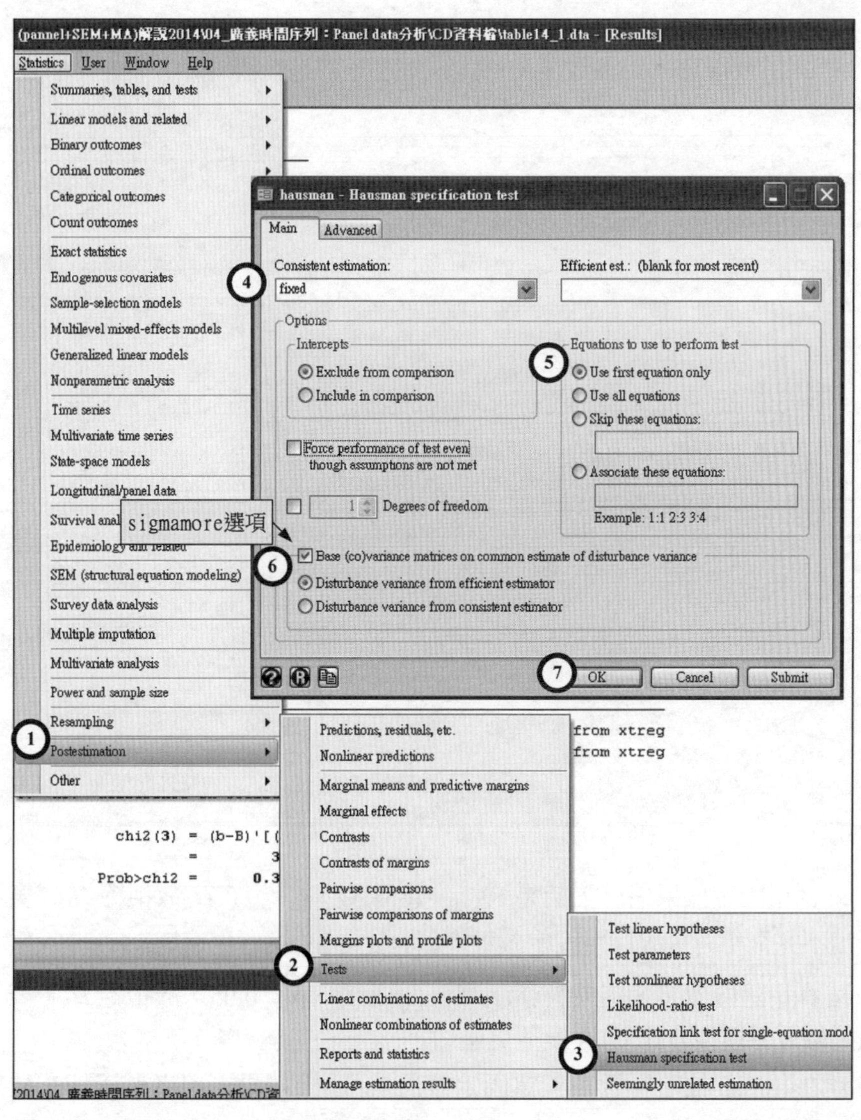

圖 3-39 「hausman fixed ., sigmamore」之畫面

```
. use table14_1, clear

* Step 5. Hausman Test 來判定固定效果 vs. 隨機效果，哪一個較佳？
* Step 5-1. 對照組：第一次，xtreg 採用固定效果 (fe) 估計，結果存到「_est_fixed」變數
. quietly xtreg logc logq logf lf, fe
. estimates store fixed

* Step 5-2. 第二次，xtreg 採用隨機效果 (re) 估計，結果暫存至 Stata 系統
. quietly xtreg logc logq logf lf, re

* Step 5-3. 執行 Hausman 檢定，來判定固定效果 vs. 隨機效果 (re)，何者較適切？
. hausman fixed ., sigmamore


                ---- Coefficients ----
             |      (b)          (B)            (b-B)     sqrt(diag(V_b-V_B))
             |     fixed          .          Difference          S.E.
-------------+----------------------------------------------------------------
        logq |    .8677268     .8827385       -.0150118        .0082609
        logf |   -.4844835      .453977       -.9384605        .3685103
          lf |   -1.954404     -1.62751       -.3268941        .2860655
------------------------------------------------------------------------------
                           b = consistent under Ho and Ha; obtained from xtreg
            B = inconsistent under Ha, efficient under H0; obtained from xtreg

    Test:  H0:  difference in coefficients not systematic

                  chi2(3) = (b-B)'[(V_b-V_B)^(-1)](b-B)
                          =       13.76
                Prob>chi2 =      0.0032
```

1. xtreg 採用固定效果估計，結果 $F_{(3,72)}=1668.37$，$p < 0.05$，故拒絕 H_0，表示截距項不完全相同，故採用固定效果模型會比 OLS 模型更適切。
2. xtreg 採用隨機效果，結果 Wald $\chi^2_{(3)} = 7258.03$，$p < 0.05$，故拒絕 H_0，表示採用隨機效果模型會比 OLS 模型更適切。
3. 接著 Hausman 檢定，旨在判定固定效果 vs. 隨機效果，何者較適切？結果得 $\chi^2_{(3)} = 13.76$，$p < 0.05$，故拒絕「H_0: difference in coefficients not systematic」，

表示本例採用固定效果模型較適切；反之，若接受 H_0，則採用隨機效果模型較適切。故本例應採固定效果模型。

3-6-1d誤差帶 AR(1) 之 Panel 模型？(xtregar 指令)

承上例 table14_1.dta 資料檔。

Step 6. 採用 xtregar 指令將「誤差 AR(1)」納入分析

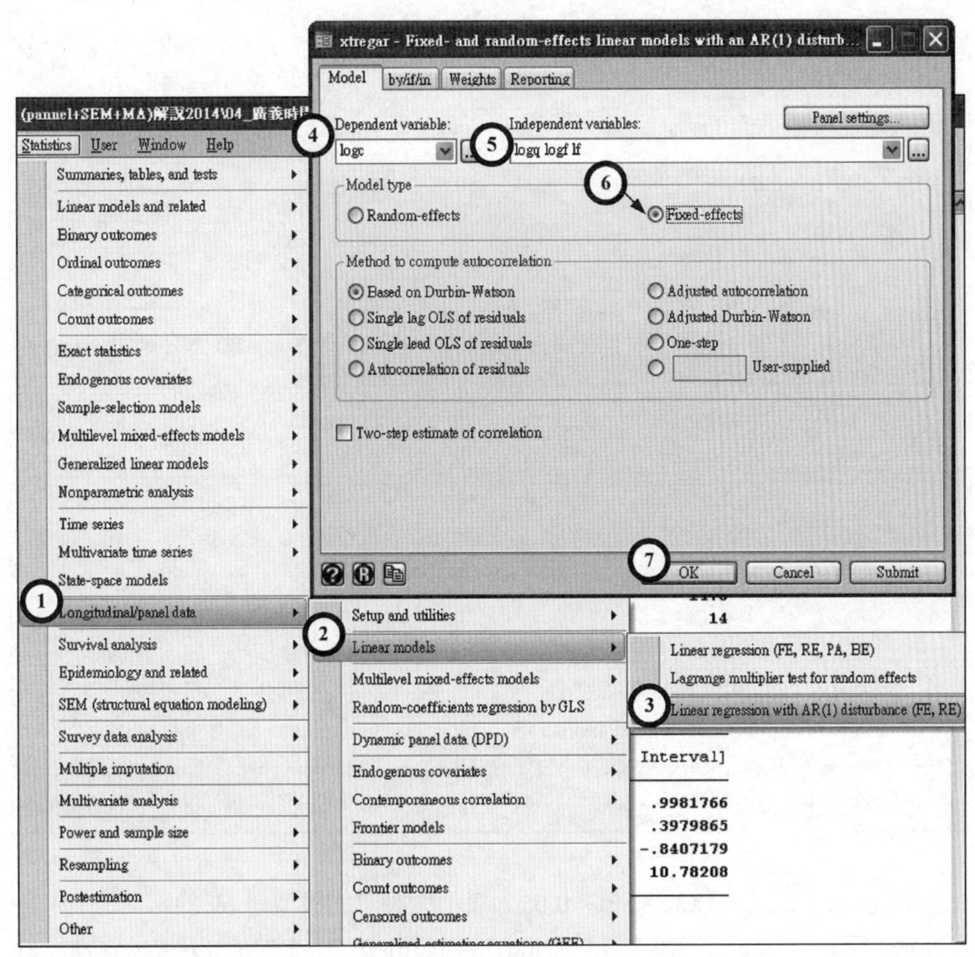

圖 3-40 「xtregar logc logq logf lf, fe rhotype(dw)」之畫面

```
. use table14_1, clear
*Step 7. 因為殘差有自我相關(rho 不為 0)，故將「殘差 AR(1)」納入分析。並採用
 xtregar 指令，稍為減低「殘差有自我相關」
. tsset i t

. xtregar logc logq logf lf, fe rhotype(dw)

FE (within) regression with AR(1) disturbances  Number of obs      =        84
Group variable: i                               Number of groups   =         6

R-sq:  within  = 0.9589                         Obs per group: min =        14
       between = 0.9852                                        avg =      14.0
       overall = 0.9842                                        max =        14

                                                F(3,75)            =    582.89
corr(u_i, Xb)  = -0.3775                        Prob > F           =    0.0000

------------------------------------------------------------------------------
        logc |      Coef.   Std. Err.      t    P>|t|     [95% Conf. Interval]
-------------+----------------------------------------------------------------
        logq |   .9248016    .036833    25.11   0.000     .8514265    .9981766
        logf |   .3595103   .0193144    18.61   0.000     .3210341    .3979865
          lf |  -1.232236   .1965354    -6.27   0.000    -1.623755   -.8407179
       _cons |   10.59477   .0940272   112.68   0.000     10.40746    10.78208
-------------+----------------------------------------------------------------
      rho_ar |  .69576607
     sigma_u |  .13472957
     sigma_e |  .04242878
     rho_fov |  .90977456   (fraction of variance because of u_i)
------------------------------------------------------------------------------
F test that all u_i=0:     F(5,75) =    12.24             Prob > F = 0.0000
```

1. 整體適配度 $F_{(3,75)} = 582.89$，$p < 0.05$，表示你設定的模型是 ok 的。
2. 在固定模型「$\log c_{it} = 10.59 + 0.92 \log q_{it} + 0.36 \log f_{it} - 1.23 lf_{it} + u_i + e_{it}$」裡，其中，$e_{it}$ = rho × $e_{i(t-1)} + z_{it}$，將本例 $\rho = 0.696$ 代入左式，得 $e_{it} = 0.696 \times e_{i(t-1)} + z_{it}$，表示本 panel 模型之誤差有一階自我相關 AR(1) 之問題。

3-6-1e 偵測 Panel 誤差異質性 (xttest3)、自我相關 (xttest2 指令)

承上例 table14_1.dta 資料檔。

Step 8. 正式偵測「殘差變異之異質性 (xttest3 指令)」及「殘差自我相關 (xttest2 指令)」

```
. use table14_1, clear

*Step 8-1. 正式偵測「殘差變異之異質性」
. tsset i t
. quietly xtreg logc logq logf lf, fe

* 先安裝 xttest3 指令
. ssc install xttest3

H0: sigma(i)^2 = sigma^2 for all i

chi2 (6)   =        33.76
Prob>chi2 =        0.0000

*Step 8-2. 正式偵測「殘差之自我相關」
* 先安裝 xttest2 指令
. ssc install xttest2

. xttest2
Correlation matrix of residuals:

         __e1      __e2      __e3      __e4      __e5      __e6
__e1   1.0000
__e2   0.0783   1.0000
__e3   0.6130   0.4004   1.0000
__e4  -0.5396   0.5957  -0.0859   1.0000
__e5   0.6670  -0.0911   0.6815  -0.3770   1.0000
__e6   0.4592  -0.0089   0.3428  -0.1458   0.6378   1.0000

Breusch-Pagan LM test of independence: chi2(15) =    45.180, Pr = 0.0001
Based on 15 complete observations over panel units
```

1. xttest3 指令分析結果，$\chi^2_{(6)} = 33.76$，$p < 0.05$，故拒絕「$H_0 : \sigma_i^2 = \sigma^2$，for $i = 1, 2, \cdots, N$」，表示本模型殘差變異數係異質性。
2. xttest3 指令分析結果，$\chi^2_{(15)} = 45.18$，$p < 0.05$，故拒絕「H_0：Breusch-Pagan LM test of independence」，表示本模型殘差具有序列相關。
3. 總之，本模型採用固定效果會比隨機效果來得好。可是，殘差具有自我相關且殘差係異質性，故改用 xtgls 指令來克服。

3-6-1f 一併處理 Panel 誤差異質性、自我相關 (xtgls 指令)

承上例 table14_1.dta 資料檔。

Step 9. 正式將「殘差自我相關及殘差異質性」納入 xtgls 分析中

xtgls 指令旨在「Fit panel-data models by using feasible GLS」。

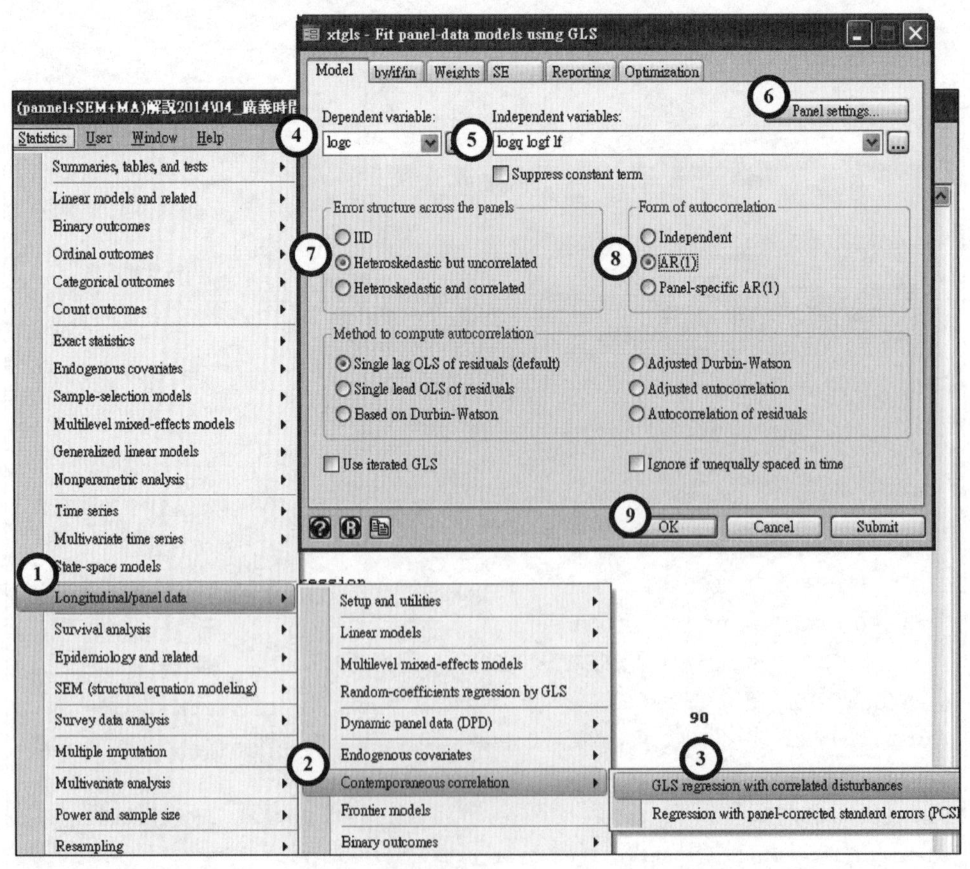

圖 3-41 「xtgls logc logq logf lf, panels(heteroskedastic) corr(ar1)」之畫面

```
. use table14_1, clear

*Step 9. 正式將「殘差自我相關及殘差異質性」納入 xtgls 分析中

. xtgls logc logq logf lf, panels(heteroskedastic) corr(ar1)

Cross-sectional time-series FGLS regression

Coefficients:  generalized least squares
Panels:        heteroskedastic
Correlation:   common AR(1) coefficient for all panels  (0.7041)

Estimated covariances      =         6          Number of obs      =        90
Estimated autocorrelations =         1          Number of groups   =         6
Estimated coefficients     =         4          Time periods       =        15
                                                Wald chi2(3)       =   7677.99
                                                Prob > chi2        =    0.0000

------------------------------------------------------------------------------
        logc |      Coef.   Std. Err.      z    P>|z|     [95% Conf. Interval]
-------------+----------------------------------------------------------------
        logq |   .9015189   .0127017    70.98   0.000     .8766241    .9264137
        logf |   .3992543   .0160142    24.93   0.000     .3678669    .4306416
          lf |  -1.075772   .1943017    -5.54   0.000    -1.456596   -.6949475
       _cons |   9.939331    .202757    49.02   0.000     9.541934    10.33673
------------------------------------------------------------------------------
```

1. Wald 卡方值 = 7677.99，$p < 0.05$，表示你設定的模型係數不爲 0，故模型適配度係 ok 的。
2. 隨機效果模型「$\log c_{it} = 9.93 + 0.902 \log q_{it} + 0.399 \log f_{it} - 1.076 lf_{it} + u_i + e_{it}$」裡，其中，$e_{it}$ = rho × $e_{i(t-1)} + z_{it}$，將本例 $\rho = 0.704$ 代入左式，得 $e_{it} = 0.704 \times e_{i(t-1)} + z_{it}$，表示本 panel 模型之誤差有一階自我相關 AR(1) 之問題。

小結

1. 在未考慮「殘差自我相關及殘差異質性」時，Hausman 檢定結果顯示，固定效果會比隨機效果來得佳。
2. 在 xttest2, xttest3 偵測出「殘差自我相關 AR(1) 及殘差異質性」時，改用 xtgls 指令 feasible GLS 來求得模型係數，亦是不錯的解法。

Chapter 04

誤差變異之異質性 (xtgls 指令為主流)

對於橫斷面與時間序列資料的衡量，若以最小平方法 (OLS) 分析容易產生偏誤。如果所處理的資料之間存在異質性，則傳統 OLS 所估計出來的結果，將造成無效率的情形。

因此，利用追蹤資料模型對於處理橫斷面異質性、時間序列自我相關問題的優點，來分析建構資料。

追蹤資料 (panel-data) 分析法，本身具有橫斷面 (cross section) 與時間序列資料之優點。由於使用時間序列分析，只考慮到相關變數的時間序列資料，故較易產生序列相關 (serial correlation) 現象；若僅以橫斷面資料進行分析，則容易因經濟個體本身存在特殊特性，產生異質變異 (heteroskedasticity)。

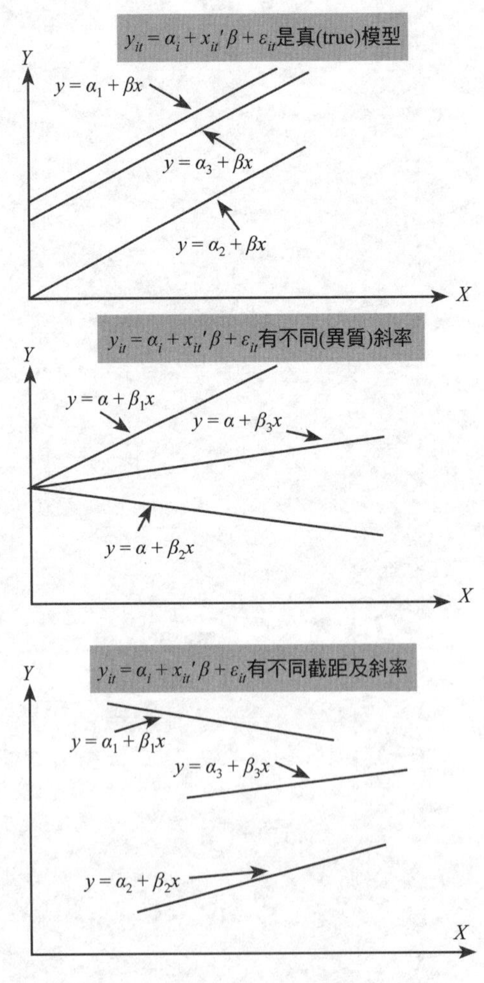

圖 4-1 異質變異 (heteroskedasticity) 之示意圖

4-1 殘差之變異數

4-1-1 誤差變異 $\sigma^2_{\varepsilon_{it}}$ 的觀念

一、時間序列之誤差異質性

在時間序列方面，1982 年 Engle 提出了自我迴歸條件異質變異數 (autoregressive condtional heteroskedasticity, ARCH) 模型，其放棄傳統上對於迴歸模型之變異數爲固定的假設，允許殘差項之條件變異數隨時間而改變。之後，Bollerslev(1986) 將條件變異數落遲期 (lags) 加入 Engle(1982) 發展之 ARCH 模型中，擴充成廣義自我迴歸條件異質變異數 (generalized ARCH, GARCH) 模型，使得結構設定更具彈性也使參數估計更加精簡。經過許多學者研究，GARCH 模型確實對於股票市場時間序列資料有很好的解釋能力，已廣泛應用於財務、金融分析上，其能描述隨時間變動之波動性，因此目前成爲用來檢視國際金融市場報酬與波動性傳遞效果之良好模型。

例如，認購權證的定價，通常，影響權證價格的因素有六項，分別是標的證券股價、履約價格、無風險利率、波動性、存續期間及股利發放，其中除波動性外，皆可由市場資料觀察而得，故不同波動性之估計與預測能力，則成爲決定權證價格時的重要因素。理論上，一般認爲股票價格的過程是隨機的，通常假設其過程是對數常態分配與變異數固定，但經過早期 Fama(1965) 至近期 Hsieh(1991) 等人皆以實證推翻變異數固定的假定，並證明變異數會隨時間經過而改變，如 GARCH(generalized autogressive conditional heteroskedasticity) 模型。

二、推估成本函數、報酬、績效時，不宜忽略可能存在的異質變異性

誤差項異質變異的文獻方面，Hadri(1999) 認爲純粹誤差和無效率誤差都可能有異質變異性，因而利用雙重異質變異隨機邊界模型，以成本函數來對銀行業的資料進行分析。Christopoulous, Lolos(2002) 以邊界成本模型來估算 1993-1998 年希臘銀行的效率，採用異質性 (heteroskedastic) 效率前緣模型去替代同質性 (homoskedastic) 單一比率來測量成本效率，並發現大型銀行的效率比小型銀行差，銀行與投資成正相關關係。後來 Hadri(2003) 再繼續將雙重異質變異隨機邊界模型，用在英國的穀物生產資料上。國內鄭秀玲等 (1997) 則參考 Cornwell(1990)，認爲成本無效率應會隨著時間改變，因此將成本無效率部分，

設為時間的函數，用在臺灣銀行業的效率分析上。接著鄭秀玲、周群新 (1998) 又再度將成本無效率設為時間的函數，認為成本無效率的發生不但和個體銀行的表現有關，也會隨著時間而有所改變。由上述可知，在推估成本函數時，不宜忽略可能存在的異質變異性。

一般而言，金融資產的價格其報酬率是呈高狹峰與肨尾的不對稱分配，且其價格的波動具有下列三種特性：(1) 波動幅度會隨時間而改變，即條件變異數有異質性。(2) 波動有聚集性。(3) 波動有不對稱性。而匯率亦是金融資產之一，理應具有上述金融資產價格波動的特性。

以往利用隨機邊界成本函數來探討商家的效率，大都使用橫斷面資料進行實證研究。然而，Schmidt 與 Sickles(1984) 認為，利用橫斷面資料估計效率時有三項缺點：

1. 雖然可以估計出特定個體 (廠商) 的無效率值，但不具有統計上的一致性。
2. 必須事先對迴歸式中代表無效率的誤差項作某些特定分配的假設，才能求得個體的成本效率值，因此可能因個人主觀認定不同，而得到不同結果，是故不夠客觀。
3. 必須假設迴歸式中的無效率和解釋變數間互相獨立，是不合理的。因為若廠商瞭解本身無效率的部分，便會採取某些行動以提高效率值，因此會造成無效率和解釋變數有相關性。

自此之後，學者陸續開始採用縱橫資料分析。國外學者有：Li(2003) 則以國內四十家銀行 1996-1999 年之年資料為研究對象，結果發現，銀行的規模及其放款數額與逾放比間呈正向關係，同時受到亞洲金融風暴的影響，逾放比明顯增加，且政府解除設立管制後所成立的新銀行，其逾放比較解除管制前所成立的老銀行為低。由此可知，金融風暴的發生對銀行的經營品質與獲利能力有相當大的影響。Henderson 與 Kaplan(2000) 以 1988-1993 年間，美國九十三家商業銀行之審查複雜度、經營風險、外部因素及時效性為變數，發現商業銀行的收購活動、破產機率、不確定風險、虧損、審查報告書的修正及規模等，均對審查報告間隔期有顯著正向影響。其中，銀行規模的擴增，將導致部門及業務量的增加，使銀行必須投注更多時間及資源來完成審查報告，故銀行規模愈大，審查報告的間隔期也愈長。

國內亦有相當多位學者採用追蹤資料 (panel-data) 進行實證分析：黃台心 (1997) 以 1981-1992 年 22 家本國銀行為研究對象，利用超越對數成本函數模型，探討本國銀行技術效率與配置效率問題。實證結果顯示：(1) 勞動與資本二要素間，具替代關係，而資金與前二者間則為互補關係。(2) 樣本銀行普遍存有經濟無效率，其中技術無效率情況較配置無效率嚴重。(3) 樣本銀行的經營效率沒有隨時間經過而有明顯改善趨勢。(4) 銀行經營效率與其生產成本大小有相當程度的關係。黃台心 (2002) 選取 1980-1998 年共 22 家本國銀行，檢定銀行產業是否屬於不完全競爭市場結構，實證結果顯示：銀行在投資和放款兩市場中，出現策略反應行為，顯示此兩種市場皆為不完全競爭市場。因此，我國在 1991 年起實施金融開放政策後，放款市場的競爭程度有所增強，但仍屬於不完全競爭市場，只是正緩步邁向完全競爭市場，但投資市場並未如預期般改進，還是較接近不完全競爭市場。黃台心 (2005) 以 1996-2001 年，選取 52 家樣本銀行，採用三階段估計法探討臺灣地區銀行業經濟效率，實證結果顯示，全體樣本銀行除配置效率，沒有受到太大影響外，純粹技術效率與規模效率均發生大幅度的改變，進而導致總技術效率與經濟效率，也產生相當幅度變化。總技術無效率原因，主要來自於生產規模選擇不當。綜合以上得知，panel 納入誤差變異數之異質性來評估銀行業經營績效係必要工作，並且亦需調整經營環境與其他外生變數的影響。

三、金融資產價格波動相關理論

誠如傳統計量模型對於金融性資產的相關研究，通常假定 (assumption) 其報酬波動性是同質變異的，也就是說模型中誤差項的變異數不會隨時間而改變，但若以變異數固定的情況下來分析，卻發現許多難以解釋的現象。經過許多財務學者的實證發現，金融資產的波動性一般具有以下三個特性：(1) 波動幅度會隨時間經過而改變，且其變動都在固定的範圍內。(2) 波動具有聚集性。(3) 波動的不對稱性。即波動受可用訊息的影響是不相同的，好消息與壞消息對於波動的反應是不一致的。

1. 條件變異數異質性

金融資產價格的波動幅度會隨著時間經過而改變，即隱含了報酬率模型中誤差項的變異數是非固定的，而有異質性。學者 Merton(1980) 即建議在評估資產報酬時，必須要注意異質變異數的問題。因為發現誤差項的變異數並非是固定的，而是受到過去衝擊的影響，因此 Engle(1982) 提出了自我迴歸條件異質變異數模型 (autoregressive conditional heteroskedasticity model，ARCH 模型)，指出時間序列資料之條件異質變異數受到前期預測誤差項平方 (非預期變動) 的影響，故將此變數納入模型中，以表示條件變異數是具有隨著時間經過而變動的特性。

自從 ARCH 模型提出後，許多考量異質變異數的相關模型也被相繼提出，Bollerslev(1986) 將傳統時間序列模型的觀念 (如 ARMA) 加入 ARCH 模型中，並簡化了在處理高階 ARCH 模型時會出現參數過多的問題，提出了廣義自我迴歸條件異質變異數模型 (generalized ARCH model，簡稱 GARCH 模型)，認爲條件變異數不僅受前期誤差項平方的影響，也受前期條件變異數的影響。此後學者在處理金融資產價格的時間序列資料時，多利用此類相關的條件異質變異數模型，所以金融資產價格的波動會隨著時間經過而改變的特性，是獲得確定的。

2. 波動聚集性

學者 Mandelbrot(1963) 首先觀察出許多金融資產的報酬變化分配，會呈現高狹峰 (leptokurtosis) 及厚尾 (fat tails) 的特性，且其價格波動有叢聚現象，即前期有較大變動時，就伴隨當期有較大波動；反之，前期變動較小時，當期就會產生較小的波動。Fama(1965) 認爲其現象是起因於市場出現重大訊息時，金融資產價格無法做出立即反應的結果，因爲市場需經過一段時間將訊息反應完畢。也就是認爲波動是訊息流量的變動，除非市場上的資訊維持不變，否則波動將隨著時間變化而改變 (Ross, 1989)。

3. 波動不對稱性

波動不對稱性是指金融資產價格的波動，面對相同程度的好消息 (價格未預期上升) 與壞消息 (價格未預期下降)，在未來的時點有不同的變化。一般而言，面對壞消息時有過度反應，導致遭遇壞消息時所產生的波動大於得到好消息時所增加的波動，所以不對稱性是指未來報酬波動對於現在報酬衝擊的不對稱反應。Black(1976) 首先發現，金融資產當期未預期報酬變動與未來報酬的波動存有負向關係，即當期報酬與下一期報酬波動率爲負相關，通常負報酬就有大波動率。

波動不對稱性的起因，最早 Black 與 Christie(1982) 將之歸因於公司當期的股價受到不利的消息衝擊時，股價大幅跌落，若公司舊有負債不能相對配合大幅減少，則公司的權益資本相對於負債資本比値下降，增加負債對股東權益比，使財務槓桿程度加大，因而使持有股票風險上升，導致未來股價波動增加，報酬變異變大，此即爲槓桿效果 (leverage effect)。有學者亦指出，營運槓桿亦有類似效果。

雖然 Black 與 Christie 認爲財務及營運槓桿對於波動不對稱性有重大影響，但亦指出槓桿效果並不能完全解釋不對稱的現象。後來陸續有學者提出市場動態應可對於所觀察到的波動不對稱有較好的解釋，而在以消息的傳達解釋波動群聚，亦與市場的動態性有關。Engle(1982) 曾指出，市場動態的發生是應當市場對於某些訊息有異質預期時，市場需有較長的時間來消化訊息，也就是投資人對於預期的差異看法，需要時間來加以消化。因此資訊以波動的形式來傳遞的觀念，及市場動態性的角色，是傳統以外對於波動不對稱的另一解釋。

Sentana 與 Wadhwani(1992) 則認爲在市場採追逐股價走勢，或在股價變動後才進出的正向回饋交易者 (positive feedback traders)，因其容易有追高殺低的行爲，所以對市場股價有很大的影響。因爲套利交易者與之對作，且正向交易者通常擁有的資訊較消息靈通者少，因此容易對壞消息過度反應，導致壞消息所導致的波動大於好消息所產生的波動。

Black(1986) 另有一解釋認爲，並非所有投資人在做買賣決策時，都會依循理性的行爲，此種投資人爲雜訊交易者 (noise traders)。其在做交易的決策時，容易受到情緒的影響，因而無法根據所收集的資訊，做出完全理性的判斷；雖然投資人所追逐的趨勢，是與基本原則有關的大衆模型爲基礎，但還是會對消息有過度反應，進而產生不對稱效果。

上述理論之實證分析，請見作者《Stata 在總體經濟與財務金融的應用》一書。

4-1-2 誤差變異 $\sigma^2_{\varepsilon_{it}}$ 的偵測法

儘管發生序列相關或異質變異時，雖然係數估計值仍具有不偏性及一致性，但不具有效性，且均非最佳線性不偏估計量 (best linear unbiased estimator, BLUE)，因而可能會對信賴區間與假設檢定等統計推論產生偏差。因此，爲了避免時間序列或橫斷面資料分析無法同時比較時間變動及個體差異，並避免忽略某些變數而產生估計偏誤或無效，故最近流行採用 panel 資料模型來分析。

1. 誤差異質性之偵測法：殘差圖、Breusch-Pagan 檢定、White 檢定。

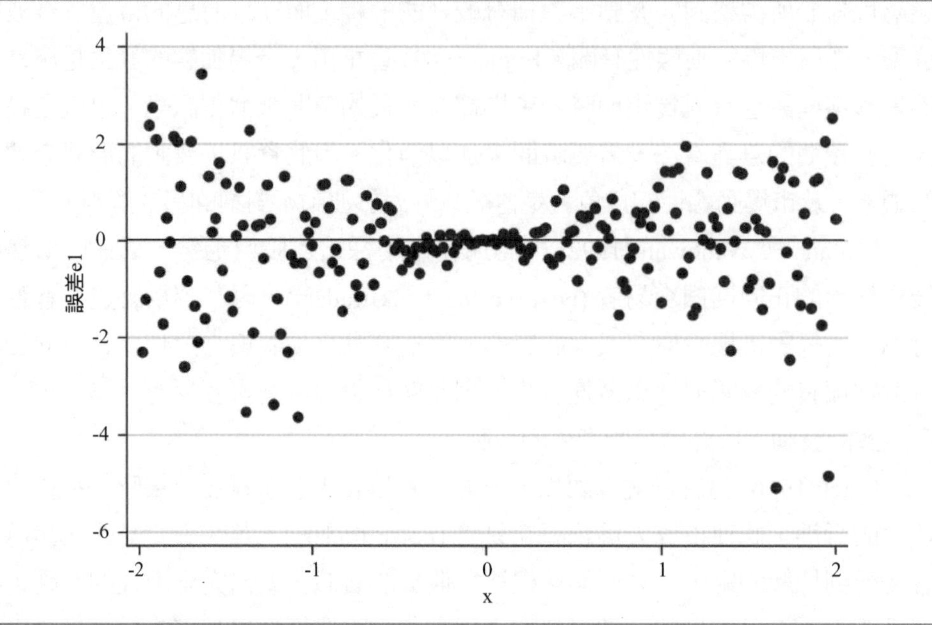

圖 4-2 誤差異質變異之示意圖

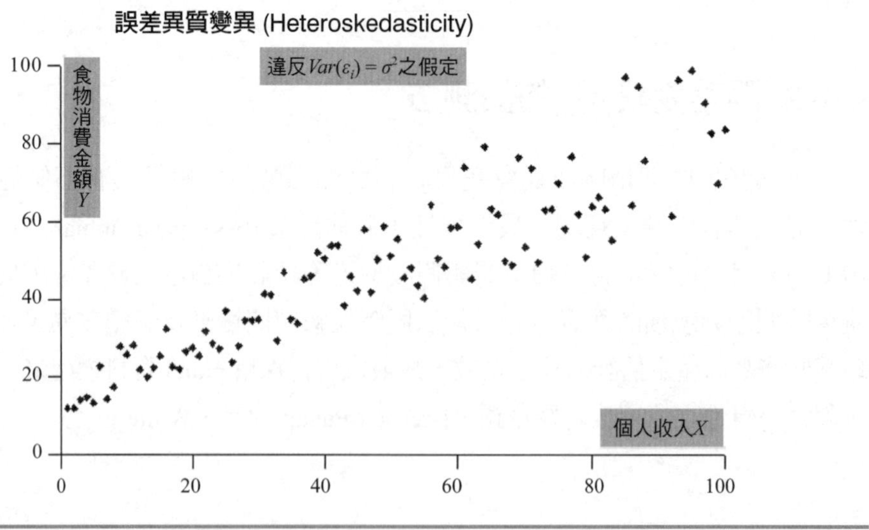

圖 4-3 誤差異質變異之另一示意圖

2. 異質性的處理方法：穩健標準誤、重新定義變數 (將原始的線性模型轉換爲 log-log 模型)、加權最小平方法 (WLS)、xtreg 指令改爲「xtgls…, panels(hetero) corr(ar1)」…。
3. 加權最小平方法 (WLS)：我們使用 WLS 只是爲了效率性；OLS 估計式仍然是不偏和一致的。由於 WLS 是比較佳的估計程序，所得到的估計式標準誤會較小，信賴區間也較狹窄。

   Stata WLS 指令爲：

```
. anova y x1 x2 x1*x2 [fweight=pop]
. regress avgy avgx1 avgx2 [aweight=cellpop]
. regress y x1 x2 x3 [pweight=1/prob]
. scatter y x [aweight=y2], mfcolor(none)
```

4. 發現異質性應該先思考遺漏變數、模型設定錯誤的可能性；因爲，這些問題比起單純的異質性更嚴重。故我們應該先進行明確的函數形式檢定，一旦滿意了函數形式，再來檢定異質性，並考慮處理方式。
5. 穩健標準誤
   (1) 在異質性的情況下，OLS 估計式仍然具有不偏性及一致性，但 OLS 的推論將失眞。我們可以改進迴歸係數 β 的標準誤，但仍保有參數的估計值。
   (2) 計量經濟學者已經發現如何去調整 OLS 標準誤、t、F 以及 LM 統計量。
   (3) 經過調整後，即使模型存在未知的異質性，這些工具仍然能發揮作用。
   (4) 這方法稱爲異質穩健 (heteroskedasticity-robust) 程序。例如，Stata panel 指令爲：「xtreg…, re vce(robust)」、「xtgls…, panels (heteroskedastic corr(ar1)」。
6. 廣義最小平方法 (GLS)
   (1) 用 OLS 法估計轉換後的方程式，也是廣義最小平方法 (GLS) 的特例。
   (2) 在此情形之下，GLS 估計式符合 BLUE。
   (3) 修正異質性的 GLS 估計式，即加權最小平方法 (WLS) 估計式，其中，每一個殘差平方皆以 $Var(u_i|x_i)$ 的倒數爲加權。
   (4) Stata 提供「xtgls…, panels(hetero) corr(ar1)」指令，專門同時處理追蹤資料 (panel-data) 誤差異質性及自我相關之問題。
   (5) Stata 橫斷面 GLS 範例之 reg3 語法如下：

```
* Setup
. webuse klein

* 使用 three-stage least squares 來估計
* consump 為消費力，wagepriv 為私部門薪資，wagegovt 為公部門薪資。
* capital1 為股市總值之延遲項，govt 是政府投資。
. reg3 (consump wagepriv wagegovt) (wagepriv consump govt capital1)
```

7. 異質變異性並不會導致 OLS 估計式的偏誤或不一致，遺漏變數才有可能造成偏誤或不一致性。但異質變異會造成 $Var(\hat{\beta}_i)$ 的偏誤，因此不能有效的建構信賴區間與 t 及 F 統計量，即使大樣本也不能解決此問題。

此外，在傳統迴歸分析中，極端值的影響亦可能會讓迴歸分析模型失效，故常將極端值 (outlier) 捨棄而不考慮，以讓迴歸分析模型不受極端值的影響，但是資料的失眞卻有可能爲分析的問題或是決策帶來無法估計的風險。如解決誤差之數列異質變異性，將是本章的焦點。

一、定義：誤差的變異數

$$Var(\varepsilon_t \mid X_t) = \sigma_t^2 = Var(Y_t + X_t)$$

二、異質性 (heteroskedasticity) 之影響

1. 根據最小平方法得到的估計參數與預測依舊是不偏性與一致性，但不再是有效的，因此無法維持 BLUE 的特性。
2. 估計係數的變異數是有偏與不一致性，因此檢定不再有效。

三、檢定法

1. 觀察估計殘差的圖形變化

2. LM 檢定

(1) 估計 $Y_t = \beta_1 + \beta_2 X_{t,2} + \cdots + \beta_k X_{t,k} + \mu_t$，取得

$$\hat{\mu}_t = \hat{\beta}_1 + \hat{\beta}_2 X_{t,2} + \cdots + \hat{\beta}_k X_{t,k}$$

(2) 建立輔助性迴歸 (auxiliary regression)

Breusch-Pagan 檢定：$\hat{\mu}_t^2 = \alpha_1 + \alpha_2 Z_{t,2} + \cdots + \alpha_p Z_{t,p} + e_t$；或

Glesjer 檢定：$|\mu_t| = \alpha_1 + \alpha_2 Z_{t,2} + \cdots + \alpha_p Z_{t,p} + e_t$；或

Harvey-Godgrey 檢定：$\ln(\hat{\mu}_t^2) = \alpha_1 + \alpha_2 Z_{t,2} + \cdots + \alpha_p Z_{t,p} + e_t$

任取得其中一條輔助性迴歸 R^2，再計算 $T \cdot R^2$ ～符合 $\chi^2_{(p-1)}$ 分配。

(3) 在 Type I = α 顯著水準下，若 $T \cdot R^2 > \chi^2_{(p-1),\,\alpha}$ 則拒絕「H_0：不存在異質性」。

方法一：Breusch-Pagan 檢定

(1) 雖然無法觀察到誤差，但你可利用 OLS 迴歸所得到的殘差來估計它。

(2) 跑完殘差平方對所有自變數的迴歸後，再利用 R^2 來進一步 F 檢定或 LM 檢定。

(3) 以下 F 統計量，它是描述整體迴歸顯著性的 F 統計量：

$$F = \frac{\frac{R^2}{k}}{\frac{1-R^2}{n-k-1}} \sim \text{趨近於 } F_{k,\,n-k-1} \text{ 分配}$$

(4) LM 統計量爲 $LM = nR^2$，其漸進分配爲 $\chi^2_{(k)}$。

方法二：Goldfeld-Quandt 檢定

(1) 將樣本 (T) 區分爲兩群，一群 (樣本數爲 T_1) 的誤差變異數較大，另一群 (樣本數爲 T_2) 的誤差變異數較小，其中 $T > T_1 + T_2$。

(2) 針對誤差變異數較大的樣本進行迴歸，取得樣本殘差 SSE_1，另針對誤差變異數較小的樣本進行迴歸，取得樣本殘差 SSE_2。

(3) 建立 F 檢定

$$F_c = \frac{SSE_2/(T_2-k)}{SSE_1/(T_1-k)}$$

在 α 顯著水準下，若 $F_c > F_{T_2-k,T_1-k,\alpha}$ 則拒絕「H_0：不存在異質性」。

方法三：White 檢定 (假設自變數有 $k = 3$ 個)

高斯馬可夫定理指出 OLS 是 BLUE，但是此種情形是建立在同質性的假設下。如果有異質性的現象，OLS 不再是 BLUE，估計式的標準誤會產生偏誤。在進行推論時，我們無法使用一般的 t 統計量 (會高估)、F 統計量或 LM 統計量。

(1) 估計 $Y_t = \beta_1 + \beta_2 X_{t,2} + \beta_3 X_{t,3} + \mu_t$，取得

$$\hat{\mu}_t = \hat{\beta}_1 + \hat{\beta}_2 X_{t,2} + \hat{\beta}_3 X_{t,3}$$

(2) 建立輔助性迴歸 (auxiliary regression)

$$\hat{\mu}_t^2 = \alpha_1 + \alpha_2 X_{t,2} + \alpha_3 X_{t,3} + \alpha_4 X_{t,2}^2 + \alpha_5 X_{t,3}^2 + \alpha_6 X_{t,2} X_{t,3} + e_t$$

取得 R^2，再計算 $T \cdot R^2$ ～符合 χ^2_{p-1} 分配。

(3) 在 α 顯著水準下，若 $T \cdot R^2 > \chi^2_{(5),\alpha}$ 則拒絕「H_0：不存在異質性」。

小結

1. Breusch-Pagan 檢定，能夠檢測任何線性形式的異質性。
2. White's 檢定藉由加入自變數的平方項和交互項，可考慮非線性的異質性。
3. 我們仍可使用 F 或 LM 統計量來檢定是否所有的 $X_j, X_j^2, X_j X_h$ 為聯合顯著。
4. 如果自變數太多，你將很快的發現此方法使用起來並不是很方便。

四、異質性之校正法

1. 廣義最小平方法 (generalized least squares, GLS)

(1) 估計 $Y_t = \beta_1 + \beta_2 X_{t,2} + \cdots + \beta_k X_{t,k} + \mu_t$，取得 ε_t 的標準差 σ_ε^2。

(2) 建立修正後迴歸

$$\frac{Y_t}{\sigma_t} = \beta_1 \frac{1}{\sigma_t} + \beta_2 \frac{X_{t,2}}{\sigma_t} + \cdots + \beta_k \frac{X_{t,k}}{\sigma_t} + \frac{\varepsilon_t}{\sigma_t}$$

它亦可表示爲：

$$Y_t^* = \beta_1^* + \beta_2^* X_{t,2}^* + \cdots + \beta_k^* X_{t,k}^* + \varepsilon_t^*$$

(3) 此時 $Var(\varepsilon_t^*) = Var\left(\frac{\varepsilon_t}{\sigma_t}\right) = \frac{1}{\sigma_t^2} Var(\varepsilon_t) = \frac{1}{\sigma_t^2} \times \sigma_t^2 = 1$，解決異質性問題

2. 加權最小平方法 (weighted least squares,WLS)

(1) 估計 $Y_t = \beta_1 + \beta_2 X_{t,2} + \cdots + \beta_k X_{t,k} + \mu_t$，取得 ε_t 的標準差 σ_ε^2。

(2) 令加權數 $w_t = \frac{1}{\sigma^2}$，建立修正後迴歸：

$$w_t Y_t = \beta_1 w_t + \beta_2 (w_t X_{t,2}) + \cdots + \beta_k (w_t X_{t,k}) + w_t \varepsilon_t$$

(3) 同 GLS 步驟，即可解決異質性問題。

五、進行統計分析時應注意之事項

若殘差 (residual) 符合下列假設，則 OLS 估計出的係數具有「最佳線性不偏估計量」(best linear unbiased estimator, **BLUE**) 的性質。

OLS 可用來估計下述複迴歸中，解釋變數 x 與被解釋變數 y 的關係：

$$y_i = \beta_0 + \beta_1 x_{1i} + \beta_2 x_{2i} + \cdots + \beta_k x_{ki} + \varepsilon_i$$

若殘差 ε_i 符合以下假設，用 OLS 估計 β_k 將具有 BLUE 的性質。

1. 殘差期望值為零 (zero mean)，即 $E(\varepsilon_i) = 0$。
2. 解釋變數與殘差無相關 (orthogonality)，即 $\text{Cov}(x_{ki}, \varepsilon_i) = 0$。若違反，就有內生性 (endogeneity) 問題。
3. 殘差無序列相關，即 $\text{Cov}(\varepsilon_i, \varepsilon_j) = 0$。
4. 殘差具同質變異 (homoskedasticity)，即 $\text{Var}(\varepsilon_i)=\sigma^2$。

若殘差之變異數不為常數，隨著 X 改變而改變，即 $\text{Var}(\varepsilon_i)=\sigma_i^2$，稱為異質性。違反同質性假設時，OLS 估計式仍具有不偏性及一致性，但標準誤有偏誤。通常導致標準誤低估，使得 t 統計量偏高，假設檢定的結果不可信。

最直觀的檢驗方法為圖示法，觀察解釋變數 X 與殘差的散布圖，若發生 X 增加，發生逐漸增加、減少或是不規則變化時，便可能存在異質性。另一個常用來檢定異質性的方法為 White 檢定 (White test)。White 檢定的虛無假設為不具異質性，若拒絕虛無假設表示存在異質性。

遺漏變數或模型設定錯誤時，將造成非純粹的異質性 (impure serial heteroskedasticity)，此時 OLS 估計式不僅不具有效性，甚至不具不偏性，因此發現異質性時，應先檢查是否有遺漏變數或模型設定錯誤的問題。排除遺漏變數或模型設定錯誤的可能性後，因 OLS 估計式仍具不偏性，故可採用穩健異質性 (heteroskedasticity-robust) 標準誤修正標準誤，常用的有 White 穩健標準誤或 Newey-West HAC 標準誤。亦可使用加權最小平方法 (weighted least squares, WLS)，其概念為將模型轉換為均質變異的模型，再加以估計。

異質變異的特徵在某些數列中非常常見且重要，例如資產報酬數列，學者以特殊模型捕捉此一特性。

六、建模實務

在進行實證計量時，經濟理論 (或是直覺上之推論) 僅能告訴我們經濟變數間關係之性質 (正向或負向關係)；而且很多經濟理論所描述的性質是建構在其他條件不變 (ceteris paribus) 的狀況下。這表示我們在建構計量模型時，一定得面對兩個問題：

1. 經濟變數間的函數關係為何？
2. 到底應該考慮哪些變數，以控制其他條件不變？

通常我們一開始所選取的計量模型一定跟資料配適得不是很好，有可能是模型解釋能力不好，或是計量模型的 (七個) 基本假定 (assumption) 無法滿足 (例如殘差不是常態分配、或是用不同子樣本所得到的參數估計值差距很大)。

為了使計量模型得以設定正確 (correctly specified)，我們就必須對模型進行調整 (adjustment)，而這些調整必須基於模型的診斷檢定 (diagnostic tests)。

七、模型的診斷檢定 (diagnostic tests)

1. 函數形式的檢定 (納入哪些解釋變數、變數間的函數形式為何？)
2. 參數 β 不是固定常數。
3. 干擾項 ε 具異質變異 (heteroskedasticity)。它亦是本章重點。
4. 干擾項 ε 具序列相關 (serial correlation)。前一章的重點。
5. 干擾項 ε 不是常態分配。
6. 正交條件：檢定正交條件成立否 (內生性 v.s. 外生性)。
7. 另一方面，會影響到被解釋變數 y 的解釋變數有可能非常多，若將全部的變數都納入，也許會造成模型無法估計 (參數個數超過觀察值個數) 或估計值非常無效率 (觀察值個數相對太少，以至於自由度不夠)。現在又浮現另一問題就是，模型中應該納入多少變數？

八、誤差異質變異之小結

1. 異質變異性並不會導致 OLS 估計式的偏誤或不一致，遺漏變數才有可能造成偏誤或不一致性。
2. 異質變異性相對的傷害是比較輕的。
3. 但異質變異會造成 $Var(\hat{\beta}_j)$ 的偏誤，因此不能有效的建構信賴區間與 t 及 F 統計量，即使大樣本也不能解決此問題。
4. 發現異質性，需先檢查模型的設定是否有誤，再來決定 FGLS 是否合適。

5. 藉由穩健標準誤，可以很容易的調整信賴區間及 t 與 F 統計量，以得到正確的推論。
6. 處理財經資料 (條件) 異質性最普遍的模型：GARCH。

九、誤差的異質變異之研究主題

Panel 常見，誤差的異質變異之研究主題，包括：

1. 自我相關、異質性與臺灣外匯市場有效性測試。
2. 異質變異資本資產定價模型在臺灣股票市場的實證研究。
3. 具有隨時間變化相關波動性的股價指數與股價指數期貨動態關係：以臺灣加權股價指數期貨市場為例。
4. 匯率動態行為之探討：自我迴歸條件異質變異數分析法。
5. 在金融海嘯下臺指期貨指數與摩根臺指期貨指數對臺灣加權股價指數傳遞效果之分析──多變量 GARCH 之應用。
6. 大宗穀物期貨投資組合風險值研究──結合 GARCH 與極端值理論模型之應用。
7. 臺北外匯市場美元 / 新臺幣匯率波動行為之研究：以 EGARCH 模型為實證。
8. 臺灣商業銀行之業務結構及利潤效率與風險之研究。
9. 摩根臺灣股價期貨指數到期效應對股票市場的影響。
10. AIMEX 臺股指數期貨之定價、套利與預測。
11. 臺灣美元遠期外匯市場訊息效率性之研究。
12. 臺灣股票市場碎形結構之研究。
13. 抵押貸款證券評價之研究。
14. 經濟成長、收斂假說與金融發展之實證探討。
15. 金融發展與貿易開放的關係。
16. 臺灣壽險公司之成本效率與風險管理之研究──1995 ～ 2004。
17. 依結果抽樣設計於公共衛生調查研究中異質性資料之探討。

4-2 偵測誤差之異質性 (heteroskedasticity)

一、穩健 (robust) 標準誤 (standard error)

Stata 提供專門處理「Robust standard errors for panel regressions」的指令，包括：

. newey 指令	時間序列：帶有 Newey-West 標準誤之迴歸。
. prais 指令	時間序列：Prais-Winsten 及 Cochrane-Orcutt 迴歸。
. ivreg2 指令	時間序列：Stata's 官方 ivregress 及 newey 擴充版迴歸。ivreg2 可執行兩階段可行的 GMM(two-step feasible GMM) 估計。
. dfbeta3 指令	不論有否穩健標準誤迴歸，此事後指令旨在計算 DFBETAs。
. rcheck 指令	檢查你不同界定模型之敏感度。 例如，你發現自變數 x7 之迴歸係數顯著大於 0，若你想檢測，是否再納入其他「控制變數的組合」之後，此 x7 之迴歸係數顯著是否仍舊大於 0，此時你就要強制執行 1024 回合之迴歸 (2^10 including the one you started with)，並肉眼查看每回合迴歸之結果，故 rcheck 就可解決這種冗長困擾。
. checkrob 外掛指令	執行你不同界定模型之穩健性檢查。
. fese 外掛指令	求出固定效果之標準誤。 fese 指令使用 areg 指令來分析固定效果，並用新變數來儲存此固定效果及標準誤。
. mixlogit 外掛指令	使用最大模擬法 (maximum simulated) 來適配 logit 模型。
. poi2hdfe 外掛指令	求出帶有二個高維度固定效果 (with two high-dimensional fixed effects) 之 Poisson 迴歸。
. qreg2 外掛指令	求出帶有穩健或群集標準誤之分量迴歸 (quantile regression with robust and clustered standard errors)。
. xtscc 外掛指令	縱橫迴歸：穩健標準誤之 panel 迴歸。
. xtabond2 指令	縱橫迴歸：xtabond 動態 panel-data 估計的擴充版。xtabond2 可適配二個非常相近之動態 panel-data 迴歸。
. xtivreg2 指令	縱橫迴歸：IV/2SLS, GMM, AC/HAC, LIML 或 k-class panel regression 的擴充版。
. xtpqml 指令	縱橫迴歸：無穩健標準誤之固定效果 Poisson (Quasi-ML) 迴歸。

二、遇到誤差異質性 (heteroskedasticity) 如何處理？

有下列二個方法可解決：

1. 重新設定模型／做變數變換 (如 Ln(x))

有些誤差異質性係源自：不適當模型設定、次群組本身的差異、變數的效果並非線性、遺漏重要變數。如果是以上問題，你要人工來排除，而非急著想借用統計技術來處理 (e.g. 將 OLS(最小平方法) 改成 WLS(加權最小平方法))。

2. 改採 robust regression

即在下表所列 Stata 迴歸之眾多指令中，增加選項「vce(robust)」。此外，廣義線性迴歸之 reg 指令尚可加選：「vce(robust)」、「vce(cluster 某變數)」、「vce(bootstrap, cluster(某變數)」、或「vce(jackknife, cluster(某變數))」等選項，來強制迴歸式要以誤差異質性來修正「Robust standard errors」。

Stata 指令	功能
. regress 指令	線性迴歸 (Linear regression)
. logistic 指令	Logistic 迴歸，並印出勝算比 (odds ratios)
. probit 指令	Probit 迴歸
. areg 指令	帶有很多虛擬變數們 (with a large dummy-variable set) 之線性迴歸
. asmprobit 指令	特定之多常態機率迴歸 (Alternative-specific multinomial probit regression)
. ivprobit 指令	帶有連續型內生解釋變數們之機率迴歸 (Probit model with continuous endogenous regressors)
. ivtobit 指令	帶有連續型內生解釋變數們之 Tobit 迴歸 (Tobit model with continuous endogenous regressors)
. logit 指令	logistic 迴歸，並印出迴歸係數 (coefficients)
. nlogit 指令	巢狀 (Nested)logit 迴歸
. tobit 指令	Tobit 迴歸
. truncreg 指令	截斷 (Truncated) 迴歸
. stcox 指令	Cox 比例風險模型 (Cox proportional hazards model)
. streg 指令	有母數殘存模型 (Parametric survival models)
. newey 指令	帶有 Newey-West 標準誤 (standard errors) 之迴歸
. xtgee 指令	使用 GEE 來適配樣本平均 (population-averaged) panel-data 模型
. xtgls 指令	使用 GLS 之 panel-data 模型
. xtpcse 指令	帶有 panel 修正標準誤之線性迴歸 (Linear regression with panel-corrected standard errors)
. xtpoisson 指令	固定效果、隨機效果、樣本平均之 Poisson 迴歸 (Fixed-, random-effects & pop.-averaged Poisson models)
. xtprobit 指令	隨機效果、樣本平均之機率迴歸 (Random-effects and population-averaged probit models)

3. 追蹤資料 (panel-data) 的異質變異性之 xtgls 指令

從 **xtreg** 指令改採用「xtgls…, panels(hetero) corr(ar1)」，再搭配 lxtest 指令、mhlrxt 指令，來進行異質變異的檢定。

4-2-1 橫斷面 OLS 迴歸：殘差異質性診斷 (hettest 指令)

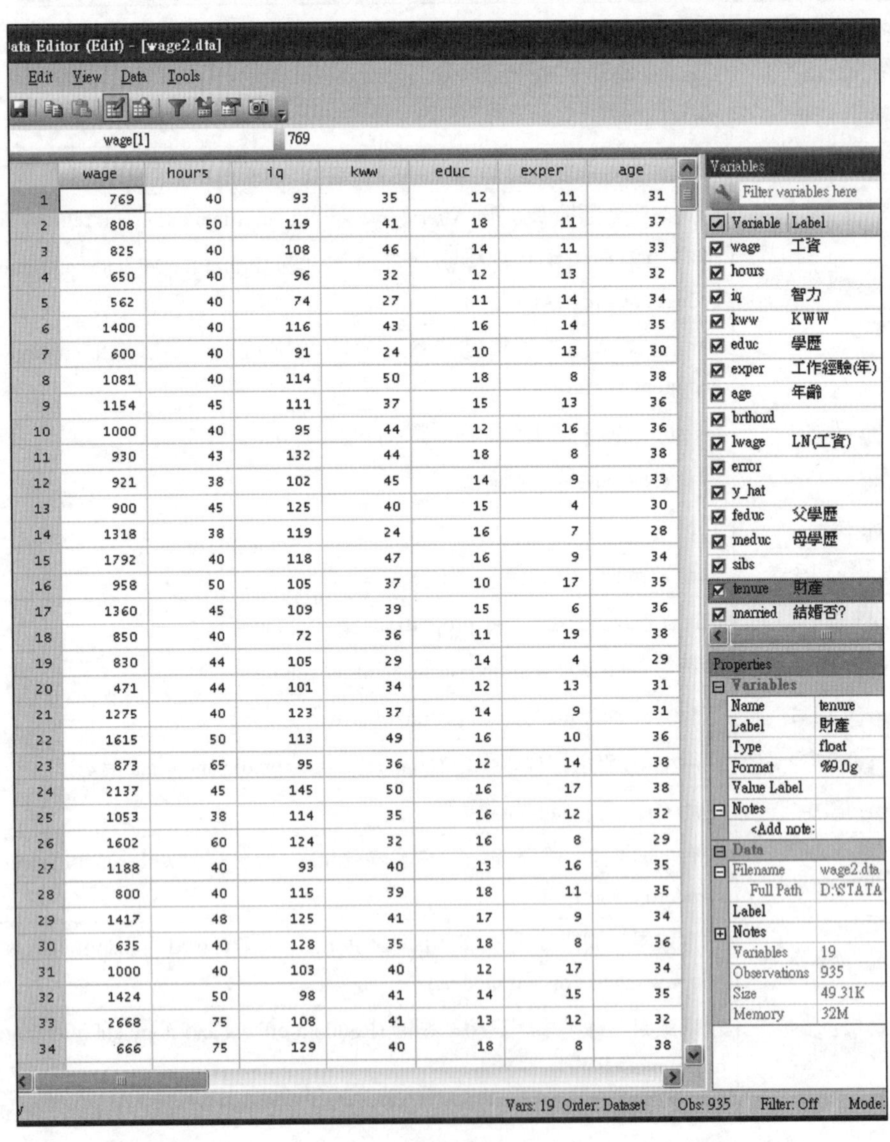

	wage	hours	iq	kww	educ	exper	age
1	769	40	93	35	12	11	31
2	808	50	119	41	18	11	37
3	825	40	108	46	14	11	33
4	650	40	96	32	12	13	32
5	562	40	74	27	11	14	34
6	1400	40	116	43	16	14	35
7	600	40	91	24	10	13	30
8	1081	40	114	50	18	8	38
9	1154	45	111	37	15	13	36
10	1000	40	95	44	12	16	36
11	930	43	132	44	18	8	38
12	921	38	102	45	14	9	33
13	900	45	125	40	15	4	30
14	1318	38	119	24	16	7	28
15	1792	40	118	47	16	9	34
16	958	50	105	37	10	17	35
17	1360	45	109	39	15	6	36
18	850	40	72	36	11	19	38
19	830	44	105	29	14	4	29
20	471	44	101	34	12	13	31
21	1275	40	123	37	14	9	31
22	1615	50	113	49	16	10	36
23	873	65	95	36	12	14	38
24	2137	45	145	50	16	17	38
25	1053	38	114	35	16	12	32
26	1602	60	124	32	16	8	29
27	1188	40	93	40	13	16	35
28	800	40	115	39	18	11	35
29	1417	48	125	41	17	9	34
30	635	40	128	35	18	8	36
31	1000	40	103	40	12	17	34
32	1424	50	98	41	14	15	35
33	2668	75	108	41	13	12	32
34	666	75	129	40	18	8	38

圖 4-4 「wage2.dta」資料檔內容 (n = 935 人)

Step 1. 繪依變數 (wage) 與自變數 (educ age iq) 之散布圖

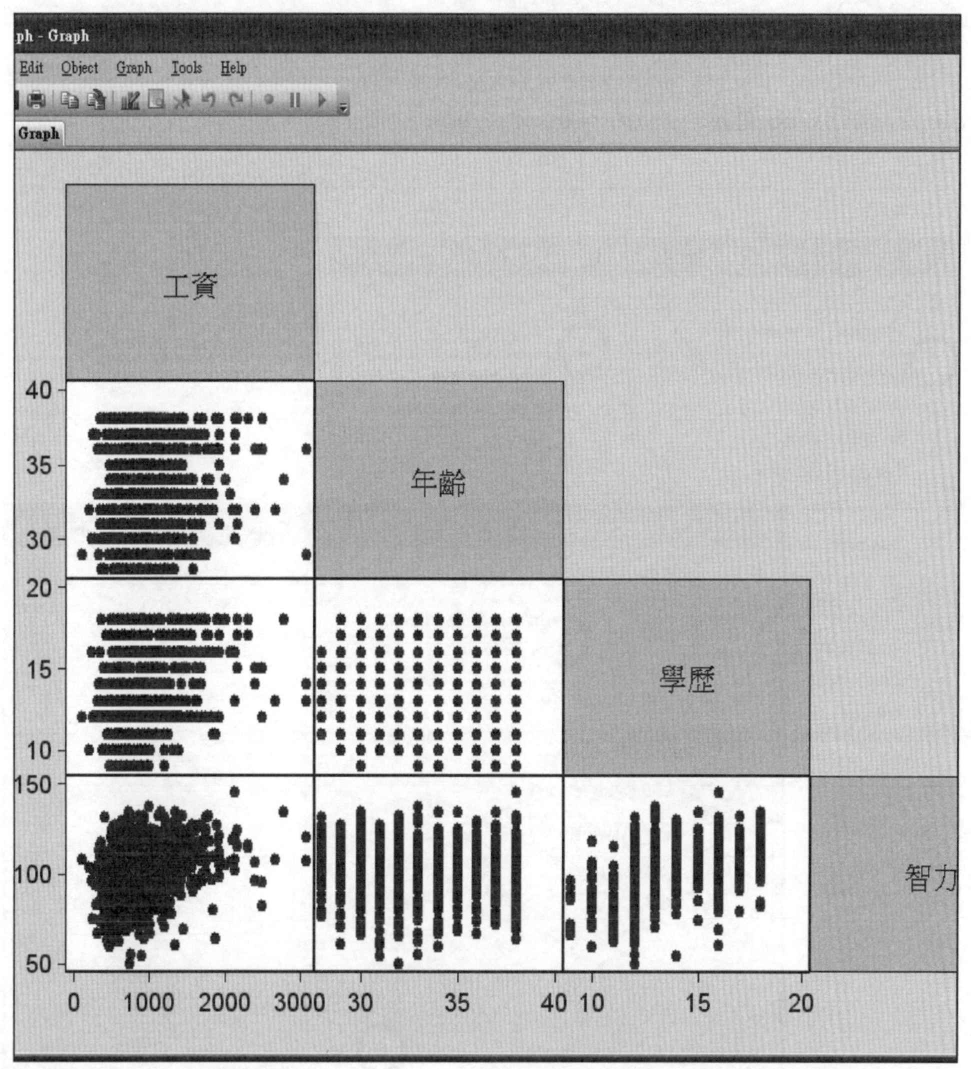

圖 4-5 依變數與自變數 (educ age iq) 之散布圖 (指令：graph matrix wage age educ iq)

註：Graphics > Scatterplot matrix

```
. use wage2 , clear
* 先看兩兩變數之間散布圖
. graph matrix wage age educ iq, half
```

Step2. 執行 OLS 迴歸：wage = educ + age + iq

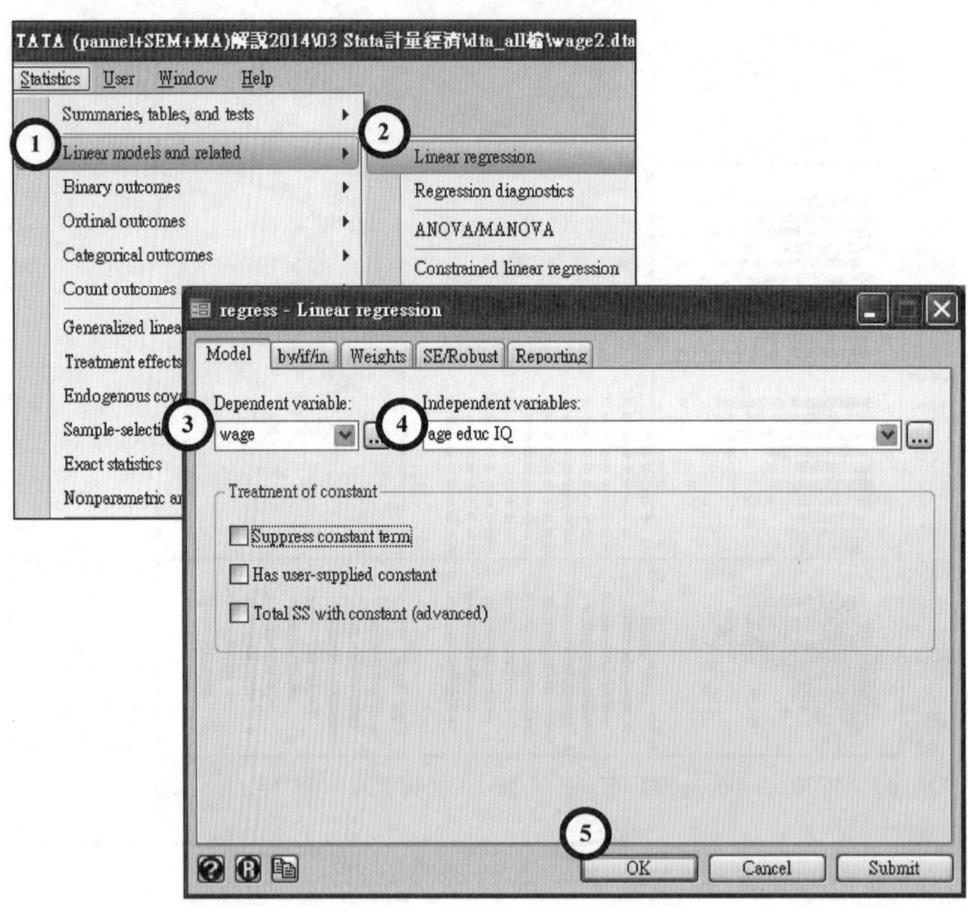

圖 4-6 執行 OLS 迴歸：wage = educ + age + iq 之畫面

```
. use wage2, clear
*執行 OLS 迴歸：wage= educ +age+ iq
. regress wage age educ iq

      Source |       SS       df       MS              Number of obs =     935
-------------+------------------------------           F(  3,   931) =   60.03
       Model |  24753918.5     3  8251306.18           Prob > F      =  0.0000
    Residual |   127962250   931  137446.025           R-squared     =  0.1621
-------------+------------------------------           Adj R-squared =  0.1594
       Total |   152716168   934  163507.675           Root MSE      =  370.74

------------------------------------------------------------------------------
        wage |      Coef.   Std. Err.      t    P>|t|     [95% Conf. Interval]
-------------+----------------------------------------------------------------
         age |   21.88653   3.907387     5.60   0.000     14.21822    29.55484
        educ |     41.623    6.44611     6.46   0.000     28.97241    54.27359
          iq |   5.368319    .941521     5.70   0.000      3.52057    7.216069
       _cons |   -870.379    160.478    -5.42   0.000     -1185.32   -555.4385
------------------------------------------------------------------------------

*儲存 residuals(新變數 error) 及 fitted values(新變數 y_hat)
predict error , residuals
predict y_hat
```

1. OLS 迴歸分析結果，因為「age, educ, iq」三個預測變數對 wage 預測之係數顯著性考驗，p 都 < 0.05，故三者都有顯著預測效果。
2. 但由散布圖中，我們懷疑「age, educ, iq」與 wage 之預測模型，其殘差可能「異質性」。

Step 3. 儲存 residuals(新變數 error) 及 fitted values(新變數 y_hat)

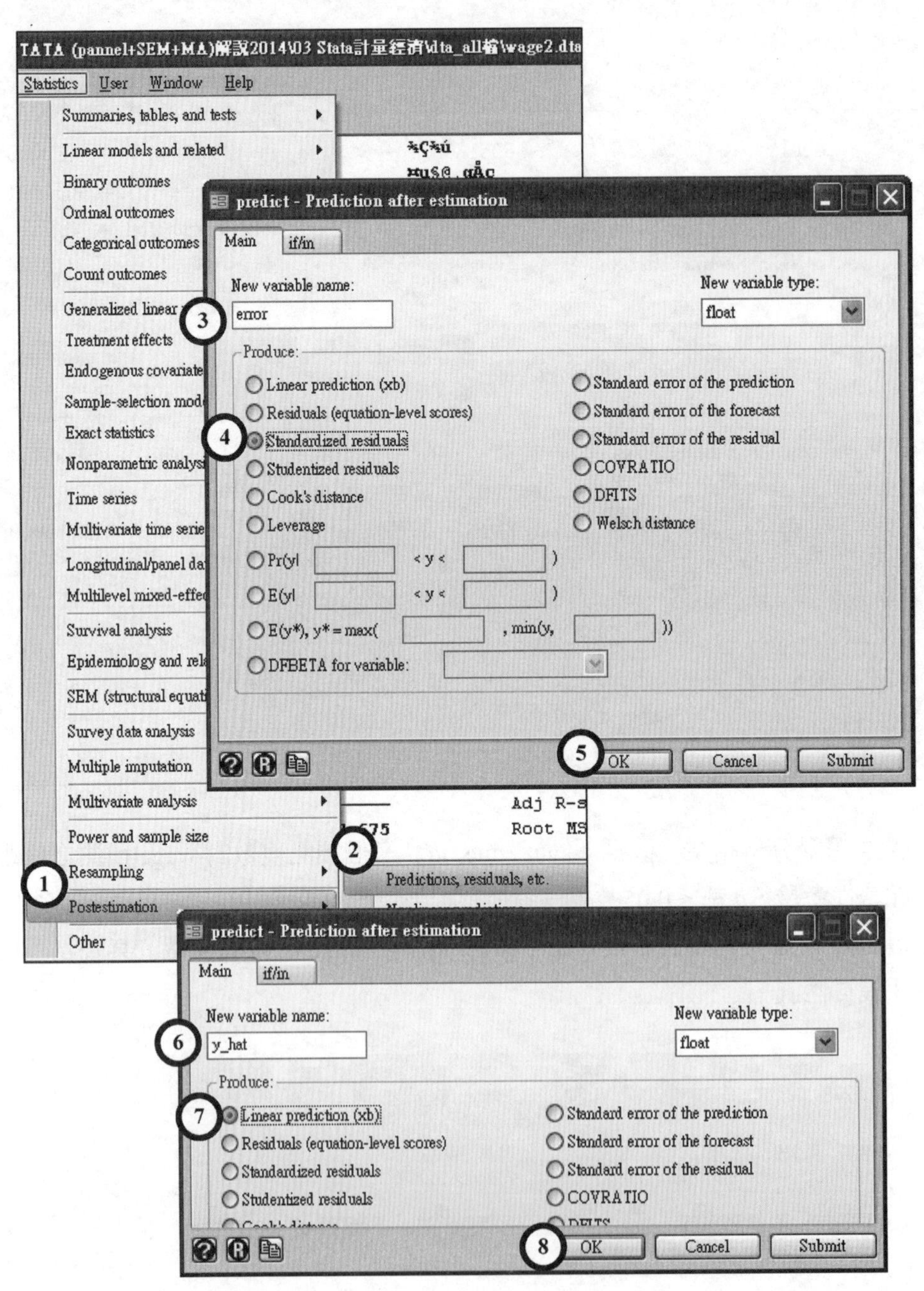

圖 4-7 儲存 residuals(新變數 error) 及 fitted values(新變數 y_hat) 之畫面

```
*儲存 residuals(新變數 error) 及 fitted values(新變數 y_hat)
predict error, rstandard
predict y_hat
```

Step 4-1. 殘差可能「異質性」檢定：繪圖法

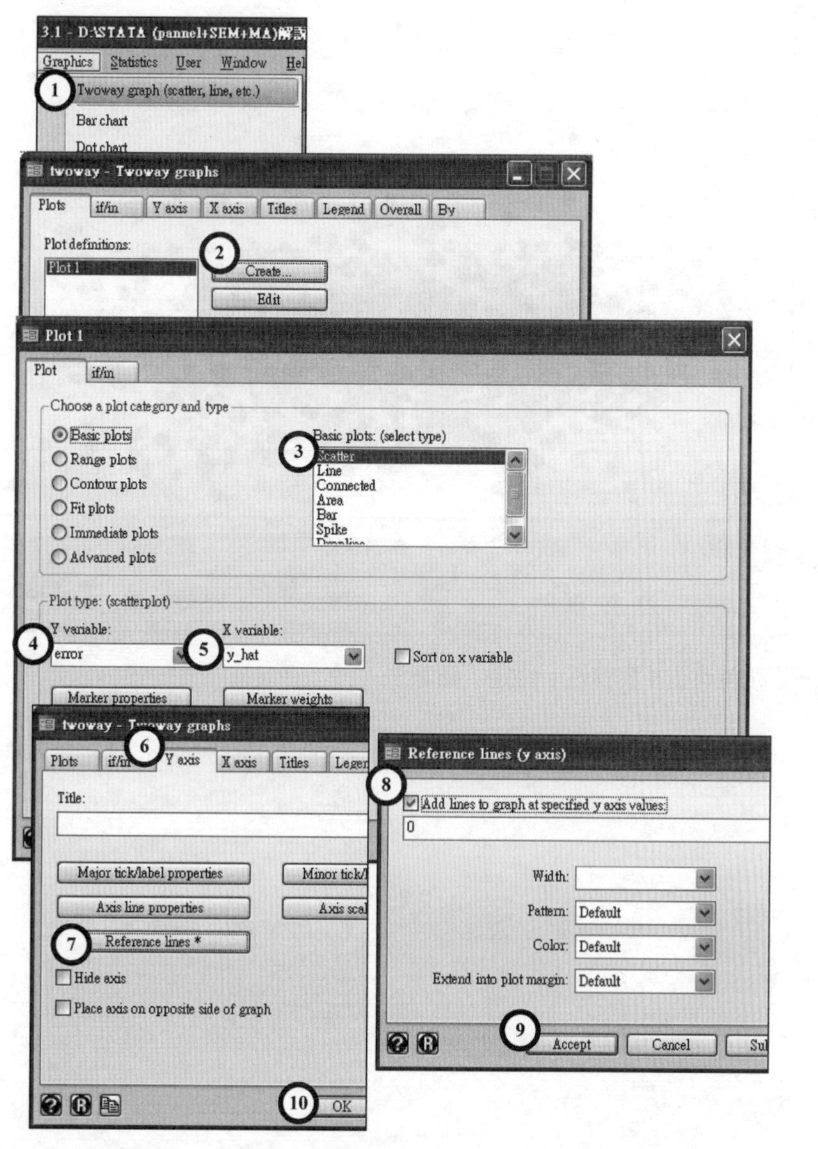

圖 4-8 繪殘差「異質性」散布圖之畫面 (殘差 error vs. 預測值 y_hat)

```
. twoway (scatter error y_hat), yline(0)
```

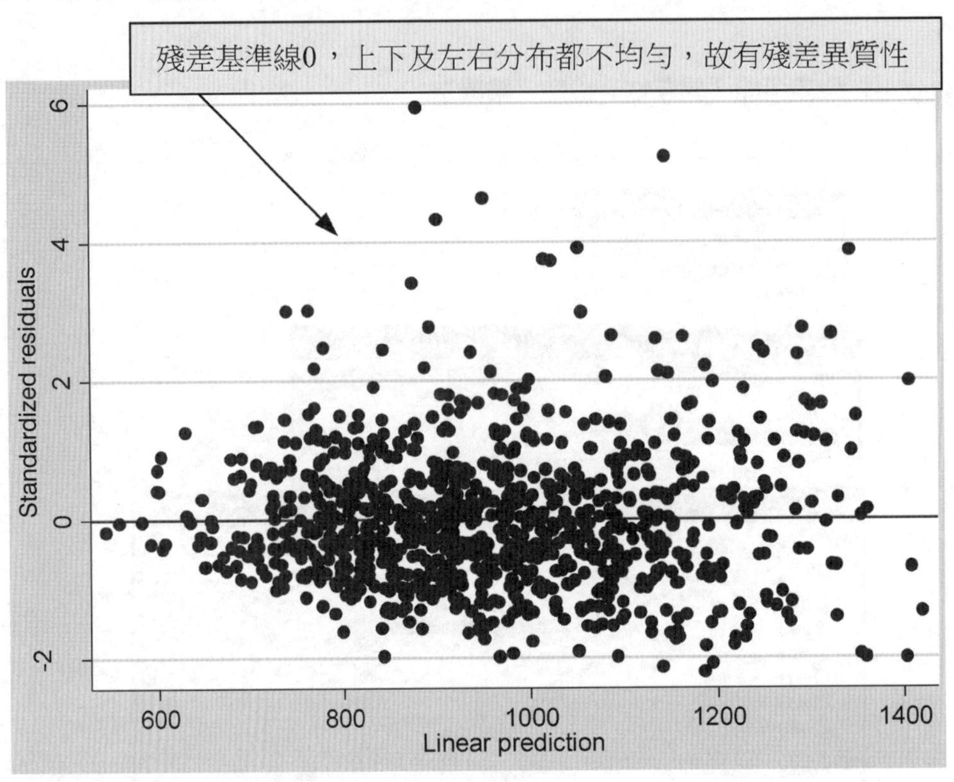

圖 4-9 殘差可能「異質性」檢定：繪圖法

Step 4-2. 殘差可能「異質性」檢定：統計法

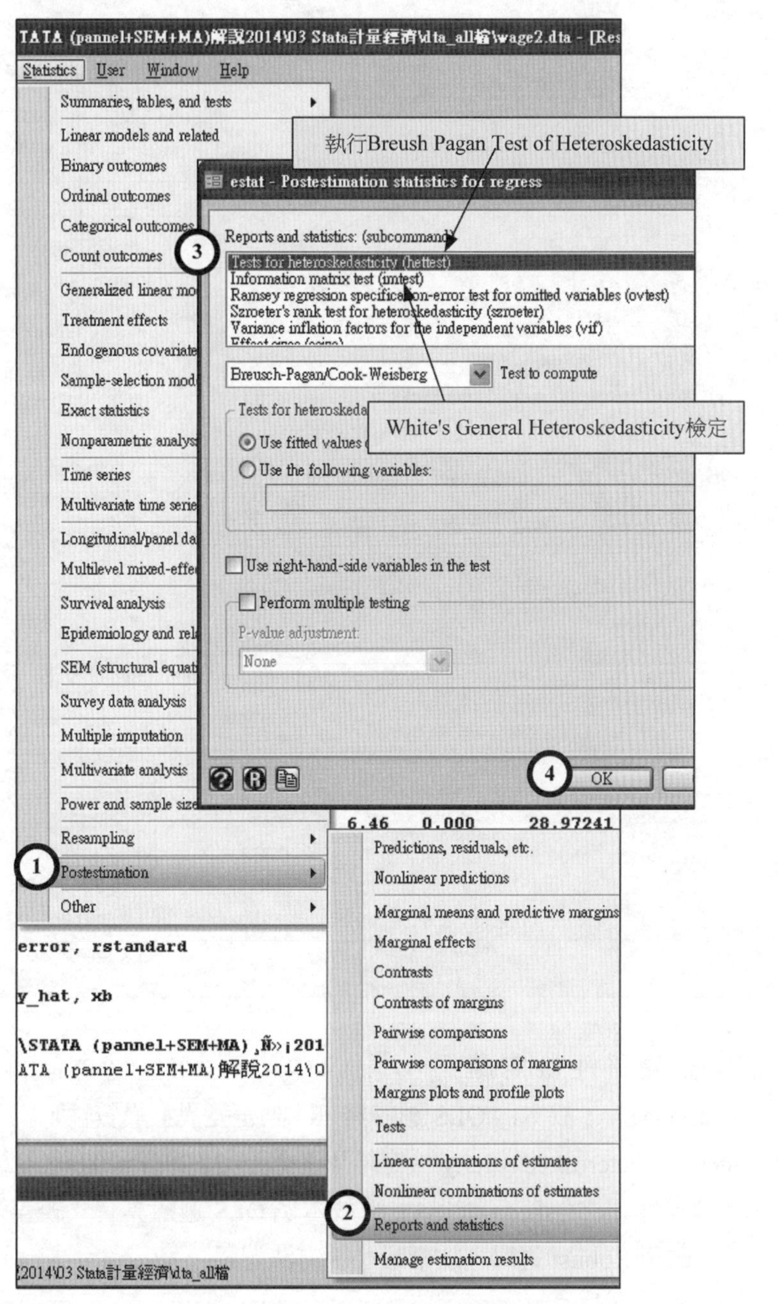

圖 4-10 hettest 指令做殘差「異質性」檢定之畫面

註：Statistics > Postestimation > Reports and statistics

```
＊執行 Breush Pagan Test of Heteroskedasticity
. estat hettest
Breusch-Pagan / Cook-Weisberg test for heteroskedasticity
         H0: Constant variance
         Variables: fitted values of wage

         chi2(1)      =    43.44
         Prob > chi2  =   0.0000

＊ 執行 White's General Heteroskedasticity 檢定
. estat imtest, white
White's test for H0: homoskedasticity
         against Ha: unrestricted heteroskedasticity

         chi2(9)      =    22.29
         Prob > chi2  =    0.0080

Cameron & Trivedi's decomposition of IM-test

---------------------------------------------------
              Source |       chi2     df      p
---------------------+-----------------------------
  Heteroskedasticity |      22.29      9    0.0080
            Skewness |      14.80      3    0.0020
            Kurtosis |       5.40      1    0.0202
---------------------+-----------------------------
               Total |      42.49     13    0.0001
---------------------------------------------------
```

1. Breush Pagan 異質性檢定結果，$\chi^2_{(1)} = 43.44 (p = 0.000 < 0.05)$，拒絕「$H_0$: Constant variance」，故本例 OLS 迴歸具有「誤差變異」異質性。
2. White's general heteroskedasticity 檢定結果，$\chi^2_{(9)} = 22.29 (p = 0.008 < 0.05)$，拒絕「$H_0$：同質性 (homoskedasticity)」，故本例 OLS 迴歸具有「誤差變異」異質性，故宜改用 Robust 迴歸、加權最小平方法迴歸。

4-2-2 殘差異質的改善：OLS 改成 Robust 迴歸

承上例之資料檔「wage2.dta」。當 OLS 迴歸、GLS 迴歸分析、圖形法及 hettest 統計法都發現，殘差違反「同質性」假定，故你可改採 Robust 迴歸、加權最小平方之迴歸。

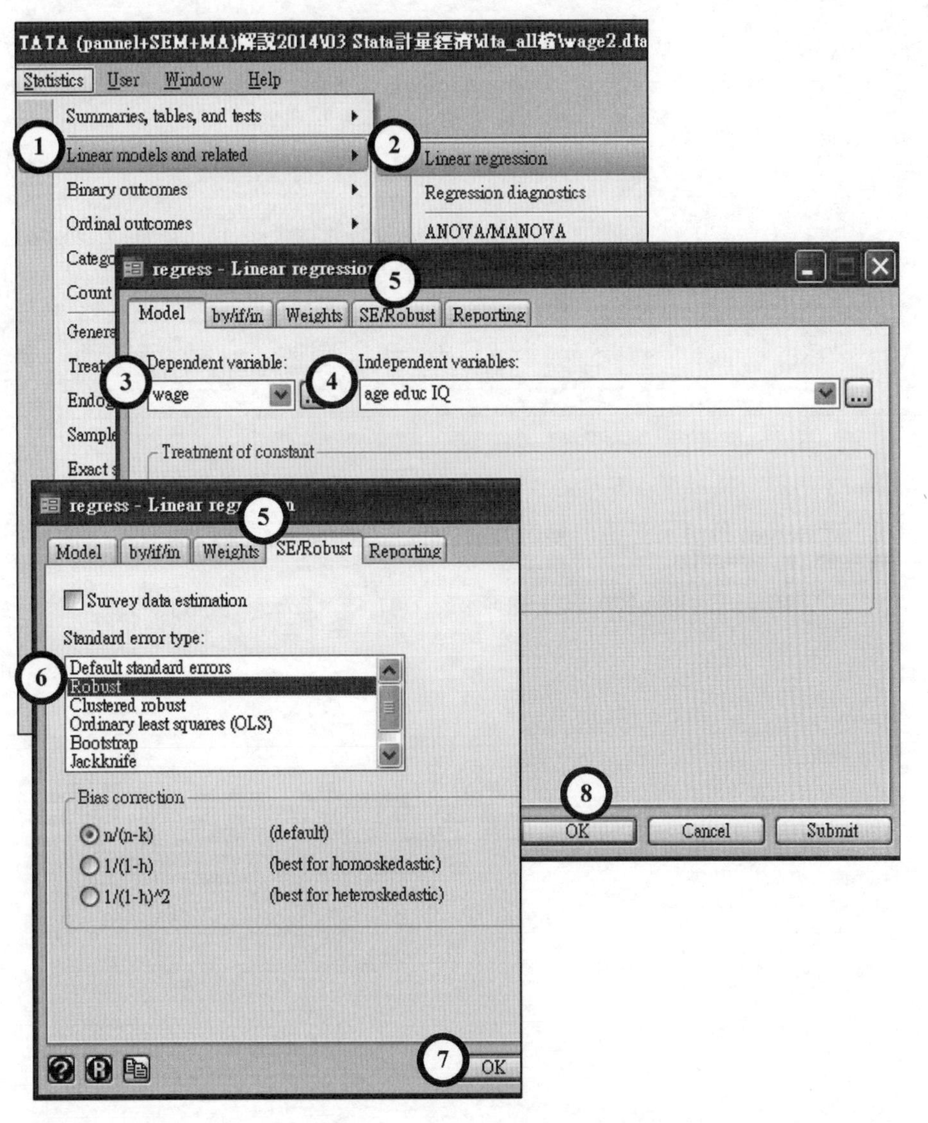

圖 4-11 工資預測 Robust 迴歸之畫面 (勾選 robust 選項)

```
*執行「with heterosk robust standard errors」OLS 迴歸：「wage= educ +age+ iq」
. regress wage age educ iq, vce(robust)

Linear regression                               Number of obs =        935
                                                F(  3,    931) =      52.00
                                                Prob > F      =     0.0000
                                                R-squared     =     0.1621
                                                Root MSE      =     370.74

------------------------------------------------------------------------------
             |               Robust
        wage |      Coef.   Std. Err.      t    P>|t|     [95% Conf. Interval]
-------------+----------------------------------------------------------------
         age |   21.88653   3.981573     5.50   0.000     14.07263    29.70043
        educ |     41.623   6.610549     6.30   0.000      28.6497    54.59631
          iq |   5.368319   .8979891     5.98   0.000     3.606002    7.130637
       _cons |   -870.379   167.9957    -5.18   0.000    -1200.073   -540.6849
------------------------------------------------------------------------------
```

1. Robust 迴歸分析結果，$F = 52.0$，$p < 0.05$，整體模型達到顯著水準。
2. 對工資 (wage) 預測，三個自變數 (age educ iq) 都達到顯著預測效果。模型為：

$$Wage = -870.379 + 21.88 \times age + 41.62 \times educ + 5.368 \times iq$$

4-2-3 橫斷面之誤差異質性：需 ln() 變數變換 (先 reg 再 whitetst 指令)

範例：橫斷面誤差異質性：房價迴歸式具有異質性 (heteroskedasticity in housing price equation)

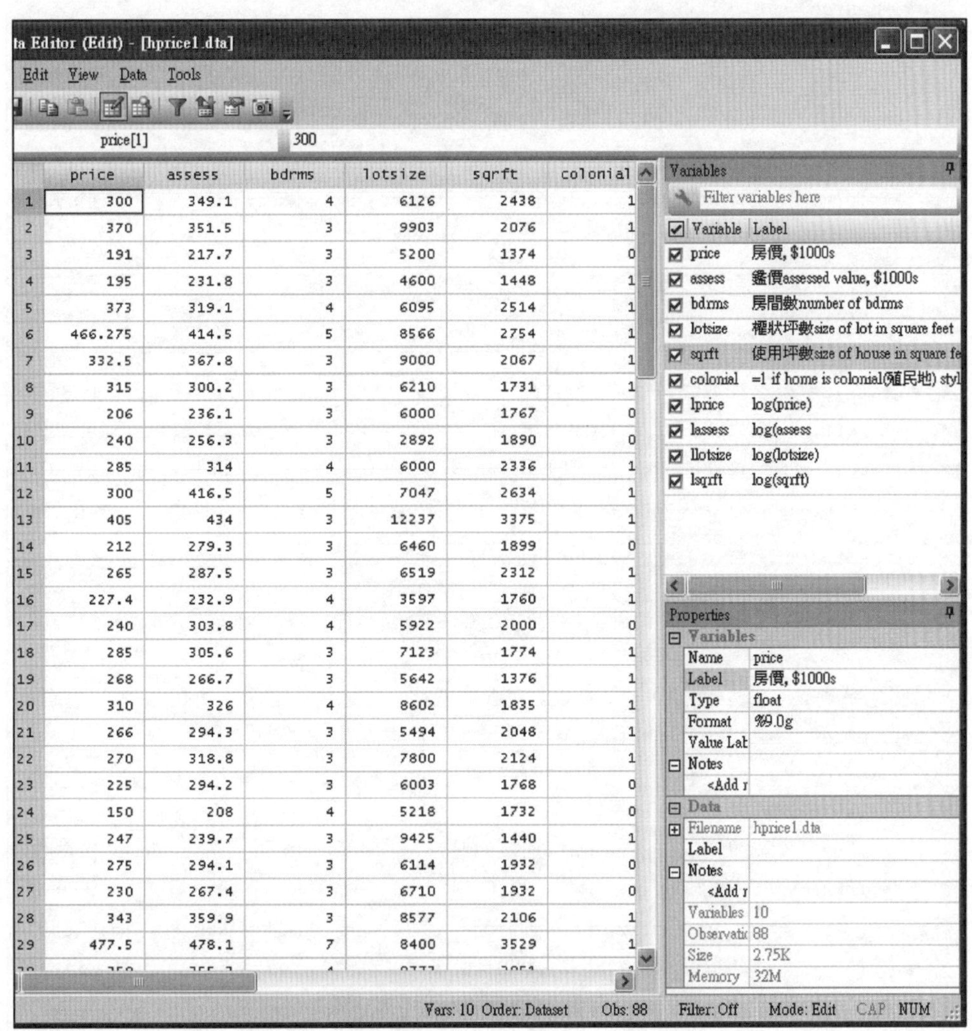

圖 4-12「hprice1.dta」資料檔之內容

以權狀坪數 (lotsize)、使用坪數 (sqrft)、房間數 (bdrms) 三者，來預測房價

(price)。

Step 偵測殘差異質性

```
. use http://fmwww.bc.edu/ec-p/data/wooldridge/hprice1
. reg price lotsize sqrft bdrms

      Source |       SS       df       MS              Number of obs =      88
-------------+------------------------------           F(  3,    84) =   57.46
       Model |  617130.701     3  205710.234           Prob > F      =  0.0000
    Residual |  300723.805    84  3580.0453            R-squared     =  0.6724
-------------+------------------------------           Adj R-squared =  0.6607
       Total |  917854.506    87  10550.0518           Root MSE      =  59.833

------------------------------------------------------------------------------
       price |      Coef.   Std. Err.      t    P>|t|     [95% Conf. Interval]
-------------+----------------------------------------------------------------
     lotsize |   .0020677   .0006421     3.22   0.002     .0007908    .0033446
       sqrft |   .1227782   .0132374     9.28   0.000     .0964541    .1491022
       bdrms |   13.85252   9.010145     1.54   0.128    -4.065141    31.77018
       _cons |  -21.77031   29.47504    -0.74   0.462    -80.38466    36.84405
------------------------------------------------------------------------------
. whitetst
White's general test statistic :  33.73166  Chi-sq(9)  P-value =  1.0e-04

*三個連續變數（「l」開頭），取 Ln(x) 變數變換符合常態性假定後，再代入 OLS 迴歸
. reg lprice llotsize lsqrft bdrms
      Source |       SS       df       MS              Number of obs =      88
-------------+------------------------------           F(  3,    84) =   50.42
       Model |  5.15504028     3  1.71834676           Prob > F      =  0.0000
    Residual |  2.86256324    84  .034078134           R-squared     =  0.6430
-------------+------------------------------           Adj R-squared =  0.6302
       Total |  8.01760352    87  .092156362           Root MSE      =   .1846

------------------------------------------------------------------------------
      lprice |      Coef.   Std. Err.      t    P>|t|     [95% Conf. Interval]
-------------+----------------------------------------------------------------
    llotsize |   .1679667   .0382812     4.39   0.000     .0918404     .244093
```

```
     lsqrft |   .7002324   .0928652     7.54   0.000     .5155597    .8849051
      bdrms |   .0369584   .0275313     1.34   0.183    -.0177906    .0917074
      _cons |  -1.297042   .6512836    -1.99   0.050    -2.592191    -.001893
------------------------------------------------------------------------------

. whitetst
White's general test statistic :  9.549527  Chi-sq(9)  P-value =  .3882
```

1. 第一次 OLS 迴歸，係以 raw data 變數直接代入，**whitetst** 檢定結果顯示：$\chi^2_{(9)} = 33.73$，$p < 0.05$，故本例橫斷面 OLS 迴歸，其殘差具有異質性。
2. 第二次 OLS 迴歸，改以 Ln(*x*) 變換過之變數再代入，**whitetst** 檢定結果顯示：$\chi^2_{(9)} = 9.54$，$p > 0.05$，顯示本例橫斷面 OLS 迴歸，其殘差有異質性就消失了。

4-2-4 縱貫面之誤差異質性 (先 reg 再 bpagan 指令)

通常，線性迴歸式可能存在異質變異問題，利用最小平方法 (OLS) 所推估之迴歸係數，雖然具不偏 (unbiased) 特性，但共變異數將呈現偏誤而造成錯誤的統計推論 (假設檢定與信賴區間)。故你可先以 Breusch-Pagan-Godfrey 方法，檢定迴歸式若存在異質變異，再以 White 方法調整迴歸係數之標準誤與對應值，即採用廣義最小平方法 (GLS) 來解決異質變異問題。

若 Stata 使用 reg 指令來分析 panel-data，即 Hsiao(1986, 2003) 所說之合併估計法 (pooled estimation methodology)，它有下列二項優點：首先若混合資料 OLS 估計法採用固定效果模型時，由於加入了代表橫斷面各個個體間差異的虛擬變數，所以能夠避免因爲某些重要變數被遺漏所導致模型假設及估計時的錯誤。另外此法可以處理更多的有效資料，並會降低變數間的共線性，因此而增進估計的效率。因爲這個方法不但可合併時間序列和橫斷面資料的優點，同時可幫忙控制各個動態變化的元素，並且可達到參數標準誤穩健性，即 White(1980) 所建議的異質一致性共變數程序的理由。

範例：縱貫面 (longitudinal data) 誤差異質性 (heteroskedasticity)：有效市場假設 (heteroskedasticity and the efficient markets hypothesis)

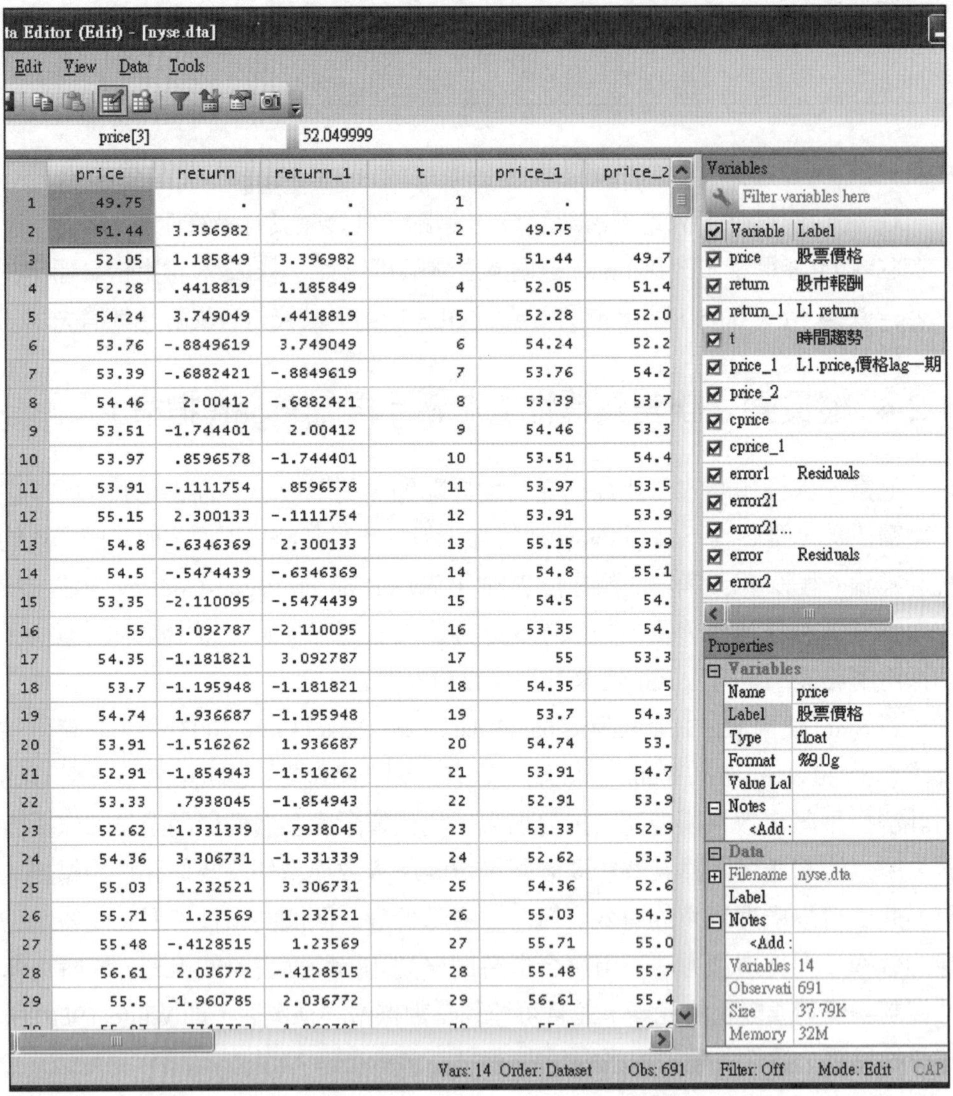

ta Editor (Edit) - [nyse.dta]

Edit View Data Tools

price[3] 52.049999

	price	return	return_1	t	price_1	price_2
1	49.75	.	.	1	.	
2	51.44	3.396982	.	2	49.75	
3	52.05	1.185849	3.396982	3	51.44	49.7
4	52.28	.4418819	1.185849	4	52.05	51.4
5	54.24	3.749049	.4418819	5	52.28	52.0
6	53.76	-.8849619	3.749049	6	54.24	52.2
7	53.39	-.6882421	-.8849619	7	53.76	54.2
8	54.46	2.00412	-.6882421	8	53.39	53.7
9	53.51	-1.744401	2.00412	9	54.46	53.3
10	53.97	.8596578	-1.744401	10	53.51	54.4
11	53.91	-.1111754	.8596578	11	53.97	53.5
12	55.15	2.300133	-.1111754	12	53.91	53.9
13	54.8	-.6346369	2.300133	13	55.15	53.9
14	54.5	-.5474439	-.6346369	14	54.8	55.1
15	53.35	-2.110095	-.5474439	15	54.5	54.
16	55	3.092787	-2.110095	16	53.35	54.
17	54.35	-1.181821	3.092787	17	55	53.3
18	53.7	-1.195948	-1.181821	18	54.35	5
19	54.74	1.936687	-1.195948	19	53.7	54.3
20	53.91	-1.516262	1.936687	20	54.74	53.
21	52.91	-1.854943	-1.516262	21	53.91	54.7
22	53.33	.7938045	-1.854943	22	52.91	53.9
23	52.62	-1.331339	.7938045	23	53.33	52.9
24	54.36	3.306731	-1.331339	24	52.62	53.3
25	55.03	1.232521	3.306731	25	54.36	52.6
26	55.71	1.23569	1.232521	26	55.03	54.3
27	55.48	-.4128515	1.23569	27	55.71	55.0
28	56.61	2.036772	-.4128515	28	55.48	55.7
29	55.5	-1.960785	2.036772	29	56.61	55.4

Variables

Filter variables here

Variable	Label
price	股票價格
return	股市報酬
return_1	L1.return
t	時間趨勢
price_1	L1.price,價格lag一期
price_2	
cprice	
cprice_1	
error1	Residuals
error21	
error21...	
error	Residuals
error2	

Properties

Variables	
Name	price
Label	股票價格
Type	float
Format	%9.0g
Value Lal	
Notes	
<Add :	
Data	
Filename	nyse.dta
Label	
Notes	
<Add :	
Variables	14
Observati	691
Size	37.79K
Memory	32M

Vars: 14 Order: Dataset Obs: 691 Filter: Off Mode: Edit CAP

圖 4-13「nyse.dta」資料檔之內容 (個體 i = 230，時間 t = 3)

以後一期股票報酬 (return_1)，來預測前一期報酬 (return)。

Step 1. 偵測殘差異質性

```
. use http://fmwww.bc.edu/ec-p/data/wooldridge/nyse

. reg return return_1

      Source |       SS       df       MS              Number of obs =     689
-------------+------------------------------           F(  1,   687) =    2.40
       Model |  10.6866237     1  10.6866237           Prob > F      =  0.1218
    Residual |  3059.73813   687   4.4537673           R-squared     =  0.0035
-------------+------------------------------           Adj R-squared =  0.0020
       Total |  3070.42476   688  4.46282668           Root MSE      =  2.1104

------------------------------------------------------------------------------
      return |      Coef.   Std. Err.      t    P>|t|     [95% Conf. Interval]
-------------+----------------------------------------------------------------
    return_1 |   .0588984   .0380231     1.55   0.122    -.0157569    .1335538
       _cons |    .179634   .0807419     2.22   0.026     .0211034    .3381646
------------------------------------------------------------------------------

. predict error, residual
*殘差的平方，存到 error2 新變數
. gen error2=error^2

*先安裝 bpagan 外掛指令
. ssc install bpagan
*算出「Breusch-Pagan LM statistic after regress」
. bpagan return_1

Breusch-Pagan LM statistic:  795.3887  Chi-sq(1)  P-value =  5.e-175

*求殘差的平方 error2，它與自變數 return_1(報酬的一階差分)的相關
. reg error2 return_1

      Source |       SS       df       MS              Number of obs =     689
-------------+------------------------------           F(  1,   687) =   30.05
       Model |  3755.56757     1  3755.56757           Prob > F      =  0.0000
    Residual |  85846.3162   687  124.958248           R-squared     =  0.0419
-------------+------------------------------           Adj R-squared =  0.0405
       Total |  89601.8838   688  130.235296           Root MSE      =  11.178
```

```
------------------------------------------------------------------------------
      error2 |      Coef.   Std. Err.      t    P>|t|     [95% Conf. Interval]
-------------+----------------------------------------------------------------
    return_1 |  -1.104132   .2014029    -5.48   0.000    -1.499572   -.7086932
       _cons |   4.656501   .4276789    10.89   0.000     3.816786    5.496216
------------------------------------------------------------------------------
```

1. bpagan 指令旨在執行「Breusch-Pagan (1979) Lagrange multiplier test for heteroskedasticity in the error distribution」。Lagrange 乘數檢定結果為 $\chi^2_{(1)} = 795.39$，$p < 0.05$，故拒絕「null hypothesis of homoskedasticity」，表示本模型之殘差是異質性。故你可改用「reg…, vce(robust)」、newey 迴歸、prais 迴歸、ivreg2 兩階段迴歸，來克服殘差異質性。
2.「reg error2 return_1」求殘差的平方 error2，它與自變數 return_1(報酬的一階差分) 的相關值為 −1.104，p < 0.05，表示每期報酬 (return) 的成長率 (return_1) 之殘差具有異質性。

Step 2. 改用「reg …, vce(robust)」來解決殘差異質性

```
. use http://fmwww.bc.edu/ec-p/data/wooldridge/nyse

*OLS 加「vce(robust)」，則變成穩健 (Robust) 迴歸
. reg return return_1, vce(robust)

Linear regression                                      Number of obs =     689
                                                       F(  1,   687) =    0.72
                                                       Prob > F      =  0.3950
                                                       R-squared     =  0.0035
                                                       Root MSE      =  2.1104

------------------------------------------------------------------------------
             |               Robust
      return |      Coef.   Std. Err.      t    P>|t|     [95% Conf. Interval]
-------------+----------------------------------------------------------------
    return_1 |   .0588984   .0692053     0.85   0.395    -.0769809    .1947777
       _cons |    .179634   .0852916     2.11   0.036     .0121705    .3470975
------------------------------------------------------------------------------
```

OLS 加「**vce(robust)**」之後，得到的係數爲「Robust Std. Err.」。

4-2-5 縱貫面 (longitudinal data) 誤差 ARCH(先 reg 再 bpagan 指令)

範例：縱貫面 (longitudinal data) 誤差 ARCH：股市報酬率 ARCH (ARCH in stock returns)

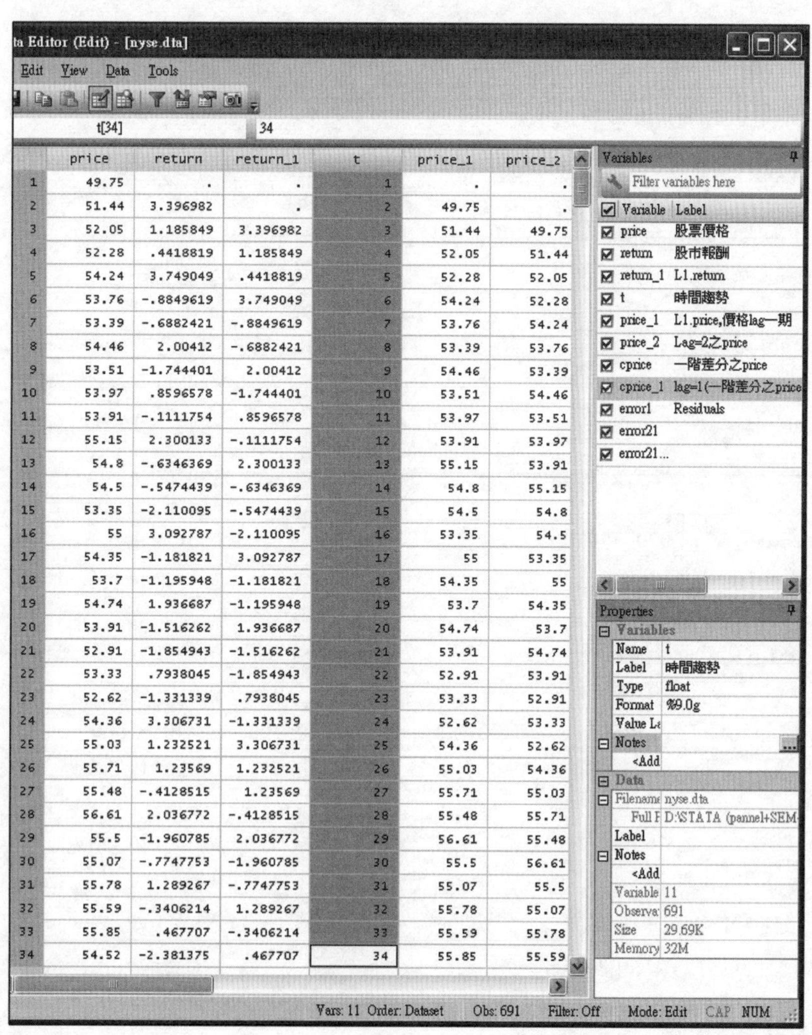

圖 4-14「nyse.dta」資料檔之內容 (時間 t = 691)

以後一期 (lag = 1) 股票報酬 (return_1) 來預測前一期報酬 (return)，其中，return_1 係由下列指令所新建變數：

```
. gen return_1 = L1.return
```

Step 1. 偵測殘差 ARCH 有三個方法

```
. use nyse, clear
*或 use http://fmwww.bc.edu/ec-p/data/wooldridge/nyse
. tsset t
        time variable:  t, 1 to 691
                delta:  1 unit

*以後一期股票報酬 (return_1) 來預測前一期報酬 (return)
. reg return return_1

      Source |       SS       df       MS              Number of obs =     689
-------------+------------------------------           F(  1,   687) =    2.40
       Model |  10.6866237     1  10.6866237           Prob > F      =  0.1218
    Residual |  3059.73813   687   4.4537673           R-squared     =  0.0035
-------------+------------------------------           Adj R-squared =  0.0020
       Total |  3070.42476   688  4.46282668           Root MSE      =  2.1104

------------------------------------------------------------------------------
      return |      Coef.   Std. Err.      t    P>|t|     [95% Conf. Interval]
-------------+----------------------------------------------------------------
    return_1 |   .0588984   .0380231     1.55   0.122    -.0157569    .1335538
       _cons |    .179634   .0807419     2.22   0.026     .0211034    .3381646
------------------------------------------------------------------------------

*殘差存到 error 新變數
. predict error, residual

*殘差的平方，存到 error2 新變數
. gen error2=error^2
*殘差平方的落遲一期 (lag=1)，存到 error2_L1 新變數
```

```
. gen error2_L1=error[_n-1]^2
*ARCH 方法一：事後指令 archlm，旨在「test for ARCH effects in the residuals」
. estat archlm
 LM test for autoregressive conditional heteroskedasticity(ARCH)
---------------------------------------------------------------------------
    lags(p)  |          chi2               df                 Prob > chi2
-------------+-------------------------------------------------------------
       1     |         78.161               1                   0.0000
---------------------------------------------------------------------------
           H0: no ARCH effects        vs.    H1: ARCH(p) disturbance

*ARCH 方法二：輔以 OLS 求 ARCH(1) 效果是否顯著，先求殘差平方 (error2) 與其 lag=1
 期的相關
. reg error2 error2_L1

      Source |       SS       df       MS              Number of obs =     688
-------------+------------------------------           F(  1,   686) =   87.92
       Model |  10177.7088     1  10177.7088           Prob > F      =  0.0000
    Residual |  79409.7826   686  115.757701           R-squared     =  0.1136
-------------+------------------------------           Adj R-squared =  0.1123
       Total |  89587.4914   687  130.403918           Root MSE      =  10.759

------------------------------------------------------------------------------
      error2 |      Coef.   Std. Err.      t    P>|t|     [95% Conf. Interval]
-------------+----------------------------------------------------------------
   error2_L1 |   .3370622   .0359468     9.38   0.000     .2664833    .4076411
       _cons |   2.947434   .4402343     6.70   0.000     2.083065    3.811802
------------------------------------------------------------------------------

*ARCH 方法三：輔以 OLS 再求殘差 (error) 與其 lag=1 期的相關
. reg error L.error
      Source |       SS       df       MS              Number of obs =     688
-------------+------------------------------           F(  1,   686) =    0.00
       Model |  .006037908     1  .006037908           Prob > F      =  0.9707
    Residual |   3059.0813   686  4.45930219           R-squared     =  0.0000
-------------+------------------------------           Adj R-squared = -0.0015
       Total |  3059.08734   687     4.45282           Root MSE      =  2.1117
------------------------------------------------------------------------------
```

```
       error |      Coef.   Std. Err.      t    P>|t|     [95% Conf. Interval]
-------------+----------------------------------------------------------------
       error |
         L1. |   .0014048   .0381773     0.04   0.971    -.0735537    .0763633
             |
       _cons |  -.0011708    .080508    -0.01   0.988    -.1592425     .156901
------------------------------------------------------------------------------
```

1. **bpagan** 指令旨在執行「Breusch-Pagan (1979) Lagrange multiplier test for heteroskedasticity in the error distribution」。Lagrange 乘數檢定結果爲 $\chi^2_{(1)}$ = 795.39，$p < 0.05$，故拒絕「null hypothesis of homoskedasticity」，表示本模型之殘差是異質性。故你可改用「reg …, vce(robust)」、newey 迴歸、prais 迴歸、ivreg2 兩階段迴歸，來克服殘差異質性。
2. 「reg error2 return_1」求殘差的平方 error2，它與自變數 return_1(報酬的一階差分) 的相關値爲 −1.104，$p < 0.05$，表示每期報酬 (return) 的成長率 (return_1) 之殘差具有異質性。
3. 事後指令 **archlm**，可檢定殘差中 ARCH 效果，結果顯示，在 lag = 1，$\chi^2_{(1)}$ = 78.16，$p < 0.05$，故拒絕「H_0：no ARCH effects」，表示本模型干擾 (殘差，disturbance) 有 ARCH(1) 效果。
4. 此外，輔以 OLS 求 ARCH(1) 效果是否顯著，「**reg** error2 error2_L1」結果顯示殘差「σ^2_t 與 σ^2_{t-1}」相關係數爲 0.337($t = 9.38$，$p < 0.05$)，表示「**reg** return return_1」之殘差具有 ARCH(1) 效果。但是殘差「σ_t 與 σ_{t-1}」則無相關 (t = 0.04，p > 0.05)。
5. 總之，不論直接用 **archlm 或 reg** 指令，都證實：後一期股票報酬 (return_1) 來預測前一期報酬 (return) 之迴歸式，其殘差具有 ARCH(1) 效果。

Step 2. 改用「reg …, vce(robust)」來解決殘差異質性

```
. use http://fmwww.bc.edu/ec-p/data/wooldridge/nyse

*OLS 加「vce(robust)」，則變成穩健 (Robust) 迴歸
. reg return return_1, vce(robust)

Linear regression                               Number of obs =        689
                                                F(  1,    687) =      0.72
```

```
                                                  Prob > F      =   0.3950
                                                  R-squared     =   0.0035
                                                  Root MSE      =   2.1104

------------------------------------------------------------------------------
             |               Robust
      return |      Coef.   Std. Err.      t    P>|t|     [95% Conf. Interval]
-------------+----------------------------------------------------------------
    return_1 |   .0588984   .0692053     0.85   0.395    -.0769809    .1947777
       _cons |    .179634   .0852916     2.11   0.036     .0121705    .3470975
------------------------------------------------------------------------------
```

1. OLS 加「**vce(robust)**」之後，得到的係數爲「穩健標準差 (Robust Std. Err.)」。
2. 時間序列之穩健線性迴歸式爲：$return_t = 0.17 + 0.0589 \times return_{t-1} + \varepsilon_t$

4-3 Panel-Data 誤差變異 $\sigma^2_{\varepsilon_{it}}$ 的相依性及異質性

4-3-1 Panel-Data 相依性 / 同時期相關檢定 (先 xtgls 再 xttest2 指令)

範例：Panel-data 橫斷面相依性 (dependence)/ 同時期相關 (contemporaneous correlation) 檢定 (先 xtgls 再 xttest2 指令)

你可在 Stata 的 command 區下「ssc install xttest2」指令，來外掛 xttest2 指令。xttest2 係執行「Breusch-Pagan LM 之獨立性 (**independence**) 檢定」，它可偵測 panel 固定效果之橫斷面相關 (cross-sectional correlation in fixed effects model)。

根據 Baltagi 說法，橫斷面之誤差相依性 (cross-sectional dependence) 只會發生在「macro panels with long time series(over 20-30 years)」；但在 micro panels(few years & large number of cases)，就不會發生此問題。

Panel-data 在固定效果模型中，xttest2 指令可算出橫斷面的殘差獨立性之 Breusch-Pagan 統計值 (Greene, 2000)。xttest2 檢定之統計值，係符合 $\chi^2_{(d)}$ 分配，其中 d = N_g×(N_g−1)/2，而虛無假設爲「H_0：cross-sectional independence」。

「xtreg…, fe」係假定迴歸的殘差是獨立的。從混合資料 OLS (pooled) 時間序列 (或 panel-data) 獨立性誤差所產生的離差 (deviation)，宛如跨橫斷面單位的

同時期相關 (contemporaneous correlation)，為克服此問題，Zellner's 提出似不相關迴歸 (seemingly unrelated regression, SUR) 估計法 (sureg 指令)。

一、資料檔

例如：美國五家上市公司之股市行情，以市價(f)及股價(c)來預測公司總投資(i)。

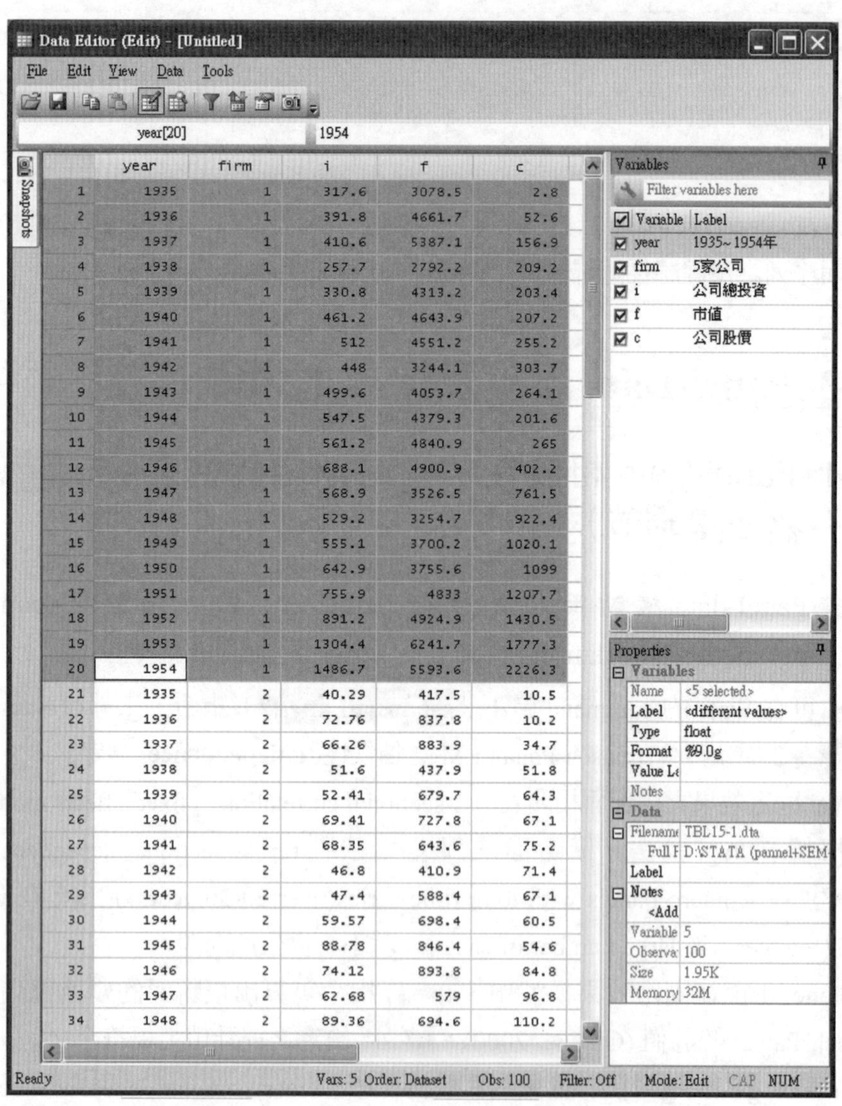

	year	firm	i	f	c
1	1935	1	317.6	3078.5	2.8
2	1936	1	391.8	4661.7	52.6
3	1937	1	410.6	5387.1	156.9
4	1938	1	257.7	2792.2	209.2
5	1939	1	330.8	4313.2	203.4
6	1940	1	461.2	4643.9	207.2
7	1941	1	512	4551.2	255.2
8	1942	1	448	3244.1	303.7
9	1943	1	499.6	4053.7	264.1
10	1944	1	547.5	4379.3	201.6
11	1945	1	561.2	4840.9	265
12	1946	1	688.1	4900.9	402.2
13	1947	1	568.9	3526.5	761.5
14	1948	1	529.2	3254.7	922.4
15	1949	1	555.1	3700.2	1020.1
16	1950	1	642.9	3755.6	1099
17	1951	1	755.9	4833	1207.7
18	1952	1	891.2	4924.9	1430.5
19	1953	1	1304.4	6241.7	1777.3
20	1954	1	1486.7	5593.6	2226.3
21	1935	2	40.29	417.5	10.5
22	1936	2	72.76	837.8	10.2
23	1937	2	66.26	883.9	34.7
24	1938	2	51.6	437.9	51.8
25	1939	2	52.41	679.7	64.3
26	1940	2	69.41	727.8	67.1
27	1941	2	68.35	643.6	75.2
28	1942	2	46.8	410.9	71.4
29	1943	2	47.4	588.4	67.1
30	1944	2	59.57	698.4	60.5
31	1945	2	88.78	846.4	54.6
32	1946	2	74.12	893.8	84.8
33	1947	2	62.68	579	96.8
34	1948	2	89.36	694.6	110.2

圖 4-15「TBL15-1.dta」資料檔內容 (同 invest2.dta)(5 家公司，共 N=100 觀察值)

觀察變數特徵

```
*開啟網上 TBL15-1.dta 資料檔
. use http://fmwww.bc.edu/ec-p/data/greene2000/TBL15-1.dta,clear
*或 use invest2.dta, clear

. describe

Contains data from D:\TBL15-1.dta
  obs:           100
 vars:             5                      14 Nov 2014 00:13
 size:         2,000
---------------------------------------------------------------------------
              storage  display     value
variable name   type   format      label      variable label
---------------------------------------------------------------------------
year            float  %9.0g                * 1935-1954 年
firm            float  %9.0g                * 五家公司
i               float  %9.0g                  公司總投資
f               float  %9.0g                  市值
c               float  %9.0g                  公司股價
                                            * indicated variables have notes
---------------------------------------------------------------------------
```

二、統計分析

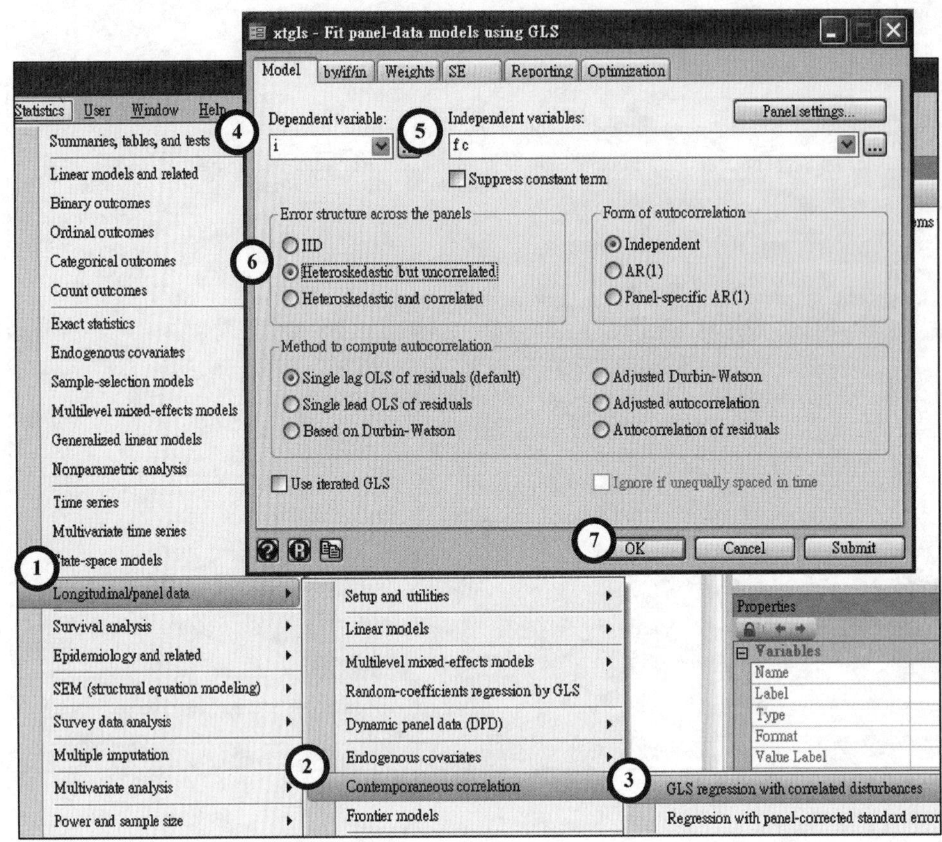

圖 4-16 「xtgls i f c, p(h)」畫面

```
*開啟網上 TBL15-1.dta 資料檔
. use http://fmwww.bc.edu/ec-p/data/greene2000/TBL15-1.dta,clear
*設定個體為 firm；時段為 year
. tsset firm year

*模型一：採固定效果 (FE) 之 panel 迴歸，f 及 c 為解釋變數
. xtreg i f c,fe
```

```
Fixed-effects(within)regression              Number of obs      =       100
Group variable: firm                         Number of groups   =         5

R-sq:  within  = 0.8003                      Obs per group: min =        20
       between = 0.7699                                     avg =      20.0
       overall = 0.7782                                     max =        20

                                             F(2,93)            =    186.40
corr(u_i, Xb) = -0.1359                      Prob > F           =    0.0000

------------------------------------------------------------------------------
           i |      Coef.   Std. Err.      t    P>|t|     [95% Conf. Interval]
-------------+----------------------------------------------------------------
           f |   .1059799    .015891     6.67   0.000     .0744236    .1375363
           c |   .3466596   .0241612    14.35   0.000     .2986803    .3946388
       _cons |  -62.59438   29.44191    -2.13   0.036    -121.0602   -4.128577
-------------+----------------------------------------------------------------
     sigma_u |  120.02194
     sigma_e |  69.117977
         rho |  .75095637   (fraction of variance due to u_i)
------------------------------------------------------------------------------
F test that all u_i=0:     F(4, 93)=    58.96              Prob > F = 0.0000

*先外掛 xttest2 指令
. ssc install xttest2

*執行「Breusch-Pagan LM test for cross-sectional correlation in fixed effects
 model」
. xttest2
Correlation matrix of residuals:

         __e1     __e2     __e3     __e4     __e5
__e1   1.0000
__e2  -0.3042   1.0000
__e3  -0.0815   0.3979   1.0000
__e4  -0.2785   0.4419   0.9029   1.0000
__e5  -0.1784   0.1068  -0.1340  -0.0965   1.0000

Breusch-Pagan LM test of independence: chi2(10) =    28.322, Pr = 0.0016
```

```
Based on 20 complete observations over panel units

*模型二：採 FGLS regression，並令 Panel 有 heteroskedastic
. xtgls i f c, p(h)
. xttest2
Cross-sectional time-series FGLS regression

Coefficients:  generalized least squares
Panels:        heteroskedastic
Correlation:   no autocorrelation

Estimated covariances      =         5          Number of obs      =       100
Estimated autocorrelations =         0          Number of groups   =         5
Estimated coefficients     =         3          Time periods       =        20
                                                Wald chi2(2)       =    865.38
                                                Prob > chi2        =    0.0000

------------------------------------------------------------------------------
           i |      Coef.   Std. Err.      z    P>|z|     [95% Conf. Interval]
-------------+----------------------------------------------------------------
           f |   .0949905    .007409    12.82   0.000     .0804692    .1095118
           c |   .3378129   .0302254    11.18   0.000     .2785722    .3970535
       _cons |   -36.2537   6.124363    -5.92   0.000    -48.25723   -24.25017
------------------------------------------------------------------------------

. xttest2

Correlation matrix of residuals:

         __e1      __e2      __e3      __e4      __e5
__e1   1.0000
__e2  -0.3439    1.0000
__e3  -0.1818    0.2828    1.0000
__e4  -0.3516    0.3435    0.8995    1.0000
__e5  -0.1208    0.1674   -0.1508   -0.0854    1.0000

Breusch-Pagan LM test of independence: chi2(10) =    27.094, Pr = 0.0025
Based on 20 complete observations over panel units
```

```
*模型三：採兩階段迴歸
. ivreg2 i(f c = L.i year)
Instrumental variables(2SLS)regression
----------------------------------------

                                                  Number of obs  =      95
                                                  F(  2,     92) =  144.70
                                                  Prob > F       =  0.0000
Total(centered)SS      =  6947164.896             Centered R2    =  0.7068
Total(uncentered)SS    =  13153582.78             Uncentered R2  =  0.8452
Residual SS            =  2036805.398             Root MSE       =     146

------------------------------------------------------------------------------
           i |      Coef.   Std. Err.      z    P>|z|     [95% Conf. Interval]
-------------+----------------------------------------------------------------
           f |   .1497582   .0206322     7.26   0.000     .1093198    .1901966
           c |   .3405897   .0760743     4.48   0.000     .1914867    .4896926
       _cons |  -148.5395   30.56667    -4.86   0.000    -208.4491   -88.62997
------------------------------------------------------------------------------
Sargan statistic(overidentification test of all instruments):            0.000
                                                 (equation exactly identified)
------------------------------------------------------------------------------
Instrumented:  f c
Instruments:   L.i year
------------------------------------------------------------------------------
. xttest2

Correlation matrix of residuals:

         __e1     __e2     __e3     __e4     __e5
__e1   1.0000
__e2  -0.0522   1.0000
__e3   0.0578   0.4264   1.0000
__e4  -0.2715   0.4193   0.8575   1.0000
__e5  -0.1846   0.0428  -0.0243  -0.1180   1.0000

Breusch-Pagan LM test of independence: chi2(10) =    23.239, Pr = 0.0099
Based on 19 complete observations over panel units
```

1. 模型一 採固定效果 panel 迴歸：「xtreg i f c,fe」之後，xttest2 指令求得「Breusch-Pagan LM test of independence」結果，$\chi^2_{(10)} = 28.32$ ($p < 0.05$)，故拒絕「H_0：no cross-sectional dependence」，表示本迴歸的殘差不是獨立的。
2. 模型二 採 FGLS regression 時，係令 Panel 誤差項有異質性 (heteroskedastic) 之後，xttest2 指令求得「Breusch-Pagan LM test of independence」結果，$\chi^2_{(10)} = 27.094$ ($p < 0.05$)，故拒絕「H_0：no cross-sectional dependence」，表示本迴歸雖然有考量殘差異質性，但是殘差仍不是獨立的。
3. 模型三 採工具變數 (兩階段) 迴歸之後，xttest2 指令求得「Breusch-Pagan LM test of independence」結果，$\chi^2_{(10)} = 23.24$ ($p < 0.05$)，故拒絕「H_0：no cross-sectional dependence」，即拒絕「H_0：residuals across entities are not correlated」，表示兩階段迴歸的殘差仍不是獨立的。

4-3-2a 偵測 Panel-Data 之 $\sigma^2_{\varepsilon_{it}}$ 異質性 (方法一：先 xtgls 再 lrtest 指令)

由於追蹤資料 (panel-data) 合併時間序列與橫斷面的資料型態，因此，模型的殘差容易有異質變異 (heteroskedasticity) 及自我相關 (autocorrelation) 的問題。相關之探討說明如下：

一、異質變異 (heteroskedasticity) 問題

一般模型假設係殘差的變異數相同 (亦即 $E(\varepsilon^2_{it}) = var(\varepsilon^2_{it}) = \sigma^2_{it}$)，但因資料可能存在變異情況 ($\sigma^2_{it} \neq \sigma^2_{is}$)，因此將會造成估計及檢定上的偏誤。

二、異質變異 (heteroskedasticity) 之偵測

Stata 提供可處理 panel-data 之誤差異質變異的指令如下：

Panel 迴歸	說明
xtgls 指令	使用廣義最小平方法 (GLS) 來適配 panel-data 模型
xtpcse 指令	帶 panel-corrected 標準誤之線性迴歸 (Linear regression with panel-corrected standard errors)
avar 外掛指令	perform asymptotic covariance estimation for iid and non-iid data robust to heteroskedasticity, autocorrelation, 1-and 2-way clustering, and common cross-panel autocorrelated disturbances / avar is a routine for estimating S, the asymptotic variance of / (1/N)*Z'e
lmhlmxt 外掛指令	算出 Breusch-Pagan Lagrange Multiplier。Panel 範例見「4-3-3」節
lmhlrxt 外掛指令	偵測 Greene Likelihood Ratio Panel 異質性 (Heteroskedasticity Test)

本章節將依序介紹 xtgls、lmhlmxt 二指令的實作。

範例：異質變異檢測法一：「先採用 xtgls 再搭配 lrtest」指令

例如：美國五家上市公司之股市行情，以市價 (market) 及股價 (stock) 來預測公司總投資 (invest)。

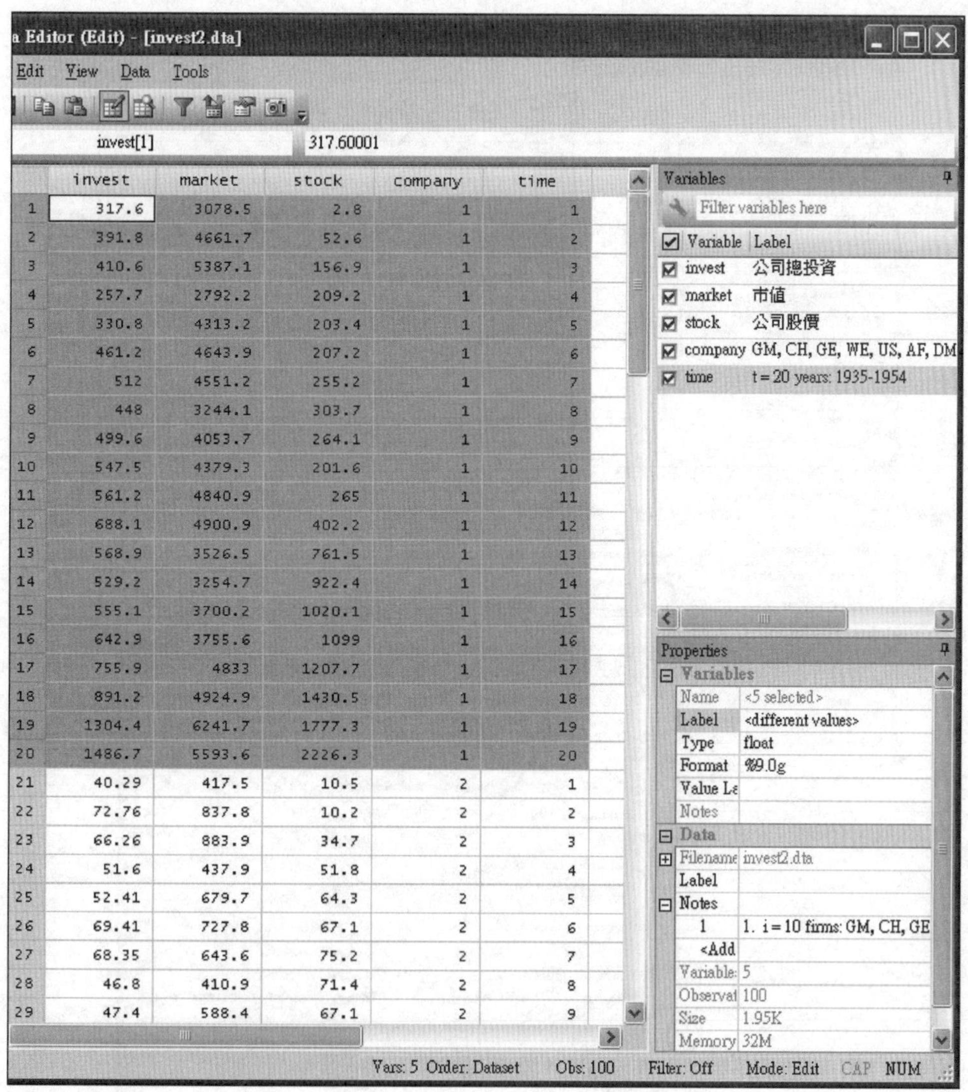

圖 4-17 「invest2.dta」資料檔內容 (同 grunfeld.dta 資料檔)

假設，你先用 xtgls 指令 (fit panel-data models by using GLS) 之最大概似比估計法，它可校正 panel 迴歸的誤差潛在異質變異 (heteroskedasticity)，接著，再用概似比 (LR) 來複驗是否「已克服異質性問題」？此常用方法為 xtgls 指令，其語法如下。

步驟一：先測試 xtgls 是否能有效地處理異質變異？

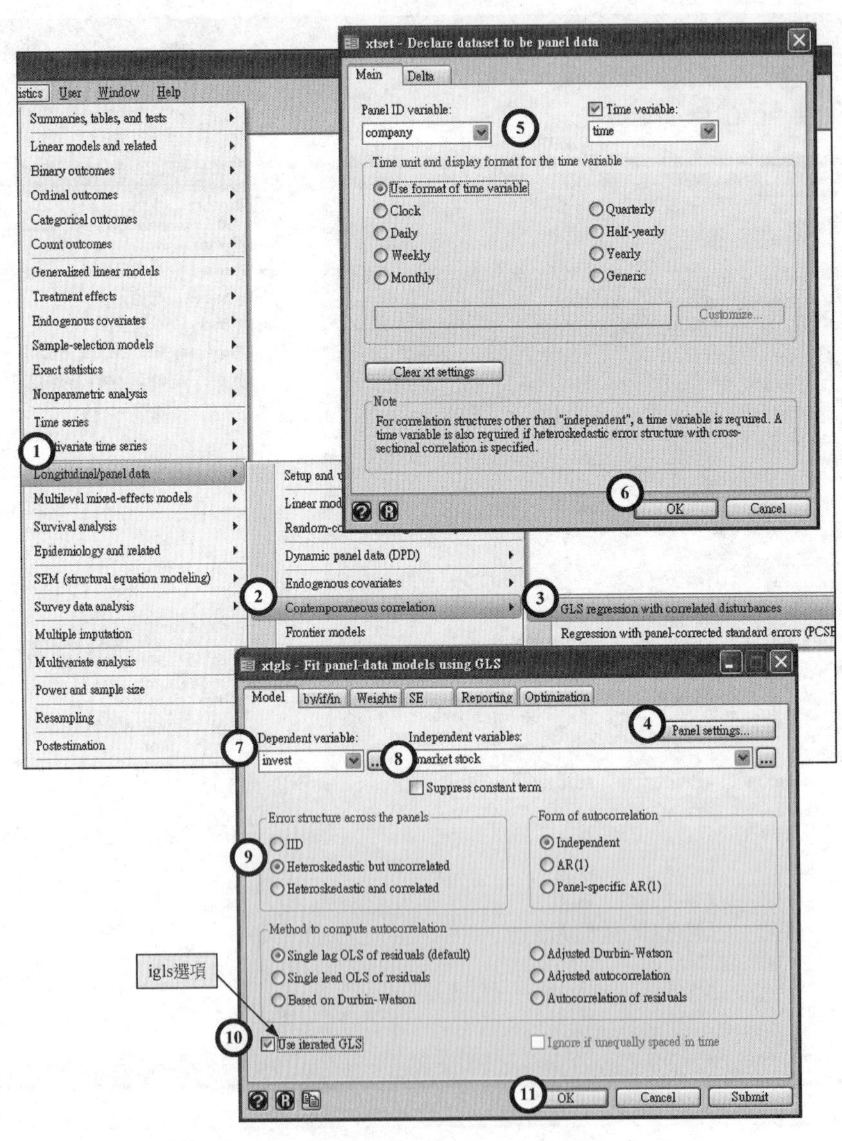

圖 4-18 xtgls 具有「異質變異」之畫面 (含 igls 選項)

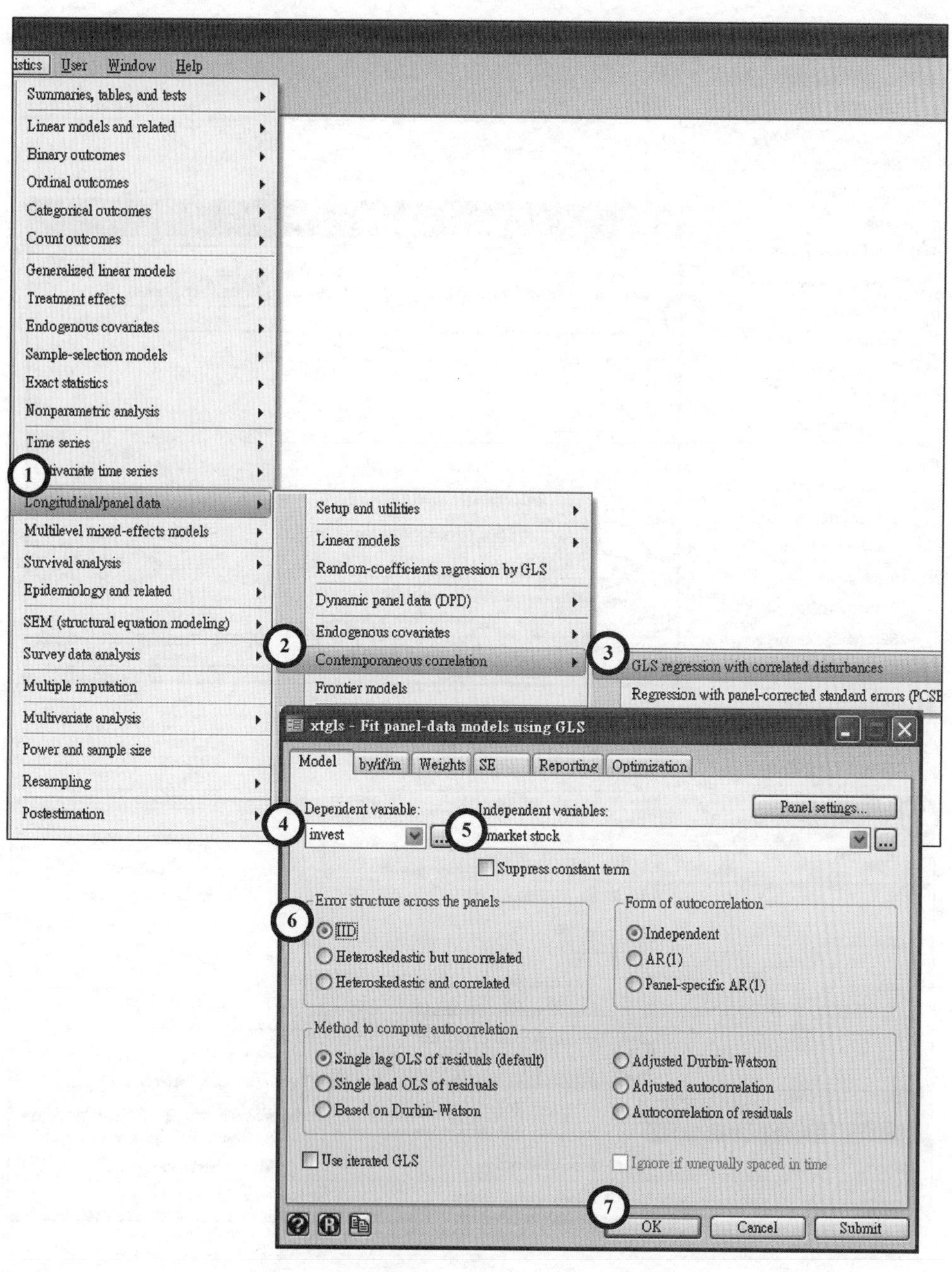

圖 4-19 xtgls 沒有「異質變異」之畫面

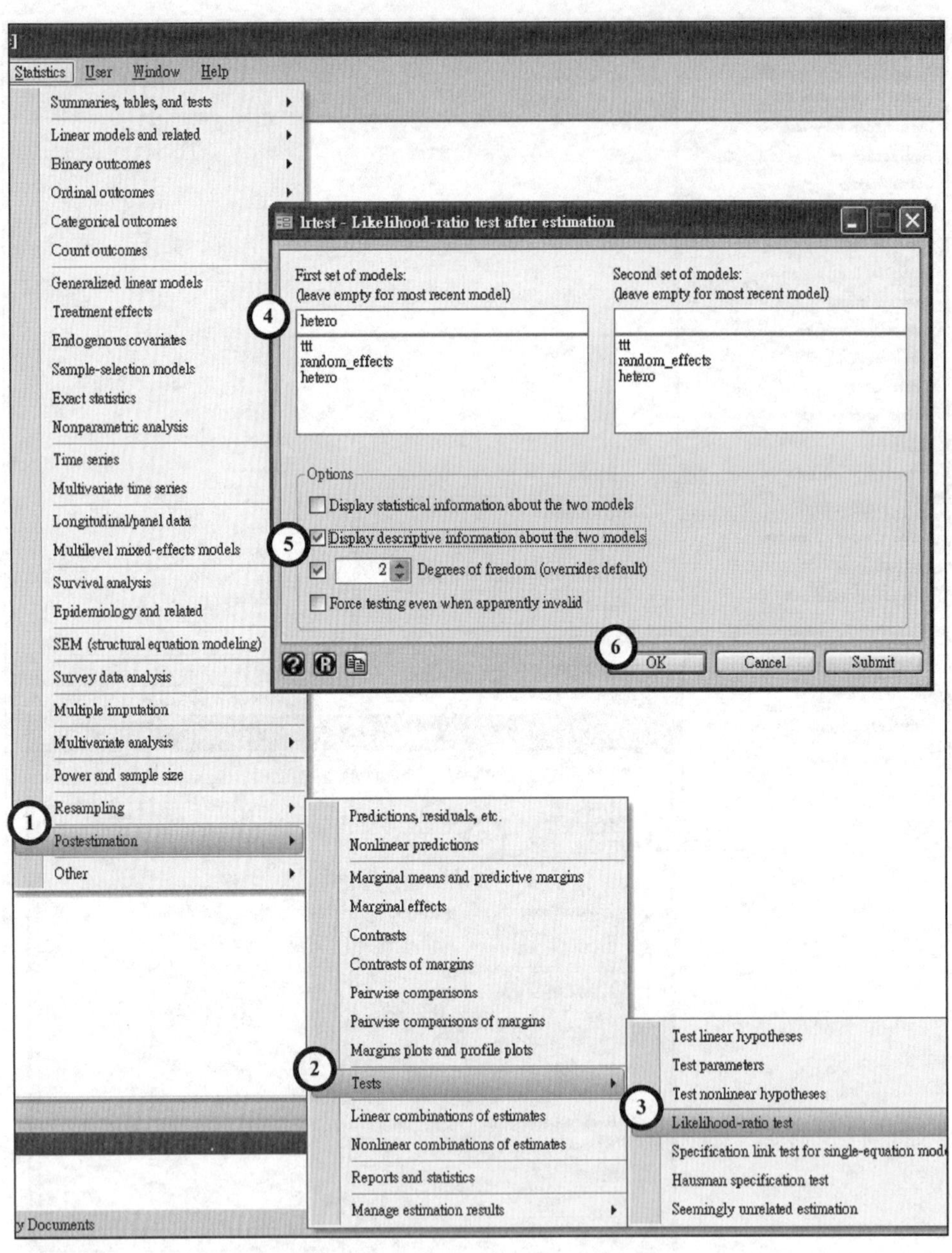

圖 4-20 lrtest「概似比檢定」之畫面

```
* xtgls 執行最大概似比估計法來校正 panel 的潛在 heteroskedasticity
* xtgls 指令，旨在「Fit panel-data models by using GLS」。
*開啟 stata 網路之資料檔 invest2
. webuse invest2
. xtset company time

* Step 1-1. 使用「誤差項具有 heteroskedastic but uncorrelated error struc-
  ture」
. xtgls invest market stock, igls panels(hetero)corr(independent)
*「igls」選項：改用「疊代式 GLS 估計來取代 two-step GLS 估計 for a nonautocor-
  related model 或者取代 three-step GLS estimator for an autocorrelated model」

Iteration 1: tolerance = .1603143
Iteration 2: tolerance = .12740449
(略)
Iteration 15: tolerance = 2.892e-08

Cross-sectional time-series FGLS regression

Coefficients:  generalized least squares
Panels:        heteroskedastic
Correlation:   no autocorrelation

Estimated covariances      =         5          Number of obs      =       100
Estimated autocorrelations =         0          Number of groups   =         5
Estimated coefficients     =         3          Time periods       =        20
                                                Wald chi2(2)       =   1048.82
Log likelihood             = -564.5355          Prob > chi2        =    0.0000

------------------------------------------------------------------------------
      invest |      Coef.   Std. Err.      z    P>|z|     [95% Conf. Interval]
-------------+----------------------------------------------------------------
      market |     .09435   .0062834    15.02   0.000     .0820347    .1066652
       stock |   .3337015    .022039    15.14   0.000     .2905059     .376897
       _cons |  -23.25817   4.815172    -4.83   0.000    -32.69574   -13.82061
------------------------------------------------------------------------------

* Step 1-2. 先儲存此次迴歸之異質變異至「_est_hetero」系統變數：當 LR 的實驗組
. estimates store hetero
```

```
* Step 1-3. 接著，再重新執行「沒有異質變異」之 xtgls，當作 LR 的對照組
. xtgls invest market stock
* 或指令改為 : xtgls invest market stock, panels(iid)corr(independent)

Cross-sectional time-series FGLS regression

Coefficients:  generalized least squares
Panels:        homoskedastic
Correlation:   no autocorrelation

Estimated covariances      =         1          Number of obs      =       100
Estimated autocorrelations =         0          Number of groups   =         5
Estimated coefficients     =         3          Time periods       =        20
                                                Wald chi2(2)       =    352.19
Log likelihood             = -624.9928          Prob > chi2        =    0.0000

------------------------------------------------------------------------------
      invest |      Coef.   Std. Err.      z    P>|z|     [95% Conf. Interval]
-------------+----------------------------------------------------------------
      market |   .1050854   .0112059     9.38   0.000     .0831223    .1270485
       stock |   .3053655   .0428502     7.13   0.000     .2213806    .3893504
       _cons |  -48.02974   21.15551    -2.27   0.023    -89.49377   -6.565701
------------------------------------------------------------------------------

* Step 1-4. 再求得追蹤資料 (panel-data) 迴歸之自由度，並存到 df 變數
. local df = e(N_g) - 1
* di 印出 df 變數所代表自由度
. di df

* Step 1-5. lrtest 指令 (Likelihood-ratio test after estimation) 執行 xtgls 前
  後二次迴歸之概似比
. lrtest hetero . , df('df')

Likelihood-ratio test                                 LR chi2(4)  =    120.91
(Assumption: . nested in hetero)                      Prob > chi2 =    0.0000

------------------------------------------------------------------------------
        name | command      depvar       npar  title
-------------+----------------------------------------------------------------
           . | xtgls        invest          3
      hetero | xtgls        invest          3
------------------------------------------------------------------------------
```

1. 模型一「xtgls…, igls panels(hetero)」：係假定本例 panel 迴歸之誤差，具有異質變異，分析結果得：

$$invest_{it} = -23.26 \times \alpha_i + 0.095 \times market + 0.3338 \times stock + \varepsilon_{it}$$

即　公司總投資 $_{it} = -23.26 \times \alpha_i + 0.095 \times$ 市價 $+ 0.3338 \times$ 公司股價 $+ \varepsilon_{it}$

2. 模型二「xtgls…」：係假定本例 panel 迴歸之誤差沒有異質性，分析結果得：

$$invest_{it} = -48.029 \times \alpha_i + 0.105 \times market + 0.305 \times stock + \varepsilon_{it}$$

3.「hetero vs. no hetero 」二個敵對模型之異質性概似比 (lrtest)，分析結果得：LR $\chi^2_{(4)} = 120.91(p < 0.05)$，達到 0.05 顯著差異水準，故我們可以說，本例誤差納入「異質變異」會比沒納入「異質變異」顯著地優，故本例 panel 應需考量「誤差變異之異質性」。
4. 本例除了考量「異質變異」外，接著下一步驟，亦應一併考量是否有「誤差之自我相關」之疑慮？

4-3-2b 異質性 Panel-Data 二種誤差相關性 (xtgls…, panels(hetero) corr(ar1) 等選項)

承上例之「invest2.dta」panel 資料檔，之前已確定它有誤差異質性，接著再偵測誤差相關性，其指令如下：

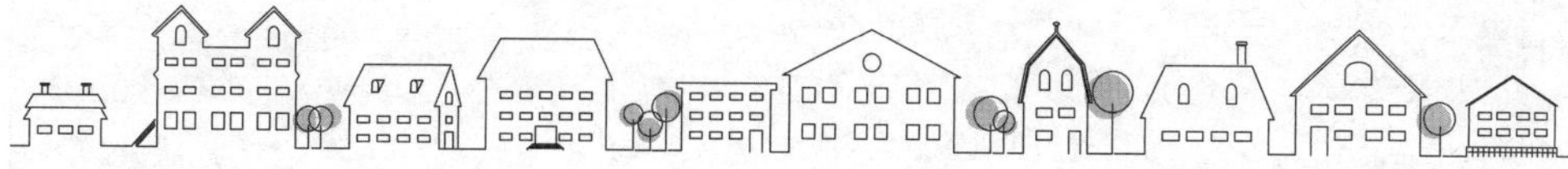

異質性模型一：假定誤差項同時具有「純相關性及異質性 (correlation & heteroskedasticity)」

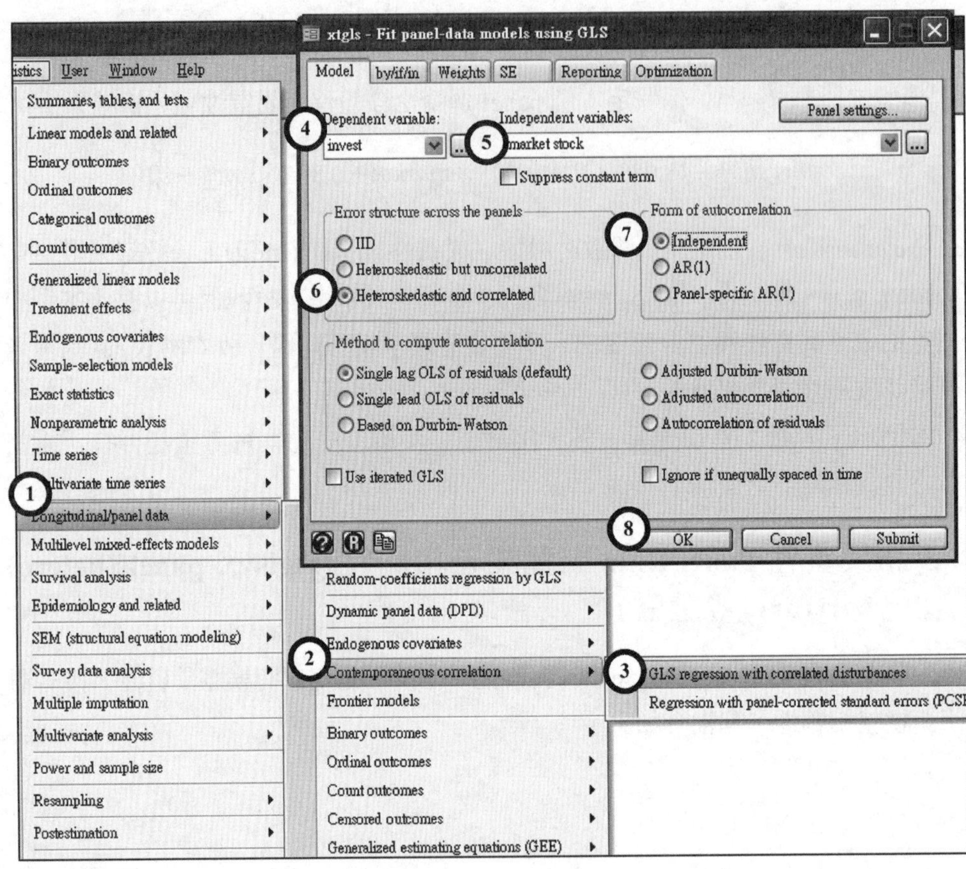

圖 4-21 測試誤差項同時具有「correlation 及 heteroskedasticity」之畫面

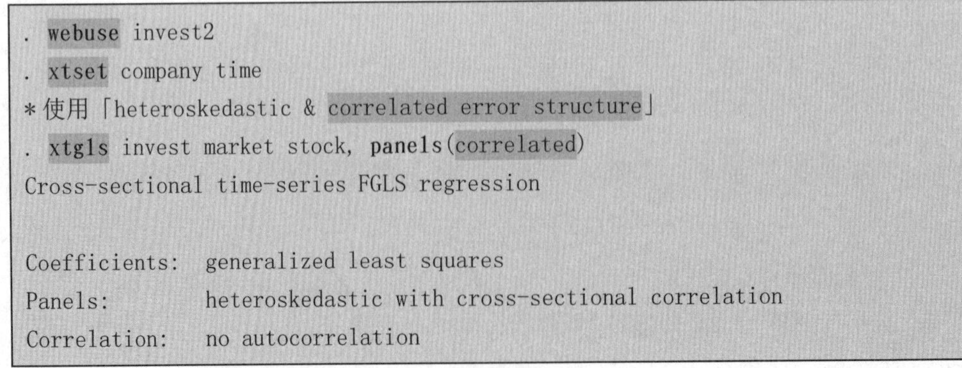

```
. webuse invest2
. xtset company time
*使用「heteroskedastic & correlated error structure」
. xtgls invest market stock, panels(correlated)
Cross-sectional time-series FGLS regression

Coefficients:  generalized least squares
Panels:        heteroskedastic with cross-sectional correlation
Correlation:   no autocorrelation
```

```
Estimated covariances      =        15          Number of obs      =       100
Estimated autocorrelations =         0          Number of groups   =         5
Estimated coefficients     =         3          Time periods       =        20
                                                Wald chi2(2)       =   1285.19
                                                Prob > chi2        =    0.0000

------------------------------------------------------------------------------
      invest |      Coef.   Std. Err.      z    P>|z|     [95% Conf. Interval]
-------------+----------------------------------------------------------------
      market |   .0961894   .0054752    17.57   0.000     .0854583    .1069206
       stock |   .3095321   .0179851    17.21   0.000     .2742819    .3447822
       _cons |  -38.36128   5.344871    -7.18   0.000    -48.83703   -27.88552
------------------------------------------------------------------------------
```

1. 因爲整體模型適配度檢定 Wald $\chi^2_{(2)} = 1285.19 (p < 0.05)$，表示整體 panel 模型達到 0.05 顯著水準，故本模型係可用的。
2. 若假定誤差項只具有「heteroskedasticity」，分析結果得：

$$invest_{it} = -23.26 \times \alpha_i + 0.095 \times market + 0.3338 \times stock + \varepsilon_{it}$$

3. 「xtgls …, panels(correlated)」係假定誤差項同時具有「correlation & heteroskedasticity」，分析結果如下式，它與上式略有差別：

$$invest_{it} = -38.36 \times \alpha_i + 0.096 \times market + 0.3095 \times stock + \varepsilon_{it}$$

異質性模型二：假定誤差項同時具有「heteroskedasticity 及 AR1」

```
. webuse invest2
. xtset company time

*使用「誤差項具有 heteroskedasticity 且有一階自我相關 AR(1)」
. xtgls invest market stock, panels(hetero) corr(ar1)
Cross-sectional time-series FGLS regression

Coefficients:  generalized least squares
Panels:        heteroskedastic
```

```
Correlation:   common AR(1)coefficient for all panels (0.8651)

Estimated covariances      =         5          Number of obs      =       100
Estimated autocorrelations =         1          Number of groups   =         5
Estimated coefficients     =         3          Time periods       =        20
                                                Wald chi2(2)       =    119.69
                                                Prob > chi2        =    0.0000

------------------------------------------------------------------------------
      invest |      Coef.   Std. Err.      z    P>|z|     [95% Conf. Interval]
-------------+----------------------------------------------------------------
      market |   .0744315   .0097937     7.60   0.000     .0552362    .0936268
       stock |   .2874294   .0475391     6.05   0.000     .1942545    .3806043
       _cons |  -18.96238   17.64943    -1.07   0.283    -53.55464    15.62987
```

1. 因爲整體 Wald $\chi^2_{(2)} = 119.69 (p < 0.05)$，表示整體 panel 模型達到 0.05 顯著水準，故本模型係可用的。
2. 若假定誤差項只具有「heteroskedasticity」，分析結果得：

$$invest_{it} = -23.26 \times \alpha_i + 0.095 \times market + 0.3338 \times stock + \varepsilon_{it}$$

3.「xtgls …, panels(correlated)」係假定誤差項同時具有「heteroskedasticity 及一階自我相關」，分析結果如下式，它與僅有「heteroskedasticity」略有差別：

$$invest_{it} = -18.96 \times \alpha_i + 0.074 \times market + 0.2874 \times stock + e_{it}$$

其中

殘差爲 $e_{it} = \rho\mu_{i,\,t-1} + \xi_{it}$，即 $e_{it} = 0.865 \times e_{i,\,t-1} + \xi_{it}$

其中，ρ 爲相隔兩期 e_{it} 的相關係數，ξ_{it} 爲符合白噪音 (white noise) 假設的殘差項。

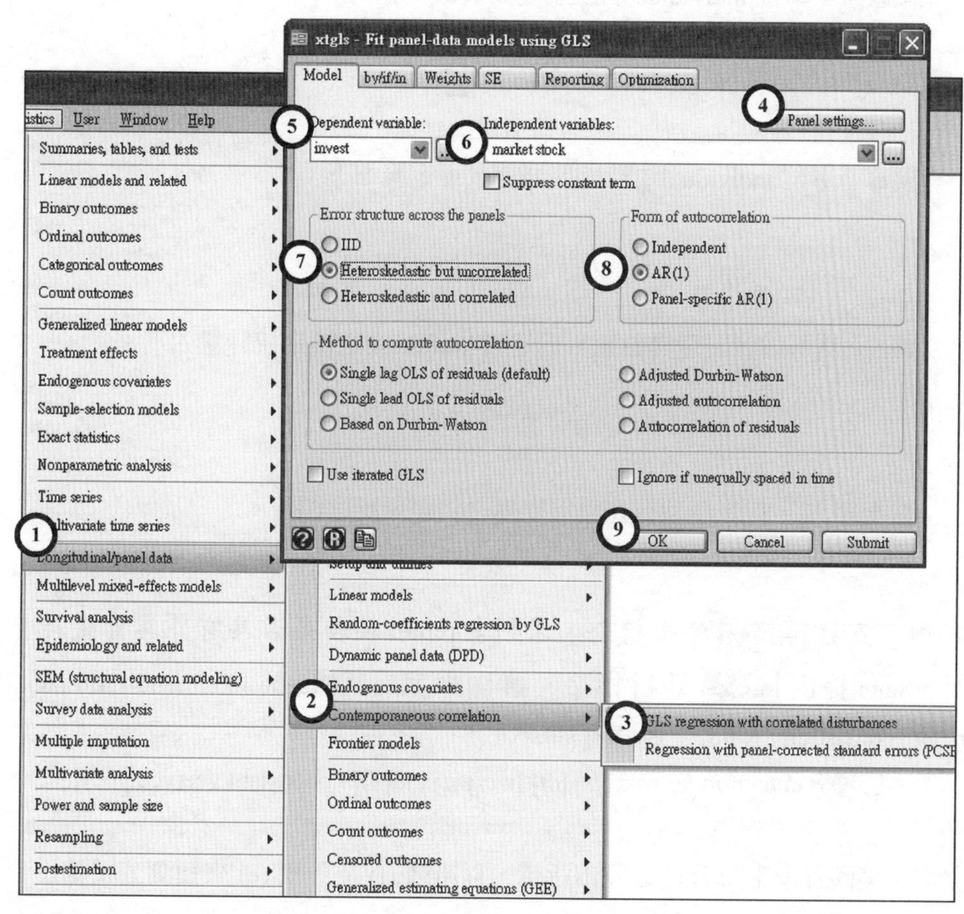

圖 4-22 測試誤差項同時具有「heteroskedasticity 及一階自我相關」之畫面

4-3-2c 偵測 Panel-Data 之 $\sigma^2_{\varepsilon_{it}}$ 異質性 (方法二：直接用 lmhlrxt 指令)

除「4-3-2a 偵測 Panel-Data 之 $\sigma^2_{\varepsilon_{it}}$ 異質性 (方法一：先 xtgls 再 lrtest 指令)」外，誤差之異質變異檢定方法二：直接採 **lmhlrxt** 外掛指令。

根據 Greene(2000)，異質變異檢定可將虛無假設設定爲：

$$\begin{cases} H_0 : \sigma_i^2 = \sigma \\ H_1 : \sigma_i^2 \neq \sigma \end{cases} \qquad i = 1,2,\cdots,N$$

假設每一單位 individual 的誤差變異數如下：

$$\hat{\sigma}_i^2 = T^{-1}\sum_{t=1}^{T_i} e_{it}^2$$

則每一單位 individual T 時間的殘差，可定義如下：

$$V_i = T_i^{-1}(T_i \ -1)^{-1}\sum_{t=1}^{T_i}(e_{it}^2 - \hat{e}_i^2)^2$$

假設$\hat{e}_i^2$為可估計出變異數值，則定義 Wald test 之檢定統計量如下：

$$W = \sum_{i=1}^{N} \frac{(\hat{\sigma}_i^2 - \hat{\sigma}^2)^2}{V_i}$$

當拒絕 H_0，代表模型存在異質變異之問題，反之則否。

範例：直接 lmhlrxt 外掛指令，來判定 panel 誤差是否具有「異質變異」

Stata 提供 lmhlrxt 外掛指令，讓你來執行「Greene likelihood ratio panel heteroskedasticity test」。lmhlrxt 語法如下：

- lmhlrxt *depvar indepvars* [*if*] [*in*] [*weight*] , id(#)[noconstant vce(vcetype)]

例如：美國五家上市公司之股市行情，以市價 (f) 及股價 (c) 來預測公司總投資 (i)。

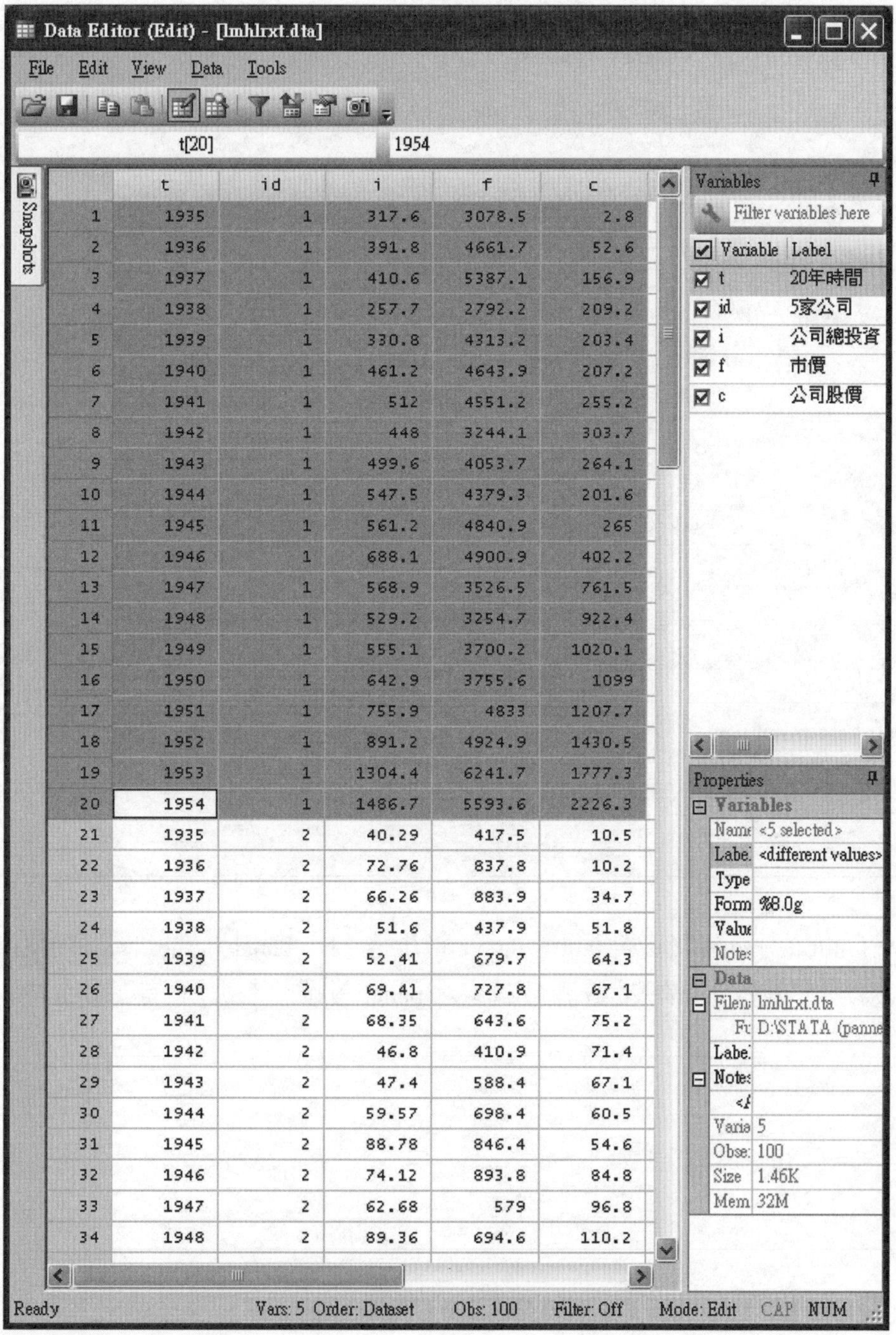

Data Editor (Edit) - [lmhlrxt.dta]

File Edit View Data Tools

t[20] 1954

	t	id	i	f	c
1	1935	1	317.6	3078.5	2.8
2	1936	1	391.8	4661.7	52.6
3	1937	1	410.6	5387.1	156.9
4	1938	1	257.7	2792.2	209.2
5	1939	1	330.8	4313.2	203.4
6	1940	1	461.2	4643.9	207.2
7	1941	1	512	4551.2	255.2
8	1942	1	448	3244.1	303.7
9	1943	1	499.6	4053.7	264.1
10	1944	1	547.5	4379.3	201.6
11	1945	1	561.2	4840.9	265
12	1946	1	688.1	4900.9	402.2
13	1947	1	568.9	3526.5	761.5
14	1948	1	529.2	3254.7	922.4
15	1949	1	555.1	3700.2	1020.1
16	1950	1	642.9	3755.6	1099
17	1951	1	755.9	4833	1207.7
18	1952	1	891.2	4924.9	1430.5
19	1953	1	1304.4	6241.7	1777.3
20	1954	1	1486.7	5593.6	2226.3
21	1935	2	40.29	417.5	10.5
22	1936	2	72.76	837.8	10.2
23	1937	2	66.26	883.9	34.7
24	1938	2	51.6	437.9	51.8
25	1939	2	52.41	679.7	64.3
26	1940	2	69.41	727.8	67.1
27	1941	2	68.35	643.6	75.2
28	1942	2	46.8	410.9	71.4
29	1943	2	47.4	588.4	67.1
30	1944	2	59.57	698.4	60.5
31	1945	2	88.78	846.4	54.6
32	1946	2	74.12	893.8	84.8
33	1947	2	62.68	579	96.8
34	1948	2	89.36	694.6	110.2

Variables

Filter variables here

Variable	Label
t	20年時間
id	5家公司
i	公司總投資
f	市價
c	公司股價

Properties

Variables
- Name <5 selected>
- Label <different values>
- Type
- Format %8.0g
- Value
- Notes

Data
- Filename lmhlrxt.dta
- Full D:\STATA (panne
- Label
- Notes
- Variables 5
- Observations 100
- Size 1.46K
- Memory 32M

Ready Vars: 5 Order: Dataset Obs: 100 Filter: Off Mode: Edit CAP NUM

圖 4-23「lmhlrxt.dta」資料檔之內容 (同 invest2.dta) (個體 i=5 公司，時間 t=20 年)

```
*先安裝外掛指令 lmhlrxt.ado
. ssc install lmhlrxt
*亦可用「. findit lmhlrxt」來安裝

*範例：如何執行 lmhlrxt 指令呢？
. use lmhlrxt.dta
*或 use invest2.dta

. xtset id t
       panel variable:  id(strongly balanced)
        time variable:  t, 1935 to 1954
                delta:  1 unit

*依變數 i，解釋變數為 f 及 c，「Number of Cross Sections in the Model=5 個體」
. lmhlrxt i f c, id(5)
==============================================================
* Greene Likelihood Ratio Panel Heteroskedasticity Test
==============================================================
  H0: Panel Homoskedasticity - Ha: Panel Heteroskedasticity

    Likelihood Ratio LR Test        =  104.41497
    Degrees of Freedom              =        4.0
    P-Value > Chi2(4)               =    0.00000
==============================================================
```

lmhlrxt 分析結果，$p = 0.00 < 0.05$，故拒絕「H_0: Panel Homoskedasticity」，表示以「依變數 *i*、解釋變數爲 *f* 及 *c*」之 panel 迴歸，其誤差具有顯著的異質變異。

4-3-3 FGLS 實作 Panel-Data 之誤差自我相關及誤差異質變異 (xtgls 指令)

範例：美國五家上市公司之股市行情，以市價 (market) 及股價 (stock) 來預測公司總投資

一、資料檔之內容

「invest2.dta」資料檔內容，如圖 4-24。

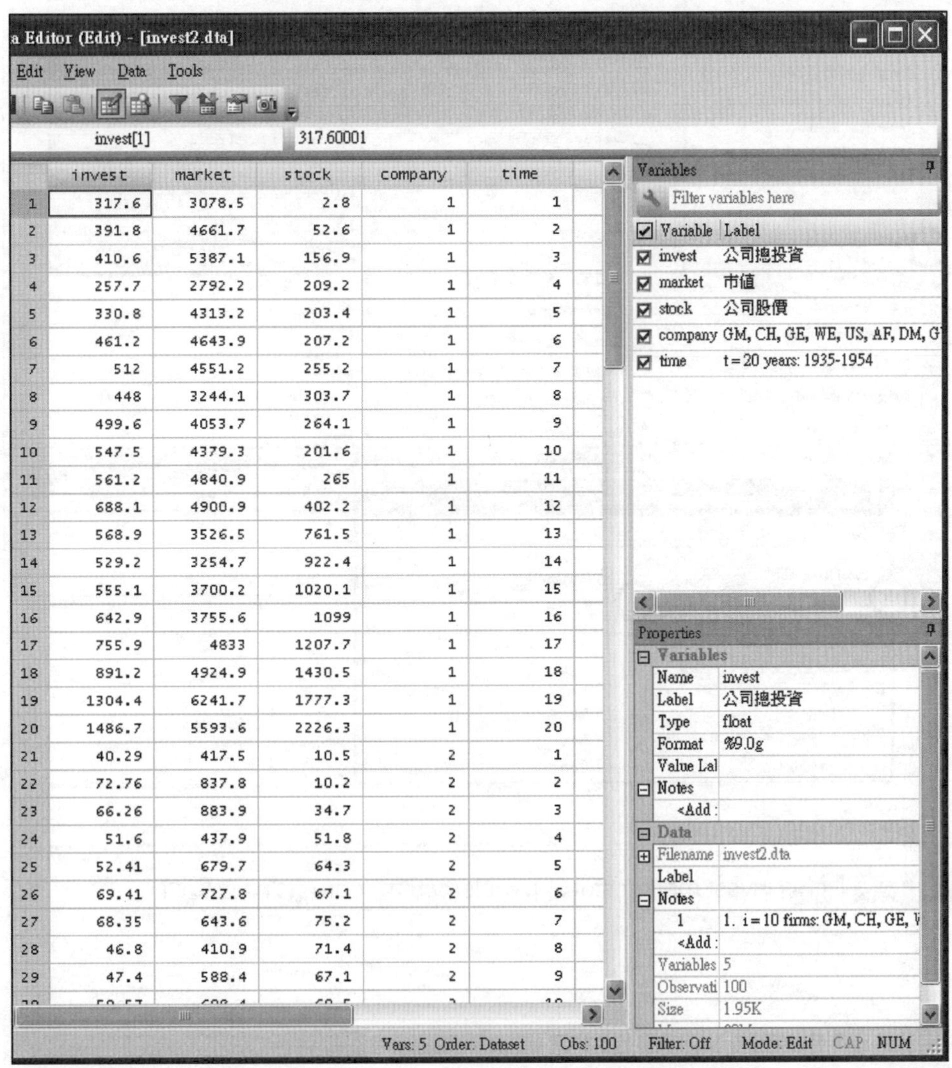

	invest	market	stock	company	time
1	317.6	3078.5	2.8	1	1
2	391.8	4661.7	52.6	1	2
3	410.6	5387.1	156.9	1	3
4	257.7	2792.2	209.2	1	4
5	330.8	4313.2	203.4	1	5
6	461.2	4643.9	207.2	1	6
7	512	4551.2	255.2	1	7
8	448	3244.1	303.7	1	8
9	499.6	4053.7	264.1	1	9
10	547.5	4379.3	201.6	1	10
11	561.2	4840.9	265	1	11
12	688.1	4900.9	402.2	1	12
13	568.9	3526.5	761.5	1	13
14	529.2	3254.7	922.4	1	14
15	555.1	3700.2	1020.1	1	15
16	642.9	3755.6	1099	1	16
17	755.9	4833	1207.7	1	17
18	891.2	4924.9	1430.5	1	18
19	1304.4	6241.7	1777.3	1	19
20	1486.7	5593.6	2226.3	1	20
21	40.29	417.5	10.5	2	1
22	72.76	837.8	10.2	2	2
23	66.26	883.9	34.7	2	3
24	51.6	437.9	51.8	2	4
25	52.41	679.7	64.3	2	5
26	69.41	727.8	67.1	2	6
27	68.35	643.6	75.2	2	7
28	46.8	410.9	71.4	2	8
29	47.4	588.4	67.1	2	9

圖 4-24 「invest2.dta」資料檔 (t = 20 年，時間序列有 3 variables)

二、xtgls 指令直接處理「殘差自我相關及誤差異質變異」

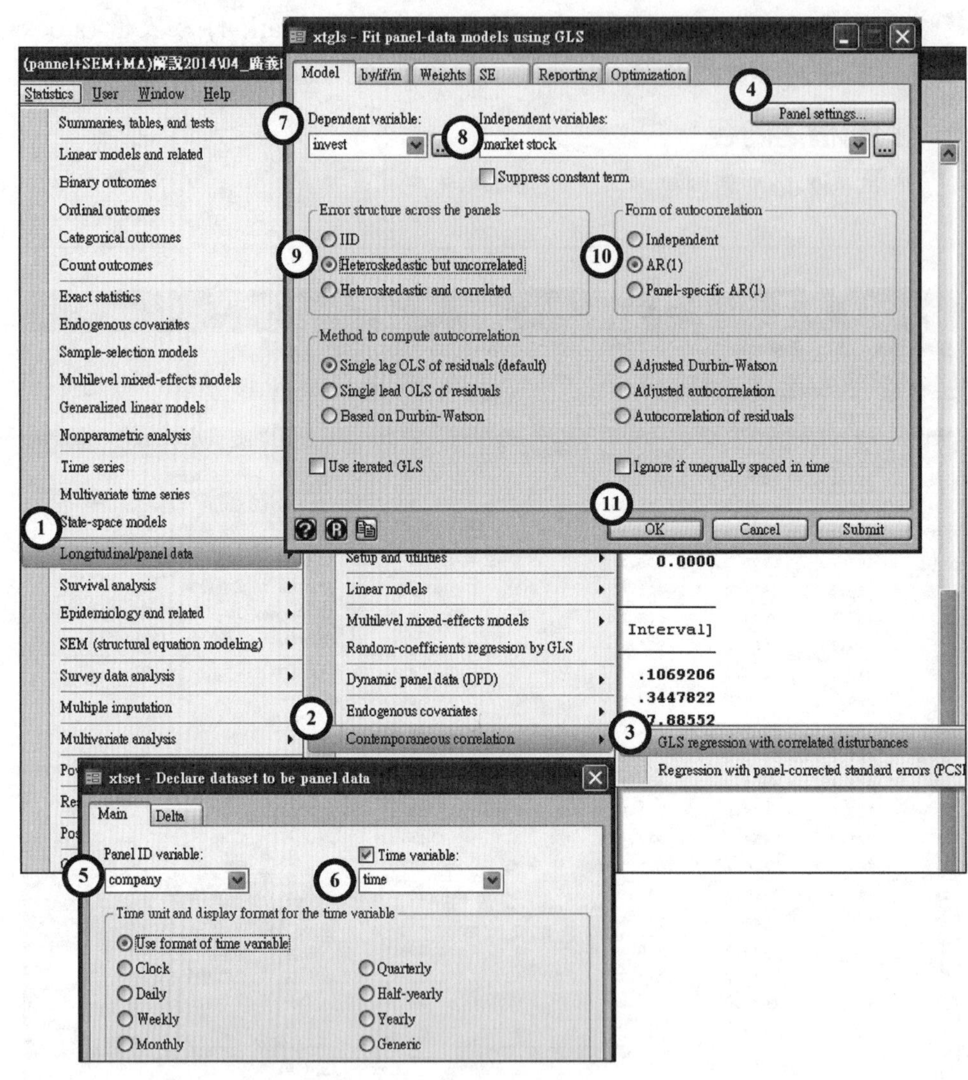

圖 4-25「xtgls invest market stock, panels(hetero) corr(ar1)」之畫面

```
*開啟網站 invest2.dta 資料檔
. webuse invest2
. xtset company time
       panel variable:  company (strongly balanced)
        time variable:  time, 1 to 20
                delta:  1 unit

* Fit panel-data model with heteroskedasticity across panels
. xtgls invest market stock, panels(hetero)

Cross-sectional time-series FGLS regression

Coefficients:  generalized least squares
Panels:        heteroskedastic
Correlation:   no autocorrelation

Estimated covariances      =         5          Number of obs      =       100
Estimated autocorrelations =         0          Number of groups   =         5
Estimated coefficients     =         3          Time periods       =        20
                                                Wald chi2(2)       =    865.38
                                                Prob > chi2        =    0.0000

------------------------------------------------------------------------------
      invest |      Coef.   Std. Err.      z    P>|z|     [95% Conf. Interval]
-------------+----------------------------------------------------------------
      market |   .0949905    .007409    12.82   0.000     .0804692    .1095118
       stock |   .3378129   .0302254    11.18   0.000     .2785722    .3970535
       _cons |   -36.2537   6.124363    -5.92   0.000    -48.25723   -24.25017
------------------------------------------------------------------------------

* Correlation and heteroskedasticity across panels
. xtgls invest market stock, panels(correlated)
Cross-sectional time-series FGLS regression

Coefficients:  generalized least squares
Panels:        heteroskedastic with cross-sectional correlation
Correlation:   no autocorrelation

Estimated covariances      =        15          Number of obs      =       100
Estimated autocorrelations =         0          Number of groups   =         5
Estimated coefficients     =         3          Time periods       =        20
                                                Wald chi2(2)       =   1285.19
```

```
                                                  Prob > chi2          =     0.0000

------------------------------------------------------------------------------
      invest |      Coef.   Std. Err.      z    P>|z|     [95% Conf. Interval]
-------------+----------------------------------------------------------------
      market |   .0961894   .0054752    17.57   0.000     .0854583    .1069206
       stock |   .3095321   .0179851    17.21   0.000     .2742819    .3447822
       _cons |  -38.36128   5.344871    -7.18   0.000    -48.83703   -27.88552
------------------------------------------------------------------------------

* Heteroskedasticity across panels and autocorrelation within panels
. xtgls invest market stock, panels(hetero) corr(ar1)
Cross-sectional time-series FGLS regression

Coefficients:  generalized least squares
Panels:        heteroskedastic
Correlation:   common AR(1) coefficient for all panels  (0.8651)

Estimated covariances      =         5          Number of obs      =       100
Estimated autocorrelations =         1          Number of groups   =         5
Estimated coefficients     =         3          Time periods       =        20
                                                Wald chi2(2)       =    119.69
                                                Prob > chi2        =    0.0000

------------------------------------------------------------------------------
      invest |      Coef.   Std. Err.      z    P>|z|     [95% Conf. Interval]
-------------+----------------------------------------------------------------
      market |   .0744315   .0097937     7.60   0.000     .0552362    .0936268
       stock |   .2874294   .0475391     6.05   0.000     .1942545    .3806043
       _cons |  -18.96238   17.64943    -1.07   0.283    -53.55464    15.62987
------------------------------------------------------------------------------
```

這三個模型整體適配度，Wald chi2(2) 值依序為 865.38、1285.19、119.69，三者之 p 值均 < 0.05，表示這三個模型都適合本例 panel-data，包括：

1. Panel-data model with heteroskedasticity across panels.
2. Correlation and heteroskedasticity across panels.
3. Heteroskedasticity across panels and autocorrelation within panels. 此模型為：
   $invest_{it} = -18.96 + 0.07market_{it} + 0.287stock_{it} + u_i$ 其中，殘差自我相關為
   $u_i = 0.865u_{i-1} + \varepsilon_i$ 。

4-4 Panel-Data 有誤差自我相關且異質的誤差變異 (xtpcse 指令)

xtpcse 指令旨在執行「標準誤經校正之 panel 線性迴歸 (linear regression with panel-corrected standard errors)」。

一、資料檔內容

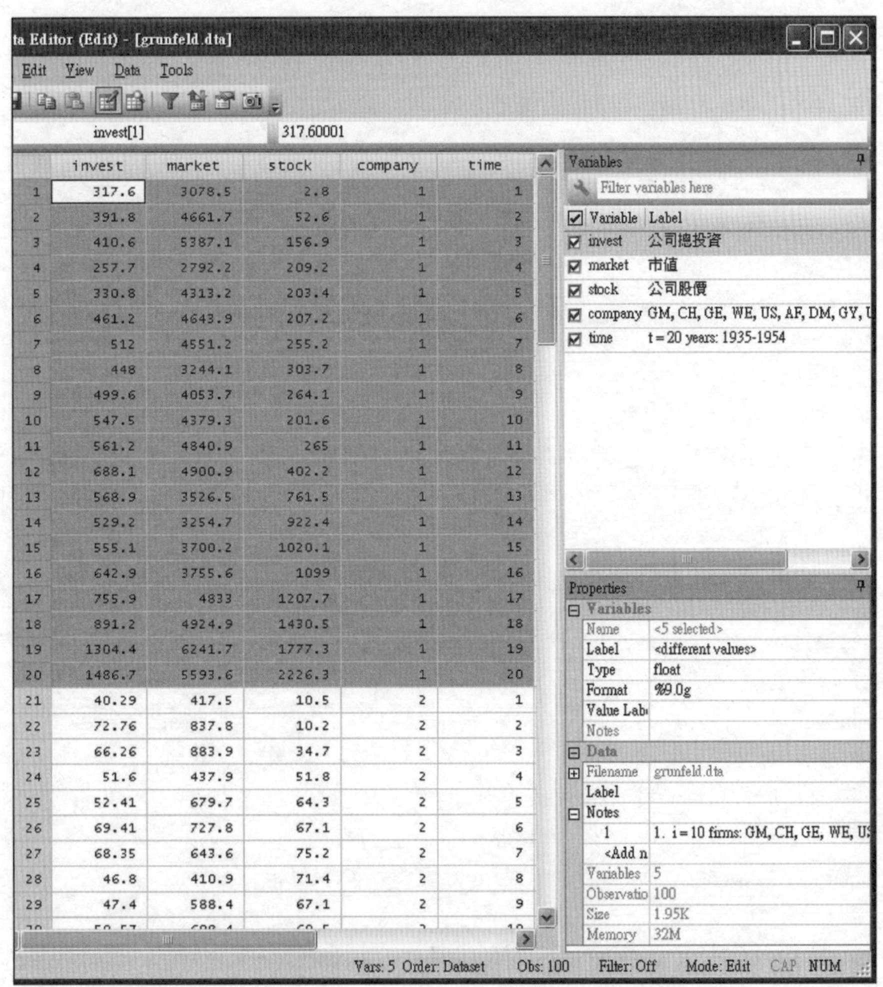

	invest	market	stock	company	time
1	317.6	3078.5	2.8	1	1
2	391.8	4661.7	52.6	1	2
3	410.6	5387.1	156.9	1	3
4	257.7	2792.2	209.2	1	4
5	330.8	4313.2	203.4	1	5
6	461.2	4643.9	207.2	1	6
7	512	4551.2	255.2	1	7
8	448	3244.1	303.7	1	8
9	499.6	4053.7	264.1	1	9
10	547.5	4379.3	201.6	1	10
11	561.2	4840.9	265	1	11
12	688.1	4900.9	402.2	1	12
13	568.9	3526.5	761.5	1	13
14	529.2	3254.7	922.4	1	14
15	555.1	3700.2	1020.1	1	15
16	642.9	3755.6	1099	1	16
17	755.9	4833	1207.7	1	17
18	891.2	4924.9	1430.5	1	18
19	1304.4	6241.7	1777.3	1	19
20	1486.7	5593.6	2226.3	1	20
21	40.29	417.5	10.5	2	1
22	72.76	837.8	10.2	2	2
23	66.26	883.9	34.7	2	3
24	51.6	437.9	51.8	2	4
25	52.41	679.7	64.3	2	5
26	69.41	727.8	67.1	2	6
27	68.35	643.6	75.2	2	7
28	46.8	410.9	71.4	2	8
29	47.4	588.4	67.1	2	9

圖 4-26「grunfeld.dta」資料檔 (t = 20 年，時間序列有 5 個變數)

二、統計分析

Step 1. 觀察資料之特徵

```
. use grunfeld
. xtset company time, yearly
       panel variable:  company (strongly balanced)
        time variable:  time, 1 to 20
                delta:  1 year

. xtsum invest market stock

Variable         |      Mean   Std. Dev.       Min        Max |    Observations
-----------------+--------------------------------------------+----------------
invest   overall |   248.957   267.8654      12.93     1486.7 |     N =     100
         between |             246.9354    42.8915     608.02 |     n =       5
         within  |             149.9249   -101.363   1127.637 |     T =      20
                 |                                            |
market   overall |  1922.223   1420.783      191.5     6241.7 |     N =     100
         between |             1491.225     670.91   4333.845 |     n =       5
         within  |             470.8022   380.5779   3830.078 |     T =      20
                 |                                            |
stock    overall |   311.067   371.5523         .8     2226.3 |     N =     100
         between |              228.435      85.64    648.435 |     n =       5
         within  |             309.6505   -334.568   1888.932 |     T =      20

. xtdescribe

 company:  1, 2, ..., 5                                      n =          5
    time:  1, 2, ..., 20                                     T =         20
           Delta(time) = 1 year
           Span(time)  = 20 periods
           (company*time uniquely identifies each observation)

Distribution of T_i:   min      5%     25%       50%       75%     95%     max
                        20      20      20        20        20      20      20
```

```
    Freq.  Percent    Cum. |  Pattern
---------------------------+---------------------
        5   100.00  100.00 |  11111111111111111111
---------------------------+---------------------
        5   100.00         |  XXXXXXXXXXXXXXXXXXXX

*繪三個 panel 變數之線形圖
. xtline invest market stock
```

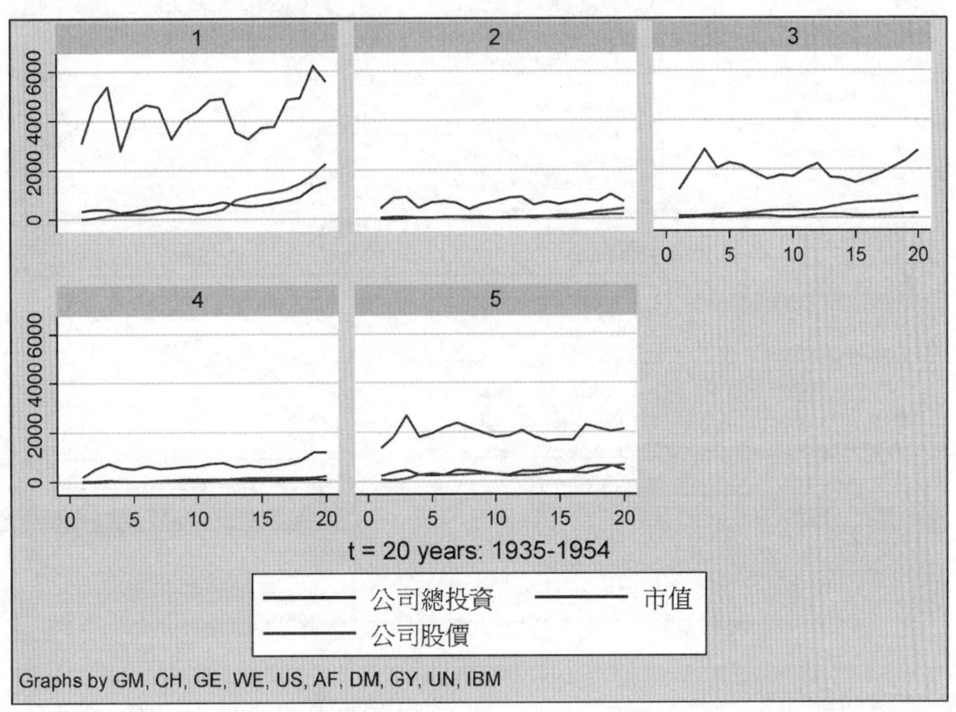

圖 4-27 繪三個 panel 變數之線形圖

Step 2. 四種 panel 模型的適合度檢定

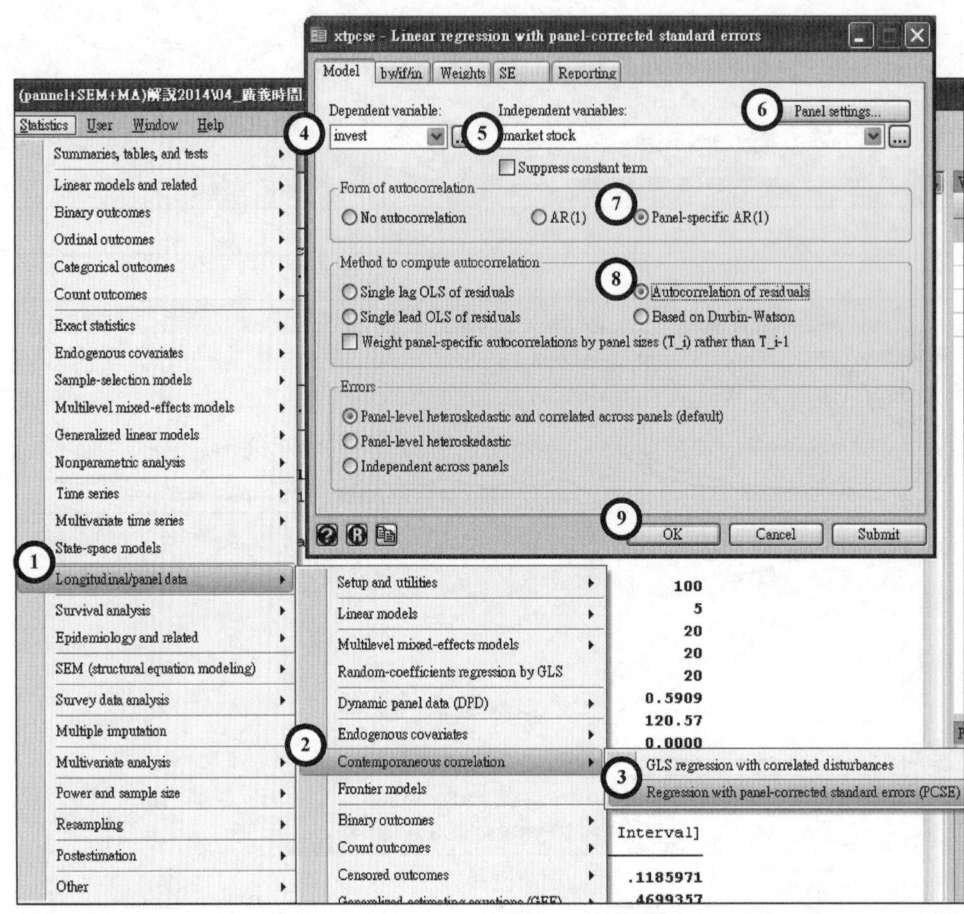

圖 4-28 「xtpcse invest market stock , correlation(psar1) rhotype(tscorr)」畫面

```
*開啟資料檔 grunfeld
. use grunfeld

* Fit linear regression with panel-corrected standard errors, assuming no
  autocorrelation within panels
. xtpcse invest market stock

Linear regression, correlated panels corrected standard errors (PCSEs)
```

```
Group variable:    company                          Number of obs      =       100
Time variable:     time                             Number of groups   =         5
Panels:            correlated (balanced)            Obs per group: min =        20
Autocorrelation:   no autocorrelation                              avg =        20
                                                                   max =        20
Estimated covariances      =        15             R-squared          =    0.7789
Estimated autocorrelations =         0             Wald chi2(2)       =    755.43
Estimated coefficients     =         3             Prob > chi2        =    0.0000

------------------------------------------------------------------------------
             |           Panel-corrected
      invest |      Coef.   Std. Err.      z    P>|z|     [95% Conf. Interval]
-------------+----------------------------------------------------------------
      market |   .1050854   .0083183    12.63   0.000      .0887818    .1213891
       stock |   .3053655   .0330427     9.24   0.000       .240603    .3701281
       _cons |  -48.02974   10.81437    -4.44   0.000      -69.2255   -26.83397
------------------------------------------------------------------------------

* Specify first-order autocorrelation within panels
. xtpcse invest market stock , correlation(ar1)

(note: estimates of rho outside [-1,1] bounded to be in the range [-1,1])

Prais-Winsten regression, correlated panels corrected standard errors (PCSEs)

Group variable:    company                          Number of obs      =       100
Time variable:     time                             Number of groups   =         5
Panels:            correlated (balanced)            Obs per group: min =        20
Autocorrelation:   common AR(1)                                    avg =        20
                                                                   max =        20
Estimated covariances      =        15             R-squared          =    0.5909
Estimated autocorrelations =         1             Wald chi2(2)       =    124.32
Estimated coefficients     =         3             Prob > chi2        =    0.0000
```

```
------------------------------------------------------------------------------
             |           Panel-corrected
      invest |      Coef.   Std. Err.      z    P>|z|     [95% Conf. Interval]
-------------+----------------------------------------------------------------
      market |    .093367   .0125705     7.43   0.000      .0687294    .1180046
       stock |    .354706   .0571221     6.21   0.000      .2427486    .4666633
       _cons |  -39.39866   40.22722    -0.98   0.327     -118.2426    39.44524
-------------+----------------------------------------------------------------
         rho |   .8530976
------------------------------------------------------------------------------

* Specify panel-specific first-order autocorrelation; use time-series method
  to estimate autocorrelation parameters
. xtpcse invest market stock , correlation(psar1) rhotype(tscorr)

Prais-Winsten regression, correlated panels corrected standard errors (PCSEs)

Group variable:   company                     Number of obs      =       100
Time variable:    time                        Number of groups   =         5
Panels:           correlated (balanced)       Obs per group: min =        20
Autocorrelation:  panel-specific AR(1)                       avg =        20
                                                             max =        20
Estimated covariances      =        15        R-squared          =    0.8734
Estimated autocorrelations =         5        Wald chi2(2)       =    483.87
Estimated coefficients     =         3        Prob > chi2        =    0.0000

------------------------------------------------------------------------------
             |           Panel-corrected
      invest |      Coef.   Std. Err.      z    P>|z|     [95% Conf. Interval]
-------------+----------------------------------------------------------------
      market |   .0976686    .009442    10.34   0.000      .0791627    .1161746
       stock |   .3726526   .0384121     9.70   0.000      .2973662     .447939
       _cons |  -46.95183   16.78803    -2.80   0.005     -79.85576    -14.0479
------------------------------------------------------------------------------
        rhos =  .4735903   .704354  .8977688  .5249498  .8558518
------------------------------------------------------------------------------
```

```
* Specify first-order autocorrelation within panels; allow panel-level disturbances
  to be heteroskedastic but not contemporaneously correlated
. xtpcse invest market stock , correlation(ar1) hetonly
(note: estimates of rho outside [-1,1] bounded to be in the range [-1,1])

Prais-Winsten regression, heteroskedastic panels corrected standard errors

Group variable:   company                    Number of obs      =       100
Time variable:    time                       Number of groups   =         5
Panels:           heteroskedastic (balanced) Obs per group: min =        20
Autocorrelation:  common AR(1)                              avg =        20
                                                            max =        20
Estimated covariances      =          5      R-squared          =    0.5909
Estimated autocorrelations =          1      Wald chi2(2)       =    120.57
Estimated coefficients     =          3      Prob > chi2        =    0.0000

------------------------------------------------------------------------------
             |           Het-corrected
      invest |      Coef.   Std. Err.      z    P>|z|     [95% Conf. Interval]
-------------+----------------------------------------------------------------
      market |    .093367   .0128727     7.25   0.000     .0681369    .1185971
       stock |    .354706   .0587917     6.03   0.000     .2394763    .4699357
       _cons |  -39.39866   37.19875    -1.06   0.290    -112.3069    33.50954
-------------+----------------------------------------------------------------
         rho |   .8530976
------------------------------------------------------------------------------
```

以上這四種模型整體適配度，Wald $\chi^2_{(2)}$ 之 p 值均 < 0.05，表示這四種模型都適合本例 panel-data，包括：

1. 模型一，帶有標準誤修正之 panel 線性迴歸 (linear regression with panel-corrected standard errors)，並假定小組內無自我相關 (assuming no autocorrelation within panels)，所求出模型適配度 $R^2 = 0.778$。
2. 模型二，小組內有一階自我相關 (first-order autocorrelation within panels)。所求出模型適配度 $R^2 = 0.59$，值最小，此模型適配度最差。
3. 模型三，特定 panel 之一階自我相關 (panel-specific first-order autocorrelation)，並使用時間序列方法來估計自我相關值。所求出模型適配度 $R^2 = 0.87$，此值最大，故此模型適配度最佳。

4. 模型四，panels 內有一階自我相關 (first-order autocorrelation within panels)，而且 panel 層級干擾誤差係異質性但無同期相關性 (allow panel-level disturbances to be heteroskedastic but not contemporaneously correlated)。所求出模型適配度 $R^2 = 0.59$。

   $invest_{it} = -39.398 + 0.09market_{it} + 0.35stock_{it} + u_i$，其中，殘差 $u_i = 0.853u_{i-1} + \varepsilon_i$。

Chapter

05

追蹤資料 (Panel-Data) 迴歸之進階

Panel-data 分析法是指針對某一特定調查對象群組，鎖定這些群組持續一段時間所得到的各種資料。一般橫斷面資料每段期間皆會重新調查對象，以維持樣本對母體的代表性，然而 panel-data 不會任意改變欲調查的特定樣本，而是將特定樣本做一持續的記錄調查。故 panel-data 不僅擁有時間序列的動態性質，同時又能兼顧橫斷面資料其可以表達不同樣本間的特性，所以廣爲研究者所採用。

橫斷面資料來自個體，可以解釋不同個體間的行爲變化模型，比較屬於靜態的實證模型。然而其往往無法分別可觀察特性與不可觀察特性之間的關聯程度，因而導致統計推論上的偏誤。運用 panel-data 模型，可得到長時間的動態模型，利用固定效果模型 (fixed effects model) 來分析無法觀察的個體特性，可以避免因遺漏這些無法觀察的變數，而使得參數估計產生偏誤。因此，若要分析某些因素對於該群組樣本的長期影響，並且避免忽略一些無法獲得的個體特性因素而產生統計偏誤，則必須使用 panel-data 才能分析出比較正確且嚴謹的結果。

定義：Panel data is「repeated measures on individuals (i) over time (t)」，Regress y_{it} on x_{it} for i = 1, ⋯, N and t = 1, ⋯, T。

Panel 資料結構 (data structure)，例如 (「long」格式，期間 t=2) 爲：

i	t	y	x
1	1	y_{11}	x_{11}
1	2	y_{12}	x_{12}
2	1	y_{21}	x_{21}
2	2	y_{22}	x_{22}
⋮			
N	1	y_{N1}	x_{N1}
N	2	y_{N2}	x_{N2}

Panel-data 若與單方面討論橫斷面或時間序列資料互做比較，除了提供更多的樣本數，改進估計參數時的效率外，尙具有下列優點：首先是在設定模型時，可以考慮到橫斷面資料所忽略的其他質化資料，降低估計上的偏誤；其次在於增大樣本數，以提供更多的資訊，降低變數間的共線性 (collinearity)，並擁有更多自由度 (degree of freedom) 及更高的效率；再者，由於同時具有橫斷面的性質，可將不同個體間的特性差異納入考慮，會較僅針對單一代表性個體更具

有說明的能力。

其中，自由度係指可以自由獨立變動之個數。其中各變數每有一個條件式或限制，就失去一個自由度。

5-1 追蹤資料／縱橫資料 (panel-data)

追蹤資料／縱橫資料 (panel-data) 為長期觀察若干個個體所得到的資料，因此每個個體可提供多個觀測值，是一種結合時間序列 (time series) 資料與橫斷面 (cross section) 資料的資料型態。

1. 單獨使用橫斷面資料來分析，因為各種經濟體本身存在相異特性，可能發生異質變異 (heteroskedasticity) 現象，導致模型估計時產生偏誤 (bias)。
2. 單獨使用時間序列資料分析時，由於只考慮相關變數之時間序列資料，則會發生序列相關 (serial correlation) 之問題，造成模型估計時產生偏誤。
3. 為了克服橫斷面資料無法分析時間變動的問題及時間序列無法比較個體間不同的問題，可採用同時兼具時間序列及橫斷面分析的 panel-data 分析。

對統計學 (statistics) 及計量經濟學 (econometrics) 而言，縱橫資料是多維數據在一段期間的重複測量。縱橫資料之觀察值是指同一公司或同一個體 (individuals) 在多維度 (dimensions) 現象，連續在多個期間所發生的記錄。對生物統計學 (biostatistics) 而言，縱貫資料 (longitudinal data) 代表某受測者 (subject) 或某群族 (cluster) 在縱向研究中所構成的小組成員或個體。

5-1-1 追蹤資料之迴歸模型 (panel-data regression model)

計量經濟學，一般可將樣本資料歸類為時間序列與橫斷面兩種資料型態，眾多學者係以下表所列之最小平方法 (ordinary least squares, OLS) 模型加以分析，但 OLS 僅能單獨考慮時間序列資料或橫斷面資料，而容易產生異質性偏誤之狀況。相較於 OLS，panel-data 迴歸模型 (regression model) 則綜合時間序列與橫斷面兩者之分析，因此在資料型態上具有豐富性與多變性的特性；另一方面，運用 panel-data 可降低變數間的共線性問題，故可取得較 OLS 更有效率性的結果。

一、基本模型

Stata 提供最小平方法 (ordinary least squares, OLS) 迴歸指令如下：

OLS 指令	說明
. regress	線性迴歸 (Linear regression)
. eivreg	測量誤差模型 (Errors-in-variables regression)
. reg3	三階段聯立方程式 (Three-stage estimation for systems of simultaneous equations)
. manova	多變量變異數及共變數分析 (Multivariate analysis of variance and covariance)
. mvreg	多變量迴歸 (Multivariate regression) 迴歸

註：測量誤差模型、多變量迴歸，請見《Stata 與高等統計分析》一書第 8 章。
三階段聯立方程式，請見《總體經濟與財務金融：Stata 時間序列分析》一書第 4 章。

panel 資料之基本迴歸模型爲最小平方法 (OLS) 之迴歸式，可由下式表示：

$$Y_{it}^{*} = \beta_{1i} + \sum_{k=2}^{k} \beta_k X_{kit}^{*} + u_{it} \quad (1)$$

其中

i：在相同期間，不同的觀察單位，i = 1, 2, ⋯, N

t：研究的期間，t = 1, 2, ⋯, T

k：K 個解釋變數；k = 2, 3, ⋯, K

$\beta = (\beta_2, \cdots, \beta_k)'$ 爲 (k − 1)×1 行向量

Y_{it}^{*}：第 i 個觀察單位 (個體) 在第 t 期之應變數

β_{1i}：迴歸式之截距項係數

Y_{it}：第 i 個觀察單位在第 t 期所對應之自變數向量，不包括截距項。

β_k：個體效果 (individual effect)，不隨時間變動而改變，但不同的觀察單位 (entity) 卻有不同的個體效果。

u_{it}：隨機誤差項，$E(u_{it}) = 0$, $Var(u_{it}) = \sigma^2$

Structure of panel-data

依變數	解釋變數	隨機誤差
$y_{1,1}$	$X_{1,1}$	$e_{1,1}$
⋮	⋮	⋮
$y_{1,T}$	$X_{1,T}$	$e_{1,T}$

依變數	解釋變數	隨機誤差
$y_{2,1}$	$X_{2,1}$	$e_{2,1}$
⋮	⋮	⋮
$y_{2,T}$	$X_{2,T}$	$e_{2,T}$
⋮	⋮	⋮
$y_{N,1}$	$X_{N,1}$	$e_{N,1}$
⋮	⋮	⋮
$y_{N,T}$	$X_{N,T}$	$e_{N,T}$

若每個橫斷面觀察單位的迴歸式有相同截距項 (β_{1i})，且具有統計上獨立及相同分配 (independently and identically distributed, iid) 之特性，此時利用最小平方法即可達到有效性及一致性的估計。但 OLS 之估計方法，不容許橫斷面觀察單位間具有差異性，因此若橫斷面資料具有差異性，則使用傳統 OLS 之估計式將產生估計的無效率，故應採用 panel-data 之固定效果模型 (fixed effects model) 或隨機效果模型 (random effects model) 來解決此問題。

所謂固定效果模型，即是將 β_{1i} 當作特定常數，不同觀察單位擁有不同的特定常數，故亦稱爲共變數模型。而所謂的隨機效果模型，則是將 β_{1i} 當作特定隨機變數，不同觀察單位擁有不同的特定隨機變數，故也稱誤差成分模型。

二、固定效果模型

Panel-data 又可分爲固定效果模型 (fixed effects model) 與隨機效果模型 (random effects model)，故本節除針對 panel-data 之基本模型外，亦針對固定效果模型與隨機效果模型加以介紹。

Stata 提供固定效果 panel 迴歸指令如下：

panel 指令	說明
. xtabond	Arellano-Bond 線性動態 (linear dynamic) 追蹤資料 (panel-data) 估計
. xtdata	帶 xt 資料之快速界定搜尋 (Faster specification searches with xt data)
. xtdpd	線性動態 (linear dynamic) 追蹤資料 (panel-data) 估計
. xtdpdsys	Arellano-Bover/Blundell-Bond 線性追蹤資料 (panel-data) 估計
. xtivreg	工具變數 (IV) 及兩階段最小平方法 (two-stage least squares) 之追蹤資料 (panel-data) 模型

panel 指令	說明
. xtlogit	固定效果 (fixed effects)、隨機效果 (random effects)、總平均 (pop.-averaged) logit 模型
. xtnbreg	固定效果 (fixed effects)、隨機效果 (random effects)、總平均 (pop.-averaged) 負二項模型
. xtpoisson	固定效果 (fixed effects)、隨機效果 (random effects)、總平均 (pop.-averaged) Poisson 模型
. xtreg	固定效果 (fixed effects)、隨機效果 (random effects)、總平均 (pop.-averaged) 線性模型
. xtregar	帶 AR(1) 誤差 (disturb) 之固定效果 (fixed effects)、隨機效果 (random effects)、總平均 (pop.-averaged) 線性模型

非線性橫斷面方面，Stata 提供固定效果迴歸指令如下：

非線性指令	說明
. areg	帶虛擬變數之線性迴歸 (Linear regression with a large dummy-variable set)
. asclogit	特定替選方案之條件羅吉斯迴歸 (Alternative-specific cond. logit (McFadden's choice) model)
. clogit	條件羅吉斯迴歸，固定效果
. clogit	clogit 指令之事後檢定論 (Postestimation tools for clogit)
. expoisson	Exact Poisson 迴歸
. mecloglog	多層次混合效果 (Multilevel mixed-effects) complementary log-log 迴歸
. meglm	多層次混合效果廣義線性模型 (Multilevel mixed-effects generalized linear models)
. melogit	多層次混合效果羅吉斯迴歸 (Multilevel mixed-effects logistic)
. menbreg	多層次混合效果負二項迴歸 (Multilevel mixed-effects negative binomial)
. meologit	多層次混合效果次序羅吉斯迴歸 (Multilevel mixed-effects ordered logistic)
. meoprobit	多層次混合效果次序波比迴歸 (Multilevel mixed-effects ordered probit)
. mepoisson	多層次混合效果 Poisson 迴歸 (Multilevel mixed-effects Poisson)
. meprobit	多層次混合效果波比迴歸 (Multilevel mixed-effects probit)
. meqrlogit	多層次混合效果羅吉斯迴歸 (Multilevel mixed-effects logistic) (QR decomp.)
. meqrpoisson	多層次混合效果 Poisson 迴歸 (Multilevel mixed-effects Poisson) (QR decomp.)
. mixed	多層次混合效果線性迴歸 (Multilevel mixed-effects linear)

固定效果模型可同時考慮橫斷面與時間序列並存的資料，且特別著重於容許各個體間有差異存在，並以固定截距代表每個橫斷面有不同的結構。其方式是讓每一家個體擁有自己固定、獨特的截距項，來顯現出每個個體獨有的特質。但此模型假設母體內差異大，相似性較低，故不透過抽樣的方式選抽樣本，而爲採用母體全部，以觀察所有個體之間的差異性。因此，模型中各家個體迴歸式的截距項是獨特且固定。

採用固定效果模型時，可在迴歸式中加入虛擬變數，當意指某家個體的資料時，可假設代表該家個體的虛擬變數爲 1，否則爲 0。藉由加入虛擬變數瞭解觀察單位間的差異，並且縮小模型的共變異數。因此固定效果模型，早期又稱爲最小平方虛擬變數模型 (least squares dummy variable model)，簡稱 LSDV 模型。此模型可以下式來表示：

$$Y_{it}^{*} = \sum_{i=1}^{N} \beta_{ij} D_{jt} + \sum_{k=2}^{k} \beta_k X_{kit}^{*} + u_{it} \qquad (2)$$

其中

i：在相同期間，不同的觀察單位，$i = 1, 2, \cdots, N$

t：研究的期間，$t = 1, 2, \cdots, T$

k：K 個解釋變數，$k = 2, 3, \cdots, K$

D_{jt}：固定截距項，代表每個橫斷面有不同的結構，以虛擬變數表示：當 $j = i$ 時，$D_{jt} = 1$；當 $j \neq i$ 時，$D_{jt} = 0$

X_{kit}^{*}：第 i 個個體第 t 期之第 k 個解釋變數樣本觀察值

u_{it}：隨機誤差項～ $iid\,(0, \sigma_u^2)$

上式中係數向量 β 需利用組內估計法 (within group estimation) 與組間估計法 (between group estimation) 才能取得，其依循以下四個步驟：

Step1：定義各組平均值，如下式所示：

$$\begin{cases} \overline{Y}_{i\cdot} = \dfrac{1}{T}\sum_{t=1}^{T} Y_{it} = \beta_{1i} + \sum_{k=2}^{K} \beta_k \overline{X}_{ki.} + \overline{u}_i \\ \overline{X}_{i\cdot} = \dfrac{1}{T}\sum_{t=1}^{T} X_{it} \end{cases} \qquad (3)$$

$$\overline{u}_i = \frac{1}{T}\sum_{t=1}^{T} u_{it}$$

其中，X_{it} 與 $\overline{X}_{i\cdot}$ 都爲 (K − 1)×1 向量，將 (1) 式與 (3) 式相減則產生下列 (4) 式：

$$Y_{it} - \overline{Y}_{i.} = \sum_{k=2}^{k} \beta_k \, (X_{kit} - \overline{X}_{ki.}) + u_{it} - \overline{u}_{i.} \tag{4}$$

Step2：運用最小平方法估計 (4) 式係數向量 β，此稱爲組內估計式，如 (5) 式。

$$\hat{\beta}^{w} = (S_{xx}^{w})^{-1} S_{xy}^{w} \tag{5}$$

Step3：取得固定效果參數的估計式，如 (6) 式。

$$\hat{\beta}_{1i} = \overline{Y}_{i.} - \hat{\beta}^{w'} \overline{X}_{i.} \quad \text{i} = 1, 2, \cdots, \text{N} \tag{6}$$

若係數向量 β 不包括截距項，則全部 N 個固定效果參數皆能估計。反之，若向量 β 包括截距項，則只能估計 N − 1 個固定效果參數，其中任一個固定效果參數，必須標準化爲零，否則會有線性重合的問題。

Step4：u_{it} 的變異數爲 σ^2，其估計式 S^2 可以 (7) 式表示，即殘差平方和除以自由度，故 σ^2 爲不偏估計式，而此式適用於 β_{1i} 和 β 同時估計的情況。

$$S^2 = \frac{\sum_{i=1}^{N} \sum_{t=1}^{T} (Y_{it} - \hat{\beta}_{1i} - X_{it}' \hat{\beta})^2}{NT - N - K + 1} \tag{7}$$

進一步地，想要瞭解每個個體之截距項是否均不相同，則可利用下列之假設檢定：

$$\begin{cases} H_0 : \beta_{11} = \beta_{12} = \cdots \beta_{1N} \\ H_1 : \beta_{1i} \quad \text{並不完全相等} \end{cases}$$

檢定統計量爲 F 分配，而檢定統計量定義爲下列 (8) 式：

$$F = \frac{(SSE_R - SSE_u)/(N-1)}{SSE_u/(NT - N - K - 1)} \tag{8}$$

其中

i = 在相同期間，不同的觀察單位，且 $i = 1, 2, \cdots, N$

t = 研究的期間，$t = 1, 2, 5, \cdots, T$

$k = 1, 2, \cdots$, K，表示有 K − 1 個解釋變數

SSE_R 爲 OLS 的殘差平方和

SSE_U 爲 LSDV 的無限制殘差平方和

檢定結果若接受 H_0，表示只需估計一個截距項，意味此 panel 資料的 N 個觀察單位，每單位 T 期資料，可被視作有 N×T 個觀察值的橫斷面或時間序列樣本，因而喪失 panel 資料的特性，則採用基本迴歸模型。若拒絕 H_0，則採固定效果模型。

三、隨機效果模型 (random effects model)

Stata 提供隨機效果 panel 迴歸指令如下：

panel 指令	說明
. quadchk	Check sensitivity of quadrature approximation
. xtabond	Arellano-Bond linear dynamic 追蹤資料 (panel-data) 估計
. xtcloglog	Random effects and population-averaged cloglog 模型
. xtdpd	線性動態追蹤資料迴歸 (Linear dynamic panel-data) 估計
. xtdpdsys	Arellano-Bover/Blundell-Bond linear 追蹤資料 (panel-data) 估計
. xtgee	使用 GEE 來適配 population-averaged panel-data 模型
. xthtaylor	Hausman-Taylor estimator for error-components 模型
. xtintreg	Random effects interval-data regression 模型
. xtivreg	Instr. var. & two-stage least squares for 追蹤資料 (Panel-data) 模型
. xtlogit	Fixed effects, random effects, & pop.-averaged logit 模型
. xtnbreg	Fixed-, random effects, & pop.-averaged neg. binomial 模型
. xtologit	隨機效果比序 logistic 迴歸 (Random effects ordered logistic)
. xtoprobit	隨機效果比序迴歸 (Random effects ordered probit)
. xtpoisson	Fixed-, random effects & pop.-averaged Poisson 模型
. xtprobit	Random effects and population-averaged probit 模型
. xtreg	Fixed-, between-, & random effects, & pop.-ave. linear 模型
. xtregar	Fixed- & random effects linear 模型 with an AR(1) disturb.
. xttobit	隨機效果 tobit 模型

隨機效果模型與固定效果模型之差異，在於其著重於資料整體上的關係，而非個體變數的差異，故其容許每個個體 i 間有差異性存在，且假設母體內相似性高，而各迴歸式的截距項是隨機產生並不會因時間 t 而改變。因此，隨機效果模型乃透過隨機抽樣的方式選抽樣本，並非採用母體全部。

隨機效果模型如下 (9) 式所示：

$$Y_{it} = \beta_{1i} + \sum_{k=2}^{K} \beta_k X_{kit}^* + u_{it} \tag{9}$$

其中

i 爲同時間不同橫斷面樣本，i = 1, 2, ⋯, N

t 爲研究的期間，t = 1, 2, 5, ⋯, T

k = 1, 2, ⋯, K，共計 K − 1 個解釋變數

β_{1i} 爲截距項，代表著每個橫斷面有不同結構，但以隨機變數表示，即 $\beta_{1i} = \overline{\beta}_1 + u_i$，$\beta_{1i}$ 的期望值爲 $\overline{\beta}_1$。

u_{it} 爲誤差項～ $iid(0, \sigma_u^2)$

X_{kit}^* 爲第 i 個個體第 t 期之第 k 個解釋變數樣本觀察值

隨機效果模型有以下假定 (assumptions)：

$E(u_{it}^2) = \sigma_i^2$ (異質性)

$E(u_{it}u_{jt}) = 0$ for $i \neq j$ (跨期間獨立)

$E(u_{it}u_{it}) = 0$ for $i \neq j$ (跨期間獨立)

其中 $E(v_{it}) = 0$, $E(v_{it}^2) = \phi_{ii}$, $E(v_{it}v_{js}) = 0$ for $i \neq j$ or $t \neq s$ and $E(u_{i,t-1}v_{jt}) = 0$

(9) 式中 β_k 的估計值必須用廣義最小平方法 (generalized least squares, GLS) 取得，需依循下列四個步驟：

Step1：使用 OLS 估計法取得殘差值 u_{it}。

Step2：用殘差值算出殘差自我相關 $\hat{\rho}_i$，來當成 ρ_i 的估計值，如 (10) 式所示。

$$\hat{\rho}_i = \sum_{t=2}^{T_i} u_{it}u_{i,t-1} \Big/ \sum_{t=2}^{T_i} u_{i,t-1}^2, \text{ for } i = 1, 2, \cdots, N \tag{10}$$

Step3：以殘差自我相關 $\hat{\rho}_i$ 來轉換 (transform) 觀察值 (包括第一個觀察值的轉換)，並以 OLS 估計法估計轉換後的迴歸模型。若以矩陣表達，則如 (11) 式所示。

$$\hat{P}Y = \hat{P}X\beta + v \tag{11}$$

$\hat{P}$ 代表主對角線矩陣，則如 (12) 式所示。

$$\hat{P} = \begin{bmatrix} \hat{P}_1 & 0 & \cdots & 0 \\ 0 & \hat{P}_2 & \cdots & 0 \\ \vdots & \vdots & \ddots & \vdots \\ 0 & 0 & \cdots & \hat{P}_N \end{bmatrix} \tag{12}$$

$\hat{P}_i$ 是 $T_i \times T_i$ 矩陣，其元素如 (13) 式所示。

$$\hat{P}_i = \begin{bmatrix} \sqrt{1-\hat{\rho}_i^2} & \cdots & \cdots & \cdots & 0 \\ -\hat{\rho}_i^2 & 1 & \cdots & \cdots & 0 \\ 0 & -\hat{\rho}_i^2 & 1 & \cdots & 0 \\ \vdots & \vdots & \vdots & \ddots & \vdots \\ 0 & \cdots & \cdots & -\hat{\rho}_i^2 & 1 \end{bmatrix} \quad for \quad i = 1,2,\cdots,N \tag{13}$$

在殘差值爲$\hat{v}_{it}$下，所估計的橫斷面誤差變異數爲 (14) 式所示。

$$\hat{\phi}_{ii} = \frac{1}{T_i - K}\sum_{t=1}^{T_i} \hat{v}_{it}^2 \quad \text{for i = 1, 2, } \cdots \text{, N} \tag{14}$$

所以，$\hat{V}$ 矩陣由 $\hat{v}_{it}$ 所建構而成，並可一般化 (generalized) 如 (15) 式所示。

$$\hat{V} = \hat{\Phi} \otimes I_T \tag{15}$$

Step4：以 (11) 式及 (14) 式之結果可得到 GLS 估計式，如 (16) 式所示。

$$\widetilde{\beta} = (X'\hat{\Omega}^{-1}X)^{-1}X'\hat{\Omega}^{-1}Y \text{ where } \hat{\Omega}^{-1} = \hat{P}'\hat{V}^{-1}\hat{P} \tag{16}$$

在一個平衡 panel 資料中，可採用拉式乘數 (Lagrange multiplier, LM) 檢定隨機效果模型中橫斷面資料之異質性 (cross section heteroskedasticity)，其檢定模型如下 (17) 式所示。

$$\begin{cases} H_0: \sigma_1^2 = \sigma_2^2 = \cdots = \sigma_N^2 = \sigma^2 \\ H_1: \text{所有的}\sigma_i^2\text{不完全相等} \end{cases} \tag{17}$$

LM 檢定統計量，如下 (18) 式所示。

$$\text{LM} = \frac{T}{2}\sum_{i=1}^{N}\left(\frac{\hat{\sigma}_{ii}}{\hat{\sigma}^2} - 1\right)^2, \hat{\sigma}_{ij} = \frac{1}{T}\sum_{t=1}^{T} u_{it}u_{jt} \quad \hat{\sigma}^2 = \frac{1}{N}\sum_{i=1}^{N}\hat{\sigma}_{ii} \tag{18}$$

其中

T 爲研究時間長度

N 爲個體數目

u_{it} 爲 OLS 的殘差

在 LM 檢定方面，如果**接受** H_0，表示橫斷面資料不具有異質性 (宜採用 pooled OLS 分析)。若**拒絕**，表示橫斷面資料具有異質性，應採隨機效果模型。

再者，在一個平衡的 panel 資料中，可以使用 Breusch-Pagan LM 檢定去驗證樣本個體間是否相關 (corss section correlation)，其檢定模型如 (19) 式。

$$\begin{cases} H_0: 個體間不相關,\ E(u_{it}, u_{jt}) = \sigma_t^2 \quad for \quad i \neq j \\ H_1: 個體間有相關,\ E(u_{it}, u_{jt}) = \sigma_{ij}^2 \quad for \quad i \neq j \end{cases} \tag{19}$$

Breusch-Pagan LM 檢定統計量，如 (20) 式。

$$\text{Breush-Pangan LM} = T\sum_{i=2}^{N}\sum_{j=1}^{i-1} r_{ij}^2,\ r_{ij}^2 = \frac{\hat{\sigma}_{ij}^2}{\hat{\sigma}_{ii}\hat{\sigma}_{jj}} \tag{20}$$

在 Breusch-Pagan LM 檢定方面，不拒絕 H_0 表示個體與個體間不存在期間上之相關性。若拒絕 H_0，表示個體與個體間存在期間上之相關性。

最後，在一個平衡的 panel 資料中，使用 Durbin-Watson d 檢定去驗證樣本個體是否存在著期間上的自我相關 (serial autocorrelation)，其檢定模型如 (21) 式所示。

$$\begin{cases} H_0: 個體不存在著期間上的自我相關,\ E(u_{it}, u_{i(t-1)}) = 0 \\ H_1: 個體存在著期間上的自我相關,\ E(u_{it}, u_{i(t-1)}) \neq 0 \end{cases} \tag{21}$$

Durbin-Watson d 檢定統計量如下：

$$d = \sum_{i=1}^{N}\sum_{t=2}^{T_i}\left(\tilde{v}_{it} - \tilde{v}_{i,t-1}\right)^2 \Big/ \sum_{i=1}^{N}\sum_{t=1}^{T_i}\tilde{v}_{it}^{\,2} \tag{22}$$

在 Durbin-Watson d 檢定方面，不拒絕 H_0 表示個體存在著期間上的自我相關。若拒絕 H_0，表示個體不存在著期間上的自我相關。

固定效果與隨機效果模型各有其特色與適用性，然而對於選擇之標準尚未有一致的看法。最簡單的方式是依據選抽樣本時，是否有透過抽樣過程。若樣本沒有透過抽樣過程選取或樣本即是母體的情況下，則採用固定效果模型較佳；若樣本有透過抽樣過程選取，則應採用隨機效果模型較佳。

通常你可藉由 F 檢定判別固定效果模型與一般迴歸模型之適用性、LM 檢定判斷隨機效果模型與一般迴歸模型之適用性，以及 Buse Raw Moment 判別固定效果模型與隨機效果模型之適用性，並以檢定之結果決定你應採用之模型。

5-1-2 Stata 在追蹤資料 (panel-data) 的應用

一、Panel-data 分析

Panel 的解釋變數爲：

$$X_{it}, i=1, \cdots, N \quad t=1, \cdots, T$$

其中，i 是個體構面 (individual dimension)，t 是時間構面 (time dimension)。一般性 panel-data 迴歸模型爲：

$$y_{it}=\alpha+\beta' X_{it}+u_{it}$$

我們以此一般性 panel 模型，再與不同假定 (assumptions) 來衍生出各種不同的模型，其中，二個最重要衍生模型爲固定效果 (fixed effects) 模型及隨機效果 (random effects) 模型。其中，固定效果 (fixed effects) 模型爲：

$$\begin{aligned} y_{it} &= \alpha+\beta' X_{it}+u_{it} \\ u_{it} &= \mu_i+v_{it} \end{aligned}$$

μ_i 是個體特有的 (individual-specific)、非時變的效果 (time-invariant effects) (例如 panel 的每一個國家都有獨特的地理及氣候等特性)，因爲我們假定個體這些特性是「fixed over time」，故謂之固定效果模型。而隨機效果模型，則再另外假定。

$$\mu_i \overset{iid}{\sim} N(0, \sigma_\mu^2)$$

且

$$v_{it} \overset{iid}{\sim} N(0, \sigma_v^2)$$

二、Panel-data 特性

Panel-data 與橫斷面 (cross section) 差異點如下：

1. 推論 (inference)：校正 (被誇大的) 標準誤。因爲橫斷面所收集的資料，在不同年分都有不同的反應值。
2. 建模 (modelling)：panel 模型是比較豐富模型 (richer models)，且估計方法亦盡可能採納重複量數 (repeated measures)。例如，固定效果模型、動態模型

(dynamic models)，都比傳統橫斷面模型來得有效。

3. 方法論 (methodology)：不同學域的研究者，對同一 panel 資料檔所採用的統計法都會不同。

主流的計量經濟學者，都會採用 Stata xt 系列指令，除了 Stata 功能強大且好用外，Stata 尚有提供三種 panel 獨特方法：

1. 短型 (short) panel：即資料本身具有 many individual units 及 few time periods，然後這些即可以個體爲單位，將不同時段的記錄予以群聚 (clustered) 起來。甚至，有多種 panel 方法亦可仿照「cross-section individual-level surveys」，將個體單位予以群聚成「部落 / 群體」單位，再來分析。
2. 從觀察資料來建構因果關係：panel 可採用重複量數來估計關鍵邊際效果 (key marginal effects)，進而推論出因果關係，而非僅僅採用 Pearson 積差相關來建構因果性。例如：
   (1) 固定效果：就假定「time-invariant individual-specific effects」。
   (2) Panel IV(工具變數) 方法 (即 Hausman-Taylor)：例如，教育程度就不會隨著個體年紀增長而時變，故它就需要 IV 方法。
3. 動態模型 (dynamic models)：迴歸式允許預測解釋變數 (regressors)，納入其落遲項 (lagged dependent variables)。

三、線性 Panel 的基本模型

Panel-data 的基本模型，爲：

$$Y_{it} = \alpha_i + \beta_1 X_{1it} + \beta_2 X_{2it} + \cdots + \beta_K X_{Kit} + \varepsilon_{it}$$

$$Y_{it} = \alpha + \sum_{k=1}^{K} \beta_k X_{kit} + \varepsilon_{it}$$

其中，個體數 i = 1, 2, ⋯, N，它代表同一時期不同 individual(entity)。時段 t = 1, 2, ⋯, T，它爲研究之期間。

$$Y_{T\times 1} = \begin{bmatrix} y_{i1} \\ y_{i2} \\ \vdots \\ y_{iT} \end{bmatrix}, \quad \varepsilon_{T\times 1} = \begin{bmatrix} e_{i1} \\ e_{i2} \\ \vdots \\ e_{iT} \end{bmatrix}, \quad X_{T\times K} = \begin{bmatrix} x'_{i1} \\ x'_{i2} \\ \vdots \\ x'_{iT} \end{bmatrix}$$

其中

應變數矩陣 Y_{it}：第 i 個個體 (individual, entity) 在時間點 t 之反應變數。

向量 α_i：截距項，爲固定常數。

(K×1) 向量 $\beta = (\beta_1, \beta_2, \cdots, \beta_K)'$：所有解釋變數之參數，爲固定係數向量。

解釋變數 (regressors) 矩陣 X_{it}：第 i 個個體 (individual, entity) 在時間點 t 之解釋變數。k = 1,2,⋯,K，表示有 K 個解釋變量。

向量 ε_{it}：第 i 個個體 (individual, entity) 在時間點 t 之隨機誤差項。

X_{kit}：爲第 i 個個體 (individual, entity) 於第 t 期第 k 個解釋變數的值。

ε_{it}：爲殘差項，$E(\varepsilon_{it}) = 0$，$E(\varepsilon_{it}, \varepsilon_{it}) = \sigma^2$，$\varepsilon_{it}$ 符合 $\overset{iid}{\sim} N(0, \sigma^2)$ 分配。

上式，假設我們「stacking the entire data set by individuals」，它亦可用矩陣形式來表示：

$$y_{NT\times 1} = \begin{bmatrix} y_1 \\ y_2 \\ \vdots \\ y_N \end{bmatrix},\ \varepsilon_{NT\times 1} = \begin{bmatrix} e_1 \\ e_2 \\ \vdots \\ e_N \end{bmatrix},\ X_{NT\times K} = \begin{bmatrix} X_1 \\ X_2 \\ \vdots \\ X_N \end{bmatrix}，並定義\ \alpha_{N\times 1} = \begin{bmatrix} \alpha_1 \\ \alpha_2 \\ \vdots \\ \alpha_N \end{bmatrix}$$

Structure of panel-data

依變數	解釋變數	隨機誤差
$y_{1,1}$	$X_{1,1}$	$e_{1,1}$
⋮	⋮	⋮
$y_{1,T}$	$X_{1,T}$	$e_{1,T}$
$y_{2,1}$	$X_{2,1}$	$e_{2,1}$
⋮	⋮	⋮
$y_{2,T}$	$X_{2,T}$	$e_{2,T}$
⋮	⋮	⋮
$y_{N,1}$	$X_{N,1}$	$e_{N,1}$
⋮	⋮	⋮
$y_{N,T}$	$X_{N,T}$	$e_{N,T}$

方程式可改寫成：

$$y = X\beta + D\alpha + \varepsilon$$

其中，$\underbrace{D}_{NT\times N} = I_N \otimes v_T$

在 panel 模型中，個體截距項 α_i 代表「所有未可觀測之解釋變數的效果」，稱爲「特定個體 i(individual-specific)」效果。

Panel 迴歸又可分爲下列模型：

1. 混合資料 pooled model (或 population-averaged)：其 Stata 指令爲 reg、或「xtreg…, (FE, RE, PA, BE)」指令。

$$y_{it} = \alpha + X'_{it}\beta + u_{it}$$

2. 二因子效果模型允許截距項隨個體 i 及時間 t 而不同 (Two-way effects model allows intercept to vary over i and t)

$$y_{it} = \alpha_i + \gamma_t + X'_{it}\beta + \varepsilon_{it}$$

橫斷面採用 anova, manova 指令。「fixed effects est. methods for 3-way error-components 模型」，則採用 grouping.ado 外掛指令。panel 模型，則改採隨機效果模型來處理。

3. 特定個體 (individual-specific) 效果模型 (xtgls, xtreg 等指令)

$$y_{it} = \alpha_i + X'_{it}\beta + \varepsilon_{it}$$

(1) 適合短型 (short) panels，其中「time-effects are included as dummies in x_{it}」。

(2) 特定個體效果模型又可分：固定效果 (FE)、隨機效果 (RE) 二種模型，你可採用 Stata「指令 xtreg…, (FE, RE, PA, BE)」。

(3) 此外，xsmle 外掛指令就可處理「spatial panel data models」。

(4) 另外，frm.ado 外掛指令亦可處理六種 fractional regression 模型 (請詳見 Ramalho, Ramalho and Murteira, 2011, Alternative estimating and testing empirical strategies for fractional regression models, *Journal of Economic Surveys, 25*(1), 19-68)，包括：

(1) frm estimates one-part and two-part fractional regression models. (2)frm_reset and frm_ggoff test the link specification in one-part and the individual components of two-part fractional regression models using, respectively, the RESET and the GGOFF tests. (3)frm_ptest tests the link specification and/or alternative sets of non-nested regressors in one-part and two-part fractional regression models using the P test. (4)frm_pe calculates average and conditional partial effects in one-part and two-part fractional regression models.

4. 多層次混合 (mixed) 模型或 xtrc 指令之「random coefficients model」，都允許斜率 (slopes) 在個體 i 之間是可變動的。

$$y_{it}=\alpha_i+X'_{it}\beta_i+\varepsilon_{it}$$

對照「特定個體 (individual-specific) 效果模型」：

$$y_{it}=X'_{it}\beta_i+(\alpha_i+\varepsilon_{it})$$

5. 固定效果 (fixed effects, FE)：特定個體 (individual-specific) 效果模型之一
   (1) α_i 是與 X_{it} 相關之隨機變數 (α_i is a random variable possibly correlated with X_{it})
   (2) 因此 X_{it} 解釋變數可能是內生變數 (so regressor X_{it} may be **endogenous**) (wrt to α_i but not ε_{it})
   e.g. education is correlated with time-invariant ability
   (3) 混合資料 OLS、GLS，其隨機效果 β 值是不一致的 (pooled OLS, pooled GLS, RE are inconsistent for β)
   (4) 故 FE 及一階差分估計值會是一致的 [with (FE) and first difference estimators are consistent]
   Stata 固定效果採用：「xtreg…, fe」、「xtregar…, fe」等指令。
6. 隨機效果 (random effects, RE) 或樣本平均 (population-averaged, PA) 模型
   (1) α_i 是純隨機且與 X_{it} 無關 [α_i is purely random (usually iid $(0, \sigma_\alpha^2)$) unrelated to X_{it}]
   (2) 所以 X_{it} 解釋變數是外生變數 (so regressor X_{it} is exogenous)
   (3) 故所有 β 係數估計值都會一致 (all estimators are consistent for β)
   Stata 隨機效果採用：「xtreg…, re」、「xtregar…, re」、「xtgls…, panels(hetero) corr(ar1)」等指令。
7. 內生共變：包括 (1)xtivreg 指令 (instrumental variables and two-stage least squares for panel-data models)。(2)xthtaylor 指令 (Hausman-Taylor estimator for error-components models)。
8. 同時期相關 (contemporaneous correlation)：包括
   (1) xtgls 指令 Fits panel-data linear models by using feasible generalized least squares. This command allows estimation in the presence of AR(1) autocorrelation within panels and cross-sectional correlation and heteroskedasticity across panels.)。
   (2) xtpcse 指令 (linear regression with panel-corrected standard errors)。

9. 動態模型：包括
   (1) xtabond 指令 (Arellano-Bond linear dynamic 追蹤資料 (panel-data) 估計)。
   (2) xtdpd 指令 (Linear dynamic 追蹤資料 (panel-data) 估計)。
   (3) xtdpdsys 指令 (Arellano-Bover/Blundell-Bond linear 追蹤資料 (panel-data) 估計)。

小結：基本分水嶺

通常，經濟學家 panel 習慣採用固定效果模型，但其他學域 (教育、人管、生物統計……) panel 則慣用隨機效果模型。

四、誤差異質性：Cluster-Robust Inference

1. Panel 許多方法，都假定誤差 ε_{it} 及個體效果 α_i (if present) 是 iid。
2. 可是若遇到誤差異質變異或「errors not equicorrelated over time for a given individual」時，將產生錯誤的標準誤。此時可採用「cluster-robust inference」：
   (1) 使得短型 (short) panel 允許異質變異存在，即某一個體 i 在不同時間 t 的誤差之間是相關的。
   (2) 但不同個體 i 之間的誤差，仍假定是獨立的。
   (3) Stata 提供 xtgls 指令。
3. Stata 指令 xtgee 中，可增加「vce(robust)」選項，來執行 cluster-robust。
4. Stata 其他 xt 指令，可增加「vce(cluster)」選項，來納入誤差異質。
5. 但有些 Stata xt 指令，沒有「vce(cluster)」時，你可改用「cluster bootstrap)」選項。

五、Stata 線性 Panel 之指令

功能	Stata 指令
Panel 摘要	xtset; xtdescribe; xtsum(最小値、最大値等); xtdata; xtline(線形圖); xttab(次數分配); xttran(不同時段的遷移)
混合資料 (Pooled)OLS	regress
隨機效果	「xtreg…, re」;「xtregar…, re」
固定效果	「xtreg…, fe」;「xtregar…, fe」
隨機斜率 (Random slopes)	quadchk; xtmixed; xtrc
可行的廣義最小平方法 (Feasible Generalized Least Squares, FGLS) 迴歸	「xtgee, family(gaussian)」; xtgls; xtpcse

功能	Stata 指令
一階差分 (First difference)：有單根情況，才使用「D.」運算子	單根之 regress (with differenced data)。範例如下： . use invent.dta . tsset year . reg D.lgdp year L.lgdp L.D.lgdp . display 「rho=」 1+_b[L.lgdp] . reg D.lgdp L.lgdp L.D.lgdp . display 「rho=」 1+_b[L.lgdp]
Static IV (內生共變)	xtivreg; xthtaylor
Dynamic IV(動態模型)	gmm
隨機模型 (如 Stochastic production or cost frontier model)	xtfrontier

1. regress 指令：linear regression(用途包括 OLS, Logit, Probit 迴歸)。
2. 「xtreg…, (FE, RE, PA, BE)」指令：fixed-, between-, and random effects and population-averaged linear models。
3. 一階差分迴歸：reg 指令搭配「D.」運算子，專門處理有單根的變數之迴歸。
4. xtgls 指令：Fit 追蹤資料 (panel-data) models by using GLS，它可解決誤差之自我相關及變異數異質性之問題。
5. xtdpd 指令：linear regression with panel-corrected standard errors。
6. 「xtregar…, (FE, RE)」指令：fixed- and random effects linear models with an AR(1) disturbance。
7. quadchk 指令：check sensitivity of quadrature approximation。
8. xtfrontier 指令：xtfrontier fits stochastic production or cost frontier models for panel data。也就是說，xtfrontier estimates the parameters of a linear model with a *disturbance generated by specific mixture distributions*。
9. xtivreg 指令：instrumental variables and two-stage least squares for panel-data models.
10. xthtaylor 指令：Hausman-Taylor estimator for error-components models。
11. xtabond 指令：Arellano-Bond linear dynamic panel-data estimation.
12. xtdpdsys 指令：Arellano-Bover/Blundell-Bond linear dynamic panel-data estimation.
13. xtdpd 指令：linear dynamic panel-data estimation.

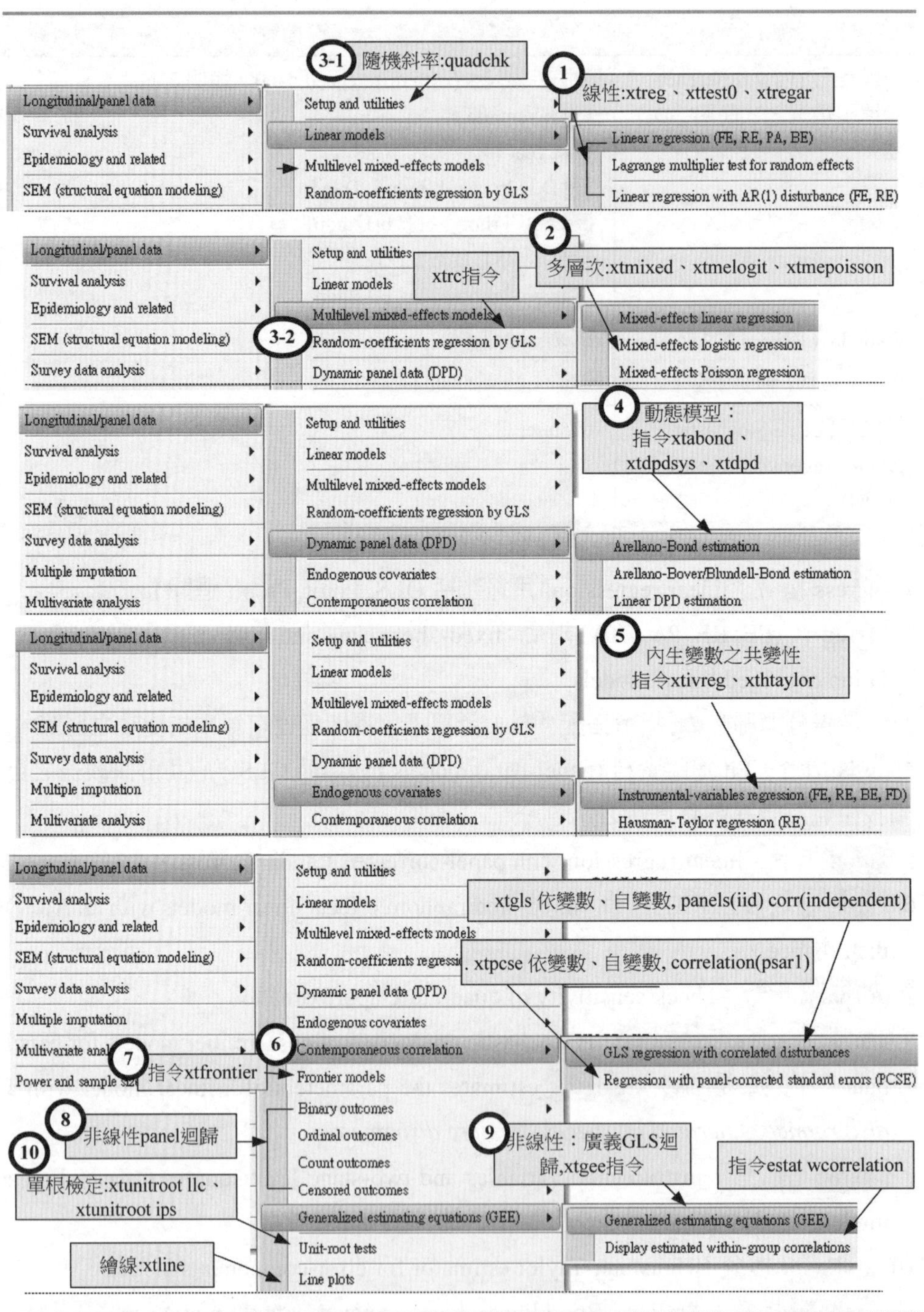

圖 5-1 Stata panel 對應指令

六、Stata 非線性 Panel 之指令

1. xtmelogit 指令：多層次混合羅吉斯迴歸 (multilevel mixed-effects logistic regression)。
2. xtmepoisson 指令：多層次混合 Poisson 迴歸 (multilevel mixed-effects Poisson regression)。
3.「xtlogit…, (fe, re, pa)」指令：固定效果、隨機效果、樣本平均 (population-averaged) logit 模型。
4. xtcloglog 指令：隨機效果、樣本平均 (population-averaged) cloglog models。
5. xtpoisson 指令：固定效果、隨機效果、樣本平均 (population-averaged) Poisson models。
6. xtnbreg 指令：固定效果、隨機效果、樣本平均 (population-averaged) negative binomial models。
7. xtintreg 指令：隨機效果區間資料 (interval-data) 迴歸模型。
8. xttobit 指令：隨機效果 Tobit 模型。
9. xtgee 指令：使用 GEE 之樣本平均 panel 模型 (fit population-averaged Panel-data models by using GEE)。

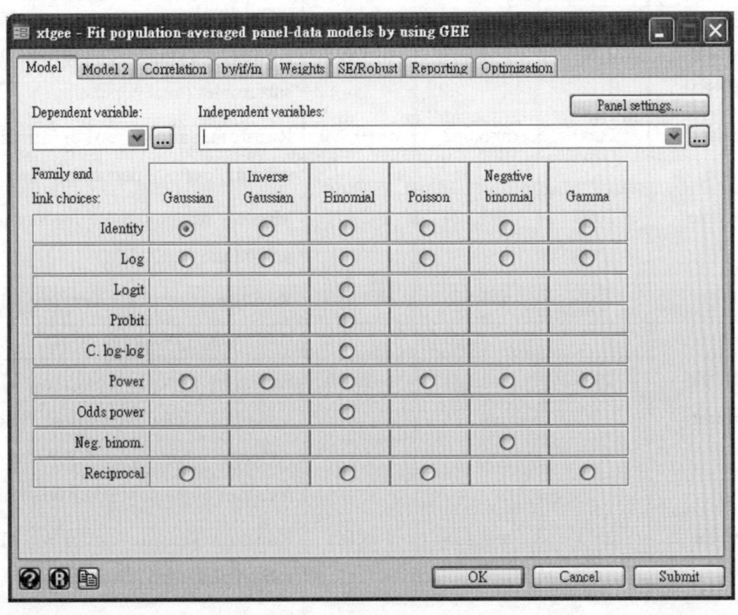

圖 5-2 xtgee 指令有六個分配 family，並搭配九個 link 之對話盒

七、多層次混合效果 (multilevel mixed-effect) 模型之指令

1. 多層次 mixed-effect 線性迴歸：xtmixed 指令 (或 mixed 指令)。
2. 多層次 mixed-effect Logistic 迴歸：xtmelogit 指令。
3. 多層次 mixed-effect Poisson 迴歸：xtmepoisson 指令。

八、國際著名的 Panel 資料庫之機構

1. 德國社會經濟：German Socio-Economic Panel (SOEP)
   http://www.diw.de/en/soep

抽樣		Start-Year	Households	樣本人數	說明
A	West-German (居民)	1984	n=4,528	n=12,245	Head is either German or other nationality than those in Sample B
B	Foreigners	1984	n=1,393		Head is either Turkish, Italian, Spanish, Greek or from the former Yugoslavia
德國統一以後 (German reunification)					
C	East-Germans	1990	n=2,179	n=4,453	Head was a citizen of the GDR (expansion of survey territory)
D	Immigrants	1994/ 1995	n=522	n=1,078	At least one household member has moved to Germany after 1989 (expansion of survey population)
E	Refreshment (身心爽快)	1998	n=1,067	n=1,923	Random sample covering all existing subsamples (total population)
F	Innovation	2000	n=6,052	n=10,890	Random sample covering all existing subsamples (total population)
G	High Income	2002	n=1,224	n=2,671	Monthly net household income is more than 4,500 Euro (7,500 DM)
H	Refreshment	2006	n=1,506	n=2,616	Random sample covering all existing subsamples (total population)
I	Incentive(獎勵)/ Refreshment	2009	n=1,531	n=2,509	Random sample covering all existing subsamples (total population). Since 2011 it is no longer a part of the SOEP Core study. Now it's a part of the new SOEP Innovation Study.[2]
J	Refreshment	2011	n=3,136	n=5,161	Random sample covering all existing subsamples (total population)

2. 澳洲：Household, Income and Labour Dynamics in Australia Survey (HILDA)
   http://en.wikipedia.org/wiki/Household,_Income_and_Labour_Dynamics_in_Australia_Survey
3. 英國：British Household Panel Survey (BHPS)
   http://en.wikipedia.org/wiki/British_Household_Panel_Survey
4. 紐西蘭家庭，收入和就業的調查：Survey of Family Income and Employment (SoFIE)
   http://www.stats.govt.nz/sofie
5. 美國收入和 Program 參與之調查：Survey of Income and Program Participation (SIPP)
   http://en.wikipedia.org/wiki/Survey_of_Income_and_Program_Participation
6. 英國就業與養老金：Lifelong Labour Market Database (LLMDB)
   http://en.wikipedia.org/wiki/LLMDB
7. 美國縱向收入調查：Panel Study of Income Dynamics (PSID)
   http://psidonline.isr.umich.edu/
   它也是本章節的範例 (cornwell_panel.dta 資料檔)(如圖 5-3)
8. 南韓勞力及收入：Korean Labor and Income Panel Study (KLIPS)
   http://en.wikipedia.org/wiki/Korean_Labor_and_Income_Panel_Study
9. 中國家庭：Chinese Family Panel Studies (CFPS)
   http://en.wikipedia.org/wiki/Chinese_Family_Panel_Studies
10. 德國家庭事務委員會：German Family Panel (pairfam)
    http://www.pairfam.de/en/study.html
11. 美國男女青年：National Longitudinal Surveys (NLSY)
    http://www.bls.gov/nls/nlsy79.htm
12. 英國勞人就業和失業調查：Labour Force Survey (LFS)
    http://en.wikipedia.org/wiki/Labour_Force_Survey
13. 南韓青年就業調查：Korean Youth Panel (YP)
    http://survey.keis.or.kr/ENLCTGO01N.do?mnucd=cfsayp
14. 南韓人口老化調查：Korean Longitudinal Study of Aging (KLoSA)
    http://www.kli.re.kr/klosa/en/about/introduce.jsp

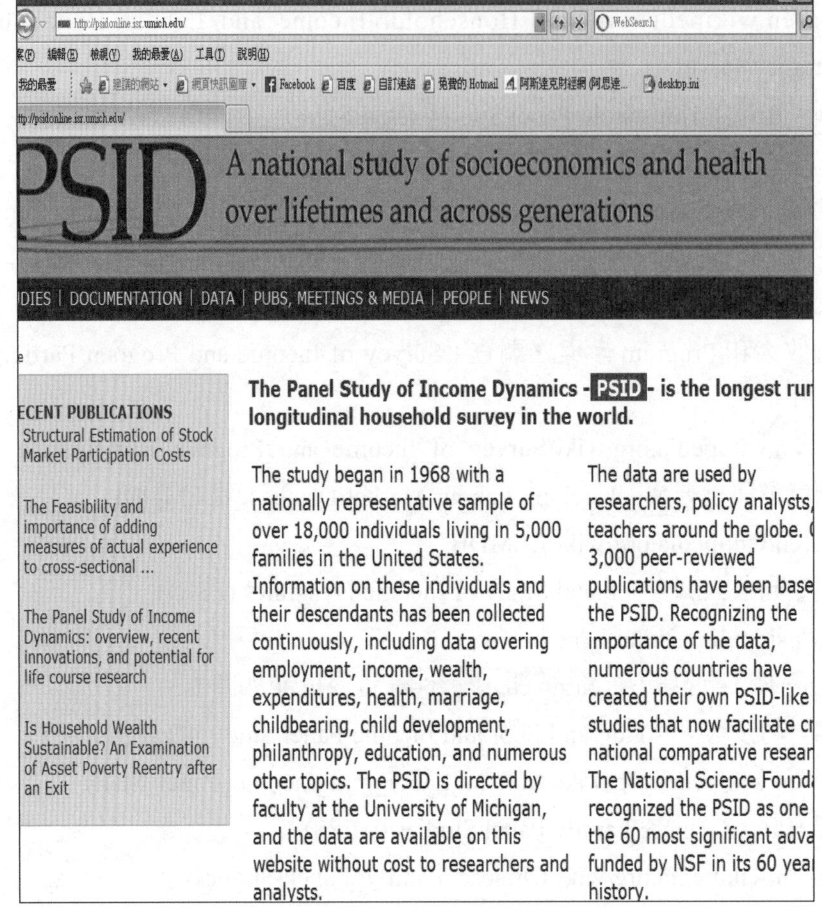

圖 5-3 PSID 首頁 (http://psidonline.isr.umich.edu/)

5-2 Panel「wide form」轉成「long form」：Wages 範例

一、Panel 之資料格式：wide form vs. long form

1. 假定時間 t 是等距變數 (regular time intervals assumed)。
2. 允許非平衡 panel 模型 (xt 指令可以處理非平衡 (unbalanced) 資料)。

   [非平衡 panel 應排除選擇 / 磨損偏誤 (Should then rule out selection/attrition bias)].

下表有二個樣本集。左邊樣本有二個個體，故稱「two-dimensional panel structure」；右邊樣本有三個個體，故稱「three-dimensional structure」。這二個樣本集的三個個體特性 (income, age, sex) 都是發生在不同的人及不同的年代，左邊二個個體 (1, 2) 是在連續三年 (2001, 2002, 2003) 發生的，因爲每一個個體在每一年代都有記錄，故稱之 balanced panel；但右邊三個個體 (1, 2, 3)，因爲 person 1 在 2003 年未被記錄，而且 person 3 在 2001 及 2003 年也是未被記錄，故稱之 unbalanced panel。

平衡型 (balanced)					非平衡型 (unbalanced)				
person	year	income	age	sex	person	year	income	age	sex
1	2001	1300	27	1	1	2001	1600	23	1
1	2002	1600	28	1	1	2002	1500	24	1
1	2003	2000	29	1	2	2001	1900	41	2
2	2001	2000	38	2	2	2002	2000	42	2
2	2002	2300	39	2	2	2003	2100	43	2
2	2003	2400	40	2	3	2002	3300	34	1

3. 通常資料檔假定爲短型 (short) panel，即時段 (T) 小；個體數目大 ($N \to \infty$)。
   [相對地，long panels，它是 $T \to \infty$ 且 N 小；或 $N \to \infty$]
4. 假定誤差之間是相關的 (errors are correlated)。
   [在短型 (short) panel：correlated over t for given i , but not over i .]
5. 歸迴參數在「over individuals or time」是會變動的，例如：
   截距項 (intercept)：individual-specific effects model(分固定效果及隨機效果二種)。
   斜率 (slopes)：混合資料 (pooled)panel 或隨機效果之迴歸係數值，才會假定爲可變動的。
6. panel 解釋變數 (regressors)：屬非時變 (time-invariant), individual-invariant, or vary over both。
7. 樣本外之預測 (prediction)：panel 迴歸可忽視它。
   [即使算出邊際效應，也並非總是可能。]
8. 動態模型 (dynamic models)：有可能你會用得到。
   [通常人們採用靜態模型來做估計。]

Static IV 用 xtivreg, xthtaylor 指令。Dynamic IV 採用 xtabond, xtdpdsys, xtdpd 指令。

二、範例：Panel-data 型是廣義時間序列

(一) 問題說明

1. PSID 調查 595 名員工工資 (wage)，期間從 1976-1982 年，採 Balanced 設計。(PSID wage data 1976-82 on 595 individuals. Balanced.)
[它是 Cornwell and Rupert (1998) 的修正版]
2. 分析目標：估計教育對工資的因果性 (estimate causative effect of education on wages)。
3. Complication：資料檔裡，學歷 (education) 是非時變 (time-invariant)。
4. 若本例違背固定效果之假定，則可改採 IV methods(即 Hausman-Taylor)。
5. 分析單位：panel variable 爲個人的工資 (wages)。

研究者收集數據並整理成下表，此「greene.dta」資料檔之變數如下：

變數名稱	說明	編碼 Codes/Values
個體索引 (下標)i	id 變數	1-595 人
時間索引 (下標)t	t 變數	1-7 年
lwage=log(wages)	Wage(工資) 非常態，故取 log() 再代入迴歸	4.60517-8.537(美元)
時間序列 exp	全職工作年資	1-51 年
ed	學歷 (非時變，time-invariant)	4-17

(二) 資料檔之內容

1. Panel-data 資料檔之格式，可能爲：
   (1) long form: 每筆觀察值就是一對「個體－時間」(each observation is an individual-time (i , t) pair)。
   (2) wide form: 每筆觀察值是個體 i 之所有時段 (each observation is data on i for all time periods)。
   (3) wide form: 每筆觀察值是時間 t 之所有個體 (each observation is data on t for all individuals)。

2. xt 開頭指令只適合 long form 資料檔

若你的資料檔是屬 wide form，則可採用 reshape 指令將它轉成符合 long form 格式的資料檔。

```
資料檔之外觀
                              ( wide form )

               i          ....... x_ij ........
               id  sex    inc80    inc81    inc82
               --------------------------------
                1   0     5000     5500     6000
                2   1     2000     2200     3300
                3   0     3000     2000     1000


                              ( long form )

                    i     j            x_ij
                    id    year   sex    inc
                    ------------------------
                     1    80      0    5000
                     1    81      0    5500
                     1    82      0    6000
                     2    80      1    2000
                     2    81      1    2200
                     2    82      1    3300
                     3    80      0    3000
                     3    81      0    2000
                     3    82      0    1000

. reshape wide inc, i(id) j(year)
```

reshape 指令，將資料檔格式「由 wide form 轉成 long form」之範例如下：

```
* 線上開啟 reshape2 資料檔，其格式為 wide form。
. webuse reshape2, clear

* List the data
```

```
. list

     +-----------------------------------+
     | id   sex   inc80   inc81   inc82 |
     |-----------------------------------|
  1. |  1     0    5000    5500    6000 |
  2. |  2     1    2000    2200    3300 |
  3. |  3     0    3000    2000    1000 |
  4. |  4     0    2400    2500    2400 |
     +-----------------------------------+
* Try to convert the data from wide form to long form
. reshape long inc, i(id) j(year)
. list

     +------------------------+
     | id   year   sex    inc |
     |------------------------|
  1. |  1     80     0   5000 |
  2. |  1     81     0   5500 |
  3. |  1     82     0   6000 |
  4. |  2     80     1   2000 |
  5. |  2     81     1   2200 |
     |------------------------|
  6. |  2     82     1   3300 |
  7. |  3     80     0   3000 |
  8. |  3     81     0   2000 |
  9. |  3     82     0   1000 |
 10. |  4     80     0   2400 |
     |------------------------|
 11. |  4     81     0   2500 |
 12. |  4     82     0   2400 |
     +------------------------+
*存至 long_form.dta 資料檔
. save「D:\long_form.dta」
* List the problem observations
. reshape error
```

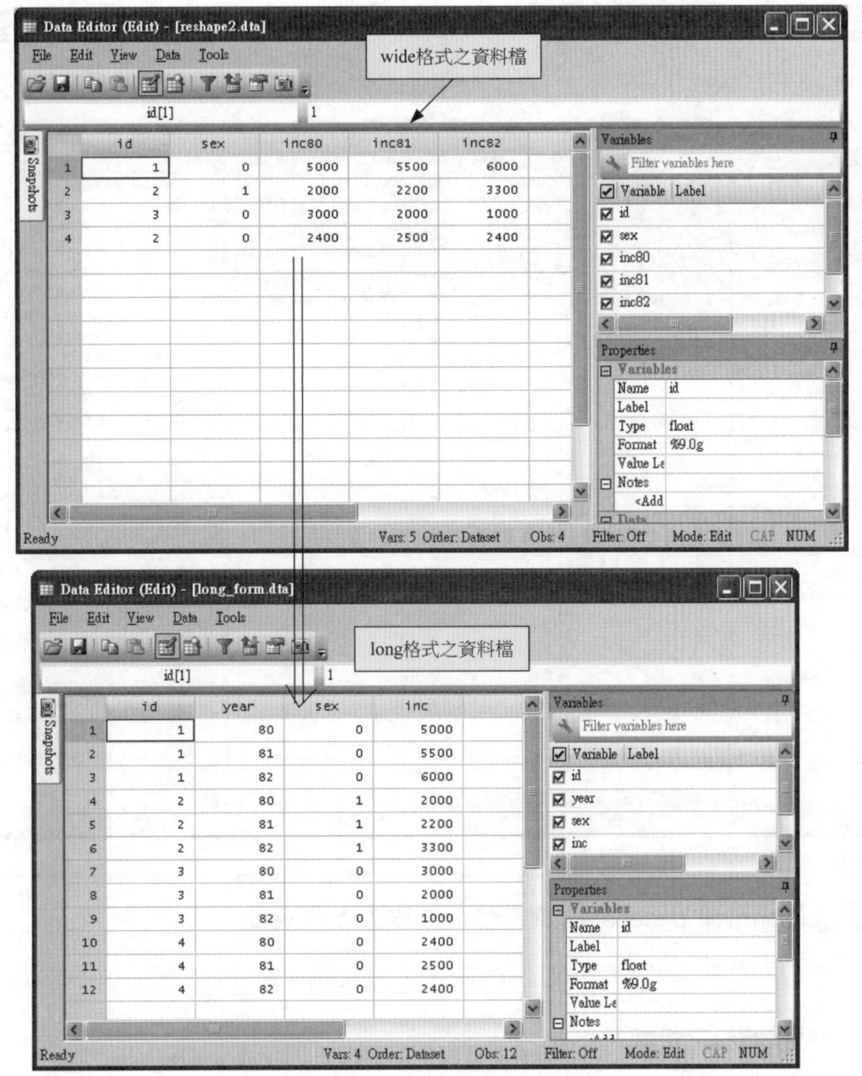

圖 5-4 將 wide form 格式轉成 long form 之結果

3. 本資料檔係屬「long form」格式，因為個體人數 n=595，遠大於時間 t=7 期。

「cornwell_panel.dta」資料檔內容，如圖 5-5。

	ms	fem	union	ed	blk	lwage	t	id
1	1	0	0	9	0	5.56068	1	1
2	1	0	0	9	0	5.72031	2	1
3	1	0	0	9	0	5.99645	3	1
4	1	0	0	9	0	5.99645	4	1
5	1	0	0	9	0	6.06146	5	1
6	1	0	0	9	0	6.17379	6	1
7	1	0	0	9	0	6.24417	7	1
8	1	0	0	11	0	6.16331	1	2
9	1	0	0	11	0	6.21461	2	2
10	1	0	1	11	0	6.2634	3	2
11	1	0	0	11	0	6.54391	4	2
12	1	0	0	11	0	6.69703	5	2
13	1	0	0	11	0	6.79122	6	2
14	1	0	0	11	0	6.81564	7	2
15	1	0	1	12	0	5.65249	1	3
16	1	0	1	12	0	6.43615	2	3
17	1	0	1	12	0	6.54822	3	3
18	1	0	1	12	0	6.60259	4	3
19	1	0	1	12	0	6.6958	5	3
20	0	0	1	12	0	6.77878	6	3
21	0	0	1	12	0	6.86066	7	3
22	0	1	0	10	1	6.15698	1	4
23	0	1	0	10	1	6.23832	2	4
24	0	1	0	10	1	6.30079	3	4
25	0	1	0	10	1	6.35957	4	4
26	0	1	0	10	1	6.46925	5	4
27	0	1	0	10	1	6.56244	6	4
28	0	1	0	10	1	6.62141	7	4

圖 5-5「cornwell_panel.dta」資料檔 (i=595 人 ,t=7 year)

Step 1. 觀察資料之特徵

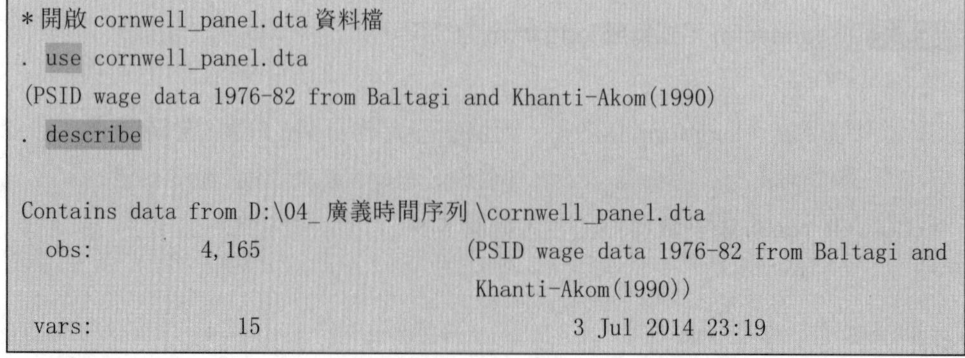

```
* 開啟 cornwell_panel.dta 資料檔
. use cornwell_panel.dta
(PSID wage data 1976-82 from Baltagi and Khanti-Akom(1990)
. describe

Contains data from D:\04_廣義時間序列\cornwell_panel.dta
  obs:          4,165              (PSID wage data 1976-82 from Baltagi and
                                    Khanti-Akom(1990))
 vars:             15                  3 Jul 2014 23:19
```

```
 size:          241,570                              (_dta has notes)
--------------------------------------------------------------------------------
variable   storage  display    value
name         type   format     label      variable label
--------------------------------------------------------------------------------
exp          float  %9.0g                 全職工作年資
wks          float  %9.0g                 每週工作時數
occ          float  %9.0g                 職業，occ==1 if in a blue-collar
ind          float  %9.0g                 製造業？ind==1 if working in a manufacturing
south        float  %9.0g                 居住在南方嗎？south==1 if in the South area
smsa         float  %9.0g                 smsa==1 if in the Standard metropolita
ms           float  %9.0g                 marital status
fem          float  %9.0g                 女性嗎？
union        float  %9.0g                 參加工會嗎？if wage set be a union contract
ed           float  %9.0g                 教育年數
blk          float  %9.0g                 黑人嗎？black
lwage        float  %9.0g                 ln(工資)
t            float  %9.0g                 時間，1976-82 PSID wage data
id           int    %8.0g                 595 individuals
exp2         float  %9.0g                 年資的平方
--------------------------------------------------------------------------------
Sorted by:  id  t

*資料檔的摘要
. summarize

    Variable |       Obs        Mean    Std. Dev.       Min        Max
-------------+--------------------------------------------------------
         exp |      4165    19.85378    10.96637          1         51
         wks |      4165    46.81152    5.129098          5         52
         occ |      4165    .5111645    .4999354          0          1
         ind |      4165    .3954382    .4890033          0          1
       south |      4165    .2902761    .4539442          0          1
-------------+--------------------------------------------------------
        smsa |      4165    .6537815     .475821          0          1
          ms |      4165    .8144058    .3888256          0          1
         fem |      4165     .112605    .3161473          0          1
       union |      4165    .3639856    .4812023          0          1
          ed |      4165    12.84538    2.787995          4         17
-------------+--------------------------------------------------------
```

```
        blk |      4165    .0722689    .2589637          0          1
      lwage |      4165    6.676346    .4615122    4.60517      8.537
          t |      4165           4     2.00024          1          7
         id |      4165         298    171.7821          1        595
       exp2 |      4165     514.405    496.9962          1       2601
```

Balanced and complete 資料，故 7 年 ×595 個體 =4,165 筆資料。

Step 2. xtset 定義 i 及 t

此指令讓你界定哪個變數是個體 i，哪個變數是時間 t (allows use of panel commands and some time series operators)。

```
*設定個體為 id，時間為 t
. xtset id t

* Panel description of data set
. xtdescribe

      id:  1, 2, ..., 595                               n =        595
       t:  1, 2, ..., 7                                 T =          7
           Delta(t) = 1 unit
           Span(t)  = 7 periods
           (id*t uniquely identifies each observation)

Distribution of T_i:   min      5%      25%       50%       75%     95%     max
                         7       7        7         7         7       7       7

     Freq.  Percent    Cum. |  Pattern
 ---------------------------+---------
      595    100.00  100.00 |  1111111
 ---------------------------+---------
      595    100.00         |  XXXXXXX

* Panel summary statistics: within and between variation
. xtsum lwage exp ed t
```

```
Variable         |      Mean   Std. Dev.       Min        Max |    Observations
-----------------+--------------------------------------------+----------------
lwage    overall | 6.676346    .4615122    4.60517      8.537 |     N =    4165
         between |             .3942387     5.3364   7.813596 |     n =     595
         within  |             .2404023   4.781808   8.621092 |     T =       7
                 |                                            |
exp      overall | 19.85378    10.96637          1         51 |     N =    4165
         between |             10.79018          4         48 |     n =     595
         within  |              2.00024   16.85378   22.85378 |     T =       7
                 |                                            |
ed       overall | 12.84538    2.787995          4         17 |     N =    4165
         between |             2.790006          4         17 |     n =     595
         within  |                    0   12.84538   12.84538 |     T =       7
                 |                                            |
t        overall |        4     2.00024          1          7 |     N =    4165
         between |                    0          4          4 |     n =     595
         within  |              2.00024          1          7 |     T =       7
```

1. 非時變 (time-invariant) 變數 ed，其 within variation is zero。

2. Individual-invariant 變數 t，其 between variation is zero。

3. lwage the within variation < between variation。

Step 3. xttab 指令，印出類別變數

```
* Panel tabulation for a variable
. xttab south

                  Overall             Between            Within
    south |    Freq.  Percent      Freq.  Percent        Percent
----------+-----------------------------------------------------
        0 |     2956    70.97        428    71.93          98.66
        1 |     1209    29.03        182    30.59          94.90
----------+-----------------------------------------------------
    Total |     4165   100.00        610   102.52          97.54
                                  (n = 595)
```

1. 平均 29.03% 是在南方 (on average were in the south)。

2. 有 20.59% 曾經住過南方 (were ever in the south)。
3. 那些曾在南方的 94.9% 的人，總是在南方 (94.9% of those ever in the south were always in the south)。

Step 4. xttrans 指令：遷移率

```
* Transition probabilities for a variable
. xttrans south, freq

居住在南方 |
嗎?south== |
   1 if in | 居住在南方嗎?south==1
 the South | if in the South area
      area |         0          1 |     Total
-----------+----------------------+----------
         0 |     2,527          8 |     2,535
           |     99.68       0.32 |    100.00
-----------+----------------------+----------
         1 |         8      1,027 |     1,035
           |      0.77      99.23 |    100.00
-----------+----------------------+----------
     Total |     2,535      1,035 |     3,570
           |     71.01      28.99 |    100.00
```

1. 曾在南方的樣本有 28.99%（for the 28.99% of the sample ever in the south)。
2. 有 99.23% 的人留在南方下一期 (remained in the south the next period)。

Step 5. xtline 指令：繪線形圖

```
* Time series plots of log wage for first 10 individuals
*畫出前十筆個體之 LOG(工資)的線形圖
. xtline lwage if id<=10, overlay
```

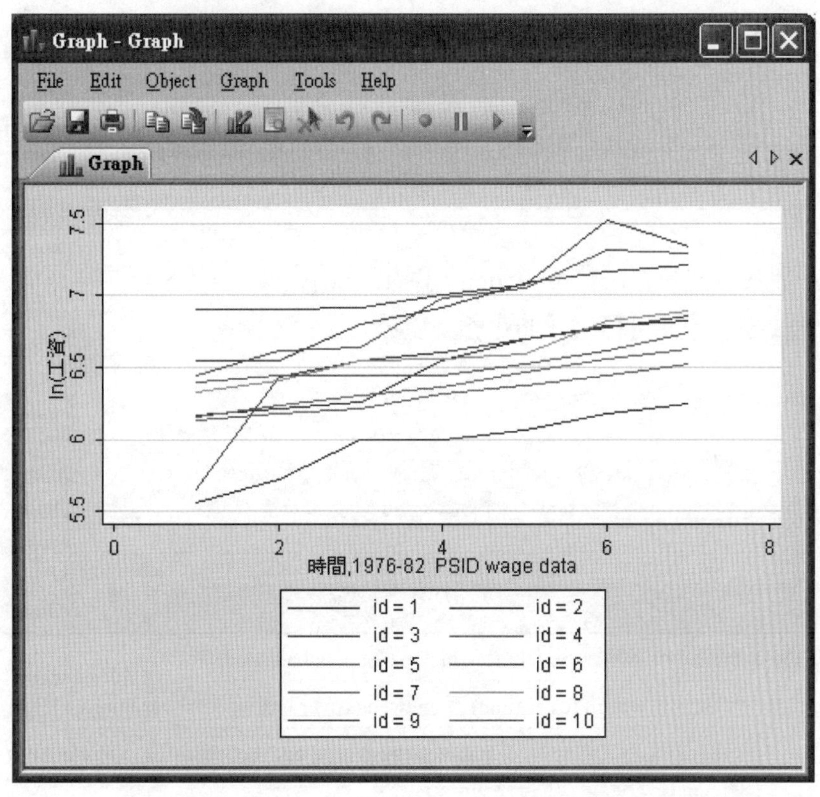

圖 5-6 xtline 指令：繪線形圖

Step 6. correlate 指令：求出一階自我相關

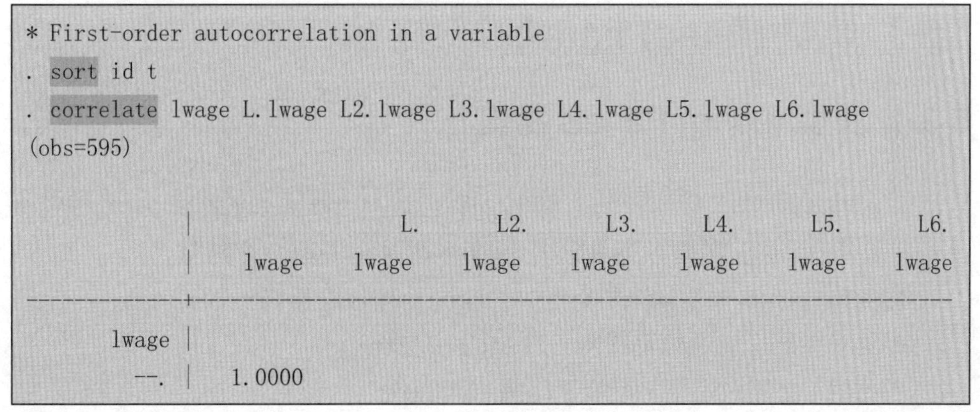

```
* First-order autocorrelation in a variable
. sort id t
. correlate lwage L.lwage L2.lwage L3.lwage L4.lwage L5.lwage L6.lwage
(obs=595)

             |               L.       L2.       L3.       L4.       L5.       L6.
             |    lwage    lwage    lwage    lwage    lwage    lwage    lwage
-------------+----------------------------------------------------------------
       lwage |
         --. |   1.0000
```

```
  L1. |  0.9238  1.0000
  L2. |  0.9083  0.9271  1.0000
  L3. |  0.8753  0.8843  0.9067  1.0000
  L4. |  0.8471  0.8551  0.8833  0.8990  1.0000
  L5. |  0.8261  0.8347  0.8721  0.8641  0.8667  1.0000
  L6. |  0.8033  0.8163  0.8518  0.8465  0.8594  0.9418  1.0000
```

1. lwage 變數具有高 serial correlation，例如 Corr[y_t , y_{t-6}] = 0.80。
2. correlate 指令，亦可算出「非定態」變數之自我相關。

小結

1. 指令 describe, summarize, tabulate 只適合 cross section 及 time series variation。
2. 下表所列 panel 指令，都需在 xtset 執行之後：

指令	說明
xtdescribe	追蹤資料之描述 (extent to which panel is unbalanced)
xtsum	分別求出 within (over time) 及 between (over individuals) variation
xttab	追蹤資料之次數分配表 (tabulations within and between for discrete data)。例如 binary 變數之次數分配表。
xttrans	離散資料之遷移率 (transition frequencies for discrete data)
xtline	繪時間序列之線性圖 (time series plot for each individual on one chart)
xtdata	繪散布圖 (scatter plots for within and between variation)

5-3 長型 (Long) Panels

5-3-1 長型 (Long) Panels 特性

1. 短型 (short) panels：係指時間 t 固定，且 N → ∞。傳統上，線性 panel 模型多數是短型 (short)。例如，本章範例「cornwell_panel.dta」資料檔。
2. 長型 (long) panels：近似時間 t → ∞。Long panels 的特性，包括：
   (1) 動態模型即可處理特定誤差 (如 AR(1) 的誤差)。
   (2) 跨個體 i 之間的誤差，可能是相關 (非 iid)。

(3) 特定個體效果可能只是個體虛像 (Individual-specific effects can be just individual dummies.)

(4) 此外，樣本數 N 很小，時間 t 很長，即能允許個體 i 之間的斜率是不同的。

5-3-2 長型 (Long) Panels 的指令

一、定態誤差之長型 (Long) Panels (models with stationary errors)

Stata 指令	說明
xtgls: Fit 追蹤資料 (panel-data) models by using GLS	提供各式各樣的誤差型態
xtpcse: Linear regression with panel-corrected standard errors	是從 xtgls 演變而生
xtregar: Fixed- and random effects linear models with an AR(1) disturbance	做「FE and RE with AR(1) error」
外掛指令 xtscc: Robust std. err. for panel regression	(已知)gives HAC se's with spatial correlation

二、非定態誤差之長型 (Long) Panels

它是目前很熱門的主題，但 Stata 仍無專用的指令。

Stata 指令	說明
. xtunitroot llc	Levin-Lin-Chu (2002) panel unit root 檢定
. xtunitroot ht	Harris-Tzavalis 檢定
. xtunitroot breitung	Breitung 檢定
. xtunitroot ips	Im-Pesaran-Shin 檢定
. xtunitroot fisher	Fisher-type 檢定 (combining p-values)
. xtunitroot hadri	Hadri Lagrange multiplier stationarity 檢定
. xtpmg：Pooled mean-group, mean-group, and dynamic fixed-effects models	xtpmg aids in the estimation of large-N and large-T panel-data models, where nonstationarity may be a concern. In addition to the traditional dynamic fixed-effects models, xtpmg allows for the pooled mean-group and mean-group estimators.

5-4 線性 Panel 之六種估計法

Panel-data 是用來描述一個總體中給定之樣本在一段時間的情況，並對樣本中每一個樣本單位都進行多重觀察，乃包含了時間序列資料 (time series data) 與橫斷面資料 (cross section data) 兩種資料之形式，不但擁有時間序列資料的動態性，且兼顧了橫斷面能表達的不同現象。Mundlak (1978) 最早將 panel-data 概念引入經濟計量中，認爲 panel-data 提供了更多樣本數和較大自由度，以增加計量模型變異量的效率外，尙有其他幾項優點：(1)panel-data 相對於橫斷面資料而言，較易控制個體的異質性；(2)panel-data 提供更多訊息，減少變數間的共線性問題；(3) 能衡量時序或橫斷面模型所無法單獨檢定的效果；(4) 可減少經由個體或加總所產生的偏誤；(5) 可建立與檢定較時序或橫斷面資料較爲複雜的行爲模式 (Baltagi, 2001)。

傳統上使用追蹤 (panel) 資料進行分析時，採用 reg 指令進行 pooled 迴歸分析，通常假設參數固定不變，然而容易產生異質性偏誤 (heterogeneity bias) 的問題。爲了解決追蹤資料這種個體異質性的問題，故採用固定效果模型和隨機效果模型。

Panel-data 是同時包含 n 個體及 t 期的橫縱面資料，其迴歸模型之截距項會因爲忽略分析單位的不同與否，造成應變數有不同的影響，所以依據資料截距項的特性，有二種不同的 panel-data 模型：(1) 假設截距項 α_i 依分析單位不同而異，但並不隨著時間不同而改變，此模型稱爲固定效果模型；(2) 假設截距項 α_{it} 會因不同的分析單位與不同的時間而改變，此模型稱爲隨機效果模型。

Stata 之 xtreg, xtivreg,「ivregress 2sls」等指令，都有提供下列五種估計法：

1. 混合資料最大平方法 (pooled OLS)：OLS of y_{it} on x_{it}。

   指令語法：reg y x

2. 個體間估計法 (between estimator, BE 法)：OLS of $\bar{y}_{it}$ on $\bar{x}_i$。

   指令語法：xtreg y x, be

3. 隨機效果 (random effects, RE) 估計法：即 FGLS 在 RE 模型裡。

   隨機效果 (RE) 模型爲 $Y_{it} = \beta X_{it} + \alpha + \underbrace{u_{it}}_{\text{個體間誤差}} + \underbrace{\varepsilon_{it}}_{\text{個體內誤差}}$

   (1) 可行的廣義最小平方法 (feasible generalized least squares, FGLS) 在 RE 模型中，係假定 α_i iid $(0, \sigma_\alpha^2)$、α_i iid $(0, \sigma_\varepsilon^2)$。

(2) FGLS 等於 $(X_{it}-\hat{\theta}_i\bar{X}_i)$ 對 $(y_{it}-\hat{\theta}_i\bar{y}_i)$ 的 OLS 迴歸，

其中，$\theta_i = 1-\sqrt{\dfrac{\sigma_\varepsilon^2}{T_i\sigma_\alpha^2+\sigma_\varepsilon^2}}$

FGLS 之 Stata 指令語法為：

```
. xtreg y x, re
*或
. xtgee y x, corr(選項) vce(robust)
```

4. 組內估計 (within estimator) 或固定效果 (FE) 估計：OLS of $(y_{it}-\bar{y}_i)$ on $(x_{it}-\bar{x}_i)$
   Stata 指令語法為：xtreg y x, fe
5. 帶有單根，一階差分估計法 (first difference estimator)
   (1) 一階差分 (first difference) 估計係採用 OLS 迴歸，係指 $(X_{it}-X_{i,t-1})$ 對 $(y_{it}-y_{i,t-1})$ 的迴歸。
   (2) 一階差分可估計 $(y_{it}=\alpha_i+X'_{it}\beta+\varepsilon_{it})$ 式中 α_i 值。
   (3) Stata 指令符號：reg D.y D.x

例如，以「cornwell_panel.dta」資料檔中工資 (lwage) 為依變數，解釋變數為「工作年資 (exp)、年資平方 (exp2)、每週工作時數 (wks)、學歷 (ed)」，其六種不同 panel 估計法之分析結果，整理如下表：

預測變數	OLS	OLS(rob)	FE	FE(rob)	RE	RE(rob)
exp	0.0447	0.0447	0.1138	0.1138	0.0889	0.0889
	0.0024	0.0054	0.0025	0.0044	0.0028	0.0040
exp2	−0.0007	−0.0007	−0.0004	−0.0004	−0.0008	−0.0008
	0.0001	0.0001	0.0001	0.0001	0.0001	0.0001
wks	0.0058	0.0058	0.0008	0.0008	0.0010	0.0010
	0.0012	0.0019	0.0005	0.0009	0.0007	0.0009
ed	0.0760	0.0760	0.0000	0.0000	0.1117	0.1117
	0.0022	0.0052	0.0000	0.0000	0.0061	0.0084
_cons	4.9080	4.9080	4.5964	4.5964	3.8294	3.8294
	0.0673	0.1400	0.0389	0.0649	0.0936	0.1334

預測變數	OLS	OLS(rob)	FE	FE(rob)	RE	RE(rob)
N	4165.0000	4165.0000	4165.0000	4165.0000	4165.0000	4165.0000
R2	0.2836	0.2836	0.6566	0.6566		
R2_o			0.0476	0.0476	0.1830	0.1830
R2_b			0.0276	0.0276	0.1716	0.1716
R2_w			0.6566	0.6566	0.6340	0.6340
sigma_u			1.0362	1.0362	0.3195	0.3195
sigma_e			0.1522	0.1522	0.1522	0.1522
rho			0.9789	0.9789	0.8151	0.8151

legend: b/se

1. 四個解釋變數對 lwage 的預測模型，在這六種不同 panel 估計法所得迴歸係數，都不盡相同。
2. 指令「xtreg lwage exp exp2 wks ed, fe vce(robust)」，儘管納入「cluster-robust」，但仍無法有效降低標準誤 σ_e。
3. 學歷 (ed) 它是非時變 (time-invariant)，故在 FE 法不會被認定 (identified)，係數爲 0.000。

5-4-1 混合資料 OLS 法 (reg 指令)

1. 基本迴歸模型

$$Y_{it} = \alpha_{it} + \beta_1 X_{1it} + \beta_2 X_{2it} + \cdots + \beta_k X_{kit} + \varepsilon_{it}$$

$$\text{又分}\begin{cases} OLS\text{迴歸，當}\alpha_{it} = \alpha(\text{所有樣本截距項都相同}) \\ \text{固定效果，當}\alpha_{it} = \alpha_i(\text{每一個體截距項都相同}) \\ \text{隨機效果，當}\alpha_{it} = \underbrace{\mu}_{\text{對}y\text{平均的影響}} + \underbrace{\gamma_i}_{\text{隨機誤差}} = \alpha + \underbrace{u_{it}}_{\text{個體間誤差}} + \underbrace{\varepsilon_{it}}_{\text{個體內誤差}} \end{cases}$$

2. 混合資料 (pooled)OLS 模型或樣本平均 (population-averaged, PA) 模型

$$y_{it} = \alpha + X'_{it}\beta + \underbrace{u_{it}}_{\text{殘差項}\sim N(0,\sigma^2)}$$

(一) 不正確「內定 (default) 標準誤」之 Pooled OLS 法

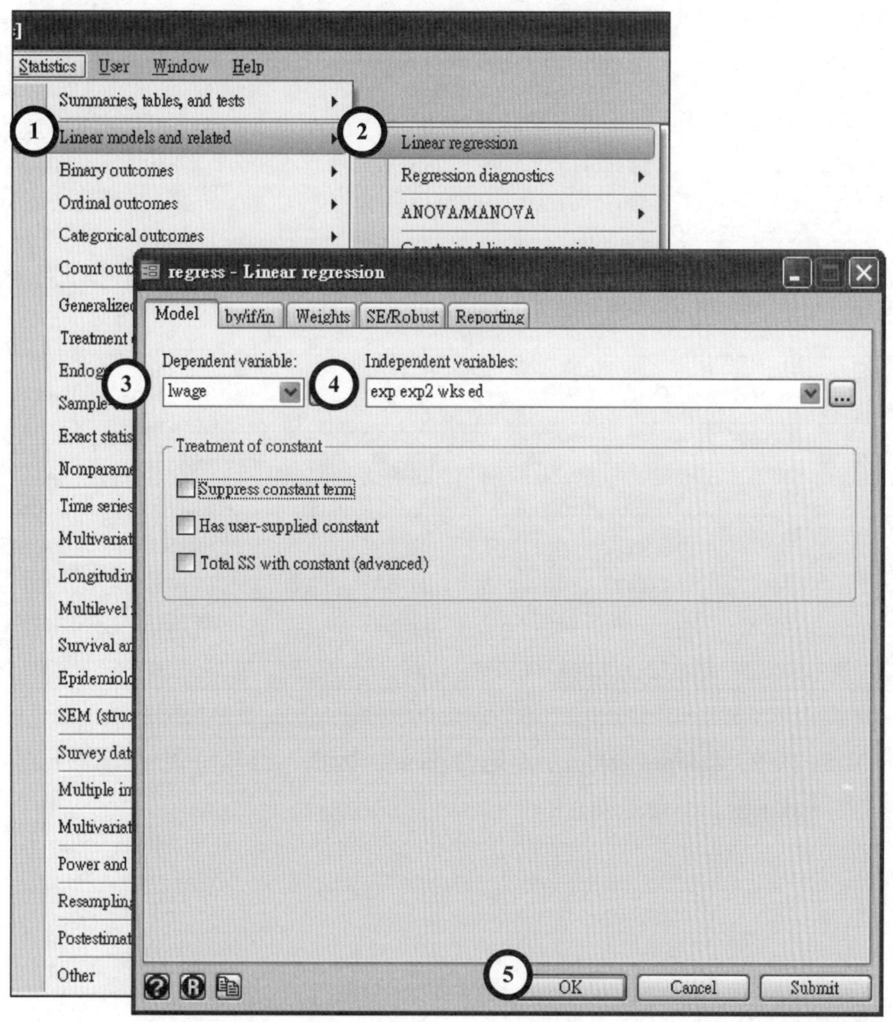

圖 5-7 OLS 法：指令「reg lwage exp exp2 wks ed」之畫面

```
. use cornwell_panel.dta, clear

* Pooled OLS with incorrect default standard errors
. reg lwage exp exp2 wks ed

      Source |       SS       df       MS              Number of obs =    4165
-------------+------------------------------           F(  4,  4160) =  411.62
       Model |  251.491445     4  62.8728613           Prob > F      =  0.0000
    Residual |  635.413457  4160  .152743619           R-squared     =  0.2836
-------------+------------------------------           Adj R-squared =  0.2829
       Total |  886.904902  4164  .212993492           Root MSE      =  .39082

------------------------------------------------------------------------------
       lwage |      Coef.   Std. Err.      t    P>|t|     [95% Conf. Interval]
-------------+----------------------------------------------------------------
         exp |    .044675   .0023929    18.67   0.000     .0399838    .0493663
        exp2 |  -.0007156   .0000528   -13.56   0.000    -.0008191   -.0006121
         wks |    .005827   .0011827     4.93   0.000     .0035084    .0081456
          ed |   .0760407   .0022266    34.15   0.000     .0716754     .080406
       _cons |   4.907961   .0673297    72.89   0.000     4.775959    5.039963
------------------------------------------------------------------------------
```

OLS 內定的 standard errors 是不適合 panel，因為，已知時間 t 在個體 i 之間，其誤差「Std. Err.」不會是獨立的。

(二) 具有 Cluster-Robust 標準誤之 Pooled OLS 法

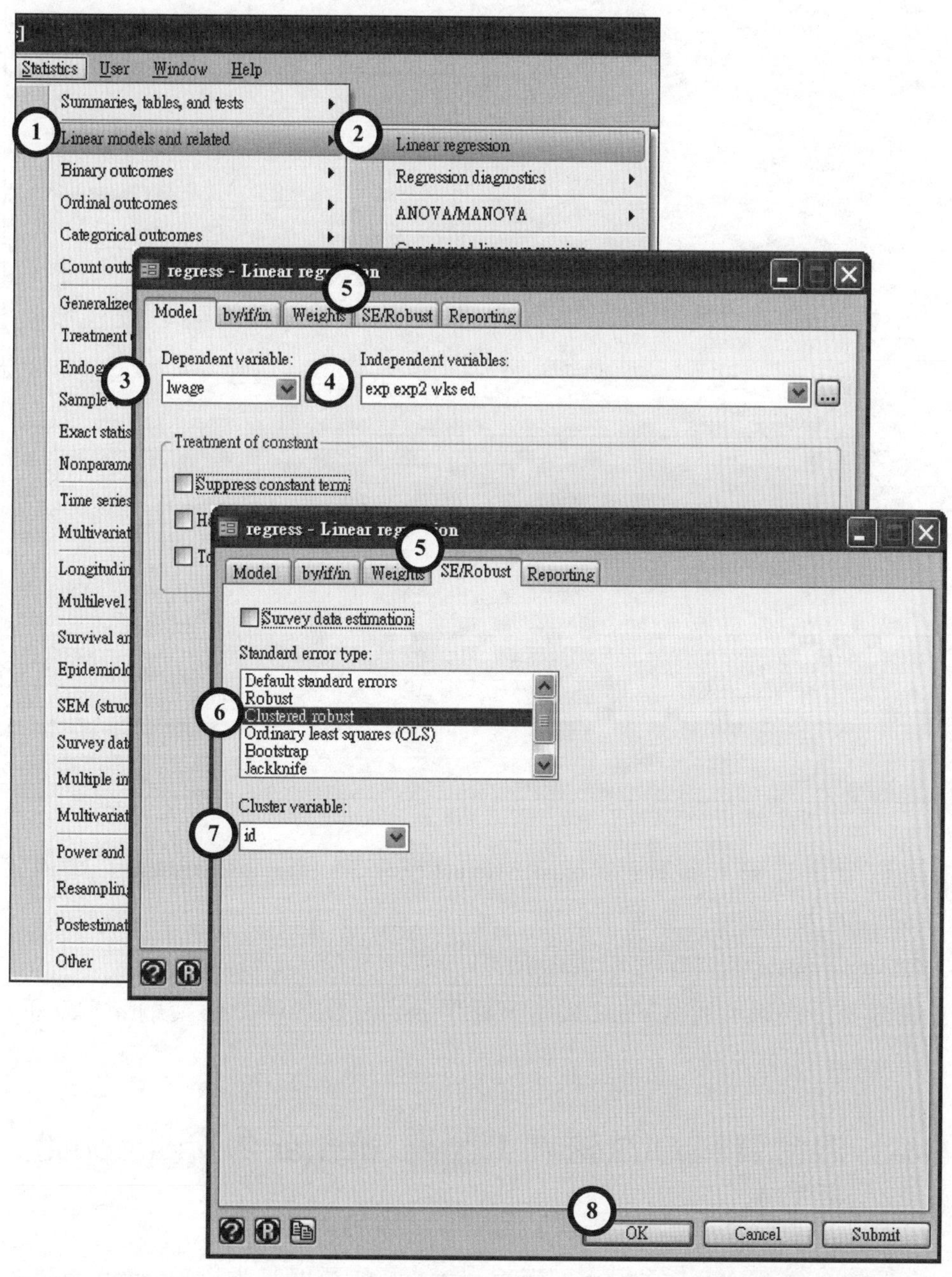

圖 5-8 LS(rob) 法：指令「reg lwage exp exp2 wks ed, vce(cluster id)」之畫面

5-4-2 混合資料 OLS 法 (reg, vce(cluster i) 指令)

```
. use cornwell_panel.dta, clear
* Pooled OLS with cluster-robust standard errors
. reg lwage exp exp2 wks ed, vce(cluster id)

Linear regression                               Number of obs =     4165
                                                F(  4,    594) =    72.58
                                                Prob > F      =   0.0000
                                                R-squared     =   0.2836
                                                Root MSE      =   .39082

                                (Std. Err. adjusted for 595 clusters in id)
------------------------------------------------------------------------------
             |               Robust
       lwage |      Coef.   Std. Err.      t    P>|t|     [95% Conf. Interval]
-------------+----------------------------------------------------------------
         exp |    .044675   .0054385     8.21   0.000     .0339941     .055356
        exp2 |  -.0007156   .0001285    -5.57   0.000    -.0009679   -.0004633
         wks |    .005827   .0019284     3.02   0.003     .0020396    .0096144
          ed |   .0760407   .0052122    14.59   0.000     .0658042    .0862772
       _cons |   4.907961   .1399887    35.06   0.000     4.633028    5.182894
------------------------------------------------------------------------------
```

1. 比較上面二表，可看出：cluster-robust 標準誤「Robust Std. Err.」比內定 (default) 大二倍。
2. Cluster-robust t 值只有內定 (default) 的一半。
3. 值得一提的事，通常 panel 模型，採用 pooled OLS 時，都要納入「cluster-robust se's」才正確。

5-4-3 混合資料 OLS 法 (「xtgee, corr(ar 2) vce(robust)」指令)

使用可行的 GLS 指令時，x_{it} 來預測 y_{it}，其誤差項並非 iid (Regress y_{it} on x_{it} using feasible GLS as error is not iid.)。

```
. use cornwell_panel.dta, clear
. xtset id t
       panel variable:  id (strongly balanced)
        time variable:  t, 1 to 7
                delta:  1 unit

* Pooled FGLS estimator with AR(2) error & cluster-robust se's
*採用廣義最小平方法 (GLS)，其誤差具有自我相關及異質性
. xtgee lwage exp exp2 wks ed, corr(ar 2) vce(robust)

Iteration 1: tolerance = .02245275
Iteration 2: tolerance = .02001357
 (略)
Iteration 23: tolerance = 6.673e-07

GEE population-averaged model               Number of obs      =      4165
Group and time vars:                id t    Number of groups   =       595
Link:                           identity    Obs per group: min =         7
Family:                         Gaussian                   avg =       7.0
Correlation:                       AR(2)                   max =         7
                                            Wald chi2(4)       =    873.28
Scale parameter:                .1966639    Prob > chi2        =    0.0000

                                  (Std. Err. adjusted for clustering on id)
------------------------------------------------------------------------------
             |             Semirobust
       lwage |      Coef.   Std. Err.      z    P>|z|     [95% Conf. Interval]
-------------+----------------------------------------------------------------
         exp |   .0718915    .003999    17.98   0.000     .0640535    .0797294
        exp2 |  -.0008966   .0000933    -9.61   0.000    -.0010794   -.0007137
         wks |   .0002964   .0010553     0.28   0.779     -.001772    .0023647
          ed |   .0905069   .0060161    15.04   0.000     .0787156    .1022982
       _cons |   4.526381   .1056897    42.83   0.000     4.319233    4.733529
------------------------------------------------------------------------------
```

圖 5-9 指令「xtgee lwage exp exp2 wks ed, corr(ar 2) vce(robust)」之畫面

5-4-4 組間之廣義最小平方法 (between GLS) 估計 (xtreg, be 指令)

它以廣義最小平方法，求 x_i 對 $\bar{y}_i$ 的預測式，即使用每一個個體的平均來執行迴歸。

```
. use cornwell_panel.dta, clear
* Between Estimator(BE) with default standard errors
. xtreg lwage exp exp2 wks ed, be

Between regression (regression on group means)  Number of obs      =      4165
Group variable: id                              Number of groups   =       595

R-sq:  within  = 0.1357                         Obs per group: min =         7
       between = 0.3264                                        avg =       7.0
       overall = 0.2723                                        max =         7

                                                F(4,590)           =     71.48
sd(u_i + avg(e_i.))=   .324656                  Prob > F           =    0.0000

------------------------------------------------------------------------------
       lwage |      Coef.   Std. Err.      t    P>|t|     [95% Conf. Interval]
-------------+----------------------------------------------------------------
         exp |    .038153   .0056967     6.70   0.000     .0269647    .0493412
        exp2 |  -.0006313   .0001257    -5.02   0.000    -.0008781   -.0003844
         wks |   .0130903   .0040659     3.22   0.001     .0051048    .0210757
          ed |   .0737838   .0048985    15.06   0.000     .0641632    .0834044
       _cons |   4.683039   .2100989    22.29   0.000     4.270407    5.095672
------------------------------------------------------------------------------
```

5-4-5 固定效果 (or within) 之估計 (xtreg, fe 指令)

固定效果模型 (fixed effects model) 與隨機效果模型 (random effects model) 爲追蹤資料最常被採用之模式。若樣本來自「特定」母體，且個體特性不隨時間不同而改變時，使用固定效果模型可強調個體差異性；若樣本是「隨機」抽樣自母體，則使用隨機效果模型較佳。

一、特定個體 (individual-specific) 效果模型

特定個體效果又細分固定效果 (fixed effects, FE) 及隨機效果 (random effects, RE)，兩者都是追蹤／縱橫資料最常被採用之模式。若樣本來自「特定」母體，且個體特性不隨時間不同而改變時，使用固定效果模型可強調個體差異性；若樣本是「隨機」抽樣自母體，則使用隨機效果模型較佳。

$$y_{it} = \underbrace{\alpha_i}_{\text{可以是固定效果或隨機效果}} + X'_{it} \underbrace{\beta}_{\text{固定效果或隨機效果之估計值相近}} + \underbrace{\varepsilon_{it}}_{\text{殘差項}\sim N(0,\sigma^2)}$$

$$\text{又分}\begin{cases}\text{固定效果}: y_{it} = \underbrace{\alpha_i}_{\text{它與解釋變數 } x_{it} \text{ 有相關}} + \underbrace{X'_{it}}_{\text{它亦可爲內生解釋變數}} \beta + \underbrace{\varepsilon_{it}}_{\text{殘差項}\sim N(0,\sigma^2)} \\ \text{隨機效果}: y_{it} = \underbrace{\alpha}_{\text{純隨機}\sim N(0,\sigma_\alpha^2)\text{, 它與解釋變數 } x_{it} \text{ 無相關}} + \underbrace{X'_{it}}_{\text{外生解釋變數}} \beta + \underbrace{u_{it}}_{\text{個體間誤差}} + \underbrace{\varepsilon_{it}}_{\text{個體內誤差}}\end{cases}$$

1. 固定效果 (fixed effects, FE) 的特性

(1) 截距項 α_i 是隨機變數，α_i 與解釋變數 x_{it} 係有相關的。

(2) 故 x_{it} 可能是內生 (endogenous) 解釋變數 (它與 α_i 有相關，但與 ε_{it} 無相關)。例如，假設 x_{it} 爲教育水準 (education)，它與「不隨時間而改變 (time-invariant，非時變)」的能力 (ability)，二者係有相關。故能力 (ability) 就可當作教育水準 (education) 的工具變數，用能力 (工具變數 Z) 來估計「教育水準預測值 $\hat{x}_{it}$ 」，再以 $\hat{x}_{it}$ 來預測依變數 y。

(3) 混合資料 (pooled)OLS、混合資料 (pooled)GLS 及隨機效果 (RE)，三者估計出來的係數 β 都會不一致。

但 within(固定效果) 及一階差分 (first difference, FD) 所估的係數 β，則具有一致性。

2. 隨機效果 (random effects, RE) 的特性

(1) 截距項 α_i 是純隨機變數，$\alpha_i \overset{iid}{\sim} (0,\sigma_\alpha^2)$，而且 α_i 與解釋變數 x_{it} 係無相關的。

(2) 故 x_{it} 可能是外生 (exogenous) 解釋變數。

(3) 適當固定效果及隨機效果，所求得係數 β 係一致性。

小結

個體經濟較常用固定效果模型，但其他社會科學領域則常用隨機效果模型。

二、固定效果之解說

所謂固定效果模型，即是認為不同觀察單位有不同特定的截距項 (常數)，以表示觀察單位間的差異，使得不同單位呈現不同的個別效果。且模型可同時考慮橫斷面及時間序列並存的資料，若是允許個體間有差異性存在，即為個體效果；而若是允許時間上有差異性存在，即為時間效果，且此模型假設差異來自母體本身，且母體內的相似性低，故不透過抽樣的方式來選取樣本，而是採用母體全部，以觀察各個體間之差異。

固定效果在模型係數估計上，又稱為最小平方虛擬變數模型 (least squares dummy variable model, LSDV)，可同時考慮橫斷面與時間序列並存之資料，著重於個體間差異。其假設個體間存在的差異，相似性較低，不可視為相同，而採用全部母體觀察個體間之差異性，所以固定效果模型中之截距項皆不相同，表現出個體之獨特性。

採用固定效果模型時，需加入虛擬變數 (dummy variable)，其作用在衡量未被觀察的變數對模型之影響，意即針對橫斷面上不同個體所產生之效果，在 N 個個體下可設立 (N−1) 個虛擬變數的迴歸模型，以消除各個體間之偏差，可使模型的共變異數變小，並以固定截距代表各個體間有不同結構。

固定效果模型可表示如下式：

$$Y_{it} = \alpha_0 + \sum_{j=1}^{J} \alpha_j D_j + \sum_{k=1}^{K} \beta_k X_{kit} + \varepsilon_{it}$$

其中

Y_{it}：第 i 個個體於時間點 t 時之應變數

α_0：基準個體之截距項

α_j：虛擬變數之參數，會依不同研究樣本而改變，但在一段時間內為固定不變，稱之為「個體效果」

D_j：虛擬變數，當 $i = j$ 時，$D_j = 1$；當 $i \neq j$ 時，$D_j = 0$

β_k：第 k 個解釋變數之參數

X_{kit}：第 i 個個體在時間點 t 時之第 k 個解釋變數

ε_{it}：隨機誤差項

i：第 i 個個體，$i = 1, 2, \cdots, N$

j：第 j 個虛擬變數，$j = 1, 2, \cdots, J$

k：第 k 個解釋變數 (regressors)，$k = 1, 2, \cdots, K$

t：時間點，$t = 1, 2, \cdots, T$

三、xtreg 指令固定效果之解說

xtreg 指令分析結果之解說，如下圖。

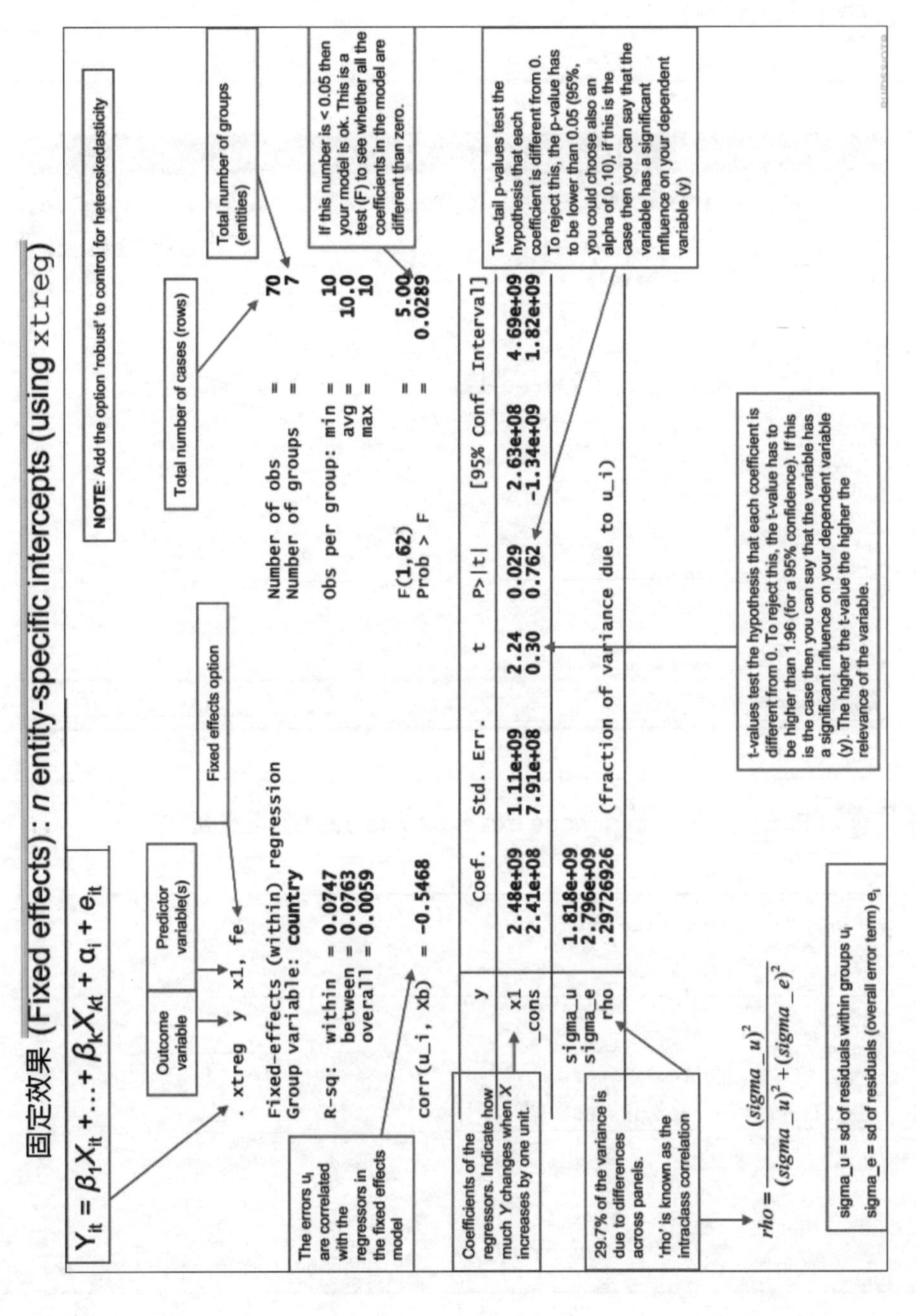

四、固定效果之範例

固定效果 (FE) 估計法：OLS of $(y_{it} - \overline{y}_i)$ on $(x_{it} - \overline{x}_i)$

指令語法：xtreg y x, fe

(一) 誤差沒有異質性

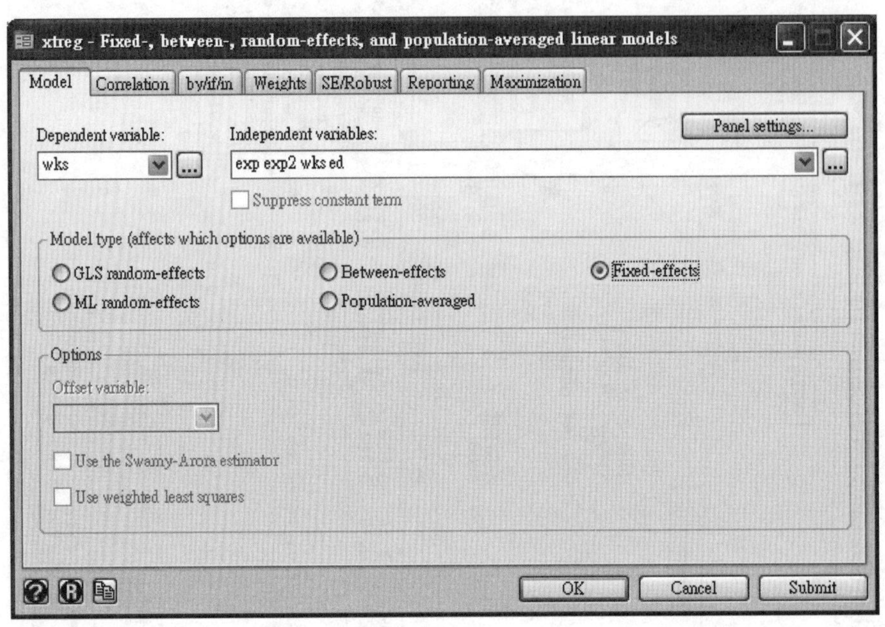

圖 5-9 FE 法：指令「xtreg lwage exp exp2 wks ed, fe」之畫面

```
. use cornwell_panel.dta, clear
. xtset id t
       panel variable:  id (strongly balanced)
        time variable:  t, 1 to 7
                delta:  1 unit
. xtreg lwage exp exp2 wks ed, fe
note: ed omitted because of collinearity

Fixed-effects (within) regression               Number of obs      =      4165
Group variable: id                              Number of groups   =       595
```

```
R-sq:  within  = 0.6566                    Obs per group: min =         7
       between = 0.0276                                   avg =       7.0
       overall = 0.0476                                   max =         7

                                           F(3,3567)          =   2273.74
corr(u_i, Xb)  = -0.9107                   Prob > F           =    0.0000

------------------------------------------------------------------------------
       lwage |      Coef.   Std. Err.      t    P>|t|     [95% Conf. Interval]
-------------+----------------------------------------------------------------
         exp |   .1137879   .0024689    46.09   0.000     .1089473    .1186284
        exp2 |  -.0004244   .0000546    -7.77   0.000    -.0005315   -.0003173
         wks |   .0008359   .0005997     1.39   0.163    -.0003399    .0020116
          ed |          0  (omitted)
       _cons |   4.596396   .0389061   118.14   0.000     4.520116    4.672677
-------------+----------------------------------------------------------------
     sigma_u |  1.0362039
     sigma_e |  .15220316
         rho |  .97888036   (fraction of variance due to u_i)
------------------------------------------------------------------------------
F test that all u_i=0:     F(594, 3567) =    56.52          Prob > F = 0.0000
```

1. 由於，若 $Cov(x_{it}, \alpha_i) = 0$，才可採用隨機效果 (RE)，即截距項 α_i 與解釋變數 x_{it} 無關；相反地，因本例 $Cov(x_{it}, \alpha_i) \neq 0$，故採用固定效果 (FE)，並求得「corr(u_i, X)= −0.91」，表示截距項 α_i 與解釋變數 x_{it} 之相關爲 −0.91。
2. 本模型「xtreg lwage exp exp2 wks ed, fe」整體適配 $F_{(3,3567)}$=2273.74(p<0.05)，表示本模型中，所有係數都不是 0，即本模型設定是 ok 的。
3. 解釋變數 exp 對 lwage 預測係數 β 爲 0.113，雙尾 $t = 46.09 (p < 0.05)$，表示「工作經驗 exp 每增加一單位，依變數 (工資 lwage) 就增加 0.1138 單位」。通常，雙尾 $|t|$ 值 > 1.96，其 p 值就落入「臨界值的拒絕區」。
4. 固定效果 panel 迴歸式「$Y_{it} = \alpha_i + \beta_1 Y_{1it} + \cdots + \beta_k Y_{kit} + e_{it}$」爲：

$$lwage_{it} = 4.59 + 0.114\exp_{it} - 0.0004\exp_{it}^2 + 0.0008wks_{it} + (\text{遺漏值})ed_{it} + e_{it}$$

5.「sigma_u」爲「組內殘差的標準差 (sd of residuals within group) u_i」。
6.「sigma_e」爲「全體殘差的標準差 [sd of residuals (overall error term)] e_i」。

7. 類別間相關 (interclass correlation) 殘差自我相關 $\rho = \frac{(sigma\_u)^2}{(sigma\_u)^2 + (sigma\_e)^2}$，本例 rho = 0.978，表示「變異數的 97.8% 係來自 across panels 之差異」。
8. xtreg, xtivreg, ivregress 指令來執行固定／隨機效果之複迴歸，才會多印出最後一行之 F = 56.52，p < 0.05，故拒絕「H_0：每個個體的截距項 α_i 皆相同」，則採用固定效果模型分析較爲合適；反之，若接受 H_0，則只需估計單一截距項 α_i，意味此 panel-data 的 N 個觀察個體、T 期觀察時間的資料，可被作 N×T 個觀察值的橫斷面或時間序列樣本，因而喪失 panel 資料的特性，成爲混合資料迴歸模型。

$$Y_{it} = \alpha_i + \beta' \sum_{i=1}^{k} X_{kit} + \varepsilon_{it} \quad i = 1, 2, \cdots, n；t = 1, 2, \cdots, T$$

$$\hat{\alpha}_i = \overline{Y_i} - \overline{X_i}\hat{\beta}_{FE} \quad i = 1, 2, \cdots, N$$

由於檢視每個觀察個體的截距項是否均不同，因此設定以下的 F 檢定假設：

$$\begin{cases} H_0：\alpha_1 = \alpha_2 = \cdots = \alpha_i \\ H_1：H_0 \text{爲僞} \end{cases}$$

其檢定統計量爲 F 分配：

$$F_{(N-1, NT-N-K)} = \frac{(SSE_{Pooled} - SSE_{LSDV})/(n-1)}{SSE_{LSDV}/(NT-N-K)}$$

(二) 固定效果 (納入誤差之異質性)

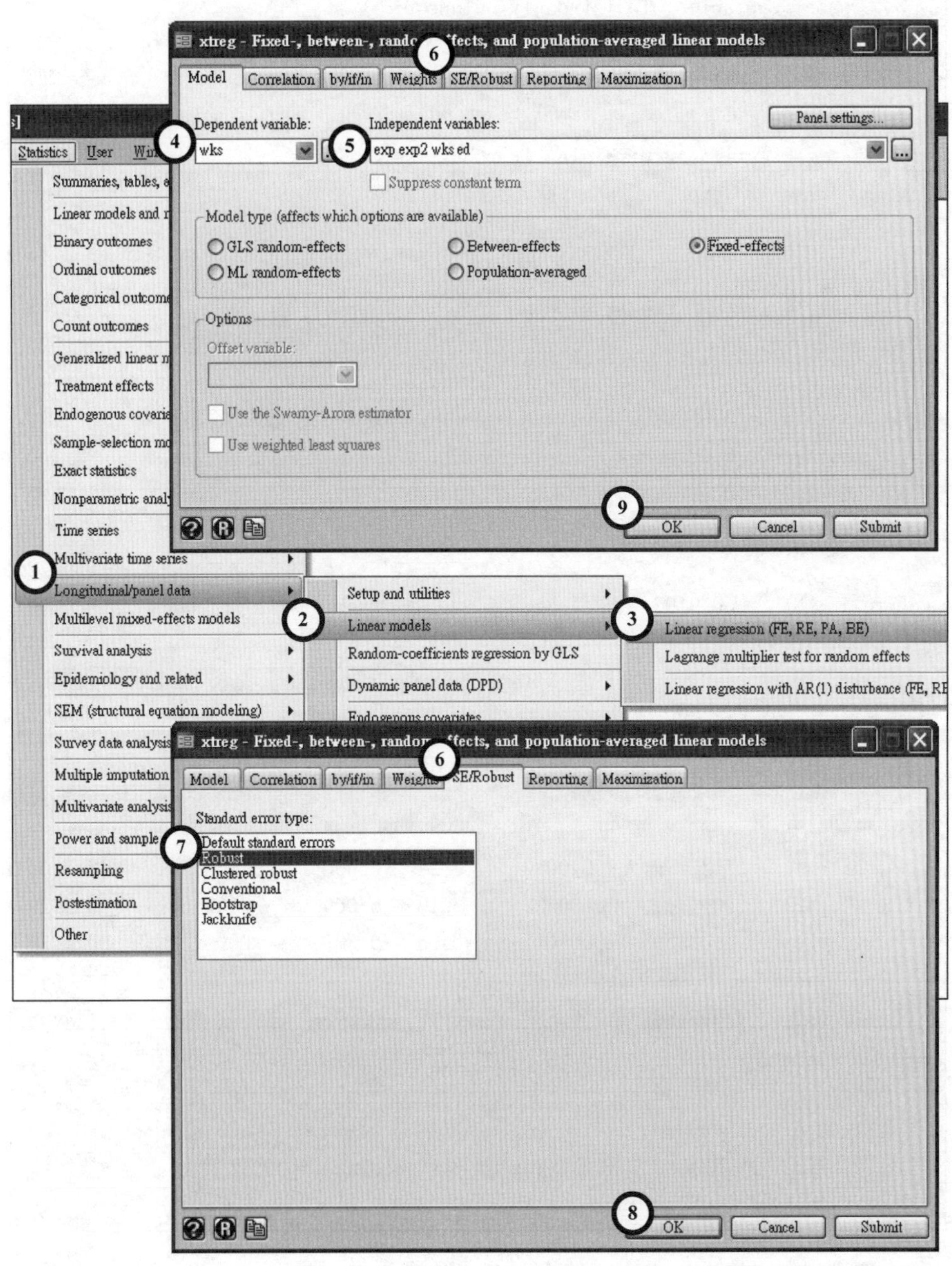

圖 5-10 FE(rob) 法：指令「xtreg lwage exp exp2 wks ed, fe vce(robust)」之畫面

```
. use cornwell_panel.dta, clear
. xtset id t
       panel variable:  id (strongly balanced)
        time variable:  t, 1 to 7
                delta:  1 unit

*Within or FE estimator with cluster-robust se's
. xtreg lwage exp exp2 wks ed, fe vce(robust)
note: ed omitted because of collinearity

Fixed-effects (within) regression               Number of obs      =      4165
Group variable: id                              Number of groups   =       595

R-sq:  within  = 0.6566                         Obs per group: min =         7
       between = 0.0276                                        avg =       7.0
       overall = 0.0476                                        max =         7

                                                F(3,594)           =   1059.72
corr(u_i, Xb)  = -0.9107                        Prob > F           =    0.0000

                                  (Std. Err. adjusted for 595 clusters in id)
------------------------------------------------------------------------------
             |               Robust
       lwage |      Coef.   Std. Err.      t    P>|t|     [95% Conf. Interval]
-------------+----------------------------------------------------------------
         exp |   .1137879   .0040289    28.24   0.000     .1058753    .1217004
        exp2 |  -.0004244   .0000822    -5.16   0.000    -.0005858   -.0002629
         wks |   .0008359   .0008697     0.96   0.337    -.0008721    .0025439
          ed |          0  (omitted)
       _cons |   4.596396   .0600887    76.49   0.000     4.478384    4.714408
-------------+----------------------------------------------------------------
     sigma_u |  1.0362039
     sigma_e |  .15220316
         rho |  .97888036   (fraction of variance due to u_i)
------------------------------------------------------------------------------
```

1. 固定效果係假定：每個解釋變數都是時變，但學歷 (ed) 違反此假定，故它不被認定 (係數為 0)。
2. Panel 迴歸式為：

$$\text{lwage} = 4.596 + 0.114\exp_{it} - 0.0004\exp_{it}^2 + 0.0008 wks_{it} + \varepsilon_{it}$$

5-4-6 隨機效果之估計 (xtreg, re 指令)

隨機效果模型不同於固定效果模型，隨機效果模型假設個體差異截距項 α_i 為隨機項，模型特別適合樣本從大母體中抽出，故不同於固定效果模型，隨機效果模型特別重視母體整體的關係，而非個別單位之間的差異，故假設母體內相似性高，並且允許個體間的差異性與時間差異性存在，且差異截距項是隨機產生。

一、特定個體 (individual-specific) 效果模型

特定個體效果又細分固定效果 (fixed effects, FE) 及隨機效果 (random effects, RE) 模型，兩者都是追蹤 / 縱橫資料最常被採用之模式。若樣本來自特定母體，且個體特性不隨時間不同而改變時，使用固定效果模型可強調個體差異性；若樣本是隨機抽樣自母體，則使用隨機效果模型較佳。

$$y_{it} = \underbrace{\alpha_i}_{\text{可以是固定效果或隨機效果}} + X'_{it} \underbrace{\beta}_{\text{固定效果或隨機效果之估計值相近}} + \underbrace{\varepsilon_{it}}_{\text{殘差項}\sim N(0,\sigma^2)}$$

又分
$$\begin{cases} \text{固定效果}: y_{it} = \underbrace{\alpha_i}_{\text{它與解釋變數}x_{it}\text{有相關}} + \underbrace{X'_{it}}_{\text{它亦可為內生解釋變數}} \beta + \underbrace{\varepsilon_{it}}_{\text{殘差項}\sim N(0,\sigma^2)} \\ \text{隨機效果}: y_{it} = \underbrace{\alpha}_{\text{純隨機}\sim N(0,\sigma_\alpha^2)\text{，它與解釋變數}x_{it}\text{無相關}} + \underbrace{X'_{it}}_{\text{外生解釋變數}} \beta + \underbrace{u_{it}}_{\text{個體間誤差}} + \underbrace{\varepsilon_{it}}_{\text{個體內誤差}} \end{cases}$$

1. 固定效果 (fixed effects, FE) 的特性

(1) 截距項 α_i 是隨機變數，α_i 與解釋變數 x_{it} 係有相關的。

(2) 故 x_{it} 可能是內生 (endogenous) 解釋變數 (它與 α_i 有相關，但與 ε_{it} 無相關)。例如，假設 x_{it} 為教育水準 (education)，它與「不隨時間而改變 (time-invariant，非時變)」的能力 (ability)，二者係有相關。故能力 (ability) 就可當作教育水準 (education) 的工具變數，用能力 (z 變數) 來估計「教育水準預測值 $\hat{x}_{it}$」，再以 $\hat{x}_{it}$ 來預測依變數 y。

(3) 混合資料 (pooled)OLS、混合資料 (pooled)GLS 及隨機效果 (RE)，三者估計出來的係數 β 都會不一致。

但 within(固定效果) 及一階差分 (first difference, FD) 所估的係數 β，則具有一致性。

2. 隨機效果 (random effects, RE) 的特性

(1) 截距項 α_i 是純隨機變數，$\alpha_i \overset{iid}{\sim} (0, \sigma_\alpha^2)$，而且 α_i 與解釋變數 x_{it} 係無相關的。

(2) 故 x_{it} 可能是外生 (exogenous) 解釋變數。

(3) 適當固定效果及隨機效果，所求得係數 β 係一致性。

小結

個體經濟較常用固定效果模型，但其他社會科學領域則常用隨機效果模型。

二、隨機效果模型

固定效果模型僅針對估計係數檢定是否相等，並非針對殘差項檢定；隨機效果模型又稱誤差成分模型 (error component model)，與固定效果模型相似，同時考慮橫斷面 (單位) 與縱剖面 (時間序列) 並存的資料，容許橫斷面與縱剖面間同時有差異性存在；也就是說，各單位不同的特質，不但來自個體單位的差異，同時也會隨時間不同而有所變動。此模型假設各單位結構差異或時間變動所造成的差異隨機產生，其表現形式則落於殘差項；換言之，即以殘差項表示橫斷面與縱剖面資料之差異。

隨機效果 (RE) 模型為 $Y_{it} = \beta X_{it} + \alpha + \underbrace{u_{it}}_{\text{個體間誤差}} + \underbrace{\varepsilon_{it}}_{\text{個體內誤差}}$

1. 可行的廣義最小平方法 (feasible generalized least squares, FGLS) 在 RE 模型中，係假定 $\alpha_i \overset{iid}{\sim} (0, \sigma_\alpha^2)$、$\alpha_i \overset{iid}{\sim} (0, \sigma_\varepsilon^2)$。

2. FGLS 等於 $(X_{it} - \hat{\theta}_i \bar{X}_i)$ 對 $(y_{it} - \hat{\theta}_i \bar{y}_i)$ 的 OLS 迴歸，其中，$\theta_i = 1 - \sqrt{\dfrac{\sigma_\varepsilon^2}{T_i \sigma_\alpha^2 + \sigma_\varepsilon^2}}$

(一) 隨機效果模型

隨機效果模型相較於固定效果模型，強調在母體整體性，而非個體之間的差異性，故能容許各個體之間有差異性存在，其假設個體間差異性小、相似性高，且為隨機產生不隨時間而改變。此模型因為加入隨機誤差項後，將橫斷面的個體截距之不同反應在誤差項，所以又稱爲誤差成分模型 (error component model, ECM)。

在隨機效果模型中，假定 α_i 爲隨機型態之截距項係數，而個體之截距可表示爲：$\alpha_i = \alpha + u_i$，i = 1, 2, …, N，其中 u_i 爲獨立且有相同機率分配的隨機變數 (iid)。因此，隨機效果模型可表示爲下式：

$$Y_{it} = \alpha + \sum_{k=1}^{K} \beta_k X_{kit} + u_i + \varepsilon_{it}$$

其中

Y_{it}：第 i 個個體於時間點 t 時之應變數

α：隨機產生的截距項，每個橫斷面具有不同的截距型態

β_k：第 k 個解釋變數之參數

X_{kit}：第 i 個個體在時間點 t 時之第 k 個解釋變數

u_i：截距項之誤差

ε_{it}：隨機誤差項

i：第 i 個個體，$i = 1, 2, \cdots, N$

j：第 j 個虛擬變數，$j = 1, 2, \cdots, J$

k：第 k 個解釋變數，$k = 1 ,2 ,\cdots, K$

t：時間點，$t = 1, 2, \cdots, T$

(二) 隨機效果 xtreg 之結果解說

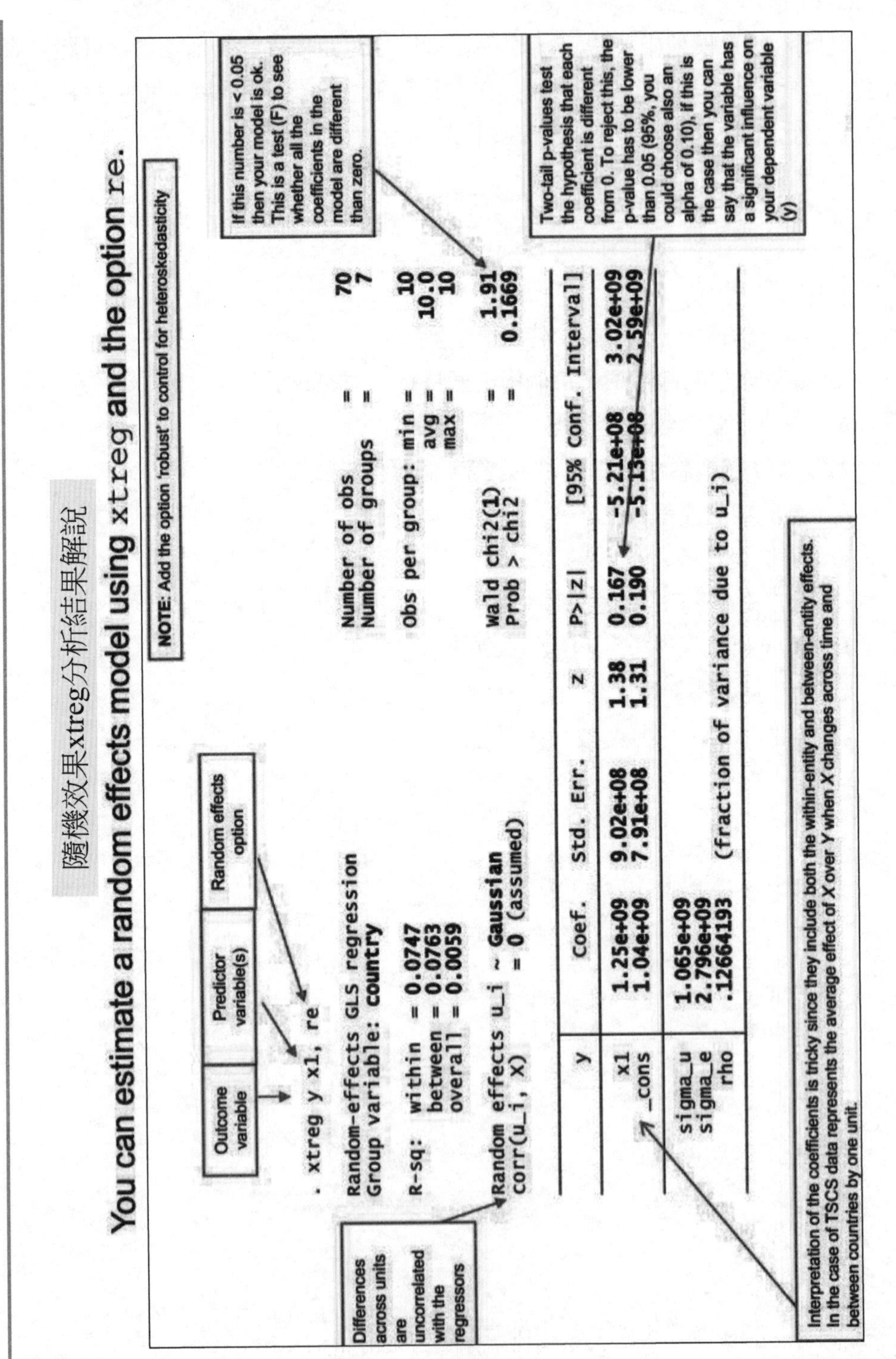

三、政治經濟領域縱橫斷面資料應該處理的事項 (What to do (and not to do) with time-series cross-section data)

縱橫斷面資料結合了時間序列 (time series) 與橫斷面 (cross section) 資料的形式，除了具備時間序列的動態性質外，並擁有橫斷面資料的異質特性，比一般傳統的資料提供更完整的訊息。在實證分析上，它與橫斷面分析和時間序列分析最大的不同處，在於其能有效控制個體 (individual) 之間存在的差異性 (heterogeneity)，可以解決上述兩種分析所無法解決的問題，降低導致估計結果產生偏誤的風險。此外，縱橫斷面資料可以獲得更多的訊息資料 (informative data)，不僅大幅增加自由度使估計更具效率性，同時也提供研究者得以建構與測試更爲複雜的行爲模型。本篇文摘主要目的是要利用兩篇學術文章來介紹縱橫斷面資料在應用上的缺失，且隨著時間的演進在這方面 panel-data 計量工具與時俱進的情況。

Beck 與 Katz(1995) 係政治學追蹤資料 (panel-data) 重要的文章，作者指出一般針對具有時間序列之橫斷面特性的資料 (time-series cross-section data, TSCS data) 分析所使用的計量技巧，會產生錯誤的實證結果。在早期計量技巧尚未在 TSCS 類型的資料有發展時，有一部分應用這類資料型態的研究，便使用由 Parks (1967) 提出的廣義最小平方法 (generalized least squares, GLS)。當比較政治學的學生藉由此類資料來分析時，Parks 的方法會產生標準差有很大的誤差。作者提供一個新的方法可以簡單地應用，並且產生精準的標準差。

時間序列之橫斷面特性的資料 (time-series cross-section data, TSCS data) 具有在固定個體上重複抽樣的特性，例如針對特定州或國家的調查。這些個體分析的數量一般標準範圍約十到一百個樣本不等，而每一個個體的觀察時間需超過一定的長度 (通常爲二十到五十年)。TSCS 資料在時間上與空間上的性質，會使得最小平方法 (ordinary least squares, OLS) 的應用發生問題。特別是時間上與空間上相關的誤差與異質變異 (heteroskedasticity) 的問題。Parks 基於 GLS 提出一個方法來處理這些模型上的缺陷，這個方法的應用會導致參數的變異在一般的研究狀況下嚴重低估。

爲什麼 Parks 的方法有嚴重的問題？是著名的廣義最小平方法 (GLS) 有問題嗎？在 GLS 對 TSCS 資料型態具備最適性質下，其背後假設誤差項過程 (error process) 爲已知的，但實際上並非如此。所以在這樣的分析要用「可行的廣義最小平方法 (feasible generalized least squares, FGLS)」，而非廣義最小平方法。所謂「可行的 (feasible)」是因爲它使用了一種估計誤差項的過程，避開了 GLS 一開始就假設誤差過程為已知的狀態 。在一般的計量應用中，由於誤差項過程並不會有很多的待估參數，所以 GLS 的應用並不會是個問題。但在 TSCS 類型的資料裡，在誤差項過程有太多的待估參數，所以會造成 GLS 方法在應用上的問題。主要的問題在於估計參數的標準差會過度低估。作者提供一個衡量方法來估計以 Parks 所估出來的標準差會有多少程度被低估，以及應用這個估計量在 TSCS 研究的發現，會有多大的信心膨脹 (inflates confidence) 問題。

很可惜的是，要對 Parks 介紹的方法提出一套分析過度信心 (overconfidence) 程度的檢驗是不可能的。但是作者們利用 Monte Carlo 實驗模擬數據，來串聯不同估計量的績效，以提供實證上的證據。證據明確顯示 Parks 的估計量，會有過度信心的問題。Parks 估計量在實際研究的情況下，可能會低估 50% 至 300% 的變異，這樣的極端過度信心，導致了許多採用 Parks 為工具做實證研究時，犯了 Type I 誤差的毛病。

介紹過 Parks 方法上的問題，Beck 與 Katz(1995) 主張一個簡單的方法來應用在估計 TSCS 模型上。應用 OLS 的方法來估計 TSCS 模型參數可能不是最好的方式是眾所周知的，但 OLS 仍然經常被應用在實際的研究狀況裡。當然，OLS 在這類資料下所估出來的標準差，可能會有很大的誤差。因此，作者們提出保留 OLS 的參數估計，但是將 OLS 中的標準差估計以縱橫斷面式相關的標準差 (panel-correlated standard errors) 來代替。Monte Carlo 模擬顯示即使在複雜的縱橫斷面式誤差結構下 (panel error structures)，新的抽樣變異估計量是非常精準的。

四、隨機效果之範例

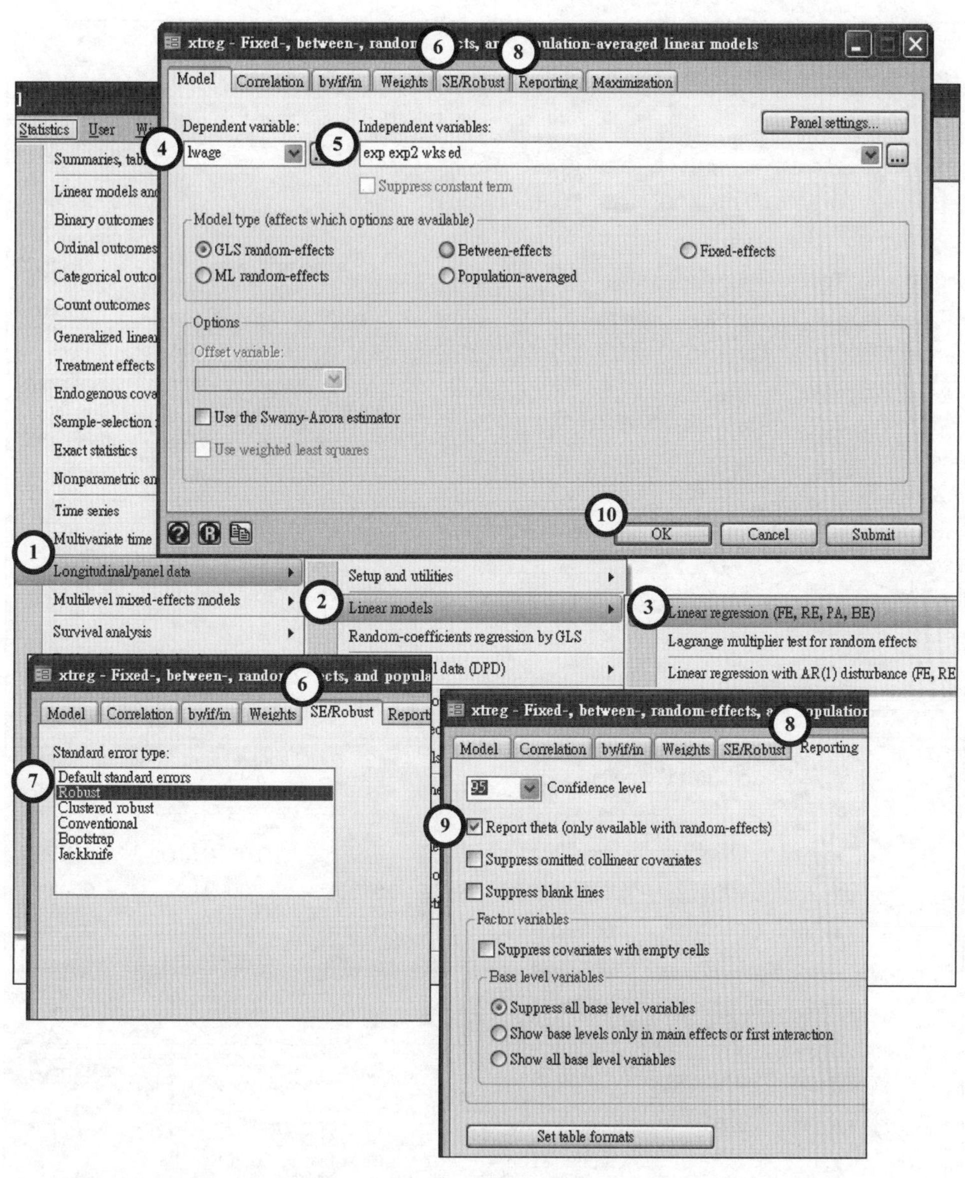

圖 5-11 隨機效果估計「xtreg, re 指令」之畫面

由於，若 Cov(x_{it}, α_i) = 0，才可採用隨機效果 (RE)，即「corr(u_i, X)= 0 (assumed)」；相反地，Cov(x_{it}, α_i) ≠ 0，可採用固定效果 (FE)。

```
. use cornwell_panel.dta, clear
. xtset id t

*Random effects estimator with cluster-robust se's
. xtreg lwage exp exp2 wks ed, re vce(robust) theta

Random-effects GLS regression                   Number of obs      =      4165
Group variable: id                              Number of groups   =       595

R-sq:  within  = 0.6340                         Obs per group: min =         7
       between = 0.1716                                        avg =       7.0
       overall = 0.1830                                        max =         7

corr(u_i, X)   = 0 (assumed)                    Wald chi2(4)       =   1598.50
theta          = .82280511                      Prob > chi2        =    0.0000

                                    (Std. Err. adjusted for 595 clusters in id)
------------------------------------------------------------------------------
             |               Robust
       lwage |      Coef.   Std. Err.      z    P>|z|     [95% Conf. Interval]
-------------+----------------------------------------------------------------
         exp |   .0888609   .0039992    22.22   0.000     .0810227    .0966992
        exp2 |  -.0007726   .0000896    -8.62   0.000    -.0009481    -.000597
         wks |   .0009658   .0009259     1.04   0.297     -.000849    .0027806
          ed |   .1117099   .0083954    13.31   0.000     .0952552    .1281647
       _cons |   3.829366   .1333931    28.71   0.000     3.567921    4.090812
-------------+----------------------------------------------------------------
     sigma_u |  .31951859
     sigma_e |  .15220316
         rho |  .81505521   (fraction of variance due to u_i)
------------------------------------------------------------------------------
```

隨機效果 (RE) 模型為 $Y_{it} = \beta X_{it} + \alpha + \underbrace{u_{it}}_{\text{個體間誤差}} + \underbrace{\varepsilon_{it}}_{\text{個體內誤差}}$

1. 可行的廣義最小平方法(feasible generalized least squares, FGLS)在RE模型中，係假定 $\alpha_i \overset{iid}{\sim} (0, \sigma_\alpha^2)$, $\alpha_i \overset{iid}{\sim} (0, \sigma_\varepsilon^2)$。
2. FGLS 等於 $(X_{it} - \hat{\theta}_i \overline{X}_i)$ 對 $(y_{it} - \hat{\theta}_i \overline{y}_i)$ 的 OLS 迴歸，

   其中，$\theta_i = 1 - \sqrt{\dfrac{\sigma_\varepsilon^2}{T_i \sigma_\alpha^2 + \sigma_\varepsilon^2}}$

   本例得到 $\hat{\theta} = 1 - \sqrt{\dfrac{0.152^2}{7 \times 0.319^2 + 0.152^2}} = 0.8228$

   θ 值介於 0 ～ 1。若 $\sigma_\alpha^2 >> \sigma_\varepsilon^2$，則 θ 值接近 0。
3. 本模型整體適配度 Wald $\chi^2_{(4)} = 1598.5$ $(p < 0.05)$，表示本模型的設定是 ok 的。
4.「Coef.」係數值的解釋是有點狡猾 (tricky)，因為它包含「within-entity 及 between-entity」二種效果。

5-4-7 帶有單根，一階差分估計 (reg, vce(cluster i) 指令)

1. 一階差分 (first difference) 採用 OLS 迴歸，係指 $(X_{it} - X_{i,t-1})$ 對 $(y_{it} - y_{i,t-1})$ 的迴歸。
2. 一階差分可估計 $y_{it} = \alpha_i + X'_{it}\beta + \varepsilon_{it}$ 式中 α_i 值。
3. Stata 指令符號：reg D.y D.x

若時間序列 y_t 具有單根 (unitroot) 時 (非定態)，我們就需先差分一次「$\Delta y_t = y_{t-1}$」，使用成為定態數列，再進行迴歸分析。

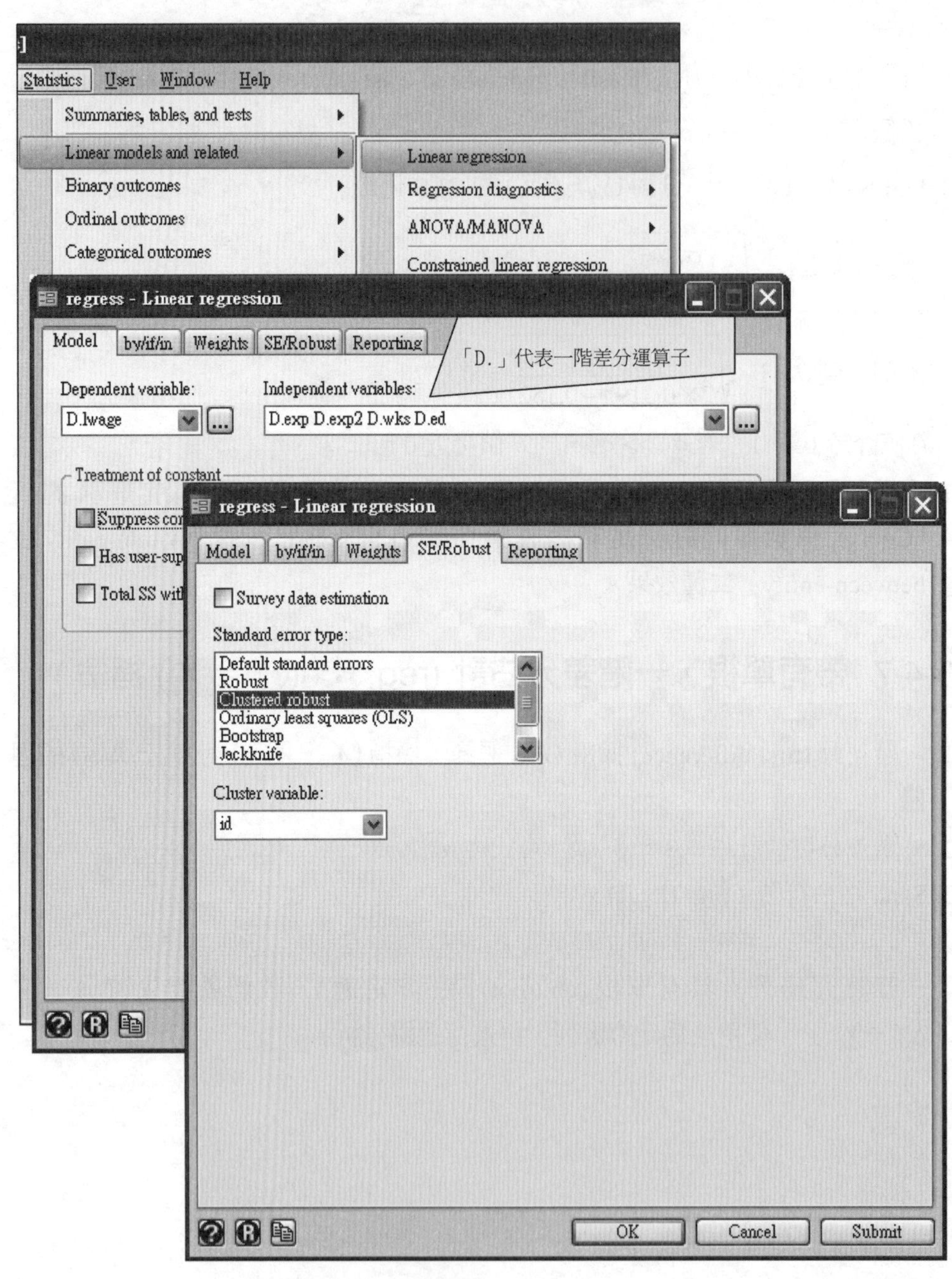

圖 5-12 一階差分估計「reg, vce(cluster i)」指令之畫面

```
. use cornwell_panel.dta, clear
. xtset id t

* First difference estimator with cluster-robust se's
. regress D.(lwage $xlist), vce(cluster id)
*設定整體巨集變數 xlist 為「exp exp2 wks ed」字串
. global xlist =「exp exp2 wks ed」

*「D.」代表一階差分運算子。取用巨集變數 xlist 時，前頭要加「$」
. regress D.(lwage $xlist), vce(cluster id)
*等同「. regress D.lwage D.exp D.exp2 D.wks D.ed, vce(cluster id)」

note: _delete omitted because of collinearity

Linear regression                                   Number of obs =     3570
                                                    F(  2,    594) =    22.66
                                                    Prob > F      =   0.0000
                                                    R-squared     =   0.0041
                                                    Root MSE      =   .18156

                                (Std. Err. adjusted for 595 clusters in id)
------------------------------------------------------------------------------
             |               Robust
     D.lwage |      Coef.   Std. Err.      t    P>|t|     [95% Conf. Interval]
-------------+----------------------------------------------------------------
         exp |
         D1. |          0  (omitted)
             |
        exp2 |
         D1. |  -.0005321   .0000808    -6.58   0.000    -.0006908   -.0003734
             |
         wks |
         D1. |  -.0002683   .0011783    -0.23   0.820    -.0025824    .0020459
             |
          ed |
         D1. |          0  (omitted)
             |
       _cons |   .1170654   .0040974    28.57   0.000     .1090182    .1251126
------------------------------------------------------------------------------
```

5-4-8 線性 Panel 各估計法之 se 比較

```
* Compare various estimators (with cluster-robust se's)
*設定整體巨集變數 xlist 為「exp exp2 wks ed」字串
. global xlist exp exp2 wks ed
* quietly 使後面指令，只執行儲存不印出結果
. quietly regress lwage $xlist, vce(cluster id)
*分析結果存到 OLS 變數中
. estimates store OLS
. quietly xtgee lwage exp exp2 wks ed, corr(ar 2) vce(robust)
. estimates store PFGLS
. quietly xtreg lwage $xlist, be
. estimates store BE
. quietly xtreg lwage $xlist, re vce(robust)
. estimates store RE
. quietly xtreg lwage $xlist, fe vce(robust)
. estimates store FE
*列印出係數之標準誤 (se) 及樣本數 (N) 之格式為「%9.3f」：長 9，小數點 3 位。
. estimates table OLS PFGLS BE RE FE, b(%9.3f) se stats(N)
```

Variable	OLS	PFGLS	BE	RE	FE
exp	0.045	0.072	0.038	0.089	0.114
	0.005	0.004	0.006	0.004	0.004
exp2	-0.001	-0.001	-0.001	-0.001	-0.000
	0.000	0.000	0.000	0.000	0.000
wks	0.006	0.000	0.013	0.001	0.001
	0.002	0.001	0.004	0.001	0.001
ed	0.076	0.091	0.074	0.112	(omitted)
	0.005	0.006	0.005	0.008	
_cons	4.908	4.526	4.683	3.829	4.596
	0.140	0.106	0.210	0.133	0.060
N	4165	4165	4165	4165	4165

legend: b/se

1. OLS, BE, FE 及 RE 等四種估計法，其迴歸係數值都不同。
2. FE 及 RE 結果相似，因爲隨機效果 $\hat{\theta} = 0.82 \approx$ 近似 1。故不必 **Hausman** 檢定，亦可由各個解釋變數之係數 se 大小，比較出「FE 及 RE」何者較優。
3. FE(未納入 robust) 及 RE(有納入 robust) 這二種效果，有沒有納入「cluster-robust 來修正 se's」，其結果差不多，表示本例之誤差沒有異質性。
4. 在 FE 模型中，ed(學歷) 的係數並沒有被認定 (identified)，因爲 ed 本身是「time-invariant regressor」。

5-5 固定效果 vs. 隨機效果之選擇

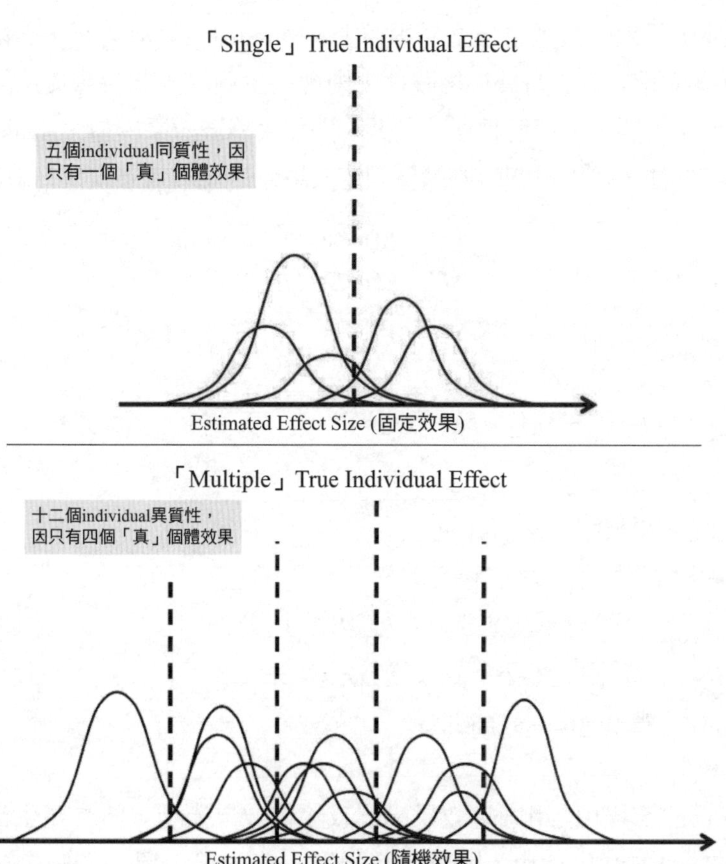

圖 5-13 固定效果 vs. 隨機效果之示意圖

Panel 模型分析，儘管人們偏好隨機效果 (RE)，因爲它可算出所有參數，且較有效果。可是，你的樣本是符合固定效果 (FE) 時，採用 RE 則會造成結果的失眞。

因此 Hausman 檢定可用來判定 FE 及 RE，何者才適當。

(一)Hausman 檢定

橫斷面資料 (reg, mlogit, probit 等指令) 及追蹤資料 (panel-data) 迴歸模型 (混合資料 reg, xtreg, xtregar, xtdpdsys, xtivreg, xtlogit, xtmelogit, xtmepoisson, xtmixed, xtnbreg, xtpoisson, xtprobit 指令)，基本上又可分爲固定效果模型與隨機效果模型二類，至於縱橫資料適用於何種模型，先經過 F 檢定與 LM 檢定，確定 panel-data 模型比 pooled-data 模型佳之後，你再用 Hausman 檢定來判定模型是固定效果或隨機效果？

在固定效果或隨機效果模型的選擇上，Mundlak(1978) 認爲，若隨機效果模型的截距項與解釋變數間具有相關性，則會產生偏誤，此時應使用固定效果模型；若截距項的誤差項與解釋變數無關，則使用隨機效果模型。Hausman (1978) 提出一檢定方法，可用以判斷應選擇固定效果或是隨機效果模型，敘述如下：

$$\begin{cases} H_0 : E(\alpha_i, X_{kit}) = 0 \\ H_1 : E(\alpha_i, X_{kit}) \neq 0 \end{cases}$$

其計算方式如下：

$$\omega = (\hat{b} - \hat{B})[Var(\hat{b}) - Var(\hat{B})]^{-1}(\hat{b} - \hat{B}) \sim \text{符合 } \chi^2_{(K)} \text{ 分配}$$

其中

$\hat{b}$：固定效果模型下之估計值

$\hat{B}$：隨機效果模型下之估計值

Var($\hat{B}_{random}$)：爲隨機效果下的共變數矩陣

Var($\hat{b}_{fixed}$)：爲固定效果下的共變數矩陣

k：解釋變數 (regressors) 的個數

1. 統計檢定

Hausman 發現，使用固定效果模型或隨機效果模型，將會產生出不同的結果。Mundlak(1978) 也指出，隨機效果模型忽略了截距項 (α_i) 與變數 (X_{kit}) 之間存在的關係，而基於 α_i 與 X_{kit} 之間有可能存在相關性，因此檢測隨機效果模型中的隨機效果，以確認應採用何種設定有其必要。其提出以 Hausman 檢定來進行模型設定之檢定。檢定的想法是：假若 α_i 與 X_{kit} 具有相關性，此時固定效果模型估計量 $\hat{\beta}_{fixed}$ 爲一致且有效的；相反的，隨機效果模型之估計量 $\hat{\beta}_{fixed}$ 則會產生偏誤且不滿足一致性，此時應選擇固定效果模型；而若 α_i 與 X_{kit} 之間不存在相關性，則固定效果估計量 $\hat{\beta}_{fixed}$ 爲一致但不具有效性，而以隨機效果模型之估計量 $\hat{\beta}_{fixed}$ 爲一致且有效，故應選擇隨機效果模型。

2. 決策法則

若接受 H_0，則採用隨機效果模型較適切。

若拒絕 H_0，則採用固定效果模型較適切。

若 $\omega \le \chi^2_{(K)}$ 則拒絕 H_0，你採用固定效果模型較佳；相反地，若 $\omega > \chi^2_{(K)}$ 則接受 H_0，此時採用隨機效果模型較合適。

同理，Stata 提供 hausman 指令、Hausman 檢定結果，若拒絕 H_0(p<0.05)，則選固定效果；若接受 H_0(p>0.05)，則該選隨機效果。

(二)Hausman 檢定的疑慮

由於它假定 RE 是完全有效果 (理想狀況)，可惜實際上通常不是這樣，進而導致 Hausman 檢定失眞。畢竟由前例亦可看得出來，「robust se's for RE」比內定的標準誤 (se) 大。

(三)Hausman 檢定失真的解決方法

使用「panel bootstrap of the Hausman 檢定」或使用「Wooldridge (2002) robust version of Hausman 檢定」。

5-6 Panel IV(工具變數)：xtivreg 指令之一階差分

工具變數 panel 分析之詳細解說，請見第 6 章。

雖然 xthtaylor 及 xtivreg 都是使用工具變數來做估計，但二者的事前假定 (assumption) 是不同的：

1. xtivreg 假定：模型中，解釋變數的某部分變數 (a subset of the explanatory variables) 與特質誤差 (idiosyncratic error) e_{it} 是有相關的。
2. 但 xthtaylor 指令之 Hausman-Taylor 及 Amemiya-MaCurdy 估計法：係假定某些解釋變數與個體層次 (individual-level) 隨機效果 u_i 是有相關的，但這些解釋變數卻與特質誤差 (idiosyncratic error) e_{it} 是無相關的。

工具變數之 xtivreg 指令，是 ivregress 指令 (single-equation *instrumental-variables* regression) 的衍生，它是工具變數和兩階段最小平方法的追蹤資料 (panel-data) 模型 (*instrumental variables* and *two-stage least squares* for 追蹤資料 (panel-data) models)。其變換 (transformed) 變數之模型爲：

$$y^*_{it} = \alpha + X^{*\prime}_{it}\beta + u_{it}$$

其中，變數變換可以是下列之一種：

$$\begin{cases} y_{it} = x^{*\prime}_{it}\beta + u_{it}, & \text{當}OLS \\ \bar{y}_i = x^{*\prime}_{it}\beta + u_{it}, & \text{當組間效果}(BE) \\ (y_{it} - \bar{y}_i) = x^{*\prime}_{it}\beta + u_{it}, & \text{當固定效果}(FE) \\ (y_{it} - \theta_i\bar{y}_i) = x^{*\prime}_{it}\beta + u_{it}, & \text{當隨機效果}(RE) \end{cases}$$

1. 若 E $[u_{it}|x^*_{it}] = 0$，則 OLS 結果是不一致的。
2. IV estimation with instruments z^*_{it} satisfy E$[u_{it}|z^*_{it}] = 0$。
3. 工具變數：xtivreg 指令亦可搭配「be, re, fe」選項。
4. 但 xtivreg 指令沒有「robust standard errors」選項。

一、範例：一階差分之估計 (first difference estimator)

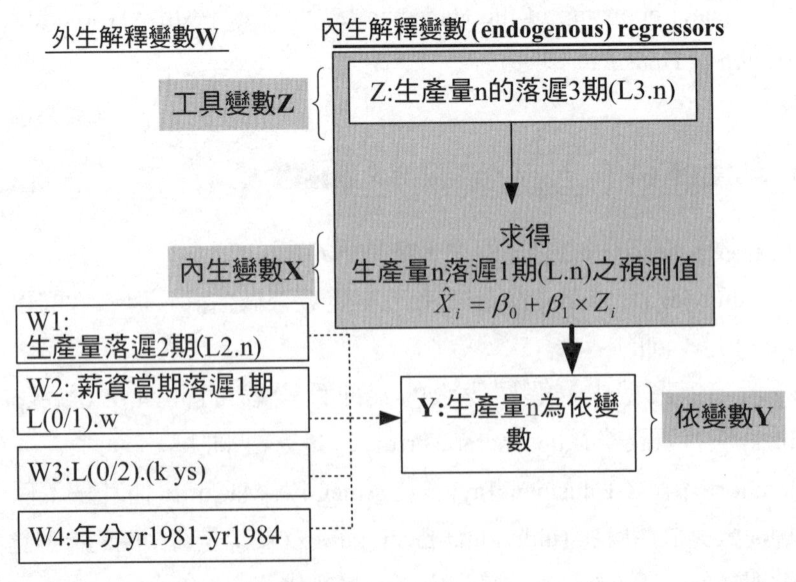

圖 5-14 生產量 n 為依變數，生產量 n 的落遲 3 期 (L3.n) 為生產量落遲 1 期 (L.n) 的工具變數，為內生變數之 panel IV 模型

範例：試以生產量 n 爲依變數 Y，並以生產量 n 的落遲 3 期 (L3.n) 爲生產量落遲 1 期 (L.n) 的工具變數。自變數 (外生解釋變數) 有「L2.n L(0/1).w L(0/2).(k ys) yr1981-yr1984」，再搭配一階差分運算子「D.」，如何求最佳的一階差分 panel IV 模型？

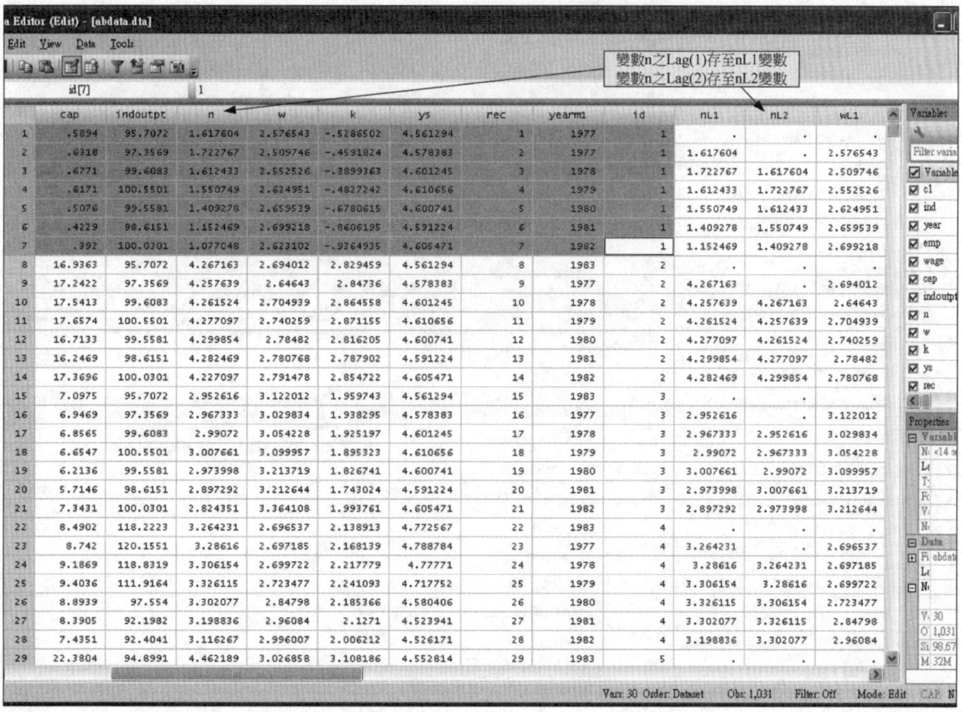

a Editor (Edit) - [abdata.dta]

Edit View Data Tools

id[7] 1

變數n之Lag(1)存至nL1變數
變數n之Lag(2)存至nL2變數

	cap	indoutpt	n	w	k	ys	rec	yearm1	id	nL1	nL2	wL1
1	.5894	95.7072	1.617604	2.576543	-.5286502	4.561294	1	1977	1	.	.	.
2	.6318	97.3569	1.722767	2.509746	-.4591824	4.578383	2	1977	1	1.617604	.	2.576543
3	.6771	99.6083	1.612433	2.552526	-.3899363	4.601245	3	1978	1	1.722767	1.617604	2.509746
4	.6171	100.5501	1.550749	2.624951	-.4827242	4.610656	4	1979	1	1.612433	1.722767	2.552526
5	.5076	99.5581	1.409278	2.659539	-.6780615	4.600741	5	1980	1	1.550749	1.612433	2.624951
6	.4229	98.6151	1.152469	2.699218	-.8606195	4.591224	6	1981	1	1.409278	1.550749	2.659539
7	.392	100.0301	1.077048	2.623102	-.9364935	4.605471	7	1982	1	1.152469	1.409278	2.699218
8	16.9363	95.7072	4.267163	2.694012	2.829459	4.561294	8	1983	2	.	.	.
9	17.2422	97.3569	4.257639	2.64643	2.84736	4.578383	9	1977	2	4.267163	.	2.694012
10	17.5413	99.6083	4.261524	2.704939	2.864558	4.601245	10	1978	2	4.257639	4.267163	2.64643
11	17.6574	100.5501	4.277097	2.740259	2.871155	4.610656	11	1979	2	4.261524	4.257639	2.704939
12	16.7133	99.5581	4.299854	2.78482	2.816205	4.600741	12	1980	2	4.277097	4.261524	2.740259
13	16.2469	98.6151	4.282469	2.780768	2.787902	4.591224	13	1981	2	4.299854	4.277097	2.78482
14	17.3696	100.0301	4.227097	2.791478	2.854722	4.605471	14	1982	2	4.282469	4.299854	2.780768
15	7.0975	95.7072	2.952616	3.122012	1.959743	4.561294	15	1983	3	.	.	.
16	6.9469	97.3569	2.967333	3.029834	1.938295	4.578383	16	1977	3	2.952616	.	3.122012
17	6.8565	99.6083	2.99072	3.054228	1.925197	4.601245	17	1978	3	2.967333	2.952616	3.029834
18	6.6547	100.5501	3.007661	3.099957	1.895323	4.610656	18	1979	3	2.99072	2.967333	3.054228
19	6.2136	99.5581	2.973998	3.213719	1.826741	4.600741	19	1980	3	3.007661	2.99072	3.099957
20	5.7146	98.6151	2.897292	3.212644	1.743024	4.591224	20	1981	3	2.973998	3.007661	3.213719
21	7.3431	100.0301	2.824351	3.364108	1.993761	4.605471	21	1982	3	2.897292	2.973998	3.212644
22	8.4902	118.2223	3.264231	2.696537	2.138913	4.772567	22	1983	4	.	.	.
23	8.742	120.1551	3.28616	2.697185	2.168139	4.788784	23	1977	4	3.264231	.	2.696537
24	9.1869	118.8319	3.306154	2.699722	2.217779	4.77771	24	1978	4	3.28616	3.264231	2.697185
25	9.4036	111.9164	3.326115	2.723477	2.241093	4.717752	25	1979	4	3.306154	3.28616	2.699722
26	8.8939	97.554	3.302077	2.84798	2.185366	4.580406	26	1980	4	3.326115	3.306154	2.723477
27	8.3905	92.1982	3.198836	2.96084	2.1271	4.523941	27	1981	4	3.302077	3.326115	2.84798
28	7.4351	92.4041	3.116267	2.996007	2.006212	4.526171	28	1982	4	3.198836	3.302077	2.96084
29	22.3804	94.8991	4.462189	3.026858	3.108186	4.552814	29	1983	5	.	.	.

Vars: 30 Order: Dataset Obs: 1,031 Filter: Off Mode: Edit

圖 5-15「abdata.dta」資料檔之內容

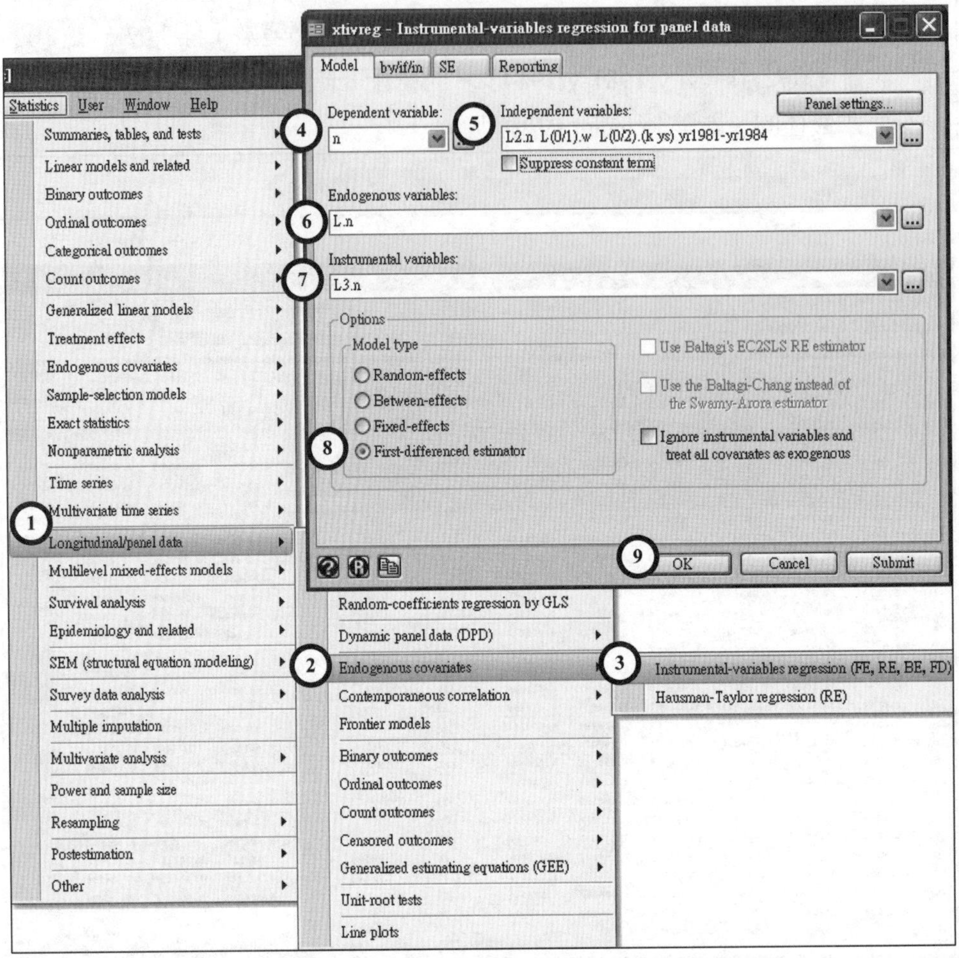

xtivreg - Instrumental-variables regression for panel data
Model | by/if/in | SE | Reporting
Dependent variable: n
Independent variables: L2.n L(0/1).w L(0/2).(k ys) yr1981-yr1984
Panel settings...
Suppress constant term
Endogenous variables: L.n
Instrumental variables: L3.n
Options
Model type
Random-effects
Between-effects
Fixed-effects
First-differenced estimator
Use Baltagi's EC2SLS RE estimator
Use the Baltagi-Chang instead of the Swamy-Arora estimator
Ignore instrumental variables and treat all covariates as exogenous
OK | Cancel | Submit

Statistics | User | Window | Help
Summaries, tables, and tests
Linear models and related
Binary outcomes
Ordinal outcomes
Categorical outcomes
Count outcomes
Generalized linear models
Treatment effects
Endogenous covariates
Sample-selection models
Exact statistics
Nonparametric analysis
Time series
Multivariate time series
Longitudinal/panel data
Multilevel mixed-effects models
Survival analysis
Epidemiology and related
SEM (structural equation modeling)
Survey data analysis
Multiple imputation
Multivariate analysis
Power and sample size
Resampling
Postestimation
Other

Random-coefficients regression by GLS
Dynamic panel data (DPD)
Endogenous covariates
Contemporaneous correlation
Frontier models
Binary outcomes
Ordinal outcomes
Count outcomes
Censored outcomes
Generalized estimating equations (GEE)
Unit-root tests
Line plots

Instrumental-variables regression (FE, RE, BE, FD)
Hausman-Taylor regression (RE)

圖 5-16 「xtivreg, fd」之畫面 (改勾選「First-differenced」，fd 選項)

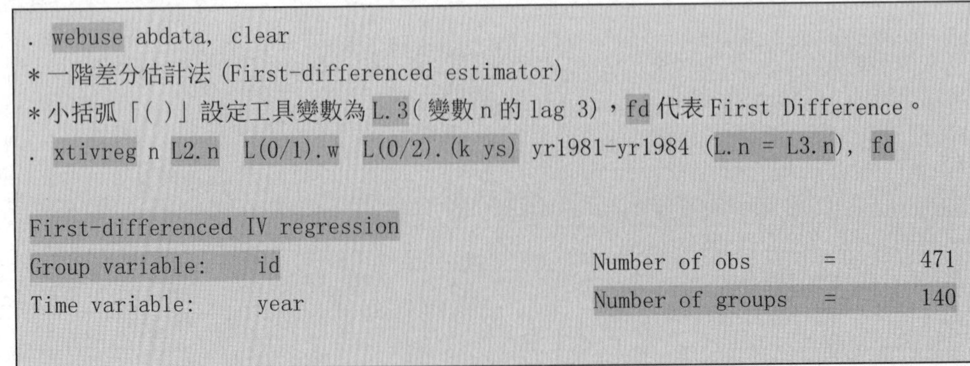

```
. webuse abdata, clear
*一階差分估計法 (First-differenced estimator)
*小括弧「( )」設定工具變數為 L.3(變數 n 的 lag 3)，fd 代表 First Difference。
. xtivreg n L2.n  L(0/1).w  L(0/2).(k ys) yr1981-yr1984 (L.n = L3.n), fd

First-differenced IV regression
Group variable:    id                    Number of obs      =       471
Time variable:     year                  Number of groups   =       140
```

```
R-sq:  within  = 0.0141                         Obs per group: min =         3
       between = 0.9165                                        avg =       3.4
       overall = 0.9892                                        max =         5

                                                Wald chi2(14)      =    122.53
corr(u_i, Xb)  = 0.9239                         Prob > chi2        =    0.0000

------------------------------------------------------------------------------
         D.n |      Coef.   Std. Err.      z    P>|z|     [95% Conf. Interval]
-------------+----------------------------------------------------------------
           n |
         LD. |   1.422765   1.583053     0.90   0.369    -1.679962    4.525493
        L2D. |  -.1645517   .1647179    -1.00   0.318    -.4873928    .1582894
             |
           w |
         D1. |  -.7524675   .1765733    -4.26   0.000    -1.098545   -.4063902
         LD. |   .9627611   1.086506     0.89   0.376    -1.166752    3.092275
             |
           k |
         D1. |   .3221686   .1466086     2.20   0.028     .0348211    .6095161
         LD. |  -.3248778   .5800599    -0.56   0.575    -1.461774    .8120187
        L2D. |  -.0953947   .1960883    -0.49   0.627    -.4797207    .2889314
             |
          ys |
         D1. |   .7660906    .369694     2.07   0.038     .0415037    1.490678
         LD. |  -1.361881   1.156835    -1.18   0.239    -3.629237    .9054744
        L2D. |   .3212993   .5440403     0.59   0.555        -.745    1.387599
             |
      yr1981 |
         D1. |  -.0574197   .0430158    -1.33   0.182    -.1417291    .0268896
             |
      yr1982 |
         D1. |  -.0882952   .0706214    -1.25   0.211    -.2267106    .0501203
             |
      yr1983 |
         D1. |  -.1063153     .10861    -0.98   0.328     -.319187    .1065563
             |
      yr1984 |
         D1. |  -.1172108     .15196    -0.77   0.441    -.4150468    .1806253
```

```
             |
       _cons |   .0161204   .0336264     0.48   0.632    -.0497861     .082027
-------------+----------------------------------------------------------------
     sigma_u |  .29069213
     sigma_e |  .18855982
         rho |  .70384993   (fraction of variance due to u_i)
------------------------------------------------------------------------------
Instrumented:   L.n
Instruments:    L2.n w L.w k L.k L2.k ys L.ys L2.ys yr1981 yr1982 yr1983
                yr1984 L3.n
------------------------------------------------------------------------------
```

1. 以生產量 n 爲依變數 Y，並以生產量 n 的落遲 3 期 (L3.n) 爲生產量落遲 1 期 (L.n) 的工具變數。自變數 (外生解釋變數) 有「L2.n L(0/1).w L(0/2).(k ys) yr1981-yr1984」，再搭配一階差分運算子「D.」，所求最佳的一階差分 panel IV 模型爲：

$$\Delta n_{it} = 1.4\Delta n_{it-1} - 0.16\Delta n_{it-2} - 0.75\Delta w_{it} + 0.96\Delta w_{it-1} + 0.3\Delta k_{it} - 0.3\Delta k_{it-1} - 0.09\Delta k_{it-2} + 0.77\Delta ys_{it} - 1.4\Delta ys_{it-1} + 0.3\Delta ys_{it-2} - 0.06\Delta yr1981_{it} - 0.09\Delta yr1982_{it} - 0.11\Delta yr1983_{it} - 0.12\Delta yr1984_{it} + 0.016$$

2. 生產量 n 在時間軸 (yr81 至 yr84) 上，並無顯著變化 (delta)；但生產量 n 卻受到「Δn_{it}」、「Δw_{it}」、「Δk_{it}」、「Δys_{it}」四個解釋變數的顯著性影響。

5-7 隨機係數 (random coefficients) 模型 (xtrc 指令)

一、多層次混合 (mixed) 模型、隨機係數模型

$$y_{it} = \alpha_i + X'_{it} \underbrace{\beta_i}_{\text{每一個體 i 的斜率都不相同}} + \underbrace{u_{it}}_{\text{殘差項}\sim N(0,\sigma^2)}$$

1. 隨機係數 (random coefficients) 模型也是廣義隨機效果模型 (generalize random effects model)，它允許 slopes 在個體 i 之間是可變動的。xtrc 指令專門處理「隨機係數 (random coefficients) 模型」，其模型爲：

$$y_{it} = \alpha_i + X'_{it}\beta + \varepsilon_{it}$$

其中，(α_i, β_i) iid with mean (α, β) and variance matrix Σ and ε_{it} is iid.

2. 對短型 (short) panel 而言，xtrc 指令並沒有「vce(robust)」選項來處理誤差之異質性。

以下示範「公司投資」，先採用「xtgls …, panels(hetero) corr(ar1」指令，再用廣義隨機效果模型「xtrc」指令，二者做比較，即可看出其中巧妙。

二、範例：隨機係數模型

假設允許橫斷面的斜率 β_i 可隨著不同橫斷面單位別而有所差異；你則可以改用 Stata 指令 xtrc，此指令旨在執行「random-coefficients regression by GLS」，來處理迴歸參數會隨時間或橫斷面樣本單位不同而改變。

方法一：廣義 OLS panel 模型，其誤差項具有「heteroskedasticity 及 AR(1)」

```
. webuse invest2
. xtset company time

*假定「誤差變異具有 Heteroskedasticity，且有一階自我相關 AR(1)」
. xtgls invest market stock, panels(hetero) corr(ar1)
Cross-sectional time-series FGLS regression

Coefficients:  generalized least squares
Panels:        heteroskedastic
Correlation:   common AR(1) coefficient for all panels  (0.8651)

Estimated covariances      =         5          Number of obs     =       100
Estimated autocorrelations =         1          Number of groups  =         5
Estimated coefficients     =         3          Time periods      =        20
                                                Wald chi2(2)      =    119.69
                                                Prob > chi2       =    0.0000

------------------------------------------------------------------------------
      invest |      Coef.   Std. Err.      z    P>|z|     [95% Conf. Interval]
-------------+----------------------------------------------------------------
      market |   .0744315   .0097937     7.60   0.000     .0552362    .0936268
       stock |   .2874294   .0475391     6.05   0.000     .1942545    .3806043
       _cons |  -18.96238   17.64943    -1.07   0.283    -53.55464    15.62987
```

1. 因為整體 Wald $\chi^2_{(2)} = 119.69$ (p<0.05)，表示整體panel模型達到0.05顯著水準，故本模型係可用的。
2. 若假定誤差項只具有「heteroskedasticity」，分析結果得：

$$\text{invest}_{\text{it}} = -23.26 \times \alpha_i + 0.095 \times \text{market} + 0.3338 \times \text{stock} + \varepsilon_{it}$$

3. 「xtgls …, panels(correlated)」係假定誤差項同時具有「heteroskedasticity 及一階自我相關」，分析結果如下式，它與僅具有「heteroskedasticity」略有差別：

$$\text{invest}_{\text{it}} = -18.96 \times \alpha_i + 0.074 \times \text{market} + 0.2874 \times \text{stock} + e_{it}$$

其中

殘差為 $e_{it} = \rho\mu_{i,t-1} + \xi_{it}$，即 $e_{it} = 0.865 \times e_{i,t-1} + \xi_{it}$

其中，ρ 為相隔兩期 e_{it} 的相關係數，ξ_{it} 為符合白噪音 (white noise) 假設的殘差項。

方法二：廣義隨機效果模型 (xtrc 指令)

xtrc 指令旨在執行「random-coefficients regression」。同樣以「公司投資」為例：

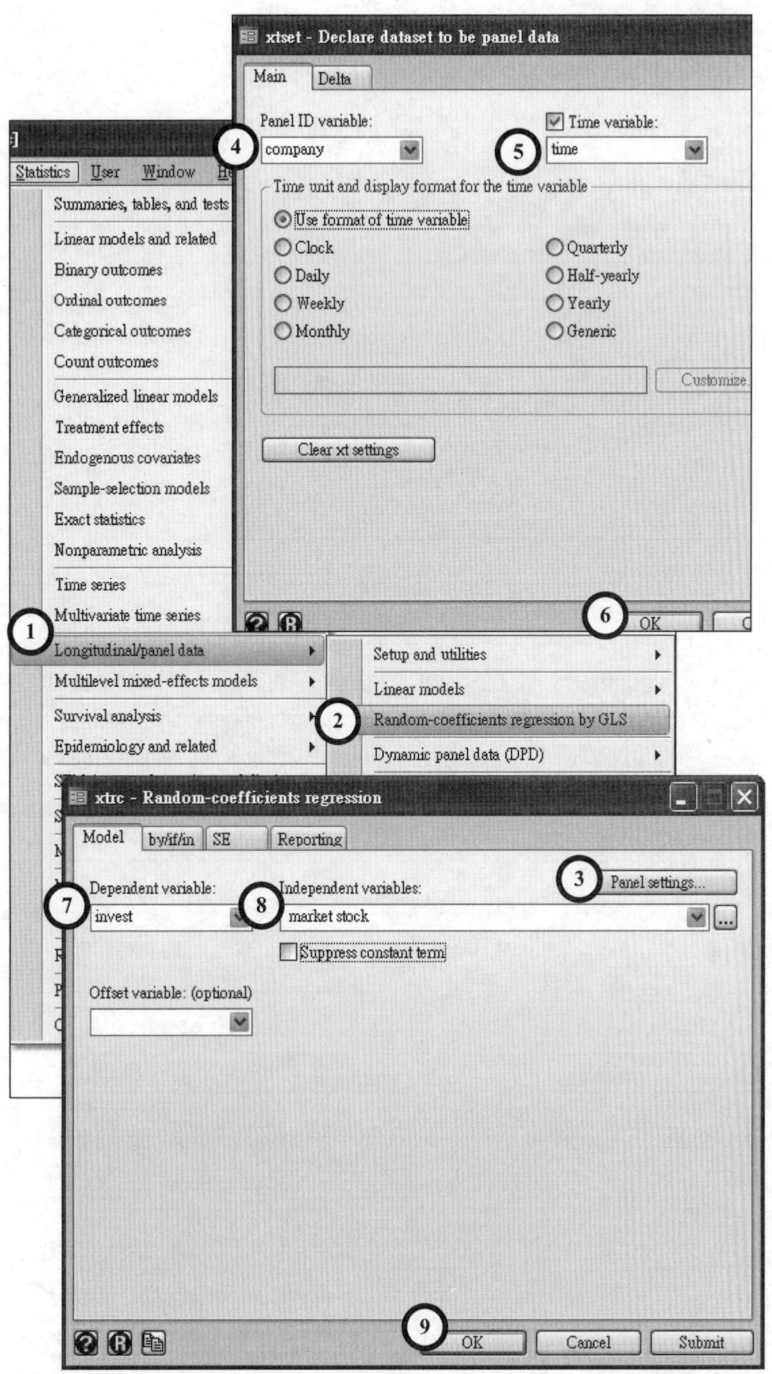

圖 5-17「xtrc invest market stock」之畫面

```
. webuse invest2

* Fit random-coefficients linear regression model
. xtrc invest market stock

Random-coefficients regression                  Number of obs      =       100
Group variable: company                         Number of groups   =         5

                                                Obs per group: min =        20
                                                               avg =      20.0
                                                               max =        20

                                                Wald chi2(2)       =     17.55
                                                Prob > chi2        =    0.0002

------------------------------------------------------------------------------
      invest |      Coef.   Std. Err.      z    P>|z|     [95% Conf. Interval]
-------------+----------------------------------------------------------------
      market |   .0807646   .0250829     3.22   0.001     .0316031    .1299261
       stock |   .2839885   .0677899     4.19   0.000     .1511229    .4168542
       _cons |  -23.58361   34.55547    -0.68   0.495    -91.31108    44.14386
------------------------------------------------------------------------------
Test of parameter constancy:    chi2(12) =   603.99      Prob > chi2 = 0.0000

* Replay results and show 分群組 (group-specific) best linear predictors
. xtrc, beta

Random-coefficients regression                  Number of obs      =       100
Group variable: company                         Number of groups   =         5

                                                Obs per group: min =        20
                                                               avg =      20.0
                                                               max =        20

                                                Wald chi2(2)       =     17.55
                                                Prob > chi2        =    0.0002

------------------------------------------------------------------------------
```

```
      invest |      Coef.   Std. Err.      z    P>|z|     [95% Conf. Interval]
-------------+----------------------------------------------------------------
      market |   .0807646   .0250829     3.22   0.001     .0316031    .1299261
       stock |   .2839885   .0677899     4.19   0.000     .1511229    .4168542
       _cons |  -23.58361   34.55547    -0.68   0.495    -91.31108    44.14386
------------------------------------------------------------------------------
Test of parameter constancy:    chi2(12) =    603.99      Prob > chi2 = 0.0000

                      Group-specific coefficients
------------------------------------------------------------------------------
                   Coef.   Std. Err.      z    P>|z|     [95% Conf. Interval]
------------------------------------------------------------------------------
     Group 1 |
-------------+----------------------------------------------------------------
      market |   .1027848   .0108566     9.47   0.000     .0815062    .1240634
       stock |   .3678493   .0331352    11.10   0.000     .3029055    .4327931
       _cons |  -71.62927   37.46663    -1.91   0.056    -145.0625    1.803978
-------------+----------------------------------------------------------------
     Group 2 |
-------------+----------------------------------------------------------------
      market |    .084236   .0155761     5.41   0.000     .0537074    .1147647
       stock |   .3092167   .0301806    10.25   0.000     .2500638    .3683695
       _cons |  -9.819343   14.07496    -0.70   0.485    -37.40575    17.76707
-------------+----------------------------------------------------------------
     Group 3 |
-------------+----------------------------------------------------------------
      market |   .0279384    .013477     2.07   0.038     .0015241    .0543528
       stock |   .1508282   .0286904     5.26   0.000     .0945961    .2070603
       _cons |  -12.03268   29.58083    -0.41   0.684    -70.01004    45.94467
-------------+----------------------------------------------------------------
     Group 4 |
-------------+----------------------------------------------------------------
      market |   .0411089   .0118179     3.48   0.001     .0179461    .0642717
       stock |   .1407172   .0340279     4.14   0.000     .0740237    .2074108
       _cons |   3.269523   9.510794     0.34   0.731    -15.37129    21.91034
-------------+----------------------------------------------------------------
     Group 5 |
-------------+----------------------------------------------------------------
      market |    .147755   .0181902     8.12   0.000     .1121028    .1834072
```

```
       stock |   .4513312   .0569299     7.93   0.000     .3397506    .5629118
       _cons |  -27.70628   42.12524    -0.66   0.511    -110.2702    54.85766
------------------------------------------------------------------------------

* Replay results, showing coefficients, standard errors, and CIs to 4 decimal
  places
. xtrc, cformat(%8.4f)

Random-coefficients regression                  Number of obs      =       100
Group variable: company                         Number of groups   =         5

                                                Obs per group: min =        20
                                                               avg =      20.0
                                                               max =        20

                                                Wald chi2(2)       =     17.55
                                                Prob > chi2        =    0.0002

------------------------------------------------------------------------------
      invest |      Coef.   Std. Err.      z    P>|z|     [95% Conf. Interval]
-------------+----------------------------------------------------------------
      market |     0.0808     0.0251     3.22   0.001       0.0316      0.1299
       stock |     0.2840     0.0678     4.19   0.000       0.1511      0.4169
       _cons |   -23.5836    34.5555    -0.68   0.495     -91.3111     44.1439
------------------------------------------------------------------------------
Test of parameter constancy:    chi2(12) =   603.99     Prob > chi2 = 0.0000
```

1. Random-coefficients regression 分析結果得：

$$invest_{it} = -23.58 \times \alpha_i + 0.081 \times market + 0.284 \times stock + \varepsilon_{it}$$

其中，(α_i, β_i) iid with mean (α, β) and variance matrix Σ and ε_{it} is iid.

2. 因爲「test of parameter constancy」顯示：$\chi^2_{(12)} = 603.99$，$p < 0.05$，表示迴歸係數非固定不變，故本例採用 random-coefficients 模型會比「xtreg」適合。

Chapter

06

聯立方程式(內生的共變):工具變數及兩階段最小平方法(2SLS)

一般傳統估計採用最小平方法時，必須有一致性 (consistency)，假設解釋變數跟誤差項是無相關的。當模型中的變數是穩定時，可以直接使用最小平方法。但是在模型中的變數是不穩定時，直接使用最小平方法，將會產生虛無迴歸的問題 (spurious regression)。

某些情況下，解釋變數 x 跟誤差項 (符號 u 或 ε) 是相關的 (relevant)，在這種情況下，最小平方法 (ordinary least squares, OLS) 並無法產生一致性結果。根據經驗法則，若同時檢定最小平方法 (OLS)、最大概似法 (maximum likelihood, ML)、加權最小平方法 (weighted least squares, WLS)、廣義最小平方法 (generalized least squares, GLS)、廣義動差法 (generalized method of moments, GMM)，你會發現 OLS 較易產生估計結果偏誤 (bias)。故改用工具變數之兩階段最小平方法 (2SLS) 是個好的分析法，尤其在「長期間」的資料估計時，2SLS 的估計結果會比 OLS 的效果要好。例如，在對資本資產定價模型 (CAPM) 進行估計時，OLS 的估計效果最差，其中 ML 與 2SLS 的效果會較為準確，同時也較符合 F-M 兩階段迴歸的漸進式統計特性。

6-1 工具變數及兩階段最小平方法 (2SLS)

兩階段最小平方法 (two stage least squares, 2SLS)，顧名思義包括兩個階段：

1. 第一個階段：將解釋變數 x 拆解為兩個部分，與殘差 u 相關的部分，及與 u 無關的部分。
2. 第二個階段：採用與殘差 u 無關的部分解釋變數 x，來估計其參數值。

6-1-1 進行 OLS 統計分析時應注意之事項

一、最小平方法 (OLS)

若殘差 (residual) ε (或符號 u) 符合下列四個假定 (assumption)，則 OLS 估計出的係數才具有「最佳線性不偏估計量」(best linear unbiased estimator, **BLUE**) 的性質。

例如，OLS 用來估計下述複迴歸中，解釋變數 x 與被解釋變數 y 的關係：

$$y_i = \beta_0 + \beta_1 x_{1i} + \beta_2 x_{2i} + \cdots + \beta_k x_{ki} + u_i$$

若殘差 ε_i 符合以下假設，用 OLS 估計 β_k 將具有 BLUE 的性質：

1. 殘差期望值爲零 (zero mean)，即 $E(u_i) = 0$。
2. 解釋變數與殘差無相關 (orthogonality)，即 $\text{Cov}(x_{ki}, u_i) = 0$。若違反，就有內生性 (endogeneity) 問題。請詳見本書第 6 章。
3. 殘差無數列相關，即 $\text{Cov}(u_i, u_j) = 0$。請詳見本書第 3 章。
4. 殘差具同質變異 (homoskedasticity)，即 $\text{Var}(u_i) = \sigma^2$。請詳見本書第 4 章。

若 OLS 違反解釋變數 (regressor) 與殘差 (符號 u 或 ε) 無相關的假設，將發生內生性 (endogeneity) 的問題。若解釋變數與殘差爲正相關，則估計係數將高估。一般而言，偵測內生性的方法有三：

1. 可透過描繪殘差與解釋變數的散布圖。
2. 計算殘差與解釋變數的相關係數，來檢視是否具內生性 (endogeneity)。

   在統計學和計量經計學的模型中，若一個變數或母體參數與誤差項有相關性，這個變數或參數被稱爲「內生變數」。內生性有多種來源：

   (1) 可能是測量誤差所致。

   (2) 可能是自我相關的誤差所導致的自我迴歸。

   (3) 可能來自聯立方程式。

   (4) 被忽略的解釋變數。

   概括而言，一個模型的自變數與因變數之間互爲因果，就會導致內生性。

   例如：在一個簡單的供需模型中，當要預測均衡的需求量時，價格是內生變數，因爲生產者會依據需求來改變價格 (即需求→價格)，而消費者會依據價格來改變需求 (價格→需求)。在這情形下，只要需求曲線和供給曲線爲已知，價格變數便被稱爲具有全域內生性。相反地，消費者喜好的改變對於需求曲線而言是外生 (exogenous) 變數。
3. 利用 Wu-Hausman 指令 (「estat endogenous」) 來檢定變數是否具內生性，其虛無假設「H_0：變數不具內生性」。若拒絕虛無假設，表示變數具內生性，OLS 估計式不一致者，你就應改用「ivregress、xtivreg 指令」之兩階段最小平方法 (two stage least squares, 2SLS) 或 gmm 指令之廣義動差法 (generalized method of moments, GMM) 等方式，以獲得一致性估計式。

二、工具變數 (IV)

工具變數 (instrumental variables, IV) 專門處理非隨機試驗所面臨問題的方法之一，近來廣泛應用於計量經濟、教育學及流行病學領域；其主要目的在於控制不可觀測的干擾因素，使資料經過調整後「近似」於隨機試驗所得的資料，進而求出處理效果的一致估計值。在 x 與 u 相關時，可使用工具變數 z 將解釋變數 x 變動裡與殘差 u 無關的部分分離出來，使我們能得到一致性估計式。

例如，有人以 1981 至 2015 年間四十三個亞撒哈拉非洲 (Sub-Saharan Africa) 內陸國家為分析對象，研究食物生產對國家內部衝突的影響，利用降雨量作為工具變數 (instrumental variables, IV)，以消除因為個體國家或政府組織能力異質性造成的遺漏變數偏誤 (omitted variable bias)，發現食物生產和國家內部衝突次數存在顯著且負向的關係，且此現象在死傷規模較小的衝突較為明顯，而種族、宗教和語言的歧異程度和內部衝突沒有統計上的關係。

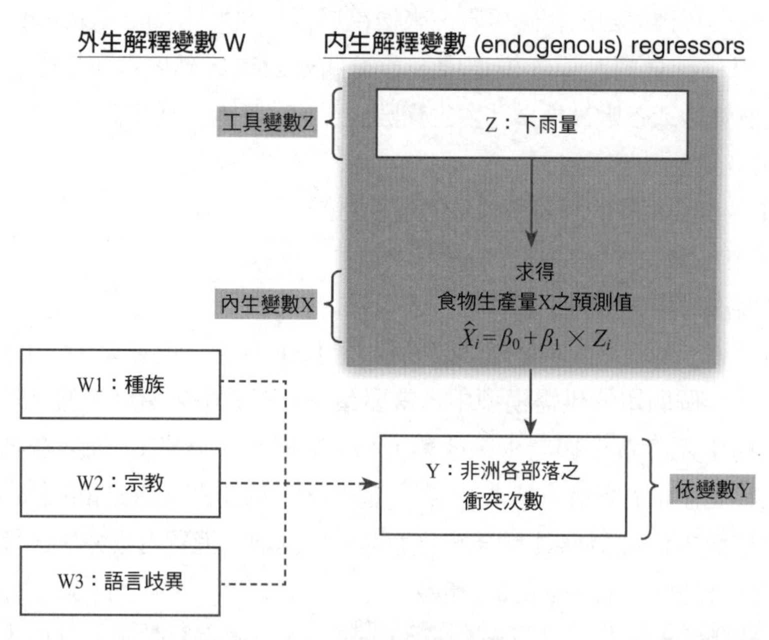

圖 6-1 內部衝突次數為依變數，食物生產量為內生變數之 panel IV 模型

三、工具變數之應用領域

學術界，工具變數的兩階段迴歸之常見研究主題，包括：

1. 以越戰風險為工具變數 (IV) 估計教育 (內生變數) 對薪資 (依變數) 之影響。例如，探討越南戰爭對美國越戰世代之教育程度之外生衝擊，進而對其 1980 年代經濟表現造成之影響。文中採用美國於越戰期間各年各州平均陣亡人數，作爲一衡量越戰世代所面對戰爭風險之指標。我們利用該戰爭風險指標作爲工具變數，捕捉在不同戰爭風險水準之下，年輕男性與年輕女性間大學教育程度之差異，並以此外生造成之差異估計教育對薪資所得之影響。我們發現在越戰期間不論戰爭風險對教育程度之效果，或者這些外生決定之教育程度對薪資所得之效果，均爲正向且顯著。藉此，我們將於越戰脈絡下對這兩項效果的認知，由目前的限於越戰彩券時期 (1970-1972)，推廣到整個越戰 (1965-1972)。

2. 教育政策、跨代教育效果與統計生命價值的評估。
3. 教育 (內生變數 X) 與健康 (依變數 Y)── 教育內生性問題之探討。
4. 教育 (X) 對生育行爲 (Y) 的影響。
5. 過度教育、肥胖與薪資。
6. 影響中學生 PISA 成績因素之估計── 臺灣、香港、日本、韓國之比較。
7. 經濟學教學方式、時間投入與學習績效間之關係。
8. 焦慮對學生學業成就的影響。
9. 臺灣高中職學生打工行爲對於學業成就之影響── 工具變數法之應用。
10. 教育的回報率在臺灣高等教育擴張的影響代價。有人使用華人家庭動態資料庫 RI1999, RI2000, RI2003, RCI2004 與 RCI2005 的混合資料樣本進行估計。面對教育可能存在的內生性問題，即以兩階段最小平方法 (2SLS)、Hausman Taylor 估計法 (HT 模型)、與追蹤資料廣義動差估計法 (panel GMM) 來對教育報酬進行估計，試圖對內生性問題加以處理。結果發現，若沒有處理「能力 (IV) 在教育 (X) 與薪資 (Y) 上」所造成的內生性問題時，以 OLS 估計教育報酬的結果可能有低估的偏誤，因爲其結果較其他估計法所得出的教育報酬低了至少 20%。此外，不同估計方式所得出的教育報酬結果介於 5%-12%，其中在 OLS 估計下會得出最低的邊際教育報酬，其他依序爲以純粹解釋變數落遲期爲工具變數的 panel GMM 估計、2SLS 估計、加入配偶教育年數爲工具變數的 panel GMM 估計，最後爲 HT 模型的估計。對於高等教育擴張與教育報酬兩者間的關係，我們的研究結果顯示：在我國大學錄取率由 27% 上升到 60% 的這段時間裡，高等教育的擴張並未對教育報酬產生顯著的負向影響。
11. 育兒時間的決定因素── American Time Use Survey 2003-2010 實證研究。
12. 幸福與信任的因果關係── 跨國資料的工具變數分析。
13. 經驗概似法之理論與蒙地卡羅模擬。

14. 宗教信仰與宗教捐獻之實證研究。
15. 中國移民和工資的關係。
16. 以動態三因子模型解釋短期報酬趨勢與長期反轉現象——以臺灣市場爲例。
17. 臺指選擇權履約機率 (X) 與報酬率 (Y) 之相關性研究：Black-Scholes 模型之應用。
18. 臺灣山坡地違規農業使用之研究。利用傳統犯罪計量模型採用的線性對數化以 OLS 進行分析，再加上系統模型的 2SLS 比對出各變數的影響，研究顯示民衆違規使用山坡地，主要是受山地農業政策包括水稻、檳榔、茶葉等的政策所影響。
19. 電視 (X) 對印度女性地位 (Y) 的影響：以取水時間 (IV) 作爲工具變數。
20. 食物生產 (X) 對國家內部衝突 (Y) 的影響，以降雨量當工具變數。
21. 分別以兩階段最小平方法（2SLS）與兩階段分量迴歸法（2SQR）分析臺灣銀行業風險與資本間的關係。2SLS 發現，銀行資本水準對目標風險水準決定無顯著影響，銀行風險水準正向影響目標資本水準。但 2SQR 更深入發現，無論是中度與高度風險銀行或是中度與高度資本的銀行，其風險與資本均呈正相關，但是低度資本的銀行，風險上升並不會同步造成資本上升。
22. 失業眞的會導致犯罪嗎？並以美元匯率、日圓匯率以及能源價格三者分別與製造業就業人口比例乘積作爲失業率的工具變數，並從理論與弱工具變數測試 (weak IV test) 兩方面同時探討該組工具變數之有效性。結果發現，在 OLS 下失業率對各類犯罪影響幾乎都爲正且顯著；但在兩階段最小平方法 (2SLS) 下，失業率只對財產犯罪 (主要在其中的竊盜一項) 有正的顯著影響，對暴力犯罪則無，且 2SLS 估計值皆大於 OLS 的結果。
23. 乾淨用水對長期健康及教育成就的影響，並以前一年的營業稅與雜種稅作爲當地供水戶數 (每千人) 的工具變數的作法。兩階段迴歸估計顯示，當地供水戶數 (每千人) 仍與教育、婚姻與健康有顯著的正向關係，且 2SLS 的估計値大於 OLS 估計結果。
24. 血液透析與腹膜透析對末期腎臟病患之存活影響。
25. 平均數－擴展吉尼係數架構下，玉米期貨避險比率之研究。
26. 臺灣個人醫療門診次數與居家型態之關係爲何？若以工具變數來排除因居家型態有內生性所造成的偏誤值。研究結果顯示：依其都市化程度的不同，其居家型態、門診次數也會有所改變；迴歸模型方面，當我們納入內生性考量以後，居家型態於有無內生性下會有不同的差異性。在沒有考量內生性下，居家型態於迴歸中沒有顯著的水準；而考量有內生性時，居家型態會有顯著性的水準存在。

27. 老人接種流行性感冒疫苗與其醫療服務利用之研究。
28. 臺灣花卉供應鏈的資料倉儲設計與量測變數迴歸應用。
29. 多角化對公司價值影響之再驗證。
30. 醫生服務量對醫療結果 (1 月、6 月、1 年內死亡) 的影響——臺灣初次接受肝癌病患爲對象。由於品質較佳的醫師會更吸引病患，使得服務量產生自我選擇的內生性問題。
31. 嫁妝與家務時間分配的實證研究。
32. 糖尿病 (X) 對勞動市場 (Y) 的影響。有人運用我國 85 年「國民營養狀況變遷調查」、90 年與 94 年「國民健康訪問調查」資料，分男、女按年齡分組估計罹患糖尿病對就業負向衝擊效果。爲考量糖尿病爲內生，使用帶工具變數雙元 Probit 模型，工具變數包含糖尿病家族病史和糖尿病區域盛行率。比較三年度分析可知：85 年與 90 年因缺乏糖尿病家族病史且糖尿病區域盛行率變異不夠大，糖尿病對就業負向衝擊較不明確；惟 94 年則無此二項限制，中老年男性之糖尿病對就業衝擊效果呈顯著爲 −24.22%，其他各組之效果多偏小或不顯著。

6-1-2 工具變數 (IV) 之重點整理

一、工具變數 (IV) 之示意圖

當 Cov(x, u) ≠ 0 時 (解釋變數 x 與殘差 u 有相關)，OLS 估計產生偏誤。此時，自變數 x 是內生 (endogenous) 的，解決辦法之一就是採用工具變數 (instrumental variables, IV)。

工具變數可以處理：(1) 遺漏變數產生偏差的問題。(2) 應用於古典變數中誤差 (errors-in-variables) 的情況 (eivreg 指令)。(3) 估計聯立方程式 (simultaneous equation) 參數，Stata 指令則有三：ivregress(Single-equation instrumental-variables regression), reg3(Three-stage estimation for systems of simultaneous equations), xtivreg(Instr. var. & two-stage least squares for panel-data models)。

由圖 6-2 中可看出：

1. 工具變數 Z 直接影響 X，但與 Y 無直接關係。
2. 工具變數 Z 與殘差 u 無關係。

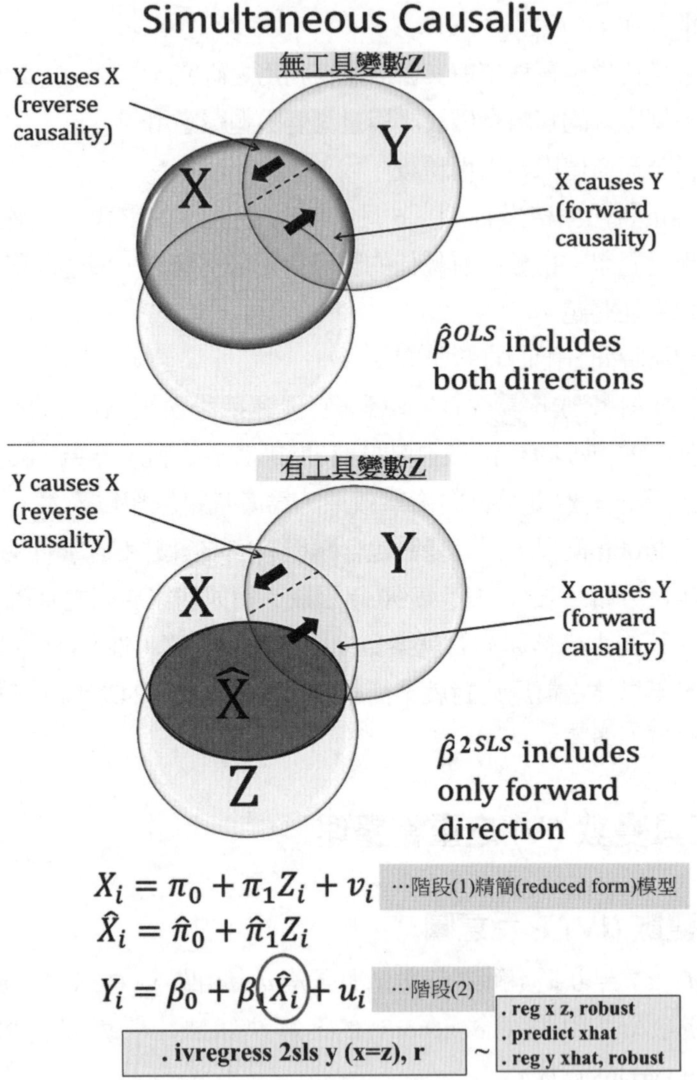

圖 6-2　Simultaneous Causality 中，工具變數 Z 之示意圖

二、如何選擇工具變數 (IV)

工具變數 Z 必須符合外生性 (exogenous) 與相關性 (relevant)，然而我們該如何尋找？

1. IV 必須是外生的(可以檢定)。
2. IV 可能來自於常識判斷。
3. IV 可能來自於經濟理論。
4. IV 可能來自於隨機的現象，此現象造成內生變數 X 的改變。

例如，$\log(\text{wage}) = \beta_0 + \beta_1 \text{ educ} + u$，此「學歷預測薪資」方程式中，請問：

1. 智力 IQ 是好的工具變數嗎？
2. 父母教育水準是好的工具變數嗎？
3. 家庭中小孩子數目是好的工具變數嗎？
4. 出生的季分是好的工具變數嗎？

答：

我們需找一個工具變數「某變數 Z」，它需滿足二個條件：

1. 具有相關性 (relevant)：***corr***(工具變數 Z_i，內生解釋變數 x) ≠ 0
2. 具有外生性 (exogenous)：***corr***(工具變數 Z_i，殘差 u_i) ≠ 0

又如，學生的「測驗分數 $= \beta_0 + \beta_1$ 班級大小 $+ u$」，此方程式中，工具變數 (IV) 是：與班級大小有關，但與 u 無關(包括父母態度、校外學習環境、學習設備、老師品質等)。

小結

工具變數 Z 與殘差 U 相關性低，Z 與 X 相關性高，這樣的工具變數被稱為好工具變數，反之則稱為劣工具變數。

好工具變數的識別：

1. Z 與 U 不相關，即 $\text{Cov}(Z, U) = 0$；由於 U 無法觀察，因而難以用正式的工具進行測量，通常由經濟理論來使人們相信。
2. Z 與 X 相關，即 $\text{Cov}(Z, X) \neq 0$。

舉例：以雙變數模型為例

$$Y = a + bX + U$$

其中，X 與 U 相關，因而 OLS 估計會有偏誤，假設現在有 X 的工具變數 Z，

於是有 $\text{Cov}(Z, Y) = \text{Cov}(Z, a + bX + U)$

$= \text{Cov}(Z, bX) + \text{Cov}(Z, U)$($a$ 為截距之常數)

$= b\,\text{Cov}(Z, X)$

所以有 $b = \text{Cov}(Z, Y) / \text{Cov}(Z, X)$

工具變數 Z 的優劣之判斷準則：

1. 工具變數 Z 與殘差 U 不相關，即 $\text{Cov}(Z, U) = 0$；相關性愈低，則愈好。
2. 工具變數 Z 與解釋變數 X 相關，即 $\text{Cov}(Z, X)$ 不等於 0；相關性愈高，則愈好。

三、兩階段最小平方法 (two stage least squares, 2SLS)

考慮簡單迴歸模型：$y_i = \beta_0 + \beta_1 x_i + u_i$

兩階段最小平方法 (2SLS) 顧名思義，包括兩個階段：

第一個階段：將 x 拆解爲兩個部分，與殘差 u 相關的 regressors 部分，及與殘差 u 無關的 regressors 部分。

x 的變動 $\begin{cases} \text{與 } u \text{ 相關：丟棄產生偏誤的這一部分} \\ \text{與 } u \text{ 無關：以工具變數將此部分分離，建立一致估計式} \end{cases}$

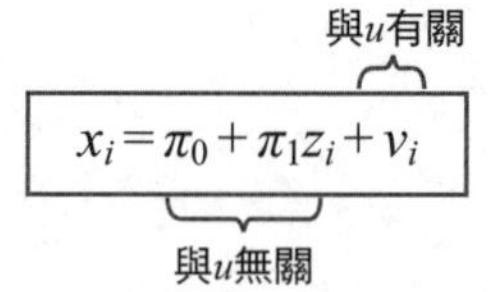

若係數 π_1 不顯著，則表示 $\text{Cov}(z, x) \neq 0$ 的條件可能不成立，應找尋其他工具變數。若 π_1 顯著，則進行第二階段迴歸。

第二個階段：採用與殘差 u 無關的部分估計參數，用以建立一致性的估計式。所得到的估計式，稱爲 2SLS 估計式。

$$y_i = \beta_0 + \beta_1 \hat{x}_1 + \varepsilon_i$$

其中，$\hat{x}_1 = \hat{\pi}_0 + \hat{\pi}_1 \hat{z}_1$，表示 x 中與殘差無關的部分。

在小樣本下，2SLS 估計式確切的分配是非常複雜的；不過在大樣本下，2SLS 估計式是一致的，且爲常態分配。

假設 z 是一個工具變數 (IV)，則 z 應符合兩項條件：

1. z 必須是外生的 (exogenous)：$\text{Cov}(z, \varepsilon) = 0$，工具變數需與殘差無關，工具變數亦爲外生 (exogenous) 解釋變數。

2. z 必須與內生變數 x 有相關：Cov(z, x) ≠ 0，工具變數需與解釋變數相關。

四、兩階段最小平方法 (2SLS) 之重點整理

通常會根據常識、經濟理論等，來找尋合適的工具變數 Z。其中，兩階段迴歸分析如下：

1. 以 IV 估計簡單迴歸

第一階段，假設簡單迴歸：$y_i = \beta_0 + \beta_1 x_i + u_i$，令 Z 表示符合條件的工具變數，則：

$$\text{Cov}(z, y) = \beta_1 \text{Cov}(z, x) + \text{Cov}(z, u)$$

因此

$$\beta_1 = \frac{Cov(z,y)}{Cov(z,x)} - \frac{Cov(z,u)}{Cov(z,x)}$$

β_1 的 IV 估計式為：

$$\hat{\beta}_1 = \frac{\Sigma(z_1 - \bar{z})(y_i - \bar{y})}{\Sigma(z_i - \bar{z})(x_i - \bar{x})}$$

同質性假設：$E(u^2 | z) = \sigma^2 = Var(u)$

如同 OLS 的情況，漸進變異數與其估計式可以證明如下：

$$Var(\hat{\beta}_1) = \frac{\sigma^2}{n\sigma_x^2 \rho_{x,z}^2}$$

其估計式為：

$$\frac{\hat{\sigma}^2}{SST_x R_{x,z}^2}$$

(1) 第二階段 OLS 迴歸所得到的標準誤並不是 IV 迴歸的標準誤，此乃由於第二階段 OLS 迴歸是採用第一階段所得到的預測值，因此必須有所調整。

(2) 計量經濟統計軟體 (如 Stata) 會自動調整為 IV 迴歸的標準誤。

(3) 在小樣本下，2SLS 估計式的分配是很複雜的。

(4) 在大樣本下，2SLS 估計式是一致的，且為常態分配：

$$p\lim(\hat{\beta}_1)=\beta_1$$

$$\hat{\beta}_1 \overset{a}{\sim} \text{Normal}\left[\beta_1, se(\hat{\beta}_1)\right]$$

2. IV 與 OLS 之差異比較

IV 與 OLS 估計式標準誤的差別，在於執行 x 對 z 迴歸所得到的 R^2。

$$\text{OLS}：Var(\hat{\beta}_1)=\frac{\hat{\sigma}^2}{\Sigma(x_i-\bar{x})^2}=\frac{\hat{\sigma}^2}{SST_x}$$

$$\text{IV}：Var(\hat{\beta}_1)=\frac{\hat{\sigma}^2}{SST_x R^2_{x,z}}$$

(1) 由於 $R^2_{x,z}<1$，IV 的標準誤是比較大的。

(2) z 與 x 的相關性愈高，IV 的標準誤愈小。

(3) 當 Cov(x, u) ≠ 0，OLS 估計式不是一致的，不過符合條件的 IV 估計式可以證明是一致的。

(4) IV 估計式並非是不偏的。

(5) 由於存在許多的工具變數可供選擇，因此 IV 估計式的標準誤並非最小。

(6) 即便 IV 估計式缺乏效率，但在眾多偏誤的估計式中是一致的。

3. 數個內生解釋變數 (endogenous regressors)

假設我們有數個內生變數，則有三種情況：

(1) 過度認定 (over identified)：如果工具變數 Z 個數大於內生變數 X 個數。

(2) 不足認定 (under identified)：如果工具變數 Z 個數小於內生變數 X 個數。

(3) 恰好認定 (just identified)：如果工具變數 Z 個數等於內生變數 X 個數。

基本上，工具變數至少需要與內生自變數一樣多。過度認定或恰好認定，進行 IV 迴歸才有解。在大樣本的情況下，2SLS 可獲得一致的估計式，且爲常態分配，但標準誤 (standard error) 較大。若欲降低標準誤，可找尋與解釋變數相關性較高的工具變數。值得注意的是，若所選擇的工具變數與解釋變數僅存在些許相關，甚至無關時，此法所得之估計式是不一致的。基本上，工具變數至少需要與內生的解釋變數一樣多，若工具變數個數大於內生變數個數，稱爲過度認定 (over identified，有多組解)；若等於，稱爲恰好認定 (just identified，恰好一組解)；若小於，稱爲不足認定 (under identified，無解)。當過度認定時，可進行過度認定限制檢定，檢定某些工具變數是否與誤差項相關。

6-1-3 隨機解釋變數 X(random regressor) 與工具變數 Z(instrumental variable)

(一) 定義

X_t 爲隨機的，且 $\text{Cov}(X_t, \varepsilon_t) \neq 0$。

(二) 影響

1. 估計參數會有偏差

存在一迴歸模型：$Y_t = \beta_1 + \beta_2 X_t + \varepsilon_t$，利用 $\hat{\beta}_2 = \beta_2 + \dfrac{\Sigma(X_t - \overline{X})^2 \varepsilon_t}{\Sigma(X_t - \overline{X})^2}$，整理後改

寫爲 $\hat{\beta}_2 = \beta_2 + \dfrac{\dfrac{\Sigma(X_t - \overline{X})^2 \varepsilon_t}{T}}{\dfrac{\Sigma(X_t - \overline{X})^2}{T}}$，取期限值

$$E(\hat{\beta}_2) = E\left(\beta_2 + \frac{\frac{\Sigma(X_t - \overline{X})^2 \varepsilon_t}{T}}{\frac{\Sigma(X_t - \overline{X})^2}{T}}\right) = \beta_2 + E\left(\frac{\frac{\Sigma(X_t - \overline{X})^2 \varepsilon_t}{T}}{\frac{\Sigma(X_t - \overline{X})^2}{T}}\right) \neq \beta_2$$

2. 估計參數不再具備一致性

上式取機率極限

$$P\lim(\hat{\beta}_2) = \beta_2 + P\lim\left(\frac{\frac{\Sigma(X_t - \overline{X})^2 \varepsilon_t}{T}}{\frac{\Sigma(X_t - \overline{X})^2}{T}}\right) = \beta_2 + \frac{Cov(X_t, \varepsilon_t)}{Var(X_t)} \neq \beta_2$$

(三) 類型

1. errors-in-variables 問題 (eivreg 指令)

存在一迴歸模型：$Y_t = \beta_1 + \beta_2 X_t + \varepsilon_t$，但 X_t 無法被觀察到，因此選擇一個代理變數 (proxy variable) X_t^*，其中

$$X_t^* = X_t + e_t$$

因此，實際估計上是採用下式：

$$Y_t = \beta_1 + \beta_1 X_t^* + \varepsilon_t$$

惟理論上與實際估計模型存在下述關係：

$$\begin{aligned} Y_t &= \beta_1 + \beta_1 X_t^* + \varepsilon_t \\ &= \beta_1 + \beta_2 (X_t - e_t) + \varepsilon_t \\ &= \beta_1 + \beta_2 X_t + (\varepsilon_t - \beta_2 e_t) \end{aligned}$$

此時實際估計模型的自變數與殘差的共變異數爲：

$$\begin{aligned} Cov(X_t^*, \varepsilon_t - \beta_2 e_t) &= E(X_t^*(\varepsilon_t - \beta_2 e_t)) = E((X_t + e_t)(\varepsilon_t - \beta_2 e_t)) \\ &= E(X_t \varepsilon_t + e_t \varepsilon_t - X_t \beta_2 e_t - \beta_2 e_t^2) = -X_t \beta_2 E(e_t) - \beta_2 E(e_t^2) \end{aligned}$$

若 $E(e_t) = 0$，則上式等於$-\beta_2 \sigma_e^2$，且$-\beta_2 \sigma_e^2 \neq 0$。

有關「errors-in-variables」eivreg 指令之迴歸分析，請見作者《Stata 與高等統計分析》一書。

(四) 解決方法：工具變數法 (instrumental variable method)

根據前述的動差法，通常可透過下面兩式取得未知參數 β_1 和 β_2。

$$\begin{aligned} E(\varepsilon_t) = 0 &\Rightarrow E[(Y_t - \beta_1 - \beta_2 X_t)] = 0 \\ E(X_t \varepsilon_t) = 0 &\Rightarrow E[X_t (Y_t - \beta_1 - \beta_2 X_t)] = 0 \end{aligned}$$

此時若發生 $E(X_t, \varepsilon_t) \neq 0$，上面兩式就不適用。工具變數法是企圖找到一個工具變數 Z_t，並符合 $E(Z_t, \varepsilon_t) = 0$，因此可改用下面兩式取得未知參數 β_1 和 β_2，此時改用：

$$\begin{aligned} E(\varepsilon_t) = 0 &\Rightarrow E[(Y_t - \beta_1 - \beta_2 X_t)] = 0 \\ E(Z_t \varepsilon_t) = 0 &\Rightarrow E[Z_t (Y_t - \beta_1 - \beta_2 X_t)] = 0 \end{aligned}$$

透過樣本動差 (sample moments)，整理得：

$$\frac{\sum_{t=1}^{T} (Y_t - \hat{\beta}_1 - \hat{\beta}_2 X_t)}{T} = 0$$

$$\frac{\sum_{t=1}^{T} Z_t (Y_t - \hat{\beta}_1 - \hat{\beta}_2 X_t)}{T} = 0$$

經整理，得：

$$\Rightarrow \begin{cases} \sum_{t=1}^{T}(Y_t - \hat{\beta}_1 - \hat{\beta}_2 X_t) = 0 \\ \sum_{t=1}^{T} Z_t (Y_t - \hat{\beta}_1 - \hat{\beta}_2 X_t) = 0 \end{cases}$$

可得推定量：

$$\hat{\beta}_1 = \overline{Y} - \hat{\beta}_2 \overline{X}$$

$$\hat{\beta}_2 = \frac{T\sum_{t=1}^{T} Z_t Y_t - \sum_{t=1}^{T} Y_t \sum_{t=1}^{T} Z_t}{T\sum_{t=1}^{T} Z_t X_t - \sum_{t=1}^{T} X_t \sum_{t=1}^{T} Z_t} = \frac{\sum_{t=1}^{T}(Z_t - \overline{Z})(Y_t - \overline{Y})}{\sum_{t=1}^{T}(Z_t - \overline{Z})(X_t - \overline{X})}$$

(五) 檢定：橫斷面 Hausman 檢定 (hausman 指令)

1. 比較最小平方法與工具變數法兩種方法估計出的參數是否有差異，如果沒有差異，代表 H_0：$\text{Cov}(X_t, \varepsilon_t) = 0$ 被接受。
2. 若迴歸模型 $Y_t = \beta_1 + \beta_1 X_t + \varepsilon_t$，檢定「$H_0$：$\text{Cov}(X_t, \varepsilon_t) = 0$」之步驟如下：

step(1) 選取可使用的工具變數，例如 $Z_{t,1}$ 和 $Z_{t,2}$，來估計

$$X_t = \alpha_1 + \alpha_2 Z_{t,1} + \alpha_3 Z_{t,2} + u_t$$

求得 $\hat{u}_t = \hat{\alpha}_1 + \hat{\alpha}_2 Z_{t,1} + \hat{\alpha}_3 Z_{t,2}$

step(2) 續估計

$$Y_t = \beta_1 + \beta_2 X_t + \gamma \hat{u}_t + u_t$$

檢定 H_0：$\gamma = 0$(表示 X_t 與 ε_t 無相關)

6-1-4a 單一工具變數及單一內生變數：內生性檢定

在迴歸模型假定中，若「自變數 x 與誤差項 u」具有相關性，即 $\text{cov}(x, u) \neq 0$，謂之內生性 (endogeneity)。

一、內生性問題對參數估計有何影響

1. 在內生性下，OLS 估計式之參數不再具有不偏性。
2. 在內生性下，OLS 估計式之參數不再具有有效性。
3. 在內生性下，OLS 估計式之參數不再具有一致性。

二、為何產生内生性問題

1. 迴歸模型中，遺漏重要變數。
2. 迴歸模型中，存有測量誤差。
3. 忽略了聯立方程式。
4. 忽略了動態迴歸。

三、傳統 OLS 如何檢定内生性問題

假設

$$y_1 = \beta_0 + \beta_1 y_2 + \beta_2 z_1 + \beta_3 z_2 + u_1$$

其中：z_1, z_2 是外生變數，想知道 y_2 是否爲外生變數。
也就是 u_1 與 y_2 是否無關。
加入外生變數 z_3, z_4

$$y_2 = \pi_0 + \pi_1 z_1 + \pi_2 z_2 + \pi_3 z_3 + \pi_4 z_4 + v_2 \qquad \text{(a 式)}$$

與 y_2 無關⇔ u_1 與 v_2 無關⇔ $\delta_1 = 0$
令 $u_1 = \delta_1 v_2 + e_1$
因此

$$y_1 = \pi_0 + \beta_1 y_2 + \beta_2 z_1 + \beta_3 z_2 + \delta_1 \hat{v}_2 + error \qquad \text{(b 式)}$$

由 (a 式) 利用 OLS ⇒ $\hat{v}_2$ 代入 (b 式)
由 (b 式) 利用 OLS 且檢定 H_0：$\delta_1 = 0$ (用 t test)
如果拒絕 (reject) H_0：$\delta_1 = 0$，表示 v_1 與 v_2 相關
也就是說 y_2 是外生變數。

四、如何解決内生性問題

1. 工具變數法 (instrumental variable method)

找一個可觀測的變數 z，且 z 與 x 相關，但 z 與 u 無關。

即 $Cov(z,x) \neq 0$，$Cov(z,u) = 0$。

有關工具變數之範例，請見「6-2-2 橫斷面 Hausman 檢定：OLS vs. 2SLS 誰優？ (hausman 指令)」、「6-2-3 Panel-Data Hausman-Taylor 法：需工具變數嗎？ (xthtaylor)」。

2. 兩階段最小平方法 (two stage least squares, 2SLS)

有關 2SLS 範例，請見「6-1-4b 兩階段最小平方法迴歸：Wu-Hausman 內生性檢定 (「estat endogenous」指令)」、「6-3-2 偵測 Panel 資料之內生性 (xtivreg 指令)」。

五、眾多範例：單一工具變數及單一內生變數

範例 1：不同年級之研讀效果 (effect of studying on grades)

What is the effect on grades of studying for an additional hour per day?

研究者想瞭解不同年級的學生，每天讀書的時間對其學習成績的影響，但擔心電動遊戲會對結果造成影響。

此模型中，各變數之操作型定義爲：

令 Y = 新生第一學期 GPA, X = study time 每天平均讀書時間 (用調查法)。

我們需找一個工具變數：Z = video game，它需滿足二個條件：

(1) relevant: ***corr***(Z_i, study time) ≠ 0

(2) exogenous: ***corr***(Z_i, u_i) ≠ 0

隨機分派學校室友，若他有玩電動遊戲，則爲 $Z = 1$，否則 $Z = 0$。

請問：此工具變數 Z 有效嗎？

答：

要判斷工具變數 Z 是否有效，要偵測工具變數之二個條件是否符合？

條件 (1) relevant: ***corr***(室友的 video game, study time) ≠ 0

條件 (2) exogenous: ***corr***(室友的 video game, u_i) ≠ 0

其對應 reg 指令，分兩階段來談：

偵測條件 (1)：relevant: ***corr***(室友的 video game, study time) ≠ 0

```
. reg x z, robust
. predict xhat
. reg y xhat, robust
```

或

```
. ivregress 2sls y (x=z), r
```

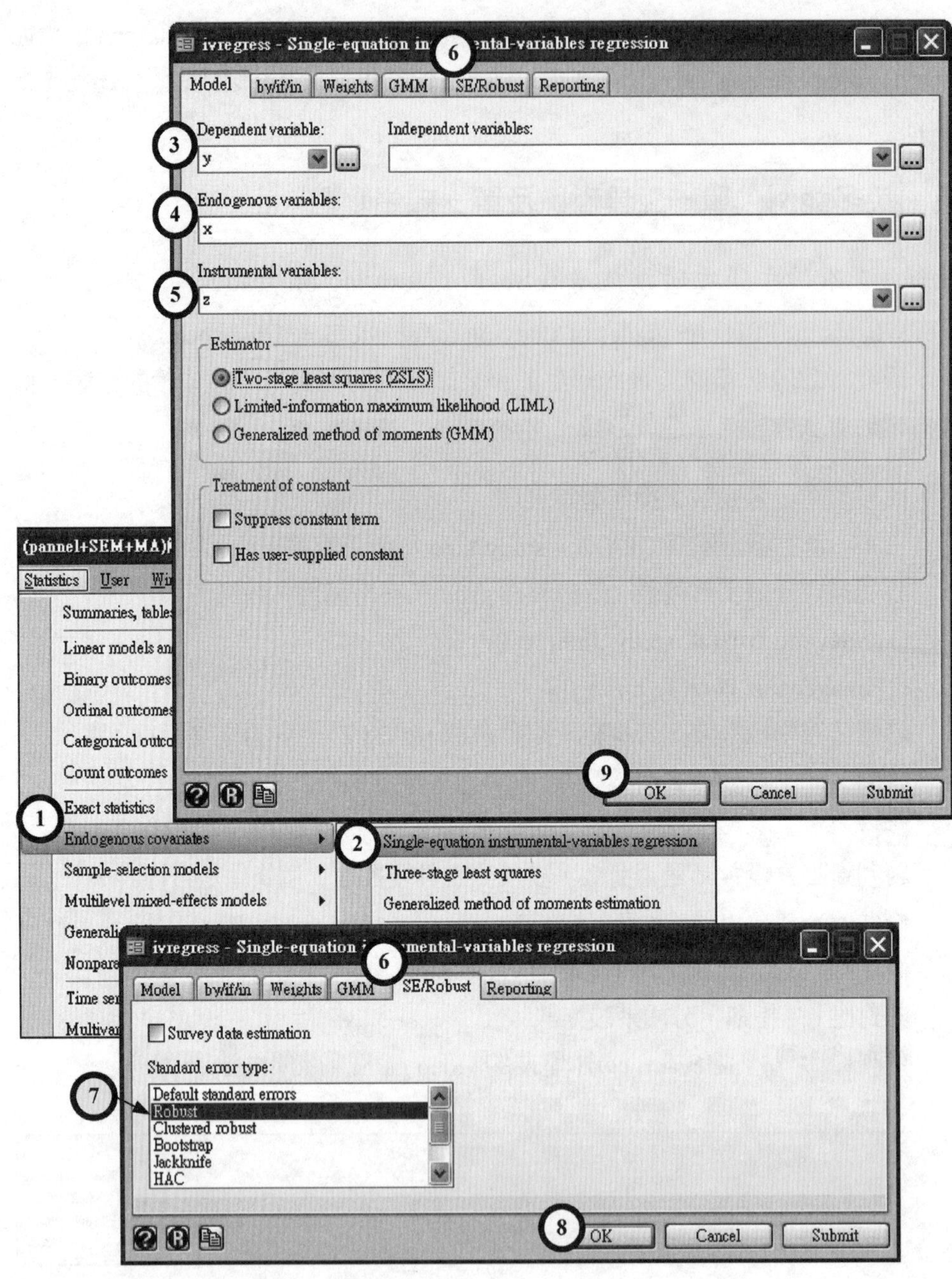

圖 6-3 指令「ivregress 2sls y (x=z), r」之畫面

註：Statistics > Endogenous covariates > Single-equation instrumental-variables regression

Estimates of the effect of studying on grade performance: Instrumental Variables (using game instruments)					
Independent Variable	IV instrument: RGAME, n = 210 estimate (std. error)	IV instrument: RCONSOLE n = 210 estimate (std. error)	IV instrument: RCOMPUTER n = 210 estimate (std. error)	IV instruments: RCONSOLE, RCOMPUTER n = 210 estimate (std. error)	IV instruments: RGAME, OGAME x RGAME n = 210 estimate (std. error)
STUDY	.360(.183)**	.511(.308)*	.312(.239)	.415(.209)**	.321(.163)**
OGAME					.099(.154)
SEX	-0.23(.129)	.027(.175)	-.040(.133)	-.005(.142)	-.065(.116)
BLACK	-.356(.183)*	-.420(.243)*	-.336(.185)*	-.379(.200)*	-.351(.177)**
ACT	.069(.018)**	.072(.022)**	.068(.017)**	.070(.019)**	.067(.016)**
MAJOR1	.393(.474)	.185(.652)	.459(.498)	.318(.520)	.486(.426)
MAJOR2	.356(.454)	.151(.629)	.422(.481)	.282(.499)	.426(.415)
MAJOR3	.335(.452)	.152(.613)	.393(.468)	.268(.495)	.371(.427)
MAJOR4	.298(.474)	.064(.669)	.373(.513)	.214(.523)	.379(.429)

圖 6-4 工具變數 Z=「使用六種電動玩具之排列組合」，符合都達顯著水準之條件一

偵測條件 (2)：exogenous: ***corr***(室友的 video game, u_i) ≠ 0

由於本例 *Z* 工具變數，係自然實驗，故 *Z* 的「實驗」結果可視為「與誤差 u_i」無關，故亦符合條件二「外生性 (exogeneity)」。

由於本例挑選的 *Z* 工具變數符合：相關性 (relevant) 及外生性，所以它是有效的。

範例 2：政策分析：「提高奢侈稅能抑制人民消費行為嗎？」

美國猶他州 (Utah) 在 **1995** 年率先大幅提高捲菸稅收。試問，高菸稅政策對抽菸消費行為會產生什麼效果？

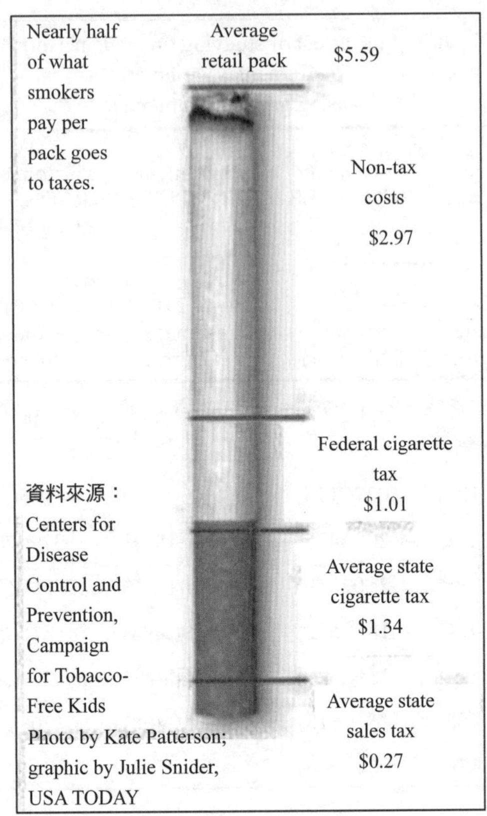

圖 6-5 香菸稅之示意圖

香菸需求之模式爲：$\ln(Q_i^{cigarettes}) = \beta_0 + \beta_1 \ln(p_i^{cigarettes}) + u_i$，價格可預測銷售量 panel-data 樣本：

1. 每年香菸消費及平均售價(含稅)。
2. 美國 48 州，追加 1985-1995 年。
3. 提議工具變數爲：

   Z_i = 該州每包香菸之奢侈稅 = sales tax_i

   有效的工具變數，有二個條件：

   (1) 相關性 (Relevant)：***corr***(sales tax_i, $\ln(p_i^{cigarettes})$) ≠ 0

   (2) 內生性 (endogeneity)：***corr***(sales tax_i, u_i) = 0

爲瞭解 1995 年前低菸稅 vs. 1995 年後高菸稅政策，對抽菸消費行爲會產生什麼效果。首先，只以 **1995** 年的樣本來迴歸分析，兩階段迴歸分析步驟如下：

Step 1：第一回合使用 OLS 迴歸，求得：

$$\ln\left(\widehat{P_i^{cigarettes}}\right) = 4.62 + 0.031 \text{ sales tax}_i,\ n = 48$$

Step 2：第二回合改用 Robust OLS 迴歸 (robust SEs)，求得：

$$\ln\left(Q_i^{cigarettes}\right) = \underset{(1.50)}{9.72} - \underset{(0.31)}{1.08} \ln\left(\widehat{P_i^{cigarettes}}\right),\ n = 48$$

```
         Y     X-hat
  . reg lpackpc lravphat if year == 1995, r

Linear regression                                Number of obs =      48
                                                 F (1,      46) =   10.54
                                                 Prob > F       =  0.0022
                                                 R-squared      =  0.1525
                                                 Root MSE       =  .22645

------------------------------------------------------------------------------
             |               Robust
     lpackpc |      coef.   Std. Err.       t    p>|t|     [95% Conf. Interval]
-------------+----------------------------------------------------------------
    lravphat |  -1.083586   .3336949     -3.25   0.002    -1.755279   -.4118932
       _cons |   9.719875   1.597119      6.09   0.000     6.505042    12.93471
------------------------------------------------------------------------------
```

圖 6-6 第二步 stata 指令「reg y x_hat, if year ==1995, r」，因未考量第一階段之估計量，故標準誤仍是錯的

註：這些迴歸係數是第二次 OLS 估計值，但係數的標準誤乃有錯，因為它們輕忽第一次 OLS 的估計量。

Step 3：若將前兩回合 OLS 迴歸一併組合，兩階段迴歸指令「ivregress 2sls…, r」就是正確做法，結果如下：

```
              y          x          z
. ivregress 2s1s lpackpc (1ravgprs = rtaxso) if year = = 1995, r

Instrumental variables (2SLS) regression          Number of obs =       48
                                                  Wald chi2 (1)  =    12.05
                                                  Prob > chi2    =   0.0005
                                                  R-squared      =   0.4011
                                                  Root MSE       =   .18635

------------------------------------------------------------------------------
             |               Robust
     lpackpc |      coef.   Std. Err.      z    p>|z|     [95% Conf. Interval]
-------------+----------------------------------------------------------------
    lravgprs |  -1.083587   .3122035    -3.47   0.001    -1.695494    -.471679
       _cons |   9.719876   1.496143     6.50   0.000      6.78749    12.65226
------------------------------------------------------------------------------
Instrumented: lravgprs                    This is the endogenous regressor
Instruments:  rtaxso                      This is the instrumental variable
```

圖 6-7 指令「ivregress 2sls lpackpc (lravgprs = rtaxso) if year==1995, r」之結果

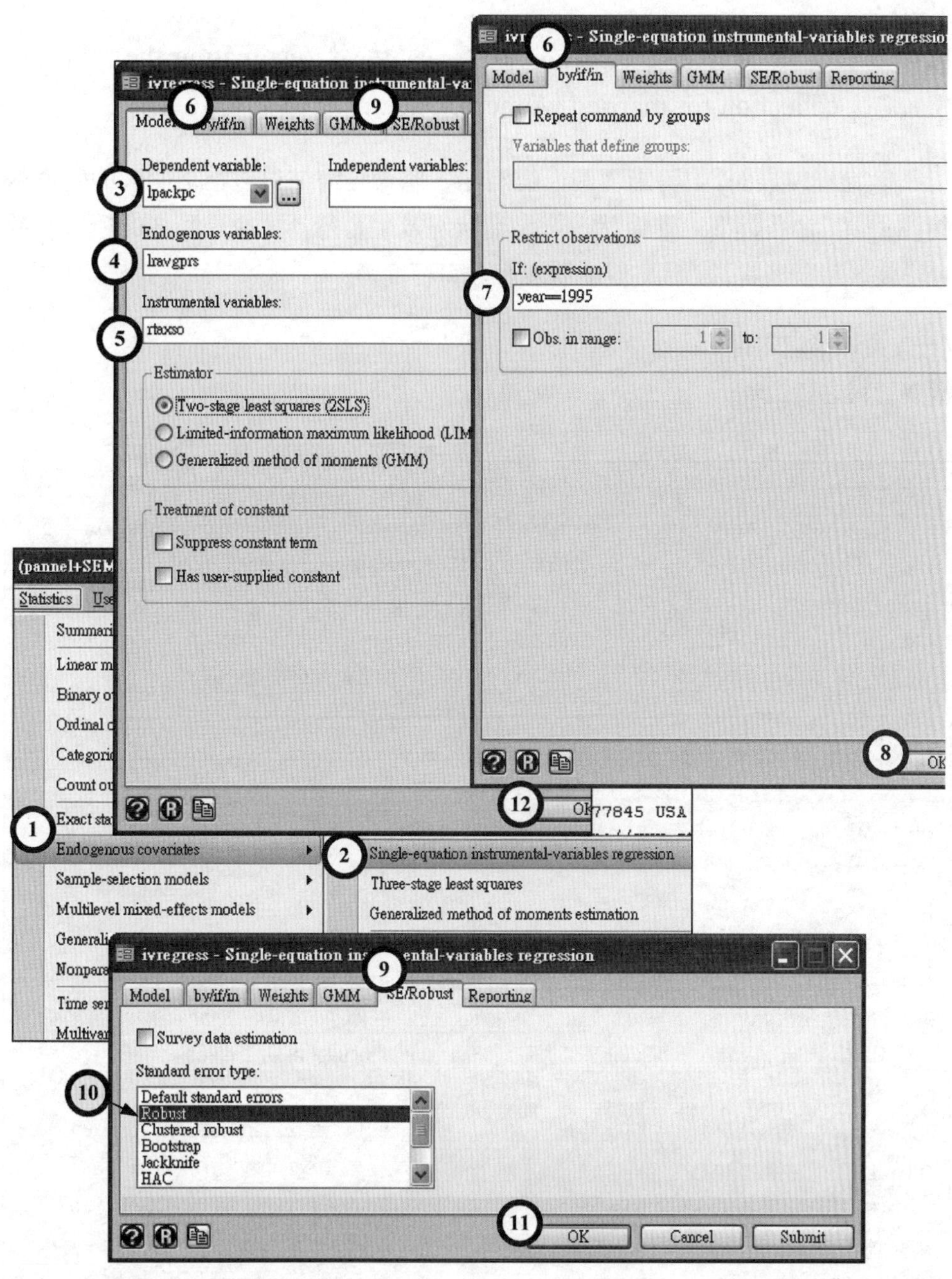

圖 6-8 指令「ivregress 2sls lpackpc (lravgprs = rtaxso) if year==1995, r」之畫面

第二回合 OLS 迴歸係數 lravphat 之標準差 = 0.3336949。但「ivregress

2sls」求得係數 lravphat 之標準差 =0.3122035，反而比較小，但它才是正確的。

範例 3：已婚婦女之教育投報率的估計 (estimating the return to education for married women)

教育程度 (edu) 如何影響個人經濟呢？個人經濟結果包括：個人的薪資報酬 (wage)、消費模型、健康狀況、婚姻狀況及生育行為，或是配偶的所得及教育程度，甚至是其下一代的健康狀況與教育程度等。

(一) 資料檔之內容

觀察資料之特徵

```
. use mroz, clear
*或 use http://fmwww.bc.edu/ec-p/data/wooldridge/mroz

. describe
  obs:           753
 vars:            22                          2 Sep 1996 16:04
 size:        36,897
--------------------------------------------------------------------------------
                storage  display     value
variable name    type    format      label       variable label
--------------------------------------------------------------------------------
inlf             byte    %9.0g                   =1 if in lab frce, 1975
hours            int     %9.0g                   hours worked, 1975
kidslt6          byte    %9.0g                   # kids < 6 years
kidsge6          byte    %9.0g                   # kids 6-18
age              byte    %9.0g                   woman's age in yrs
educ             byte    %9.0g                   years of schooling
wage             float   %9.0g                   est. wage from earn, hrs
repwage          float   %9.0g                   rep. wage at interview in 1976
hushrs           int     %9.0g                   hours worked by husband, 1975
husage           byte    %9.0g                   husband's age
huseduc          byte    %9.0g                   husband's years of schooling
huswage          float   %9.0g                   husband's hourly wage, 1975
faminc           float   %9.0g                   family income, 1975
mtr              float   %9.0g                   fed. marg. tax rte facing woman
motheduc         byte    %9.0g                   mother's years of schooling
```

```
fatheduc        byte    %9.0g                 father's years of schooling
unem            float   %9.0g                 unem. rate in county of resid.
city            byte    %9.0g                 =1 if live in SMSA
exper           byte    %9.0g                 actual labor mkt exper
nwifeinc        float   %9.0g                 (faminc - wage*hours)/1000
lwage           float   %9.0g                 log(wage)
expersq         int     %9.0g                 exper^2
-------------------------------------------------------------------------------

. jb wage
Jarque-Bera normality test:    6106 Chi(2)      0
Jarque-Bera test for H0: normality
```

1. 工資 (wage) 經 Jarque-Bera 常態性檢定，結果爲 $\chi^2 = 6106$ ($p = 0 < 0.05$)，故拒絕「H_0：normality」。由於 wage 已違反線性迴歸「常態性」基本假定，所以需做「ln(x) 變數變換」，使它變成符合常態之變數 lwage。
2. 自然對數之變數變換，指令爲「. **gen** lwage = ln(wage)」。

(二) 分析結果與討論

Step 1. 單純之「$Y = \beta_0 + \beta_1 X + \varepsilon$」OLS 迴歸

```
use mroz, clear

. reg lwage educ

      Source |       SS       df       MS              Number of obs =     428
-------------+------------------------------           F(  1,   426) =   56.93
       Model |  26.3264193     1  26.3264193           Prob > F      =  0.0000
    Residual |  197.001022   426  .462443713           R-squared     =  0.1179
-------------+------------------------------           Adj R-squared =  0.1158
       Total |  223.327441   427  .523015084           Root MSE      =  .68003

------------------------------------------------------------------------------
       lwage |      Coef.   Std. Err.      t    P>|t|     [95% Conf. Interval]
-------------+----------------------------------------------------------------
        educ |   .1086487   .0143998     7.55   0.000     .0803451    .1369523
       _cons |  -.1851968   .1852259    -1.00   0.318    -.5492673    .1788736
------------------------------------------------------------------------------
```

未考量工具變數時，學歷 (edu) 與工資 (lwage)，雙尾 Pearson 積差相關 $r = 0.11 (p < 0.05)$，達到 0.05 顯著相關水準。相對地，納入父親學歷 (fatheduc) 當工具變數時，兩階段迴歸分析，卻發現學歷 (edu) 與工資 (lwage) 則未達 0.05 顯著相關性。請見「Step 2」分析。

Step 2. 工具變數 Z 加到「$\hat{X} = \lambda_0 + \lambda_1 Z + \upsilon$」，形成「$Y = \beta_0 + \beta_1 \hat{X} + \varepsilon$」

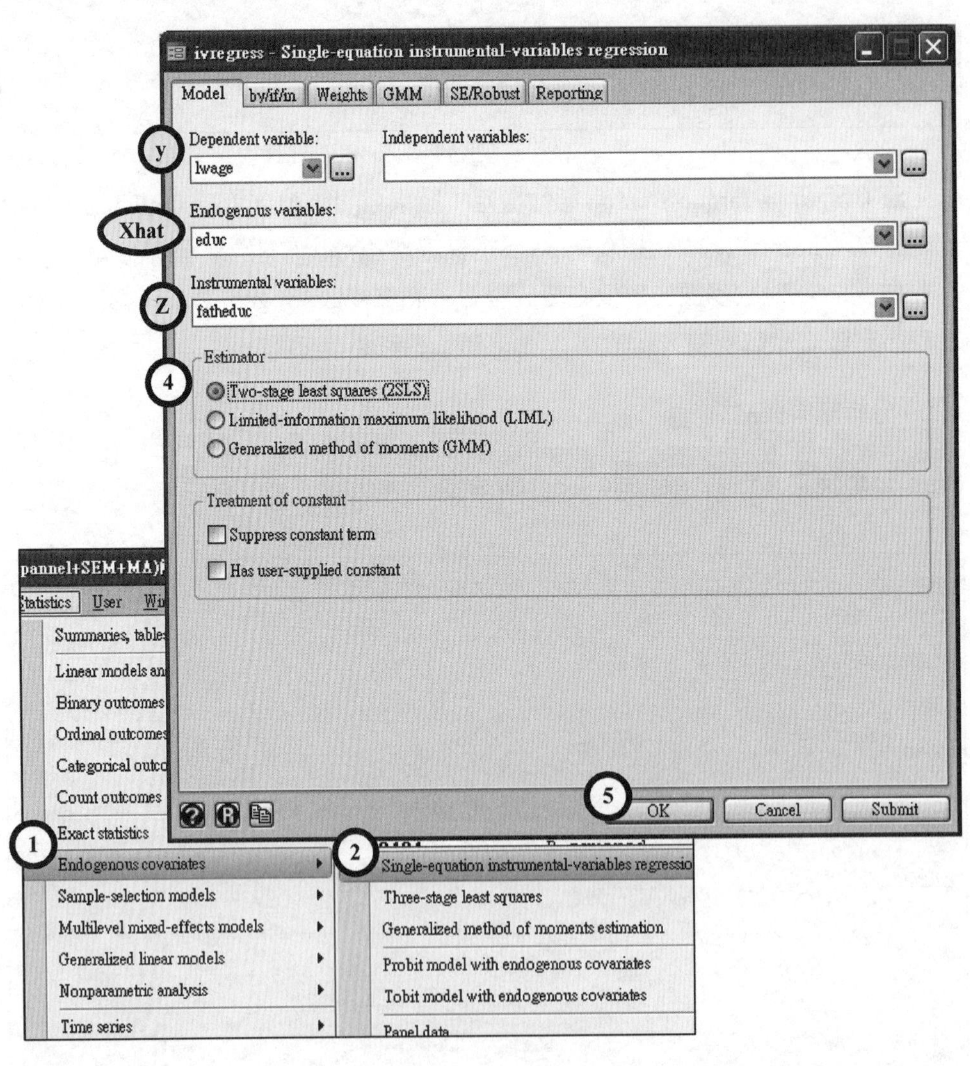

圖 6-9 「ivreg lwage (educ = fatheduc)」畫面

```
. use mroz, clear

*父親學歷 (fatheduc) 為女兒學歷 (educ) 的工具變數
. ivreg lwage (educ = fatheduc )

Instrumental variables (2SLS) regression

      Source |       SS       df       MS              Number of obs =     428
-------------+------------------------------           F(  1,   426) =    2.84
       Model |  20.8673606     1  20.8673606           Prob > F      =  0.0929
    Residual |   202.46008   426  .475258404           R-squared     =  0.0934
-------------+------------------------------           Adj R-squared =  0.0913
       Total |  223.327441   427  .523015084           Root MSE      =  .68939

------------------------------------------------------------------------------
       lwage |      Coef.   Std. Err.      t    P>|t|     [95% Conf. Interval]
-------------+----------------------------------------------------------------
        educ |   .0591735   .0351418     1.68   0.093    -.0098994    .1282463
       _cons |   .4411034   .4461018     0.99   0.323    -.4357312    1.317938
------------------------------------------------------------------------------
Instrumented:  educ
Instruments:   fatheduc
------------------------------------------------------------------------------
```

1. 未考量工具變數時，學歷 (edu) 與工資 (lwage)，雙尾 Pearson 積差相關 r = 0.11(p < 0.05)，達到 0.05 顯著相關水準。考量工具變數時，學歷 (edu) 與工資 (lwage)，雙尾 Pearson 積差相關 r = 0.05(p > 0.05)，卻未達到 0.05 顯著相關水準。
2. 以父親學歷 (fatheduc) 爲女兒學歷 (educ) 的工具變數，求得兩階段迴歸模型爲：

$$\text{lwage} = 0.44 + 0.059\text{educ} + \varepsilon$$

小結

本例，以父親學歷 (fatheduc) 為女兒學歷 (educ) 的單一工具變數。實務上，你亦可多加幾個工具變數，例如，加媽媽學歷，並且加二個外生解釋變

數 (exogenous regressors)「exper expersq」。整個指令修改如下：考量父母學歷這二個工具變數時，學歷 (edu) 與工資 (lwage)，雙尾 Pearson 積差相關，r = 0.06(p < 0.05)：

```
. use mroz, clear

*勾選 first，才會印出 First-stage regressions
. ivregress 2sls  lwage (educ = motheduc fatheduc) exper expersq, first


First-stage regressions
-----------------------

                                                  Number of obs    =       428
                                                  F(   4,     423) =     28.36
                                                  Prob > F         =    0.0000
                                                  R-squared        =    0.2115
                                                  Adj R-squared    =    0.2040
                                                  Root MSE         =    2.0390

------------------------------------------------------------------------------
        educ |      Coef.   Std. Err.      t    P>|t|     [95% Conf. Interval]
-------------+----------------------------------------------------------------
       exper |   .0452254   .0402507     1.12   0.262    -.0338909    .1243417
     expersq |  -.0010091   .0012033    -0.84   0.402    -.0033744    .0013562
    motheduc |    .157597   .0358941     4.39   0.000      .087044    .2281501
    fatheduc |   .1895484   .0337565     5.62   0.000     .1231971    .2558997
       _cons |    9.10264   .4265614    21.34   0.000     8.264196    9.941084
------------------------------------------------------------------------------


Instrumental variables (2SLS) regression               Number of obs =     428
                                                       Wald chi2(3)  =   24.65
                                                       Prob > chi2   =  0.0000
                                                       R-squared     =  0.1357
                                                       Root MSE      =  .67155
```

```
------------------------------------------------------------------------------
       lwage |      Coef.   Std. Err.      z    P>|z|     [95% Conf. Interval]
-------------+----------------------------------------------------------------
        educ |   .0613966   .0312895     1.96   0.050     .0000704    .1227228
       exper |   .0441704   .0133696     3.30   0.001     .0179665    .0703742
     expersq |   -.000899   .0003998    -2.25   0.025    -.0016826   -.0001154
       _cons |   .0481003    .398453     0.12   0.904    -.7328532    .8290538
------------------------------------------------------------------------------
Instrumented:  educ
Instruments:   exper expersq motheduc fatheduc
```

1. 母親學歷 (motheduc) 及父親學歷 (fatheduc) 當作子女學歷 (educ) 的工具變數，外加二個外生解釋變數 (exogenous regressors)「exper expersq」，所求得「完整」兩階段迴歸式模型為：

$$\text{lwage}_i = 0.48 + 0.061\text{educ}_i + 0.04\text{exper}_i - 0.0009\text{expersq}_i + \varepsilon_i$$

2. 未考慮工具變數時，學歷 (edu) 與工資 (lwage)，兩者達到 0.05 顯著相關水準。相對地，只納入父親學歷 (fatheduc) 當工具變數時，會發現學歷 (edu) 與工資 (lwage) 卻未達 0.05 顯著相關性。但是，在考慮二個干擾的外生變數 (exper expersq) 時，學歷 (edu) 與工資 (lwage)，兩者又回到 0.05 顯著相關水準。

Step 3. Wu-Hausman 內生性檢定(「estat endogenous」指令)

如何偵測變數是否具內生性呢？你可以利用「**ivregress 2sls**」事後指令「**estat endogenous**」之 Wu-Hausman 檢定：

$$\begin{cases} H_0: Cov(x,u) = 0\text{，}x\text{是外生性} \\ H_1: Cov(x,u) \neq 0\text{，}x\text{是內生性} \end{cases}$$

檢定自變數的外生性，可以幫助我們選擇採用 OLS 或 IV 迴歸。

如果無法拒絕虛無假設 H_0，則內生自變數不存在，OLS 估計式與 IV 估計式都是一致的，我們應該採用較有效率的 OLS 估計式。此時：

$$(\hat{\beta}_{OLS} - \hat{\beta}_{IV}) \to 0$$

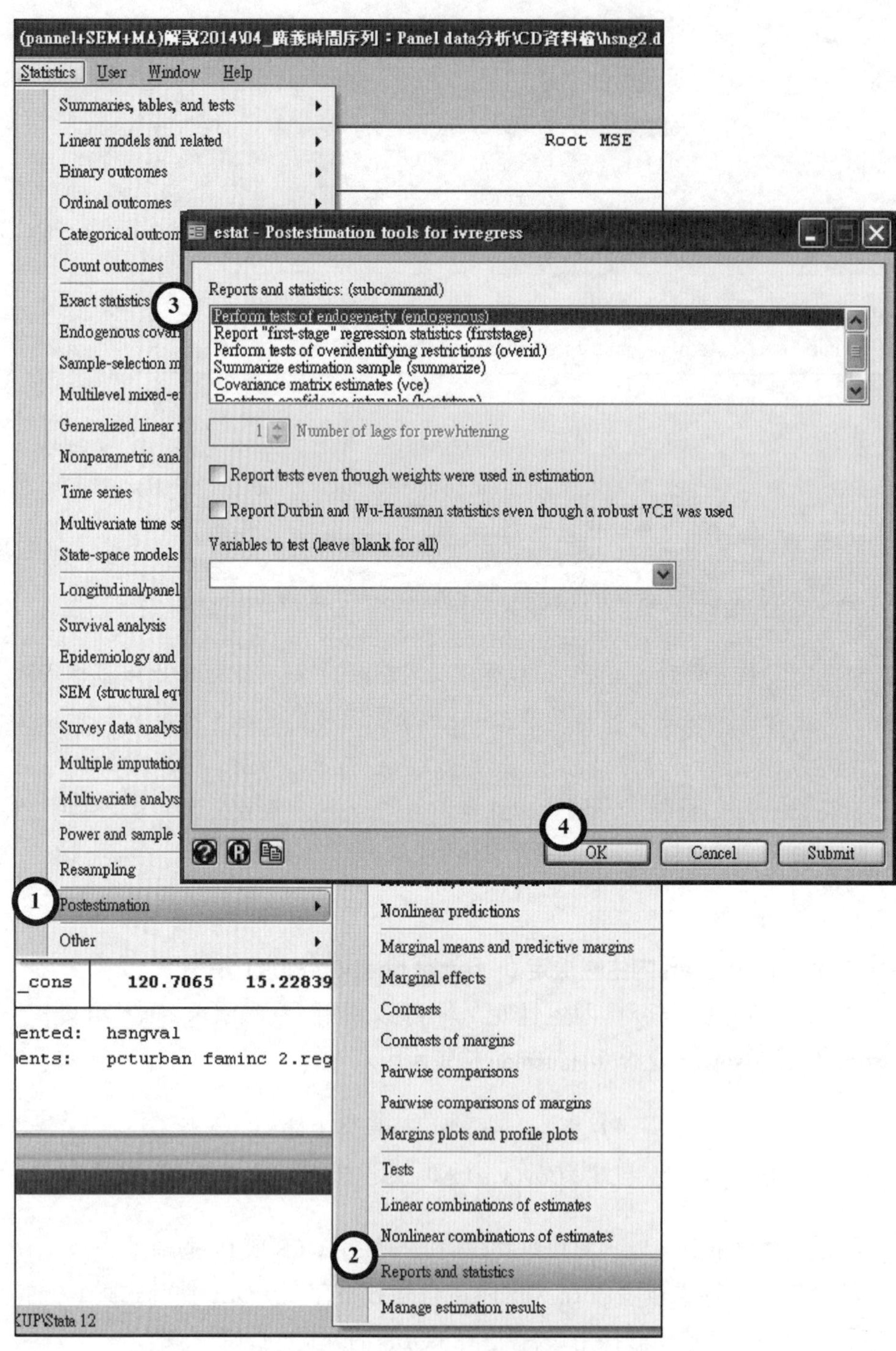

圖 6-10 「ivregress 2sls」事後指令「estat endogenous」之畫面

```
. estat endogenous

  Tests of endogeneity
  H0: variables are exogenous

  Durbin (score) chi2(1)          =  2.80707  (p = 0.0938)
  Wu-Hausman F(1,423)             =  2.79259  (p = 0.0954)
```

Wu-Hausman 內生性檢定：

$$\begin{cases} H_0 : Cov(x,u) = 0\text{，}x\text{是外生性} \\ H_1 : Cov(x,u) \neq 0\text{，}x\text{是內生性} \end{cases}$$

本例求得 $F_{(1,423)} = 2.79$，$p > 0.05$，故接受「H_0: variables are exogenous(外生性)」，表示內生自變數「motheduc、fatheduc」不存在，OLS 估計式與 IV 估計式都是一致的，本例我們應該採用較有效率的 OLS 估計式。此時：

$$(\hat{\beta}_{OLS} - \hat{\beta}_{IV}) \rightarrow 0$$

範例 4：Using College Proximity as an IV for Education

本例旨在估計「the percentage effect on the wage of getting an extra year of education, by estimating the coefficient on EDUC variable in a regression equation with the log of WAGE as the dependent variable」，即員工額外在職進修教育一年對其薪資 (wage) 的影響效果百分比。

(一) 資料檔之內容

1. 以居住在四年制大學附近 (nearc4) 當作學歷 (educ) 的工具變數。
2. 內生解釋變數 (endogenous regressors)：包括學歷 (educ)。
3. 依變數：工資 (ln(wage))。因工資 (wage) 違反線性迴歸「常態性」，故取自然對數。
4. 外生解釋變數 (exogenous regressors)：包括 exper, expersq, black, smsa, south。

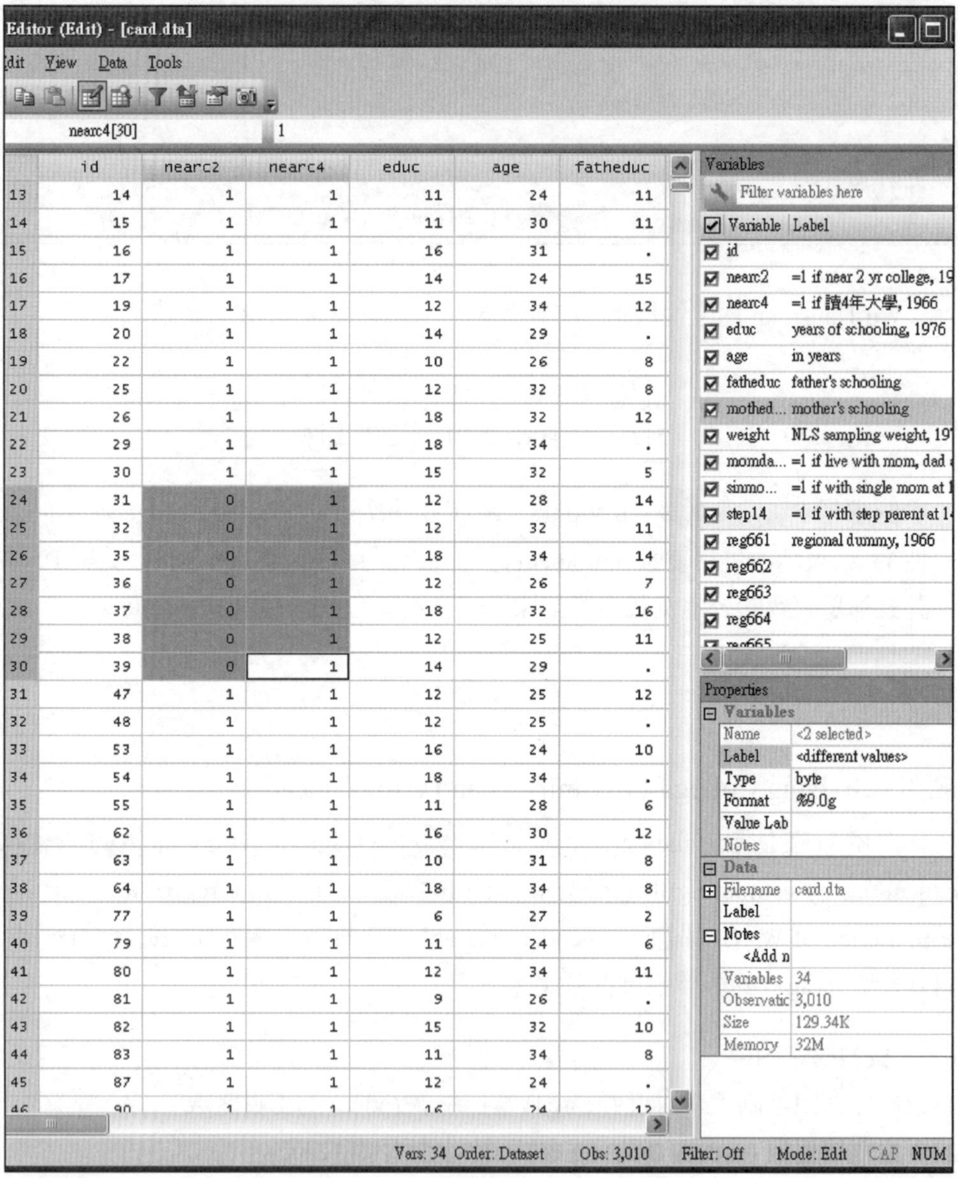

Editor (Edit) - [card.dta]

Edit View Data Tools

nearc4[30] 1

	id	nearc2	nearc4	educ	age	fatheduc
13	14	1	1	11	24	11
14	15	1	1	11	30	11
15	16	1	1	16	31	.
16	17	1	1	14	24	15
17	19	1	1	12	34	12
18	20	1	1	14	29	.
19	22	1	1	10	26	8
20	25	1	1	12	32	8
21	26	1	1	18	32	12
22	29	1	1	18	34	.
23	30	1	1	15	32	5
24	31	0	1	12	28	14
25	32	0	1	12	32	11
26	35	0	1	18	34	14
27	36	0	1	12	26	7
28	37	0	1	18	32	16
29	38	0	1	12	25	11
30	39	0	1	14	29	.
31	47	1	1	12	25	12
32	48	1	1	12	25	.
33	53	1	1	16	24	10
34	54	1	1	18	34	.
35	55	1	1	11	28	6
36	62	1	1	16	30	12
37	63	1	1	10	31	8
38	64	1	1	18	34	8
39	77	1	1	6	27	2
40	79	1	1	11	24	6
41	80	1	1	12	34	11
42	81	1	1	9	26	.
43	82	1	1	15	32	10
44	83	1	1	11	34	8
45	87	1	1	12	24	.
46	90	1	1	16	24	12

Variables

Filter variables here

Variable	Label
id	
nearc2	=1 if near 2 yr college, 19
nearc4	=1 if 讀4年大學, 1966
educ	years of schooling, 1976
age	in years
fatheduc	father's schooling
mothed...	mother's schooling
weight	NLS sampling weight, 19
momda...	=1 if live with mom, dad
sinmo...	=1 if with single mom at 1
step14	=1 if with step parent at 1
reg661	regional dummy, 1966
reg662	
reg663	
reg664	
reg665	

Properties

Variables	
Name	<2 selected>
Label	<different values>
Type	byte
Format	%9.0g
Value Lab	
Notes	
Data	
Filename	card.dta
Label	
Notes	
<Add n	
Variables	34
Observatic	3,010
Size	129.34K
Memory	32M

Vars: 34 Order: Dataset Obs: 3,010 Filter: Off Mode: Edit CAP NUM

圖 6-11 「card.dta」資料檔內容 (N=3010)

觀察資料之特徵

```
. use card, clear
*或 use http://fmwww.bc.edu/ec-p/data/wooldridge/card

. describe

  obs:         3,010
 vars:            34                              2 Sep 1996 15:51
 size:       132,440
------------------------------------------------------------------------------
variable     storage   display     value
name           type    format      label      variable label
------------------------------------------------------------------------------
id           int       %9.0g
nearc2       byte      %9.0g                 住在二年專科學校附近
                                             =1 if lived near a 2 yr college in 1966
nearc4       byte      %9.0g                 住在四年專科學校附近
                                             =1 if lived near a 4 yr college in 1966
educ         byte      %9.0g                 years of schooling, 1976
age          byte      %9.0g                 in years
fatheduc     byte      %9.0g                 father's schooling
motheduc     byte      %9.0g                 mother's schooling
weight       float     %9.0g                 NLS sampling weight, 1976
momdad14     byte      %9.0g                 =1 if live with mom, dad at 14
sinmom14     byte      %9.0g                 =1 if with single mom at 14
step14       byte      %9.0g                 =1 if with step parent at 14
reg661       byte      %9.0g                 regional dummy, 1966
reg662       byte      %9.0g
reg663       byte      %9.0g
reg664       byte      %9.0g
reg665       byte      %9.0g
reg666       byte      %9.0g
reg667       byte      %9.0g
reg668       byte      %9.0g
reg669       byte      %9.0g
south66      byte      %9.0g                 =1 if in south in 1966
black        byte      %9.0g                 =1 if black
```

```
smsa        byte    %9.0g              =1 in in SMSA, 1976
south       byte    %9.0g              =1 if in south, 1976
smsa66      byte    %9.0g              =1 if in SMSA, 1966
wage        int     %9.0g              hourly wage in cents, 1976
enroll      byte    %9.0g              =1 if enrolled in school, 1976
kww         byte    %9.0g              knowledge world of work score
iq          int     %9.0g              IQ score
married     byte    %9.0g              =1 if married, 1976
libcrd14    byte    %9.0g              =1 if lib. card in home at 14
exper       byte    %9.0g              工作年資
lwage       float   %9.0g              log(wage)
expersq     int     %9.0g              exper^2
------------------------------------------------------------------------------
Sorted by:

. note

_dta:
  1. "Using Geographic Variation in College Proximity to Estimate the Returns
     to Schooling," by D. Card (1994) in L.N. Christophides et al.(ed.), As-
     pects of Labour Market Behaviour: Essays in Honour of John Vanderkamp
     and used in the textbook: Introductory Econometrics: A Modern Approach,
     second edition, by Jeffrey M. Wooldridge.
```

(二) 分析結果與討論

Step 1. 單純之「$Y = \beta_0 + \beta_1 X + \varepsilon$」OLS 迴歸

```
. use card, clear
. reg lwage educ

      Source |       SS       df       MS              Number of obs =    3010
-------------+------------------------------           F(  1,  3008) =  329.54
       Model |  58.5153704     1  58.5153704           Prob > F      =  0.0000
    Residual |  534.126274  3008  .177568575           R-squared     =  0.0987
-------------+------------------------------           Adj R-squared =  0.0984
       Total |  592.641645  3009  .196956346           Root MSE      =  .42139
```

```
------------------------------------------------------------------------------
       lwage |      Coef.   Std. Err.      t    P>|t|     [95% Conf. Interval]
-------------+----------------------------------------------------------------
        educ |   .0520942   .0028697    18.15   0.000     .0464674     .057721
       _cons |   5.570882   .0388295   143.47   0.000     5.494747    5.647017
------------------------------------------------------------------------------
```

未考量工具變數時，學歷 (edu) 與工資 (lwage)，雙尾 Pearson 積差相關 r = 0.05($p < 0.05$)。

Step 2. 工具變數Z加到「$\hat{X} = \lambda_0 + \lambda_1 Z + \upsilon$」，形成「$Y = \beta_0 + \beta_1 \hat{X} + \beta_2 W + \varepsilon$」

```
. use card, clear
*舊版 ivreg 指令（一階及二階），不等於「ivregress 2sls」指令（兩階段）
*學歷 (educ) 有多個工具變數，包括：exper, expersq, black, black, south, nearc4。
. ivreg lwage (educ = nearc4) exper expersq black smsa south, first

First-stage regressions

      Source |       SS       df       MS              Number of obs =    3010
-------------+------------------------------           F(  6,  3003) =  451.87
       Model |  10230.4843     6  1705.08072           Prob > F      =  0.0000
    Residual |  11331.5958  3003  3.77342516           R-squared     =  0.4745
-------------+------------------------------           Adj R-squared =  0.4734
       Total |  21562.0801  3009  7.16586243           Root MSE      =  1.9425

------------------------------------------------------------------------------
        educ |      Coef.   Std. Err.      t    P>|t|     [95% Conf. Interval]
-------------+----------------------------------------------------------------
       exper |  -.4100081   .0336939   -12.17   0.000    -.4760735   -.3439427
     expersq |   .0007323   .0016499     0.44   0.657    -.0025029    .0039674
       black |  -1.006138   .0896454   -11.22   0.000    -1.181911   -.8303656
        smsa |   .4038769   .0848872     4.76   0.000     .2374339    .5703199
       south |   -.291464   .0792247    -3.68   0.000    -.4468042   -.1361238
      nearc4 |   .3373208   .0825004     4.09   0.000     .1755577    .4990839
       _cons |   16.65917   .1763889    94.45   0.000     16.31332    17.00503
------------------------------------------------------------------------------
```

```
Instrumental variables (2SLS) regression

      Source |       SS       df       MS              Number of obs =    3010
-------------+------------------------------           F(  6,  3003) = 120.83
       Model |  133.463143     6  22.2438571           Prob > F      = 0.0000
    Residual |  459.178502  3003  .152906594           R-squared     = 0.2252
-------------+------------------------------           Adj R-squared = 0.2237
       Total |  592.641645  3009  .196956346           Root MSE      = .39103

------------------------------------------------------------------------------
       lwage |      Coef.   Std. Err.      t    P>|t|     [95% Conf. Interval]
-------------+----------------------------------------------------------------
        educ |   .1322888   .0492332     2.69   0.007     .0357546    .2288231
       exper |    .107498   .0213006     5.05   0.000     .0657327    .1492632
     expersq |  -.0022841   .0003341    -6.84   0.000    -.0029392   -.0016289
       black |  -.1308019   .0528723    -2.47   0.013    -.2344715   -.0271323
        smsa |   .1313237   .0301298     4.36   0.000     .0722465    .1904009
       south |  -.1049005   .0230731    -4.55   0.000    -.1501412   -.0596598
       _cons |   3.752781   .8293409     4.53   0.000     2.126648    5.378915
------------------------------------------------------------------------------
Instrumented:  educ
Instruments:   exper expersq black smsa south nearc4
------------------------------------------------------------------------------
```

1. 第一階迴歸：學歷 (educ) 有六個工具變數，包括：exper, expersq, black, smsa, south, nearc4。除了 expersq 外，其餘五個都是非時變變數，且與學歷 (educ) 都達到 0.05 顯著相關，故這五個非時變變數當中，僅用「(educ =nearc4)」來界定，僅 nearc4 是工具變數，其餘五個都是兩階段迴歸之外生解釋變數 (exogenous regressors)。
2. 未考量工具變數時，學歷 (educ) 與工資 (lwage)，雙尾 Pearson 積差相關 r = 0.05($p < 0.05$)。考量工具變數時，學歷 (educ) 與工資 (lwage)，雙尾 Pearson 積差相關，增加至 r = 0.13($p < 0.05$)。
3. 以就讀四年大學 (nearc4) 爲員工學歷 (educ) 的工具變數，求得兩階段迴歸模型爲：

$$\begin{aligned} lwage = 3.75 + 0.13educ + 0.107exper - 0.002exper^2 \\ -0.13black + 0.13smsa - 0.1south + \varepsilon \end{aligned}$$

4. 本例採用舊版指令：

「**ivreg** lwage (educ = nearc4) exper expersq black smsa south, **first**」，等於下列指令，二者印出的報表一模一樣：

```
*勾選 first，才可印出 First-stage regressions
. ivregress 2sls lwage exper expersq black smsa south (educ = nearc4), first
```

6-1-4b 兩階段最小平方法迴歸：Wu-Hausman 內生性檢定(「estat endogenous」指令)

一、理論建構的二途徑(內生性≠中介變數)

模型(model)與理論(theory)是一體二面，意義上，兩者是實質等同之關係。

理論建構是一個過程，在建構的過程中所發展出來的構念(概念)與假設(命題)，是用來說明至少兩個定理或命題的關係。Kaplan(1964) 提出理論建構有兩個途徑 (intention vs. extension)：

(一) 內部細緻化 / 內伸法 (knowledge growth by intention)

在一個完整的領域內，使內部的解釋更加細緻、更適當化。Intention 有三種方法：

1. 增加中介 (intervention) 變數(內生性≠中介變數)

在「自變數 X 影響依變數 Y」關係中，添增一個中介變數 I，使原來的「X → Y」變成「X → I → Y」的關係，原始「刺激 S →反應 R」古典制約理論變成「刺激 S →有機體 O →反應 R」認知心理學。

2. 尋找「共同」外生變數 (exogenous variable)

例如「抽菸 → 癌症」關係中，發現抽菸 (X 變數) 是因爲心情不好 (E 變數)，癌症 (Y 變數) 也是因爲心情不好，此時「X → Y」關係變成圖 6-12 的關係。原來「X → Y」的虛假關係不見了，後來發現 E 才是 X 與 Y 的共同原因 (common cause)。又如，多角化程度與國際化程度也是組織績效的共同原因。

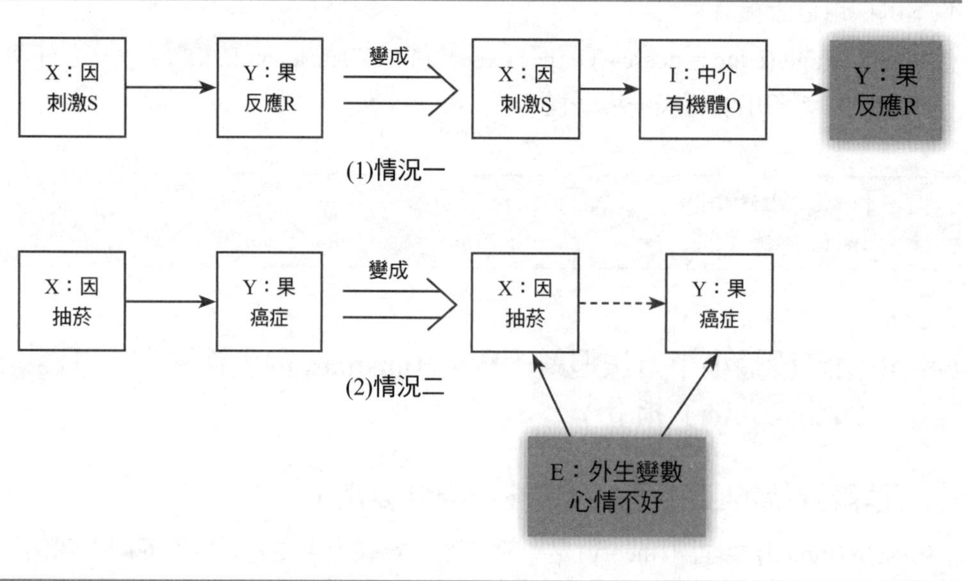

圖 6-12 內伸法 (中介 vs. 共同原因)

(1) 變數「刺激 S」亦可當作中介「有機體 O」的工具變數 (IV)，此時你可將 OLS/SEM 模型改用兩階段最小平方法迴歸來取代。

(2) 偵測變數「心情不好」爲強外生，你可用 Wu-Hausman 內生性檢定 (「estat endogenous」指令)。

3. 增加干擾 (moderate) 變數 (次族群 subgroup，即 multi-level 混合模型、multi-level SEM)

例如，「工作滿意影響工作績效」的模型中，後來發現年齡層 (次族群之干擾變數 M) 亦會影響工作績效 (Y 變數)，此時原來的「X → Y」關係，就變成圖 6-13，即 X 與 Y 的關係是有條件性的，隨著干擾變數的不同，其關係強度亦會隨著不同。例如，原來「父母社經地位 → 子女成績」其關係強度，係隨著「不同縣市城鄉差距」而變動。

又如，腦中風的危險因子 (高血壓、症狀性心衰竭、瓣膜性心臟病) 受到性別、年紀、糖尿病、家族中風史等次族群 (subgroup) 的干擾 (moderate)。

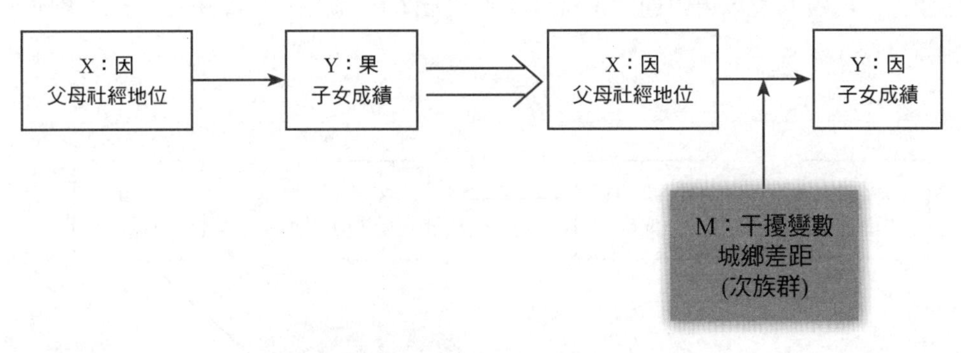

圖 6-13 父母社經地位 vs. 子女成績(次族群當干擾變數)

(二)外延法 (knowledge growth by extension)

在一個較小的領域，先求取完整的解釋，然後將此結論延伸至相似的領域，此種 extension 模型有三種不同的做法：

1. 增加內生變數 (endogenous variable)

由已知「X → Y」延伸爲「X → Y → Z」，即從已知 X 與 Y 的關係中延伸至 Z 的知識。例如，原來「個人態度→意向」變成「個人態度→意向→實際行爲」。

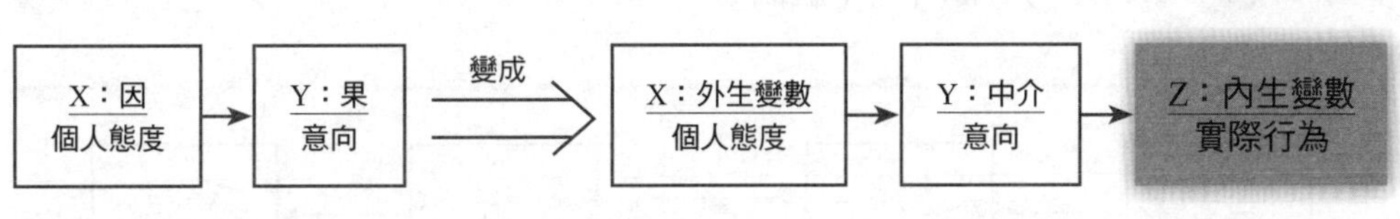

圖 6-14 個人態度(因果鏈是外延法之一型態)

2. 增加另一原因之外生變數

由已知「X → Y」延伸爲圖 6-15 關係，即由原先發現 X 會影響 Y，後來又發現 Z 也會影響 Y。例如，除「學生 IQ →成績」外，加上「家長社經地位→成績」，其統計可採淨相關 $r_{XY.Z}$ = 0.04(排除 Z 之後，X 與 Y 的淨相關)及 $r_{ZY.X}$ = 0.03。又如，工作滿意及組織承諾都是離職意圖的前因。再舉一例子，影響疏離感 (alienation) 的原因有五項，包括：(1) 個人特徵(成就動機、內外控、工作倫理)。(2) 上級領導(支持型)。(3) 工作設計(變異性、回饋性、自主性)。(4) 角

色壓力 (角色混淆、角色衝突)。(5) 工作內涵 (正式化、授權層級、決策參與、組織支持)。

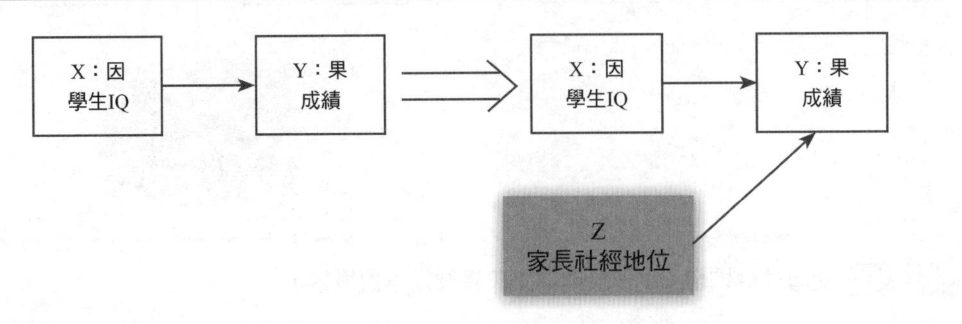

圖 6-15 學生 IQ(多重因果架構是外延法之一)

學生 IQ 及家長社經地位都是強外生 (stick exogenouse)。

3. 增加另一結果之內生變數

由已知「X → Y」延伸爲圖 6-16 關係，即由原先發現 X 會影響 Y，後來又發現 X 也會影響 Z。例如，原來「地球氣候→糧食產量」，又發現「地球氣候→河川水文」。再舉一例子，疏離感 (alienation) 的後果有四項，包括：(1) 態度面 (工作滿意、工作涉入、組織認同、組織承諾)。(2) 離職意向。(3) 員工績效 (工作績效、OCB)。(4) 副作用 (酗酒)。

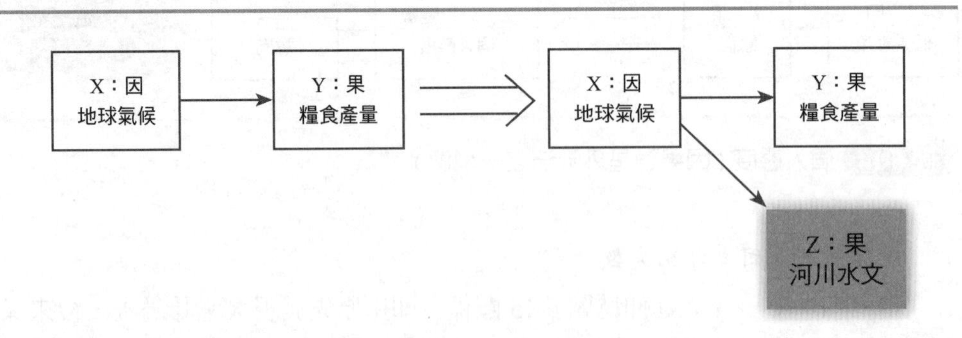

圖 6-16 地球氣候 (多重因果之研究架構)

二、內生性檢定 (「estat endogenous」指令)

如何偵測變數是否具內生性呢？你可以利用「**ivregress 2sls**」事後指令「**estat endogenous**」之 Wu-Hausman 檢定：

$$\begin{cases} H_0 : Cov(x,u) = 0 \text{，} x\text{是外生性} \\ H_1 : Cov(x,u) \neq 0 \text{，} x\text{是內生性} \end{cases}$$ ，其中 u 爲殘差。

檢定自變數的外生性，可以幫助我們選擇採用 OLS 或 IV 迴歸。

如果無法拒絕虛無假設 H_0，則內生自變數不存在，OLS 估計式與 IV 估計式都是一致的，我們應該採用較有效率的 OLS 估計式。此時：

$$(\hat{\beta}_{OLS} - \hat{\beta}_{IV}) \rightarrow 0$$，其中，「→」爲「趨近」。

相對地，若拒絕虛無假設 H_0，則內生自變數存在，OLS 估計式是不一致的，但 IV 估計式是一致的。此時：

$$(\hat{\beta}_{OLS} - \hat{\beta}_{IV}) \rightarrow \text{常數} c \neq 0$$

三、範例：內生性 Wu-Hausman 檢定 (「estat endogenous」事後指令)

假設當地房價 (hsngval) 來預測當地房租 (rent) 模型中，試問 faminc(當地平均家庭收入) 及類別變數 region(地段) 兩者，是否爲適當的工具變數呢？

Step 1. 變數描述

1. 依變數 y：rent 變數 (平均房租)。
2. 連續變數 faminc(當地平均家庭收入) 及類別變數 region(地段，前導字「i.」宣告爲 Indicator 變數)，兩者爲 hsngval(平均房價) 解釋變數的工具變數。
3. pcturban 爲外生解釋變數 (exogenous regressor)。

```
. use http://www.stata-press.com/data/r13/hsng
(1980 Census housing data)
```

```
. describe rent pcturban hsngval faminc region

              storage  display     value
variable name   type   format      label      variable label
-------------------------------------------------------------------------------
rent            long   %6.2f                 平均房租 Median gross rent
pcturban        float  %8.1f                 住市區的人口 %
hsngval         long   %9.2f                 平均房價 Median hsng value
faminc          long   %8.2f                 平均家庭收入 Median family inc., 1979
region          int    %8.0g                 地段 Census region
```

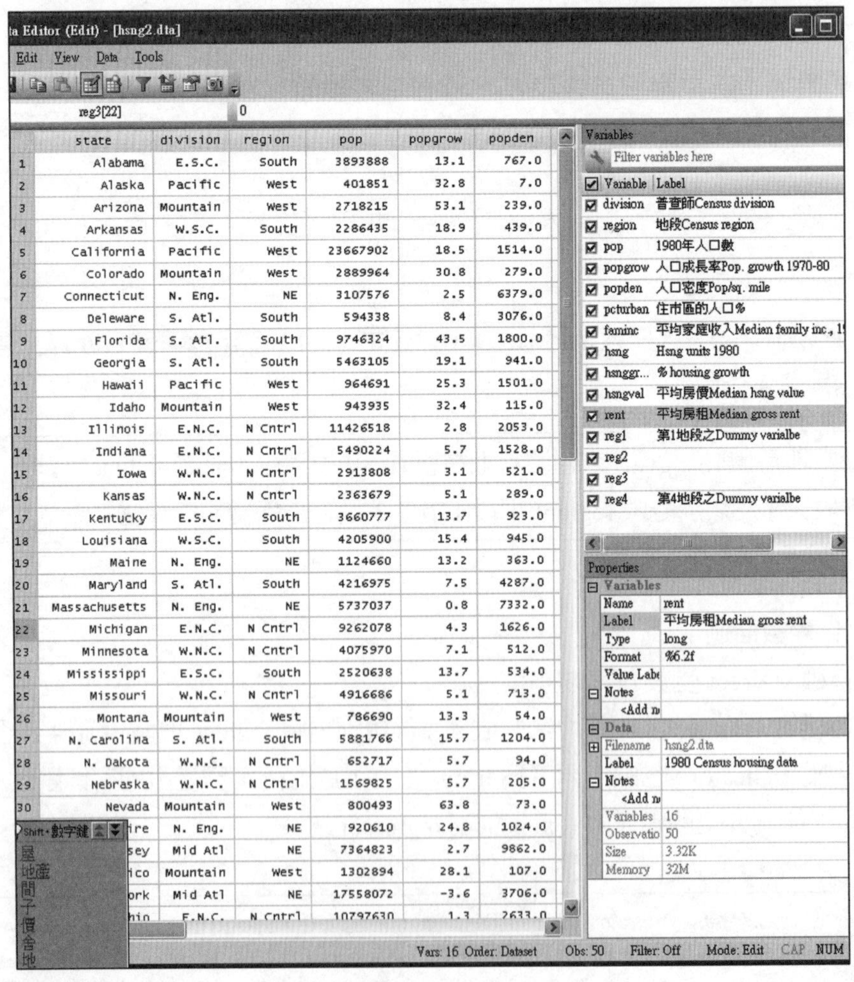

圖 6-17 「hsng2.dta」資料檔之內容

Step 2. 2SLS 模型的認定

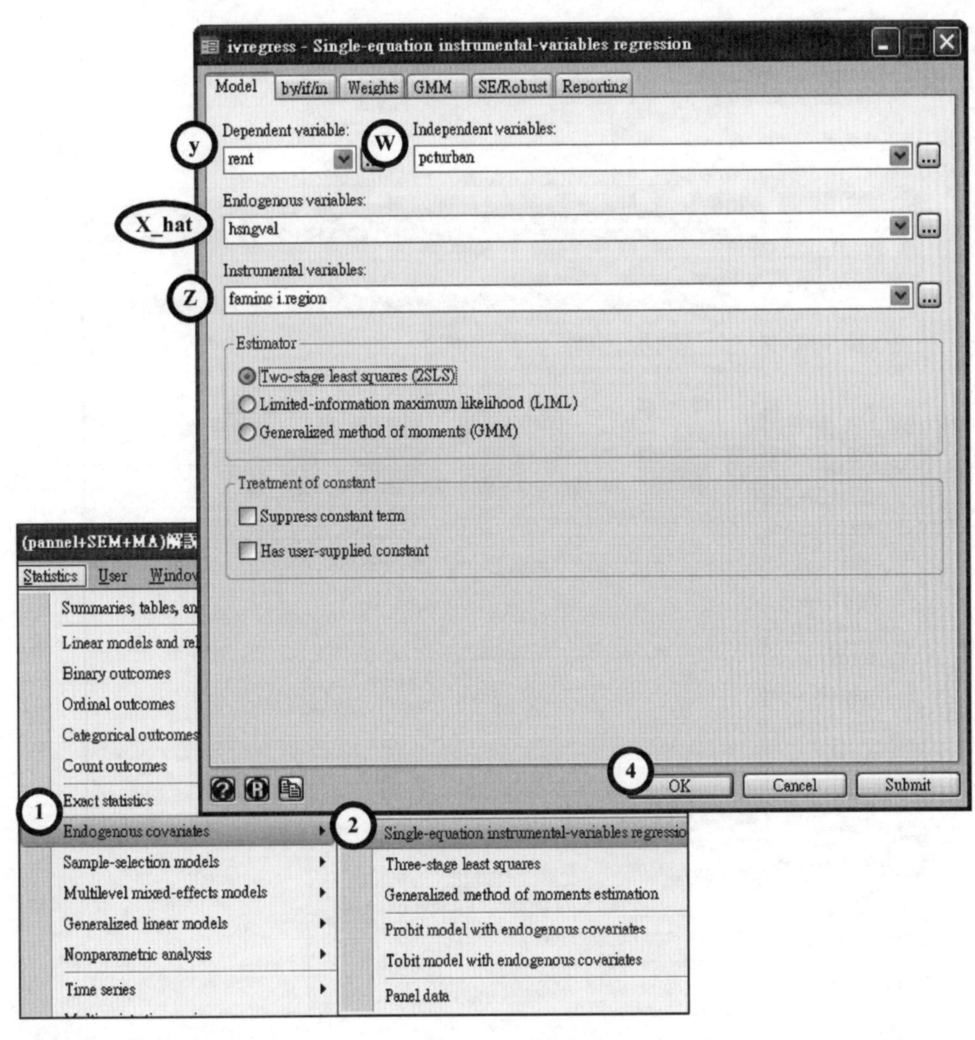

圖 6-18 「ivregress 2sls rent pcturban (hsngval = faminc i.region)」畫面

Step 3. 內生性檢定：Wu-Hausman 檢定

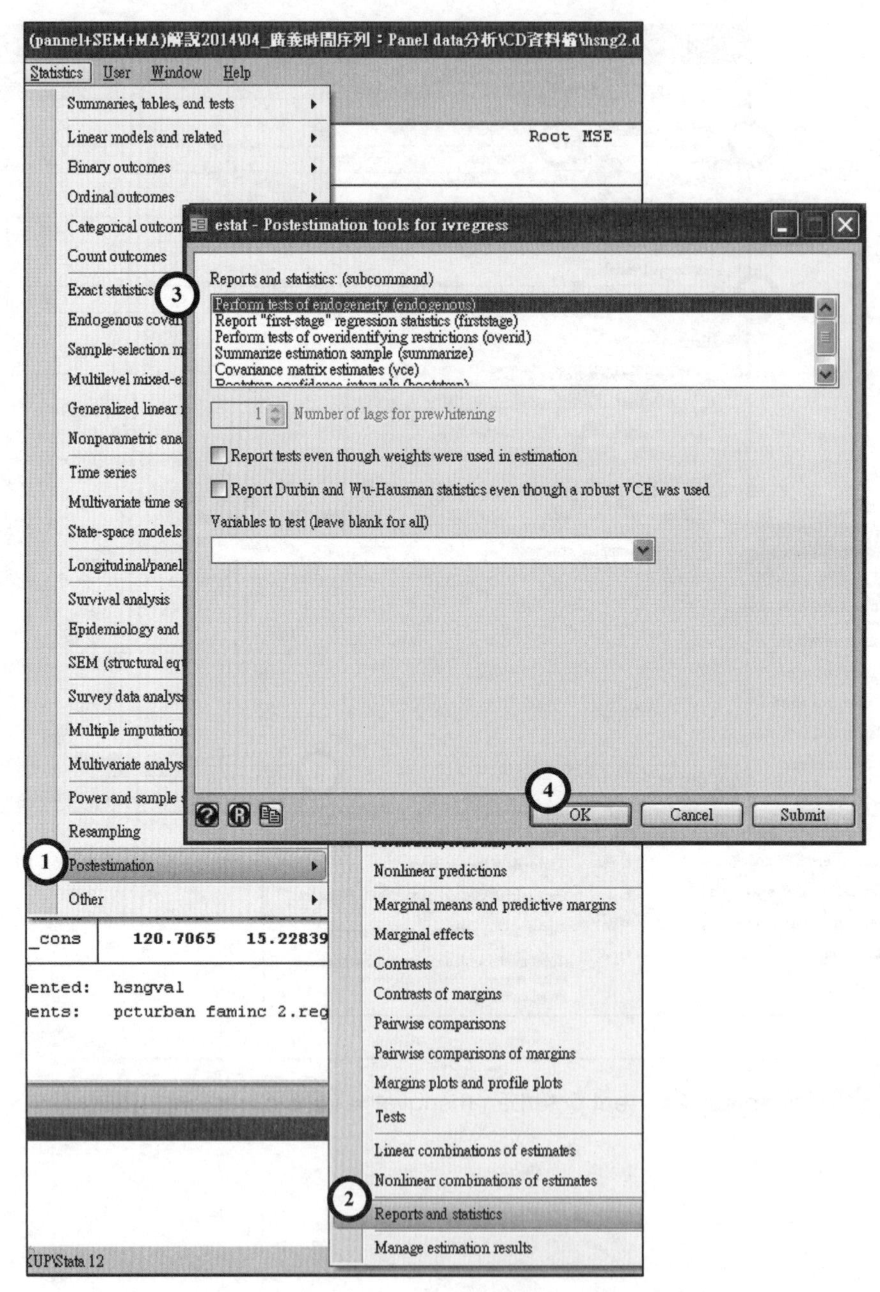

圖 6-19「ivregress 2sls」事後指令「estat endogenous」之畫面

```
. use http://www.stata-press.com/data/r13/hsng
  (1980 Census housing data)
. ivregress 2sls rent pcturban (hsngval = faminc i.region)

Instrumental variables (2SLS) regression               Number of obs =      50
                                                       Wald chi2(2)  =   90.76
                                                       Prob > chi2   =  0.0000
                                                       R-squared     =  0.5989
                                                       Root MSE      =  22.166

------------------------------------------------------------------------------
        rent |      Coef.   Std. Err.      z    P>|z|     [95% Conf. Interval]
-------------+----------------------------------------------------------------
     hsngval |   .0022398   .0003284     6.82   0.000     .0015961    .0028836
    pcturban |    .081516   .2987652     0.27   0.785     -.504053     .667085
       _cons |   120.7065   15.22839     7.93   0.000     90.85942    150.5536
------------------------------------------------------------------------------
Instrumented:  hsngval
Instruments:   pcturban faminc 2.region 3.region 4.region

*執行「ivregress 2sls」事後指令，旨在檢定內生性
. estat endogenous

  Tests of endogeneity
  H0: variables are exogenous

  Durbin (score) chi2(1)          =  12.8473  (p = 0.0003)
  Wu-Hausman F(1,46)              =  15.9067  (p = 0.0002)
```

Wu-Hausman 內生性檢定：

$$\begin{cases} H_0: Cov(x,u)=0\text{，}x\text{是外生性} \\ H_1: Cov(x,u)\neq 0\text{，}x\text{是內生性} \end{cases}$$

本例求得 $F_{(1,46)} = 15.9067$，$p < 0.05$，故拒絕「H_0: variables are exogenous(外生性)」，表示「faminc, region」適合當作內生變數。

6-1-5 為何需要多個工具變數？

以相關性 (relevant) 觀點來看，工具變數愈多個，2SLS 迴歸產生的係數標準差愈小，模型愈精確。因爲 2SLS 在第一階段之 R^2 也會增加，故可求得更多的 $\hat{X}$ 變異數。

一、工具變數迴歸之認定及過度認定 (over-identification)

在工具變數迴歸中，係數是否能被認定，取決於二個關係：

1. 工具變數 Z 之個數 (m 個)。
2. 內生變數 X(endogenous variables) 之個數 (r 個)。

對係數 $\beta_1, \beta_2, \cdots, \beta_k$ 而言，其認定有三種情況：

情況 1. 恰巧認定 (exactly identified)：if m = k

工具變數剛剛好可估計 $\beta_1, \beta_2, \cdots, \beta_k$，故 IV 模型只有單一解。

情況 2. 過度認定 (over identified)：if m > k

更多的工具變數可估計 $\beta_1, \beta_2, \cdots, \beta_k$，故 IV 模型有多個解。

情況 3. 不足認定 (under identified)：if m < k

不足夠的工具變數可估計 $\beta_1, \beta_2, \cdots, \beta_k$，仍需更多的工具變數才可估計，故 IV 模型無解。

二、General 工具變數模型：Jargon 的總結

$$Y_i = \beta_0 + \beta_1 X_{1i} + \cdots + \beta_k X_{ki} + \beta_{k+1} W_{1i} + \cdots + \beta_{k+r} W_{ri} + u_i$$

其中

Y_i：依變數

$\beta_0, \beta_1, \cdots, \beta_k$：待估的係數

$X_{1i}, \cdots, X_{ki}$: 內生變數 (endogenous regressors)，它們與誤差 u_i 有潛在性相關。

$W_{1i}, \cdots, W_{ri}$: 被納入的外生解釋變數 (exogenous regressors)，它們與 u_i 無關。

$Z_{1i}, \cdots, Z_{ri}$：工具變數 (被排除的外生解釋變數)

u_i：誤差

三、單一內生 X_{1i} 變數 Regressors 之情況

$$Y_i = \beta_0 + \beta_1 X_{1i} + \beta_{k+1} W_{1i} + \cdots + \beta_{k+r} W_{ri} + u_i$$

兩階段最小平方法 (two stage least squares, 稱 TSLS 或 2SLS) 爲：

Step 1. 求 X_{1i} 在「所有外生解釋變數」的 OLS 迴歸

(1) X_{1i} 在「$W_{1i}, \cdots, W_{ri}, Z_{1i}, \cdots, Z_{mi}$」的 OLS 迴歸，如下表之指令。

(2) 並求得 $\hat{X}_{1i}$，即 xhat 新變數。

```
. reg x W1 … Wr  Z1 … Zm, robust
. predict xhat
. reg y xhat, robust
```

Step 2. 求 Y_{1i} 在「$W_{1i}, \cdots, W_{ri}$」的 OLS 迴歸

```
. reg y xhat W1 … Wr , robust
```

上面二個 step 所求得的係數是 TSLS 估計值，但 OLS 係數的標準誤是錯的，故應改用「ivregress 2sls Y W (X = Z)⋯, r」指令。

範例 5. 續範例 2「提高奢侈稅能抑制人民消費行為嗎」？

承前例，美國猶他州 (Utah) 大幅提高捲菸稅收，對抽菸消費行爲會產生什麼效果？假如我們多加一個「**內生 X 變數 regressors**」個人收入 ($Income_i$)，則香菸需求模型爲：

$$\ln(Q_i^{cigarettes}) = \beta_0 + \beta_1 \ln(p_i^{cigarettes}) + \beta_2 \ln(Income_i) + u_i$$
$$Z_{1i} = \text{general sales tax}_i$$
$$Z_{2i} = \text{cigarette} - \text{specific tax}_i$$

其中

1. 內生解釋變數 (只一個 X)：$\ln(p_i^{cigarettes})$。
2. 被納入的外生變數 (只一個 W)：$\ln(Income_i)$。
3. 工具變數 (二個 Z)：general sales tax_i、cigarette-specific tax_i。

由於工具變數 Z 個數有二個，≥ 內生變數 X 個數有一個，故屬過度認定，因此「ivregress 2sls」指令可求得一個以上的解。

情況 1. 單一工具變數 Z、單一外生變數 W

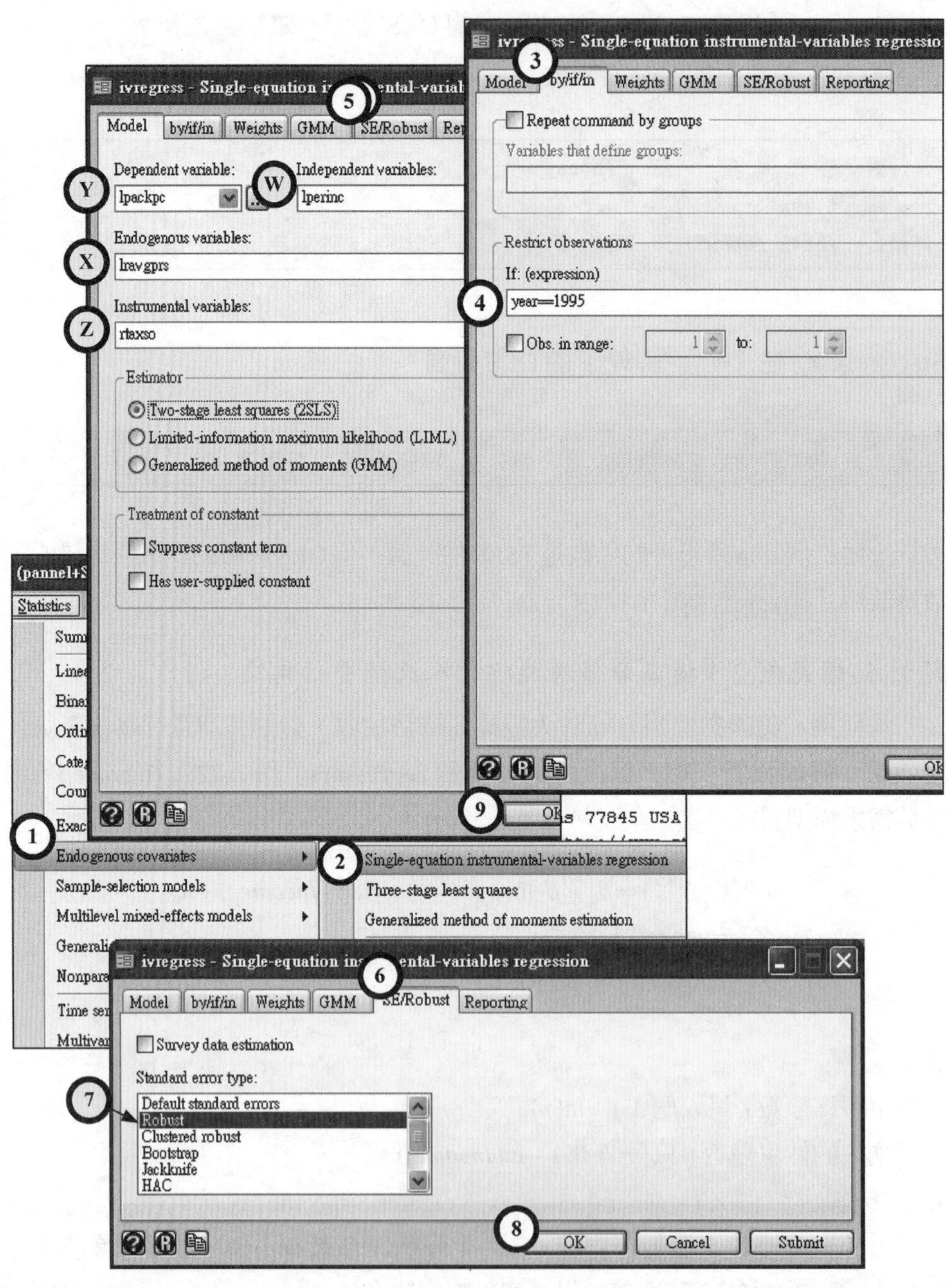

圖 6-20 指令「ivregress 2sls lpackpc lperinc (lravgprs = rtaxso) if year==1995, r」之畫面

Y W X Z

```
. ivregress 2s1s lpackpc lperinc (1ravgprs = rtaxso) if year = = 1995, r

Instrumental variables (2SLS) regression          Number of obs =      48
                                                  Wald chi2 (2) =   17.47
                                                  Prob > chi2   =  0.0002
                                                  R-squared     =  0.4189
                                                  Root MSE      =  .18355
------------------------------------------------------------------------------
             |               Robust
     lpackpc |      Coef.   Std. Err.      z    P>|z|     [95% Conf. Interval]
-------------+----------------------------------------------------------------
    lravgprs |  -1.143375   .3604804   -3.17   0.002    -1.849903   -.4368463
     lperinc |    .214515   .3018474    0.71   0.477     -.377095    .8061251
       _cons |   9.430658   1.219401    7.73   0.000     7.040675    11.82064
------------------------------------------------------------------------------
Instrumented: lravgprs
Instruments:  lperinc rtaxso
```

STATA lists ALL the exogenous regressors as instruments - slightly different terminology than we have been using

Running IV as a single command yields correct SEs
Use, r for heteroskedasticity-robust SEs

圖 6-21 指令「ivregress 2sls lpackpc lperinc (lravgprs = rtaxso) if year==1995, r」之結果

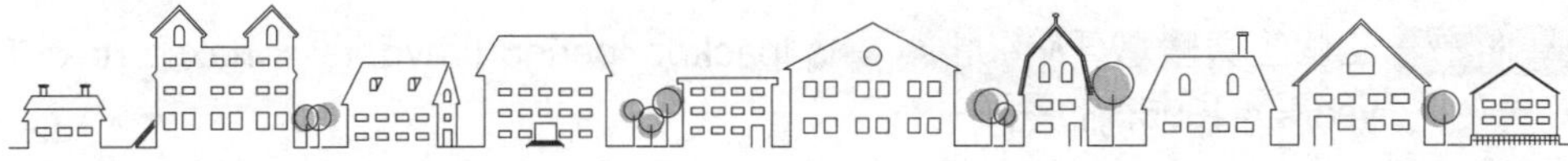

四、個數：雙個工具變數 Z > 一個內生變數 X，故屬過度認定 (有解)

情況 2. 二個工具變數 Z_1, Z_2、單一外生變數 W

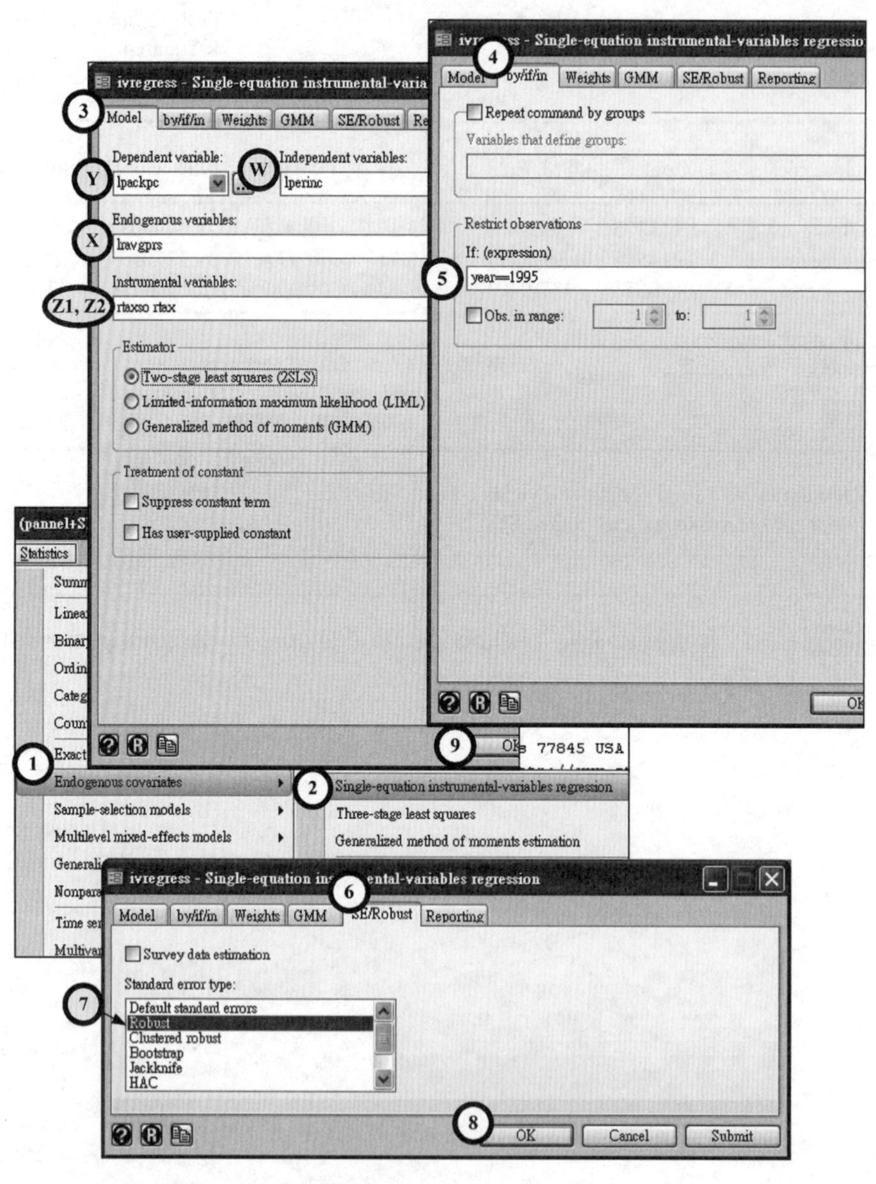

圖 6-22 二個工具變數「ivregress 2sls lpackpc lperinc (lravgprs = rtaxso rtax) if year==1995, r」畫面

```
                Y        W         X          Z1    Z2
. ivregress 2s1s lpackpc lperinc (1ravgprs = rtaxso rtax) if year = = 1995, r

Instrumental variables (2SLS) regression                  Number of obs =       48
                                                          Wald chi2 (2)  =    34.51
                                                          Prob > chi2    =   0.0000
                                                          R-squared      =   0.4294
                                                          Root MSE       =   .18189

------------------------------------------------------------------------------------
             |               Robust
     lpackpc |      Coef.   Std. Err.      z    P>|z|     [95% Conf.    Interval]
-------------+----------------------------------------------------------------------
    lravgprs |  -1.277424   .2416838    -5.29   0.000    -1.751115    -.8037324
     lperinc |   .2804045   .2458274     1.14   0.254    -.2014083     .7622174
       _cons |   9.894955   .9287578    10.65   0.000     8.074623     11.71529
------------------------------------------------------------------------------------
Instrumented: lravgprs
Instruments:  lperinc rtaxso rtax
```

圖 6-23 二個工具變數「ivregress 2sls lpackpc lperinc (lravgprs = rtaxso rtax) if year==1995, r」結果

五、雙工具變數 Z_1, Z_2 之分析結果如何堆疊呢？

TSLS 估計，工具變數 Z = sales tax ($m = 1$)

$$\ln(Q_i^{cigarettes}) = \underset{(1.22)}{9.43} - \underset{(0.36)}{1.14}\ln\left(\widehat{P_i^{cigarettes}}\right) + \underset{(0.30)}{0.21}\ln(Income_i)$$

TSLS 估計，工具變數 Z = sales tax, cig-only tax (m = 2)

$$\ln(Q_i^{cigarettes}) = \underset{(0.93)}{9.89} - \underset{(0.24)}{1.28}\ln\left(\widehat{P_i^{cigarettes}}\right) + \underset{(0.25)}{0.28}\ln(Income_i)$$

6-1-6 工具變數 (instrumental variables) 在教育的應用

一、教育為何需工具變數

一個好的工具變數 (instrumental variables, IV)，係指工具變數 Z 需與內生性

變數 X 具有高度相關，但與殘差 u(或依變數 y) 無關。

例如，學界辯證「健康 (H_i) 與教育 (SCH_i) 之間的因果」，就有二派對立的論點。第一派論點隱含增加政府在教育 (SCH_i) 方面的支出，是增進國民健康 (H_i) 的有效政策；而第二派論點則認爲教育和健康之因果關係不存在，兩者的關係是來自於某些未能觀察到的變數同時影響兩者，亦即當教育具有內生性問題的時候，政府便無法經由增加教育投資來達到改善國民健康的目標。

然而教育 (SCH_i) 具有內生性共變 (endogenous covariates)，其可能的原因有二種，教育和存在隨機誤差項中的***時間偏好* (*time preference*)** 或是***能力* (*ability*)** 仍有相關。由於無法觀察的這兩種變數存在於迴歸的隨機誤差項之中，會導致教育和「時間偏好或能力」產生相關的情形，此時若這兩個變數「同時」對健康 (H_i) 與教育 (SCH_i) 有正向影響時，則會造成教育對健康之影響程度的高估，爲了準確評估教育本身對健康的影響，必須解決此內生性的問題。在許多教育文獻中，都會使用工具變數分析法來消除可能的估計誤差。在工具變數 Z 的選擇上，必須要符合以下兩個條件：(1) 與內生變數 x 具有高相關。(2) 但與被解釋變數 y 則無關。

Kenkel 等人 (2006) 曾將工具變數分爲個體工具變數和總體工具變數兩類。歸納起來，早期的文獻較偏向使用個體方面的工具變數，如 IQ、家長的教育程度、兄弟姐妹個數等與個人較相關的變數 (Berger & Leigh, 1989; Sander, 1995a, 1995b; Leigh & Dhir, 1997)。這類工具變數 Z 雖然和內生變數 X(教育) 有較強的相關性，但卻也因爲是個人相關的變數，所以也有可能和被解釋變數 Y(健康) 有少許相關。以家長的教育程度爲例，若家長的教育程度較高，則可能會嚴加控管自己孩子的飲食習慣以及作息時間，使孩子可能較其他孩子更爲健康，此時工具變數便可能和健康相關，家長的教育程度就不一定是一個有效的工具變數。而近期的文獻則較偏向使用總體方面的工具變數，如義務教育法的實施、居住地區的所得水準、大學的校數、越戰的徵召風險等與總體大環境較相關的變數 (Adams, 2002; Currie & Moretti, 2003; Breierova & Duflo, 2004; Arendt, 2005; Kenkel et al., 2006; de Walque, 2007; Park & Kang, 2008; Osili & Long, 2008; Chou et al., 2010)。這類總體環境的工具變數和個人健康的相關性較低，但有時卻可能也和個人教育程度關聯性不高。

正因爲教育可能存在的內生性問題，會造成教育對健康影響的高估或低估，許多考慮以**工具變數** (instrumental variables, IV) 來解決問題的學者們，在研究中會對於**工具變數**「控制前後」的迴歸結果進行比較。研究顯示，早期文獻認爲在「控制前」由於沒有排除和教育內生性相關的影響，教育水準對健康的影響力相較於「控制後」的估計值爲大，可以推測出教育對健康的影響可能**非直接**影響，而是透過某些管道進而影響個人的健康狀況。但近期部分文獻在迴歸結果中，發現教育在使用工具變數之後對健康之影響力會大於之前的影響，學者認爲此時可能因爲整體教育水準的提升，進而對個人的教育水準產生的外溢效果所致。

二、教育和健康關係的工具變數 (IV)

早期多使用與個人特性相關的變數爲教育程度的工具變數，Berger 與 Leigh(1989)、Sander(1995a,1995b)，以及 Leigh 與 Dhir(1997) 即爲其中的代表文獻。Berger 與 Leigh(1989) 利用美國國家健康營養調查 (Health & Nutrition Examination Survey, HANES, http://www.icpsr.umich.edu/icpsrweb/DSDR/studies/) 和青少年生涯追蹤調查 (National Longitudinal Survey of Young Men, NLS, http://www.bls.gov/nls/#order)，檢定教育是否爲影響個人健康的直接因素。使用血壓以及身體功能是否受限制與是否殘障當作衡量健康的變數，工具變數方面則爲 IQ、考試成績、家長教育程度以及血統、平均每人所得、幼年時代居住地的教育支出兩部分。實證結果發現教育對健康具有直接的影響，而時間偏好等無法直接觀察到的變數，對健康的影響則不顯著。而在 Sander(1995a) 的研究中，則使用美國 1986 到 1991 年的一般社會調查 (general social survey) 資料，探討教育對於吸菸行爲的影響，針對 25 歲至 54 歲男性以及 25 歲至 44 歲女性樣本進行迴歸分析，使用家長的教育程度、兄弟姐妹個數以及 16 歲時是否居住在農村作爲工具變數。研究結果顯示，在特定年齡群的消費者中，教育對吸菸具有顯著的負向影響，亦即教育水準的提升會造成降低吸菸的機率。Leigh 與 Dhir(1997) 則使用 1986 年的收入動態追蹤調查 (Panel Study of Income Dynamics, PSID, http://psidonline.isr.umich.edu/Guide/FAQ.aspx?Type=1) 的資料，探討教育對殘障 (衰弱程度) 和運動的影響，被解釋變數以取自日常生活能力量表 (activities of daily living, ADLs) 的六項日常生活能力來衡量個人的衰弱程度。另外也控制了原本存在於隨機誤差項中的自我滿足、風險偏好以及時間偏好程度，以家長教育程度、家長的所得以及男性幼年時期居住在何州，作爲教育程度的工具變數。

近期更有文獻指出，早期使用家庭背景相關的變數作爲教育的工具變數是有爭議的，這些變數可能會和觀察對象的健康有關而造成偏誤的估計，因此在解決教育內生性的問題方面，便有文獻引進其他不同的總體工具變數來進行分析。Adams(2002) 使用出生季作爲教育程度的工具變數，以健康與退休調查中 (Health & Retirement Survey, HRS, http://hrsonline.isr.umich.edu/index.php?p=data) 1992 年美國的老年人口爲觀察對象，將樣本設定在 51 歲至 61 歲的範疇，並且使用自評健康和身體的活動能力檢測作爲衡量健康的變數，在兩階段最小平方法的迴歸結果中顯示，教育對於年長男性以及女性的健康皆有顯著正向的影響，並且在修正了隨機誤差項中的未觀察變數的影響之後，此正向關係依然存在。Kenkel 等人 (2006) 的研究中，以 1998 年進行的美國青年縱向調查 (National Longitudinal Survey of Youth 1979, NLSY79)，探討教育水準對於其吸菸狀況、戒菸狀況、肥胖程度的影響。在教育水準的衡量上，分成是否高中畢業以及有高中同等學歷證明 (General Education Development High School Equivalency Diploma, GED) 兩類，工具變數方面則以各州的特性及父母親教育水準作爲個人教育水準的工具變數。de Walque(2007) 使用美國國家訪問調查 (National Interview Survey, http://www.cdc.gov/nchs/surveys.htm) 中 1983 到 1995 年間取得的個人吸菸史，以及 1937 到 1956 年出生的樣本資料。以越戰爲例，認爲在年輕男性會去就讀大學，有可能是因爲正面臨服役的年齡，因爲不想入伍而選擇繼續就學，所以使用徵召風險 (risk of induction) 作爲教育的工具變數。進一步認爲，更有可能是因爲戰爭所夾帶的死亡風險，所以將工具變數換爲徵召風險乘上戰死風險再進行分析。被解釋變數分別爲吸菸行爲和戒菸行爲，解釋變數方面則將教育分成學歷超過高中以上幾年以及大學和大學以上的虛擬變數兩部分，另外還控制了所得、是否爲越戰退役軍人等變數。對於吸菸行爲，作者使用徵召風險爲工具變數時，會得到教育顯著降低吸菸機率的結果；在戒菸行爲方面，則是在徵召風險乘上戰死風險作爲工具變數時，可得到教育顯著增加戒菸機率的結果，但是否爲退役軍人對於戒菸行爲則沒有影響。

近年來無論在探討教育和健康之關係上，抑或是教育和薪資的關係上，都有許多文獻使用各國的教育改革相關變數，來作爲自身教育程度或父母親教育水準的工具變數。Lleras-Muney(2005) 使用 1960、1970、1980 年美國人口普查 (U.S. Censuses of Population) 的資料，以 1915 到 1939 年間 14 歲的人口爲觀察對象，並且使用在這些年間義務教育法及童工法相關的變數，作爲教育的工具變數，這些變數包含有入學年齡、畢業年齡等，進而探討教育對於成人死亡率的影響。在迴歸結果中，最小平方法 (ordinary least squares, OLS) 得到的結果爲增加一年的義務教育，會減少未來十年中至少 1.3% 的死亡率；而兩階段最小平方法 (two stage least squares, 2SLS) 的結果較最小平方法影響爲大，爲減少 3.6%

的死亡率。Currie 與 Moretti(2003) 則在探討母親的教育，對孩子出生體重以及其懷孕期間吸菸機率的影響。使用美國 1970 到 2000 年的生命統計資料 (Vital Statistics Natality Files)，並且以 1940 到 1990 年間女性 17 歲時，該州兩年及四年制的大學開設間數作爲教育的工具變數。在工具變數分析的實證結果顯示，母親的教育對於孩子的出生體重有正向的影響，且對懷孕期間吸菸的機率有負向的影響。

而在臺灣教改的部分，則在 1968 年時，政府推動義務教育改革，將國民教育由六年增加爲九年，全臺各地紛紛增設國民中學，進而也提升了當時國民教育的水準，亦有不少文獻使用臺灣的資料作爲樣本進行研究。Clark 與 Hsieh(2000) 將 1968 年時 6-11 歲的樣本視爲實驗組、15-20 歲的樣本較不會受教改影響視爲對照組，把臺灣分成十七個縣市後，以各縣市國民中學的密度和出生世代的相乘項，作爲衡量教育水準對男性薪資收入影響的工具變數。Spohr(2003) 利用 1979 到 1996 年之臺灣家庭收支調查資料 (Taiwan's Household Income & Expenditure Survey)，探討教育水準對勞動參與程度、傳統或現代產業、薪資收入的影響，也是以 1968 年的國民義務教育改革作爲工具變數。Chou 等人 (2010) 研究臺灣家長的教育對孩子健康的影響，以 1968 到 1973 年的六年間每年各地區增加學校數目的累加值，以及 1968 年各縣市 12-14 歲正值國中學齡人口的數量，求算縣市別的新設國中密度。樣本方面則爲臺灣 1978 到 1999 年的所有出生證明以及嬰兒和孩童的死亡證明資料，並且以出生體重輕及過輕、出生後三個階段的死亡率以及是否早產作爲衡量孩子健康的變數，工具變數的選擇上則使用 1968 年臺灣各城市中新開設中學的密度以及出生世代作爲教育的變數，在兩階段最小平方法 (2SLS) 的迴歸結果中發現，母親的教育對孩子健康的影響大於父親。

三、Panel 教育之資料來源 (在臺灣)

來自中央研究院、國科會、國科會社會科學研究中心及蔣經國基金會等單位所贊助創立的華人家庭動態資料庫 (Panel Study of Family Dynamics, PSFD, http://psfd.sinica.edu.tw/web/)，以華人家庭的成年人爲固定樣本追蹤調查 (panel-data) 的對象，而這類型的追蹤調查，是對特定的樣本做持續性的追蹤訪問，只要是成功的樣本，則會在往後的每年以部分問項相同、部分稍作修正的問卷，持續對此樣本年年進行訪問。除了主樣本的訪問外，也針對主樣本的親屬進行相關的追蹤 (panel) 調查。

最初建構此資料庫的想法，是由於華人社會不論在家庭模型、生活習慣及風土民情上皆較國外複雜，亦即國外的問卷中可能會遺漏某些華人特有的問項，例如傳統的家庭特質與觀念、較爲勤儉保守的生活方式、補教文化等，假如這些問項是影響華人行爲的重要影響因子，如此一來，忽略了這些變數的解釋能力時，所得到的估計結果就會失真與偏誤，因此，有必要針對華人社會設計合適的問卷。因爲華人社會的家庭觀念較爲強烈，故此資料庫的主題及問項以家庭爲單位進行調查，要構成一個家，成員除了自己外，最重要的還包含有配偶、父母親、兄弟姐妹以及子女，所以在問卷中除了先對主樣本自己本身的背景資料做訪問之外，更有其他家庭成員的相關問項。問卷內容主要包括受訪者個人的基本資料、教育經驗、工作經驗、婚姻與配偶資料、家庭價值與態度、親屬資料、居住安排、家庭決策與支出、家庭關係與和諧及子女教養等，除了前三項主題是個人相關，其他主題皆以家庭爲基礎來提問，在我們主要感興趣的教育部分，此資料庫包含的內容頗爲詳細，除了正規教育的資訊之外，還包含有補習教育、才藝訓練、重考班等特殊的非正規教育資訊；甚至不少家長求好心切想讓孩子受更多元、更完整的教育，不惜砸重金在孩子的學費上或是搬遷到好學校的學區等，都有詳細的問項。

此資料庫的主樣本主要由三群樣本所組成，分別於 1999 年 (訪問對象的出生年次爲 1953-1964 年；問卷編號 RI-1999)、2000 年 (出生年次爲 1935-1954 年；問卷編號 RI-2000) 及 2003 年 (出生年次爲 1964-1976 年；問卷編號 RI-2003) 進行第一次的訪問。以 PSFD 第一年計畫的問卷 (RI-1999) 問項爲基礎，後續訪問調查的問卷，都依照此問卷做增減與修正的動作。

小結

「教育」為解釋變數之一，本身具有內生性問題，亦即教育可能會與隨機誤差項中被忽略的變數 (例如能力或是時間偏好等) 有相關，而造成估計上的偏誤。為了避免對迴歸結果造成偏誤的估計，有不少學者提出可以工具變數分析法來排除此偏誤的問題，在選擇適合的工具變數上也有許多不同的看法，早期的文獻使用與個人或家庭背景較為相關的變數來作為工具變數 (Berger & Leigh, 1989; Sander, 1995a, 1995b; Leigh & Dhir, 1997)。而近期則從個體工具變數轉向為使用與總體大環境相關的變數，來作為教育的工具變數 (Adams, 2002; Kenkel et al., 2006; de Walque, 2007; Park & Kang, 2008)。近年來更有許多文獻使用總體大環境中和教育改革相關的變數，來作為自身教育或父母親教育的工具變數 (Clark & Hsieh, 2000; Duflo, 2001; Adams, 2002; Currie & Moretti, 2003; Spohr, 2003; Arendt, 2005; Breierova & Duflo, 2004; Osili & Long, 2008; Chou et al., 2010)。

6-1-7 兩階段迴歸 vs. 最小平方法迴歸之範例

工具變數練習題 1：孕婦吸菸會導致早產兒

來源：http://fmwww.bc.edu/gstat/examples/wooldridge/wooldridge15.html

```
*開啟網站之 bwght.dta 檔
use http://fmwww.bc.edu/ec-p/data/wooldridge/bwght
*對照組 (pooled reg)：孕婦吸菸量 (packs) 會導致嬰兒出生體重 (lbwght) 過輕
. reg lbwght packs
*實驗組：香菸價格 (cigprice) 當孕婦吸菸量 (packs) 的 IV，來預測嬰兒出生體重 (lb-
wght)，結果駁斥對照組的論述
ivreg lbwght (packs = cigprice ), first
```

工具變數練習題 2：以緊鄰大學 (nearc4) 當員工學歷的 IV，學歷再預測工資 (ln(wage))。干擾之外生變數包括：員工經驗 (exper)、種族 (black)、有否 smsa、南北差距 (south)。

```
use http://fmwww.bc.edu/ec-p/data/wooldridge/card
*對照組：先兩階段迴歸分析
ivreg lwage (educ = nearc4 ) exper expersq black smsa south, first
*實驗組：再以 OLS 迴歸分析當對照組，求得這二個迴歸係數及標準誤是不同的
reg lwage educ exper expersq black smsa south
```

工具變數練習題 3：已然女工之教育投報率 (return to education)。以父親學歷當女工的 IV，學歷再預測工資 (ln(wage))。

```
use http://fmwww.bc.edu/ec-p/data/wooldridge/mroz
*對照組：先 OLS 迴歸分析，求得迴歸係數 0.1086(p<0.05)
reg lwage educ
*實驗組：以父親學歷當 IV，求得迴歸係數 0.059(p>0.05)，係數顯著性與 OLS 相反
ivreg lwage (educ = fatheduc )
```

工具變數練習題 4：女工之教育投報率 (return to education)。以雙親學歷當女工的 IV，學歷再預測工資 (ln(wage))。干擾之外生變數包括：員工經驗 (exper)、員工經驗平方 (expersq)。

```
use http://fmwww.bc.edu/ec-p/data/wooldridge/mroz
*對照組：先兩階段迴歸分析
ivreg lwage (educ = motheduc fatheduc) exper expersq
*用 ssc 來外掛 overid 指令，它可診斷最近一次 model 是否「過度認定」，若不足認定
 則不佳
ssc install overid, replace
*執行 overid 指令，卡方檢定求得 p=0.5386，顯示本模型是「過度認定」，故認定仍佳
overid
*實驗組：IV 除女工雙親學歷，再增加 huseduc
ivreg lwage (educ = motheduc fatheduc huseduc) exper expersq
*執行 overid 指令，卡方檢定求得 p=0.5726，顯示本模型也是「過度認定」，故認定仍
 佳
overid
```

工具變數練習題 5：員工訓練 (hrsemp) 預測員工生產力 (lscrap)

```
use http://fmwww.bc.edu/ec-p/data/wooldridge/mroz
*對照組：先兩階段迴歸分析，以「grant 差分項」當「hrsemp 差分項」的工具變數
use http://fmwww.bc.edu/ec-p/data/wooldridge/jtrain
tsset fcode year
sort fcode year
drop if year==1989
*「D.」是差分運算子
ivreg D.lscrap (D.hrsemp = D.grant)
*實驗組：OLS 迴歸
reg D.lscrap D.hrsemp
```

6-2 橫斷面／Panel：如何偵測需要工具變數呢？

一、線性機率 (linear probability) 模型

線性機率迴歸之應用例子，包括：

1. 探討臺商製造業赴廈門設廠與回流臺灣之區位選擇。
2. 影響需求臺灣貿易商之因素。
3. 探討通路、保費及繳費別對解約率之影響。
4. 探討性別、保額及繳費期間對解約率之影響。
5. 臺灣省國民中學教師流動因素與型態之研究。

Probit 迴歸分析與羅吉斯迴歸分析最大的不同點，在於 Probit 迴歸分析中依變數不再是二元變數 (即 0 與 1)，而是介於 0 與 1 之間的百分比變數。進行 Probit 迴歸分析時，與前節在羅吉斯分析時所導出之模型相同。

成功機率為：$P = \dfrac{e^{f(x)}}{1+e^{f(x)}}$

失敗機率為：$1-P = \dfrac{1}{1+e^{f(x)}}$

勝算比 (odd ratio) 為：$\dfrac{P}{1-P} = e^{f(x)}$

$$\ln\frac{P}{1-P} = f(x) = \beta_0 + \beta_1 X_1 + \beta_2 X_2 + \cdots + \beta_k X_k$$

線性機率模型之假設

H_0：Probit 模型配適度 (goodness of fit) 佳

H_1：Probit 模型配適度 (goodness of fit) 不佳

對 Stata 而言，其線性迴歸 (reg 指令)、Logit 迴歸 (logit 指令) 及 Porbit 迴歸 (probit 指令)，三者的分析之顯著性 t(或 Z) 檢定的 p 值都會非常接近。只是三者計算公式之單位不同而已。而且，線性迴歸的依變數，不論是連續變數或類別變數都可以。但 Logit 迴歸及 Porbit 迴歸的依變數，只限類別變數才可以。此外，線性迴歸、Logit 迴歸及 Porbit 迴歸三者的解釋變數 (自變數)，不論是連續變數或類別變數都可以。

6-2-1 為何「教育水準」需要多個工具變數 Z 呢？

工具變數的估計法 (IV analysis) 原理是，當自變數具有內生性之下，如果沒有第一階段「IV 方程式」的偵測及認定，傳統一階段 OLS 就無法得到一致性的估計值。

二階段 OLS 與一階段 OLS 不同的是，解釋變數 X 與殘差 (residual) 的共變異數 (covariance) 不再假定 (assumption) 爲零。對於工具變數 Z 的選擇條件上，工具變數必須符合：外生性 (與依變數 y 無相關) 與相關性 (與內生變數 x 有相關) 二個條件。例如，在 Milligan 等人 (2004) 曾採用種族、性別、出生地、年齡當作工具變數，因爲種族、性別、出生地、年齡對於公民來說，不是非時變 (time-invariant, TI) 就是已知外生 (endogenous)，故這四者都適合當作工具變數。

舉例來說，「健康 H_i 與教育 SCH_i 之間的因果」研究，其中，被解釋變數 (依變數 y) 爲自評健康 H_i 狀態，它設爲一虛擬變數。選用非線性機率模型 (nonlinear probability model) 中的普羅比模型 (Probit model) 進行估計，並考慮內生解釋變數的存在，利用工具變數來處理可能產生的內生性問題。

首先，架構一個基本的普羅比 (Probit) 模型，個人的健康狀況 H_i 爲一個潛在變數 (latent variable) H_i^*，此變數之定義如下：

$$H_i^* = X_i\beta + \varepsilon_i \tag{1}$$

在 (1) 式中，X_i 包含所有「外生解釋變數 W_{1i} 以及內生變數之教育水準 SCH_i」。ε_i 爲一標準常態分配之隨機干擾項，$E(\varepsilon_i) = 0$。但是，由於 H_i^* 無法被直接量化，因此我們用虛擬變數 (自評「健康 H_i 良好」設爲 1)H_i 來衡量健康狀況，這兩者之間的關係如下：

$$\begin{cases} H_i = 1\text{，若}H_i^* > 0 \\ H_i = 0\text{，若}H_i^* = 0 \end{cases}$$

自評健康良好的機率爲：

$$\begin{aligned} \Pr(H_i = 1 \mid X) &= \Pr(H_i^* > 0 \mid X) = \Pr(X_i\beta + \varepsilon_i > 0 \mid X) \\ &= \Pr(\varepsilon_i > -X_i\beta \mid X) = \Pr\left(\frac{\varepsilon_i}{\sigma} > -X_i\frac{\beta}{\sigma}\right) \\ &= \Pr\left(\frac{\varepsilon_i}{\sigma} < X_i\frac{\beta}{\sigma}\right) = \Phi\left(\frac{X_i\beta}{\sigma}\right) \end{aligned} \tag{2}$$

其中，Φ 為標準常態分配之累積機率函數 (cumulative density function, CDF)，且由於機率相加總和必為 1，所以當 $H_i = 0$ 發生的機率為：

$$\Pr(H_i = 0 \mid X) = 1 - \Pr(H_i = 1 \mid X) = 1 - \Phi\left(\frac{X_i\beta}{\sigma}\right) \tag{3}$$

由 (2)(3) 式可導出觀察值 i 的概似函數 (likelihood function)：

$$\ell(H_i \mid X_i;\beta) = [\Phi(X_i\beta)]^{H_i}[1 - \Phi(X_i\beta)]^{1-H_i},\ H_i = 0 \text{ 或 } 1 \tag{4}$$

而全體樣本之概似函數為：

$$\begin{aligned} L &= \prod_{i=1}^{N} \ell(H_i \mid X_i;\beta) \\ &= \prod_{i=1}^{N} [\Phi(X_i\beta)]^{H_i}[1 - \Phi(X_i\beta)]^{1-H_i} \end{aligned} \tag{5}$$

將以上概似函數取對數後，可以得到對數概似函數 (log-likelihood function)：

$$L = \sum_{i=1}^{N} H_i \log[\Phi(X_i\beta)] + (1 - H_i)\log[1 - \Phi(X_i\beta)] \tag{6}$$

以最大概似估計法 (maximum likelihood estimation, MLE) 進行估計，可得到 β 的一致性估計式。但是普羅比模型的迴歸係數 β，只可以看出解釋變數對被解釋變數的影響方向，並非為我們所關心的邊際效果 (marginal effect)，欲求出邊際效果，還必須乘上調整因子。

解釋變數 X_j 對被解釋變數 H_i 的邊際效果為：

$$\frac{\partial \Pr(H_i = 1 \mid X)}{\partial (X_j)} = \frac{\partial \Phi(X_i\beta)}{\partial (X_j)} = \phi(X_i\beta)\beta_j$$

其中，ϕ 為標準常態分配之機率分配函數 (probability density function, pdf)。

一、納入工具變數之普羅比模型

然而，自變數之教育 SCH_i 可能具有內生性問題，若 SCH_i 與 ε_i 中未能觀察到的變數(例如能力、時間偏好……)有相關，亦即：

$$\text{Cov}(SCH_i, \varepsilon_i) \neq 0$$

則可能造成教育對健康影響力的高估或低估。爲避免此偏誤估計的情形產生，我們納入工具變數來進行兩階段普羅比迴歸分析。(1) 式可改寫如下：

$$H_i^* = X_i\beta + \varepsilon_i = Z_1\alpha_1 + \gamma SCH_i + \varepsilon_i \tag{7}$$

$$H_i = 1[H_i^* > 0] \tag{8}$$

$$SCH_i = Z_1\alpha_{i1} + Z_2\alpha_{i2} + e_i = Z_i\alpha_i + e_i \tag{9}$$

其中，第 (7) 及第 (8) 式爲結構式 (structual equation)；第 (9) 式則爲縮減式 (reduced form)，當縮減式的隨機誤差項 e_i 和 ε_i 相關時，即產生內生性的問題；Z_2 則爲外生工具變數；ε_i 和 e_i 分別爲 (7) 式及 (9) 式的隨機誤差項。假設 e_i 和 ε_i 都爲常態分配，且和所有外生解釋變數及工具變數無關，其中

$$\varepsilon_i | Z_i \sim N(0, 1) \text{且} \varepsilon_i | Z_i \sim N(0, \eta_i^2)$$

若想知道教育水準是否存在內生性問題，也就是要討論 $\text{Cov}(e_i, \varepsilon_i)$ 是否等於零，若兩誤差項之相關係數等於零，則不存在內生性問題；反之，教育則有內生性問題 (即「6-1-4b 兩階段最小平方法迴歸：Wu-Hausman 內生性檢定 (「estat endogenous」指令)」、「6-2-3 Panel-Data Hausman-Taylor 法：需工具變數嗎？(xthtaylor)」、「6-3-2 偵測 Panel 資料之內生性 (xtivreg 指令)」)。因此，我們令兩隨機誤差項之關係爲：

$$\varepsilon_i = \delta_1 e_i + \mu_i \text{，所以 } \mu_i = \varepsilon_i - \delta_1 e_i \text{，其中 } \delta_1 = \text{Cov}(\varepsilon_i, e_i) / \text{Var}(e_i) \text{。}$$

此時，便可推得的變異數如下：

$$\begin{aligned}
\text{Var}(\mu_i) &= \text{Var}(\varepsilon_i) + \delta_1^2 \text{Var}(e_i) - 2\delta_1 \text{Cov}(\varepsilon_i, e_i) \\
&= \text{Var}(\varepsilon_i) + \frac{\text{Cov}(\varepsilon_i, e_i)^2}{\text{Var}(e_i)^2} \text{Var}(e_i) - 2\frac{\text{Cov}(\varepsilon_i, e_i)}{\text{Var}(e_i)} \text{Cov}(\varepsilon_i, e_i) \\
&= \text{Var}(\varepsilon_i) - \frac{\text{Cov}(\varepsilon_i, e_i)^2}{\text{Var}(e_i)} \\
&= \text{Var}(\varepsilon_i) - [\text{Corr}(\varepsilon_i, e_i)]^2 \\
&= 1 - [\text{Corr}(\varepsilon_i, e_i)]^2 \\
&= 1 - \pi_i^2
\end{aligned}$$

因此，

$$\mu_i | Z_i, e_i, SCH_i \sim N(0, 1-\pi_i^2)$$

接下來可將 (7) 式改寫成：

$$\begin{aligned} H_i^* &= Z_1\alpha_1 + \gamma SCH_i + \varepsilon_i \\ &= Z_1\alpha_1 + \gamma SCH_i + \delta_1 e_i + \mu_i \end{aligned}$$

則 $H_i = 1$ 的機率為：

$$\begin{aligned} \Pr(H_i = 1 | Z_i, SCH_i, e_i) &= \Pr[\mu_i > -(Z_1\alpha_1 + \gamma SCH_i + \delta_1 e_i) | Z_i, SCH_i, e_i] \\ &= \Pr\left[\frac{\mu_i}{\pi_i} > \frac{-(Z_1\alpha_1 + \gamma SCH_i + \delta_1 e_i)}{\pi_i}\right] \\ &= \Phi\left[\frac{1}{\pi_i}(Z_1\alpha_1 + \gamma SCH_i + \delta_1 e_i)\right] \\ &= \Phi\left[Z_1\frac{\alpha_1}{\pi_i} + \frac{\gamma}{\pi_i}SCH_i + \frac{\delta_i}{\pi_i}e_i\right] \end{aligned}$$

由於健康 H_i 與教育 SCH_i 皆為內生變數，我們需要推導出其聯合機率密度函數 (joint probability density function)：

$$f(H_i, SCH_i | Z_i) = f(H_i | SCH_i, Z_i)\, f(SCH_i | Z_i) \tag{10}$$

以便利用條件最大概似估計法來進行估計。
已知$SCH_i | Z_i \sim N(Z_i\alpha_{1i}, \eta_i^2)$，因此：

$$f(SCH_i | Z_i) = \frac{1}{\eta_i}\phi\left(\frac{SCH_i - Z_i\alpha_i}{\eta_i}\right) \tag{11}$$

另外，自評健康良好的條件機率 (conditional density) 爲：

$$
\begin{aligned}
\Pr(H_i=1\,|\,SCH_i,Z_i) &= \Pr(H_i^*>0\,|\,SCH_i,Z_i) \\
&= \Pr[\mu_i > -(Z_1\alpha_1+\gamma SCH_i+\delta_1 e_i\,|\,SCH_i,Z_i)] \\
&= \Pr\{\mu_i > -[Z_1\alpha_1+\gamma SCH_i+\delta_1(SCH_i-Z_i\alpha_i)]\,|\,SCH_i,Z_i\} \\
&= \Phi\left[\frac{Z_1\alpha_1+\gamma SCH_i+\delta_1(SCH_i-Z_i\alpha_i)}{\pi_i}\right] \\
&= \Phi(m)
\end{aligned} \tag{12}
$$

其中，我們令

$$
\frac{Z_1\alpha_1+\gamma SCH_i+\delta_1(SCH_i-Z_i\alpha_i)}{\pi_i}=m \tag{13}
$$

因爲機率總和爲 1，故可得：

$$
\Pr(H_i=0\,|\,SCH_i,Z_i)=1-\Pr(H_i=1\,|\,SCH_i,Z_i)=1-\Phi(m) \tag{13}
$$

經由 (11)、(12)、(13) 三式，可將 (10) 式改寫成：

$$
f(H_i,SCH_i\,|\,Z_i)=[\Phi(m)]^H[1-\Phi(m)]^{1-H}\frac{1}{\eta_i}\phi\left(\frac{SCH_i-Z_i\alpha_i}{\eta_i}\right) \tag{14}
$$

因此，觀察值 i 的對數概似函數爲：

$$
H_i\log\Phi(m_i)+(1-H_i)\log[1-\Phi(m_i)]-\frac{1}{2}\log(\eta_i^2)-\frac{1}{2}\frac{(SCH_i-Z_i\alpha_i)^2}{\eta_i^2} \tag{15}
$$

將第 (15) 式中所有觀察值加總，可得到全體樣本的對數概似函數，而極大化 $\alpha_1, \gamma, \alpha_i, \pi_i, \eta_i^2$ 的最大概似估計量，即爲所求之迴歸係數值。

二、線性機率模型及普羅比模型之迴歸比較

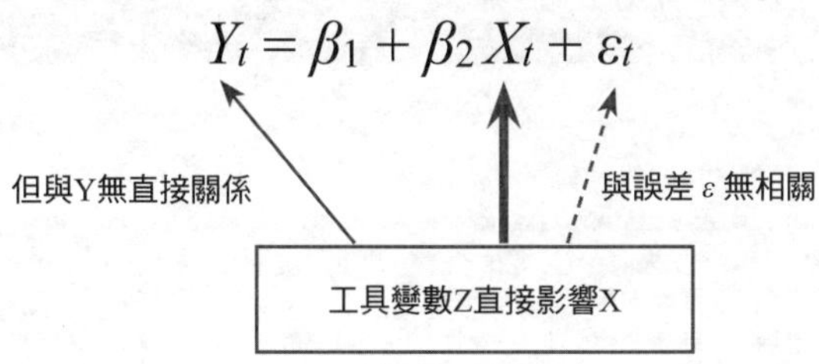

圖 6-24 工具變數 Z 直接影響 X，但與 Y 無直接關係，且與誤差 ε 無相關

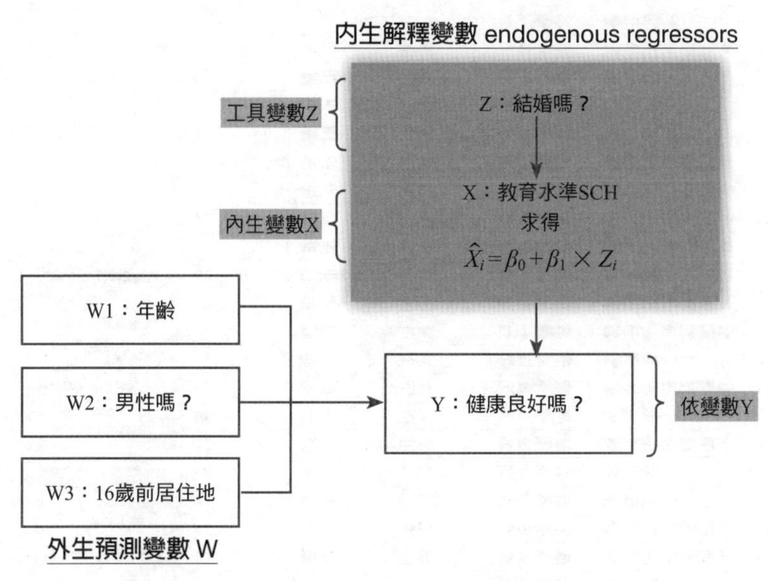

圖 6-25 健康 H 為依變數，教育 SCH 為內生變數之示意圖

(一) 建立資料檔

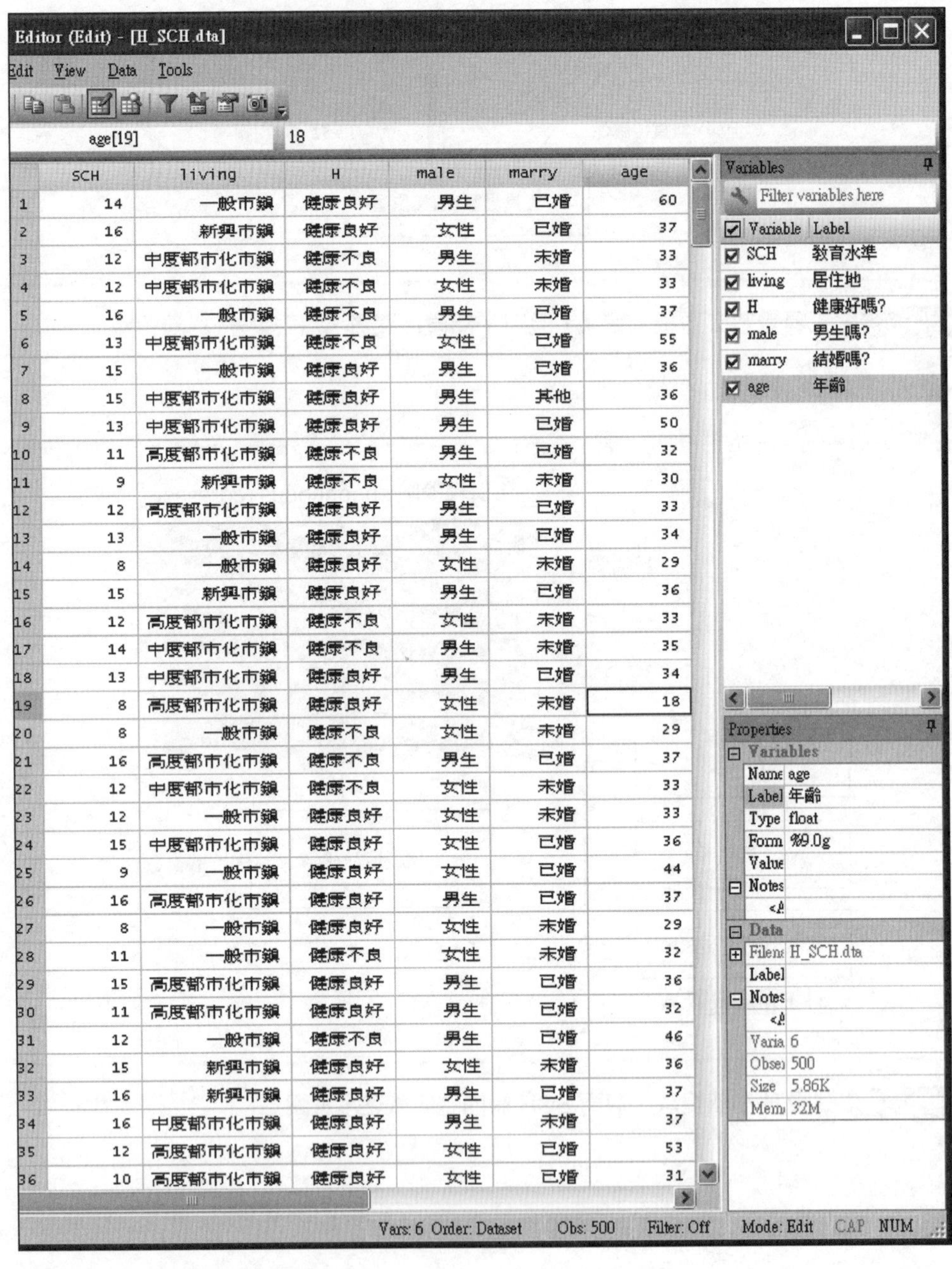

	SCH	living	H	male	marry	age
1	14	一般市鎮	健康良好	男生	已婚	60
2	16	新興市鎮	健康良好	女性	已婚	37
3	12	中度都市化市鎮	健康不良	男生	未婚	33
4	12	中度都市化市鎮	健康不良	女性	未婚	33
5	16	一般市鎮	健康不良	男生	已婚	37
6	13	中度都市化市鎮	健康不良	女性	已婚	55
7	15	一般市鎮	健康良好	男生	已婚	36
8	15	中度都市化市鎮	健康良好	男生	其他	36
9	13	中度都市化市鎮	健康良好	男生	已婚	50
10	11	高度都市化市鎮	健康不良	男生	已婚	32
11	9	新興市鎮	健康不良	女性	未婚	30
12	12	高度都市化市鎮	健康良好	男生	已婚	33
13	13	一般市鎮	健康良好	男生	已婚	34
14	8	一般市鎮	健康良好	女性	未婚	29
15	15	新興市鎮	健康良好	男生	已婚	36
16	12	高度都市化市鎮	健康不良	女性	未婚	33
17	14	中度都市化市鎮	健康不良	男生	未婚	35
18	13	中度都市化市鎮	健康良好	男生	已婚	34
19	8	高度都市化市鎮	健康良好	女性	未婚	18
20	8	一般市鎮	健康不良	女性	未婚	29
21	16	高度都市化市鎮	健康不良	男生	已婚	37
22	12	中度都市化市鎮	健康不良	女性	未婚	33
23	12	一般市鎮	健康良好	女性	未婚	33
24	15	中度都市化市鎮	健康良好	女性	已婚	36
25	9	一般市鎮	健康良好	女性	已婚	44
26	16	高度都市化市鎮	健康良好	男生	已婚	37
27	8	一般市鎮	健康良好	女性	未婚	29
28	11	一般市鎮	健康不良	女性	未婚	32
29	15	高度都市化市鎮	健康良好	男生	已婚	36
30	11	高度都市化市鎮	健康良好	男生	已婚	32
31	12	一般市鎮	健康不良	男生	已婚	46
32	15	新興市鎮	健康良好	女性	未婚	36
33	16	新興市鎮	健康良好	男生	已婚	37
34	16	中度都市化市鎮	健康良好	男生	未婚	37
35	12	高度都市化市鎮	健康良好	女性	已婚	53
36	10	高度都市化市鎮	健康良好	女性	已婚	31

圖 6-26 「H_SCH.dta」之模擬資料檔

(二) 比較四種迴歸之步驟

Step1. 未納入工具變數之線性機率迴歸 (regress 指令)

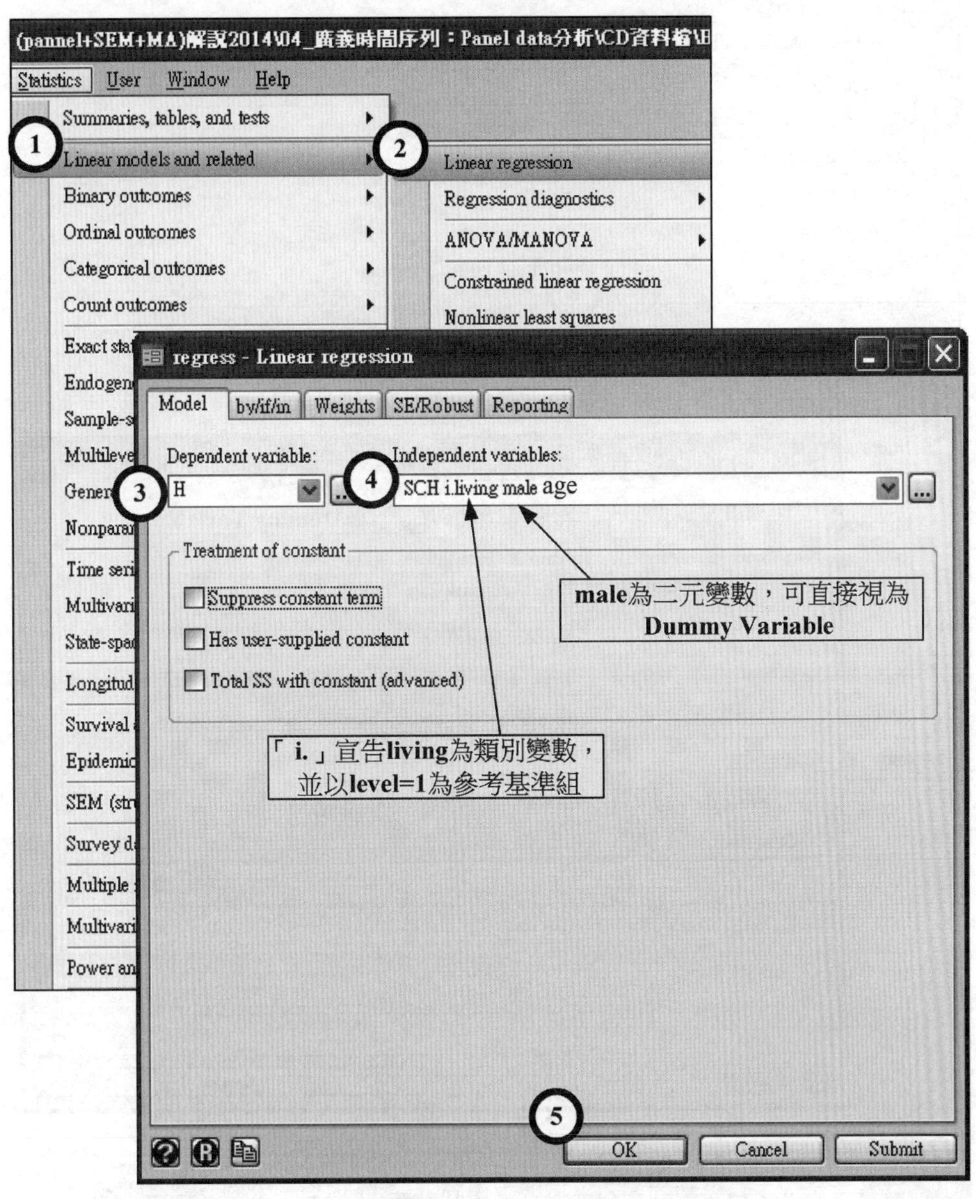

圖 6-27 線性機率迴歸之畫面 (reg 指令：本例之線性機率 2)

Step2. 未納入工具變數的 Probit 迴歸 (probit 指令)

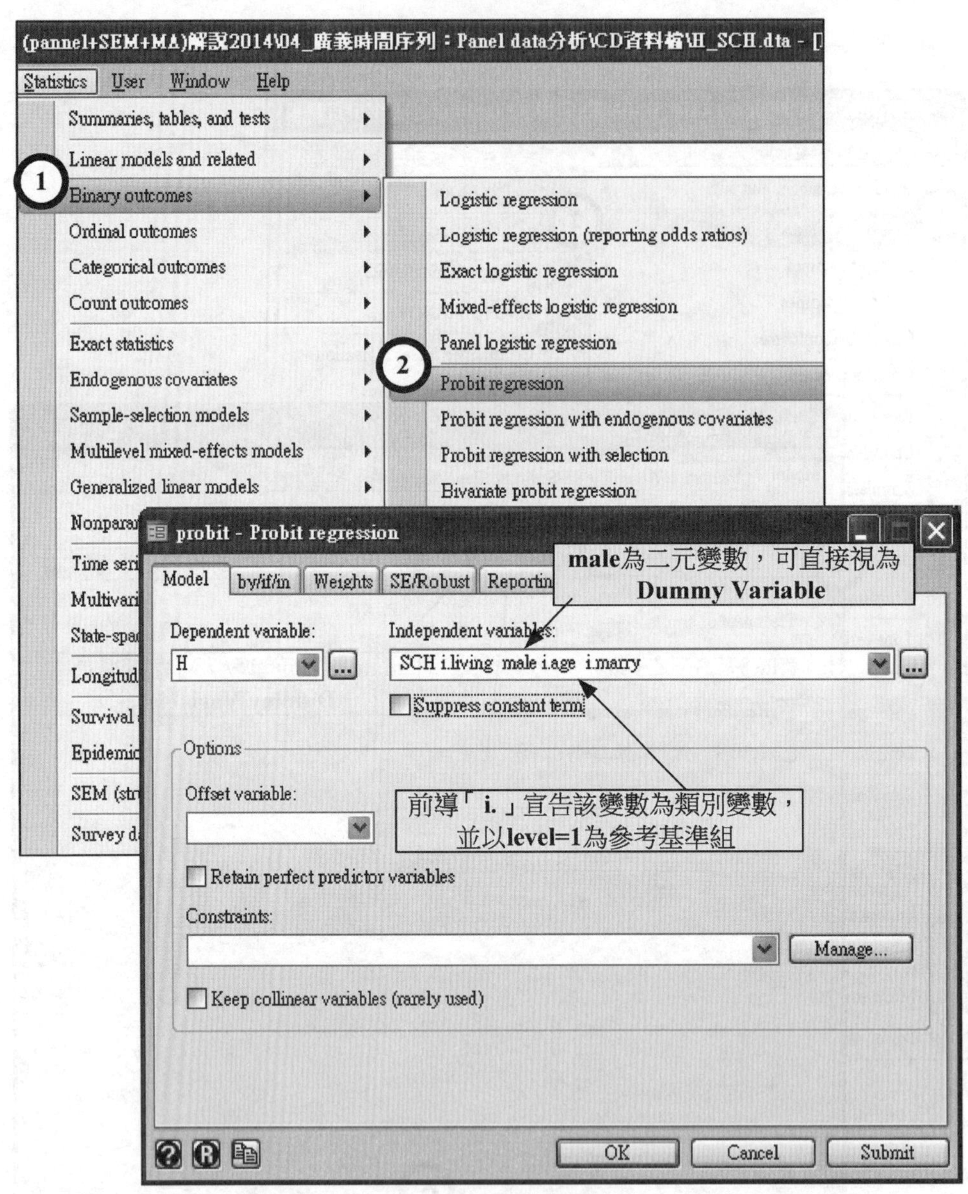

圖 6-28 未納入工具變數的 probit 迴歸之畫面 (probit 指令：本例之普羅比 3)

Step3. 納入工具變數的機率線性迴歸 (ivregress 指令)

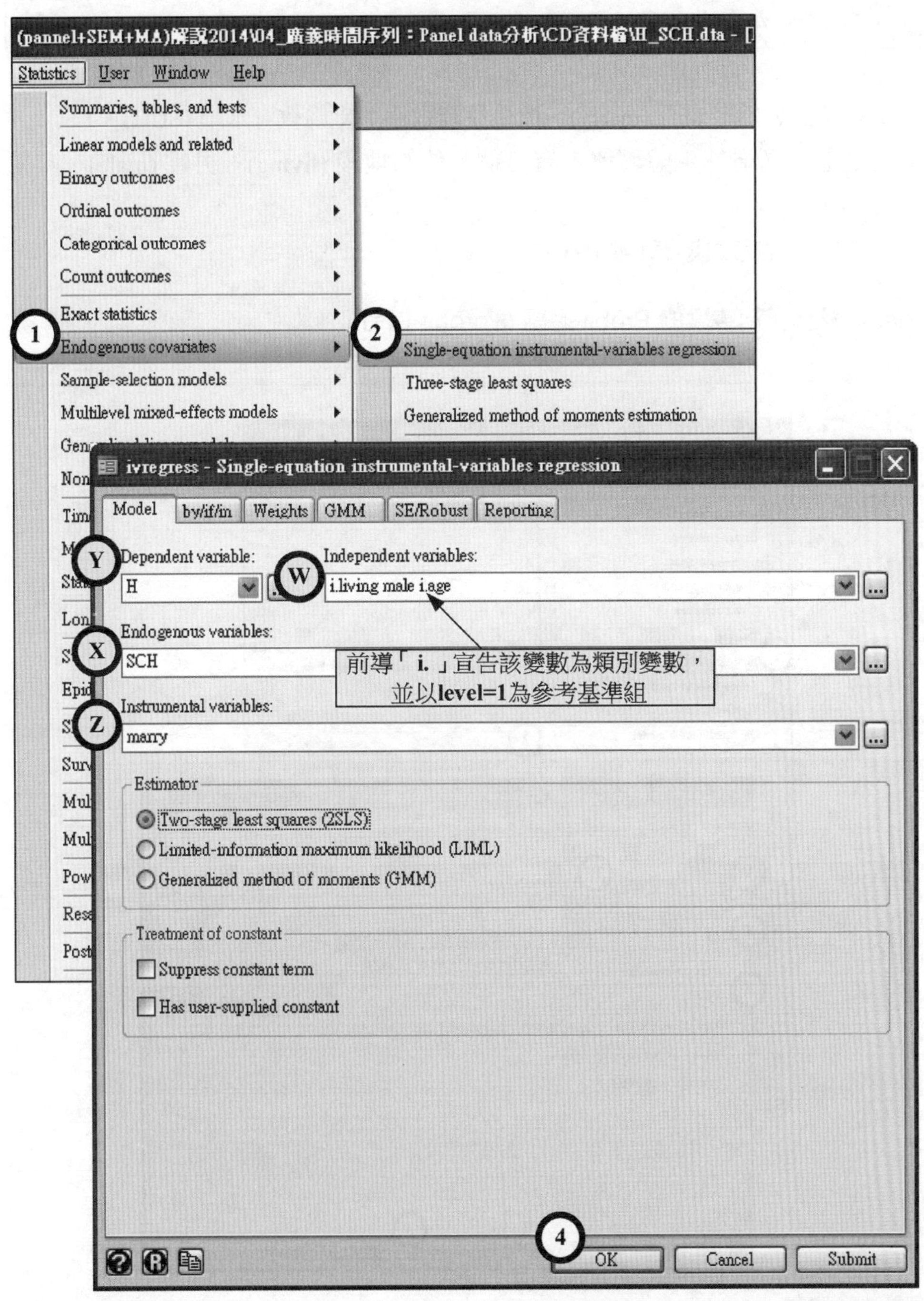

圖 6-29 納入工具變數的機率線性迴歸之畫面 (ivregress 指令：本例之線性機率 5)

1. 指令語法：

```
. ivregress 2sls H i.living male i.age (SCH = marry), small
```

2. 工具變數 Z 為結婚否 (marry)。內生性變數為：X 為教育水準 (SCH)。
3. 自變數，又稱外生解釋變數有三個：住的地段 (living)、男性 (male)、年齡 (age)。
4. 二元依變數為健康良好嗎 (H)。

Step4. 納入工具變數的 Probit 迴歸 (ivprobit 指令)

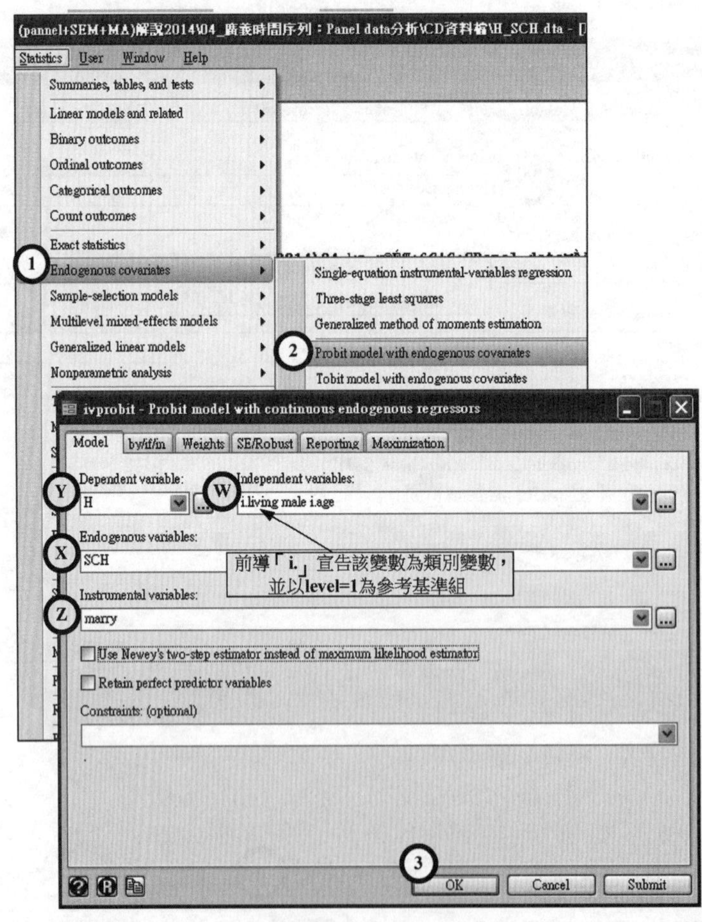

圖 6-30 納入工具變數的 ivprobit 迴歸之畫面 (ivprobit 指令：本例之普羅比 5)

1. 指令語法：

```
. ivprobit  H i.living male i.age (SCH = marry)
```

2. 工具變數 Z 爲結婚否 (marry)。內生性變數爲：X 爲教育水準 (SCH)。
3. 自變數中，有三個外生解釋變數 (W)：住的地段 (living)、男性 (male)、年齡 (age)。
4. 二元依變數爲健康良好嗎 (H)。
5. Wald test of exogeneity (/athrho = 0)：ivprobit 迴歸分析中，若卡方之 p 值要 < 0.05，則表示認定的三個「外生變數」對依變數的預測模型是 ok 的。

(三) 四種迴歸之結果比較

表 6-1 四種迴歸之結果比較

解釋變數	線性機率 1	普羅比 1	線性機率 2	普羅比 2	線性機率 3	普羅比 3
常數項	0.236	−0.678	0.217	−0.732	0.238	−0.678
	(0.046)***	(0.119)***	(0.047)***	(0.123)***	(0.048)***	(0.125)***
教育水準 (年)	0.024	0.062	0.021	0.054	0.020	0.050
	(0.004)***	(0.010)***	(0.004)***	(0.011)***	(0.004)***	(0.011)***
16 歲前居住地 (基準組：一般市鎮)						
高度都市化市鎮	−0.031	−0.079	−0.032	−0.082	−0.041	−0.108
	(0.032)	(0.082)	(0.032)	(0.083)	(0.032)	(0.083)
中度都市化市鎮	−0.035	−0.089	−0.029	−0.075	−0.035	−0.092
	(0.034)	(0.088)	(0.034)	(0.088)	(0.034)	(0.088)
新興市鎮	0.039	0.100	0.041	0.106	0.044	0.113
	(0.037)	(0.096)	(0.037)	(0.096)	(0.037)	(0.097)
男性			0.068	0.175	0.060	0.153
			(0.024)***	(0.062)***	(0.024)**	(0.062)**
年齡 (基準組：40 歲以上)						

解釋變數	線性機率 1	普羅比 1	線性機率 2	普羅比 2	線性機率 3	普羅比 3
30 歲以下			0.043	0.109	−0.020	−0.052
			(0.034)	(0.088)	(0.040)	(0.103)
30-40 歲			0.030	0.076	0.013	0.035
			(0.029)	(0.072)	(0.029)	(0.074)
婚姻狀況 (基準組：已婚)						
未婚					0.092	0.235
					(0.032)***	(0.084)***
其他					−0.082	−0.201
					(0.061)	(0.160)
樣本數	1,708	1,708	1,708	1,708	1,707	1,707
(pseudo) R-square	0.026	0.019	0.031	0.023	0.038	0.028

註：*** 為 1% 顯著水準，** 為 5% 顯著水準，* 為 10% 顯著水準；括號內為標準誤。
資料來源：宋有容 (2010)。

在表 6-1 的第 3 及第 4 欄中，進一步控制了性別以及年齡之後，教育水準對於自身健康狀況依然有顯著且正向的影響，顯示教育水準對於健康狀況影響的強健性 (robustness)。第 3 欄線性機率模型迴歸結果的係數，即爲教育的邊際效果，和第 1 欄相比，教育對健康的影響雖然顯著，但在影響程度上卻有些微的下降；而男性自評健康狀況良好的機率較女性來得大，這是和以往文獻的結果相符並且符合預期的，我們推測可能男性的自尊意識較女性來得強，因此在自評健康方面，也就會認爲自己健康狀況較佳。考慮了個人特性作爲解釋變數後，在第 5 及第 6 欄，進一步包含了可能因爲他人行爲而影響自評健康狀況的因子，在此我們考慮婚姻狀況，在包含婚姻狀況的變數後，教育水準對於自評健康狀況的影響依然顯著且正向，和第 1 及第 3 欄相比，線性機率模型的迴歸係數下降了一些，而迴歸結果顯示在婚姻狀況的部分，未婚的人顯著較已婚的人自評健康狀況良好，我們推測可能由於有伴侶的人相較於單身的人必須勞心於照顧另一半或是子女，甚至要加倍努力打拼來維持家計，使之產生精神上的疲勞，進而認爲自己的健康狀況較差；相反的，未婚的人相較於已婚的人較爲自由、心靈上也可能並未因爲家計負擔而較輕鬆愉快，因而影響其認爲自己較爲健康。

三、納入工具變數的普羅比模型及線性機率模型之迴歸結果

然而，爲了避免存在於隨機誤差項中的能力或是時間偏好等未能觀察到的變數和教育水準的相關性，導致自身教育水準對健康狀況影響的偏誤估計，進而影響研究結果的精確程度。因此，在和表 6-1 相同條件之下，我們進一步探討工具變數的迴歸結果是否依然具有強健性，再將其和未考慮工具變數的迴歸結果做比較。

在表 6-2 中，奇數欄爲考慮工具變數後的線性機率模型之迴歸結果、偶數欄則爲考慮工具變數後普羅比模型的迴歸結果。從第 1 及第 2 欄可發現，考慮了工具變數之後，教育水準對於健康的影響依然是正向且顯著的，且在線性機率模型的迴歸結果中，可看出教育水準對健康狀況的影響明顯增強許多，推測可能因爲義務教育年數由六年轉爲九年，使得學童受教育的權利平等，也不用在入學考試的窄門中擠破頭，因此透過義務教育的開放，教育變得更普及，顯示使用工具變數下所估計之教育效果，可能包含了整體教育水準提升而對個人教育程度所產生的外溢效果，進而使教育對於健康的影響力增強。而在 16 歲前居住地區的部分，和我們預期高度都市化市鎮醫療發達對健康會有較正面影響的預期正好相反，居住在高度都市化市鎮與中度都市化市鎮的人相較於一般市鎮的居民，身體會較爲健康的機率顯著的不增反降，我們推測關鍵的可能原因並非醫療設備發達與否，而是生活環境是否受汙染。高度都市化市鎮相對於一般市鎮而言開發較早、汙染也較多，如空氣汙染、水汙染、噪音汙染等都是有害身體健康的不良因子；再加上居住在大都市的孩子，無論是求學方面、人際方面等競爭力也相對大於居住在鄉間的孩子，家長對於孩子學業、品格上的要求也較爲嚴苛，這部分也可能包含了心理壓力的影響，導致孩子身體機能較差的情況，所以都市化程度愈高的地方，居民會相對認爲自己健康狀況較差。

表 6-2　納入工具變數後線性機率模型及普羅比模型之迴歸結果比較

解釋變數	線性機率 4	普羅比 4	線性機率 5	普羅比 5	線性機率 6	普羅比 6
常數項	−0.191	−1.679	−0.338	−1.980	−0.313	−1.927
	(0.201)	(0.427)***	(0.338)	(0.628)***	(0.359)	(0.682)
教育水準 (年)	0.064	0.155	0.078	0.184	0.076	0.179
	(0.018)***	(0.038)***	(0.034)**	(0.065)***	(0.036)**	(0.070)

解釋變數	線性機率 4	普羅比 4	線性機率 5	普羅比 5	線性機率 6	普羅比 6
16 歲前居住地 (基準組：一般市鎮)						
高度都市化市鎮	−0.137	−0.334	−0.155	−0.367	−0.157	−0.373
	(0.053)***	(0.118)***	(0.072)**	(0.142)***	(0.071)**	(0.141)
中度都市化市鎮	−0.135	−0.329	−0.149	−0.353	−0.150	−0.357
	(0.052)***	(0.119)***	(0.073)**	(0.146)**	(0.073)**	(0.146)
新興市鎮	−0.036	−0.087	−0.043	−0.101	−0.038	−0.087
	(0.050)	(0.121)	(0.062)	(0.139)	(0.063)	(0.144)
男性			0.053	0.126	0.051	0.121
			(0.029)*	(0.073)*	(0.028)*	(0.070)
年齡 (基準組：40 歲以上)						
30 歲以下			−0.108	−0.255	−0.130	−0.308
			(0.099)	(0.213)	(0.085)	(0.178)
30-40 歲			−0.064	−0.151	−0.068	−0.159
			(0.070)	(0.155)	(0.067)	(0.148)
樣本數	1,593	1,593	1,593	1,593	1,592	1,592
Hausman 檢定 (卡方値)	13.72	5.65	15.03	4.13	16.21	2.85
p-value	0.018	0.018	0.059	0.069	0.094	0.092

註 1：*** 為 1% 顯著水準，** 為 5% 顯著水準，* 為 10% 顯著水準；括弧內為標準誤。
註 2：此部分迴歸分析皆考慮工具變數 (國中校數密度 * 出生世代)。
註 3：模型線性機率 6、普羅比 6 解釋變數中，皆包含婚姻狀況。
資料來源：宋有容 (2010)。

接著在其他條件相同下，第 3 及第 4 欄進一步控制了性別以及年齡，在迴歸結果中可見，男性受訪者認爲自己身體狀況良好的機率顯著的大過女性，但此時教育水準對於健康狀況的影響顯著性卻下降，在控制了工具變數後，仍然得到和未控制前一樣的顯著結果。在年齡的部分結果和表 6-2 中相似，並未對健康狀況有顯著的影響，但是相較於年齡較高的受訪者，這部分可看出年齡層較低的受訪者有較爲不健康的趨勢，我們推測年齡較高的族群，可能已經退休或者工作穩定且相較於過往不再具有競爭及升遷的壓力，悠閒的生活、開朗的心情都可能會使自己覺得身體狀況較好。而在第 5 及 6 欄中，控制了婚姻狀況後，教育對健康的影響力依然爲顯著的正向影響；年齡部分，此時在 30 歲以下的族群，呈現對健康有顯著且負向的影響，可能因爲相較於年齡層較高的族群，30 歲以下的受訪者可能還處於找工作階段、經濟狀況較不穩定，或是有升遷及生活的壓力，導致身心較爲疲憊，進而不看好自己健康狀況良好。在迴歸結果中可以發現，無論控制何種條件之下、無論考慮工具變數的前後，自身的教育水準對於健康狀況都爲顯著且正向的影響，因此我們可以說教育對健康的影響具有頑強性。

爲了驗證考慮工具變數後的迴歸係數，是否爲不偏誤的一致性估計量，我們對考慮工具變數前後的迴歸結果進行 Hausman 檢定，檢定結果皆可得到卡方 (chi-square) 值顯著異於零的結果，此時必須拒絕虛無假設，亦即可知未考慮工具變數的迴歸係數雖然顯著但卻爲偏誤估計量。因此，考慮工具變數後的迴歸分析，才可得到不偏誤的一致性估計量。

四、邊際效果 (marginal effect) 比較

本例 Stata 分析重點如下：

1. 選擇表：Statistics > Postestimation > Marginal effects
2. 事後指令 margins 之語法爲：

```
. margins [marginlist] [if] [in] [weight] [,response_options options]
```

3. 本例，事後指令 margins 之語法爲：

```
. margins SCH living male age marry
```

至此，我們只看出了在線性機率模型迴歸結果中，控制各種條件之下，教育水準及其他變數對於健康狀況的影響力大小，普羅比模型中解釋變數對健康的邊際效果呈現於表 6-3 中。由表 6-3 發現，在控制工具變數之前，線性機率模型迴歸的邊際效果和普羅比模型的邊際效果差距並不大；然而在控制工具變數之後，兩模型各變數的邊際效果出現了差距，和未控制工具變數前相比，增加的幅度更大。在此我們可以知道，未考慮工具變數之前，有部分影響效果存在於隨機誤差項中，教育水準對於健康良好的機率影響僅爲 2%；而使用工具變數後，因爲整體教育水準提升對於個人教育程度之外溢效果的關係，當自身教育

程度提升一年，在線性機率模型迴歸中即可以增加 7.6% 健康狀況良好的機率，而在普羅比迴歸中則增加 7.1% 健康的可能性。在控制了工具變數後，住在高度都市化市鎮的居民，相較於住在一般市鎮的居民，身體健康較差的機率，在普羅比迴歸中，從原先較一般市鎮居民不健康的機率 4.3% 提高至 14.8%。但是，是否爲男性以及婚姻狀況對個人健康的影響力，都相較於控制工具變數前爲小，因此可以推測其部分影響效果是因爲義務教育的普及所致，導致其在未考慮工具變數前對自評健康狀況影響力的高估。

表 6-3 邊際效果比較表

解釋變數	線性機率模型	普羅比模型	線性機率模型 考慮工具變數	普羅比模型 考慮工具變數
教育水準 (年)	0.020	0.020	0.076	0.071
16 歲前居住地 (基準組：一般市鎮)				
高度都市化市鎮	−0.041	−0.043	−0.157	−0.148
中度都市化市鎮	−0.035	−0.037	−0.150	−0.141
新興市鎮	0.044	0.045	−0.038	−0.035
男性	0.060	0.060	0.051	0.048
年齡 (基準組：40 歲以上)				
30 歲以下	−0.020	−0.021	−0.130	−0.122
30-40 歲	0.013	0.014	−0.068	−0.063
婚姻狀況 (基準組：已婚)				
未婚	0.092	0.093	0.035	0.033
其他	−0.082	−0.084	−0.067	−0.064

五、Hausman 檢定

爲了驗證考慮工具變數後的迴歸係數，是否爲不偏誤的一致性估計量，我們對納入工具變數前後的迴歸結果進行 Hausman 檢定，檢定結果可得到卡方 (chi-square) 值，若它顯著異於零的結果，則拒絕虛無假設 H_0，亦即可知未納入工具變數的迴歸係數雖然顯著但卻爲偏誤估計量。因此，納入工具變數後的迴歸分析，才可得到不偏誤的一致性估計量。

Stata 提供 Hausman 檢定有：hausman 指令、xthtaylor 指令。請見下一節的實作。

小結

以上宋有容 (2010) 論文架構，其實作者需將它修正為圖 6-31，才更符合臺灣民情。

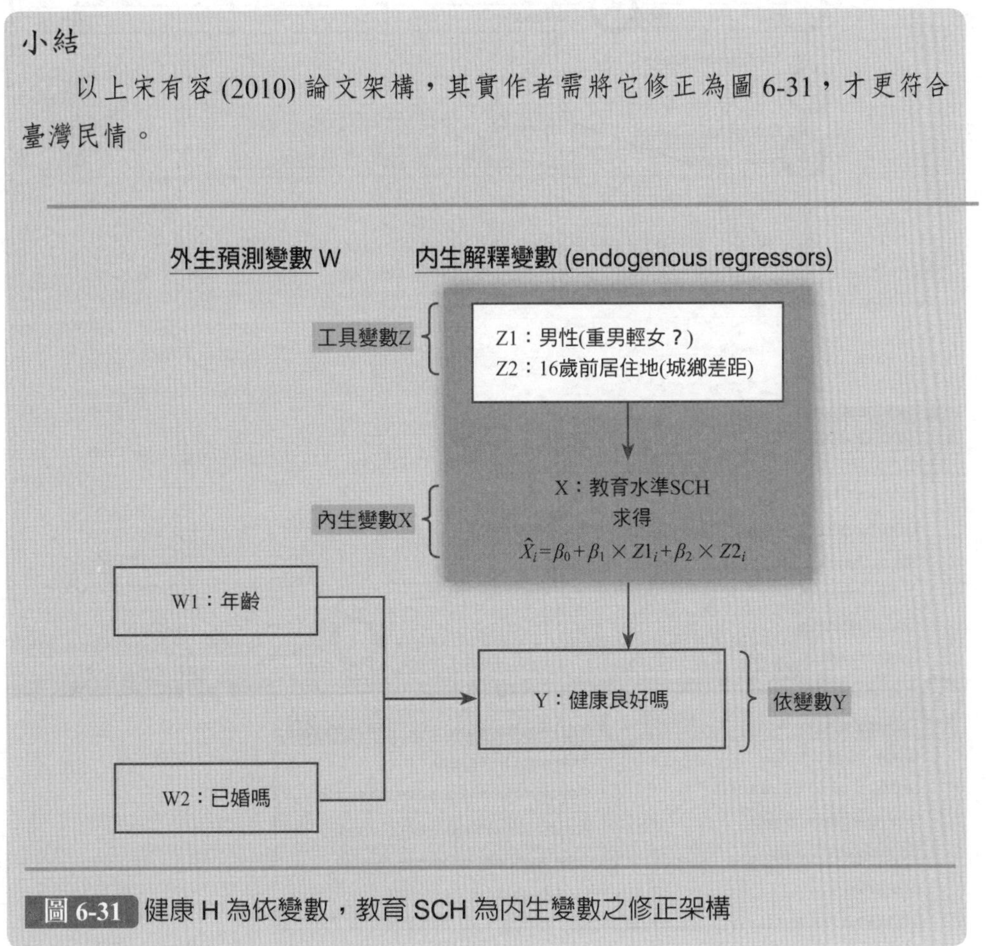

圖 6-31 健康 H 為依變數，教育 SCH 為內生變數之修正架構

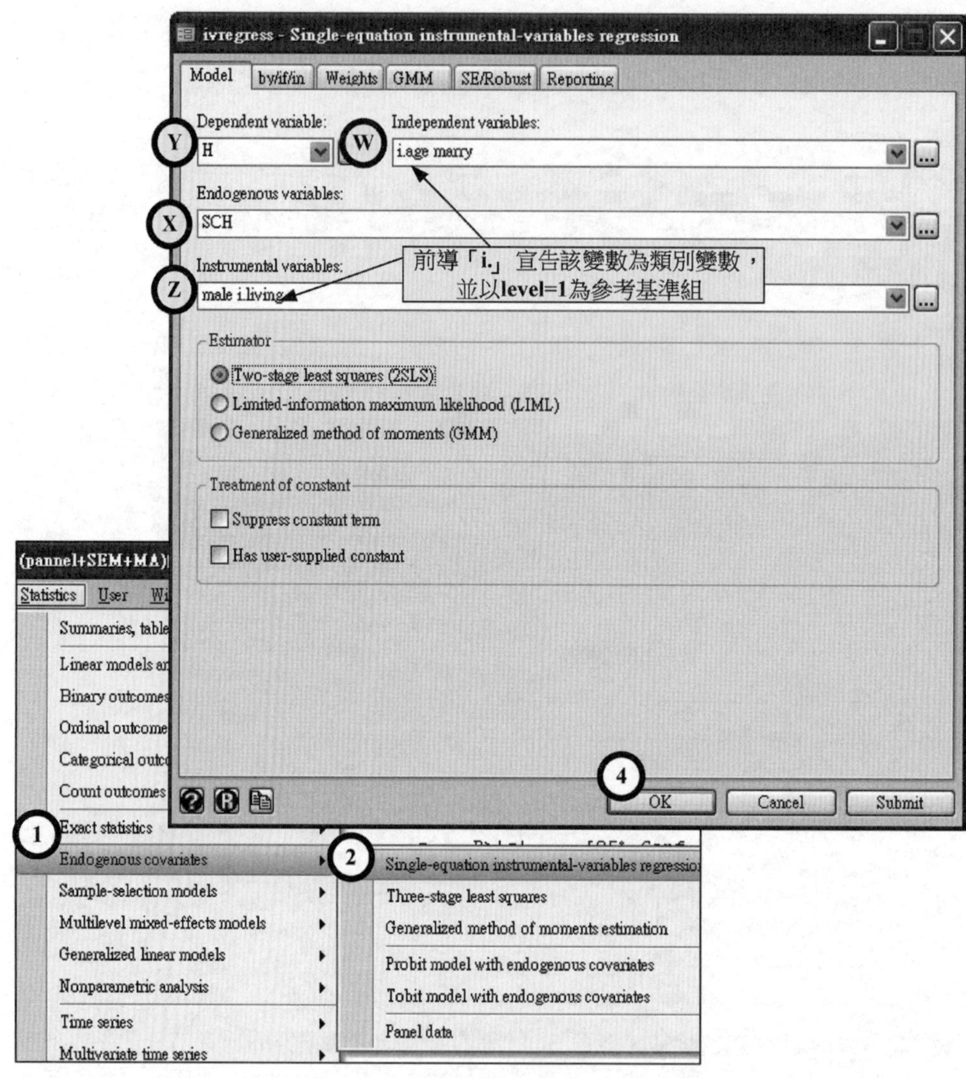

圖 6-32 健康 H 為依變數，教育 SCH 為內生變數之更正畫面一

```
. ivregress 2sls H i.age marry (SCH = male i.living), small
```

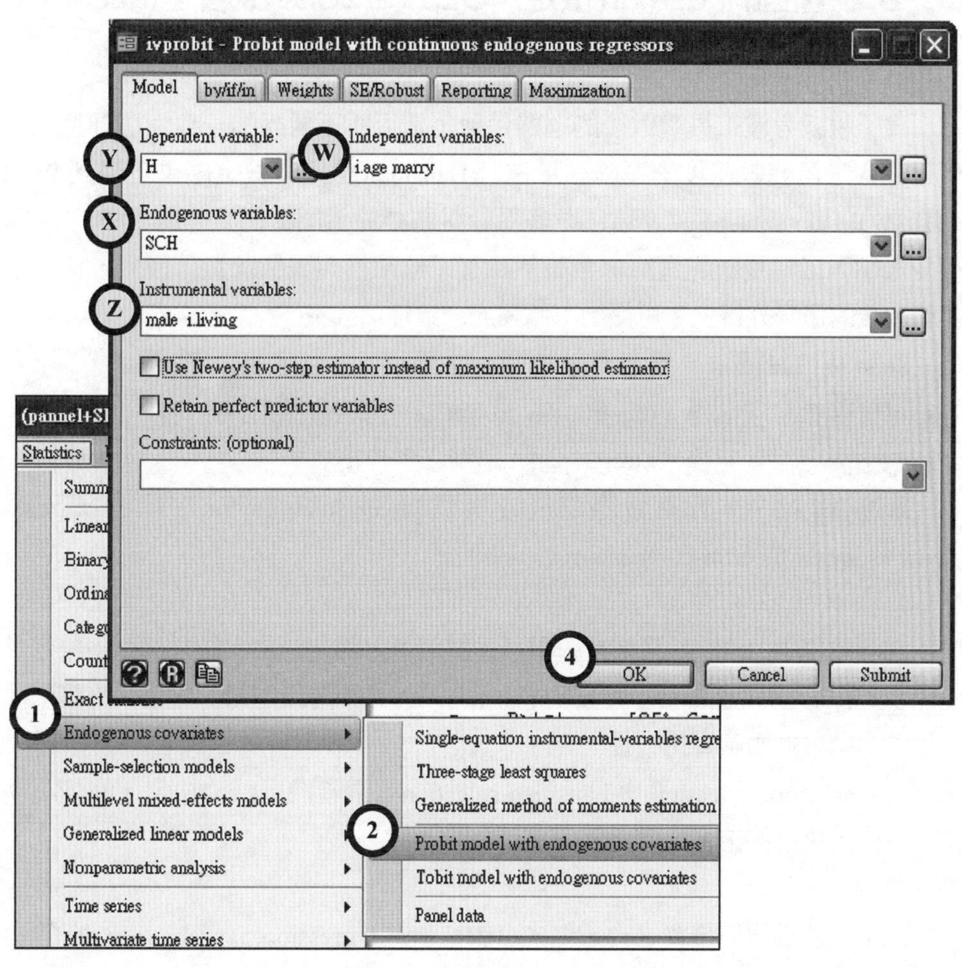

圖 6-33 健康 H 為依變數，教育 SCH 為內生變數之更正畫面二

```
. ivprobit H i.age marry (SCH = male  i.living)
```

6-2-2 橫斷面Hausman檢定：OLS vs. 2SLS誰優？(hausman 指令)

爲了驗證考慮工具變數後的迴歸係數，是否爲不偏誤的一致性估計量，我們對納入工具變數前後的迴歸結果進行 Hausman 檢定，檢定結果可得到 Wald 卡方 (Wald chi-square) 值，若它顯著異於零的結果，則拒絕虛無假設 H_0，亦即可知未納入工具變數的迴歸係數雖然顯著，但卻爲偏誤估計量。因此，納入工具變數後的迴歸分析，才可得到不偏誤的一致性估計量。

Stata 提供 Hausman 檢定，有二個指令：

1. **hausman** 指令：它係「reg, mlogit, probit…」等迴歸之事後指令。
2. **xthtaylor** 指令：它係「xtreg」panel 迴歸之事後指令。

xthtaylor 指令，旨在做誤差成分模型的 Hausman-Taylor 估計「Hausman-Taylor estimator for error-components models」。

你若要證明，兩階段迴歸比一階段迴歸誰優，則要分二次做Hausman檢定：

第 1 步：regression equation 與 hausman selection「兩階段迴歸」檢定，來證明兩階段迴歸確實比較優。

第 2 步：selection equation 與 hausman selection「兩階段迴歸」檢定，亦證明兩階段迴歸確實比較優。

以上二者都獲得證實之後，你才可放心執行 ivgression, ivprobit, xtivreg 等指令之兩階段迴歸。

Step 1. regression equation vs. 兩階段迴歸誰優呢:Hausman 檢定

(一) Hausman 檢定之範例(「hausman 某迴歸名稱」指令)

範例:先 OLS 迴歸再「heckman ..., select」,最後再 Hausman 檢定

觀察變數的特徵

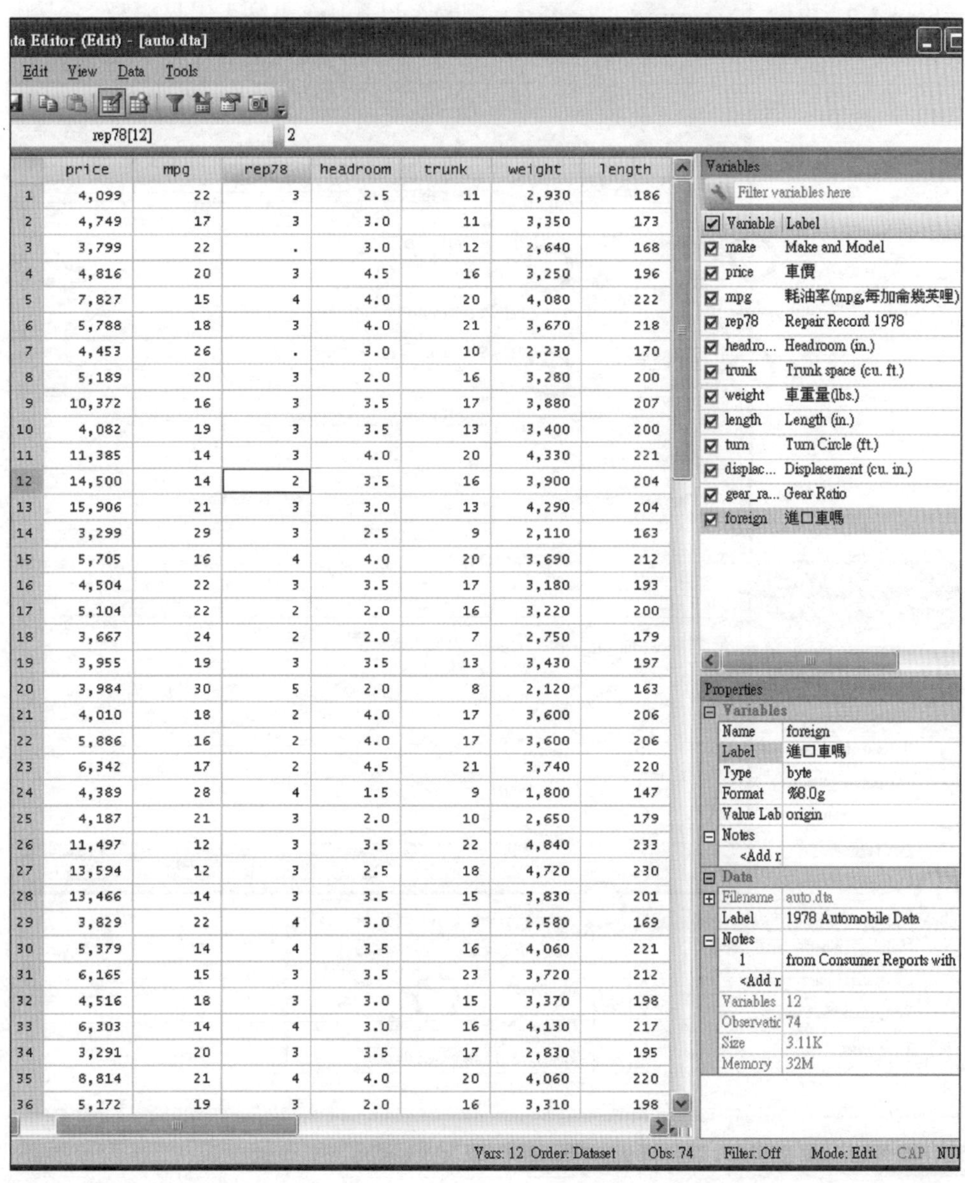

	price	mpg	rep78	headroom	trunk	weight	length
1	4,099	22	3	2.5	11	2,930	186
2	4,749	17	3	3.0	11	3,350	173
3	3,799	22	.	3.0	12	2,640	168
4	4,816	20	3	4.5	16	3,250	196
5	7,827	15	4	4.0	20	4,080	222
6	5,788	18	3	4.0	21	3,670	218
7	4,453	26	.	3.0	10	2,230	170
8	5,189	20	3	2.0	16	3,280	200
9	10,372	16	3	3.5	17	3,880	207
10	4,082	19	3	3.5	13	3,400	200
11	11,385	14	3	4.0	20	4,330	221
12	14,500	14	2	3.5	16	3,900	204
13	15,906	21	3	3.0	13	4,290	204
14	3,299	29	3	2.5	9	2,110	163
15	5,705	16	4	4.0	20	3,690	212
16	4,504	22	3	3.5	17	3,180	193
17	5,104	22	2	2.0	16	3,220	200
18	3,667	24	2	2.0	7	2,750	179
19	3,955	19	3	3.5	13	3,430	197
20	3,984	30	5	2.0	8	2,120	163
21	4,010	18	2	4.0	17	3,600	206
22	5,886	16	2	4.0	17	3,600	206
23	6,342	17	2	4.5	21	3,740	220
24	4,389	28	4	1.5	9	1,800	147
25	4,187	21	3	2.0	10	2,650	179
26	11,497	12	3	3.5	22	4,840	233
27	13,594	12	3	2.5	18	4,720	230
28	13,466	14	3	3.5	15	3,830	201
29	3,829	22	4	3.0	9	2,580	169
30	5,379	14	4	3.5	16	4,060	221
31	6,165	15	3	3.5	23	3,720	212
32	4,516	18	3	3.0	15	3,370	198
33	6,303	14	4	3.0	16	4,130	217
34	3,291	20	3	3.5	17	2,830	195
35	8,814	21	4	4.0	20	4,060	220
36	5,172	19	3	2.0	16	3,310	198

圖 6-34 「auto.dta」資料檔

本例係以車價 (price) 來預測該車的耗油率 (mpg)，試問此模型需要工具變數嗎？

Step 1-1. 先做 **OLS** 迴歸當作對照組

指令為：**regress** mpg price

Step 1-2. 再做「**heckman ... , select**」迴歸，以 **select** 來納入工具變數

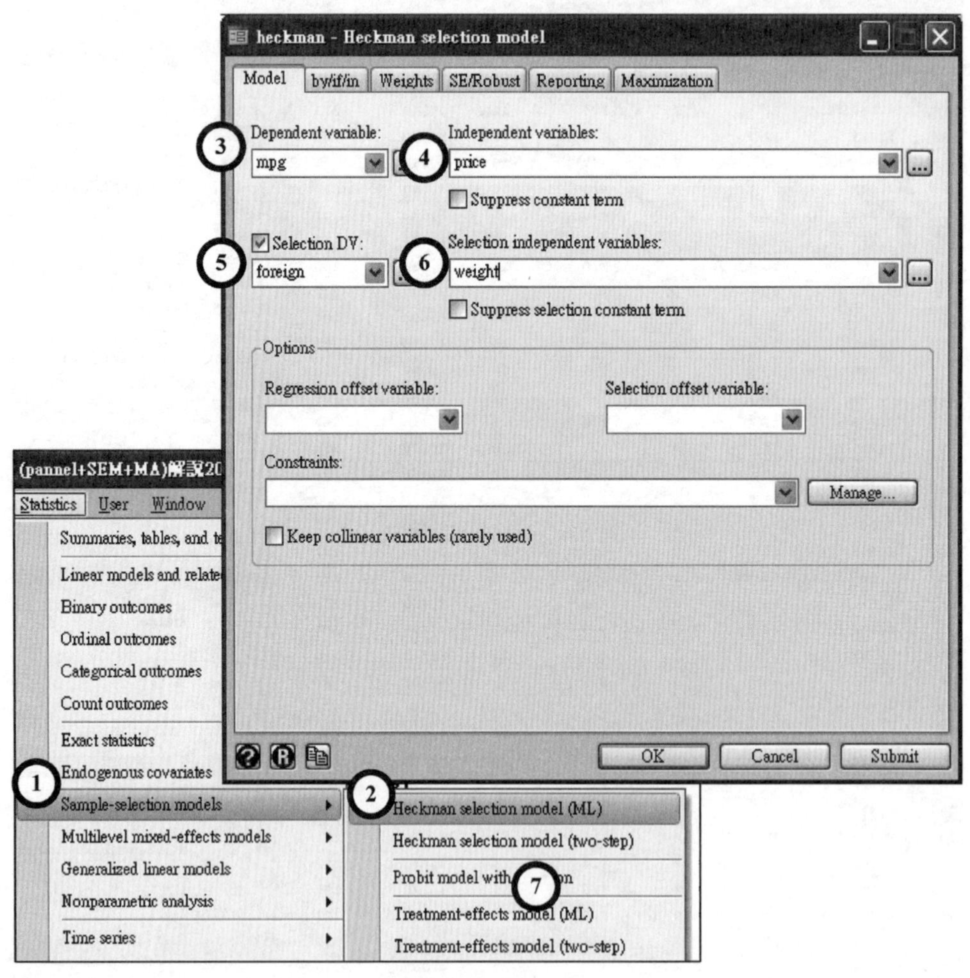

圖 6-35「heckman mpg price, select(foreign=weight)」之畫面

```
範例一：OLS 迴歸之後的 hausman 檢定
*開啟 stata 系統之 auto.dta 資料檔
. sysuse auto

*先「未納入工具變數」OLS 迴歸。依變數為耗油率 (mpg)；解釋變數為車價 (price)。
. regress mpg price
*估計的係數存至資料檔中 reg 變數
. estimates store reg

*再「heckman…, select」迴歸。依變數為耗油率 (mpg)；解釋變數為車價 (price)。
. heckman mpg price, select(foreign=weight)

Heckman selection model                         Number of obs      =        74
(regression model with sample selection)        Censored obs       =        52
                                                Uncensored obs     =        22

                                                Wald chi2(1)       =      3.33
Log likelihood = -94.94709                      Prob > chi2        =    0.0679

------------------------------------------------------------------------------
             |      Coef.   Std. Err.      z    P>|z|     [95% Conf. Interval]
-------------+----------------------------------------------------------------
mpg          |
       price |   -.001053   .0005769    -1.83   0.068    -.0021837    .0000776
       _cons |   34.05654   3.015942    11.29   0.000      28.1454    39.96768
-------------+----------------------------------------------------------------
foreign      |
      weight |   -.001544   .0003295    -4.69   0.000    -.0021898   -.0008983
       _cons |   3.747496   .8814804     4.25   0.000     2.019826    5.475166
-------------+----------------------------------------------------------------
     /athrho |  -.7340315   .5612249    -1.31   0.191    -1.834012    .3659491
    /lnsigma |   1.733092   .2358148     7.35   0.000     1.270904    2.195281
-------------+----------------------------------------------------------------
         rho |  -.6255256   .3416276                     -.9502171    .3504433
       sigma |   5.658124   1.334269                      3.564072    8.982524
      lambda |  -3.539301   2.633223                     -8.700324    1.621722
------------------------------------------------------------------------------
LR test of indep. eqns. (rho = 0):   chi2(1) =     1.25   Prob > chi2 = 0.2629
```

1. 本例，先「未納入工具變數」OLS 迴歸當對照組。
2. 再執行「heckman…, select」迴歸，分析結果為：
   (1) Step 1 做 regression equation 之結果：$mpg_i = 34.06 - 0.001price_i + u_1$。
   車價 (price) 對耗油率 (mpg) 的 marginal effect 為係數 −0.0015，即車價 (price) 每增加一單位，耗油率就下降 0.0015 單位。
   (2) Step 2 做 selection equation 之結果：$foreign_i = 3.74 - 0.0015weight_i + u_2$。
   (3) 二個迴歸式殘差「u_1 與 u_2」的相關 $\rho = -0.625$。
   (4) athrho 為 $\tan^{-1}(\rho) = \frac{1}{2}\ln(\frac{1+\rho}{1-\rho}) = -0.734$。
   (5) 依變數 mpg 此迴歸殘差的標準誤 $\sigma = 5.65$。
   (6) 經濟學家，常以 lambda 值來判定「selectivity effect」，本例選擇效果 $\lambda = \rho\sigma = -3.539$。
   (7)「LR test of indep. eqns.」概似比，得到卡方 = 1.25(p > 0.05)，故接受「$Cov(u_1, u_2) = 0$」二個殘差係獨立的假定，表示 regression equation 殘差 u_1 及 selection equation 殘差 u_2 無相關。故 selection equation「$foreign_i = 3.74 - 0.0015weight_i + u_2$」，其中 $weight_i$ 適合當 regression equation「$mpg_i = 34.06 - 0.001price_i + u_1$」的工具變數。

Step 1-3. Hausman 檢定，比較 regression equation 迴歸 vs. 工具變數 heckman 迴歸，來看哪一個迴歸較優？

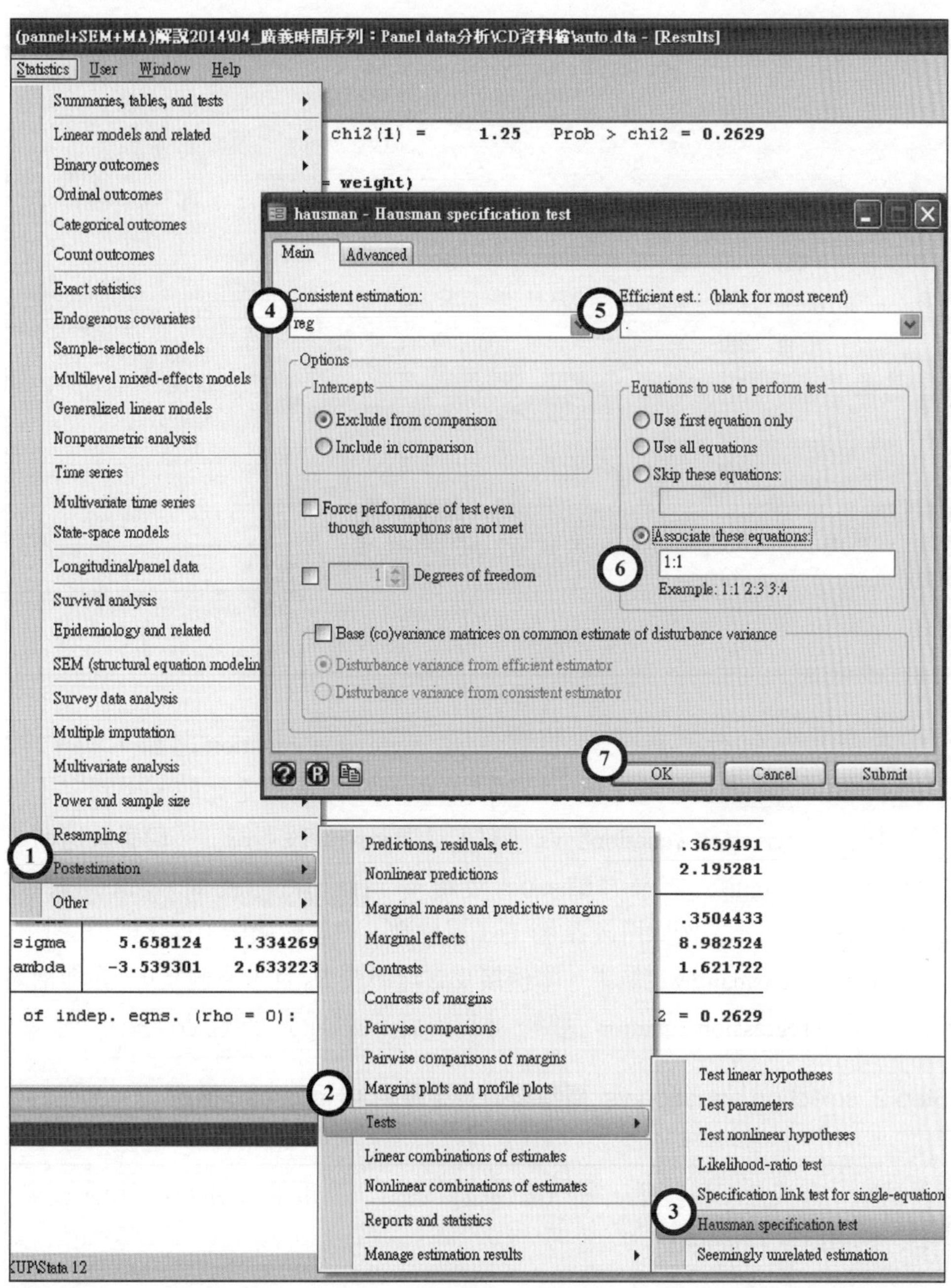

圖 6-36 「hausman reg., equation(1：1)」之畫面

```
* 設定「equations( )」選項：to force comparison when one estimator uses equa-
  tion names and the other does not
. hausman reg ., equation(1:1)


                 ---- Coefficients ----
             |      (b)          (B)            (b-B)     sqrt(diag(V_b-V_B))
             |      reg           .           Difference          S.E.
-------------+----------------------------------------------------------------
       price |   -.0009192     -.001053        .0001339             .
------------------------------------------------------------------------------
                          b = consistent under H0 and Ha; obtained from regress
           B = inconsistent under Ha, efficient under H0; obtained from heckman

    Test:  H0:  difference in coefficients not systematic

                  chi2(1) = (b-B)'[(V_b-V_B)^(-1)](b-B)
                          =     -0.06    chi2<0 ==> model fitted on these
                                         data fails to meet the asymptotic
                                         assumptions of the Hausman test;
                                         see suest for a generalized test
```

本例，先執行「無工具變數」之 regression equation 迴歸，再執行「heckman…, select」迴歸之後，接著二者做 Hausman 檢定比較，來判定「無工具變數之 regression equation」vs.「有工具變數兩階段迴歸」，何者較適切？結果得 $\chi^2_{(1)} = -0.06$，若卡方值 < 0，故接受「H_0: difference in coefficients not systematic」，表示本例採用後者：「有工具變數」模型較適切；反之則相反。

由上述 Hausman 檢定結果，本例接受虛無假設 H_0 且卡方值 < 0，亦即納入工具變數的 regression equation 迴歸，才可得到不偏誤的一致性估計量。

Step 2. selection equation vs. 兩階段迴歸誰優呢：Hausman 檢定

再試問，有或無工具變數，哪一種模型較適合「車重量 (weight) 來預測該車是否爲進口車 (foreign)」？

承前例，之前 Hausman 檢定證實，regression equation 與 selection equation 二者係獨立的。接著，我們還再單獨偵測 selection equation 之適配性。由於本例 selection equation 的依變數 foreign 是 binary 變數，故先執行 Probit 迴歸，來當作 Hausman 檢定的對照組。

Step 2-1. 先做 probit 迴歸當作 Hausman 檢定之對照組

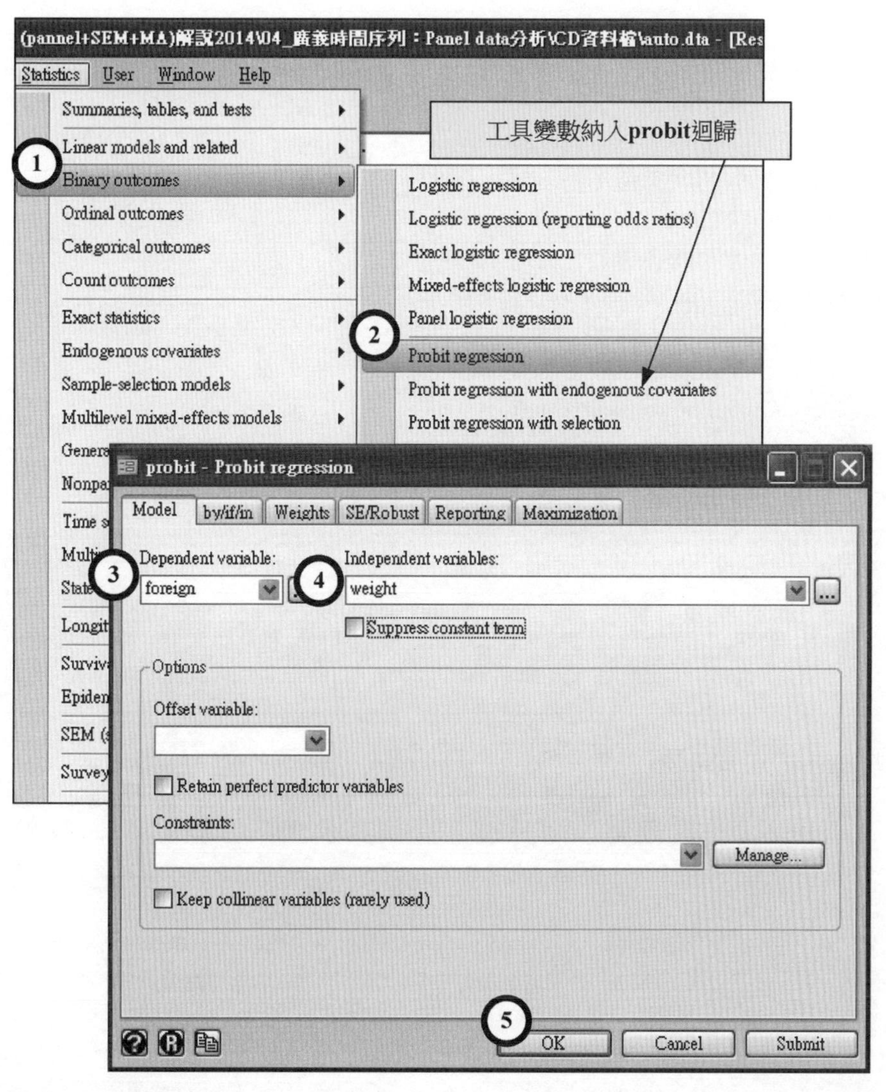

圖 6-37「probit foreign weight」之畫面

Step 2-2. 再做「**heckman** …, **select**」迴歸，以 **select** 來納入工具變數

Step 2-3. **Hausman** 檢定，比較 **selection equation** 之 **probit** 迴歸 **vs.** 工具變數 **heckman** 兩階段迴歸，來看哪一個迴歸較優？

試問以車重量 (weight) 當進口車嗎 (foreign) 之工具變數，此模型會比傳統 Probit 模型優嗎？

範例二：Probit 迴歸之後的 hausman 檢定

```
*開啟auto.dta資料檔之前，先設定你的工作目錄「File > Change Working Dictionary」
. use auto
*做 probit 迴歸。依變數為「進口車嗎 (foreign)」；解釋變數為車重量 (weight)。
. probit foreign weight
. estimates store probit_y
. heckman mpg price, select(foreign=weight)

Heckman selection model                         Number of obs      =        74
(regression model with sample selection)        Censored obs       =        52
                                                Uncensored obs     =        22

                                                Wald chi2(1)       =      3.33
Log likelihood = -94.94709                      Prob > chi2        =    0.0679

------------------------------------------------------------------------------
             |      Coef.   Std. Err.      z    P>|z|     [95% Conf. Interval]
-------------+----------------------------------------------------------------
mpg          |
       price |  -.001053    .0005769    -1.83   0.068    -.0021837    .0000776
       _cons |  34.05654    3.015942    11.29   0.000     28.1454     39.96768
-------------+----------------------------------------------------------------
foreign      |
      weight |  -.001544    .0003295    -4.69   0.000    -.0021898   -.0008983
       _cons |  3.747496    .8814804     4.25   0.000     2.019826    5.475166
-------------+----------------------------------------------------------------
     /athrho |  -.7340315   .5612249    -1.31   0.191    -1.834012    .3659491
    /lnsigma |   1.733092   .2358148     7.35   0.000     1.270904    2.195281
-------------+----------------------------------------------------------------
         rho |  -.6255256   .3416276                     -.9502171    .3504433
```

```
      sigma |   5.658124   1.334269                          3.564072    8.982524
     lambda |  -3.539301   2.633223                         -8.700324    1.621722
------------------------------------------------------------------------------------
LR test of indep. eqns. (rho = 0):   chi2(1) =     1.25   Prob > chi2 = 0.2629
```

1. 本例，先「無工具變數」selection equation 之 Probit 迴歸當對照組。
2. 再執行「heckman…, select」兩階段迴歸，分析結果為：
   (1) Step 1 做 regression equation 之 Logit 迴歸模型為：
   $\Pr(\text{mpg}) = F(34.06 - 0.001 \times \text{price} + u_1)$
   其中，F(.) 為標準常態分配的累積分析函數。
   在 Type I 誤差 $\alpha = 5\%$ 水準下，車輛價格 (price) 與耗油率 (lfp) 之機率呈顯著負相關，即車子愈貴、耗油率愈低，車子價格每貴一個單位，耗油率就降 0.001 單位。
   (2) Step 2 做 selection equation 之結果：$\Pr(\text{foreign}) = F(3.75 - 0.0015 \times \text{weight} + u_2)$
   (3) 二個迴歸式殘差「u_1 與 u_2」的相關 $\rho = -0.625$。
   (4) athrho 為$\tan^{-1}(\rho) = \frac{1}{2}\ln(\frac{1+\rho}{1-\rho}) = -0.734$。
   (5) 依變數 mpg 此迴歸殘差的標準誤 $\sigma = 5.65$。
   (6) 經濟學家，常以 lambda 值來判定「selectivity effect」，本例選擇效果 $\lambda = \rho\sigma = -3.539$。
   (7)「LR test of indep. eqns.」概似比，得到卡方 = 1.25($p > 0.05$)，故接受「$\text{Cov}(u_1, u_2) = 0$」二個殘差係獨立的假定。

由上述 Hausman 檢定結果，本例接受虛無假設 H_0 且卡方值 < 0，亦即納入工具變數的 selection equation 之迴歸，才可得到不偏誤的一致性估計量。

```
*比較:probit model and selection equation of heckman model
. hausman probit_y ., equation(1:2)

                 ---- Coefficients ----
             |      (b)          (B)            (b-B)     sqrt(diag(V_b-V_B))
             |    probit_y        .           Difference          S.E.
-------------+----------------------------------------------------------------
      weight |   -.0015049     -.001544        .0000391               .
------------------------------------------------------------------------------
                          b = consistent under H0 and Ha; obtained from probit
           B = inconsistent under Ha, efficient under H0; obtained from heckman

    Test:  H0:  difference in coefficients not systematic

                  chi2(1) = (b-B)'[(V_b-V_B)^(-1)](b-B)
                          =    -0.78    chi2<0 ==> model fitted on these
                                        data fails to meet the asymptotic
                                        assumptions of the Hausman test;
                                        see suest for a generalized test
```

Step 3. 正式進入：工具變數之兩階段迴歸 (ivregress 2sls 指令)

等到 Hausman 檢定確定了兩階段迴歸比一階段迴歸優之後，再正式進行如下之 ivregress 指令。此 2SLS 模型認定爲：

1. 依變數：汽車之耗油率 (mpg)。
2. 外生解釋變數 (exogenous regressors)：車價 (price)。
3. 工具變數：車重量 (weight)。
4. 內生解釋變數 (endogenous regressors)：進口車嗎 (foreign)。

兩階段迴歸分析指令，如圖 6-38。

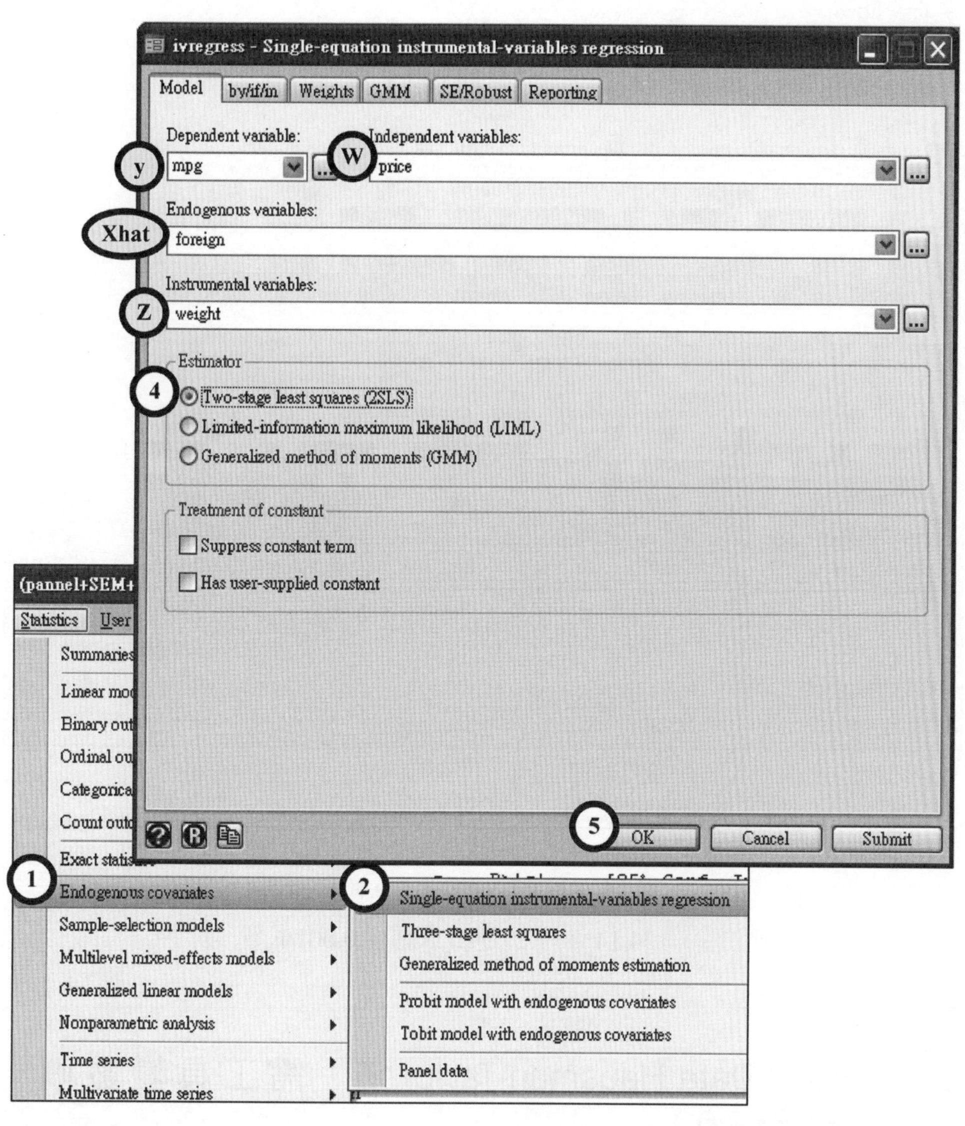

圖 6-38 「ivregress 2sls mpg price (foreign = weight)」畫面

```
. use auto, clear

. ivregress 2sls mpg price (foreign = weight)

Instrumental variables (2SLS) regression          Number of obs =      74
                                                  Wald chi2(2)  =   57.84
                                                  Prob > chi2   = 0.0000
                                                  R-squared     = 0.1644
                                                  Root MSE      = 5.2527

------------------------------------------------------------------------------
         mpg |      Coef.   Std. Err.      z    P>|z|     [95% Conf. Interval]
-------------+----------------------------------------------------------------
     foreign |   11.26649   1.818216     6.20   0.000     7.702849    14.83012
       price |  -.0010048   .0002089    -4.81   0.000    -.0014142   -.0005954
       _cons |   24.14267   1.493853    16.16   0.000     21.21478    27.07057
------------------------------------------------------------------------------
Instrumented:  foreign
Instruments:   price weight
```

含 IV 之 2SLS 分析結果：

$$mpg_i = 24.14_i + 11.27\,foreign_i - 0.001\,price_i + \varepsilon_i$$

$$\text{耗油率}_i = 24.14_i + 11.27\text{進口車嗎}_i - 0.001\text{車價}_i + \varepsilon_i$$

6-2-3 Panel-Data Hausman-Taylor 法：需工具變數嗎？(xthtaylor)

本例 panel-data 係以美國工人薪資 (取自然對數之 lwage) 爲依變數，試問除了性別 (fem) 及種族 (blk) 二個非時變外生變數當作學歷 (ed) 之工具變數外，外加圖 6-39 九個時變外生變數 (wks, south, smsa, ms, exp, exp2, occ, ind, union)，共十個解釋變數，它們能有效預測工人薪資 (lwage) 嗎？

雖然 xthtaylor 及 xtivreg 都是使用工具變數來做估計，但二者的事前假定 (assumption) 是不同的：

1. xtivreg 假定：模型中，解釋變數的某部分變數 (a subset of the explanatory variables) 與特質誤差 (idiosyncratic error) e_{it} 是有相關的。
2. 但 xthtaylor 指令之 Hausman-Taylor 及 Amemiya-MaCurdy 估計法係假定：某些解釋變數與個體層次 (individual-level) 隨機效果 u_i 是有相關的，但這些某些解釋變數卻與特質誤差 (idiosyncratic error) e_{it} 是無相關的。

在處理 panel-data 內生共變性之問題，Stata 提供 xthtaylor 指令，旨在執行「Hausman-Taylor estimator for error-components models」。xthtaylor 指令會產生 Wald 卡方檢定，若 $p < 0.05$，表示本「***模型設定***」是 ok 的，你應該納入工具變數至迴歸式，所得係數才是不偏估計值。反之，若 Wald 卡方檢定 $p > 0.05$，則表示「***模型設定***」是不適當的，不該納入工具變數至迴歸式。

範例：Panel-data Hausman-Taylor 估計法 (xthtaylor 指令)

固定效果模型裡，當某一「內生解釋變數 (endogenous regressor)」係非時變 (time-invariant)，則 FE 就無法認定 (identify) β 係數。此時解決方法有二：

1. 假定內生解釋變數只與個體效果 α_i 有相關 (但與誤差項 ε_{it} 無關)。
2. 將「內生時變之解釋變數」的其他期間 t，視爲「工具 (instruments)」。

xthtaylor 係內生共變之 Hausman-Taylor 模型，此指令旨在執行「Hausman-Taylor estimator for error-components models」，它可將「內生時變之解釋變數」的其他期間 (非同時期)，視爲「constant with panel」且爲內生「工具 (instruments)」變數，來進行非時變之解釋變數的係數估計。

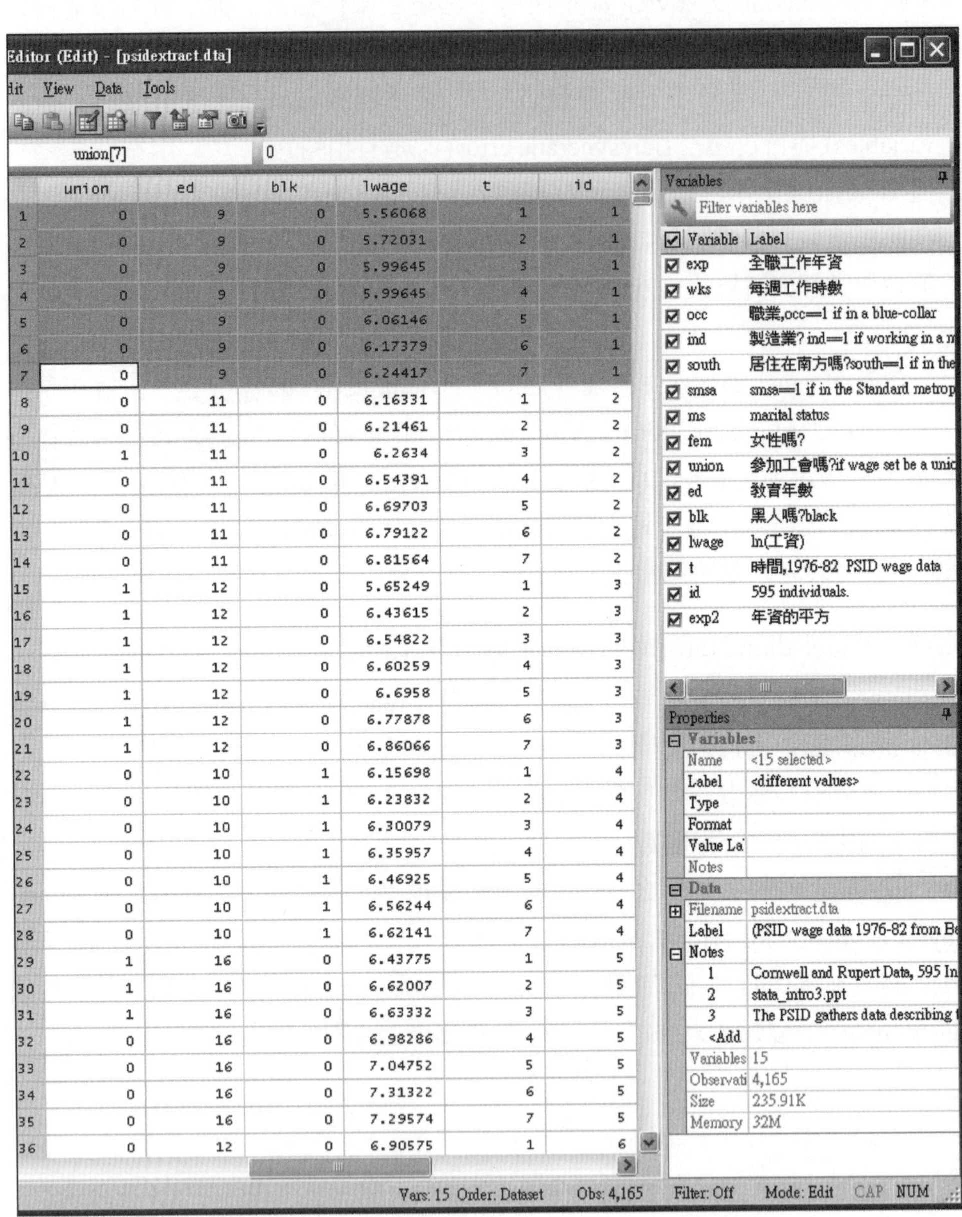

	union	ed	blk	lwage	t	id
1	0	9	0	5.56068	1	1
2	0	9	0	5.72031	2	1
3	0	9	0	5.99645	3	1
4	0	9	0	5.99645	4	1
5	0	9	0	6.06146	5	1
6	0	9	0	6.17379	6	1
7	0	9	0	6.24417	7	1
8	0	11	0	6.16331	1	2
9	0	11	0	6.21461	2	2
10	1	11	0	6.2634	3	2
11	0	11	0	6.54391	4	2
12	0	11	0	6.69703	5	2
13	0	11	0	6.79122	6	2
14	0	11	0	6.81564	7	2
15	1	12	0	5.65249	1	3
16	1	12	0	6.43615	2	3
17	1	12	0	6.54822	3	3
18	1	12	0	6.60259	4	3
19	1	12	0	6.6958	5	3
20	1	12	0	6.77878	6	3
21	1	12	0	6.86066	7	3
22	0	10	1	6.15698	1	4
23	0	10	1	6.23832	2	4
24	0	10	1	6.30079	3	4
25	0	10	1	6.35957	4	4
26	0	10	1	6.46925	5	4
27	0	10	1	6.56244	6	4
28	0	10	1	6.62141	7	4
29	1	16	0	6.43775	1	5
30	1	16	0	6.62007	2	5
31	1	16	0	6.63332	3	5
32	0	16	0	6.98286	4	5
33	0	16	0	7.04752	5	5
34	0	16	0	7.31322	6	5
35	0	16	0	7.29574	7	5
36	0	12	0	6.90575	1	6

圖 6-39 「psidextract.dta」資料檔內容

```
*開啟 psidextract.dta 資料檔
. use psidextract

. describe

Contains data from D:\psidextract.dta
  obs:         4,165
(PSID    wage    data    1976-82    from    Baltagi    and
Khanti-Akom(1990))
 vars:            15                  5 Jul 2014 21:51
 size:       241,570                  (_dta has notes)
-------------------------------------------------------------------------------

              storage  display   value
variable name   type   format    label      variable label
-------------------------------------------------------------------------------
exp             float  %9.0g                全職工作年資
wks             float  %9.0g                每週工作時數
occ             float  %9.0g                職業,occ==1 if in a blue-collar
ind             float  %9.0g                製造業? ind==1 if working in a manuf
south           float  %9.0g                居住在南方嗎?south==1 if in the South area
smsa            float  %9.0g                smsa==1 if in the Standard metropolita
ms              float  %9.0g                marital status
fem             float  %9.0g                女性嗎?
union           float  %9.0g                參加工會嗎?if wage set be a union contract
ed              float  %9.0g                教育年數
blk             float  %9.0g                黑人嗎?black
lwage           float  %9.0g                ln(工資)
t               float  %9.0g                時間,1976-82 PSID wage data
id              int    %8.0g                595 individuals
exp2            float  %9.0g                年資的平方
-------------------------------------------------------------------------------
Sorted by: id  t

. note

_dta:
  1.  Cornwell and Rupert Data, 595 Individuals, 7 Years
  2.  stata_intro3.ppt
```

> 3. The PSID gathers data describing the circumstances of the family as a whole as well as data about particular individuals in the family. While some information is collected about all individuals in the family, the greatest level of detail is ascertained for the primary adult(s) heading the family (called the head and wife). The PSID has consistently achieved unprecedented response rates, and as a consequence of low attrition and the success in following young adults as they form their own families, the sample size has grown from 4,800 families in 1968, to 7000 families in 2001, to 7400 by 2005, and to more than 9,000 as of 2009. By 2003, the PSID had collected information on more than 65,000 individuals. As of 2009, the PSID had information on over 70,000 individuals, spanning as many as 4 decades of their lives.

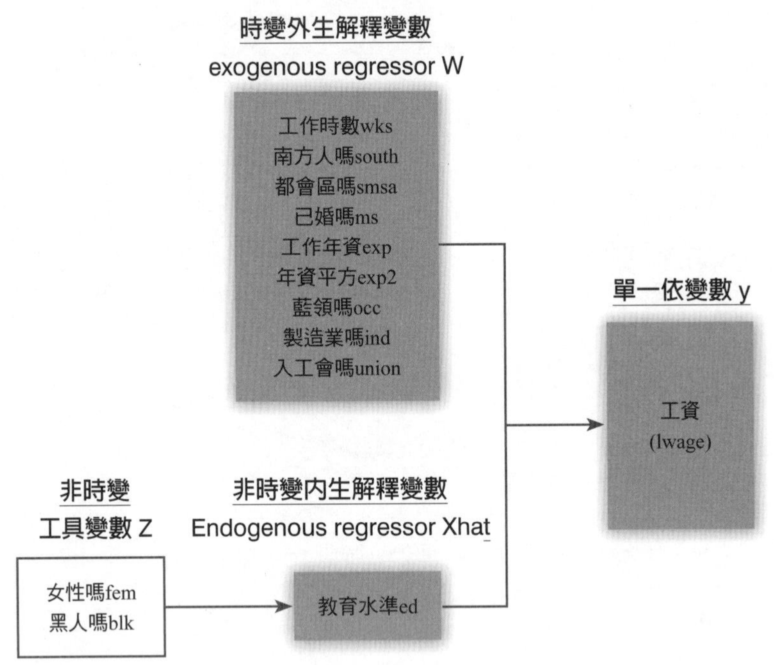

圖 6-40 panel-data Hausman-Taylor 計估式之示意圖

註：女性嗎 (fem) 及黑人嗎 (blk) 二個屬性變數，都為教育水準 (ed) 的工具變數。

Step 1. Hausman-Taylor 估計法

判斷「fem, blk」可當教育水準 (ed) 的工具變數嗎？

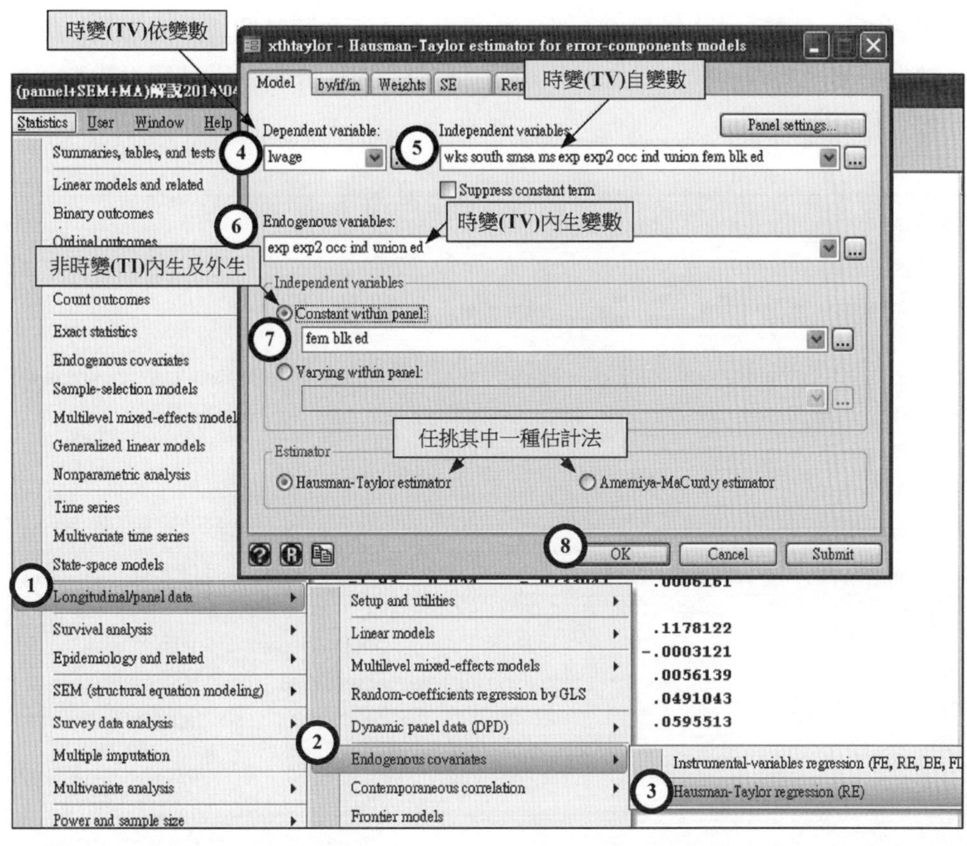

圖 6-41 「xthtaylor lwage wks south smsa ms exp exp2 occ ind union fem blk ed, endog(exp exp2 occ ind union ed) constant(fem blk ed)」畫面

1. 依變數：員工工資 lwage。它經 Jarque-Bera 常態性檢定，發現它不是常態，故取自然對數 LN(x)，使它符合線性迴歸「常態性」的假定。
2. 外生解釋變數 (exogenous regressors)：包括 wks, south, smsa, ms, exp, exp2, occ, ind, union, fem, blk 及 ed。
3.「constant within panel」爲 fem, blk, ed 三個變數。因爲三者都是「非時變變數」，故與衆多解釋變數 (時變變數) 會無相關，故三者適合來當作工具變數之迴歸式，爲：

$$ed_{it} = blk_{it} + fem_{it} + u_2$$

4. 內生 (endogenous) 變數：包括 exp, exp2, occ, ind, union, ed。
5. 工資 (lwage) 的 panel 模型中，員工的學歷 (ed) 不會隨時間增加而增長，故屬於非時變之解釋變數，因此改用 xthtaylor 指令來估計 ed「非時變之變數」。如下指令：

```
*開啟 cornwell_panel.dta 檔（或開啟 psidextract.dta 檔亦可）
. use cornwell_panel.dta, clear
. webuse psidextract

*方法一：進行 Hausman-Taylor estimates。「constant(…)」：設定解釋變數是 constant。
. xthtaylor lwage wks south smsa ms exp exp2 occ ind union fem blk ed,
  endog(exp exp2 occ ind union ed) constant(fem blk ed)

Hausman-Taylor estimation                       Number of obs      =      4165
Group variable: id                              Number of groups   =       595

                                                Obs per group: min =         7
                                                               avg =         7
                                                               max =         7

Random effects u_i ~ i.i.d.                     Wald chi2(12)      =   6874.89
                                                Prob > chi2        =    0.0000

------------------------------------------------------------------------------
       lwage |      Coef.   Std. Err.      z    P>|z|     [95% Conf. Interval]
-------------+----------------------------------------------------------------
TVexogenous  |
         wks |    .000909   .0005988     1.52   0.129    -.0002647    .0020827
       south |   .0071377    .032548     0.22   0.826    -.0566553    .0709306
        smsa |  -.0417623   .0194019    -2.15   0.031    -.0797893   -.0037352
          ms |   -.036344   .0188576    -1.93   0.054    -.0733041    .0006161
TVendogenous |
         exp |   .1129718   .0024697    45.74   0.000     .1081313    .1178122
        exp2 |  -.0004191   .0000546    -7.68   0.000    -.0005261   -.0003121
         occ |  -.0213946   .0137801    -1.55   0.121     -.048403    .0056139
         ind |   .0188416   .0154404     1.22   0.222     -.011421    .0491043
       union |   .0303548   .0148964     2.04   0.042     .0011583    .0595513
```

```
TIexogenous  |
         fem |  -.1368468   .1272797    -1.08   0.282    -.3863104   .1126169
         blk |  -.2818287   .1766269    -1.60   0.111     -.628011   .0643536
TIendogenous |
          ed |   .1405254   .0658715     2.13   0.033     .0114197   .2696311
             |
       _cons |   2.884418   .8527775     3.38   0.001     1.213004   4.555831
-------------+----------------------------------------------------------------
     sigma_u |  .94172547
     sigma_e |  .15180273
         rho |  .97467381   (fraction of variance due to u_i)
------------------------------------------------------------------------------
Note:  TV refers to time varying ;  TI refers to time invariant .
```

1. 整體適配度檢定，Wald $\chi^2_{(12)} = 6874.89$，$p < 0.05$，表示你暫時認定「***模型設定***」是 ok 的，故本例你應該納入工具變數至兩階段迴歸模型中。反之，若 $p > 0.05$，則表示「***模型設定***」是不適當的，不該納入工具變數至迴歸式。
2. 解釋變數 wks 對 lwage 預測係數 β 爲 0.0009，雙尾 z = 1.529(p > 0.05)，表示「工作時數 wks 每增加一單位，依變數 (工資 lwage) 就增加 0.0009 單位」。通常，雙尾 z 値之 p 値 < 0.05，表示該係數的預測力達顯著水準。
3.「sigma_u」0.94 爲「組內殘差的標準差 (sd of residuals within group) u_i」。
4.「sigma_e」0.15 爲「全體殘差的標準差 [sd of residuals (overall error term)] e_i」。
5. 類別間相關 (interclass correlation) 殘差自我相關 $\rho = \dfrac{(sigma\_u)^2}{(sigma\_u)^2 + (sigma\_e)^2}$，
本例 rho = 0.974，表示「變異數的 97.4% 係來自 across panels 之差異」。

Step 2. 改用 Amemiya-MaCurdy 估計法：只當對照組

```
*開啟 stata 系統之 psidextract.dta 資料檔
. webuse psidextract

*方法二：改用 Amemiya-MaCurdy estimates
. xthtaylor lwage wks south smsa ms exp exp2 occ ind union fem blk ed,
  endog(exp exp2 occ ind union ed) amacurdy
```

```
Amemiya-MaCurdy estimation                      Number of obs      =      4165
Group variable: id                              Number of groups   =       595

Time variable: t                                Obs per group: min =         7
                                                               avg =         7
                                                               max =         7

Random effects u_i ~ i.i.d.                     Wald chi2(12)      =   6860.76
                                                Prob > chi2        =    0.0000

------------------------------------------------------------------------------
       lwage |      Coef.   Std. Err.      z    P>|z|     [95% Conf. Interval]
-------------+----------------------------------------------------------------
TVexogenous  |
         wks |   .0009088   .0005986     1.52   0.129    -.0002644     .002082
       south |   .0085256   .0322231     0.26   0.791    -.0546306    .0716818
        smsa |  -.0429478   .0191636    -2.24   0.025    -.0805078   -.0053878
          ms |  -.0363004   .0188446    -1.93   0.054    -.0732353    .0006344
TVendogenous |
         exp |   .1127072   .0024668    45.69   0.000     .1078724     .117542
        exp2 |  -.0004205   .0000545    -7.71   0.000    -.0005274   -.0003136
         occ |  -.0215057     .01377    -1.56   0.118    -.0484943     .005483
         ind |   .0184101   .0154298     1.19   0.233    -.0118317    .0486519
       union |   .0301854   .0148807     2.03   0.043     .0010197    .0593511
TIexogenous  |
         fem |  -.1412649   .1268806    -1.11   0.266    -.3899462    .1074165
         blk |  -.2613071   .1660962    -1.57   0.116    -.5868497    .0642356
TIendogenous |
          ed |   .1551821   .0483174     3.21   0.001     .0604817    .2498825
             |
       _cons |    2.70175   .6275322     4.31   0.000     1.471809     3.93169
-------------+----------------------------------------------------------------
     sigma_u |  .94172547
     sigma_e |  .15180273
         rho |  .97467381   (fraction of variance due to u_i)
------------------------------------------------------------------------------
Note: TV refers to time varying; TI refers to time invariant.
```

1. TVexogenous 代表「時變內生變數」，包括：藍領嗎 (occ)、南方人嗎 (south)、都會區嗎 (smsa)、製造業嗎 (ind)、工作年資 (exp)、年資平方 (exp2)、工作時數 (wks)、婚姻狀況 (ms)、工會否 (union)。
2. TIexogenous 代表「非時變內生變數」，包括：性別 (fem)、黑人嗎 (blk)、學歷 (ed)。
3. 內生共變之 Hausman-Taylor 模型為：

$$
\begin{aligned}
lwage_i = & 2.7 + 0.0009 \times wks_i + 0.008 \times south_i - 0.043 \times smsa_i - 0.036 \times ms_i + 0.113 \times exp_i \\
& - 0.0004 \times exp2_i - 0.02 \times occ_i + 0.02 \times ind_i + 0.03 \times union_i - 0.14 \times fem_i - 0.26 \times blk_i + \varepsilon_i
\end{aligned}
$$

Step 3. 初步：全部 exogenous regressors 變數 W 都納入 xtivreg

由於本例經過 Hausman-Taylor 檢定，得到 Wald $\chi^2_{(12)} = 6874.8$，$p < 0.05$，表示本例應該納入工具變數至兩階段迴歸模型中。因此，再進行 xtivreg 指令。

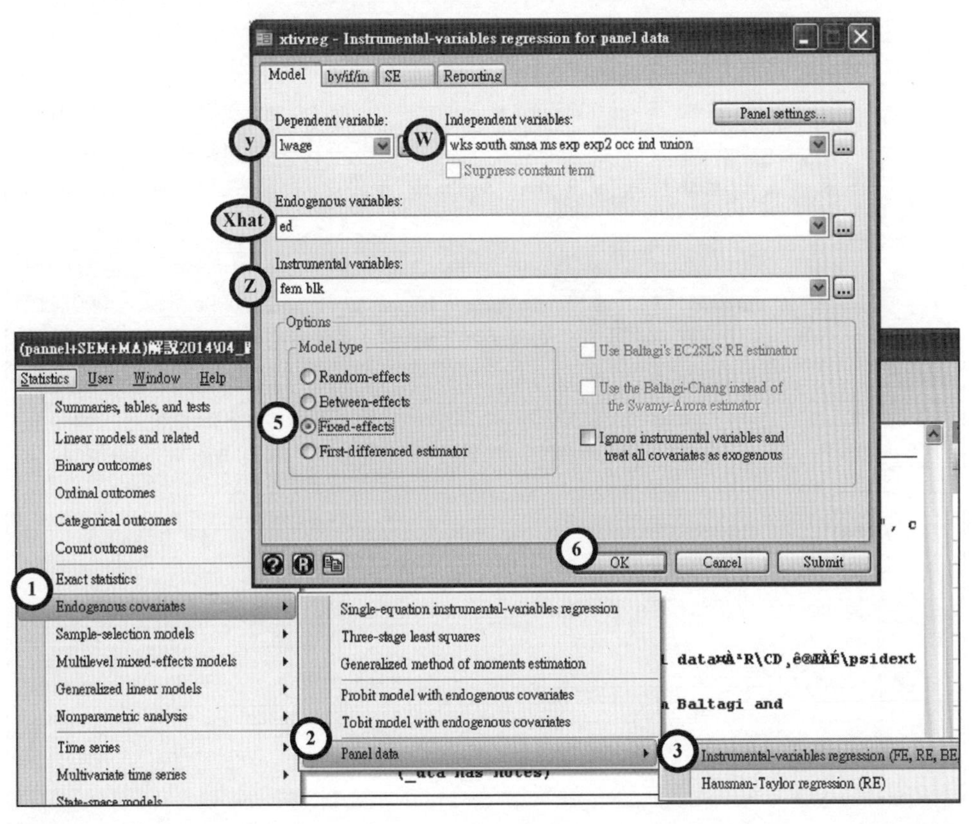

圖 6-42 「xtivreg lwage wks south smsa ms exp exp2 occ ind union (ed = fem blk), fe」畫面

```
. use psidextract.dta, clear

. xtivreg lwage wks south smsa ms exp exp2 occ ind union (ed = fem blk), fe

Fixed-effects (within) IV regression          Number of obs      =       4165
Group variable: id                            Number of groups   =        595

R-sq:  within  = 0.6581                       Obs per group: min =          7
       between = 0.0261                                      avg =        7.0
       overall = 0.0461                                      max =          7

                                              Wald chi2(9)       =   8.04e+06
corr(u_i, Xb)  = -0.9100                      Prob > chi2        =     0.0000

------------------------------------------------------------------------------
       lwage |      Coef.   Std. Err.      z    P>|z|     [95% Conf. Interval]
-------------+----------------------------------------------------------------
          ed |          0  (omitted)
         wks |   .0008359   .0005997     1.39   0.163    -.0003394    .0020113
       south |  -.0018612   .0342993    -0.05   0.957    -.0690866    .0653642
        smsa |  -.0424691   .0194284    -2.19   0.029     -.080548   -.0043903
          ms |  -.0297259   .0189836    -1.57   0.117     -.066933    .0074813
         exp |   .1132083    .002471    45.81   0.000     .1083651    .1180514
        exp2 |  -.0004184   .0000546    -7.66   0.000    -.0005254   -.0003113
         occ |  -.0214765   .0137837    -1.56   0.119     -.048492     .005539
         ind |   .0192101   .0154463     1.24   0.214    -.0110641    .0494843
       union |   .0327849   .0149229     2.20   0.028     .0035366    .0620331
       _cons |   4.648767    .046022   101.01   0.000     4.558566    4.738969
-------------+----------------------------------------------------------------
     sigma_u |  1.0338102
     sigma_e |  .15199444
         rho |  .97884144   (fraction of variance due to u_i)
------------------------------------------------------------------------------
F  test that all u_i=0:     F(594,3561) =    33.50        Prob > F    = 0.0000
------------------------------------------------------------------------------
Instrumented:   ed
Instruments:    wks south smsa ms exp exp2 occ ind union fem blk
------------------------------------------------------------------------------
```

1. 由於，若 $Cov(x_{it}, \alpha_i) = 0$，才可採用隨機效果 (RE)，即截距項 α_i 與解釋變數 x_{it} 無關；相反地，因本例 $Cov(x_{it}, \alpha_i) \neq 0$，故本例才可採用固定效果 (FE)，並求得「corr(u_i, X)= −0.91」，表示截距項 α_i 與解釋變數 x_{it} 之相關爲 −0.91。
2. 所有 regressors 當中，p 值 > 0.05 者，都應排除在 xtivreg 分析之外，包括：wks, south, ms, occ, ind 等五個自變數。
3. xtreg, xtivreg, ivregress 指令來執行固定 / 隨機效果之複迴歸，才會多印出最後一行之 F = 33.5，p < 0.05，故拒絕「H_0：每個個體的截距項 α_i 皆相同」，故採用固定效果模型分析較爲合適；反之，若接受 H_0，則只需估計單一截距項 α_i，意味此 panel-data 的 N 個觀察個體、T 期觀察時間的資料，可被作 N×T 個觀察值的橫斷面或時間序列樣本，因而喪失縱橫資料的特性，成爲合併迴歸模型。
4. 因此排除這五個自變數之後，再次執行 xtivreg 分析，如下一步驟。

Step 4. 篩選：顯著 exogenous regressors 變數 W 才納入 xtivreg

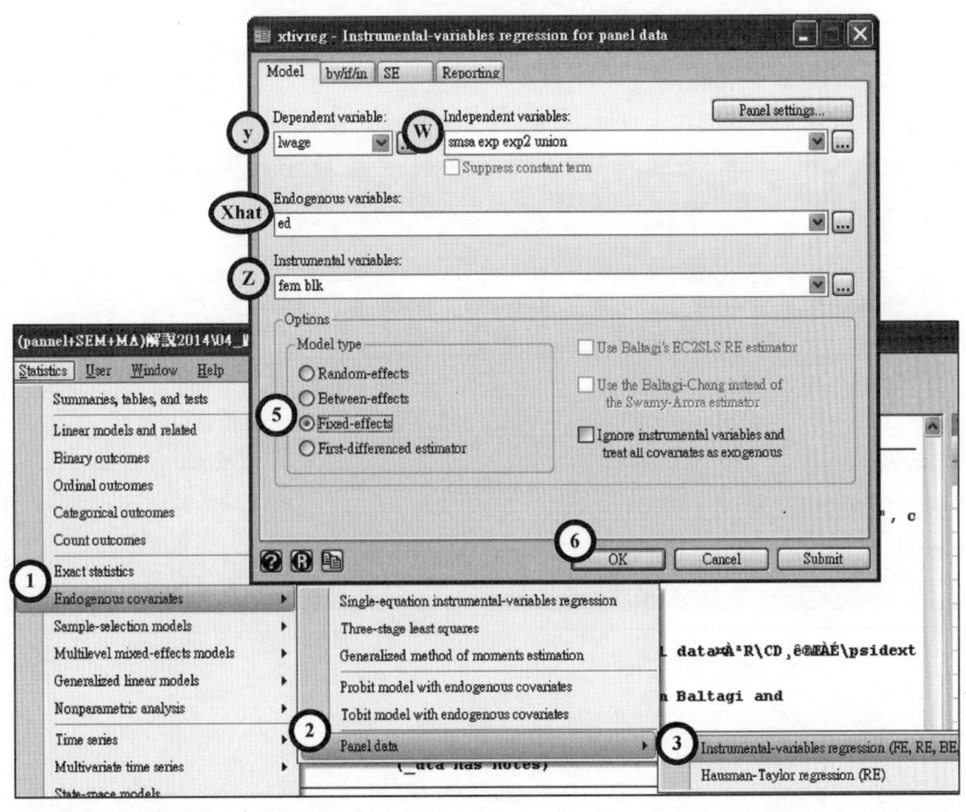

圖 6-43「xtivreg lwage smsa exp exp2 union (ed = fem blk), fe」畫面

```
. use psidextract.dta, clear

. xtivreg lwage smsa exp exp2 union (ed = fem blk), fe

Fixed-effects (within) IV regression          Number of obs      =      4165
Group variable: id                            Number of groups   =       595

R-sq:  within  = 0.6574                       Obs per group: min =         7
       between = 0.0258                                      avg =       7.0
       overall = 0.0456                                      max =         7

                                              Wald chi2(4)       =  8.04e+06
corr(u_i, Xb)  = -0.9105                      Prob > chi2        =    0.0000

------------------------------------------------------------------------------
       lwage |      Coef.   Std. Err.      z    P>|z|     [95% Conf. Interval]
-------------+----------------------------------------------------------------
          ed |          0  (omitted)
        smsa |  -.0438315   .0192991    -2.27   0.023     -.081657   -.006006
         exp |    .113704   .0024644    46.14   0.000     .1088737   .1185342
        exp2 |  -.0004271   .0000545    -7.84   0.000    -.0005339  -.0003204
       union |   .0312717   .0147958     2.11   0.035     .0022724   .0602709
       _cons |   4.655884   .0314841   147.88   0.000     4.594177   4.717592
-------------+----------------------------------------------------------------
     sigma_u |  1.0365753
     sigma_e |  .15206462
         rho |  .97893277   (fraction of variance due to u_i)
------------------------------------------------------------------------------
F  test that all u_i=0:     F(594,3566) =    38.74          Prob > F    = 0.0000
------------------------------------------------------------------------------
Instrumented:   ed
Instruments:    smsa exp exp2 union fem blk
------------------------------------------------------------------------------
```

1.「corr(u_i, Xb) = −0.91」，截距項 μ_i 與解釋變數 X_{it} 之間相關值爲 −0.91(並非 0)，表示採用固定效果係適當。
2. 本模型「xtreg lwage …, re」整體適配 Wald $\chi^2_{(4)}$ = 8040000(p < 0.05)，表示本模型中，所有係數都不是 0，即本模型設定是 ok 的。即以性別 (fem)、種族 (blk) 當作教育水準 (ed) 的工具變數，來執行 panel-data 兩階段迴歸分析，是非常恰當的。
3. 解釋變數 exp 對 lwage 預測係數 β 爲 0.114，雙尾 z = 46.14 (p < 0.05)，表示「工作年資 exp 每增加一單位，依變數 (工資 lwage) 就增加 0.114 單位」。
4. 固定效果 panel 迴歸式「$Y_{it} = \alpha_i + \beta_1 Y_{1it} + \cdots + \beta_k Y_{kit} + e_{it}$」爲：

$$lwage_{it} = 4.66 - 0.04 smsa_{it} + 0.11 \exp_{it} - 0.0004 \exp_{it}^2 + 0.03 union_{it} + e_{it}$$

5.「sigma_u」1.03 爲「組內殘差的標準差 (sd of residuals within group) u_i」。
6.「sigma_e」0.152 爲「全體殘差的標準差 [sd of residuals (overall error term)] e_i」。
7. 類別間相關 (interclass correlation) 殘差自我相關 $\rho = \frac{(sigma\_u)^2}{(sigma\_u)^2 + (sigma\_e)^2}$，本例 rho = 0.978，表示「變異數的 97.80% 係來自 across panels 之差異」。

8. xtreg 及 xtivreg 指令在執行複迴歸之後，才會多印出最後一行之 $F_{(594,3566)}$ = 38.74，p < 0.05，故拒絕「H_0：每個個體的截距項 μ_i 皆相同」，所以本例五個解釋變數之特定個體效果 μ_i 都顯著不同。

6-2-4 橫斷面：雙工具變數之兩階段迴歸 (ivregress 2sls 指令)

本模型將藉由 IV(工具變數) 和 2SLS(兩階段最小平方法)，來矯正內生性所造成的偏誤和不一致。

一個好的工具變數係指：工具變數 Z 需與內生性變數 X 具有高度相關，但與解釋變數 W 卻無關。

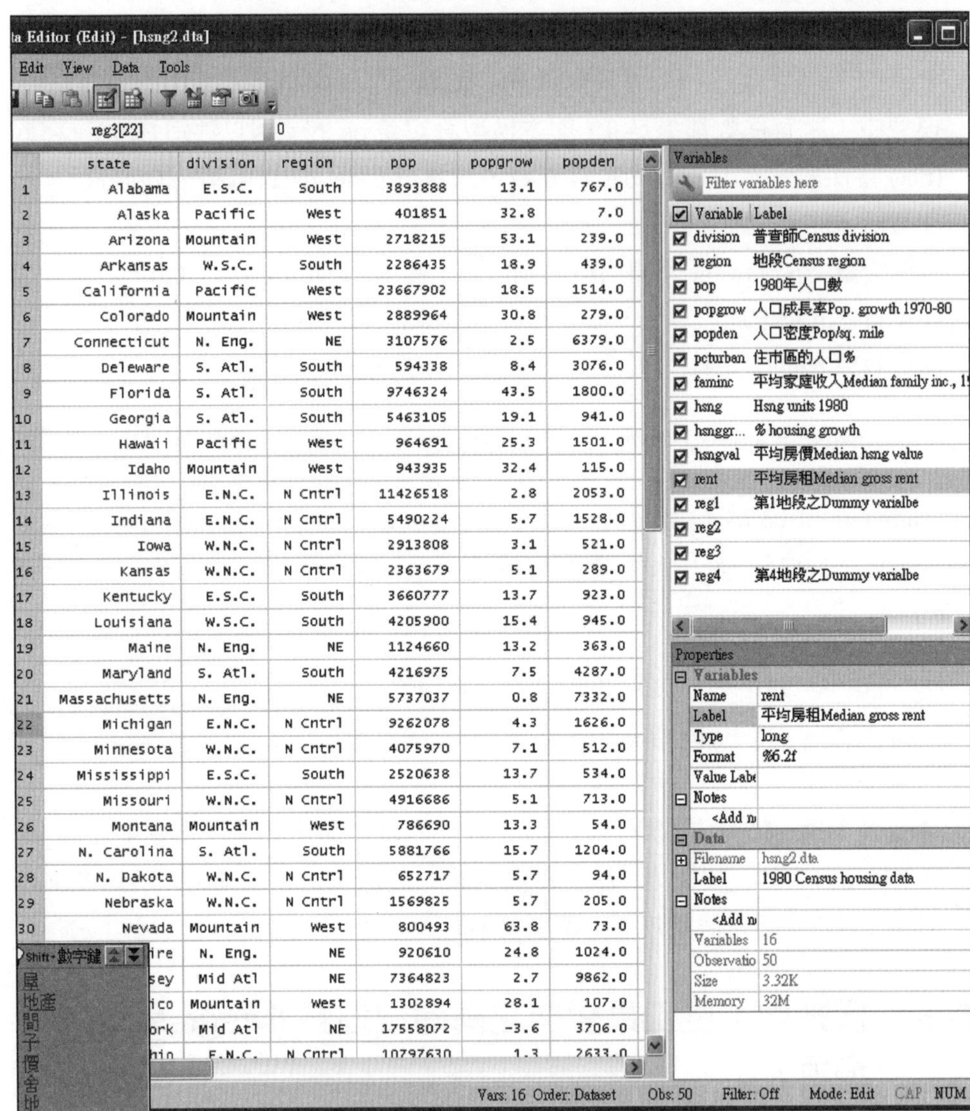

圖 6-44 「hsng2.dta」資料檔之內容 (美國 N=50 州之房屋調查)

```
* 開啟 Stata 網站之資料檔 hsng2
. webuse hsng2

. describe
```

```
              storage  display     value
variable name   type   format      label       variable label
-----------------------------------------------------------------------------
state           str14  %14s                    美國哪一州？
division        int    %8.0g       division    普查師 Census division
region          int    %8.0g       region      地段 Census region
pop             long   %10.0g                  1980 年人口數
popgrow         float  %6.1f                   人口成長率 Pop. growth 1970-80
popden          int    %6.1f                   人口密度 Pop/sq. mile
pcturban        float  %8.1f                   住市區的人口 %
faminc          long   %8.2f                   平均家庭收入 Median family inc.,
                                               1979
hsng            long   %10.0g                  Hsng units 1980
hsnggrow        float  %8.1f                   % housing growth
hsngval         long   %9.2f                   平均房價 Median hsng value
rent            long   %6.2f                   平均房租 Median gross rent
reg1            float  %9.0g                   第 1 地段之 Dummy varialbe
reg2            float  %9.0g
reg3            float  %9.0g
reg4            float  %9.0g                   第 4 地段之 Dummy varialbe
-----------------------------------------------------------------------------
```

一、ivregress 語法

```
. ivregress estimator depvar [varlist1](varlist2 = varlist_iv)[if] [in]
  [weight] [, options]
```

其中，*estimator* 又分下列三種方法：

1. 2sls：兩階段最小平方法 (two stage least squares, 2SLS)
2. liml：有限資訊最大概似法 (limited-information maximum likelihood, LIML)
3. gmm：廣義動差法 (generalized method of moments, GMM)

二、2SLS 三種估計法之比較

Step 1. two stage least squares (2SLS) 之 ivregress 迴歸

以美國 1980 年房屋普查數據來說，依變數為「平均房租 (rent)」，自變

數 (外生解釋變數) 爲「該地區住在市區的人口比例 (pcturban)」。工具變數爲：該區平均家庭收入 (faminc) 及地段 (region)，二者都可單向預測平均房價 (hsngval)，而平均房價 (hsngval) 再聯合市區的人口比例 (pcturban)，一同來預測平均房租 (rent)。

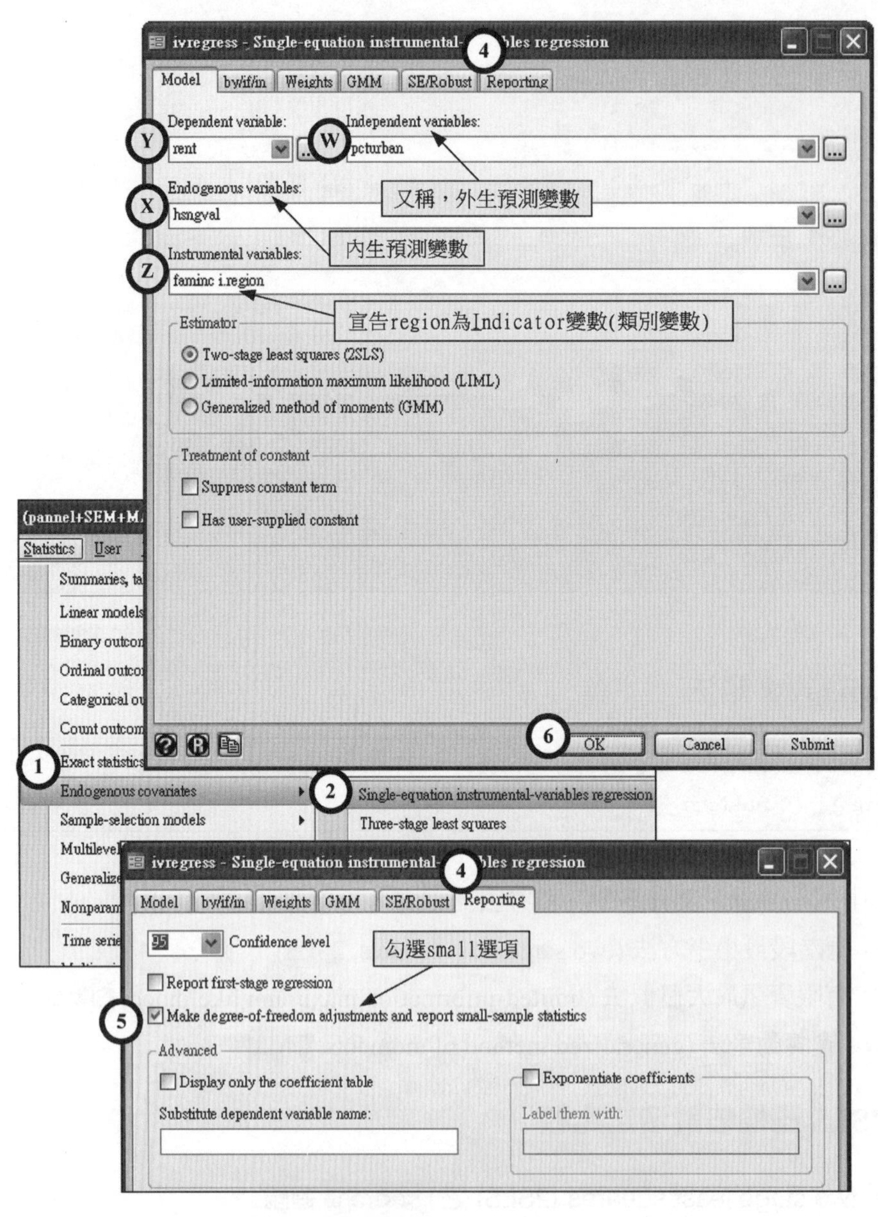

圖 6-45 雙工具變數「ivregress 2sls rent pcturban (hsngval = faminc i.region), small」畫面

```
* 開啟 Stata 網站之資料檔 hsng2
. webuse hsng2

* Fit a regression via 2SLS, requesting small-sample statistics
* 「i.」宣告 region 為 Indicator 變數 ( 類別變數 )
. ivregress 2sls rent pcturban (hsngval = faminc i.region), small

Instrumental variables (2SLS) regression

      Source |       SS       df       MS              Number of obs =       50
-------------+------------------------------           F(  2,    47) =    42.66
       Model |  36677.4033     2  18338.7017           Prob > F      =   0.0000
    Residual |  24565.7167    47  522.674823           R-squared     =   0.5989
-------------+------------------------------           Adj R-squared =   0.5818
       Total |    61243.12    49  1249.85959           Root MSE      =   22.862

------------------------------------------------------------------------------
        rent |      Coef.   Std. Err.      t    P>|t|     [95% Conf. Interval]
-------------+----------------------------------------------------------------
     hsngval |   .0022398   .0003388     6.61   0.000     .0015583    .0029213
    pcturban |    .081516   .3081528     0.26   0.793    -.5384074    .7014394
       _cons |   120.7065   15.70688     7.68   0.000     89.10834    152.3047
------------------------------------------------------------------------------
Instrumented:  hsngval
Instruments:   pcturban faminc 2.region 3.region 4.region
```

若內生性變數 (平均房價 hsngval) 以符號 X 來表示，則：

1. 兩階段迴歸，求得模型爲：$Rent_i = 120.7 + 0.0022\hat{X}_i + 0.08 pcturban_i + u_i$
   其中，內生性變數 X(平均房價 hsngval) 之預測式爲：

$$\hat{X}_i = \beta_0 + \beta_1 \times faminc_i + \beta_2 \times region_i + e_i$$

2. 內生性變數 (平均房價 hsngval) 對屋租 (rent) 的係數 = 0.0022(雙尾 t = 6.61，$p < 0.05$)，表示美國各州的屋租與該地區房價成正比，即房價每漲一個單位，則屋租調漲 0.0022 單位。
3. 整體適配度檢定，$F_{(2,47)} = 42.66$，$p < 0.05$，表示你暫時認定「***模型設定***」是 ok 的。

Step 2. 工具變數之 limited-information maximum likelihood (LIML)

改用有限資訊最大概似法，你可將它與 2LSL 的係數及標準差來做比較。

```
* Fit a regression using the LIML estimator
. ivregress liml rent pcturban (hsngval = faminc i.region)

Instrumental variables (LIML) regression               Number of obs =      50
                                                       Wald chi2(2)  =   75.71
                                                       Prob > chi2   =  0.0000
                                                       R-squared     =  0.4901
                                                       Root MSE      =  24.992

------------------------------------------------------------------------------
        rent |      Coef.   Std. Err.      z    P>|z|     [95% Conf. Interval]
-------------+----------------------------------------------------------------
     hsngval |   .0026686   .0004173     6.39   0.000     .0018507    .0034865
    pcturban |  -.1827391   .3571132    -0.51   0.609    -.8826681    .5171899
       _cons |   117.6087   17.22625     6.83   0.000     83.84587    151.3715
------------------------------------------------------------------------------
Instrumented:  hsngval
Instruments:   pcturban faminc 2.region 3.region 4.region
```

Step 3. 動態工具變數之 generalized method of moments (GMM)

改用廣義動差法，你可將它與 2SLS 的係數及標準差來做比較。

```
* Fit a regression via GMM using the default heteroskedasticity-robust weight
  matrix
. ivregress gmm rent pcturban (hsngval = faminc i.region)
Instrumental variables (GMM) regression                Number of obs =      50
                                                       Wald chi2(2)  =  112.09
                                                       Prob > chi2   =  0.0000
                                                       R-squared     =  0.6616
GMM weight matrix: Robust                              Root MSE      =  20.358

------------------------------------------------------------------------------
```

```
             |               Robust
        rent |      Coef.   Std. Err.      z    P>|z|     [95% Conf. Interval]
-------------+----------------------------------------------------------------
     hsngval |   .0014643   .0004473     3.27   0.001     .0005877     .002341
    pcturban |   .7615482   .2895105     2.63   0.009     .1941181    1.328978
       _cons |   112.1227   10.80234    10.38   0.000     90.95052    133.2949
------------------------------------------------------------------------------
Instrumented:  hsngval
Instruments:   pcturban faminc 2.region 3.region 4.region
```

Step 4. 動態工具變數之 GMM using a heteroskedasticity-robust weight 迴歸

改用「誤差具有異質之廣義動差法」，你可將它與 2SLS 的係數及標準差來做比較。

```
. webuse hsng2

* Fit a regression via GMM using a heteroskedasticity-robust weight matrix,
  requesting nonrobust standard errors
. ivregress gmm rent pcturban (hsngval = faminc i.region), vce(unadjusted)
Instrumental variables (GMM) regression               Number of obs =      50
                                                      Wald chi2(2)  =   64.47
                                                      Prob > chi2   =  0.0000
                                                      R-squared     =  0.6616
GMM weight matrix: Robust                             Root MSE      =  20.358

------------------------------------------------------------------------------
        rent |      Coef.   Std. Err.      z    P>|z|     [95% Conf. Interval]
-------------+----------------------------------------------------------------
     hsngval |   .0014643   .0004766     3.07   0.002     .0005302    .0023984
    pcturban |   .7615482   .2989475     2.55   0.011     .1756218    1.347474
       _cons |   112.1227   13.86695     8.09   0.000     84.94399    139.3014
------------------------------------------------------------------------------
Instrumented:  hsngval
Instruments:   pcturban faminc 2.region 3.region 4.region
```

整體適配度檢定，$\chi^2_{(2)} = 64.47$，$p < 0.05$，表示本例認定「***模型設定***」是適當的。

6-2-5 橫斷面：單一工具變數之兩階段 Probit 迴歸 (ivprobit…, twostep 指令)

範例：工具變數納入 Probit 迴歸 (ivprobit 指令)

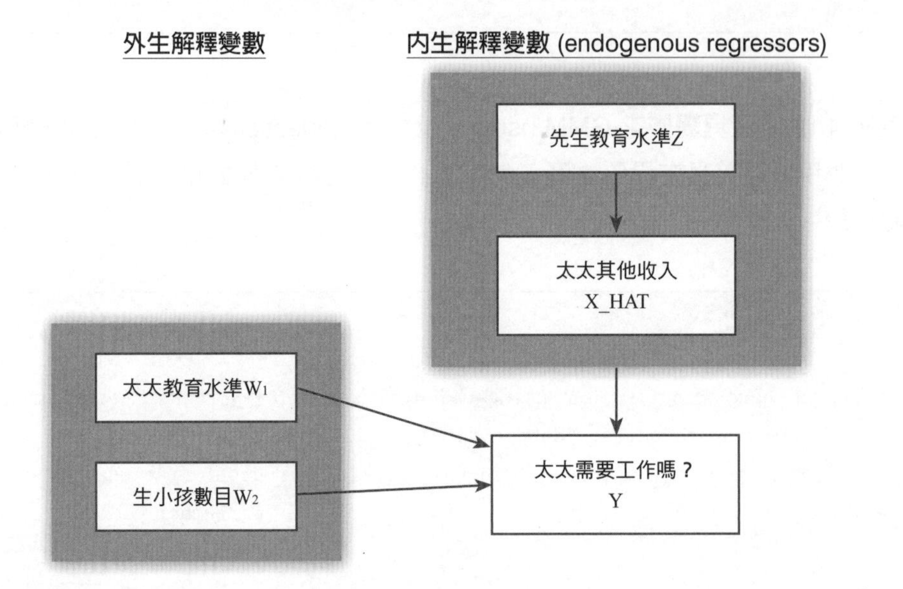

圖 6-46 帶內生解釋變數之 Probit 模型之示意圖

a Editor (Edit) - [laborsup.dta]

Edit View Data Tools

fem_educ[1] 14

	fem_educ	male_educ	kids	other_inc	fem_inc	fem_work
1	14	8	1	43.38476	28.52175	1
2	16	12	4	78.26574	10	0
3	12	16	3	60.23187	21.77161	1
4	12	11	3	41.59228	10	0
5	16	14	1	66.18539	13.74144	1
6	13	11	3	54.29023	10	0
7	15	9	0	37.81071	43.66089	1
8	15	13	3	65.02987	23.99311	1
9	13	9	3	29.07869	26.90189	1
10	11	10	0	71.80659	12.9361	1
11	9	13	4	64.4938	10	0
12	12	9	2	55.42465	26.48465	1
13	13	10	0	56.94596	31.5009	1
14	8	9	1	67.20277	10	0
15	15	16	4	58.32864	22.61406	1
16	12	15	2	49.11744	10	0
17	14	10	3	40.10132	26.61788	1
18	13	16	3	64.3181	42.78748	1
19	8	9	2	52.93844	10	0
20	8	16	1	78.26126	10	0
21	16	8	2	74.34948	16.60713	1
22	12	10	3	65.92123	10	0
23	12	15	1	67.16271	10	0
24	15	11	3	71.47491	10	0
25	9	11	1	70.83215	10	0
26	16	8	0	57.22867	34.96128	1
27	8	14	1	83.99496	10	0
28	11	9	1	42.85462	10	0
29	15	14	0	35.91799	19.89174	1
30	11	10	0	40.5041	29.93207	1
31	12	8	0	44.93795	21.73485	1
	15	14	4	76.00262	10	0
	16	10	4	30.31309	55.11093	1
	16	14	3	63.93999	21.30097	1
	12	13	2	42.93787	10	0
	10	13	2	46.91023	10	0

Variables

Filter variables here

Variable	Label
fem_ed...	太太教育水準
male_e...	先生教育水準
kids	生的小孩數
other_inc	其它收入
fem_inc	婦女收入
fem_w...	Does female work?

Properties

Variables	
Name	fem_work
Label	Does female work?
Type	byte
Format	%8.0g
Value l	
Notes	
<Ad	
Data	
Filenam	laborsup.dta
Label	
Notes	
<Ad	
Variabl	6
Observ	500
Size	5.86K
Memor	32M

Vars: 6 Order: Dataset Obs: 500 Filter: Off Mode: Edit CAP NUM

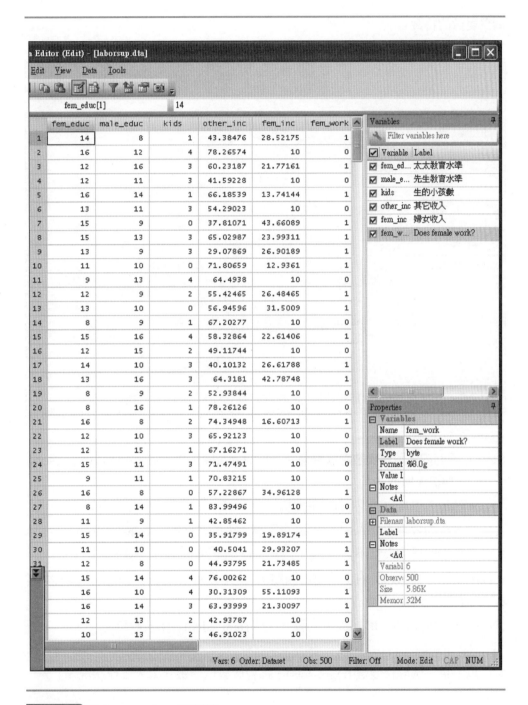

圖 6-47 「laborsup.dta」資料檔

觀察變數的特徵

```
* 開啟 stata 網站之 laborsup.dta 資料檔
. webuse laborsup

. describe

  obs:           500
 vars:             6                          26 Jul 2014 22:53
 size:         6,000
------------------------------------------------------------------------------
              storage  display     value
variable name   type   format      label      variable label
------------------------------------------------------------------------------
fem_educ        byte   %8.0g                  婦女教育水準
male_educ       byte   %8.0g                  男性教育水準
kids            byte   %8.0g                  生的小孩數目
other_inc       float  %9.0g                  其他收入
fem_inc         float  %9.0g                  婦女收入
fem_work        byte   %8.0g                  Does female work?
```

Step 1. 具有內生解釋變數之機率模型 (Probit model with endogenous regressors) (採最大概似法)

本例加入工具變數之 logic 推理爲：

1. 通常先生的教育水準 (male_educ) 會影響太太的其他收入 (other_inc)。
2. 二元依變數爲太太需不需要外出工作 (Y)，其影響因素有三個，包括：
   (1) 一個工具變數 Z(內生共變數問題)：先生教育水準 (Z) 可單向預測太太其他生活費 (other_inc)。
   (2) 二個自變數 W_1, W_2：太太的教育水準 (fem_educ)、小孩數目。

以上這三個解釋變數 (regressors)，都會影響依變數「太太工作狀況 Y」。

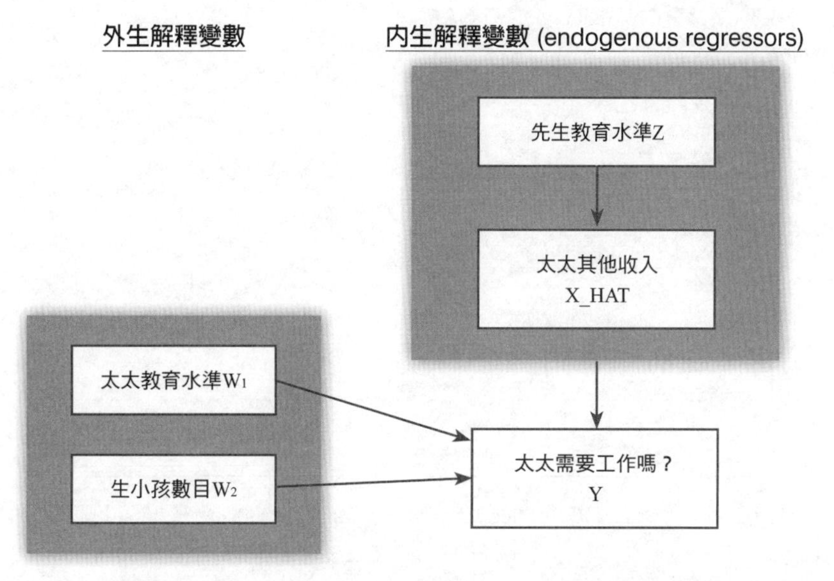

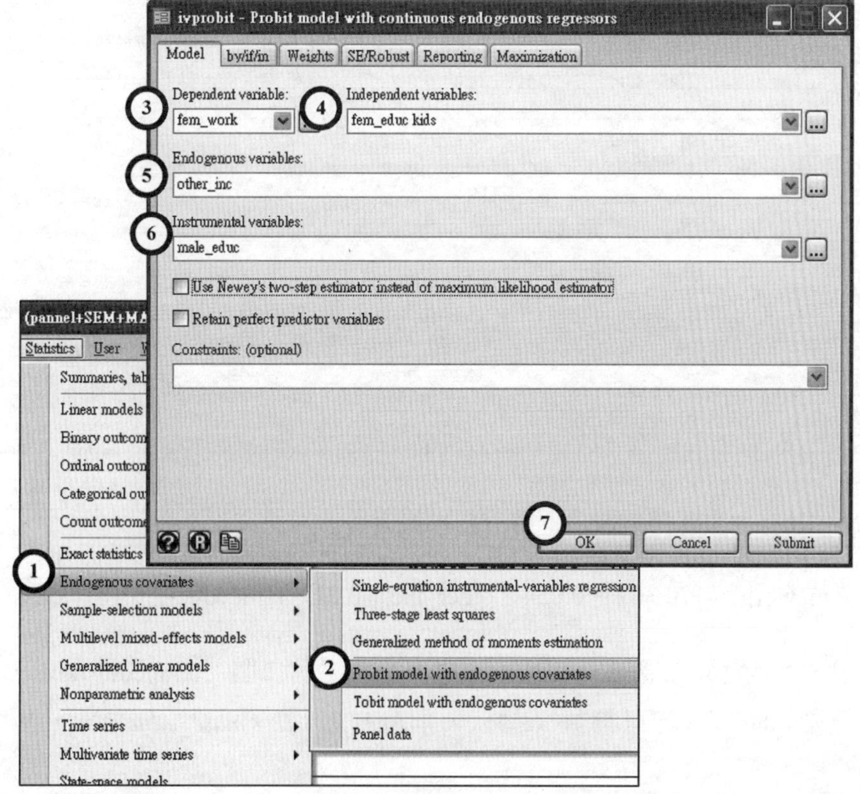

圖 6-48「ivprobit fem_work fem_educ kids (other_inc = male_educ)」之畫面

```
*開啟 stata 網站之 laborsup.dta 資料檔
. webuse laborsup

*Maximum likelihood estimator
. ivprobit fem_work fem_educ kids (other_inc = male_educ)

Probit model with endogenous regressors          Number of obs   =       500
                                                 Wald chi2(3)    =    163.88
Log likelihood = -2368.2062                      Prob > chi2     =    0.0000

------------------------------------------------------------------------------
             |      Coef.   Std. Err.      z    P>|z|     [95% Conf. Interval]
-------------+----------------------------------------------------------------
   other_inc |  -.0542756   .0060854    -8.92   0.000    -.0662027   -.0423485
    fem_educ |    .211111   .0268648     7.86   0.000     .1584569    .2637651
        kids |  -.1820929   .0478267    -3.81   0.000    -.2758316   -.0883543
       _cons |   .3672083   .4480724     0.82   0.412    -.5109975    1.245414
-------------+----------------------------------------------------------------
     /athrho |   .3907858   .1509443     2.59   0.010     .0949403    .6866313
    /lnsigma |   2.813383   .0316228    88.97   0.000     2.751404    2.875363
-------------+----------------------------------------------------------------
         rho |   .3720374   .1300519                      .0946561    .5958135
       sigma |   16.66621   .5270318                      15.66461    17.73186
------------------------------------------------------------------------------
Instrumented:  other_inc
Instruments:   fem_educ kids male_educ
------------------------------------------------------------------------------
Wald test of exogeneity (/athrho = 0): chi2(1) =     6.70 Prob > chi2 = 0.0096
```

1. Probit 具有內生解釋變數之迴歸分析結果為：

   Pr(fem_work) = F(0.367 − 0.054×other_inc + 0.21×fem_educ − 0.18×kids + u_1)

2. 其中，工具變數 Z 爲 male_educ。外生解釋變數有二個：fem_educ, kids。
3. 依變數 other_inc 若以符號 X 替代，則 $\hat{X}_i = \beta_0 + \beta_1 \times male\_educ_i + u_2$，其中 u_2 爲殘差。
4. 上述這二個迴歸式殘差「u_1 與 u_2」的相關 $\rho = 0.372$。

5. athrho 為 $\tan^{-1}(\rho)=\frac{1}{2}\ln(\frac{1+\rho}{1-\rho})=0.391$。
6. 依變數 fem_work 此迴歸殘差的標準誤 $\sigma = 16.67$。
7.「Wald test of exogeneity」內生性檢定，得到卡方 = 6.7($p < 0.05$)，故拒絕「Cov(u_1, u_2)」二個殘差係獨立的假定。表示本例「考慮工具變數 Z」才是不偏誤估計，故不可執行「未考慮工具變數 Z」之偏誤估計。
8. 整體適配度檢定，$\chi^2_{(3)} = 163.88$，$p < 0.05$，表示本例認定「*模型設定*」是適當的。

Step 2. two-step Probit with endogenous regressors (兩階段 Probit 迴歸)

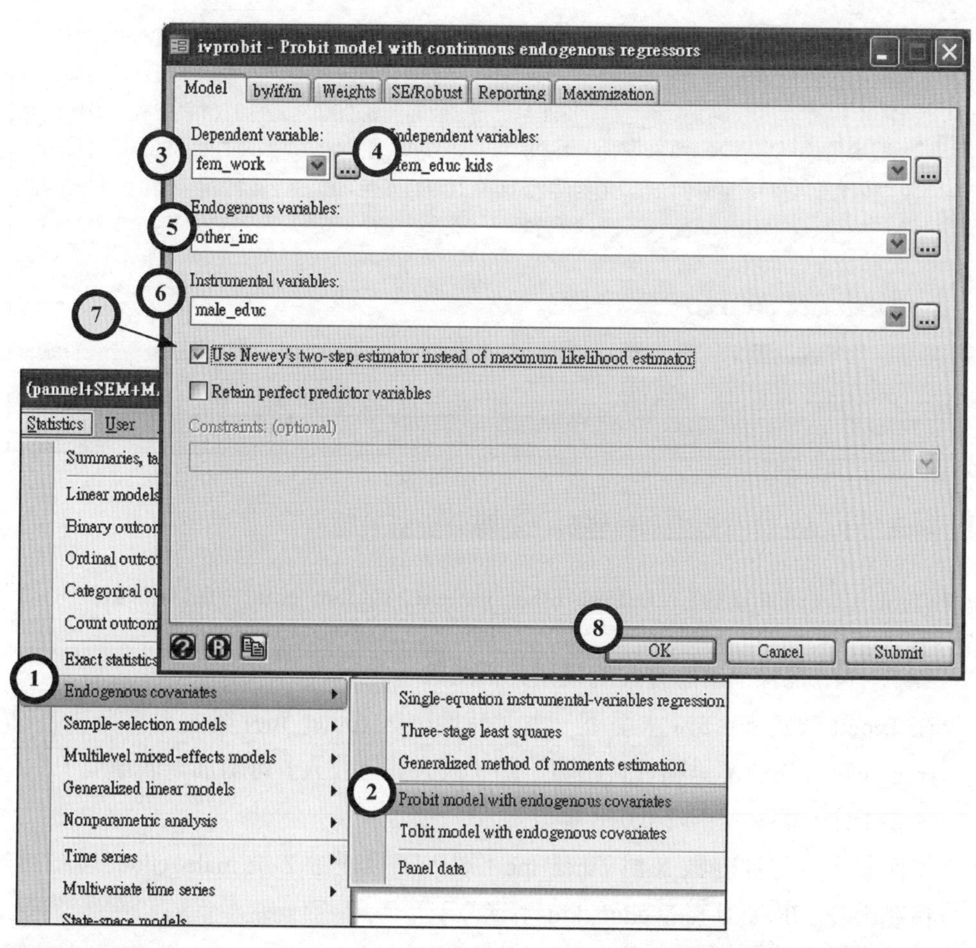

圖 6-49 「ivprobit fem_work fem_educ kids (other_inc = male_educ), twostep」之畫面

```
* 開啟 stata 網站之 laborsup.dta 資料檔
. webuse laborsup

*Two-step estimator
. ivprobit fem_work fem_educ kids (other_inc = male_educ), twostep

Checking reduced-form model...

Two-step probit with endogenous regressors          Number of obs   =       500
                                                    Wald chi2(3)    =     93.97
                                                    Prob > chi2     =    0.0000

------------------------------------------------------------------------------
             |      Coef.   Std. Err.      z    P>|z|     [95% Conf. Interval]
-------------+----------------------------------------------------------------
   other_inc |  -.058473   .0093364    -6.26   0.000    -.0767719   -.040174
    fem_educ |   .227437   .0281628     8.08   0.000     .1722389    .282635
        kids | -.1961748   .0496323    -3.95   0.000    -.2934522  -.0988973
       _cons |  .3956061   .4982649     0.79   0.427    -.5809752   1.372187
------------------------------------------------------------------------------
Instrumented:  other_inc
Instruments:   fem_educ kids male_educ
------------------------------------------------------------------------------
Wald test of exogeneity:     chi2(1) =     6.50           Prob > chi2 = 0.0108
```

1. 兩階段 Probit 具有內生解釋變數之迴歸分析結果為：

$$\Pr(\text{fem\_work}) = F(0.395 - 0.058 \times \text{other\_inc} + 0.23 \times \text{fem\_educ} - 0.196 \times \text{kids} + u_1)$$

   其中，F(.) 為標準常態分配的累積分析函數。

   在 Type I 誤差 $\alpha = 5\%$ 水準下，太太其他收入 (other_inc) 與太太需要工作嗎 (fem_work) 之機率呈顯著負相關，即「太太其他收入」每增加一個單位，「太太要工作」機率就下降 0.058 單位。

2. 本例設定內生性變數 X 為 other_inc；單一工具變數 Z 為 male_educ。外生解釋變數 W_1, W_2 為「fem_educ, kids」。
3. 「Wald test of exogeneity」外生性檢定，得到卡方 = 6.5(p < 0.05)，故界定二個外生變數「fem_educ kids」的模型是 ok 的。

4. 整體適配度檢定，$\chi^2_{(3)} = 93.97$，$p < 0.05$，表示本例認定「*模型設定*」是適當的。

6-3 Panel-Data：工具變數及兩階段最小平方法(xtivreg 指令)

一般標準的 panel-data 是 N 大 T 少，因此面臨了一些進階的問題，包括：內生性和多層次。

已知一個 panel-data 迴歸，如果右邊的解釋變數和殘差有相關性時，此時，OLS(最小平方法)、GLS(廣義最小平方法)和 WLS(加權最小平方法)等估計法都不再是不偏的估計，稱此迴歸面臨內生性問題(endogeneity problem)。當 panel-data 具有內生性時，其處理方式包括：工具變數(ivprobit, ivregress, ivtobit, xtivreg 指令)和 Hausman-Taylor 估計法(xthtaylor 指令)，以及動態模型之 Arellano-Bond(xtabond, xtdpd, xtdpdsys 指令)和 Arellano-Bover(1995)之 GMM 估計法(gmm 指令：generalized method of moments estimation)。

6-3-1 線性 Panel 資料進階問題的處理：內生性/多層次

本書遵循數學符號的慣例，以英文小寫字母 x, y, z 代表變數；英文大寫字母 X, Y, Z 代表矩陣。希臘文為單一值之係數或誤差。

Panel 工具變數之兩階段迴歸模型，其公式為：

$$\underbrace{y_{it}}_{\text{依變數}} = \underbrace{\hat{X}_{it}}_{\substack{1\times g_2 \text{ vector of observations} \\ \text{on } g_2 \text{ endogenous variables}}} \underbrace{\gamma}_{\substack{g_2\times 1 \text{ vector} \\ \text{of coefficients}}} \times \underbrace{W_{1it}}_{\substack{1\times k_1 \text{ vector of observations} \\ \text{on exogenous variables}}} \underbrace{\beta}_{\substack{k_1\times 1 \text{ vector} \\ \text{of coefficients}}} + \underbrace{\mu_i}_{\text{截距項}} + \underbrace{\upsilon_{it}}_{\substack{\text{idiosyncratic} \\ \text{誤差項}}}$$

$$= \underbrace{X^*_{it}}_{\substack{\text{統稱的 regressors} \\ Z_{it}=[Y_{it}X_{it}]}} \underbrace{\delta}_{\substack{(g_2+k_1)\times 1 \text{ vector} \\ \text{of coefficients}}} + \underbrace{\mu_i}_{\text{截距項}} + \underbrace{\upsilon_{it}}_{\substack{\text{idiosyncratic} \\ \text{誤差項}}}$$

其中

y_{it}：為依變數

$\hat{X}_{it}$：$1\times g_2$ 向量之內生解釋變數(依變數之一些共變數)，endogenous regressor 之 $\hat{X}_{it}$ 係 k_2 個工具變數 Z_{it} 的迴歸預測值，這些 $\hat{X}_{it}$ 變數都與誤差 υ_{it} 有相關。

W_{it}：$1\times k_1$ 向量之外生解釋變數(依變數之一些共變數)。

$X^*_{it} = [\hat{X}_{it}\ W_{it}]$：統稱為所有解釋變數(regressors)。

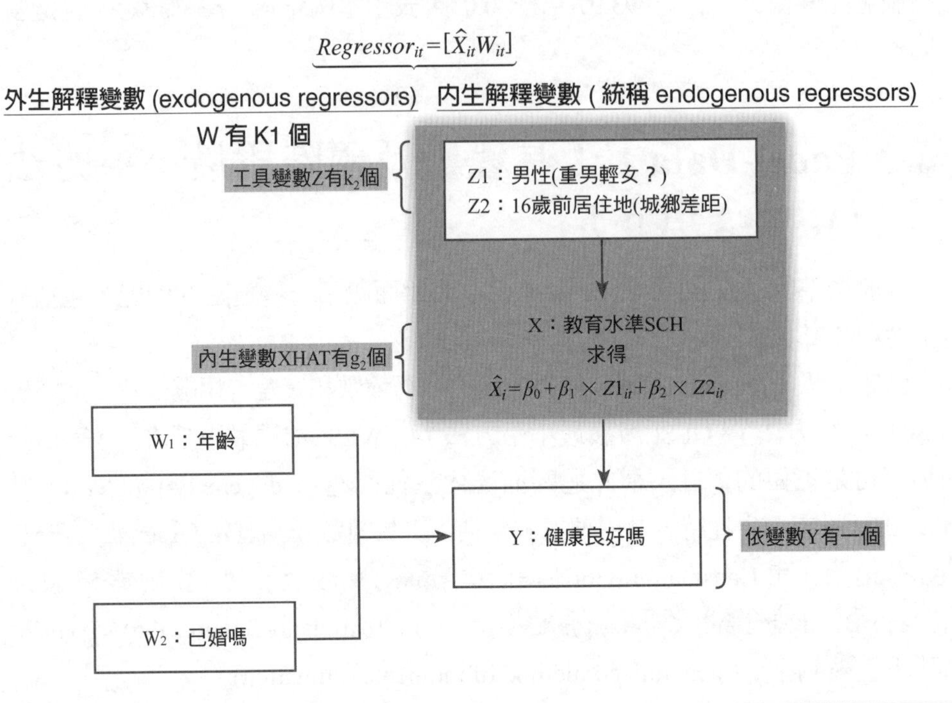

圖 6-50 xtivreg 指令之 panel 兩階段迴歸公式之示意圖

γ：$g_2\times1$ 向量之係數，即 $\hat{X}_{it}$ 變數有 g_2 個。

β：$k_1\times1$ 向量之係數，即 W_{it} 變數有 k_1 個，而「工具變數」Z_{it} 變數有 k_2 個。

δ：$K\times1$ 向量之係數，其中 $K=g_2+k_1$。即兩階段模型中，「全部 regressors 變數」X_{it}^* 個數 K $=g_2$ 個 $\hat{X}_{it}$ 變數 + k_1 個 W_{it} 變數。

假定 $1\times k_2$ 向量之 Z_{it}，代表你認定的模型有 k_2 個工具變數。若工具變數個數 $k_2\geq g_2$ ($\hat{X}_{it}$ 變數個數)，則滿足 order condition(過度認定)，那麼 xtivreg 保證有解。再令二類外生解釋變數係合併爲 $Regressor_{it}=[\hat{X}_{it}W_{it}]$。通常，xtivreg 指令都可處理內生性非平衡 panel 資料。接著，再定義 T_i 爲小組 (panel) i 之觀察值個數、n 爲 panel 的個數，則全體觀察值的個數 N 爲：$N=\sum_{i=1}^{n}T_i$。

xtivreg 指令對上式 panel 兩階段迴歸模型共提供五種估計實作法，其中：

1. First difference estimator (***FD2SLS***) 適配模型時，係藉由一階差分來刪除 μ_i。而 within estimator (***FE2SLS***) 適配模型時，係藉由刪除每個變數之 panel-level

means。

2. Between estimator (***BE2SLS***) 適配模型之 panel 平均數。
3. ***G2SLS*** 及 ***EC2SLS*** 二個隨機效果之估計法，將 μ_i 視為隨機變數且與各小組 (panels) 是獨立且相同分配 (independent and identically distributed, 簡稱 i.i.d)。除了 ***FD2SLS***，xtivreg 指令所有估計法，都是 ivreg 指令的延伸。故 xtivreg 是 ivreg 廣義的估計法。

雖然以上五種估計實作法對 μ_i 都有不同的假定，但這五種都假定特質 (idiosyncratic) 誤差項 υ_{it} 之平均數 = 0，且 υ_{it} 與 X_{it} 都無關。正如 xtreg 一樣，xtivreg 也是針對各種截距項 μ_i 提出不同的假定：

1. 固定效果係假定截距項 μ_i 與 exogenous regressors 之 W_{it} 有相關。此組內 (within) 估計法對「within a class of limited information estimators」運算特別有效。
2. 隨機效果係假定截距項 μ_i 為隨機變數，且 μ_i 在跨小組之間也是 i.i.d。
3. 若假定截距項 μ_i 與 W_{it} 係無相關，則改用 GLS 隨機估計法才會更有效果。反之，若 μ_i 為隨機變數與 W_{it} 有相關，則 GLS 隨機估計法會出現結果不一致，這時你該選用固定效果 (within 估計法)。
4. 固定效果無法計算非時變 (time-invariant) 變數之迴歸係數。此法詳細介紹，請見 Mundlak(1978) 及 Hsiao (2003) 文章。

6-3-2 偵測 Panel 資料之內生性 (xtivreg 指令)

xtivreg 提供四種估計法，來適配 panel-data 模型之內生共變數 Z。這些兩階段估計法都是廣義最小平方法。xtivreg 指令搭配的選項有下列四種：

1. fe：固定效果 (fixed effects)，即組內 (within) 迴歸模型。
2. be：組間效果 (between effects)。
3. re：隨機效果 (GLS random effects)，它又分二種實作：(1)G2SLS 係 Balestra 與 Varadharajan-Krishnakumar (1987) 法；(2)EC2SLS 係 Baltagi 法。
4. fd：一階差分 (first difference)。

一、xtivreg 語法

xtivreg 指令為「instrumental variables & two-stage least squares for panel-data models」。

```
* GLS random-effects(RE)model
. xtivreg depvar [varlist_1](varlist_2 = varlist_iv)[if] [in] ，re [RE_options]

* Between-effects(BE)model
. xtivreg depvar [varlist_1](varlist_2 = varlist_iv)[if] [in] ，be [BE_options]

* Fixed-effects(FE)model
. xtivreg depvar [varlist_1](varlist_2 = varlist_iv)[if] [in] ，fe [FE_options]

* First-differenced(FD)estimator
. xtivreg depvar [varlist_1](varlist_2 = varlist_iv)[if] [in] ，fd [FD_options]
```

二、xtivreg 選擇表

Statistics > Longitudinal/panel data > Endogenous covariates > Instrumental-variables regression (FE, RE, BE, FD)

6-3-2a Panel 固定效果：無工具變數 xtreg vs. 有工具變數 xtivreg 指令誰優？

同 6-3-2b 資料檔「nlswork.dta」，此 panel-data 先採固定效果 (下例才改成隨機效果)，它追蹤十二年 (1970-1988 年) 工人薪資 (ln_wage)。試問「union, south」二者當作外生解釋變數，或當作內生變數 tenure 的工具變數，哪種模型較優呢？

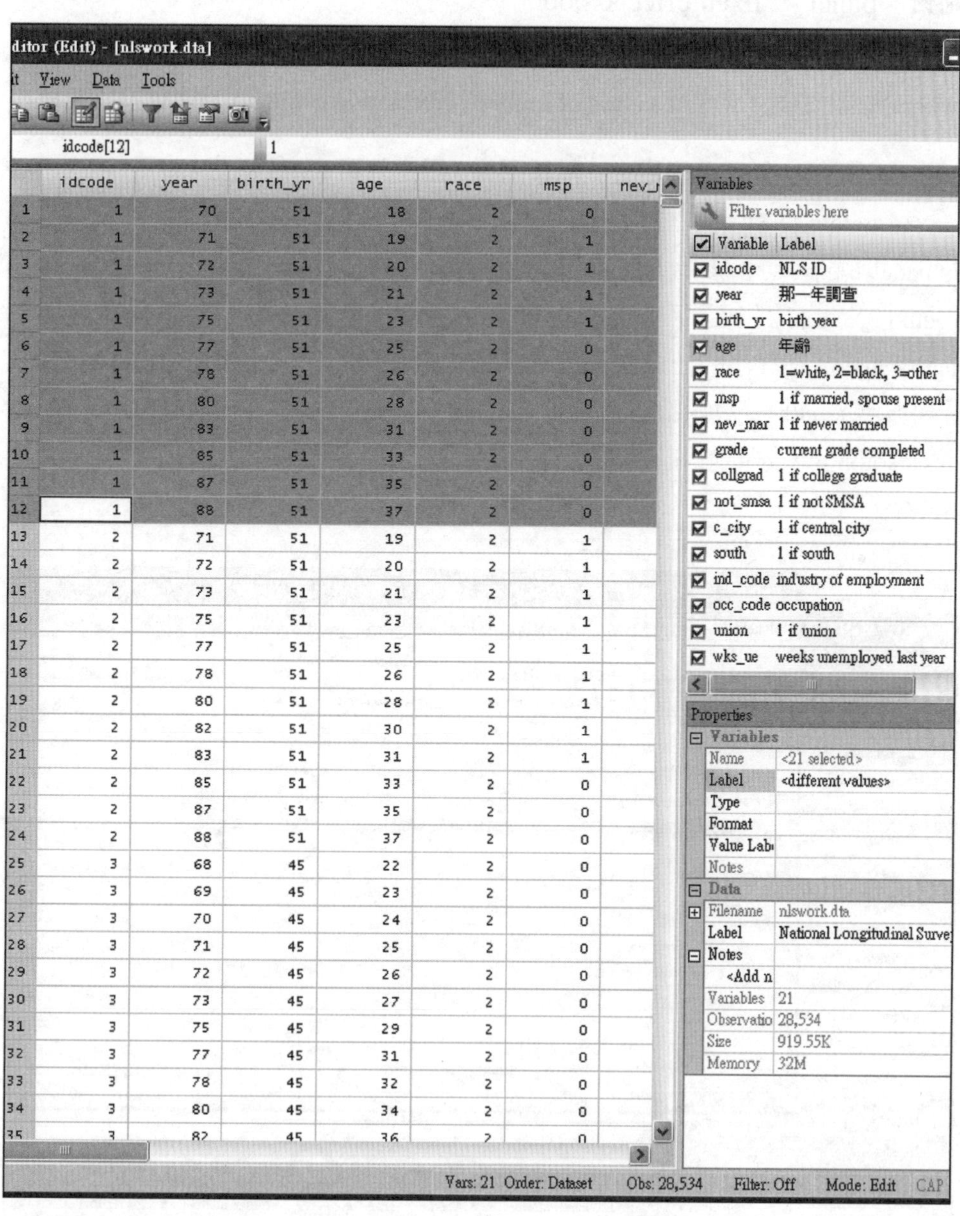

	idcode	year	birth_yr	age	race	msp
1	1	70	51	18	2	0
2	1	71	51	19	2	1
3	1	72	51	20	2	1
4	1	73	51	21	2	1
5	1	75	51	23	2	1
6	1	77	51	25	2	0
7	1	78	51	26	2	0
8	1	80	51	28	2	0
9	1	83	51	31	2	0
10	1	85	51	33	2	0
11	1	87	51	35	2	0
12	1	88	51	37	2	0
13	2	71	51	19	2	1
14	2	72	51	20	2	1
15	2	73	51	21	2	1
16	2	75	51	23	2	1
17	2	77	51	25	2	1
18	2	78	51	26	2	1
19	2	80	51	28	2	1
20	2	82	51	30	2	1
21	2	83	51	31	2	1
22	2	85	51	33	2	0
23	2	87	51	35	2	0
24	2	88	51	37	2	0
25	3	68	45	22	2	0
26	3	69	45	23	2	0
27	3	70	45	24	2	0
28	3	71	45	25	2	0
29	3	72	45	26	2	0
30	3	73	45	27	2	0
31	3	75	45	29	2	0
32	3	77	45	31	2	0
33	3	78	45	32	2	0
34	3	80	45	34	2	0
35	3	82	45	36	2	0

圖 6-51 「nlswork.dta」資料檔之內容

範例：panel 之 fixed effects model

固定效果係假定截距項 μ_i 與 exogenous regressors 之 W_{it} 有相關。此組內 (within) 估計法對「within a class of limited information estimators」運算特別有效。

Step1. 對照組：無工具變數之一階段迴歸 (固定效果 xtreg 指令)

在 within 估計法，請回想第「5-2」章節介紹 xtreg 分析婦女工資 (wage) 的 panel 例子，此樣本取自「women from the National Longitudinal Survey of Youth」。此前例，它係假設具時變 (time-varying) 共變數，包括：婦女年齡 (age)、age^2、在職場的任期 (tenure)、參加工會嗎 (union)、住市區嗎 (not_smsa)、住南方嗎 (south)，故對應的解釋變數包括：「age, c.age#c.age, tenure, union, not smsa, south」，你可先用一階段 xtreg 指令來分析，過程如下。

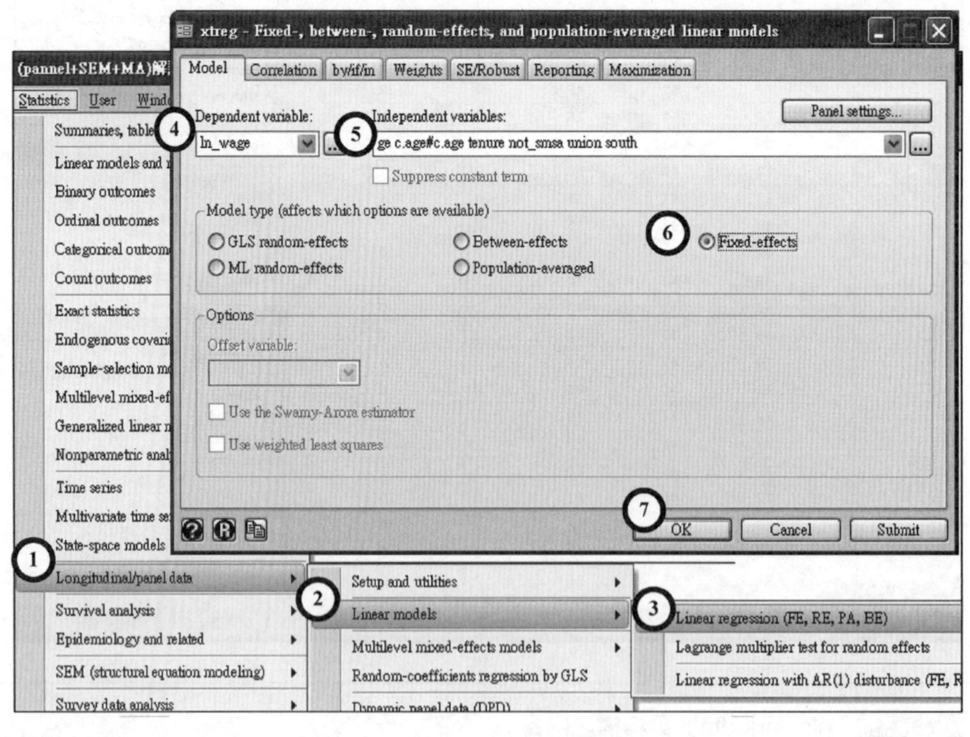

圖 6-52 「xtreg ln_wage age c.age#c.age tenure not_smsa union south, fe」畫面

```
. use http://www.stata-press.com/data/r12/nlswork
(National Longitudinal Survey.  Young Women 14-26 years of age in 1968)

*「c.」宣告 age 為 catalog 變數。由於工資 (w) 非常態，故先取對數函數，使它符合常
 態性假定

. xtreg ln_wage age c.age#c.age tenure not_smsa union south, fe

Fixed-effects (within) regression               Number of obs      =     19007
Group variable: idcode                          Number of groups   =      4134

R-sq:  within  = 0.1333                         Obs per group: min =         1
       between = 0.2375                                        avg =       4.6
       overall = 0.2031                                        max =        12

                                                F(6,14867)         =    381.19
corr(u_i, Xb)  = 0.2074                         Prob > F           =    0.0000

------------------------------------------------------------------------------
     ln_wage |      Coef.   Std. Err.      t    P>|t|     [95% Conf. Interval]
-------------+----------------------------------------------------------------
         age |   .0311984   .0033902     9.20   0.000     .0245533    .0378436
             |
 c.age#c.age |  -.0003457   .0000543    -6.37   0.000    -.0004522   -.0002393
             |
      tenure |   .0176205   .0008099    21.76   0.000     .0160331    .0192079
    not_smsa |  -.0972535   .0125377    -7.76   0.000    -.1218289    -.072678
       union |   .0975672   .0069844    13.97   0.000     .0838769    .1112576
       south |  -.0620932    .013327    -4.66   0.000    -.0882158   -.0359706
       _cons |   1.091612   .0523126    20.87   0.000     .9890729    1.194151
-------------+----------------------------------------------------------------
     sigma_u |   .3910683
     sigma_e |  .25545969
         rho |  .70091004   (fraction of variance due to u_i)
------------------------------------------------------------------------------
F test that all u_i=0:     F(4133, 14867) =     8.31         Prob > F = 0.0000
```

1.「corr(u_i, Xb) = 0.21」，截距項 α_i 與解釋變數 X_{it} 之間相關值為 0.21(並非為

0)，表示本例採用固定效果係適當的。

2. 本模型「xtreg ln_wage …, fe」整體適配 $F_{(6,14867)} = 381.19$ ($p < 0.05$)，表示本模型中，所有係數都不是 0，即本模型設定是 ok 的。
3. 解釋變數 age 對 ln_wage 預測係數 β 爲 0.031，雙尾 t = 19.09($p < 0.05$)，表示「工作年資 age 每增加一單位，依變數 (工資 ln_wage) 就增加 0.031 單位」。通常，雙尾 |t| 值 >1.96，其 p 值就落入「臨界值的拒絕區」。
4. 固定效果 panel 迴歸式「$Y_{it} = \alpha_i + \beta_1 Y_{1it} + \cdots + \beta_k Y_{kit} + e_{it}$」爲：

$$\ln\_wage_{it} = 1.09 + 0.031 age_{it} - 0.0003 age_{it}^2 + 0.017 tenure_{it} - 0.097 not\_smsa_{it} + 0.097 union_{it} - 0.062 south_{it} + e_{it}$$

5. 「sigma_u」0.391 爲「組內殘差的標準差 (sd of residuals within group) u_i」。
6. 「sigma_e」0.255 爲「全體殘差的標準差 [sd of residuals (overall error term)] e_i」。
7. 類別間相關 (interclass correlation) 殘差自我相關 $\rho = \dfrac{(sigma\_u)^2}{(sigma\_u)^2 + (sigma\_e)^2}$，

   本例 rho = 0.70，表示「變異數的 70% 係來自 across panels 之差異」。
8. xtreg, xtivreg, ivregress 指令來執行固定 / 隨機效果之複迴歸，才會多印出最後一行之 F = 8.31，p < 0.05，故拒絕「H_0：每個個體的截距項 α_i 皆相同」，則採用固定效果模型分析較爲合適；反之，若接受 H_0，則只需估計單一截距項 α_i，意味此 panel-data 的 N 個觀察個體、T 期觀察時間的資料，可被作 N×T 個觀察值的橫斷面或時間序列樣本，因而喪失縱橫資料的特性，成爲混合資料 OLS 迴歸模型。

$$Y_{it} = \alpha_i + \beta' \sum_{i=1}^{k} X_{kit} + \varepsilon_{it} \quad i = 1, 2, ... n ; t = 1, 2, ... T$$

$$\hat{\alpha}_i = \overline{Y}_i - \overline{X}_i \hat{\beta}_{FE} \quad i = 1, 2, ... , N$$

由於檢視每個觀察個體的截距項是否均不同，因此設定以下的 F 檢定假設：

$$\begin{cases} H_0: \alpha_1 = \alpha_2 = \cdots = \alpha_i \\ H_1: H_0 \text{爲僞} \end{cases}$$

其檢定統計量爲 F 分配：

$$F_{(N-1, NT-N-K)} = \frac{(SSE_{Pooled} - SSE_{LSDV})/(n-1)}{SSE_{LSDV}/(NT-N-K)}$$

9. 結論：固定效果 panel 迴歸中，「union, south」二者當作外生解釋變數，此 panel 模型是合適的。
10. 整體模型適合度檢定，得 $F_{(6,14867)} = 381.19 (p < 0.05)$，表示本資料與你認定的模型適配。

Step2. panel-data：**帶有工具變數之兩階段迴歸 (固定效果 xtivreg 指令)**

假設你將 union 及 south 二者視為年資 (tenure) 函數，即：

年資 = f(工會嗎，南方人嗎)

年資 (tenure) 係由二個工具變數 (union, south) 來求預測值之後，此年資預測值再拿來當作預測 ln_wage 的 endogenous regressor。故工具變數之兩階段迴歸之 xtivreg 指令如下：

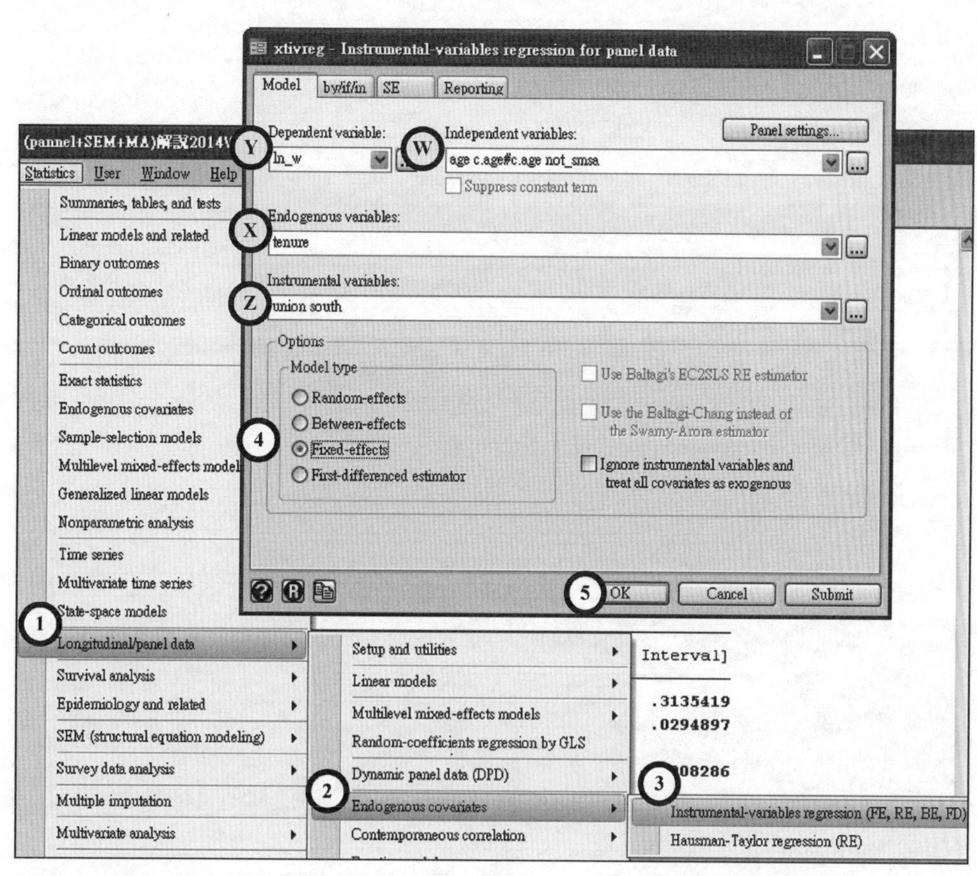

圖 6-53 「xtivreg ln_w age c.age#c.age not_smsa(tenure = union south), fe」畫面

註：Statistics > Longitudinal/panel data > Endogenous covariates > Instrumental-variables regression (FE, RE, BE, FD)

```
. webuse nlswork

* Fixed-effects model
. xtivreg ln_w age c.age#c.age not_smsa (tenure = union south), fe
Fixed-effects (within) IV regression         Number of obs      =     19007
Group variable: idcode                       Number of groups   =      4134

R-sq:  within  =      .                      Obs per group: min =         1
       between = 0.1304                                     avg =       4.6
       overall = 0.0897                                     max =        12

                                             Wald chi2(4)       = 147926.58
corr(u_i, Xb)  = -0.6843                     Prob > chi2        =    0.0000

------------------------------------------------------------------------------
     ln_wage |      Coef.   Std. Err.      z    P>|z|     [95% Conf. Interval]
-------------+----------------------------------------------------------------
      tenure |   .2403531   .0373419     6.44   0.000     .1671643    .3135419
         age |   .0118437   .0090032     1.32   0.188    -.0058023    .0294897
             |
 c.age#c.age |  -.0012145   .0001968    -6.17   0.000    -.0016003   -.0008286
             |
    not_smsa |  -.0167178   .0339236    -0.49   0.622    -.0832069    .0497713
       _cons |   1.678287   .1626657    10.32   0.000     1.359468    1.997106
-------------+----------------------------------------------------------------
     sigma_u |  .70661941
     sigma_e |  .63029359
         rho |  .55690561   (fraction of variance due to u_i)
------------------------------------------------------------------------------
F  test that all u_i=0:     F(4133,14869) =     1.44      Prob > F    = 0.0000
------------------------------------------------------------------------------
Instrumented:   tenure
Instruments:    age c.age#c.age not_smsa union south
------------------------------------------------------------------------------
```

1.「corr(u_i, Xb) = −0.68」，表示在固定效果，截距項 μ_i 與解釋變數 X_{it} 之間相關值爲 −0.68。

2. 本模型「xtreg ln_wage …, re」整體模型適合度檢定，得 Wald $\chi^2_{(4)} = 147926.5$ ($p < 0.05$)，表示本模型中，所有係數都不是 0，即本模型設定是 ok 的。

3. 解釋變數 age 對 ln_wage 預測係數 β 爲 0.12，雙尾 t = 19.09($p < 0.05$)，表示「年齡 age 每增加一單位，依變數 (工資 ln_wage) 就增加 0.12 單位」。通常，雙尾 |t| 值 > 1.96，其 p 值就落入「臨界值的拒絕區」。

4. 固定效果 panel 迴歸式「$Y_{it} = \alpha_i + \beta_1 Y_{1it} + \cdots + \beta_k Y_{kit} + e_{it}$」爲：

$$ln\_wage_{it} = 1.68 + 0.24 tenure_{it} + 0.012 age_{it} - 0.00121 age^2_{it} - 0.017 not\_smsa_{it} + e_{it}$$

5.「sigma_u」0.71 爲「組內殘差的標準差 (sd of residuals within group) u_i」。

6.「sigma_e」0.63 爲「全體殘差的標準差 [sd of residuals (overall error term)] e_i」。

7. 類別間相關 (interclass correlation) 殘差自我相關 $\rho = \dfrac{(sigma\_u)^2}{(sigma\_u)^2 + (sigma\_e)^2}$，本例 rho = 0.70，表示「變異數的 70% 係來自 across panels 之差異」。

8. xtreg 指令來執行複迴歸，才會多印出最後一行之 F = 1.44，$p < 0.05$，故拒絕「H_0：每個個體的截距項 μ_i 皆相同」，所以本例四個解釋變數之特定個體效果 μ_i 都顯著不同。

9. 結論：文獻探討，可推知 tenure 與「union, south」二者有相關，與依變數 ln_wage 無相關。而且經統計證明本例在固定效果時，內生變數 tenure 的迴歸係數亦達 0.05 顯著水準，故可以說「union, south」二者當作內生變數 tenure 的工具變數，亦是適合的。

小結

1. 無工具變數時，原本採用 ivreg 模型分析結果，age 及 not_smsa 的迴歸係數都達 0.05 顯著水準，但有工具變數 xtivreg 模型分析結果則反之。這二個對立結果，通常 xtivreg 模型比 ivreg 模型會更沒有偏誤。
2. 其餘係數之顯著性 t 檢定 (p 值)，ivreg 模型及 xtivreg 模型係一致的。
3. 工人薪資 panel 模型，在固定效果情形下，有無工具變數，二者所得解釋變數之係數就不同；但在下例 (6-3-2b) 中，若改成隨機效果時，有無工具變數，二者所得解釋變數之係數就相似。

6-3-2b Panel 隨機效果有 IV 「G2SLS、EC2SLS 法」會比無 IV 優嗎 (xtivreg 指令)

同 6-3-2a 資料檔「nlswork.dta」，panel-data 由固定效果改成隨機效果，它追蹤十二年 (1970-1988 年) 之工人薪資 (取自然對數之 ln_wage) 爲依變數，試問 union, birth, south 三者當作 tenure 的工具變數適當嗎？本模型中，「age, c.age#c.age(連續變數 age 視爲類別變數的交互作用項), not_smsa, 2.race」四者，當外生解釋變數 (exogenous)。

假如你認爲截距項 μ_i 與其他共變數 (W_{it} 與 $\hat{X}_{it}$) 無相關，就可採用隨機模型。

1. 隨機效果係假定截距項 μ_i 爲隨機變數，且 μ_i 在跨小組之間也是 i.i.d。
2. 若假定截距項 μ_i 與外生解釋變數 (exogenous regressors) W_{it} 係無相關，則改用 GLS 隨機估計法才會更有效果。反之，若 μ_i 爲隨機變數與 W_{it} 有相關，則 GLS 隨機估計法會出現結果不一致，這時你該選用固定效果 (within 估計法)。
3. 隨機模型又稱 variance-components 或 error-components 模型。

隨機效果 xtivreg 指令旨在估計「two-stage least-squares one-way error-components models」。例如，單因子隨機效果，變異數分成二個成分：截距項 μ_i 及特質誤差項 υ_{it}。這二個變異數都是未知數，故需用 feasible GLS 來實作。因此，隨機效果之 xtivreg 提供二個選擇：

1. Swamy-Arora 法：此內定之 Swamy-Arora 估計法，會校正小樣本之自由度。
2. Baltagi-Chang(2000) 簡單一致估計法：改自 Swamy-Arora 之 variance components，可處理 unbalanced panels。它所使用 variance-components 估計法，係改自 Amemiya (1971) 及 Swamy 與 Arora (1972) 演算法，可惜此法不適合小樣本 panel。「xtivreg…, re」指令若搭配 ***nosa*** 選項，則 Stata 將內定 Swamy-Arora 法改成 Baltagi-Chang 法。
3. xtivreg 有二種 variance-components GLS 估計法，二者主要差別，係對外生變數 W_{it} 及工具變數 Z_{it} 之變異數作分解。兩階段迴歸之 $Regressor_{it} = [\hat{X}_{it} W_{it}]$。其中：

   (1) 系統內定法 ***G2SLS*** 係 Balestra 與 Varadharajan-Krishnakumar 演算法。

   (2) 勾選 ***ec2sls*** 選項，係宣告 xtivreg 採用 Baltagi's EC2SLS 法。

Panel-data 之 GLS 隨機效果，***G2SLS*** 法與 EC2SLS 法的比較

Step 1. GLS 隨機效果：採系統內定 G2SLS 法

1. 此 G2SLS 隨機模型，包括二個非時變變數：birth_yr 及 2.race。所有係數都達 0.05 顯著水準。
2.「Coef.」欄位，若爲正値，則代表該 regressor 與依變數關係爲正；反之則反。

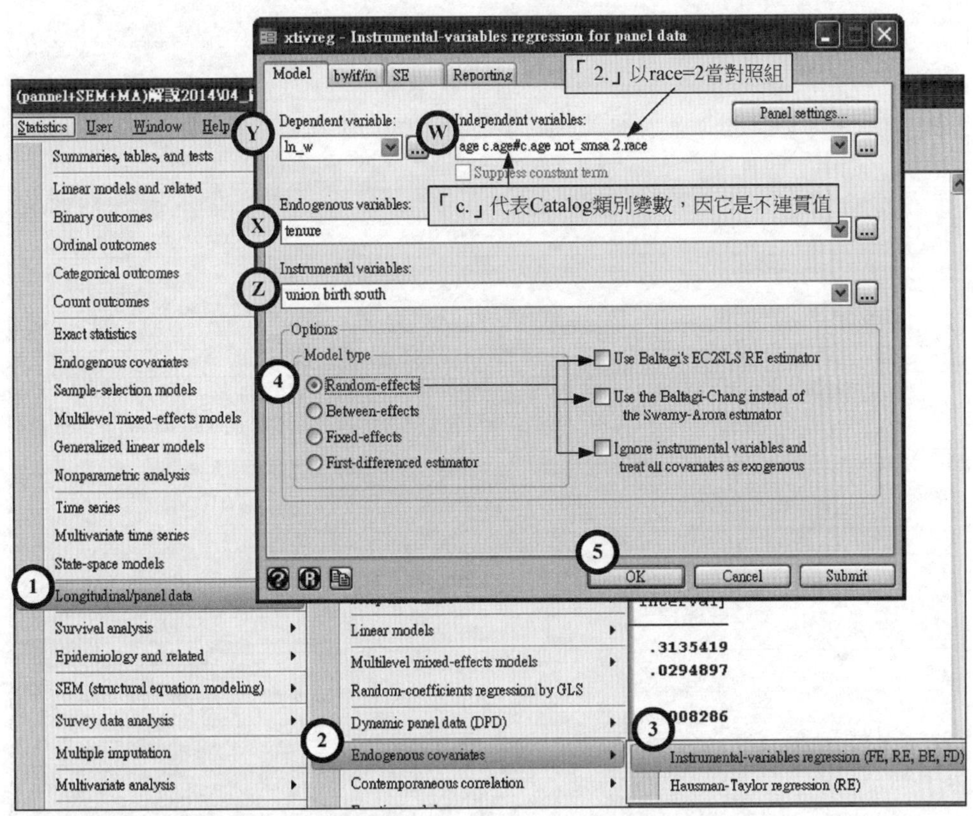

圖 6-54 「xtivreg ln_w age c.age#c.age not_smsa 2.race(tenure = union birth south), re」畫面

```
. webuse nlswork

* GLS random-effects model 內定採 G2SLS 法
. xtivreg ln_wage age c.age#c.age not_smsa 2.race (tenure = union birth
  south), re

G2SLS random-effects IV regression              Number of obs      =     19007
Group variable: idcode                          Number of groups   =      4134

R-sq:  within  = 0.0664                         Obs per group: min =         1
       between = 0.2098                                        avg =       4.6
       overall = 0.1463                                        max =        12

                                                Wald chi2(5)       =   1446.37
corr(u_i, X)       = 0 (assumed)                Prob > chi2        =    0.0000

------------------------------------------------------------------------------
     ln_wage |      Coef.   Std. Err.      z    P>|z|     [95% Conf. Interval]
-------------+----------------------------------------------------------------
      tenure |   .1391798   .0078756    17.67   0.000      .123744    .1546157
         age |   .0279649   .0054182     5.16   0.000     .0173454    .0385843
             |
 c.age#c.age |  -.0008357   .0000871    -9.60   0.000    -.0010063    -.000665
             |
    not_smsa |  -.2235103   .0111371   -20.07   0.000    -.2453386   -.2016821
      2.race |  -.2078613   .0125803   -16.52   0.000    -.2325183   -.1832044
       _cons |   1.337684   .0844988    15.83   0.000     1.172069    1.503299
-------------+----------------------------------------------------------------
     sigma_u |  .36582493
     sigma_e |  .63031479
         rho |  .25197078   (fraction of variance due to u_i)
------------------------------------------------------------------------------
Instrumented:   tenure
Instruments:    age c.age#c.age not_smsa 2.race union birth_yr south
------------------------------------------------------------------------------
```

G2SLS 法 GLS 隨機效果，分析結果爲：

1. 文獻探討，可推知 tenure 與「union, birth, south」三者有相關，與依變數 ln_wage 無相關。而且經統計證明本例之內生變數 tenure 的迴歸係數，亦達 0.05 顯著水準，故可以說：「union, birth, south」三者當作 tenure 的工具變數是適當的。
2. 整體模型適合度檢定，得 Wald $\chi^2_{(5)} = 1446.37$ ($p < 0.05$)，表示本模型中，所有係數都不是 0，即本模型認定是適合的。
3. G2SLS 法 GLS 隨機模型爲：

ln_wage = 1.33 + 0.139×tenure + 0.028×age − 0.0008 (age 交互作用)
− 0.22×not_smsa − 0.2×race

Step 2. GLS 隨機效果：改採用 EC2SLS 法

此 EC2SLS 法與之前 G2SLS 隨機模型，二者分析結果非常相似。

```
. webuse nlswork

* GLS random-effects model 之 EC2SLS 法

. xtivreg ln_w age c.age#c.age not_smsa 2.race (tenure = union birth south),
  re ec2sls

EC2SLS random-effects IV regression             Number of obs      =     19007
Group variable: idcode                          Number of groups   =      4134

R-sq:  within  = 0.0898                         Obs per group: min =         1
       between = 0.2608                                        avg =       4.6
       overall = 0.1926                                        max =        12

                                                Wald chi2(5)       =   2721.92
corr(u_i, X)       = 0 (assumed)                Prob > chi2        =    0.0000

------------------------------------------------------------------------------
     ln_wage |      Coef.   Std. Err.      z    P>|z|     [95% Conf. Interval]
-------------+----------------------------------------------------------------
      tenure |    .064822   .0025647    25.27   0.000     .0597953    .0698486
```

```
         age |   .0380048   .0039549     9.61   0.000     .0302534   .0457562
             |
 c.age#c.age |  -.0006676   .0000632   -10.56   0.000    -.0007915  -.0005438
             |
    not_smsa |  -.2298961   .0082993   -27.70   0.000    -.2461625  -.2136297
      2.race |  -.1823627   .0092005   -19.82   0.000    -.2003954    -.16433
       _cons |   1.110564   .0606538    18.31   0.000     .9916849   1.229443
-------------+----------------------------------------------------------------
     sigma_u |  .36582493
     sigma_e |  .63031479
         rho |  .25197078   (fraction of variance due to u_i)
------------------------------------------------------------------------------
Instrumented:   tenure
Instruments:    age c.age#c.age not_smsa 2.race union birth_yr south
------------------------------------------------------------------------------
```

EC2SLS 法 GLS 隨機效果，分析結果為：

1. 整體模型適合度檢定，得 Wald $\chi^2_{(5)} = 2721.92$ ($p < 0.05$)，表示本模型中，所有係數都不是 0，即本模型認定是適合的。
2. 文獻探討，可推知 tenure 與「union, birth, south」三者有相關，與依變數 ln_wage 無相關。而且經統計證明本例之內生變數 tenure 的迴歸係數，亦達 0.05 顯著水準，故可以說：「union, birth, south」三者當作 tenure 的工具變數是適當的。
3. G2SLS 法 GLS 隨機模型為：

$$ln\_wage = 1.11 + 0.065 \times tenure + 0.038 \times age - 0.0007\ (age\ 交互作用) - 0.23 \times not\_smsa - 0.18 \times race$$

4. 工人薪資 panel 模型，若改成隨機效果時，有無工具變數，ivreg vs. xtivreg 二種模型所得解釋變數之係數就相似。但前例 (6-3-2a) 顯示，在固定效果時，有無工具變數，ivreg vs. xtivreg 二種模型所得解釋變數之係數就不相同。
5. 有關 panel-data 該採固定效果或隨機效果，請見第 1 章「1-7 追蹤資料模型的效果選擇 (pooled OLS、固定效果、隨機效果？)」及第 5 章的範例。

6-3-2c Panel-Data 一階差分之估計：兩階段迴歸 (xtivreg…, fd 指令)

一、First Difference(一階差分)

一階差分 (first difference)，就是對數列 X 差分一次。符號 ΔX (Delta)，表示對數列 X 差分一次。$\Delta X_t = X_t - X_{t-1}$，例如，$X$ 代表台積電 N 期的股價，假設數列 X = (50, 51, 51, 50, 48, 53, 54, 52)，則 ΔX = (.,1, 0, -1, -2, 5, 1, -2)。在時間序列中，若遇到非定態的數列，在求其波動特性 (如 auto-regression, ARIMA 等) 前，常常需將它差分一次後，再代入向量自我迴歸 (VAR), VECM 或 xtivreg 模型求出因果關係。

若時間序列 X，證實具有單根 (非定態數列)，則需做「差分」變數變換，其符號 ΔX (Delta) 對應之 Stata 指令爲：

```
. gen delta_x = x- L.x
*或
. gen delta_x = D.x
```

二、何謂穩定性 (定態)

總體經濟變數中，許多時間序列行爲往往呈現各種不同的長期趨勢，而與定態時間序列有很大的差異。目前一般實證分析上，主要考慮固定趨勢 (deterministic trend) 與隨機趨勢 (stochastic trend) 兩種。基本上，時間序列具有決定趨勢者，在模型中加入時間趨勢項後，可成爲定態數列，但時間序列具有隨機趨勢者 (通常爲 $I(1)$ 數列，即時間序列經一次差分可爲定態數列)，由於在模型中加入時間趨勢項，並不會使模型的期望值與變異數收斂，故必須將數列加以差分，使其成爲定態數列後，才能作正確的統計推論。

當資料含隨機趨勢時，如直接以 OLS 估計，會導致 Granger 與 Newbold (1974) 所提出的虛假迴歸 (spurious regression) 問題。Granger 與 Newbold (1974) 發現，虛假迴歸 (spurious regression) 的結果，通常會產生 R^2 很高，但 Durbin-Watson 統計量的值很低的情形。

因此，在進行實證分析前，應先就時間序列的穩定性加以檢定。判斷時間序列是否爲非定態數列的方法，除觀察圖形外，目前一般採取的檢定方法爲納入數列之常數項與時間趨勢項的 ADF 單根檢定 (Augmented Dickey Fuller unit-root test)。雖然樣本數增加，有助於以圖形判斷資料是否爲確定趨勢或隨機趨勢，惟管中閔 (1999) 認爲圖形與單根檢定均有限制，並不能完全解決判斷資料產生的過程，究竟爲確定趨勢或隨機趨勢。

假設欲檢定時間序列 y_t 是否爲定態數列，根據 ADF 單根檢定的作法，即是檢定下列之時間序列模型中 y_{t-1} 的係數估計值 ρ 是否等於 1。

$$\Delta y_t = a_0 + (\rho - 1) y_{t-1} + a_2 Trend + \sum_{i=1}^{p} b_i \Delta y_{t-i} + e_t$$

如檢定結果，無法拒絕單根虛無假設，即 $\rho = 1$，則 y_t 爲非定態數列。對於非定態數列，應取差分並持續反覆以 ADF 檢定，直到差分後的數列爲定態時，再進行迴歸分析 (如 VAR, SVAR)。此外，如時間序列具有結構改變時，應改以 Banerjee, Lumsdaine 與 Stock(1992) 建議的遞迴檢定 (recursive test)、滾動檢定 (rolling test) 或連續檢定 (sequential test) 三種檢定方法之一，進行檢定。

何謂單根 (unit root) ？

$$\Delta y_t = \phi \times y_{t-1} + \sum_{j=1}^{p-1} \alpha_j \Delta y_{t-j} + \varepsilon_t$$

以上式來說，「單根」(「one」root) 係指，y_{t-1} 的係數 ϕ 理論上，會趨近「1」(「one」)，表示若數列 y_t 有趨勢存在，則該數列差分後的後 p 期 (Δy_{t-p})，都可預期當期 Δy_t。

範例：一階差分 (First- differenced) 之 2SLS

本例 panel-data 係追蹤七年 (1977-1983 年) 調查 140 家公司，員工數 (n) 的預測模型，試問，以前三年員工數 (L3.n) 當作前年員工數 (L1.n) 的工具變數，適當嗎？

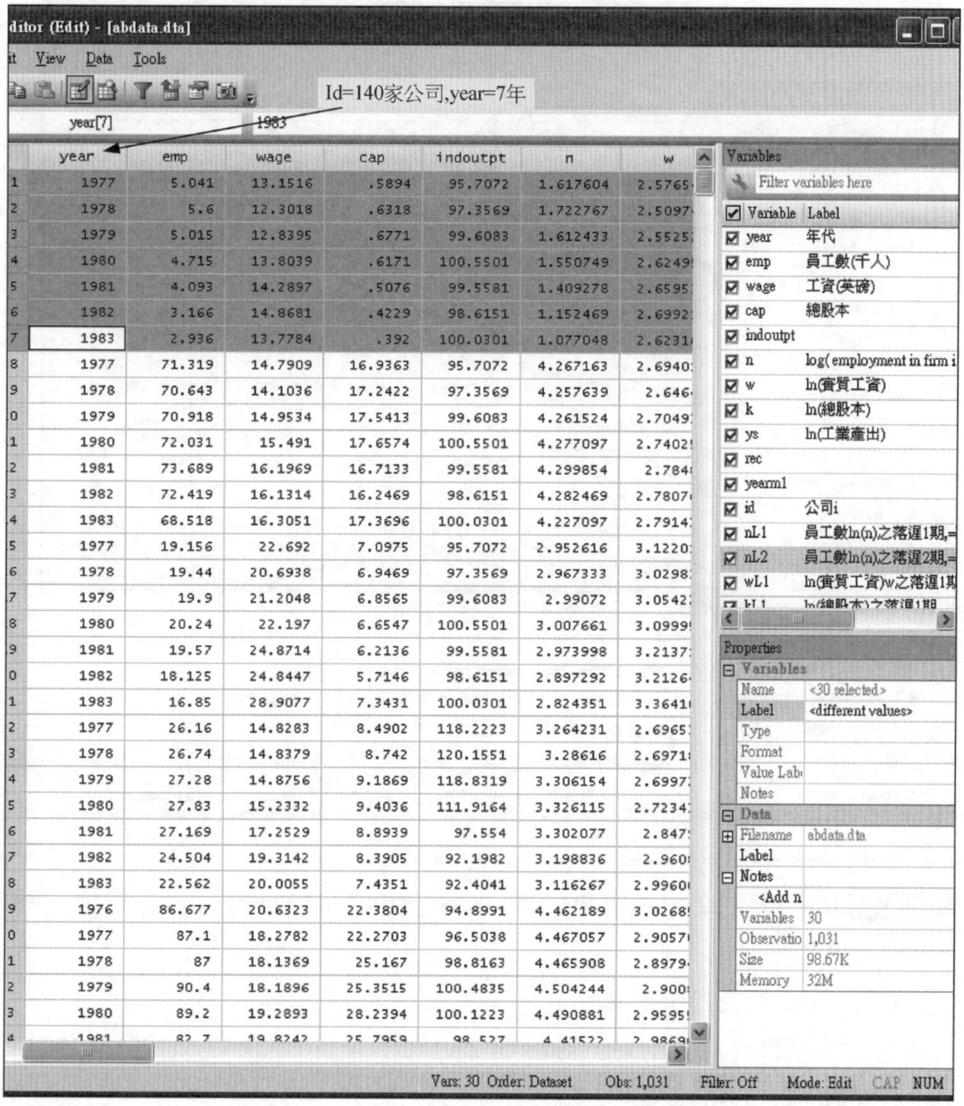

ditor (Edit) - [abdata.dta]

it View Data Tools

Id=140家公司,year=7年

year[7] 1983

	year	emp	wage	cap	indoutpt	n	w
1	1977	5.041	13.1516	.5894	95.7072	1.617604	2.5765
2	1978	5.6	12.3018	.6318	97.3569	1.722767	2.5097
3	1979	5.015	12.8395	.6771	99.6083	1.612433	2.5525
4	1980	4.715	13.8039	.6171	100.5501	1.550749	2.6249
5	1981	4.093	14.2897	.5076	99.5581	1.409278	2.6595
6	1982	3.166	14.8681	.4229	98.6151	1.152469	2.6992
7	1983	2.936	13.7784	.392	100.0301	1.077048	2.6231
8	1977	71.319	14.7909	16.9363	95.7072	4.267163	2.6940
9	1978	70.643	14.1036	17.2422	97.3569	4.257639	2.646
0	1979	70.918	14.9534	17.5413	99.6083	4.261524	2.7049
1	1980	72.031	15.491	17.6574	100.5501	4.277097	2.7402
2	1981	73.689	16.1969	16.7133	99.5581	4.299854	2.784
3	1982	72.419	16.1314	16.2469	98.6151	4.282469	2.7807
4	1983	68.518	16.3051	17.3696	100.0301	4.227097	2.7914
5	1977	19.156	22.692	7.0975	95.7072	2.952616	3.1220
6	1978	19.44	20.6938	6.9469	97.3569	2.967333	3.0298
7	1979	19.9	21.2048	6.8565	99.6083	2.99072	3.0542
8	1980	20.24	22.197	6.6547	100.5501	3.007661	3.0999
9	1981	19.57	24.8714	6.2136	99.5581	2.973998	3.2137
0	1982	18.125	24.8447	5.7146	98.6151	2.897292	3.2126
1	1983	16.85	28.9077	7.3431	100.0301	2.824351	3.3641
2	1977	26.16	14.8283	8.4902	118.2223	3.264231	2.6965
3	1978	26.74	14.8379	8.742	120.1551	3.28616	2.6971
4	1979	27.28	14.8756	9.1869	118.8319	3.306154	2.6997
5	1980	27.83	15.2332	9.4036	111.9164	3.326115	2.7234
6	1981	27.169	17.2529	8.8939	97.554	3.302077	2.847
7	1982	24.504	19.3142	8.3905	92.1982	3.198836	2.960
8	1983	22.562	20.0055	7.4351	92.4041	3.116267	2.9960
9	1976	86.677	20.6323	22.3804	94.8991	4.462189	3.0268
0	1977	87.1	18.2782	22.2703	96.5038	4.467057	2.9057
1	1978	87	18.1369	25.167	98.8163	4.465908	2.8979
2	1979	90.4	18.1896	25.3515	100.4835	4.504244	2.900
3	1980	89.2	19.2893	28.2394	100.1223	4.490881	2.9595
4	1981	82.7	19.8242	25.7959	98.527	4.41522	2.9869

Variables

Filter variables here

Variable	Label
year	年代
emp	員工數(千人)
wage	工資(英磅)
cap	總股本
indoutpt	
n	log(employment in firm i
w	ln(實質工資)
k	ln(總股本)
ys	ln(工業產出)
rec	
yearm1	
id	公司i
nL1	員工數ln(n)之落遲1期,=
nL2	員工數ln(n)之落遲2期,=
wL1	ln(實質工資)w之落遲1其
kL1	ln(總股本)之落遲1期

Properties

Variables	
Name	<30 selected>
Label	<different values>
Type	
Format	
Value Lab	
Notes	

Data	
Filename	abdata.dta
Label	
Notes	
<Add n	
Variables	30
Observatio	1,031
Size	98.67K
Memory	32M

Vars: 30 Order: Dataset Obs: 1,031 Filter: Off Mode: Edit CAP NUM

圖 6-55 「abdata.dta」資料檔內容 (Id=140 家公司，year=7 年)

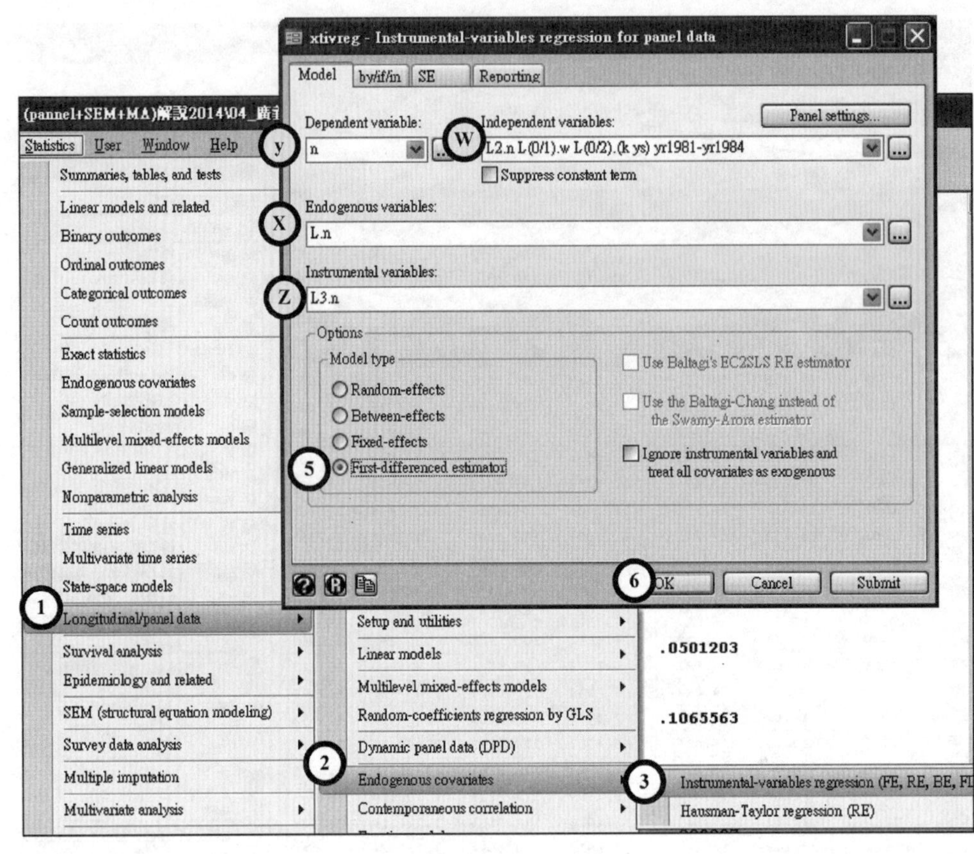

圖 6-56 「xtivreg n L2.n L(0/1).w L(0/2).(k ys) yr1981-yr1984 (L.n = L3.n), fd」畫面

1. 依變數：該公司之員工數 n。
2. 外生解釋變數(exogenous regressors): L2.n L(0/1).w L(0/2).(k ys) yr1981-yr1984。
3. 工具變數：L3.n，n 之落遲 3 期。
4. 內生解釋變數 (endogenous regressors)：L.n，n 之落遲 1 期。

三、一階差分之兩階段迴歸

「xtivreg …, fd」本身演算法，就是以「一階差分 Δ」爲計算的單位，故你可省去人工事前的差分運算，直接代入兩階段迴歸模型即可。

```
* Setup
. webuse abdata

* First-differenced estimator
*「L2.」為落遲 2 期;「L3.」為落遲 3 期;「L(0/2)」為落遲 0~2 期。

. xtivreg n L2.n L(0/1).w L(0/2).(k ys) yr1981-yr1984 (L.n = L3.n), fd

First-differenced IV regression
Group variable:    id                    Number of obs        =       471
Time variable:     year                  Number of groups     =       140

R-sq:  within  = 0.0141                  Obs per group: min =         3
       between = 0.9165                                 avg =       3.4
       overall = 0.9892                                 max =         5

                                         Wald chi2(14)        =    122.53
corr(u_i, Xb)  = 0.9239                  Prob > chi2          =    0.0000

------------------------------------------------------------------------------
         D.n |      Coef.   Std. Err.      z    P>|z|     [95% Conf. Interval]
-------------+----------------------------------------------------------------
           n |
         LD. |   1.422765   1.583053     0.90   0.369    -1.679962    4.525493
        L2D. |  -.1645517   .1647179    -1.00   0.318    -.4873928    .1582894
             |
           w |
         D1. |  -.7524675   .1765733    -4.26   0.000    -1.098545   -.4063902
         LD. |   .9627611   1.086506     0.89   0.376    -1.166752    3.092275
             |
           k |
         D1. |   .3221686   .1466086     2.20   0.028     .0348211    .6095161
         LD. |  -.3248778   .5800599    -0.56   0.575    -1.461774    .8120187
        L2D. |  -.0953947   .1960883    -0.49   0.627    -.4797207    .2889314
             |
          ys |
         D1. |   .7660906    .369694     2.07   0.038     .0415037    1.490678
         LD. |  -1.361881   1.156835    -1.18   0.239    -3.629237    .9054744
```

```
        L2D. |   .3212993   .5440403     0.59   0.555         -.745    1.387599
             |
      yr1981 |
         D1. |  -.0574197   .0430158    -1.33   0.182     -.1417291    .0268896
             |
      yr1982 |
         D1. |  -.0882952   .0706214    -1.25   0.211     -.2267106    .0501203
             |
      yr1983 |
         D1. |  -.1063153     .10861    -0.98   0.328      -.319187    .1065563
             |
      yr1984 |
         D1. |  -.1172108     .15196    -0.77   0.441     -.4150468    .1806253
             |
       _cons |   .0161204   .0336264     0.48   0.632     -.0497861     .082027
-------------+----------------------------------------------------------------
     sigma_u |  .29069213
     sigma_e |  .18855982
         rho |  .70384993   (fraction of variance due to u_i)
------------------------------------------------------------------------------
Instrumented:   L.n
Instruments:    L2.n w L.w k L.k L2.k ys L.ys L2.ys yr1981 yr1982 yr1983
                yr1984 L3.n
------------------------------------------------------------------------------
```

1. 一階差分之兩階段迴歸，結果爲：

$$\begin{aligned}\Delta n_{i,t} = 0.016_i + 1.42\Delta n_{i,t-1} - 0.16\Delta n_{i,t-2} - 0.75\Delta w_{i,t} + 0.96\Delta w_{i,t-1}\\ + 0.32\Delta k_{i,t} - 0.32\Delta k_{i,t-1} - 0.09\Delta k_{i,t-2}\\ + 0.77\Delta ys_{i,t} - 1.36\Delta ys_{i,t-1} + 0.32\Delta ys_{i,t-2}\\ - 0.06 yr1981_i - 0.09 yr1982_i - 0.11 yr1983_i - 0.12 yr1984_i + \upsilon_{it}\end{aligned}$$

2. 本例顯示，以該公司前三年員工數 (L3.n) 當作前年員工數 (L1.n) 的工具變數，進行一階差分是可被「xtivreg…, fd」指令接受的。因爲一階差分之兩階段模型的整體適配度檢定，Wald $\chi^2_{(14)} = 122.53 (p = 0.00 < 0.05)$，表示此模型適合本例 panel-data。

Chapter 07

Panel-Data 單根檢定及共整合

一、定態時間序列與非定態時間序列

時間序列資料可分為二種，定態 (stationarity) 與非定態 (non-stationarity)，外來衝擊對定態時間序列只會造成暫時性的影響，對非定態時間序列則會造成持續且長期的影響。

定態時間序列，意味著隨著時間演變，時間序列仍有穩定的結構，因此才能以過去的歷史資料預測未來。一個時間序列為弱定態 (weak stationarity) 的條件，包括：

1. 該時間序列的均數為常數，不隨時間變動而改變，即 $E(y_t) = E(y_{t-k}) = \mu$。
2. 該時間序列的變異數有限，即 $\text{Var}(y_t) < \infty$。
3. 該時間序列的自我共變數為 k 的函數與時間 t 無關，即 $\text{Cov}(y_t, y_{t-k}) = \gamma(k)$。

嚴格定態則要求時間序列的聯立機率分配不因時點改變而改變，即：

$$F(y_t, y_{t-1}, \cdots, y_{t-k}) = F(y_\tau, y_{\tau-1}, \cdots, y_{\tau-k}), \forall\ t, \tau, k$$

非定態時間序列可能有二種原因，一是固定趨勢 (deterministic trend) 與隨機趨勢 (stochastic trend)。

一個簡單的固定趨勢模型如下：

$$y_t = \beta_0 + \beta_0 t + \varepsilon_t, \varepsilon_t \sim \text{符合白噪音 WN}(0, \sigma^2)$$

則 $E(y_t) \neq E(y_{t+s})$，y_t 非定態。這類時間序列稱為去除固定趨勢後定態 (trend stationary)，一般去除固定趨勢的方法為估計固定趨勢模型後，所得之殘差數列即為定態。

隨機趨勢則是時間序列資料持續而長期性的隨機移動，當經濟體發生一次隨機衝擊，便將對時間序列資料造成持續而長期性的改變。

時間序列未除去隨機趨勢，其統計分析可能具有的問題如下：

1. 以自我迴歸模型 (autoregressive models, AR) 進行估計，其係數有小樣本向下偏誤 (small-sample downward bias) 的問題，其係數之 t 統計量的極限分配並非標準常態。
2. 可能發生虛假迴歸 (spurious regression)。所謂虛假迴歸係指，二個獨立的時間序列，可能因皆具有隨機趨勢，而估計出一個不存在的相關性。

若忽略總體經濟變數具有隨機趨勢的問題，統計推論的結果恐不可信。

單根 (unit root) 與隨機趨勢通常被視為相同的概念，單根亦是造成時間序列非定態的原因。爲確保統計推論結果的正確性，在進行分析前，需進行單根檢定，檢驗單根是否存在。最常使用的單根檢定爲 ADF 檢定，其虛無假設爲數列具有單根，拒絕虛無假設表示數列不具單根。然而，ADF 檢定在 AR(1) 係數不爲 1 但相當接近 1 時，檢定力較低，導致實際上爲定態時間序列，卻無法拒絕虛無假設的情況發生。

單純就時間序列而言，除 ADF 外，尙有其他單根檢定，如 PP 檢定、KPSS 檢定、DF-GLS 檢定、ERS 檢定及 NP 檢定等。PP 檢定亦爲較常用的單根檢定，惟其亦有類似 ADF 檢定的問題。KPSS 檢定的虛無假設爲數列不具單根，部分學者認爲 KPSS 檢定可作爲 ADF/PP 檢定的確認，如二種虛無假設相反的單根檢定具有一致結果時，方能確認數列是否具單根結論的正確性。DF-GLS 檢定、ERS 檢定及 NP 檢定等，則是近年來爲修正 ADF/PP 檢定的問題，所提出的新檢定方式，惟亦有其缺失，但仍可作爲 ADF/PP 檢定結果之參考。

某些具有單根的時間序列，取一階差分後，可去除隨機趨勢，成爲定態的時間序列，稱爲差分後定態 (difference stationary)，常以 $y_t \sim I(1)$，意指一階整合 (integrated of degree one)，若經過 d 階差分後爲定態，則以 $y_t \sim I(d)$。若 $y_t \sim I(0)$ 則表示數列本身就爲定態序列，不需差分就可代入 reg 指令或 xtreg 指令中。

二、Panel 資料單根檢定

Panel 資料單根檢定，包括以時間序列及橫斷面資料作爲樣本，以檢定變數是否符合定態的一種檢驗方法，此法可彌補上述傳統單根檢定法不足之處，即檢定力 (power) 不足之問題。

一個具隨機趨勢 (stochastic trend) 的時間序列，稱爲「非定態時間序列」(non-stationary)，統計上利用單根來檢定時間序列是否具有非定態性質，若數列具有單根，則爲非定態時間序列，因此需透過差分，直至數列爲定態爲止，在 k 階差分後成爲定態，則以 I(k) 表示。

Stata 單根檢定之語法，如下：

```
*執行 Levin-Lin-Chu 單根檢定
. xtunitroot llc varname varname [if] [in] [, LLC_options]

*執行 Harris-Tzavalis 單根檢定
. xtunitroot ht varname varname [if] [in] [, HT_options]
```

```
*執行 Breitung 單根檢定
. xtunitroot breitung varname [if] [in] [, Breitung_options]

*執行 Im-Pesaran-Shin 單根檢定
. xtunitroot ips varname [if] [in] [, IPS_options]

*執行 Fisher-type 單根檢定 s (combining p-values)
. xtunitroot fisher varname [if] [in], {dfuller | pperron} lags(#) [Fisher_options]

*執行 Hadri Lagrange multiplier stationarity 單根檢定
. xtunitroot hadri varname [if] [in] [, Hadri_options]
```

7-1 時間序列：單根檢定 (unit root test)

單根 (unit root) 指當一時間序列的變異程度隨著時間的經過而增加，而且記憶長久，任何衝擊都會對它造成恆常的影響。單根檢定主要在確定時間序列的整合級次 (integrated order)，藉以判定時間序列的定態性質。

有關單根檢定的發展，其源頭應首推由 Fuller (1976) 與 Dickey 和 Fuller (1979) 所提出的 Dickey-Fuller 單根檢定法 (簡稱 DF 檢定)，以及 Augmented Dickey-Fuller 單根檢定法 (簡稱 ADF 檢定)，藉由此單根檢定，可以瞭解模型中變數的動態走勢，更可以透過變數是否爲恆定的性質來進行各項計量議題之探討。之後單根檢定陸續發展，包括有 PP 單根檢定、KPSS 單根檢定與近期發展的 Ng-Perron 單根檢定等，這些單根檢定法多因樣本數的採集過少，而常具有統計檢定力不足的問題，故針對此項缺失，晚近計量經濟學者乃積極研擬各項革新之計量方法，其中最受矚目的計量方法即是同時採用橫斷面與時間序列的大樣本資料之 panel 單根檢定法，此方法不僅改善小樣本限制與提升檢定力，更使實證探討更具精確性。

追溯近代關於單根檢定之方法，最早應首推的經濟學家爲 Fuller(1976) 及 Dickey 與 Fuller (1979) 所提出之 Dickey-Fuller 單根檢定法與 Augmented Dickey-Fuller 單根檢定法 (簡稱 ADF 檢定)，此法是藉由對單一迴歸式的檢定，以瞭解模型中變數的動態走勢變化，並透過對變數是否爲定態之探討來進行更進一步的分析。而傳統的單變量 ADF 迴歸式如下：

$$\Delta Y_t = \alpha + \beta Y_{t-1} + \lambda_1 \Delta Y_{t-1} + \lambda_2 \Delta Y_{t-2} + \cdots + \lambda_{p-1} \Delta Y_{t-p+1} + \varepsilon_t \quad (1)$$

其中，$\Delta Y_t = Y_t - Y_{t-1}$，$Y_t$ 爲第 t 期的變數，Y_{t-1} 爲第 $t-1$ 期的變數，α 爲漂移項，λ 爲判定係數，ε_t 爲殘差項，t 爲時間趨勢項。

虛無假設與對立假設分別爲：

$$\begin{cases} H_0: \beta = 0\text{，數列爲非定態，有單根} \\ H_0: \beta \neq 0\text{，數列爲定態，無單根} \end{cases}$$

7-1-1 時間序列：單根檢定法之解說

在進行實證分析時，所採用的時間序列資料必須具備定態 (stationary) 的特性，但由於大多數的總體經濟變數皆屬非定態的時間序列資料，若直接以傳統的迴歸分析方法 (最小平方法 (ordinary least squares, OLS)) 進行估計與檢定，則容易產生 Granger 與 Newbold (1974) 所提出的虛假迴歸 (spurious regression) 之問題，造成錯誤的統計推論。

時間序列資料必須具定態，再以計量模型進行分析與預測，其實證分析結果才有意義，而單根檢定即爲檢定時間序列資料是否爲定態的研究方法。

當時間序列資料呈現非定態，通常藉由差分「Δ」(difference) 方法使資料具有定態，若一個數列需經過 d 次差分才能成爲定態，則稱此數列之整合階次爲 d 階 (integrated of order d)，以 I(d) 表示。由於共整合檢定之變數必須爲同階的整合階次，故單根檢定的主要目的在於確定時間序列的整合階次，以利判斷時間序列的定態性質。

一、時間序列資料之定態 (平穩性) 認定

有下列二種方法，來認定該數列是否具有定態 (平穩性)：

(一) 以圖形法來認定某數列是否定態 (平穩性)

任一時間序列模型均可由一組獨立同態 (iid) 的白噪音 $\{e_t\} t = 1, 2, \cdots, \infty$，以線性組合而成：

$$y_t = \mu + \beta_0 e_t + \beta_1 e_{t-1} + \beta_2 e_{t-2} + \cdots \quad e_t \overset{iid}{\sim} N(0, \sigma^2)$$

則 y_t 的變異數 $\gamma_0 = \mathrm{Var}(y_t) = E(y_t, y_t)$

$$
\begin{aligned}
E(y_t, y_t) &= E[\mu + \beta_0 e_t + \beta_1 e_{t-1} + \beta_2 e_{t-2} + \cdots \text{，} \mu + \beta_0 e_t + \beta_1 e_{t-1} + \beta_2 e_{t-2} + \cdots] \\
&= \beta_0^2\sigma^2 + \beta_1^2\sigma^2 + \beta_2^2\sigma^2 + \cdots \\
&= \sigma^2[\beta_0^2 + \beta_1^2 + \beta_2^2 + \cdots]
\end{aligned}
$$

若當 $\beta_0^2 + \beta_1^2 + \beta_2^2 + \cdots = \sum_{i=0}^{\infty} \beta_i^2 < \infty$時，即爲一恆定態的時間序列。

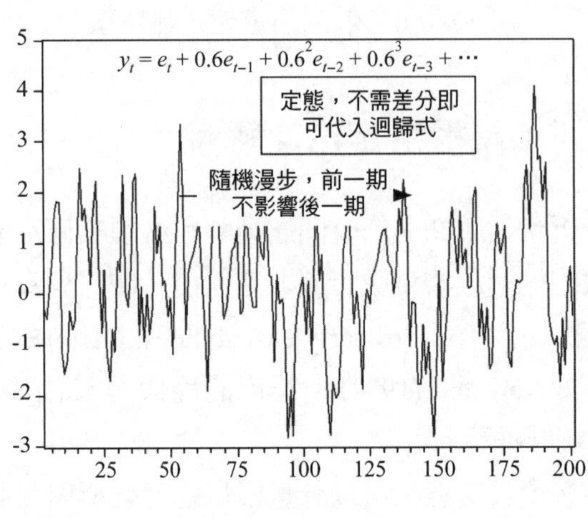

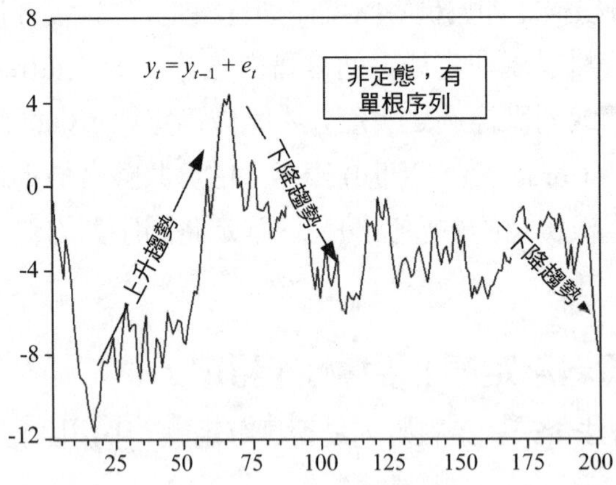

圖 7-1 時間序列資料之定態（平穩性）（上圖為白噪音）

若 $y_t = y_{t-1} + e_t$

令 $y_0 = e_0$

則 $y_1 = y_0 + e_1 = e_0 + e_1$

$y_2 = y_1 + e_2 = e_0 + e_1 + e_2$

$y_3 = y_2 + e_3 = e_0 + e_1 + e_2 + e_3$

$\vdots$

$y_t = y_{t-1} + e_t = e_0 + e_1 + \cdots + e_t$

當 $t \to \infty$時，$\text{Var}(y_t) \to \infty$，表示它爲不平穩的時間序列。

(二) 以 ADF 單根法來認定某數列是否定態 (平穩性)

假設有一 y_t 序數：

$$y_t = \alpha_0 + \beta_0 y_{t-1} + \varepsilon_t$$

$$y_t - y_{t-1} = \alpha_0 + \beta_0 y_{t-1} - y_{t-1} + \varepsilon_t$$

$$\Delta y_t = \alpha_0 + (\beta_0 - 1) y_{t-1} + \varepsilon_t \quad \text{令 } \gamma = \beta_0 - 1\text{，則}$$

$$\Delta y_t = \alpha_0 + \gamma y_{t-1} + \varepsilon_t$$

若 $\beta_0 = 1$，則 $\gamma = 0$，代表時間序列具有單根，亦即爲非穩定數列，因此只需估計最後一式迴歸式，並檢定「$\gamma = 0$?」即可，虛無假設爲 $H_0 : \gamma = 0$(有單根，亦即數列不穩定)。

實務上，有時需考慮 Δy_t 有無漂移項，或有無時間 t 趨勢，另外，Δy_t 亦可能存在自我相關，因此檢定式考慮如下：

$$\Delta y_t = \alpha_0 + \alpha_2 t + \gamma y_{t-1} + \sum_{i=1} \beta_i \Delta y_{t-1} + \varepsilon_t$$

二、單根檢定之統計法

單根檢定方法有：ADF 法、PP 法、Sims 法。其中，ADF 也是統計軟體 Jmulti 或 Eviews 最常用的方法。

Dickey 與 Fuller (1979) 最早提出單根檢定，接著 Said 與 Dickey (1984) 才提出當誤差項非爲白噪音的 DF 修正模型，謂之 Augmented Dickey-Fuller (ADF) 檢定法。其解釋變數中加入一數列變數差分後的落遲變數，而使誤差項更能接近白噪音。

一般來說，ADF 檢定分成三種形式：

1. 資料不含截距項與時間趨勢 (random walk)：$\Delta y_t = \gamma y_{t-1} + \sum_{i=2}^{p} \beta_i \Delta y_{t-i+1} + \varepsilon_t$

2. 含截距項 (random walk with drift)：$\Delta y_t = \alpha_0 + \gamma y_{t-1} + \sum_{i=2}^{p} \beta_i \Delta y_{t-i+1} + \varepsilon_t$

3. 含截距項與時間趨勢 (random walk with drift and trend)：

$$\Delta y_t = \alpha_0 + \gamma y_{t-1} + \alpha_2 t + \sum_{i=2}^{p} \beta_i \Delta y_{t-i+1} + \varepsilon_t$$

其中，p：最適落遲期數

α_0：截距項

t：時間趨勢

誤差 $\varepsilon_t \overset{iid}{\sim} N(0, \sigma^2)$

在 ADF 檢定下，虛無假設為 H_0：$\gamma = 0$。若檢定結果無法拒絕虛無假設，表示時間序列有單根現象，資料為非定態數列；反之，若檢定結果拒絕虛無假設，表示時間序列沒有單根存在，資料呈現定態現象。實務上在進行 ADF 檢定時，通常會遇到的問題是檢定式中是否有截距項或時間趨勢項，此時可先描繪變數的圖形，再根據圖形做初步判斷。若圖形無明顯之時間趨勢，則推論檢定式中毋需加入截距項及趨勢項；但圖形若有明顯的趨勢時，檢定程序就比較複雜。

相對於 ADF，Phillips 與 Perron (1988) 則基於 ADF 法之下，考慮無擾攘 (nonnuisance parameter) 的單根檢定法，簡稱 PP 法。Sims (1988) 亦針對誤差項非為白噪音之下，適當地考量證實參數所包含的初始條件 (initial condition)，而以貝氏分析 (Bayesian procedure) 進行的單根檢定法，簡稱 Sims 法。

若原始數列 $\{Y_t\}$ 為定態，則稱其為 I(0) 數列。如果經上述的檢定後，得知原始數列 $\{Y_t\}$，並非定態，則需再將之差分一次，並檢定其一次差分後的數列是否為定態。若檢定結果，一次差分後的數列為定態，則此數列的整合級次為一，稱為 I(1) 數列。若一次差分為非定態，則其整合級次將大於一，此時需再檢定，看經幾次差分後數列始為定態。若 k 次，則數列為 I(k)。

7-1-2 單根檢定之流程

Enders (2004) 指出，若使用的變數包含時間趨勢項，但在 ADF 檢定時未加入趨勢項，會使檢定力下降；若使用的變數不包含時間趨勢項，但在檢定時加入，同樣會使檢定力下降。同樣的問題也會發生在是否該加入截距項的情況中。為了避免使用錯誤 ADF 檢定形式，以得到正確的檢定結果，Enders 建議單根檢定的步驟，如圖 7-2。各虛無假設的統計量並非 t 統計量及 F 統計量，而是 Dickey 與 Fuller 所推導的統計量，如表 7-1。

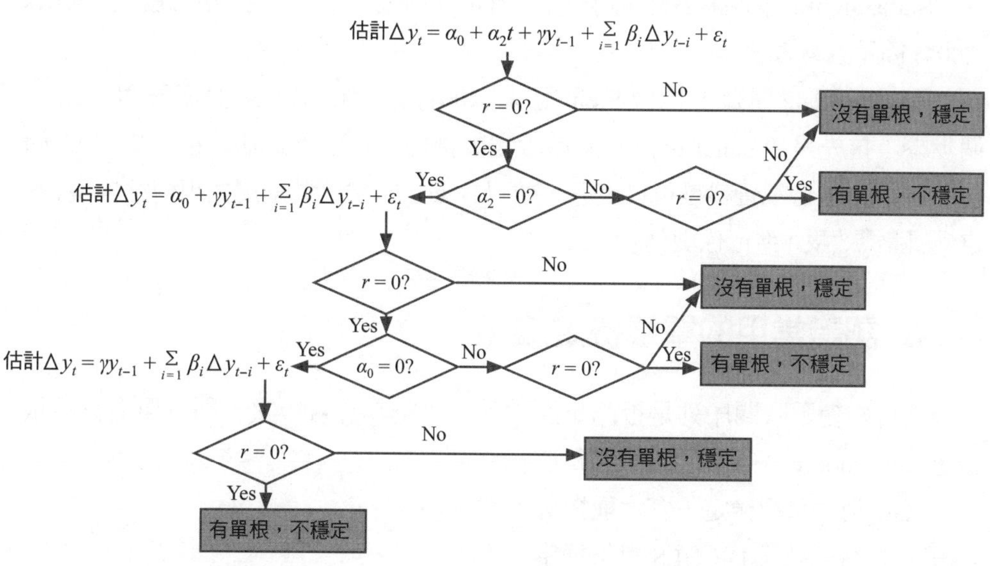

圖 7-2 單根檢定之步驟

資料來源：Enders (2004), *Applied Econometric Time Series* 2nd, p. 213

ADF 檢定的虛無假設及其所應對的檢定統計量與統計量的分配，整理於表 7-1。ADF 檢定統計量的分配並非爲傳統的 t 分配與 F 分配，而是一布朗運動 (Browian motion) 的函數，對於拒絕或是接受虛無假設的臨界值必須查閱 Dickey 與 Fuller (1981) 的模擬結果。

表 7-1 ADF 單根檢定虛無假設與對應統計量

模型	虛無假設	統計
1. 純隨機 (random walk) $\Delta y_t = \gamma y_{t-1} + \sum_{i=2}^{p} \beta_i \Delta y_{t-i+1} + \varepsilon_t$	$\gamma = 0$	τ
2. 含截距項 (random walk with drift) $\Delta y_t = \alpha_0 + \gamma y_{t-1} + \sum_{i=2}^{p} \beta_i \Delta y_{t-i+1} + \varepsilon_t$	$\gamma = 0$ $\gamma = \alpha_0 = 0$	τ_u ϕ_1
3. 含截距項及時間趨勢 (random walk with drift and trend) $\Delta y_t = \alpha_0 + \gamma y_{t-1} + \alpha_2 t + \sum_{i=2}^{p} \beta_i \Delta y_{t-i+1} + \varepsilon_t$	$\gamma = 0$ $\gamma = \alpha_2 = 0$ $\gamma = \alpha_0 = \alpha_2 = 0$	τ_t ϕ_3 ϕ_2

Stata, Jmulti 都有提供時間序列的 ADF 單根檢定法，其認定法就比 Enders (2004) 簡單且有效率。

對 panel-data 而言，根據 Stein 等人 (2001) 分析模型，主要流程可分爲三個步驟：首先是以 panel-data 模型進行變數推估，在進行推估之前，先以 panel unit root test 來檢視資料是否具定態，並以 Hausman 檢定判別應使用何種模型 (固定 vs. 隨機效果) 進行係數估計。

7-1-3 認識常用的單根檢定法

爲得知變數時間序列是否爲定態數列，以及其整合級次，則首要進行單根檢定 (unit root test)，亦即定態性檢定。

Stata 提供單根檢定，有六種指令：

1. dfgls 指令：執行 DF-GLS 單根檢定。
2. dfuller 指令：執行 ADF(Augmented Dickey-Fuller) 單根檢定。
3. pperron 指令：執行 Phillips-Perron 單根檢定。
4. xtunitroot 指令：執行 panel-data 單根檢定。
5. 外掛 sroot 指令：執行 seasonal 單根檢定。
6. 外掛 kpss 指令：執行 kpss。

單根檢定的主要目的在於檢定時間序列資料的定態性質，並決定該數列資料的整合級次，其檢定方法有六種：(1)Dickey 與 Fuller (1979) 提出的 Dickey-Fuller (DF) 檢定；(2)Augmented Dickey-Fuller (ADF) 檢定；(3)Phillips 與 Perron (1988) 提出的 Phillips-Perron (PP) 檢定；(4)Kwiatkowski 等人 (1992) 提出 KPSS 單根檢定；(5)ERS Point-Optimal 單根檢定；(6)Ng-Perron 單根檢定 (NP 檢定)。

Stata, Jmulti, Eviews 等軟體，主力提供 ADF, PP 以及 KPSS 三種單根檢定法。其中，Kwiatkowski 等人 (1992) 提出 KPSS 檢定，係以容許頻寬 (bandwidth) 來測試單根，它比 ADF 檢定及 PP 檢定更具效力，此檢定與以往的檢定最大的不同處，在於其虛無假設爲定態性。上述六種單根檢定法，其中又以前四種最常被學術界採用。在此，僅介紹 ADF 單根檢定，其餘請參閱《Stata 在總體經濟與財務金融的應用》一書。

7-1-4 時間序列：ADF 單根檢定

傳統的迴歸分析中，常假設時間序列之資料均可滿足迴歸分析之最佳線性不偏估計量 (BLUE)，以利對時間序列之資料作直接的分析與預測，再檢定該資料是否滿足迴歸分析之基本假設，但 Granger 與 Newbold (1974) 指出，若是忽略時間序列的恆定性，可能會產生虛假迴歸 (spurious regression) 的問題，因而無法正確解釋變數間的眞正關係，使估計結果並無任何經濟上的意義。對於具有恆定性時間序列的資料之統計特性，並不會隨時間變化而有所改變。當我們應用一般迴歸分析時，其時間序列必為恆定性，因恆定的時間序列，漸進的分配理論才會成立，檢定步驟才能夠持續進行。事實上，許多時間序列的資料均為非恆定性且有單根存在，因此，我們必須對非恆定的時間序列採取差分的步驟，而使資料成為恆定性的序列。

在迴歸分析檢定，其時間序列必須為恆定性數列，所以必須先檢驗變數是否符合此一性質，假設時間序列變數為 y_t，但變數是非恆定性時，就需利用差分方法使之達到具有恆定性。而 y_t 序列為恆定性數列，表示為 $y_t \sim I(0)$。若需差分才能變成具有恆定性的變數，則表示為 $y_t \sim I(d)$，其中 d 為差分次數，或稱為整合級次 (integrated order)。若 y_t 需經過一次差分，才能夠變成為具有恆定性的序列，則表示為 $y_t \sim I(1)$。

根據驗證大多數經濟變數之時間序列，皆具有非恆定性的特性。若時間序列為恆定性時，對任何外在的衝擊僅會有暫時性的影響；反之，非恆定性時間序列則會對外在衝擊產生累積效果，進而逐漸偏離其平均值。

Dickey 與 Fuller (1979) 所提出的 DF 單根檢定，經修正成為 ADF 單根檢定。基於 DF 單根檢定法中的殘差項常會有明顯的自我相關現象產生，為修正此問題，因此在 ADF 單根檢定法中的模型加入適當的因數落遲項 (lagged)，並假設殘差項為白噪音。此模型的優點在於同時考慮漂移項 (drift) 與時間趨勢項 (trend) 的一階自我相關迴歸。其檢定方法的虛無假設為 $H_0 : \beta = 0$，若檢定結果為 β 不顯著異於零則接受單根存在，亦即表示該變數為非恆定性的時間序列，須經過差分 (difference) 才能使其成為具有恆定性的時間序列。

7-1-5 Augmented Dickey-Fuller(ADF) 單根檢定法

Dickey 與 Fuller (1981) 解決了殘差項也可能存在數列相關現象的這個問題，

改以「落遲 p 期之自我迴歸」AR(p) 模型來進行檢定，此處 p 爲自變數的落遲 (lag) 期數 (the numbers of lag)，這種考慮波動性的動態現象，提出自我迴歸條件異質變異數模型 (autoregressive conditional heteroskedastic model, ARCH) 是屬「ARCH(p)」型。AR(p) 模型在經過遞迴推算之後，會成爲一加入了差分落遲項的模型，也就是在原來的 AR(1) 模型中加入了差分落遲項的調整，可以使得殘差項 ε_i 達到無數列相關，亦稱爲滿足白噪音的過程。

ADF 檢定的過程，是對變數本身落遲一期的數列及變數的差分落遲項進行迴歸分析，但是數列本身的產生過程 (generating process) 仍然爲未知，也就是模型中的截距項與時間趨勢項的存在與否無法確定。所以理論上，應分別對三種情形的 AR(p) 模型逐一的進行檢定，即：(1) 不含有截距項 (intercept)(又稱漂移項 (drift)) 與時間趨勢項 (trend)；(2) 含有截距項但無時間趨勢項，及 (3) 同時含有截距項與時間趨勢項。

由於 Dickey 與 Fuller (1979) 提出的 DF 檢定，只適用在時間序列爲 AR(1) 的前提下，如果時間序列落遲期數超過 1 期，將會違反殘差項爲白噪音 [$E(\varepsilon_t = 0$, $Var(\varepsilon_t) = \sigma$, $t = 1, 2, 3, \cdots$, $Cov(\varepsilon_t, \varepsilon_s) = 0$，$t \neq s)$] 的假定，殘差會有自我相關的現象產生，此將影響 DF 的檢定能力。爲解決這個問題，Said 與 Dickey (1984) 提出 ADF(Augmented Dickey-Fuller)，落差可以擴大到 p 期的 AR(p) 模型爲基礎，求得「條件性異質」(conditional heteroskedasticity) 之「ARCH(p)」，致力使得殘差項成爲白噪音，其模型的形式有三：

第 1 型：無漂移項 (drift)，無趨勢項

$$y_t = \beta y_{t-1} + \sum_{i=2}^{p} \gamma_i \Delta y_{t-i+1} + \varepsilon_t \tag{7-1}$$

第 2 型：有漂移項 α_0，無趨勢項

$$y_t = \alpha_0 + \beta y_{t-1} + \sum_{i=2}^{p} \gamma_i \Delta y_{t-i+1} + \varepsilon_t \tag{7-2}$$

第 3 型：有漂移項 α_0，有趨勢項 t

$$y_t = \alpha_0 + \alpha_1 t + \beta y_{t-1} + \sum_{i=2}^{p} \gamma_i \Delta y_{t-i+1} + \varepsilon_t \tag{7-3}$$

其中，$\Delta y_t = y_t - y_{t-1}$

α_0 爲截矩項

t 爲時間趨勢變數

殘差項 $\varepsilon_t \overset{iid}{\sim} N(0, \sigma^2)$，$\alpha_1, \beta_1, \gamma_i$ 爲未知的係數

P 爲差分項之最適落遲期數

(7-1) 表示純粹的隨機漫步模型 (random walk)，(7-2) 表示包含有截距項，(7-3) 則表示同時包含有截距項及時間趨勢項。

其中，$p-1$：差分項的落遲期數

y_t：所使用的變數在第 t 期的數值

α_0：截距項

T：時間趨勢項

時間序列 y_t 的差分：$\Delta y_{t-i} = y_{t-i} - \Delta y_{t-i-1}$

殘差項 ε_t 仍必須服從白噪音，選取落遲期數 $p-1$，其目的在於爲了確保 ε_i 滿足白噪音的過程，使得迴歸式能夠儘量的呈現系統之動態。這三個公式中，當 $p=0$ 時，即退化爲 DF 檢定。

由上面三個公式得知，若 $\beta = 1$ 表示數列 y_t 不爲定態性；若 $\beta \neq 1$ 則表示數列 y_t 爲定態性。其統計檢定的假設爲：

虛無假設 H_0：$\beta = 1$ (表示存在單根，數列具非定態性)

對立假設 H_1：$\beta \neq 1$ (表示不存在單根，數列具定態性)

如果數列 y_t 經過了 ADF 檢定而無法拒絕虛無假設 (H_0)，則需將數列進一步差分 (符號「Δ」) 之後，再次代入上述 ADF 模型中，去檢定其是否爲定態性數列，其調整方式表示如下：

$$\Delta y_t = \delta y_{t-1} + \sum_{i=1}^{p-1} \gamma_i \Delta y_{t-i} + \varepsilon_t \tag{7-4}$$

$$\Delta y_t = \alpha_0 + \delta y_{t-1} + \sum_{i=1}^{p-1} \gamma_i \Delta y_{t-i} + \varepsilon_t \tag{7-5}$$

$$\Delta y_t = \alpha_0 + \alpha_1 t + \delta y_{t-1} + \sum_{i=1}^{p-1} \gamma_i \Delta y_{t-i} + \varepsilon_t \tag{7-6}$$

其中，$\Delta y_t = y_t - \Delta y_{t-1}$，表示爲數列 y_t 在經過了一階差分後之新數列，如果此新數列 Δy_t 拒絕虛無假設，則表示可以接受該新的數列爲定態性。

上面三個公式中，當 $p=0$ 時即爲 DF 檢定，三種模型皆在驗證 y_{t-1} 的係數

是否爲零，即虛無假設爲 H_0：$\delta = 0$ 即數列具單根，爲非定態數列；若 δ 顯著異於零，拒絕虛無假設，則爲定態數列，也就是不具有單根；反之，若統計值無法拒絕虛無假設，即爲非定態的數列，即有單根存在。

虛無假設 H_0：$\delta = 1$ (表示存在單根，數列具非定態性)
對立假設 H_1：$\delta \neq 1$ (表示不存在單根，數列具定態性)

最適落遲期數之選取

計算單根檢定、任何迴歸分析之後，你該選定 lag = 多少期數，才是最佳的？這是很傷腦筋的問題。有幸地，Stata 迴歸 /ADF 單根 lag 該選多少期？都可利用「estat ic」指令來認定，從 Stata 印出 Akaike's information criteria(AIC) 及 Schwarz Bayesian information criteria (SBIC) 值之中，你挑選 IC 值最小之對應的 lag 期數，就是最佳的模型適配。

由於 ADF 檢定法是以一個高階的 AR(p) 模型來進行估計，而差分項的 lag 期數究竟要爲多少，才能夠使得模型達到最佳的配適度。Engle 與 Yoo (1987) 就曾建議以 Akaike (1973) 所提出的 AIC (Akaike's information criteria) 或用 Schwarz (1978) 提出的 SBIC (Schwarz Bayesian information criteria) 二種指標，來認定該選哪種模型才好。通常 AIC, SBC, HQ 值愈小愈好，表示該模型是愈佳的選擇。

AIC 以及 SBIC 的計算方式，分別表示如下：

$\text{AIC} = T \ln (SS_E) + 2n$

$\text{SBIC} = T \ln (SS_E) + n \ln (T)$

其中，T 爲樣本總數，$\ln (SS_E)$ 爲 SS_E (sum square of error；殘差平方和) 取自然對數，$\ln (T)$ 爲樣本總數取自然對數，n 爲待估計參數的總數。

然而，這兩種指標有時候卻會出現衝突。一般而言，以 SBIC 來作爲選取指標時，樣本數愈大時愈能表現出一致性，這表示在樣本資料數愈大的情形下，SBIC 愈能選出正確的模型。而同樣的情況下，AIC 會傾向選出落遲期數較長的模型 (Enders, 2004, p.70; Brooks, 2002, p. 58)。以 SBIC 指標的公式來看，只要樣本總數 $T > 8$，$\ln (T)$ 就會大於 2，此時增加模型內的自變數時，$N \ln (T)$ 增加的速度就會超過 $2N$，所以用 SBIC 來作爲選取指標時，自變數較多的模型會較爲不利 (Enders, 2004, p. 69)。

7-2 常見 Panel-Data 單根檢定法

目前，在 panel-data 分析的理論和應用研究中，單根和共整合理論與應用是最熱點。

近年來，愈來愈多的專家對 panel-data 的單根和共整合理論進行了大量研究。該領域開創性研究工作，可追溯到 Levin 和 Lin (1992, 1993) 及 Quah (1994)。Panel-data 的單根和共整合理論延伸了時間序列單根和共整合理論，它更綜合了時間序列和橫斷面的特性，多時間序列外加了橫斷面的優點，它能更加直接、更加精確地推斷單根和共整合的存在，尤其是在時間序列不長 (小 T)、可能獲得個體 (e.g. 國家、地區、企業等單位) 橫斷面資料的特徵。

早期時間序列 (time series, TS) 單根過程的漸進理論，例如，Phillips(1987), Engle 和 Granger (1987) 發現，許多感興趣的 TS 估計量和統計量多屬極限分布，亦是 Wiener 過程的複雜函數。與之恰恰相反，在非定態的 panel-data 漸進過程中，Levin 和 Lin 很早就發現這些估計量的極限分布也是高斯 (常態) 分布，這些結果也可應用在具有異質性的 panel-data 中。panel-data 極限行爲，由於深受時間和分析單位的影響，因此研究 panel-data 極限分布時，需要使用多變量 panel 函數之中心極限定理，例如 Phillipa 和 Moon (1999a) 認爲在非定態 panel-data 線性迴歸之極限理論，panel-data 極限行爲僅僅依賴於 (單位個) 個數 N 和時間長度 T 趨於無窮的方式。例如：

1. 第一種是固定N，讓T趨於∞，接著N趨於∞，他們用 (N, T趨於∞)seq 表示。
2. 第二種是 T = T(N)，表示 T 的大小受 N 控制，N 趨於∞，T(N) 趨於∞，記爲 (T(n), n 趨於∞)。
3. 第三種是 T, N 分別趨於∞，沒有相互約束，記爲 (N, T 趨於∞)。

以上這三種極限方式，分別稱爲 Sequence、對角和聯立極限。Phillipa 和 Moon(1999a) 重點涉及 Sequence 極限理論和聯立極限理論研究，認爲 Sequence 極限在尋求極限行爲快速漸進性上是有益的。儘管在一些更強條件下，聯立極限理論是很難得到並加以應用，但幸運的是，在我們所面臨的 T 很大、N 適中的情況中，聯立極限理論研究和應用並沒有多大困難。

一、單根

有關 panel-data 單根 (unit root) 研究的主要成果，見 Levin 和 Lin (1992, 1993), Quah (1994), Im 等 (1997), Maddala 和 Wu (1999), Phillips 和 Moon (1999) 的文獻。

1. Levin 和 Lin 方法 (LL 檢定)(1992,1993)

Levin 和 Lin (1992) 得到單根模型如下：

$$\Delta y_{i,t} = \rho y_{i,t-1} + \partial_0 + \delta \, t + \partial_i + \theta_t + \varepsilon_{i,t}, i = 1, 2,..., N, t = 1, 2,..., T \quad (1)$$

$$\varepsilon_{i,t} \overset{iid}{\sim} (0, \sigma^2)$$

其中，模型既包括時間趨勢，也包括個體和時間特殊效果，並且數列自我相關，用一個滯後的一階差分作 ADF 檢定。Levin 和 Lin 虛無假設「H_0:$\rho_i = 0$」對所有 i，對立假設「H_1：$\rho_i < 0$」對所有 i。Levin 和 Lin 考慮了以下幾種模型的情況，在每種情況下，極限分布均是按照 N 趨於∞和 T 趨於∞，而且在每一種情況下，方程估計都是作爲聯立迴歸模型，用 OLS 來估計，這些模型如下：

$$\text{Model 1}: \Delta y_{i,t} = \rho y_{i,t-1} + \varepsilon_{i,t} \quad H_0 : \rho = 0 \quad (2)$$
$$\text{Model 2}: \Delta y_{i,t} = \rho y_{i,t-1} + \partial_0 + \varepsilon_{i,t} \quad H_0 : \rho = 0$$
$$\text{Model 3}: \Delta y_{i,t} = \rho y_{i,t-1} + \partial_0 + \delta t + \varepsilon_{i,t} \quad H_0 : \rho = 0, \delta = 0$$
$$\text{Model 4}: \Delta y_{i,t} = \rho y_{i,t-1} + \partial_0 + \theta_t + \varepsilon_{i,t} \quad H_0 : \rho = 0$$
$$\text{Model 5}: \Delta y_{i,t} = \rho y_{i,t-1} + \partial_i + \varepsilon_{i,t} \quad H_0 : \rho = 0, \partial_i = 0$$
$$\text{Model 6}: \Delta y_{i,t} = \rho y_{i,t-1} + \partial_0 + \delta_i t + \varepsilon_{i,t} \quad H_0 : \rho = 0, \delta_i = 0$$

對「模型 1」至「模型 4」，可證明出：

$$\text{(a) } T\sqrt{N}\hat{\rho} \Rightarrow N(0, 2) \quad (3)$$
$$\text{(b) } t_{\rho=0} \Rightarrow N(0, 1)$$

對「模型 5」，如果

$$\text{(a) } T\sqrt{N}\hat{\rho} + 3\sqrt{N} \Rightarrow N(0, 10.2) \quad (4)$$
$$\text{(b) } \sqrt{1.25} t_{\rho=0} + \sqrt{1.875N} \Rightarrow N(0, \frac{645}{112})$$

在「模型 6」中，截距和時間趨勢都有個體效果。在該模型的實際應用中，主要研究集中在對購買力評價 PPP 單根檢定上。Oh (1996) 使用「模型 1 和 5」，Wu 使用「模型 5」，但增加通過自己類比計算精確有限樣本的判別值，它比 Levin 和 Lin (1992) 製作表格中的判別數要高 5-15%。Levin 和 Lin 指出與時間序列單根檢定統計量的標準分布不同，panel-data 統計檢定是極限正態分布，並且，當 T 趨於∞比 N 趨於∞時收斂速度更快。

Levin 和 Lin (1993) 提出了一些新的 panel-data 單根檢定，這些檢定考慮了誤差過程存在著自我相關性和異質性情況，他們的作法是：首先從資料中減去橫斷面平均數以消除集合效果，然後使用 ADF 檢定每個個體數列並標準化分布。

以模型 5 爲例，ADF 迴歸爲：

$$\Delta y_{i,t} = \rho_i y_{i,t-1} + \sum_{j=i}^{p_i} \theta_{ij} \Delta y_{i,t-j} + \partial_i + \varepsilon_{i,t} \tag{5}$$

就等於執行兩個分別以 $\Delta y_{i,t}$ 和 $y_{i,t-1}$ 爲因變數方程，(5) 式中其餘變數爲 regressors 的輔助迴歸，這兩個輔助迴歸殘差分別爲 $\hat{e}_{i,t}$ 和 $\hat{V}_{i,t-1}$，現作迴歸方程：

$$\hat{e}_{i,t} = \rho_i \hat{V}_{i,t-1} + \varepsilon_{i,t} \tag{6}$$

就得到 $\hat{\rho}_i$，就等到於 (5) 式中直接用 OLS 估計，既然其中 $\varepsilon_{i,t}$ 存在著異質性，他們建議用接下來的標準化來控制它：

$$\hat{\sigma}_{e_i} = \frac{1}{T - p_i - 1} \sum_{t=p_i+2}^{T} (\hat{e}_{i,t} - \rho_i \hat{V}_{i,t-1})^2 \tag{7}$$

$$\tilde{\mathrm{e}}_{\mathrm{i,t}} = \frac{\hat{e}_{i,t}}{\hat{\sigma}_{e_i}}$$

$$\tilde{\mathrm{V}}_{\mathrm{i,t-1}} = \frac{\hat{V}_{i,t-1}}{\hat{\sigma}_{e_i}}$$

對於每個 i 而言，$\tilde{e}_{i,t}$ 是漸進 i.i.d。

接著估計每個個體數列長期標準差與短期標準差的比率，並計算平均比率：

$$\hat{\mathrm{S}}_{\mathrm{NT}} = \frac{1}{N} \sum_{i=1}^{N} \frac{\hat{\sigma}_{y_i}}{\hat{\sigma}_{e_i}} \tag{8}$$

其中長期變異數用以下公式來估計：

$$\hat{\sigma}_{y_i}^2 = \frac{1}{T-1} \sum_{t=2}^{T} \Delta y_{i,t}^2 + 2 \sum_{L=1}^{\bar{K}} w_{\bar{K}L} \left(\frac{1}{T-1} \sum_{t=L+2}^{T} \Delta y_{i,t} \Delta y_{i,t-i} \right) \tag{9}$$

$\bar{K}$ 表示滯後截斷參數，$W_{\bar{K}L}$ 是一些滯後視窗。

最後計算 panel-data 統計檢定，這時考慮如下的迴歸方程：

$$\tilde{\mathrm{e}}_{\mathrm{i,t}} = \rho \tilde{V}_{i,t-1} + \tilde{\varepsilon}_{i,t} \tag{10}$$

對所有 i, t，t 統計量的結果為：

$$t_{\rho=0} = \frac{\hat{\rho}}{RSE(\hat{\rho})} \tag{11}$$

其中：

$$\mathrm{RSE}(\hat{\rho}) = \hat{\sigma}_{\varepsilon}[\sum_{i=1}^{N}\sum_{t=2+p_i}^{T}\hat{V}_{i,t-1}^{2}]^{-1/2} \tag{12}$$

$$\hat{\sigma}_{\varepsilon}^{2} = \frac{1}{N\widetilde{T}}\sum_{i=1}^{N}\sum_{t=2+p_i}^{T}(\widetilde{e}_{i,t} - \hat{\rho}\widetilde{V}_{i,t-1})^{2}$$

$$\widetilde{T} = T - p - 1$$

$$\overline{p} = \frac{1}{N}\sum_{i=1}^{N}p_{\mathrm{i}}$$

$\widetilde{T}$ 和 $\overline{p}$ 在個體 ADF 迴歸方程，作為平均滯後長度使用。

既然統計檢定量的中心並非為 0，Levin 和 Lin 建議用如下調整後的 t 統計量：

$$t_{\rho}^{*} = \frac{t_{\rho=0} - N\widetilde{T}\hat{S}_{NT}\hat{\sigma}_{\varepsilon}^{-2}RSE(\hat{\rho})\mu_{\widetilde{T}}^{*}}{\sigma_{\widetilde{T}}^{*}} \tag{13}$$

其中，Levin 和 Lin 通過 Monte-Carlo 模擬和計算，而得到調整後的平均值和標準差，這些調整項從一個給定的迴歸模型得到，$\widetilde{T}$ 從 50 到 250，$\overline{K}$ 從 9 到 20，N 是 250。Levin 和 Lin 的中心定理證明，當 $0 \le p \le \frac{1}{4}$，ADF 滯後期數 $p_{\max}$ 以 T^{p} 速度增加，當 $0 < q < 1$，$\overline{K}$ 以速度 T^{q} 增長，這時在原假設 $H_0{:}\rho = 0$ 下，有：

$$t_{p}^{*} \Rightarrow N(0, 1) \quad T, N \to \infty$$

在對立假設中，t_{p}^{*} 將以 $\sqrt{NT}$ 速度趨於負無窮。

總之，在 Levin 和 Lin 文章中，幾乎包括 panel-data 所有要點：

(a) 通過對漸進正態實證分析，使上述 (3)、(4) 中的式子，能獲得更適合修正形式。

(b) 當 N, T 趨於∞時的收斂速度如何。

(c) 同質對異質的問題，在 Levin 和 Lin 的公式中，ρ 對每個 i 是同質的。

(d) 對橫斷面單位來說，互相獨立的假設如何放寬。

(e) 對存在依賴和異質性誤差過程與內生迴歸量的結果，進行修正。

後來在 panel-data 單根的更廣泛工作，主要從以上五個方面展開。

2. Im, Pesaran 和 Shin(IPS 檢定)(1997)

在 LL 檢定中，原假設和對立假設為：

$$H_0：\rho_1 = \rho_2 = ... = \rho_N = \rho = 0$$
$$H_1：\rho_1 = \rho_2 = ... = \rho_N = \rho < 0$$

對立假設對於某些情況下，要求顯得太嚴一些，放棄原假設，並非意味就不存在有些單位的 ρ 趨於 0。後來 Im, Pesaran 和 Shin (1997) 放鬆了 LL 檢定 H_1 的條件，也就是針對剛談到的要點 (c) 進行拓展，這首先要提到 Pesaran 和 Smith (1996) 的文章。在文章中，他們證明在動態異質 panel-data 模型使用聯立或集合資料，所得到估計量是不一致的，建議使用組平均估計量。這些結論成為 Im 等人 IPS 檢定的基礎，Im 等人對 Levin 和 Lin 的模型形式進行小的修改，得到模型形式如下：

$$\Delta y_{i,t} = \alpha_t + \rho_i y_{i,t-1} + \varepsilon_{i,t} \quad i = 1, 2, ... , N \qquad t = 1, 2, ... , T \tag{14}$$

原假設和對立假設改為：

$$\begin{cases} H_0 : \rho_i = 0, \forall i \\ H_1 : \rho_i < 0, i = 1, 2, \cdots, N_1 \qquad \rho_i = 0, i = N_1 + 1, N_1 + 2, \cdots, N \end{cases} \tag{15}$$

$\varepsilon_{i,t}$ 是數列自我相關，形式見 (16)，不同單位其有不同數列相關。

Im 等人借助 Pesaran 和 Smith(1995) 的結論，提出使用組平均 LM 統計量來檢定 (15)。ADF 迴歸方程估計如下：

$$\Delta y_{i,t} = \rho_i y_{i,t-1} + \sum_{j=1}^{P_i} \theta_{ij} \Delta y_{i,t-j} + \alpha_i + \varepsilon_{i,t} \qquad t = 1, 2, ..., T \tag{16}$$

並且定義：

$$\overline{LM}_{N,T} = N^{-1} \sum_{i=1}^{N} LM_{i,T}(p_i, \theta_i)$$
$$\theta_i = (\theta_{i1}, \theta_{i2}, ..., \theta_{ip_i}) \tag{17}$$

其中 $LM_{i,T}(p_i, \theta_i)$ 是單位的 LM 統計量，目標是檢定 $\rho_i = 0$，標準化 LM 統計量是：

$$\Psi_{\overline{LM}} = \frac{\sqrt{N}\{\overline{LM}_{N,T} - N^{-1}\sum_{i=1}^{N} E[LM_{i,T}(p_i,0)|\rho_i = 0]\}}{\sqrt{N^{-1}\sum_{i=1}^{N} Var[LM_{i,T}(p_i,0)|\rho_i = 0]}} \tag{18}$$

$E[LM_{i,T}(p_i, 0)|\rho_i = 0]$ 和 $Var[LM_{i,T}(p_i, 0)|\rho_i = 0]$ 是使用 T，p_i 不同值重複 50000 次隨機模擬而計算出來，可以證明在 H_0：$\rho_i = 0$，對所有 i 有：

$$\Psi_{\overline{LM}} \Rightarrow N(0,1) \tag{19}$$

當 T, N 趨於∞，並且 N/T 趨於 K，K 是一個正的有限常數。當在對立假設條件，檢定是一致的，同時它也要就 $\lim_{N\to\infty}(\frac{N_1}{N}) = \lambda_1, 0 < \lambda_1 < 1$。在這個假設條件下，在對立假設情況，$\Psi_{\overline{LM}}$ 以 $T\sqrt{N}$ 速度趨於正無窮。

Im 等人 (1997) 也使用組平均 $\bar{t}$ 統計量：

$$\Psi_{\bar{t}} = \frac{\sqrt{N}\{\bar{t}_{N,T} - N^{-1}\sum_{i=1}^{N} E[t_{i,T}(p_i,0)|\rho_i = 0]\}}{\sqrt{N^{-1}\sum_{i=1}^{N} Var[t_{i,T}(p_i,0)|\rho_i = 0]}} \tag{20}$$

其中：

$$\bar{t}_{N,T} = N^{-1}\sum_{i=1}^{N} t_{i,T}(p_i, \theta_i) \tag{21}$$

$t_{i,T}(p_i, \theta_i)$ 是個體單位對檢定 $\rho_i = 0$ 的統計量 $i = 1, 2, \cdots, N$，$E[t_{i,T}(p_i, 0) | \rho_i = 0]$ 和 $Var[t_{i,T}(p_i, 0)|\rho_i = 0]$ 在文中被計算，$\Psi_{\overline{LM}}$ 的漸進結果也支持 $\Psi_{\bar{t}}$，當 N, T 趨於無窮，且有 N/T 趨於 K，一致性也是有保證的。

3. Maddala 和 Wu (MW 檢定，1999)

在 Im 等人的檢定中，儘管放鬆單位之間的同質條件，但其中仍有一些問題。首先，與其他大多數 panel-data 單根檢定一樣，Im 等人 (1997) 在他們基本框架中，假設時間 T 對所有橫斷面單位是相同的，因此就有 $E[t_{i,T}(p_i, 0) | \rho_i = 0]$ 和 $Var[LM_{i,T}(p_i, 0)|\rho_i = 0]$，這一點僅僅對平衡 panel-data 來說有用，但對於非平衡 panel-data 來說需要更多類比來得到判別值；其次，LL 檢定判別值對 ADF 檢定中的滯後長度的選擇比較敏感；第三，這些文章的結果僅限於一些 panel-data 的單根檢定，不能檢定 Elliott 等人 (1996) 或者 Perron-Ng(1996) 提出 panel-data

的資料形式；第四，更重要，與 Im 通過普通時間效果來考慮橫斷面的有限數量相關 (是指 (1) 式中 θ_t 不爲 0) 相比，Maddala 和 Wu 認爲在現實世界中所存在的橫斷面相關不可能採用這種簡單形式 (通過 Y_{it} 減去橫斷面平均值有效地消除這種相關)。Maddala 和 Wu 文章中，使用了「meta analysis」中 Fish (1932) 提出關於獨立性的檢定方法——即綜合了每個橫斷面單位的統計量 P 值，來進行單根檢定。Fish 檢定是一個非參數檢定，對於單根，任何選擇的檢定都可以計算，其準確統計量爲：

$$-2\sum_{i=1}^{N} In(\pi_i) \tag{22}$$

它服從於 $\chi^2(2N)$ 分布。在原假設橫斷面獨立情況下，π_i 是單位 i 的檢定統計量的 P 值。這個檢定明顯的優點是，它對統計量選擇滯後長度和樣本數大小比較穩健，更重要的是 Maddala 和 Wu 證實使用自助法 (bootstrapping 方法)，擴展在 panel-data 中單根檢定的框架，允許考慮橫斷面相關，Maddala 和 Wu 邁出關鍵一步，從而使得 panel-data 單根檢定進入一個更寬泛的框架中。

二、Panel-Data 單根檢定的應用

除了前面在 PPP 單根檢定外，其他研究包括：Culver 和 Papell (1997) 應用單根檢定通貨膨脹、Song 和 Wu (1998) 用它調查失業與心理健康的關係、McCoskey 和 Selden (1998) 用它進行關於健康照顧的支出和 GDP 的單根檢定。Lothgren 和 Karlsson (2000) 通過 Monte-Carlo 模擬，利用 LL 方法和 ISP 方法證實，對於一個小的定態數列而言，單根檢定有很高的功效值；而對於一個大的定態數列而言，則可能缺乏功效值，因而拒絕或接受假設對於所有數列有單根或者是定態而言，並不能充分檢定。Strauss (2000) 使用三種方法 (Abuaf 和 Jorion (1990)、LL 方法、IPS 方法)，對從 1929 到 1995 年美國 48 州帶趨勢人均收入的資料進行單根檢定，結論是拒絕有單根的存在，並說明收斂的速率取決於截距差異的假設、一階自我相關係數、滯後期和對 1973 年石油危機造成趨勢中斷的適應性。Strauss 和 Funk (2000) 使用 panel 的 FM 和 DOLS 估計，揭示資本、創新對於生產率增長作用和滯後的生產率對資本有 Granger 因果關係，並證實了在 446 個製造業中資本和生產率存在著共整合關係。Harris 和 Tzavalis (1999) 證實當時間長度是固定的，其單根檢定的統計量極限分布是正態的，其 panel 每個單位模型中都包括一個個體線性趨勢或固定個體效果。他們證實在這

些模型中，最小平方法得到估計量參數是不一致的。因此，統計量需要修正。

三、共整合的檢定

在 panel-data 中關於共整合的檢定迄今爲止，主要有兩個方向，一個是原假設爲非共整合，使用類似 Engle 和 Granger (1987) 定態迴歸方程，從 panel-data 中得到殘差構造統計檢定，計算其分布，這一類問題解決可以從 Pedroni (1995, 1997a, 1997) 文章中找到答案，Kao (1999) 同樣也有類似相關的分析；一個是原假設爲共整合，基本的檢定可能參照 McCoskey 和 Kao (1998a) 的文章，這也是基於殘差的檢定，類似時間序列中 Harris 和 Inder (1994), Shin (1994), Leybourne 和 Mclabe (1994) 與 Kwiatouski 等人 (1992) 分析框架，無論是哪一種方法，都使用 Sequence 極限方式，即前面提到的 (N,T 趨於∞ $)_{seq}$ 方式。

1. Pedroni 方法

Pedroni 的共整合方法利用共整合方程 (23) 式的殘差：

$$y_{i,t} = \alpha_i + \delta_i t + x'_{i,t}\beta_i + e_{i,t} \quad t = 1,2,\ldots, \; i = 1,2,\ldots,N \tag{23}$$
$$\beta_i = (\beta_{1i}, \beta_{2i}, \ldots, \beta_{Mi}) \;\; x_{i,t} = (x_{1i,t}, x_{2i,t}, \ldots, x_{Mi,t})$$

在其中，panel 公式中允許存在很大的差異，因爲在模型中，單位之間的偏斜係數、固定效果係數和個體確定趨勢係數是不同的。

$$\text{在 } H_0 \text{ 下，定義 } Z_{i,t} = (Y_{i,t}, X'_{i,t})\text{，}\xi'_{i,t} = (\xi^y_{i,t}, \xi^y_{i,t}) \tag{24}$$
$$Z_{i,t} = (Z_{i,t-1}, \xi_{i,t})$$

其中，過程 $\xi'_{i,t}$ 滿足：

$$\text{對 } \forall i\text{，當 } T \to \infty, \frac{1}{\sqrt{T}} \sum_{t=1}^{[T_r]} \xi_{i,t \Rightarrow B_i(\Omega_i)}$$

$B_i(\Omega_i)$ 是向量布朗運動，其漸進變異數爲 Ω_i，其中 $\Omega_{22i} > 0$。對於所有 i，$B_i(\Omega_i)$ 都定義爲相同的概率空間，並且 $E(\xi_{i,t}\, \xi'_{j,s}) = 0$，對所有 s, t 當 $i \neq j$ 時。

因而 $\xi_{i,t}$ 過程加上橫斷面獨立，但允許資料存在一定範圍的時間依賴，尤其在 (23) 式中沒有外生變數的時候。

在這些假設下，Pedroni 討論了七個 panel-data 的共整合統計，其中四個是用聯立組內尺度描述，另外三個是用組間尺度來描述，作爲組平均 panel 共整合統計量。在第一類四個檢定中，三個涉及到使用爲人所知的 Phillips 和 Perron

(1988) 工作中的非參數修正，第四個是基於 ADF 的參數檢定；在第二類三個中的二個使用非參數修正，而第三個再一次用了 ADF 檢定。如果我們用 γ_i 表示在第 i 單位橫斷面的殘差自我迴歸係數，則第一類檢定使用下面特定的原假設和對立假設：

$$\text{對所有 } i\text{，}H_0 : \gamma_i = 1 \text{ vs. } H_1 : \gamma_i = \gamma < 1 \tag{25}$$

第二類使用的：

$$\text{對所有 } i\text{，}H_0 : \gamma_i = 1 \text{ vs. } H_1 : \gamma_i < 1 \tag{26}$$

這種框架類似 Levin 和 Lin (1993) 與 Im 等人 (1997) 文章所提到框架，在對立假設下，利用存在的差異性。第一類情況是基於原始時間序列考慮，第二類情況從被估計殘差中考慮自我迴歸係數。

下面我們以第二個組內尺度的檢定，被稱爲 panel ρ - 統計量爲例，來說明 Pedroni 的共整合檢定方法，其他檢定可以參見 Pedroni(1999) 文章，這個非參數統計檢定要求估計 Ω_i 和長期 $\hat{u}_{i,t}$，其中：

$$\hat{e}_{i,t} = \hat{\gamma}_i \hat{e}_{i,t-1} + \hat{u}_{i,t} \tag{27}$$

其中 $\hat{e}_{i,t}$ 是 (23) 式中的殘差，這個參數檢定要估計：

$$\hat{e}_{i,t} = \hat{\gamma}_i \hat{e}_{i,t-1} + \sum_{k=1}^{k_i} \hat{\gamma}_{ik} \Delta \hat{e}_{i,t-k} + \hat{u}^*_{i,t} \tag{28}$$

並且，使用殘差 $\hat{u}^*_{i,t}$ 去估計他們的變異數，既然在 (28) 式中 $\hat{u}^*_{i,t}$ 爲白噪音，這接下面一步是完成構造 panel ρ - 統計量。首先 (23) 式被估計，並得到殘差，然後，估計差分方程 (29)：

$$\Delta y_{i,t} = \beta_i^{'} \Delta x_{i,t} + \eta_{i,t} \quad t = 1, 2, ..., T \text{ , } i = 1, 2, ..., N \tag{29}$$

殘差 $\eta_{i,t}$ 被用來計算估計 Ω_i，記爲 $\hat{\Omega}_i$，利用諸如 Newey-West 估計從 $\hat{\Omega}_i$ 中得到$\hat{L}^2_{11i}$：

$$\hat{L}^2_{11i} = \hat{\Omega}_{11i} - \hat{\Omega}_{21i} \hat{\Omega}^{-1}_{22i} \hat{\Omega}^{'}_{21i} \tag{30}$$

使用 (27) 式中 $\hat{u}_{i,t}$ 計算長期變異數 $\hat{\sigma}_i^2$ 和 $\hat{\lambda}_i = 0.5(\hat{\sigma}_i^2 - \hat{s}_i^2)$，$\hat{s}_i^2$ 是簡單變異數 (忽略橫斷面相關)，panel ρ - 統計量為：

$$T\sqrt{N}Z_{\hat{\rho}NT-1} \equiv T\sqrt{N}(\sum_{i=1}^{N}\sum_{t=1}^{T}\hat{L}_{11i}^{-2}\hat{e}_{i,t-1}^{2})^{-1}\sum_{i=1}^{N}\sum_{t=1}^{T}\hat{L}_{11i}^{-2}(\hat{e}_{i,t-1}\Delta\hat{e}_{i,t-1} - \hat{\lambda}_i) \tag{31}$$

為了定義適合於推斷的統計量，一個基於布朗函數的向量矩又一次要求用 V 和 W，作為互相獨立標準布朗運動過程，其維度分別為 1 和 M，定義：

$$\widetilde{\beta} \equiv (\int WW')^{-1}\int WV \tag{32}$$

$$\mathrm{Q} \equiv \mathrm{V} - \widetilde{\beta}'W \tag{33}$$

布朗函數的向量為：

$$\mathrm{Y}' = (\int Q^2, \int QdQ, \widetilde{\beta}'\widetilde{\beta}) \tag{34}$$

用 Θ 表示這些函數平均數的向量，即：

$$\Theta' = (\Theta_1, \Theta_2, \Theta_3) \tag{35}$$

Ψ 是 Y 的變異數——協變異數矩陣，$\Psi_{(j)}$ j = 1, 2, 3，表示 Ψ 中 j×j 的子矩陣且定義：

$\phi_{(2)}' = (-\Theta_1^{-1}, \Theta_2\Theta_1^{-2})$，Pedroni 證明：在 H_0 下：

$$T\sqrt{N}Z_{\hat{\rho}NT-1} - \Theta_2\Theta_1^{-1}\sqrt{N} \Rightarrow N(0, \phi_{(2)}'\Psi_{(2)}\phi_{(2)}) \tag{36}$$

這個統計量在對立假設下趨於負無窮大，因而提供了一個一致檢定，即用大的負值來拒絕原假設——無共整合，Pedroni 指出每一個標準化統計量均趨於一個正態分布：

$$\frac{\chi_{\mathrm{N,T}} - \mu\sqrt{N}}{\sqrt{v}} \Rightarrow N(0,1) \tag{37}$$

式中的修正因素 μ, v 依賴於考慮的統計量、regressors 的個數 M，以及是否包括個體特定的常數和 (或) 趨勢。Pedroni (1995, 1997a) 給出了各種情況下 Monte-Carlo 類比結果，並在 1999 年給出了利用這些模擬結果構造的近似判別值。

2. McCoskey 和 Kao 的方法

現在我們考慮 McCoskey 和 Kao 採用 LM 方法對原假設共整合進行檢定，爲了理解檢定，將 (23) 式中的 $\delta_t = 0$，McCoskey 和 Kao 採用的公式是讓 $e_{i,t}$ 由兩部分組成：

$$e_{i,t} = \theta \sum_{j=1}^{t} u_{i,j} + u_{i,t} \tag{38}$$

迴歸變數是由下列形式產生：

$$x_{i,t} = x_{i,t-1} + \omega_{i,t} \tag{39}$$

其中 $x_{i,t}$ 是 M 維度，在原假設 H_0：$\theta = 0$ 情況下，(23) 式是一個共整合迴歸系統，當這些迴歸方程沒有共整合情況下，這些橫斷面單位之間獨立是可以維持的。長期變異數——協變異數 $w_{i,t} = (u_{i,t}, \omega_{i,t}^{'})'$ 被定義爲：

$$\Omega = \begin{bmatrix} \varpi_1^2 & \varpi_{12} \\ \varpi_{21} & \Omega_{22} \end{bmatrix} \tag{40}$$

LM 統計量爲：

$$\overline{LM} = \frac{\frac{1}{N}\sum_{i=1}^{N}\frac{1}{T^2}\sum_{t=1}^{T} S_{i,t}^{+2}}{\hat{\varpi}_{12}^2} \tag{41}$$

$\hat{\varpi}_{12}^2$是ϖ_{12}^2的一致估計量

$\varpi_{12}^2 = \varpi_1^2 - \varpi_{12}\Omega_{22}^{-1}\varpi_{21}, y_{i,k}^{+} = y_{i,k} - \hat{\varpi}_{12}\hat{\Omega}_{22}^{-1}\omega_{i,k}$

$S_{i,t}^{+} = \sum_{k=1}^{t} (y_{i,k}^{+} - \alpha_i - \hat{\beta}^{+'}{}_i x_{i,k})$

$\hat{\beta}^{+}{}_i$是β_i的FM估計

因此，構造這個統計量需要一個一致估計。爲了完成這個非參數的修正，FM (Fully-modified) 估計能夠考慮 (23) 式中的殘差的數列自我相關和迴歸方程的內生性，並提供了漸進的無偏估計。針對所有 i，當 $\beta_i = \beta$，Kao (1998) 等人提出了一個優良的 FM 估計。作爲同質斜率係數，FM 估計量是由 Pedroni (1996) 提出。後來 Kao 和 Chiang (1998) 以及 Phillips 和 Moon (1999) 也談到該估計量，Kao 和 Chiang (1998) 證明用 OLS, FM 和 DOLS (dynamic ordinary least squares) 得到的估計量，都有漸進正態分布。

爲了完成他們的檢定，McCoskey 和 Kao 定義一個調整 LM 統計量：

$$LM^{+} = \frac{\sqrt{N}(\overline{LM} - \mu_v)}{\sigma_v} \tag{42}$$

在 H_0：$\theta = 0$ 下，有：

$$LM^{+} \Rightarrow N(0, 1) \tag{43}$$

既然在對立假設下，統計量趨於很大値，就意味著拒絕原假設，修正因數 μ_v 和 σ_v 是 Harris 和 Indei (1994) 定義布朗運動的一個複雜函數的平均值和變異數，它 (修正因數) 不僅依賴於尺度 M，也依賴 (23) 式中是否包括個體特定的常數和 (或) 趨勢。

McCoskey 和 Kao (1999) 使用他們的 LM 檢定，探討在一個包含 30 個發展中國家和 22 個已開發國家之城市化、人均產出與人均資本之間的關係。儘管城市化對各國的影響大小差別各異，但他們發現有一個長期均衡關係存在，這個結果對在共整合方程中是否包括著一個趨勢比較敏感，他們的結果同樣對於其他的因素是否影響人均 GDP 的長成率也比較敏感。關於時間趨勢和城市化之間重要相互關係，他們提供了一個有趣的解釋。他們認爲在各國之間有一些證據，表明城市化作爲經濟長成率的一個潛在槓桿。

Kao 等人 (1999) 使用了二十一個 OECD 國家和以色列作爲一個樣本，證實國內資本和國外 R&D 資本儲備對全要素生產率 (TFP) 都有著重要的影響。Kao 等人使用 FM 和 DOLS 方法，得出結論：當國內資本和 TFP 之間關係比較強時，國際資本和 TFP 之間的聯繫變得相當弱，因而他們否認 Coe 和 Helpman (1995) 提出一個重要結論：國際 R&D 的溢出是貿易相關的全球化背景下，一國的生產率不僅依賴自己 R&D 投入，也依賴貿易夥伴的 R&D 投入。

四、存在的問題和展望

在前面，我們提出了 Phillips 和 Moon (1999a) 對於非定態 panel-data 的漸進理論的介紹。關於極限理論，panel-data 的研究可分爲以下四種情況估計量漸進行爲：

(1) 無時間序列共整合的僞 panel-data 迴歸。

(2) 異質 panel 共整合見 (23) 式。

(3) 同質 panel 共整合 (對所有 $i, \beta_i = \beta$)。

(4) 接近同質 Panel 共整合 (與同質單位的差異很小，這種差異是由所謂局部參數引起的)。

對於 (1) 和 (2) 兩種情況，他們使用聯立資料可以獲得以$\sqrt{N}$一致收斂的長期均衡係數。這個極限分布被證明爲高斯分布，這一點不同於 Pesaran 和 Smith(1995) 的結論，當時，他們認爲：如果在 panel-data 不同單位之間存在異質的共整合關係，不可能從聯立資料中得到具有一致估計的平衡作用，分歧的出現是由於雙方對長期均衡係數穩健定義的不同，而這種長期均衡是從 Panel 甚至在缺乏共整合的 panel 中，存在的長期均衡變異數這個角度來考慮的。

對於 (3) 和 (4)，他們得到聯立 FM 估計，它是以 $T\sqrt{N}$ 一致收斂，同樣也有高斯極限分布，使用這些結論可以對樣本的子集進行長期均衡參數的假設檢定。

Phillips 和 Moon (1999b) 發現，在動態 Panel 中最大概似估計一些局部到整體的漸進特性。在缺乏確定趨勢或者雖存在確定趨勢但是同質的情況下，當局部到整體的參數能被一致估計的時候，異質的確定趨勢導致最大概似估計是不一致的。這個不一致的出現是由於當 N 趨於無窮時，伴隨參數 (確定性趨勢) 將趨於無窮。在衆多的 panel-data 文章中，諸如估計帶固定效果的動態模型中，當 T 趨於無窮時，不一致性就會消失。Phillips 和 Moon 證實在他們框架中，在 N 趨於無窮和 T 趨於無窮時，伴隨參數的困難依然存在。

有關 panel-data 單根和共整合的理論尙需進一步研究。問題集中在估計量和檢定的漸進特性的考慮和使用。顯而易見，針對有限樣本估計和檢定的漸進理論需要大量系統化的類比工作。更重要的是放鬆橫斷面獨立假設，以便得到與實際更吻合的漸進理論。因爲在研究許多國家之間的 panel-data 文章中，全球化趨勢已經對獨立假設提出了挑戰。Phillips 和 Moon(1999a) 探討了這個問題。這個問題難度相當大，它不僅涉及把相互依賴考慮到分析中，而且要用合適的特徵來描述它。目前，已有一些專家正在探討這些問題，像 Maddala 和 Wu(1999) 自助法允許橫斷面相關，Pedroni(1997b) 在他的 PPP 研究中，提出用基於 GLS 修正來考慮在 panel 個體之間存在的回饋情況。在 Pedroni 的研究中，對於作爲妨礙 PPP 關係的橫斷面單位依賴，它的修正並沒有作爲重要的角色，但這並不能否認它對研究工作的潛在影響。Hall 等人 (1999) 對這個新的研究提供了一些想法。建立在 Hall 和 Urga(1998) 早期工作基礎之上，Hall 等人提供了另一個同 Pesaran 和 Smith(1995) 分析相反的例子，他們集中在 panel 共整合的迴歸結構上。Hall 等人證實，在每個 panel 單位中，迴歸量是由共同的隨機趨勢決定的，每個單位是共整合的，接著用一個標準 panel-data 估計，對這個 panel 強加一個同質參數，即使這個眞實模型有異質的參數，仍將得到一個反映長期均衡作用的一致估計。該文章繼續發現可以用一個新的主成分方法，對共有的隨機趨勢進行檢定，並提出了在有限樣本下，這些檢定的樣本容量和功效特性，即使在一個共整合階數 I(0) 和 I(1) 的混合變數中，這些檢定方法也是一致的。因此，避免了對 panel-data 進行事前的單根檢定，他們所做的工作有兩點非常重要：第一，針對單位不同的 panel-data，由於採用相同的趨勢，橫斷面依賴比較明顯。然而，除了提供一致性，主成分估計的漸進理論並沒有得到證明，特徵分析過分依賴類比結果。要得到漸進理論確實困難重重，但其中的分析卻是朝著正確的方向邁出了很重要的一步。第二，其中考慮多共整合向量，儘管僅僅是在迴歸量的集合中，但這對於估計和推斷框架也是必要的擴展。然而在這方面它仍是不完全，在 panel 每個單位的共整合向量通常是唯一的，標準化的問題則不存在。僅僅 Larsson, Lyhagen 和 Lothgren (1998) 按照類似 Johansen 最大概似方法，來研究 panel-data 中的多共整合向量的情況，他們的研究前提仍然是假設維護橫斷面單位的獨立性，他們建議的統計量是單位間 Johansen 概似比統計量的平均數，該統計量曾被 Im 等人 (1997) 用作單根檢定，他們聲稱一旦平均值和變異數被修正之後，它服從一個標準正態密度，這些平均值和變異數通常是通過隨機模擬得到。

7-2-1 Panel-Data: Levin and Lin Test (xtunitroot llc 指令)

Panel 資料單根檢定包括了以時間序列及橫斷面資料作爲樣本，以檢定變數是否符合定態的一種檢驗方法，此法可彌補傳統單根檢定法不足之處，即檢定力不足之問題。因此，適用 panel 資料單根檢定法以檢定變數是否符合定態，不僅可提升檢定力，更能使實證分析結果更具意義。Panel 資料單根檢定法，其中，Levin, Lin 與 Chu (2002) 單根檢定法及 Im, Pesaran 與 Shin (2003) 單根檢定法，二者係最常被使用的兩種。

Lin 與 Chu (2002) 所提出的 panel 單根檢定法，簡稱 LLC 單根檢定法進行檢定，此方法允許每個變數可個別考慮時間趨勢和截距項的存在與否，並加入考慮橫斷面資料的資訊，可提升檢定力。

Levin, Lin 與 Chu (1992,1993) 建立了多組數列是否存在單根的檢定程序，且此檢定方法包括了各數列間是否存有截距項與趨勢項的不一致，即存有個別的時間效果。除此之外，Levin, Lin 與 Chu (2002) 提出以 ADF 檢定法爲主的追

蹤資料單根檢定 (簡稱 LLC 檢定)，其假設模型爲：

$$\Delta X_{it} = \alpha_i + \beta_i X_{i,t-1} + \gamma_i t + \sum_{j=1}^{k} \delta_{ij} \Delta X_{i,t-1} + \varepsilon_{it} \quad (1)$$

其中，$i = 1, \cdots, N$，$t = 1, \cdots, T$，ε_{it} 爲平均數爲 0 與變異數爲 σ^2 的分配。

LLC 的假設檢定爲：虛無假設爲所有數列具有單根 (即爲非定態)，對立假設爲所有數列不具單根 (即爲定態)，且嚴格控制所有的一階自我迴歸係數必須均相同，其假設檢定如下：

$$\begin{cases} H_0: \beta_1 = \beta_2 = \cdots = \beta_N = \beta = 0 \\ H_1: \beta_1 = \beta_2 = \cdots = \beta_N = \beta < 0 \end{cases}$$

其檢定統計量爲：

$$t_\beta = \frac{\hat{\beta}_t}{se(\hat{\beta}_t)} \quad \text{符合} \sim t_{(df)} \text{分配}$$

其中，$\hat{\beta}_t$ 爲 LLC 檢定模型之最小平方的估計值，$se(\hat{\beta}_t)$ 爲 $\hat{\beta}_t$ 的標準差。在有限樣本下，β_t 的性質可由 Monte Carlo 模擬得到。

其決策法則爲：

$$\begin{cases} \text{若接受「}H_0: \beta_1 = \beta_2 = \cdots = \beta_N = \beta = 0\text{」，表示所有序列均具有單根，故進行差分運算} \\ \text{若拒絕}H_0\text{，表示所有序列均爲定態} \end{cases}$$

如在觀察時間 T 與觀察單位 N 非常大的時候，有極限常態的存在，即 $\hat{\beta}_t$ 會趨近於標準常態分配，且 T 比 N 更能提升達到統計量的收斂速度。雖然此法允許截距項、時間趨勢項、殘差項可以具有個別效果，即可以隨著觀察單位的不同而不同，但每個觀察單位的時間序列長度必須相同，而且限制各個觀察單位的時間序列需有相同的自我迴歸係數，這也成爲此檢定法的主要缺點之一。但由於此檢定法包括了橫斷面及時間序列的資料，擴大了樣本數，得以彌補在傳統檢定法下檢定力 (power) 不足之問題。

7-2-2 Panel-Data: IPS 檢定 (xtunitroot ips 指令)

在 LLC 單根檢定法下，嚴格控制所有的一階自我迴歸係數必須均相同的限制，但當各數列迴歸係數間存有差異時將不適用，因此，Im, Pesaran 與 Shin (2003) 提出了放寬此一限制的 panel 資料單根檢定法 (以下簡稱 IPS 檢定)，即允許各數列的迴歸係數可不相同，且在對立假設下允許某些數列具有單根，使得 IPS 單根檢定法比 LLC 單根檢定法爲更一般化的 panel 資料單根檢定法。

其假設檢定爲：

$$\begin{cases} H_0: \hat{\beta}_1 = \hat{\beta}_2 = \cdots = \hat{\beta}_N = \beta = 0 \\ H_1: \hat{\beta}_i < 0\text{，至少一個或以上的數列是定態的} \end{cases}$$

其檢定統計量爲：

$$\bar{t} = \frac{\sqrt{N}(\bar{t}_{NT} - E(\bar{t}_{NT}))}{\sqrt{Var(\bar{t}_{NT})}}$$

式中$\bar{t}_{NT} = \frac{1}{N}\sum_{t=1}^{N} t_{\beta_t}$，平均數爲 $E(\bar{t}_{NT})$，變異數爲 $Var(\bar{t}_{NT})$，T 爲各數列之期數；$\bar{t}$ 的檢定統計量會趨近於標準常態極限分配。在有限樣本下，Monte Carlo 模擬顯示 IPS 檢定利用 t-bar 的檢定統計量，可以提升檢定力。

7-2-3 Panel-Data: Fisher Test 檢定 (xtunitroot fisher 指令)

xtfisher 指令，旨在「combines the p-values from N independent unit root tests」。

Maddala 與 Wu (1999) 提出結合 N 次獨立單根檢定的 Fisher Test。此檢定是屬無母數的設計，而且是根據 Fisher 於 1932 年的假設；它也與 Im 等人 (1997) 所提出的 panel unit root test 原理近似，同樣可以允許有不同的一階自我迴歸係數及在估計程序中有相同的虛無與對立假設。

Fisher test 假設的統計量如下：

$$P(\lambda) = -2\sum_{j=1}^{N} \ln(\pi_i)$$

其中，π_i 是 i 單位檢定統計量的 P 值。

Fisher test 的檢定統計值 $P(\lambda)$ 是根據 Maddala 與 Wu (1999) 有 2N 自由度的平方分配值，若與 Levin 及 Lin (1992) 的 panel unit root test 做比較的話，Fisher test 可以達到更精準的樣本大小 (size) 與更高的檢定力。故該檢定的優點是它允許在做個別的 ADF 迴歸時，可以使用不同的落遲長度 (IPS panel unit root test 則必須使用相同的落遲長度)。因此，Fisher Test (1992) 在 panel unit root test 可以減少在選擇落遲期數的誤差，而獲得較明確的使用。

7-3 Panel-Data 單根檢定之實例

一、觀察變數的特徵

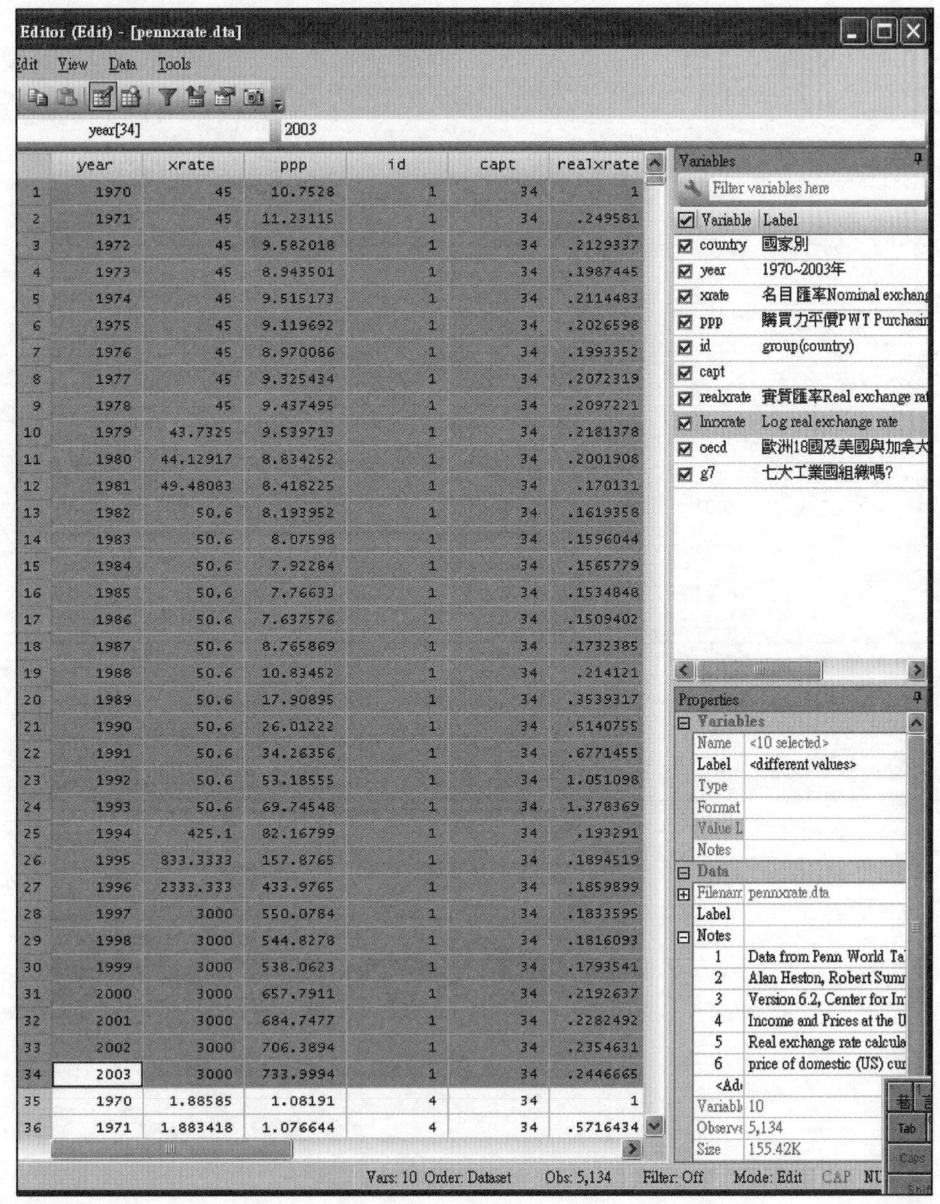

	year	xrate	ppp	id	capt	realxrate
1	1970	45	10.7528	1	34	1
2	1971	45	11.23115	1	34	.249581
3	1972	45	9.582018	1	34	.2129337
4	1973	45	8.943501	1	34	.1987445
5	1974	45	9.515173	1	34	.2114483
6	1975	45	9.119692	1	34	.2026598
7	1976	45	8.970086	1	34	.1993352
8	1977	45	9.325434	1	34	.2072319
9	1978	45	9.437495	1	34	.2097221
10	1979	43.7325	9.539713	1	34	.2181378
11	1980	44.12917	8.834252	1	34	.2001908
12	1981	49.48083	8.418225	1	34	.170131
13	1982	50.6	8.193952	1	34	.1619358
14	1983	50.6	8.07598	1	34	.1596044
15	1984	50.6	7.92284	1	34	.1565779
16	1985	50.6	7.76633	1	34	.1534848
17	1986	50.6	7.637576	1	34	.1509402
18	1987	50.6	8.765869	1	34	.1732385
19	1988	50.6	10.83452	1	34	.214121
20	1989	50.6	17.90895	1	34	.3539317
21	1990	50.6	26.01222	1	34	.5140755
22	1991	50.6	34.26356	1	34	.6771455
23	1992	50.6	53.18555	1	34	1.051098
24	1993	50.6	69.74548	1	34	1.378369
25	1994	425.1	82.16799	1	34	.193291
26	1995	833.3333	157.8765	1	34	.1894519
27	1996	2333.333	433.9765	1	34	.1859899
28	1997	3000	550.0784	1	34	.1833595
29	1998	3000	544.8278	1	34	.1816093
30	1999	3000	538.0623	1	34	.1793541
31	2000	3000	657.7911	1	34	.2192637
32	2001	3000	684.7477	1	34	.2282492
33	2002	3000	706.3894	1	34	.2354631
34	2003	3000	733.9994	1	34	.2446665
35	1970	1.88585	1.08191	4	34	1
36	1971	1.883418	1.076644	4	34	.5716434

圖 7-3 「pennxrate.dta」資料檔內容

```
*
. webuse pennxrate

. describe

Contains data from D:\ pennxrate.dta
  obs:         5,134
 vars:            10                            31 Jul 2014 22:32
 size:       159,154                            (_dta has notes)
--------------------------------------------------------------------------------
              storage  display     value
variable name   type   format      label      variable label
--------------------------------------------------------------------------------
country         str3   %9s                    國家別
year            int    %8.0g                  1970-2003 年
xrate           float  %9.0g                  名目匯率 Nominal exchange rate
ppp             float  %9.0g                  購買力平價 PWT Purchasing Power
                                              Parity index
id              float  %9.0g                  group(country)
capt            float  %9.0g
realxrate       float  %9.0g                  實質匯率 Real exchange rate
lnrxrate        float  %9.0g                  Log real exchange rate
oecd            byte   %8.0g                  歐洲 18 國及美加共 20 個會員國
g7              byte   %8.0g                  七大工業國組織嗎？
--------------------------------------------------------------------------------
Sorted by:  id  year
```

二、單根檢定

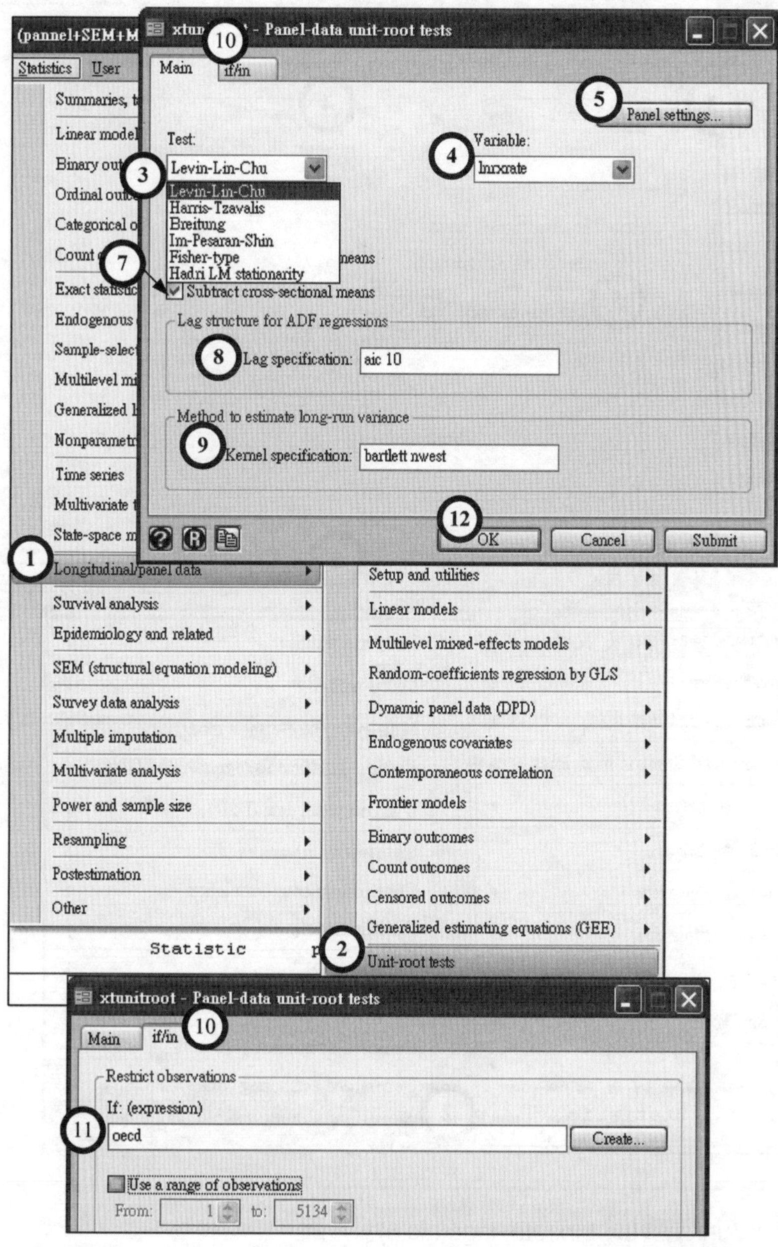

圖 7-4 「xtunitroot llc lnrxrate if oecd, demean lags(aic 10) kernel(bartlett nwest)」畫面

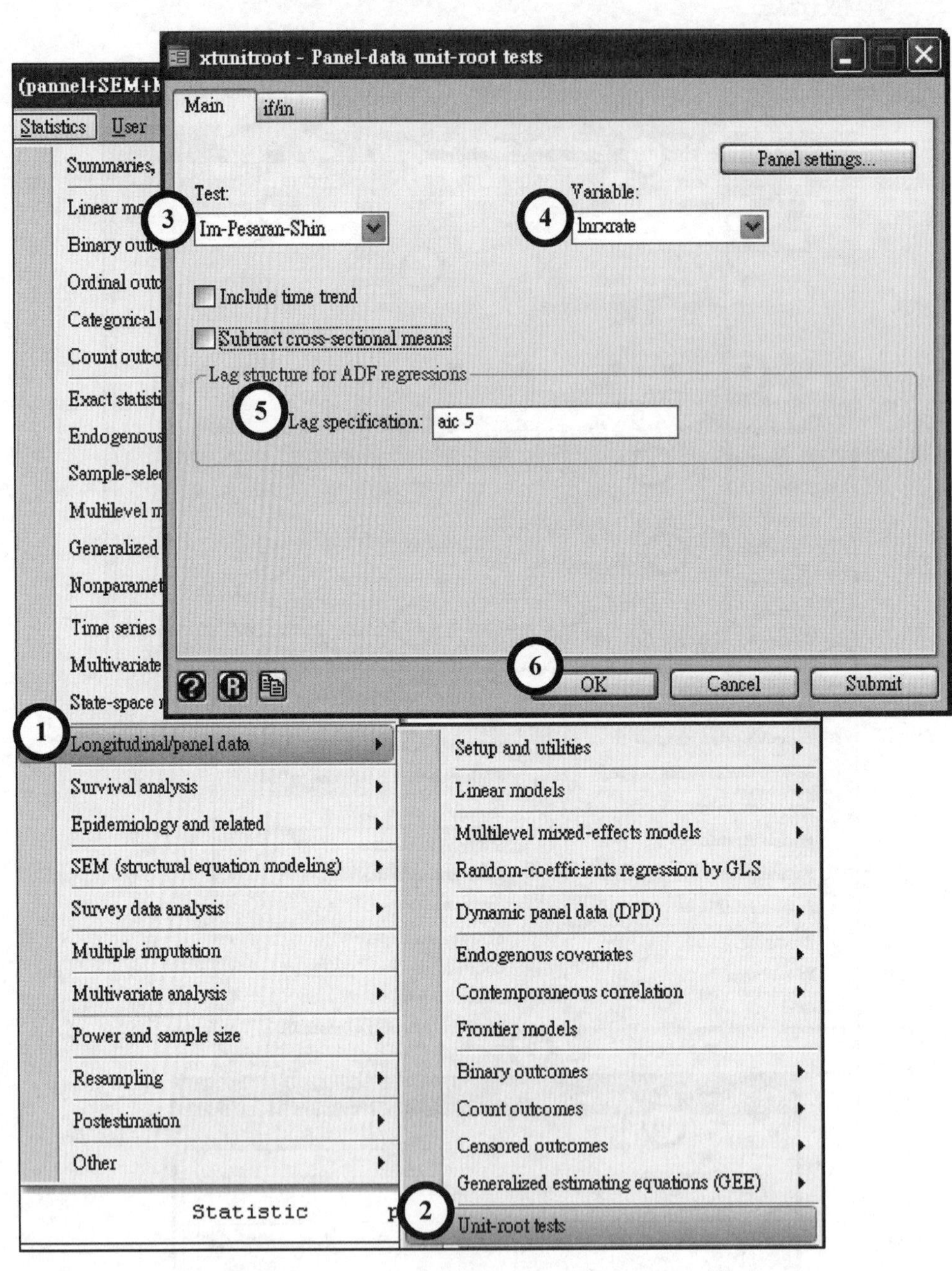

圖 7-5「xtunitroot ips lnrxrate, lags(aic 5)」畫面

```
. webuse pennxrate

*(1)LLC test, using the AIC to choose the number of lags for regressions and
 using an HAC variance estimator based on the Bartlett kernel and the number
 of lags chosen using Newey and West's method

. xtunitroot llc lnrxrate if oecd, demean lags(aic 10) kernel(bartlett nwest)

Levin-Lin-Chu unit-root test for lnrxrate
-----------------------------------------

H0: Panels contain unit roots               Number of panels    =      27
Ha: Panels are stationary                   Number of periods   =      34

AR parameter: Common                        Asymptotics: N/T -> 0
Panel means:  Included
Time trend:   Not included                  Cross-sectional means removed

ADF regressions: 1.33 lags average  (chosen by AIC)
LR variance:     Bartlett kernel, 3.63 lags average
                 (chosen by Newey-West)
------------------------------------------------------------------------------
                     Statistic      p-value
------------------------------------------------------------------------------
 Unadjusted t        -13.0033
 Adjusted t*          -2.4486       0.0072
------------------------------------------------------------------------------


*(2)HT test, removing cross-sectional means from data

. xtunitroot ht lnrxrate, demean

Harris-Tzavalis unit-root test for lnrxrate
-------------------------------------------

H0: Panels contain unit roots               Number of panels    =     151
Ha: Panels are stationary                   Number of periods   =      34
```

```
AR parameter: Common                      Asymptotics: N -> Infinity
Panel means:  Included                                 T Fixed
Time trend:   Not included                Cross-sectional means removed
------------------------------------------------------------------------
                    Statistic        z         p-value
------------------------------------------------------------------------
 rho                   0.8184     -13.1239      0.0000
------------------------------------------------------------------------

*(3)Robust version of the Breitung test on a subset of OECD countries, using
 3 lags for the prewhitening step

. xtunitroot breitung lnrxrate if g7, lags(3) robust


Breitung unit-root test for lnrxrate
------------------------------------
H0: Panels contain unit roots             Number of panels  =      6
Ha: Panels are stationary                 Number of periods =     34

AR parameter: Common                      Asymptotics:  T,N -> Infinity
Panel means:  Included                                     sequentially
Time trend:   Not included                Prewhitening: 3 lags
------------------------------------------------------------------------
                    Statistic       p-value
------------------------------------------------------------------------
 lambda*              -1.2258        0.1101
------------------------------------------------------------------------
 * Lambda robust to cross-sectional correlation

*(4)IPS test, using the AIC to choose the number of lags for regressions

. xtunitroot ips lnrxrate, lags(aic 5)

Im-Pesaran-Shin unit-root test for lnrxrate
-------------------------------------------
H0: All panels contain unit roots         Number of panels  =    151
Ha: Some panels are stationary            Number of periods =     34
```

```
AR parameter: Panel-specific                Asymptotics: T,N -> Infinity
Panel means:  Included                                    sequentially
Time trend:   Not included

ADF regressions: 1.11 lags average  (chosen by AIC)
------------------------------------------------------------------------------
                       Statistic      p-value
------------------------------------------------------------------------------
 W-t-bar                 -15.2812      0.0000
------------------------------------------------------------------------------
```

*(5)Fisher-type test based on ADF tests with 3 lags, allowing for a drift term in each panel

```
. xtunitroot fisher lnrxrate, dfuller lags(3) drift

Fisher-type unit-root test for lnrxrate
Based on augmented Dickey-Fuller tests
-----------------------------------------
H0: All panels contain unit roots           Number of panels  =    151
Ha: At least one panel is stationary        Number of periods =     34

AR parameter: Panel-specific                Asymptotics: T -> Infinity
Panel means:  Included
Time trend:   Not included
Drift term:   Included                      ADF regressions: 3 lags
------------------------------------------------------------------------------
                                  Statistic      p-value
------------------------------------------------------------------------------
 Inverse chi-squared(302)   P      916.1451       0.0000
 Inverse normal             Z      -18.8512       0.0000
 Inverse logit t(759)       L*     -19.5571       0.0000
 Modified inv. chi-squared  Pm      24.9892       0.0000
------------------------------------------------------------------------------
 P statistic requires number of panels to be finite.
 Other statistics are suitable for finite or infinite number of panels.
------------------------------------------------------------------------------
```

```
*(6)Hadri LM test of stationarity, using an HAC variance estimator based on
 the Parzen kernel with 5 lags

. xtunitroot hadri lnrxrate, kernel(parzen 5)

Hadri LM test for lnrxrate
----------------------------
H0: All panels are stationary             Number of panels   =     151
Ha: Some panels contain unit roots        Number of periods  =      34

Time trend:          Not included        Asymptotics: T, N -> Infinity
Heteroskedasticity: Robust                                 sequentially
LR variance:         Parzen kernel, 5 lags
------------------------------------------------------------------------------
                     Statistic      p-value
------------------------------------------------------------------------------
 z                     32.5181       0.0000
------------------------------------------------------------------------------
```

1. 上述六種 panel 單根檢定，p 值都 < 0.05，故拒絕「H_0：所有 panels 是定態 All (panels are stationary)」，即接受「H_1：有些 panels 含有單根 (some panels contain unit roots)」。
2. 由於上述六種 panel 單根檢定之條件略有不同，故產生的「最佳 lag 期」亦都略爲不同。

7-4 時間序列之共整合分析

一、時間序列

時間序列 (time series) 是實證經濟學的一種統計方法。時間序列是用時間排序的一組隨機變數，國內生產毛額 (GDP)、消費者物價指數 (CPI)、臺灣加權股價指數、利率、匯率等都是時間序列。

時間序列的時間間隔可以是分秒 (如高頻金融數據)，可以是日、週、月、季、年，甚至更大的時間單位。

二、時間序列變數的特徵

1. 非定態 (non-stationarity，也譯作非平穩性、非穩定性)：即時間序列的變異數無法呈現出一個長期趨勢，並最終趨於一個常數或是一個線性函數。
2. 波動幅度隨時間變化 (time varying volatility)：即一個時間序列變數的變異數隨時間的變化而變化。

這兩個特徵使得有效分析時間序列變數，十分困難。

定態型時間序列 (stationary time series) 係指一個時間序列其統計特性，將不隨時間之變化而改變者。

三、傳統計量經濟學的假設

1. 假設時間序列變數是從某個隨機過程中隨機抽取並按時間排列而形成的，因而一定存在一個 (狹義) 穩定趨勢 (stationarity)，即：平均值是固定的。
2. 假定時間序列變數的波動幅度不隨時間改變，即變異數是固定的。但這明顯不符合實際，人們早就發現股票收益的波動幅度是隨時間而變化的，並非常數。

這兩個假設使得傳統的計量經濟學方法，對實際生活中的時間序列變數無法有效分析。克萊夫 · 格蘭傑和羅伯特 · 恩格爾的貢獻，解決了這個問題。

四、如何解決非定態性？

個別來看不同的時間序列，它們可能是非定態，但按某比例的結構組合後，該新時間序列卻有可能變成定態，意即這個新時間序列長期來看，它會趨向於一個常數或是一個線性函數。

例如，時間序列變數 $X(t)$ 非穩定，但其 d 階差分卻可能是穩定的；時間序列變數 $X(t)$ 和 $Y(t)$ 都是非定態，但線性組合「$X(t) - bY(t)$」後卻是穩定的。

故分析非定態的時間序列，焦點放在「如何尋找結構關係」入手 (例如尋找上述常數 b)，把非定態的時間序列穩定化，以利觀察它們長期的共同發展趨勢，進而做成我們的財經政策。

五、共整合性

Granger 在 1981 年一篇論文中，引入了「共整合性」這個概念 (cointegration，也譯「協整」)。

如果兩個時間序列 $X(t)$ 和 $Y(t)$ 各自有整合階 $I(x)$ 和 $I(y)$，而將兩序列做某種

線性組合後的數列 $z(t)$，具有更低的「整合階」：$I(z) < I(x), I(z) < I(y)$，便稱這兩個時間序列具有「共整合性」。用上一節的例子說明，若常數 b 存在，那麼原時間序列 $X(t)$ 和 $X(t)$ 就具**共整合性**。

Granger 和 Weiss(1983) 合著的一篇論文中，提出了「格蘭傑表述定理」(Granger representation theorem)，證明了以一組特定的動態方程可以重新表述具有「共整合性」的時間序列變數 (cointegrated variables) 之間的動態關係，而這組動態方程更具有經濟學涵義，從而使得時間序列分析更有效。

六、共整合之解說

若一非定態的數列 X_t 要經過 d 次差分才會變成定態數列，則稱此數列的整合階 (order of integration) 爲 d，以 $X_t \sim I(d)$ 表示。若數列本身就是一定態數列，則以 $X_t \sim I(0)$ 表示。

當時間序列符合下列兩個條件時，稱爲共整合 (Engle & Granger, 1987)：

1. 時間序列中之所有變數有相同的整合階 (設爲 d)，即 $X_t \sim I(d)$。
2. 倘若存在一向量 β，使得時間序列模型 $X_t \sim I(d)$ 之線性關係爲 $z_t = \beta' X_t \sim I(d-b)$，$d > b > 0$，則稱 X_t 存在 (d, b) 階的共整合關係，記爲 $X_t \sim CI(d-b)$，而 β 稱爲共整合向量 (cointegration vector)，亦即代表變數間的長期均衡關係。

若變數均爲 $I(1)$，透過 β 線性組合後成爲一 $I(0)$ 的數列，代表兩變數彼此的隨機趨勢相互匹配，獲得一恆定的線性組合，雖然長期變數間會呈現各自來回漫步狀態，但彼此間存在著比例的共同因素，而成群漂移，故不會互相游移而愈移愈遠。

其中，z_t 爲均衡誤差，用來衡量變數間長期下的偏離程度，若變數間具有共整合關係，則 z_t 會是 I(0) 數列。

七、共整合之應用例子

常見「共整合」的應用領域，包括：

1. 臺灣國民小學教師人數 x_t 與學生數 y_t、教師人數 x_t 與班級數 y_t—— 共整合之分析。
2. 最適公共債務比率之研究：例如，想檢測臺灣是否存在最適的公共債務比率，使得經濟成長率爲最大。實證結果顯示，實質 GDP 經濟成長率 x_t 的決定因素，包含政府公共債務比率 y_t 與政府公共債務比率平方 y_t^2 存在一個長期均衡關係。

3. 股價指數期貨 x_t 與現貨價格 y_t 關聯性。
4. 指數基金 x_t 與大盤股價 y_t 之價格發現：以 S&P 500 指數爲例。
5. 歐、亞股 x_t 與匯市 y_t 關係之實證研究：以臺灣、日本、韓國、德國、英國與法國爲例。
6. 股價現值模型長短期非線性行爲的探討：跨國的實證研究。
7. 原油價格 x_t、石油類股 y_t、太陽能類股 z_t 動態關係。
8. 金融發展 x_t 與經濟成長 y_t——臺灣之實證。
9. 資本移動 x_t 對匯率 y_t 之影響——以泰國及馬來西亞爲例。
10. 臺灣短期利率期貨避險比率 x_t 與績效 y_t 研究，假如依序用 Naive 模型、最小平方法 (OLS) 模型及 VECM 模型，對臺灣 30 天期利率期貨與臺灣 30、90 與 180 三種天期的商業本票進行最適避險比率的計算，並比較其避險績效，有人發現：
    (1) 由單根檢定後發現，原始資料的價格時間序列具有單根的現象，而經過一階差分後成爲穩定數列。
    (2) 在共整合的檢定中，發現期貨 x_t 與現貨 y_t 間具有長期均衡的關係，因此可在實證中加入誤差修正項進行避險。
    (3) 樣本內與樣本外的實證中都得到相同的結論，在避險績效的衡量上，投資組合之避險績效由大到小依序是：OLS > VECM > Naïve，即利用 OLS 模型進行避險可得到最好的效果。另外在避險模型中加入誤差修正項，並無法有效的改善其績效；在投資組合的選取上，可發現以臺灣 30 天期利率期貨和臺灣 90 天期商業本票所組合成的投資避險組合，具有最佳之避險績效。
11. 私募股票的流動性風險 x_t 與股價報酬率 y_t 之關聯。
12. 貨幣供給 x_t、新臺幣匯率 y_t 對房價指數 z_t 與股價報酬率 w_t 關聯性。
13. 臺灣外匯市場匯率過度反應模型，例如想探討匯率變動 x_t 與資本移動 y_t 之關聯性，及臺灣外匯市場是否存在匯率過度反應的情形。以臺灣經濟體爲研究對象。理論架構採自 Frenkel 與 Rodriguez (1982) 資本不完全移動模型，及 MacDonald (1995) 國際收支平衡分析，架構除了考量資本移動因素之外，並納入預期心理因素進行分析。依據實證結果解釋資本移動與匯率的關聯性及各因素之市場效益。該研究方法採用單根檢定、Johansen 共整合檢定及誤差修正模型，分別對匯率、兩國利率差距、名目有效匯率值、兩國相對股價報酬率及外匯交易價量值進行實證分析，期望可以從所獲致的資訊中進一步瞭解各個變數在長期均衡關係與短期動態調整之相關性，以及外匯市場發生匯率過度反應情形之時機與原因，並分析央行干預效果對短期匯率波動的影響。有人發現：(1) 資本移動因素對短期匯率波動確實有顯著的影響；兩國利率差距、兩國相對股價報酬率對匯率具有長期的負向關係，外匯交易價量值對匯率具有長期的正向關係。(2) 長期而言，臺灣外匯市場匯率過度反應的情形並不明顯，除了少數幾個時間點可調整的均衡匯率與名目匯率產生較大的偏離，亦即表示匯率出現短期的過度反應，可能的原因是受到國際美元走勢或其他非經濟因素的影響，產生對新臺幣過度升貶的預期心理。(3) 隨著資本管制的逐一放寬，央行穩定外匯市場的功能將愈來愈明顯，亦即呈現管理浮動匯率制度的特色。

14. 匯率 x_t、公司規模 y_t 與股票報酬 z_t 相關性之研究——以臺灣股票市場爲例。
15. 景氣循環 x_t 與股票市場 y_t 之動態關聯。
16. 臺灣 x_t 半導體產業股價與美國 y_t 半導體產業關聯性之研究——以 DRAM 業爲例。
17. 臺灣花卉批發市場整合性。運用 Ravallion 的市場整合檢定模型、Engle 與 Granger 的共整合檢定法，以及 Johansen 最大概似共整合檢定法三種檢定方法，以臺灣四個花卉批發市場之大菊、小菊、劍蘭、康乃馨、玫瑰、大文心蘭、洋桔梗及滿天星等八種花卉品項之交易行情資料，來檢定其市場共整合現象。
18. 總體經濟變數 x_t 與臺灣加權股價指數 y_t 之現貨與期貨間領先或落遲關聯性。
19. 匯率波動 x_t 對出口 y_t 的影響：ARDL 共整合分析的應用。
20. 臺灣 x_t、美國 y_t、日本 z_t 半導體產業股價連動關係。
21. 臺灣 x_t 與美國 y_t 股市動態關聯性之傳遞效果。
22. 兩岸四地股票市場連動關係之研究——分數共整合應用。
23. 國防支出 x_t 對經濟成長 y_t 影響。
24. 共整合分析在策略資產配置上之應用。常見策略資產配置之理論模型，有三種：多變量模型 (Campbell 等人，2003)、動能交易策略 (Brouwer & Philippe, 2009)、共整合分析法 (Lucas, 1997)。假設以十二檔避險基金指數及代表傳統資產的 S&P 500、NASDAQ 與 J.P. Morgan Bond 爲研究對象，採用共整合分析法，來探究經共整合測試後的策略資產配置之效率前緣。可發現，在「平均數—變異數」及「平均數—條件風險值」的「報酬—風險」架構下，以不具共整合的資產爲選取標的之策略資產配置能有較高報酬，且風險較低。

25. 臺灣、日本、南韓玉米及黃豆進口價格之共整合分析。
26. 以共整合分析臺灣地區犯罪率函數。發生犯罪絕大部分來自於經濟面的問題未能獲得解決，其中失業率應是關鍵因素，另外犯罪後被逮捕的機率，亦是誘使犯罪發生的重要因素。因此透過單根檢定法、Johansen 最大概似估計法，以犯罪率 x_t、破獲率 y_t、失業率 z_t 爲變數之 138 筆月資料爲樣本，針對這三種變數進行共整合分析。可發現：在其他情況不變下，當失業率增加 1%，會引發犯罪率增加 3.38%，即失業率爲犯罪率之增函數；當破獲率增加 1%，會引發犯罪率減少 0.67%，即破獲率爲犯罪率之減函數。
27. 臺灣 x_t、中國大陸 y_t 與美國 z_t 貿易金額之共整合分析。
28. 監獄新入監受刑人再犯比率之研究——隨機共整合分析。
29. 臺灣人力資本 x_t 與經濟成長 y_t——隨機共整合分析。

7-4-1 Cointegration 分析步驟

一、共整合分析之流程

見圖 7-6。

定態數列可用 SPSS/SAS 軟體來分析。非定態數列可用：(1) 免費軟體 JMulTi(可以由 www.jmulti.de 免費下載)。(2) 選擇表與寫指令並用的 Stata 或 Eview。(3) 功能強大且要寫指令的財經軟體 R (http://cran.r-project.org/bin/windows/base/) 等幾種軟體來分析。至於，橫斷面加縱貫面之縱橫資料 (panel-data)，可用 Stata 或 Limdep 軟體來分析。

認定兩個時間序列 x_t 及 y_t 是否有共整合，其意義係代表兩者後幾期波動的線性組合之趨勢有「common stochastic trend」，除了「x_t 落遲幾期的線性組合 $\rightarrow y_t$」，亦有可能「y_t 落遲幾期的線性組合 $\rightarrow x_t$」。

本節將以 CD 所附的「interest-inflation.dat」資料檔爲範例，以求得德國央行「季通貨膨脹率 Dp 與央行利率 R」共整合關係之數學式。

由於各國央行爲了控制通貨膨脹，會調漲利率來抑制通膨，即「$DP_t \rightarrow R_t$」。同時，央行調整利率後，會有幾期的時間來影響通貨膨脹，即「$R_t \rightarrow DP_t$」。有了這樣 logic 後，我們心裡就出現疑問：R_t 與 DP_t 兩數列波動之長期趨勢，是否存在「common stochastic trend」共整合關係？

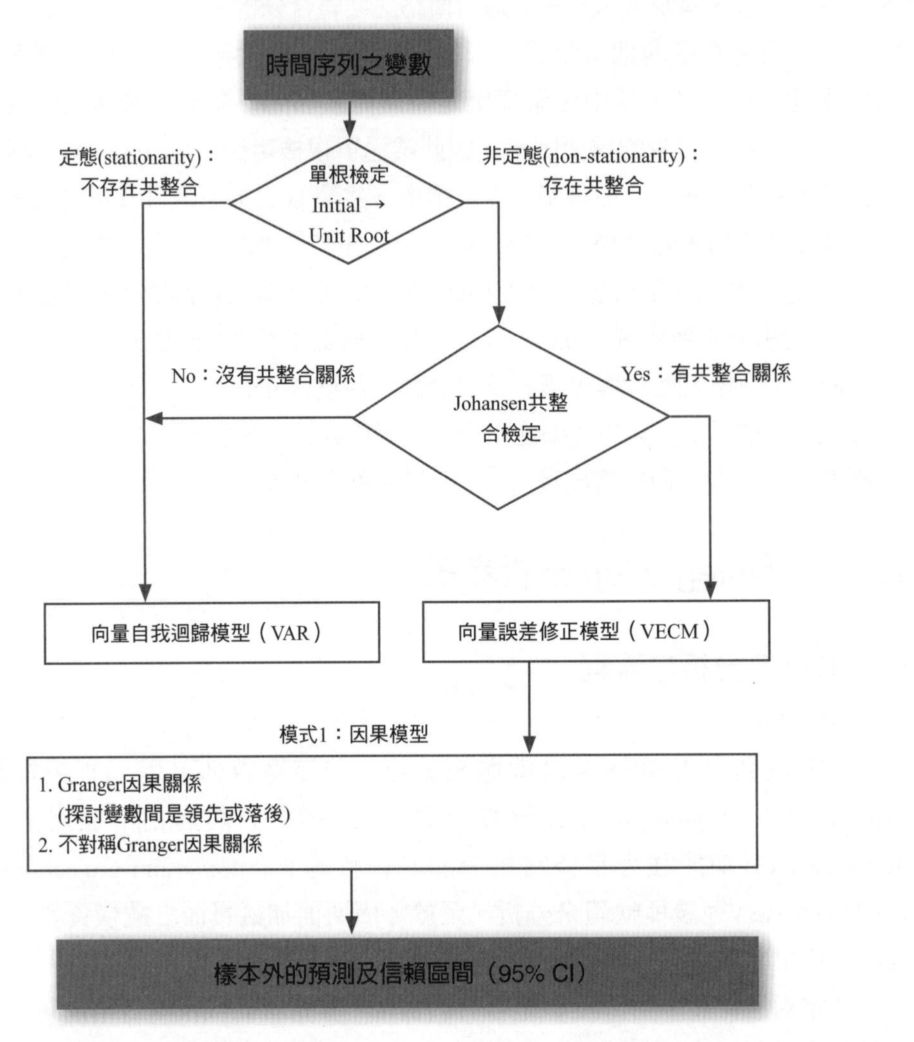

圖 7-6 共整合之分析流程

二、兩個數列共整合分析前的必要條件認定

兩個時間序列 x_t 及 y_t 之波動變化，是否具有共同隨機趨勢 (同步向下、同步上升) 之共整合檢定前，我們可用 Stata、JmulTi 軟體，先檢查這兩個數列的波動樣式 (pattern) 是否符合以下條件：

步驟 1：描述性統計 (descriptive statistics)：判定「平均數是否接近 0」、「標準差是否接近 1」，若二個條件都符合，則可初步斷定 $y_t \sim N(0, 1)$。接著，以較正式常態性 Jarque-Bera 檢定，即以「偏態接近 0」、「峰度接近 3」兩準則，斷定數列 x_t 及 y_t 是否「非常態」。若 x_t 及 y_t 是「非常態」，則下一階段再試試 x_t 及 y_t 是否需要差分才會定態。

步驟 2：以 ADF 法進行單根檢定，以判定這兩個數列是否同時具有單根 [若 $y_t \sim I(1)$，$\Delta y_t \sim I(0)$；若 $x_t \sim I(1)$，$\Delta x_t \sim I(0)$]，若 x_t 及 y_t 數列都需要差分一次，波動才會定態，表示 x_t 及 y_t「同時」具有單根，那麼就有機會構成「波動變動趨勢有共整合」的機會。

步驟 3：條件異質變異數 (ARCH) 檢定

Stata 亦可仿照 JmulTi ARCH_{LM} 觀念來檢定：y_t 單一數列波動變異數 (第二級動差) 特性，是否有落遲 q 期的現象，若有，表示 y_t 是「條件異質變異數」之 ARCH(q) 模型。易言之，ARCH_{LM} 法可用來判定 y_t 數列，只要落遲 q 期的差分，就已足夠預測前期的差分。這種 ARCH 檢定在自我迴歸 (AR)、向量自我迴歸 (VAR) 之建模過程時，非常有用。

步驟 4：常態性 JB 檢定、ADF 單根檢定：若兩個數列都屬常態，且都要有單根，則這兩個數列才可能存在共整合方程式。

1. 常態性 JB 檢定

Jarque-Bera 常態性檢定，係考驗殘差向量 $\hat{u}_t$ 的成分之間是否獨立，即計算其第三級動差 (moments) 之偏態是否爲 0 及第四級動差之峰度是否爲 3。

首先，估計殘差共變矩陣 $\tilde{\Sigma}_u$：

$$\tilde{\Sigma}_u = \frac{\sum_{t=1}^{T}(\hat{u}_t - \bar{\hat{u}})(\hat{u}_t - \bar{\hat{u}})'}{T}$$

並算出平方根矩陣 $\tilde{\Sigma}_u^{1/2}$。即 Stata 係以「已標準化殘差」$\hat{u}_t^s$ 的偏態及峰度，來判定是否爲常態性：

$$\hat{u}_t^s = (\hat{u}_{1t}^s, \cdots, \hat{u}_{kt}^s)' = \tilde{\Sigma}_u^{1/2}(\hat{u}_t - \bar{\hat{u}})$$

$$\text{定義}\begin{cases} b_1 = (b_{11}, \cdots, b_{1k})'，\text{此處 } b_{1k} = \dfrac{\sum_{t=1}^{T}(\hat{u}_{kt}^s)^3}{T} \\ b_2 = (b_{21}, \cdots, b_{2k})'，\text{此處 } b_{2k} = \dfrac{\sum_{t=1}^{T}(\hat{u}_{kt}^s)^4}{T} \end{cases}$$

由 b_1 及 b_2 即可衍生出以下二個定義：

$$\begin{cases} s_3^2 = Tb_1'b_1/6 \sim \chi^2_{(K)} \text{ 極限分配} \\ s_4^2 = T(b_2-3_K)'(b_2-3_K)/24 \sim \chi^2_{(K)} \text{ 極限分配} \end{cases}$$

Jarque-Bera(JB) 之虛無假設 vs. 對立假設爲：

$$\begin{cases} H_0 = \text{偏態} e(u_t^t)^3 = 0\text{；且峰度} e(u_t^t)^4 = 3 \\ H_1 = \text{偏態} e(u_t^t)^3 \neq 0\text{；或峰度} e(u_t^t)^4 \neq 3 \end{cases}$$

Jarque-Bera(JB) 之檢定統計爲：

$JB_K = s_3^2 + s_4^2$ ～漸進分配 $\chi^2_{(2K)}$，若 H_0 成立。

2. ADF 單根檢定

根據差分定義：$\Delta y_t = y_t - y_{t-1}$

若有一數列 y_t 之後一期會影響前一期：$y_t = y_{t-1} + u_t$，左右各減 y_{t-1}

$$y_t - y_{t-1} = u_t$$

$$\text{即 } \Delta y_t = u_t \cdots\cdots\cdots\cdots\cdots\cdots\cdots\cdots (a)$$

將 (a) 式加以延伸爲：$\Delta y_t = \phi y_{t-1} + u_t \cdots\cdots\cdots\cdots\cdots\cdots (b)$

若 $\phi = 0$，則 y_t 屬非定態， 故有單根。因爲 $\phi = 0$，則 $\Delta y_t = u_t$，表示 y_t 作一次差分「Δ」後，就屬定態。

將上面 (b) 式，再擴充 ADF 檢定模型：

$$\Delta y_t = \phi y_{t-1} + \sum_{j=1}^{p-1} \alpha_j^* \Delta y_{t-j} + u_t \text{.................} (c)$$

ADF 檢定之虛無假設如下：

$$\begin{cases} H_0 : \phi = 0 \\ H_1 : \phi < 0 \end{cases}$$

ADF 係用最小平方法 (OLS) 來估計迴歸係數 ϕ 顯著性，若係數 ϕ 對應的 t 值 < 查表的臨界值 1.96，則拒絕 H_0。相對地，若 $\phi = 0$，表示 y_t 爲非定態數列，具有單根，y_t 需要差分一次後才會平穩。

步驟 5：以 rank (II) 值判定共整合關係之個數。若只有兩個變數，則頂多只有一個共整合。

步驟 6：最後再根據以上訊息，認定 VECM「預設模型」的參數值，執行「cointegration tests」來判定：x_t 及 y_t 彼此領先或落遲關係強度及方向

性 (正值或負值)。

步驟 7：以「cointegration tests」所找出 x_t 及 y_t 的線性組合當「新變數」，並再以單根檢定。此「新變數」若不需差分一次，本身就是定態。

7-4-2 Stata 實例：時間序列之共整合分析

一、問題說明

1. 樣本設計 : 1972 年 2 月～ 1998 年 4 月。
   West German data until 1990.2, all of Germany aferwards
2. 變數 Dp: Delta log gdp deflator (資料來源：Deutsches Institut f?r Wirtschaftsforschung, Volkswirtschaftliche Gesamtrechnung)
3. 變數 R: nominal long term interest rate (Umlaufsrendite)
   (資料來源：Monatsberichte der Deutschen Bundesbank, quarterly values are values of last month of quarter)

變數名稱	數列說明	編碼 Codes/Values
時間索引 t	季資料	1972q2–1998q4
時間序列 dp (Δlog (gdp_deflator))	Delta log gdp deflator。 1. 德國國家季通貨膨脹 (GNP deflator)。 2. 因為非常態性，故取 log() 後再差分一次。y_t 為物價水準，則差分一次：$\Delta y_t = y_t - y_{t-1}$ 代表通貨膨脹率。 3. 差分之後 dp，再做 ADF 單根檢定，診斷為定態數列。	
時間序列 r	nominal long term interest rate (Umlaufsrendite) 1. 德國長天期名目利率。 2. ADF = −2.82，$p > 0.05$， 接 受 H_0：「$X_t \sim I(1)$」，表示有單根，非定態數列。	

二、資料檔之內容

讀入資料檔之前，先設定工作目錄，「File > Chang working directory」，指定 CD 所附資料夾之路徑，接著再選「File > Open」，開啓「interest-inflation.dta」資料檔。

由於本例兩個數列，事先已證實：(1) 非常態性 (jb 指令)，故兩數列均做自然對數函數之變數變換。(2) 單根檢定，發現 dp 非定態，故已做差分 (Δ，唸 delta) 運算。因此不再重複說明「Jarque-Bera 常態檢定」、「ADF 單根檢定」之變數事前如何診斷。

「interest-inflation.dta」資料檔，內容如圖 7-7。

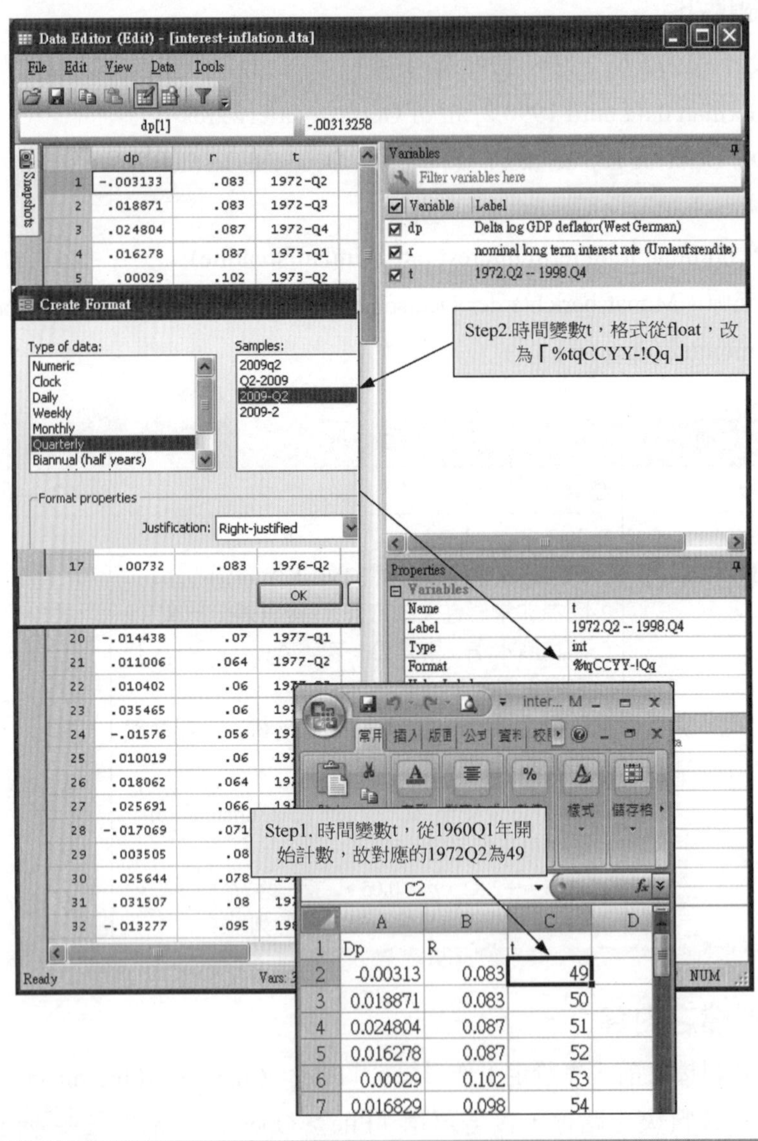

圖 7-7 「interest-inflation.dta」資料檔 (EXCEL 先建資料檔，再貼至 Stata，並改 format)

三、vec 相關之選擇表

本例有兩個時間序列，vec 指令分析會採用之輔助指令，其對應 Menu 如下：

1. Statistics > Multivariate time series > VEC diagnostics and tests > Lag-order selection statistics (preestimation)
2. Statistics > Multivariate time series > Cointegrating rank of a VECM
3. Statistics > Multivariate time series > VEC diagnostics and tests > Lag-order selection statistics (postestimation)
4. Statistics > Multivariate time series > Vector error-correction model (VECM)
5. Statistics > Postestimation > Predictions, residuals, etc.
6. Statistics > Multivariate time series > VEC diagnostics and tests > Check stability condition of VEC estimates
7. Statistics > Multivariate time series > VEC diagnostics and tests > LM test for residual autocorrelation
8. 外掛「gcause」指令執行 Granger causality tests
9. Statistics > Multivariate time series > VEC/VAR forecasts > Compute forecasts (required for graph)

四、VECM 分析步驟與討論

本例有兩個數列：(1) 差分之後 dp 變數，它爲定態數列。(2) 未差分之 r 變數，它屬非定態數列。將它們進行 VECM 分析步驟如下：

Step 1. 用繪圖法來認定已「對數函數轉換」這兩個變數是否「常態」

本例兩個變數，調查法所收集原始數據，經「jb」指令分析，發現兩者都違反「迴歸常態性」假定 (assumption)，故原始「兩個舊變數」事前都經過指令「gen 新變數名 ln(舊變數)」變數變換。

做 ln() 變數變換之新變數，可用「dfuller」指令做「Augmented Dickey-Fuller unit-root 檢定」。

```
. tsset t
time variable:  t, 1972-Q2 to 1998-Q4
                delta:  1 quarter

* 選項 tsline 繪新的 2 時間序列之線形圖
. twoway (tsline dp) (tsline r)
```

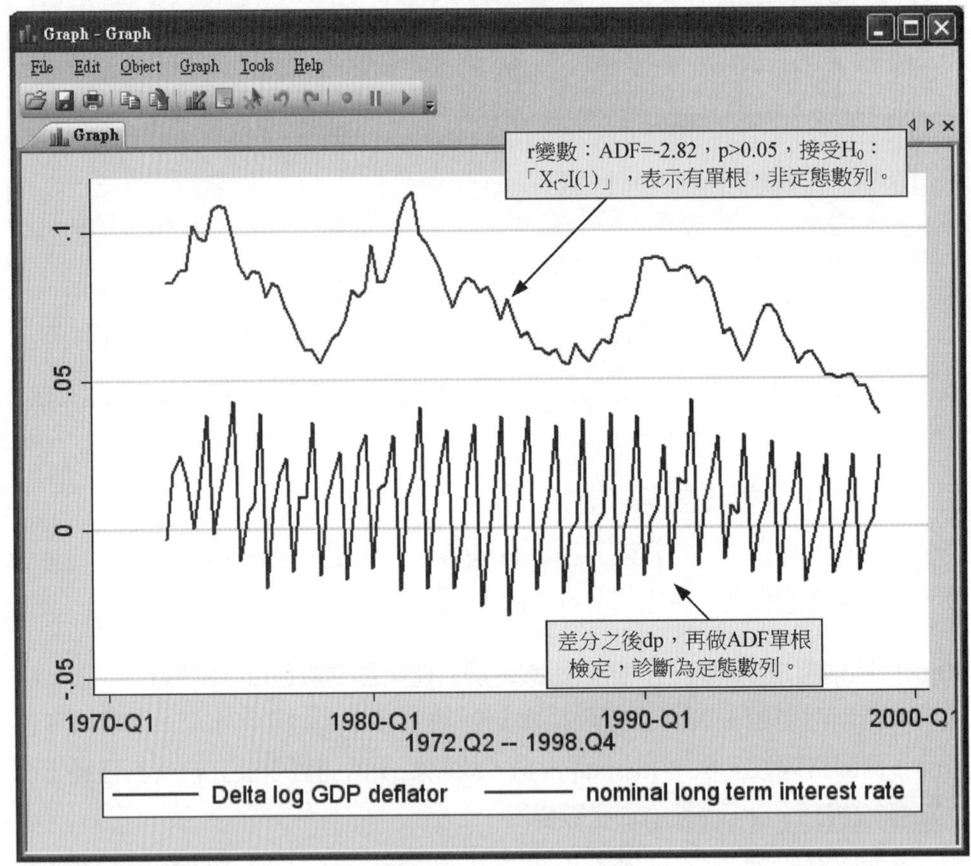

圖 7-8 繪出對數變換後之二個變數「dp, r」之線形圖

從本例兩個數列「dp, r」的走趨圖，隱約可看出，兩者似乎有「共同隨機趨勢」，故我們猜想它們二個可能存在「一個達到均衡之共整合方程式」。

Step 2. 用統計法：jb 指令來認定「對數函數轉換之後」新變數是否「常態」

```
*用 dfuller 指令做 ADF 單根檢定
. dfuller dp

Dickey-Fuller test for unit root                   Number of obs   =       106

                               ---------- Interpolated Dickey-Fuller ---------
                  Test         1% Critical       5% Critical      10% Critical
               Statistic           Value             Value             Value
------------------------------------------------------------------------------
 Z(t)            -13.170            -3.508            -2.890            -2.580
------------------------------------------------------------------------------
MacKinnon approximate p-value for Z(t) = 0.0000

*用 dfuller 指令對變數 r 做 ADF 單根檢定
. dfuller r

Dickey-Fuller test for unit root                   Number of obs   =       106

                               ---------- Interpolated Dickey-Fuller ---------
                  Test         1% Critical       5% Critical      10% Critical
               Statistic           Value             Value             Value
------------------------------------------------------------------------------
 Z(t)             -1.052            -3.508            -2.890            -2.580
------------------------------------------------------------------------------
MacKinnon approximate p-value for Z(t) = 0.7339
```

用 dfuller 指令，執行 ADF 單根檢定，結果顯示「dp 數列之 MacKinnon approximate p-value 小於 0.05」，故拒絕「H_0：$Y_t \sim I(1)$」，表示這個變數屬定態 (已沒有單根)。相反地，「r 數列之 MacKinnon approximate p-value 大於 0.05」，故接受「H_0：$Y_t \sim I(1)$」，表示這個變數屬非定態 (有單根)。

由於共整合檢定，並未限定二個 (以上) 變數一定都要定態，或一定態另一爲非定態。故可再進行下列一連串 VECM 分析。

Step 3. 認定 lags 值為何？

爲了測試 VECMs 之共整合及適配度，我們必須先認定 VECM (p) 之 lags p 值爲何？ Tsay (1984), Paulsen (1984) 及 Nielsen (2001) 三篇研究，都認定

「varsoc」指令係可有效地認定「VAR model with I (1)」的 lag order。從 VECM 聯立方程式，可看出，相對應 VECM 的 order 總是比 VAR 少 1，而且「vec」指令本身都會自動調整 lag order，因此我們參考「VAR 的 lag order」，亦可決定 VECM 的 lag order，故本例用「varsoc」指令來決定「dp and r」兩數列 VAR 的 lag order(落遲期數 = ？)。

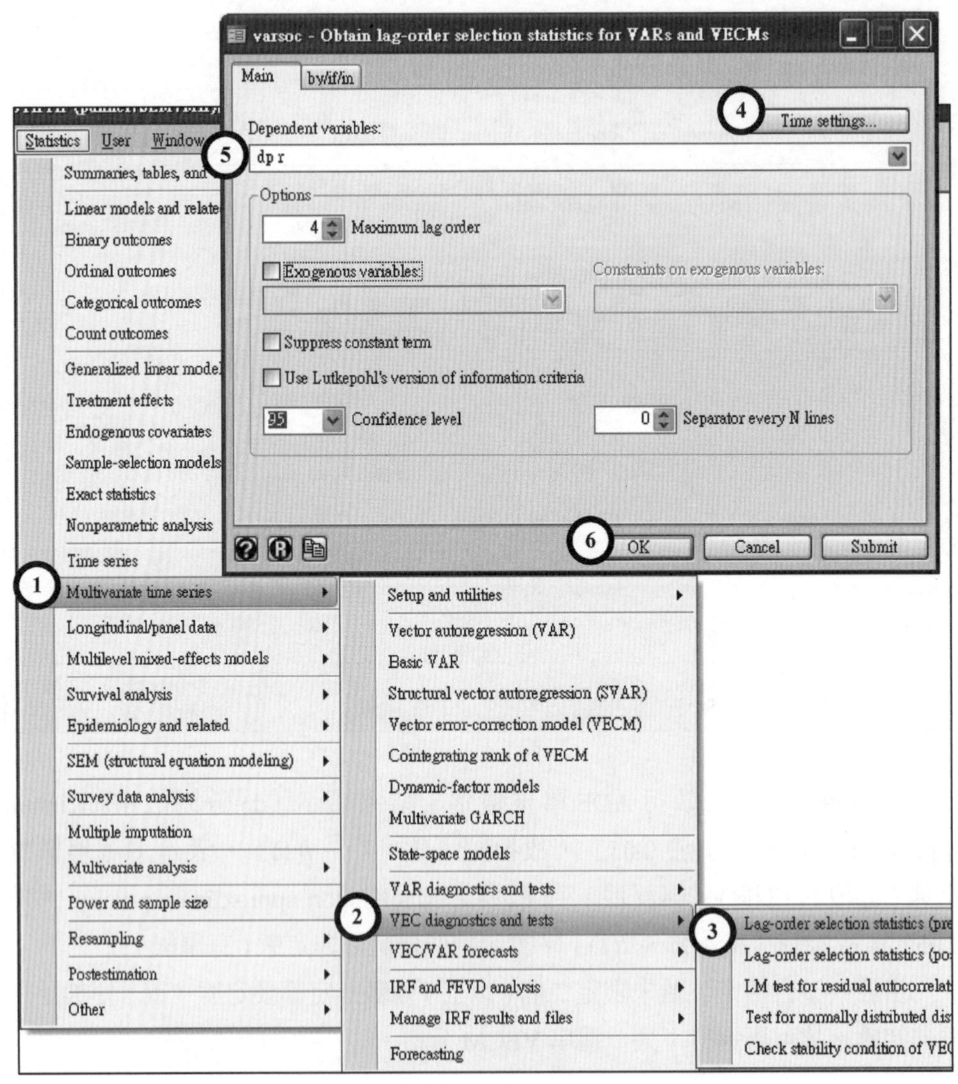

圖 7-9 varsoc 指令求 dp 及 r 兩數列 Lag 值之畫面

註：Statistics > Multivariate time series > VEC diagnostics and tests > Lag-order selection statistics (preestimation)

```
* varsoc 指令旨在 Obtain lag-order selection statistics for VARs and VECMs
. varsoc dp r

Selection-order criteria
Sample:  1973-Q2 - 1998-Q4                       Number of obs      =       103
+---------------------------------------------------------------------------+
|lag |    LL      LR      df    p      FPE       AIC       HQIC      SBIC    |
|----+----------------------------------------------------------------------|
|  0 |   538.81                      1.0e-07  -10.4235  -10.4028  -10.3723   |
|  1 |  659.665  241.71    4  0.000  1.1e-08  -12.6925  -12.6304   -12.539   |
|  2 |  673.922  28.515    4  0.000  8.6e-09  -12.8917  -12.7881  -12.6359   |
|  3 |  721.662   95.48    4  0.000  3.7e-09   -13.741   -13.596  -13.3829   |
|  4 |   778.79  114.26*   4  0.000  1.3e-09* -14.7726* -14.5861* -14.3122*  |
+---------------------------------------------------------------------------+
  Endogenous:  dp r
   Exogenous:  _cons
```

1. 根據四種模型適配準則 (PPE, AIC, HQIC, SBIC)，值愈小愈好。varsoc 顯示「Lag order = 4」四種準則達到最小值，而且概似比 LR = 114.26 ($p < 0.05$)，故本例只有兩個數列時，採用 VECM (4) 模型是最佳的、最適配的。
2. Lag = 4 時，Hannan-Quinn information criterion (HQIC) 法、Schwarz Bayesian information criterion (SBIC) 法，以及循序概似法 (LR)，三種方法檢定結果，會標示「*」來顯示最佳數值爲 lag = 4 (test all chose four lags, as indicated by the “*” in the output)。

Step 4. 共整合檢定 (testing for cointegration)

「vecrank」指令，係利用 Johansen 公式來認定「共整合方程式的數目」。假如「未限制」共整合方程式的 log likelihood(LL)，與「限制」共整合方程式之間達到顯著差異，則我們可拒絕「H_0：沒有共整合」。

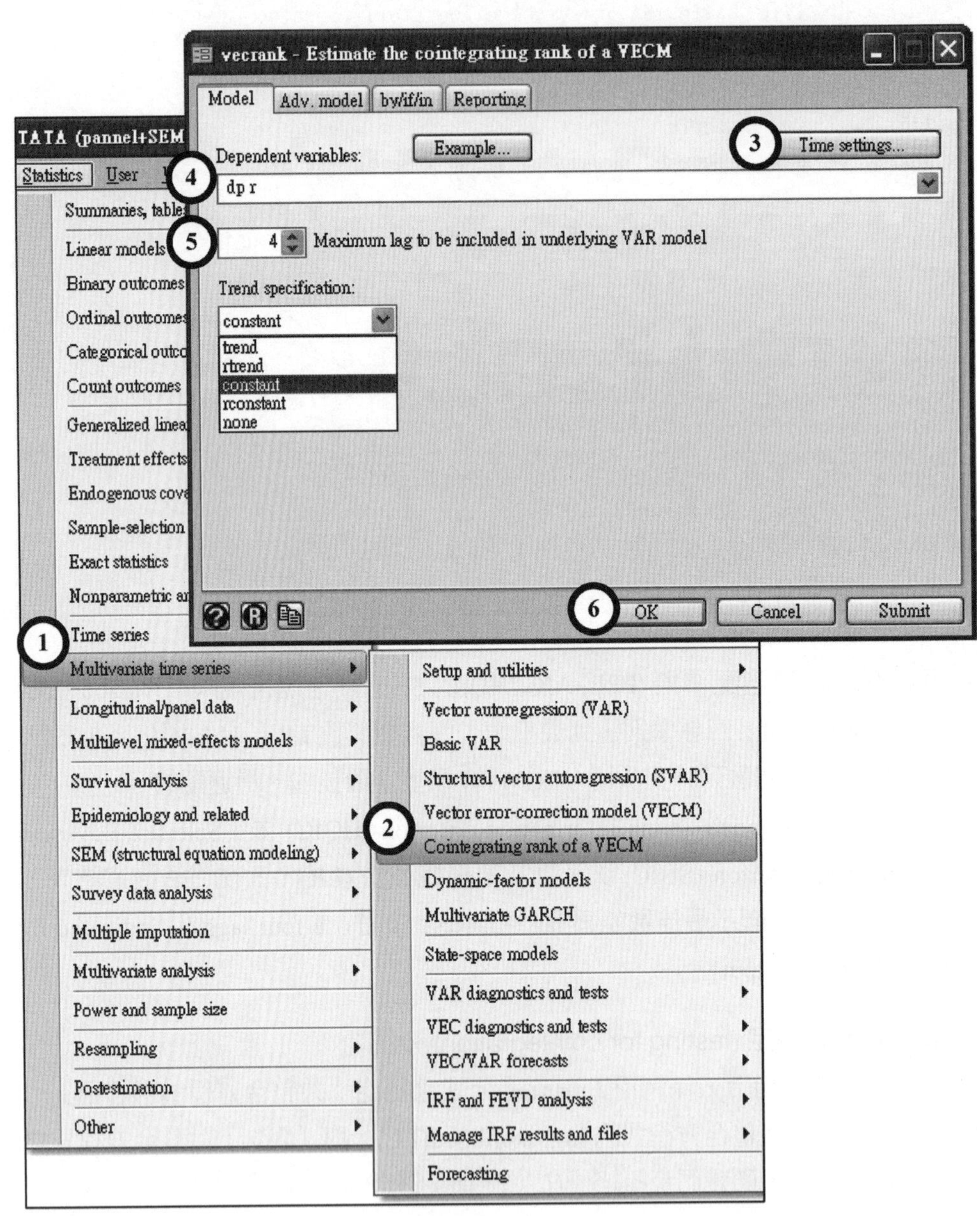

圖 7-10 估算 dp 及 r 變數「cointegrating rank of a VECM」之畫面

註：Statistics > Multivariate time series > Cointegrating rank of a VECM

```
* 估算 cointegrating rank of a VECM，並設定 Lags = 4
. vecrank dp r, trend(constant) lags(4)

                    Johansen tests for cointegration
Trend: constant                                    Number of obs =      103
Sample:  1973-Q2 - 1998-Q4                                  Lags =        4
-------------------------------------------------------------------------------
                                                           5%
maximum                                       trace    critical
  rank    parms       LL        eigenvalue  statistic     value
    0      14     770.20345          .       17.1729     15.41
    1      17     777.27373      0.12828      3.0323*     3.76
    2      18     778.78989      0.02901
-------------------------------------------------------------------------------
```

「vecrank」分析兩數列「dp, r」共整合方程式的數目，顯示當 rank = 1 時，log likelihood (LL) 爲 777.27373，大於臨界值 3.76，故拒絕「H_0：沒有共整合」。因此，我們確定了「dp, r」這兩數列有一個共整合關係「有『*』」。接著再求出共整合方程式之公式。

Step 5. 適配一個 VECM (fitting a VECM)

「vec」指令可估計 VECM 模型之四個參數，包括：

1. 共整合方程式之 β 係數 (the parameters in the cointegrating equations β)
2. 調整速度 α 係數 (the adjustment coefficients α)
3. 短期 Γ_i 係數 (the short-run coefficients Γ_i)
4. 從標準化 β 及 α 係數可看出很多重要資訊 (some standard functions of β and α that have useful interpretations)

儘管前述時間序列有四種型式，但本例只談「types 1– types 3」。

首先由較簡單「dp, r」兩數列來談，「vec」如何分析「bivariate cointegrating VECM」。

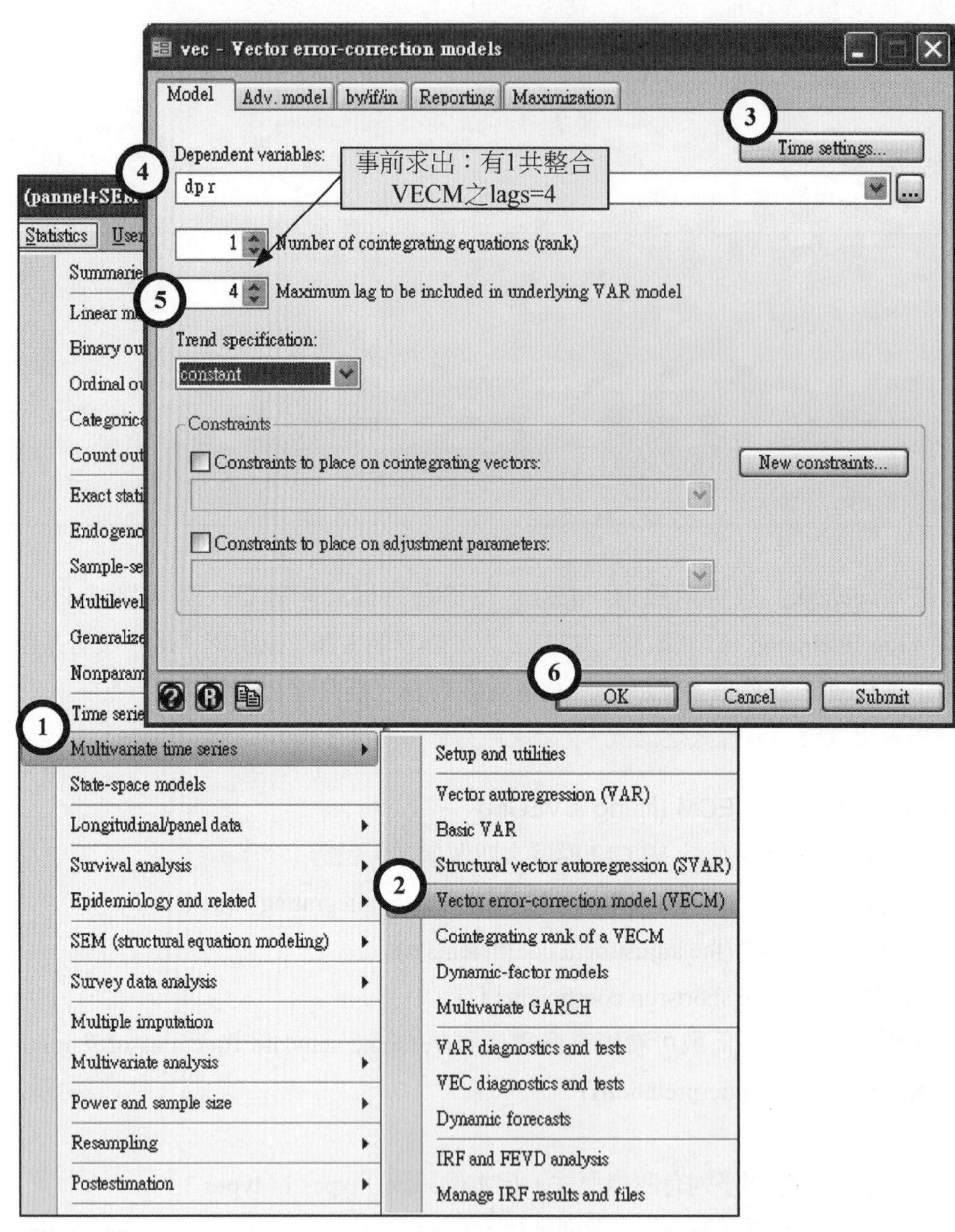

圖 7-11「dp, r」兩數列之 Vector error-correction models 之畫面

註：Statistics > Multivariate time series > Vector error-correction model (VECM)

```
*分析下列二數列之 Vector error-correction models
. vec dp r, lags(4)
Vector error-correction model

Sample:  1973-Q2 - 1998-Q4                        No. of obs      =        103
                                                  AIC             =   -14.7626
Log likelihood =   777.2737                       HQIC            =  -14.58646
Det(Sigma_ml)  =   9.56e-10                       SBIC            =  -14.32774

Equation           Parms      RMSE     R-sq      chi2     P > chi2
----------------------------------------------------------------------------
D_dp                  8     .006227   0.9606   2315.624   0.0000
D_r                   8     .005393   0.1396   15.41729   0.0515
----------------------------------------------------------------------------


------------------------------------------------------------------------------
             |      Coef.   Std. Err.      z    P > |z|     [95% Conf. Interval]
-------------+----------------------------------------------------------------
D_dp         |
         _ce1 |
          L1. |  -.6403197   .2094654    -3.06   0.002    -1.050864   -.2297751
             |
          dp |
          LD. |   -.515308   .1597552    -3.23   0.001    -.8284223   -.2021936
         L2D. |  -.6545568   .1092396    -5.99   0.000    -.8686625   -.4404512
         L3D. |  -.8027476   .0578632   -13.87   0.000    -.9161574   -.6893378
             |
           r |
          LD. |   .0448029   .1213817     0.37   0.712    -.1931009    .2827067
         L2D. |   .1184979   .1210533     0.98   0.328    -.1187622    .3557581
         L3D. |   -.053156   .1182239    -0.45   0.653    -.2848705    .1785585
             |
        _cons |  -.0002496   .0006176    -0.40   0.686    -.0014601    .0009609
-------------+----------------------------------------------------------------
D_r          |
         _ce1 |
          L1. |   .4226635   .1814064     2.33   0.020     .0671136    .7782135
             |
```

```
          dp |
         LD. |  -.321324   .1383551    -2.32   0.020    -.592495    -.050153
        L2D. | -.2000298   .0946063    -2.11   0.034   -.3854548   -.0146048
        L3D. | -.0699313   .0501121    -1.40   0.163   -.1681493    .0282867
             |
           r |
         LD. |  .2530971    .105122     2.41   0.016    .0470618    .4591325
        L2D. |  .0126475   .1048376     0.12   0.904   -.1928304    .2181253
        L3D. |  .2200507   .1023871     2.15   0.032    .0193756    .4207257
             |
       _cons | -.0003781   .0005349    -0.71   0.480   -.0014265    .0006702
------------------------------------------------------------------------------

Cointegrating equations

Equation           Parms    chi2     P > chi2
-------------------------------------------
_ce1                  1   27.11173   0.0000
-------------------------------------------

Identification:  beta is exactly identified

                 Johansen normalization restriction imposed
------------------------------------------------------------------------------
        beta |      Coef.   Std. Err.      z    P > |z|     [95% Conf. Interval]
-------------+----------------------------------------------------------------
_ce1         |
          dp |          1          .        .       .            .           .
           r |  -.2731269   .0524549    -5.21   0.000   -.3759365   -.1703172
       _cons |   .0122411          .        .       .            .           .
------------------------------------------------------------------------------
```

VECM 的通式爲：$\Delta y_t = \alpha\beta' \times y_{t-1} + \sum_{i=1}^{p-1} \Gamma_i \times \Delta y_{t-i} + \nu + \varepsilon_t$

以「dp, r」兩序列來說，其 VECM 分析結果爲：

1. 「_ce1 欄 L1.」：兩序列邁向均衡之調整速度 $\alpha = (-0.0002, 0.4226)$。[D_dp]L.ce1 爲 −0.304，表示 dp 平均通膨太高時，亦會快速跌回至 r 利率水準。
2. 「beta 欄 _ce1」：長期隨機關係 (即共整合關係)$\beta = (1, -0.2731)$。即共整合方

程式為「1 × dp −0.2731 × r = 0」，可看出，dp 平均通膨愈高，r 利率就愈高，二者有「正向」的共同隨機趨勢。

3.「_cons 欄」：常數項 $v = (0.0056, -0.0004)$。

4. 二變數「LD. 欄」代表 $\sum_{j=1}^{p-1}\Gamma_i \Delta y_{t-j}$：為 y_t 中各變數之間的短期動態關係，表示當受到外生衝擊，致使各個變數短期均衡。本例，$\Gamma_1 = \begin{bmatrix} -0.165 & -0.0998 \\ -0.062 & -0.333 \end{bmatrix}$，$\Gamma_2 = \begin{bmatrix} -0.655 & 0.1185 \\ -0.200 & 0.0126 \end{bmatrix}$，$\Gamma_3 = \begin{bmatrix} -0.803 & -0.053 \\ -0.070 & 0.2201 \end{bmatrix}$

整體而言，這兩序列的 VECM 適配得很好。

本例 VECM 為：$\Delta y_t = \alpha\beta' \times y_{t-1} + \sum_{i=1}^{p-1}\Gamma_i \times \Delta y_{t-i} + v + \varepsilon_t$

$$\begin{bmatrix} \Delta dp_t \\ \Delta t_t \end{bmatrix} = \begin{bmatrix} -0.0002 \\ 0.4223 \end{bmatrix}\begin{bmatrix} 1 & -0.273 \end{bmatrix}\begin{bmatrix} dp_{t-1} \\ t_{t-1} \end{bmatrix} + \begin{bmatrix} -0.165 & -0.0998 \\ -0.062 & -0.333 \end{bmatrix}\begin{bmatrix} \Delta dp_{t-1} \\ \Delta t_{t-1} \end{bmatrix} +$$

$$\begin{bmatrix} -0.655 & 0.1185 \\ -0.200 & 0.0126 \end{bmatrix}\begin{bmatrix} \Delta dp_{t-2} \\ \Delta t_{t-2} \end{bmatrix} + \begin{bmatrix} -0.803 & -0.053 \\ -0.070 & 0.2201 \end{bmatrix}\begin{bmatrix} \Delta dp_{t-3} \\ \Delta t_{t-3} \end{bmatrix} + \begin{bmatrix} 0.0056 \\ -0.0004 \end{bmatrix} + \begin{bmatrix} \varepsilon 1_t \\ \varepsilon 2_t \end{bmatrix}$$

結論是我們發現：通膨率 dp 與利率 r 有一共整合關係：$1 \times dp_t - 0.2731 \times Dp_t$，兩序列是正向共同隨機趨勢。

Step 6. 用 Johansen's 正規化來適配 VECM (fitting VECMs with Johansen's normalization)

根據 Johansen (1995) 觀點，若有 r 個共整合方程式，計算 β 參數值則需 r^2 個限制式。在缺乏理論之限制式情況，Johansen 提出一個較方便「認定法則 (identification scheme)」方法為：

$$\beta' = (I_r, \tilde{\beta}')$$

其中，I_r 為 $r \times r$ 單位矩陣，$\tilde{\beta}'$ 為 $(K-r)$ 單位參數之矩陣。vec 指令內定採用 Johansen's 正規化 (normalization) 估計法。

為了論述本例兩個數列，在 lag = 4，VECM 如何適配一個共整合方程式，vec 指令另外提供「noetable」選項，讓 VECM 分析焦點只放在「一個共整合方程式」，電腦不要印出整調參數 alpha、短期參數 Γ。

Step 7. 求共整合方程式

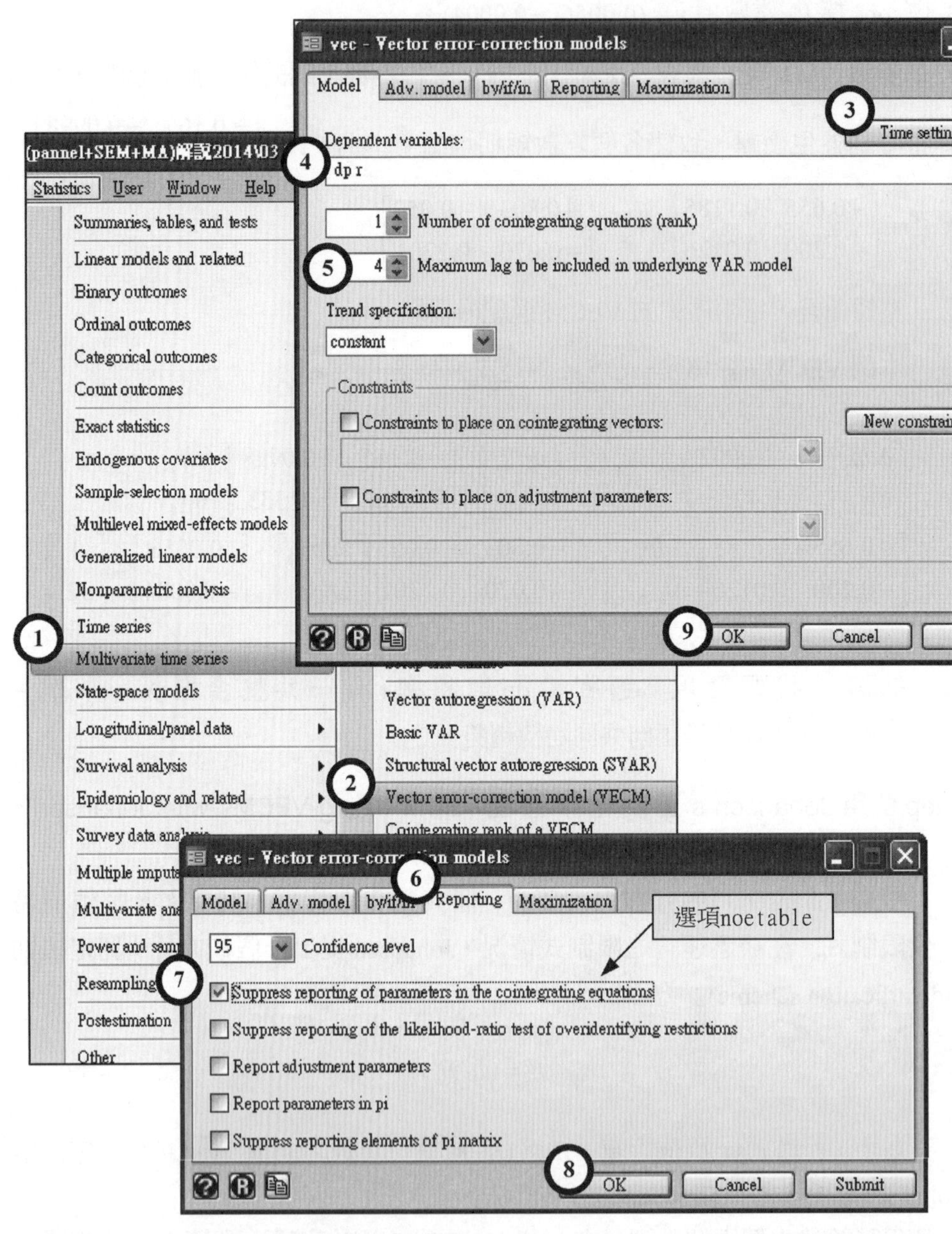

圖 7-12 Johansen's normalization 來適配「dp,r」VECMs 之畫面 (勾選 noetable)

```
*用 Johansen's normalization 來適配 VECM(4) 模型，並設定一個共整合方程式
. vec dp r, lags(4) rank(1) noetable

Vector error-correction model

Sample:  1973-Q2 - 1998-Q4                      No. of obs      =        103
                                                AIC             =   -14.7626
Log likelihood =   777.2737                     HQIC            =  -14.58646
Det(Sigma_ml)  =   9.56e-10                     SBIC            =  -14.32774

Cointegrating equations

Equation           Parms    chi2     P > chi2
-------------------------------------------
_ce1                   1   27.11173   0.0000
-------------------------------------------

Identification:  beta is exactly identified

                 Johansen normalization restriction imposed
------------------------------------------------------------------------------
        beta |      Coef.   Std. Err.      z    P > |z|     [95% Conf. Interval]
-------------+----------------------------------------------------------------
_ce1         |
          dp |          1          .        .       .            .           .
           r |  -.2731269    .0524549    -5.21   0.000    -.3759365   -.1703172
       _cons |   .0122411          .        .       .            .           .
------------------------------------------------------------------------------
```

通常 VECM 模型為：$\Delta x_t = \alpha \times \beta' x_{t-1} + \sum_{j=1}^{3-1} \Gamma_j \times \Delta y_{t-j} + u_t$

本例採用 Johansen's 正規化 (normalization) 來分析 VECM (4) 模型之一個共整合方程式，分析結果為：

結論與上述相同，即「通膨率 dp 與利率 r」有一共整合關係：$1 \times dp_t - 0.2731 \times rp_t$，兩數列是正向共同隨機趨勢。

Step 8. 事後界定的檢定 (postestimation specification testing)

產生新變數「FisherEffect」，來存這一個「整合方程式」。

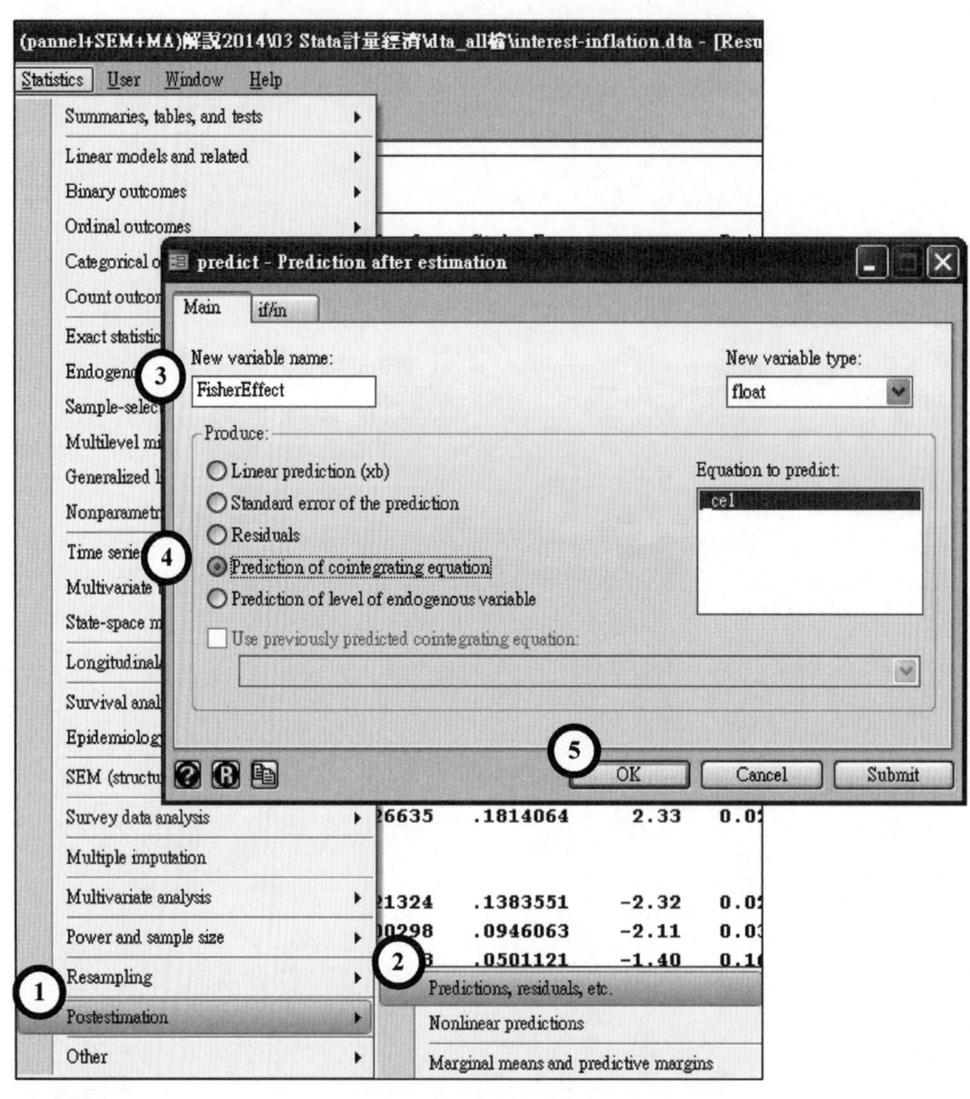

圖 7-13 產生新變數「FisherEffect」來存這一個「整合方程式」之畫面

註：Statistics > Postestimation > Predictions, residuals, etc.

```
*將「ce equ(#1)」存到 FisherEffect 新變數
. predict FisherEffect, ce equation(_ce1)
```

Stata「predict」指令可將這一個共整合方程式，儲存至你自訂的 FisherEffect 新變數，如圖 7-14 所示。且這一個代表共整合方程式之 FisherEffect 新變數，本身具備定態，因爲它們的線性圖長得像「白噪音」。

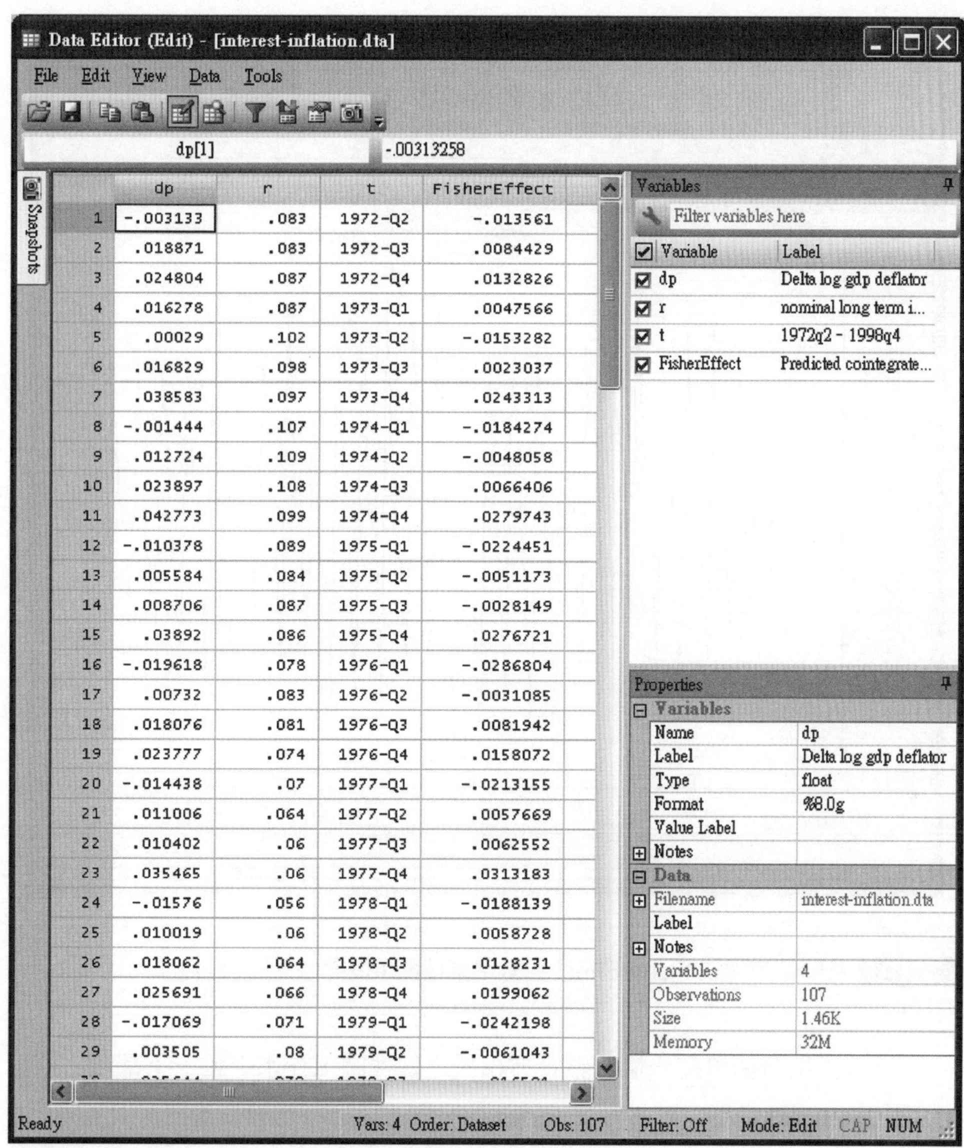

圖 7-14 這一個共整合方程式，新增至 FisherEffect 變數

繪這一個共整合變數「FisherEffect 新變數」的走勢圖之指令如下：

```
. twoway (line FisherEffect t)
```

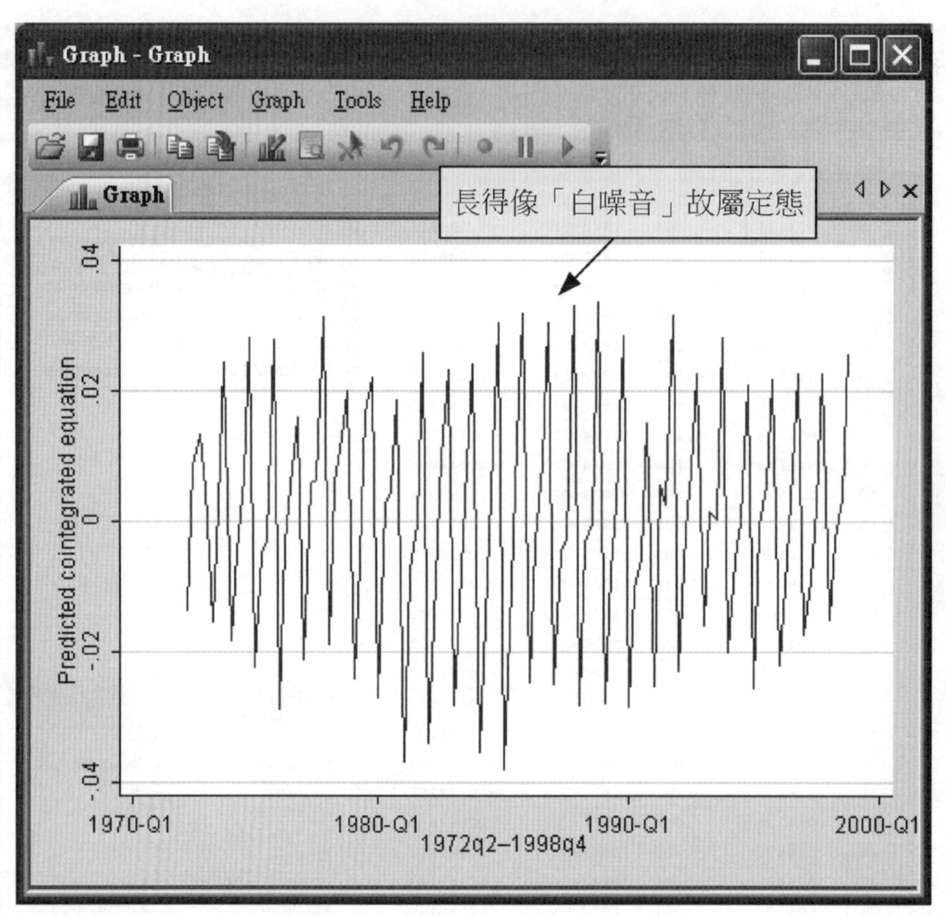

圖 7-15 共整合方程式 FisherEffect 變數之線性圖 (長得像「白噪音」)

「line」指令繪出這一個共整合方程式之線性圖，在水平軸上下都產生來回之大震盪 (shocks)。

爲節省篇幅，以下「Step9 至 Step14」Stata 分析步驟之畫面及結果解釋，就此省略，讀者可自行參閱《Stata 在總體經濟及財務金融的應用》之第 9-3-3 節 Stata 範例：VECM 分析步驟。

Step 9. 診斷殘差有自我相關 (略)

「veclmar」指令來檢定「VECM 殘差之數列相關」。若殘差有自我相關，則需再加大 lags 期數。誠如 Gonzalo (1994) 所說，低估 VECM 之 lags 値，只會顯著增加有限樣本之參數偏誤，進而導致序列相關。基於這個理由，我們再一次令 lag = 5，重新執行 vec。

Step 10. 殘差之常態性 (略)

VECM 分析，係事先假定殘差 $\varepsilon_t \overset{iid}{\sim} N(0, \sigma^2)$「independently, identically, and normally distributed with zero mean and finite variance」，以利我們推導出概似函數。假如殘差不符合「常態」假定，但殘差仍是獨立且同屬同一分布，具有「平均數爲 0、變異數 σ^2」，這種情況 VECM 參數估計仍會是一致的，但不保證 VECM 模型一定有效果的。Stata 提供「vecnorm」指令，可用來診斷殘差常態性。

Step 11. Granger causality tests (領先—落遲之因果關係)

Stata 提供外掛指令「gcause.ado」，來執行「Granger 因果性 (causality) 檢定」。本例兩數列，共分二次「gcause」指令來分析 Granger 因果性 (causality)，這種因果檢定就會包含了短期和長期關係。

Step 12. Impulse–response functions for VECMs

以下「irf」指令，可估算脈衝響應函數和 IRF 圖，來呈現兩個正交化的脈衝響應函數。

1. VECM 預測誤差變異 (FEV) 的分解圖。
2. VECM 預測誤差變異 (FEV) 的分解表。

Step 13. VECMs 之樣本外預測 (略)

共整合 VECM 可預測：(1) 一階差分 (first difference) 後變數。(2) 變數的樣本外預測值。定態 VAR 與共整合 VECM 這二種模型的根本差別，在於誤差的變異數，VAR 誤差變異數係會隨著時間收斂至固定值 (constant)，即收斂至預測的水平線。相對地，共整合 VECM 之誤差變異數則會發散，離水平值愈來愈遠。

最後我們再用「fcast」指令，來計算「動態預測值」；而「fcast graph」指令，來繪「動態預測值及不對稱 95% 信賴區間」。

7-5 Panel 共整合之解說

通常，在進行共整合檢定前，需先對變數進行單根檢定，以確定是否已爲 I(1) 整合階數列。例如，股價 P 及股利 D，兩者 panel cointegration 假設的統計量爲：

$$\begin{cases} P_{it} = \alpha_i + \beta_i D_{it} + \varepsilon_{it} & (1) \\ D_{it} = \alpha_i + \beta_i P_{it} + \varepsilon_{it} & (2) \end{cases}$$

Pedroni(1997) 提出在有限樣本數下的兩個變數之 panel 共整合檢定，它的虛無假「H_0：沒有共整合」。無論是同質或異質的 panel 模型都可以被應用，而 (1) 式及 (2) 式都是屬於具有異質性的 panel 模型，式子中的參數 α(截距項) 與 β(斜率) 兩值會隨著每家公司不同而有所差別；相對地，若參數 α 與 β 兩值在不同的公司下仍都相同，視爲同質 panel 模型。

Pedroni (1997) 提出在「異質 panel」模型下，有兩種檢定。一爲混合資料 (pooled) panel 共整合統計 (cointegration statistic)，二爲組平均 (group mean) panel 共整合檢定 (cointegration test)。

混合資料 (pooled) panel 共整合統計是可允許 α 與 β 兩值可以依個體 (i) 不同而有所差別，但是誤差項的自我相關係數 ρ_i (其中 $(\varepsilon_{it} = \rho\varepsilon_{i(t-1)}\mu_{it})$) 則必須假設相同。它可包括四種統計量來作檢定：(1)panel v -statistic；(2)panel rho-statistic；(3) panel ADF statistic；(4)panel PP statistic；其中以第 (2) 檢定在估計殘差項的自動迴歸係數爲最有效，而第 (3) 檢定則是類似傳統的 ADF 單根檢定，第 (4) 檢定也與 Phillips 及 Perron (1988) 的 PP 單根檢定有雷同之處。

組平均共整合檢定 (group mean panel cointegration test) 則是近似於 panel unit root test 之 IPS test 的檢定方法，它同時可允許 α 與 β 兩值及誤差項的自我迴歸係數 ρ_i，可以依公司不同而有所差別。它可包括三種統計量來作檢定：(1) 分組 (group) rho；(2) 分組 PP；(3) 分組 ADF。

Pooled panel 共整合的檢定統計量如下：

$$\text{Panel } v\text{-statistic} = \left(\sum_{i=1}^{N}\sum_{t=1}^{T} L_{11}^{-2}\, e_{it-1}^{2}\right)^{-1} \tag{3}$$

$$\text{Panel rho-statistic} = \left(\sum_{i=1}^{N}\sum_{t=1}^{T} L_{11}^{-2}\, e_{it-1}^{2}\right)^{-1} \sum_{i=1}^{N}\sum_{t=1}^{T} L_{11i}^{-2}\ (e_{it-1}\Delta e_{it} - \lambda_i) \tag{4}$$

$$\text{Panel PP-statistic} = \left(\sigma^2 \sum_{i=1}^{N}\sum_{t=1}^{T} L_{11}^{-2}\, e_{it-1}^{2}\right)^{-1/2} \sum_{i=1}^{N}\sum_{t=1}^{T} L_{11i}^{-2}\ (e_{it-1}\Delta e_{it} - \lambda_i) \tag{5}$$

$$\text{Panel ADF-statistic} = \left(s_{N,T}^{*2} \sum_{i=1}^{N}\sum_{t=1}^{T} L_{11}^{-2}\, e_{it-1}^{*2}\right)^{-1/2} \left(\sum_{i=1}^{N}\sum_{t=1}^{T} L_{11i}^{-2}\, e_{it-1}^{*}\Delta e_{it}^{*}\right) \tag{6}$$

而組平均共整合檢定 (group mean panel cointegration test) 的檢定統計量如下：

$$\text{Group rho-statistic} = \sum_{i=1}^{N}\left(\sum_{t=1}^{T} e_{it-1}^2\right)^{-1} \sum_{t=1}^{T}(e_{it-1}\Delta e_{it} - \lambda_i) \tag{7}$$

$$\text{Group PP-statistic} = \sum_{i=1}^{N}\left(\sigma_i^2 \sum_{t=1}^{T} e_{it-1}^2\right)^{-1/2} \sum_{t=1}^{T}(e_{it-1}\Delta e_{it} - \lambda_i) \tag{8}$$

$$\text{Group ADF-statistic} = \sum_{i=1}^{N}\left(\sum_{t=1}^{T} s_i^{*2} e_{it-1}^{*2}\right)^{-1/2} \sum_{t=1}^{T}(e_{it-1}^{*}\Delta e_{it}^{*}) \tag{9}$$

其中，e_{it} 是估計 (1) 式與 (2) 式的殘差項；L_{11i}^2 是 Δe_{it} 的長期變數；λ_i 是從 Phillips-Perron 檢定中所估計的非母數數列相關修正項；因此若要估計 L_{11i}^2 與 λ_i，只可從殘差項的自我相關迴歸式 (即 $\varepsilon_{it} = \rho\varepsilon_{it-1} + \mu_{it}$) 來獲得。而且可以利用非母數的估計 (如 Newey-West 的估計方法等)，分別從 Δe_{it} 與 μ_{it} 去獲得符合長期樣本的變異數；再者，s^{*2} 是在 $s^{*2} = \sum_{i=1}^{N} L_{11i}^2\sigma_i^2$ 的假設情況下之 panel 長期的變異數估計。

對於 panel 共整合檢定，它的虛無假設爲無共整合，其中混合資料 (pooled) panel 共整合統計中的 panel v-statistic 値若爲正値，則會拒絕該虛無假設，故變數間會有共整合，兩者則有長期關係；其他六種統計値則爲負値才可拒絕該虛無假設，故使變數間會有共整合。

7-6 以誤差修正爲基礎之 Panel-Data 共整合檢定

由於 panel 迴歸，同時考慮時間序列構面 T 及橫斷面 N，故 panel 共整合 (cointegration) 分析會比單單時間序列共整合分析，更有檢定力 (power)，且愈來愈受實證研究者的歡迎。

Panel Error Correction Model(PECM) 之實例

執行 xtwest 指令之後，若發現變數間具有共整合關係，即可進行誤差修正模型檢定 (可參見 Engle 與 Granger, 1987，其觀念是藉由前期之長期共整合失衡部分，來修正短期動態的調整現象)。而此假設不見得適用於 panel-data，但它仍可以作爲 panel error correction model (PECM) 的假設前提：

例如，以股價 $P_{i,t}$ 及股利 $D_{i,t}$ 來說，其 PECM 模型所假設的檢定統計量如下：

$$\begin{cases}\Delta P_{i,t} = \theta_{0,i} + \theta_1\Delta P_{i,t-1} + \theta_2\Delta D_{i,t-1} + \theta_3\varepsilon_{i,t-1} + \eta_{i,t} & (10)\\ \Delta D_{i,t} = \theta_{0,i} + \theta_1\Delta D_{i,t-1} + \theta_2\Delta P_{i,t-1} + \theta_3\varepsilon_{i,t-1} + \eta_{i,t} & (11)\end{cases}$$

$$T = 2, 3, \cdots, T;\ i = 1, 2, \cdots, N$$

其中，ε_{t-1} 係根據估計 $P_{i,t} = \alpha_i + \beta_i D_{i,t} + \varepsilon_{i,t}$ 或 $D_{i,t} = \alpha_i + \beta_i P_{i,t} + \varepsilon_{i,t}$，所呈現的原先均衡誤差項，由於要考慮被解釋變數中，若含有上市公司之間的差異效果，可能會使被解釋變數與殘差項有相關，因而會造成在估計時有無效率現象的產生。故此殘差項的估計是根據對縱橫資料 (指同時包括時間序列 (time series) 與橫斷面 (cross section) 兩者的資料) 作固定效果模型 (fixed effects model)，表示個別上市公司的差異可以被包含在截距項中；而修正係數 θ_3「是指去衡量變數前一期所偏離的均衡部分會在本期反應於自變數變化的能力」值若爲負數，則表示原先的誤差調整項會趨於均衡；$\theta_{0,t}$ 爲截距項；$\eta_{i,t}$ 則爲該模型之誤差修正項。故在 (10) 式中，表示 P_t 數列之變動可由前期 P_t 的變化、前期 D_t 的變化及前期誤差修正項所解釋；若 θ_1 係數之 t 統計量顯著，則表示變數 P_t 目前的變化會受該變數過去變化的影響；而 θ_2 係數之 t 統計量若顯著，則表示變數 P_t 目前的變化會受另一變數 D_t 過去變化的影響；但若 θ_1 係數與 θ_2 係數之 t 統計量皆不顯著，而修正係數 θ_3 的 t 統計量卻顯著，則表示兩變數之間具有共同之趨勢，故該變數本期之變動爲此兩變數線性的結果。這也表示數列之變動不僅會受自身與其他數列前期的影響，同時亦受前一期失衡狀態的影響；反之，在 (11) 式中亦同理。由此可知，誤差修正模型同時具有短期動態與長期均衡的概念，故可以此模型來進行因果關係檢定。

若利用此誤差修正模型來探討變數間的因果關係，有以下五種型式：

(1) H_0：$\theta_2 = 0$；在 (10) 式中，若拒絕 H_0，則表示 D_t 會影響 P_t。

(2) H_0：$\theta_2 = 0$；在 (11) 式中，若拒絕 H_0，則表示 P_t 會影響 D_t。

(3) H_0：$\theta_2 = 0$；若兩式皆拒絕 H_0，則表示 P_t 與 D_t 之間存有相互回饋關係。

(4) H_0：$\theta_2 = 0$；在 (10) 式中，若拒絕 H_0，則表示 P_t 會往長期均衡作移動。

(5) H_0：$\theta_2 = 0$；在 (11) 式中，若拒絕 H_0，則表示 D_t 會往長期均衡作移動。

通常，若變數間存有共整合關係，最後兩種情況之檢定至少有一個會成立。

7-6-1 以誤差修正為基礎之共整合檢定公式

以誤差修正爲基礎之共整合檢定，其資料產生過程係假定：

$$\Delta y_{it} = \delta_i' d_t + \alpha_i (y_{i,t-1} - \beta_i' x_{i,t-1}) + \sum_{j=1}^{p_i} \alpha_{ij} \Delta y_{i,t-j} + \sum_{j=-q_i}^{p_i} \gamma_{ij} \Delta x_{i,t-j} + e_{it} \quad (1)$$

其中

縱貫面：時間 $t = 1, 2, \cdots, T$

橫斷面：個體 $i = 1, 2, \cdots, N$

當 d_t 包含確定項 (deterministic terms)，它衍生三種情況：

情況 1：若 $d_t = 0$，則表示 (1) 式沒有確定趨勢項。

情況 2：若 $d_t = 1$，因此一階差分 Δy_{it} 就成常數 (constant)。

情況 3：若 $d_t = (1, t)'$，因此 Δy_{it} 產生常數項及確定趨勢項。

以較簡單的 K 維度向量 x_{it} 來說，假設它是純隨機漫步 (random walk)，則 Δx_{it} 則與 e_{it} 相互獨立，而且，這些誤差在個體 i 及時間 t 都是彼此互相獨立的。此時，我們再採 bootstrap 法來處理「個體 i 之間任何相依性 (any dependence across i)」。

因此，我們將 (1) 式改寫為：

$$\Delta y_{it} = \delta'_i d_t + \alpha_i y_{i,t-1} + \lambda'_i x_{i,t-1} + \sum_{j=1}^{p_i} \alpha_{ij} \Delta y_{i,t-j} + \sum_{j=-q_i}^{p_i} \gamma_{ij} \Delta x_{i,t-j} + e_{it} \qquad (2)$$

其中

$\lambda'_i = -\alpha_i \beta'_i$，參數 λ 是系統受到衝擊 (shock) 之後，調整為長期均衡關係「$y_{i,t} - \beta'_i x_{i,t}$」之速度：

情況 1：若 $\alpha_i < 0$，則存在誤差修正，隱含著 $y_{i,t}$ 與 $x_{i,t}$ 至少有一個共整合方程式。

情況 2：若 $\alpha_i = 0$，則不存在誤差修正，因此 $y_{i,t}$ 與 $x_{i,t}$ 無共整合方程式。

因此，無共整合的虛無假設為「H_0：$\alpha_i = 0$，對所有 i」；但對立假設 H_1 則因 α_i 同質性之不同假定而有所不同，故衍生出組平均檢定 (group-mean tests) 及 panel 檢定二種共整合檢定法：

1. 組平均檢定 (group-mean tests)：它假定 α_i 不需都相等，故 H_1^g：至少有一個 i，$\alpha_i < 0$。
2. Panel 檢定：它假定「所有的 i, α_i 都相等」，因此 H_1^P：$\alpha_i = \alpha < 0$。

7-6-2a 共整合檢定方法一：Group-Mean 檢定法

建構 group-mean 檢定有三個步驟：

Step 1.

使用最小平方法，對每一個單位 i，來估計 (2) 式，求得：

$$\Delta y_{it} = \hat{\delta}'_i d_t + \hat{\alpha}_i y_{i,t-1} + \hat{\lambda}'_i x_{i,t-1} + \sum_{j=1}^{p_i} \hat{\alpha}_{ij} \Delta y_{i,t-j} + \sum_{j=-q_i}^{p_i} \hat{\gamma}_{ij} \Delta x_{i,t-j} + \hat{e}_{it} \tag{3}$$

其中，領先 (p_i) 或落遲 (q_i) 在跨個體之間，允許可變動的，而且可被 data-dependent rule 來算出。

Step 2.

在獲得 $\hat{e}_{it}$ 及 $\hat{\gamma}_{ij}$ 之後，即可求得：

$$\hat{u}_{it} = \sum_{j=-q_i}^{p_i} \hat{\gamma}_{ij} \Delta x_{i,t-j} + \hat{e}_{it}$$

然後，再求得 $\hat{\alpha}_i(1) = \frac{\hat{\omega}_{ui}}{\hat{\omega}_{yi}}$，其中，$\hat{\omega}_{ui}$ 及 $\hat{\omega}_{yi}$ 分別爲採用 Newey 與 West (1994) 分別估計 $\hat{u}_{it}$ 及 Δy_{it} 之 long-run variance。

Step 3. 算出 group-mean 值

$$G_T = \frac{1}{N}\sum_{i=1}^{N} \frac{\hat{\alpha}_i}{SE(\hat{\alpha}_i)}，G_\alpha = \frac{1}{N}\sum_{i=1}^{N} \frac{T\hat{\alpha}_i}{SE(1)}$$

7-6-2b共整合檢定方法二：Panel 檢定法

Panel 檢定法有三個步驟：

Step 1.

第一步與 group-mean 檢定法相同，並在 Δy_{it} 及 $y_{i,t-1}$ 迴歸式中，納入「d_t、Δy_{it} 落遲期、Δx_{it} 當期及落遲期」，如下：

$$\Delta \tilde{y}_{it} = \Delta y_{it} - \hat{\delta}'_t d_t - \hat{\lambda}_i x_{i,t-1} - \sum_{j=1}^{p_i} \hat{\alpha}_{ij} \Delta y_{i,t-j} - \sum_{j=-q_i}^{p_i} \hat{\gamma}_{ij} \Delta x_{i,t-j}$$

且

$$\tilde{y}_{i,t-1} = y_{i,t-1} - \hat{\delta}'_t d_t - \hat{\lambda}_i x_{i,t-1} - \sum_{j=1}^{p_i} \hat{\alpha}_{ij} \Delta y_{i,t-j} - \sum_{j=-q_i}^{p_i} \hat{\gamma}_{ij} \Delta x_{i,t-j}$$

Step 2.

以算出 $\Delta \tilde{y}_{it}$ 及 $\tilde{y}_{i,t-1}$ 之値，再算出共同誤差修正參數 α 及其標準誤。公式爲：

調整速度 $\hat{\alpha} = \dfrac{\sum_{i=1}^{N}\sum_{t=2}^{T}\dfrac{1}{\hat{\alpha}_i(1)}\tilde{y}_{i,t-1}\Delta\tilde{y}_{i,t}}{\left(\sum_{i=1}^{N}\sum_{t=2}^{T}\tilde{y}_{i,t-1}^2\right)}$

$\hat{\alpha}$ 的標準誤，$SE(\hat{\alpha}) = \left((\hat{S}_N^2)^{-1}\sum_{i=1}^{N}\sum_{t=2}^{T}\tilde{y}_{i,t-1}^2\right)^{-1/2}$

其中，$\hat{\sigma}_i$ 為 (3) 式之迴歸標準誤，$\hat{S}_N^2 = \dfrac{\sum_{i=1}^{N}\hat{\sigma}_i / \hat{\sigma}_i(1)}{N}$

Step 3. 計算 Panel 統計值

$$P_T = \frac{\hat{\alpha}}{SE(\hat{\alpha})}，P_\alpha = T\hat{\alpha}$$

7-6-2c 漸進檢定分配 (asymptotic test distribution)

誤差修正檢定之漸進分配，係根據循序極限理論 (sequential-limit theory)，相對於個體數 N，其時間 T 是無限大。

我們分別定義：

$$C_i = \left(\int_0^1 U_i^2, \int_0^1 U_i^2 dV_i\right)'，\tilde{C}_i = \left(\frac{\int_0^1 U_i^2 dV}{\int_0^1 U_i^2}, \frac{\int_0^1 U_i^2 dV_i}{(\int_0^1 U_i^2)^{1/2}}\right)'$$

其中

$$U_i = V_i - \left(\int_0^1 V_i (W_i^d)'\right)\left(\int_0^1 W_i^d (W_i^d)'\right)^{-1} W_i^d$$

其中

$W_i^d = (d', W_i')'$。d 是受限趨勢函數 (limiting trend function)。K 維度純量之 V_i 及 W_i 是標準 Brownian 運動，二者是彼此互相獨立。

令 Θ 及 $\tilde{\Theta}$ 分別代表 C_i 及 $\tilde{C}_i$ 的平均數；Σ 及 $\tilde{\Sigma}$ 代表 C_i 及 $\tilde{C}_i$ 的變異數。根據以上假定及虛無假設 H_0，因 $T \to \infty$，則 $N \to \infty$，故：

$$H_j - \sqrt{N}(\Theta_j^H) \Rightarrow N(0, \Sigma_j^H) \qquad (4)$$

其中，檢定的向量 $H = (\sqrt{N}G_\alpha, \sqrt{N}G_T, \sqrt{N}P_\alpha, P_T)$，當

$$\Theta^{H}=\left(\tilde{\Theta}_1,\tilde{\Theta}_2,\frac{\Theta_2}{\Theta_1},\frac{\Theta_2}{\sqrt{\Theta_1}}\right)，\Sigma^{H}=\left(\tilde{\Sigma}_{11},\tilde{\Sigma}_{22},\phi'\Sigma\phi,\varphi'\Sigma\varphi\right)$$

其中 (with)：

額外的平均數向量 $\phi=\left(-\frac{\Theta_2}{\Theta_1},\frac{1}{\Theta_1}\right)'$，變異數向量 $\varphi=\left(-\frac{\Theta_2}{2\Theta_1^{3/2}},\frac{1}{\sqrt{\Theta_1}}\right)'$。

換句話說，無共整合之虛無假設，係根據「$\Theta, \tilde{\Theta}, \Sigma, \tilde{\Sigma}$」動差來計算。我們僅簡單來計算，常態化 H_j 檢定 (j = 1, 2, 3, 4)，使得 i^{+} 成爲 (4) 式特定形式，然後此值再與常態分配的左尾來比較。若此值爲「大的負值」，則拒絕 H_0。

7-6-2d 橫斷面之相依性 (cross-sectional dependence)

根據上述所產生結果，再使用 Westerlund (2007) bootstrap approach 來計算橫斷面之相依性。迄今，此法又經 Chang (2004) 修正之後，其步驟如下：

Step 1. 適配最小平方法迴歸

$$\Delta y_{it}=\sum_{j=1}^{p_i}\hat{\alpha}_{ij}\Delta y_{i,t-j}+\sum_{j=-q_i}^{p_i}\hat{\gamma}_{ij}\Delta x_{i,t-j}+\hat{e}_{ij} \tag{5}$$

再形成向量 $\hat{w}_t=(\hat{e}_t,\Delta x'_t)'$，其中，$\hat{e}_t$ 及 $\Delta x'_t$ 分別是堆疊 (stacked) $\hat{e}_{it}$ 及 Δx_{it} 觀察值之向量。然後，再「bootstrap 樣本」來置換殘差向量 $w_t^*=(e_t^{*'},\Delta x_t^{*'})'$：

$$\tilde{w}_t=\hat{w}_t-\frac{1}{T-1}\sum_{j=1}^{T}\hat{w}_j$$

Step 2. 產生 bootstrap 樣本，求 Δy_{it}^*

首先，建構 bootstrap 版本之組合誤差 u_{it} 爲：

$$u_{it}^*=\sum_{j=-q_i}^{p_i}\hat{\gamma}_{ij}\Delta x_{i,t-j}^*+e_{it}^*$$

其中，$\hat{\gamma}_{ij}$ 爲 (5) 式最小平方估計值。已知初始值 p_i，再從 u_{it}^* 遞迴來產生 Δy_{it}^* 爲：

$$\Delta y_{it}^*=\sum_{j=1}^{p_i}\hat{\alpha}_{ij}\Delta y_{i,t-j}^*+u_{it}^*$$

其中，$\hat{\alpha}_{ij}$ 爲 (5) 式求得的估計值。若初始遞迴來產生 Δy_{it}^* 過高的值，則我們將它捨棄掉，因爲初始遞迴不重要且我們只需簡單使用 0 值即可。

Step 3. 將差分序列 Δy_{it}^* 還原成 y_{it}^*、Δx_{it}^* 還原成 x_{it}^*

$$y_{it}^* = y_{i0}^* + \sum_{j=1}^{t} \Delta y_{ij}^*, \quad x_{it}^* = x_{i0}^* + \sum_{j=1}^{t} \Delta x_{ij}^*$$

差分序列 Δy_{it}^* 及 Δx_{it}^* 的還原，仍然需要 y_{i0}^* 及 x_{i0}^*。

在求得 Δy_{it}^* 及 Δx_{it}^* 之後，再求 bootstraped error-correction 檢定。第一次 bootstrap 檢定記爲 t_1^*，如此類推，我們共獲得「$t_1^*, t_2^*, \cdots, t_s^*$」bootstrap 檢定分配。單尾 5% 名目水準 (nominal-level) 檢定，即可求得分配的 5% 分量 (quantile) 之臨界值 t_C^*。若 panel 樣本所求得的統計值小於 t_C^*，則拒絕虛無假設 H_0。

7-7 誤差修正爲基礎之 Panel-Data 共整合的實證研究

7-7-1 xtwest 指令語法

xtwest 外掛指令，旨在執行「Westerlund 誤差爲基礎 panel 共整合檢定 (Westerlund error-correction-based panel cointegration tests)」。

一、xtwest 語法

```
. xtwest depvar indepvars [if] [in], lags(# [#]) leads(# [#]) lrwindow(#)
[constant trend bootstrap(#)westerlund noisily]
```

二、xtwest 說明

xtwest 指令係執行 Westerlund (2007) 開發的四個 panel 共整合檢定。其基本想法係判定個體 panel 成員，是否有誤差修正的關係。基本的誤差修正模型爲：

$$\begin{aligned}\Delta y_{it} &= c_i + \alpha_{i1} \times \Delta y_{i,t-1} + \alpha_{i2} \times \Delta y_{i,t-2} + \cdots + \alpha_{ip} \times \Delta y_{i,t-p} \\ &\quad + \beta_{i0} \times \Delta y_{i,t} + \beta_{i1} \times \Delta y_{i,t-1} + \cdots + \beta_{ip} \times \Delta y_{i,t-p} \\ &\quad + \alpha_i (y_{i,t-1} - \beta_i x_{i,t-1}) + u_{it}\end{aligned}$$

用 Stata 差分運算子「D.」，上式可改爲：

$$D.y_{it} = c_i + \alpha_{i1} \times D.y_{i,t-1} + \alpha_{i2} \times D.y_{i,t-2} + \cdots + \alpha_{ip} \times D.y_{i,t-p}$$
$$+ \beta_{i0} \times D.y_{i,t} + \beta_{i1} \times D.y_{i,t-1} + \cdots + \beta_{ip} \times D.y_{i,t-p}$$
$$+ \alpha_i (y_{i,t-1} - \beta_i x_{i,t-1}) + u_{it}$$

$$D.y_{it} = c_i + a_{i1} \times D.y_{it-1} + a_{i2} \times D.y_{it-2} + \cdots + a_{ip} \times D.y_{it-p}$$
$$+ b_{i0} \times D.x_{it} + b_{i1} \times D.x_{it-1} + \cdots + b_{ip} \times D.x_{it-p}$$
$$+ a_i (y_{it-1} - b_i \times x_{it-1}) + u_{it}$$

其中

α_i 値爲序列 i，邁向長期均衡「$y_{it} = -(\beta_i / \alpha_i) \times x_{it}$」之誤差調整速度，則 Ga 及 Gt 檢定爲：

「H_0：$\alpha_i = 0$ for all i」，接受 H_0 表示 panel-data 不存在共整合方程式。

「H_1：$\alpha_i < 0$ for at least one i」，接受 H_1 表示至少有一個共整合方程式。

xtwest 檢定非常有彈性，因爲它可允許修正模型之長期、短期具有異質性。即橫斷面之個體若有相關，則 bootstrapping 亦可產生 robust 迴歸之臨界値。

三、xtwest 選項

xtwest 選項	說明
lags(# [#])	界定誤差修正方程式之落遲項的期數 (specifies the number of lags to be included in the error-correction equations)。
leads(# [#])	界定誤差修正方程式之領先的期數 (specifies the number of leads to be included in the error-correction equations)。
lrwindow(#)	設定長期變異數的半參數估計之 Bartlett 核心視窗的寬度 (sets the width of the Bartlett kernel window used in the semiparametric estimation of long-run variances)。
constant	新增一個常數至共整合關係 (adds a constant to the cointegration relationship)。
trend	在共整合關係中，新增確定趨勢 (allows for a deterministic trend in the cointegration relationship)。
bootstrap(#)	印出四個檢定值之 bootstrapped p 值。
westerlund	重複 Westerlund (2007) 表格。
noisily	印出各個序列之迴歸 (shows the regressions for the separate series)。

7-7-2 誤差修正為主 (error-correction-based) 之 Panel 共整合分析 (xtwest 指令)

本例旨在探討個體 (i = 20 個) 國家，在 1970-2001 年連續時間 (t = 32 季) 之追蹤，人均國內生產總值 (per capita GDP, Y_{it}) 對人均醫療保健支出 (per capita health-care expenditures, Hex_{it}) 的影響。最基本迴歸式係含線性時間趨勢 $\tau_i t$ 爲：

$$\ln(Hex_{it}) = \mu_i + \tau_i t + \beta_i \ln(Y_{it}) + e_{it}$$

樣本資料係取自 Organisation for Economic Co-operation and Development (OECD) Health Data 2003 database(http://www.oecd.org/els/health-systems/)，OECD 資料庫之查詢畫面如下。

圖 7-16 OECD 資料庫之查詢畫面

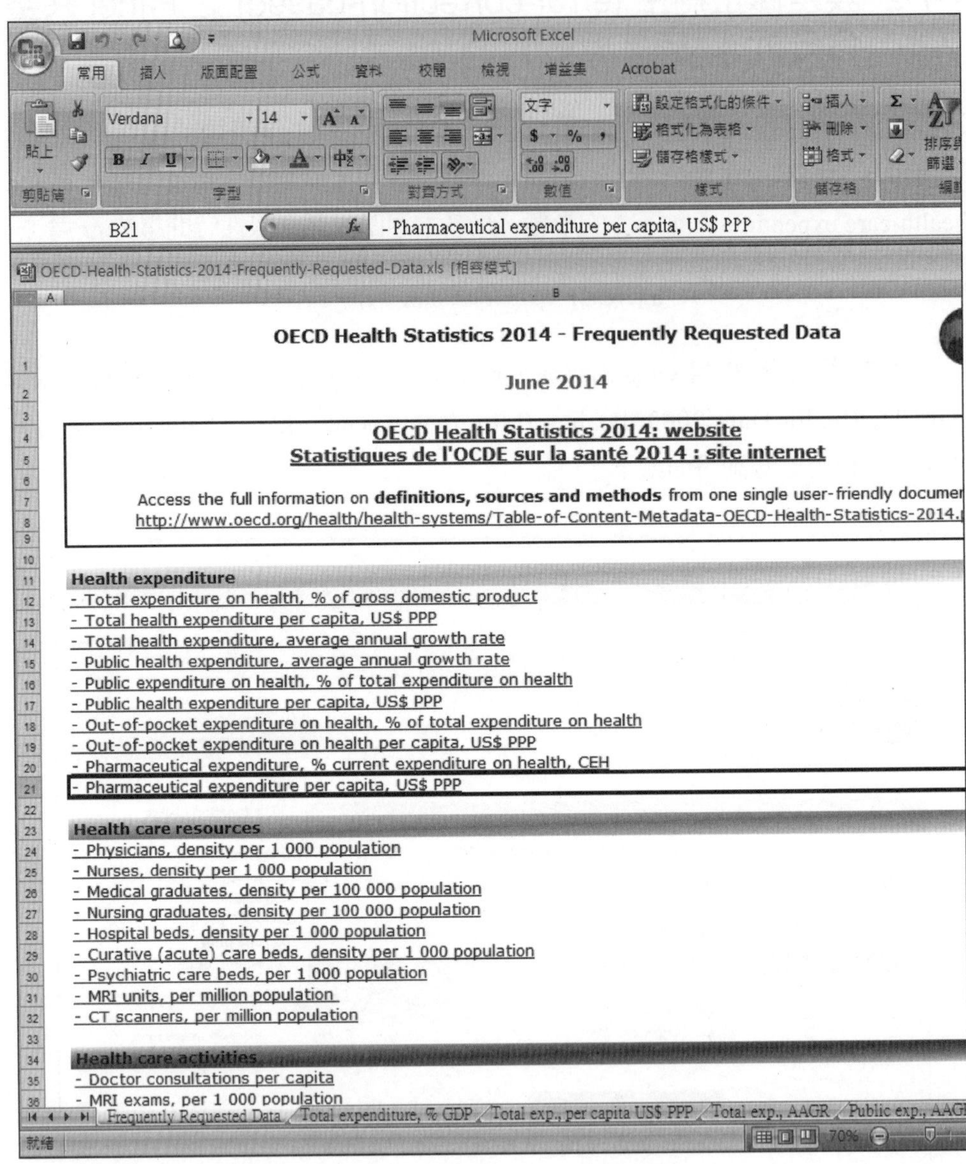

圖 7-17 OECD 下載的「OECD-Health-Statistics-2014-Frequently-Requested-Data.xls」

Editor (Edit) - [xtwestdata.dta]

Edit View Data Tools

i=20個體
t=32季

year[32] 32

	year	ctr	hex	gdp	loggdp	loghex
1	1	1	1043	18868	9.8452226	6.949856
2	2	1	1043	18764	9.8396954	6.949856
3	3	1	1053	19014	9.8529308	6.959398
4	4	1	1078	19690	9.8878662	6.982862
5	5	1	1220	19482	9.8772462	7.106606
6	6	1	1413	19731	9.8899463	7.253470
7	7	1	1446	20185	9.912695	7.276556
8	8	1	1494	20138	9.9103639	7.309212
9	9	1	1518	20924	9.9486521	7.32514
10	10	1	1489	21230	9.9631706	7.3058
11	11	1	1507	21606	9.9807263	7.317876
12	12	1	1536	22033	10.000297	7.336936
13	13	1	1529	21085	9.9563172	7.332369
14	14	1	1592	21908	9.9946071	7.372746
15	15	1	1646	22686	10.029503	7.406103
16	16	1	1724	23311	10.056681	7.452402
17	17	1	1801	23560	10.067306	7.496097
18	18	1	1809	24449	10.104345	7.500529
19	19	1	1831	25019	10.127391	7.512617
20	20	1	1883	25519	10.147179	7.540621
21	21	1	1947	25119	10.13138	7.57404
22	22	1	1997	24868	10.121337	7.599401
23	23	1	2069	25469	10.145217	7.634820
24	24	1	2137	26201	10.173553	7.667158
25	25	1	2214	27023	10.204444	7.702556
26	26	1	2293	27824	10.233654	7.737616
27	27	1	2394	28503	10.257765	7.780720
28	28	1	2502	29437	10.290008	7.824845
29	29	1	2641	30680	10.331366	7.878912
30	30	1	2746	31546	10.359202	7.917900
31	31	1	2815	31716	10.364577	7.942717
32	32	1	2815	32524	10.389734	7.942717
33	1	2	610	11557	9.3550466	6.41345
34	2	2	637	12093	9.4003821	6.456769
35	3	2	666	12771	9.4549323	6.501289

Variables

Filter variables here

Variable	Label
year	年
ctr	國家id
hex	人均醫療保健支出
gdp	人均國內生產總值
loggdp	=log(GDP)
loghex	=log(HEX)

Properties

Variables	
Name	<6 selected>
Label	<different values>
Type	
Format	
Value L	
Notes	
Data	
Filenam	xtwestdata.dta
Label	
Notes	
<Ad	
Variabl	6
Observ	640
Size	18.13K
Memor	32M

Vars: 6 Order: Dataset Obs: 640 Filter: Off Mode: Edit CAP NUM

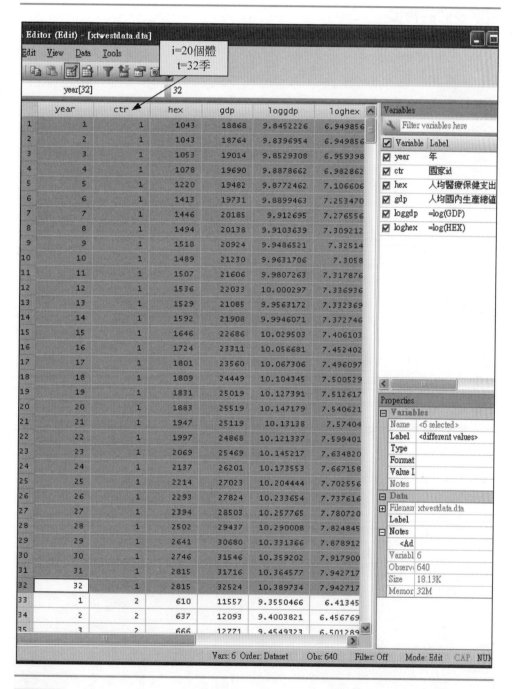

圖 7-18「xtwestdata.dta」資料檔內容 (個體 n = 20 個國家 , 時間 T = 32 季)

觀察變數的特徵

```
. use xtwestdata

. describe

Contains data from D:\ xtwestdata.dta
  obs:           640
 vars:             6                    4 Aug 2014 21:35
 size:        18,560
-------------------------------------------------------------------------------
variable   storage   display       value
name       type      format     label   variable label
-------------------------------------------------------------------------------
year       float     %9.0g              年
ctr        byte      %9.0g              國家 id
hex        long      %8.0g              人均醫療保健支出
                                        per capita health-care expenditures
gdp        long      %8.0g              人均國內生產總值
loggdp     double    %10.0g             = log(GDP)
loghex     double    %10.0g             = log(HEX)
-------------------------------------------------------------------------------
Sorted by:  ctr  year

*在使用 xtwest, xtsum 指令前，記得先使用 xtset。
. xtset ctr year
       panel variable:  ctr (strongly balanced)
        time variable:  year, 1 to 32
                delta:  1 unit

. xtsum

Variable         |      Mean   Std. Dev.       Min        Max |    Observations
-----------------+--------------------------------------------+----------------
year     overall |      16.5   9.240314          1         32 |     N =     640
         between |                    0       16.5       16.5 |     n =      20
         within  |             9.240314          1         32 |     T =      32
                 |                                            |
```

```
ctr     overall |      10.5    5.770791          1         20 |     N =     640
        between |              5.91608           1         20 |     n =      20
         within |                    0        10.5       10.5 |     T =      32
                |                                             |
hex     overall |  18908.42    51425.77        103     321170 |     N =     640
        between |              49468.78   429.8125   200850.1 |     n =      20
        within  |              17781.16  -95674.68   139228.3 |     T =      32
                |                                             |
gdp     overall |  274338.9    759242.7       3912    4212799 |     N =     640
        between |              755232.1   6508.969    3155707 |     n =      20
        within  |              183697.6  -957835.3    1331431 |     T =      32
                |                                             |
loggdp  overall |  10.58181     1.63192   8.271804   15.25364 |     N =     640
        between |              1.659307   8.748163   14.93395 |     n =      20
        within  |              .2084063   10.04568    11.3673 |     T =      32
                |                                             |
loghex  overall |  7.942607    1.676697   4.634729   12.67973 |     N =     640
        between |              1.681716   5.916421   12.14454 |     n =      20
        within  |              .3469143   6.660915   8.815157 |     T =      32
```

Step 1. 偵測常態性？(jb 指令)

Jarque-Bera 常態性檢定：

$$JB = \frac{T}{6}\left(S_2 + \frac{(k-3)^2}{4}\right) \sim \text{符合}\chi^2_{(2)}\text{分配}$$

其中

S 爲偏態係數

k 爲峰態係數

T 爲樣本數

若 $JB \to 0$ 則常態特性成立。若 JB 值大於臨界值 $\chi^2_{(2),C}$，則拒絕「H_0：常態性」。通常遇到時間序列非常態，最常見的做法，就是 log(x) 或 Ln(x) 之對數變換，將它轉成符合迴歸「常態性」假定之後，再代入 reg 指令、xtreg 指令中。

```
. use xtwestdata

* 執行 Jarque-Bera test for normality
. jb hex
Jarque-Bera normality test:   5969 Chi(2)      0
Jarque-Bera test for H0: normality:

. jb  gdp
Jarque-Bera normality test:   5382 Chi(2)      0
Jarque-Bera test for H0: normality
```

因爲 hex 及 gdp 二者之 Jarque-Bera normality test，p 都 < 0.05，故都拒絕「H_0：normality」，表示兩者都違反迴歸「常態性」假定。所以兩者都需 log(x) 變數變換，其指令如下：

```
. gen loghex = log(hex)
. gen loggdp = log(gdp)
```

Step 2. 偵測 panel 單根？(xtunitroot 指令)

```
. use xtwestdata

. xtunitroot llc loghex

Levin-Lin-Chu unit-root test for loghex
------------------------------------------
H0: Panels contain unit roots              Number of panels   =      20
Ha: Panels are stationary                  Number of periods  =      32

AR parameter: Common                       Asymptotics: N/T -> 0
Panel means:  Included
Time trend:   Not included

ADF regressions: 1 lag
```

```
LR variance:     Bartlett kernel, 10.00 lags average (chosen by LLC)
------------------------------------------------------------------------------
                     Statistic      p-value
------------------------------------------------------------------------------
 Unadjusted t         -5.9421
 Adjusted t*          -4.9264        0.0000
------------------------------------------------------------------------------

. xtunitroot llc loggdp

Levin-Lin-Chu unit-root test for loggdp
----------------------------------------
H0: Panels contain unit roots                  Number of panels    =      20
Ha: Panels are stationary                      Number of periods   =      32

AR parameter: Common                           Asymptotics: N/T -> 0
Panel means:  Included
Time trend:   Not included

ADF regressions: 1 lag
LR variance:     Bartlett kernel, 10.00 lags average (chosen by LLC)
------------------------------------------------------------------------------
                     Statistic      p-value
------------------------------------------------------------------------------
 Unadjusted t         -2.9205
 Adjusted t*          -1.6086        0.0539
------------------------------------------------------------------------------
```

1. 若你設定的 Type I 誤差，$\alpha = 0.05$。則 loghex 變數沒有單根 (定態數列)，因爲 Levin-Lin-Chu unit-root 檢定結果，p 值都 < 0.05，故拒絕「H_0：panels contain unit roots」。表示 loghex 變數是定態數列 (前後期之數據係無關的)。
2. 若你設定的 Type I 誤差，$\alpha = 0.05$。則 loggdp 變數具有單根 (非定態數列)，因爲 Levin-Lin-Chu unit-root 檢定結果，p 值都 > 0.05，故接受「H_0：panels contain unit roots」，接受 H_0：「$X_t \sim I(1)$」，表示 loggdp 有單根，非定態數列。故 loggdp 變數需差分一次，變成定態數列，再代入 xtreg 迴歸式中，才不會出現「虛假迴歸」現象。

3. Stata 差分運算子 Δ，為「D.」或「d.」。因此，loggdp 變數需差分一次，其語法為「D1.loggdp」或「d.loggdp」。

Step 3. 偵測是否有共整合：I(1) 呢？(xtwest 指令)

在執行共整合檢定之前，必須確定這二個 (以上) 變數之間，符合 ~I(1)「所有序數之間有一階整合」。Westerlund (2007) 法可做單根檢定，並發掘該數列是否為非定態 (nonstationary)。這二個變數之間，係允許線性的時間趨勢 $(\tau_i t)$：

$$\ln(H_{it}) = \mu_i + \tau_i t + \beta_i \ln(Y_{it}) + e_{it}$$

然後，xtwest 指令亦同時做「共整合檢定」，再以 AIC(Akaike information criterion) 準則來挑選「Bartlett kernel window width set series」最佳 lag(落遲)、lead(領先) 期數，它是根據公式：$4(T/100)^{2/9} = 4 \times \sqrt[9]{(32/100)^2} = 3.105 \approx 3$期，故 xtwest 指令選項包括「lags(1 **3**) leads(0 **3**) lrwindow(**3**)」。

Westerlund(2007) 發明四種 panel 共整合檢定法 (Gt, Ga, Pt, Pa)，特別適合誤差同質性之 panel 資料。**xtwest** 指令對「lead 及 lags 期數」之長期及短期誤差修正，它都可處理。

```
. use xtwestdata.dta, clear

. tsset ctr year
panel variable: ctr (strongly balanced)
time variable: year, 1 to 32
delta: 1 unit

. ssc install xtwest

*先使用 westerlund(2007) 法做 panel 單根檢定
. xtwest loghex loggdp, lags(1 3) leads(0 3) lrwindow(3) constant trend westerlund

Calculating Westerlund ECM panel cointegration tests.........

Results for H0: no cointegration
With 20 series and 1 covariate
```

```
Average AIC selected lag length : 2.8
Average AIC selected lead length: 1.65

-------------------------------------------+
 Statistic |   Value   |  Z-value  | P-value  |
-----------+-----------+-----------+----------|
     Gt    |   -4.082  |   -9.613  |  0.000   |
     Ga    |  -27.702  |  -10.625  |  0.000   |
     Pt    |  -12.969  |   -4.100  |  0.000   |
     Pa    |  -22.470  |  -10.119  |  0.000   |
-------------------------------------------+
```

1. 在「lags(1 3) leads(0 3) lrwindow(3) constant trend」條件下，Westerlund ECM panel 共整合檢定，分析結果，Gt, Ga, Pt, Pa 之 z 檢定的 p 值都 < 0.05，故拒絕「H_0：無共整合」，表示「loghex loggdp」二個變數，至少存在一個共整合方程式。
2. 根據 AIC 準則的建議，「loghex loggdp」的最佳 lag 值為 2.8，去除小數點取整數之後，lags = 2 期。
3. 根據 AIC 準則的建議，「loghex loggdp」的最佳 lead 值為 1.65，去除小數點取整數之後，lags = (−1) 期，即 L(−1)。故本共整合方程式亦可思考「Step 6.」改用不同的 lead = 1 及 lags = 1 期數；「Step 7.」改用不同的 lead = 1 及 lags = 2 期數。

Step 4. 求出 panel 共整合方程式：(xtreg 指令)

(一) 因為偵測出「loghex loggdp」二個變數至少存在一個共整合方程式，lag 期為 2 至 (−1)。再根據經驗法則，通常解釋變數 loggdp 最適當的 lag 為 1 至 (−1) 期。故下列指令才會出現「D.loghex L.loghex L.loggdp LD.loghex L(−1/1).D.loggdp」。

(二) Stata 運算子

1.「L.」或「l.」：為 lag 運算。例如 L1 為 lag 1 期。領先期數「$q_i = 1$」，可用落遲 L(−1) 來表示。
2.「D.」或「d.」：為 difference 差分運算。D1 為差分一次。
3.「LD1.」：變數差分之後，其 lag = 1 期。例如，LD.loghex 表示 $\Delta \text{loghex}_{i,t-1}$。

(三) 指令說明

本例，你可使用 xttest2 指令來檢定「cross-sectional independence in the residuals of (2) 式」。共整合檢定它需 T > N，本例 T = 32 季、n = 20 國家，故符合 long panel 此項要求。可惜本例在差分「loghex loggdp」這二個變數，仍有些期間會遺漏，故本例 20 個國家中，只篩選前五個橫斷面單位 (即前五個國家)。

本例並且假定「loghex loggdp」二個數列都是短期動態 (with a single lag and lead, $p_i = q_i = 1$) 之後，故在 xtreg 指令中選項：領先期數「$q_i = 1$」可用落遲 L(−1) 來表示。由於本模型亦考慮線性時間趨勢，故解釋變數包括 year。

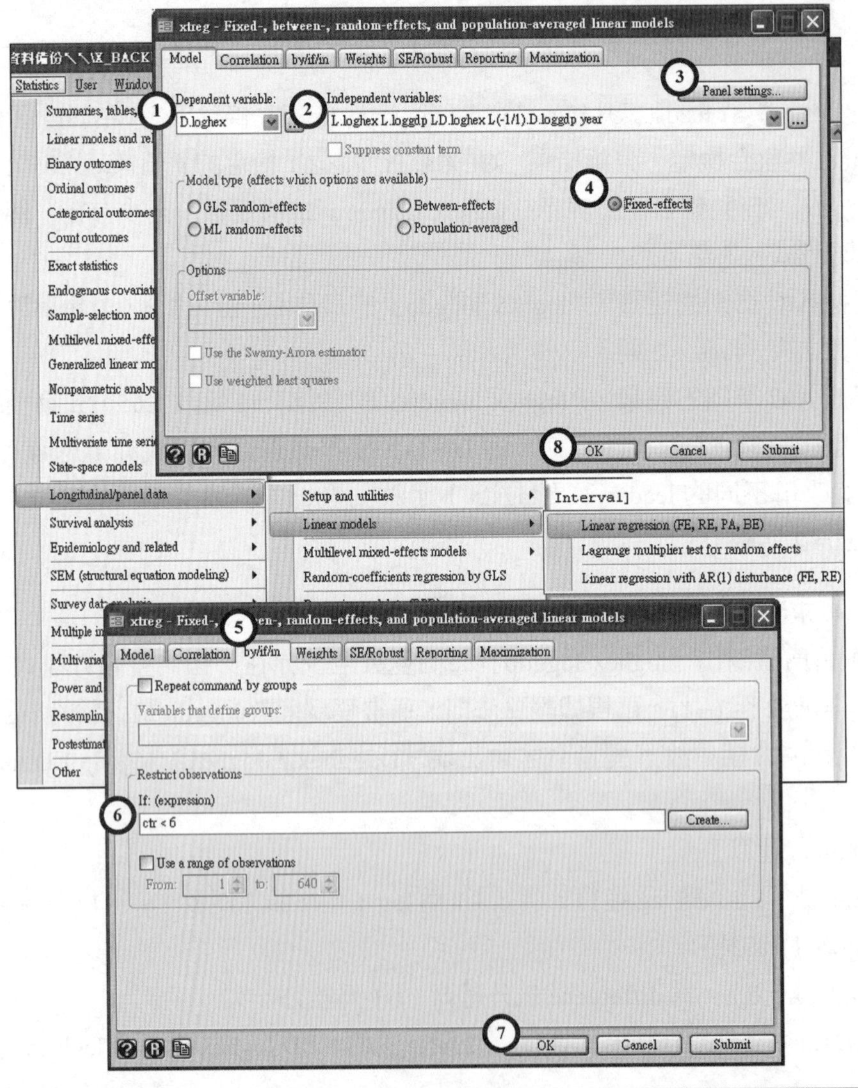

圖 7-19「xtreg D.loghex L.loghex L.loggdp LD.loghex L(-1/1).D.loggdp year if ctr < 6, fe」畫面

最後，再進行「test for cross-sectional independence」，指令如下：

```
. use xtwestdata

. ssc install xttest2

*解釋變數 year，代表線性時間趨勢
. xtreg D.loghex L.loghex L.loggdp LD.loghex L(-1/1).D.loggdp year if ctr < 6, fe

Fixed-effects (within) regression               Number of obs      =       145
Group variable: ctr                             Number of groups   =         5

R-sq:  within  = 0.2794                         Obs per group: min =        29
       between = 0.5713                                        avg =      29.0
       overall = 0.0001                                        max =        29

                                                F(7,133)           =      7.37
corr(u_i, Xb)  = -0.9338                        Prob > F           =    0.0000

------------------------------------------------------------------------------
    D.loghex |      Coef.   Std. Err.      t    P>|t|     [95% Conf. Interval]
-------------+----------------------------------------------------------------
      loghex |
         L1. |  -.1795043   .0328601    -5.46   0.000    -.2445004   -.1145083
             |
      loggdp |
         L1. |    .259809   .1191883     2.18   0.031     .0240592    .4955589
             |
      loghex |
         LD. |   .2265748   .0754693     3.00   0.003     .0772995    .3758501
             |
      loggdp |
         FD. |    .212405   .1632479     1.30   0.195     -.110493     .535303
         D1. |  -.1040444   .1645104    -0.63   0.528    -.4294396    .2213508
         LD. |  -.0926609   .1559727    -0.59   0.553    -.4011689    .2158471
             |
        year |  -.0001086   .0018836    -0.06   0.954    -.0038344    .0036171
       _cons |  -1.265542   1.097529    -1.15   0.251    -3.436412    .9053288
-------------+----------------------------------------------------------------
```

```
   sigma_u |   .0705568
   sigma_e |  .03372511
       rho |  .81402076   (fraction of variance due to u_i)
------------------------------------------------------------------------------
F test that all u_i = 0:     F(4, 133)  =     1.81       Prob > F = 0.1307
```

1. 典型之固定效果 panel 迴歸式為「$Y_{it} = \alpha_i + \beta_1 Y_{1it} + \cdots + \beta_k Y_{kit} + e_{it}$」，套在本例所求得 panel 共整合方程式為：

$$\Delta\log(hex)_{it} = -1.27 - 0.18\log(hex)_{i,t-1} + 0.26\log(gdp)_{i,t-1} + 0.23\Delta\log(hex)_{i,t-1}$$
$$+0.21\Delta\log(gdp)_{i,t-1} - 0.104\log(gdp)_{i,t-1} - 0.09\Delta\log(gdp)_{i,t-1} - 0.0001 year + e_{it}$$

   解釋變數前之係數，若為正值，表示它與依變數是正相關；反之則反。
2. 本模型「xtreg…, fe」整體適配 $F_{(7,133)} = 7.37 (p < 0.05)$，表示本模型中，所有係數都不是 0，即本模型設定是 ok 的。
3. 「corr(u_i, Xb) = −0.93」，表示在固定效果，誤差 u_i 與解釋變數 X_{it} 之間相關值為 −0.93。
4. 在求出「$\Delta\log(hex)_{it} = -1.27 - 0.18\log(hex)_{i,t-1} + 0.26\log(gdp)_{i,t-1} + \cdots$」中，解釋變數 $\log(gdp)_{i,t-1}$ 對 $\Delta\log(hex)_{it}$ 預測係數 β 為 0.259，雙尾 $t = 2.18 (p < 0.05)$，表示「前一季 GDP 每增加一單位，依變數 ($\Delta\log(hex)_{it}$) 就增加 0.259 單位」。通常，雙尾 |t| 值 > 1.96，其 p 值就落入「臨界值的拒絕區」。
5. 「sigma_u」0.07 為「組內殘差的標準差 (sd of residuals within group) u_i」。
6. 「sigma_e」0.034 為「全體殘差的標準差 [sd of residuals (overall error term)] e_i」。
7. 類別間相關 (interclass correlation) 殘差自我相關 $\rho = \frac{(sigma\_u)^2}{(sigma\_u)^2 + (sigma\_e)^2}$，本例 rho = 0.814，表示「變異數的 81.4% 係來自 across panels 之差異」。
8. 本模型亦考慮線性時間趨勢，故解釋變數包括 year，但它的 $t = -0.06 (p > 0.04)$，顯示本模型無時間趨勢。

Step 5. 偵測殘差之橫斷面獨立性 (independence)：(xttest2 指令)

你可使用 xttest2 指令，來檢定「cross-sectional independence in the residuals」。此檢定需 T > N，本例 T = 32 季，n = 20 國家，故符合 long panel 此項要求。可惜本例在差分「loghex loggdp」這二個變數，仍有些期間會遺漏，故本例 20 個國家中，我們只篩選前五個橫斷面單位 (即前五個國家)。

本例並且假定「loghex loggdp」二個數列都是短期動態 (with a single lag and lead, $p_i = q_i = 1$) 之後，再進行「橫斷面相依性的檢定 (test for cross-sectional independence)」，指令如下：

```
. use xtwestdata

. ssc install xttest2

. xttest2

Correlation matrix of residuals:

          __e1      __e2      __e3      __e4      __e5
__e1    1.0000
__e2    0.3375    1.0000
__e3    0.2746    0.4876    1.0000
__e4    0.2152   -0.1169    0.1840    1.0000
__e5   -0.2982   -0.0639   -0.5378   -0.3252    1.0000

Breusch-Pagan LM test of independence: chi2(10)  =     29.259, Pr = 0.0011
Based on 26 complete observations over panel units
```

xttest2 執行「correlation matrix of residuals」，結果 $\chi^2_{(10)} = 29.259$，$p < 0.05$，顯示本例之共整合方程式之誤差項係異質性，故需「bootstrapped robust critical values for the test statistics」。

由於「Akaike optimal lag and lead search is time-consuming when combined with bootstrapping」，本例我們仍維持爲 short-term dynamics fixed 模型，指令如 Step 6.。

Step 6. 改用不同的 lead = 1 及 lags = 1 期數之 Westerlund 檢定 (xtwest 指令)

```
. xtwest loghex loggdp, constant trend lags(1) leads(1) lrwindow(3)

Calculating Westerlund ECM panel cointegration tests.........
```

```
Results for H0: no cointegration
With 20 series and 1 covariate


-------------------------------------------------+
 Statistic |   Value   |  Z-value   |  P-value  |
-----------+-----------+------------+-----------|
    Gt     |   -2.681  |   -1.731   |   0.042   |
    Ga     |  -10.927  |    0.713   |   0.762   |
    Pt     |  -12.035  |   -2.959   |   0.002   |
    Pa     |  -10.524  |   -1.160   |   0.123   |
-------------------------------------------------+
```

在「constant trend lags(1) leads(1) lrwindow(3)」條件並考慮誤差異質性之下，Westerlund ECM panel cointegration tests，四種檢定只剩 Ga 及 Pa 之 Robust p 值 > 0.05，兩者可證明「loghex loggdp」變數至少有一個共整合方程式，故證據略顯不一致之現象。

Step 7. 改用不同的 lead = 1 及 lags = 2 期數之 Westerlund 檢定 (xtwest 指令)

由「Step 6 及 Step 7」分析結果，可看出：當你的 panel 樣本不大，像本例 t = 32 季，**xtwest** 指令之「是否有共整合之檢定」，對你選擇 lead 及 lags 期數會很敏感且出現四種檢定不一致之現象。就像以下分析，我們限制「lead 及 lags」短期動態且較短的 kernel window，四種檢定只剩 Ga 達到顯著水準。

```
. xtwest loghex loggdp, constant trend lags(1 2) leads(0 1) lrwindow(2)

Calculating Westerlund ECM panel cointegration tests..........

Results for H0: no cointegration
With 20 series and 1 covariate
Average AIC selected lag length: 1.15
Average AIC selected lead length: .05


-------------------------------------------------+
 Statistic |   Value   |  Z-value   |  P-value  |
-----------+-----------+------------+-----------|
```

```
    Gt    |    -2.736  |   -2.033  |   0.021  |
    Ga    |   -11.254  |    0.499  |   0.691  |
    Pt    |   -12.859  |   -3.902  |   0.000  |
    Pa    |   -11.773  |   -2.072  |   0.019  |
--------------------------------------------+
```

在「constant trend lags(1 2) leads(0 1) lrwindow(2)」條件但未考慮誤差異質性之下，Westerlund ECM panel 共整合檢定，四種檢定只剩 Ga 之 p 值 > 0.05，只剩一個可證明「loghex loggdp」變數至少有一個共整合方程式。故證據略顯不一致之現象。

小結

1. Westerlund(2007) 發明四種 panel 共整合檢定法，特別適合誤差同質性之 panel 資料。
2. **xtwest** 指令對「lead 及 lags 期數」之長期及短期誤差修正，它都可處理。
3. 等待「**xtwest**…, constant trend **westerlund**」確定二個 (以上) 變數存有共整合之後，再用 xtreg, xtpmg 或 xtmg 指令 (xtpmg_examples.do 指令檔) 求其共整合方程式。
4. 非定態異質性 panels 共整合 xtpmg 之語法及範例如下：

xtpmg 語法

```
. xtpmg depvar [indepvars] [if] [in] [, lr(varlist) ec(string) replace
constraints(string) noconstant level(#) technique(algorithm_spec) difficult
full model]
```

xtmg 指令之範例 (xtpmg_examples.do 指令檔) 如下：

```
* version 9
* capture log close
* log using "xtpmg.log", replace

* This do file runs all estimation commands to generate the output
  in "Estimation of Nonstationsry Panels," SJ7-2, pp. 197-208
* Authored by Ed Blackburne and Mark Frank
```

```
* Please send all questions/comments regarding the xtpmg command
  to blackburne (at) shsu (dot) edu

* For more information type "help xtpmg" in the Stata command window.
* Load Pesaran's OECD Data

use jasa2, clear
tsset id year

* Run an ardl(1,1,1) pooled-mean group model
* Where the long-run coefficients on pi and y are constrained to
  be equal across all panels (the coefficient on l.c will be restricted
  to unity for identification).

* The short-run coefficients, d.pi and d.y, as well as the speed of
  adustment parameter, are unrestricted
* A new variable (ec) will be created holding the cointegrating vector
* The "full" option indicates all parameter estimates will be reported

xtpmg d.c d.pi d.y if year >= 1962, lr(l.c pi y) ec(ec) full pmg

* Test of the long-run income elasticity

test [ec]y = 1

* Predict for a particular country
predict dc111 if id == 111, eq(id_111)


* Test for the condition of zero adjustment for two specific countries
test [id_111]ec = [id_112]ec = 0

* Run the same model, but only report a summary (since the full option
  was not specified) of regression results

xtpmg d.c d.pi d.y if year >= 1962, lr(l.c pi y) ec(ec) replace pmg
```

```
* Estimate the mean-group model
xtpmg d.c d.pi d.y if year >= 1962, lr(l.c pi y) ec(ec) replace mg

* Estimate the fixed-effects model (here we use the cluster() option
  to obtain robust standard errors, a la Pesaran's original code)
xtpmg d.c d.pi d.y if year >= 1962, lr(l.c pi y) ec(ec) replace dfe
cluster(id)

* Perform Hausman tests

hausman mg pmg, sigmamore

hausman mg DFE, sigmamore
```

5. 異質性斜率之 panels 時間序列模型：AMG、CCEMG(xtmg 指令)

xtmg 指令旨在「estimating panel time series models with heterogeneous slopes」。

xtmg 指令語法

```
. xtmg varlist [if] [in] [, trend robust cce aug imp full level(num)
res(string)]
```

xtmg 指令之範例如下：

```
. ssc install xtmg

. use manu_stata9.dta, clear

*Set panel dimensions: time variable - year, country identifier - list
.tsset list year

* Step 1. Production function model estimated using the standard MG esti-
  mator
.xtmg ly lk
```

```
* Step 2. Dto with country-specific linear trend
.xtmg ly lk, trend

* Step 3. Dto but computing outlier-robust (instead of unweighted) means
.xtmg ly lk, trend robust

* Step 4. Production function model estimated using the CCEMG estimator
.xtmg ly lk, cce

* Step 5. Dto but also printing country-specific results
.xtmg ly lk, cce full

* Step 6. Dto but storing country-specific regression residuals in vari-
  able cce_res
.xtmg ly lk, cce res(cce_res)

* Step 7. Production function model estimated using the AMG estimator
  (group-specific trend-terms included)
.xtmg ly lk, trend aug

* Step 8. Dto but imposed the 'common dynamic process' with unit coeffi-
  cient
.xtmg ly lk, trend aug imp
```

Chapter

08

非線性：計數型 Panel 模型

8-1 非線性 Panel Models 之應用領域

當解釋變數 (regressors) 無法經由轉換成為線性，即為非線性模型。例如，時間數列：

$$y_t = \alpha + \beta x_t^{\gamma} + \varepsilon_t$$

非線性模型的估計與分析較線性模型複雜。基本上，仍是透過適當的線性化 (linearize) 來處理。

早在上世紀 60 年代，Mundlak (1961) 以及 Balestra 與 Nerlove (1966) 就已將 panel 資料引入到經濟計量中，此後 panel 資料的理論分析方法和應用實證研究，在經濟、管理等衆多學科領域中得到迅速發展，如圖 8-1 係 Connell 大學，社會及經濟研究所提供的 panel 資料庫。在現有的 panel 資料分析中，不論是對固定效果模型還是隨機效果模型，通常首先假設模型爲線性。然而，由於經濟或社會系統的複雜性，對模型進行嚴格的線性假設往往是不合理或不成立的。故產生了非線性 panel 模型。

定義

1. 參數模型 (parameter model) 是估計設定的迴歸模型參數；非參數模型則是對整個迴歸函數進行估計；而半參數模型 (semi-parameter model) 中既含有參數部分，也含有非參數部分。因此，半非參數模型有較大的適應性、更適用於解決經濟金融中的諸多問題。半參數迴歸模型是由 Stone (1977) 結合參數模型和非參數模型而提出的一種既含參數分量，又含非參數分量的模型。當參數分量的係數全部爲零時，半參數模型簡化爲非參數模型；當非參數分量的係數全部爲零時，半參數模型變爲參數模型。半參數模型可以概括和描述衆多實際問題，因而引起廣泛的重視。基於半參數迴歸模型的諸多優點，較之經典假設模型有它更好的擬合效果，並且能更精確地推斷以往的經濟現象。
2. 半參數 panel 資料模型的理論體系、估計方法、大樣本性質以及應用擴展，主要包括「局部可變係數動態 panel 資料模型的半參數估計方法」、「半參數動態 panel 資料固定效果模型」和「半參數 panel 資料條件分量模型」，它們都可應用在衡量外商直接投資對經濟增長的影響。

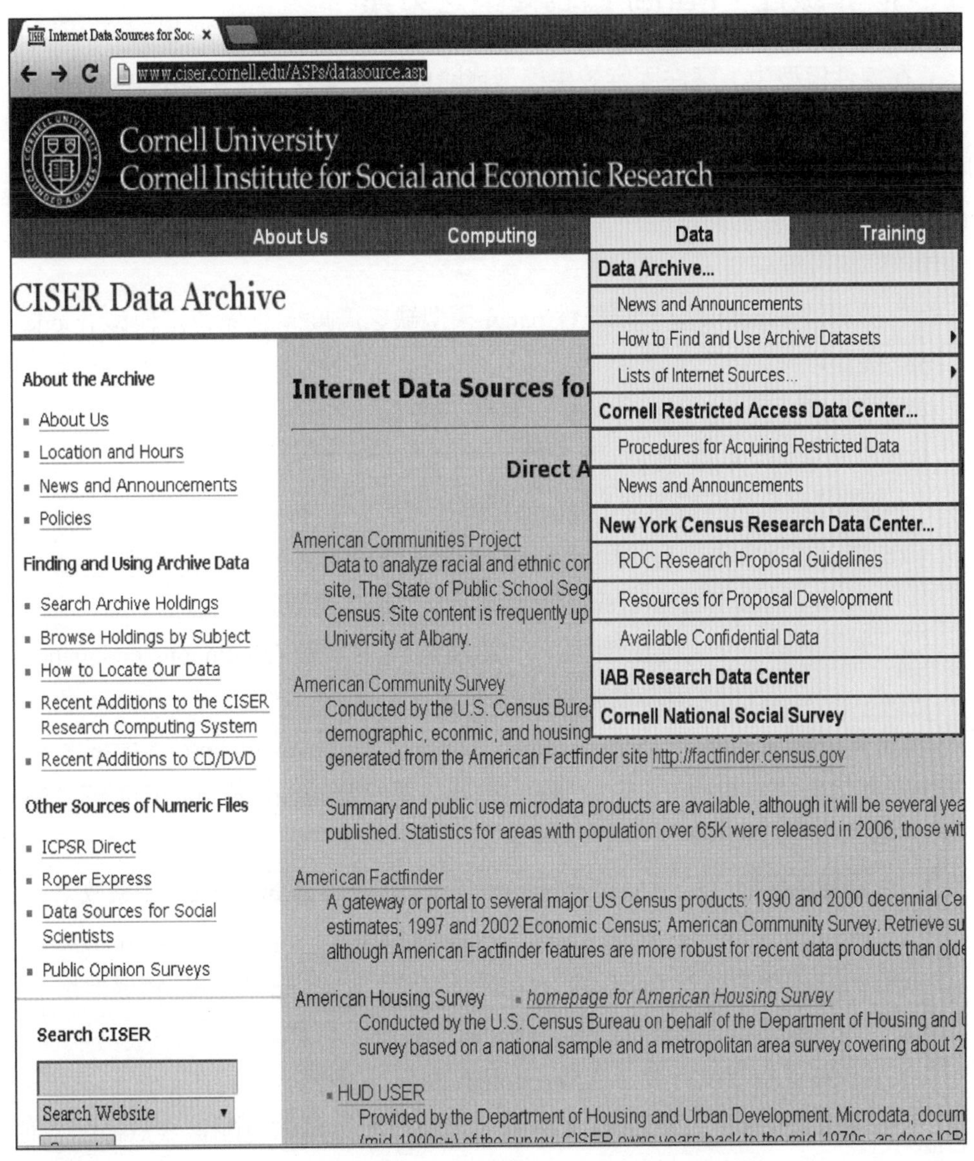

圖 8-1 Connell 大學，社會及經濟研究所提供的 panel 資料庫

網址：http://www.ciser.cornell.edu/ASPs/datasource.asp

8-1-1 非線性：Panel 迴歸模型之分類

在線性模型中，應採固定效果模型或隨機效果模型，可以經由 Hausman 檢定來判斷；但在非線性模型中 (如：probit, xtprobit, tobit, xttobit, logit, xtlogit, xtpoisson, xtnbreg, ivprobit, ivregress, ivactest, ivendog, ivreg2, xtmepoisson, GMM, GEE 模型等)，基於非線性之固定效果模型之估計值不具一致性，因此實證上建議採用隨機效果模型。

1. 相對於線性 panel 模型，非線性 panel 模型缺乏廣度，且係特定模型 (model-specific)。
2. 典型非線性模型 (nonlinear models) 可細分爲：
   (1) Binary 迴歸：logit 及 probit 迴歸
      (a) logit 指令執行橫斷面 Logistic 迴歸。
      (b) xtlogit 指令執行追蹤資料 fixed effects(固定效果)、random effects(隨機效果)、population-averaged(樣本平均)logit 模型。
      (c) ivprobit 指令執行橫斷面「帶連續型內生變數 (continuous endogenous regressors)」之兩階段機率迴歸。
      (d) xtprobit 指令執行 random effects 或 population-averaged probit 模型。
   (2) 追蹤資料之計數型 (count) 迴歸：Poisson 迴歸及 negative binomial(負二項) 迴歸
      (a) xtpoisson 指令執行 fixed effects (固定效果)、random effects (隨機效果)、population-averaged (樣本平均) Poisson 模型。
      (b) xtnbreg 指令執行 fixed effects (固定效果)、random effects (隨機效果)、population-averaged negative binomial (樣本平均負二項) 模型。
      (c) Poisson 指令執行混合資料 (pooled) Poisson 迴歸。
      (d) GEE 指令執行 PA Poisson 迴歸、連續分配／離散分配依變數搭配各種 link 函數組合的迴歸。
      (e) xtmepoisson 指令執行多層次混合 Poisson 迴歸。
      (f) GMM 指令執行 FE 計數型 (count) 迴歸、動態計數型迴歸、線性之兩階段最小平方迴歸、非線性最小平方模型。
   (3) 橫斷面之 truncated 迴歸
      (a) Tobit 迴歸／截尾迴歸 (tobit 指令)。
      (b) 截斷 (truncated)negative binomial regression(負二項迴歸) (tnbreg 指令)。

(c) 截斷 (truncated)Poisson regression (tpoisson 指令)。

Stata之計數型(count)模型，又分Poisson迴歸及負二項(negative binomial)迴歸。

3. 非線性 panel 估計法，很像線性 panel 估計，包括：
   (1) 混合資料 (pooled) 估計或 population-averaged (樣本平均)。
   (2) 隨機效果 (gamma 隨機效果、normal 隨機效果)。
   (3) 固定效果。
4. 複雜性 (complications)
   (1) 隨機效果往往不那麼聽話的，都需要數値積分。
   (2) 短型 (short) panels 之固定效果模型，通常難以估計，因爲伴隨著參數 (incidental parameters) 問題。
5. 典型 nonlinear models(非線性模型) 爲：
   (1) Binary 迴歸：logit 迴歸及 probit 迴歸。
   (2) Counts 迴歸：Poisson 迴歸 (poisson, GEE, xtpoisson, xtmepoisson 及 GMM 五種指令)、negative binomial (負二項) 迴歸 (nbreg, xtnbreg 指令)、zero-inflated(零膨脹)Poisson 迴歸 (zip 指令)、zero-inflated negative binomial(零膨脹負二項) 迴歸 (zinb 指令)。
   (3) Truncated 迴歸、Tobit 迴歸。

8-1-2 計數型 (count) 模型：Zero-Inflated Poisson 迴歸之解說

一、計數型 (count) 之各種模型

	$f(y)$	機率密度函數 $f(y)=\Pr(Y=y)$	平均數；變異數
1	Poisson	$e^{-\mu}\mu^{y}/y!$	$\mu(x)$; $\mu(x)=\exp(x'\beta)$
2	NB1	As in NB2 below with α^{-1} replaced by $\alpha^{-1}\mu$	$\mu(x)$; $(1+\alpha)\,\mu(x)$
3	NB2	$\frac{\Gamma(\alpha^{-1}+y)}{\Gamma(\alpha^{-1})\Gamma(y+1)}\left(\frac{\alpha^{-1}}{\alpha^{-1}+\mu}\right)^{\frac{1}{\alpha}}\left(\frac{\mu}{\mu+\alpha^{-1}}\right)^{y}$	$\mu(x)$; $(1+\alpha\mu(x))\,\mu(x)$
4	Hurdle	$\begin{cases} f_1(0) & if\ y=0 \\ \frac{1-f_1(0)}{1-f_2(0)}f_2(y) & if\ y\geq 1 \end{cases}$	$\Pr[y>0\vert x]E_y>0[y\vert y>0]$
5	ZI	$\begin{cases} f_1(0)+(1-f_1(0))f_2(0) & if\ y=0 \\ (1-f_1(0))f_2(y) & if\ y\geq 1 \end{cases}$	$(1-f_1(0))\times(\mu(x)+f_1(0)\mu^2(x))$
6	FMM	$\Sigma_{j=1}^{m}=\pi_j f_j(y\mid\theta_j)$	$\Sigma_{i=1}^{2}\pi_i\mu_i(x)$； $\Sigma_{i=1}^{2}\pi_i[\mu_i(x)+\mu_i^2(x)]$

1. NB: 負二項迴歸。
2. ZI：零膨脹 (zero-inflated) Poisson 迴歸模型 (zip 指令、zinb 指令)。
3. 例如，探討交通事故肇事因素的研究，當研究資料中出現過多 0 次資料 (excess zero) 時，將產生資料過度離散 [過度分散 (over-dispersion)] 的情形，此時 Poisson ／負二項方法將不適用，一般化線性 zero-inflated 及 Hurdle 迴歸模式即因應而生。
4. Stata 外掛指令 ztpnm (附在書 CD 上 ztpnm.ado 指令檔)，專門執行 Hurdle count 迴歸，請見 ztpnm.hlp 檔。
5. FMM [有限混合模型 (finite mixture models)]，你可用 fmm 指令來分析 count 迴歸。

針對計數型資料 (count data) 的模型建置，較常使用的迴歸模型之一為 Poisson 迴歸模型 (Poisson regression model, PR)。由於 Poisson 分配的特性，此類模型僅適用於配適資料呈現出「平均數等於變異數」的情況。

然而就實際的計數型資料而言，由於資料可能由不同的子群體所組成，因而造成母體異質性 (population heterogeneity) 的狀況，使得資料呈現出過度分散 (over-dispersion) 狀況，也就是變異數大於平均數的情況。此時，若僅僅使用 Poisson 迴歸模型來進行配適，常會低估所觀察到的變異程度。縱然這樣的模型配適對平均值的估計可能不會有太大的影響，但是卻會低估標準差，使得虛無假設 (null hypothesis) 較容易得到拒絕的結果 (Cox, 1983)，因而提高型 I 誤差 (Type I Error) 的犯錯機率。解決方法之一為改採可以用來處理過度分散狀況的負二項迴歸模型 (negative binomial regression model, NBR) 或廣義 Poisson 迴歸模型 (generalized Poisson regression model, GP)。

此處負二項迴歸模型的選用目的並非著眼於「直到第 k 次成功前，其失敗次數」的配模，而是希望藉由負二項迴歸模型來處理資料中可能存在的過度分散狀況，以便獲取適當的標準差估計值。但是由於負二項迴歸模型只能處理過度分散的情況，而廣義 Poisson 迴歸模型除了可以處理過度分散的情況外，也可用在分散程度不足 (under-dispersion) 的狀況，適用範圍較廣，因此眾多學者選擇以「Poisson 分配」及「廣義 Poisson 分配」為基準分配，來作為研究之迴歸模型探討標的。

二、Poisson 分配

單位時間內「事件發生次數」的分配爲卜瓦松分配 (Poisson distribution)。由法國數學家 Poisson 於 1838 年提出，是統計與機率學裡常見到的離散機率分配。

令 Y 爲單位時間內事件的發生次數，並且假設 Y 是一組服從卜瓦松分配 Poi (λ) 的隨機變數，其值爲非負整數，則其機率密度函數爲：

$$\Pr(Y=y)=\frac{\lambda^{y}\exp(-\lambda)}{y!}, y=0, 1, 2 ..., \lambda>0$$

其中，λ 爲「單位時間內事件發生的平均次數」。當 λ 愈大，其機率密度函數圖形就愈平緩及衆數愈往右移的狀況。期望值及變異數分別爲：

$$E(Y)=\lambda, \text{Var}(Y)=\lambda$$

可得知卜瓦松分配有 equidispersion 性質，即平均數與變異數相等的狀況。

一般而言，研究個案之觀察時間長短可能與事件發生的次數有所關聯，觀察期間較長之個案，其事件發生的次數多半會較觀察期間短之個案爲多。當我們觀測到的是 t 個單位時間內事件發生的次數 μ 時，也就是 μ 與 λ 之間滿足：

$$\mu=\lambda t$$

的關係式。

令 y 爲 t 個單位時間內事件的發生次數時，其機率密度函數爲：

$$\Pr(Y=y)=\frac{\mu^{y}\exp(-\mu)}{y!}=\frac{(\lambda t)^{y}\exp(-\lambda t)}{y!}, y=0, 1, 2 ..., \mu>0$$

三、零膨脹 (zero-inflated)

在社會科學之計數資料 (count data) 的實際研究中，經常發現觀察事件發生數中含有大量的零值，即許多觀察個體在觀察單位時間、空間、面積內沒有發生相應的隨機事件，如一年內的住院次數、離婚次數、坐牢次數、生育子女數、人工流產次數等。這樣一種特殊的離散 (discrete) 和受限因變數 (limited dependent variable) 資料，超出了 Poisson ／負二項模型等一般計數模型的預測能力 (一般模型中零發生概率常被低估)，在多學科領域中引起了廣泛關注。由於計數資料中的零值過多，且取相同的零值反映了不同的情況，常常會導致計數資料表現出較大的變異，這類現象被稱爲計數資料的零膨脹 (zero-inflated)，零膨脹的範例請見作者《Stata 與高等統計分析》一書。

20 世紀 60 年代，就有學者注意到零膨脹現象 (Johnson & Kotz, 1969)。1986 年，有學者提出了一種解決零膨脹現象的 Hurdle 模型，應用於經濟學領域的研究 (Mullahy, 1986)。1992 年，蘭伯特提出了另外一種處理零膨脹現象的零膨脹 Poisson 模型 (zero-inflated Poisson, ZIP)，即引入協變數，對零計數和非零計數建立混合概率分布，建立有協變數的零膨脹 Poisson 模型，應用於電子製造業中的品質控制 (Lambert, 1992)。1994 年，格瑞因將零膨脹 Poisson 模型擴展到零膨脹負二項模型 (zero-inflated negative binomial, ZINB)，並採用 BHHH 方法估計模型參數的標準誤 (請參閱作者《Stata 在總體經濟與財務金融的應用》一書)，應用到消費者銀行信用卡不良紀錄的研究 (Greene, 1994)。這種零膨脹負二項模型是對 Poisson 模型與負二項模型技術的發展，彌補了 Poisson 模型或負二項模型技術在分析零膨脹結構資料時的不足，能解釋計數資料中過多的零値，使因變數中眞實零値的鑑別成爲可能，同時也使估計結果更爲有效與無偏差 (efficient & unbiased estimates)，從而獲得可靠的假設核對總和參數估計，以幫助研究者解答一系列具有實際意義而傳統模型無法回答的問題。

一般而言，處理零膨脹現象的模型包括：Hurdle 模型、零膨脹 Poisson 模型及零膨脹負二項模型等。而 Hurdle 模型在經濟學中，具有特殊性與爭議性 (Dalrymple et al., 2003)。

往昔計數型 (count) 模型之相關研究，包括：Lambert (1992) 提出 zero-inflated (ZI) 模型，應用於機器製造良窳之判定；Gurmu (1997) 應用半參數的 Hurdle 迴歸模型於構建醫療資源利用的模式，探討個人不同健康情況及年齡使用醫療資源的情形以及到醫院看病的次數，利用 Hurdle 方法構建之醫療資源利用次數模型，解決資料中過度離散的問題；Peter (2003) 探討民衆借貸拖欠之行爲，利用包含兩部分之 Hurdle 模型，可知不同屬性之民衆是否存有潛在的拖欠借貸之行爲，並且在第二部分模型中可計算不同拖欠次數的影響因素。Shankar 等人 (1997) 探討交通肇事發生與影響因素之間的關係，發現應用 zero-inflated Poisson (ZIP) 及 zero-inflated negative binomial (ZINB) 模型，更適合描述實際的肇事情況。

由上述可知，應用 zero-inflated 及 Hurdle 迴歸模型於離散性質的資料時，均可得到良好的結果。

四、零膨脹 (zero-inflated) 分配

爲了處理「高比例零值」的計數型態資料，Mullahy 在 1986 年提出 zero-inflated 分配 (zero-inflated distribution)。

假設 Y 是一組服從 zero-inflated 分配的隨機變數，其值爲非負整數，則其機率密度函數爲：

$$g(Y=y)=\begin{cases}\omega+(1-\omega)\Pr(Y=0), & y=0\\(1-\omega)\Pr(Y=y), & y>0\end{cases}$$

其中 ω 是一機率值，$\Pr(Y=y)$ 爲計數型態分配之機率密度函數。

五、零膨脹 (zero-inflated) 卜瓦松分配

Lambert 在 1992 年提出 zero-inflated 卜瓦松分配 (zero-inflated Poisson distribution)，並且應用在品質管理上，隨後便有許多學者紛紛引用此篇文章作爲迴歸模型分析之用。

針對「高比例零值」的計數型資料型態，zero-inflated 卜瓦松分配的想法是既然資料「零值」的比例較卜瓦松分配爲高，於是便利用卜瓦松分配與「零」點的機率，合成爲一個混合模型 (mixture model)。因此，zero-inflated 卜瓦松隨機變數是由兩個部分組成 (圖 8-2)，分別是卜瓦松分配和「零值」發生機率爲 ω 的伯努力分配 (Bernoulli distribution)。

可知「零值」比例的來源，除了卜瓦松分配爲零的機率，還多加了伯努力分配中「零值」的機率 ω，如此一來，「零值」比例也因爲 ω 的加入而提高許多，解決了卜瓦松分配在配適「零值」比例過高的資料所出現的估計誤差，所以當計數型資料存在過多「零值」時，一般傾向使用 zero-inflated 卜瓦松分配來作爲配適。

令 Y 爲單位時間內事件的發生次數，並且假設 Y 是一組服從 zero-inflated 卜瓦松分配 ZIPoi (λ, ω) 的隨機變數，其值爲非負整數，則其機率密度函數爲：

$$\Pr(Y=y)=\begin{cases}\omega+(1-\omega)\exp(-\lambda), & y=0\\(1-\omega)\dfrac{\lambda^y\exp(-\lambda)}{y!}, & y>0\end{cases},\lambda>0$$

其中 λ 爲單位時間內事件發生的平均次數，當 λ 愈大，其機率密度函數圖形也有愈平緩及衆數愈往右移的狀況，零值比例也愈來愈低；ω 爲 zero-inflation 參數 (zero-inflation parameter)，可知當 ω 愈大，其零值比例也愈來愈高，相較之下，其他反應變數值的比例就愈來愈低。期望值及變異數分別爲：

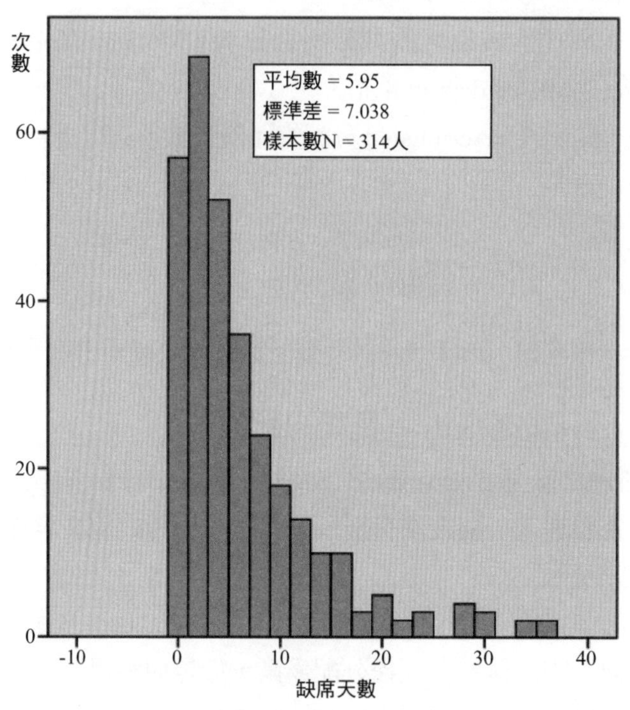

圖 8-2 零膨脹 (zero-inflated) 分配示意圖

$$E(Y) = (1-\omega)\lambda,\ \text{Var}(Y) = (1-\omega)\lambda(1-\omega\lambda)$$

當我們觀測到的是 t 個單位時間內事件發生的次數 μ 時，令 y 爲 t 個單位時間內事件的發生次數時，其機率密度函數爲：

$$\Pr(Y=y)=\begin{cases}\omega+(1-\omega)e^{(-\mu)}, & y=0\\ (1-\omega)\dfrac{\mu^{y}e^{(-\mu)}}{y!}, & y>0\end{cases},\mu>0$$

$$\Pr(Y=y)=\begin{cases}\omega+(1-\omega)e^{(-\lambda t)}, & y=0\\ (1-\omega)\dfrac{(\lambda t)^{y}e^{(-\lambda t)}}{y!}, & y>0\end{cases},\mu>0$$

就 zero-inflated 分配最原始的想法來看，ZIPoi (λ, ω) 還是必須服從以下假設：(1) 反應變數「零」值比例較基準分配來得高；(2) 反應變數非「零」值的分配，必須服從 zero-truncated 卜瓦松分配 (zero-truncated Poisson distribution)。

六、卜瓦松迴歸模型

當 Y_i, $i = 1, 2, \cdots, n$ 是服從卜瓦松分配 Poi (μ_i) 的隨機變數，其值爲非負整數，其機率密度函數爲：

$$\Pr(\mu_i; Y_i = y_i) = \frac{\mu_i^{y_i} \times e^{-y_i}}{y_i!}, \qquad y_i = 0,1,2,\cdots,\mu_i > 0$$

假設 Y_i 與 $x_i = (x_1, x_2, \cdots, x_{k-1})$ 有關，其中 $(x_1, x_2, \cdots, x_{k-1})$ 表示 $k-1$ 個解釋變數，我們知道卜瓦松分配中的 λ 指的是「單位時間內事件發生的平均次數」，所以可得知：

$$\log(\lambda_i) = \frac{\mu_i}{t_i} = \beta^t x_i, \qquad i = 1,2,\cdots,n$$

因此，卜瓦松迴歸模型 (Poisson regression model, PR) 就定義爲：

$$\log(\mu_i) = \log(t_i) = \beta^t x_i, \qquad i = 1,2,\cdots,n$$

然而，當研究個案之觀測時間不一時，且我們主要想探討的是個案觀察期間內的事件平均發生次數時，必須使用偏移 (offset)，也就是 log (t_i) 來作調整。

七、Zero-Inflated 卜瓦松迴歸模型

當 Y_i, $i = 1, 2, \cdots, n$ 是服從 zero-inflated 卜瓦松分配 ZIPoi (μ_i, ω_i) 的隨機變數，其值爲非負整數，其機率密度函數爲：

$$\Pr(\lambda_i, \omega_i; Y_i = y_i) = \begin{cases} \omega_i + (1-\omega_i)e^{-\mu_i}, & y_i = 0 \\ (1-\omega_i)\dfrac{\mu_i^{y_i} e^{-\mu_i}}{y_i!}, & y_i > 0 \end{cases}, \mu_i > 0$$

假設 Y_i 與 $x_i = (x_1, x_2, \cdots, x_{k-1})$ 有關，其中 $(x_1, x_2, \cdots, x_{k-1})$ 表示 $k-1$ 個解釋變數，我們知道 zero-inflated 卜瓦松迴歸模型 (zero-inflated Poisson regression model, ZIP) 就定義爲：

$$\log(\mu_i) = \log(t_i) = \beta^t x_i, \qquad i = 1,2,\cdots,n$$

$$\log(\omega_i) = \log(\frac{\omega_i}{1-\omega_i}) = \delta^t x_i, \qquad i = 1,2,\cdots,n$$

當計數型資料型態並沒有很明顯「過多零值」的狀況，以 PR 與 ZIP 進行配適的差別僅僅在 zero-inflated 參數，而 ZIP 會自行調節 zero-inflated 參數的估計值，因此一般認爲 ZIP 較 PR 來得有彈性。

8-1-3 非線性：Panel 迴歸模型之重點整理

一、非線性 Panel 模型的再進階

1. 非線性追蹤模型 (panel models 中)，你可使用混合資料 (pooled) 模型或樣本平均 (population-averaged) 效果之二種模型。它與橫斷面情況一樣，對給定的個體 i 而言，都需調整個體在不同時間的相關值。
2. 充足 (full) 參數模型，非線性追蹤模型可分爲下列二種情況：
   (1) 帶可分離的異質性 (separable heterogeneity) 及條件密度 (conditional density)
   $f(y_{it} \mid \alpha_i, x_{it}) = f(y_{it}, \alpha_i + x'_{it}\beta, \gamma), \quad t = 1, \ldots, T_i, i = 1, \ldots, N$
   (2) 帶不可分離的異質性
   $f(y_{it} \mid \alpha_i, x_{it}) = f(y_{it}, \alpha_i + x'_{it}\beta_i, \gamma), \quad t = 1, \ldots, T_i, i = 1, \ldots, N$
   其中，γ 爲附加的模型參數 (additional model parameters)，例如變異數參數及個體效果 α_i。
3. 半參數條件平均 (semiparametric conditional mean) 模型 (即指數平均模型)：
   (1) 帶加法效果 (additive effects)：
   $E[y_{it} \mid \alpha_i, x_{it}] = \alpha_i + g(x'_{it}\beta)$
   (2) 帶相乘效果 (multiplicative effects)：
   $E[y_{it} \mid \alpha_i, x_{it}] = \alpha_i \times g(x'_{it}\beta)$

二、Panel 模型的演變

1. 迄今，最常使用 panel 方法的是計量經濟學家。漸進理論 (asymptotic theory) 是假定在短型 (short) panels 情況之下 (時間數 T 小、個體數 N 大)：資料檔有許多個體單位、很少的時間期間。
2. Panel count 分析於現代處理 (modern treatment) 中，最有名的該屬 Hausman 等人 (1984) 論文。
3. 自 1984 年，panel 發展史歷經三代的改變，如下：

	G-1 模型	G-2 模型	G-3 模型
年代	1974-1990	1991-2000	2000 年以後
函數	Mainly parametric	Flexible parametric	Parametric / SP
計數型模型	Poisson, Negbin	Hurdles, finite mixtures, ZIP	Quantle reg; Selection models
追蹤資料模型	Poisson, Negbin	Poisson, Negbin, EM	EM; QR;
不可觀察之異質性	Multiplicative	Separable or non-sep.	Flexible; non-sep
模組化 α_i	Mainly RE or PA	RE, PA and fixed effects	RE / PA / FE / Correlated RE; DV
變異數估計	Robust wrt overdispersion	Robust wrt OD (過度分散)	Robust or Cl-Rob wrt OD / SC (序列相關)
動態模型	Lagged x's	Exponential feedback	Linear or exponential
內生性問題	Largely ignored	Allowed in RE models	Allowed in RE and FE
估計值	Mainly MLE	MLE; GEE; NLIV	MLE; GEE; NLGMM; QR; QRIV

(1) 至今，橫斷面資料才有幾種流行的模型 (像 Hurdles, FMM, ZIP)，在對應的固定效果追蹤資料 (FE panel-data) 迄今仍未被開發出來，其中：

ztpnm 外掛指令：zero-truncated Poisson normal mixture 迴歸。

fmm 指令：finite mixture 模型有下列二個例子。

```
* Mixture of normals
. webuse womenwk, clear
. fmm wagefull educ age married, mix (normal) comp (2)

* Mixture of Negative Binomials (Type 2)
. webuse medpar, clear
. gen los0  =  los - 1
. fmm exlos died hmo type2-type3, mix (negbin2) comp (2) comp (2)
```

(2) 目前數種複雜的聯立方程式 (simultaneously)，例如，不可分割特定個體效果 (nonseparable individual-specific effects)、內生解釋變數 (endogenous regressors)，它們都可用來處理「RE, PA, moment-based」模型。

(3) 由於聯立方程式之充足參數方法 (fully parametric methods)，仍無法可以處理內生性或「不可分割 (nonseparable) 不可觀察異質性 (unobserved heterogeneity)」，故人們仍以動差基礎的演算法爲主流做法。

(4) 採用過度分散—穩健 (overdispersion-robust) 及群聚—穩健 (cluster-robust) 二種手段來處理「誤差異質性」，仍是目前市場的主流。

8-1-4 非線性 Panel Models 的指令

	Counts panel 迴歸之指令	Binary panel 迴歸之指令
混合資料 (Pooled)	Poisson nbreg	Logit Probit
GEE (PA)	xtgee,family (poisson) xtgee,family (nbinomial)	xtgee,family (binomial)link (logit) xtgee,family (nbinomial)
隨機效果 (RE)	xtpoisson, re	xtlogit, re
	xtnbreg, (Stata 內定值)	xtprobit, re
隨機斜率 (Random slopes)	xtmepoisson	xtmelogit
固定效果 (FE)	xtpoisson, fe xtnbreg, fe	xtlogit, fe

註：Stata 另提供二個外加之 tobit 及 xttobit 迴歸指令。

8-2 非線性 Panel 四種估計法

8-2-1 非線性 Panel：Pooled 法或 Population-Averaged 估計法

xtpoisson 指令是非常簡單易用的，若你要估計樣本平均 (population-averaged, PA) 模型，就直接下達指令：

```
. xtpoisson…, …pa exposure (time)
```

它相當於

```
. xtgee…,… family (poisson) link (log) corr (exchangeable) exposure (time)
```

1. 混合資料 OLS 的延伸 (extend pooled OLS)

例如，橫斷面常用指令之條件平均模型 (conditional mean models) 或條件密度模型 (conditional density models)，其處理「穩健群組之標準誤 (cluster-robust standard errors)」指令如下：

以 Probit 迴歸爲例：

```
*例 1: probit 迴歸
. probit y x, vce (cluster id)

*例 2: panel probit 迴歸
. xtgee y x, fam (binomial)link (probit)corr (ind)vce (cluster id)
```

2. 混合資料可行 GLS 的延伸 (extend pooled feasible GLS)

(1) 係假定跨時段有相關結構。

(2) 隨機效果 [準相關 (equicorrelated)] probit 例子爲：

```
*方法 1 Probit: panel probit 迴歸
. xtprobit y x, pa vce (boot)

*方法 2 GEE: panel probit 迴歸
. xtgee y x, fam (binomial)link (probit)corr (exch)vce (cluster id)
```

8-2-2 非線性 Panel：隨機效果估計

xtpoisson 指令考慮的模型爲：

$$\Pr(Y_{it} = y_{it} \mid x_{it}) = F(y_{it}, x_{it}\beta + v_i)$$

$i = 1, 2, \cdots$, n panels，其中，$t = 1, 2, \cdots, n_i$。

而且 $F(x, z) = \Pr(X = x)$，其中，X 是 Poisson 分配，平均數爲 $\exp(z)$。

在標準的隨機效果模型中，v_i 係假定爲 i.i.d，因此 $\exp(v_i)$ ～符合 *gamma* $(1, \alpha)$。若模型設定爲常態，則假定 $v_i \sim N(0, \sigma_v^2)$。

1. 若特定個體 (individual-specific) 效果 α_i 具有特定分配 $g(\alpha_i \mid \eta)$。
2. 則，第 i 個觀察值之非條件密度 (unconditional density) 爲：

$$f(y_{it}, ..., y_{iT} \mid x_{i1}, ..., x_{iT}, \beta, \gamma, \eta)$$
$$= \int [\Pi_{t=1}^{T} f(y_{it} \mid x_{it}, \alpha_i, \beta, \gamma)] g(\alpha_i \mid \eta) d\alpha_i$$

3. 非線性 panel 之隨機效果有二型指令：
   (1) 帶 gamma 隨機效果之 Poisson 模型。
   (2) 帶 gamma 效果之 binomial 模型。
   (3) 故指令可採「xtpoisson, re 」或「xtnbreg, re」隨機效果之二種選項。
4. 非解析之解 (no analytical solution)：
   (1) 除了 Poisson 及負二項分配之外，其他模型都可改採數值積分 (numerical integration) 之解法 (only univariate integration is required)。
   (2) 它假定是常態分配隨機效果。
   (3) 使用「xtlogit…, re」、「xtprobit…, re」隨機效果選項。
   (4) 使用「xtpoisson …, normal」、「xtnbreg…, normal」常態選項。
5. Stata 選擇表爲：

1. Statistics > Longitudinal / 追蹤資料 (panel-data) > Count outcomes > Poisson regression (FE, RE, PA)
2. Statistics > Longitudinal / 追蹤資料 (panel-data) > Count outcomes > Negative binomial regression (FE, RE, PA)

8-2-3 非線性 Panel：隨機斜率估計

1. 廣義隨機效果的延伸，就是隨機斜率 (random slopes)。
   (1) 非線性之 xtmixed 的一般化 (nonlinear generalization of xtmixed)。
   (2) 然後，使用高維度數值積分 (higher-dimensional numerical integral)。
   (3) 採用適性 Gaussian 積分 (adaptive Gaussian quadrature)。
2. 對應的 Stata 指令有二：
   (1) xtmelogit (適合 binary 依變數)。
   (2) xtmepoisson (適合 counts 依變數)。
3. 此外，Stata 亦有外加指令 gllamm，旨在執行「廣義線性潛在模型或混合模

型 (generalised linear latent & mixed models)」，它是 Sophia Rabe-Hesketh 與 Anders Skrondal 所開發的。

8-2-4 非線性 Panel：固定效果 (FE) 估計

1. 通常，非線性短型 (short) panel，係不可能爲固定效果。
2. 附帶參數問題 (incidental parameters problem)：
   (1) N 個固定效果 $\alpha_i + K$ 個解釋變數，故有 $(N+K)$ 待估參數。
   (2) 但 $(N+K) \to \infty$，則 $N \to \infty$。
   (3) 藉由某些差分 (differencing) 來消除截距項 α_i。
   (4) Poisson 迴歸、負二項迴歸、logit 迴歸的 Stata 指令，都有同時提供：PA, FE, RE 三種估計。
3. 固定效果之相對 Stata 指令：
   (1)「xtlogit, fe」
   指令 xtlogit 旨在執行「固定效果、隨機效果、樣本平均」logit 模型。
   (2)「xtpoisson, fe」(它比 xtpqml 指令 robust se's 來得優)
   此指令 xtpoisson 旨在執行「固定效果、隨機效果、樣本平均」Poisson 模型。
   (3)「xtnbreg, fe」，執行負二項之固定效果。
4. 有固定效果仍無延伸至：Hurdles, finite mixtures, zero-inflated 模型。

小結

1. Stata 提供 panel models 及估計，最早應用在個體經濟 (microeconometrics) 及生物學 (biostatistics) 領域，現已應用到社會科學各領域。
2. Stata 亦提供各診斷和事後指令 (diagnostics & postestimation)，可惜限於篇幅，無法在此一一詳述。
3. 本章指令都可適用在短型 (short) panels，其中有些指令尚提供 cluster-robust 標準誤 (standard errors)，有些指令則無法處理「誤差變異之異質性」。
4. 通常，個體經濟學家較常使用固定效果，但其他領域則較常使用隨機效果、混合效果。
5. 延伸至 nonlinear panel 模型，FE 模型在短型 (short) panels 就無法求解。

8-3 非線性 Panel：計數型 (count data) 迴歸之範例

8-3-1 Nonlinear Panel：計數型 (count) 迴歸之各指令

Count 估計法	計數型 (count data) 迴歸之指令
混合資料 (Pooled) 迴歸	. poisson . nbreg
Zero-inflated 混合資料迴歸	zinb：Zero-inflated negative binomial 迴歸 zip：Zero-inflated Poisson 迴歸 實例請見作者《Stata 與高等統計分析》一書。
分量 (Quantile)	書上 CD 已附 qcount.ado 外掛指令檔。例如： . qcount q (%), rep (#)
FMM (有限混合迴歸)	書上 CD 已附 fmm.ado 外掛指令檔，它使用最大概似法之有限混合迴歸模型 (Finite Mixture regression model using Maximum likelihood)，例如： . fmm components (#) mixtureof (poisson) . fmm components (#) mixtureof (nbreg)
GEE (PA)	使用 GEE 法 (Generalized estimating equations) 來適配「樣本平均追蹤資料 (population-averaged panel-data)」模型，指令例如： . xtgee, family (poisson) . xtgee, family (nbinomial)
隨機效果 (RE)	. xtpoisson, re . xtnbreg, fe
隨機斜率 (Random slopes)	. xtmepoisson
固定效果 (FE)	. xtpoisson, fe . xtnbreg, fe
廣義動差法 (GMM)	廣義動差法 (GMM) 的應用實例： 1. 線性：廣義動差法 (GMM) 的估計。 2. 線性兩階段最小平方：廣義動差法 (GMM) 的估計。 3. 連續型 Gamma 分配之參數估計：廣義動差法 (GMM)。 4. 帶 Lag 項 CAPM 模型：廣義動差法 (GMM) 的估計。 5. 帶 Endogenous regressor 之 Poisson 模型：廣義動差法 (GMM)。 6. 非線性最小平方模型 (probit)：廣義動差法 (GMM)。 7. 動態 panel 模型：廣義動差法 (GMM)。

8-3-2 Count Data 過度分散 (over dispersed) 範例 (xtsum 指令)

一、資料檔之內容

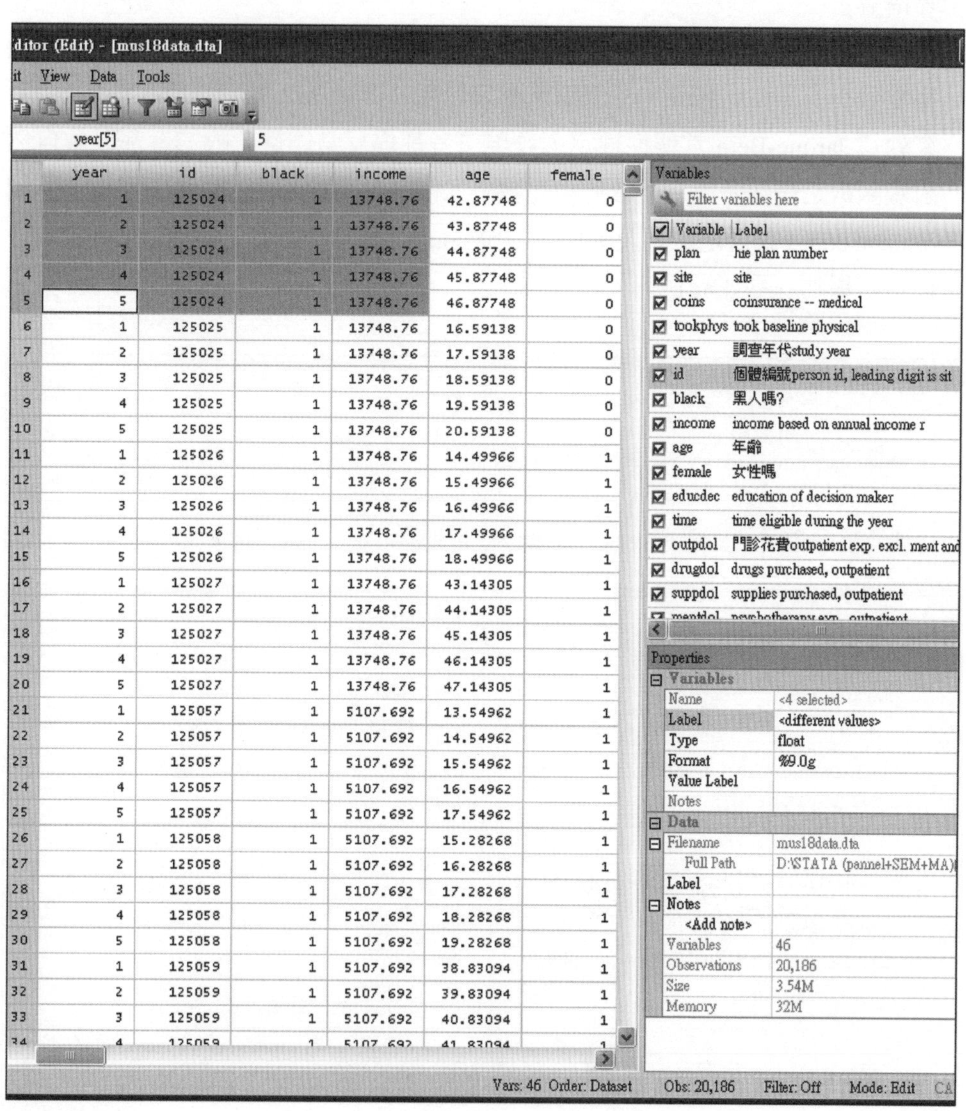

圖 8-3 「mus18data.dta」資料檔內容 (個體 n = 5908，時間 t = 5 年)

本資料來自「rand health insurance experiment」。其中：

1. 迴歸之依變數 y：親自看門診醫生的次數 (number of doctor visits)，即變數 mdu。可惜的是，因為它的平均數 $E(y) = 2.86$、變異數 $Var(y) = 4.50^2 \approx 7\times\bar{y}$，故本例依變數 mdu 是過度分散之計數型資料。所以，不適合使用線性迴歸 (reg, xtreg, xtgls 指令) 來分析，而需改用「第 8-4 節」所列 poisson, fmm 等指令。
2. 解釋變數有六個：包括「lcoins ndisease female age lfam child」，其中，連續型變數有 lcoins 及 lfam，二者事前都有使用「jb coins」指令、「jb fam」指令來執行 Jarque-Bera 常態性檢定，發現二者都違反常態性，故二者都已做自然對數函數之變數變換。至於解釋變數有三個「female age child」，都是二進制 (binary code) 虛擬變數；及 ndisease 屬 count 資料，故這四個變數都不需做任何重新編碼 (recoding)。

```
. use mus18data.dta, clear

. summarize mdu lcoins ndisease female age lfam child id year

    Variable |       Obs        Mean    Std. Dev.       Min        Max
-------------+--------------------------------------------------------
         mdu |     20186    2.860696    4.504765          0         77
      lcoins |     20186    2.383588    2.041713          0   4.564348
    ndisease |     20186     11.2445    6.741647          0       58.6
      female |     20186    .5169424    .4997252          0          1
         age |     20186    25.71844    16.76759          0   64.27515
-------------+--------------------------------------------------------
        lfam |     20186    1.248404    .5390681          0   2.639057
       child |     20186    .4014168    .4901972          0          1
          id |     20186    357971.2    180885.6     125024     632167
        year |     20186    2.420044    1.217237          1          5


. describe mdu lcoins ndisease female age lfam child id year
```

```
                 storage  display   value
variable name     type    format    label    variable label
---------------------------------------------------------------------------------
mdu               float    %9.0g             親自看門診次數
                                             number face-to-fact md visits
lcoins            float    %9.0g             共同保險 log (coinsurance+1)
ndisease          float    %9.0g             慢性疾病數 count of chronic diseases -- ba
female            float    %9.0g             女性嗎
age               float    %9.0g             年齡
lfam              float    %9.0g             居家大小 log of family size
child             float    %9.0g             有生小孩嗎
id                float    %9.0g             個體編號 person id, leading digit is sit
year              float    %9.0g             調查年代 study year

. jb coins
Jarque-Bera normality test:   4420    Chi (2)   0
Jarque-Bera test for H0: normality:
```

變數 coins 做 Jarque-Bera normality 檢定，得卡方 = 4420，p = 0.0<0.05，故拒絕「H_0：normality」，表示變數 coins 違反常態性，故做自然對數之變換，指令如下：

```
. gen lcoins  =  LN (coins)
```

(一) 觀察資料之特徵

```
. use mus18data.dta, clear

. summarize mdu lcoins ndisease female age lfam child id year

    Variable |       Obs        Mean    Std. Dev.       Min        Max
-------------+--------------------------------------------------------
         mdu |     20186    2.860696    4.504765          0         77
      lcoins |     20186    2.383588    2.041713          0   4.564348
    ndisease |     20186     11.2445    6.741647          0       58.6
      female |     20186    .5169424    .4997252          0          1
         age |     20186    25.71844    16.76759          0   64.27515
-------------+--------------------------------------------------------
```

```
        lfam |     20186    1.248404    .5390681          0   2.639057
       child |     20186    .4014168    .4901972          0          1
          id |     20186    357971.2    180885.6     125024     632167
        year |     20186    2.420044    1.217237          1          5


. describe mdu lcoins ndisease female age lfam child id year

              storage  display  value
variable name   type   format   label     variable label
-----------------------------------------------------------------------------
mdu             float   %9.0g             親自看門診次數
                                          number face-to-fact md visits
lcoins          float   %9.0g             共同保險 log (coinsurance+1)
ndisease        float   %9.0g             慢性疾病數
                                          count of chronic diseases -- ba
female          float   %9.0g             女性嗎
age             float   %9.0g             年齡
lfam            float   %9.0g             居家大小 log of family size
child           float   %9.0g             有生小孩嗎
id              float   %9.0g             個體編號 person id, leading digit is sit
year            float   %9.0g             調查年代 study year

. xtset id year

. xtdescribe


      id:  125024, 125025, ..., 632167                      n =       5908
    year:  1, 2, ..., 5                                     T =          5
           Delta (year)  =  1 unit
           Span (year)   =  5 periods
           (id*year uniquely identifies each observation)

Distribution of T_i:   min      5%     25%       50%       75%     95%     max
                         1       2       3         3         5       5       5
```

```
     Freq.  Percent     Cum. |  Pattern
 ---------------------------+---------
     3710     62.80    62.80 |  111..
     1584     26.81    89.61 |  11111
      156      2.64    92.25 |  1....
      147      2.49    94.74 |  11...
       79      1.34    96.07 |  ..1..
       66      1.12    97.19 |  .11..
       33      0.56    97.75 |  ..111
       33      0.56    98.31 |  .1111
       29      0.49    98.80 |  ...11
       71      1.20   100.00 | (other patterns)
 ---------------------------+---------
     5908    100.00          |  XXXXX
```

(二) 依變數 mdu 的組內變異數及組間變異數都是重要的

```
. use mus18data.dta, clear

. xtset id year
       panel variable:  id (unbalanced)
        time variable:  year, 1 to 5, but with gaps
                delta:  1 unit

* 依變數之 Panel summary
. xtsum mdu

Variable         |      Mean   Std. Dev.       Min        Max |    Observations
-----------------+--------------------------------------------+----------------
mdu      overall |  2.860696   4.504765          0         77 |     N =   20186
         between |             3.785971          0   63.33333 |     n =    5908
         within  |             2.575881  -34.47264    40.0607 | T-bar = 3.41672
```

1. 依變數的組內 (within) 變異數為 2.58、組間 (between) 變異數為 3.78，二者數值係不一樣的，你同時都要重視組內 (within) 變異數及組間 (between) 變異數。
2. 由於解釋變數 (regressors)「age, lfam, child」三個都是隨時間改變的 (time-variant)，三者都有主要的組間 (between) 變異數。因此，會造成組內 (within) 變異數或混合 (mixed) 估計 (estimator) 非常不準確。

8-4 概似為基礎 (likelihood-based) 之 Count 模型各種指令的解說

續前例，本章節範例，多數仍以前例「mus18data.dta」資料檔為範例的解說，其中，依變數 y 為門診看醫生的次數。

一、Panel Poisson 六種估計法

1. 以下本章節範例解說，會考慮下列六種常見的 panel Poisson (分配) 估計法：
   方法 1：pooled Poisson 迴歸 (poisson 指令)。
   方法 2：樣本平均 Poisson 迴歸 (GEE 指令)。
   方法 3：隨機效果 (RE) 之 gamma 隨機效果 (xtpoisson, re 指令)。
   方法 4：隨機效果 (RE) 之 normal 隨機效果 (xtpoisson, re 指令)。
   方法 5：固定效果 (xtpoisson, fe 指令)。
   方法 6：廣義動差法 (GMM)。
2. 上述這些估計法，亦可適用在負二項 (negative binomial) 分配，即 xtnbreg 指令。
3. 假如 count 迴歸，若是選擇固定效果 (FE)，你才可將落遲項「$y_{i,t-1}$」納入動態 panel 模型中。

表 8-1 六種 MLE 之 panel Poisson 估計法

模型	動差設定	估計的方程式
Pooled	$E[y_{it} \mid x_{it}] = \exp(x'_{it}\beta)$	$\Sigma_{i=1}^{N}\Sigma_{t=1}^{T} x_{it}(y_{it} - \mu_{it}) = 0$
Poisson		其中 $\mu_{it} = \exp(x'_{it}\beta)$
PA		$\rho_{ts} = \text{Cor}[(y_{it} - \exp(x'_{it}\beta))(y_{is} - \exp(x'_{is}\beta))]$
RE	$E[y_{it} \mid \alpha_i, x_{it}]$	$\Sigma_{i=1}^{N}\Sigma_{t=1}^{T} x_{it}\left(y_{it} - \mu_{it}\dfrac{\bar{y}_i + \eta/T}{\bar{\mu}_i + \eta/T}\right)$
Poisson	$= \alpha_i \exp(x'_{it}\beta)$	$\bar{\mu}_i = T^{-1}\Sigma_t \exp(x'_{it}\beta)$; $\eta = \text{var}(\alpha_i)$
FE Pois	$E[y_{it} \mid \alpha_i, x_{it}] = \alpha_i \exp(x'_{it}\beta)$	$\Sigma_{i=1}^{N}\Sigma_{t=1}^{T} x_{it}\left(y_{it} - \mu_{it}\dfrac{\bar{y}_i}{\bar{\mu}_i}\right) = 0$

8-4-1 Panel Poisson 方法一：Pooled Poisson 迴歸 (poisson 指令)

混合資料 (pooles) OLS 模型或樣本平均 (population-averaged, PA) 模型：

$$y_{it} = \alpha + X'_{it}\beta + \underbrace{\mu_{it}}_{殘差項\sim N(0,\sigma^2)}$$

1. 設定 (specify)

$$y_{it} \mid x_{it}, \beta \sim \text{Poisson}\,[\exp(x'_{it}\beta)]$$

2. 混合資料 Poisson，意指 y_{it} 在「截距項、一致係數 β 的 x_{it}」之迴歸式。由於爲了有效控制個體 i 在跨時間 t 之過度分散且相關 (over dispersion & correlation)，故以下幾種估計，我們決定採用群集式穩健 (cluster-robust) 標準差之混合資料 Poisson 迴歸。

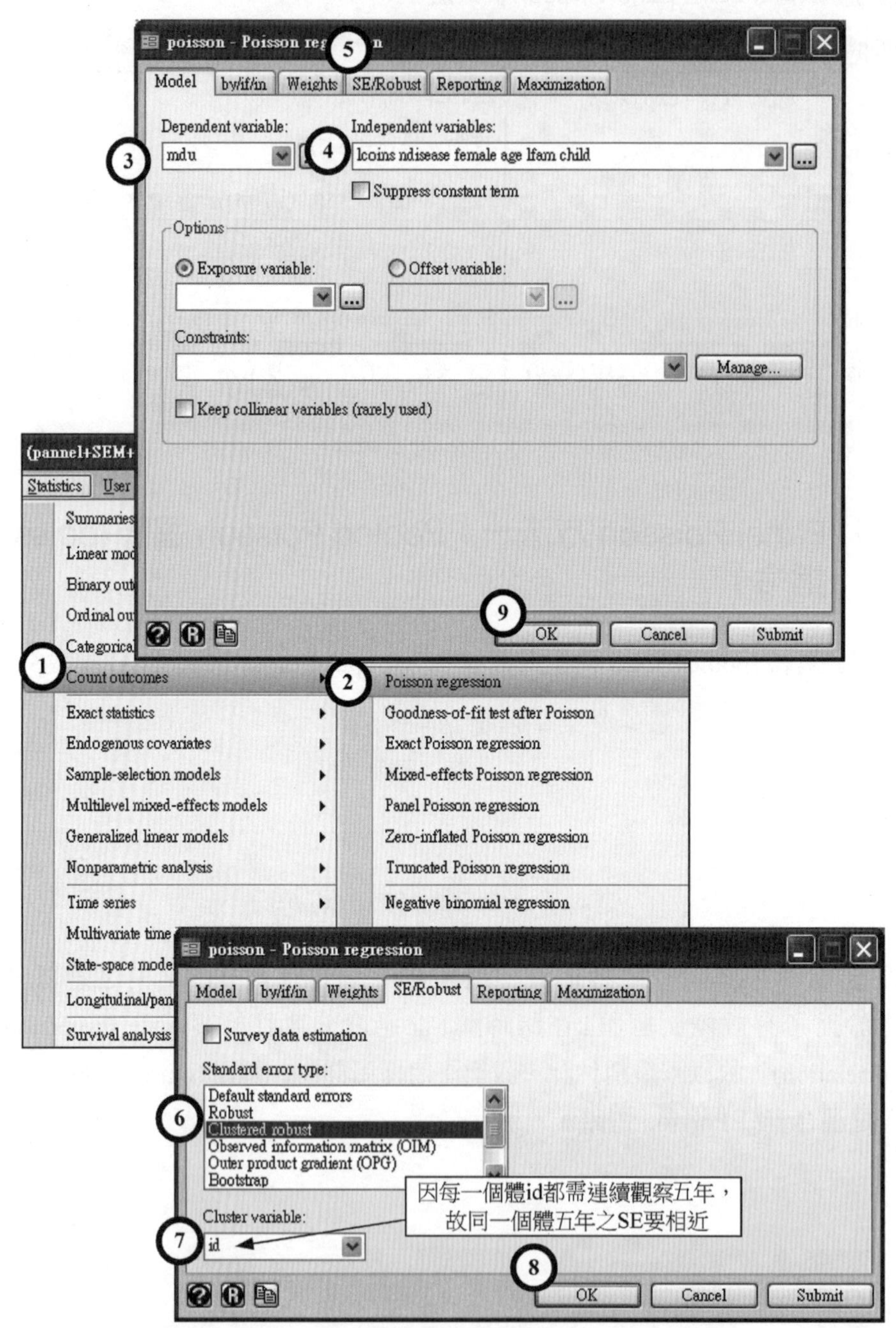

圖 8-4 「poisson mdu lcoins ndisease female age lfam child, vce (cluster id)」畫面

註：「Statistics > Count outcomes > Poisson regression」

情況一：採穩健 (robust) pooled Poisson 迴歸 (當作對照組)

```
. use mus18data.dta

* Pooled Poisson estimator with cluster-robust standard errors
. poisson mdu lcoins ndisease female age lfam child, vce (cluster id)

Poisson regression                          Number of obs     =      20186
                                            Wald chi2(6)      =     476.93
                                            Prob > chi2       =     0.0000
Log pseudolikelihood  =  -62579.401         Pseudo R2         =     0.0609

                                 (Std. Err. adjusted for 5908 clusters in id)
------------------------------------------------------------------------------
             |               Robust
         mdu |      Coef.   Std. Err.      z    P>|z|     [95% Conf. Interval]
-------------+----------------------------------------------------------------
      lcoins |  -.0808023   .0080013   -10.10   0.000    -.0964846   -.0651199
    ndisease |   .0339334   .0026024    13.04   0.000     .0288328     .039034
      female |   .1717862   .0342551     5.01   0.000     .1046473    .2389251
         age |   .0040585   .0016891     2.40   0.016      .000748    .0073691
        lfam |  -.1481981   .0323434    -4.58   0.000      -.21159   -.0848062
       child |   .1030453   .0506901     2.03   0.042     .0036944    .2023961
       _cons |    .748789   .0785738     9.53   0.000     .5947872    .9027907
------------------------------------------------------------------------------
```

求得，帶 robust 標準誤之 pooled Poisson 迴歸式爲：

$$mdu_i = 0.75 - 0.08lcoins_i + 0.03ndisease_i + 0.17female_i + 0.004age_i - 0.15lfam_i + 0.1child_i + \varepsilon_i$$

看門診次數 $_i$ = 0.75 − 0.08 共同保險 $_i$ + 0.03 慢性疾病數 $_i$ + 0.17 女性嗎 $_i$ + 0.004 年齡 $_i$ − 0.15 居家大小 $_i$ + 0.1 有生小孩嗎 $_i$ + ε_i

情況二：未採穩健 (robust) pooled Poisson 迴歸

```
. use mus18data.dta

* Pooled Poisson estimator without cluster-robust standard errors
. poisson mdu lcoins ndisease female age lfam child,
Poisson regression                              Number of obs     =      20186
                                                LR chi2(6)        =    8122.52
                                                Prob > chi2       =     0.0000
Log likelihood  =  -62579.401                    Pseudo R2         =     0.0609

------------------------------------------------------------------------------
         mdu |      Coef.   Std. Err.      z    P>|z|     [95% Conf. Interval]
-------------+----------------------------------------------------------------
      lcoins |  -.0808023   .0020358   -39.69   0.000    -.0847924   -.0768121
    ndisease |   .0339334   .0005581    60.80   0.000     .0328395    .0350273
      female |   .1717862   .0086984    19.75   0.000     .1547376    .1888348
         age |   .0040585   .0004128     9.83   0.000     .0032494    .0048677
        lfam |  -.1481981   .0082043   -18.06   0.000    -.1642783   -.1321179
       child |   .1030453   .0146897     7.01   0.000     .0742539    .1318366
       _cons |    .748789   .0208494    35.91   0.000     .7079249     .789653
------------------------------------------------------------------------------
```

1. 求得，無 robust 標準誤之 pooled Poisson 迴歸式為：

$$mdu_i = 0.75 - 0.08lcoins_i + 0.03ndisease_i + 0.17female_i + 0.004age_i - 0.15lfam_i + 0.1child_i + \varepsilon_i$$

$$看門診次數_i = 0.75 - 0.08\ 共同保險_i + 0.03\ 慢性疾病數_i + 0.17\ 女性嗎_i + 0.004\ 年齡_i - 0.15\ 居家大小_i + 0.1\ 有生小孩嗎_i + \varepsilon_i$$

上述「情況一 vs. 情況二」的比較，可知 Poisson 迴歸，有沒有 robust 在係數標準差是有很大差別。

2. 通常，群集且有穩健 (robust) Poisson 的標準誤，係未採用穩健 Poisson 標準誤 (cluster-robust s.e.) 的 10%。故有穩健 (robust) 標準誤的值，會比未採用穩健的值來得小。

3. Stata 預設的「non cluster-robust」係數標準差 (Std. Err.) 會比「cluster-robust」大 3.5-4 倍，因爲它沒有控制過度分散 (over dispersion) 之問題。

8-4-2 Panel Poisson 方法二：樣本平均 (PA)Poisson 迴歸 (xtgee 指令)

xtpoisson 指令是非常簡單易使用的，若你要估計樣本平均 (population-averaged, PA) 模型，就直接下達指令：

```
. xtpoisson…, …pa exposure (time)
```

它相當於

```
. xtgee…,… family (poisson) link (log) corr (exchangeable) exposure (time)
```

一、樣本平均 Poisson 迴歸之重點

樣本平均 (population-averaged, PA) 模型：

$$y_{it} = \alpha + X'_{it}\beta + \underbrace{\mu_{it}}_{\text{殘差項} \sim N(0,\sigma^2)}$$

1. 它假定第 i 個觀察動差，就像 GLM Poisson 一樣，平均數及變異數爲：

$$E[y_{it} \mid x_{it}] = \exp(x'_{it}\beta)$$
$$V[y_{it} \mid x_{it}] = \phi \times \exp(x'_{it}\beta)$$

2. 將第 i 個觀察值的條件平均值給予堆疊 (stack)：

$$E[y_i \mid x_i] = m_i(\beta) = \begin{bmatrix} \exp(x'_{i1}\beta) \\ \vdots \\ \exp(x'_{iT}\beta) \end{bmatrix}$$

其中，$y_i = [y_{i1}, y_{i2}, \cdots, y_{iT}]'$；$x_i = [x_{i1}, x_{i2}, \cdots, x_{iT}]'$

3. 將第 i 個觀察值的條件變異數給予堆疊 (當誤差沒有相關時)：

$$V[y_i \mid x_i] = \phi H_i(\beta) = \phi \times \text{Diag}[\exp(x'_{it}\beta)]$$

4. 已知 i 在時間 t 的自我相關是模式 (pattern) $R(\rho)$，則：

$$V[y_i \mid x_i] = \phi\, H_i(\beta)^{1/2} R(\rho) H_i(\beta)^{1/2}$$

5. 它稱之爲工作 (working) 矩陣 $R(\rho)$，有三種情況：
   (1) 若誤差無自我相關，則 $R(\rho) = 1$。
   (2) 若誤差具有準相關 (equicorrelation)，則 $R(\rho)$ 矩陣主對角線爲 1，非主對角線爲 ρ，即 $R(\rho) = R(\rho)$。
   (3) 若主對角線爲 1，非主對角線沒有限制 (< 1)，則 $R(\rho) = R$。

在 Stata 選擇表，你可選按「Statistics > Endogenous covariates > Generalized method of moments estimation」，即可進行廣義動差 (generalized method of moments) 估計法。

二、廣義估計方程式 (generalized estimating equation, GEE) 之重點

1. GLM 估計的解：

$$\Sigma_{i=1}^{N} \frac{\alpha m'_i(\beta)}{\alpha\beta} H_i\ (\beta)^{-1} (y_i - m_i(\theta)) = 0$$

2. Liang 與 Zeger (1986) 提出 GEE 或樣本平均 (population-averaged, PA) 估計：

$$\Sigma_{i=1}^{N} \frac{\alpha m'_i(\beta)}{\alpha\beta} \hat{\Omega}_i^{-1} (y_i - m_i(\beta)) = 0$$

其中，當 $R(\hat{\alpha})$ 取代 $R(\alpha)$ 時，則 $\hat{\Omega}_i = \Omega_i$，這裡的 $p\lim(\hat{\alpha}) = \alpha$。

3. GEE 變異數矩陣的穩健群集 (cluster-robust) 估計爲：

$$\hat{V}[\hat{\beta}_{GEE}] = (\hat{D}'\hat{\Omega}^{-1}\hat{D})^{-1} (\Sigma_{g=1}^{G} D'_g \hat{\Omega}_g^{-1} \hat{u}_g \hat{u}'_g\ \hat{\Omega}_g^{-1} D_g)(D'\hat{\Omega}^{-1} D)^{-1}$$

其中，

$$\hat{D}_g = \alpha m'_g(\beta) / \alpha\beta \mid_{\hat{\beta}},\ \hat{D} = [\hat{D}_1, ..., \hat{D}_G]',\ \hat{u}_g = y_g - m_g(\hat{\beta})$$

且

$$\hat{\Omega}_g = H_g(\hat{\beta})^{1/2} R(\hat{\rho}) H_g(\hat{\beta})^{1/2}$$

漸進理論，係 $G \to \infty$。

三、GEE 來估計 PA Poisson 迴歸

一般線性模型 (general linear model, GLM) 是統計分析的重要技術之一，隨著技術方面的進步以及數據資料之複雜度增加，而逐漸衍生出廣義估計方程式 (generalized estimating equation, GEE)，GEE 分析方法適用於長時間收集之縱貫性資料的重要統計分析方式。GLM/GEE 已經被應用在心臟病、高血壓、精神分裂等重大疾病之研究，過去數年來更被用來協助尋找致病基因、或控制數量性狀基因定位之相關遺傳研究，應用十分廣泛。

(一) 廣義線性模式 (generalized linear models, GzLM)

可能很多使用者都不知道，這個「廣義估計方程式 (generalized estimating equation, GEE)」統計估計方法其實是「臺灣製造」，是由中研院院士梁賡義與約翰霍普金斯大學 (The Johns Hopkins University) 公共衛生學院生物統計系教授 Scott Zeger 於 1986 年，在兩個頂尖生物統計期刊 *Biometrika* 及 *Biometrics* 陸續發表理論與應用文章，之後廣泛地被應用在重複測量的研究上。

我們熟知的一般線性模型 (general linear model, GLM) 即爲廣義線性模式 (generalized linear models, GzLM) 的特例，就好像多元線性迴歸 (multiple linear regression, MLR) 爲 GLM 的特例。

我們都知道 GLM 的依變數 (反應變數) 是連續變數，但 McCullagn 與 Nelder (1989) 在其著作提出 GzLM 來擴充 GLM，對於反應變數尺度 (scale) 限制，在 GzLM 透過「機率分配 (probability distribution)」搭配「連結函數 (link function)」，來將反應變數尺度 (scale) 擴充至連續、類別、順序、計數 (count) 等資料型態：

1. 連續依變數可選擇「Normal (即 Gaussian) 分配」搭配「Identity / Log / Power / Reciprocal Link function」。
2. 二元 (binary) 依變數選擇「Binomial 分配」搭配「Log / Logit / Power / Reciprocal Link function」。
3. 計數依變數選擇「Poisson / Negative Binomial / Gamma 分配」搭配「Identity / Log / Power / Link function」等。

因此，可知 GzLM 將 GLM 擴充至各種反應變數尺度 (scale) 的應用。

然而問題來了，當今天的研究設計是「重複測量」或「鑲套 (nested)」時，前者譬如一個受訪者有三次以上的時間點，後者是每個醫生負責 10-30 位病患，

此時 GzLM 雖然仍提供正確的係數估計 (estimated coefficient)，但卻會提供了錯誤的標準誤 (standard error)，因此會導致錯誤的統計推論，可能會更容易達顯著，也可能會更難達顯著。

讀者讀到這邊可能會想，爲何不直接使用傳統重複測量 (repeated measure) ANOVA 估計即可呢？傳統重複測量 (repeated measure) ANOVA 主要無法解決的問題有二點：

1. 無法容納遺漏值 (missing data) 的存在，當有遺漏值時，傳統重複測量 (repeated measure) ANOVA 僅能完全將此受試者的資料刪除 (list-wise delete)，此時使用 GEE 不會把遺漏值刪除，因此儘管受試者 k 少了某一次資料，GEE 還是可以分析受試者 k 的其他次資料。
2. 傳統重複測量 (repeated measure) ANOVA 假設各個測量時間點依變數 (例如每個人都有三次資料) 的「相關 (σ)」相同，這種統計術語叫作「compound symmetry」工作相關矩陣。然而在 Stata 統計軟體「xtgee 指令 corr 選項」工作相關矩陣，也就是說研究者假設受試者的每一對 (pair) 時間的依變數相關係數是一樣的，這個假設在某些情形是明顯不適用的。譬如說，一共收集三次資料且每一次都間隔一年之久，這時候若再假設第一年與第二年的依變數相關係數 (σ_{12}) 跟第一年與第三年的依變數相關係數 (σ_{13}) 相同，這是很明顯不適當的，因爲隨著時間變化應該 $\sigma_{12} > \sigma_{13}$，此時可考慮設定一階自我相關 (first-order autoregressive, AR1) 工作相關矩陣會比較適當，AR1 是假設若第一次與第二次的依變數相關係數爲 σ(譬如 0.7)，則此時第一次與第三次的依變數相關係數則爲 $\sigma^2(0.7\times0.7 = 0.49)$。這樣的工作相關矩陣 (working correlation matrix) 共有數十種，研究者可適時地先將自己的資料執行各個時間點的相關矩陣圖，再根據資料型態自行指定合適的工作相關矩陣代入 GEE。GEE 另一個優勢之處爲穩健標準誤 (robust standard error)，簡單來說就是在迴歸方程式的時候由於代入工作相關矩陣 (視爲自變數) 來估計參數，因此會有殘差 (residual)，此時受試者內殘差 (within-subject residual) 拿來估計標準誤，這時的推論效果不限於工作相關矩陣，因此儘管選擇了不適當的工作相關矩陣，仍然能得到有效的統計推論。

以上提到的 GEE 應用，早期都以 HLM (generalized linear mixed model / multilevel model / multilevel regression) 或條件式羅吉斯迴歸 (conditional logistic regression, CLR) 作解決，但近來研究開始在比較此四種方式 (GEE, HLM, CLR,

廣義 SEM) 的優劣，目前以國內而言比較少見到 CLR 的研究，但已經有一些模擬研究指出在小樣本研究，以 CLR 的模式表現比較理想。

(二) GEE 的疑惑

最近使用廣義估計方程式 (generalized estimating equation, GEE) 的比例愈來愈高，尤其是醫學護理領域特別偏好使用 GEE，有些問題常常重複地被提起，因此有需要釐清下列提問：

疑惑 1：GEE 只能用在重複測量 (repeated measure) 的研究

答：只對了一半，GEE 是用在處理群集資料 (clustered data) 或是多階層資料 (multilevel data) 的一種估計方法，而重複測量只是一種群集資料的特殊型態，若是以重複測量來說，重複測量的多次時間點是鑲套 (nested) 在人之下；倘若我們現在是橫斷面資料 (cross sectional data)，研究病人的預後，而每位病人各自有不同的主治醫師，每位主治醫師的治療方針多多少少略有差別，我們必須將主治醫師所造成的差異也納入考量，此時病人是鑲套在醫師之下。鑲套圖請見圖 8-5 及圖 8-6。

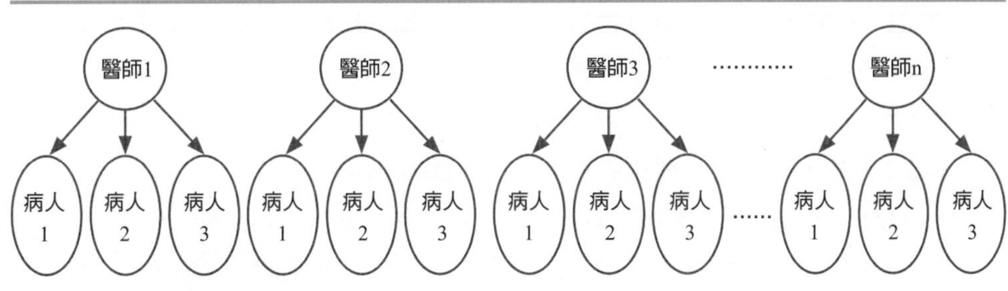

圖 8-5 病人鑲套在醫師之下

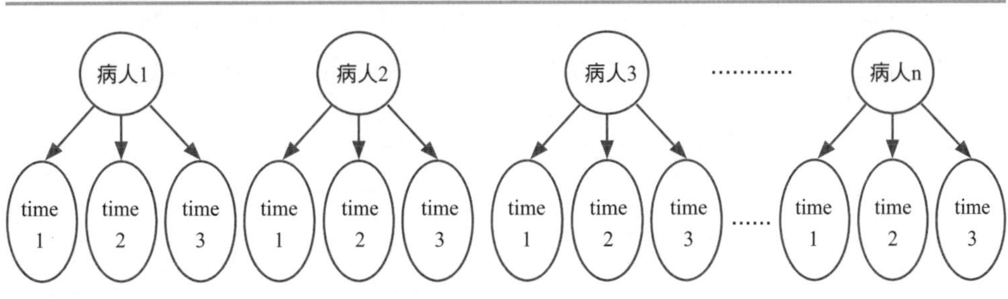

圖 8-6 重複測量鑲套在病人之下

疑惑 2：GEE 的依變數只能是連續變數

答：不對，GEE 的依變數 (反應變數) 至少可以是連續、二元 (binary)、計數 (count) 的分布，除了這三種常見的分布之外還有一些，但是比較少看到。

疑惑 3：只有二個時間點的分析不能夠使用 GEE

答：不對，這個問題很常被問，許多人都有刻板印象：GEE 是用在三個時間點以上的統計分析。但事實上疑惑 1 的解答已經說明過，GEE 是一種估計群集資料的方法，因此不管是二個時間點或二百個時間點都是屬於群集資料，因此都可以使用 GEE。

疑惑 4：工作相關矩陣選獨立矩陣 (independent) 也可以

答：不對，GEE 絕不可使用獨立相關矩陣，大家會有這個疑問是因爲 SPSS 的工作相關矩陣預設選項就是獨立矩陣，但 Stata 預設相關矩陣是 Exchangeable (如圖 8-7)，而很多人都以爲預設的就是最好的，最好不要更動它。然而，獨立相關矩陣的意思是說群集資料之間是無相關的，以重複測量的例子來說，就是每個人底下的多次時間點之間的相關係數爲零；也就是說某人若有三次時間點會被當成是獨立的三個人，這是完全不合理的假設。因此建議還是儘量選擇可交換 (exchangeable) 或者是 AR1(first-order autoregressive) 的工作相關矩陣。

xtgee 指令，有下列七種組內相關矩陣，讓你勾選：

1. xtgee …, family (某分配) link (某連結函數) corr (exchangeable)
2. xtgee …, family (某分配) link (某連結函數) corr (independent)
3. xtgee …, family (某分配) link (某連結函數) corr (unstructured)
4. xtgee …, family (某分配) link (某連結函數) corr (fixed 某矩陣)
5. xtgee …, family (某分配) link (某連結函數) corr (ar 1)
6. xtgee …, family (某分配) link (某連結函數) corr (stationary 1)
7. xtgee …, family (某分配) link (某連結函數) corr (nonstationary 1)

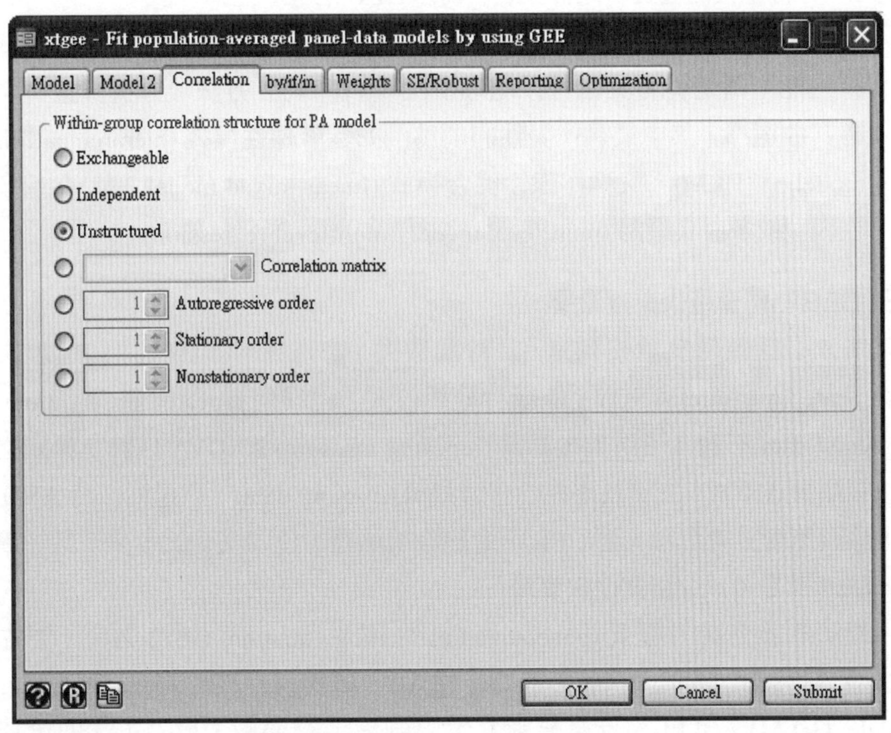

圖 8-7 GEE 有七種組內相關矩陣之結構可挑選

xtgee 指令 corr 選項：相關結構 (correlation structures) 與可被允許觀察值空間 (spacing of observations within panel)。

	可被允許		
		不平等 (Unequal)	
相關矩陣	非平衡型 Panel	稀疏型 (Spacing)	間隙型 (Gaps)
Independent	yes	yes	yes
Exchangeable	yes	yes	yes
自我相關 (ar k)	yes (*)	no	no
stationary k	yes (*)	no	no
nonstationary k	yes (*)	no	no
unstructured	yes	yes	yes
fixed	yes	yes	yes

(*) 所有小群組 (panels) 必須至少有 k + 1 觀察值。

疑惑 5：分析重複測量資料或群集資料時，GEE 是唯一選擇

答：不對，尤其是護理領域會有這個迷思，因為護理使用 GEE 的比例非常高，有可能不清楚仍有其他可以處理群集資料的統計方法。分析群集資料仍有其他選擇，其中最具代表性的則為例如階層線性模式 (hierarchical linear modeling, HLM)，又稱作線性混合模式 (linear mixed model, LMM) 或多層次模型或多層次迴歸 (multilevel model / multilevel regression)。

(三) GEE 為何會取代重複測量？

GEE 廣泛應用在重複測量 (及時間數列) 的研究。多數人都知道重複測量 (repeated measure) ANOVA 的統計分析方式，但為何 repeated observations 與 correlated data 不適合使用重複測量 (repeated measure) ANOVA 估計？原因之一是重複測量 ANOVA 的資料不能含有遺漏值 (missing data)，有遺漏值時 ANOVA 會刪除該筆受試者資料，而 GEE 不會刪除遺漏值，比如某受試者少了某一筆資料，GEE 還是可以分析其他次資料。

瞭解廣義估計方程式 (generalized estimating equation, GEE) 之前，要先認識一般線性模式 (general linear model, GLM)、廣義線性模式 (generalized linear models, GzLM)。GLM 的反應變數必須限制為連續變數，但 GzLM 則可探討各種反應變數尺度 (scale)。GzLM 透過機率分配 (probability distribution) 搭配「Link function」，將反應變數尺度 (scale) 擴充至連續、類別、次序、計數等資料型態 (如圖 8-8)：

1. 連續依變數可選擇「Normal (即 Gaussian) 分配」搭配「Identity / Log / Power / Reciprocal Link function」。
2. 二元 (binary) 依變數選擇「Binomial 分配」搭配「Log / Logit / Power / Reciprocal Link function」。
3. 計數依變數選擇「Poisson / Negative Binomial / Gamma 分配」搭配「Identity / Log / Power / Link function」等。

GzLM 利用連結函數簡化了轉換尺度的問題，但 GzLM 僅適用於獨立性樣本，並不能有效分析相依樣本，但 Stata 提供廣義估計方程式 (GEE)，已可提升相依樣本分析的準確性。

四、範例：帶非結構誤差之 Poisson 迴歸 (population-averaged Poisson with unstructured correlation)

續前例「mus18data.dta」資料檔，由於本例依變數 mdu (病患上門診的次數)，係計數型變數，故你可選擇「Poisson / Negative Binomial / Gamma 分配」搭配「Identity / Log / Power / Link function」。在此，如圖 8-8 係選「Poisson 分配」搭配「Log Link 函數」。

xtgee 指令執行「使用 GEE 之樣本平均追蹤資料 (population-averaged panel-data models by using GEE)」。

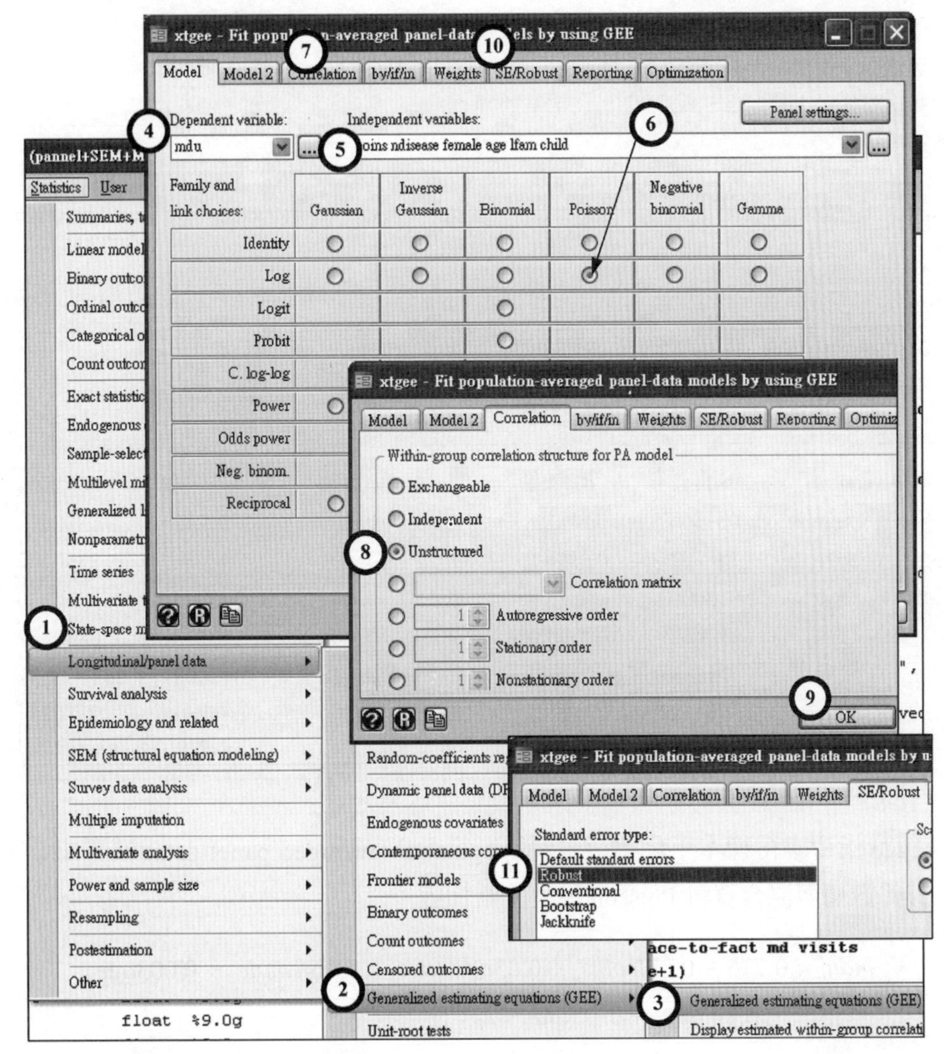

圖 8-8「xtgee mdu lcoins ndisease female age lfam child, family (poisson) link (log) corr (unstructured)」指令之畫面

註：「Statistics > Longitudinal / 追蹤資料 (panel-data) > Generalized estimating equations (GEE) > Generalized estimating equations (GEE)」

```
. use mus18data.dta

. xtgee mdu lcoins ndisease female age lfam child, family (poisson) link (log)
  corr (unstructured) vce (robust)

GEE population-averaged model                   Number of obs      =     20186
Group & time vars:                   id year    Number of groups   =      5908
Link:                                    log    Obs per group: min =         1
Family:                              Poisson                   avg =       3.4
Correlation:                    unstructured                   max =         5
                                                Wald chi2(6)       =    508.61
Scale parameter:                           1    Prob > chi2        =    0.0000

                                    (Std. Err. adjusted for clustering on id)
------------------------------------------------------------------------------
             |             Semirobust
         mdu |      Coef.   Std. Err.      z    P>|z|     [95% Conf. Interval]
-------------+----------------------------------------------------------------
      lcoins |  -.0804454   .0077782   -10.34   0.000    -.0956904   -.0652004
    ndisease |   .0346067   .0024238    14.28   0.000     .0298561    .0393573
      female |   .1585075   .0334407     4.74   0.000     .0929649    .2240502
         age |   .0030901   .0015356     2.01   0.044     .0000803    .0060999
        lfam |  -.1406549   .0293672    -4.79   0.000    -.1982135   -.0830962
       child |   .1013677     .04301     2.36   0.018     .0170696    .1856658
       _cons |   .7764626   .0717221    10.83   0.000     .6358897    .9170354
------------------------------------------------------------------------------
```

1. xtgee 指令求得樣本平均追蹤資料 (population-averaged panel-data) 模型如下，其係數值與混合資料 Poisson 模型非常相近：

$$mdu_{it} = 0.776 - 0.08lcoins_{it} + 0.03ndisease_{it} + 0.16female_{it} + 0.003age_{it} - 0.14lfam_{it} + 0.1child_{it} + \varepsilon_{it}$$

看門診次數 $_{it}$ = 0.776 − 0.08 共同保險 $_{it}$ + 0.03 慢性疾病數 $_{it}$ + 0.16 女性嗎 $_{it}$ + 0.003 年齡 $_{it}$ − 0.14 居家大小 $_{it}$ + 0.1 有生小孩嗎 $_{it}$ + ε_{it}

2. 通常，混合資料 Poisson 模型採用穩健型 (robust) 標準誤，係群集型穩健 (cluster-robust) 標準誤 (s.e.) 的 10% 左右。
3. Stata 預設係數標準差 (Std. Err.) 為「non cluster-robust」，它會比「cluster-robust」大 3.5-4 倍，因為它沒有控制過度分散 (over dispersion) 的功能。

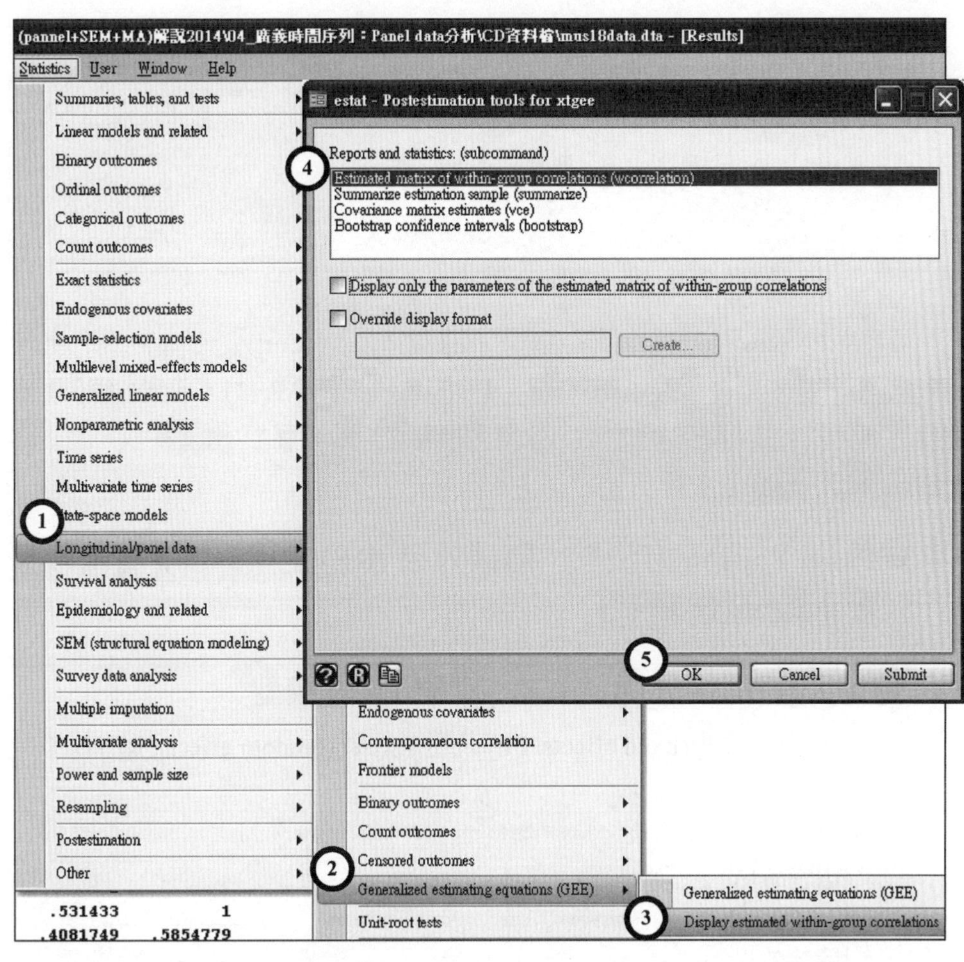

圖 8-9 xtgee 事後指令「estat wcorrelation」之畫面

```
*xtgee 事後指令「estat wcorrelation」或「matrix list e (R)」可印出組內相關之矩陣
. estat wcorrelation
*或. matrix list e (R)

Estimated within-id correlation matrix R:

      |        c1         c2         c3         c4         c5
------+-------------------------------------------------------
   r1 |         1
   r2 |   .531433          1
   r3 |  .4081749   .5854779          1
   r4 |  .3235733   .3532172   .5432175          1
   r5 |  .3415229   .2980355   .4376758   .6194875          1
```

可看出 PA (unstructured，非結構) 的相關對稱矩陣 $\text{Cor}[y_{it}, y_{is} \mid x_i]$，每一元素 (值) 都不一樣，但在落遲 1 期「lag = 1」的自我相關 AR (1)，元素 (值) 下降速度特別明顯 (由 1 降到 0.5314)，故組內相關之矩陣不屬於 AR (1) 型，而是非結構 (unstructured) 型才對。

8-4-3a Panel Poisson 方法三：隨機效果 (RE) 之 Gamma 隨機效果 (xtpoisson, re 指令)

一、特定個體 (individual-specific) 效果 Panel 模型

又細分為固定效果 (fixed effects, FE) 及隨機效果 (random effects, RE) 模型。

$$y_{it} = \underbrace{\alpha_i}_{\text{可以是固定效果或隨機效果}} + X'_{it} \underbrace{\beta}_{\text{固定效果或隨機效果之估計值相近}} + \underbrace{\varepsilon_{it}}_{\text{殘差項}\sim N(0,\sigma^2)}$$

$$\text{又分}\begin{cases}\text{固定效果}: y_{it} = \underbrace{\alpha_i}_{\text{它與解釋變數}x_{it}\text{有相關}} + \underbrace{X'_{it}}_{\text{它亦可為內生解釋變數}} \beta + \underbrace{\varepsilon_{it}}_{\text{殘差項}\sim N(0,\sigma^2)} \\ \text{隨機效果}: y_{it} = \underbrace{\alpha}_{\text{純隨機}\sim N(0,\sigma_\alpha^2)\text{, 它與解釋變數}x_{it}\text{無相關}} + \underbrace{X'_{it}}_{\text{外生解釋變數}} \beta + \underbrace{u_{it}}_{\text{個體間誤差}} + \underbrace{\varepsilon_{it}}_{\text{個體內誤差}}\end{cases}$$

1. 固定效果 (fixed effects, FE) 的特性

(1) 截距項 α_i 是隨機變數，α_i 與解釋變數 x_{it} 係有相關的。

(2) 故 x_{it} 可能是內生 (endogenous) 解釋變數 (它與 α_i 有相關，但與 ε_{it} 無相關)。例如，假設 x_{it} 為教育水準 (education)，它與「不隨時間而改變 (time-invariant，非時變)」的能力 (ability)，二者係有相關。故能力 (ability) 就可

當作教育水準 (education) 的工具變數，用能力 (z 變數) 來估計「教育水準預測值 $\hat{x}_{it}$」，再以 $\hat{x}_{it}$ 來預測依變數 y。

(3) 混合資料 (pooled)OLS、混合資料 (pooled)GLS 及隨機效果 (RE)，三者估計出來的係數 β 都會不一致。

但 within (固定效果) 及一階差分 (first difference, FD) 所估的係數 β，則具有一致性。

2. 隨機效果 (random effects, RE) 的特性

(1) 截距項 α_i 是純隨機變數，$\alpha_i \overset{iid}{\sim} (0, \sigma_\alpha^2)$，而且 α_i 與解釋變數 x_{it} 係無相關的。

(2) 故 x_{it} 可能是外生 (exogenous) 解釋變數。

(3) 適當固定效果及隨機效果，所求得係數 β 是一致性。

二、Panel Poisson 迴歸之方法三：隨機效果 (RE) Poisson 模型

xtpoisson 指令考慮的模型為：

$$\Pr(Y_{it} = y_{it} \mid x_{it}) = F(y_{it}, x_{it}\beta + v_i)$$

$i = 1, 2, \cdots$, n panels，其中，$t = 1, 2, \cdots, n_i$。

而且 $F(x, z) = \Pr(X = x)$，其中，X 是 Poisson 分配，平均數為 exp (z)。

在標準的隨機效果模型中，v_i 係假定為 i.i.d，因此 exp (v_i) ～符合 *gamma* $(1, \alpha)$ 分配。若模型設定為常態，則假定 $v_i \sim N(0, \sigma_v^2)$。

1. Poisson 隨機效果 (RE) 模型

$$y_{it} \mid x_{it}, \beta, \alpha_i \sim \text{Poisson}\,[\alpha_i \exp(x'_{it}\beta)] \sim \text{Poisson}\,[\exp(\ln \alpha_i + x'_{it}\beta)]$$

其中，截距項 α_i 係不可觀察，但與 x_{it} 有相關。

2. RE 估計方法一：假定 $\ln \alpha_i$ 是 *Gamma* $[1, \eta]$ 分配

(1) 閉式解 (closed-form solution) 是存在的 (負二項分配)。閉式解是指可直接用函數表示出來，而非用無窮級數表現出來。

(2) $E[y_{it} \mid x_{it}, \beta] = \exp(x'_{it}\beta)$

3. RE 估計方法二：假定 $\ln \alpha_i$ 是 $N(0, \sigma_\varepsilon^2)$ 分配

(1) 閉式解 (closed-form solution) 是不存在的 (one-dimensional integral)。

(2) 它能延伸為斜率係數 (higher-dimensional integral)。

(3) $E[y_{it} \mid x_{it}, \beta] = \exp(x'_{it}\beta)$，除了截距項的變數變換外。

上述二種 RE 估計法之範例，如下所示。

範例：隨機效果 (RE) 之 gamma 隨機效果

例如，帶 panel 拔靴法 (bootstrap) 標準誤之 Poisson 隨機效果 (gamma)，將它套用在本例：依變數 mdu (病患上門診的次數) 係計數型變數，除了 GEE 外，亦可直接採用 Stata 之 xtmepoisson 指令，直接執行 panel Poisson 迴歸分析。

xtmepoisson 指令旨在執行多層次混合效果 Poisson 迴歸 (multilevel mixed-effects Poisson regression)。但本例採用 xtmepoisson 指令只屬單層次混合效果 Poisson 迴歸，它也是多層次 Poisson 迴歸 (xtmepoisson 指令) 的特例 (指令如下)：

```
. xtmepoisson …, || 某層次變數 :, covariance (independent/unstructured/exchangeable)
```

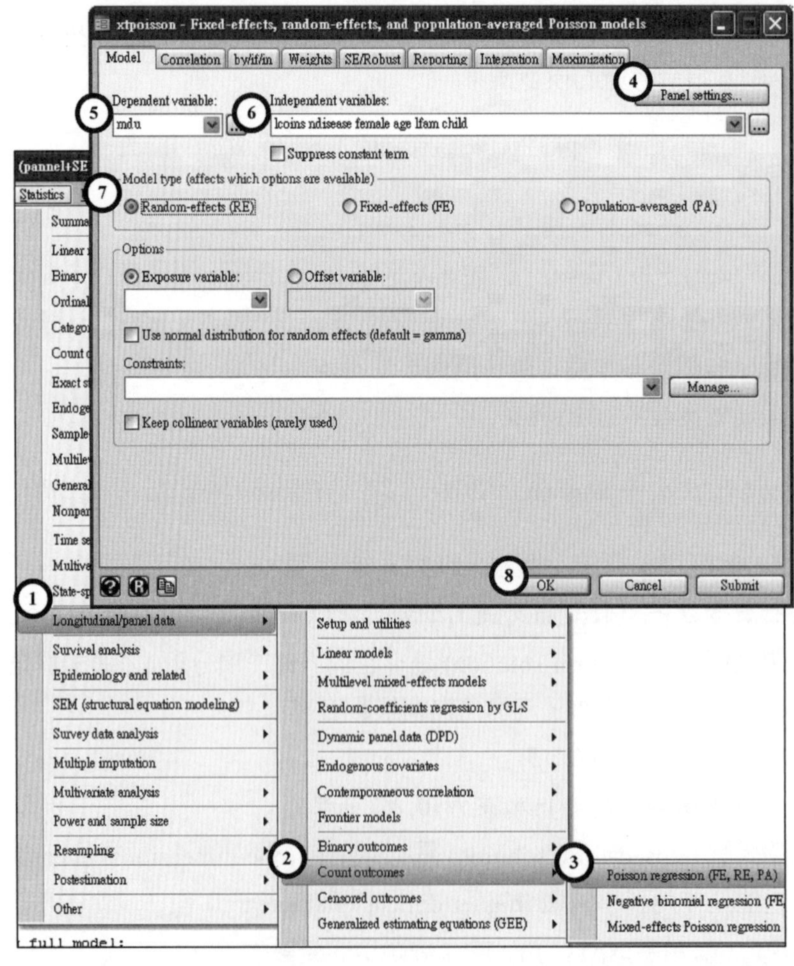

圖 8-10「xtpoisson mdu lcoins ndisease female age lfam child, re」指令之畫面

```
. use mus18data.dta

. xtset id year
       panel variable:  id (unbalanced)
        time variable:  year, 1 to 5, but with gaps
                delta:  1 unit

. xtpoisson mdu lcoins ndisease female age lfam child, re


Random-effects Poisson regression               Number of obs      =     20186
Group variable: id                              Number of groups   =      5908

Random effects u_i ~ Gamma                      Obs per group: min =         1
                                                               avg =       3.4
                                                               max =         5

                                                Wald chi2(6)       =    637.49
Log likelihood  =  -43240.556                   Prob > chi2        =    0.0000

------------------------------------------------------------------------------
         mdu |      Coef.   Std. Err.      z    P>|z|     [95% Conf. Interval]
-------------+----------------------------------------------------------------
      lcoins |  -.0878258   .0068682   -12.79   0.000    -.1012873   -.0743642
    ndisease |   .0387629   .0022046    17.58   0.000      .034442    .0430839
      female |   .1667192   .0286298     5.82   0.000     .1106058    .2228325
         age |   .0019159   .0011134     1.72   0.085    -.0002663    .0040982
        lfam |  -.1351786   .0260022    -5.20   0.000     -.186142   -.0842152
       child |   .1082678   .0341477     3.17   0.002     .0413396    .1751961
       _cons |   .7574177   .0618346    12.25   0.000     .6362241    .8786112
-------------+----------------------------------------------------------------
    / lnalpha |   .0251256   .0209586                     -.0159526    .0662038
-------------+----------------------------------------------------------------
       alpha |   1.025444   .0214919                       .984174    1.068444
------------------------------------------------------------------------------
Likelihood-ratio test of alpha = 0 : chibar2(01)  = 3.9e+04  Prob> = chibar2
= 0.000
```

「xtpoisson, re」指令求得 gamma 隨機效果模型如下：

$$mdu_{it} = 0.76 - 0.08lcoins_{it} + 0.04ndisease_{it} + 0.17female_{it} + 0.002age_{it} - 0.14lfam_{it} + 0.1child_{it} + \varepsilon_{it}$$

看門診次數 $_{it}$ = 0.76 − 0.08 共同保險 $_{it}$ + 0.04 慢性疾病數 $_{it}$ + 0.17 女性嗎 $_{it}$ + 0.002 年齡 $_{it}$ − 0.14 居家大小 $_{it}$ + 0.11 有生小孩嗎 $_{it}$ + ε_{it}

8-4-3b Panel Poisson 方法四：隨機效果 (RE) 之 Normal 隨機效果 (xtpoisson, re 指令)

xtpoisson 指令考慮的模型爲：

$$\Pr(Y_{it} = y_{it} \mid x_{it}) = F(y_{it}, x_{it}\beta + v_i)$$

$i = 1, 2, \cdots$, n panels，其中，$t = 1, 2, \cdots, n_i$。

而且 $F(x, z) = \Pr(X = x)$，其中，X 是 Poisson 分配，平均數爲 $\exp(z)$。

在標準的隨機效果模型中，v_i 係假定爲 i.i.d，因此 $\exp(v_i)$ ～符合 *gamma* $(1, \alpha)$ 分配。若模型設定爲常態，則假定 $v_i \sim N(0, \sigma_v^2)$。

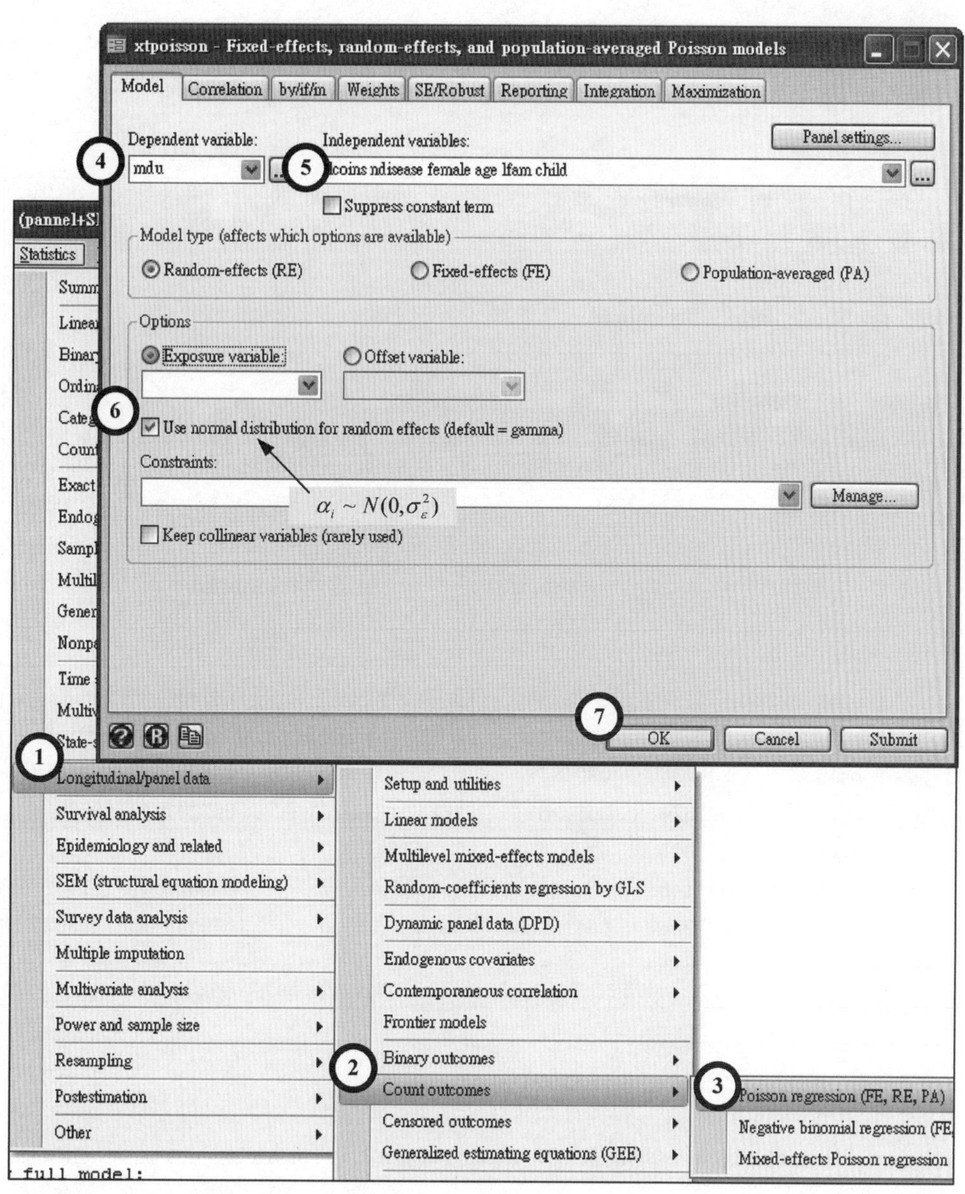

圖 8-11 「xtpoisson mdu lcoins ndisease female age lfam child, re normal」指令之畫面

```
. use mus18data.dta

. xtpoisson mdu lcoins ndisease female age lfam child, re normal


Random-effects Poisson regression               Number of obs      =     20186
Group variable: id                              Number of groups   =      5908

Random effects u_i ~ Gaussian                   Obs per group: min =         1
                                                               avg =       3.4
                                                               max =         5

                                                Wald chi2(6)       =    798.96
Log likelihood  = -43226.889                    Prob > chi2        =    0.0000

------------------------------------------------------------------------------
         mdu |      Coef.   Std. Err.      z    P>|z|     [95% Conf. Interval]
-------------+----------------------------------------------------------------
      lcoins |  -.1145337   .0072788   -15.74   0.000    -.1287998   -.1002676
    ndisease |   .0408695   .0022941    17.81   0.000     .0363731     .045366
      female |    .208436   .0304848     6.84   0.000      .148687     .268185
         age |    .002674   .0011961     2.24   0.025     .0003297    .0050182
        lfam |  -.1443327   .0265365    -5.44   0.000    -.1963432   -.0923222
       child |   .0737146   .0344697     2.14   0.032     .0061553     .141274
       _cons |   .2872796   .0641625     4.48   0.000     .1615234    .4130359
-------------+----------------------------------------------------------------
   / lnsig2u |   .0549982   .0254991     2.16   0.031      .005021    .1049755
-------------+----------------------------------------------------------------
     sigma_u |   1.027881    .013105                      1.002514     1.05389
------------------------------------------------------------------------------
Likelihood-ratio test of sigma_u = 0: chibar2(01) = 3.9e+04     Pr> = chibar2
= 0.000
```

「xtpoisson, re」指令求得 normal 隨機效果模型如下：

$$mdu_{it} = 0.29 - 0.11lcoins_{it} + 0.04ndisease_{it} + 0.21\,female_{it} + 0.003age_{it} - 0.14lfam_{it} + 0.07child_{it} + \varepsilon_{it}$$

看門診次數 $_{it}$ = 0.29 − 0.11 共同保險 $_{it}$ + 0.04 慢性疾病數 $_{it}$ + 0.21 女性嗎 $_{it}$ + 0.003 年齡 $_{it}$ − 0.14 居家大小 $_{it}$ + 0.07 有生小孩嗎 $_{it}$ + ε_{it}

8-4-4 Panel Poisson 方法五：固定效果 (「xtpoisson,fe」、「xtpqml,fe」指令)

一、特定個體 (individual-specific) 效果模型

又細分爲固定效果 (fixed effects, FE) 及隨機效果 (random effects, RE) 模型。

$$y_{it} = \underbrace{\alpha_i}_{\text{可以是固定效果或隨機效果}} + X'_{it} \underbrace{\beta}_{\text{固定效果或隨機效果之估計值相近}} + \underbrace{\varepsilon_{it}}_{\text{殘差項}\sim N(0,\sigma^2)}$$

$$\text{又分}\begin{cases}\text{固定效果}: y_{it} = \underbrace{\alpha_i}_{\text{它與解釋變數}x_{it}\text{有相關}} + \underbrace{X'_{it}}_{\text{它亦可爲內生解釋變數}} \beta + \underbrace{\varepsilon_{it}}_{\text{殘差項}\sim N(0,\sigma^2)} \\ \text{隨機效果}: y_{it} = \underbrace{\alpha}_{\text{純隨機}\sim N(0,\sigma_\alpha^2)\text{, 它與解釋變數}x_{it}\text{無相關}} + \underbrace{X'_{it}}_{\text{外生解釋變數}} \beta + \underbrace{u_{it}}_{\text{個體間誤差}} + \underbrace{\varepsilon_{it}}_{\text{個體內誤差}}\end{cases}$$

1. 固定效果 (fixed effects, FE) 的特性
   (1) 截距項 α_i 是隨機變數，α_i 與解釋變數 x_{it} 係有相關的。
   (2) 故 x_{it} 可能是內生 (endogenous) 解釋變數 (它與 α_i 有相關，但與 ε_{it} 無相關)。例如，假設 x_{it} 爲教育水準 (education)，它與「不隨時間而改變 (time-invariant，非時變)」的能力 (ability)，二者係有相關。故能力 (ability) 就可當作教育水準 (education) 的工具變數，用能力 (z 變數) 來估計「教育水準預測值 $\hat{x}_{it}$」，再以 $\hat{x}_{it}$ 來預測依變數 y。
   (3) 混合資料 (pooled)OLS、混合資料 (pooled)GLS 及隨機效果 (RE)，三者估計出來的係數 β 都會不一致。
   但 within (固定效果) 及一階差分 (first difference, FD) 所估的係數 β，則具有一致性。
2. 隨機效果 (random effects, RE) 的特性
   (1) 截距項 α_i 是純隨機變數，$\alpha_i \overset{iid}{\sim} (0, \sigma_\alpha^2)$，而且 α_i 與解釋變數 x_{it} 係無相關的。
   (2) 故 x_{it} 可能是外生 (exogenous) 解釋變數。
   (3) 適當固定效果及隨機效果，所求得係數 β 具一致性。

範例：帶 panel bootstrap 標準誤之 Poisson 固定效果

(一) 方法 1：xtpoisson 指令，執行「fixed effects, random effects, and population-averaged Poisson models」

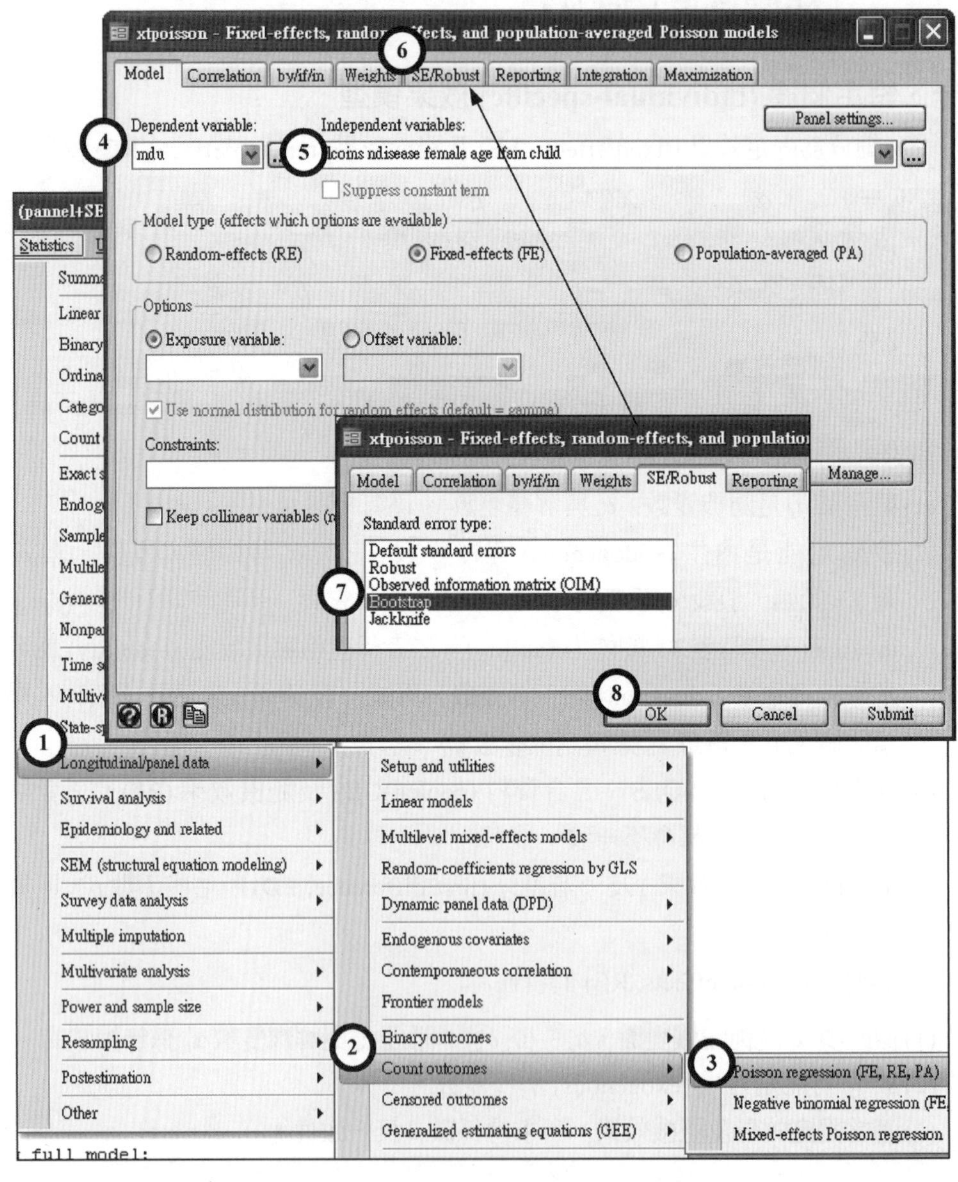

圖 8-12 「xtpoisson mdu lcoins ndisease female age lfam child, fe vce (bootstrap)」畫面

```
. use mus18data.dta

*方法1: xtpoisson 指令，執行「Fixed-effects, random-effects, and population-
 averaged Poisson models」
. xtpoisson mdu lcoins ndisease female age lfam child, fe vce (bootstrap)

Bootstrap replications (50)
----+--- 1 ---+--- 2 ---+--- 3 ---+--- 4 ---+--- 5
..................................................    50

Conditional fixed-effects Poisson regression  Number of obs      =     17791
Group variable: id                            Number of groups   =      4977

                                              Obs per group: min =         2
                                                             avg =       3.6
                                                             max =         5

                                              Wald chi2(3)       =      3.74
Log likelihood   =  -24173.211                Prob > chi2        =    0.2911

                              (Replications based on 4977 clusters in id)
------------------------------------------------------------------------------
             |   Observed   Bootstrap                         Normal-based
         mdu |      Coef.   Std. Err.      z    P>|z|     [95% Conf. Interval]
-------------+----------------------------------------------------------------
         age |  -.0112009   .0095482    -1.17   0.241    -.0299151    .0075133
        lfam |   .0877134   .1188156     0.74   0.460    -.1451609    .3205876
       child |   .1059867   .0809504     1.31   0.190    -.0526733    .2646466
------------------------------------------------------------------------------
```

1.「xtpoisson, fe」指令，求得 bootstrap 標準誤之 Poisson 固定效果：

$$mdu_{it} = 0.0 + 0.0lcoins_{it} + 0.0ndisease_{it} + 0.0female_{it} - 0.01age_{it} + 0.09lfam_{it} + 0.11child_{it} + \varepsilon_{it}$$

$$看門診次數_{it} = -0.01\ 年齡_{it} + 0.09\ 居家大小_{it} + 0.11\ 有生小孩嗎_{it} + \varepsilon_{it}$$

2. 因爲是 panel 固定效果，故遇到隨時間改變的解釋變數就不會估計其係數，包括 lcoins, ndisease 變數。

固定效果之重點：

1. 固定效果之優點 (vs. 隨機效果)

(1) 允許截距項 α_i 與解釋變數 x_{it} 有相關。

(2) 因此，只要解釋變數 x_{it} 是非時變 (time-invariant)，都能得到一致性估計。

(3) 它亦可納入工具變數 (IV)，來求得因果估計值。

2. 固定效果之限制

(1) 非時變 (time-invariant) 解釋變數 x_{it} 就無法認定 (identified)。

(2) 認定解釋變數的標準差，值可能非常大。

(3) 非線性模型中，邊際效果 (marginal effect, ME) 大小視截距項 α_i 而定：

$$ME_j = \partial E[y_{it}] / \partial x_{it,j} = \alpha_i \exp(x'_{it}\beta)\beta_j$$

其中，截距項 α_i 是未知數。

(二) 方法 2：xtpqml 指令，執行「fixed-effects Poisson (Quasi-ML) regression with Robust standard errors」

```
. use mus18data.dta

*方法 2：xtpqml 指令，執行「Fixed-effects Poisson (Quasi-ML) regression with
 Robust Standard Errors」
*執行外掛指令 xtpqml 之前，先安裝它（書上 CD 有附此 xtpqml.ado 指令檔）
. ssc install xtpqml

. xtpqml mdu lcoins ndisease female age lfam child, fe

note: 265 groups (265 obs) dropped because of only one obs per group
note: 666 groups (2130 obs) dropped because of all zero outcomes
note: lcoins dropped because it is constant within group
note: ndisease dropped because it is constant within group
note: female dropped because it is constant within group

Iteration 0:   log likelihood  =  -24182.852
Iteration 1:   log likelihood  =  -24173.211
```

```
Iteration 2:   log likelihood  =  -24173.211

Conditional fixed-effects Poisson regression   Number of obs        =    17791
Group variable: id                             Number of groups     =     4977

                                               Obs per group: min   =        2
                                                              avg   =      3.6
                                                              max   =        5

                                               Wald chi2(3)         =    19.24
Log likelihood   =  -24173.211                 Prob > chi2          =   0.0002

------------------------------------------------------------------------------
         mdu |      Coef.   Std. Err.      z    P>|z|     [95% Conf. Interval]
-------------+----------------------------------------------------------------
         age |  -.0112009   .0039024    -2.87   0.004    -.0188494   -.0035523
        lfam |   .0877134   .0554606     1.58   0.114    -.0209874    .1964141
       child |   .1059867   .0437744     2.42   0.015     .0201905    .1917829
------------------------------------------------------------------------------
Calculating Robust Standard Errors...
------------------------------------------------------------------------------
         mdu |      Coef.   Std. Err.      z    P>|z|     [95% Conf. Interval]
-------------+----------------------------------------------------------------
             |
         age |  -.0112009   .0091493    -1.22   0.221    -.0291331    .0067314
        lfam |   .0877134   .1160837     0.76   0.450    -.1398064    .3152332
       child |   .1059867   .0786326     1.35   0.178    -.0481304    .2601037
------------------------------------------------------------------------------
Wald chi2(3)   =       4.58                          Prob > chi2   =    0.2051
```

1.「xtpqml, fe」指令，求得標準誤之 Poisson 固定效果：

$$mdu_{it} = 0.0 + 0.0lcoins_{it} + 0.0ndisease_{it} + 0.0female_{it} - 0.01age_{it} + 0.09lfam_{it} + 0.11child_{it} + \varepsilon_{it}$$

看門診次數 $_{it}$ = − 0.01 年齡 $_{it}$ + 0.09 居家大小 $_{it}$ + 0.11 有生小孩嗎 $_{it}$ + ε_{it}

2. 因爲是 panel 固定效果，故遇到隨時間改變的解釋變數就不會估計其係數，包括 lcoins, ndisease, female 變數。

小結

「xtpossion, fe」指令、「xtpqml, fe」指令所求出係數、標準誤及顯著性 p 都非常相近，這二個指令可以相互取代作用。

8-4-5 上述五種「帶 Cluster-Robust 標準誤之 Poisson 估計」的比較

1. 上述五種計數型迴歸，分析的次序爲：

   Poisson 方法 1：pooled Poisson 迴歸 (poisson 指令)。

   Poisson 方法 2：樣本平均 (PA)Poisson 迴歸 (xtgee 指令)。

   Poisson 方法 3：隨機效果 (RE) 之 gamma 隨機效果 (xtpoisson, re 指令)。

   Poisson 方法 4：隨機效果 (RE) 之 normal 隨機效果 (xtpoisson, re 指令)。

   Poisson 方法 5：固定效果 (xtpoisson, fe 指令)。

2. 上述五種 Poisson 迴歸，分析結果發現：

   (1) 所有隨機效果之係數值，都非常相近。

   (2) 本例「mus18data.dta」資料檔並不適合採用固定效果，因爲解釋變數很多屬非時變 (time-invariant)，導致都無法求得迴歸係數。

表 8-2 上述五種「帶 cluster-robust 標準誤之 Poisson 估計」的比較表

自變數	混合資料	樣本平均 PA	隨機_GAMMA	隨機_常態	固定效果
lcoins	−0.0808 0.0080	−0.0804 0.0078	−0.0878 0.0086	−0.1145 0.0073	
ndisease	0.0339 0.0026	0.0346 0.0024	0.0388 0.0027	0.0409 0.0023	
female	0.1718 0.0343	0.1585 0.0334	0.1667 0.0379	0.2084 0.0305	
age	0.0041 0.0017	0.0031 0.0015	0.0019 0.0016	0.0027 0.0012	−0.0112 0.0095

自變數	混合資料	樣本平均 PA	隨機_GAMMA	隨機_常態	固定效果
lfam	−0.1482	−0.1407	−0.1352	−0.1443	0.0877
	0.0323	0.0294	0.0309	0.0265	0.1126
child	0.1030	0.1014	0.1083	0.0737	0.1060
	0.0507	0.0430	0.0495	0.0345	0.0738
_cons	0.7488	0.7765	0.7574	0.2873	
	0.0786	0.0717	0.0755	0.0642	
lnalpha					
_cons			0.0251		
			0.0270		
lnsig2u					
_cons				0.0550	
				0.0255	

8-4-6 動差為基礎，固定效果計數型 Panel (FE count panel)

1. Stata 提供內生共變數之廣義動差模型 (GMM)，旨在執行「generalized method of moments estimation」。
2. 假如解釋變數的平均，與它的過去及現在衝擊 (shocks，誤差 u_{it}) 有關，但與它的未來衝擊無關，這種「預設條件的解釋變數 (strictly exogenous; predetermined regressors)」為：

$$E[u_{it}x_{is}]\begin{cases}=0,\ 若 s \geq t\\ \neq 0,\ 若 S < t\end{cases}$$

3. 固定效果有二種設定 (specifications)：

$$y_{it} = \exp\,(x'_{it}\beta)\ v_i w_{it}$$
$$y_{it} = \exp\,(x'_{it}\beta)\ v_i + w_{it}$$

4. 準差分 (quasi-differencing) 之變數變換就可消除此固定效果，之後，你建構的動差條件就能被估計。
5. 根據「動差設定 (moment specification)」的不同，其對應的「動差條件」亦會不同 (如下表)，其中，「Chamberlain 及 Wooldridge」動差設定，二者都是使用準差分 (quasi-differencing) 轉換來進行推估。

模型	動差設定	估計的方程式
預設條件的解釋變數 (Strictly exogenous; Predetermined regressors)	$E\,[x_{it}u_{it+j}] = 0, j \geq 0$ $E\,[x_{it}u_{it-s}] \neq 0, s \geq 1$	
GMM	Chamberlain	$E\left[y_{it}\frac{\lambda_{it-1}}{\lambda_{it}} - y_{it-1}\middle\vert x_i^{t-1}\right] = 0$
	Wooldridge	$E\left[\frac{y_{it}}{\lambda_{it}} - \frac{y_{it-1}}{\lambda_{it-1}}\middle\vert x_i^{t-1}\right] = 0$
GMM / endog	Wooldridge	$E\left[\frac{y_{it}}{\lambda_{it}} - \frac{y_{it-1}}{\lambda_{it-1}}\middle\vert x_i^{t-2}\right] = 0$

6. 指數型平均數 (exponential mean) 及乘法異質性 (multiplicative heterogeneity)
   (1) 動差為主的估計，可用一些方法來消除固定效果。
   (2) 動差為主的固定效果，誤差具有可加性或相乘性 (additively or multiplicatively)。
   (3) 在 GMM 準差分來消除固定效果之後，估計方程式都是正交條件 (orthogonality conditions)。

8-4-7 Panel Poisson 方法六：廣義動差法 (GMM)

一、認識 GMM

漢森教授 (Lars Peter Hansen) 提出廣義動差法 (有譯作廣義矩量法，英文是 generalized method of moments，簡稱 GMM) 這個非參數估值方法，開拓統計學空間，讓研究學者可以對一些分布形態不明朗的變量作出估值，及尋找一些變量的關係。動差法 (method of moments) 是對統計物件的變量估值的方法，例如均值(一乘動差)、方差或標準差(二乘動差)的估值。非參數估值(non-parametric estimate) 則是對變量的分布不做任何假設，而且變量間關係也不做假設。像投資回報這個變量，我們通常假設它是正態分布，此假設下的估計就是參數估值 (parametric estimate)。

GMM 是漢森教授在 1982 年提出的。嚴格來說，它不是一個數學理論，而是一個沒有假設的統計估值框架。打個比方，GMM 就像資產定價研究中的套利定價理論 (arbitrage pricing theory)。APT 對模型中的變量沒有特別設計。APT 如果只考慮市場風險一個變量，就成為資本資產定價模型 (CAPM)。我們通常用最

小平方法 (ordinary least squares, OLS) 做迴歸分析，OLS 也是 GMM 的一個特殊模型，就像 CAPM 是 APT 的一個特殊模型。其實我們還可以用其他動差定義，例如加權最小平方法、最大概似法 (maximum likelihood) 等特殊動差模型。當什麼假設都沒有，它就是 GMM。

1. 在經濟學中，廣義動差法 (generalized method of moments, GMM) 係統計模型中一般化的參數估計方法。通常 GMM 常用在半參數模型 (emiparametric models)，其中感興趣的參數是有限維度 (finite-dimensional)，但是數據的分布函數的完整形狀 (full shape) 可能是未知的，因此這種情況，最大概似估計法 (maximum likelihood) 就不適於半參數模型。
2. 使用 GMM 方法時，你需認定 (specified) 某些動差條件 (moment conditions)。這些動差條件也是模型參數及樣本資料的函數，以便讓參數的眞實值之期望値爲 0。然後，GMM 才使動差條件的樣本平均數之一定常模 (certain norm) 達到最小化。
3. GMM 估計的係數值也是一致的、漸進常態，且計算快速。
4. GMM 是 Lars Peter Hansen 在 1982 年開發的，1894 年再由諾貝爾經濟學獎得主 Karl Pearson 大力推廣而一炮成名。

二、線性 GMM 指令之重點整理

1. 假設

   $depvar = \beta_0 + \beta_1 \times 1 + \beta_2 \times 2 + v$

   以便使得 $E\,(v|x1, x2) = 0$

   則

   $E\,[(depvar - (\beta_0 + \beta_1 \times 1 + \beta_2 \times 2))] = 0$

   $E\,[x1(depvar - (\beta_0 + \beta_1 \times 1 + \beta_2 \times 2))] = 0$

   $E\,[x2(depvar - (\beta_0 + \beta_1 \times 1 + \beta_2 \times 2))] = 0$

2. 線性迴歸之 gmm

   gmm (depvar − x1×{b1}− x2×{b2}−{b3}), instruments (x1 x2) nolog

   相當於

   gmm (depvar − {xb:x1 x2}−{b0}), instruments (x1 x2) nolog

3. 工具變數 (z1, z2, z3) 兩階段迴歸之 gmm 指令

   gmm (depvar − {xb:x1 x2}−{b0}), instruments (z1 z2 z3) onestep

4. 線性 GMM 與 gmm 指令

gmm (depvar − {xb:x1 x2}−{b0}), instruments (z1 z2 z3) wmatrix (robust)

三、非線性 GMM 指令之重點整理

1. 帶外生解釋變數之指數迴歸 (exponential regression with exogenous regressors)

在現實研究中，我們常會遇到指數 (exponential) 迴歸模型，它是線性迴歸的替代方案，即線性迴歸的依變數做 log (x) 變換。

當依變數係離散計數型 (discrete count) 變數，它叫作 Poisson 迴歸模型：

$$E[y \mid x] = \exp(x\beta + \beta_0)$$

動差條件 (moment conditions)：$E[x(y - \exp(x\beta + \beta_0))] = 0$

上式，相當於 $E[x(y - \exp(x\beta) + \gamma)] = 0$

其對應 gmm 指令爲：

gmm (depvar−exp({xb:x1 x2})+{b0}), instruments (x1 x2) wmatrix (robust)

2. 工具變數 (IV) Poisson 迴歸

現在假設 $E[z(y - \exp(x\beta) + \gamma)] = 0$，則 gmm 指令爲：

gmm (depvar−exp({xb:x1 x2})+{b0}), instruments (z1 z2 z3) wmatrix (robust)

由於此動差條件的結構，對某些模型而言，係相當複雜。建議你，改用 moment-evaluator 程式語法 (請見 help gmm)。

小結

1. Stata 提供 GMM 估計法，可求得某些線性模型，包括：
   (1) ivregress 指令可處理：帶外生工具變數之迴歸 (regression with exogenous instruments)。
   (2) xtabond 指令可處理：動態 (dynamic) panel-data。
2. 自 Stata 11 型以後，gmm 指令都可處理非線性模型。

8-4-7a 橫斷面、線性：廣義動差法 (GMM) 估計

範例：簡單線性迴歸之 GMM (generalized moments method) 估計法

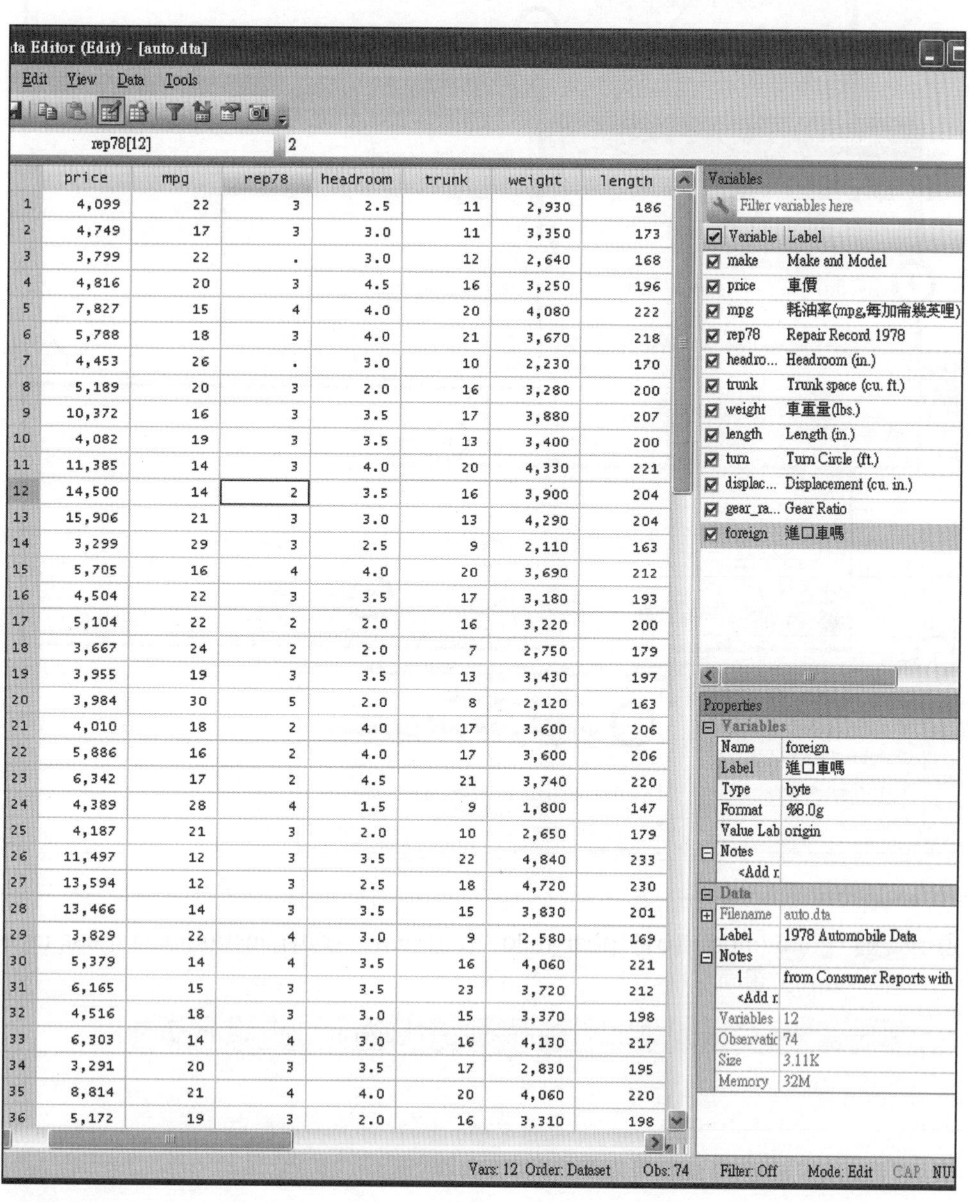

	price	mpg	rep78	headroom	trunk	weight	length
1	4,099	22	3	2.5	11	2,930	186
2	4,749	17	3	3.0	11	3,350	173
3	3,799	22	.	3.0	12	2,640	168
4	4,816	20	3	4.5	16	3,250	196
5	7,827	15	4	4.0	20	4,080	222
6	5,788	18	3	4.0	21	3,670	218
7	4,453	26	.	3.0	10	2,230	170
8	5,189	20	3	2.0	16	3,280	200
9	10,372	16	3	3.5	17	3,880	207
10	4,082	19	3	3.5	13	3,400	200
11	11,385	14	3	4.0	20	4,330	221
12	14,500	14	2	3.5	16	3,900	204
13	15,906	21	3	3.0	13	4,290	204
14	3,299	29	3	2.5	9	2,110	163
15	5,705	16	4	4.0	20	3,690	212
16	4,504	22	3	3.5	17	3,180	193
17	5,104	22	2	2.0	16	3,220	200
18	3,667	24	2	2.0	7	2,750	179
19	3,955	19	3	3.5	13	3,430	197
20	3,984	30	5	2.0	8	2,120	163
21	4,010	18	2	4.0	17	3,600	206
22	5,886	16	2	4.0	17	3,600	206
23	6,342	17	2	4.5	21	3,740	220
24	4,389	28	4	1.5	9	1,800	147
25	4,187	21	3	2.0	10	2,650	179
26	11,497	12	3	3.5	22	4,840	233
27	13,594	12	3	2.5	18	4,720	230
28	13,466	14	3	3.5	15	3,830	201
29	3,829	22	4	3.0	9	2,580	169
30	5,379	14	4	3.5	16	4,060	221
31	6,165	15	3	3.5	23	3,720	212
32	4,516	18	3	3.0	15	3,370	198
33	6,303	14	4	3.0	16	4,130	217
34	3,291	20	3	3.5	17	2,830	195
35	8,814	21	4	4.0	20	4,060	220
36	5,172	19	3	2.0	16	3,310	198

圖 8-13「auto.dta」資料檔

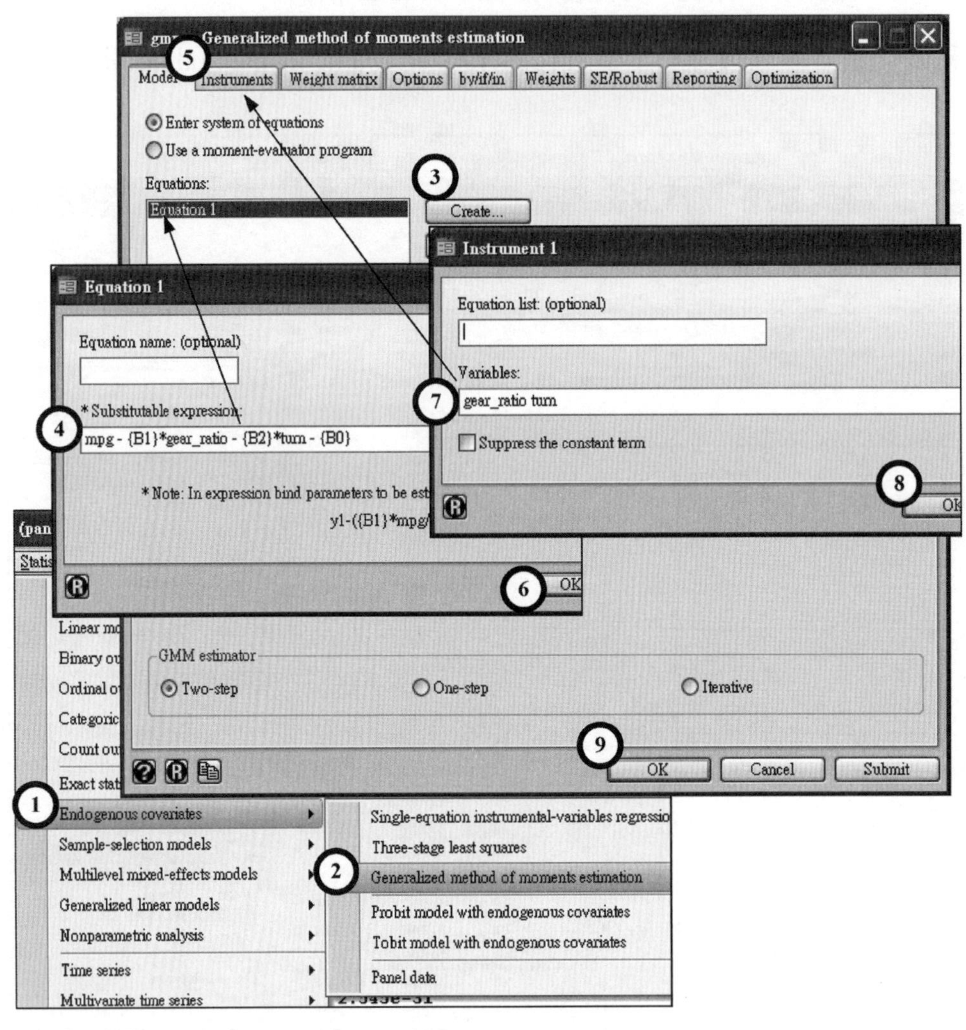

圖 8-14「gmm (mpg - {b1}*gear_ratio - {b2}*turn - {b0}), instruments (gear_ratio turn)」畫面

註：「Statistics > Endogenous covariates > Generalized method of moments estimation」

```
* Simple linear regression
. sysuse auto

* 方法 1：先用（正式）regress 指令當對照組，再與方法 2：GMM 估計做比較
. regress mpg gear_ratio turn

      Source |       SS       df       MS              Number of obs =      74
-------------+------------------------------           F(  2,    71) =   43.09
       Model |  1339.68678     2  669.843392           Prob > F      =  0.0000
    Residual |  1103.77268    71   15.546094           R-squared     =  0.5483
-------------+------------------------------           Adj R-squared =  0.5355
       Total |  2443.45946    73  33.4720474           Root MSE      =  3.9429

------------------------------------------------------------------------------
         mpg |      Coef.   Std. Err.      t    P>|t|     [95% Conf. Interval]
-------------+----------------------------------------------------------------
  gear_ratio |   3.032884   1.372978     2.21   0.030     .2952433    5.770524
        turn |  -.7330502   .1424009    -5.15   0.000     -1.01699   -.4491108
       _cons |   41.21801   8.990711     4.58   0.000     23.29104    59.14498
------------------------------------------------------------------------------

* 方法 2：GMM 估計
. gmm (mpg - {B1}*gear_ratio - {B2}*turn - {B0}), instruments(gear_ratio turn)

Step 1
Iteration 0:   GMM criterion Q(b) =  471.67875
Iteration 1:   GMM criterion Q(b) =  3.058e-21
Iteration 2:   GMM criterion Q(b) =  2.545e-31

Step 2
Iteration 0:   GMM criterion Q(b) =  1.691e-32
Iteration 1:   GMM criterion Q(b) =  1.691e-32  (backed up)

GMM estimation

Number of parameters =   3
Number of moments    =   3
Initial weight matrix: Unadjusted                     Number of obs   =      74
```

```
GMM weight matrix:     Robust

------------------------------------------------------------------------------
             |               Robust
             |      Coef.   Std. Err.      z    P>|z|     [95% Conf. Interval]
-------------+----------------------------------------------------------------
         /B1 |   3.032884   1.501664     2.02   0.043     .0896757    5.976092
         /B2 |  -.7330502    .117972    -6.21   0.000    -.9642711   -.5018293
         /B0 |   41.21801   8.396739     4.91   0.000     24.76071    57.67532
------------------------------------------------------------------------------
Instruments for equation 1: gear_ratio turn _cons

* Same as above, with analytic derivatives
. gmm (mpg - {b1}*gear_ratio - {b2}*turn - {b0}), instruments (gear_ratio
  turn) derivative (/b1 = -1*gear_ratio) derivative (/b2 = -1*turn) derivative (/
  b0 = -1)

* Simple linear regression, using a linear combination
. gmm (mpg - {xb:gear_ratio turn} - {b0}), instruments (gear_ratio turn)

* Same as above, with analytic derivatives（衍生公式）
. gmm (mpg - {xb:gear_ratio turn} - {b0}), instruments (gear_ratio turn) de-
  rivative (/xb = -1) derivative (/b0 = -1)
```

1. 橫斷面之 OLS 迴歸分析，求得汽車：

   耗油率 $mpg_i = 41.22 + 3.03$ 變速箱齒比 $gear\_ratio_i - 0.733$ 回轉半徑 $turn_i + \varepsilon_i$

2. GMM 迴歸分析，求得汽車：

   耗油率 $mpg_i = 41.22 + 3.03$ 變速箱齒比 $gear\_ratio_i - 0.733$ 回轉半徑 $turn_i + \varepsilon_i$

3. OLS 迴歸和 GMM 迴歸，二者在係數、標準誤、顯著性 p 值都非常相同。故二種估計法有著異曲同工之妙。

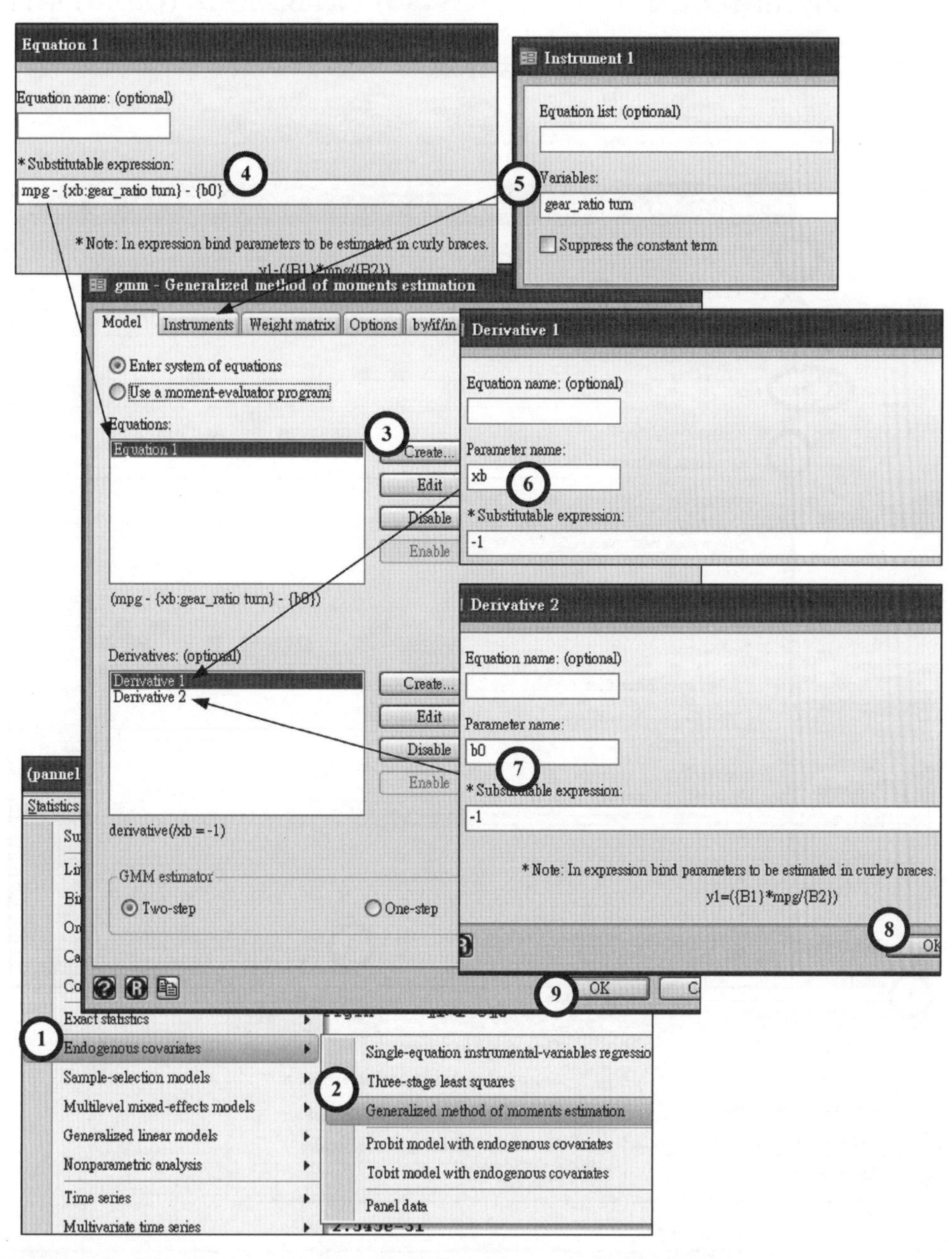

圖 8-15「gmm (mpg - {xb：gear_ratio turn} - {b0}), instruments (gear_ratio turn) derivative (/xb = -1) derivative (/b0 = -1)」畫面

8-4-7b 線性兩階段最小平方 (ivregress 2sls)：廣義動差法 (GMM) 估計

範例 2：簡單線性迴歸之 GMM 估計法

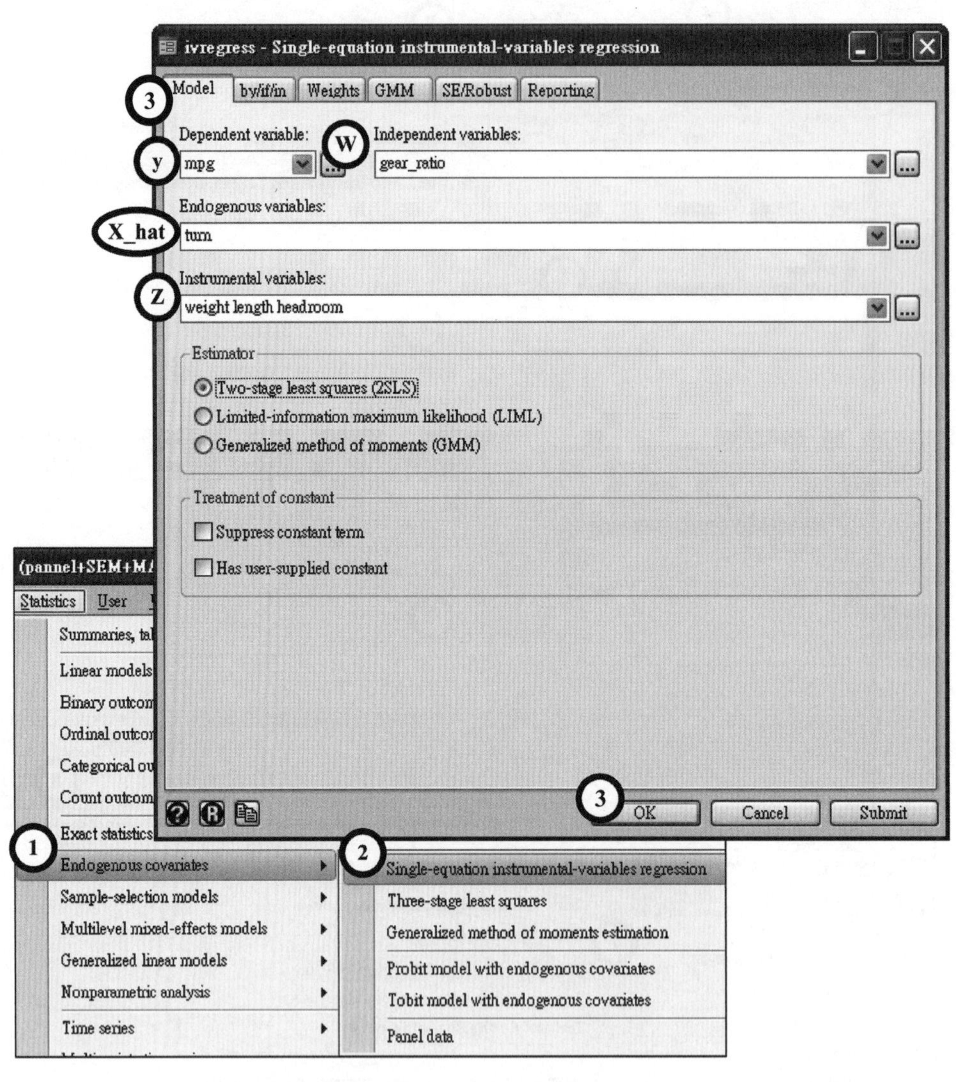

圖 8-16 方法一「ivregress 2sls mpg gear_ratio (turn = weight length headroom)」指令之畫面

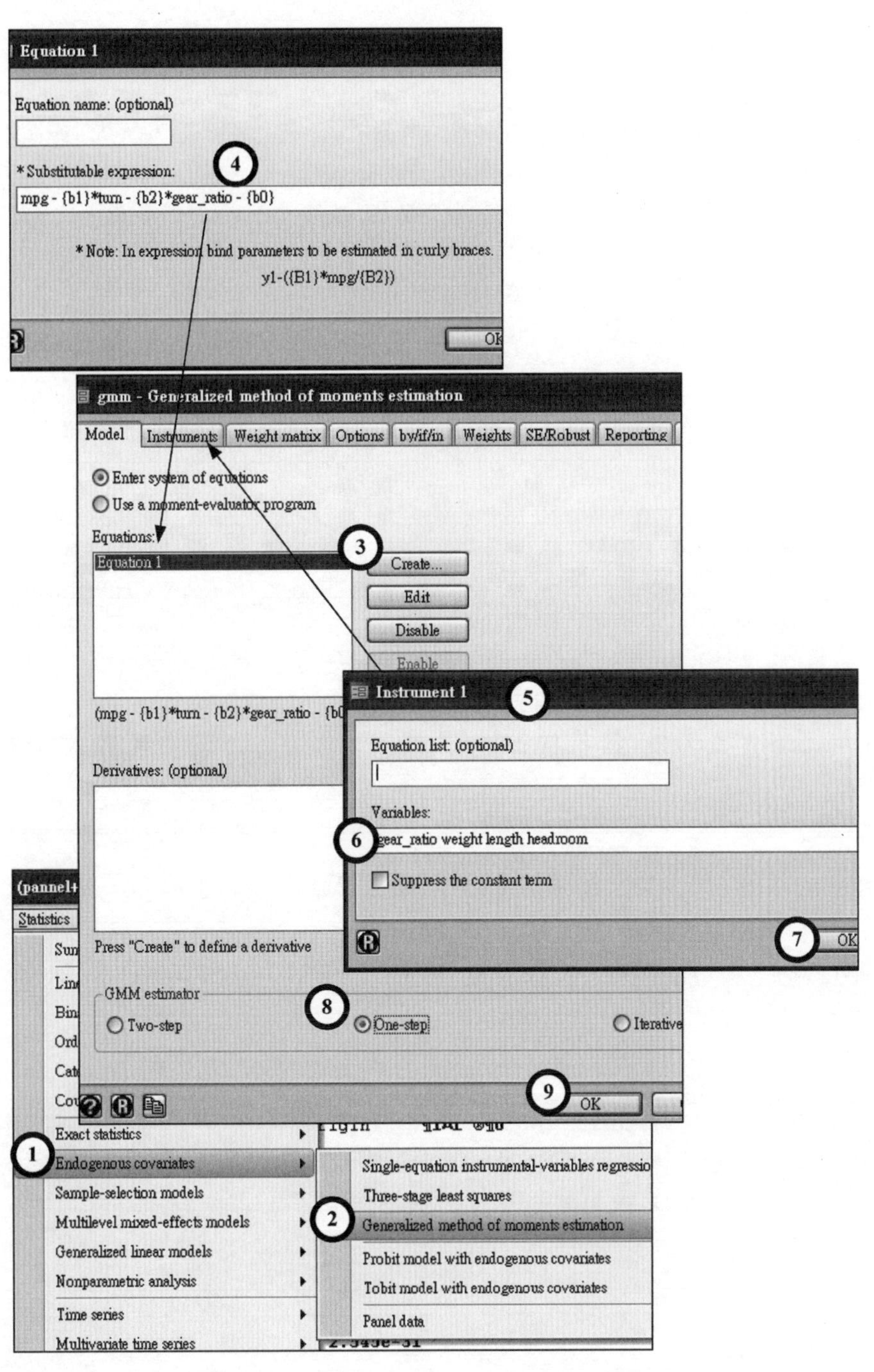

圖 8-17 方 法 二「gmm (mpg - {b1}*turn - {b2}*gear_ratio - {b0}), instruments (gear_ratio weight length headroom) onestep」畫面

```
* Simple linear regression
. sysuse auto

* 方法 1：先用（正式）ivregress 2sls 指令當對照組，再與方法 2：GMM 估計做比較

* Two-stage least squares (same as ivregress 2sls)
. ivregress 2sls mpg gear_ratio (turn = weight length headroom)

Instrumental variables (2SLS) regression             Number of obs =       74
                                                     Wald chi2(2)  =    90.94
                                                     Prob > chi2   =   0.0000
                                                     R-squared     =   0.4656
                                                     Root MSE      =   4.2007

------------------------------------------------------------------------------
         mpg |      Coef.   Std. Err.      z    P>|z|     [95% Conf. Interval]
-------------+----------------------------------------------------------------
        turn |  -1.246426   .2012157    -6.19   0.000    -1.640801   -.8520502
  gear_ratio |  -.3146499   1.697806    -0.19   0.853    -3.642288    3.012988
       _cons |   71.66502    12.3775     5.79   0.000     47.40556    95.92447
------------------------------------------------------------------------------
Instrumented:  turn
Instruments:   gear_ratio weight length headroom

* 方法 2：GMM 估計做對比
. gmm (mpg - {b1}*turn - {b2}*gear_ratio - {b0}), instruments (gear_ratio
  weight length headroom) onestep

Step 1
Iteration 0:   GMM criterion Q (b) =  475.42283
Iteration 1:   GMM criterion Q (b) =  .16100633
Iteration 2:   GMM criterion Q (b) =  .16100633

GMM estimation

Number of parameters =   3
Number of moments    =   5
```

```
Initial weight matrix: Unadjusted                     Number of obs   =        74

------------------------------------------------------------------------------
             |               Robust
             |      Coef.   Std. Err.      z    P>|z|     [95% Conf. Interval]
-------------+----------------------------------------------------------------
         /b1 |  -1.246426   .1970566    -6.33   0.000    -1.632649   -.8602019
         /b2 |  -.3146499   1.863079    -0.17   0.866    -3.966217    3.336917
         /b0 |   71.66502   12.68722     5.65   0.000     46.79853    96.53151
------------------------------------------------------------------------------
Instruments for equation 1: gear_ratio weight length headroom _cons

* 方法 3：二階段 GMM 估計做對比
* Two-step GMM estimation (same as ivregress gmm)
. ivregress gmm mpg gear_ratio (turn = weight length headroom)
. gmm (mpg - {b1}*turn - {b2}*gear_ratio - {b0}), instruments (gear_ratio
  weight length headroom) wmatrix (robust)
```

1. 方法 1：ivregress 2sls 指令，求得汽車：
   耗油率 $mpg_i = 71.67 - 1.25$ 回轉半徑 $turn_i - 0.315$ 變速箱齒比 $gear\_ratio_i + \varepsilon_i$
2. 方法 2：GMM 迴歸分析，求得汽車：
   耗油率 $mpg_i = 71.67 - 1.25$ 回轉半徑 $turn_i - 0.315$ 變速箱齒比 $gear\_ratio_i + \varepsilon_i$
3. 工具變數之兩階段迴歸和 GMM 迴歸，二者在係數、標準誤、顯著性 p 值都非常相同。故二種估計法有著異曲同工之妙。

8-4-7c 帶 Lag 項 CAPM 模型：廣義動差法 (GMM) 的估計

一、資本資產定價模型 (capital asset pricing model, CAPM)

在金融界的理論中有三個重要理論：現代投資組合理論、CAPM 理論，以及 APT (arbitrage pricing theory)。

CAPM 是一個考慮市場風險之公式，其公式如下：

> 證券的期望報酬率 R_i = 無風險投資報酬率 $R_f + \beta \times$
> (市場的期望報酬率 R_m − 無風險投資報酬率 R_f)

其中，小括弧裡的東西就是風險溢價 (risk premium)，i 代表第 i 種股票。

馬科維茨 (Markowitz, 1952) 首先提出分散投資與效率組合投資理論之數理工具，向人們展示了一個風險厭惡的投資者在衆多風險資產中，如何構建最優資產組合的方法。此一理論帶有很強的規範 (normative) 意味，告訴了投資者應該如何進行投資選擇。

可惜，應用馬科維茨的理論仍是一項繁瑣、令人生厭的高難度工作，它與現實的投資世界嚴重脫節，進而很難完全被投資者採用。例如，鮑莫爾 (Baumol,1966) 認爲馬科維茨理論，即使它從較簡化模式爲出發點，但要從上千支證券股中挑選出有效率的投資組合，若每執行一次電腦需要耗費 150-300 美元，而如果要執行完整的馬科維茨運算，所需的成本至少是前述金額的 50 倍；而且此模型還有一前提，就是分析師必須能夠持續且精確地估計標的證券的預期報酬、風險及相關係數，否則整個運算過程將變得毫無意義。

有鑑於有此疑問，從 1960 年開始，夏普 (Sharpe, 1964)、林特納 (Lintner, 1965) 和莫辛 (Mossin, 1966) 等經濟學家，開始從實證角度出發，考慮：馬科維茨的理論在現實應用中如何簡化？這些學者，進而導出資本資產定價模型 (capital asset pricing model, CAPM)，把資產的預期收益與預期風險之間的理論關係，改用一個簡單的線性關係來表達，認爲一個資產的預期收益率與衡量該資產風險值之間存在正相關關係。此 CAPM 公式，不僅大大簡化了投資組合選擇的運算過程，使馬科維茨的投資組合選擇理論朝向實務應用邁向一大步，而且也使得證券理論從以往的定性分析轉入定量分析，從規範性轉入實證性。

近幾十年，我們關注的資本市場均衡理論模型中，CAPM 的形式已經遠遠超越了夏普、林特納和莫辛提出的傳統模型。

相對地，套利定價理論 APT 是 CAPM 的拓展。APT 認爲，有 k 個共同因素會影響風險性資產的預期報酬率，故又稱爲多因素模式 (multi-factors model)，APT 公式爲：

$$E(R_j) = R_f + \beta_{j1} \times R_1 + \beta_{j2} \times R_2 + \cdots + \beta_{jk} \times R_k$$

套利定價理論認爲，套利行爲是現代有效率市場 (即市場均衡價格) 形成的一個決定因素。如果市場未達到均衡狀態的話，市場上就會存在無風險套利機會。並且用多個因素來解釋風險資產收益，並根據無套利原則，得到風險資產均衡收益與多個因素之間存在 (近似的) 線性關係。而前面的 CAPM 模型預測所有證券的收益率，都與唯一的公共因數 (市場證券組合) 的收益率，存在著線性關係。

1. Beta 係數

Beta 係數 (β)：測量基金的系統風險 (systematic risk)，因非系統風險可以利用多角化投資消除，所以只有系統風險才是投資人決定投資組合時所要考慮的風險。β 值愈小表示基金對市場大盤漲跌的反映愈小，反之則愈大。股價指數的 β 值爲 1，若同期間內基金淨值的 β 係數大於 1，表示風險及報酬均大於市場，指數上漲時獲利可觀，但行情不佳時也損失慘重。

Beta 係數是衡量基金波幅與參考指數波幅的關聯，公式如下：

$$\beta = \frac{\sigma_{im}^2}{\sigma_m^2} = \frac{\rho_{im}\sigma_i\sigma_m}{\sigma_m^2} = \frac{\rho_{im}\sigma_i}{\sigma_m}$$

σ_{im}^2：第 i 種證券與市場投資組合 (像「臺灣 50」) 之間的共變數。

$$\sigma_{im}^2 = \rho_{im}^2\sigma_i\sigma_m = E[(\tilde{R}_i - E(R_i))(\tilde{R}_m - E(R_m))]$$

σ_m^2：市場投資組合的變異數　　$\sigma_m^2 = \dfrac{\sum(R_m - \overline{R_m})^2}{n}$

若某基金的 β 係數爲 1.0，表示基金的波幅與指數波幅相同，例如指數上漲 10%，理論上 β 係數爲 1.0 的基金會上升 10%；指數下跌 10%，基金亦會下跌 10%。相對地，基金 β 係數小於 1.0，表示基金的波幅低於對應指數的波幅。

例 8-1：假設一項資產的 β 係數是 1.8，無風險 (保障) 利率是 5%，市場 (投資) 報酬率是 10%，請計算該資產所要求之投資報酬率是多少？

答：

代入公式如下：

$K_e = R_f + \beta(K_m - R_f)$

其中

K_e = 要求之投資報酬率

R_f = 無風險 (保障) 利率 (一般是指國庫券的利率)

β = Beta 係數

K_m = 市場 (投資) 報酬率

2. CAPM 理論的內涵

Sharpe 的 CAPM 模型 (capital asset pricing model) 大大簡化了最優投資組合的確定，認爲無風險投資組合的最優組合只有一種，那就是市場組合。因此，在確定風險資產的投資組合時，不需要用到投資者的效用函數，只要按照市值比例來確定投資比例即可。從整個投資組合理論的發展過程，可以歸納出資本資產定價模型是現代投資組合理論的簡化模型。

Sharpe 指數是基金績效指標之一，爲 Sharpe 提出的風險調整績效衡量方法，報酬對變異數比率。Sharpe 績效指標的風險是指投資組合報酬率的標準差，也就是總風險，包括非系統風險和系統風險。Sharpe 績效指標代表每單位總風險下所獲得的超額報酬率，數值愈大表示績效愈佳，反之則愈差。

Sharpe 的資本資產定價模式爲我們思索關於報酬和風險的問題，CAPM 用來描寫市場上資產的價格是如何被決定的，模式的主要貢獻是界定個別資產和市場報酬之間的風險與報酬的替換關係。其目的有二：

(1) 描述在證券供需達到平衡狀態時，存在於證券的市場風險與預期報酬的關係。

(2) 協助投資人創造最佳的投資組合，評估與決定各種證券的價值，使其能制定合宜的投資決策。

在市場均衡中，投資者只能獲取承受系統風險的報償 (無法被分散的風險類型)。他們無法因爲承擔特有的風險而獲得報償，因爲這種不確定性可以透過適當的分散風險來減輕。此 CAPM 之隱含概念是：只是承擔風險是無法獲得報償的。否則，你將在拉斯維加斯賺大錢。如果有風險就一定有報酬，它必須是特別的，否則這世界就是瘋狂的。

3. CAPM 模型推導

CAPM 只有一個考慮市場風險，只有一個 β (Beta) 相關係數，它決定了投資者對個別股票所要求的風險溢酬水準。

資本資產定價模型吸引人之處，在於邏輯簡潔有力，投資人購買一項風險性資產 (例如股票)，希望至少要有「無風險利率」的報酬率。至於額外所冒險的預期報酬率，則由風險數量 (即 Beta 係數) 乘上風險價格 (即預期市場報酬率減去無風險利率)，二者相乘的結果便是第 i 種證券的風險溢酬。這可由資本資產定價模型的公式如下：

投資報酬率 = 無風險利率 + 相關係數 ×(市場報酬率 − 無風險利率)

$$E(R_i) = R_f + \beta_i [E(R_m) - R_f]$$

其中，風險貼損與投資風險成正比。

$E(R_i)$：第 i 種證券的預期報酬率。

R_f：無風險 (risk free) 利率，通常以國庫券或短期的定存利率代表，在臺灣慣用銀行一年 (或三個月) 期定存利率來衡量。

$E(R_m)$：市場 (market) 投資組合的預期報酬率。

β_i：Beta 相關係數，即第 i 種證券報酬率相對於市場投資組合報酬率變動的程度。以股票而言，表示個股與大盤的相關程度，例如大盤漲 10%，個股會漲多少 %。

$[E(R_m) - R_f]$：市場風險溢酬 (RP_m) 又稱市場風險貼損 (risk premium)，係指投資者對投資風險所要求的較高報酬率，以彌補投資者對高風險的承受，這種額外增加的報酬率，稱風險貼損。

$\beta_i [E(R_m) - R_f]$：第 i 種證券的風險溢酬。風險溢酬即指預期報酬率減掉無風險利率後的差 (代表你承擔風險可以得到的補償)。例如有一組投資組合的預期報酬率爲 10%；而且在投資時當下的郵局定存利率爲 2%(即不用冒任何風險即可得到的報酬爲「無風險利率」)，10% − 2% = 8%(這 8% 即爲你的風險溢酬；也就是你願意承擔投資組合的風險所換來的報酬)。

對每一證券而言，β 係數衡量了該證券報酬率對市場報酬率的敏感程度。廣義來說，更是衡量了一個特定投資和市場相比的相對風險性，爲了想要獲得優於市場報酬率的結果，投資者必須能承擔高風險。以股票投資組合的觀點來看，β 係數可用以正確的衡量股票風險；同理，公司在取得實質資產組合時也必須注意個別資產的風險性。若 β 大於 1，顯示該股價受股市波動影響大；若 β 小於 1，即股價對市場的敏感度較低。實務上，臺灣有些投信公司規定，β 係數大於 2 的股票不能納入投資組合中，以免風險太大。

由上述之 CAPM 方程式，亦可推導出證券市場線 (security market line, SML)，是指當證券市場達到均衡時，個別證券的預期報酬率與系統風險的關係。

例 8-2：假設國庫券收益率是 6%，和市場風險貼損是 7%。試問如何建構一個 β 係數爲 0.25 的投資組合？此一策略的預期報酬率爲何？

答：

Q1：如何建構一個 β 係數爲 0.25 的投資組合？

假設我們把資金投資在 (1) 市場組合、(2) 國庫券兩個商品中。

一般來說，我們認定「市場組合」的 β 係數 = 1、「國庫券」的 β 係數 = 0，因爲報酬率不隨市場變化而變化。故要建立一個 β = 0.25 的投資組合公式：

投資組合 β 係數 =

(市場組合比例 × 市場組合 β 係數) +(國庫券比例 × 國庫券 β 係數)

0.25 = (25%×1) + (75%×0)

結論就是，25% 資金在「市場組合」、75% 在「國庫券」。

Q2：此一策略的預期報酬率？

需先知道兩個投資標的的報酬率，「國庫券」報酬率爲 6 %。

投資組合的報酬率 = 無風險利率 + 預期的風險貼損

(一般視「國庫券」的報酬率爲無風險報酬率)

故市場組合報酬率 = 無風險利率 + 市場風險貼損 = 6% + 7% = 13%。

因此策略的預期報酬率

= (市場組合投資比例 × 市場組合報酬率) + (國庫券投資比例 × 國庫券報酬率)

= (0.25×13%) + (75%×6%)

= 7.75%

4. 市場模式

$$
\begin{aligned}
E(R_i) &= R_f + \beta_i [E(R_m) - R_f] \\
&= R_f - \beta_i \times R_f + \beta_i \times E(R_m) \\
&= (1 - \beta_i) R_f + \beta_i \times E(R_m)
\end{aligned}
$$

上式亦可看成：

$R_i = a_i + b_i R_m + e_i$ 或

$\sigma_i^2 =$ 常數 $+ b_i^2 \sigma_m^2 + \sigma_{ei}^2$

$\sigma_i^2 =$ 常數 + 系統風險 + 非系統風險

範例：資本資產定價模型 (CAPM) 的估計

使用落遲期 (lag = 1-2)，即「L.」及「L2.」運算子。

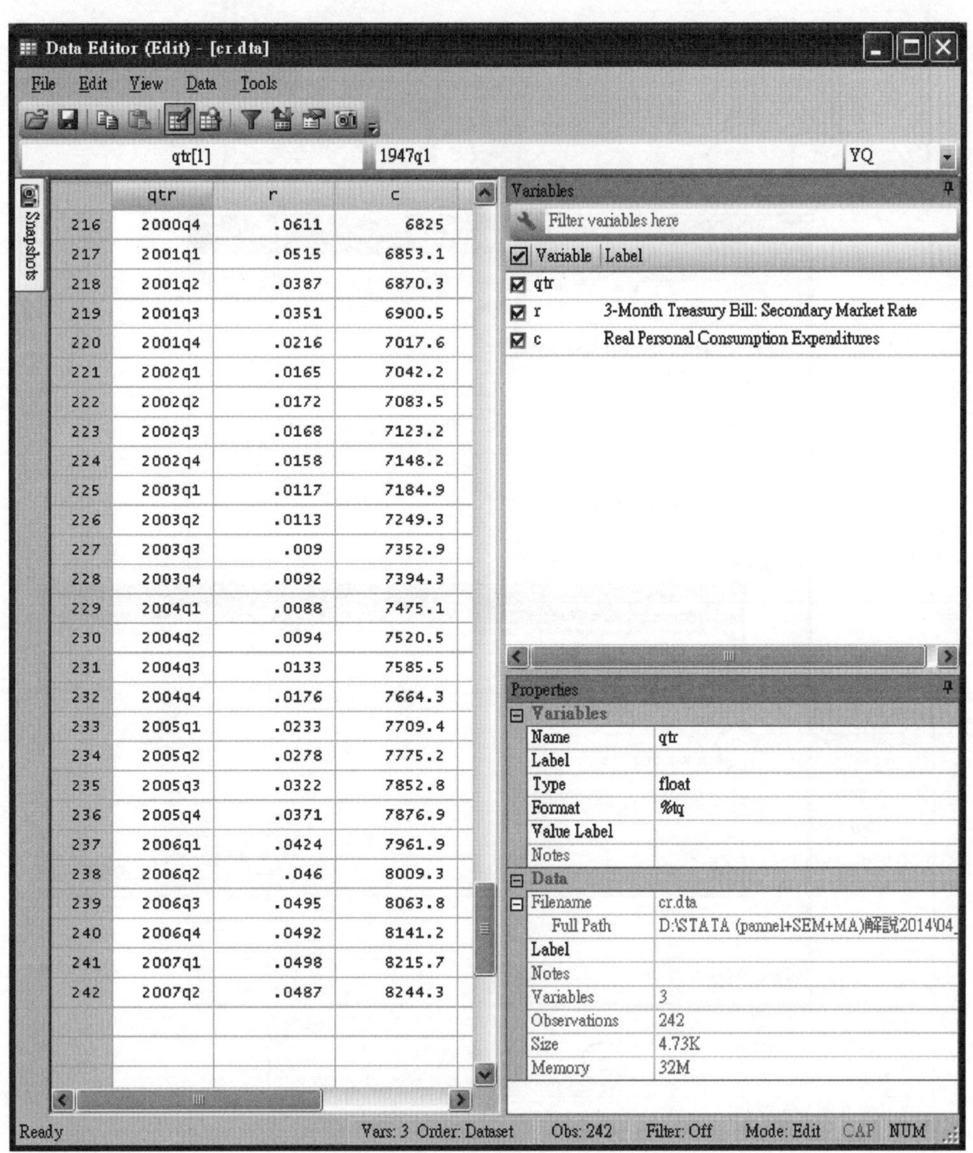

	qtr	r	c
216	2000q4	.0611	6825
217	2001q1	.0515	6853.1
218	2001q2	.0387	6870.3
219	2001q3	.0351	6900.5
220	2001q4	.0216	7017.6
221	2002q1	.0165	7042.2
222	2002q2	.0172	7083.5
223	2002q3	.0168	7123.2
224	2002q4	.0158	7148.2
225	2003q1	.0117	7184.9
226	2003q2	.0113	7249.3
227	2003q3	.009	7352.9
228	2003q4	.0092	7394.3
229	2004q1	.0088	7475.1
230	2004q2	.0094	7520.5
231	2004q3	.0133	7585.5
232	2004q4	.0176	7664.3
233	2005q1	.0233	7709.4
234	2005q2	.0278	7775.2
235	2005q3	.0322	7852.8
236	2005q4	.0371	7876.9
237	2006q1	.0424	7961.9
238	2006q2	.046	8009.3
239	2006q3	.0495	8063.8
240	2006q4	.0492	8141.2
241	2007q1	.0498	8215.7
242	2007q2	.0487	8244.3

圖 8-18「cr.dta」資料檔之內容

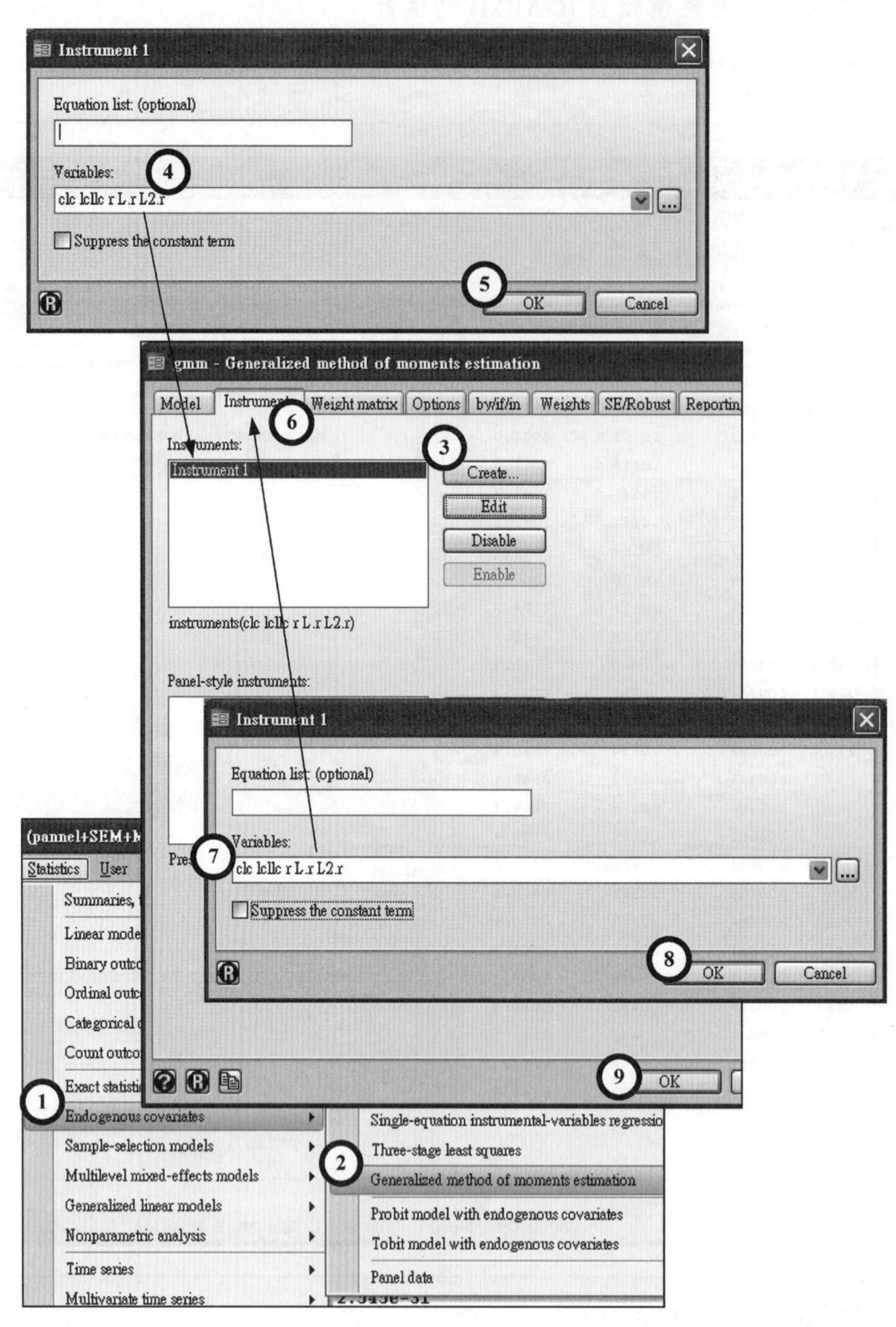

圖 8-19「gmm (1 - {b = 1}×(1+F.r)×(F.c/c) ^ (-1×{g})), instruments (clc lcllc r L.r L2.r)」指令之畫面

```
* Estimation of a consumption CAPM model with one financial asset, using
  first & second lags of consumption growth & two lags of returns as instru-
  ments (Hamilton 1994, sec. 14.2)
. webuse cr

*「L.」落遲 1 期之運算子 (lag = 1 的運算子)；「L2.」落遲 2 期之運算子
* 當期 c 除以落遲 1 期 (L.c) 的比值
. generate clc = c / L.c
. generate lcllc = L.c / L2.c
. gmm (1 - {b = 1}*(1+F.r)*(F.c/c)^(-1*{g})), instruments (clc lcllc r L.r
  L2.r)

Step 1
Iteration 0:   GMM criterion Q (b) =  .00304056
Iteration 1:   GMM criterion Q (b) =  .00054728
Iteration 2:   GMM criterion Q (b) =  .00054241
Iteration 3:   GMM criterion Q (b) =  .00054241

Step 2
Iteration 0:   GMM criterion Q (b) =   .1702198
Iteration 1:   GMM criterion Q (b) =   .1496036
Iteration 2:   GMM criterion Q (b) =  .14958568
Iteration 3:   GMM criterion Q (b) =  .14958567

GMM estimation

Number of parameters =   2
Number of moments    =   6
Initial weight matrix: Unadjusted                   Number of obs   =      239
GMM weight matrix:     Robust

------------------------------------------------------------------------------
             |               Robust
             |      Coef.   Std. Err.      z    P>|z|     [95% Conf. Interval]
-------------+----------------------------------------------------------------
          /b |   .8925109   .0147704    60.43   0.000     .8635613    .9214604
          /g |  -7.396926   1.800563    -4.11   0.000    -10.92596   -3.867887
------------------------------------------------------------------------------
Instruments for equation 1: clc lcllc r L.r L2.r _cons
```

8-4-7d 帶 Endogenous Regressor 之 Poisson 模型：廣義動差法 (GMM)

範例：帶內生解釋變數 income (with endogenous regressor income) 之指數型 Poisson 迴歸

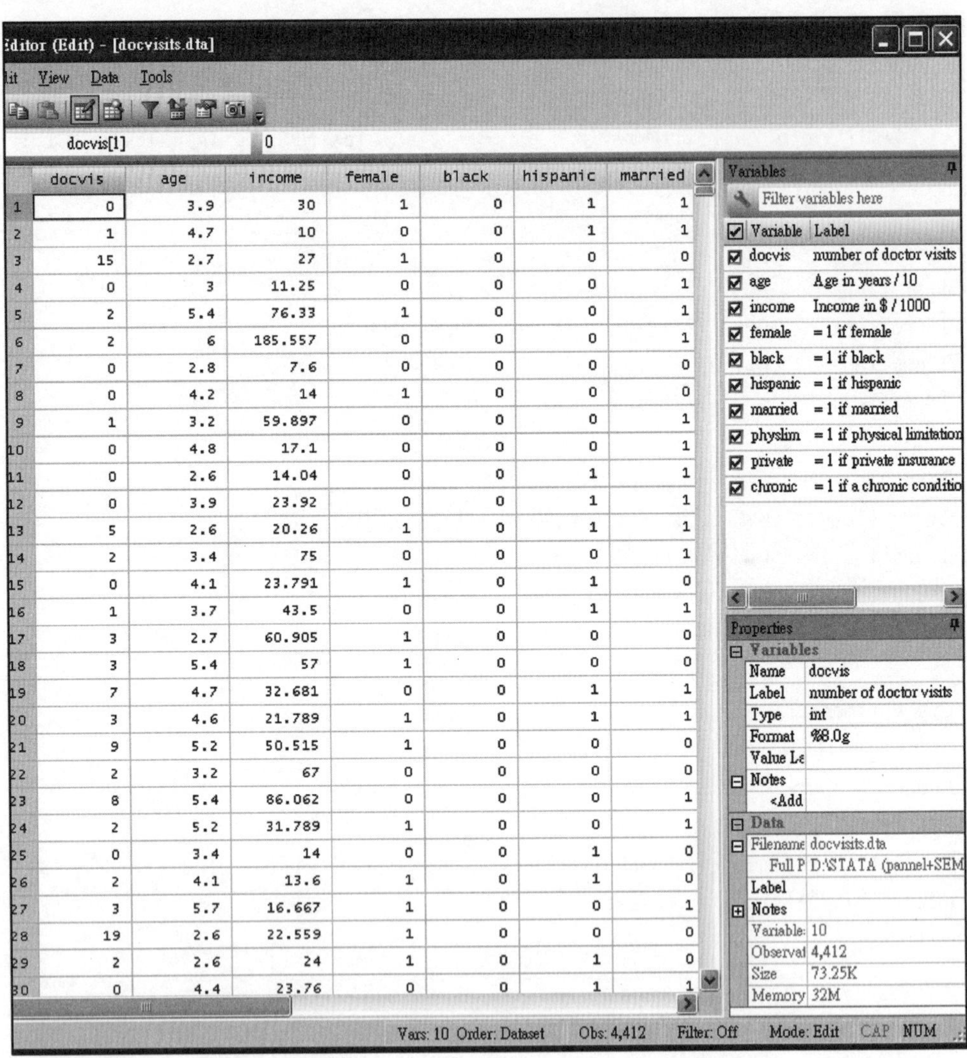

圖 8-20「docvisit.dta」資料檔之內容

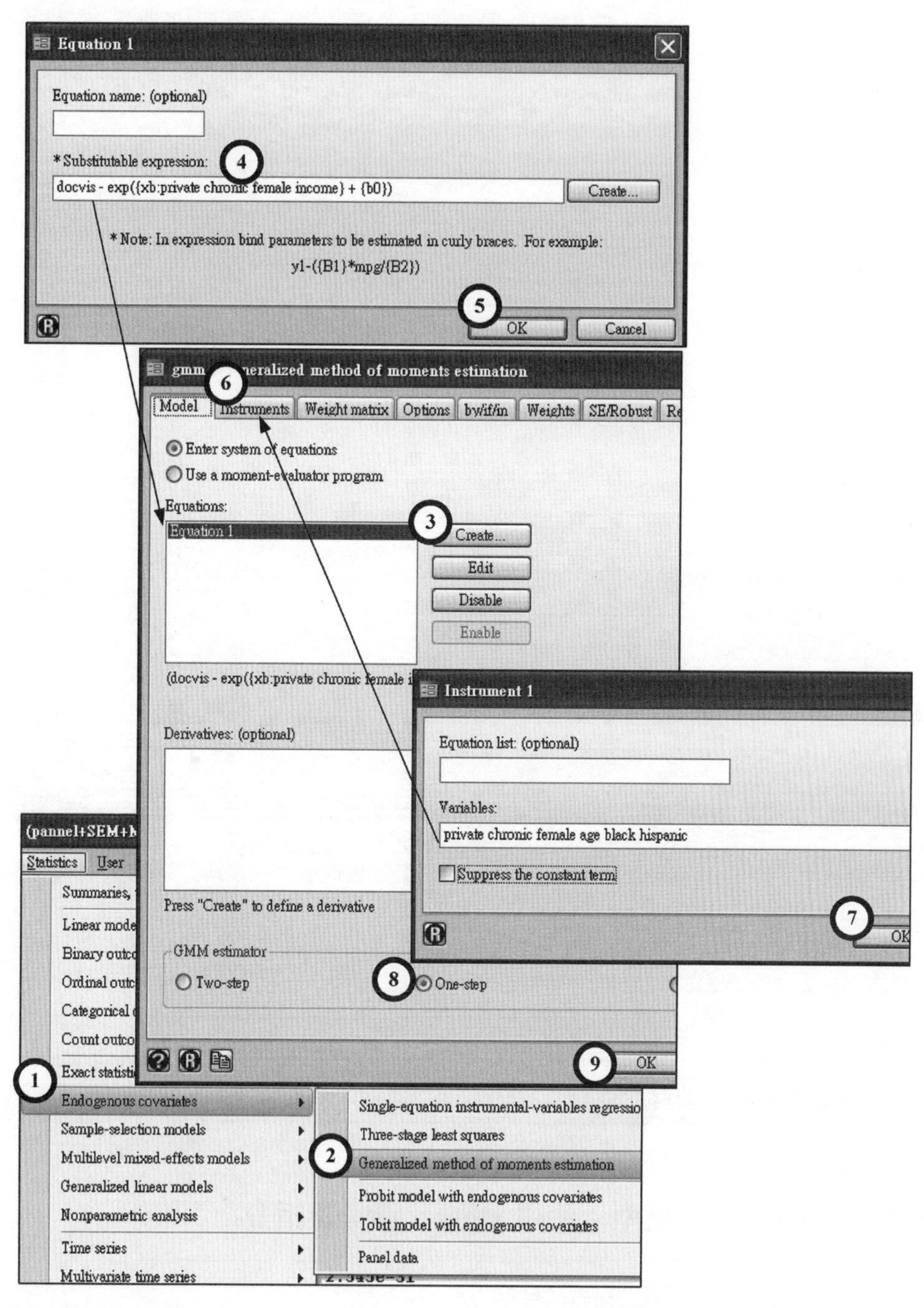

圖 8-21 「gmm (docvis - exp ({xb:private chronic female income} + {b0})), instruments (private chronic female age black hispanic) onestep」指令畫面

```
* Exponential (Poisson) regression with endogenous regressor income
. webuse docvisits, clear
. gmm (docvis - exp ({xb:private chronic female income} + {b0})), instruments
  (private chronic female age black hispanic) onestep

Step 1
Iteration 0:   GMM criterion Q (b) =  16.910173
Iteration 1:   GMM criterion Q (b) =  .82276104
Iteration 2:   GMM criterion Q (b) =  .21832032
Iteration 3:   GMM criterion Q (b) =  .12685935
Iteration 4:   GMM criterion Q (b) =  .12672369
Iteration 5:   GMM criterion Q (b) =  .12672365

GMM estimation

Number of parameters =   5
Number of moments    =   7
Initial weight matrix: Unadjusted                    Number of obs   =    4412

------------------------------------------------------------------------------
             |               Robust
             |      Coef.   Std. Err.      z    P>|z|     [95% Conf. Interval]
-------------+----------------------------------------------------------------
/xb_private  |   .4955509   .1544482     3.21   0.001      .192838    .7982638
/xb_chronic  |   1.077267   .0611807    17.61   0.000     .9573547    1.197179
 /xb_female  |   .6387144   .0919049     6.95   0.000     .4585841    .8188447
  /xb_income |   .0136073    .002774     4.91   0.000     .0081704    .0190441
         /b0 |  -.4903848   .1358852    -3.61   0.000     -.756715   -.2240546
------------------------------------------------------------------------------
Instruments for equation 1: private chronic female age black hispanic _cons
```

8-4-7e Logit Panel 模型：使用 xtgee、xtlogit 指令

一、線性模型，使用 xtgee 指令

在線性之 GEE 分析法，採用 xtgee 指令，進行重複性資料的比較分析 (comparisons of repeated measures)，檢定嬰幼兒於 0-4 歲的飲食營養與生長發育趨勢爲何 (p for trend)？將幼兒出生至 3 歲的體重、身高分別與 4 歲做比較，結

果如表 8-3，顯示幼兒出生至 3 歲之體型均與 4 歲有顯著差異 (p < 0.01)，且男女幼兒於各階段之體位測量值趨勢的機率 p(p for trend)，皆達顯著趨勢的機率 p ((p for trend) < 0.01)。

表 8-3 男女幼兒 0-4 歲體重分布情形 [1]

年齡	男生 mean±SD(n)	女生 mean±SD(n)	*t*-value[2]	總平均 mean±SD(n)
出生	3.36±0.49(137)	3.09±0.44(148)	4.96**	3.22±0.49(285)
1 歲	10.11±1.05(108)	9.28±1.10(118)	5.82**	9.68±1.15(226)
2 歲	12.72±1.36(90)	12.00±1.53(110)	3.46**	12.32±1.50(200)
3 歲	15.24±1.88(87)	14.48±1.80(99)	2.81**	14.83±1.87(186)
4 歲	17.74±2.61(76)	16.39±2.57(88)	3.34**	17.02±2.67(164)

[1] 單位：公斤；[2] $*p < 0.05$，$**p < 0.01$

二、非線性：Logistic 迴歸的假定

羅吉斯迴歸的基本假定 (assumption) 與其他多變數分析之假設不同，因爲它不需要假定分配類型，在羅吉斯分配中，自變數對於依變數之影響方式是以指數的方式來變動。此意味著羅吉斯迴歸無需具有符合常態分配的假設，但是如果預測變數爲常態分配的話，結果會比較可靠。在羅吉斯迴歸分析中，自變數可以是類別變數 (category variable)，也可以是連續變數。

三、Logistic 迴歸模型

如果依變數的編碼是二進制，例如違約 (Y = 1；不違約：Y = 0)，我們想知道的是預測違約的可能性，這就是典型羅吉斯迴歸，它於是創造一個潛在變數 (latent variable)Y*，令解釋變數只有一個 X，則二元資料的分析模型如下：

$$y_j^* = \beta_0 + \sum_{i=1}^{n} \beta_i x_{i,j} + \varepsilon_j$$

$$\begin{cases} y_j = 1 \text{ if } y_j^* \geq \theta \\ y_j = 0 \text{ if } y_j^* < \theta \end{cases}$$

其中，θ 爲決斷值。

Logit function 轉換

原始分數代入：

$$P = \frac{1}{1+e^{-y^*}}$$

所得機率如下：

原始分數 y^*(score)	Prob (Default)
−8	0.03%
−7	0.09%
−6	0.25%
−5	0.67%
−4	1.80%
−3	4.74%
−2	11.92%
−1	26.89%
0	50.00%
1	73.11%
2	88.08%
3	95.26%

Logit 迴歸就是利用 logit 函數來建立模型，如：

$$E(Y_i) = \frac{1}{1+e^{-(\beta_0+\beta_1 X_{1i}+\beta_2 X_{2i}+\cdots+\beta_k X_{ki})}} = \frac{e^{\beta_0+\beta_1 X_{1i}+\beta_2 X_{2i}+\cdots+\beta_k X_{ki}}}{1+e^{\beta_0+\beta_1 X_{1i}+\beta_2 X_{2i}+\cdots+\beta_k X_{ki}}}$$

其對應的函數圖形如圖 8-22，形狀類似 S 形，$E(Y_i)$ 其值界於 0 與 1 間，爲推估 Y_i 的機率值。由上式可以解決一般線性模型其 Y 值代表機率時，Y 值超過 0 或 1 的窘境，使 logit 模型非常適合解決應變數爲分類變數情形。

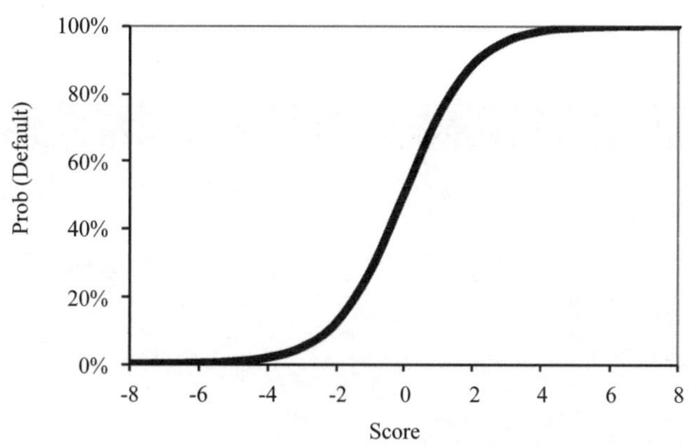

圖 8-22 Prob () 函數之機率圖

四、xtgee 指令 corr 選項

xtgee 指令旨在「使用 GEE 的樣本平均追蹤資料之適配工作 (population-averaged panel-data models by using GEE)」。其中，xtgee 指令可搭配的 corr 選項：相關結構 (correlation structures) 與可被允許觀察值空間 (spacing of observations within panel)。

	可被允許		
		不平等 (Unequal)	
相關矩陣	非平衡型 Panel	稀疏型 (Spacing)	間隙型 (Gaps)
Independent	yes	yes	yes
Exchangeable	yes	yes	yes
自我相關 (ar k)	yes (*)	no	no
stationary k	yes (*)	no	no
nonstationary k	yes (*)	no	no
unstructured	yes	yes	yes
fixed	yes	yes	yes

(*) 所有小群組 (panels) 必須至少有 k+1 個觀察值。

範例：logit panel 模型，使用 xtgee、xtlogit 指令

Editor (Edit) - [union.dta]

Edit View Data Tools

idcode[7] 1

	idcode	year	age	grade	not_smsa	south	union
1	1	72	20	12	0	0	1
2	1	77	25	12	0	0	0
3	1	80	28	12	0	0	1
4	1	83	31	12	0	0	1
5	1	85	33	12	0	0	1
6	1	87	35	12	0	0	1
7	1	88	37	12	0	0	1
8	2	71	19	12	0	0	0
9	2	77	25	12	0	0	1
10	2	78	26	12	0	0	1
11	2	80	28	12	0	0	1
12	2	82	30	12	0	0	1
13	2	83	31	12	0	0	1
14	2	85	33	12	0	0	1
15	2	87	35	12	0	0	1
16	2	88	37	12	0	0	1
17	3	70	24	12	0	0	1
18	3	71	25	12	0	0	0
19	3	72	26	12	0	0	0
20	3	73	27	12	0	0	0
21	3	77	31	12	0	0	0
22	3	78	32	12	0	0	0
23	3	80	34	12	0	0	0
24	3	82	36	12	0	0	0
25	3	83	37	12	0	0	0
26	3	85	39	12	0	0	0
27	3	87	41	12	0	0	0
28	3	88	42	12	0	0	0
29	4	70	24	17	0	0	1
30	4	71	25	17	0	0	1

Variables

Filter variables here

Variable	Label
idcode	NLS ID
year	interview year
age	age in current year
grade	current grade completed
not_smsa	1 if not SMSA
south	1 if south
union	1 if union
black	race black

Properties

Variables	
Name	<8 selected>
Label	<different values>
Type	
Format	%8.0g
Value La	
Notes	
Data	
Filename	union.dta
Full P	D:\STATA (pannel+SEM
Label	NLS Women 14-24 in 19
Notes	
Variable	8
Observat	26,200
Size	230.27K
Memory	32M

Vars: 8 Order: Dataset Obs: 26,200 Filter: Off Mode: Edit CAP NUM

圖 8-23「union.dta」資料檔內容

方法 1：使用 xtlogit 指令之隨機效果 (當對照組)

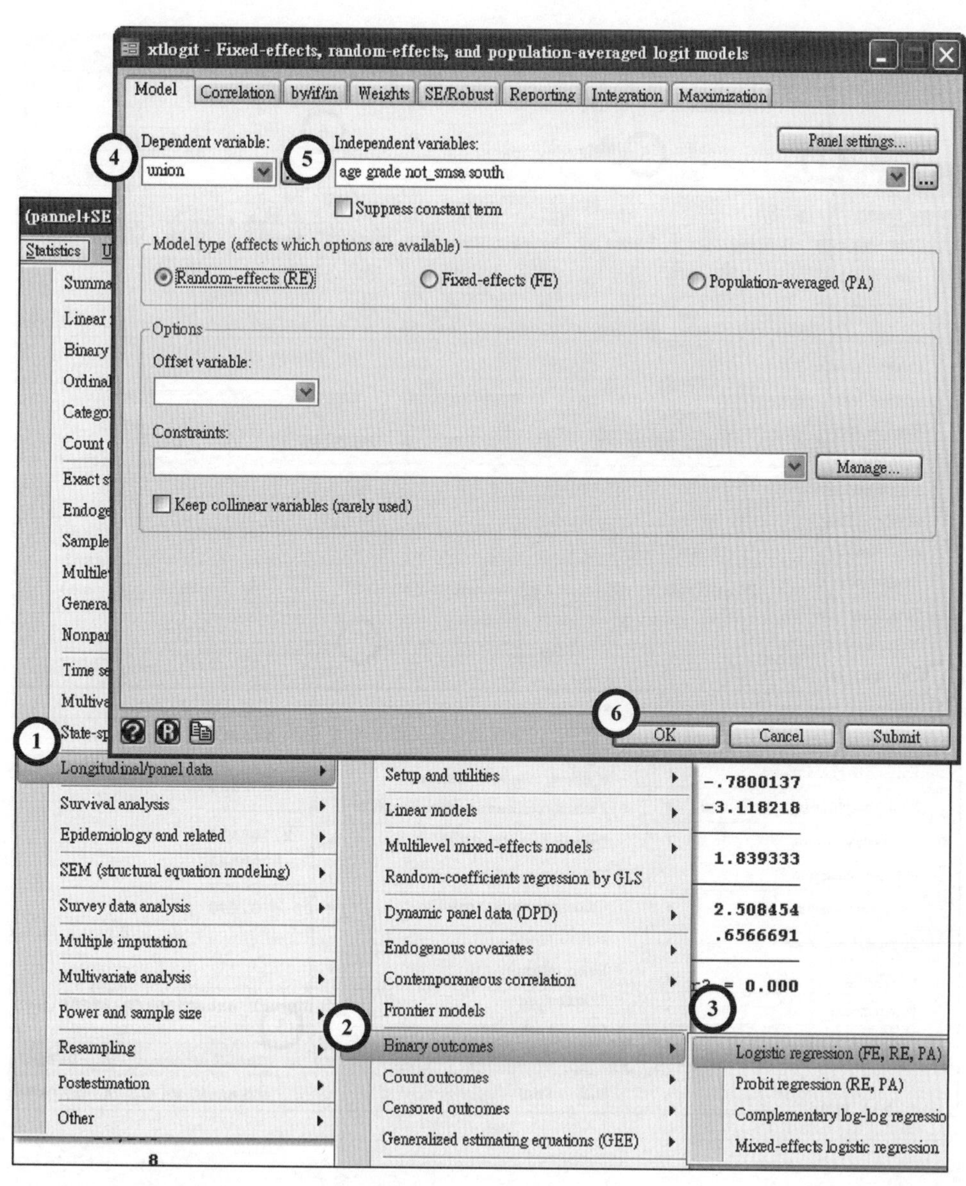

圖 8-24「xtlogit union age grade not_smsa south, re」畫面

方法 2：使用 GMM 基礎 GEE 之 logit panel 模型

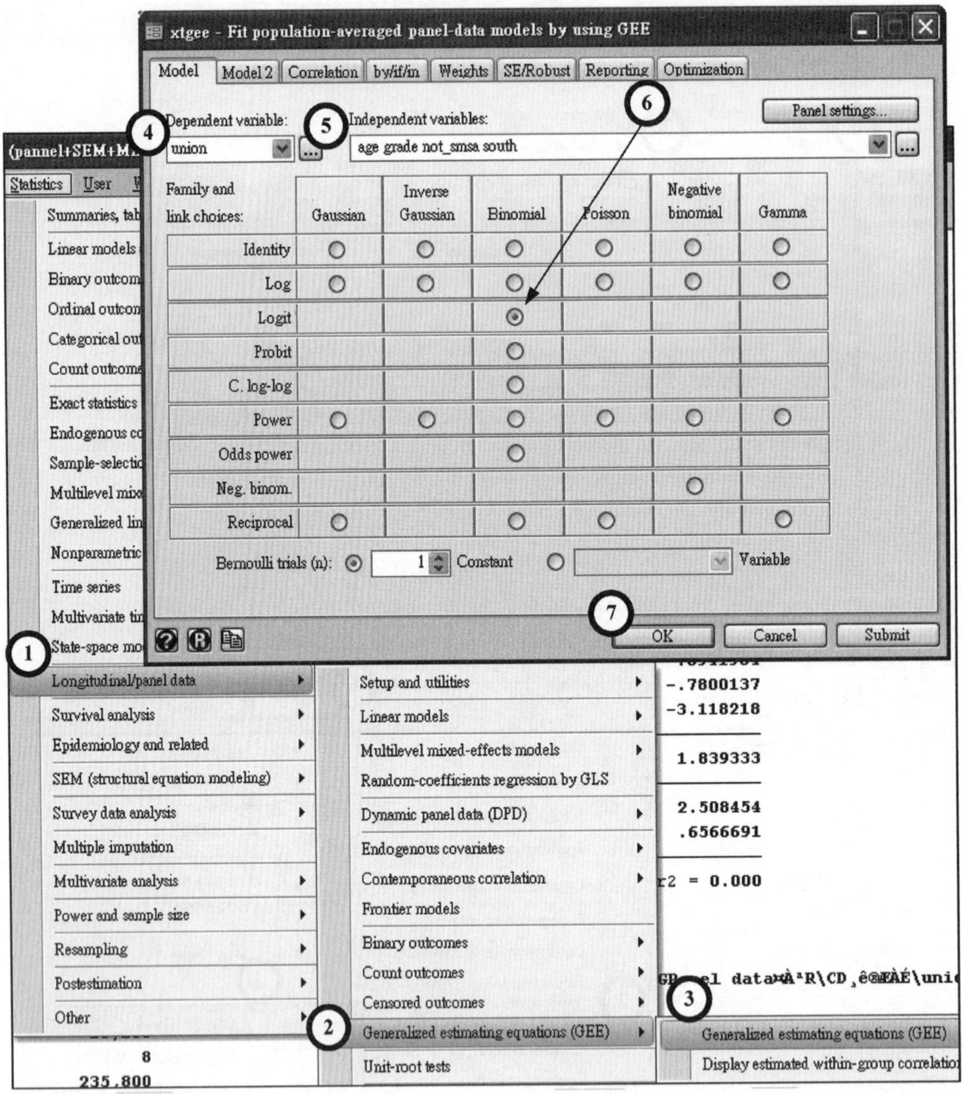

圖 8-25 「xtgee union age grade not_smsa south, family (binomial) link (logit))」畫面

由於依變數 union (參加工會否 ?) 爲二元變數，故屬於「**family** (binomial) 搭配 **link** (logit)」型。

xtgee 指令 corr 選項：相關結構 (correlation structures) 與可被允許觀察値空

間 (spacing of observations within panel)。

	可被允許		
		不平等 (Unequal)	
相關矩陣	非平衡 Panel	稀疏型 (Spacing)	間隙型 (Gaps)
Independent	yes	yes	yes
Exchangeable	yes	yes	yes
自我相關 (ar k)	yes (*)	no	no
stationary k	yes (*)	no	no
nonstationary k	yes (*)	no	no
unstructured	yes	yes	yes
fixed	yes	yes	yes

(*) 所有小群組 (panels) 必須至少有 k + 1 個觀察值。

```
. webuse union
. xtset id year
* Fit a logit model

*方法 1：使用 xtlogit 隨機效果（當對照組）
. xtlogit union age grade not_smsa south, re
Random-effects logistic regression              Number of obs      =     26200
Group variable: idcode                          Number of groups   =      4434

Random effects u_i ~ Gaussian                   Obs per group: min =         1
                                                               avg =       5.9
                                                               max =        12

                                                Wald chi2(4)       =    221.29
Log likelihood  = -10544.769                    Prob > chi2        =    0.0000

------------------------------------------------------------------------------
       union |      Coef.   Std. Err.      z    P>|z|     [95% Conf. Interval]
-------------+----------------------------------------------------------------
         age |   .0169145    .003667     4.61   0.000     .0097274    .0241016
       grade |   .0880223   .0176218     5.00   0.000     .0534843    .1225603
    not_smsa |  -.2553606   .0822272    -3.11   0.002    -.4165229   -.0941984
```

```
       south |  -.9376588   .0804326   -11.66   0.000    -1.095304   -.7800137
       _cons |  -3.600577   .2461061   -14.63   0.000    -4.082936   -3.118218
-------------+----------------------------------------------------------------
    /lnsig2u |   1.747216   .0469996                      1.655098    1.839333
-------------+----------------------------------------------------------------
     sigma_u |   2.395538   .0562946                      2.287705    2.508454
         rho |   .6356118   .0108855                      .6140221    .6566691
------------------------------------------------------------------------------
Likelihood-ratio test of rho = 0: chibar2(01) = 6003.65  Prob > = chibar2 = 0.000

*方法 2: 使用 GMM 基礎 GEE
. xtgee union age grade not_smsa south, family (binomial 1) link (log) corr
  (exchangeable)

GEE population-averaged model                   Number of obs      =     26200
Group variable:                     idcode      Number of groups   =      4434
Link:                                  log      Obs per group: min =         1
Family:                           binomial                     avg =       5.9
Correlation:                  exchangeable                     max =        12
                                                Wald chi2(4)       =    230.97
Scale parameter:                         1      Prob > chi2        =    0.0000

------------------------------------------------------------------------------
       union |      Coef.   Std. Err.      z    P>|z|     [95% Conf. Interval]
-------------+----------------------------------------------------------------
         age |   .0072704   .0016183     4.49   0.000     .0040986    .0104422
       grade |    .050291   .0082536     6.09   0.000     .0341142    .0664678
    not_smsa |  -.0915269   .0381284    -2.40   0.016    -.1662572   -.0167966
       south |  -.4552249   .0395922   -11.50   0.000    -.5328242   -.3776256
       _cons |  -2.249332   .1147505   -19.60   0.000    -2.474239   -2.024425
------------------------------------------------------------------------------

* 誤差相關矩陣為 AR (1)，故改用 Fit a probit model with AR (1) correlation
. xtgee union age grade not_smsa south, family (binomial) link (probit) corr
  (ar1)
*(略)
```

1. 方法 1：**xtlogit** 隨機效果指令，求得 logit panel 模型：

   $Pr\,(union_{it}) = F\,(-3.6 + 0.02age_{it} + 0.09grade_{it} - 0.26not\_smsa_{it} - 0.94south_{it} + \mu_{it})$

   F (.) 爲標準常態分配的累積分析函數

   在 5% 水準下，勞工年齡 (age)、教育水準 (grade)、非 smsa (未參加教會詩歌班，not_smsa)、南方人嗎 (south)，都與員工是否參加工會 (**union**) 之機率，呈顯著正 / 負相關。
2. 方法 2：GMM 基礎 GEE 迴歸分析，求得動態 panel 模型：

   $Pr\,(union_{it}) = F\,(-2.25 + 0.007age_{it} + 0.05grade_{it} - 0.09not\_smas_{it} - 0.46south_{it} + \mu_{it})$
3. **xtdpdsys** 動態指令和 GMM 迴歸，二者在係數、標準誤、顯著性 p 值都相近。故二種估計法有著異曲同工之妙。

8-5 多層次混合 (multilevel mixed) 模型

1. 由於追蹤資料的同一試驗單位會重複觀測好幾次，因此必須考量每個時期的測量值是否會受到前時期結果的影響。
2. 過去常利用一般線性模型 (general linear model) 結構，將各時間點的測量值視爲不同的反應變數。然而，由於沒有考慮到試驗單位在不同觀測時間點的內部相關性，易犯第 I 型錯誤。
3. 因此現今一致認爲，混合 (mixed) 模型是目前重複測量的追蹤資料統計分析強有力的方法（Littell et al., 2002）。

一、多層次混合 (mixed) 模型、隨機係數模型

$$y_{it} = \alpha_i + X'_{it} \underbrace{\beta_i}_{\text{每一個體 i 的斜率都不相同}} + \underbrace{u_{it}}_{\text{殘差項} \sim N(0,\sigma^2)}$$

二、分析單位的兩種謬誤

1. 以全概偏：如果是根據群體的特質來推斷其中個體的特質，即是犯了生態謬誤 (ecological fallacy)(以群體所做的分析，關聯較高)。常見案例有：
   (1) 有人將 Hefsted（1980）衡量「國家文化」量表四個構面（權力距離、不確定性避免、長期導向、男性作風），誤用在「個人」的解釋。
   (2)「平均所得高的地區，吸毒的比率高」這個主題，其分析單位是「地區」，但有人錯誤推論爲「愈富有的人，吸毒的比率愈高」(分析單位是「個

人」）。

(3)「單親比率高的地區，中學生輟學比率高」這個主題，其分析單位是「地區」，此時就不能推論「單親家庭之中學生輟學率高」，因爲後者的分析單位是「個人」。

2. 以偏概全：若依據個體的特質而推論群體的特質，則犯了原子論式的謬誤 (atomistic fallacy)(要加總需符合組內一致、組間有差異的統計檢驗)。例如，「各國國民贊成民主化某特定主題的比例高低」（分析單位是「個人」），來推論「該國政治民主化的程度」（分析單位是「國家」），就犯了個體上的謬誤。

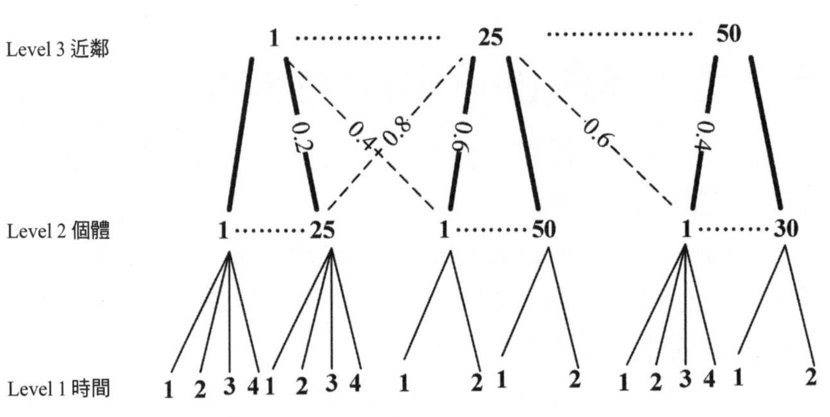

圖 8-26 多層次混合模型 (multilevel mixed model) 之示意圖

計量學家鮮少採用多層次混合模型，但其他學域就會用到它們。

多層次 (multilevel) 係指，將個體 i 所有觀察值堆疊之後，再代入下式：

$$y_i = X_i\beta + Z_i u_i + \varepsilon_i$$

其中

u_i 是 iid (0,G)，Z_i 稱爲設計矩陣。

1. 隨機效果：設計矩陣 $Z_i = e$ (某一向量)，且 $u_i = \alpha_i$。
2. 隨機係數 (coefficients)：$Z_i = X_i$。

三、多層次混合模型之類型

多層次混合模型又可分成下列三種：

1. 線性：多層次混合迴歸 (xtmixed 指令)。
2. 非線性：多層次混合 Logistic 迴歸 (xtmelogit 指令)。
3. 非線性：多層次混合 Poisson 迴歸 (xtmepoisson 指令)。

多層次混合模型之指令為：

指令	說明
xtmixed	多層次混合效果之線性迴歸 (Multilevel mixed-effects linear regression)
xtmelogit	多層次混合效果 (Multilevel mixed-effects) 之羅吉斯迴歸 (Logistic regression)
xtmepoisson	多層次混合效果 (Multilevel mixed-effects) 之 Poisson 迴歸 (Poisson regression)

8-5-1a 分層隨機抽樣

要想提高研究設計之外部效度，有六種方法可「控制」外生 (extraneous) 變數：

1. 排除法：選擇相同外在變數之標準。例如，害怕「年齡」這個外生變數會影響自變數，所以隨機找同年齡 (例如，18 歲) 的人當樣本。此種做法，雖提升了內部效度，但卻損及外部效度。
2. 隨機法：採用控制組 (對照組) 及實驗組，將樣本隨機分派至兩組，以抵銷外生變數。調查法則可採「分層隨機抽樣」、或完全隨機抽樣。
3. 共變數分析法：一齊記錄外生變數，將它納入研究設計中，以共變數分析來分析。
4. 配對法：即以外生變數 (如年齡) 來配對。在實務上，係較難找到這樣的精準配對，再分組至實驗組及控制組中。
5. 重複實驗：同組的人先作實驗群，也作控制組。一群當二群用，其缺點：除了會受到前測 (pre-test) 影響外，亦會受到施測順序 (實驗—控制、控制—實驗) 的影響。
6. 納入法：即改用多因子實驗設計。假如害怕「年齡」這個外生變數會影響自變數，除了隨機以「年齡」分派樣本外，還可以將它納入多因子變異數分析中。

抽樣 (sampling) 調查係自調查對象之母體中抽取一部分個體，加以觀察，然後再推估母體之現象。

機率抽樣係指抽取之樣本是按照樣本之機率隨機抽出。分層隨機抽樣也是機率抽樣之一，它將母體按照某些特性，分成數個不重疊的組群，這些組群即稱爲層，而再由各層分別抽出樣本。

抽樣之基本原則：

1. 所抽之樣本能代表母體 (代表性)。
2. 以樣本訊息估計母體之特性，要盡可能精確，並且可測度其可信度(精確性)。
3. 抽樣成本要儘量少 (成本低)。
4. 配合不同之母體狀況及行政限制下，採取適宜方法 (即考量實務問題)。亦即如何達到快速、準確、具代表性，而又能配合實務 (可行性)。

一、分層隨機抽樣 (stratified random sampling)

抽樣是推論統計的必要步驟，而推論統計的目的是在於根據樣本的性質來推估母群體的性質。因爲我們不知道母群體的性質，所以要抽出樣本來估計它。可見，推論統計的工作乃是由已知推論未知，由特殊而瞭解普遍的一種科學步驟。樣本既然是要用來代表母群體的，則樣本必須具有代表性 (representativeness)，否則這種樣本便無價值可言。抽樣 (sampling) 的方式有很多種，較常用的抽樣方法有簡單隨機抽樣 (simple random sampling)、系統性抽樣 (systematic sampling)、分層隨機抽樣 (stratified random sampling) 及群集抽樣 (cluster sampling)。

簡單隨機抽樣的抽樣方法在直覺上是非常公平，而且不會遭受扭曲，因爲在整個母群體中的每一個分子成員，都有同樣的可能性出現在樣本中，但其缺點是無法利用我們對母群體先有的一些訊息，或對母群體特性的一些判斷，例如某一城市貧富分布並非任意分配，而是貧民都居住在北區，而富人居住在南區，那麼我們可利用此一項訊息，使用分層隨機抽樣，抽樣結果更符合我們的需要。

按照某種原因或其他一定的標準，將所含抽樣單位個數分別定爲 $N_1, N_2, \cdots, N_h, \cdots, N_L$，但 $\sum_{h=1}^{L} N_h = N$；這些分支的母群體簡稱爲層 (stratum)。再以簡單隨機抽樣法，分別從各層獨立的抽出 $n_1, n_2, \cdots, n_h, \cdots, n_L$ 個單位，組成一個含有 $\sum_{h=1}^{L} n_h = n$ 個單位的樣本，根據此樣本中各單位的平均 $\bar{x}_h$ 與母群體各層單位的個數

N_h，去推估母群體平均。亦即 $\hat{\mu}_h = \sum_{h=1}^{L} \frac{N_h}{N} \bar{x}_h$，其中 N 爲母群體中單位總數，而 h 爲層號。

往往調查對象的母體中，包含每一抽樣單位附隨的某種特性的變數間，具有很大的變異性，即分散度很大，或具有歪度很大的分布。此時若置之不理，而採用簡單隨機抽樣法從整個母體中抽出樣本，則可能在分布兩端的單位便沒有被抽中的機會，或者抽出太多極端的樣本，因而失去母體的代表性，以致估計的準確度不高。反之，假如按照母體分布的狀態，將其抽樣單位分爲大、小二層或更細分，使各層內的單位間的變異程度較低，而各層間的變異程度較高。根據變異數分析原理，層間變異愈大，則層內變異愈小，因此各層樣本的代表性將會增高，將其混合資料用以估計整個母體總和或平均值，必能獲得準確度很高的估計結果。

分層隨機抽樣在實際應用上是最常用的一種抽樣方法。通常欲調查的母體內各個抽樣單位，當其間變異甚大，即分散度很大或具有歪度 (skewness) 時，若採用簡單隨機抽樣，則可能造成分散在兩端的樣本將不被抽中或抽中太多，如此抽出的樣本不具高度代表性，反而使估計誤差過大，因此有使用分層隨機抽樣的必要。舉例來說，欲估計超級市場的平均營業額，即要對超級市場按超市大小分層後再作抽樣。

1. 分層隨機抽樣的特點

分層隨機抽樣的特點是：由於通過劃類分層，增大了各類型中單位間的共同性，容易抽出具有代表性的調查樣本。該方法適用於總體情況複雜，各單位之間差異較大，單位較多的情況。

2. 分層隨機抽樣的優點及限制

分層隨機抽樣法的優點：

(1) 可增加樣本代表性。

(2) 可提高估計的準確度。

(3) 可分別獲得各層的訊息，並做各層間的比較分析。

(4) 可在各層設立行政單位，以便於執行。

(5) 可視各層情形，採取不同的抽樣方法。

分層隨機抽樣法的限制：

(1) 分層變數的選取 (要與所欲估計的特徵值具有高度相關)。

(2) 層數的釐定 (要適當並配合母體的分配狀況) 。

(3) 分層標準的決定 (各層不能有重疊現象)。

(4) 各層樣本的配置方法。

(5) 分層後，樣本資料的整理及估計較複雜。

因此，**使用分層隨機抽樣法的最佳時機**，便是當 (1) 母體內樣本單位的差異較大時；和 (2) 分層後能達到層間差異大、層內差異小的原則。原則上，要使層內變異小，而層間變異大，各層不能有重疊現象。

3. 分層隨機抽樣的步驟

分層隨機抽樣的使用步驟，首先我們必須把母群體分成具有較高同質性的次母群體或階層，然後再從各次母群體或階層分別抽出樣本，這種抽樣方法可以使所得到的樣本更能代表母群體的特性。一般而言，分層隨機抽樣的抽樣方法包括三個步驟：(1) 將母群體分成幾個階層；(2) 對每個階層實施隨機抽樣；(3) 估計母群體之均值。

分層抽樣，也叫類型抽樣。就是將總體單位按其屬性特徵分成若干類型或層，然後在類型或層中隨機抽出樣本單位。

4. 確定各層樣本數的三方法

(1) 分層定比：即各層樣本數與該層總體數的比值相等。例如，樣本大小 $n = 50$，總體 $N = 500$，則 $n/N = 0.1$ 即為樣本比例，每層均按這個比例確定該層樣本數。

(2) 奈曼法：即各層應抽樣本數與該層總體數及其標準差的積成正比。

(3) 非比例分配法：當某個層次包含的個案數在總體中所占比例太小時，為使該層的特徵在樣本中得到足夠的反映，可人為適當增加該層樣本數在總體樣本中的比例，但這樣做會增加推論的複雜性。

5. 分層隨機抽樣的應用

總體中賴以進行分層的變數為分層變數，理想的分層變數是調查中要加以測量的變數或與其高度相關的變數。分層的原則是增加層內的同質性和層間的異質性。常見的分層變數有性別、年齡、教育、職業等。分層隨機抽樣在實際抽樣調查中廣泛使用，在同樣樣本容量的情況下，它比純隨機抽樣的精確度高。此外管理方便，費用少，效度高。

8-5-1b 偵測兩個敵對模型，誰比較適配你的樣本？

兩個敵對模型，孰優孰劣，Stata 偵測法如下：

1. 專家之配對比較量表 (scale of paired comparison)：AHP 法 (層級分析法)。

2. SEM 適配度的準則 (criteria for goodness-of-fit)。

(1) 整體模型適配 (Overall model fit) – Chi-Square test (建議值 p-value > 0.05)
(2) 增量適配指標 (Incremental fit indices) – Comparative Fit Index (建議值 CFI ≧ 0.90) – Non-Normed Fit Index (建議值 NNFI ≧ 0.90)
(3) 殘差爲主的指標 (Residual-based Indices) – Root Mean Square Error of Approximation (建議值 RMSEA = 0.05) – Standardized Root Mean Square Residual (建議值 SRMR ≦ 0.05) – Root Mean Square Residual (建議值 RMR ≦ 0.05) – Goodness of Fit Index (建議值 GFI ≧ 0.95) – Adjusted Goodness of Fit Index (建議值 AGFI ≧ 0.90)
(4) 比較兩個模型之指標 (Model Comparison Indices) – Chi-Square Difference Test (卡方之差異檢定) – Akaike 資訊準則 (兩個競爭模型之 AIC 較小者，適配度愈佳) – Bayesian Information Criterion (兩個競爭模型之 BIC 較小者，適配度愈佳)

3. 資訊準則 (information criteria, IC): AIC、BIC。
4. 誤差愈小者愈佳。例如，樣本外預測：
   通常，執行樣本外預測的程序爲：
   Step 1. 以樣本內 $\{y_1, y_2, \cdots, y_N\}$ 來估計時間數列模型。
   Step 2. 建構預測：$\hat{y}_{(N+1)\leftarrow N}, \hat{y}_{(N+2)\leftarrow(N+1)}, \cdots, \hat{y}_{(T)\leftarrow(T-1)}$
   Step 3. 以「$e = \hat{y} - y$」公式來建構預測誤差：$\hat{e}_{(N+1)\leftarrow N}, \hat{e}_{(N+2)\leftarrow(N+1)}, \cdots, \hat{e}_{(T)\leftarrow(T-1)}$
   Step 4. 計算 MS_E 的估計式

$$\widehat{MSE} = \frac{1}{P}\sum_{j=T-P}^{T-1} \hat{e}_{j+1,j}^2$$

   Step 5. 如果有兩個時間序列模型 A 與 B，我們可以分別求得：誤差均方 MSE_A 與 MSE_B，若 $MSE_A < MSE_B$，則稱模型 A 之預測表現比 B 佳。
5. LR (概似檢定) 法：常用在 ARIMA (p, d, q), VAR, SVAR (結構式向量自我迴歸)、兩階段迴歸模型、似不相關迴歸、多層次混合模型……。

6. 判定係數 R^2：線性複迴歸，其 R^2 值愈大表示模型適配度愈佳；相對地，非線性複迴歸 (e.g. 機率迴歸、logit 迴歸等) 之 pseudo R^2 值愈大，亦表示模型適配度愈佳。

8-5-2a 線性、橫斷面：多層次混合迴歸 (xtmixed 指令)

範例：學生數學成績 (math 變數) 之多層次迴歸，雙層次 (two level) 模型

本例只考慮「學生鑲套在學校內 (students are nested within school)」，若你想一併探討潛在變數 school 層次之「學校與學校之間的效果 (school-by-school effects)」，請見作者《廣義線性結構》第 5 章「5-3-1 雙層次測量模型 (廣義反應變數)」。

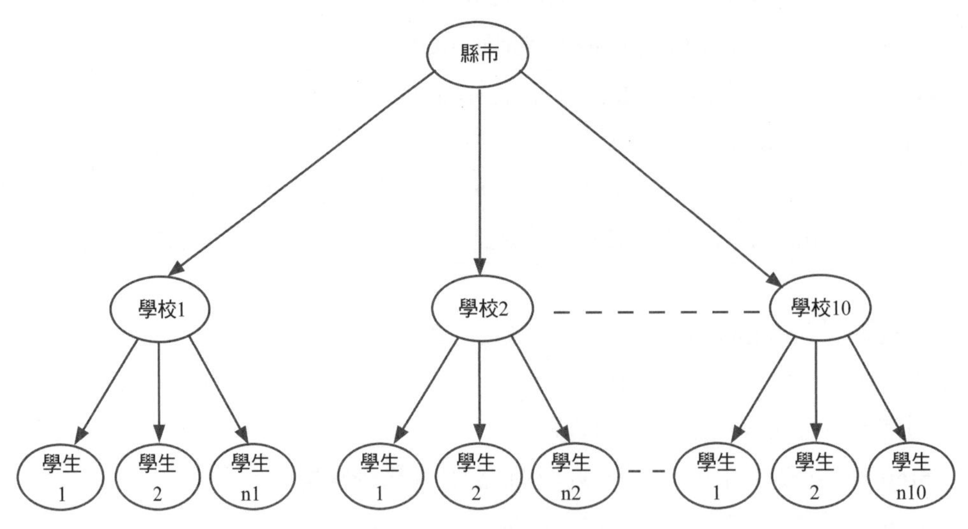

圖 8-27 不同層次 (階層) 的資料 (學生鑲套在學校內 (students are nested within school))

本例係以學校來分層 (multilevel)，同一學校內變異視爲固定不變；不同學校之間變異視爲變動的。

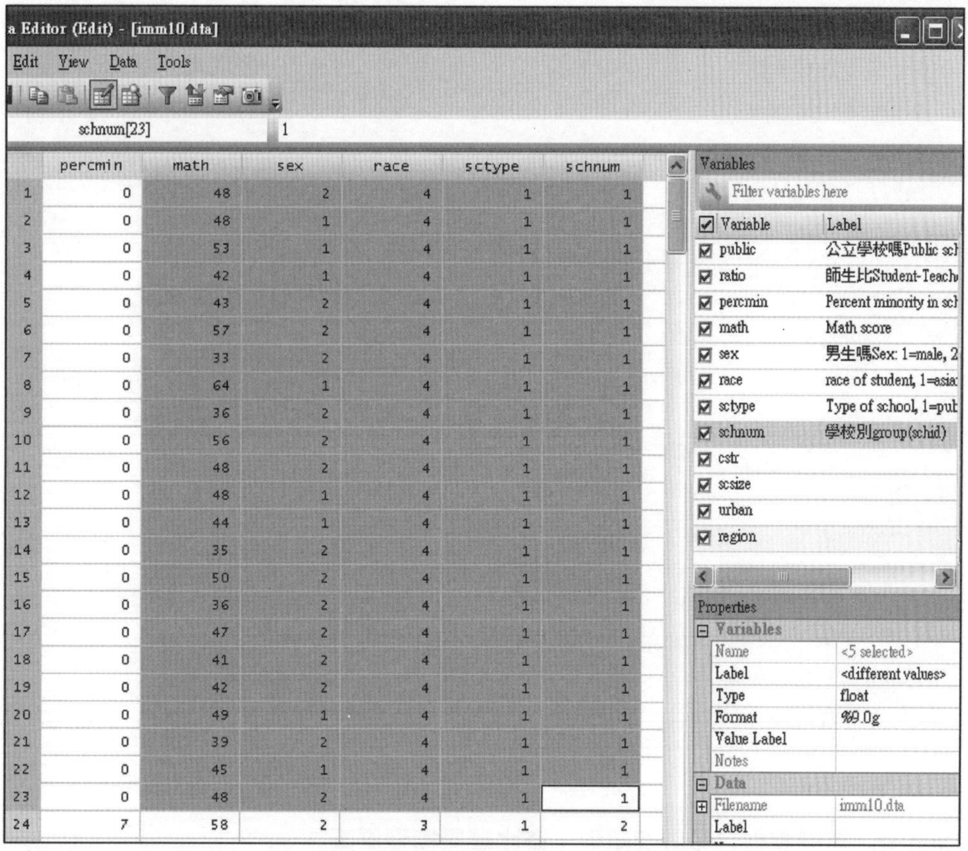

a Editor (Edit) - [imm10.dta]

Edit View Data Tools

schnum[23] 1

	percmin	math	sex	race	sctype	schnum
1	0	48	2	4	1	1
2	0	48	1	4	1	1
3	0	53	1	4	1	1
4	0	42	1	4	1	1
5	0	43	2	4	1	1
6	0	57	2	4	1	1
7	0	33	2	4	1	1
8	0	64	1	4	1	1
9	0	36	2	4	1	1
10	0	56	2	4	1	1
11	0	48	2	4	1	1
12	0	48	1	4	1	1
13	0	44	1	4	1	1
14	0	35	2	4	1	1
15	0	50	2	4	1	1
16	0	36	2	4	1	1
17	0	47	2	4	1	1
18	0	41	2	4	1	1
19	0	42	2	4	1	1
20	0	49	1	4	1	1
21	0	39	2	4	1	1
22	0	45	1	4	1	1
23	0	48	2	4	1	1
24	7	58	2	3	1	2

Variables

Filter variables here

Variable	Label
public	公立學校嗎Public scl
ratio	師生比Student-Teach
percmin	Percent minority in scl
math	Math score
sex	男生嗎Sex: 1=male, 2
race	race of student, 1=asia
sctype	Type of school, 1=pul
schnum	學校別group(schid)
cstr	
scsize	
urban	
region	

Properties

Variables

Name	<5 selected>
Label	<different values>
Type	float
Format	%9.0g
Value Label	
Notes	

Data

Filename	imm10.dta
Label	

圖 8-28「imm10.dta」資料檔內容 (共 10 所學校)

```
. use imm10.dta, clear
*或 use http://www.ats.ucla.edu/stat/stata/examples/mlm_imm/imm10, clear

. describe math homework schnum parented

variable    storage   display     value
name        type      format      label      variable label
------------------------------------------------------------------------------

math        float     %9.0g                  數學分數 (Math score)
homework    float     %9.0g                  每週在數學作業的花費時間
                                            Time spent on math homework each week
```

```
schnum       float     %9.0g                    學校別 group (schid)
parented     float     %9.0g                    父學歷 Parents highest education level
*10 所學校之樣本數
. tabulate schnum

學校別 group |
     (schid) |      Freq.     Percent        Cum.
------------+-----------------------------------
          1 |         23        8.85        8.85
          2 |         20        7.69       16.54
          3 |         24        9.23       25.77
          4 |         22        8.46       34.23
          5 |         22        8.46       42.69
          6 |         20        7.69       50.38
          7 |         67       25.77       76.15
          8 |         21        8.08       84.23
          9 |         21        8.08       92.31
         10 |         20        7.69      100.00
------------+-----------------------------------
      Total |        260      100.00
```

Step 1a. 無自變數之多層次模型，會比單層模型優嗎？

SEM 適配度的準則 (criteria for goodness-of-fit)

1. 整體模型適配 (Overall model fit) – Chi-Square test (建議值 p-value > 0.05)
2. 增量適配指標 (Incremental fit indices) – Comparative Fit Index (建議值 CFI ≥ 0.90) – Non-Normed Fit Index (建議值 NNFI ≥ 0.90)
3. 殘差為主的指標 (Residual-based Indices) – Root Mean Square Error of Approximation (建議值 RMSEA ≤ 0.05) – Standardized Root Mean Square Residual (建議值 SRMR ≤ 0.05) – Root Mean Square Residual (建議值 RMR ≤ 0.05) – Goodness of Fit Index (建議值 GFI ≥ 0.95) – Adjusted Goodness of Fit Index (建議值 AGFI ≥ 0.90)

4. 比較兩個模型之指標 (Model Comparison Indices)
   (1) 卡方之差異檢定 (Chi-Square Difference Test)
   (2) Akaike 資訊準則 (兩個競爭模型之 AIC 較小者，適配度愈佳)
   (3) Bayesian Information Criterion (兩個競爭模型之 BIC 較小者，適配度愈佳)

```
. use imm10.dta, clear

* 雙層模型：無 homework 自變數，只 math 依變數，並以學校 (schnum) 來分層
. xtmixed math || schnum: , variance

Performing EM optimization:

Performing gradient-based optimization:

Iteration 0:   log likelihood = -937.38956
Iteration 1:   log likelihood = -937.38956

Computing standard errors:

Mixed-effects ML regression                     Number of obs      =       260
Group variable: schnum                          Number of groups   =        10

                                                Obs per group: min =        20
                                                               avg =      26.0
                                                               max =        67


                                                Wald chi2(0)       =         .
Log likelihood = -937.38956                     Prob > chi2        =         .

------------------------------------------------------------------------------
        math |      Coef.   Std. Err.      z    P>|z|     [95% Conf. Interval]
-------------+----------------------------------------------------------------
       _cons |   48.87206   1.835121    26.63   0.000     45.27529    52.46883
------------------------------------------------------------------------------
```

```
------------------------------------------------------------------------------
  Random-effects Parameters  |   Estimate   Std. Err.     [95% Conf. Interval]
-----------------------------+------------------------------------------------
schnum: Identity             |
                  var(_cons) |   30.54173   14.49877      12.04512    77.44192
-----------------------------+------------------------------------------------
               var(Residual) |   72.23582   6.451525      60.63594    86.05481
------------------------------------------------------------------------------
LR test vs. linear regression: chibar2(01) = 115.35 Prob >= chibar2 = 0.0000
```

概似比 (LR) 檢定，得 $\bar{\chi}^2_{(1)} = 115.35$，$p < 0.05$，表示採雙層次混合模型會比線性 OLS 模型來得優。

Step 1b. 無自變數之多層次模型，偵測其另一模型適配度 AIC、BIC

```
. use imm10.dta, clear

* 多層次模型：以 homework 自變數來預測 math 依變數
.quietly xtmixed math || schnum: , variance

* 執行 xtmixed 之事後指令
. estat ic

-----------------------------------------------------------------------------
       Model |    Obs    ll(null)   ll(model)     df          AIC         BIC
-------------+---------------------------------------------------------------
           . |    260           .   -937.3896      3     1880.779    1891.461
-----------------------------------------------------------------------------
               Note:  N = Obs used in calculating BIC; see [R] BIC note
```

1. 模型適配度，除了 R^2 值愈大愈佳之外，另一模型適配度之指標就是 AIC 及 BIC，這二個資訊準則 (information criteria) 值愈小，表示模型適配度愈佳。
2. 無自變數 (homework)，只有 math 依變數，並以學校 (schnum)，求得 AIC = 1880.779。

Step 2a. 單一自變數之多層次模型

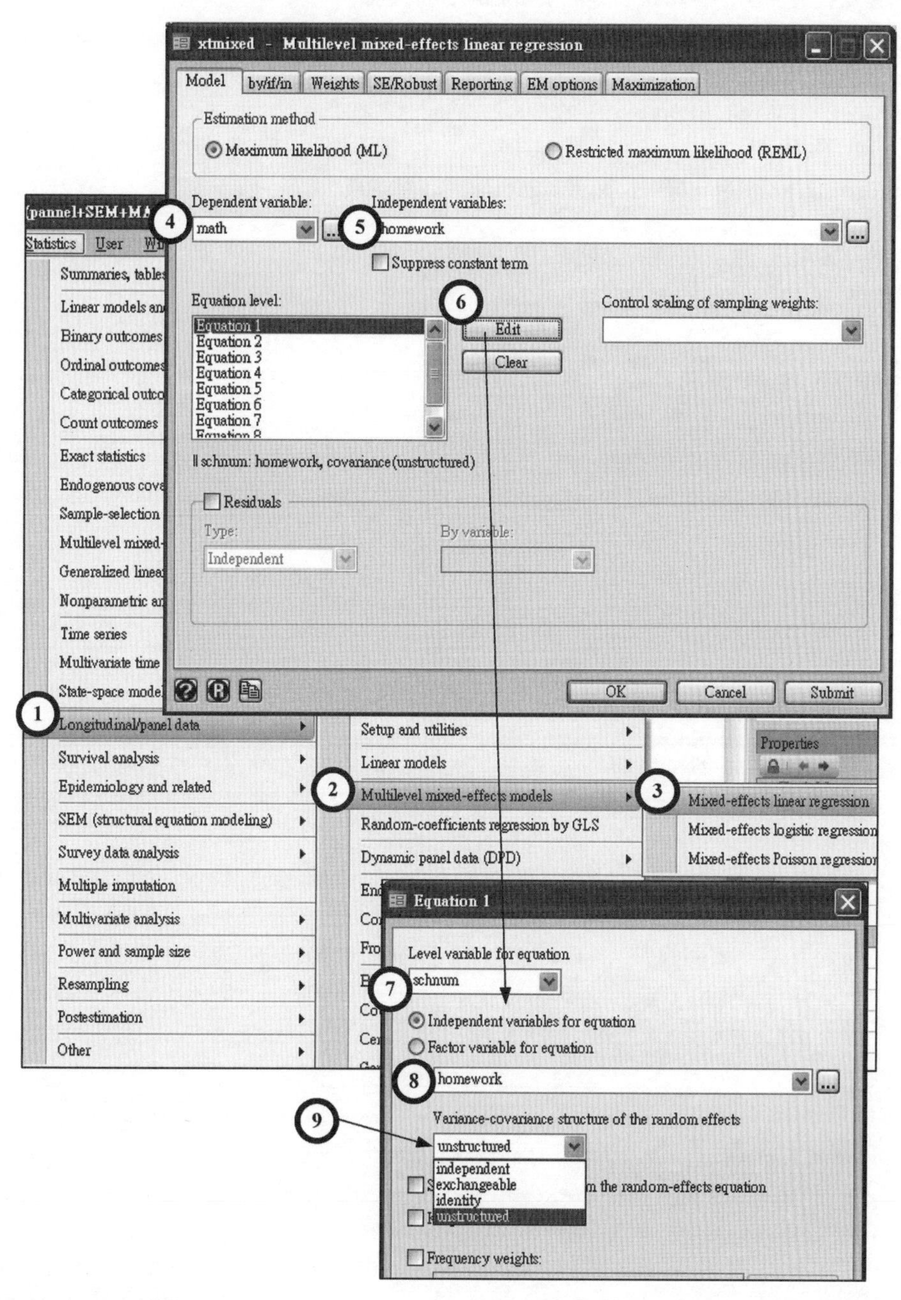

圖 8-29 「xtmixed math homework || schnum: homework, variance covar (un) mle」畫面

```
. use imm10.dta, clear

*多層次模型：以 homework 自變數來預測 math 依變數
. xtmixed math homework, || schnum: homework, covariance (unstructured)

Performing EM optimization:

Performing gradient-based optimization:

Iteration 0:   log likelihood = -884.69291
Iteration 1:   log likelihood = -884.69291

Computing standard errors:

Mixed-effects ML regression                     Number of obs      =       260
Group variable: schnum                          Number of groups   =        10

                                                Obs per group: min =        20
                                                               avg =      26.0
                                                               max =        67

                                                Wald chi2(1)       =      1.94
Log likelihood = -884.69291                     Prob > chi2        =    0.1641

------------------------------------------------------------------------------
        math |      Coef.   Std. Err.      z    P>|z|     [95% Conf. Interval]
-------------+----------------------------------------------------------------
    homework |   2.048702    1.47223     1.39   0.164    -.8368155     4.93422
       _cons |   44.77263   2.603197    17.20   0.000     39.67046     49.8748
------------------------------------------------------------------------------

------------------------------------------------------------------------------
  Random-effects Parameters  |   Estimate   Std. Err.     [95% Conf. Interval]
-----------------------------+------------------------------------------------
schnum: Unstructured         |
              sd (homework)  |   4.469748   1.097249      2.762658    7.231676
                 sd (_cons)  |   7.861683    1.89991      4.895625    12.62475
      corr (homework, _cons) |   -.804226   .1191864     -.9438074   -.4211726
-----------------------------+------------------------------------------------
```

```
              sd(Residual) |   6.562542   .2993635      6.001266    7.176313
------------------------------------------------------------------------------
LR test vs. linear regression:       chi2(3) = 146.97   Prob > chi2 = 0.0000

Note: LR test is conservative and provided only for reference.

*偵測雙層模型之模型適配度：information criteria (ic, 資訊準則)
. estat ic

-----------------------------------------------------------------------------
       Model |    Obs    ll(null)   ll(model)     df          AIC         BIC
-------------+---------------------------------------------------------------
           . |    260           .   -884.6929      6     1781.386     1802.75
-----------------------------------------------------------------------------
               Note:  N = Obs used in calculating BIC; see [R] BIC note
```

1. 線性：雙層次混合模型爲

   $math_i = 44.77 + 2.049 homework_i + \varepsilon_i$

   數學成績 $_i = 44.77 + 2.049$ 作數學功課時間長短 $_i + \varepsilon_i$

2. 概似比檢定，得 $\chi^2_{(3)} = 146.97$，$p < 0.05$，表示採雙層次混合模型會比線性 OLS 模型來得優。

Step 2b. 單自變數之多層次模型

```
. use imm10.dta, clear

*多層次模型：以 homework 自變數來預測 math 依變數
.quietly xtmixed math homework, || schnum: homework, covariance(unstructured)

*偵測雙層模型之模型適配度：information criteria (ic, 資訊準則)
. estat ic

-----------------------------------------------------------------------------
       Model |    Obs    ll(null)   ll(model)     df          AIC         BIC
-------------+---------------------------------------------------------------
           . |    260           .   -884.6929      6     1781.386     1802.75
-----------------------------------------------------------------------------
               Note:  N = Obs used in calculating BIC; see [R] BIC note
```

1. 模型適配度，除了 R^2 值愈大愈佳之外，另一模型適配度之指標就是 AIC 及 BIC，這二個資訊準則 (information criteria) 值愈小，表示模型適配度愈佳。
2. 單自變數 (homework) 來預測 math 依變數，其 AIC = 1781.386，又比前面「無自變數」math 依變數之模型 (AIC = 1880.779) 來得小，表示本次，我們認定的模型又比前次「無自變數」來得佳。

Step 3. 雙自變數之多層次模型

```
. use imm10.dta, clear
. xtmixed math homework parented || schid: homework, variance covar (un)

Performing EM optimization:

Performing gradient-based optimization:

Iteration 0:   log likelihood = -875.24984
Iteration 1:   log likelihood = -875.24984

Computing standard errors:

Mixed-effects ML regression                     Number of obs      =       260
Group variable: schid                           Number of groups   =        10

                                                Obs per group: min =        20
                                                               avg =      26.0
                                                               max =        67

                                                Wald chi2(2)       =     24.11
Log likelihood = -875.24984                     Prob > chi2        =    0.0000

------------------------------------------------------------------------------
        math |      Coef.   Std. Err.      z    P>|z|     [95% Conf. Interval]
-------------+----------------------------------------------------------------
    homework |   1.844116   1.385668     1.33   0.183    -.8717444    4.559976
   parented |   1.762018   .3767523     4.68   0.000     1.023597    2.500439
       _cons |   40.25653   2.511272    16.03   0.000     35.33452    45.17853
------------------------------------------------------------------------------
```

```
------------------------------------------------------------------------------
  Random-effects Parameters  |   Estimate   Std. Err.     [95% Conf. Interval]
-----------------------------+------------------------------------------------
schid: Unstructured          |
              var (homework) |   17.58718   8.703176      6.667627    46.38964
                 var (_cons) |   48.01667   23.92497      18.08294    127.5014
        cov (homework, _cons) |  -25.59563    13.4741     -52.00437    .8131211
-----------------------------+------------------------------------------------
              var (Residual) |   41.06192   3.757881      34.31938    49.12912
------------------------------------------------------------------------------
LR test vs. linear regression:        chi2(3) =     79.50   Prob > chi2 = 0.0000

Note: LR test is conservative and provided only for reference.

*以下事後指令，來求得本次模型之適配度
. estat ic

-----------------------------------------------------------------------------
       Model |    Obs    ll (null)   ll (model)      df          AIC        BIC
-------------+---------------------------------------------------------------
           . |    260            .    -875.2498       7       1764.5   1789.424
-----------------------------------------------------------------------------
               Note:  N = Obs used in calculating BIC; see [R] BIC note
```

1. 線性：雙層次混合模型爲
   $math_i = 40.26 + 1.84 homework_i + 1.76 parented_i + \varepsilon_i$
   數學成績 $_i$ = 40.26 + 1.84 作數學功課時間長短 $_i$ + 1.76 雙親學歷 $_i + \varepsilon_i$
2. 概似比檢定，得 $\chi^2_{(3)} = 79.50$，$p < 0.05$，表示採雙層次混合模型會比線性 OLS 模型來得優。
3. 本次模型，AIC = 1764.5，又比前次模型 (AIC = 1781.386) 來得小，表示本次，我們認定的模型比前次來得佳。

8-5-2b線性、縱貫面：Mixed 或 Multilevel 或 Hierarchical Model (xtmixed 指令)

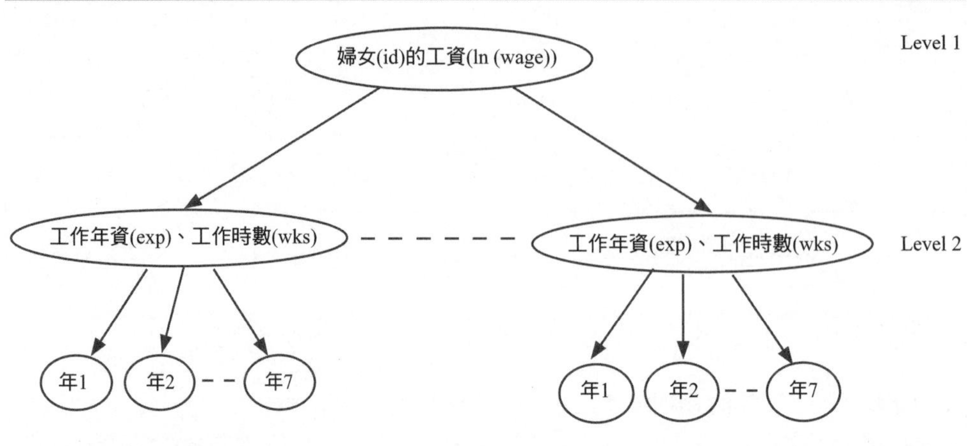

圖 8-30 雙層次縱貫模型：追蹤婦女工資七年，並以工作年資及工作時數來分層

範例：工資 (lwage 變數) 之多層次迴歸，雙層次 (two level) 模型

各變數之資料特徵

```
. webuse cornwell_panel.dta
. describe

Contains data from D:\cornwell_panel.dta
  obs:         4,165                  (PSID wage data 1976-82 from Baltagi
                                      and Khanti-Akom (1990))
 vars:            15                  3 Jul 2014 23:19
 size:       241,570                  (_dta has notes)
-------------------------------------------------------------------------------
variable  storage  display  value
name         type  format   label      variable label
-------------------------------------------------------------------------------
exp         float   %9.0g               全職工作年資
wks         float   %9.0g               每週工作時數
occ         float   %9.0g               職業，occ == 1 if in a blue-collar
```

```
ind          float    %9.0g              製造業？ind == 1 if working in a manuf
south        float    %9.0g              居住在南方嗎？south == 1 if in the South area
smsa         float    %9.0g              smsa == 1 if in the Standard metropolita
ms           float    %9.0g              marital status
fem          float    %9.0g              女性嗎？
union        float    %9.0g              參加工會嗎？if wage set be a union contract
ed           float    %9.0g              教育年數
blk          float    %9.0g              黑人嗎？black
lwage        float    %9.0g              ln(工資)
t            float    %9.0g              時間，1976-82 PSID wage data
id           int      %8.0g              595 individuals
exp2         float    %9.0g              年資的平方
------------------------------------------------------------------------------
Sorted by:  id  t

.
. xtset id t
       panel variable:  id (strongly balanced)
        time variable:  t, 1 to 7
                delta:  1 unit

.
. xtdescribe

      id:  1, 2, ..., 595                                    n =        595
       t:  1, 2, ..., 7                                      T =          7
           Delta (t) = 1 unit
           Span (t)  = 7 periods
          (id*t uniquely identifies each observation)

Distribution of T_i:  min      5%      25%      50%      75%     95%     max
                        7       7        7        7        7       7       7

     Freq.  Percent    Cum. |  Pattern
 ---------------------------+---------
      595    100.00  100.00 |  1111111
 ---------------------------+---------
      595    100.00         |  XXXXXXX
```

```
. xtsum

Variable         |      Mean   Std. Dev.       Min        Max |    Observations
-----------------+--------------------------------------------+----------------
exp      overall |  19.85378   10.96637          1         51 |     N =    4165
         between |             10.79018          4         48 |     n =     595
         within  |              2.00024   16.85378   22.85378 |     T =       7
                 |                                            |
wks      overall |  46.81152   5.129098          5         52 |     N =    4165
         between |             3.284016   31.57143   51.57143 |     n =     595
         within  |             3.941881    12.2401   63.66867 |     T =       7
                 |                                            |
occ      overall |  .5111645   .4999354          0          1 |     N =    4165
         between |              .469327          0          1 |     n =     595
         within  |             .1731615  -.3459784   1.368307 |     T =       7
                 |                                            |
ind      overall |  .3954382   .4890033          0          1 |     N =    4165
         between |             .4648725          0          1 |     n =     595
         within  |              .152739  -.4617047   1.252581 |     T =       7
                 |                                            |
south    overall |  .2902761   .4539442          0          1 |     N =    4165
         between |             .4489462          0          1 |     n =     595
         within  |             .0693042  -.5668667   1.147419 |     T =       7
                 |                                            |
smsa     overall |  .6537815    .475821          0          1 |     N =    4165
         between |             .4601658          0          1 |     n =     595
         within  |             .1223035  -.2033613   1.510924 |     T =       7
                 |                                            |
ms       overall |  .8144058   .3888256          0          1 |     N =    4165
         between |             .3686109          0          1 |     n =     595
         within  |             .1245274  -.0427371   1.671549 |     T =       7
                 |                                            |
fem      overall |   .112605   .3161473          0          1 |     N =    4165
         between |             .3163754          0          1 |     n =     595
         within  |                    0    .112605    .112605 |     T =       7
                 |                                            |
union    overall |  .3639856   .4812023          0          1 |     N =    4165
         between |             .4543848          0          1 |     n =     595
```

```
         within |              .1593351  -.4931573   1.221128 |     T =         7
                |                                             |
ed       overall |  12.84538   2.787995          4         17 |     N =      4165
         between |             2.790006          4         17 |     n =       595
         within |                     0   12.84538   12.84538 |     T =         7
                |                                             |
blk      overall |  .0722689   .2589637          0          1 |     N =      4165
         between |             .2591505          0          1 |     n =       595
         within |                     0   .0722689   .0722689 |     T =         7
                |                                             |
lwage    overall |  6.676346   .4615122    4.60517      8.537 |     N =      4165
         between |             .3942387     5.3364   7.813596 |     n =       595
         within |              .2404023   4.781808   8.621092 |     T =         7
                |                                             |
t        overall |         4    2.00024          1          7 |     N =      4165
         between |                   0          4          4 |     n =       595
         within |               2.00024          1          7 |     T =         7
                |                                             |
id       overall |       298   171.7821          1        595 |     N =      4165
         between |              171.906          1        595 |     n =       595
         within |                     0        298        298 |     T =         7
                |                                             |
exp2     overall |   514.405   496.9962          1       2601 |     N =      4165
         between |             489.0495         20       2308 |     n =       595
         within |              90.44581    231.405    807.405 |     T =         7
```

本例共十五個變數，連續七年，記錄著「婦女工資 (lwage)」及工作情境之成長變化過程，係屬 longitudinal analysis。每個個體 i (「婦女工資」) 都由七個觀察值再堆疊成一單位 (七年之變化記錄)，謂之第一層 (level 1)。而每個婦女工資又會受到「工作年資 (exp)、工作時數 (wks)」的干擾影響，若你想「控制」這二個「工作年資 (exp)、工作時數 (wks)」外生變數，你可把它們當成「工資的子層次」，謂之第二層 (level 2)。

故本 panel 模型亦可當作 longitudinal 的雙層次模型，並以 xtmixed 多層次指令來分析。

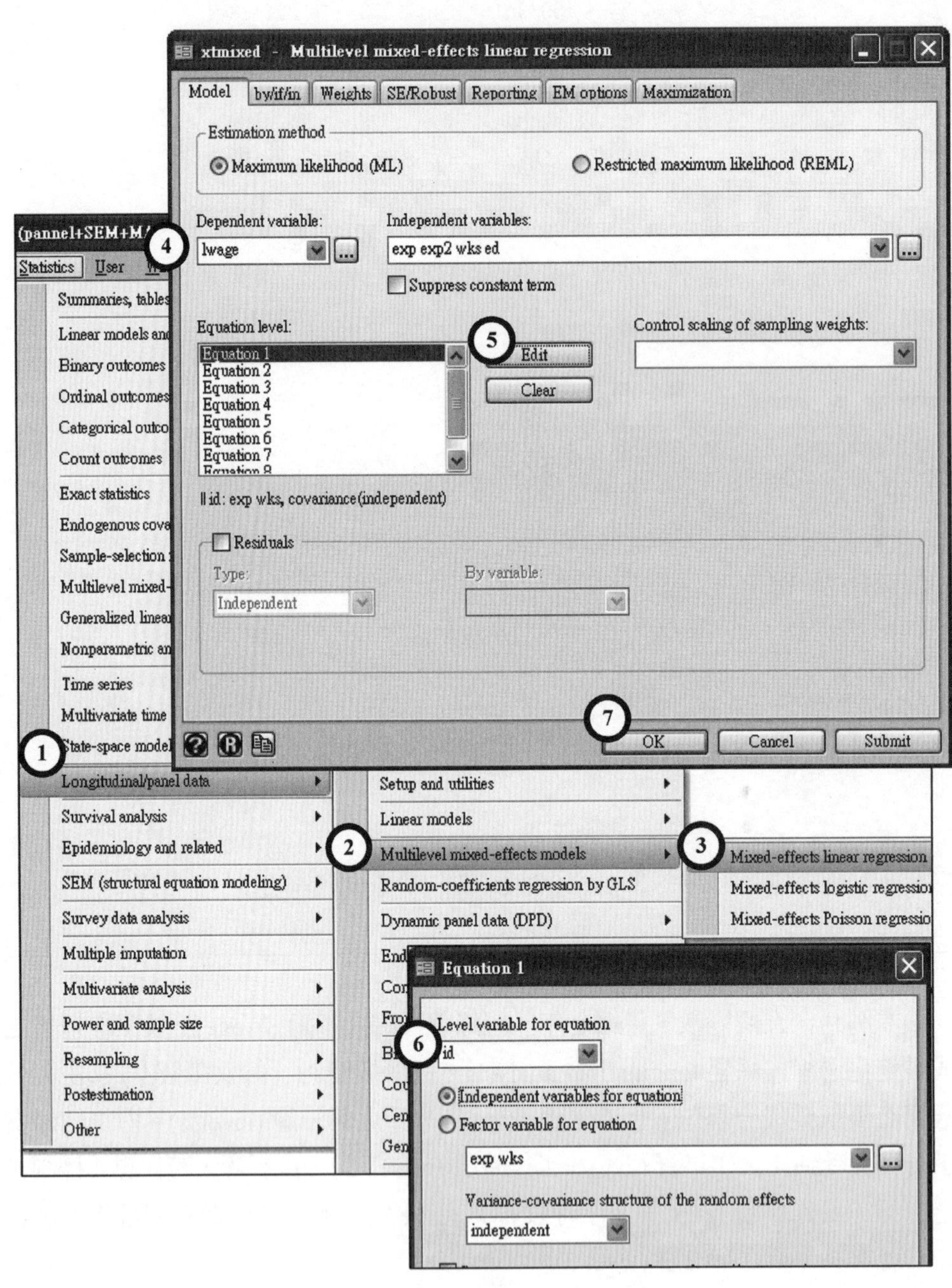

圖 8-31 xtmixed 指令「two level 模型」之畫面

```
. use cornwell_panel.dta

. xtmixed lwage exp exp2 wks ed || id: exp wks, covar (unstructured) mle


Performing EM optimization:

Performing gradient-based optimization:

Iteration 0:   log likelihood =  486.59431
Iteration 1:   log likelihood =  487.45944
Iteration 2:   log likelihood =  487.46458
Iteration 3:   log likelihood =  487.46458

Computing standard errors:

Mixed-effects ML regression                     Number of obs      =      4165
Group variable: id                              Number of groups   =       595

                                                Obs per group: min =         7
                                                               avg =       7.0
                                                               max =         7


                                                Wald chi2(4)       =   2329.75
Log likelihood =  487.46458                     Prob > chi2        =    0.0000

------------------------------------------------------------------------------
       lwage |      Coef.   Std. Err.      z    P>|z|     [95% Conf. Interval]
-------------+----------------------------------------------------------------
         exp |   .0596164   .0031392    18.99   0.000     .0534636    .0657692
        exp2 |    .000783   .0000686    11.42   0.000     .0006486    .0009173
         wks |   .0007125   .0007193     0.99   0.322    -.0006974    .0021224
          ed |    .085466   .0105976     8.06   0.000     .0646951    .1062368
       _cons |   4.244821   .1475348    28.77   0.000     3.955658    4.533984
------------------------------------------------------------------------------
```

```
------------------------------------------------------------------------------
 Random-effects Parameters  |   Estimate   Std. Err.     [95% Conf. Interval]
-----------------------------+------------------------------------------------
id: Independent             |
                   sd (exp) |   .0397696   .0019083      .0361998    .0436913
                   sd (wks) |   .0059424   .0006401      .0048115    .0073391
                 sd (_cons) |   .4872653   .0393101      .4160015    .5707371
-----------------------------+------------------------------------------------
              sd (Residual) |   .1336522   .0018328      .1301079    .1372932
------------------------------------------------------------------------------
LR test vs. linear regression:       chi2(3) =   4963.67   Prob > chi2 = 0.0000

Note: LR test is conservative and provided only for reference.
```

1. 分析結果，固定效果爲：

   $lwage_i = 4.24 \times \alpha_i + 0.06 \times \exp_i + 0.0008 \times (\exp_i)^2 + 0.0007 \times wks_i + 0.09 \times ed_i + \varepsilon_{it}$

2. 概似比 (LR) 檢定結果，$\chi^2_{(2)} = 4963.67$，$p < 0.05$，故多層次混合模型顯著比 OLS 優。

8-5-2c 線性、縱貫面：多層次成長模型 (xtmixed 指令)

範例：混合效果最大概似 (ML) 迴歸，two level 模型

本例共三個變數記錄著，豬在成長過程之體重，係屬縱貫面分析 (longitudinal analysis of pig weights)。個體 i (每條豬爲 level 1)，每個個體 i 都由九個觀察值再堆疊成一單位 (整體豬之九個月成長記錄)，謂之第二層 (level 2)。故本 panel 模型亦可當作 longitudinal 的雙層次模型，並以 xtmixed 多層次指令來分析。

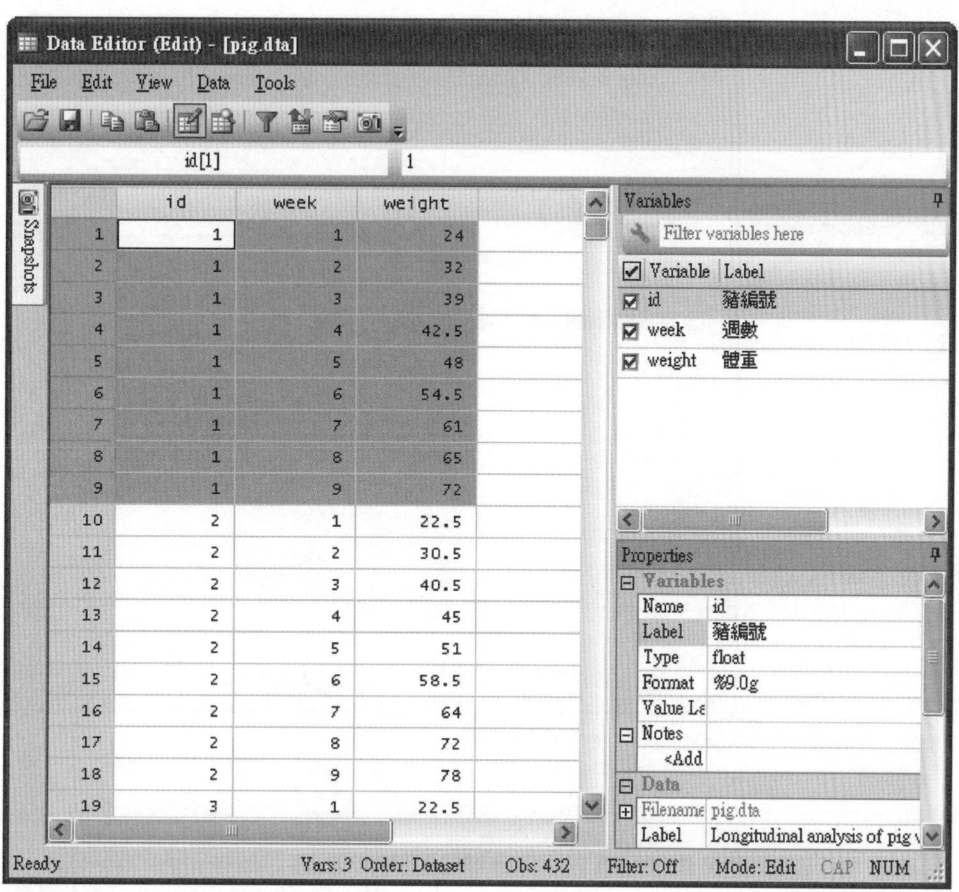

圖 8-32「pig.dta」資料檔之內容

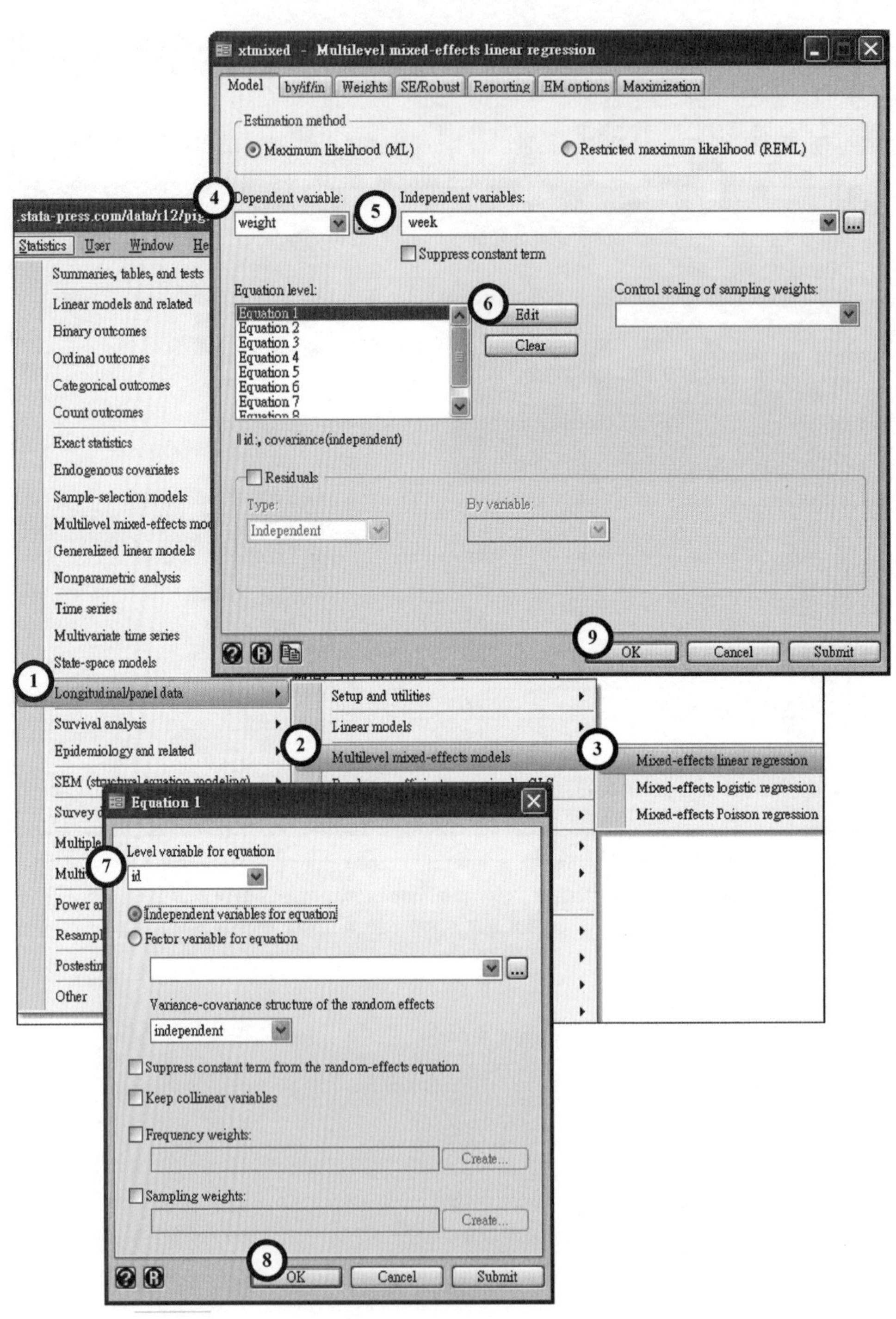

圖 8-33 「xtmixed …」指令之畫面

```
* 開啟網路上 pig.dta 資料檔
. webuse pig, clear
(Longitudinal analysis of pig weights)

* 雙層次模型 (Two-level model)。符號「||」後面，設定 id 為 group 變數
. xtmixed weight week || id:

Performing EM optimization:

Performing gradient-based optimization:

Iteration 0:   log likelihood = -1014.9268
Iteration 1:   log likelihood = -1014.9268

Computing standard errors:

Mixed-effects ML regression                     Number of obs      =       432
Group variable: id                              Number of groups   =        48

                                                Obs per group: min =         9
                                                               avg =       9.0
                                                               max =         9

                                                Wald chi2(1)       =  25337.49
Log likelihood = -1014.9268                     Prob > chi2        =    0.0000

------------------------------------------------------------------------------
      weight |      Coef.   Std. Err.      z    P>|z|     [95% Conf. Interval]
-------------+----------------------------------------------------------------
        week |   6.209896   .0390124   159.18   0.000     6.133433    6.286359
       _cons |   19.35561   .5974059    32.40   0.000     18.18472    20.52651
------------------------------------------------------------------------------

------------------------------------------------------------------------------
  Random-effects Parameters  |   Estimate   Std. Err.     [95% Conf. Interval]
-----------------------------+------------------------------------------------
id: Identity                 |
```

```
                  sd (_cons) |  3.849352   .4058119      3.130769    4.732866
-----------------------------+------------------------------------------------
              sd (Residual) |  2.093625   .0755472       1.95067    2.247056
------------------------------------------------------------------------------
LR test vs. linear regression: chibar2(01) = 472.65 Prob > = chibar2 = 0.0000

* Two-level model with robust standard errors
. xtmixed weight week || id:, vce (robust)
```

分析結果，固定效果為：$weight_{it} = 19.356 \times \alpha_i + 6.21 \times week_{it} + \varepsilon_{it}$

8-5-2d 追蹤 (panel) 資料：多層次隨機截距 / 隨機斜率模型 (xtmixed 指令)

範例：隨機截距且隨機斜率之模型

Editor (Edit) - [nlswork.dta]

Edit View Data Tools

idcode[1] 1

	idcode	year	birth_yr	age	race	msp	nev_mar	grade
1	1	70	51	18	2	0	1	12
2	1	71	51	19	2	1	0	12
3	1	72	51	20	2	1	0	12
4	1	73	51	21	2	1	0	12
5	1	75	51	23	2	1	0	12
6	1	77	51	25	2	0	0	12
7	1	78	51	26	2	0	0	12
8	1	80	51	28	2	0	0	12
9	1	83	51	31	2	0	0	12
10	1	85	51	33	2	0	0	12
11	1	87	51	35	2	0	0	12
12	1	88	51	37	2	0	0	12
13	2	71	51	19	2	1	0	12
14	2	72	51	20	2	1	0	12
15	2	73	51	21	2	1	0	12
16	2	75	51	23	2	1	0	12
17	2	77	51	25	2	1	0	12
18	2	78	51	26	2	1	0	12
19	2	80	51	28	2	1	0	12
20	2	82	51	30	2	1	0	12
21	2	83	51	31	2	1	0	12
22	2	85	51	33	2	0	0	12
23	2	87	51	35	2	0	0	12
24	2	88	51	37	2	0	0	12
25	3	68	45	22	2	0	1	12
26	3	69	45	23	2	0	1	12
27	3	70	45	24	2	0	1	12
28	3	71	45	25	2	0	1	12
29	3	72	45	26	2	0	1	12

Variables

Filter variables here

Variable	Label
idcode	NLS ID
year	interview year
birth_yr	birth year
age	age in current year
race	1=white, 2=black, 3=other
msp	1 if married, spouse presen
nev_mar	1 if never married
grade	current grade completed
collgrad	1 if college graduate
not_smsa	1 if not SMSA
c_city	1 if central city
south	1 if south
ind_code	industry of employment

Properties

Variables	
Name	<21 selected>
Label	<different values>
Type	
Format	
Value L	
Notes	
Data	
Filenam	nlswork.dta
Label	National Longitudinal Survey
Notes	
<Add	
Variable	21
Observa	28,534
Size	919.55K
Memory	32M

Vars: 21 Order: Dataset Obs: 28,534 Filter: Off Mode: Edit CAP NUM

圖 8-34「nlswork.dta」資料檔之內容

各變數之資料特徵

```
. webuse nlswork
(National Longitudinal Survey.  Young Women 14-26 years of age in 1968)

. describe

Contains data from http://www.stata-press.com/data/r12/nlswork.dta
  obs:        28,534                          National Longitudinal Survey.
                                              Young Women 14-26 years of age in 1968
 vars:            21                          7 Dec 2010 17:02
 size:       941,622
------------------------------------------------------------------------------
variable       storage  display    value
name             type   format     label      variable label
------------------------------------------------------------------------------
idcode           int     %8.0g                NLS ID
year             byte    %8.0g                interview year
birth_yr         byte    %8.0g                birth year
age              byte    %8.0g                age in current year
race             byte    %8.0g                1 = white, 2 = black, 3 = other
msp              byte    %8.0g                1 if married, spouse present
nev_mar          byte    %8.0g                1 if never married
grade            byte    %8.0g                current grade completed
collgrad         byte    %8.0g                1 if college graduate
not_smsa         byte    %8.0g                1 if not SMSA
c_city           byte    %8.0g                1 if central city
south            byte    %8.0g                1 if south
ind_code         byte    %8.0g                industry of employment
occ_code         byte    %8.0g                occupation
union            byte    %8.0g                1 if union
wks_ue           byte    %8.0g                weeks unemployed last year
ttl_exp          float   %9.0g                total work experience
tenure           float   %9.0g                job tenure, in years
hours            int     %8.0g                usual hours worked
wks_work         int     %8.0g                weeks worked last year
ln_wage          float   %9.0g                ln (wage/GNP deflator)
------------------------------------------------------------------------------
Sorted by:  idcode  year
```

```
. xtset idcode year
       panel variable:  idcode (unbalanced)
        time variable:  year, 68 to 88, but with gaps
                delta:  1 unit

. xtdescribe

  idcode:  1, 2, ..., 5159                                   n =       4711
    year:  68, 69, ..., 88                                   T =         15
           Delta (year) = 1 unit
           Span (year)  = 21 periods
           (idcode*year uniquely identifies each observation)

Distribution of T_i:   min      5%     25%       50%       75%     95%     max
                         1       1       3         5         9      13      15

     Freq.  Percent    Cum. |  Pattern
 ---------------------------+-----------------------
      136      2.89    2.89 |  1....................
      114      2.42    5.31 |  ....................1
       89      1.89    7.20 |  .................1.11
       87      1.85    9.04 |  ...................11
       86      1.83   10.87 |  111111.1.11.1.11.1.11
       61      1.29   12.16 |  ..............11.1.11
       56      1.19   13.35 |  11...................
       54      1.15   14.50 |  ...............1.1.11
       54      1.15   15.64 |  .......1.11.1.11.1.11
     3974     84.36  100.00 | (other patterns)
 ---------------------------+-----------------------
     4711    100.00         |  XXXXXX.X.XX.X.XX.X.XX

. xtsum

 Variable         |      Mean   Std. Dev.       Min        Max |    Observations
-----------------+--------------------------------------------+----------------
idcode   overall |  2601.284   1487.359          1       5159 |     N =   28534
         between |              1487.57          1       5159 |     n =    4711
         within  |                    0   2601.284   2601.284 | T-bar = 6.05689
                 |                                            |
```

```
year      overall |  77.95865   6.383879        68         88 |     N =   28534
          between |             5.156521        68         88 |     n =    4711
          within  |             5.138271  63.79198   92.70865 | T-bar = 6.05689
                  |                                           |
birth_yr  overall |  48.08509   3.012837        41         54 |     N =   28534
          between |             3.051795        41         54 |     n =    4711
          within  |                    0  48.08509   48.08509 | T-bar = 6.05689
                  |                                           |
age       overall |  29.04511   6.700584        14         46 |     N =   28510
          between |             5.485756        14         45 |     n =    4710
          within  |              5.16945  14.79511   43.79511 | T-bar = 6.05308
                  |                                           |
race      overall |  1.303392   .4822773         1          3 |     N =   28534
          between |             .4862111         1          3 |     n =    4711
          within  |                    0  1.303392   1.303392 | T-bar = 6.05689
                  |                                           |
msp       overall |  .6029175   .4893019         0          1 |     N =   28518
          between |             .3982385         0          1 |     n =    4711
          within  |             .3238927 -.3304159   1.536251 | T-bar = 6.05349
                  |                                           |
nev_mar   overall |  .2296795   .4206341         0          1 |     N =   28518
          between |             .3684416         0          1 |     n =    4711
          within  |             .2456558 -.7036538   1.163013 | T-bar = 6.05349
                  |                                           |
grade     overall |  12.53259   2.323905         0         18 |     N =   28532
          between |             2.566536         0         18 |     n =    4709
          within  |                    0  12.53259   12.53259 | T-bar = 6.05904
                  |                                           |
collgrad  overall |  .1680451   .3739129         0          1 |     N =   28534
          between |             .4045558         0          1 |     n =    4711
          within  |                    0  .1680451   .1680451 | T-bar = 6.05689
                  |                                           |
not_smsa  overall |  .2824441   .4501961         0          1 |     N =   28526
          between |             .4111053         0          1 |     n =    4711
          within  |             .1834446 -.6461273   1.215777 | T-bar = 6.05519
                  |                                           |
c_city    overall |   .357218   .4791882         0          1 |     N =   28526
          between |             .4271586         0          1 |     n =    4711
          within  |             .2490022 -.5761154   1.290551 | T-bar = 6.05519
                  |                                           |
```

```
south    overall |  .4095562   .4917605          0          1 |     N =   28526
         between |             .4667982          0          1 |     n =    4711
         within  |             .1597932  -.5237771    1.34289 | T-bar = 6.05519
                 |                                            |
ind_code overall |  7.692973   2.994025          1         12 |     N =   28193
         between |             2.542844          1         12 |     n =    4695
         within  |             1.708429  -1.507027   17.12154 | T-bar =  6.0049
                 |                                            |
occ_code overall |  4.777672   3.065435          1         13 |     N =   28413
         between |              2.86512          1         13 |     n =    4699
         within  |             1.650248  -5.522328   15.44434 | T-bar = 6.04661
                 |                                            |
union    overall |  .2344319   .4236542          0          1 |     N =   19238
         between |             .3341803          0          1 |     n =    4150
         within  |             .2668622  -.6822348   1.151099 | T-bar = 4.63566
                 |                                            |
wks_ue   overall |  2.548095   7.294463          0         76 |     N =   22830
         between |             5.181437          0         76 |     n =    4645
         within  |                6.054  -33.95191   64.38143 | T-bar = 4.91496
                 |                                            |
ttl_exp  overall |  6.215316   4.652117          0   28.88461 |     N =   28534
         between |             3.724221          0    24.7062 |     n =    4711
         within  |             3.484133  -9.642671   20.38091 | T-bar = 6.05689
                 |                                            |
tenure   overall |  3.123836   3.751409          0   25.91667 |     N =   28101
         between |             2.796519          0   21.16667 |     n =    4699
         within  |             2.659784  -14.27894   15.62384 | T-bar = 5.98021
                 |                                            |
hours    overall |  36.55956   9.869623          1        168 |     N =   28467
         between |             7.846585          1       83.5 |     n =    4710
         within  |             7.520712  -2.154726   130.0596 | T-bar = 6.04395
                 |                                            |
wks_work overall |  53.98933   29.03232          0        104 |     N =   27831
         between |             20.64508          0        104 |     n =    4686
         within  |             23.96999  -18.43924    131.156 | T-bar = 5.93918
                 |                                            |
ln_wage  overall |  1.674907   .4780935          0   5.263916 |     N =   28534
         between |              .424569          0   3.912023 |     n =    4711
         within  |               .29266  -.4077221    4.78367 | T-bar = 6.05689
```

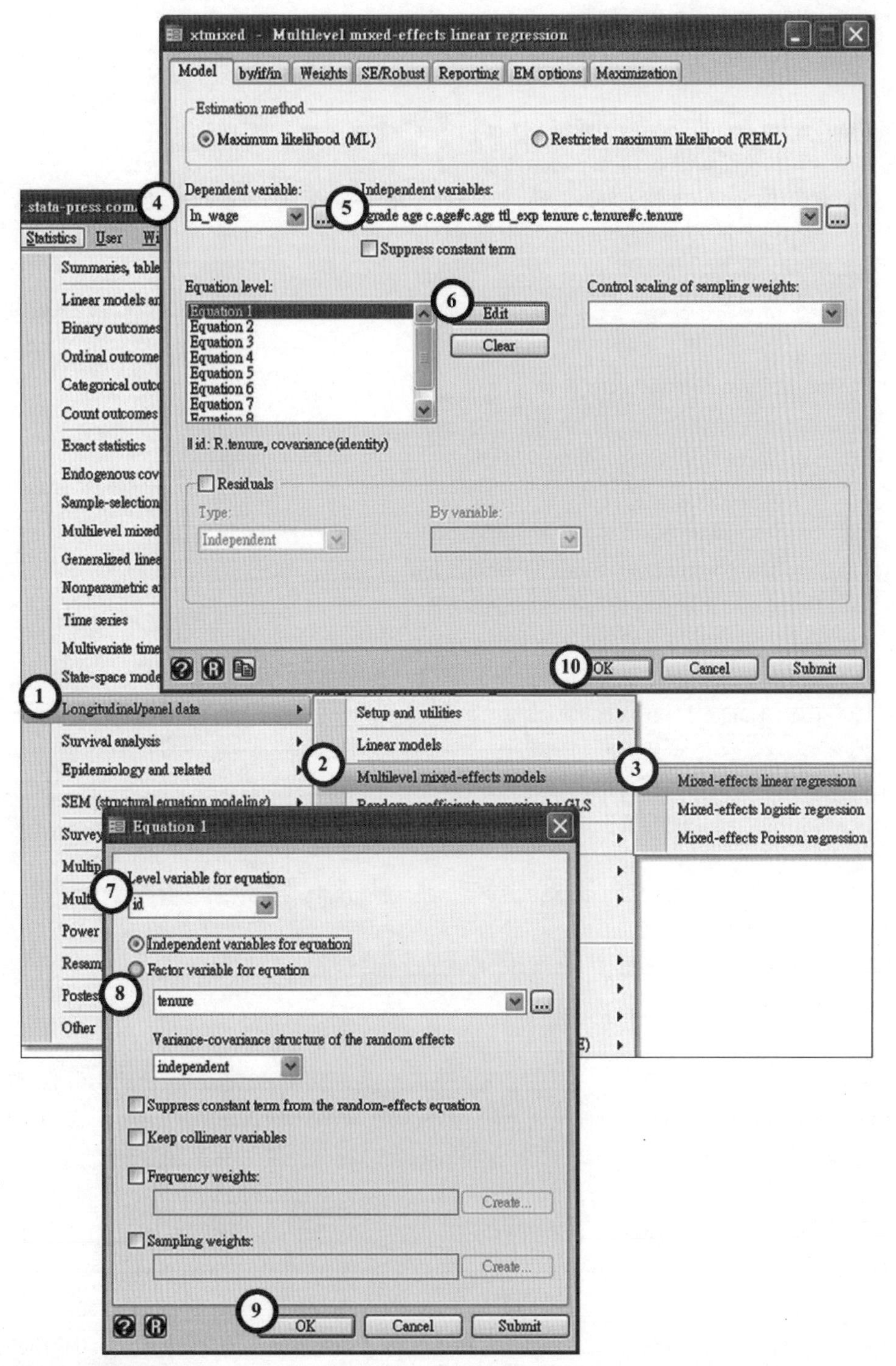

圖 8-35 xtmixed 指令「Random-intercep 且 random-slope (coefficient) model」

```
* 開啟網路上 nlswork 資料檔
. webuse nlswork

* Random-intercept model，類似 xtreg 指令。
* 符號「||」後面，設定 id 為 group 變數
. xtmixed ln_w grade age c.age#c.age ttl_exp tenure c.tenure#c.tenure || id:

* Random-intercept and random-slope (coefficient) model
. xtmixed ln_w grade age c.age#c.age ttl_exp tenure c.tenure#c.tenure || id: tenure

Performing EM optimization:

Performing gradient-based optimization:

Iteration 0:   log likelihood = -8981.3001
Iteration 1:   log likelihood = -8969.2762
Iteration 2:   log likelihood = -8968.8788
Iteration 3:   log likelihood = -8968.8786

Computing standard errors:

Mixed-effects ML regression                     Number of obs      =     28099
Group variable: idcode                          Number of groups   =      4697

                                                Obs per group: min =         1
                                                               avg =       6.0
                                                               max =        15

                                                Wald chi2(6)       =   6741.77
Log likelihood = -8968.8786                     Prob > chi2        =    0.0000

------------------------------------------------------------------------------
     ln_wage |      Coef.   Std. Err.      z    P>|z|     [95% Conf. Interval]
-------------+----------------------------------------------------------------
       grade |   .0692975   .0017897    38.72   0.000     .0657898    .0728053
         age |   .0322958    .002803    11.52   0.000     .0268019    .0377896
             |
```

```
    c.age#c.age |  -.000659  .0000468  -14.08  0.000   -.0007508  -.0005673
                |
        ttl_exp |  .0350363  .0011357   30.85  0.000    .0328104   .0372622
         tenure |   .039317  .0017335   22.68  0.000    .0359194   .0427146
                |
c.tenure#c.tenure | -.0019637 .0001251  -15.69  0.000   -.002209  -.0017185
                |
          _cons |  .1573508  .0450891    3.49  0.000    .0689777   .2457238
------------------------------------------------------------------------------

------------------------------------------------------------------------------
  Random-effects Parameters  |   Estimate   Std. Err.     [95% Conf. Interval]
-----------------------------+------------------------------------------------
idcode: Independent          |
                 sd(tenure)  |   .0241096   .0011279      .0219974    .0264247
                  sd(_cons)  |   .2561875   .0037219      .2489957    .2635871
-----------------------------+------------------------------------------------
              sd(Residual)   |   .2849873   .0013794      .2822966    .2877037
------------------------------------------------------------------------------
LR test vs. linear regression:      chi2(2) =  9162.24  Prob > chi2 = 0.0000

Note: LR test is conservative and provided only for reference.

* Random-intercept and random-slope (coefficient) model, correlated random effects
. xtmixed ln_w grade age c.age#c.age ttl_exp tenure c.tenure#c.tenure || id:
  tenure, cov(unstruct)
```

概似比 (LR) 檢定結果，$\chi^2_{(2)} = 9162.24$，$p < 0.05$，故多層次混合模型顯著比 OLS 優。

8-5-2e 追蹤 (panel) 資料：三層次之隨機截距／隨機斜率模型 (xtmixed 指令)

範例：混合效果最大概似 (ML) 迴歸，公部門資本生產力 (public capital productivity) 之三層次 (three level) 模型

以下範例，它共有十一個變數，記錄著美國各州長達十六年堆疊而成之公部門資本生產力，它亦可使用 xtmixed 三層次指令，視同縱貫面 (longitudinal) 來分析。個體 i (每州為 level 1)，每個個體 i 都由十七 (年) 觀察值再堆疊成一單位 (整體州有十七 (年) 記錄)，謂之第二層 (level 2)。每州又分一至九種都會區域 (region) 類型，即第三層 (level 3)。

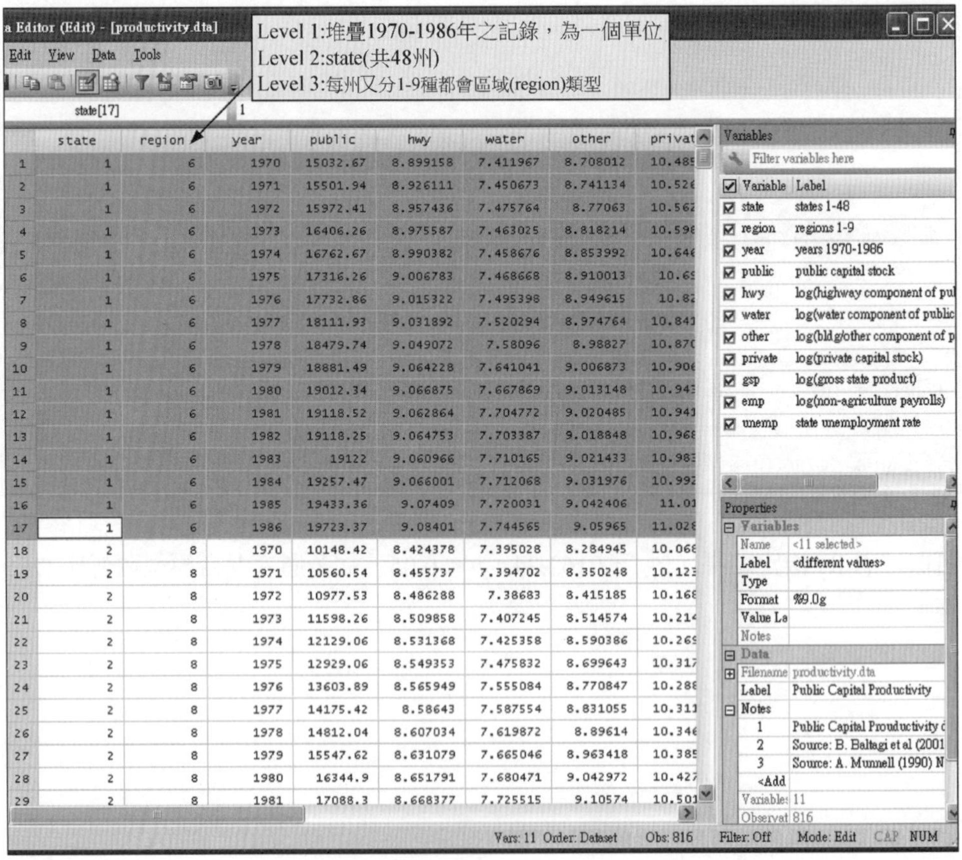

	state	region	year	public	hwy	water	other	privat
1	1	6	1970	15032.67	8.899158	7.411967	8.708012	10.485
2	1	6	1971	15501.94	8.926111	7.450673	8.741134	10.526
3	1	6	1972	15972.41	8.957436	7.475764	8.77063	10.562
4	1	6	1973	16406.26	8.975587	7.463025	8.818214	10.598
5	1	6	1974	16762.67	8.990382	7.458676	8.853992	10.646
6	1	6	1975	17316.26	9.006783	7.468668	8.910013	10.69
7	1	6	1976	17732.86	9.015322	7.495398	8.949615	10.82
8	1	6	1977	18111.93	9.031892	7.520294	8.974764	10.841
9	1	6	1978	18479.74	9.049072	7.58096	8.98827	10.870
10	1	6	1979	18881.49	9.064228	7.641041	9.006873	10.906
11	1	6	1980	19012.34	9.066875	7.667869	9.013148	10.943
12	1	6	1981	19118.52	9.062864	7.704772	9.020485	10.941
13	1	6	1982	19118.25	9.064753	7.703387	9.018848	10.968
14	1	6	1983	19122	9.060966	7.710165	9.021433	10.983
15	1	6	1984	19257.47	9.066001	7.712068	9.031976	10.992
16	1	6	1985	19433.36	9.07409	7.720031	9.042406	11.01
17	1	6	1986	19723.37	9.08401	7.744565	9.05965	11.028
18	2	8	1970	10148.42	8.424378	7.395028	8.284945	10.068
19	2	8	1971	10560.54	8.455737	7.394702	8.350248	10.123
20	2	8	1972	10977.53	8.486288	7.38683	8.415185	10.168
21	2	8	1973	11598.26	8.509858	7.407245	8.514574	10.214
22	2	8	1974	12129.06	8.531368	7.425358	8.590386	10.269
23	2	8	1975	12929.06	8.549353	7.475832	8.699643	10.317
24	2	8	1976	13603.89	8.565949	7.555084	8.770847	10.288
25	2	8	1977	14175.42	8.58643	7.587554	8.831055	10.311
26	2	8	1978	14812.04	8.607034	7.619872	8.89614	10.346
27	2	8	1979	15547.62	8.631079	7.665046	8.963418	10.385
28	2	8	1980	16344.9	8.651791	7.680471	9.042972	10.427
29	2	8	1981	17088.3	8.668377	7.725515	9.10574	10.501

圖 8-36「productivity.dta」資料檔之內容

各變數之資料特徵

```
. webuse productivity
. note

_dta:
  1.  Public Capital Productivity data
  2.  Source: B. Baltagi et al. (2001) Journal of Ecnometrics 101:357-381
  3.  Source: A. Munnell (1990) New England Economic Review 3-22

. describe

Contains data from D:\ productivity.dta
  obs:           816                      Public Capital Productivity
 vars:            11                      7 Jul 2014 02:13
 size:        29,376                      (_dta has notes)
--------------------------------------------------------------------------------
variable     storage   display    value
name           type    format     label    variable label
--------------------------------------------------------------------------------
state          byte      %9.0g              states 1-48
region         byte      %9.0g              regions 1-9
year           int       %9.0g              years 1970-1986
public         float     %9.0g              public capital stock
hwy            float     %9.0g              log (highway component of public)
water          float     %9.0g              log (water component of public)
other          float     %9.0g              log (bldg/other component of public)
private        float     %9.0g              log (private capital stock)
gsp            float     %9.0g              log (gross state product)
emp            float     %9.0g              log (non-agriculture payrolls)
unemp          float     %9.0g              state unemployment rate
--------------------------------------------------------------------------------
Sorted by:

. xtset state year
       panel variable:  state (strongly balanced)
        time variable:  year, 1970 to 1986
                delta:  1 unit
```

```
. xtdescribe

  state:  1, 2, ..., 48                                    n =         48
   year:  1970, 1971, ..., 1986                            T =         17
          Delta (year) = 1 unit
          Span (year)  = 17 periods
          (state*year uniquely identifies each observation)

Distribution of T_i:   min      5%     25%       50%       75%     95%     max
                        17      17      17        17        17      17      17

     Freq.  Percent    Cum. |  Pattern
 ---------------------------+-------------------
       48    100.00  100.00 |  11111111111111111
 ---------------------------+-------------------
       48    100.00         |  XXXXXXXXXXXXXXXXX

. xtsum

Variable         |      Mean   Std. Dev.       Min        Max |    Observations
-----------------+--------------------------------------------+----------------
state    overall |      24.5    13.8619          1         48 |     N =     816
         between |                   14          1         48 |     n =      48
         within  |                    0       24.5       24.5 |     T =      17
                 |                                            |
region   overall |  4.958333   2.459134          1          9 |     N =     816
         between |             2.483634          1          9 |     n =      48
         within  |                    0   4.958333   4.958333 |     T =      17
                 |                                            |
year     overall |      1978   4.901984       1970       1986 |     N =     816
         between |                    0       1978       1978 |     n =      48
         within  |             4.901984       1970       1986 |     T =      17
                 |                                            |
public   overall |  25036.66    27780.4    2627.12   140217.3 |     N =     816
         between |             27905.86    2958.63   137537.4 |     n =      48
         within  |              2881.21   3838.101   40962.47 |     T =      17
                 |                                            |
hwy      overall |  8.900425   .8076845   7.510507   10.77267 |     N =     816
```

	between		.8125209	7.561374	10.72465	n =	48
	within		.0715884	8.436539	9.081937	T =	17
water	overall	7.599807	1.137335	5.431361	10.11019	N =	816
	between		1.13408	5.629409	9.966927	n =	48
	within		.1806682	7.007889	8.119298	T =	17
other	overall	8.73635	1.099917	6.288769	11.29884	N =	816
	between		1.100846	6.622053	11.22377	n =	48
	within		.147469	8.166707	9.316076	T =	17
private	overall	10.55946	.9246962	8.307141	12.83559	N =	816
	between		.918806	8.540068	12.56343	n =	48
	within		.1656262	10.11966	10.98374	T =	17
gsp	overall	10.50885	1.021132	8.37885	13.04882	N =	816
	between		1.019747	8.592964	12.75149	n =	48
	within		.1524501	10.06271	11.04328	T =	17
emp	overall	6.978498	1.018488	4.684905	9.328835	N =	816
	between		1.018907	5.11799	9.089035	n =	48
	within		.1397412	6.510214	7.403816	T =	17
unemp	overall	6.602206	2.233217	2.8	18	N =	816
	between		1.274937	4.082353	9.694118	n =	48
	within		1.842201	2.455147	15.33162	T =	17

1. 由於任何「線性迴歸」，都會要求其變數們都要符合「常態性」這項假定 (assumption)，這些變數 (hwy, water, other, private, gsp, emp, unemp) 若採用 jb 指令，發現其違反常態性之假定，通常最快的方法，就是取 log (x) 變數變換之後，再代入線性迴歸模型中。
2. 本例屬 three level 模型：個體 i 連續十七年資料的堆疊、四十八個州、每州又分一至九種都會區域 (region) 類型。

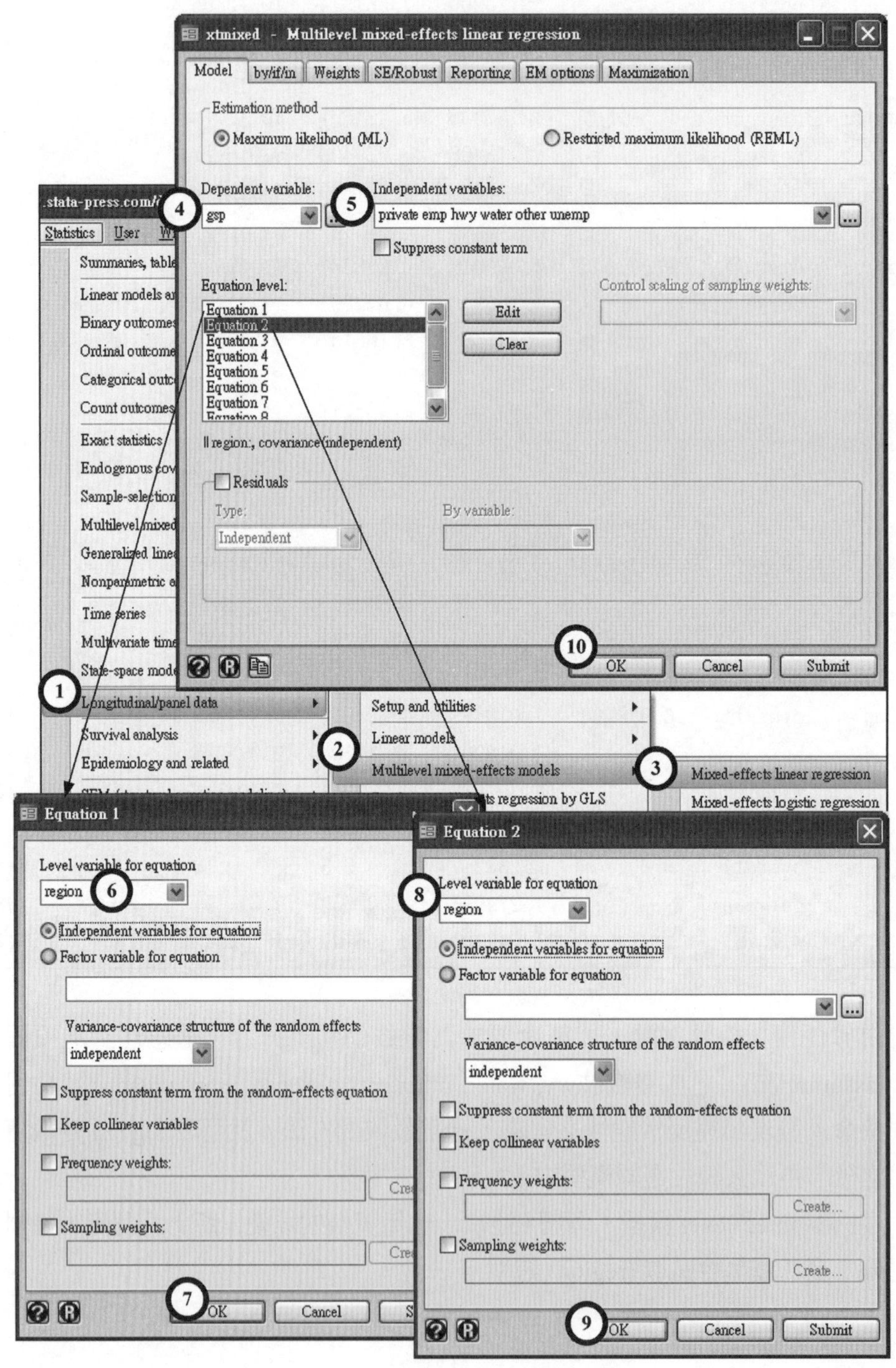

圖 8-37 xtmixed 指令「Three level model」之畫面

```
. webuse productivity
(Public Capital Productivity)

. xtmixed gsp private emp hwy water other unemp || region: || state:, mle

Performing EM optimization:

Performing gradient-based optimization:

Iteration 0:   log likelihood =  1430.5017
Iteration 1:   log likelihood =  1430.5017

Computing standard errors:

Mixed-effects ML regression                     Number of obs      =       816

-----------------------------------------------------------
                |   No. of       Observations per Group
 Group Variable |   Groups    Minimum    Average    Maximum
----------------+------------------------------------------
         region |        9         51       90.7        136
          state |       48         17       17.0         17
-----------------------------------------------------------

                                                Wald chi2(6)       =  18829.06
Log likelihood =  1430.5017                     Prob > chi2        =    0.0000

------------------------------------------------------------------------------
         gsp |      Coef.   Std. Err.      z    P>|z|     [95% Conf. Interval]
-------------+----------------------------------------------------------------
     private |   .2671484   .0212591    12.57   0.000     .2254814    .3088154
         emp |    .754072   .0261868    28.80   0.000     .7027468    .8053973
         hwy |   .0709767    .023041     3.08   0.002     .0258172    .1161363
       water |   .0761187   .0139248     5.47   0.000     .0488266    .1034109
       other |  -.0999955   .0169366    -5.90   0.000    -.1331906   -.0668004
       unemp |  -.0058983   .0009031    -6.53   0.000    -.0076684   -.0041282
       _cons |   2.128823   .1543854    13.79   0.000     1.826233    2.431413
```

```
------------------------------------------------------------------------------
  Random-effects Parameters  |   Estimate   Std. Err.     [95% Conf. Interval]
-----------------------------+------------------------------------------------
region: Identity             |
                  sd(_cons)  |    .038087   .0170591      .0158316     .091628
-----------------------------+------------------------------------------------
state: Identity              |
                  sd(_cons)  |   .0792193   .0093861      .0628027    .0999273
-----------------------------+------------------------------------------------
               sd(Residual)  |   .0366893    .000939      .0348944    .0385766
------------------------------------------------------------------------------
LR test vs. linear regression:        chi2(2) =  1154.73   Prob > chi2 = 0.0000

Note: LR test is conservative and provided only for reference.
```

1. 三層次混合模型爲：

$$gsp = 2.13 + 0.27private + 0.75emp + 0.07hwy + 0.08water - 0.099other - 0.006umemp$$

2. 概似比 (LR) 檢定結果，$\chi^2_{(2)} = 1154.73$，$p < 0.05$，故多層次混合模型顯著比 OLS 優。

8-5-3 線性：廣義估計方程式 (GEE) 分析 Panel-Data (xtgee 指令)

廣義估計方程式是一般線性模型的延展，應用於追蹤性資料的分析，利用準概似估算法 (quai-likelihood estimation)，此方法爲半母數法 (semi-parametric) 估算方程式的衍生，並未設定受測者 (y_i) 的聯合分布，而是設定 y_{ij} 的邊際分布 (mariginal distribution) 的概似 (likelihood)，和有關每個受試者重複測量向量的「實作」(working) 矩陣。

GEE 有一個好的特性是即使相關結構錯誤的特性 (mis-specification)，它也有一致 (consistent) 和近似常態的解 (asymptotically normal solutions)。

範例：真實驗設計：雌激素貼片治療產後憂鬱症的療效 (efficacy of estrogen patches in treating postnatal depression)(xtgee **指令**)

例如，以 1996 年 Gregoire, Kumar Everitt, Henderson 與 Studd 的研究設計來說，樣本中，婦女被隨機分派至二組：安慰劑對照組 (placebo control group)

(group = 0, n = 27) 及雌激素貼片組 (estrogen patch group)(group = 1, n = 34)。第一次治療之前 (pre)，所有患者都接受愛丁堡產後憂鬱量表 (Edinburgh postnatal depression scale, EPDS)。EPDS 資料採孕婦產後每月追蹤一次，連續追蹤六個月 (dep1~dep6)。採正向題計分方式，EPDS 分數愈高，表示孕婦憂鬱指數愈高。

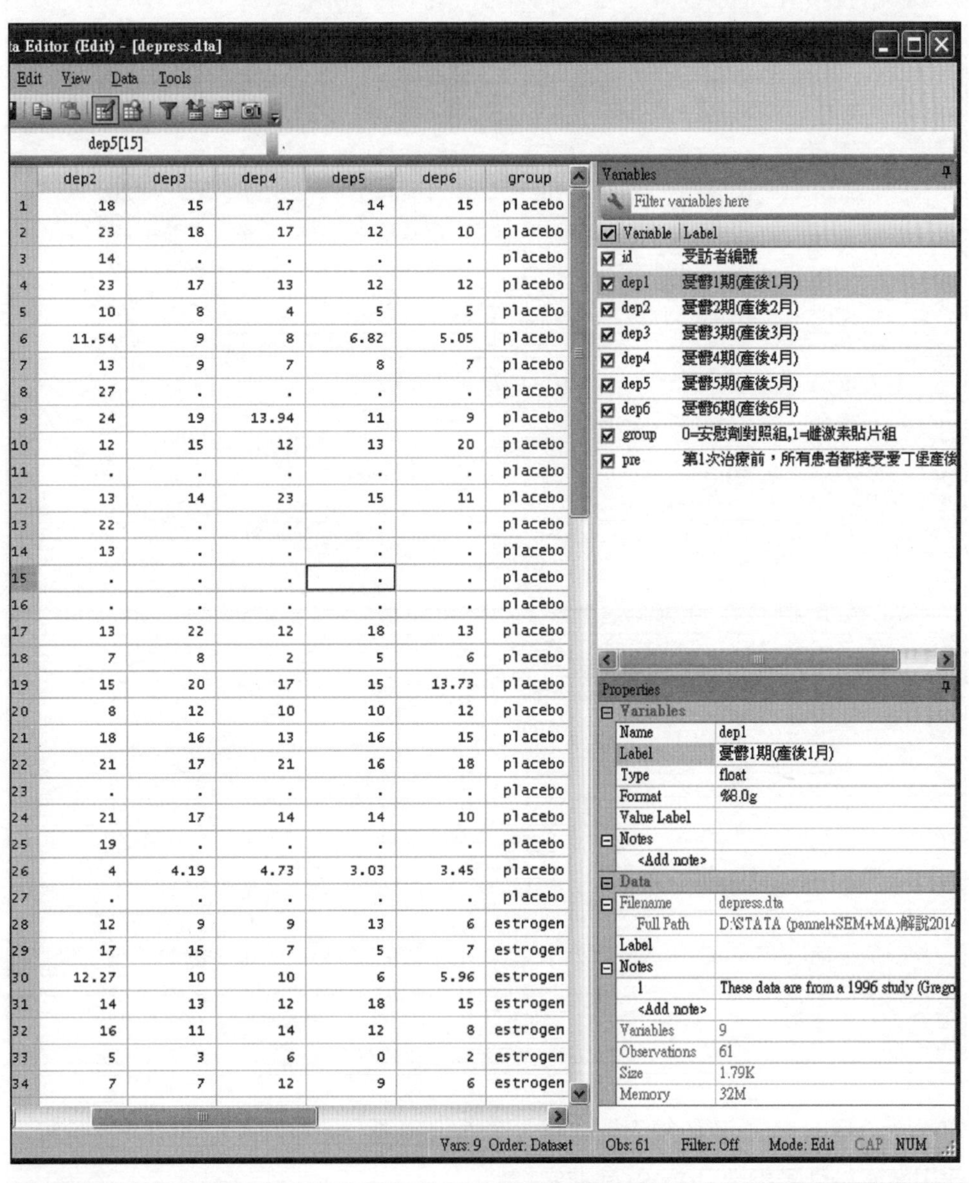

圖 8-38「depress.dta」資料檔內容 (wide form 格式)

Step 1. 先描述控制組及實驗組的平均數及標準差

```
. use http://www.ats.ucla.edu/stat/stata/library/depress, clear
或 use depress.dta

*求控制組的平均數及標準差
. summarize pre dep1 dep2 dep3 dep4 dep5 dep6 if group == 0

    Variable |       Obs        Mean    Std. Dev.       Min        Max
-------------+--------------------------------------------------------
         pre |        27    20.77778    3.954874         15         28
        dep1 |        27    16.48148    5.279644          7         26
        dep2 |        22    15.88818    6.124177          4         27
        dep3 |        17    14.12882    4.974648       4.19         22
        dep4 |        17    12.27471    5.848791          2         23
-------------+--------------------------------------------------------
        dep5 |        17    11.40294    4.438702       3.03         18
        dep6 |        17    10.89588     4.68157       3.45         20

*求實驗組的平均數及標準差
. summarize pre dep1 dep2 dep3 dep4 dep5 dep6 if group == 1

    Variable |       Obs        Mean    Std. Dev.       Min        Max
-------------+--------------------------------------------------------
         pre |        34    21.24882    3.574432         15         28
        dep1 |        34    13.36794    5.556373          1         27
        dep2 |        31    11.73677    6.575079          1         27
        dep3 |        29    9.134138    5.475564          1         24
        dep4 |        28    8.827857    4.666653          0         22
-------------+--------------------------------------------------------
        dep5 |        28    7.309286    5.740988          0         24
        dep6 |        28    6.590714    4.730158          1         23
```

第一次治療前 (pre) 及連續六期追蹤，可看出隨機分派孕婦之控制組及實驗組之愛丁堡產後憂鬱指數 (EPDS) 都非常相似。

Step 2. 繪第一次治療前 (pre) 及連續六期追蹤之憂鬱指數的分布圖

```
. use depress.dta

. graph matrix dep1 dep2 dep3 dep4 dep5 dep6, half
```

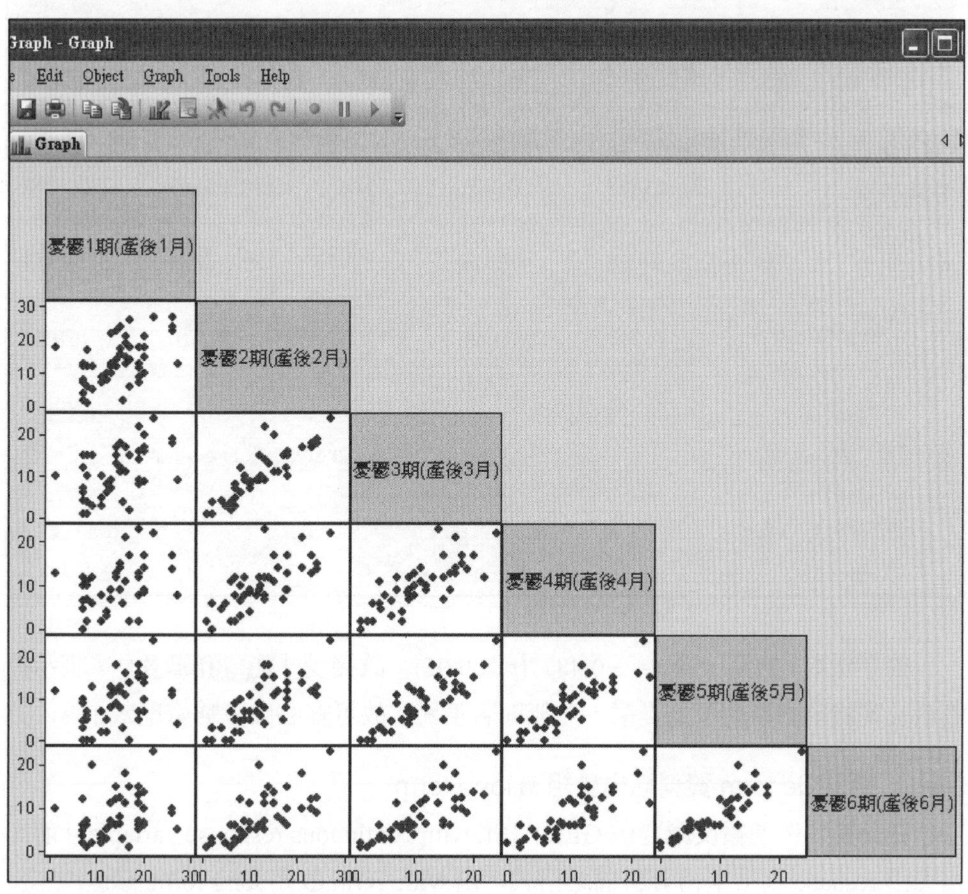

圖 8-39 治療前 (pre) 及連續六期追蹤之憂鬱指數的分布圖

Step 3. 檢定控制組及實驗組的平均數差異性

```
. use depress.dta

. ttest pre, by (group)

Two-sample t test with equal variances
------------------------------------------------------------------------------
   Group |     Obs        Mean    Std. Err.   Std. Dev.   [95% Conf. Interval]
---------+--------------------------------------------------------------------
 placebo |      27    20.77778    .7611158    3.954874    19.21328    22.34227
estrogen |      34    21.24882      .61301    3.574432    20.00165      22.496
---------+--------------------------------------------------------------------
combined |      61    21.04033     .476678    3.722975    20.08683    21.99383
---------+--------------------------------------------------------------------
    diff |           -.4710457    .9658499               -2.403707    1.461615
------------------------------------------------------------------------------
    diff = mean (placebo) - mean (estrogen)                       t =  -0.4877
H0: diff = 0                                     degrees of freedom =       59

    Ha: diff < 0                 Ha: diff ! =  0                 Ha: diff > 0
 Pr (T < t) = 0.3138         Pr (|T| > |t|) = 0.6276          Pr (T > t) = 0.6862
```

獨立樣本 t 檢定，得 $t = -0.4877 (p > 0.05)$，故接受「H_0: diff = 0」，表示控制組及實驗組的事前平均憂鬱，並無顯著差異。故可安心做實驗處理效果。

Step 4. 將 wide form 資料結構重組為 long form

在分析「帶連續反應變數 GEE (GEE with continuous response variable)」前，需使用 reshape 指令重組資料檔之格式，由 wide form 改爲 long form。

```
. use depress.dta

. reshape long dep, i (id) j (visit)
(note: j = 1 2 3 4 5 6)

Data                               wide   ->   long
-----------------------------------------------------------------------------
Number of obs.                       61   ->    366
```

```
Number of variables                         9    ->      5
j variable (6 values)                            ->    visit
xij variables:
                      dep1 dep2 ... dep6    ->    dep
-----------------------------------------------------------------------------
*轉檔形式之後，存到 depress_long_form.dta 檔
. save「D:\STATA\depress_long_form.dta」
```

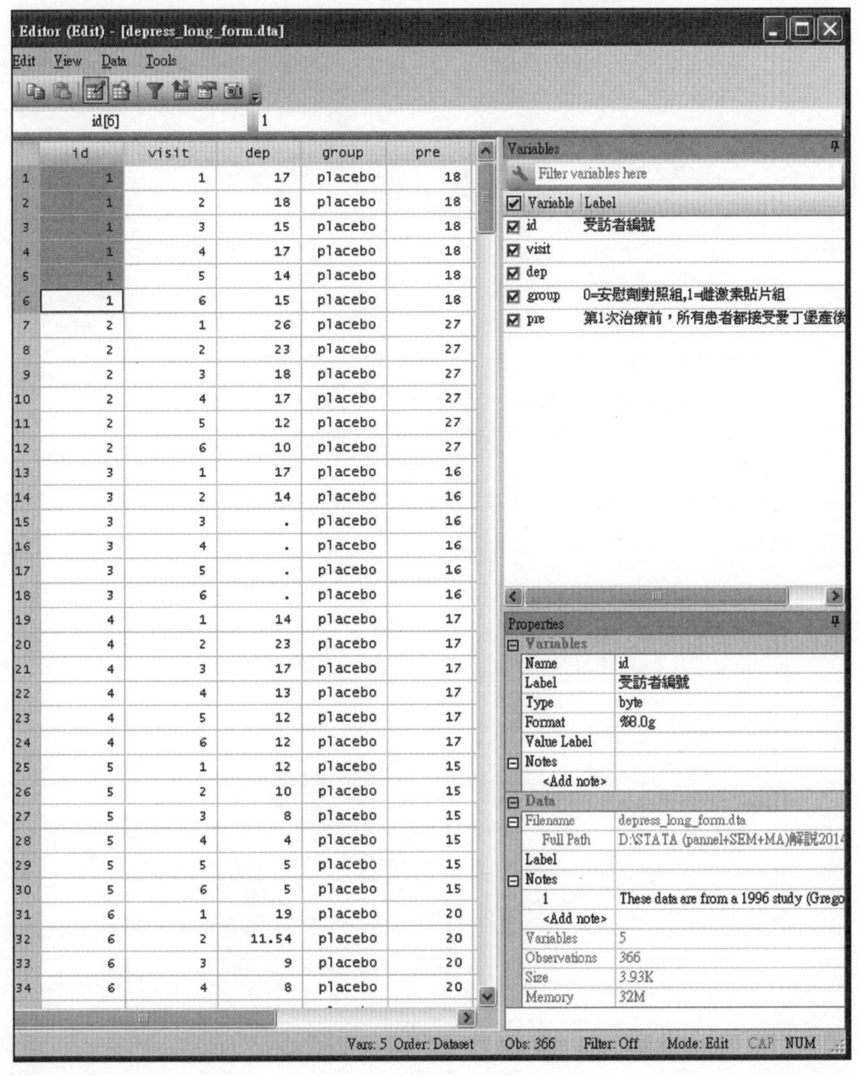

	id	visit	dep	group	pre
1	1	1	17	placebo	18
2	1	2	18	placebo	18
3	1	3	15	placebo	18
4	1	4	17	placebo	18
5	1	5	14	placebo	18
6	1	6	15	placebo	18
7	2	1	26	placebo	27
8	2	2	23	placebo	27
9	2	3	18	placebo	27
10	2	4	17	placebo	27
11	2	5	12	placebo	27
12	2	6	10	placebo	27
13	3	1	17	placebo	16
14	3	2	14	placebo	16
15	3	3	.	placebo	16
16	3	4	.	placebo	16
17	3	5	.	placebo	16
18	3	6	.	placebo	16
19	4	1	14	placebo	17
20	4	2	23	placebo	17
21	4	3	17	placebo	17
22	4	4	13	placebo	17
23	4	5	12	placebo	17
24	4	6	12	placebo	17
25	5	1	12	placebo	15
26	5	2	10	placebo	15
27	5	3	8	placebo	15
28	5	4	4	placebo	15
29	5	5	5	placebo	15
30	5	6	5	placebo	15
31	6	1	19	placebo	20
32	6	2	11.54	placebo	20
33	6	3	9	placebo	20
34	6	4	8	placebo	20

圖 8-40「depress_long_form.dta」資料檔內容

Step 5. 二因子混合設計 ANOVA (repeated measures analysis of variance)

```
. use depress_long_form.dta

. anova dep group / id|group visit group#visit /, repeated (visit)

                        Number of obs =      295     R-squared     =  0.7699
                        Root MSE      = 3.39594     Adj R-squared =  0.6980

                  Source |  Partial SS    df       MS           F     Prob > F
            -------------+----------------------------------------------------
                   Model |  8643.81572    70  123.483082      10.71     0.0000
                         |
                   group |  548.494938     1  548.494938       5.60     0.0212
                id|group |  5775.54143    59  97.8905328
            -------------+----------------------------------------------------
                   visit |  1050.05444     5  210.010889      18.21     0.0000
             group#visit |  19.3028953     5  3.86057906       0.33     0.8916
                         |
                Residual |  2583.26536   224  11.5324346
            -------------+----------------------------------------------------
                   Total |  11227.0811   294  38.1873506


Between-subjects error term:  id|group
                     Levels:  61        (59 df)
     Lowest b.s.e. variable:  id
     Covariance pooled over:  group     (for repeated variable)

Repeated variable: visit
                                          Huynh-Feldt epsilon         =  0.5930
                                          Greenhouse-Geisser epsilon =  0.5532
                                          Box's conservative epsilon =  0.2000

                                            ------------ Prob > F ------------
                  Source |     df      F    Regular    H-F      G-G      Box
            -------------+----------------------------------------------------
                   visit |      5    18.21   0.0000   0.0000   0.0000   0.0001
             group#visit |      5     0.33   0.8916   0.7979   0.7840   0.5658
                Residual |    224
            ------------------------------------------------------------------
```

1. ANOVA 分析摘要表中，group 的 F 值 = 5.6 ($p < 0.05$)，表示實驗組效果顯著優於控制組，而且連續六期的追蹤 (visit) 之憂鬱指數亦有顯著變化趨勢 (F = 18.21，$p < 0.05$)。但交互作用項「group#visit」則未達顯著性，故可忽略單純主要效果 (simple main effect) 之 F 檢定。
2. 在孕婦產後之連續六期的追蹤，發現這六期的憂鬱指數亦有顯著下降趨勢 (F = 18.21，$p < 0.05$)。
3. 二因子混合設計係固定效果會受到重複因子 (repeated factor) 的調整。此外，此重複測量分析假定共變數矩陣是複合對稱 (compound symmetry)。由於以下範例，可能不近完美。但接下來的幾種分析 (reg, gls, xtgee) 的目的，並不是要來回答研究問題是否嚴謹，而是彰顯 Stata「reg, gls, xtgee」幾個不同的命令對等關係 (分析結果的相似性)。

Step 6. 混合資料 OLS 迴歸 (reg 指令)

```
. use depress_long_form.dta

. regress dep pre group visit

      Source |       SS       df       MS              Number of obs =     295
-------------+------------------------------           F(  3,   291) =   48.05
       Model |  3719.12931     3  1239.70977           Prob > F      =  0.0000
    Residual |  7507.95176   291  25.8005215           R-squared     =  0.3313
-------------+------------------------------           Adj R-squared =  0.3244
       Total |  11227.0811   294  38.1873506           Root MSE      =  5.0794


------------------------------------------------------------------------------
         dep |      Coef.   Std. Err.      t    P>|t|     [95% Conf. Interval]
-------------+----------------------------------------------------------------
         pre |   .4769071   .0798565     5.97   0.000     .3197376    .6340767
       group |  -4.290664   .6072954    -7.07   0.000    -5.485912   -3.095416
       visit |  -1.307841    .169842    -7.70   0.000    -1.642116   -.9735667
       _cons |   8.233577   1.803945     4.56   0.000     4.683143    11.78401
------------------------------------------------------------------------------
```

求得 $dep_i = 8.23 + 0.477pre_i - 4.29group_i - 1.31visit_i + \varepsilon_i$

孕婦產後憂鬱指數 $_i$ = 8.23 + 0.477 治前憂鬱 $_i$ − 4.29 實驗組嗎 $_i$ − 1.31 後續六期追蹤 $_i$ + ε_i

Step 7. 改採用：**廣義最小平方法** (generalized least squares, GLS)

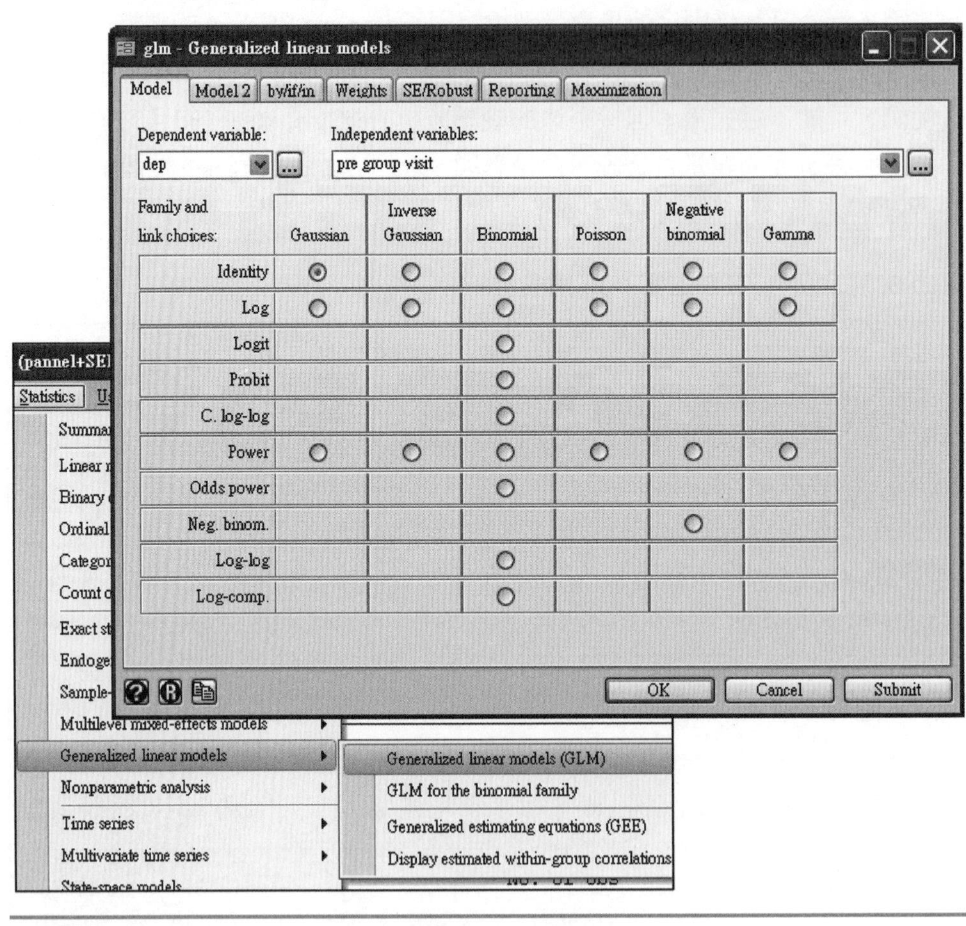

圖 8-41「glm dep pre group visit, fam (gaus) link (iden)」畫面

```
. use depress_long_form.dta

. glm dep pre group visit, family (gaussian) link (identity)

Iteration 0:   log likelihood =  -896.0064

Generalized linear models                          No. of obs      =        295
Optimization     : ML                              Residual df     =        291
                                                   Scale parameter =   25.80052
Deviance         =  7507.951764                    (1/df) Deviance =   25.80052
Pearson          =  7507.951764                    (1/df) Pearson  =   25.80052

Variance function: V (u) = 1                         [Gaussian]
Link function    : g (u) = u                         [Identity]

                                                   AIC             =   6.101738
Log likelihood   = -896.0064033                    BIC             =   5853.042

------------------------------------------------------------------------------
             |                 OIM
         dep |      Coef.   Std. Err.      z    P>|z|     [95% Conf. Interval]
-------------+----------------------------------------------------------------
         pre |   .4769071   .0798565     5.97   0.000     .3203913     .633423
       group |  -4.290664   .6072954    -7.07   0.000    -5.480941   -3.100387
       visit |  -1.307841    .169842    -7.70   0.000    -1.640725   -.9749569
       _cons |   8.233577   1.803945     4.56   0.000     4.697909    11.76924
------------------------------------------------------------------------------
```

1. 求得 $dep_i = 8.23 + 0.477pre_i - 4.29group_i - 1.31visit_i + \varepsilon_i$
2. 分析結果與混合資料 OLS 相同，即：

孕婦產後憂鬱指數 $_i$ = 8.23 + 0.477 治前憂鬱 $_i$ − 4.29 實驗組嗎 $_i$ − 1.31 後續六期追蹤 $_i + \varepsilon_i$

Step 8a. 另一替代指令：xtgee 來分析追蹤資料 (panel-data)，假定受試者內相關矩陣是獨立的

我們終於使用 Stata's 最正式之 xtgee 指令，來分析追蹤資料 (panel-data)。xtgee 指令 corr 選項，可用來界定不同的共變數結構。首先，爲了比對 OLS 及 GLS 迴歸的差別，並且簡化解說，我們先假定誤差之共變數結構是獨立的 (independence)，但你不能相信它是對的，因爲本例「同一人憂鬱連續追蹤六期」，前後期憂鬱指數應該會有相關，故誤差不大可能是獨立的。

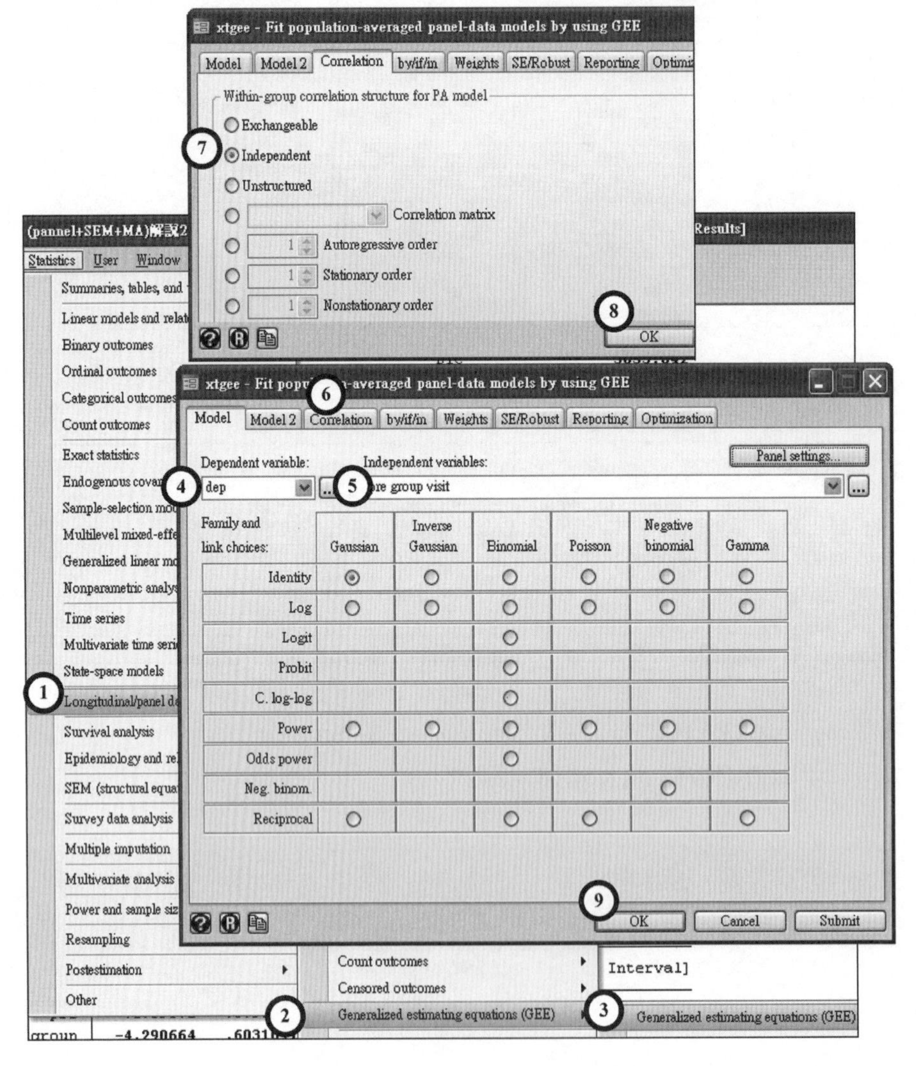

圖 8-42 「xtgee dep pre group visit, fam (gaus) link (iden) i (id) t (visit) corr (ind)」畫面

```
. use depress_long_form.dta

. xtset id visit
       panel variable:  id (strongly balanced)
        time variable:  visit, 1 to 6
                delta:  1 unit

. xtgee dep pre group visit, family (gaussian) link (identity) corr (indepen-
  dent)

Iteration 1: tolerance = 1.174e-14

GEE population-averaged model               Number of obs       =        295
Group variable:                     id      Number of groups    =         61
Link:                         identity      Obs per group: min  =          1
Family:                       Gaussian                     avg  =        4.8
Correlation:               independent                     max  =          6
                                            Wald chi2(3)        =     146.13
Scale parameter:              25.45068      Prob > chi2         =     0.0000

Pearson chi2(295):             7507.95      Deviance            =    7507.95
Dispersion (Pearson):         25.45068      Dispersion          =   25.45068

------------------------------------------------------------------------------
         dep |      Coef.   Std. Err.      z    P>|z|     [95% Conf. Interval]
-------------+----------------------------------------------------------------
         pre |   .4769071   .0793133     6.01   0.000      .321456    .6323582
       group |  -4.290664   .6031641    -7.11   0.000    -5.472844   -3.108484
       visit |  -1.307841   .1686866    -7.75   0.000    -1.638461   -.9772215
       _cons |   8.233577   1.791673     4.60   0.000     4.721962    11.74519
------------------------------------------------------------------------------

. estat wcorr

Estimated within-id correlation matrix R :
```

```
      |      c1       c2       c3       c4       c5       c6
------+------------------------------------------------------
   r1 |       1
   r2 |       0        1
   r3 |       0        0        1
   r4 |       0        0        0        1
   r5 |       0        0        0        0        1
   r6 |       0        0        0        0        0        1
```

1. xtgee 分析結果，與 OLS, GLS 相同，但是，這三個指令語法有點錯誤，因爲每個控制組及實驗組受訪者，都連續追蹤六期的憂鬱指數，故這六期的憂鬱指數之組內誤差不可能是獨立的。
2. 因爲連續追蹤六期憂鬱指數之組內誤差不可能是獨立的，故接下來「xtgee , fam (gaus) link (iden) corr (exc)」分析，依序改用 exchange, unstructured, AR1(誤差具有自我相關 lag = 1 期) 來分析。

Step 8b. 用替代指令：xtgee 來分析追蹤資料 (panel-data)，假定受試者內相關矩陣是可交換的 (exchange)

```
. use depress_long_form.dta

. xtset id visit
       panel variable:  id (strongly balanced)
        time variable:  visit, 1 to 6
                delta:  1 unit

. xtgee dep pre group visit, fam (gaus) link (iden)  corr (exc)

Iteration 1: tolerance = .04984936
Iteration 2: tolerance = .0004433
Iteration 3: tolerance = 4.602e-06
Iteration 4: tolerance = 4.782e-08

GEE population-averaged model                   Number of obs      =       295
Group variable:                         id      Number of groups   =        61
Link:                             identity      Obs per group: min =         1
Family:                           Gaussian                     avg =       4.8
```

```
Correlation:                  exchangeable                    max =          6
                                                  Wald chi2(3)        =     135.08
Scale parameter:                       25.56569   Prob > chi2         =     0.0000

------------------------------------------------------------------------------
         dep |      Coef.   Std. Err.      z    P>|z|     [95% Conf. Interval]
-------------+----------------------------------------------------------------
         pre |   .4599018   .1441533     3.19   0.001     .1773666     .742437
       group |  -4.024676   1.081131    -3.72   0.000    -6.143654   -1.905698
       visit |  -1.226764   .1175009   -10.44   0.000    -1.457062   -.9964666
       _cons |   8.432806   3.120987     2.70   0.007     2.315783    14.54983
------------------------------------------------------------------------------

. estat wcorr

Estimated within-id correlation matrix R:

        |        c1         c2         c3         c4         c5         c6
--------+------------------------------------------------------------------
     r1 |         1
     r2 |  .5553761          1
     r3 |  .5553761   .5553761          1
     r4 |  .5553761   .5553761   .5553761          1
     r5 |  .5553761   .5553761   .5553761   .5553761          1
     r6 |  .5553761   .5553761   .5553761   .5553761   .5553761          1
```

1. 請注意，這次標準誤 (standard errors) 與前面 xtgee 分析結果不一樣。
2. 接下來，若我們沒有先入為主之觀念的話，下一個分析係假設誤差為非結構相關矩陣 (unstructured correlation matrix)，它等同 (equivalent) 多變量分析的假定，也是常用的選項。

Step 8c. 用替代指令：xtgee 來分析追蹤資料 (panel-data)，假定受試者內相關矩陣是非結構 (unstructured)

```
. use depress_long_form.dta

. xtset id visit
       panel variable:  id (strongly balanced)
```

```
       time variable:  visit, 1 to 6
               delta:  1 unit

. xtgee dep pre group visit, fam (gaus) link (iden) corr (unstr)

Iteration 1: tolerance = .24682401
Iteration 2: tolerance = .04160287
Iteration 10: tolerance = 2.901e-07

GEE population-averaged model                  Number of obs      =       295
Group and time vars:              id visit     Number of groups   =        61
Link:                             identity     Obs per group: min =         1
Family:                           Gaussian                    avg =       4.8
Correlation:                  unstructured                    max =         6
                                               Wald chi2(3)       =     94.13
Scale parameter:                  25.87029     Prob > chi2        =    0.0000

------------------------------------------------------------------------------
         dep |      Coef.   Std. Err.      z    P>|z|     [95% Conf. Interval]
-------------+----------------------------------------------------------------
         pre |   .3399185   .1326684     2.56   0.010     .0798932    .5999437
       group |  -4.134413   .9986306    -4.14   0.000    -6.091693   -2.177133
       visit |  -1.228327   .1492831    -8.23   0.000    -1.520916   -.9357372
       _cons |   11.13045   2.892903     3.85   0.000     5.460464    16.80044
------------------------------------------------------------------------------

. estat wcorr

Estimated within-id correlation matrix R:

       |        c1         c2         c3         c4         c5         c6
-------+------------------------------------------------------------------
    r1 |         1
    r2 |  .4955194          1
    r3 |  .3476859   .8622306          1
    r4 |  .3011759   .7358832   .6677424          1
    r5 |  .2327583   .7430794   .7393878   .7701057          1
    r6 |  .0943479   .5671077   .5625488   .6165816   .7179225          1
```

Step 8d. 用替代指令：xtgee 來分析追蹤資料 (panel-data)，假定誤差結構是前後一期彼此有相關 (AR1)

接著，再試不同的誤差結構爲 lag = 1 期的 AR (自我相關)。

```
. use depress_long_form.dta

. xtset id visit
       panel variable:  id (strongly balanced)
        time variable:  visit, 1 to 6
                delta:  1 unit

. xtgee dep pre group visit, fam (gaus) link (iden) corr (ar1)
note:  some groups have fewer than 2 observations
       not possible to estimate correlations for those groups
       8 groups omitted from estimation


Iteration 1: tolerance = .10070858
Iteration 2: tolerance = .00136623
Iteration 3: tolerance = .00002736
Iteration 4: tolerance = 5.508e-07

GEE population-averaged model                   Number of obs      =       287
Group and time vars:              id visit      Number of groups   =        53
Link:                             identity      Obs per group: min =         2
Family:                           Gaussian                     avg =       5.4
Correlation:                        AR (1)                     max =         6
                                                Wald chi2(3)       =     64.55
Scale parameter:                  25.82413      Prob > chi2        =    0.0000

------------------------------------------------------------------------------
         dep |      Coef.   Std. Err.      z    P>|z|     [95% Conf. Interval]
-------------+----------------------------------------------------------------
         pre |   .4268002   .1376156     3.10   0.002     .1570785    .6965219
       group |  -4.218194   1.053504    -4.00   0.000    -6.283023   -2.153364
       visit |  -1.181975   .1907298    -6.20   0.000    -1.555799   -.8081517
       _cons |   9.037864   3.036076     2.98   0.003     3.087264    14.98846
------------------------------------------------------------------------------

. estat wcorr
```

```
Estimated within-id correlation matrix R:

       |        c1         c2         c3         c4         c5         c6
-------+------------------------------------------------------------------
    r1 |         1
    r2 |  .6812188          1
    r3 |   .464059   .6812188          1
    r4 |  .3161257    .464059   .6812188          1
    r5 |  .2153508   .3161257    .464059   .6812188          1
    r6 |   .146701   .2153508   .3161257    .464059   .6812188          1
```

跨時間的重複測量 (repeated measures over time)，ar1 是不錯的選項，也是最有可能的正確解答。

Step 9. 重新考慮交互作用項「group # visit」，試試「誤差帶有 ar1」模型，適不適當

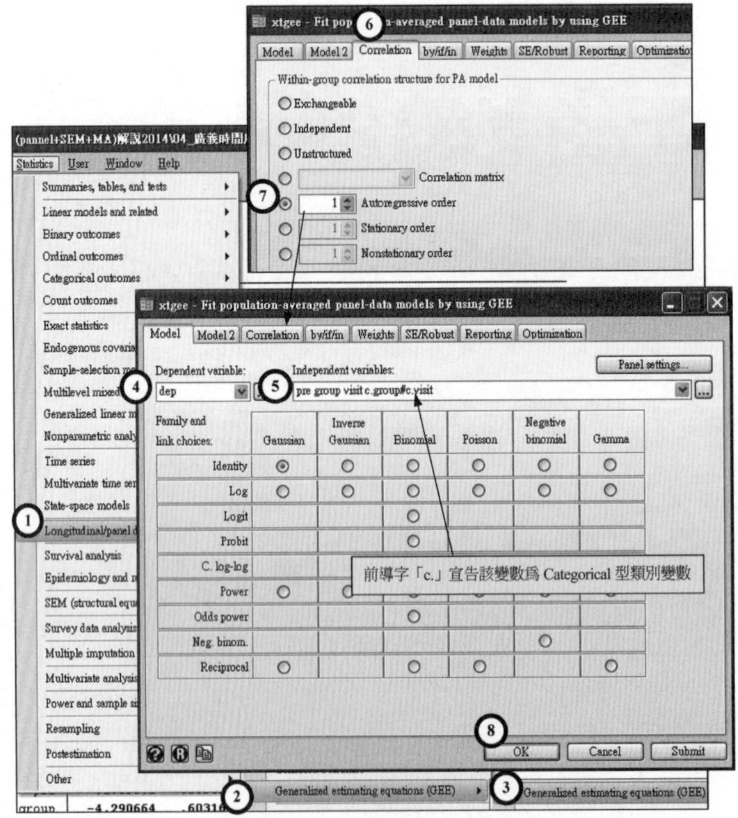

圖 8-43 「xtgee dep pre group visit c.group#c.visit, fam (gaus) link (iden) corr (ar1)」畫面

```
. use depress_long_form.dta

. xtset id visit
       panel variable:  id (strongly balanced)
        time variable:  visit, 1 to 6
                delta:  1 unit

* 前導字「c.」宣告該變數為 Categorical 型類別變數
. xtgee dep pre group visit c.group#c.visit, fam (gaus) link (iden) corr (ar1)
note:  some groups have fewer than 2 observations
       not possible to estimate correlations for those groups
       8 groups omitted from estimation


Iteration 1: tolerance = .08642572
Iteration 2: tolerance = .00129189
Iteration 3: tolerance = .00002644
Iteration 4: tolerance = 5.433e-07

GEE population-averaged model                   Number of obs      =       287
Group and time vars:               id visit     Number of groups   =        53
Link:                              identity     Obs per group: min =         2
Family:                            Gaussian                    avg =       5.4
Correlation:                          AR (1)                   max =         6
                                                Wald chi2(4)       =     64.83
Scale parameter:                   25.81682     Prob > chi2        =    0.0000

------------------------------------------------------------------------------
         dep |      Coef.  Std. Err.      z    P>|z|     [95% Conf. Interval]
-------------+----------------------------------------------------------------
         pre |   .4284649   .1377094    3.11   0.002     .1585595    .6983703
       group |   -3.55197   1.654127   -2.15   0.032       -6.794   -.3099395
       visit |  -1.057824   .3044115   -3.47   0.001    -1.654459   -.4611881
             |
c.group#c.visit |  -.2040059   .3905217   -0.52   0.601    -.9694144    .5614026
             |
       _cons |   8.606923   3.147897    2.73   0.006     2.437158    14.77669
------------------------------------------------------------------------------
```

1. 前導字「c.」宣告該變數爲 Categorical 型類別變數。「#」宣告爲交互作用項。
2. 「**c.group#c.visit**」交互作用項，$z = -0.52(p > 0.05)$，未達 0.05 顯著水準，因此你只要看組間 group 及組內 visit 的單純主要效果 (simple main effect) 即可。
3. group 變數的係數爲 $-3.55(p < 0.05)$，表示實驗組的憂鬱指數顯著低於控組制，即雌激素貼片治療產後憂鬱症的療效。
4. visit 變數的係數爲 $-1.058(p < 0.05)$，表示治療後六期的追蹤期，愈後期的憂鬱指數顯著低於前一期，顯示實驗處理係有治療效果的。

Step 10. 時間軸 visit，換當作連續型因素 (factory) 變數，你用前導字「i.」來宣告該變數為 Continuous 型因素變數

```
. use depress_long_form.dta

. xtset id visit
       panel variable:  id (strongly balanced)
        time variable:  visit, 1 to 6
                delta:  1 unit

* 前導字「i.」宣告 visit 變數為 Continuous 型因素變數
. xtgee dep pre group i.visit, fam (gaus) link (iden) corr (ar1)
note:  some groups have fewer than 2 observations
       not possible to estimate correlations for those groups
       8 groups omitted from estimation


Iteration 1: tolerance = .12083034
Iteration 2: tolerance = .00138846
Iteration 3: tolerance = .00002034
Iteration 4: tolerance = 2.990e-07

GEE population-averaged model                   Number of obs      =       287
Group and time vars:              id visit      Number of groups   =        53
Link:                             identity      Obs per group: min =         2
Family:                           Gaussian                     avg =       5.4
Correlation:                        AR (1)                     max =         6
                                                Wald chi2(7)       =     66.85
```

```
Scale parameter:                    25.67071       Prob > chi2         =     0.0000

------------------------------------------------------------------------------
         dep |      Coef.   Std. Err.      z    P>|z|     [95% Conf. Interval]
-------------+----------------------------------------------------------------
         pre |   .4264589   .1372194     3.11   0.002     .1575137    .6954041
       group |  -4.197096   1.050645    -3.99   0.000    -6.256323   -2.137869
             |
       visit |
          2  |   -.964717   .5556079    -1.74   0.083    -2.053689    .1242546
          3  |  -2.790063   .7474989    -3.73   0.000    -4.255134   -1.324992
          4  |  -3.730425   .8528421    -4.37   0.000    -5.401964   -2.058885
          5  |  -5.127078   .9147959    -5.60   0.000    -6.920045   -3.334111
          6  |   -5.84916   .9534054    -6.14   0.000      -7.7178    -3.98052
             |
       _cons |   7.896145   2.998003     2.63   0.008     2.020168    13.77212
------------------------------------------------------------------------------

. testparm i.visit

 (1)  2.visit = 0
 (2)  3.visit = 0
 (3)  4.visit = 0
 (4)  5.visit = 0
 (5)  6.visit = 0

           chi2(  5) =   40.56
         Prob > chi2 =    0.0000
```

1. 前導字「i.」宣告 visit 變數爲 Continuous 型因素變數，系統內定以「level = 1」當作比較基準。
2. visit 變數「level 1 vs. level 2」的 z 爲 −1.74 ($p > 0.05$)，表示實驗治療後二個月憂鬱指數並未顯著下降，但自治療後三個月起 (p 都 < 0.05)，雌激素貼片治療產後憂鬱症，確實有明顯的療效。雌激素貼片治療，整體時間上亦有明顯的下降 (卡方 = 40.56，$p < 0.05$)。

Step 11. 比較 Categorical 型 visit 是否比 Continuous 型更具變異性 (variability)

```
. use depress_long_form.dta

. xtset id visit
       panel variable:  id (strongly balanced)
        time variable:  visit, 1 to 6
                delta:  1 unit

. xtgee dep pre group c.visit i.visit, fam (gaus) link (iden) corr (ar1)
note: 6.visit omitted because of collinearity
note:  some groups have fewer than 2 observations
       not possible to estimate correlations for those groups
       8 groups omitted from estimation


Iteration 1: tolerance = .203814
Iteration 2: tolerance = .00172276
Iteration 3: tolerance = .000025
Iteration 4: tolerance = 3.675e-07

GEE population-averaged model                Number of obs       =        287
Group and time vars:              id visit   Number of groups    =         53
Link:                             identity   Obs per group: min  =          2
Family:                           Gaussian                  avg  =        5.4
Correlation:                        AR (1)                  max  =          6
                                             Wald chi2(7)        =      66.85
Scale parameter:                  25.67071   Prob > chi2         =     0.0000

------------------------------------------------------------------------------
         dep |      Coef.   Std. Err.      z    P>|z|     [95% Conf. Interval]
-------------+----------------------------------------------------------------
         pre |   .4264589   .1372194     3.11   0.002     .1575137    .6954041
       group |  -4.197096   1.050645    -3.99   0.000    -6.256323   -2.137869
       visit |  -1.169832   .1906811    -6.14   0.000     -1.54356   -.7961039
             |
       visit |
          2  |    .205115   .5196299     0.39   0.693    -.8133408    1.223571
          3  |  -.4503992    .648481    -0.69   0.487    -1.721399    .8206003
```

```
           4  |  -.2209286   .6602134    -0.33   0.738    -1.514923    1.073066
           5  |  -.4477498   .5585628    -0.80   0.423    -1.542513    .6470131
           6  |          0  (omitted)
              |
       _cons  |   9.065977   3.031614     2.99   0.003     3.124124    15.00783
------------------------------------------------------------------------------

. testparm i.visit

 (1)  2.visit = 0
 (2)  3.visit = 0
 (3)  4.visit = 0
 (4)  5.visit = 0

           chi2(4) =    1.92
         Prob > chi2 =    0.7506
```

1. 結果顯示，Categorical 型 visit ($z = -1.169$，$p < 0.05$) 並未比 Continuous 型因素變數更具變異性 (卡方 = 1.92，$p > 0.05$)。
2. 接著，我想我比較偏好「xtgee dep pre group visit, fam (gaus) link (iden) corr (ar1)」。

Step 12. 重溫「xtgee dep pre group visit, fam (gaus) link (iden) corr (ar1)」

```
. use depress_long_form.dta

. xtgee dep pre group visit, fam (gaus) link (iden) corr (ar1)
note:  some groups have fewer than 2 observations
       not possible to estimate correlations for those groups
       8 groups omitted from estimation


Iteration 1: tolerance = .10070858
Iteration 2: tolerance = .00136623
Iteration 3: tolerance = .00002736
Iteration 4: tolerance = 5.508e-07

GEE population-averaged model                 Number of obs      =       287
Group and time vars:             id visit     Number of groups   =        53
```

```
Link:                          identity     Obs per group: min =         2
Family:                        Gaussian                    avg =       5.4
Correlation:                     AR (1)                    max =         6
                                            Wald chi2(3)       =     64.55
Scale parameter:               25.82413     Prob > chi2        =    0.0000

------------------------------------------------------------------------------
         dep |      Coef.   Std. Err.      z    P>|z|     [95% Conf. Interval]
-------------+----------------------------------------------------------------
         pre |   .4268002   .1376156     3.10   0.002     .1570785    .6965219
       group |  -4.218194   1.053504    -4.00   0.000    -6.283023   -2.153364
       visit |  -1.181975   .1907298    -6.20   0.000    -1.555799   -.8081517
       _cons |   9.037864   3.036076     2.98   0.003     3.087264    14.98846
------------------------------------------------------------------------------
```

小結

以上例子係線性 panel-data 模型，使用 GEE 的解法；相對地，你若想用 GEE 來解非線性 panel-data 模型 (如 logit 迴歸)，請自行執行下列指令，即可舉一反三。

```
*GEE with Binary Response Variable
use http://www.ats.ucla.edu/stat/stata/library/depres01, clear

*set family to binary and link to logit. We will start with the correla-
 tion structure independent follow by exchangable (compound symmetry) and
 then unstructured.
. xtgee depressd group visit, i (subj) fam (bin) link (logit) corr (ind)
. estat wcorr

* 依序比較：誤差結構為 ind, exc, unstr, ar1
. xtgee depressd group visit, i (subj) fam (bin) link (logit) corr (exc)
. estat wcorr

. xtgee depressd group visit, i (subj) t (visit) fam (bin) link (logit)
  corr (unstr)
. estat wcorr
```

```
*just as with the continuous response variable, it might be more reason-
 able to hypothesize that the correlation structure would be autoregres-
 sive
. xtgee depressd group visit, i (subj) t (visit) fam (bin) link (logit)
  corr (ar1)
. estat wcorr

* we can also obtain the results in the odds ratio metric using the eform
  option.
. xtgee, eform

* Let's add in the pretest and a group by visit interaction.
. xtgee depressd pre group visit c.group#c.visit, i (subj) t (visit) fam
  (bin) link (logit) corr (ar1)

* Let's try the categorical version of visit and the model that contains
  both the categorical and continuous version of visit.
. xtgee depressd pre group i.visit, i (subj) fam (bin) link (logit) t (visit)
  corr (ar1)
. testparm i.visit

. xtgee depressd pre group c.visit i.visit, i (subj) fam (bin) link (logit)
  t (visit) corr (ar1)
. testparm i.visit
```

8-5-4a 非線性：雙層次混合 Logistic 迴歸 (xtmelogit 指令)

試問影響婦女避孕因素，是否爲：城鄉文化、年齡、生一個小孩、生二個小孩、生三個小孩。爲了「控制」六十一個縣市差距的干擾因素，本例擬以各縣市 (district) 當作分層隨機抽樣的分層，每個縣市各抽三十名左右婦女。

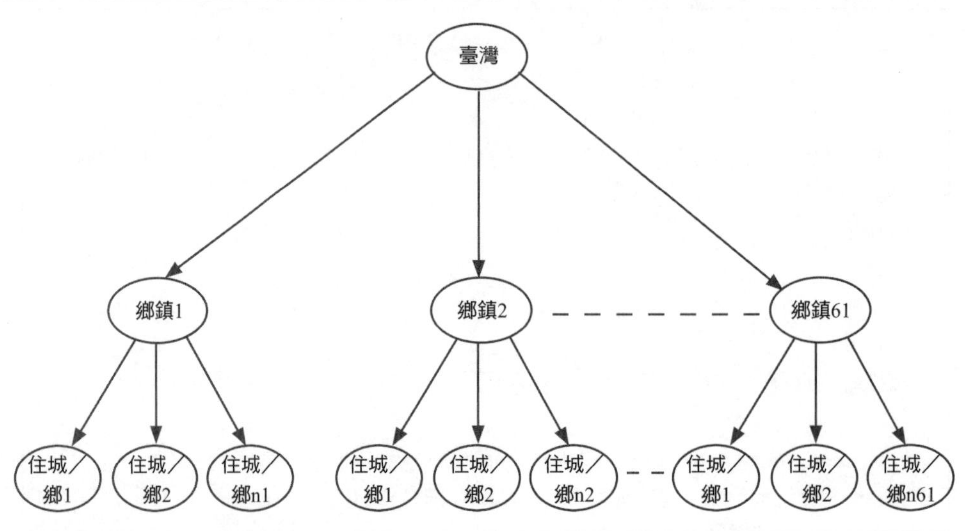

圖 8-44 非平衡之分層抽樣設計

一、樣本資料之特徵

```
 use bangladesh, clear
*或網上擷取資料檔 bangladesh.dta
. use http://www.stata-press.com/data/r10/bangladesh.dta
(Bangladesh Fertility Survey, 1989)

. describe c_use urban age child1 child2 child3

                storage   display    value
variable name     type    format     label      variable label
-------------------------------------------------------------------
_use              byte    %9.0g                yes no 避孕嗎？(Use contraception)
urban             byte    %9.0g                urban 住城市/農村 (Urban or rural)
age               float   %6.2f                年齡，平均為中心 (Age, mean centered)
child1            byte    %9.0g                1 child
child2            byte    %9.0g                2 children
child3            byte    %9.0g                3 or more children

*查看本例非平衡之分層樣本設計
. tabulate district urban
```

District	城市 / 農村 (Urban or rural) rural	urban	Total
1	54	63	117
2	20	0	20
3	0	2	2
4	19	11	30
5	37	2	39
6	58	7	65
7	18	0	18
8	35	2	37
9	20	3	23
10	13	0	13
11	21	0	21
12	23	6	29
13	16	8	24
14	17	101	118
15	14	8	22
16	18	2	20
17	24	0	24
18	33	14	47
19	22	4	26
20	15	0	15
21	10	8	18
22	20	0	20
23	15	0	15
24	14	0	14
25	49	18	67
26	13	0	13
27	39	5	44
28	45	4	49
29	25	7	32
30	45	16	61
31	27	6	33
32	24	0	24
33	7	7	14
34	26	9	35

```
        35 |        28         20 |        48 
        36 |        14          3 |        17 
        37 |        13          0 |        13 
        38 |         7          7 |        14 
        39 |        24          2 |        26 
        40 |        12         29 |        41 
        41 |        23          3 |        26 
        42 |         6          5 |        11 
        43 |        28         17 |        45 
        44 |        27          0 |        27 
        45 |        34          5 |        39 
        46 |        74         12 |        86 
        47 |         9          6 |        15 
        48 |        26         16 |        42 
        49 |         4          0 |         4 
        50 |        15          4 |        19 
        51 |        20         17 |        37 
        52 |        42         19 |        61 
        53 |         0         19 |        19 
        55 |         0          6 |         6 
        56 |        24         21 |        45 
        57 |        23          4 |        27 
        58 |        20         13 |        33 
        59 |        10          0 |        10 
        60 |        22         10 |        32 
        61 |        31         11 |        42 
-----------+----------------------+----------
     Total |     1,372        562 |     1,934 
```

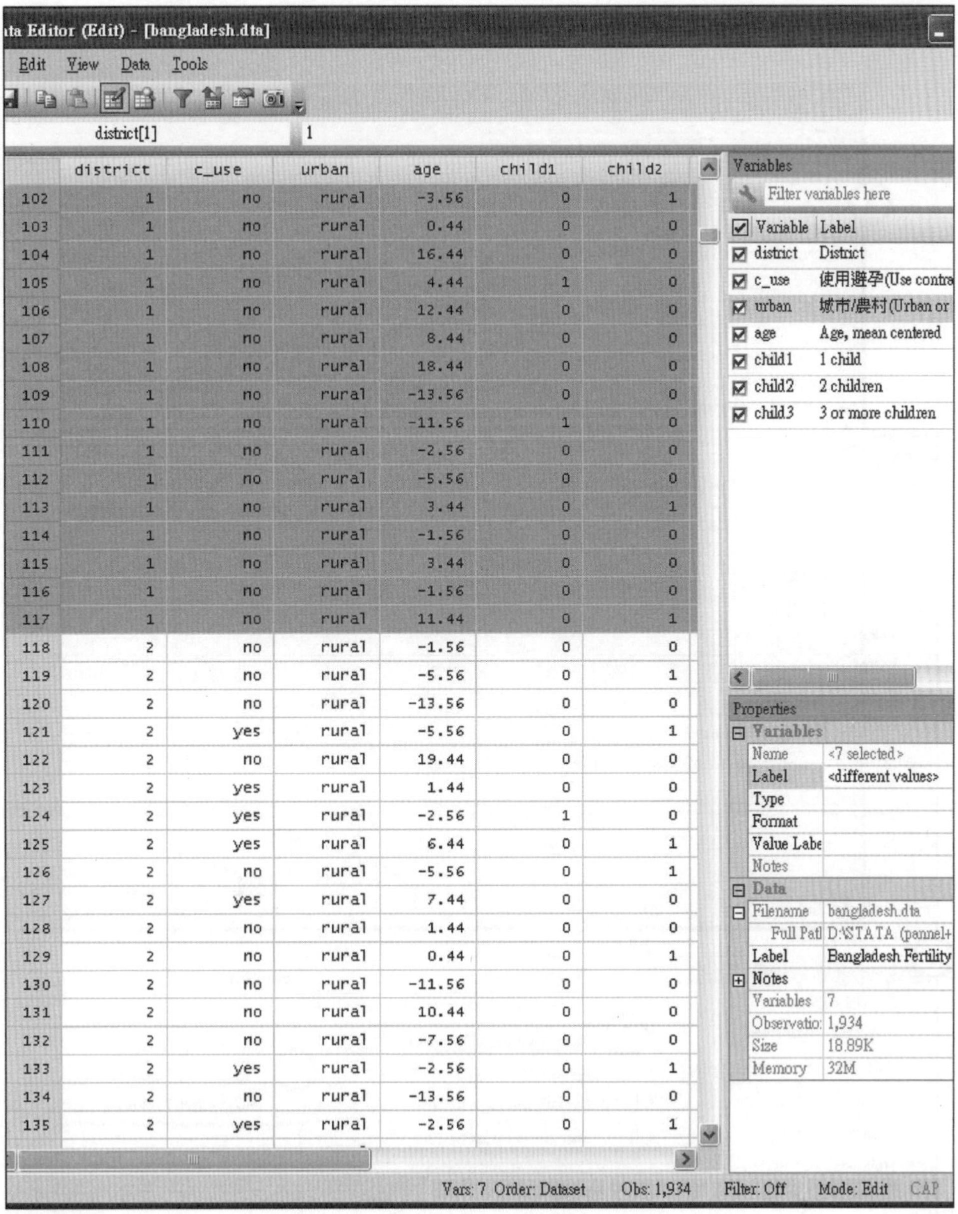

ta Editor (Edit) - [bangladesh.dta]

Edit View Data Tools

district[1] 1

	district	c_use	urban	age	child1	child2
102	1	no	rural	-3.56	0	1
103	1	no	rural	0.44	0	0
104	1	no	rural	16.44	0	0
105	1	no	rural	4.44	1	0
106	1	no	rural	12.44	0	0
107	1	no	rural	8.44	0	0
108	1	no	rural	18.44	0	0
109	1	no	rural	-13.56	0	0
110	1	no	rural	-11.56	1	0
111	1	no	rural	-2.56	0	0
112	1	no	rural	-5.56	0	0
113	1	no	rural	3.44	0	1
114	1	no	urban	-1.56	0	0
115	1	no	rural	3.44	0	0
116	1	no	rural	-1.56	0	0
117	1	no	rural	11.44	0	1
118	2	no	rural	-1.56	0	0
119	2	no	rural	-5.56	0	1
120	2	no	rural	-13.56	0	0
121	2	yes	rural	-5.56	0	1
122	2	no	rural	19.44	0	0
123	2	yes	rural	1.44	0	0
124	2	yes	rural	-2.56	1	0
125	2	yes	rural	6.44	0	1
126	2	no	rural	-5.56	0	1
127	2	yes	rural	7.44	0	0
128	2	no	rural	1.44	0	0
129	2	no	rural	0.44	0	1
130	2	no	rural	-11.56	0	0
131	2	no	rural	10.44	0	0
132	2	no	rural	-7.56	0	0
133	2	yes	rural	-2.56	0	1
134	2	no	rural	-13.56	0	0
135	2	yes	rural	-2.56	0	1

Variables

Filter variables here

Variable	Label
district	District
c_use	使用避孕(Use contra
urban	城市/農村(Urban or
age	Age, mean centered
child1	1 child
child2	2 children
child3	3 or more children

Properties

Variables	
Name	<7 selected>
Label	<different values>
Type	
Format	
Value Labe	
Notes	
Data	
Filename	bangladesh.dta
Full Pat	D:\STATA (pannel+
Label	Bangladesh Fertility
Notes	
Variables	7
Observatio	1,934
Size	18.89K
Memory	32M

Vars: 7 Order: Dataset Obs: 1,934 Filter: Off Mode: Edit CAP

圖 8-45「bangladesh.dta」資料檔之內容 (61 個)

二、多層次 Logistic 迴歸分析

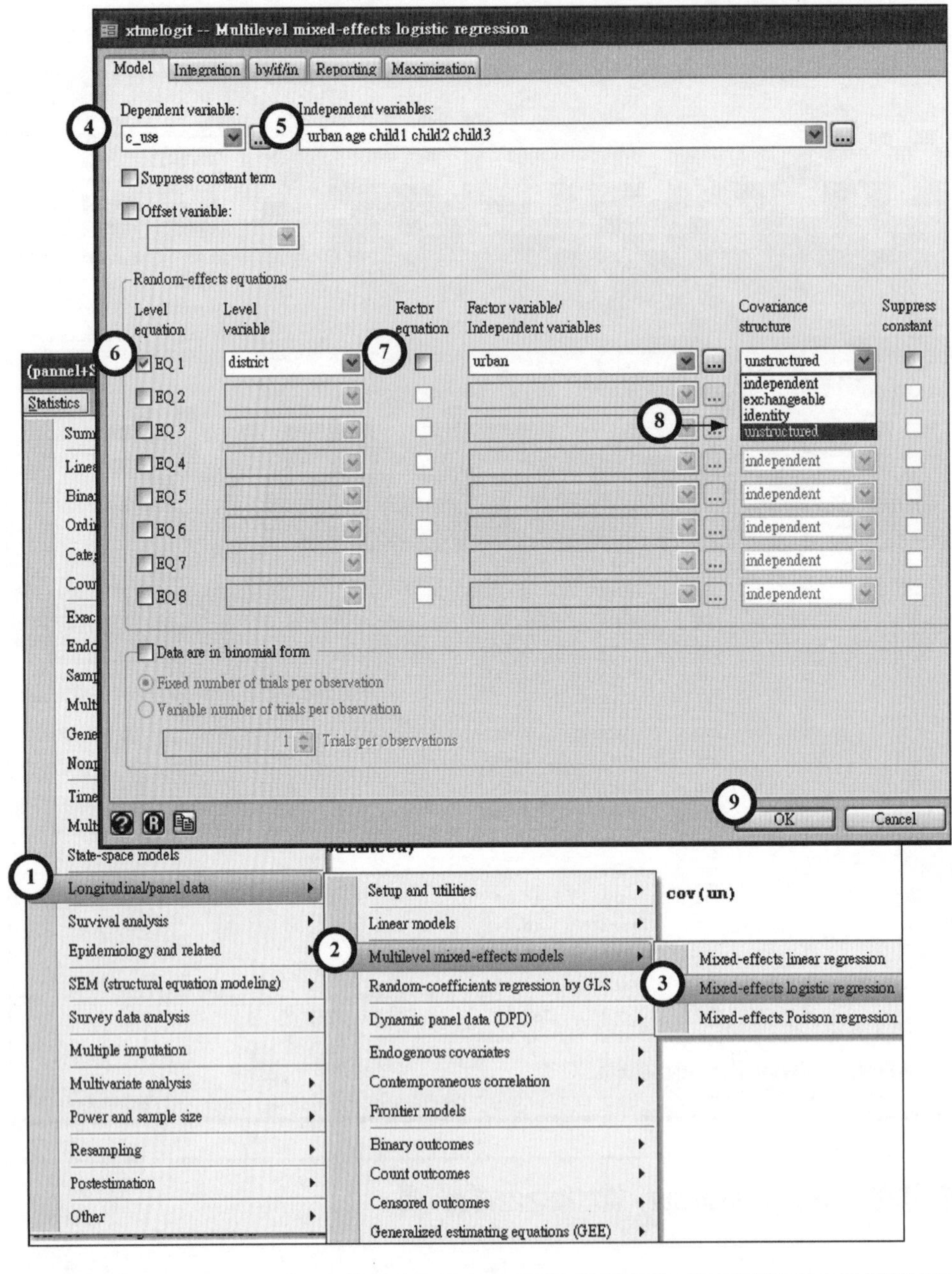

圖 8-46「xtmelogit c_use urban age child1 child2 child3 || district: urban, cov (un)」畫面

```
use bangladesh, clear

*宣告 panel 資料檔，沒有時間 t，只有個體 district
. xtset district
       panel variable:  district (unbalanced)

. xtmelogit c_use urban age child1 child2 child3 || district: urban, cov (un-
  structured)

Refining starting values:

Iteration 0:   log likelihood = -1215.8594 (not concave)
Iteration 1:   log likelihood = -1204.0802
Iteration 2:   log likelihood = -1199.7987

Performing gradient-based optimization:

Iteration 0:   log likelihood = -1199.7987
Iteration 1:   log likelihood = -1199.4774
Iteration 2:   log likelihood = -1199.3158
Iteration 3:   log likelihood =  -1199.315
Iteration 4:   log likelihood =  -1199.315

Mixed-effects logistic regression               Number of obs      =      1934
Group variable: district                        Number of groups   =        60

                                                Obs per group: min =         2
                                                               avg =      32.2
                                                               max =       118

Integration points =   7                        Wald chi2(5)       =     97.50
Log likelihood =  -1199.315                     Prob > chi2        =    0.0000

------------------------------------------------------------------------------
       c_use |      Coef.   Std. Err.      z    P>|z|     [95% Conf. Interval]
-------------+----------------------------------------------------------------
       urban |   .8157872   .1715519     4.76   0.000     .4795516    1.152023
```

```
         age |  -.026415    .008023    -3.29   0.001    -.0421398   -.0106902
      child1 |   1.13252   .1603285     7.06   0.000     .818282    1.446758
      child2 |  1.357739   .1770522     7.67   0.000    1.010724    1.704755
      child3 |  1.353827   .1828801     7.40   0.000    .9953881    1.712265
       _cons |  -1.71165   .1605617   -10.66   0.000   -2.026345   -1.396954
------------------------------------------------------------------------------

------------------------------------------------------------------------------
  Random-effects Parameters  |   Estimate   Std. Err.     [95% Conf. Interval]
-----------------------------+------------------------------------------------
district: Unstructured       |
                 sd(urban)   |   .8162856   .1975237      .5080068    1.31164
                 sd(_cons)   |   .6242943   .1035135       .451079   .8640247
          corr(urban,_cons)  |  -.7964729   .1151556     -.9361775  -.4394904
------------------------------------------------------------------------------
LR test vs. logistic regression:     chi2(3) =    58.42   Prob > chi2 = 0.0000

Note: LR test is conservative（保守的）and provided only for reference.
```

1. 雙層次 Logistic 模型為：

$c\_use = -1.7 + 0.82 urban - 0.03 age + 1.13 child1 + 1.36 child2 + 1.35 child3$

有避孕嗎 = −1.7 + 0.82 住城 / 鄉 − 0.03 年齡 + 1.13 生一子 + 1.36 生二子 + 1.35 生三子以上

2. 概似比 (LR) 檢定結果，$\chi^2_{(2)} = 58.42$，$p < 0.05$，故多層次 Logistic 模型顯著比單層 Logistic 模型優。
3. 隨機截距模型，你可使用單層次 xtlogit 指令或多層次 xtmelogit 指令，但二者是不相同的，因為 xtlogit 指令的內定整合點 (integration points) 是 12，而多層次 xtmelogit 指令的內定整合點 (integration points) 是 7。

8-5-4b 非線性：三層次 Logistic 迴歸 (xtmelogit 指令)

xtmelogit 指令係多層次混合效果 logistic 迴歸 (multilevel mixed-effects logistic regression)，它可執行二元 (binary/binomial) 反應變數。混合效果係固定效果及隨機效果的混合，混合效果是類似 (analogous) 標準迴歸來估計係數。

雖然事後可求得隨機效果，但它係無法直接估計，它只能根據其變異數及共變數來彙整 (summarized)。隨機截距及隨機係數都是隨機效果形式之一。樣本之分組結構 (grouping structure)，便形成鑲套組別的多層次 (multiple levels of nested groups)。

隨機效果分配係假定爲高斯 (Gaussian) 常態分配。隨機效果之反應變數的條件分配係假定爲 Bernoulli 分配，並由 logistic 累積分配 (c.d.f.) 來當作反應變數的成功機率。由於對數概似 (log likelihood) 無法求得模型近似解，故 xtmelogit 指令係採用適性高斯法 (adaptive Gaussian quadrature) 來求解。

一、樣本資料之特徵

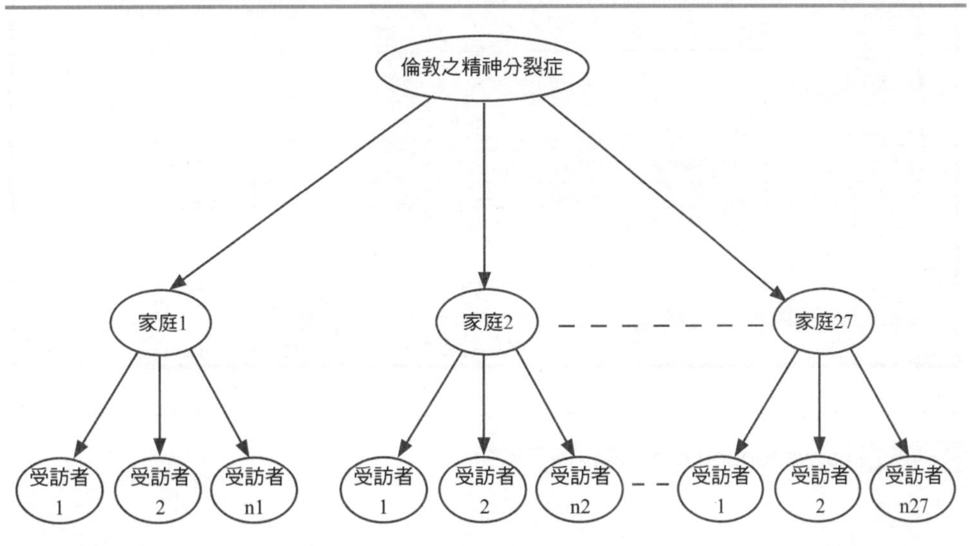

圖 8-47 三層次 logistic 模型：堆疊 27 個家庭精神分裂症

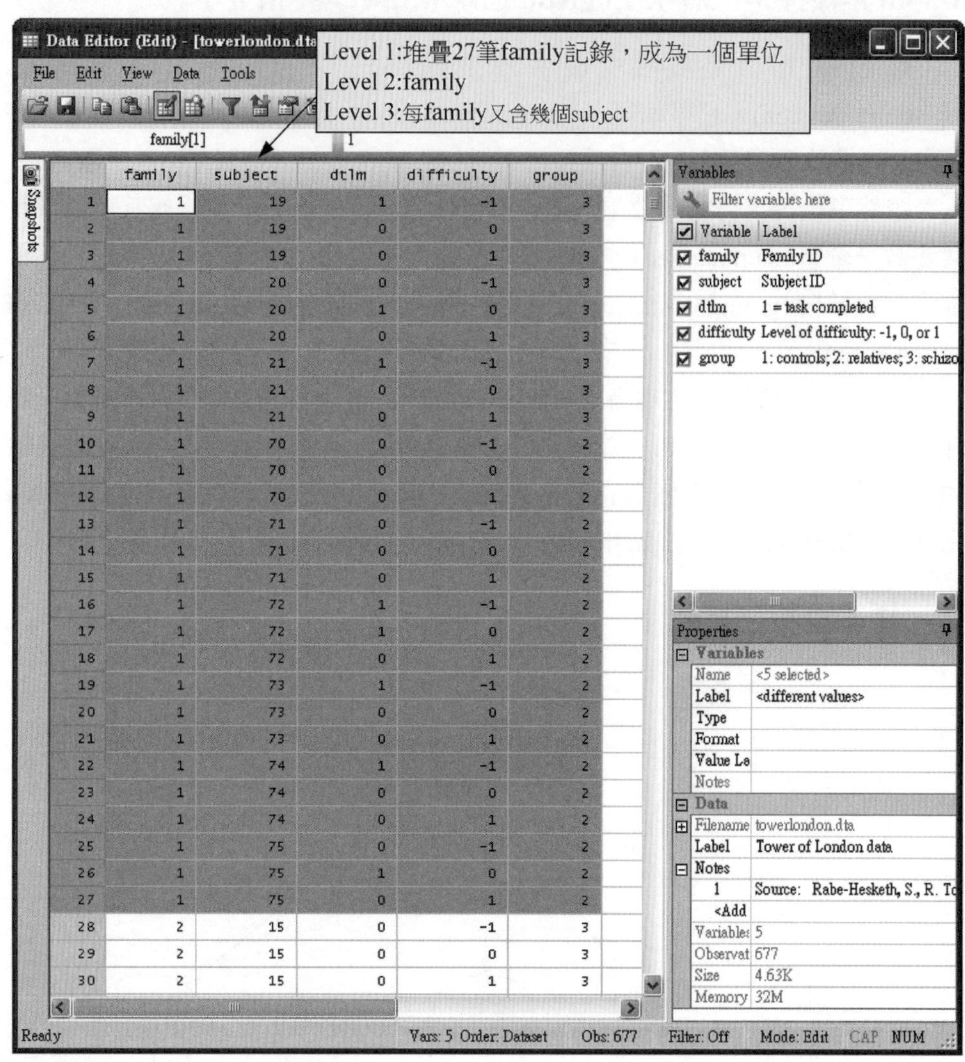

圖 8-48 「towerlondon.dta」資料檔之內容

```
* Setup
. webuse towerlondon
(Tower of London data)

. note

_dta:
  1.  Source: Rabe-Hesketh, S., R. Touloupulou, and R. M. Murray.  2001.
Multilevel modeling of cognitive function in schizophrenics and their first
degree relatives.  Multivariate Behavioral Research 36:  279-298.

*資料之特徵
. describe

Contains data from http://www.stata-press.com/data/r12/towerlondon.dta
  obs:           677                        Tower of London data
 vars:             5                        31 May 2011 10:41
 size:         4,739                        (_dta has notes)
--------------------------------------------------------------------------------
              storage  display  value
variable name   type   format   label     variable label
--------------------------------------------------------------------------------
family          int     %8.0g             Family ID
subject         int     %9.0g             Subject ID
dtlm            byte    %9.0g             1 = 任務完成(task completed)
difficulty      byte    %9.0g             Level of difficulty: -1, 0, or 1
group           byte    %8.0g             1: controls; 2: relatives; 3:精神分裂症
                                          (schizophrenics)
--------------------------------------------------------------------------------
Sorted by:  family  subject
```

二、三層次 Logistic 迴歸分析

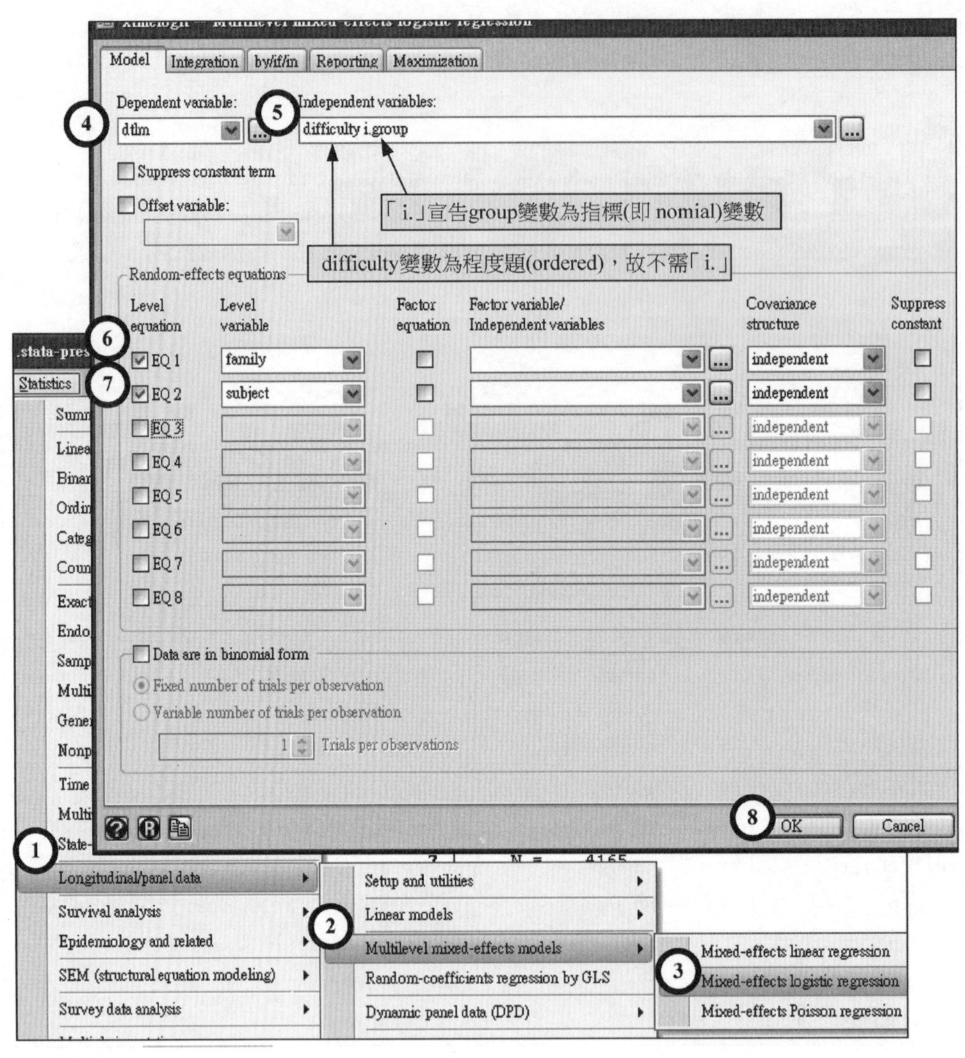

圖 8-49 「xtmelogit 指令…」三層次模型之畫面

Step 1. 三層次 logistic 模型分析

```
* Setup
. webuse towerlondon

*計算 dtlm 在 group 各組之平均數
. oneway dtlm group, tabulate noanova

             1: |
       controls; |
             2: |
      relatives; |
             3: |
schizophren ics |     Summary of 1 = task completed
                |         Mean   Std. Dev.       Freq.
----------------+------------------------------------
              1 |   .28350515   .45186554         194
              2 |   .26190476   .44042073         294
              3 |   .16402116    .3712783         189
----------------+------------------------------------
          Total |   .24076809    .4278659         677

* Three-level nested model, subject nested within family
*因為 group 為類別變數，以「Indicator 變數」代入迴歸時，並以 group 1 為對照組
. xtmelogit dtlm difficulty i.group || family: || subject:


Refining starting values:

Iteration 0:   log likelihood = -310.28433
Iteration 1:   log likelihood = -306.42785  (not concave)
Iteration 2:   log likelihood = -305.26012

Performing gradient-based optimization:

Iteration 0:   log likelihood = -305.26012
Iteration 1:   log likelihood = -305.12093
Iteration 2:   log likelihood = -305.12043
```

```
Iteration 3:   log likelihood = -305.12043

Mixed-effects logistic regression               Number of obs      =       677

-------------------------------------------------------------------------------
                |   No. of       Observations per Group         Integration
 Group Variable |   Groups    Minimum    Average    Maximum         Points
----------------+--------------------------------------------------------------
         family |      118          2        5.7         27              7
        subject |      226          2        3.0          3              7
-------------------------------------------------------------------------------

                                                Wald chi2(3)       =     74.89
Log likelihood = -305.12043                     Prob > chi2        =    0.0000

------------------------------------------------------------------------------
        dtlm |      Coef.   Std. Err.      z    P>|z|     [95% Conf. Interval]
-------------+----------------------------------------------------------------
  difficulty |  -1.648506   .1932139    -8.53   0.000    -2.027198   -1.269814
             |
       group |
          2  |    -.24868   .3544065    -0.70   0.483     -.943304     .445944
          3  |    -1.0523   .3999896    -2.63   0.009    -1.836265   -.2683348
             |
       _cons |  -1.485861   .2848469    -5.22   0.000     -2.04415   -.9275709
------------------------------------------------------------------------------

------------------------------------------------------------------------------
  Random-effects Parameters  |   Estimate   Std. Err.     [95% Conf. Interval]
-----------------------------+------------------------------------------------
family: Identity             |
                  sd(_cons)  |   .7544416   .3457248      .3072984    1.852213
-----------------------------+------------------------------------------------
subject: Identity            |
                  sd(_cons)  |   1.066739   .3214235      .5909883    1.925472
------------------------------------------------------------------------------
LR test vs. logistic regression:     chi2(2) =    17.54   Prob > chi2 = 0.0002

Note: LR test is conservative and provided only for reference.
```

1.「group 2 vs. group 1」之係數爲 −0.24 ($p > 0.05$)，表示組 2 完成任務 (dtlm)，並未顯著劣於組 1。再從 ANOVA 表亦可看出，組 1 的任務完成率爲 0.2835，略高於組 2 的任務完成率爲 0.2619。
2. 概似比 (LR) 檢定結果，$\chi^2_{(2)} = 17.54$，$p < 0.05$，故多層次混合 logistic 迴歸顯著比單層次 logistic 迴歸優。

Step 2. 勝算比 (odds ratios) 分析

```
* Setup
. webuse towerlondon

*計算 dtlm 在 group 各組之平均數
. oneway dtlm group, tabulate noanova

             1: |
      controls; |
             2: |
     relatives; |
             3: |
schizophrenics  |     Summary of 1 = task completed
                |        Mean   Std. Dev.       Freq.
----------------+------------------------------------
              1 |   .28350515   .45186554         194
              2 |   .26190476   .44042073         294
              3 |   .16402116    .3712783         189
----------------+------------------------------------
          Total |   .24076809    .4278659         677
* Replaying fixed effects as odds ratios（勝算比）
. xtmelogit, or

Mixed-effects logistic regression              Number of obs      =        677

--------------------------------------------------------------------------
                |   No. of       Observations per Group       Integration
 Group Variable |   Groups    Minimum    Average    Maximum      Points
----------------+---------------------------------------------------------
         family |      118          2        5.7         27           4
        subject |      226          2        3.0          3           5
--------------------------------------------------------------------------
```

```
                                                Wald chi2(3)      =     74.96
Log likelihood = -305.12348                     Prob > chi2       =    0.0000

------------------------------------------------------------------------------
        dtlm | Odds Ratio   Std. Err.      z    P>|z|     [95% Conf. Interval]
-------------+----------------------------------------------------------------
  difficulty |   .1924004   .0371522    -8.54   0.000     .1317773    .2809127
             |
       group |
          2  |   .7797992   .2762588    -0.70   0.483      .389429    1.561483
          3  |   .3492078   .1396245    -2.63   0.009     .1594947    .7645776
             |
       _cons |   .2263964    .064446    -5.22   0.000     .1295885    .3955237
------------------------------------------------------------------------------

------------------------------------------------------------------------------
  Random-effects Parameters  |   Estimate   Std. Err.     [95% Conf. Interval]
-----------------------------+------------------------------------------------
family: Identity             |
                  sd (_cons) |    .754869   .3447301      .3084245    1.847542
-----------------------------+------------------------------------------------
subject: Identity            |
                  sd (_cons) |   1.065219   .3199697      .5912288    1.919209
------------------------------------------------------------------------------
LR test vs. logistic regression:     chi2(2) =    17.53   Prob > chi2 = 0.0002

Note: LR test is conservative and provided only for reference.
```

1.「group 2 vs. group 1」之勝算比 (odds ratios) 爲 0.779(< 1)，表示組 2 完成任務 (dtlm) 並未顯著劣於組 1。再從 ANOVA 表亦可看出，組 1 的任務完成率爲 0.2835，略高於組 2 的任務完成率爲 0.2619。
2.「group 3 vs. group 1」之勝算比 (odds ratios) 爲 0.349(< 1)，表示組 3 完成任務 (dtlm) 並未顯著劣於組 1。再從 ANOVA 表亦可看出，組 1 的任務完成率爲 0.2835，略高於組 3 的任務完成率爲 0.164。
3. 概似比 (LR) 檢定結果，$\chi^2_{(2)} = 17.53$，$p < 0.05$，故多層次混合 logistic 迴歸顯著比單層次 logistic 迴歸優。

8-5-5 非線性計數型迴歸：三層次 Poisson 迴歸 (xtmepoisson 指令)

本例想瞭解歐洲各國之皮膚癌死亡人數 (deaths)，是否受到紫外線劑量 (uv) 的影響？採三層次之分層抽樣，即觀察者鑲套到區域，區域鑲套到國家 (observations nested region nested within nation)。

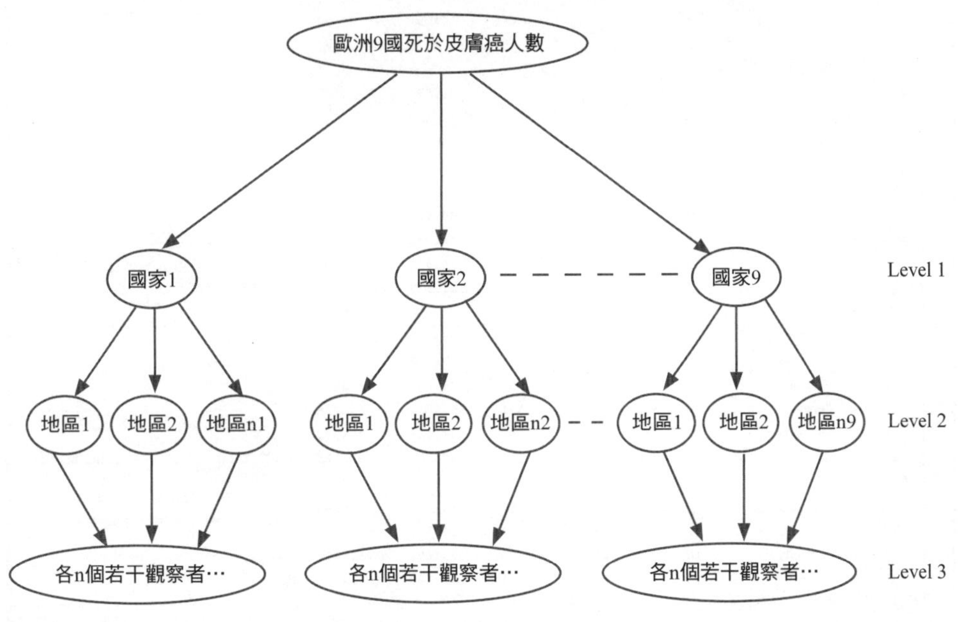

圖 8-50 三層次模型之樣本設計：堆疊 9 個國家

xtmepoisson 指令，旨在「多層次混合效果 Poisson 迴歸 (multilevel mixed-effects Poisson regression)」。

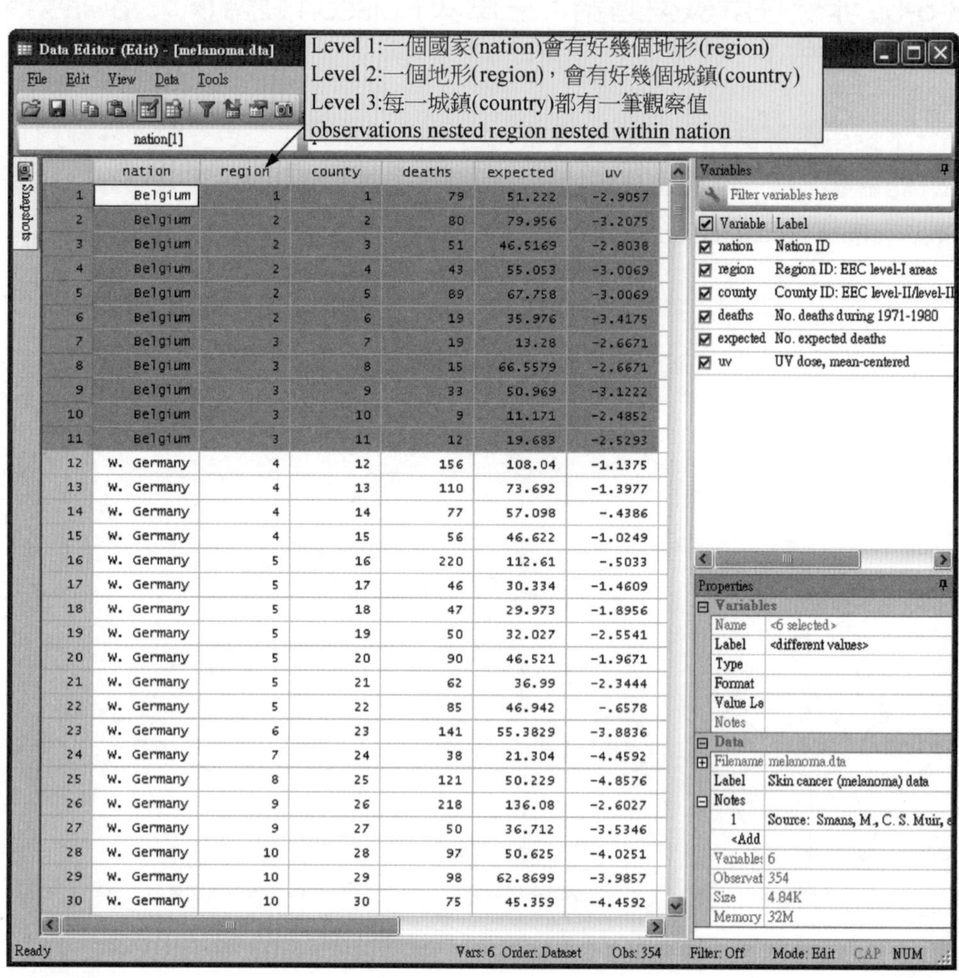

	nation	region	county	deaths	expected	uv
1	Belgium	1	1	79	51.222	-2.9057
2	Belgium	2	2	80	79.956	-3.2075
3	Belgium	2	3	51	46.5169	-2.8038
4	Belgium	2	4	43	55.053	-3.0069
5	Belgium	2	5	89	67.758	-3.0069
6	Belgium	2	6	19	35.976	-3.4175
7	Belgium	3	7	19	13.28	-2.6671
8	Belgium	3	8	15	66.5579	-2.6671
9	Belgium	3	9	33	50.969	-3.1222
10	Belgium	3	10	9	11.171	-2.4852
11	Belgium	3	11	12	19.683	-2.5293
12	W. Germany	4	12	156	108.04	-1.1375
13	W. Germany	4	13	110	73.692	-1.3977
14	W. Germany	4	14	77	57.098	-.4386
15	W. Germany	4	15	56	46.622	-1.0249
16	W. Germany	5	16	220	112.61	-.5033
17	W. Germany	5	17	46	30.334	-1.4609
18	W. Germany	5	18	47	29.973	-1.8956
19	W. Germany	5	19	50	32.027	-2.5541
20	W. Germany	5	20	90	46.521	-1.9671
21	W. Germany	5	21	62	36.99	-2.3444
22	W. Germany	5	22	85	46.942	-.6578
23	W. Germany	6	23	141	55.3829	-3.8836
24	W. Germany	7	24	38	21.304	-4.4592
25	W. Germany	8	25	121	50.229	-4.8576
26	W. Germany	9	26	218	136.08	-2.6027
27	W. Germany	9	27	50	36.712	-3.5346
28	W. Germany	10	28	97	50.625	-4.0251
29	W. Germany	10	29	98	62.8699	-3.9857
30	W. Germany	10	30	75	45.359	-4.4592

圖 8-51「melanoma.dta」資料檔之內容

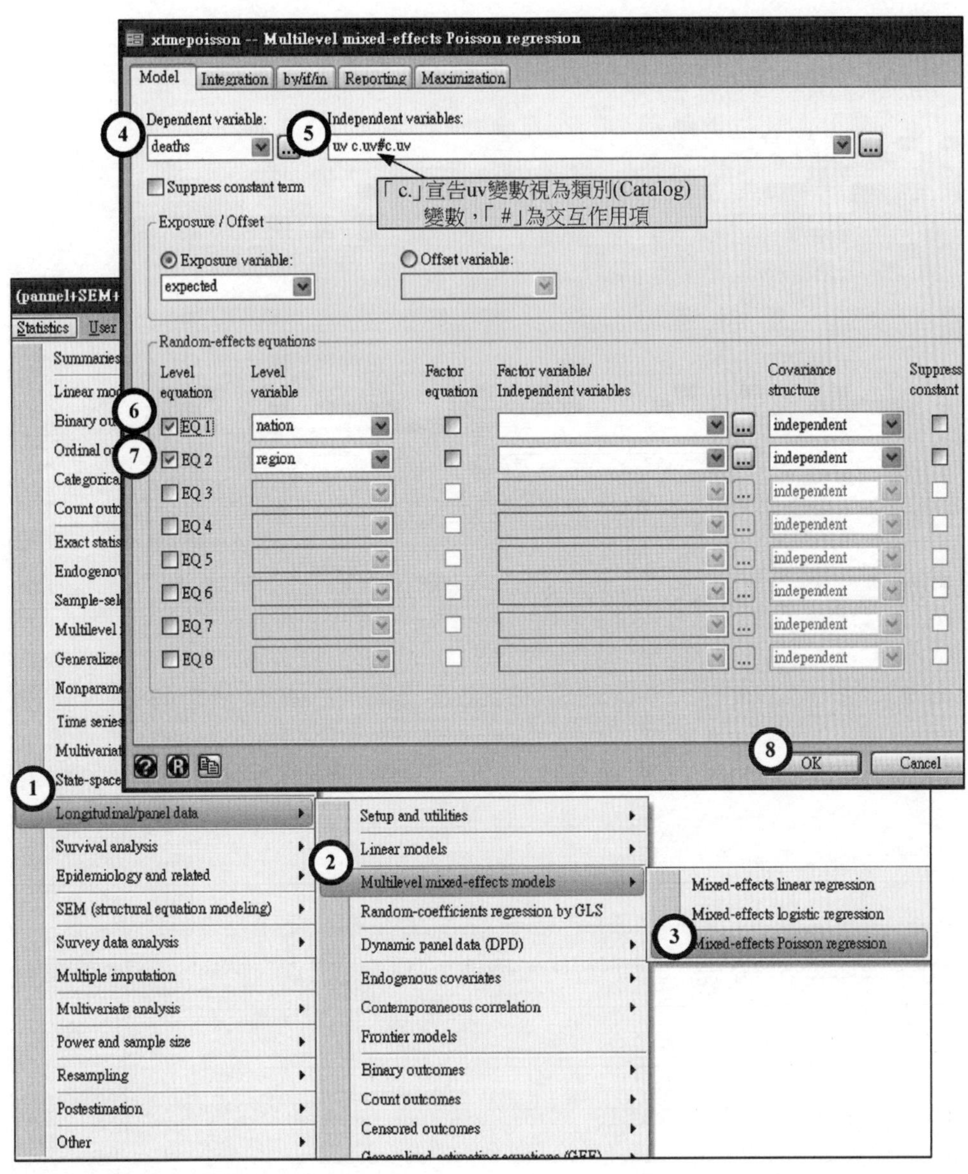

圖 8-52 xtmepoisson 指令「三層次模型」之畫面 (observations nested region nested within nation)

```
* Setup
. webuse melanoma
(皮膚癌 - 黑色素瘤 (melanoma) data)

* 各變數之特徵
. describe

Contains data from D:\melanoma.dta
  obs:           354                          皮膚癌 - 黑色素瘤 (melanoma) data
 vars:             6                          7 Jul 2014 22:20
 size:         4,956                          (_dta has notes)
------------------------------------------------------------------------------
              storage  display   value
variable name   type    format    label      variable label
------------------------------------------------------------------------------
nation          byte     %11.0g     n      Nation ID
region          byte     %9.0g             Region ID: EEC level-I areas
county          int      %9.0g             County ID: EEC level-II/level-III areas
deaths          int      %9.0g             No. deaths during 1971-1980
expected        float    %9.0g             No. expected deaths
uv              float    %9.0g             UV dose(紫外線劑量), mean-centered
------------------------------------------------------------------------------
Sorted by:

*Three-level nested model, observations nested region nested within nation
. xtmepoisson deaths uv c.uv#c.uv, exposure (expected) || nation: || region:

Refining starting values:

Iteration 0:   log likelihood = -1169.4088 (not concave)
Iteration 1:   log likelihood = -1156.8957 (not concave)
Iteration 2:   log likelihood = -1101.6829

Performing gradient-based optimization:

Iteration 0:   log likelihood = -1101.6829
Iteration 1:   log likelihood = -1090.3786
Iteration 2:   log likelihood = -1089.4164
```

```
Iteration 3:   log likelihood =  -1089.411
Iteration 4:   log likelihood =  -1089.411

Mixed-effects Poisson regression                Number of obs     =        354

-----------------------------------------------------------------------------
                |   No. of       Observations per Group       Integration
 Group Variable |   Groups    Minimum    Average    Maximum      Points
----------------+------------------------------------------------------------
         nation |        9          3       39.3         95           7
         region |       78          1        4.5         13           7
-----------------------------------------------------------------------------

                                                Wald chi2(2)      =      25.69
Log likelihood =  -1089.411                     Prob > chi2       =     0.0000

------------------------------------------------------------------------------
      deaths |      Coef.   Std. Err.      z    P>|z|     [95% Conf. Interval]
-------------+----------------------------------------------------------------
          uv |   .0056975   .0137931     0.41   0.680    -.0213364    .0327314
             |
    c.uv#c.uv |  -.0058374    .001388    -4.21   0.000    -.0085579   -.0031169
             |
       _cons |   .1289976   .1581123     0.82   0.415    -.1808968    .4388919
ln (expected) |          1  (exposure)
------------------------------------------------------------------------------

------------------------------------------------------------------------------
  Random-effects Parameters  |   Estimate   Std. Err.     [95% Conf. Interval]
-----------------------------+------------------------------------------------
nation: Identity             |
                  sd (_cons) |   .4290363   .1101666      .2593733    .7096807
-----------------------------+------------------------------------------------
region: Identity             |
                  sd (_cons) |   .1956382   .0224569      .1562233    .2449974
------------------------------------------------------------------------------
LR test vs. Poisson regression:      chi2(2) =  1267.13   Prob > chi2 = 0.0000

Note: LR test is conservative and provided only for reference.
```

```
* Four-level nested model, fit using laplace
. xtmepoisson deaths uv c.uv#c.uv, exposure (expected) || nation: || region: ||
  county:, laplace
```

概似比 (LR) 檢定結果，$\chi^2_{(2)} = 1267.13$，$p < 0.05$，故多層次混合 Poisson 迴歸顯著比 Poisson 迴歸優。

8-5-6 異質性誤差之隨機截距或混合效果模型 (xtmixed 指令)

在適配模型時，常遇到其中某一個 (以上) 變數會影響其「期望平均值 (expected mean)」。同理，若你遇到某一變數會影響模型的變異數，這就是「a model with heteroskedastic errors」。就如，階層式 (hierarchical model) 模型 (又稱多層次混合模型)，假如模型誤差變異數在跨某一類別 (categorical) 變數 (e.g., gender) 係變動的 (非固定的)；或者像縱向模型下，某變數在跨時間軸之誤差是起伏變動的，這都是「誤差異質性 (heteroskedastic errors)」之問題，它們都是不可以正常的迴歸直接來分析。

範例：群組間異質性誤差之隨機截距或混合效果模型 (random intercept or mixed effects model with heteroskedastic errors)

這可能是有用的說法，多層次模型 (multi-level model)[或單層次模型 (a single level model)] 容許各群組 (group) 之間的誤差係不相同，此事就等同：multi-group 結構方程模型 (SEM) 裡，模型中所有參數 (除誤差項) 都可被限制爲相同值。

這可能是有用的注意，多層次模型 (或單層次模型)，允許不同的誤差項類似組之間在所有這些模型中的所有參數都限制在平等，除了多組結構方程模型誤差項。

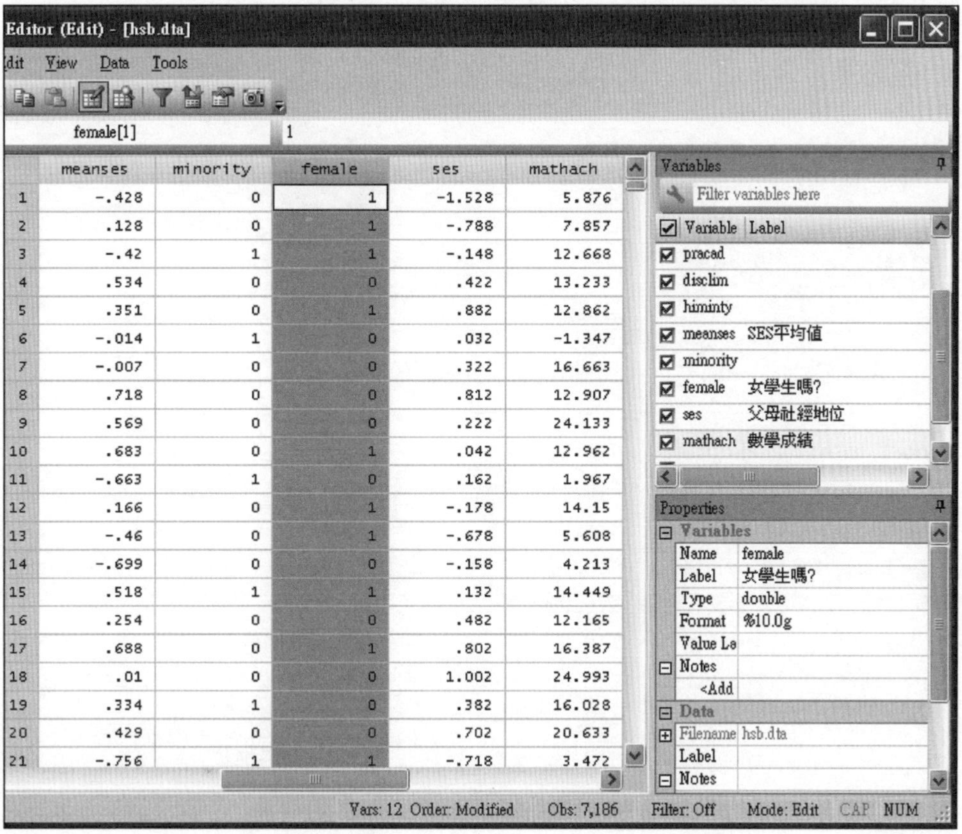

Editor (Edit) - [hsb.dta]

dit View Data Tools

female[1] 1

	meanses	minority	female	ses	mathach
1	-.428	0	1	-1.528	5.876
2	.128	0	1	-.788	7.857
3	-.42	1	1	-.148	12.668
4	.534	0	0	.422	13.233
5	.351	0	1	.882	12.862
6	-.014	1	0	.032	-1.347
7	-.007	0	0	.322	16.663
8	.718	0	0	.812	12.907
9	.569	0	0	.222	24.133
10	.683	0	1	.042	12.962
11	-.663	1	0	.162	1.967
12	.166	0	1	-.178	14.15
13	-.46	0	1	-.678	5.608
14	-.699	0	0	-.158	4.213
15	.518	1	1	.132	14.449
16	.254	0	0	.482	12.165
17	.688	0	1	.802	16.387
18	.01	0	0	1.002	24.993
19	.334	1	0	.382	16.028
20	.429	0	0	.702	20.633
21	-.756	1	1	-.718	3.472

Variables

Filter variables here

Variable	Label
pracad	
disclim	
himinty	
meanses	SES平均值
minority	
female	女學生嗎?
ses	父母社經地位
mathach	數學成績

Properties

Variables

Name	female
Label	女學生嗎?
Type	double
Format	%10.0g
Value La	
Notes	
<Add	

Data

Filename	hsb.dta
Label	
Notes	

Vars: 12 Order: Modified Obs: 7,186 Filter: Off Mode: Edit CAP NUM

圖 8-53「hsb.dta」資料檔之內容

以本範例屬 HLM (階層線性模型) 來說，樣本取自一百六十所學校 (school) 共七千一百八十五位學生 (students)。依變數 mathach 爲數學成就成績。自變數 female 是二元 (binary) 變數 (1 = female; 0 = male)。變數 id 爲 school identifier。

以下指令係假定 (assumes) 男生組及女生組的誤差變異是相等的，但結果係錯誤的。

```
use http://www.ats.ucla.edu/stat/stata/faq/hsb, clear

. describe

Contains data from D:\hsb.dta
  obs:         7,186
 vars:            12                          8 Jul 2014 20:48
 size:       610,810
------------------------------------------------------------------------------
              storage     display      value
variable name   type       format      label      variable label
------------------------------------------------------------------------------
size            double     %10.0g                 學校大小
sector          double     %10.0g
pracad          double     %10.0g
disclim         double     %10.0g
himinty         double     %10.0g
meanses         double     %10.0g                 SES 平均值
minority        double     %10.0g
female          double     %10.0g                 女學生嗎？
ses             double     %10.0g                 父母社經地位
mathach         double     %10.0g                 數學成績
_merge          byte       %8.0g
id              float      %9.0g                  學校編號
------------------------------------------------------------------------------

*假定 (assumes) 男生組及女生組的誤差變異是相等的
. xtmixed mathach female || id:, var mle

Mixed-effects ML regression                     Number of obs      =      7185
Group variable: id                              Number of groups   =       160

                                                Obs per group: min =        14
                                                               avg =      44.9
                                                               max =        67

                                                Wald chi2(1)       =     62.89
Log likelihood =  -23526.66                     Prob > chi2        =    0.0000
```

```
------------------------------------------------------------------------------
     mathach |      Coef.   Std. Err.      z    P>|z|     [95% Conf. Interval]
-------------+----------------------------------------------------------------
      female |   -1.35939   .1714111    -7.93   0.000    -1.695349    -1.02343
       _cons |   13.34526   .2539356    52.55   0.000     12.84756    13.84297
------------------------------------------------------------------------------

------------------------------------------------------------------------------
  Random-effects Parameters  |   Estimate   Std. Err.     [95% Conf. Interval]
-----------------------------+------------------------------------------------
id: Identity                 |
                  var(_cons) |   8.109025   1.018281      6.339865    10.37187
-----------------------------+------------------------------------------------
               var(Residual) |   38.84481   .6555315      37.58101    40.15111
------------------------------------------------------------------------------
LR test vs. linear regression: chibar2(01) = 936.66   Prob >= chibar2 =
0.0000
```

爲了符合「異質性誤差」，以上模型可修改爲：

$$y_{ij} = b0 + b1 \times x_{ij} + u_i + e_{ij} \quad \text{或} \tag{1}$$
$$mathach_{ij} = b0 + b1 \times female_{ij} + u_i + e_{ij}$$

此模型假定：

$$e_{ij} \sim N(0, s^2)$$
$$u_i \sim N(0, t^2)$$

其中，e_{ij} 是 level 1 errors (i.e., residuals)。u_i 是 random intercept across classrooms (i.e., the level 2 variance)，我們想要允許「variance of e_{ij}」(i.e., s^2) 在男生組及女生組係不同的。故第一種做法就是，如下置換 e_{ij} 項，使得在男女二組的誤差 s^2 是不一樣：

$$e_{ij} = e(m)_{ij} \times male + e(f)_{ij} \times female \tag{2}$$

(2) 式 中，male 及 female 都 是 dummy variable。$e(m)_{ij}$ 是「error term for males」。(2) 式亦可改寫為：

$$e_{ij} \sim 符合 \begin{cases} N(0, s_1^2) \text{ ， } male \\ N(0, s_2^2) \text{ ， } female \end{cases}$$

第二種做法就是，任一組當參考組，並估計男女二組變異數的差異。如下置換 e_{ij} 項：

$$e_{ij} = e(m)_{ij} + e(f)_{ij} \times female \tag{3}$$

其中，$e(m)_{ij}$ 是男生組誤差項；$e(f)_{ij}$ 是「the difference between the errors for males and females」。因此再改寫為：

$$e_{ij} \sim N(0, s^2 + s_2^2 \times female)$$

第二種做法就是，將誤差項重新解構為異質性。

(3) 式表示，殘差 (residual) 變異視為「a function of gender」，故它亦可再改寫為 r_{ijk}，其中，i is the group, j is the subject, k is the gender。

$$mathach_{ij} = b0 + b1 \times female + u_i + r_{ijk} \tag{4}$$

為求得本例模型，我們再加一個層次，將原本 level 2「classrooms」提升為 level 3；原本 level 1「students」提升為 level 2；level 1 為每一「student」內之單一觀察值。level 1 唯一隨機效果是 gender (even the intercept is fixed)。故新模型為：

$$mathach_{ij} = b0 + b1 \times female_{ij} + u_i + e_{ij} \times female + r_{ij0}$$

$$r_{ijk} = \begin{cases} r_{ij0} \text{ ， } male \\ r_{ij1} \text{ ， } female + e_{ij} + r_{ij0} \end{cases}$$

其中，r_{ij0} 為 level 1 誤差。因為 males 在本模型的隨機部分是被遺漏的類別 (omitted category)，r_ij0 的變異就是男生組誤差的變異 (i.e., female = 0)。這樣可解讀為，b0 是 males 的 (固定) 截距，儘管他們是被遺漏的類別。e_{ij} 為男生組與女生組的差距之誤差項，故女生組誤差項為「$r_{ij} + e1_{ij}$」。

最後，Stata 在估計「誤差異質性」時，為了要限制「誤差變異」> 0，因此，需將變異數最小的那一組當成 omitted category (省略組)，即可確保各組的「誤差變異」為正值。如何得知哪一組的變異數最小呢？你可檢視「without heteroskedastic errors」的結果。以本例來說，females 的殘差變異比 males 小。

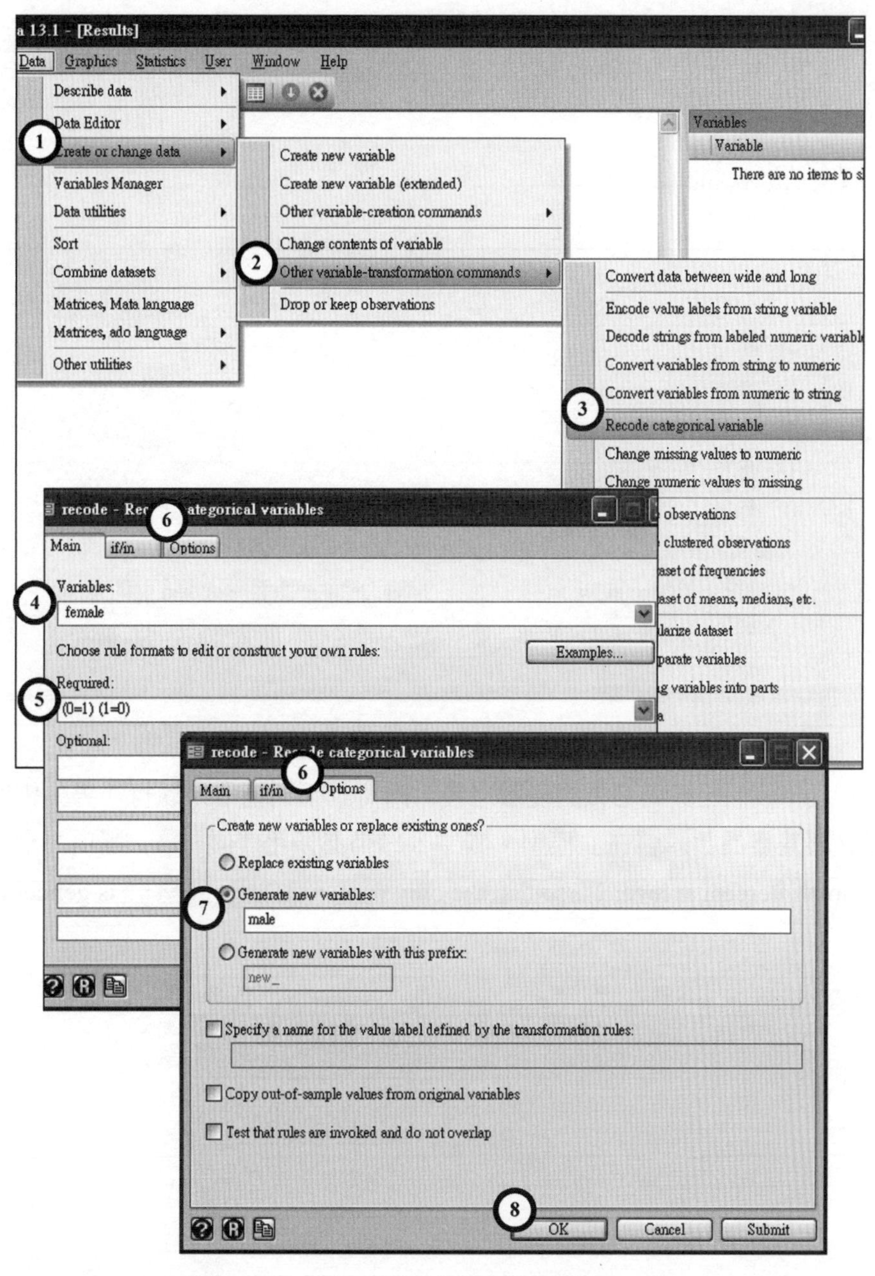

圖 8-54 recode 指令之畫面 (male 為新產生 dummy variable)

以下指令，旨在產生二個新變數：dummy 變數 male，觀察值編號 nid。

```
* male 為新產生 dummy variable，它為 female (0,1) 值的對調。
. recode female (0 = 1)(1 = 0), gen (male)
* 新變數 nid 為系統變數 _n(觀察值編號)，即 nid 是 he identifier for the student.
. gen nid = _n
```

觀察值編號 nid 如下：

```
  id   nid
1224     1
1224     2
1224     3
 ...
1288    48
1288    49
1288    50
 ...
1296    73
1296    74
1296    75
```

一旦，我們已具備必須的變數之後，即可以下列指令來執行「男生組與女生組之誤差變異數同質性」模型。其中，你仍必須用「nocons」選項，來抑制「random intercept at level 2」, so that the only random effect at level 2 is gender (i.e., male)。

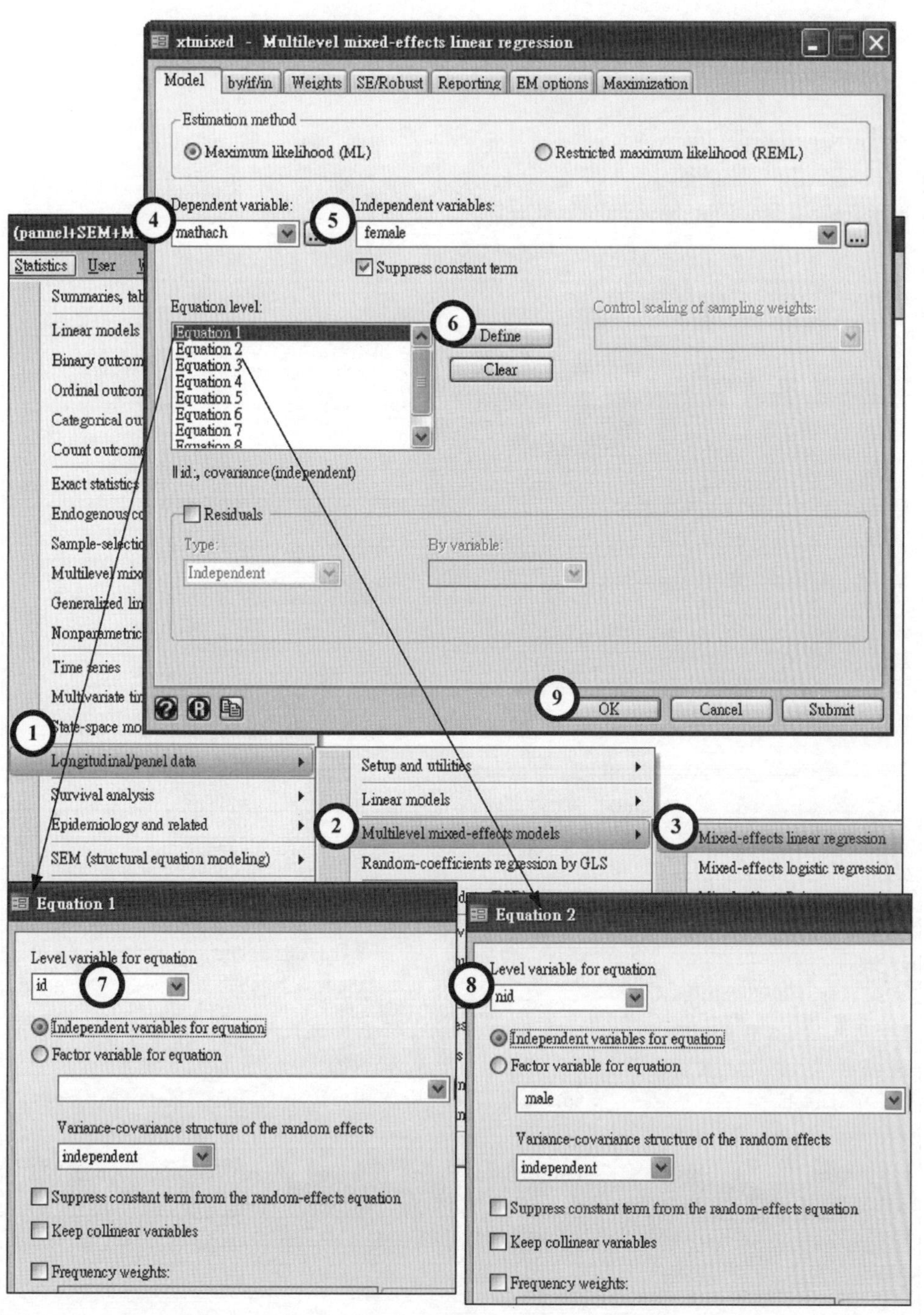

圖 8-55 xtmixed 指令「誤差同質性之模型」之畫面

```
. use http://www.ats.ucla.edu/stat/stata/faq/hsb, clear

. xtmixed mathach female || id: || nid: male, nocons var mle

Performing EM optimization:

Performing gradient-based optimization:

Iteration 0:   log likelihood = -23595.781
Iteration 1:   log likelihood = -23523.201
Iteration 2:   log likelihood = -23522.951
Iteration 3:   log likelihood = -23522.932
Iteration 4:   log likelihood = -23522.932

Computing standard errors:

Mixed-effects ML regression                     Number of obs      =      7185

-----------------------------------------------------------
                |   No. of       Observations per Group
 Group Variable |   Groups    Minimum    Average    Maximum
----------------+------------------------------------------
             id |      160         14       44.9         67
            nid |     7185          1        1.0          1
-----------------------------------------------------------

                                                Wald chi2(1)       =     63.03
Log likelihood = -23522.932                     Prob > chi2        =    0.0000

------------------------------------------------------------------------------
     mathach |      Coef.   Std. Err.      z    P>|z|     [95% Conf. Interval]
-------------+----------------------------------------------------------------
      female |  -1.363968   .1718025    -7.94   0.000    -1.700695   -1.027241
       _cons |   13.34707   .2548632    52.37   0.000     12.84755    13.84659
------------------------------------------------------------------------------

------------------------------------------------------------------------------
  Random-effects Parameters  |   Estimate   Std. Err.     [95% Conf. Interval]
-----------------------------+------------------------------------------------
```

```
id: Identity                 |
               var (_cons)   |   8.090631   1.016474    6.324715    10.34961
-----------------------------+------------------------------------------------
nid: Identity                |
                var (male)   |   3.622525   1.333398    1.760745    7.452914
-----------------------------+------------------------------------------------
            var (Residual)   |   37.13821   .8657822    35.47949    38.87448
------------------------------------------------------------------------------
LR test vs. linear regression:      chi2(2) =   944.12   Prob > chi2 = 0.0000

Note: LR test is conservative and provided only for reference.
```

1. 上表印出隨機效果 (random effects)。
2. females 的殘差變異數 = var (Residuals) = 37.138
3. males 的變異數 = var (Residuals) + var (male) = 37.138 + 3.622 = 40.76
4. 由於 var (male) 的 95% CI = [1.76, 7.45] 未含 0 點，故男生組與女生組變異數達 0.05 顯著水準。

傳統上多層次模型 (像 HLM 軟體)，有異質性誤差模型中，其變異數可寫成下列參數式：

$$s_{ij}^2 = \exp(a_0 + a_1 \times x_{ij})$$

其中，s_{ij}^2 爲殘差的變異數。x_{ij} 是「二分變數 (dichotomous variable) equal to one for one group and zero for the other」，而 a_0 及 a_1 分別爲二分之變異數，當「x_{ij} = 0」求得變異數爲 a_0；a_1 爲二組之間變異數的差。你若使用 Stata 指令，則需做下列轉換：

$$s_{ij}^2 = \text{var (Residuals)} + \text{var}(x_{ij}) \times x_{ij}$$

其 中，**var (Residuals)** is the variance of the level 1 errors。 **var (x_{ij})** is the random effect of the dummy variable **x** x_{ij}. 下列是 Stata 指令的算法：

$$s_{ij}^2 = \exp(2 \times \text{lnsd\_0}) + \exp(2 \times \text{lnsd\_1}) \times x_{ij}$$

其中，lnsd_0 is the natural log of the standard deviation of the level 1 errors。lnsd_1 is the natural log of the standard deviation of the level 2 random effect。你可

再使用下列指令的變數變換，來算出 a_0 及 a_1：

```
a0 = ln (var (Residuals))
a0 = ln (exp (2*lnsd_0))

a1 = ln (var (Residuals)+var (x_ij)) - ln (var (Residuals))
a1 = ln[exp (2*lnsd_0) + exp (2*lnsd_1)] - ln[exp (2*lnsd_0)]
```

接著再用 display 指令，來印出上述 a_0 及 a_1 值。Stata stores the ln (sd) for the level 1 residuals as **[lnsig_e]_cons**, and the ln (sd) of the random effect of male in **[lns2_1_1]_cons**.

```
. di「a0 =」ln (exp (2 * [lnsig_e]_cons))
a0 = 3.6146464

* 顯示「disply」指令
. di「a1 =」ln (exp (2 * [lnsig_e]_cons)+exp (2 * [lns2_1_1]_cons)) - ln (exp
  (2 * [lnsig_e]_cons))
a1 = .09307287
```

$a_0 = 3.61$，代表「$x_{ij} = 0$」時，即 male = 0(女性組) 求得變異數爲 3.61；a_1 爲男女二組之間變異數的差爲 0.093。

8-5-7 潛在成長曲線 (xtmixed+ nlcom 指令)

在結構方程模型之成長曲線模型，係不允許時段 (different across time points) 的誤差變異數都不相同，即不同時段的誤差變異數要同質。但在縱貫面 (longitudinal) 模型中，允許不同時段的誤差變異數係不同的。如同，成長曲線模型，在不同時段所有參數都要限制爲相等的 (除了誤差項外)。以下範例，旨在說明不同時段的誤差變異數如何允許不一樣？

下面我們將展示如何允許跨越時間點不同誤差變異數，以及如何檢定是否誤差變異數明顯不同於對方。

本樣本包含 239 個受試者數據。每個受試者在五個時段都連續被記錄，總共 1079 個觀察值。變數 id 係受訪者唯一的編號。time 變數記錄五個不同時段的發生點，值爲「0 ～ 4」。

xtmixed 指令搭配 nlcom 指令，即可算出潛在成長曲線模型 (growth curve model)，詳情請看以下網站：

http://www.ats.ucla.edu/stat/stata/faq/hetero_resid_var.htm

Edit) - [nys2.dta]

attit[2] .2

attit	expo	age	age11	age13	age11s	age13s	time	x
.11	-.37	11	0	-2	0	4	0	2.78
.2	-.27	12	1	-1	1	1	1	.962
0	-.37	13	2	0	4	0	2	3.67
0	-.27	14	3	1	9	1	3	2.54
.11	-.17	15	4	2	16	4	4	2.31
.29	.42	11	0	-2	0	4	0	4.96
.29	.2	12	1	-1	1	1	1	8.70
.11	.42	13	2	0	4	0	2	4.09
.51	.2	14	3	1	9	1	3	.088
.69	.2	15	4	2	16	4	4	-.301
.8	.47	11	0	-2	0	4	0	3.23
.58	.52	12	1	-1	1	1	1	4.92
.64	.2	13	2	0	4	0	2	5.43
.75	.47	14	3	1	9	1	3	6.99
.98	.47	15	4	2	16	4	4	8.39
.44	.07	11	0	-2	0	4	0	1.8
.44	.32	12	1	-1	1	1	1	2.64
.89	.47	13	2	0	4	0	2	2.56
.75	.26	14	3	1	9	1	3	4.64
.8	.47	15	4	2	16	4	4	5.31
.2	-.27	11	0	-2	0	4	0	.49

Variables: id, attit 態度, expo, age 年齡, age11, age13, age11s, age13s

Properties — Variables: Name attit; Label 態度; Type double; Format %10.0g — Data: Filename nys2.dta

Vars: 10 Order: Dataset Obs: 1,079 Filter: Off Mode: Edit CAP

圖 8-56 「nys2.dta」資料檔之內容

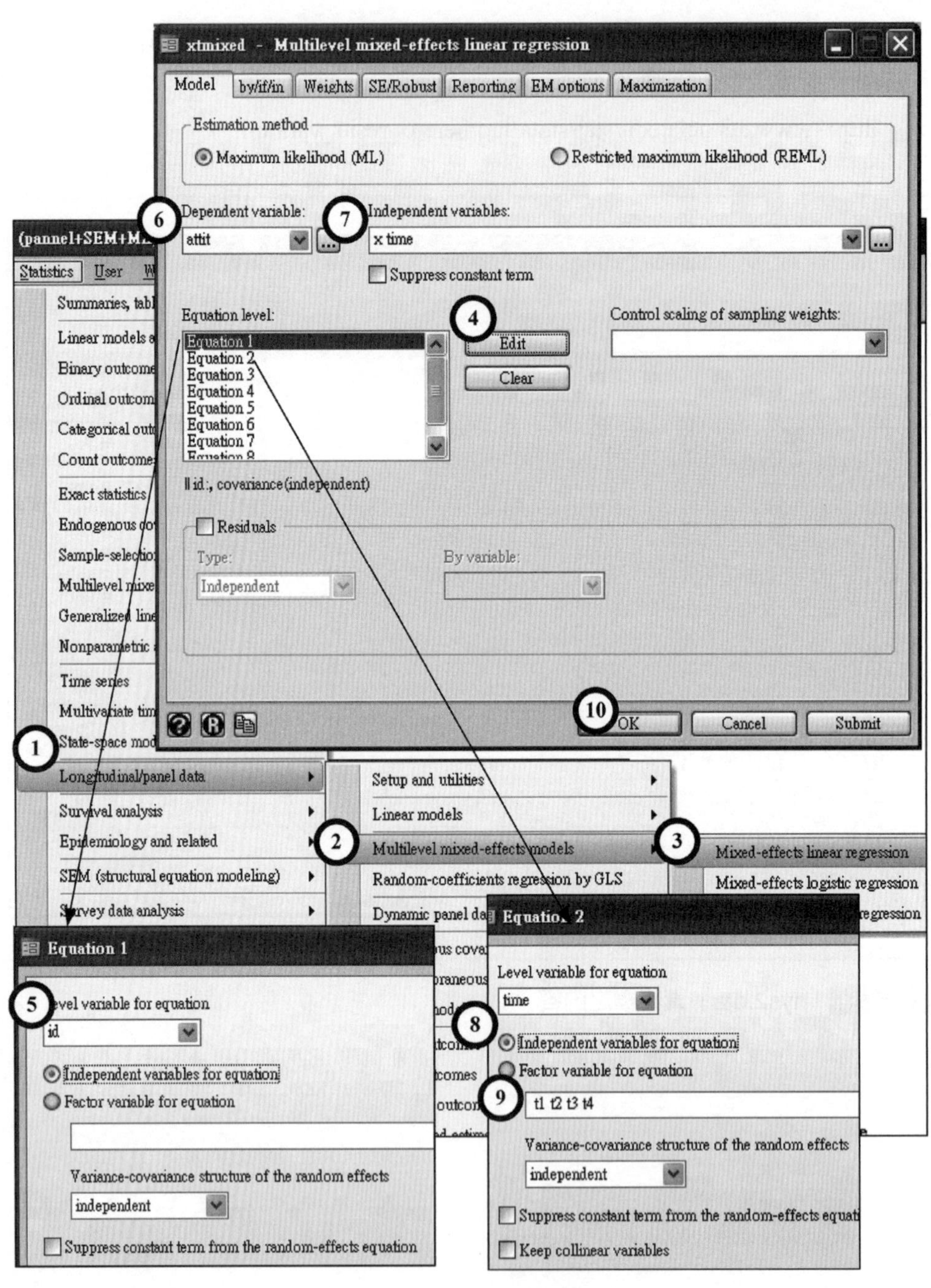

圖 8-57 xtmixed 指令「a model where the variables x and time predict the variable attit」

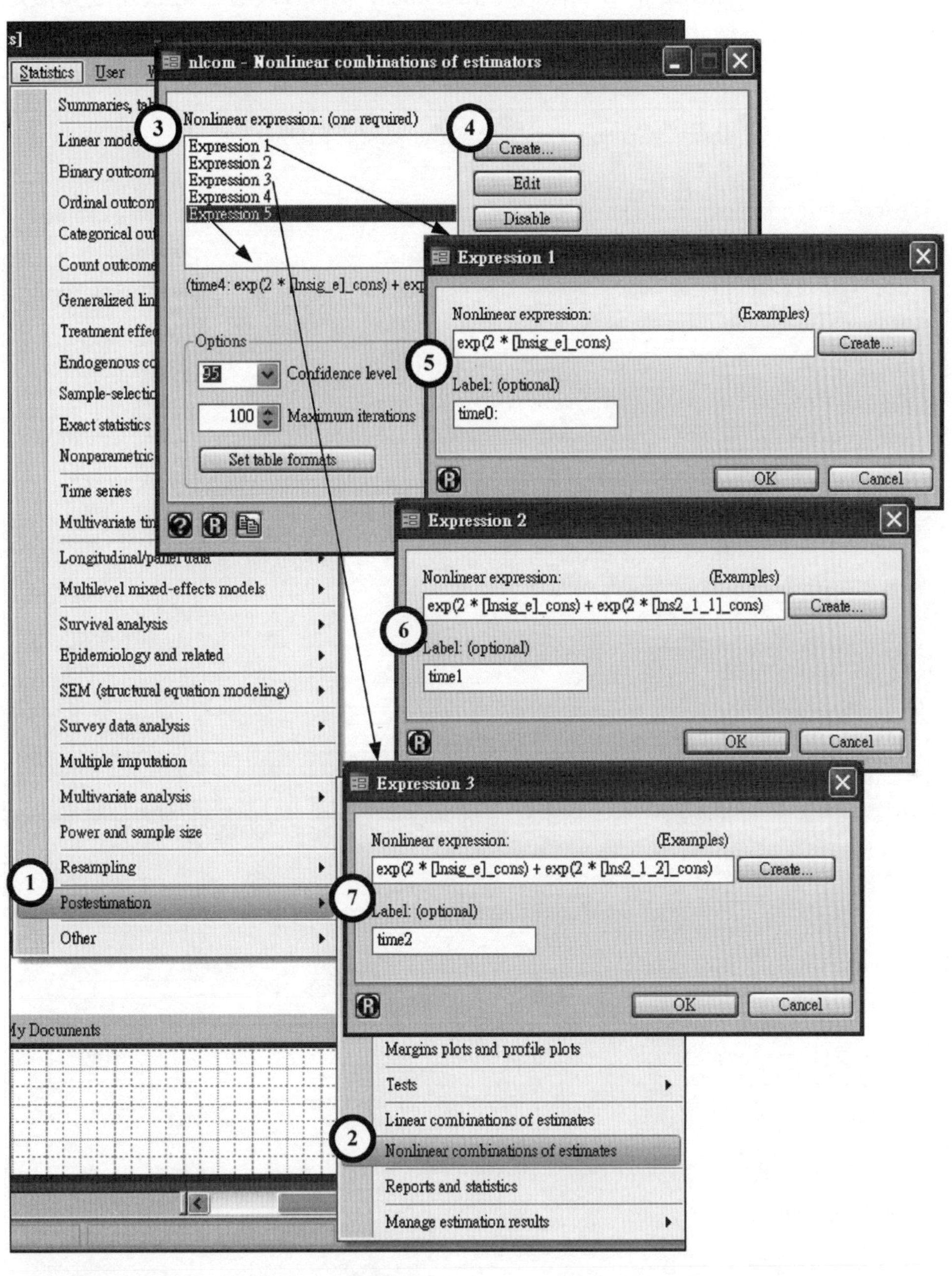

圖 8-58 nlcom「Nonlinear combinations of estimators」指令之畫面 (test whether the estimated variances are different either from zero)

以下第一個 xtmixed 指令，係假定 (assumes) 不同時段發生之誤差變異數是相同的，其中，x 及 time 都是解釋變數，attit 為依變數。

```
. use http://www.ats.ucla.edu/stat/stata/faq/nys2, clear

*xtmixed to fit a model where the variables x and time predict the variable
 attit.
* use xtmixed to fit a model where the variables x and time predict the vari-
  able attit
* 假定 (assumes) 不同時段發生之誤差變異數是相同的
. xtmixed attit x time || id:, var mle

Note: single-variable random-effects specification; covariance structure set
to identity

Performing EM optimization:

Performing gradient-based optimization:

Iteration 0:   log likelihood =  140.31043
Iteration 1:   log likelihood =  140.31043

Computing standard errors:

Mixed-effects ML regression                     Number of obs      =      1079
Group variable: id                              Number of groups   =       239

                                                Obs per group: min =         1
                                                               avg =       4.5
                                                               max =         5


                                                Wald chi2(2)       =    324.65
Log likelihood =  140.31043                     Prob > chi2        =    0.0000
```

```
------------------------------------------------------------------------------
       attit |      Coef.   Std. Err.      z    P>|z|     [95% Conf. Interval]
-------------+----------------------------------------------------------------
           x |   .0241245   .0033107     7.29   0.000     .0176357    .0306134
        time |   .0600884   .0039557    15.19   0.000     .0523353    .0678415
       _cons |   .1191882   .0184893     6.45   0.000     .0829498    .1554267
------------------------------------------------------------------------------

------------------------------------------------------------------------------
  Random-effects Parameters  |   Estimate   Std. Err.     [95% Conf. Interval]
-----------------------------+------------------------------------------------
id: Identity                 |
                  sd (_cons) |   .1756518   .0100568      .1570067    .1965112
-----------------------------+------------------------------------------------
               sd (Residual) |   .1763891   .0043098      .1681411    .1850418
------------------------------------------------------------------------------
LR test vs. linear regression: chibar2(01) = 324.66   Prob > = chibar2 = 0.0000
----------------------------------------

. gen t1  = (time == 1)
. gen t2  = (time == 2)
. gen t3  = (time == 3)
. gen t4  = (time == 4)
----------------------------------------
```

以上模型，可寫成：

$$attit_{it} = b0 + b1 \times x_{it} + b2 \times time_{it} + u_i + e_{it} \tag{4}$$

它係假定：

$$\begin{cases} \text{殘差} e_{it} \sim N(0, s^2) \\ \text{跨個體之隨機截距} u_i \sim N(0, t^2) \end{cases}$$

其中，u_i 爲跨個體之隨機截距 (i.e., the level 2 variance)。殘差 e_{it} 爲 level 1 誤差 (i.e., residuals)。我們想允許 e_{it} 在不同時段都不相同的，其方法就是置換 e_{it} 項，使得每個時段的誤差都分別計算。即：

$$e_{it} = e_{i0} \times t0 + e_{i1} \times t1 + e_{i2} \times t2 + e_{i3} \times t3 + e_{i4} \times t4$$

其中，t0 是虛擬變數 (dummy variable), equal to one if time = 0(i.e. the first time point) and equal to zero otherwise, and e_{i0} is the error for the first measurement occasion (time = 0)。同理，虛擬變數 (t1-t4) 依序代表「time points 1 to 4」。誤差項 ($e_{i1} \sim e_{i4}$) 依序代表時段 1 至時段 4 的誤差。

爲了表達異質性誤差 (heteroskedastic errors)，新模型再加第三層次 (previously level 2)。第二層次爲 time points (previously level 1)，第三層次爲 single case within each time point. Since the effect of time is in the level at model 2, only random effects for time are included at level 1. 故新模型可再改寫爲：

$$attit_{kit} = b0 + b1 \times x_{it} + b2 \times time_{it} + e_{i1} \times t1 + e_{i2} \times t2 + e_{i3} \times t3 + e_{i4} \times t4 + r_{it0}$$

其中

r_{it0} 爲「level one error」，因爲「time = 0」係被省略 (omitted) 類別。r_{it0} 的變異數就是 time = 0 的誤差變異數。隨機效果「e_{i1}-e_{i4}」，分別代表四個不同時段的誤差。

爲了適配「具有異質性誤差」模型，我們仍需下列虛擬變數來分別記錄不同時段的發生點：

```
. gen t1  = (time == 1)
. gen t2  = (time == 2)
. gen t3  = (time == 3)
. gen t4  = (time == 4)
```

接著用下列 xtmixed 指令，並搭配「**nocons**」來抑制「**random intercept at level 2**」的印出。

```
. use http://www.ats.ucla.edu/stat/stata/faq/nys2, clear

*fit model using xtmixed. The nocons option suppresses the random intercept
 at level 2.
. xtmixed attit x time || id: || time: t1 t2 t3 t4, nocons var mle

Performing EM optimization:
```

```
Performing gradient-based optimization:

Iteration 1:   log likelihood =  59.607841 (not concave)
(略)
Iteration 19:  log likelihood =  143.67787
Iteration 20:  log likelihood =  143.67787

Computing standard errors:

Mixed-effects ML regression                     Number of obs      =      1079

-------------------------------------------------------------
                |   No. of       Observations per Group
 Group Variable |   Groups    Minimum    Average    Maximum
----------------+--------------------------------------------
             id |      239          1        4.5          5
           time |     1079          1        1.0          1
-------------------------------------------------------------

                                                Wald chi2(2)       =    319.37
Log likelihood =  143.67787                     Prob > chi2        =    0.0000

------------------------------------------------------------------------------
       attit |      Coef.   Std. Err.      z    P>|z|     [95% Conf. Interval]
-------------+----------------------------------------------------------------
           x |   .0238029   .0033059     7.20   0.000     .0173235    .0302823
        time |   .0597567   .0039638    15.08   0.000     .0519878    .0675256
       _cons |      .1208   .0178047     6.78   0.000     .0859035    .1556965
------------------------------------------------------------------------------

------------------------------------------------------------------------------
  Random-effects Parameters  |   Estimate   Std. Err.     [95% Conf. Interval]
-----------------------------+------------------------------------------------
id: Identity                 |
                 var(_cons)  |   .0280981   .0034551      .0220805    .0357557
-----------------------------+------------------------------------------------
time: Independent            |
                    var(t1)  |   .0027798   .0046901      .0001018    .0758863
                    var(t2)  |   .0058393   .0053178      .0009799    .0347969
```

```
                var (t3) |   .0125841   .0060606      .0048964    .0323421
                var (t4) |     .01354   .0059784      .0056988    .0321702
-----------------------------+------------------------------------------------
          var (Residual) |   .0247609   .0033388      .0190103    .0322509
------------------------------------------------------------------------------
LR test vs. linear regression:       chi2(5) =    331.40   Prob > chi2 = 0.0000

Note: LR test is conservative and provided only for reference.
-------------------------
*we want to test whether the estimated variances are different either from
 zero
. nlcom (time0: exp (2 * [lnsig_e]_cons))
        (time1: exp (2 * [lnsig_e]_cons) + exp (2 * [lns2_1_1]_cons))
        (time2: exp (2 * [lnsig_e]_cons) + exp (2 * [lns2_1_2]_cons))
        (time3: exp (2 * [lnsig_e]_cons) + exp (2 * [lns2_1_3]_cons))
        (time4: exp (2 * [lnsig_e]_cons) + exp (2 * [lns2_1_4]_cons))


------------------------------------------------------------------------------
       attit |      Coef.   Std. Err.      z    P>|z|     [95% Conf. Interval]
-------------+----------------------------------------------------------------
       time0 |   .0247609   .0033388     7.42   0.000      .018217    .0313047
       time1 |   .0275406   .0034705     7.94   0.000     .0207386    .0343427
       time2 |   .0306002   .0035976     8.51   0.000     .0235491    .0376513
       time3 |    .037345   .0044345     8.42   0.000     .0286536    .0460364
       time4 |   .0383009   .0044824     8.54   0.000     .0295155    .0470863
------------------------------------------------------------------------------
*use nlcom to estimate the difference in the variance between time points
. nlcom (t4_t1: exp (2 * [lns2_1_4]_cons) - exp (2 * [lns2_1_1]_cons))


------------------------------------------------------------------------------
       attit |      Coef.   Std. Err.      z    P>|z|     [95% Conf. Interval]
-------------+----------------------------------------------------------------
       t4_t1 |   .0107602    .006054     1.78   0.076    -.0011055    .0226259
```

8-6 群聚的資料 (clustered data)

統計分析爲所有生物學研究及社科奠定了基礎。收集的數據性質，確定其最佳統計方法是關鍵因素。一種特別流行的數據類型，又稱「群聚的資料 (clustered data)」。群聚的特徵是其可以被分類成若干特定研究中，不同的組或「cluster」的數據。clustered data 出現在神經科學之數據，就是在多個實驗中，從突觸末端採取電或光記錄彙編，例如，與每個實驗提供數據的一個獨特的群聚。然而，還有許多其他類型的實驗設計，可產生聚集的數據。

8-6-1 群聚資料之 Panel 模型 (指令「xtreg…, vce (cluster)」)

這裡使用的術語 clustering，並不是統計技術「cluster analysis」。

前面章節「8-4-2」所談 xtgee 指令：廣義估計方程式 (generalized estimating equation, GEE) 也是用在處理群聚資料 (clustered data) 或是多階層資料 (multilevel data) 的一種估計方法，而重複測量只是一種群聚資料的特殊型態。若是以重複測量來說，重複測量的多次時間點是鑲套 (nested) 在人之下；倘若我們現在是橫斷面資料 (cross sectional data)，研究病人的預後，而每位病人各自有不同的主治醫師，每位主治醫師的治療方針多多少少略有差別，我們必須將主治醫師所造成的差異也納入考量，此時病人是鑲套在醫師之下。鑲套圖示請見圖 8-59 及圖 8-60。

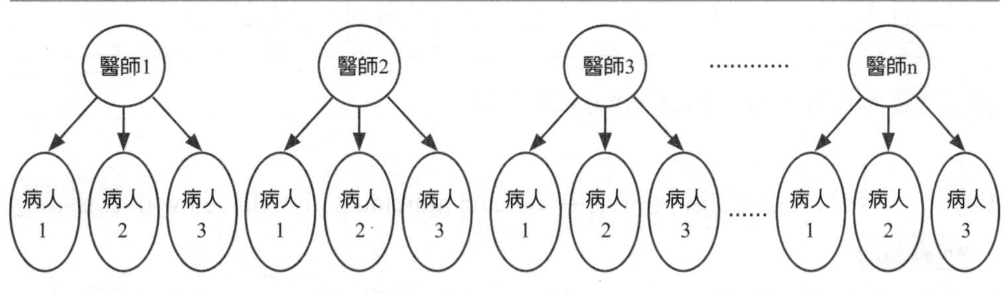

圖 8-59 病人鑲套在醫師之下

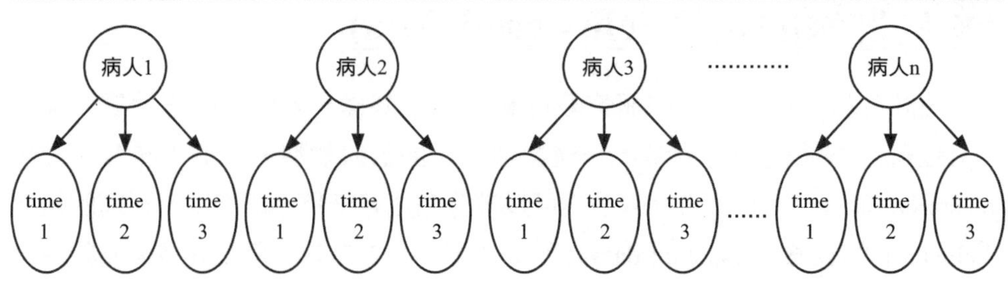

圖 8-60 重複測量鑲套在病人之下

何謂群聚資料 (clustered data)？例如，你可將 panel 原來個體 i 及時間 t 之 panel 指令「xtset id t」，想像成「xtset village person」，像這種以「每個 village 同時調查一群 person 資料」類似 panel 之聚集資料，謂之群聚資料 (clustered data)。

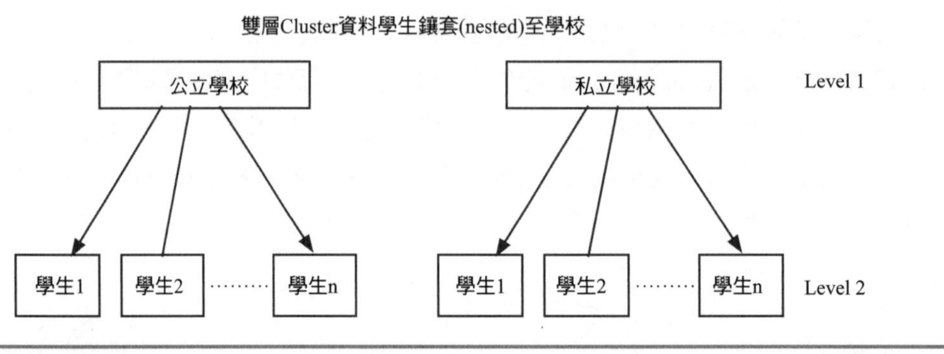

圖 8-61 群聚資料 (clustered data) 之示意圖

1. 例如，個體 i 是群聚於村莊 j 之中 (data on individual i in village j with clustering on village)。
2. 那麼，特定群聚模型 (cluster-specific model)(例如 village-specific) 可設定爲：

$$y_{ji} = \alpha_i + x'_{ji}\beta + \varepsilon_{ji}$$

3. 此時，clustering 是指 village (非個體)，而且，跨個體 (非時間軸) 做重複測量。

4. 這種樣本設計，相當於，Stata 指令「xtset village id」。
5. 由於，此例採用「準相關的誤差 (**equicorrelated errors**)」，會比採用追蹤資料 (panel-data)「其相關會隨著時間推移而挫傷 (correlation dampens over time)」更加合理，故使用「xtreg…,vce (cluster 變數)」會較爲合理。

8-6-2 群聚資料 (clustered data) 之 Stata 估計

典型之三層次模型如圖 8-62 所示，因爲每位學生做 t 次的數學測驗 (第一層)，學生又鑲套到學校裡 (第二層)，而學校又鑲套到某縣市裡 (第三層)。

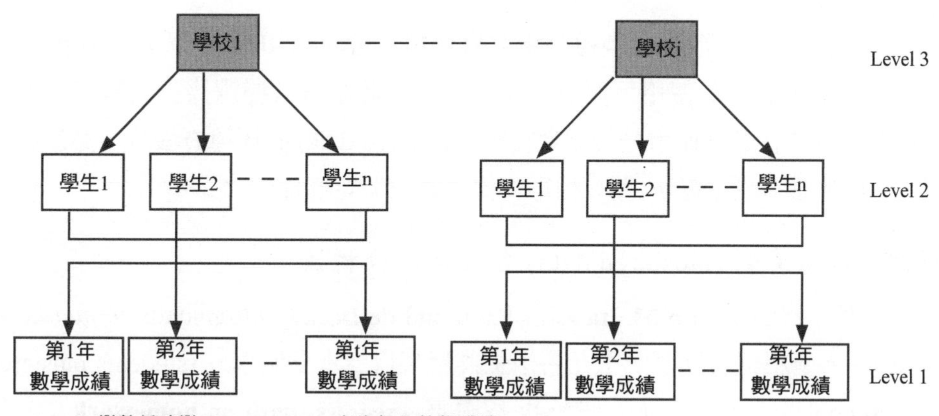

圖 8-62 三層次群聚資料 (three level clustered data) 之示意圖

例如，假設你的樣本資料中，係以「村莊爲個體之群聚單位 (village person)」爲基礎來做群聚資料 (clustered data)，則群聚資料 (clustered data) 分析的重點爲：

1. 首先，會想到使用「xtset village person」(相當於 panel「xtset id time」)。
2. 若個體效果 α_i 是**隨機**，則 Stata 指令語法，包括：
   (1) regress with option vce (cluster village)
   (2) xtreg, re
   (3) xtgee with option exchangeable
   (4) xtmixed for richer models of error structure
3. 若個體效果 α_i 是固定效果，則使用 Stata 指令：xtreg, fe

8-6-3 群聚資料 (clustered data) 實作 (各種迴歸模型)

本章節旨在示範 Stata 各種分析群聚資料 (clustered data) 的方法。目的在告訴你有這些方法可以使用，但並非意味著，以此來爲數據選擇一個特定的模型或群聚方式。在選擇使用分析群聚資料 (clustered data) 的何種方法時，必須小心思考你的數據本質 (質 vs. 量) 和每一種迴歸之假定條件。

範例：群聚資料 (clustered data) 各種迴歸分析法

本例，資料檔 **imm23.dta** 取自 Kreft and de Leeuw *Introduction to multilevel modeling*。資料檔有五百一十九名學生群聚來自二十三個學校 (students clustered in 23 schools)。而以下每一個分析基礎爲「regress **math** on **homework**」，且組內相關值 (intraclass correlation) 爲高達 0.30，係非常高的，故應採 clustered (correlated) data 會比 pooled data 來得正確。

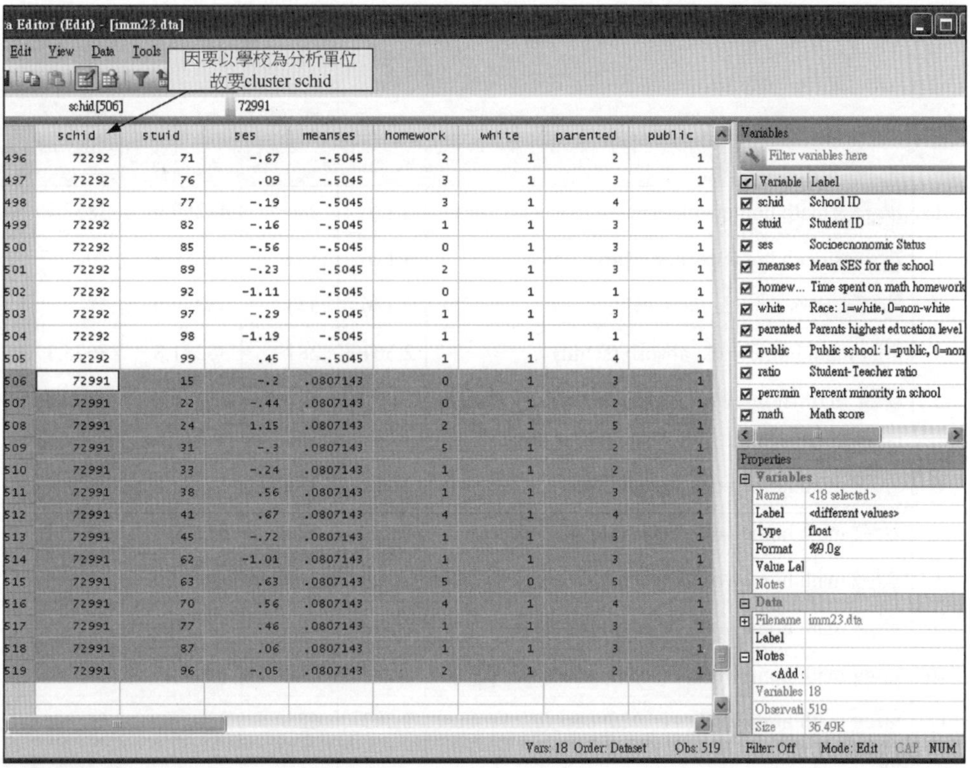

因要以學校為分析單位
故要cluster schid

schid[506] 72991

	schid	stuid	ses	meanses	homework	white	parented	public
496	72292	71	-.67	-.5045	2	1	2	1
497	72292	76	.09	-.5045	3	1	3	1
498	72292	77	-.19	-.5045	3	1	4	1
499	72292	82	-.16	-.5045	1	1	3	1
500	72292	85	-.56	-.5045	0	1	3	1
501	72292	89	-.23	-.5045	2	1	3	1
502	72292	92	-1.11	-.5045	0	1	1	1
503	72292	97	-.29	-.5045	1	1	3	1
504	72292	98	-1.19	-.5045	1	1	1	1
505	72292	99	.45	-.5045	1	1	4	1
506	72991	15	-.2	.0807143	0	1	3	1
507	72991	22	-.44	.0807143	0	1	2	1
508	72991	24	1.15	.0807143	2	1	5	1
509	72991	31	-.3	.0807143	5	1	2	1
510	72991	33	-.24	.0807143	1	1	2	1
511	72991	38	.56	.0807143	1	1	3	1
512	72991	41	.67	.0807143	4	1	4	1
513	72991	45	-.72	.0807143	1	1	3	1
514	72991	62	-1.01	.0807143	1	1	3	1
515	72991	63	.63	.0807143	5	0	5	1
516	72991	70	.56	.0807143	4	1	4	1
517	72991	77	.46	.0807143	1	1	3	1
518	72991	87	.06	.0807143	1	1	3	1
519	72991	96	-.05	.0807143	2	1	2	1

Variable	Label
schid	School ID
stuid	Student ID
ses	Socioecnonomic Status
meanses	Mean SES for the school
homew...	Time spent on math homework
white	Race: 1=white, 0=non-white
parented	Parents highest education level
public	Public school: 1=public, 0=non
ratio	Student-Teacher ratio
percmin	Percent minority in school
math	Math score

Vars: 18 Order: Dataset Obs: 519 Filter: Off Mode: Edit CAP NUM

圖 8-63「imm23.dta」資料檔內容

```
. use http://www.ats.ucla.edu/stat/examples/imm/imm23, clear

.describe schid math homework

-------------------------------------------------------------------------------
              storage  display    value
variable name   type   format     label      variable label
-------------------------------------------------------------------------------
schid           float   %9.0g               School ID
math            float   %9.0g               Math score
homework        float   %9.0g               Time spent on math homework each week
```

以「imm23.dta」資料檔爲例，代入下表之各種群聚資料 (clustered data) 分析指令，所求得之模型係數，分別爲：

#	各模型之指令	係數 coef	se coef	SS residual	BIC 準則
1	regress math homework	3.126	.286	48259.9	3837.7
2	regress math homework, cluster (schid)	3.126	.543	48259.9	3837.7
3	svy: regress math homework	3.126	.543	48259.9	**
4	areg math homework, absorb (schid)	2.361	.281	35281.8	3675.1
5	areg math homework, absorb (schid) cluster (schid)	2.361	.650	35281.8	3668.9
6	xtreg math homework, i (schid) fe	2.361	.281	35281.8	3675.1
7	xtreg math homework, i (schid) robust fe	2.361	.321	35281.8	3675.1
8	xtreg math homework, i (schid) re	2.398	.277	35510.8	**
9	xtreg math homework, i (schid) robust re	2.398	.300	35510.8	**
10	xtreg math homework, i (schid) corr (exc) pa	2.383	.259	??	**
11	xtreg math homework, i (schid) corr (exc) robust pa	2.383	.623	??	**
12	xtgls math homework, i (schid) panels (iid)	3.126	.286	48259.9	3837.7
13	xtgls math homework, i (schid) panels (hetero)	3.536	.271	48472.9	3805.8
14	xtreg math homework, i (schid) mle	2.402	.277	35283.3	3755.5
15	xtmixed math homework || schid:, mle	2.402	.277	35546.0	3755.5
16	xtmixed math homework || schid:, reml	2.400	.277	35525.0	3754.3

註：?? population averaged models do not generate residuals with predict
** BIC 無法在該程序中使用。

當背後眞實模型參數少時，BIC 表現較 AIC 爲佳；而當背後眞實模型參數多時，AIC 表現較 BIC 爲佳。

1. 以上迴歸，有些模型採用「cluster robust」來調整標準誤；有些模型採用 multilevel structure；有些模型採用這二種的不同組合。
2. 以下指令都是上述迴歸的完整程序。

```
. use imm23, clear
/* model 1 -- plain vanilla OLS
* 數學家庭作業之準備時間長短 (homework)，對數學 (math) 成績的預測

. regress math homework

      Source |       SS       df       MS              Number of obs =     519
-------------+------------------------------           F (  1,   517)=  119.43
       Model |  11148.1461     1  11148.1461           Prob > F      =  0.0000
    Residual |  48259.9001   517   93.346035           R-squared     =  0.1877
-------------+------------------------------           Adj R-squared =  0.1861
       Total |  59408.0462   518  114.687348           Root MSE      =  9.6616

------------------------------------------------------------------------------
        math |      Coef.   Std. Err.      t    P>|t|     [95% Conf. Interval]
-------------+----------------------------------------------------------------
    homework |   3.126375   .2860801    10.93   0.000     2.564352    3.688397
       _cons |   45.56015   .7055719    64.57   0.000     44.17401    46.94629
------------------------------------------------------------------------------
```

```
* 數學家庭作業之準備時間長短 (homework)，對數學 (math) 成績的預測
/* model 2 -- same as svy: regress with psu
* regress 指令旨在「Linear regression」
. regress math homework, cluster (schid)

Linear regression                                      Number of obs =     519
                                                       F (  1,    22)=   33.09
                                                       Prob > F      =  0.0000
                                                       R-squared     =  0.1877
                                                       Root MSE      =  9.6616

                                 (Std. Err. adjusted for 23 clusters in schid)
------------------------------------------------------------------------------
             |               Robust
        math |      Coef.   Std. Err.      t    P>|t|     [95% Conf. Interval]
-------------+----------------------------------------------------------------
    homework |   3.126375   .5434562     5.75   0.000     1.999315    4.253434
       _cons |   45.56015   1.428639    31.89   0.000     42.59734    48.52297
------------------------------------------------------------------------------
```

```
*數學家庭作業之準備時間長短 (homework)，對數學 (math) 成績的預測
/* model 3 -- same as OLS with cluster option
* svyset 指令旨在「Declare survey design for dataset」
. svyset schid

      pweight: <none>
          VCE: linearized
  Single unit: missing
     Strata 1: <one>
         SU 1: schid
        FPC 1: <zero>
*svyset 指令為「The survey prefix command」
. svy: regress math homework
(running regress on estimation sample)

Survey: Linear regression

Number of strata   =          1             Number of obs      =        519
Number of PSUs     =         23             Population size    =        519
                                            Design df          =         22
                                            F(   1,      22)   =      33.16
                                            Prob > F           =     0.0000
                                            R-squared          =     0.1877

------------------------------------------------------------------------------
             |             Linearized
        math |      Coef.   Std. Err.      t    P>|t|     [95% Conf. Interval]
-------------+----------------------------------------------------------------
    homework |   3.126375   .5429314     5.76   0.000     2.000404    4.252345
       _cons |   45.56015    1.42726    31.92   0.000      42.6002    48.52011
------------------------------------------------------------------------------
```

```
*數學家庭作業之準備時間長短 (homework)，對數學 (math) 成績的預測
/* model 4 -- same as xtreg with fe option */
* areg 指令旨在「Linear regression with a large dummy-variable set」
. areg math homework, absorb (schid)
```

```
Linear regression, absorbing indicators          Number of obs   =        519
                                                 F(  1,    495)  =      70.82
                                                 Prob > F        =     0.0000
                                                 R-squared       =     0.4061
                                                 Adj R-squared   =     0.3785
                                                 Root MSE        =     8.4425

------------------------------------------------------------------------------
        math |      Coef.   Std. Err.      t    P>|t|     [95% Conf. Interval]
-------------+----------------------------------------------------------------
    homework |   2.360971   .2805572     8.42   0.000     1.809741    2.912201
       _cons |   47.06884   .6656947    70.71   0.000      45.7609    48.37677
-------------+----------------------------------------------------------------
       schid |   F(22, 495) =      8.276   0.000           (23 categories)
```

```
*數學家庭作業之準備時間長短(homework)，對數學(math)成績的預測
* areg 指令旨在「Linear regression with a large dummy-variable set」
/* model 5
. areg math homework, absorb(schid) cluster(schid)

Linear regression, absorbing indicators          Number of obs   =        519
                                                 F(  1,     22)  =      13.18
                                                 Prob > F        =     0.0015
                                                 R-squared       =     0.4061
                                                 Adj R-squared   =     0.3785
                                                 Root MSE        =     8.4425

                               (Std. Err. adjusted for 23 clusters in schid)
------------------------------------------------------------------------------
             |               Robust
        math |      Coef.   Std. Err.      t    P>|t|     [95% Conf. Interval]
-------------+----------------------------------------------------------------
    homework |   2.360971   .6502249     3.63   0.001     1.012487    3.709455
       _cons |   47.06884   1.281657    36.72   0.000     44.41084    49.72683
-------------+----------------------------------------------------------------
       schid |   absorbed                                     (23 categories)
```

```
*數學家庭作業之準備時間長短 (homework)，對數學 (math) 成績的預測
/* model 6 -- same as areg */
* xtreg 指令旨在「Fixed-, between-, and random-effects and population-averaged
  linear models」
. xtreg math homework, i (schid) fe

Fixed-effects (within) regression               Number of obs      =       519
Group variable: schid                           Number of groups   =        23

R-sq:  within  = 0.1252                         Obs per group: min =         5
       between = 0.1578                                        avg =      22.6
       overall = 0.1877                                        max =        67

                                                F (1,495)          =     70.82
corr (u_i, Xb)  = 0.2213                        Prob > F           =    0.0000

------------------------------------------------------------------------------
        math |      Coef.   Std. Err.      t    P>|t|     [95% Conf. Interval]
-------------+----------------------------------------------------------------
    homework |   2.360971   .2805572     8.42   0.000     1.809741    2.912201
       _cons |   47.06884   .6656947    70.71   0.000      45.7609    48.37677
-------------+----------------------------------------------------------------
     sigma_u |  5.0555127
     sigma_e |  8.4425339
         rho |  .26393678   (fraction of variance due to u_i)
------------------------------------------------------------------------------
F test that all u_i = 0:     F (22, 495) =     8.28           Prob > F = 0.0000
```

```
/* model 7 */

. xtreg math homework, i (schid) robust fe

Fixed-effects (within) regression               Number of obs      =       519
Group variable: schid                           Number of groups   =        23

R-sq:  within  = 0.1252                         Obs per group: min =         5
       between = 0.1578                                        avg =      22.6
```

```
      overall = 0.1877                                         max =        67

                                              F (1,22)          =      13.77
corr (u_i, Xb)  = 0.2213                      Prob > F          =     0.0012

                                 (Std. Err. adjusted for 23 clusters in schid)
------------------------------------------------------------------------------
             |               Robust
        math |      Coef.   Std. Err.      t    P>|t|     [95% Conf. Interval]
-------------+----------------------------------------------------------------
    homework |   2.360971   .6362399     3.71   0.001      1.04149    3.680452
       _cons |   47.06884   1.254091    37.53   0.000     44.46801    49.66966
-------------+----------------------------------------------------------------
     sigma_u |  5.0555127
     sigma_e |  8.4425339
         rho |  .26393678   (fraction of variance due to u_i)
------------------------------------------------------------------------------
```

```
/* model 8

. xtreg math homework, i (schid) re

Random-effects GLS regression                   Number of obs      =       519
Group variable: schid                           Number of groups   =        23

R-sq:  within  = 0.1252                         Obs per group: min =         5
       between = 0.1578                                        avg =      22.6
       overall = 0.1877                                        max =        67

                                                Wald chi2(1)       =     74.91
corr (u_i, X)   = 0(assumed)                    Prob > chi2        =    0.0000

------------------------------------------------------------------------------
        math |      Coef.   Std. Err.      z    P>|z|     [95% Conf. Interval]
-------------+----------------------------------------------------------------
    homework |    2.39842   .2771195     8.65   0.000     1.855276    2.941564
       _cons |   46.36018    1.17714    39.38   0.000     44.05303    48.66733
-------------+----------------------------------------------------------------
```

```
     sigma_u |  4.7060369
     sigma_e |  8.4425339
         rho |  .23705881   (fraction of variance due to u_i)
------------------------------------------------------------------------------
```

```
/* model 9 */

. xtreg math homework, i (schid) robust re

Random-effects GLS regression                   Number of obs      =       519
Group variable: schid                           Number of groups   =        23

R-sq:  within  = 0.1252                         Obs per group: min =         5
       between = 0.1578                                        avg =      22.6
       overall = 0.1877                                        max =        67

                                                Wald chi2(1)       =     15.14
corr (u_i, X)   = 0(assumed)                    Prob > chi2        =    0.0001

                                (Std. Err. adjusted for 23 clusters in schid)
------------------------------------------------------------------------------
             |               Robust
        math |      Coef.   Std. Err.      z    P>|z|     [95% Conf. Interval]
-------------+----------------------------------------------------------------
    homework |    2.39842    .616376     3.89   0.000     1.190345    3.606495
       _cons |   46.36018   1.622937    28.57   0.000     43.17928    49.54108
-------------+----------------------------------------------------------------
     sigma_u |  4.7060369
     sigma_e |  8.4425339
         rho |  .23705881   (fraction of variance due to u_i)
------------------------------------------------------------------------------
```

```
/* model 10 */

. xtreg math homework, i (schid) corr (exc) nolog pa

GEE population-averaged model                   Number of obs      =       519
```

```
Group variable:                    schid     Number of groups    =        23
Link:                           identity     Obs per group: min  =         5
Family:                         Gaussian                    avg  =      22.6
Correlation:                exchangeable                    max  =        67
                                             Wald chi2(1)        =     84.39
Scale parameter:                94.57586     Prob > chi2         =    0.0000

------------------------------------------------------------------------------
        math |      Coef.   Std. Err.      z    P>|z|     [95% Conf. Interval]
-------------+----------------------------------------------------------------
    homework |   2.382626   .2593715     9.19   0.000     1.874267    2.890985
       _cons |   46.41468   1.340197    34.63   0.000     43.78794    49.04142
------------------------------------------------------------------------------
```

```
/* model 11 */

. xtreg math homework, i (schid) corr (exc) robust nolog pa

GEE population-averaged model                Number of obs       =       519
Group variable:                    schid     Number of groups    =        23
Link:                           identity     Obs per group: min  =         5
Family:                         Gaussian                    avg  =      22.6
Correlation:                exchangeable                    max  =        67
                                             Wald chi2(1)        =     14.61
Scale parameter:                94.57586     Prob > chi2         =    0.0001

                                 (Std. Err. adjusted for clustering on schid)
------------------------------------------------------------------------------
             |             Semirobust
        math |      Coef.   Std. Err.      z    P>|z|     [95% Conf. Interval]
-------------+----------------------------------------------------------------
    homework |   2.382626   .6232753     3.82   0.000     1.161029    3.604223
       _cons |   46.41468   1.632429    28.43   0.000     43.21518    49.61418
------------------------------------------------------------------------------
```

```
/* model 12 -- same as regular OLS */

. xtgls math homework, i (schid) panels (iid)

Cross-sectional time-series FGLS regression

Coefficients:  generalized least squares
Panels:        homoskedastic
Correlation:   no autocorrelation

Estimated covariances      =         1          Number of obs      =       519
Estimated autocorrelations =         0          Number of groups   =        23
Estimated coefficients     =         2          Obs per group: min =         5
                                                               avg =  22.56522
                                                               max =        67
                                                Wald chi2(1)       =    119.89
Log likelihood             =   -1912.6          Prob > chi2        =    0.0000

------------------------------------------------------------------------------
        math |      Coef.   Std. Err.      z    P>|z|     [95% Conf. Interval]
-------------+----------------------------------------------------------------
    homework |   3.126375   .2855283    10.95   0.000     2.566749       3.686
       _cons |   45.56015   .7042111    64.70   0.000     44.17992    46.94038
------------------------------------------------------------------------------
```

```
/* model 13 */

. xtgls math homework, i (schid) panels (hetero)

Cross-sectional time-series FGLS regression

Coefficients:  generalized least squares
Panels:        heteroskedastic
Correlation:   no autocorrelation

Estimated covariances      =        23          Number of obs      =       519
Estimated autocorrelations =         0          Number of groups   =        23
```

```
Estimated coefficients     =         2          Obs per group: min =          5
                                                               avg =   22.56522
                                                               max =         67
                                                Wald chi2(1)       =     170.34
                                                Prob > chi2        =     0.0000

------------------------------------------------------------------------------
        math |      Coef.   Std. Err.      z    P>|z|     [95% Conf. Interval]
-------------+----------------------------------------------------------------
    homework |   3.535692   .2709065    13.05   0.000     3.004725    4.066659
       _cons |   44.95865   .6672198    67.38   0.000     43.65092    46.26638
------------------------------------------------------------------------------
```

```
/* model 14 -- same as xtmixed with mle option */

. xtreg math homework, i (schid) mle nolog

Random-effects ML regression                    Number of obs      =        519
Group variable: schid                           Number of groups   =         23

Random effects u_i ~ Gaussian                   Obs per group: min =          5
                                                               avg =       22.6
                                                               max =         67

                                                LR chi2(1)         =      70.28
Log likelihood  =  -1865.247                    Prob > chi2        =     0.0000

------------------------------------------------------------------------------
        math |      Coef.   Std. Err.      z    P>|z|     [95% Conf. Interval]
-------------+----------------------------------------------------------------
    homework |   2.401972   .2771764     8.67   0.000     1.858717    2.945228
       _cons |   46.34945   1.142005    40.59   0.000     44.11117    48.58774
-------------+----------------------------------------------------------------
    /sigma_u |   4.497317   .7861614                      3.192697    6.335039
    /sigma_e |   8.434685   .2677724                      7.925855    8.976181
         rho |   .2213627   .0616007                      .1202136    .3589456
------------------------------------------------------------------------------
Likelihood-ratio test of sigma_u = 0: chibar2(01) = 94.71 Prob> = chibar2 = 0.000
```

```
/* model 15 -- same xtreg with mle option */

. xtmixed math homework || schid:, mle nolog

Mixed-effects ML regression                     Number of obs      =       519
Group variable: schid                           Number of groups   =        23

                                                Obs per group: min =         5
                                                               avg =      22.6
                                                               max =        67


                                                Wald chi2(1)       =     75.32
Log likelihood =  -1865.247                     Prob > chi2        =    0.0000

------------------------------------------------------------------------------
        math |      Coef.   Std. Err.      z    P>|z|     [95% Conf. Interval]
-------------+----------------------------------------------------------------
    homework |   2.401972   .2767745     8.68   0.000     1.859504     2.94444
       _cons |   46.34945   1.141154    40.62   0.000     44.11283    48.58607
------------------------------------------------------------------------------


------------------------------------------------------------------------------
  Random-effects Parameters  |   Estimate   Std. Err.     [95% Conf. Interval]
-----------------------------+------------------------------------------------
schid: Identity              |
                   sd (_cons) |   4.497318   .7861623      3.192696    6.335042
-----------------------------+------------------------------------------------
                sd (Residual) |   8.434685   .2677724      7.925855    8.976181
------------------------------------------------------------------------------
LR test vs. linear regression: chibar2(01) = 94.71 Prob > = chibar2 = 0.0000
```

```
/* model 16 */

. xtmixed math homework || schid:, nolog

Mixed-effects ML regression                     Number of obs      =       519
Group variable: schid                           Number of groups   =        23

                                                Obs per group: min =         5
                                                               avg =      22.6
                                                               max =        67


                                                Wald chi2(1)       =     75.32
Log likelihood =  -1865.247                     Prob > chi2        =    0.0000

------------------------------------------------------------------------------
        math |      Coef.   Std. Err.      z    P>|z|     [95% Conf. Interval]
-------------+----------------------------------------------------------------
    homework |   2.401972   .2767745     8.68   0.000     1.859504     2.94444
       _cons |   46.34945   1.141154    40.62   0.000     44.11283    48.58607
------------------------------------------------------------------------------


------------------------------------------------------------------------------
  Random-effects Parameters  |   Estimate   Std. Err.     [95% Conf. Interval]
-----------------------------+------------------------------------------------
schid: Identity              |
                  sd (_cons) |   4.497318   .7861623      3.192696    6.335042
-----------------------------+------------------------------------------------
               sd (Residual) |   8.434685   .2677724      7.925855    8.976181
------------------------------------------------------------------------------
LR test vs. linear regression: chibar2(01) = 94.71   Prob > =  chibar2 = 0.0000
```

Chapter 09

線性：動態 Panel-Data 模型

本章節焦點只談 panel-data 動態模型；至於，時間序列的動態模型之範例，你可參閱作者《Stata 在總體經濟及財務金融的應用》一書的第 3 章「時間數列入門及動態模型」。

靜態 (dynamic) 模型展示了待開發系統的結構特徵。類圖是系統靜態模型的一部分。而動態模型用於描述系統的過程和行爲，例如描述系統從一種狀態到另一種狀態的轉換。

動態模型描述與操作時間和順序有關的系統特徵、影響更改的事件、事件的數列、事件的環境以及事件的組織。

動態模型借助時序圖、狀態圖和活動圖，可以描述系統的動態。動態模型的每個圖均有助於理解系統的行爲特徵。對於開發人員來說，動態建模具有明確性、可視性和簡易性的特點。

9-1 經濟數學模型

經濟數學模型 (economic mathematical model)：係經濟活動中，數量關係的簡化之數學表達。

一、經濟數學模型的種類

反映經濟數量關係複雜變化的經濟數學模型，可按不同的標準分類。

(一) 按經濟數量關係，一般分爲三種：經濟計量模型、投入產出模型、最優規劃模型

1. 經濟計量模型反映經濟結構關係，用來分析經濟波動的原因和規律，是一種社會再生產模型。
2. 投入產出模型反映部門、地區或產品之間的平衡關係，用來研究生產技術聯繫，以協調經濟活動。
3. 最優規劃模型反映經濟活動中的條件極值問題，是一種特殊的均衡模型，用來選取最優方案。

(二) 按經濟範圍的大小，模型可分爲：企業的、部門的、地區的、國家的和世界的五種。

1. 企業模型一般稱爲微觀模型，它反映企業的經濟活動情況，對改善企業的經營管理有重大意義。
2. 部門模型與地區模型是連結企業模型和國家模型的中間環節。

3. 國家模型一般稱為巨集觀模型，綜合反映一國經濟活動中總量指標之間的相互關係。
4. 世界模型反映國際經濟關係的相互影響和作用。

(三) 按數學形式的不同，模型一般分為線性和非線性兩種。
1. 線性模型是指模型中包含的方程都是一次方程。
2. 非線性模型是指模型中有兩次以上的高次方程。
3. 有時非線性模型可化為線性模型來求解，如把指數模型轉換為對數模型來處理。

(四) 按時間狀態分類，模型有：
1. 靜態模型：反映某一時點的經濟數量關係。
2. 動態模型：反映一個時期的經濟發展過程，含有時間落遲 (lag) 因素。

(五) 按應用的目的，有理論模型與應用模型之分，是否利用具體的統計資料，是這兩種模型的差別所在。

(六) 按模型的用途，還可分為結構分析模型、預測模型、政策模型、計畫模型。

此外，還有隨機模型 (含有隨機誤差的項目) 與確定性模型 (不考慮隨機因素) 等分類。這些分類互有聯繫，有時還可結合起來進行考察，如動態非線性模型、隨機動態模型等。

二、經濟數學模型的建立和應用

建立和應用的步驟如下：

Step 1. 理論和資料的準備

經濟數學模型的質量，首先取決於對經濟問題的理論研究狀況。理論假設能否成立、是否正確，關係到模型的成敗。合理的理論假設是模型賴以建立的前提。資料是否充分、可靠和準確，也直接影響經濟數學模型的質量與功能。

Step 2. 建立模型

模型要採取一定的數學形式來反映經濟數量關係。任何數學形式主要由方程式、變數 (它的數值隨時間、地點和條件的變化而改變，按其在方程式中的地位和作用，分為因變數和自變數) 和參數 (反映變數之間相互影響程度的係數) 三個基本要素所組成。簡化是用模型來反映現實的特點，這是一種科學的抽象。否則，模型就建立不起來。它不會降低模型的真實性，反而會提高模型的科學性和實用性。但簡化是有限度的，這取決於研究對象所允許的誤差範圍和數學方法所需要的前提條件。模型不能過於簡化，以致不能把握經濟現實，又不能過分複雜，導致難以加工處理和管理操作。一個模型抽象或現實到什麼程度，取決於分析的需要、分析人員的能力，以及取得資料的可能性。

Step 3. 求解或模擬試驗

以適用的軟體 (計算程式) 在具有一定功能的電子電腦上，可以進行各種模擬試驗，比較和選擇不同的方案。

Step 4. 分析說明和實際應用

在分析和應用模型時，把模型計算所得出的結論與模型外所獲得的訊息相結合，作出必要的判斷。評價模型優劣的標準應該是吻合度 (它同被反映的經濟數量關係的符合程度) 與實用度 (進行理論分析、經濟預測、政策評價等應用效果) 的統一，兩者不可偏廢。隨著客觀經濟情況的變化，模型需要不斷修改和更新。經濟數學模型是系統方法的具體運用，它的著眼點並不在於反映單個的經濟量，而在於說明各個經濟量的關係及其共同作用。一個模型就是一個系統。複雜的國民經濟往往不是少數幾個模型所能反映的，所以需要建立比較完整的模型體系。

三、經濟數學模型的功用和侷限性

經濟數學模型是研究分析經濟數量關係的重要工具。它是經濟理論和經濟現實的中間環節。它在經濟理論的指導下對經濟現實進行簡化，但在主要的本質方面又近似地反映了經濟現實，所以是經濟現實的抽象。它能產生明確思路、加工訊息、驗證理論、計算求解、分析和解決經濟問題的作用。對量大面廣、相互聯繫、錯綜複雜的經濟數量關係進行分析研究，不能離開經濟數學模型的幫助。但是，經濟數學模型也有它的侷限性。

這種侷限性既表現在它的建立，要受人們對客觀經濟現實認識能力和模擬手段的限制，還表現在它的應用是有條件的，不能脫離應用者的學識、經驗和判斷能力。模型所說明的問題一旦觸犯了人們的利益，模型本身常會遭到強烈的反對。在階級、社會集團的經濟利益相互衝突的情況下，客觀的經濟發展過程絕不會完全按照經濟數學模型所反映的途徑發展。

四、動態模型

(一) 較簡單之動態模型

Panel 迴歸之變數，是下列二種之一：

1. 依變數 y_{it} 在時間軸 (in time) 係多項式 (polynomial)。
2. 解釋變數 x_{it} 在時間軸、年齡是多項式。

例如，學童的身高 (或 IQ) 是時間的多項式函數，而不是時間的線性函數。

(二) 較複雜之動態模型

regresses y_{it} on lags of y_{it}

例如，$y_{it} = \alpha_1 y_{i,\, t-1} + \beta X'_{it} + \varepsilon_{it}$

實例，你可參閱本章，GMM 應用於動態 panel-data 模型。

五、動態模型之 Stata 指令

動態模型指令	說明
xtabond	for Arellano-Bond
xtdpdsys	for Blundell-Bond (比 xtabond 指令更有效率)
xtdpd	比 xtabond 及 xtdpdsys 更複雜

六、應用例子：靜態與動態風險值模型績效之比較

例如，你可嘗試動態極值理論 (extreme value theory) 在投資組合上的實證分析，來探討十種風險值模型的績效。模型分爲假設報酬資料來自相同且獨立機率分配的靜態模型，以及利用 EWMA 或 GARCH 等「時變」波動模型，捕捉報酬具有條件異質變異數特性的動態模型。靜態風險值模型包括歷史模擬法、t 分配法，及兩種極值理論法：GEV 與 GPD 模型；動態風險值模型包括結合 GARCH 模型的動態常態分配法、動態 t 分配法、動態歷史模擬法、兩種動態極值理論：動態 GEV 法與動態 GPD 法，及業界標準 EWMA 模型。

靜態風險值模型，主要包括：極值理論的 Block Maxima 及 POT 模型、參數的估計，以及極值理論風險值的計算方法；相對地，加入 GARCH 的動態風險值模型，包括兩種動態極值理論法、動態常態分配法、動態 t 分配法、與動態歷史模擬法共五種模型。

1. 靜態風險值模型假設資產報酬來自於相同的機率分配，且機率分配並不隨著時間而變。本研究所採用的歷史模擬法與 t 分配法，都是靜態風險值模型的例子。歷史模擬法是屬於無母數的方法，以過去報酬的百分位數來計算風險值；t 分配法則假設報酬來自於 t 分配，先估計參數再由 t 分配的累積分配計算風險值。靜態風險值模型主要的缺點是未將隨時間變動的波動率納入考慮，因此無法反應市場新、舊的資訊。
2. 靜態極值理論方法，雖然有描述資料尾部的優點，但是並沒有考慮報酬的時間序列資料具有波動叢聚的特性。因此，我們先使用 GARCH 模型來捕捉報酬的條件異質波動率，再結合極值理論、Student's t 分配、常態分配與歷史模擬法來估計 GARCH 模型殘差項風險值，並進一步計算報酬的風險值，這樣的方法稱爲動態模型。雖然動態模型結合了極值理論在估計極值事件與 GARCH 模型在預測條件變異數上的優點，但由於動態模型必須先估計 GARCH 模型，因此相對上計算量也比較大。

一般而言，動態極值理論法表現最好，對發生極端事件的反應也最爲靈敏。

9-2 線性：動態 (dynamic) Panel 模型

一、動態 (dynamic) Panel 模型之重點

$$y_{it} = \underbrace{\alpha_i}_{\text{可以是固定效果或隨機效果}} + X'_{it} \underbrace{\beta}_{\text{固定效果或隨機效果之估計值相近}} + \underbrace{\varepsilon_{it}}_{\text{殘差項}\sim N(0,\sigma^2)}$$

$$\text{又分}\begin{cases}\text{固定效果}: y_{it} = \underbrace{\alpha_i}_{\text{它與解釋變數}x_{it}\text{有相關}} + \underbrace{X'_{it}}_{\text{它亦可爲內生解釋變數}} \beta + \underbrace{\varepsilon_{it}}_{\text{殘差項}\sim N(0,\sigma^2)} \\ \text{隨機效果}: y_{it} = \underbrace{\alpha}_{\text{純隨機}\sim N(0,\sigma_\alpha^2)\text{，它與解釋變數}x_{it}\text{無相關}} + \underbrace{X'_{it}}_{\text{外生解釋變數}} \beta + \underbrace{u_{it}}_{\text{個體間誤差}} + \underbrace{\varepsilon_{it}}_{\text{個體內誤差}}\end{cases}$$

1. 個體效果 (individual effects) 模型可透過不可觀測的特質性 α_i，使得時間序列具有持久性 (persistence)。例如，第 8 章範例「mus18data.dta」資料檔中，上式模型中，個體效果 α_i 愈大，表示該個體看門診醫生的次數愈多。
2. 另一種時間序列的持久性是通過眞實的狀態依賴性 (true state dependence)，y_{t-1}。例如，最近前一次，醫生看診次數愈多 (y_{t-1})，則這一期的醫生看診次數 (y_t) 也會愈多。

3. 線性模型爲：

$$y_{it} = \alpha_i + \rho y_{i,\, t-1} + x'_{it}\beta + u_{it}$$

4. 帶指數回饋 (with exponential feedback) 的 Poisson 模型：在對抗零問題 (designed to confront the zero problem) 之一種可能爲：

$$u_{it} = \alpha_i \lambda_{it-1} = \alpha_i \exp(\rho y^*_{i,\, t-1} + x'_{it}\beta)$$
$$y^*_{i,\, t-1} = \min(c, y_{i,\, t-1})$$

5. 固定效果 Poisson 模型之估計值，迄今仍是不一致。故改用，假定弱外生性 (weak exogeneity)：

$$E[y_{it} \mid y_{it-1}, \cdots, y_{i1}, x_{it}, \cdots, x_{i1}] = \alpha_i \lambda_{it-1}$$

並使用替代方案：準差分 (quasi-difference)

$$\mathrm{E}[(y_{it} - (\lambda_{it-1}/\lambda_{it})\, y_{it-1}) \mid y_{it-1}, \cdots, y_{i1}, x_{it}, \cdots, x_{i1}] = 0$$

6. 所以，動差法 (MM)、廣義動差法 (GMM) 係根據：

$$E\left[z_{it}\left(y_{it} - \frac{\lambda_{it-1}}{\lambda_{it}} y_{it-1}\right)\right] = 0$$

其中，例如，$Z_{it} = (y_{it-1}, x_{it})$ 是在適足認定 (just-identified) 情況。詳請可見 Windmeijer(2008)。

9-2-1 線性動態 Panel 模型：廣義動差法 (xtabond、xtdpd 指令)

一、動態 Panel 模型之簡介

(一) 介紹

1. 假如我們要估計參數的模型爲：

$$y_{it} = y_{it-1}\gamma + x_{it}\beta + u_i + \varepsilon_{it}$$

個體 $i = 1, 2, \cdots, N$。時間 $t = 1, 2, \cdots, T$。此資料檔係 Large N 且固定 T。

2. 其中，y_{it-1} 與不可觀測個體水準效果 u_i 是有相關的。

3. 若以組內 (within) 轉換來消除 u_i，則會使估計值產生不一致。

將上式做一階差分，即可使用工具變數 (IV) 及廣義動差法 (GMM)。

(二) The Arellano-Bond estimator I

一階差分之方程式爲：

$$\Delta y_{it} = \Delta y_{it-1}\gamma + \Delta x_{it}\beta + \Delta\varepsilon_{it}$$

此時，個體效果 u_i 就消失了。Δy_{it-1} 中，y_{it-1} 是 ε_{it-1} 的函數，而且 ε_{it-1} 亦在 $\Delta\varepsilon_{it}$ 項之中。

1. 工具變數有三個條件必需符合：
   (1) $p\lim(\frac{1}{n}Z'\varepsilon) = 0$：工具變數 Z 必須是外生的。例如，當工具變數 Z 與干擾項無關時，即 $E[z_i\varepsilon_i] = 0, 1, 2, \cdots, n$，工具變數就必須是外生的。
   (2) $p\lim(\frac{1}{n}Z'X) = Q_{zx}$，$\text{rank}(Q_{zx}) = k$：表示工具變數必須與解釋變數具有足夠的相關性 (稱爲 rank condition)；因爲 Q_{zx} 爲 $m \times k$ 矩陣，如 $\text{rank}(Q_{zx}) = k$ 可以成立，一定是 $m \geq k$，亦即工具變數個數至少要比解釋變數多 (稱爲 order condition)。
   (3) $p\lim(\frac{1}{n}Z'Z) = Q_{zz}$，$\text{rank}(Q_{zz}) = m$：就是工具變數的穩定條件 (stability condition)。
2. Anderson 與 Hsiao(1981) 提出兩階段最小平方法 (2SLS)，亦是將「Δy_{it} 落遲項 (lag)」視爲 Δy_{it-1} 的工具變數。
   例如，假如 ε_{it} 是「i.i.d 於個體 i 及時間 t」，即殘差沒有序列相關，則 y_{it-2} 就可當 Δy_{it-1} 的工具變數。

(三) The Arellano-Bond estimator II

Holtz-Eakin 等人 (1988) 及 Arellano 和 Bond(1991) 都證明：動差方程式可用 y_{it} 更遠期落遲項 (lag) 及一階差分誤差來建構模型。

(1) 帶一階差分 (with first differences) 誤差 ε_{it} 之依變數的落遲項，即可建立動差條件。

(2) 嚴格外生性共變量 (strictly exogenous covariates) 的一階差分，亦能拿來建立動差條件。

1. 假定誤差 ε_{it} 是「IID over i and t」，即誤差沒有序列相關：
   (1) 稍後，我們將會放棄這一假定。
2. 由於我們的工具變數比參數多，所以才使用 GMM 框架。

(四) 何謂強 (嚴格) 外生性 (strict exogeneity) ?

(1) 若解釋變數是預定型 (predetermined)，則誤差 ε_{it} 不能影響 x_{is}，for $s > t$。

(2) 動態 panel-data 估計法是允許預定型解釋變數 (predetermined regressors)。Predetermined 解釋變數 *w* 及 *k* 的範例如下：

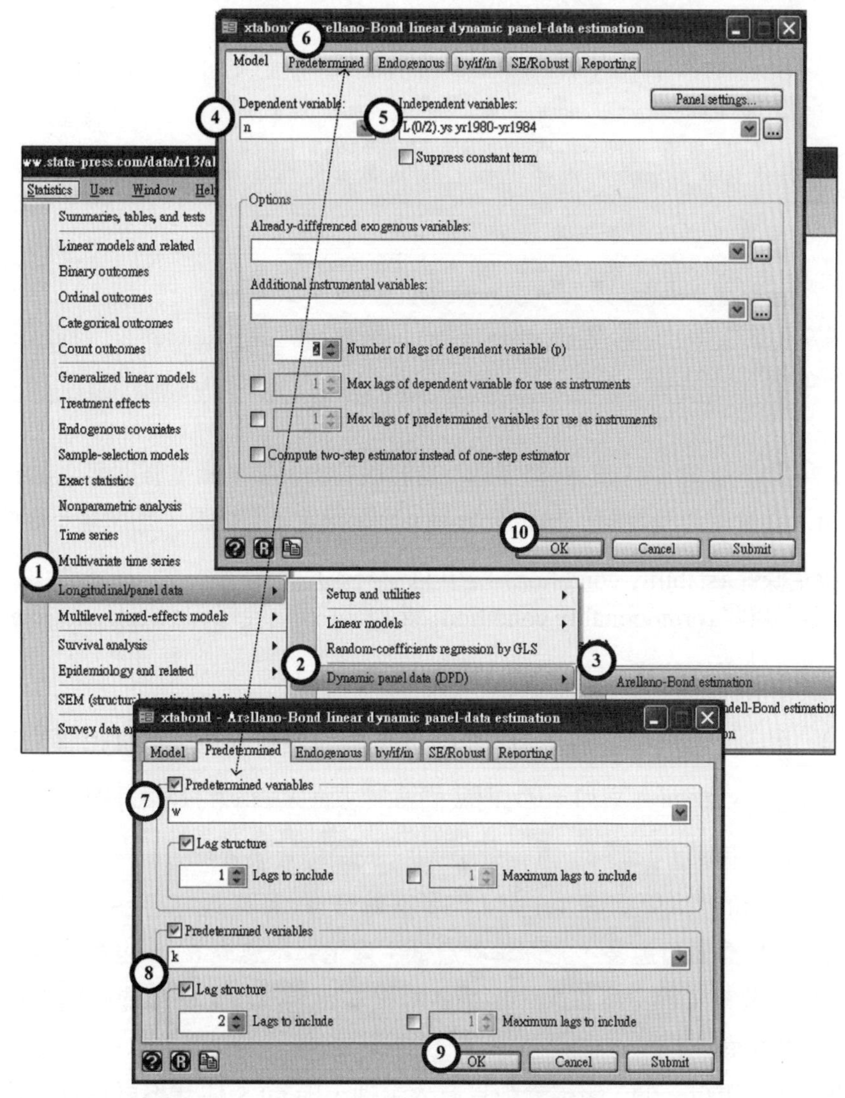

圖 9-1　Predetermined 解釋變數 w 及 k 之「xtabond n L(0/2).ys yr1980-yr1984, lags(2) pre(w, lag(1,.)) pre (k, lag(2,.))」畫面

```
* Setup
. webuse abdata

* Basic model with two lags of dependent variable included as regressors
. xtabond n L(0/1).w L(0/2).(k ys) yr1980-yr1984, lags(2)
. xtabond n L(0/1).w L(0/2).(k ys) yr1980-yr1984, lags(2) vce(robust)
. xtabond n L(0/1).w L(0/2).(k ys) yr1980-yr1984, lags(2) twostep

* Treat w and k as predetermined and include w, L.w, k, L.k, and L2.k as ad-
  ditional regressors
. xtabond n L(0/2).ys yr1980-yr1984, lags(2) pre(w, lag(1,.)) pre(k,
  lag(2,.))

* Treat L.w and L2.k as endogenous and include w, L.w, k, L.k, and L2.k as
  additional regressors
. xtabond n L(0/2).ys yr1980-yr1984, lags(2) endogenous(w, lag(1,.))
  endogenous(k, lag(2,.))
```

1. 如果模型 $y_i = x_i'\beta + \varepsilon_i$ 中的解釋變數 x_i 是隨機的，只要 x_i 滿足底下前兩個條件，則 OLS 估計式以及相關的檢定統計量 (診斷檢定) 的結果，都還是不變的。

(1) 穩定條件 (stability condition)：$p\lim(\frac{1}{n}X'X) = Q$

(2a) 正交條件 (orthogonality condition) 或 (弱) 外生性條件 (weak exogeneity)：

$$p\lim(\frac{1}{n}X'\varepsilon) = 0$$

假如，至少一個解釋變數是內生的，亦即解釋變數 X 與 ε 具有相關性 [違反正交條件]。$p\lim(\frac{1}{n}X'\varepsilon) \neq 0$，則我們將無法將 X 對 y 的效果分離出來，因爲 X 會透過兩個管道影響 y：直接效果 $X\beta$、或間接效果 ε。

例如：城市的人均犯罪率 (y) 與人均警察數目 (x) 有關 $y_i = x_i'\beta + \varepsilon_i$。我們也許會認爲，警察數目愈多，犯罪率應愈低；但犯罪率愈高 (ε_i)，也可能導致政府單位增加警察人數。所以說，內生性的根本問題出自：解釋變數與被解釋變數會互相影響。

因此，若 (至少一個) 解釋變數具有內生性，則 OLS 估計不再具有一致性，我們慣用的檢定 (t、F、診斷檢定) 不再有效。

(2b) 強 (嚴格) 外生性：$E(\varepsilon|X) = 0$。

2. 強 (嚴格) 外生性 (strict exogeneity) 是如何嚴格呢？

(1) 在時間 t，強 (嚴格) 外生性，將任何時間 $s > t$ 的特質衝擊 (ε_{it}) 都會排除其任何回饋 (feedback)。

(2) 例如，模型如下：

$$\ln(\text{income}_{it}) = \alpha + \text{education}_{it}\beta_1 + \text{married}_{it}\beta_2 + v_{\text{i}} + \varepsilon_{it}$$

其中，LN(收入) 是教育水準及個體 i 在時間是否已婚的函數。強 (嚴格) 外生性，就會排除未來導致離婚的負面經濟衝擊。

3. 強外生性 (strict exogeneity) 之範例如下：

xtdpd 指令考慮的動態 panel 模型為：

$$y_{it} = \sum_{j=1}^{p} \alpha_j y_{i,t-j} + x_{it}\beta_1 + w_{it}\beta_2 + v_i + \varepsilon_{it} \quad i = 1, 2, \cdots, N \quad t = 1, 2, \cdots, T_i$$

其中

α_j 是 p 個待估參數

x_{it} 是 $1 \times k_1$ 強外生性共變量 (strictly exogenous covariates)

β_1 是 $k_1 \times 1$ 待估參數的向量

w_{it} 是 $1 \times k_2$ 內生性共變量 (endogenous covariates) 或 predetermined 向量

β_2 是 $k_2 \times 1$ 待估參數的向量

v_i 是小組水準 (panel-level) 效果 (它可與 x_{it}, w_{it} 有相關)

ε_{it} 是 i.i.d 於具有 σ_ε^2 之全體樣本。可以是 i.i.d 或來自低階移動平均程序 (low-order moving-average process)，具有變異數 σ_ε^2。

強外生性 (strict exogeneity) 之範例一

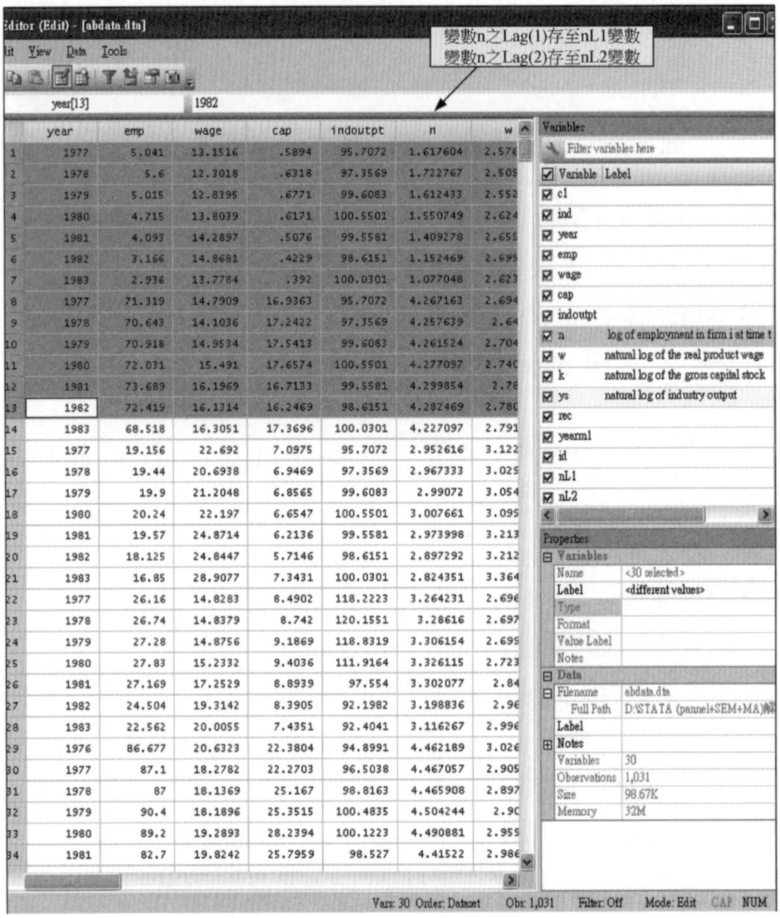

變數n之Lag(1)存至nL1變數
變數n之Lag(2)存至nL2變數

	year	emp	wage	cap	indoutpt	n	w
1	1977	5.041	13.1516	.5894	95.7072	1.617604	2.576
2	1978	5.6	12.3018	.6318	97.3569	1.722767	2.509
3	1979	5.015	12.8395	.6771	99.6083	1.612433	2.552
4	1980	4.715	13.8039	.6171	100.5501	1.550749	2.624
5	1981	4.093	14.2897	.5076	99.5581	1.409278	2.655
6	1982	3.166	14.8681	.4229	98.6151	1.152469	2.695
7	1983	2.936	13.7784	.392	100.0301	1.077048	2.623
8	1977	71.319	14.7909	16.9363	95.7072	4.267163	2.694
9	1978	70.643	14.1036	17.2422	97.3569	4.257639	2.64
10	1979	70.918	14.9534	17.5413	99.6083	4.261524	2.704
11	1980	72.031	15.491	17.6574	100.5501	4.277097	2.740
12	1981	73.689	16.1969	16.7133	99.5581	4.299854	2.78
13	1982	72.419	16.1314	16.2469	98.6151	4.282469	2.780
14	1983	68.518	16.3051	17.3696	100.0301	4.227097	2.791
15	1977	19.156	22.692	7.0975	95.7072	2.952616	3.122
16	1978	19.44	20.6938	6.9469	97.3569	2.967333	3.029
17	1979	19.9	21.2048	6.8565	99.6083	2.99072	3.054
18	1980	20.24	22.197	6.6547	100.5501	3.007661	3.095
19	1981	19.57	24.8714	6.2136	99.5581	2.973998	3.213
20	1982	18.125	24.8447	5.7146	98.6151	2.897292	3.212
21	1983	16.85	28.9077	7.3431	100.0301	2.824351	3.364
22	1977	26.16	14.8283	8.4902	118.2223	3.264231	2.696
23	1978	26.74	14.8379	8.742	120.1551	3.28616	2.697
24	1979	27.28	14.8756	9.1869	118.8319	3.306154	2.699
25	1980	27.83	15.2332	9.4036	111.9164	3.326115	2.723
26	1981	27.169	17.2529	8.8939	97.554	3.302077	2.84
27	1982	24.504	19.3142	8.3905	92.1982	3.198836	2.96
28	1983	22.562	20.0055	7.4351	92.4041	3.116267	2.996
29	1976	86.677	20.6323	22.3804	94.8991	4.462189	3.026
30	1977	87.1	18.2782	22.2703	96.5038	4.467057	2.905
31	1978	87	18.1369	25.167	98.8163	4.465908	2.897
32	1979	90.4	18.1896	25.3515	100.4835	4.504244	2.90
33	1980	89.2	19.2893	28.2394	100.1223	4.490881	2.959
34	1981	82.7	19.8242	25.7959	98.527	4.41522	2.986

圖 9-2 「abdata.dta」資料檔之內容

Step 1. 觀察變數之特徵

```
. use  abdata, celar

. describe n w k ys
                storage  display  value
variable name    type    format   label      variable label
--------------------------------------------------------------------------
n                float    %9.0g           log of employment in firm i at time t
w                float    %9.0g           natural log of the real product wage
k                float    %9.0g           natural log of the gross capital stock
ys               float    %9.0g           natural log of industry output
```

Step 2. 動態模型之分析

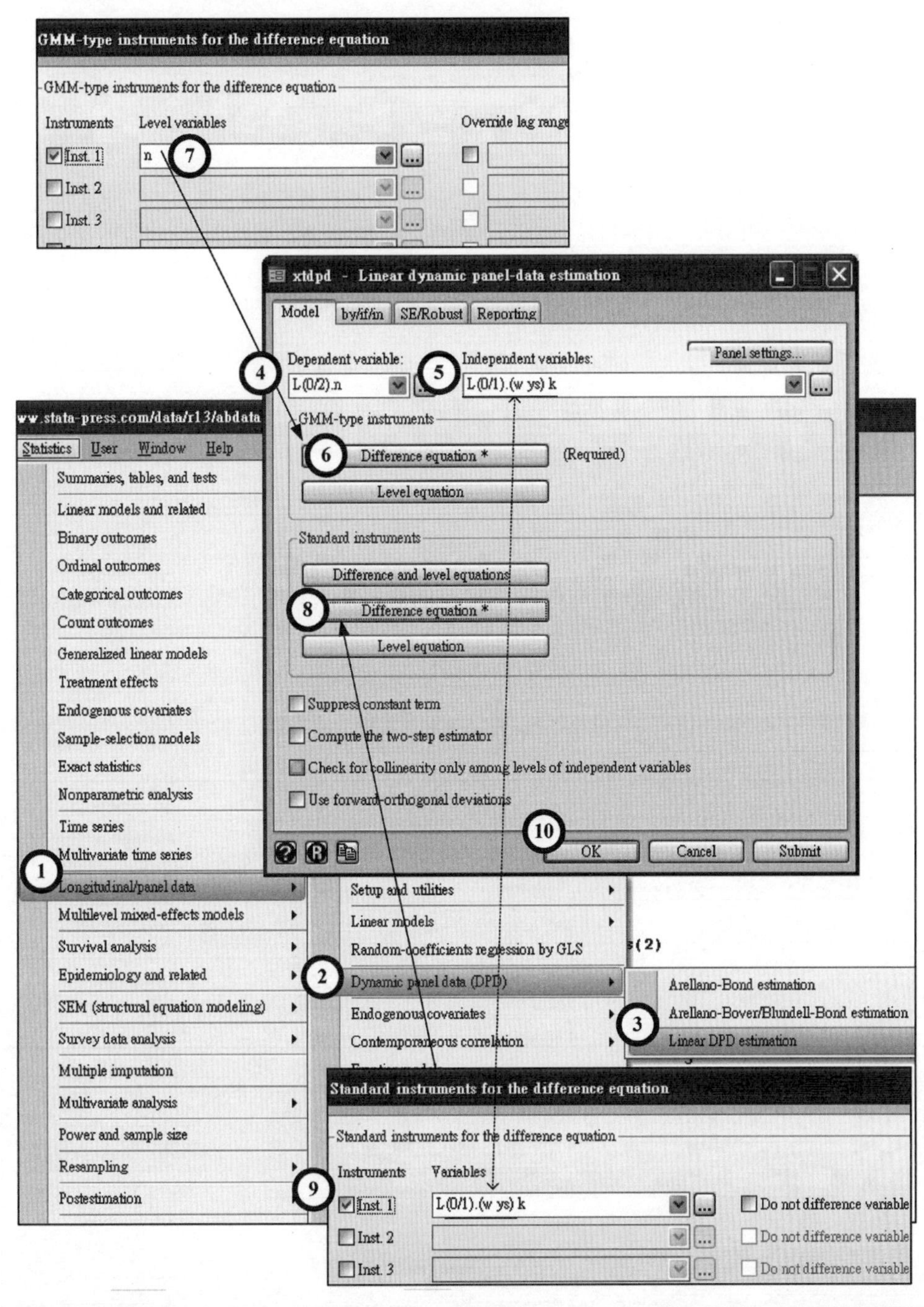

圖 9-3 「xtdpd L(0/2).n L(0/1).(w ys) k, dgmmiv(n) div(L(0/1).(w ys) k)」畫面 (強外生性)

```
* Setup
. webuse abdata

* Arellano-Bond estimator with two lags of dependent variable included as re-
  gressors and strictly exogenous covariates
. xtdpd L(0/2).n L(0/1).(w ys) k, dgmmiv(n) div(L(0/1).(w ys) k)

Dynamic panel-data estimation                 Number of obs      =       751
Group variable: id                            Number of groups   =       140
Time variable: year
                                              Obs per group:    min =         5
                                                                avg =  5.364286
                                                                max =         7

Number of instruments =     33                Wald chi2(7)       =   1434.37
                                              Prob > chi2        =    0.0000
One-step results
------------------------------------------------------------------------------
           n |      Coef.   Std. Err.      z    P>|z|     [95% Conf. Interval]
-------------+----------------------------------------------------------------
           n |
         L1. |   .5779025   .1351405     4.28   0.000     .3130319    .8427731
         L2. |  -.0920163   .0462129    -1.99   0.046    -.1825919   -.0014407
             |
           w |
         --. |  -.6100184   .0605643   -10.07   0.000    -.7287223   -.4913146
         L1. |   .2930618    .101849     2.88   0.004     .0934413    .4926822
             |
          ys |
         --. |   .6849995   .0839359     8.16   0.000     .5204882    .8495108
         L1. |  -.4868203   .1503792    -3.24   0.001    -.7815581   -.1920824
             |
           k |   .3623754   .0355449    10.19   0.000     .2927087     .432042
       _cons |   .7667895   .4707679     1.63   0.103    -.1558987    1.689478
------------------------------------------------------------------------------
Instruments for differenced equation
        GMM-type: L(2/.).n
        Standard: D.w LD.w D.ys LD.ys D.k
Instruments for level equation
        Standard: _cons
```

xtdpd 指令考慮的動態 panel 模型為：

$$y_{it} = \sum_{j=1}^{p} \alpha_j y_{i,t-j} + x_{it}\beta_1 + w_{it}\beta_2 + v_i + \varepsilon_{it} \quad i = 1, 2, \cdots, N \quad t = 1, 2, \cdots, T_i$$

本例求得模型為：

$$n_{it} = 0.58n_{i,t-1} - 0.09n_{i,t-2} - 0.61w_{i,t} + 0.29w_{i,t-1} + 0.68ys_{i,t} - 0.49ys_{i,t-1} + 0.36k_{i,t} + 0.77 + \varepsilon_{it}$$

強外生性 (strict exogeneity) 之範例二

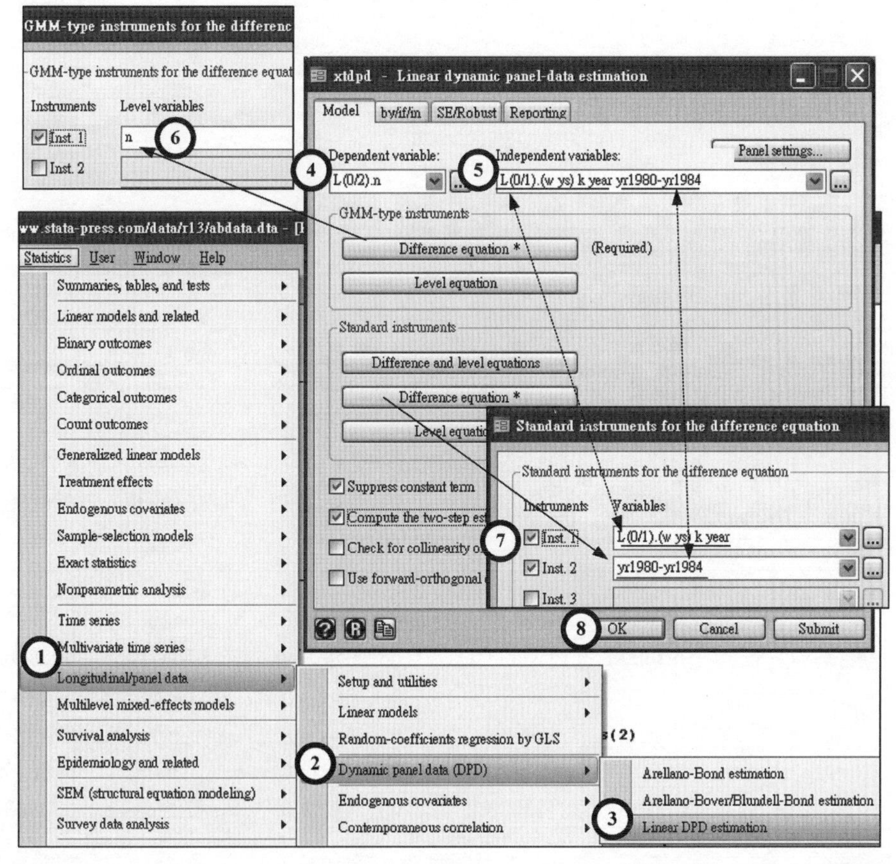

圖 9-4 強外生性「xtdpd L(0/2).n L(0/1).(w ys) k year yr1980-yr1984, dgmmiv(n) div(L(0/1).(w ys) k year) div(yr1980-yr1984) nocons hascons twostep vce(robust)」

```
* Setup
. webuse abdata

* Arellano-Bond estimator with two lags of dependent variable included as re-
  gressors, strictly exogenous covariates and robust VCE
. xtdpd L(0/2).n L(0/1).(w ys) k year yr1980-yr1984, dgmmiv(n) div(L(0/1).(w
  ys) k year) div(yr1980-yr1984) nocons hascons twostep vce(robust)

Dynamic panel-data estimation                Number of obs        =       611
Group variable: id                           Number of groups     =       140
Time variable: year
                                             Obs per group:    min =         4
                                                               avg =  4.364286
                                                               max =         6

Number of instruments =     38               Wald chi2(13)        =    822.28
                                             Prob > chi2          =    0.0000
Two-step results
                                  (Std. Err. adjusted for clustering on id)
------------------------------------------------------------------------------
             |              WC-Robust
           n |      Coef.   Std. Err.      z    P>|z|     [95% Conf. Interval]
-------------+----------------------------------------------------------------
           n |
         L1. |   .4741506   .1853986     2.56   0.011     .1107761    .8375251
         L2. |  -.0529677   .0517491    -1.02   0.306    -.1543941    .0484587
             |
           w |
         --. |  -.5132049   .1455655    -3.53   0.000    -.7985081   -.2279017
         L1. |     .22464   .1419498     1.58   0.114    -.0535765    .5028564
             |
          ys |
         --. |    .609776   .1562628     3.90   0.000     .3035065    .9160455
         L1. |  -.4463736   .2173026    -2.05   0.040    -.8722788   -.0204684
             |
           k |   .2927232   .0626271     4.67   0.000     .1699764      .41547
        year |    .010509   .0099019     1.06   0.289    -.0088983    .0299163
      yr1980 |   .0036333   .0158636     0.23   0.819    -.0274589    .0347255
      yr1981 |  -.0473287   .0299195    -1.58   0.114    -.1059699    .0113124
```

```
    yr1982 |  -.0794778   .0415265    -1.91   0.056    -.1608682   .0019126
    yr1983 |  -.0918336   .0528334    -1.74   0.082    -.1953852   .0117179
    yr1984 |  -.1125632   .0614008    -1.83   0.067    -.2329066   .0077801
------------------------------------------------------------------------------
Instruments for differenced equation
        GMM-type: L(2/.).n
        Standard: D.w LD.w D.ys LD.ys D.k D.year D.yr1980 D.yr1981 D.yr1982
                  D.yr1983 D.yr1984

.
```

xtdpd 指令考慮的動態 panel 模型爲：

$$y_{it} = \sum_{j=1}^{p} \alpha_j y_{i,t-j} + x_{it}\beta_1 + w_{it}\beta_2 + v_i + \varepsilon_{it} \quad i = 1, 2, \cdots, N \quad t = 1, 2, \cdots, T_i$$

本例求得模型爲：

$$\begin{aligned} n_{it} &= 0.48n_{i,t-1} - 0.05n_{i,t-2} - 0.51w_{i,t} + 0.22w_{i,t-1} + 0.61ys_{i,t} - 0.45ys_{i,t-1} \\ &+ 0.29k_{i,t} + 0.01year_{it} + 0.004yr1980_{it} - 0.047yr1981_{it} - 0.079yr1982_{it} \\ &- 0.92yr1983_{it} - 0.11yr1984_{it} + \varepsilon_{it} \end{aligned}$$

此外，本例亦可執行下列動態 panel 指令：

```
* Setup
. webuse abdata

* Arellano-Bover/Blundell-Bond system estimator with two lags of dependent
  variable included as regressors and strictly exogenous covariates
. xtdpd L(0/2).n L(0/1).(w ys) k, dgmmiv(n) lgmmiv(n) div(L(0/1).(w ys) k )

* Arellano-Bond estimator with two lags of dependent variable included as re-
  gressors, endogenous covariates and a robust VCE
. xtdpd L(0/1).(n w k) year yr1979-yr1984, dgmmiv(n w k) div(year yr1979-
  yr1984) nocons hascons vce(robust)

* Arellano-Bover/Blundell-Bond system estimator with two lags of dependent
  variable included as regressors, endogenous covariates and a robust VCE
```

```
. xtdpd L(0/1).(n w k) year yr1979-yr1984, dgmmiv(n w k) lgmmiv(n w k)
  div(year yr1979-yr1984) nocons hascons vce(robust)
```

(五)The Arellano-Bond estimator III

1. 此著名的 GMM-type 動差條件，係假設依變數的特定 lags(= 1 或 2) 值與差分干擾項 $\Delta\varepsilon_{it}$ 是正交的 (orthogonal)。
2. 此 GMM-type 動差條件，係使用標準工具變數 (IV) 動差條件，當作強外生性共變量 (strictly exogenous covariates)，故稱為標準動差條件。
3. 在 Stata 印出動態 panel-data 估計值之報表中，每一個變換變數都視為工具變數。

(六)GMM

先溫故知新一下，最小平方法 (OLS) 也是一種 MM(動差法) 估計。例如，$y_i = x_i\,\beta + \varepsilon_i$ 的條件期望的參數 β 值，係假定 $E(\varepsilon \mid x) = 0$。

標準機率理論，意味著：

$$E(\varepsilon \mid x) = 0 \Rightarrow E(\varepsilon x) = 0$$

所以，OLS 母體動差條件為：

$$E[x(y - x\beta)] = 0$$

此相對應之樣本動差條件為：

$$\frac{\sum_{i=1}^{N} x_i(y_i - x_i\beta)}{N} = 0$$

求解係數 β 為：

$$\hat{\beta}_{OLS} = \frac{\sum_{i=1}^{N} x_i' y_i}{\sum_{i=1}^{N} x_i' x_i}$$

1. GMM 估計法 (estimators)，係透過正定矩陣的反矩陣 (inverse of a positive definite matrix) 來當作樣本平均動差的向量 (vector of sample-average moment conditions) 之權重。
2. 當此矩陣是動差條件的共變數矩陣時 (即對稱矩陣)，就能保證 GMM 估計法有解。
3. 遇到非同分配干擾 (nonidentically distributed disturbances) 時，你可改用兩階段 (two-step) GMM 估計法，它使用第一階段殘差來估計動差條件的共變量。
4. 雖然大樣本兩階段的穩健 V-C(robust variance-covariance) 矩陣，不會依據你使用的殘差來估計，但許多模樣研究都顯示，Windmejier's 校正偏誤 (bias-corrected) 係不錯的估計法。

9-2-2a GMM 應用於動態 Panel-Data 模型

例如，在下述動態模型進行系統 GMM 估計（含常數項）：

$$n_{it} = \gamma n_{it-1} + \beta_0 w_{it} + \beta_1 w_{it-1} + \beta_2 w_{it-2} + \delta_0 k_{it} + \delta_1 k_{it-1} + \delta_2 k_{it-2}$$
$$+\sum_{j=0}^{5} \alpha_j yr_{198j} + \phi year + u_i + \varepsilon_{it}$$

實務上，除了靜態模型外，你亦可採用動態縱橫資料模型 (dynamic panel data)。例如，在原有的靜態模型中加入波動度不對稱性的落遲項 $\gamma^*_{i,\ t-1}$，並採用廣義動差法 (generalized method of moment, GMM) 對模型作參數估計，GMM 法自 Hansen(1982) 提出後，便被廣泛應用於處理計量問題，除了對實證研究產生極大的影響，GMM 方法並對最小平方法 (OLS)、工具變數法 (IV) 和最大概似法 (MLE) 提出了統一的理論解釋基礎，而上述的三種方法則只是 GMM 方法的特例而已。Hansen 認為當樣本數趨近於無限大時，樣本動差會收斂到母體動差，故使用 GMM 法可求出符合一致性的估計，即模型無需假設母體為何種分配，且允許誤差項有序列相關及異質變異，但其缺點是需要大樣本。

GMM 的估計方法可特別應用於總體經濟模型與財務模型，主要因為一般模型中選取的自變數，可能因內生變數以致造成殘差項可能與自變數相關，而使得估計式不具一致性。而 Hansen 所提出的 GMM 法，允許我們選取包含應變數及自變數在內的落遲期當作工具變數，採用正交條件 (orthogonality conditions)，選擇最適的權數矩陣，得到參數估計值具有最小漸進共變異數矩陣。而在另一方面 GMM 亦有其缺點，首先工具變數並不易確定，而隨機動差亦必須存在。

至於動態模型之 Stata 指令，包括：regress, xtdpdsys, xtdpd, xtabond, gmm 等指令。

9-2-2b 線性動態 Panel 模型：廣義動差法 (xtdpdsys、gmm 指令)

xtabond 指令考慮的動態 panel 模型為：

$$y_{it} = \sum_{j=1}^{p} \alpha_j y_{i,t-j} + x_{it}\beta_1 + w_{it}\beta_2 + v_i + \varepsilon_{it} \quad i = 1, 2, \cdots, N \quad t = 1, 2, \cdots, T_i$$

其中

α_j 是 p 個待估參數

x_{it} 是 $1 \times k_1$ 強外生性共變量 (strictly exogenous covariates)

β_1 是 $k_1 \times 1$ 待估參數的向量

w_{it} 是 $1 \times k_2$ 內生性共變量 (endogenous covariates) 向量或 predetermined 向量

β_2 是 $k_2 \times 1$ 待估參數的向量

ε_{it} 是 i.i.d 於具有 σ_ε^2 之全體樣本

v_i 與 ε_{it} 在每一個個體 i 跨所有時間 t 都是互相獨立的

範例：線性動態 panel 模型

Editor (Edit) - [abdata.dta]

id[7] 1

變數n之Lag(1)存至nL1變數
變數n之Lag(2)存至nL2變數

	cap	indoutpt	n	w	k	ys	rec	yearm1	id	nL1	nL2	wL1
1	.5894	95.7072	1.617604	2.576543	-.5286502	4.561294	1	1977	1	.	.	.
2	.6318	97.3569	1.722767	2.509746	-.4591824	4.578383	2	1977	1	1.617604	.	2.576543
3	.6771	99.6083	1.612433	2.552526	-.3899363	4.601245	3	1978	1	1.722767	1.617604	2.509746
4	.6171	100.5501	1.550749	2.624951	-.4827242	4.610656	4	1979	1	1.612433	1.722767	2.552526
5	.5076	99.5581	1.409278	2.659539	-.6780615	4.600741	5	1980	1	1.550749	1.612433	2.624951
6	.4229	98.6151	1.152469	2.699218	-.8606195	4.591224	6	1981	1	1.409278	1.550749	2.659539
7	.392	100.0301	1.077048	2.623102	-.9364935	4.605471	7	1982	1	1.152469	1.409278	2.699218
8	16.9363	95.7072	4.267163	2.694012	2.829459	4.561294	8	1983	2	.	.	.
9	17.2422	97.3569	4.257639	2.64643	2.84736	4.578383	9	1977	2	4.267163	.	2.694012
10	17.5413	99.6083	4.261524	2.704939	2.864558	4.601245	10	1978	2	4.257639	4.267163	2.64643
11	17.6574	100.5501	4.277097	2.740259	2.871155	4.610656	11	1979	2	4.261524	4.257639	2.704939
12	16.7133	99.5581	4.299854	2.78482	2.816205	4.600741	12	1980	2	4.277097	4.261524	2.740259
13	16.2469	98.6151	4.282469	2.780768	2.787902	4.591224	13	1981	2	4.299854	4.277097	2.78482
14	17.3696	100.0301	4.227097	2.791478	2.854722	4.605471	14	1982	2	4.282469	4.299854	2.780768
15	7.0975	95.7072	2.952616	3.122012	1.959743	4.561294	15	1983	3	.	.	.
16	6.9469	97.3569	2.967333	3.029834	1.938295	4.578383	16	1977	3	2.952616	.	3.122012
17	6.8565	99.6083	2.99072	3.054228	1.925197	4.601245	17	1978	3	2.967333	2.952616	3.029834
18	6.6547	100.5501	3.007661	3.099957	1.895323	4.610656	18	1979	3	2.99072	2.967333	3.054228
19	6.2136	99.5581	2.973998	3.213719	1.826741	4.600741	19	1980	3	3.007661	2.99072	3.099957
20	5.7146	98.6151	2.897292	3.212644	1.743024	4.591224	20	1981	3	2.973998	3.007661	3.213719
21	7.3431	100.0301	2.824351	3.364108	1.993761	4.605471	21	1982	3	2.897292	2.973998	3.212644
22	8.4902	118.2223	3.264231	2.696537	2.138913	4.772567	22	1983	4	.	.	.
23	8.742	120.1551	3.28616	2.697185	2.168139	4.788784	23	1977	4	3.264231	.	2.696537
24	9.1869	118.8319	3.306154	2.699722	2.217779	4.77771	24	1978	4	3.28616	3.264231	2.697185
25	9.4036	111.9164	3.326115	2.723477	2.241093	4.717752	25	1979	4	3.306154	3.28616	2.699722
26	8.8939	97.554	3.302077	2.84798	2.185366	4.580406	26	1980	4	3.326115	3.306154	2.723477
27	8.3905	92.1982	3.198836	2.96084	2.1271	4.523941	27	1981	4	3.302077	3.326115	2.84798
28	7.4351	92.4041	3.116267	2.996007	2.006212	4.526171	28	1982	4	3.198836	3.302077	2.96084
29	22.3804	94.8991	4.462189	3.026858	3.108186	4.552814	29	1983	5	.	.	.

Vars: 30 Order: Dataset Obs: 1,031 Filter: Off Mode: Edit

圖 9-5 「abdata.dta」資料檔之內容

使用 xtdpdsys 來估計動態 panel-data 模型

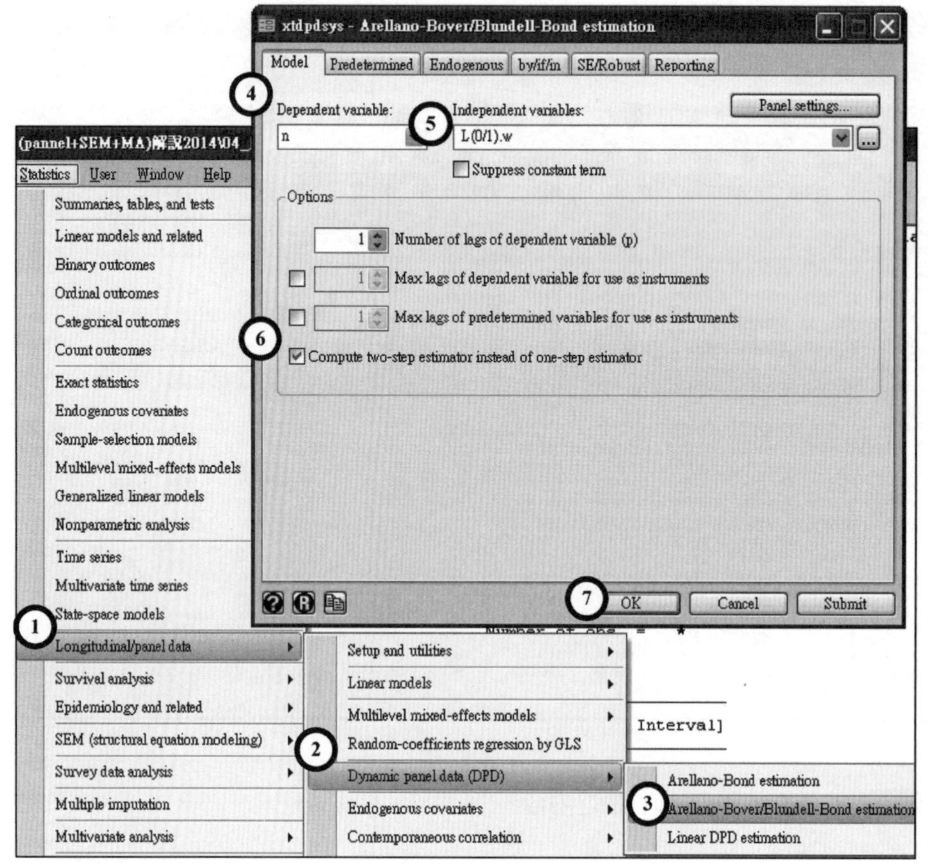

圖 9-6「xtdpdsys n L(0/1).w, lags(1) twostep」指令之畫面

```
* Using gmm to fit a dynamic panel-data model
. use abdata

*方法 1：先用（正式）xtdpdsys 動態指令當對照組，再與方法 2:GMM 估計做比較
*lag=1 運算子是「L1.」
. xtdpdsys n L(0/1).w, lags(1) twostep

System dynamic panel-data estimation          Number of obs      =       891
```

```
Group variable: id                          Number of groups      =       140
Time variable: year
                                            Obs per group:    min =         6
                                                              avg =  6.364286
                                                              max =         8

Number of instruments =      38             Wald chi2(3)          =   4036.85
                                            Prob > chi2           =    0.0000
Two-step results
------------------------------------------------------------------------------
           n |      Coef.   Std. Err.      z    P>|z|     [95% Conf. Interval]
-------------+----------------------------------------------------------------
           n |
         L1. |   1.122738   .0206512    54.37   0.000     1.082263    1.163214
             |
           w |
         --. |  -.6719909   .0246148   -27.30   0.000    -.7202351   -.6237468
         L1. |    .571274   .0403243    14.17   0.000     .4922398    .6503083
             |
       _cons |    .154309     .17241     0.90   0.371    -.1836084    .4922263
------------------------------------------------------------------------------

Warning: gmm two-step standard errors are biased; robust standard
         errors are recommended.
Instruments for differenced equation
        GMM-type: L(2/.).n
        Standard: D.w LD.w
Instruments for level equation
        GMM-type: LD.n
        Standard: _cons

*方法 2：GMM 估計
. gmm (n - {rho}*L.n - {w}*w - {lagw}*L.w - {c})
    (D.n - {rho}*LD.n - {w}*D.w - {lagw}*LD.w)
    xtinstruments(1:D.n, lags(1/1))
    xtinstruments(2:n, lags(2/.))
    instruments(2:D.w LD.w, noconstant)
    deriv(1/rho = -1*L.n)
```

```
    deriv(1/w = -1*w)
    deriv(1/lagw = -1*L.w)
    deriv(1/c = -1)
    deriv(2/rho = -1*LD.n)
    deriv(2/w = -1*D.w)
    deriv(2/lagw = -1*LD.w)
    winitial(xt LD) wmatrix(robust) vce(unadjusted)
    variables(L.n w L.w)
    twostep nocommonesample

GMM estimation

Number of parameters =   4
Number of moments    =  39
Initial weight matrix: XT LD                      Number of obs  =    *
GMM weight matrix:     Robust

------------------------------------------------------------------------------
             |      Coef.   Std. Err.      z    P>|z|     [95% Conf. Interval]
-------------+----------------------------------------------------------------
        /rho |   1.122738   .0206512    54.37   0.000     1.082263    1.163214
          /w |  -.6719909   .0246148   -27.30   0.000    -.7202351   -.6237468
       /lagw |    .571274   .0403243    14.17   0.000     .4922398    .6503083
          /c |    .154309     .17241     0.90   0.371    -.1836084    .4922263
------------------------------------------------------------------------------
* Number of observations for equation 1: 891
  Number of observations for equation 2: 751
------------------------------------------------------------------------------
Instruments for equation 1:
        XT-style: LD.n
        Standard: _cons
Instruments for equation 2:
        XT-style: L(2/.).n
        Standard: D.w LD.w
```

1. 方法 1. **xtdpdsys** 動態指令，求得動態 panel 模型：

$$n_{it} = 0.15 + 1.12n_{i,\,t-1} - 0.67w_{it} + 0.57w_{i,\,t-1} + u_{it}$$

2. 方法 2. GMM 迴歸分析，求得動態 panel 模型：

$$n_{it} = 0.15 + 1.12n_{i,\,t-1} - 0.67w_{it} + 0.57w_{i,\,t-1} + u_{it}$$

3. **xtdpdsys** 動態指令和 GMM 迴歸，二者在係數、標準誤、顯著性 p 值，都非常相同。故二種估計法有著異曲同工之妙。

9-2-3 Arellano-Bond 線性動態 Panel-Data 估計 (xtabond 指令)

當個體效果 α_i 不存在時，Arellano-Bond 線性動態 panel-data 估計之重點整理：

1. 回顧：基本迴歸模型

$$Y_{it} = \alpha_{it} + \beta_1 X_{1it} + \beta_2 X_{2it} + \cdots + \beta_k X_{kit} + \varepsilon_{it}$$

$$\text{又分}\begin{cases} OLS\text{迴歸，當}\alpha_{it} = \alpha(\text{所有樣本截距項都相同}) \\ \text{固定效果，當}\alpha_{it} = \alpha_i(\text{每一個體截距項都相同}) \\ \text{隨機效果，當}\alpha_{it} = \underbrace{\mu}_{\text{對}y\text{平均的影響}} + \underbrace{\gamma_i}_{\text{隨機誤差}} = \alpha + \underbrace{u_{it}}_{\text{個體間誤差}} + \underbrace{\varepsilon_{it}}_{\text{個體內誤差}} \end{cases}$$

2. 以首階／一階差分 (first difference) 來消除截距項 α_i 之式子為：

$$(y_{it} - y_{i,\,t-1}) = \gamma(y_{i,\,t-1} - y_{i,\,t-2}) + (x_{it} - x'_{i,\,t-1})\beta + (\varepsilon_{it} - \varepsilon_{i,\,t-1})$$

3. 上式，若採用 OLS 會產生估計值不一致，因為 $(y_{i,\,t-1} - y_{i,\,t-2})$ 與 $(\varepsilon_{it} - \varepsilon_{i,\,t-1})$ 有相關。但 $y_{i,\,t-2}$ 與 $(\varepsilon_{it} - \varepsilon_{i,\,t-1})$ 卻無相關 (即使你假定誤差項 ε_{it} 沒有序列相關，亦一樣)。
4. 由於 $y_{i,\,t-2}$ 與 $(\varepsilon_{it} - \varepsilon_{i,\,t-1})$ 無相關，故你可將 $y_{i,\,t-2}$ 當作 $(y_{i,\,t-1} - y_{i,\,t-2})$ 的工具 (instrument)。
5. Arellano-Bond 將依變數 y_{it} 多期落遲項 (如 $y_{i,\,t-1}, y_{i,\,t-2}$) 當作工具變數們。例如，$t = 3$ 時，工具有 $y_{i,\,1}$；$t = 4$ 時，工具有 $y_{i,\,1}$ 及 $y_{i,\,2}$，以此類推。

相對地，帶個體效果 α_i 之線性動態模型 (linear dynamic panel models with individual effects)，其重點整理如下：

1. 帶個體效果 α_i 之 lag = 1 自我相關：AR(1) 其方程式爲

$$y_{it} = \gamma y_{i,\,t-1} + x'_{it}\beta + \alpha_i + \varepsilon_{it}$$

2. 造成 y_{it} 在跨時間軸 t 有序列相關，原因有下列四個：
   (1) 眞狀態 (true state) 相依性：透過 $y_{i,\,t-1}$ 來影響 $y_{i,\,t}$。
   (2) 可觀測的異質性：透過本身可能具有序列相關之 $x_{i,\,t}$ 來影響 $y_{i,\,t}$。
   (3) 不可觀測的異質性：即透過個體效果 α_i 影響 $y_{i,\,t}$。
   (4) 誤差本身就有相關：透過 ε_{it} 來影響 $y_{i,\,t}$。
3. 因此若模型是屬於「α_i 是固定效果」之情況，那麼，短型 (short) panel 若採用 FE 估計法，所得結果將會失眞 (不一致)，此時該考慮使用 Arellano-Bond 估計 (xtabond 指令)，並同時考量個體效果 α_i。

   xtabond 旨在執行「多層次混合效果線性迴歸 (multilevel mixed-effects linear regression)」。xtabond 指令亦可執行一階差分動態模型，範例如下。

9-2-3a Arellano-Bond 一階差分動態模型 (xtabond 指令)

線性動態 panel-data 模型，本身包含依變數的 p 期 lags 當作共變數，並含有不可觀測的小群層級 (panel-level) 固定 / 隨機效果。在建構動態模型時，不可觀測的小群層級 (panel-level) 效果會跟依變數 y_{it} 的落遲項 (如 $y_{i,\,t-1}, y_{i,\,t-2}$) 具有相關，因此造成標準估計不一致。爲校正此問題，Arellano 及 Bond (1991) 推導出一致且廣義動差法 (GMM) 來估計模型的參數，它就是 xtabond 指令。

此估計法適合於衆多小群體 i(panels)、較短的時間 t 的資料庫 (datasets)，它需要特質 (idiosyncratic) 誤差係沒有自我相關。此外，xtabond 指令亦可附加一些動差條件 (e.g. 內生變數的 lag 期數、**predetermined 變數**的 lag 期數)，但它仍需假定誤差沒有自我相關，才可以。

範例 1：工資 (wage) 預測之一階差分動態模型，使用兩階段 GMM，令依變數 lags=2

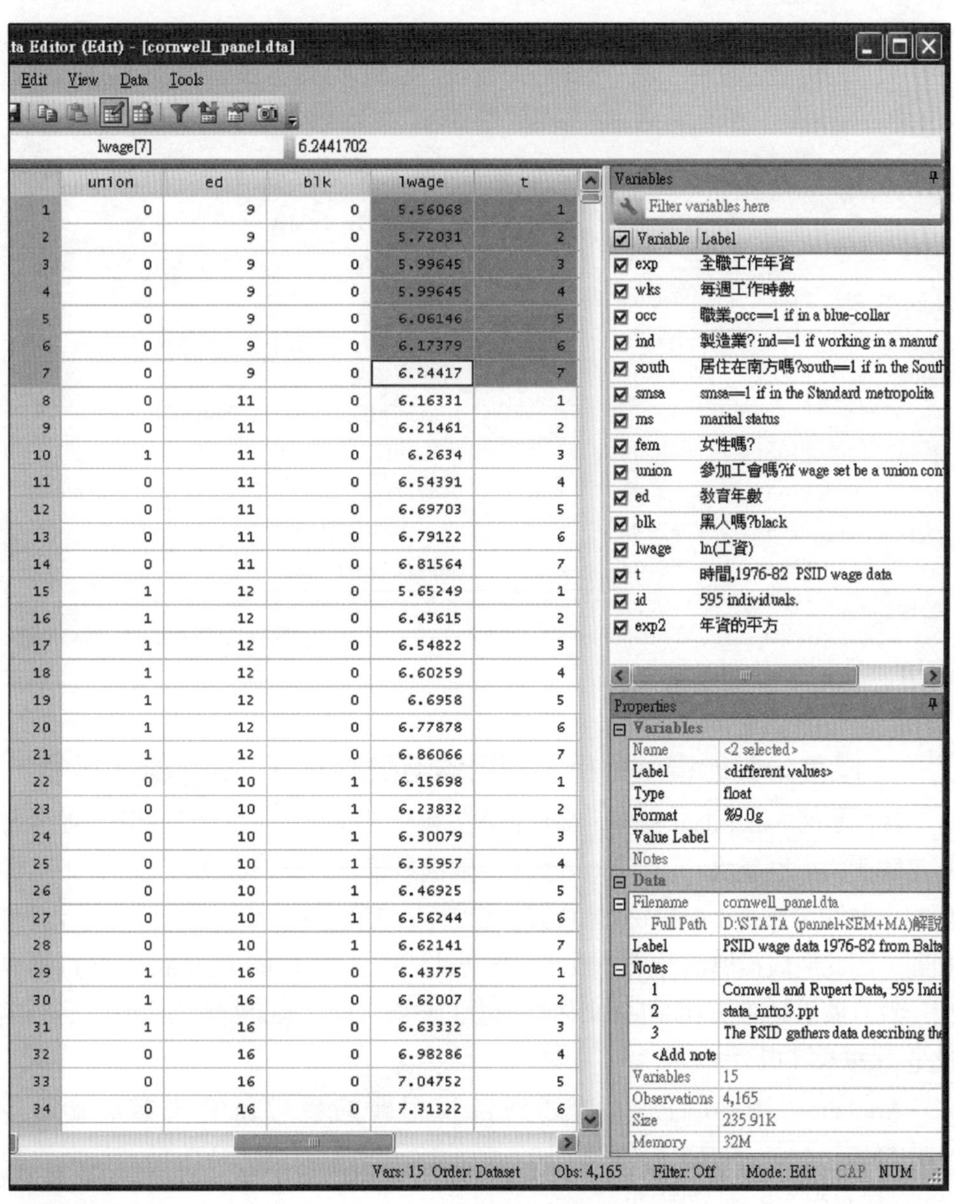

	union	ed	blk	lwage	t
1	0	9	0	5.56068	1
2	0	9	0	5.72031	2
3	0	9	0	5.99645	3
4	0	9	0	5.99645	4
5	0	9	0	6.06146	5
6	0	9	0	6.17379	6
7	0	9	0	6.24417	7
8	0	11	0	6.16331	1
9	0	11	0	6.21461	2
10	1	11	0	6.2634	3
11	0	11	0	6.54391	4
12	0	11	0	6.69703	5
13	0	11	0	6.79122	6
14	0	11	0	6.81564	7
15	1	12	0	5.65249	1
16	1	12	0	6.43615	2
17	1	12	0	6.54822	3
18	1	12	0	6.60259	4
19	1	12	0	6.6958	5
20	1	12	0	6.77878	6
21	1	12	0	6.86066	7
22	0	10	1	6.15698	1
23	0	10	1	6.23832	2
24	0	10	1	6.30079	3
25	0	10	1	6.35957	4
26	0	10	1	6.46925	5
27	0	10	1	6.56244	6
28	0	10	1	6.62141	7
29	1	16	0	6.43775	1
30	1	16	0	6.62007	2
31	1	16	0	6.63332	3
32	0	16	0	6.98286	4
33	0	16	0	7.04752	5
34	0	16	0	7.31322	6

圖 9-7 「cornwell_panel.dta」資料檔 (連續追蹤 7 年)

一、觀察變數之特徵

```
*範例一
. use cornwell_panel.dta, clear
(PSID wage data 1976-82 from Baltagi and Khanti-Akom(1990))

. describe lwage occ south smsa ind wks ms union

variable   storage   display   value
name        type     format    label      variable label
-----------------------------------------------------------------------------
lwage      float      %9.0g              ln(工資)
occ        float      %9.0g              職業，occ==1 if in a blue-collar
south      float      %9.0g              居住在南方嗎？
                                         south==1 if in the South area
smsa       float      %9.0g              smsa==1 if in the Standard metropolita
ind        float      %9.0g              製造業？ind==1 if working in a manuf
wks        float      %9.0g              每週工作時數
ms         float      %9.0g              marital status
union      float      %9.0g              參加工會嗎？
                                         if wage set be a union contract
```

二、一階差分動態模型分析，使用兩階段 GMM：**xtdpdsys** 指令

線性動態 panel-data 模型，本身包含依變數的 p 期 lags 當作共變數，並含有不可觀測的小群層次 (panel-level) 固定 / 隨機效果。在建構動態模型時，不可觀測的小群層次 (panel-level) 效果會跟依變數 y_{it} 的落遲項 (如 $y_{i,\,t-1}, y_{i,\,t-2}$) 具有相關，因此造成標準估計不一致。爲校正此問題，Arellano 及 Bond (1991) 推導出一致且廣義動差法 (GMM) 來估計模型的參數，除了 xtabond 指令外，另一個就是 **xtdpdsys** 指令。

Arellano 及 Bond 估計，若遇到自我相關的參數就會失靈，並造成「$\dfrac{\text{小群層級}(panel-level)\text{效果}}{\text{特質誤差的變異數}\sigma_\varepsilon^2}$」比値太大。爲克服此問題，Arellano 及 Bover (1995)、Blundell 及 Bond (1998) 依序改良了允許你使用額外動差條件之 xtdpdsys 指令，所採用的估計法。

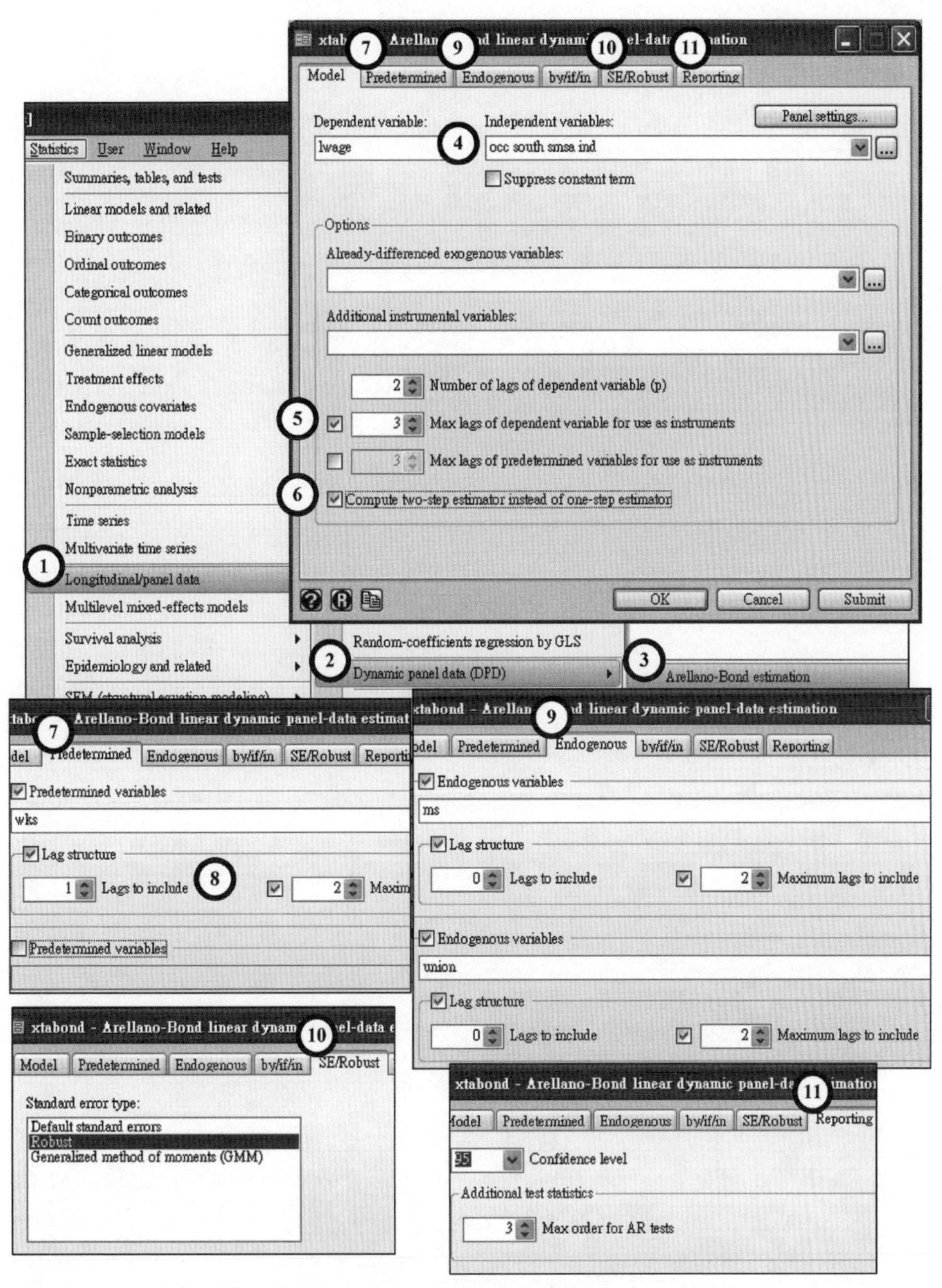

圖 9-8 指令「xtabond twostep pre( )endogenous( )」之畫面

```
* 範例一
. use cornwell_panel.dta
* 最佳或 two-step GMM for a dynamic panel model
. xtabond lwage occ south smsa ind, lags(2) maxldep(3) twostep
  pre(wks, lag(1, 2)) endogenous(ms, lag(0, 2)) endogenous(union, lag(0, 2))
  vce(robust) artests(3)

Arellano-Bond dynamic panel-data estimation  Number of obs        =    2380
Group variable: id                           Number of groups     =     595
Time variable: t
                                             Obs per group:   min =       4
                                                              avg =       4
                                                              max =       4

Number of instruments =     40               Wald chi2(10)        = 1287.77
                                             Prob > chi2          =  0.0000
Two-step results
                                  (Std. Err. adjusted for clustering on id)
------------------------------------------------------------------------------
             |              WC-Robust
       lwage |      Coef.   Std. Err.      z    P>|z|     [95% Conf. Interval]
-------------+----------------------------------------------------------------
       lwage |
         L1. |    .611753   .0373491    16.38   0.000     .5385501    .6849559
         L2. |   .2409058   .0319939     7.53   0.000     .1781989    .3036127
             |
         wks |
         --. |  -.0159751   .0082523    -1.94   0.053    -.0321493     .000199
         L1. |   .0039944   .0027425     1.46   0.145    -.0013807    .0093695
             |
          ms |   .1859324    .144458     1.29   0.198        -.0972   .4690649
       union |  -.1531329   .1677842    -0.91   0.361    -.4819839    .1757181
         occ |  -.0357509   .0347705    -1.03   0.304    -.1038999     .032398
       south |  -.0250368   .2150806    -0.12   0.907     -.446587    .3965134
        smsa |  -.0848223   .0525243    -1.61   0.106     -.187768    .0181235
         ind |   .0227008   .0424207     0.54   0.593    -.0604422    .1058437
       _cons |   1.639999   .4981019     3.29   0.001     .6637377    2.616261
```

```
--------------------------------------------------------------------------------
Instruments for differenced equation
        GMM-type: L(2/4).lwage L(1/2).L.wks L(2/3).ms L(2/3).union
        Standard: D.occ D.south D.smsa D.ind
Instruments for level equation
        Standard: _cons

*  Test whether error is serially correlated
. estat abond
Arellano-Bond test for zero autocorrelation in first-differenced errors
  +-----------------------+
  |Order |  z      Prob > z|
  |------+-----------------|
  |   1  |-4.5244   0.0000 |
  |   2  |-1.6041   0.1087 |
  |   3  | .35729   0.7209 |
  +-----------------------+
   H0: no autocorrelation

*  Test of overidentifying restrictions
. estat sargan
Sargan test of overidentifying restrictions
        H0: overidentifying restrictions are valid
        cannot calculate Sargan test with vce(robust)

        chi2(29)      =          .
        Prob > chi2   =          .

*  Arellano/Bover or Blundell/Bond for a dynamic panelmodel
. xtdpdsys lwage occ south smsa ind, lags(2) maxldep(3) pre(wks,lag(1,2))
  endogenous(ms,lag(0,2))  endogenous(union,lag(0,2)) twostep vce(robust) art-
  ests(3)


System dynamic panel-data estimation            Number of obs         =     2975
Group variable: id                              Number of groups      =      595
Time variable: t
                                                Obs per group:    min =        5
```

```
                                                          avg =          5
                                                          max =          5

Number of instruments =      60             Wald chi2(10)        =   2270.88
                                            Prob > chi2          =    0.0000
Two-step results
------------------------------------------------------------------------------
             |              WC-Robust
       lwage |      Coef.   Std. Err.      z    P>|z|     [95% Conf. Interval]
-------------+----------------------------------------------------------------
       lwage |
         L1. |   .6017533   .0291502    20.64   0.000     .5446199    .6588866
         L2. |   .2880537   .0285319    10.10   0.000     .2321322    .3439752
             |

         wks |
         --. |  -.0014979   .0056143    -0.27   0.790    -.0125017     .009506
         L1. |   .0006786   .0015694     0.43   0.665    -.0023973    .0037545
             |
          ms |   .0395337   .0558543     0.71   0.479    -.0699386    .1490061
       union |  -.0422409   .0719919    -0.59   0.557    -.1833423    .0988606
         occ |  -.0508803   .0331149    -1.54   0.124    -.1157843    .0140237
       south |  -.1062817    .083753    -1.27   0.204    -.2704346    .0578713
        smsa |  -.0483567   .0479016    -1.01   0.313    -.1422422    .0455288
         ind |   .0144749    .031448     0.46   0.645    -.0471621    .0761118
       _cons |   .9584113   .3632287     2.64   0.008     .2464961    1.670327
------------------------------------------------------------------------------
Instruments for differenced equation
        GMM-type: L(2/4).lwage L(1/2).L.wks L(2/3).ms L(2/3).union
        Standard: D.occ D.south D.smsa D.ind
Instruments for level equation
        GMM-type: LD.lwage LD.wks LD.ms LD.union
        Standard: _cons
```

本例 Arellano-Bond dynamic panel 模型為：

$$lwage_{it} = 0.96 + 0.6 \times L1.lwage_{it} + 0.29 \times L2.\ lwage_{it} - 0.001 \times wks_{it} + 0.0007 \times L1.wks_{it} + 0.04 \times ms_{it} - 0.04 \times union_{it} - 0.05 \times occ_{it} - 0.11 \times south_{it} - 0.05 \times smsa_{it} + 0.01 \times ind_{it} + \varepsilon_{it}$$

其中，「L.」爲落遲一期，「L2.」爲落遲二期之運算子 (operator)。

9-2-3b 比較 Arellano-Bond 一階差分動態四種模型 (xtabond 指令)

範例 2：員工人數 (n) 預測之一階差分動態模型，令依變數 lags = 2

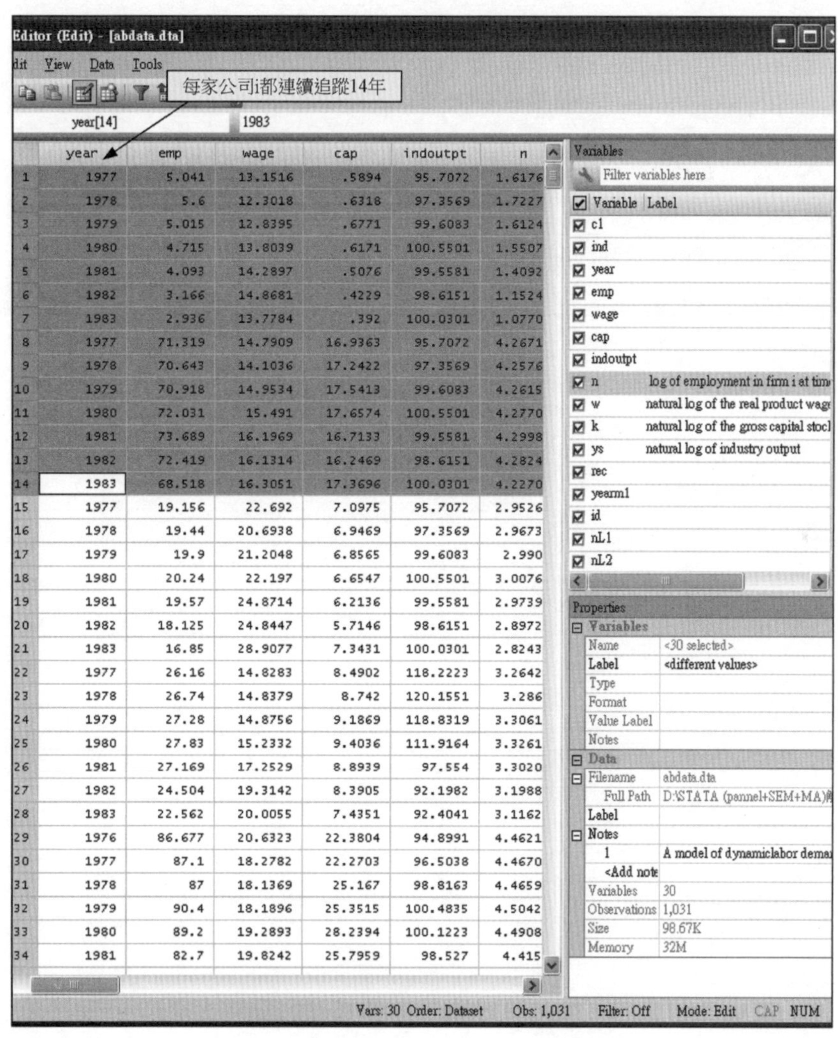

	year	emp	wage	cap	indoutpt	n
1	1977	5.041	13.1516	.5894	95.7072	1.6176
2	1978	5.6	12.3018	.6318	97.3569	1.7227
3	1979	5.015	12.8395	.6771	99.6083	1.6124
4	1980	4.715	13.8039	.6171	100.5501	1.5507
5	1981	4.093	14.2897	.5076	99.5581	1.4092
6	1982	3.166	14.8681	.4229	98.6151	1.1524
7	1983	2.936	13.7784	.392	100.0301	1.0770
8	1977	71.319	14.7909	16.9363	95.7072	4.2671
9	1978	70.643	14.1036	17.2422	97.3569	4.2576
10	1979	70.918	14.9534	17.5413	99.6083	4.2615
11	1980	72.031	15.491	17.6574	100.5501	4.2770
12	1981	73.689	16.1969	16.7133	99.5581	4.2998
13	1982	72.419	16.1314	16.2469	98.6151	4.2824
14	1983	68.518	16.3051	17.3696	100.0301	4.2270
15	1977	19.156	22.692	7.0975	95.7072	2.9526
16	1978	19.44	20.6938	6.9469	97.3569	2.9673
17	1979	19.9	21.2048	6.8565	99.6083	2.990
18	1980	20.24	22.197	6.6547	100.5501	3.0076
19	1981	19.57	24.8714	6.2136	99.5581	2.9739
20	1982	18.125	24.8447	5.7146	98.6151	2.8972
21	1983	16.85	28.9077	7.3431	100.0301	2.8243
22	1977	26.16	14.8283	8.4902	118.2223	3.2642
23	1978	26.74	14.8379	8.742	120.1551	3.286
24	1979	27.28	14.8756	9.1869	118.8319	3.3061
25	1980	27.83	15.2332	9.4036	111.9164	3.3261
26	1981	27.169	17.2529	8.8939	97.554	3.3020
27	1982	24.504	19.3142	8.3905	92.1982	3.1988
28	1983	22.562	20.0055	7.4351	92.4041	3.1162
29	1976	86.677	20.6323	22.3804	94.8991	4.4621
30	1977	87.1	18.2782	22.2703	96.5038	4.4670
31	1978	87	18.1369	25.167	98.8163	4.4659
32	1979	90.4	18.1896	25.3515	100.4835	4.5042
33	1980	89.2	19.2893	28.2394	100.1223	4.4908
34	1981	82.7	19.8242	25.7959	98.527	4.415

圖 9-9 「abdata.dta」資料檔 (每家公司 i 都連續追蹤 14 年)

一、觀察變數特徵

```
*範例二
. webuse abdata
*或 use abdata

. describe n w ys k

variable   storage   display   value
name         type    format    label      variable label
------------------------------------------------------------------------------
n            float    %9.0g               log of employment in firm i at time t
w            float    %9.0g               natural log of the real product wage
ys           float    %9.0g               natural log of industry output
k            float    %9.0g               natural log of the gross capital stock
```

二、動態模型分析

Step 1. 具穩健 (robust) 基本型的動態模型，L(0/1).w L(0/2).(k ys) 當作解釋變數

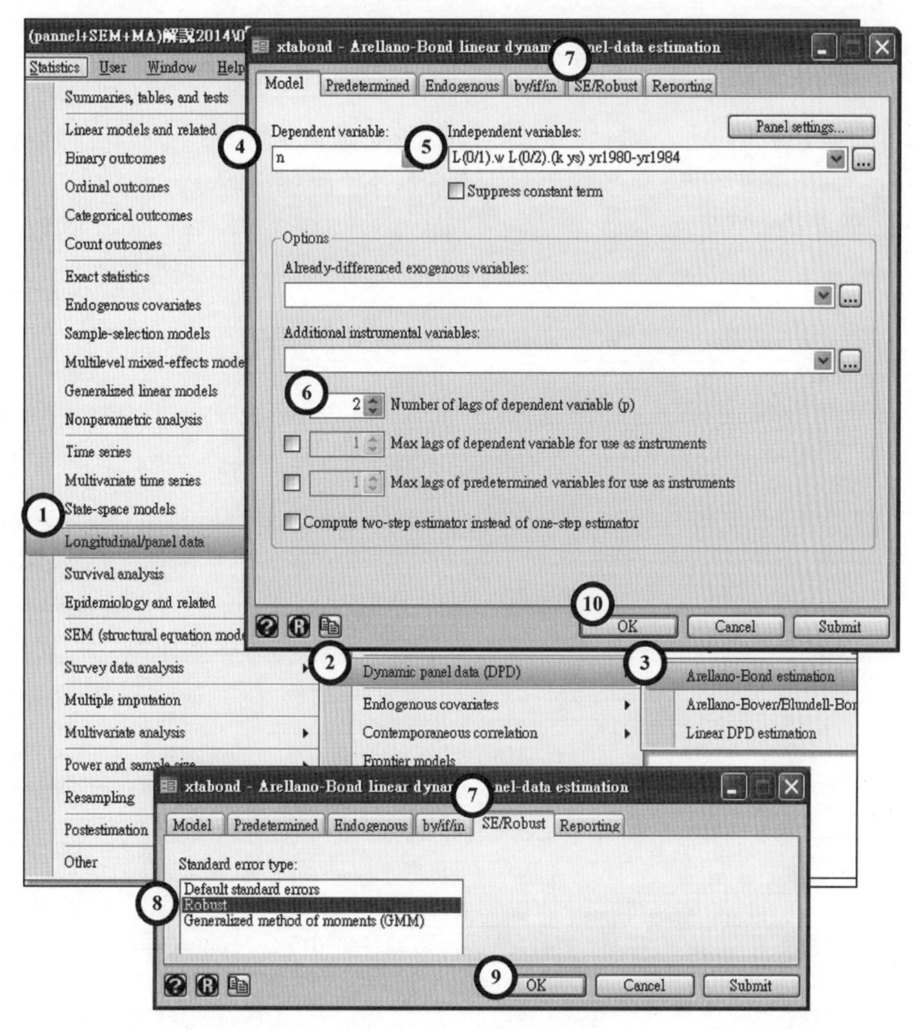

圖 9-10「xtabond n L(0/1).w L(0/2).(k ys) yr1980-yr1984, lags(2) vce(robust)」畫面

```
. use abdata

* Basic model with two lags of dependent variable included as regressors
. xtabond n L(0/1).w L(0/2).(k ys) yr1980-yr1984, lags(2)
(略)

. xtabond n L(0/1).w L(0/2).(k ys) yr1980-yr1984, lags(2) vce(robust)

Arellano-Bond dynamic panel-data estimation  Number of obs        =       611
Group variable: id                           Number of groups     =       140
Time variable: year
                                             Obs per group:    min =         4
                                                               avg =  4.364286
                                                               max =         6

Number of instruments =     41               Wald chi2(15)        =   1678.80
                                             Prob > chi2          =    0.0000
One-step results
                                    (Std. Err. adjusted for clustering on id)
------------------------------------------------------------------------------
             |               Robust
           n |      Coef.   Std. Err.      z    P>|z|     [95% Conf. Interval]
-------------+----------------------------------------------------------------
           n |
         L1. |   .7080866   .1455379     4.87   0.000     .4228376    .9933356
         L2. |  -.0886343   .0557558    -1.59   0.112    -.1979137     .020645
             |
           w |
         --. |   -.605526   .1796819    -3.37   0.001    -.9576962   -.2533559
         L1. |   .4096717   .1741168     2.35   0.019     .0684091    .7509343
             |
           k |
         --. |   .3556407   .0587954     6.05   0.000     .2404038    .4708775
         L1. |  -.0599314   .0717439    -0.84   0.404    -.2005469    .0806841
         L2. |  -.0211709   .0331968    -0.64   0.524    -.0862355    .0438937
             |
          ys |
         --. |   .6264699   .1705759     3.67   0.000     .2921473    .9607926
```

```
         L1. |  -.7231751   .2354623    -3.07   0.002    -1.184673   -.2616774
         L2. |   .1179079   .1440099     0.82   0.413    -.1643463    .4001621
             |
      yr1980 |   .0113066   .0135456     0.83   0.404    -.0152422    .0378554
      yr1981 |  -.0212183   .0251783    -0.84   0.399    -.0705669    .0281302
      yr1982 |   -.034952   .0255807    -1.37   0.172    -.0850892    .0151852
      yr1983 |  -.0287094   .0276914    -1.04   0.300    -.0829835    .0255648
      yr1984 |   -.014862   .0289466    -0.51   0.608    -.0715964    .0418723
       _cons |    1.03792   .6979649     1.49   0.137     -.330066    2.405906
------------------------------------------------------------------------------
Instruments for differenced equation
        GMM-type: L(2/.).n
        Standard: D.w LD.w D.k LD.k L2D.k D.ys LD.ys L2D.ys D.yr1980 D.yr1981
                  D.yr1982 D.yr1983 D.yr1984
Instruments for level equation
        Standard: _cons
```

1. 時間軸之虛擬變數 (yr1980-yr1984)，這五年都不是影響公司廣徵員工的因素，故本例不是雙因子模型。
2. 扣除時間軸之虛擬變數 (yr1980-yr1984) 之後，具穩健 (robust) 的一階差分動態模型爲：

$$n_{it} = 0.71n_{i,\,t-1} - 0.09n_{i,\,t-2} - 0.61w_{it} + 0.41w_{i,\,t-1} + 0.36k_{it} - 0.06k_{i,\,t-1}$$
$$- 0.02k_{i,\,t-2} + 0.63ys_{it} - 0.72ys_{i,\,t-1} + 0.12ys_{i,\,t-2} + \varepsilon_{it}$$

Step 2. 兩階段 GMM 的動態模型，令依變數 lag=2 項 ($y_{i,t-1}, y_{i,t-2}$) 當作工具

```
. webuse abdata
*或 use abdata
*兩階段之動態模型
. xtabond n L(0/1).w L(0/2).(k ys) yr1980-yr1984, lags(2) twostep

Arellano-Bond dynamic panel-data estimation  Number of obs      =       611
Group variable: id                           Number of groups   =       140
Time variable: year
                                             Obs per group:  min =         4
                                                             avg =  4.364286
                                                             max =         6

Number of instruments =     41               Wald chi2(15)      =   2282.22
                                             Prob > chi2        =    0.0000
Two-step results
------------------------------------------------------------------------------
           n |      Coef.   Std. Err.      z    P>|z|     [95% Conf. Interval]
-------------+----------------------------------------------------------------
           n |
         L1. |   .6559667    .090028     7.29   0.000      .479515    .8324184
         L2. |  -.0729992   .0270121    -2.70   0.007    -.1259419   -.0200566
             |
           w |
         --. |  -.5132088   .0537642    -9.55   0.000    -.6185847   -.4078329
         L1. |   .3289685   .0961446     3.42   0.001     .1405285    .5174085
             |
           k |
         --. |   .2694384   .0438193     6.15   0.000     .1835541    .3553226
         L1. |   .0216493    .050406     0.43   0.668    -.0771447    .1204432
         L2. |  -.0409021   .0258317    -1.58   0.113    -.0915314    .0097271
             |
          ys |
         --. |   .5917429   .1152412     5.13   0.000     .3658743    .8176115
         L1. |   -.572021   .1396141    -4.10   0.000    -.8456596   -.2983825
         L2. |   .1172642   .1136713     1.03   0.302    -.1055273    .3400558
             |
      yr1980 |   .0092621   .0107871     0.86   0.391    -.0118802    .0304044
```

```
      yr1981 |  -.0347086   .0198697    -1.75   0.081    -.0736524    .0042352
      yr1982 |  -.0432807   .0210895    -2.05   0.040    -.0846155   -.001946
      yr1983 |  -.0277604   .0214655    -1.29   0.196     -.069832    .0143112
      yr1984 |  -.0335613   .0224111    -1.50   0.134    -.0774862    .0103636
       _cons |   .4939961   .4692208     1.05   0.292    -.4256597    1.413652
------------------------------------------------------------------------------
Warning: gmm two-step standard errors are biased; robust standard
         errors are recommended.
Instruments for differenced equation
        GMM-type: L(2/.).n
        Standard: D.w LD.w D.k LD.k L2D.k D.ys LD.ys L2D.ys D.yr1980 D.yr1981
                  D.yr1982 D.yr1983 D.yr1984
Instruments for level equation
        Standard: _cons
```

1. 時間軸之虛擬變數 (yr1980-yr1984)，這五年都不是影響公司廣徵員工的因素，故本例不是雙因子模型。
2. 扣除時間軸之虛擬變數 (yr1980-yr1984) 之後，所得一階差分動態模型爲：

$$n_{it} = 0.66n_{i,t-1} - 0.07n_{i,t-2} - 0.51w_{it} + 0.33w_{i,t-1} + 0.27k_{it} + 0.02k_{i,t-1} - 0.04k_{i,t-2} + 0.59ys_{it} - 0.57ys_{i,t-1} + 0.12ys_{i,t-2} + \varepsilon_{it}$$

Step 3. 將解釋變數 w 及 k 之 lag 項，當作 predetermined 變數

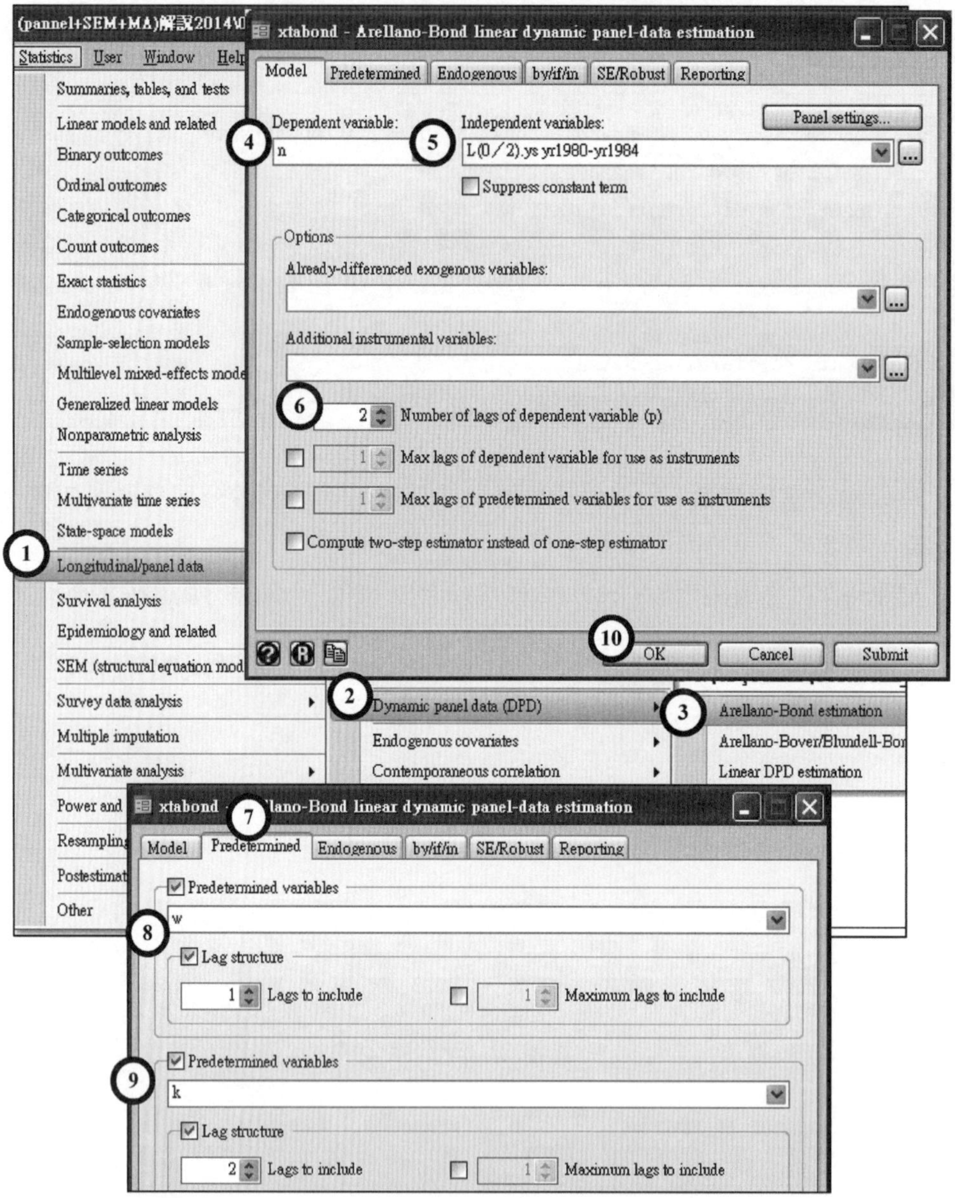

圖 9-11「xtabond n L(0/2).ys yr1980-yr1984, lags(2) pre(w, lag(1,.)) pre(k, lag(2,.))」畫面

```
. use abdata

* Treat w and k as predetermined and include w, L.w, k, L.k, and L2.k as ad-
  ditional regressors
. xtabond n L(0/2).ys yr1980-yr1984, lags(2) pre(w, lag(1,.)) pre(k,
  lag(2,.))

Arellano-Bond dynamic panel-data estimation  Number of obs      =       611
Group variable: id                           Number of groups   =       140
Time variable: year
                                             Obs per group:  min =         4
                                                             avg =  4.364286
                                                             max =         6

Number of instruments =     84               Wald chi2(15)      =   1411.83
                                             Prob > chi2        =    0.0000
One-step results
------------------------------------------------------------------------------
           n |      Coef.   Std. Err.      z    P>|z|     [95% Conf. Interval]
-------------+----------------------------------------------------------------
           n |
         L1. |   .7937668   .0872834     9.09   0.000     .6226944    .9648392
         L2. |  -.0843626   .0607867    -1.39   0.165    -.2035024    .0347772
             |
           w |
         --. |  -.6974494   .1279892    -5.45   0.000    -.9483037   -.4465951
         L1. |   .6244379    .137217     4.55   0.000     .3554976    .8933782
             |
           k |
         --. |   .3771336   .1159306     3.25   0.001     .1499137    .6043534
         L1. |  -.1323513   .0954641    -1.39   0.166    -.3194575    .0547549
         L2. |   -.083734   .0752791    -1.11   0.266    -.2312784    .0638104
             |
          ys |
         --. |   .6022657   .1529172     3.94   0.000     .3025534     .901978
         L1. |  -.8989964   .2069333    -4.34   0.000    -1.304578   -.4934145
         L2. |   .2965608   .1668582     1.78   0.076    -.0304752    .6235968
             |
      yr1980 |   .0179943    .014664     1.23   0.220    -.0107466    .0467352
```

```
      yr1981 |  -.0205353   .0238296    -0.86   0.389    -.0672404    .0261698
      yr1982 |  -.0370638   .0299283    -1.24   0.216    -.0957221    .0215946
      yr1983 |  -.0283482   .0361302    -0.78   0.433    -.0991621    .0424658
      yr1984 |  -.0204669   .0426329    -0.48   0.631    -.1040258     .063092
       _cons |   .6076893   .8817026     0.69   0.491    -1.120416    2.335795
------------------------------------------------------------------------------
Instruments for differenced equation
        GMM-type: L(2/.).n L(1/.).L.w L(1/.).L2.k
        Standard: D.ys LD.ys L2D.ys D.yr1980 D.yr1981 D.yr1982 D.yr1983 D.yr1984
Instruments for level equation
        Standard: _cons
```

1. 時間軸之虛擬變數 (yr1980-yr1984)，這五年都不是影響公司廣徵員工的因素，故本例不是雙因子模型。
2. 扣除時間軸之虛擬變數 (yr1980-yr1984) 之後，所得一階差分動態模型為：

$$n_{it} = 0.79n_{i,\,t-1} - 0.08n_{i,\,t-2} - 0.70w_{it} + 0.62w_{i,\,t-1} + 0.38k_{it} - 0.13k_{i,\,t-1}$$
$$- 0.08k_{i,\,t-2} + 0.60ys_{it} - 0.90ys_{i,\,t-1} + 0.30ys_{i,\,t-2} + \varepsilon_{it}$$

Step 4. 將解釋變數 w 及 k 之 lag 項，當作內生變數 (endogenous)

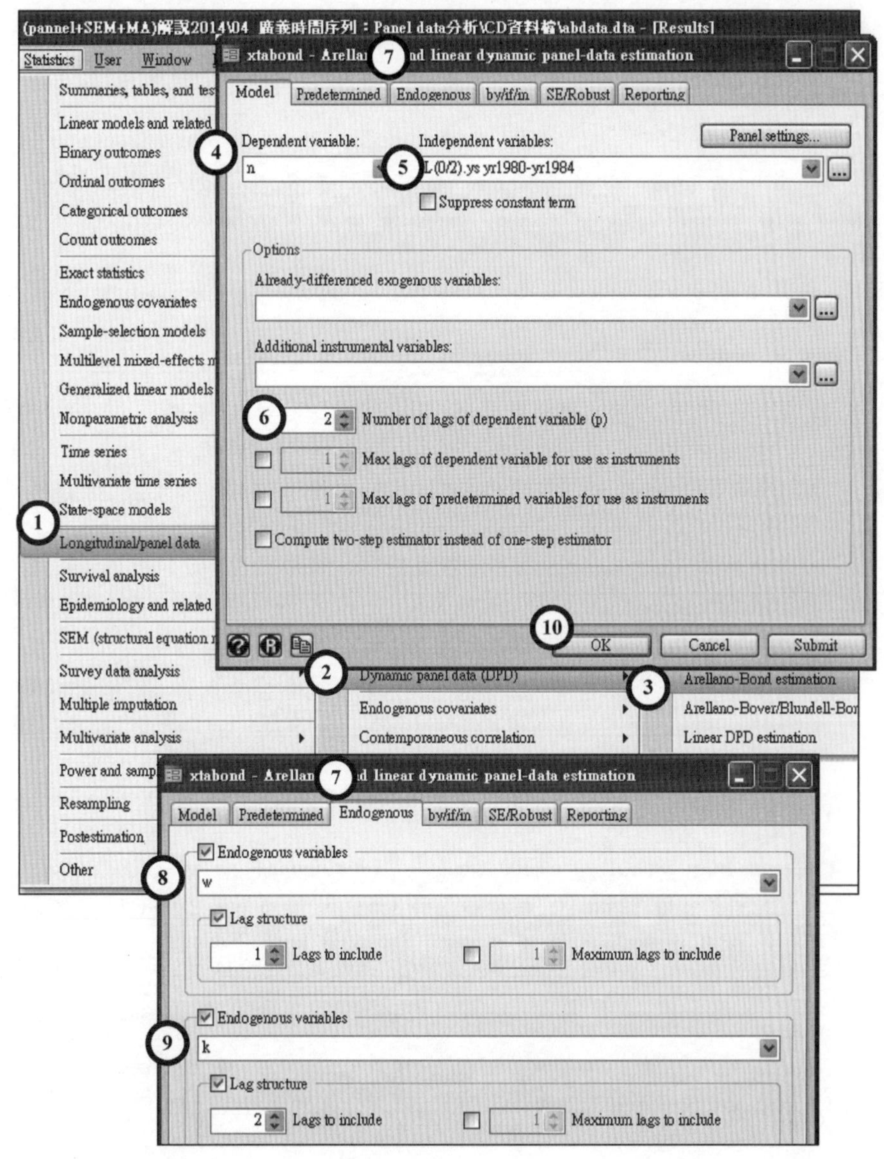

圖 9-12 「xtabond n L(0/2).ys yr1980-yr1984, lags(2) endogenous(w, lag(1,.)) endogenous(k, lag(2,.))」畫面

```
. use abdata

* Treat L.w and L2.k as endogenous and include w, L.w, k, L.k, and L2.k as
  additional regressors
. xtabond n L(0/2).ys yr1980-yr1984, lags(2) endogenous(w, lag(1,.))
  endogenous(k, lag(2,.))

Arellano-Bond dynamic panel-data estimation  Number of obs      =       611
Group variable: id                           Number of groups   =       140
Time variable: year
                                             Obs per group:  min =         4
                                                             avg =  4.364286
                                                             max =         6

Number of instruments =     72               Wald chi2(15)      =   1424.46
                                             Prob > chi2        =    0.0000
One-step results
------------------------------------------------------------------------------
           n |      Coef.   Std. Err.      z    P>|z|     [95% Conf. Interval]
-------------+----------------------------------------------------------------
           n |
         L1. |   .6960552   .0913928     7.62   0.000     .5169286    .8751819
         L2. |  -.0761309   .0610322    -1.25   0.212    -.1957519    .0434901
             |
           w |
         --. |  -.7806016   .1400408    -5.57   0.000    -1.055076   -.5061267
         L1. |   .4956248   .1403399     3.53   0.000     .2205637    .7706859
             |
           k |
         --. |   .3744889   .1200512     3.12   0.002     .1391928     .609785
         L1. |  -.1443116    .100143    -1.44   0.150    -.3405884    .0519651
         L2. |  -.0362278   .0770196    -0.47   0.638    -.1871835    .1147279
             |
          ys |
         --. |   .6390589   .1512662     4.22   0.000     .3425825    .9355353
         L1. |   -.830853   .2088936    -3.98   0.000    -1.240277    -.421429
         L2. |   .2549044   .1665737     1.53   0.126     -.071574    .5813828
             |
```

```
      yr1980 |   .0187231   .0145504     1.29   0.198   -.0097953    .0472414
      yr1981 |    -.01523   .0241264    -0.63   0.528    -.062517     .032057
      yr1982 |  -.0316143   .0310578    -1.02   0.309   -.0924864    .0292578
      yr1983 |  -.0214901   .0379517    -0.57   0.571    -.095874    .0528937
      yr1984 |  -.0146253   .0452039    -0.32   0.746   -.1032233    .0739728
       _cons |   1.084412   .9429195     1.15   0.250   -.7636758    2.932501
------------------------------------------------------------------------------
Instruments for differenced equation
        GMM-type: L(2/.).n L(2/.).L.w L(2/.).L2.k
        Standard: D.ys LD.ys L2D.ys D.yr1980 D.yr1981 D.yr1982 D.yr1983 D.yr1984
Instruments for level equation
        Standard: _cons
```

扣除時間軸之虛擬變數 (yr1980-yr1984) 之後，所得一階差分動態模型為：

$$n_{it} = 0.70n_{i,\,t-1} - 0.08n_{i,\,t-2} - 0.78w_{it} + 0.50w_{i,\,t-1} + 0.37k_{it} - 0.14k_{i,\,t-1} - 0.04k_{i,\,t-2} + 0.64ys_{it} - 0.83ys_{i,\,t-1} + 0.25ys_{i,\,t-2} + \varepsilon_{it}$$

9-2-4 Arellano-Bond 線性動態 Panel-Data 估計 (xtdpd 指令)

xtdpd 指令也是線性動態 panel-data 估計法之一，它比 xtabound 及 xtdpdsys 指令語法來得複雜些。

線性動態 panel-data 模型，本身包含依變數的 p 期 lags 當作共變數，並含有不可觀測的小群層次 (panel-level) 固定 / 隨機效果。在建構動態模型時，不可觀測的小群層次 (panel-level) 效果會跟依變數 y_{it} 的落遲項 (如 $y_{i,\,t-1}, y_{i,\,t-2}$) 具有相關，因此造成標準估計不一致。為校正此問題，xtdpd 使用 Arellano-Bond (1991) 或 Arellano-Bover/Blundell-Bond (1995, 1998) 估計法，來適配動態 panel-data 模型。

在更複雜語法的成本上，xtdpd 比 xtabond 及 xtdpdsys 更會採用較低階移動平均 (low-order) 的特質 (idiosyncratic) 誤差、或預定 (predetermined) 變數。

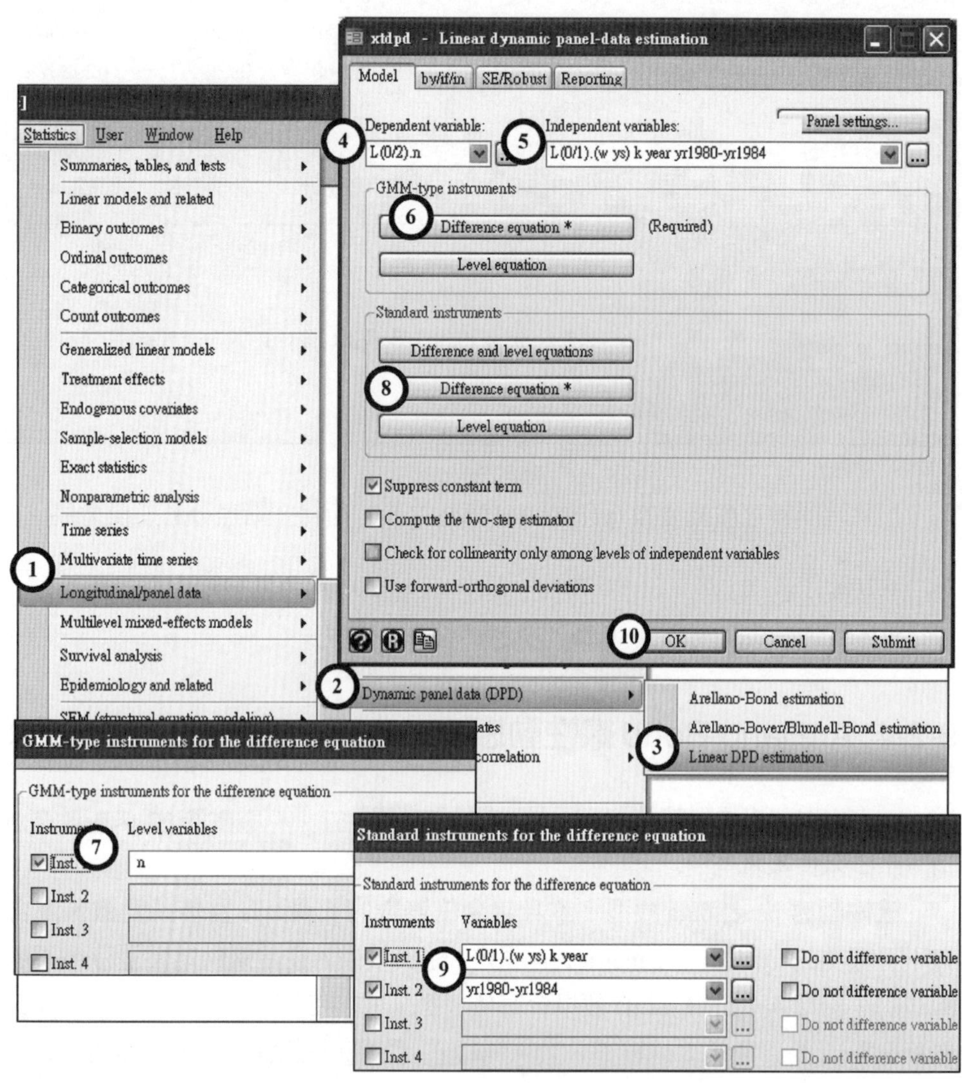

圖 9-13 指令「xtdpd, dgmmiv( )div( )hascons」之畫面

```
. webuse abdata

* Arellano-Bond estimator with two lags of dependent variable included as re-
  gressors and strictly exogenous covariates
*「L(整數)」為 Lag 運算子。L 及 L2 分別代表「Lag 1」及「Lag 2」。
. xtdpd L(0/2).n L(0/1).(w ys) k year yr1980-yr1984, dgmmiv(n) div(L(0/1).(w
  ys) k year) div(yr1980-yr1984) nocons hascons

Dynamic panel-data estimation                 Number of obs        =       611
Group variable: id                            Number of groups     =       140
Time variable: year
                                              Obs per group:   min =         4
                                                               avg =  4.364286
                                                               max =         6

Number of instruments =     38                Wald chi2(13)        =   1776.19
                                              Prob > chi2          =    0.0000
One-step results
------------------------------------------------------------------------------
           n |      Coef.   Std. Err.      z    P>|z|     [95% Conf. Interval]
-------------+----------------------------------------------------------------
           n |
         L1. |   .5346138   .1274182     4.20   0.000     .2848787     .784349
         L2. |  -.0750693   .0434409    -1.73   0.084    -.1602118    .0100732
             |
           w |
         --. |  -.5915733   .0619073    -9.56   0.000    -.7129093   -.4702372
         L1. |   .2915102   .0955581     3.05   0.002     .1042198    .4788006
             |
          ys |
         --. |      .5972   .1273263     4.69   0.000      .347645     .846755
         L1. |  -.6117057   .1679471    -3.64   0.000     -.940876   -.2825354
             |
           k |   .3585025   .0348679    10.28   0.000     .2901627    .4268423
        year |   .0054272   .0128135     0.42   0.672    -.0196868    .0305413
      yr1980 |   .0056078   .0200751     0.28   0.780    -.0337388    .0449543
      yr1981 |  -.0326971   .0328505    -1.00   0.320    -.0970828    .0316887
      yr1982 |  -.0604824    .045103    -1.34   0.180    -.1488827    .0279179
```

```
     yr1983 |  -.0673326   .0582333    -1.16   0.248   -.1814677    .0468025
     yr1984 |  -.0610189   .0714438    -0.85   0.393   -.2010463    .0790084
------------------------------------------------------------------------------
Instruments for differenced equation
GMM-type: L(2/.).n
Standard: D.w LD.w D.ys LD.ys D.k D.year D.yr1980 D.yr1981 D.yr1982 D.yr1983
          D.yr1984
------------------------------------------------------------------------------
* Arellano-Bond estimator with two lags of dependent variable included as re-
  gressors, strictly exogenous covariates and robust VCE
. xtdpd L(0/2).n L(0/1).(w ys) k year yr1980-yr1984, dgmmiv(n) div(L(0/1).(w
  ys) k year) div(yr1980-yr1984) nocons hascons twostep vce(robust)

* Arellano-Bover/Blundell-Bond system estimator with two lags of dependent
  variable included as regressors and strictly exogenous covariates
. xtdpd L(0/2).n L(0/1).(w ys) k, dgmmiv(n) lgmmiv(n) div(L(0/1).(w ys) k )

* Arellano-Bond estimator with two lags of dependent variable included as re-
  gressors, endogenous covariates and a robust VCE
. xtdpd L(0/1).(n w k) year yr1979-yr1984, dgmmiv(n w k) div(year yr1979-
  yr1984) nocons hascons vce(robust)

* Arellano-Bover/Blundell-Bond system estimator with two lags of dependent
  variable included as regressors, endogenous covariates and a robust VCE
. xtdpd L(0/1).(n w k) year yr1979-yr1984, dgmmiv(n w k) lgmmiv(n w k)
  div(year yr1979-yr1984) nocons hascons vce(robust)
```

參考文獻

Adams, Scott J. (2002). Educational Attainment & Health, Evidence from a Sample of Older Adults, *Education Economics, 10* (1), 97-109.

Ahn S. C., Lee Y. H. & Peter S. (2001). GMM estimation of linear panel data models with time-varying individual effects, *Journal of Econometrics, 101*(2), 219-258.

Airy, George Biddell (1861). *On the Algebraical & Numerical Theory of Errors of Observations & the Combination of Observations,* Cambridge & London, Macmillan & Co.

Amemiya, T., & T. E. MaCurdy (1986). Instrumental-variable estimation of an error-components model. *Econometrica 54*, 869-880.

Anderson, T. W., & C. Hsiao (1981). Estimation of dynamic models with error components. *Journal of the American Statistical Association, 76*, 598-606.

Arellano, M. (2003). Panel Data Econometrics, Oxford, Oxford University Press.

Arellano, M., and S. Bond (1991). Some tests of specification for panel data: Monte Carlo evidence and an application to employment equations. *Review of Economic Studies 58*: 277-297.

Arendt, Jacob N. (2005). Does Education Cause Better Health? A Panel Data Analysis Using School Reforms for Identification, *Economics of Education Review, 24*, 149-160.

Aying Liu & Shujie Yao (1999). On the measurement of spatial differentials in economic growth: An application of a shift-share, *Applied Economics Letters, 6*(4), 231-235.

Balestra, P., & J. Varadharajan-Krishnakumar (1987). Full information estimations of a system of simultaneous equations with error component structure.

Econometric Theory, 3, 223-246.

Balestra, P., & M. Nerlove (1966). Pooling Cross Section & Time Series Data in the Estimation of a Dynamic Model. The Demand for Natural Gas. *Econometrica, 34,* 585-612.

Baltagi, B. H. (2008). *Econometric Analysis of Panel Data*. 4th ed. New York, Wiley.

Baltagi, B. H., & P. X. Wu. (1999). Unequally spaced panel data regressions with AR(1). disturbances. *Econometric Theory, 15*, 814-823.

Baltagi, B. H. (1995, 2001, 2002). *Econometric Analysis of Panel Data*, 1st & 2nd editions, New York, John Wiley.

Baltagi, Badi H. (2008). *Econometric Analysis of Panel Data* (Fourth ed.). Chichester, John Wiley & Sons. ISBN 978-0-470-51886-1.

Banerjee, Anindya (1999). Panel data unit roots & cointegration: An overview. *Oxford Bulletin of Economics & Statistics, Special, 61,* 608-628.

Beck, N. and J. N. Katz. (1995). What to do (and not to do) with Time-Series Cross-Section Data. *American Political Science Review, 89*(3), 634-647.

Berger, Mark C. & J. Paul Leigh (1989). Schooling, Self-Selection, & Health. *Journal of Human Resources, 24*, 433-455.

Bertschek, I. & Lechner, M. (1998). Convenient estimators for the panel probit model. *Journal of Econometrics, 87*, 329-371.

Bhargava, A., L. Franzini, & W. Narendranathan (1982). Serial correlation & the fixed effects model. *Review of Economic Studies, 49*, 533-549.

Black, F. & Christie, A. (1982). The Stochastic Behavior of Common Stock Variance: Value, Leverage & Interest Rate Effects. *Journal of Financial Economics, 10*(4), 407-432.

Bollerslev, T. (1986). Generalized Autoregressive Conditional Heteroskedasticity. *Journal of Econometrics, 31*, 307-327.

Bond, Steve & Markus Eberhardt (2009). Cross-section dependence in nonstationary panel models, a novel estimator, paper presented at the Nordic Econometrics Conference in Lund, available from here.

Bond, Steve, Asli Leblebicioglu & Fabio Schiantarelli (2010). Capital accumulation & growth, a new look at the empirical evidence. *Journal of*

Applied Econometrics, 25(7), 1073-1099.

Breierova, Lucia & Esther Duflo (2004). *The Impact of Education on Fertility & Child Mortality, Do Fathers Really Matter Less Than Mothers*? National Bureau of Economic Research working paper 10513.

Breitung, J. (2000). *The local power of some unit root tests for panel data. Advances in Econometrics*, Volume 15, Nonstationary Panels, Panel Cointegration, & Dynamic Panels, ed. B. H. Baltagi, 161-178. Amsterdam, JAY Press.

Breitung, J., & S. Das (2005). Panel unit root tests under cross-sectional dependence. *Statistica Neerlandica, 59*, 414-433.

Breusch, T. S., & A. R. Pagan (1980). The Lagrange multiplier test & its applications to model specification in econometrics. *Review of Economic Studies, 47*, 239-253.

Cameron, A.C. & P. K. Trivedi (2005). *Microeconometrics, Methods & Applications*, New York, Cambridge University Press.

Chan, A. S. (2001). GMM estimation of linear panel data models with time-varying individual effects. *Journal of Econometrics, 101*, 2, 219.

Charlier, Erwin, Melenberg, Bertrand & Soest, Arthur van (2000). Estimation of a censored regression panel data model using conditional moment restrictions efficiently. *Journal of econometrics, 95*, 25-56.

Choi, I. (2001). Unit root tests for panel data. *Journal of International Money & Finance, 20*, 249-272.

Chou, Shin-Yi, Jin-Tan Liu, Michael Grossman & Ted Joyce (2010). Parental Education & Child Health, Evidence from a Natural Experiment in Taiwan. *American Economic Journal, Applied Economics, 2* (1), 33-61.

Christopoulous D. K., S. E. G. Lolos & E. G. Tsionas (2002). Efficiency of the Greek Banking System in View of the EMU: A Heteroscedastic Stochastic Frontier Approach. *Journal of Policy Modeling, 24*, 813-829.

Clark, Diana E. & Chang-Tai Hsieh (2000). *Schooling & Labor Market Impact of the 1968 Nine Year Education Program in Taiwan, 215*, working papers from Princeton University, Woodrow Wilson School of Public & International Affairs, Research Program in Development Studies.

Coakley, Jerry, Ana-Maria Fuertes & Ron P. Smith (2006). Unobserved heterogeneity in panel time series models. *Computational Statistics & Data Analysis, 50*(9), 2361-2380.

Culver, S. E. & Papell D. H. (1997). Is there a unit root in the inflation rate? Evidence from sequential break & panel data models. *Journal of Applied Economics, 12*, 435-444.

Currie, Janet & Enrico Moretti (2003). Mother s Education & the Intergenerational Transmission of Human Capital, Evidence from College Openings. *The Quarterly Journal of Economic*s, 1495-1532.

Davidson, R., & J. G. MacKinnon (1993). *Estimation and Inference in Econometrics*. New York: Oxford University Press.

Davies, A., Lahiri, K. (1995). A New Framework for Testing Rationality & Measuring Aggregate Shocks Using Panel Data. *Journal of Econometrics 68* (1), 205-227. doi:10.1016/0304-4076(94)01649-K.

Davies, A., Lahiri, K. (2000). *Re-examining the Rational Expectations Hypothesis Using Panel Data on Multi-Period Forecasts. Analysis of Panels & Limited Dependent Variable Models*. Cambridge, Cambridge University Press. 226-254. ISBN 0-521-63169-6.

de Walque, Damien (2007). Does Education Affect Smoking Behaviors? Evidence Using the Vietnam Draft as an Instrument for College Education. *Journal of Health Economics, 26*, 877-895.

Dickey, D. A. & Fuller, W. A. (1979). Distribution of the Estimators for Autoregressive Time Series with Unit Root. *Journal of American Statistical Association, 74*, 3, 427-431.

Drukker, D. M. (2003). Testing for serial correlation in linear panel-data models. *Stata Journal 3*, 168-177.

Duflo, Esther (2001). Schooling & Labor Market Consequences of School Construction in Indonesia. Evidence from an Unusual Policy Experiment. *American Economic Review, 91* (4), 795-813.

Durbin, J., and G. S. Watson (1950). Testing for serial correlation in least squares regression, I. *Biometrika, 37*, 409-428.

Eberhardt, Markus & Francis Teal (2010). *Productivity Analysis in Global*

Manufacturing Production, Economics Series Working Papers 515, University of Oxford, Department of Economics, available from here.

Eberhardt, Markus & Francis Teal (2011). Econometrics for Grumblers, A New Look at the Literature on Cross-Country Growth Empirics. *Journal of Economic Surveys, 25*(1), available from here.

Enders, Walter (2004). *Applied Econometric Time Series* 2nd, New York, John Wiley & Sons, Inc.

Engle, R. F. (1982). Autoregressive Conditional Heteroscedasticity with Estimates of the Variance of United Kingdom Inflation. *Econometrica, 55*, 2, 391-407.

Fama, E. F. (1965). The behavior stock market prices. *Journal of Business, 38*, 34-105.

Fisher, R. A. (1918). The Correlation between Relatives on the Supposition of Mendelian Inheritance. *Transactions of the Royal Society of Edinburgh, 52,* 399-433.

Fisher, R. A. (1990). *Statistical Methods for Research Workers,* 1st ed., Edinburgh & London, Oliver & Boyd, 1925. Reprinted in *Statistical Methods, Experimental Design, & Scientific Inference,* Oxford, University Press.

Frees, E. (2004). *Longitudinal & Panel Data, Analysis & Applications in the Social Sciences*. New York, Cambridge University Press. ISBN 0-521-82828-7.

Fuchs, Victor R. (1982). *Time Preference & Health, An Exploratory Study, In Economic Aspects of Health*, ed. Victor R. Fuchs, 93-120. Chicago, University of Chicago Press.

Funk, Mark & Strauss Jack (2000). The long-run relationship between productivity & capital. *Economics Letters, 69*, 213-217.

Gauss, Carl Friedrich (1809). *Theoria motus corporum celestium*. Hamburg, Perthes und Besser.

Granger, C. & Newbold, P. (1974). Spurious Regressions in Econometrics. *Journal of Econometrics, 2*(2), 111-120.

Greene, W. (2012). *Econometric Analysis*. 7th ed. Upper Saddle River, NJ, Prentice-Hall.

Greene, W. H. (2003). *Econometric Analysis*, fifth edition, Upper Saddle River, NJ, Prentice-Hall.

Grossman, Michael (1972). On the Concept of Health Capital & the Demand for Health. *The Journal of Political Economy, 80* (2), 223-255.

Grossman, Michael (1975). *The Correlation between Health & Schooling, In Household, Production & Consumption*, ed. N. E. Terleckyj, 147-211. New York: Columbia University Press for the National Bureau of Economic Research.

Grossman, Michael (2000). The Human Capital Model. In Handbook of Health Economics, 1A, ed. Anthony J. Culyer & Joseph P. Newhouse, 347-408. *Amsterdam, Elsevier Science*.

Gutierrez, Roberto G. (2008). *Tricks of the Trade, Getting the most out of xtmixed*. 2008 Fall North American Stata Users Group Meeting, San Francisco, CA.

Hadri K. (1999). Estimation of A Doubly Heteroscedastic Stochastic Frontier Cost Function. *Journal of Business& Economics Statistics, 17*(3), 359-363.

Hadri, K. (2000). Testing for stationarity in heterogeneous panel data. *Econometrics Journal, 3*, 148-161.

Hall, S. G. & Urga G. (1998). *Stochastic Common Trends & Long-run Relationship in Heterogeneous Panels*. Centre for Economic Forecasting, London Business School.

Hall, S., Lazarova S. & Urga G. (1999). A principal components analysis of common stochastic trends in heterogeneous panel data: Some monte carlo evidence. *Oxford Bulletin of Economics & Statistics, Special, 61*, 749-767.

Harris, R. D. F., & E. Tzavalis (1999). Inference for unit roots in dynamic panels where the time dimension is fixed. *Journal of Econometrics, 91*, 201-226.

Hausman, J. A., & W. E. Taylor (1981). Panel data & unobservable individual effects. *Econometrica, 49*, 1377-1398.

Honor B. E. (1992). Trimmed LAD and least squares estimation of truncated and censored regression models with fixed effects. *Econometrica*, *60*, 533-565.

Honore, E. B. & Kyriazidou E. (2000). Panel Data Discrete Choice Models with Lagged Dependent Variables, *Econometrica, 6*8, 4, 839-874.

Hsiao, Cheng (2003). *Analysis of Panel Data* (Second ed.). New York, Cambridge University Press. ISBN 0-521-52271-4.

Hsieh, D. A. (1991). Chaos & Nonlinear Dynamics: Application to Financial

Market. *Journal of Finance, 46*, 1839-1877.

Im, K. S., M. H. Pesaran, & Y. Shin. (2003). Testing for unit roots in heterogeneous panels. *Journal of Econometrics, 115*, 53-74.

Im, K. S., Pesaran M. H. & Smith R. (1997). *Testing for unit roots in heterogeneous panels, Mimeo, Departmeny of applied Economics*, Unversity of Cambridge.

Inkmann, Joachim (2000). Misspecified heteroskedasticity in the panel probit model: A small sample comparison of GMM & SML estimaitors. *Journal of Econometrics, 97*, 227-259.

Kamil, Tahmiscioglu (2001). Intertemporal variation in financial constraints on investment: A time-varying parameter approach using panel data. *Journal of Business & Econometric Statistics, 19*, 2, 153-166.

Kao C., Chiange, M. H. & Chen, B. (1999). International R&D spillovers: An application of Estimation & Inference in Panel Cointegration. *Oxford Bulletin of Economics & Statistics, Special, 61*, 691-709.

Kao, C. & Chiang, M. (1998). *On the estimation & inference of a cointegrated Regression in Panel Data, Mimeo, Centre for policy research*. Syracuse Unversity, January.

Kao, C. (1999). Spurious regression & residual-based tests for cointegration in Panel Data. *Journal of Econometrics, 90*, 1-44.

Kapetanios, George, M. Hashem Pesaran & Takashi Yamagata (2011). Panels with non-stationary multifactor error structures. *Journal of Econometrics, 160*(2), 326-348.

Karisson, S. & Lothgren, M. (2000). On the power & interpretation of panel unit root tests. *Economics Letters, 66*, 249-245.

Kenkel, Donald, Dean Lillard & Alan Mathios (2006). The Roles of High School Completion & GED Receipt in Smoking & Obesity. *Journal of Labor Economics, 24*(3), 635-660.

Lee, K. E., Pesaran M. H. & Smith, R. (1997). Growth & Convergence in a Multi-Country Empirical Stochastic Solow model. *Journal of applied Econometrics, 12,* 357-392.

Lee, M. J. (1999). A Root-N Consistent Semiparametric Estimation for Related-Effect Binary Response Panel Data. *Econometrica, 67*, 2, 427-433.

Lee, M. J. (2002). *Panel Data Econometrics, Methods-of-Moments & Limited Dependent Variables*. San Diego, Academic Press.

Legendre, Adrien Marie (1805). *Nouvelles méthodes pour la détermination des orbites des comètes*. Paris, Courcier.

Leigh, J. Paul & Rachna Dhir (1997). Schooling & Frailty Among Seniors. *Economics & Education Review, 16* (1), 45-57.

Levin, A. & Lin, C. F. (1992). *Unit root tests in panel Data asymptotic & finite sample Properties, Department of Economics*. University of California at San Diego, Discussion Paper No 92-93.

Levin, A. & Lin, C. F. (1993). *Unit root Tests in panel Data New results*. University of California at San Diego, Discussion Paper No 93-56.

Levin, A., C. F. Lin, & C. S. J. Chu. (2002). Unit root tests in panel data, Asymptotic & finite-sample properties. *Journal of Econometrics, 108*, 1-24.

Li, Q. & Stengos Thanasis (1996). Semiparametric estimation of Partially linear panel data models. *Journal of Econometrics, 71*, 389-397.

Li, Q. & Hsiao, C. (1998). Testing serial correlation in semiparametric panel data models. *Journal of Econometrics, 87*, 207-237.

Li, W. (1997). The impact of economic reform on the performance of Chinese State enterprises, 1980-1989. *Journal of Political Economy, 5*, 105, 1080-1107.

Li, Y. (2003). The Asian Financial Crisis & Non-Performing Loans: Evidence From Commercial Banks in Taiwan International. *Journal of Management, 20*(1), 69-74.

Lind, J. Y. (1992). Rural reforms & agricultural growth in China. *American Economic Review, 82*(1), 34-53.

Lleras-Muney, Adriana (2005). The Relationship between Education & Adult Mortality in the United States. *The Review of Economic Studies, 72* (1), 189-221.

MacDonald, R. (1996). panel unit root test for exchange rates. *Economics Letters, 50*, 7-11.

Maddala G. S. & Shaowen Wu (1999). A comparative study of unit root tests with Panel data & a new sample test. *Oxford Bulletin of Economics & Statistics, Special, 61*, 631-651.

Mandelbrot, B. (1963). The Variation of Certain Speculative Prices. *Journal of Business, 36*, 394-419.

McCoskey S. & Kao C. (1999). Testing the Stability of a production function with urbanization as a shift factor. *Oxford Bulletin of Economics & Statistics, Special, 61*, 671-690.

McCoskey, S. & Kao, C. (1998a). A residual-based test for the null of cointegration in panel data. *Econometric Reviews, 17,* 157-166.

McCoskey, S. & Kao, C. (1998b). *A Monte Carlo comparison of tests for cointegration on Panel Data, Mimeo*. Centre for policy Research, Syracuse University, February.

McCoskey, S. & Selden (1998). Health cares & GDP: panel data unit root test result. *Journal of health Economics, 17*, 569-570.

Merton, R. (1980).On Estimating the Expected Return on the Market: An Exploratory Investigation. *Journal of Financial Economics, 8*, 323-361.

Moon H. R. & Phillips P. C.B. (1999). Maximum likehood estimation in panels with incidental trends. *Oxford Bulletin of Economics & Statistics, Special, 61*, 711-747.

Moscone, Francesco & Elisa Tosetti (2009). Health Expenditure & Income in the United States. *Health Economics, 19*(12), 1385-1403.

Mundlak, Y. (1978). On the Pooling of Time Series & Cross Section Data. *Econometrica, 46,* 69-85.

Mundlak, Y. (1961). Empirical Productions Free of Management Bias. *Journal of Farm Economics, 43*, 44-56.

Nerlove, M., & P. Balestra (1996). *Formulation & Estimation of Econometric Models for Panel Data*, introductory essay in Mátyás & Sevestre (1996, 3-22).

Newey, W. K., & K. D. West (1994). Automatic lag selection in covariance matrix estimation. *Review of Economic Studies, 61*, 631-653.

Oh, K.Y. (1996). Purchasing power parity tests using panel data. *Journal of international money & finance, 15*, 405-418.

Osili, Una Okonkwo & Bridget Terry Long (2008). Does Female Schooling Reduce Fertility? Evidence from Nigeria. *Journal of Development Economics, 87* (1), 57-75.

Papell, D. H. (1997). Searching for test purchasing power parity under the current float. *Journal of international Economics, 43*, 313-352.

Park, Cheolsung & Changhui Kang (2008). Does Education Induce Healthy Lifestyle? *Journal of Health Economics, 27*, 1516-1531.

Pedroni, P. (1999). Critical Values for Cointegration Tests in Heterogeneous Panels with Multiple Regression. *Oxford Bulletin of Economics & Statistics, Special, 61*, 653-670.

Pesaran, M. Hashem, Yongcheol Shin & Ron Smith (1999). Pooled mean group estimation of dynamic heterogeneous panels. *Journal of the American Statistical Association, 94*, 621-634.

Pesaran, M. H. & Smith R. (1995). Estimating Long-run Relationships from Dynamic Heterogeneous Panels. *Journal of Econometrics, 68*, 79-113.

Pesaran, M. Hashem & Elisa Tosetti (2010). *Large Panels with Common Factors & Spatial Correlations*. Cambridge University, unpublished working paper, December 2010.

Pesaran, M. Hashem & Ron P. Smith (1995). Estimating long-run relationships from dynamic heterogeneous panels. *Journal of Econometrics, 68*(1):79-113.

Pesaran, M. Hashem (2006). Estimation & inference in large heterogeneous panels with a multifactor error structure. *Econometrica, 74*(4), 967-1012.

Phillips, P. C. B. & Moon H. R. (1999). Linear Regression Limit Theory for Nonstationary Panel Data. *Econometrics, 67*, 1057-1111.

Quah D. (1994). Exploiting Cross-section Variation for Unit Root Inference in Dynamic Data. *Economics Letters, 44*, 9-19.

Raudenbush, Stephen, Anthony Bryk, Yuk Fai Cheong, & Richard Congdon (2001). *HLM 5, Hierarchical Linear & Nonlinear Modeling*. Scientific Software International. Lincolnwood, IL.

Roodman, David (2009). A Note on the Theme of Too Many Instruments. Oxford Bulletin of Economics & Statistics, Department of Economics, 71(1), 135-158.

Ross, Stephen A. (1989). Information & Volatility: The No-Arbitrage Martingale Approach to Timing & Resolution Irrelevancy. *The Journal of Finance, 44*, 1-17.

Sander, William (1995a). Schooling & Quitting Smoking. *Review of Economics & Statistics, 77*, 191-199.

Sander, William (1995b). Schooling & Smoking. *Economics of Education Review, 14*(1), 23-33.

Schmidit, P & R. C. Sickles (1984). Production Frontier & Panel Data. *Journal of Business & Economic Statistic, 2,* 367-374.

Sentana, E. & S. Wadhwani (1992). Feedback Traders & Stock Return Autocorrelation: Evidence From A Century of Daily Data. *The Economic Journal, 102*, 415-425.

Song, F. M. & Wu. Y. (1998). Hysteresis in Unemployment: Evidence from OECD Countries. *The quarterly review of Economics & finance, 38*, 181.

Spohr, Chris A. (2003). Formal Schooling & Workforce Participation in a Rapidly Developing Economy. Evidence From Compulsory Junior High School in Taiwan. *Journal of Development Economics, 70* (2), 291-327.

Strauss Jack (2000). Is there a permanent component in US real GDP. *Economics Letters, 66*, 137-142.

Tong, Christopher S. P. (1999). Production efficiency & its spatial disparity across China's TVEs. *Journal of Asian Economics, 10*(3), 415-431.

Wallace, T. D., & A. Hussain (1969). The Use of Error Components Models in Combining Cross Section with Time Series Data. *Econometrica, 37*(1), 55-72.

Wan, G. H. (1996). Using panel data to estimate the Engel functions: Food consumption in China. *Applied Economics Letters, 3*, 9, 621-625.

Westerlund, J. (2007). Testing for error correction in panel data. *Oxford Bulletin of Economics & Statistics, 69*, 709-748.

Windmeijer, F. (2005). A finite sample correction for the variance of linear efficient two-step GMM estimators. *Journal of Econometrics, 126*: 25-51.

Wooldridge, J. M. (1999). Distribution-free estimation of some nonlinear panel data models. *Journal of Econometrics, 90*, 77-97.

Wooldridge, J. M. (2000). A Framework for Estimating Dynamic, Unobserved Effects Panel Data Models with Possible Feedback to Future Explanatory Variables. *Economics Letters, 68,* 245-250.

Wooldridge, J. M. (2010). *Econometric Analysis of Cross Section & Panel Data.*

Cambridge, MA, MIT Press.

Xu, L. C., Zou, H. F. (2000). Explaining the changes of income distribution in China. *China Economic Review, 11*(2), 149-171.

Zho, Xueguangu (2000). Economic transformation & income inequality in urban China: Evidence from panel data. *American Journal of Sociology, 105*, 4, 1135-1175.

宋有容 (2010)。《教育與健康——教育內生性問題之探討》，國立東華大學經濟學系碩士論文。

黃台心 (1997)。臺灣地區本國銀行成本效率之實證研究——隨機邊界模型之應用，《人文及社會科學集刊》，*9*(1)，85-123。

黃台心 (1998)。以隨機成本邊界函數分析本國銀行的規模與多元經濟，《經濟論文叢刊》，*26*(2)，209-241。

黃台心 (2002)。我國多產出銀行業不完全競爭策略行為之研究，《經濟論文》，*30*(1)，79-113。

黃台心、陳盈秀 (2005)。應用三階段估計法探討臺灣地區銀行業經濟效率，《貨幣市場》，*9*(6)，1-29。

鄭秀玲、劉錦添、陳欽奇 (1997)。臺灣中小企業銀行的效率分析 (1986-1994 年)，《經濟論文》，*25*(1)，69-95。

國家圖書館出版品預行編目資料

Panel-data迴歸模型：Stata在廣義時間序列的應用／張紹勳著. ——初版.——臺北市：五南圖書出版股份有限公司，2016.05
面； 公分
ISBN 978-957-11-8566-8（平裝）
1.統計套裝軟體 2.統計分析
512.4 105004410

1HA1

Panel-data迴歸模型：Stata在廣義時間序列的應用

作 者 — 張紹勳
發 行 人 — 楊榮川
總 經 理 — 楊士清
總 編 輯 — 楊秀麗
主 編 — 侯家嵐
責任編輯 — 侯家嵐 劉祐融
文字校對 — 陳俐君
封面設計 — 盧盈良
出 版 者 — 五南圖書出版股份有限公司
地 址：106台北市大安區和平東路二段339號4樓
電 話：(02)2705-5066 傳 真：(02)2706-6100
網 址：https://www.wunan.com.tw
電子郵件：wunan@wunan.com.tw
劃撥帳號：01068953
戶 名：五南圖書出版股份有限公司
法律顧問 林勝安律師事務所 林勝安律師
出版日期 2016年 5 月初版一刷
2022年10月初版三刷
定 價 新臺幣1000元